2025

7·9급 공무원 시험대비 **개정판**

박문각 공무원

기본서

합격까지 함께
행정법 만점 기본서

전 영역에 걸친 종합적인 이해

정확한 개념과 효율적인 이론학습

판례 및 최신 개정법령 반영

김태성 편저

동영상 강의 www.pmg.co.kr

김태성 행정법총론

이 책의 **머리말**

여러분들이 시험을 대비하여 공부하는 많은 과목 중 행정법은 가장 어렵고 부담스러운 과목이라 생각합니다. 법이라는 학문 자체가 생소할뿐더러 그중에서도 행정법은 더욱 어렵게 느껴지는 것이 일반적입니다. 사실 처음 공부를 시작하는 경우 행정법은 힘든 과목이 맞습니다. 한 달 정도의 기간은 매번 처음 보는 단어를 접하게 되고, 내용을 이해하기에 앞서 용어를 암기하는 것부터 시작해야 합니다. 진도도 더디고 짜증도 나고, 지치기 쉽습니다.

저는 행정법을 울면서 들어가서 웃으면서 나오는 과목이라 칭합니다. 합격생들이 입 모아서 행정법은 효자 과목이라고 이야기합니다. 어려웠던 시간을 버티기만 하면 기복 없이 안정적인 점수를 얻을 수 있는 과목이 행정법입니다. 또 여러분들이 다른 과목을 중점적으로 공부하는 과정에서 행정법을 한 달, 내지는 두 달 정도 손에서 놓아도 실력이 떨어지지 않습니다. 추가로 여러분들이 합격하고 난 후 실무에 있어 가장 현실적으로 도움이 되는 것은 지금 학습한 행정법 지식입니다.

우리는 학문을 하는 것이 아니라 시험을 위해 행정법을 학습합니다. 시험에 출제되는 지문은 얼핏 비슷해 보이지만 그 중요성에 있어서 차이가 있습니다. 같이 나열된 지문이라도 어떤 지문은 단지 구색을 맞추기 위해 배치되는 지문도 있고, 반대로 특정 지문은 그 내용을 모르면 문제를 놓치게 되는, 그 지문만 알아도 정답을 맞힐 수 있는 지문이 있습니다. 그렇다면 문제의 열쇠를 쥐고 있는, 중요지문으로 출제되는 부분을 중점적으로 또 어떠한 순간에도 헛갈리지 않도록 숙지하는 것이 고득점의 첫걸음입니다.

추가로 출제위원이 틀린 지문을 출제하는 경우, 틀리게 바꾸어서 만들 수 있는 부분이 정해져 있습니다. 편의상 제가 오답 포인트라고 부르는 부분에 주의해서 암기한다면 빠르고 자신 있게 문제를 풀어나갈 수 있습니다. 흔히 교수님들은 암기하지 말고 이해하라고 강조하십니다만 적어도 시험과 관련해서 이해라는 개념은 중요지문을 오답 포인트에 유의하여 암기하는 것과 다르지 않습니다.

제 직무는 교과서 위주로 예습복습에 충실한 사람을 합격시키는 것이라기보다 지극히 평범하게 공부하는 것을 전제로 최대한의 효율을 기하고 빠른 시일 내에 점수를 올려드리는 것입니다. 수험에 가장 적합하도록 항상 연구에 매진하고 있으며 본 교재도 그러한 결과물이기에 자신 있게 여러분께 권해드립니다. 행정법이 여러분들의 합격에 견인차가 될 것을 확신하며 여러분들이 합격하는 순간에 제가 함께하기를 기원합니다.

감사합니다.

2024년 6월

김태성

CONTENTS

이 책의 차례

이 책의 차례

제4편 행정의 실효성 확보수단

제1장 행정상의 강제집행

제2장 행정상 즉시강제와 행정조사

제3장 행정벌

이 책의 **차례**

제4장 행정소송

김태성 행정법총론

합격까지 박문각

PART

01

행정학 통론

CHAPTER

01 행정 및 행정법

제1절 행정의 의의

01 행정 관념의 성립

행정법은 행정에 관한 법이다. 절대 군주국가에서는 모든 국가작용이 단일한 전제군주의 통치작용으로 이루어졌기 때문에 행정이란 관념이 성립될 여지가 없었다. 근대 입헌국가로 들어오면서 국가권력이 입법·사법·행정의 삼권으로 분리되고 각각 별개의 기관이 담당하게 됨으로써 비로소 근대적 의미의 행정 관념이 성립되게 되었다.

02 행정의 개념

1. **형식적 의미의 행정**(권한을 담당하는 기관·주체에 따른 개념)

형식적 의미의 행정이란 행정부가 행사하는 것은 그 내용이나 실질과 관계없이 모두 행정이라고 보는 것을 말한다. 행정의 본질적 내용이 아니라 담당하는 국가기관을 기준으로 분류한 개념이다. 이에 의하면 행정부에 의하여 행하여지는 작용이기만 하면 그것이 성질상 입법에 속하거나(대통령령·총리령·부령의 제정·개정), 사법에 속하더라도(행정쟁송에 있어서 재결, 정부소속 공무원의 징계에 대한 소청 심사 등) 모두 행정이라고 한다.

2. **실질적 의미의 행정**(국가작용의 내용에 따른 개념)

(1) 실질적 의미의 행정의 개념

실질적 의미의 행정이란 행정의 고유한 성질과 기능을 중심으로 행정의 본질을 파악하는 것을 말한다. 행정은 다양하고 복잡한 작용으로 나타난다는 점에서 한마디로 개념을 정의하기 어려우므로 실질적 의미의 행정개념에 대해서는 다양한 학설이 존재한다.

(2) 실질적 의미의 행정에 관한 학설

행정을 국가작용 중 입법작용과 사법작용을 공제한 나머지로 보는 소극설(공제설), 행정을 법질서 아래에서 국가목적 또는 공익목적을 실현하기 위한 작용이라고 보는 목적설(이익설), 행정을 법 아래서 법의 규제를 받으면서, 사법 이외의 국가목적 실현을 위하여 구체적으로 행하여지는, 전체로서의 통일성을 가진 계속적·형성적 국가 활동으로 보는 결과실현설(多) 등의 학설이 대립한다.

3. 행정과 입법 · 사법의 구별

(1) 행정과 입법의 구별

입법은 행정주체가 일반적 · 추상적인 성문의 법규를 정립하는 작용이나, 행정은 정립된 법규범을 개별적 · 구체적으로 집행하여 국가목적을 실현하는 작용이다.

(2) 행정과 사법의 구별

사법은 당사자 간의 구체적인 법률상 분쟁을 해결하여 법질서를 유지함을 목적으로 하는 작용이다. 행정은 능동적 · 적극적으로 행하여지며 국가목적의 효과적인 실현과 능률성을 확보하고 통일성을 유지하기 위하여 합목적적으로 수행된다는 점에서 사법과 구별된다.

(3) 양자의 관계

원래 권력분립은 실질적 의미의 입법 · 사법 · 행정을 각각 입법부, 사법부, 행정부에 분배하는 것이라고 볼 수 있으나, 국적의 합리적 수행이라는 기술적 이유 등에 의해 실정법상 권한분배에서는 반드시 일치하는 것은 아니다.

형식	실질	구체적 사례
입법	입법	법률제정
	행정	국회 사무총장의 소속직원 임명 등
사법	입법	대법원규칙의 제정 등
	사법	법원의 재판행위
	행정	대법원의 소속 공무원 임명, 등기사무 등
행정	입법	대통령령 · 총리령 · 부령 등 법규명령의 제정 · 개정, 행정규칙 · 조례 등의 제정
	사법	행정심판위원회의 재결 등 각종 재결, 경찰서장의 통고처분 등
	행정	건축허가 등 각종 허가, 조세부과처분, 행정대집행 등

다음 중 실질적 의미의 행정에는 속하나 형식적 의미의 행정이 아닌 것은? [10 경행특채]

① 대통령령의 제정
② **국회사무총장의 직원임명**
③ 행정심판의 재결
④ 지방공무원임명

실질적 의미의 행정에 해당하는 것으로만 묶인 것은? [15 지방7급]

ㄱ. 비상계엄의 선포
ㄴ. 집회의 금지통고
ㄷ. 행정심판의 재결
ㄹ. 일반법관의 임명
ㅁ. 대통령령의 제정
ㅂ. 통고처분

① ㄱ, ㄷ ② ㄴ, ㄷ
③ ㄴ, ㄹ ④ ㅁ, ㅂ

4. 행정의 종류

(1) 공법상 행정 · 사법상 행정(법형식에 따른 분류)

공법상 행정은 공법(행정법)에 따라 이루어지는 행정을 의미하며, 국가와 사인 간의 관계에서 국가의 우월적 지위를 주요 특징으로 한다. 사법(私法)상 행정은 넓은 의미의 국고행정을 의미한다. 매매나 임대차와 같이 국가와 사인 간의 관계가 대등한 것이 특징적이며, 사법관계의 당사자라는 의미에서 국고라 불렀다.

행정법의 대상이 되는 행정은 실질적 행정에 한한다. (○, ×) [18 서울9급]

(2) 침해행정 · 급부행정(수단에 따른 분류)

침해행정이란 공익을 위해 개인의 자유와 재산의 영역을 침해하는 모든 행정을 말하며, 징수처분이나 경찰처분, 행정강제 처분이 이에 해당되며, 법률 우위의 원칙과 법률유보의 원칙이 적용된다. 급부행정이란 개인의 생활조건을 보장하고 향상시키는 행정이다. 사회부조 행정이 대표적으로 이에 속한다. 급부행정도 법률우위의 원칙이 적용됨에는 다툼이 없으나, 법률유보가 적용되는가에 대해서는 다툼이 있다.

행정의 주체, 대상, 상대방에 대한 효과, 수단 또는 형식 등에 의한 분류에 있어서 같은 분류기준에 의한 것으로만 묶인 것은? [06 국가9급]
① 복효 · 위임 · 국고
② 권력 · 자치 · 위임
③ 권력 · 공과 · 국고
④ 수익 · 침익 · 복효

참고

위임사무의 종류

1. **단체위임사무**: 국가 또는 상급지방자치단체가 하급 지방자치단체에 위임한 사무를 말한다(국가가 서울시에 또는 동작구에 위임한 사무, 서울시가 동작구에 위임한 사무).
2. **기관위임사무**: 국가 또는 상급지방자치단체가 하급 지방자치단체의 장에게 위임한 사무를 말한다(국가가 서울시장 또는 동작구청장에 위임한 사무, 서울시가 동작구청장에게 위임한 사무).

(3) 이외의 분류

구분	내용		
주체에 따른 분류	국가행정	자치행정	위임행정
	국가	지자체, 공공단체	국가, 지자체, 공공단체가 그 사무를 다른 공공단체나 사인에게 위임
법적 효과에 의한 분류	침익적 행정	수익적 행정	복효적 행정
	국민의 자유 또는 권익을 제한	새로운 권리나 이익을 부여, 부과된 의무나 부담을 해제	침익+수익적 성격이 동시에 나타나는 경우

03 통치행위

1. 통치행위의 개념

국가작용 중에서 고도의 정치성을 갖기 때문에 사법심사가 제한되는 행위를 통치행위라 한다. 통치행위를 논하는 이유는 통치행위도 넓은 의미에서는 행정이라 할 수 있고, 통치행위도 법치주의의 적용 하에 있다는 점, 통치행위로 인한 개인의 권익침해도 기본적으로 보호받아야 한다는 점 등을 분명히 하는 데 실익이 있기 때문이다.

2. 통치행위의 인정 여부와 근거

통치행위는 고도의 정치적 결단에 의한 국가의 행위로 사법심사의 대상으로 할 수 있는가에 대하여 논란이 있다. (○, ×) [13 서울7급]

행정소송에 있어서 개괄주의는 통치행위 긍정설의 근거가 된다. (○, ×) [05 국가9급]

(1) 학설

① 통치행위 부정설(사법심사 긍정)

실질적 법치주의가 확립되고 행정소송에서 개괄주의를 채택하고 있는 이상 법률적 판단의 대상이 될 수 있는 국가작용은 모두 사법심사의 대상이 되므로 통치행위를 인정할 수 없다는 견해이다.

② 통치행위 긍정설(사법심사 제한 내지 부정)

㉠ 재량행위설

통치행위는 정치문제이고 이는 정치적 재량행위이기 때문에 통치행위는 사법적 판단의 대상이 아니라는 견해이다.

㉡ 내재적 한계설(권력분립설)

민주정치의 관점에서 볼 때 정치적 책임을 지지 않는 사법부는 정치적 성격이 강한 통치행위를 심사할 수 없다는 견해이다. 통치행위는 정부 또는 국회의 권한에 유보하여 국민의 감시와 비판 하에서 처리하게 하는 것이 바람직하다는 것을 논거로 한다.

㉢ 사법자제설

통치행위에 관한 사법자제설은 사법심사가 가능함에도 사법의 정치화를 방지하기 위하여 법원 스스로 자제한다는 견해이다. [13 서울7급]

(2) **판례**(判例)

① 대법원

판례

사법심사의 대상이 아니라고 본 사례

대통령의 판단결과로 비상계엄이 선포되었을 경우 그 선포는 고도의 정치적, 군사적 성격을 가지는 행위라 할 것이므로 그 계엄선포의 당, 부당을 판단할 권한은 사법부에는 없다(대판 1981.1.23. 80도2756).

판례

사법심사의 대상이라는 사례

1. 계엄선포의 요건 구비 여부나 선포의 당·부당을 판단할 권한이 사법부에는 없다고 할 것이나, 비상계엄의 선포나 확대가 국헌문란의 목적을 달성하기 위하여 행하여진 경우에는 법원은 그 자체가 범죄행위에 해당하는지의 여부에 관하여 심사할 수 있다(대판 1997.4.17. 96도3376 전원합의체).
2. 남북정상회담의 개최는 고도의 정치적 성격을 지니는 행위라 할 것이므로 그 당부를 심판하는 것은 사법권의 내재적·본질적 한계를 넘어서는 것이 되어 적절하지 못하지만, 남북정상회담의 개최과정에서 재정경제부장관에게 신고하지 아니하거나 통일부장관의 협력사업 승인을 얻지 아니한 채 북한 측에 사업권의 대가 명목으로 송금한 행위 자체는 사법심사의 대상이 된다(대판 2004.3.26. 2003도7878). [17 지방9급]
3. 기본권 보장의 최후 보루인 법원으로서는 마땅히 긴급조치 제1호에 규정된 형벌법규에 대하여 사법심사권을 행사함으로써, 대통령의 긴급조치권 행사로 인하여 국민의 기본권이 침해되고 나아가 우리나라 헌법의 근본이념인 자유민주적 기본질서가 부정되는 사태가 발생하지 않도록 그 책무를 다하여야 할 것이다. [17 지방9급] 긴급조치 제1호는 그 발동 요건을 갖추지 못한 채 목적상 한계를 벗어나 국민의 자유와 권리를 지나치게 제한함으로써 헌법상 보장된 국민의 기본권을 침해한 것이므로, 유신헌법에 위반되어 위헌이고, 나아가 현행 헌법에 비추어 보더라도 위헌이다(대판 2010.12.16. 2010도5986 전원합의체).
4. 서훈 취소가 대통령이 행하는 행위라고 하더라도 법원이 사법심사를 자제하여야 할 고도의 정치성을 띤 행위라고 볼 수는 없다(대판 2015.04.23. 2012두26920). [23 국가9급, 16 교행]

비상계엄의 선포나 확대가 국헌문란의 목적을 달성하기 위하여 행하여진 경우에 그 자체가 범죄행위(내란죄)에 해당하는지에 대하여는 심사할 수 있다. (○, ×) [15 국가9급]

남북정상회담의 개최과정에서 재정경제부장관에게 신고하지 아니하거나 통일부장관의 협력사업승인을 얻지 아니한 채 북한 측에 사업권의 대가 명목으로 송금한 행위는 고도의 정치적 성격을 지니고 있는 행위라 할 것이므로 특별한 사정이 없는 한 그 당부를 심판하는 것은 사법권의 내재적·본질적 한계를 넘어서는 것이 되어 적절하지 못하다. (○, ×) [13 지방9급]

남북정상회담 개최는 고도의 정치적 성격을 지니고 있는 행위로서 사법심사의 대상으로 하는 것은 적절치 못하므로 그 개최과정에서 당국에 신고하지 아니하거나 승인을 얻지 아니한 채 북한 측에 송금한 행위는 사법심사의 대상이 되지 않는다. (○, ×) [16 경행특채, 15 국가9급]

② 헌법재판소

헌재 판례

통치행위에 해당하지만 사법심사의 대상이라는 판례

1. 대통령의 긴급재정경제명령은 국가긴급권의 일종으로서 고도의 정치적 결단에 의하여 발동되는 통치행위에 속한다고 할 수 있으나, 고도의 정치적 결단에 의하여 행해지는 국가작용이라고 할지라도 그것이 국민의 기본권 침해와 직접 관련되는 경우에는 당연히 헌법재판소의 심판대상이 된다(헌재 1996.2.29. 93헌마186). [13 서울7급]
2. 신행정수도건설이나 수도이전의 문제를 국민투표에 붙일지 여부에 관한 대통령의 의사결정은 고도의 정치적 결단을 요하는 문제여서 사법심사를 자제함이 바람직하다고는 할 수 있다. 그러나 대통령의 위 의사결정이 국민의 기본권침해와 직접 관련되는 경우에는 헌법재판소의 심판대상이 될 수 있고, 이에 따라 위 의사결정과 관련된 법률도 헌법재판소의 심판대상이 될 수 있다(헌재 2004.10.21. 2004헌마554). [16 경행특채]

> 대통령의 긴급재정경제명령은 고도의 정치적 결단에 의하여 발동되는 이른바 통치행위에 속하지만 그것이 국민의 기본권 침해와 직접 관련되는 경우에는 헌법재판소의 심판대상이 된다. (○, ×) [15 국가9급]

> **참고**
> 사면은 형의 선고의 효력 또는 공소권을 상실시키거나, 형의 집행을 면제시키는 국가원수의 고유한 권한을 의미하며, 사법부의 판단을 변경하는 제도로서 권력분립의 원리에 대한 예외가 된다(헌재 2000.6.1. 97헌바74). [16 교행]

헌재 판례

사법심사의 대상이기는 하나 사법부의 판단이 자제되어야 한다는 판례

외국에의 국군의 파견결정은 고도의 정치적 결단이 요구되는 문제로서, 헌법과 법률이 정한 절차를 지켜 이루어진 것임이 명백하므로, 대통령과 국회의 판단은 존중되어야 하고 헌법재판소가 사법적 기준만으로 이를 심판하는 것은 자제되어야 한다(헌재 2004.4.29. 2003헌마814). [17 지방9급, 16 경행특채]

> 헌법재판소는 대통령의 해외파병 결정은 국방 및 외교와 관련된 고도의 정치적 결단을 요하는 문제로서 헌법과 법률이 정한 절차를 지켜 이루어진 것이 명백한 이상 사법적 기준만으로 이를 심판하는 것은 자제되어야 한다고 판시하였다. (○, ×) [15 국가9급, 13 지방9급]

헌재 판례

통치행위에 해당하지 않아서 사법심사의 대상이 된다고 본 사례

1. 신행정수도건설이나 수도이전의 문제가 정치적 성격을 가지고 있는 것은 인정할 수 있지만, 사법심사의 대상으로 하기에 부적절한 문제라고까지는 할 수 없다(헌재 2004.10.21. 2004헌마554).
2. 한미연합 군사훈련(전시증원연습)은 고도의 정치적 결단에 해당하여 사법심사를 자제하여야 하는 통치행위에 해당된다고 보기 어렵다(헌재 2009.5.28. 2007헌마369).

> 신행정수도건설이나 수도 이전의 문제는 그 자체로 고도의 정치적 결단을 요하므로 사법심사의 대상에서 제외되고, 고도의 정치적 결단에 의하여 행해지는 국가작용의 경우 그것이 국민의 기본권침해와 직접 관련되는 경우에도 헌법재판소의 심판대상이 될 수 없다. (○, ×) [17 지방9급, 13 경행특채]

> 대통령이 한미연합 군사훈련의 일종인 2007년 전시증원연습을 하기로 한 결정은 국방에 관련되는 고도의 정치적 결단에 해당하여 사법심사를 자제하여야 하는 통치행위에 해당한다. (○, ×) [11 경행특채]

3. 통치행위의 주체

(1) 통치행위의 행위주체(대통령 및 국회)

대통령의 행위로서 ① 외교행위 · 전쟁 · 사면 · 영전 수여 등 국가원수의 지위에서 행하는 일정 국가작용 ② 국무총리 임명 등 조직법상 행위 ③ 법률안 거부, 국민투표회부, 비상계엄의 선포, 긴급명령, 긴급재정경제명령 등 일련의 행위가 해당된다. 국회도 통치행위의 주체가 될 수 있는데 국무총리 · 국무위원해임의 건의, 국회의원 징계 등도 성질상 통치행위에 해당한다.

> 통치행위의 주체는 통상 정부가 거론되나 국회와 사법부에 의한 통치행위를 인정하는 것이 일반적이다. (○, ×) [13 서울7급]

> **참고**
> 이와 달리 지방의회의원의 징계는 행정행위(재량행위)에 해당하며 사법심사가 전면적으로 이루어진다.

(2) 통치행위의 판단주체

통치행위의 판단은 오로지 사법부 만에 의해 이루어져야 한다(대판 2004.3.26. 2003도7878).

4. 통치행위에 대한 통제

(1) 재판에 의한 통제

헌법재판소는 통치행위라도 국민의 기본권 침해와 직접 관련이 있는 경우에는 사법심사를 한다. 대법원도 긴급조치에 대해 사법심사가 가능함을 인정하고 있다.

(2) 국가배상과 손실보상의 문제

견해의 대립이 있는데 위법성 여부가 사법심사의 대상에서 제외되므로 국가배상책임이 인정되지 않는다는 것이 다수설이다.

- 대법원은 통치행위 인정을 지극히 신중하게 하여야 하지만 그 판단은 오로지 사법부 만에 의하여 이루어져야 하는 것은 아니라고 보았다. (○, ×) [13 지방9급, 11 국회9급]
- 통치행위는 사법적 통제·정치적 통제로부터 자유롭다. (○, ×) [04 서울9급]

제 2 절 행정법의 의의

01 행정법의 의의

1. 행정법의 개념

행정법은 국내법 중 행정에 관한 법이면서 동시에 공법이다. 따라서 행정법은 국제법(國際法)과 구별되고 헌법(憲法)과도 구별되며 사법(私法)과도 구별되는 특성을 가진다.

(1) 행정에 관한 국내법

행정법은 행정에 관한 국내법을 의미한다. 다만 헌법 제6조 제1항에 의하면 헌법에 의하여 체결 공포된 조약과 일반적으로 승인된 국제법규도 국내법과 같은 효력을 가지므로 그 한도 내에서는 국제법(예 한미상호방위조약 등)도 행정법의 일부가 된다.

(2) 행정에 관한 법

행정법의 대상은 국가의 행정이다. 즉 '행정'만의 조직과 작용 및 구제에 관한 내용을 그 대상으로 한다는 점에서, '국가' 전체의 조직과 작용에 관한 법인 헌법과 구별된다.

(3) 공법(公法)

행정법은 행정에 관한 모든 법을 말하는 것이 아니고, 행정에 관한 법 중에서 사법(私法)을 제외한 공법만을 의미한다.

2. 행정법의 분류

(1) 일반행정법과 특별행정법

일반행정법은 행정법의 모든 영역에 적용되는 원칙, 개념 등을 내용으로 하는 것으로서 행정법 총론의 연구대상이다. 특별행정법은 개별적인 행정작용법으로서 경찰법, 지방자치법 등으로 행정법 각론의 연구대상이 대부분이다.

(2) 행정조직법 · 행정작용법 · 행정구제법

행정조직법은 국가 지방자치단체의 내부 조직과 기관의 설치, 권한 등에 관한 법으로서 행정법 각론의 주요 내용을 이룬다. 행정작용법이란 행정주체와 국민 간의 관계를 규율하는 법을 말한다. 행정구제법은 행정작용으로 인한 국민의 권리침해에 대한 구제수단을 규정한 법을 말한다.

3. 행정법의 성립과 발달과정

(1) 대륙법계 국가

① 행정법의 성립 · 발달요인

국가의 모든 작용은 국민의 대표기관인 의회가 제정한 법률에 구속되어야 한다는 '법률에 의한 행정원리'가 확립됨에 따라 행정을 규율하는 행정법이 성립되게 되었다. 행정에 관한 특수한 법적 규율의 필요성을 인정하고, 일반법원(司法법원)의 간섭을 배제하기 위하여 행정상의 분쟁을 일반법원이 아닌 행정부 내에 별도로 설치된 행정재판소에서 심판하면서 행정에 관한 특별하고 고유한 법체계가 성립 · 발전되었다.

> 프랑스에서 행정법원(재판소, Conseil d'Etat)이 출범하게 된 배경은 대혁명 이후 행정사건에 대한 사법(司法)법원의 간섭을 배제하기 위한 필요성과 관련이 있다. (○, ×) [11 국가9급]

② 행정법의 성립 · 발달과정

㉠ 프랑스

최고행정재판소인 국참사원(Conseil d'Etat)의 판례와 학설을 중심으로, 블랑코(Blanco) 판결 이후 공역무(Public service)개념에 기초하여 행정법이 가장 먼저 성립 · 발달했다.

> **참고**
>
> **블랑코 판결**
>
> 블랑코라는 5세 어린이가 국영 보르도 연초공장의 직원이 끄는 연초 운반차에 치어 부상을 입은 사건에서 어린이의 아버지가 보르도 민사재판소에 직원과 국가를 상대로 손해배상청구 소송을 제기하였는데, 도지사가 관할위반의 항변을 제출하였고 관할재판소의 판단을 받게 되었다. 관할재판소는 이 사건은 국가가 공공역무로서 행한 행위의 결과로서 발생한 사건이므로 사법재판소의 관할이 아니라 행정재판소의 관할이라고 판시하였다. 이 판결은 행정법의 규율범위와 행정재판소의 관할범위를 확대(권력작용에 그치지 않고 공공역무까지 확장)하고, 국가의 손해배상책임을 최초로 인정한 것에 그 의의가 있다.

㉡ 독일

국가권위주의사상에 기초하여 행정 목적 달성을 위한 행정권의 우월적 지위확보를 목적으로 제정법과 공권력을 중심으로 성립 · 발전하였으며, 제2차 대전 이후에는 행정소송에 있어서 종래의 열기주의를 폐지하고 개괄주의를 채택하여 공권력에 대한 사법적(司法的) 구제를 일반적으로 보장하는 등 민주적으로 탈바꿈하였다.

(2) 영미법계 국가

① '법 앞의 평등' 강조로 19C 말까지 행정법이 성립되지 못함

국가와 국민 모두 동일한 '보통법'(Common Law)의 적용을 받아야 하며 동일한 일반사법재판소의 관할에 복종하여야 한다는 '법의 지배원리'(Rule of Law)가 확립되어 19C 말까지 국가의 행정 활동에만 적용되는 특수한 법으로서의 행정법이 성립될 여지가 없었다.

② 행정위원회의 발달과 더불어 절차법 중심의 행정법 성립

19C 말 사회문제를 해결하기 위하여 행정 각 분야에 설치한 각종 행정위원회의 기능 및 권한 행사절차 등을 규율하는 다수의 법이 제정되면서 종래의 보통법(Common Law)과 구별되는 특별한 법으로서의 행정법이 성립 · 발달했으며, 특히 절차법 중심으로 발달하였다. 영 · 미에서의 행정법은 단지 보통법(Common Law)에 대한 특별법 정도로 인식될 뿐 법체계상 구별되는 것으로 보지는 않는다.

(3) 우리나라

우리나라는 행정사건도 일반법원에서 재판하는 사법국가주의를 채택하고 있다(헌법 제101조 1항). 헌법상 사법부와 독립된 별도의 행정재판소를 설치하는 것은 허용되지 않으나, 대법원을 최종심으로 하는 하급심을 설치하는 것은 허용될 수 있다(1998년 3월부터 지방법원 급의 행정법원이 설치되어 운영되고 있음).

구분	행정법의 특수성	공법과 사법의 구별	행정사건의 관할
대륙법계 국가 (독일, 프랑스)	인정	인정 (공・사법 이원주의)	행정사건을 일반법원과는 독립된 별도의 행정재판소에서 관할
영미법계 국가 (영국, 미국)	인정	부인 (공・사법 일원주의)	행정사건도 일반법원에서 관할
우리나라	인정	인정 (공・사법 이원주의)	행정사건도 일반법원에서 관할

✦ 공법과 사법(私法)의 구별을 강조하지 않는 영미법계 국가에서는 오늘날 행정법의 특수성은 인정되지 않으며 행정기관의 결정에 대한 재판권은 통상의 사법(司法)법원이 행사한다. (○, ×) [11 국가9급]

✦ 우리나라 행정법은 전통적으로 대륙법계의 영향을 받아 행정에 특유한 공법으로서의 성격을 강조하고 있으면서도 행정사건은 별도의 행정법원(재판소)이 아닌 사법(司法)법원의 관할에 속한다. (○, ×) [11 국가9급]

02 법치행정의 원리

행정기본법 제8조【법치행정의 원칙】 행정작용은 법률에 위반되어서는 아니 되며, 국민의 권리를 제한하거나 의무를 부과하는 경우와 그 밖에 국민생활에 중요한 영향을 미치는 경우에는 법률에 근거하여야 한다. [23 지방9급]

1. 법치행정 원리의 의의

(1) 법치행정 원리의 개념

법치행정의 원리란 원칙적으로 모든 행정작용은 법에 의하여 행하여져야 한다는 원리로 행정법의 기본원리인 권력분립원리에 기초하고 있다. 현대에 와서 법치행정 원리는 형식적 법치주의를 극복하고 실질적 법치주의로 전환되었다.

✦ 법치행정원리의 현대적 의미는 실질적 법치주의에서 형식적 법치주의로의 전환이다. (○, ×) [19 서울7급]

(2) 법치행정의 목적

법치행정은 행정을 법에 기속시킴으로써 행정의 자의를 막고, 행정작용의 예견가능성을 보장하여 국민의 자유와 권리를 보장하기 위한 것이 주된 목적이다. 행정이 법에 기속되면 행정주체가 고려해야 할 사항이 많아지므로 행정의 효율성은 떨어진다. 따라서 행정의 효율성은 법치행정의 목적이 아니다.

✦ 법치행정의 목적은 행정의 효율성과 행정작용의 예견가능성을 보장하는데 있다. (○, ×) [11 국가9급]

(3) 법치행정의 내용

법치행정은 행정의 법률적합성 원칙을 핵심적인 내용으로 한다. 오토 마이어(O. Mayer)는 행정의 법률적합성 원칙을 ① 법률의 법규창조력, ② 법률우위의 원칙, ③ 법률유보의 원칙 3가지로 체계화하였다.

법률의 법규창조력이란 국민의 권리·의무관계에 구속력을 가지는 법규(법규범)를 창조하는 것은 국민의 대표기관인 의회에서 제정한 법률만이라고 한다. (○, ×) [13 국회9급]

2. 법률의 법규창조력

(1) 의의

법률의 법규창조력이란 국민의 권리·의무에 관계되는 법규를 창조하는 것은 국민의 대표기관인 의회의 전속적 권한에 속하며, 의회에서 제정한 법률만이 법규로서 국민에 대한 구속력이 있다는 것을 말한다.

(2) 법률의 법규창조력의 한계

행정이 복잡 전문화되면서 행정입법에 대한 위임이 광범위하게 행하여지고 있다. 현실적으로도 현대국가의 다양한 행정수요에 대응하기 위하여 일일이 국회가 법률을 제정하는 것은 현실적으로 불가능하게 된 측면이 있다. 이제 법률만이 법규창조력을 가진다고는 할 수 없게 되었고 법률의 법규창조력의 적용영역도 줄어드는 추세이다.

3. 법률우위의 원칙

(1) 의의

법률우위의 원칙이란 행정은 법률에 위반하여 행해져서는 안 된다는 원칙을 말한다. 이 때의 법률은 실질적 법치주의에 따라 그 내용도 합헌적이어야 한다.

(2) 법률의 범위

법률우위의 원칙에서 말하는 법률에는 헌법, 법률, 그 밖에 성문 불문의 모든 법규를 말하는 것으로서 행정법의 일반원칙도 포함된다. [19 서울7급(上)] 단, 행정규칙은 포함되지 아니한다.

(3) 소극적 원칙

법률우위의 원칙은 행정이 법률에 위반되어서는 안 된다는 법치주의의 소극적 측면을 말하는 것으로 소극적 법률적합성의 원칙이라고도 한다. 이에 비해 법률유보의 원칙은 행정권발동의 근거를 요한다는 점에서 법치주의의 적극적 측면이라고 할 수 있다.

(4) 적용영역

법률우위의 원칙은 침해적 행정에만 적용된다. (○, ×) [17 교행]

법률우위의 원칙은 모든 행정작용에 적용된다. [18 교행] 즉 공법적 행위, 사법적 행위, 수익적·침익적 행위, 법적 행위, 사실적 행위 등 행정의 모든 영역에 적용된다. 사법형식의 국가작용에도 적용된다는 점은 주의를 요한다.

(5) 위반의 효과

법률의 우위원칙에 위반된 행정작용의 법적효과는 행위형식에 따라 상이하여 일률적으로 말할 수 없다. (○, ×) [13 국회9급]

법률우위의 원칙에 위반되는 행정작용은 위법하다. [17 교행] 다만 위법의 정도가 무효사유인지 취소사유인지는 경우에 따라 달리 판단된다. 다만 행정입법과 공법상 계약은 특별한 사정이 없는 한 무효가 된다.

4. 법률유보의 원칙

(1) 의의

법률유보의 원칙이란 행정권의 발동에는 개별적인 법률의 근거(법률의 수권)를 요한다는 것을 말한다. 그러나 법률유보의 원칙은 국가작용의 모든 부문을 빠짐없이 법률로 규정할 것을 요구하는 것은 아니다.

판례

기본권 제한에 관한 법률유보의 원칙은 '법률에 의한 규율'을 요청하는 것이 아니라 '법률에 근거한 규율'을 요청하는 것이므로, 기본권의 제한에는 법률의 근거가 필요할 뿐이고 기본권 제한의 형식이 반드시 법률의 형식일 필요는 없고 [23 지방9급, 17 교행] 위임입법에 의하여도 기본권 제한을 할 수 있다(헌재 2005.5.26. 99헌마513). [19 서울9급, 17 국가9급]

(2) 법률의 의미

① 형식적 의미의 법률

법률유보의 원칙에서 말하는 법률은 국회가 제정하는 형식적 의미의 법률을 말한다. 따라서 불문법인 관습법은 인정되지 않는다. 법률의 위임에 의한 법규명령은 포함된다.

② 조직법적 근거와 수권법적 근거

행정은 모든 경우에 조직법적 근거가 있어야 한다. 즉 행정은 소관사무 내에서만 가능하다. 법률유보의 원칙에서는 문제되는 것은 조직법적 근거(임무규정)가 아니라 행정의 작용법적 근거(수권규범, 권능규정, 권한규정)이다. [19 국가9급, 19 서울7급(上)]

③ 적극적 원칙(법률우위와의 관계)

법률우위 원칙은 소극적으로 기존법령을 위반하지 말 것을 요구하는 원칙이고, 법률유보 원칙은 적극적으로 행정기관이 행위를 할 수 있게 하는 법적 근거가 되는 적극적인 문제라는 점에서 차이가 있다.

(3) 법적 근거

법률유보 원칙은 헌법상 명문의 근거는 없지만 헌법상 기본원리인 ① 법치국가원리, ② 기본권보장원리, ③ 의회주의원리, ④ 자유주의, 민주주의 원리에 근거를 두고 있다.

(4) 법률유보원칙의 적용범위

법률우위의 원칙은 모든 행정영역에 적용되지만, 법률유보 원칙의 적용범위에 대하여는 학설상 다툼이 있다. 행정의 자율성이라는 측면과 국회에 의한 행정의 통제라는 측면에서 어느 쪽을 강조할 것인가의 문제이다.

① 학설

㉠ 침해유보설

행정이 개인의 자유와 권리를 침해·제한하거나 의무를 부과하는 등의 침해적 행정작용의 경우에는 법적 근거를 요한다는 견해이다. [06 관세사] 이에 따르면 수익적 행정작용이나 개인의 권리나 의무에 직접 관계되지 않는 영역에는 법률유보원칙이 적용되지 않는다.

㉡ 전부유보설

전부유보설은 모든 행정작용이 법률에 근거해야 한다는 입장으로, 행정의 자유영역을 부정하는 견해이다. [10 지방9급] 이 견해는 특히 의회민주주의와 의회의 우월성을 강조한 것으로 일견 법치주의에 가장 충실한 견해라 할 수 있으나, 법률이 존재하지 않는 경우, 행정은 아무런 활동도 할 수 없다는 문제가 있다. [10 지방7급]

헌법재판소는 예산도 일종의 법규범이고, 법률과 마찬가지로 국회의 의결을 거쳐 제정되며, 국가기관뿐만 아니라 일반국민도 구속한다고 본다. 따라서 법률유보원칙에서 말하는 법률에는 예산도 포함된다. (○, ×) [13 지방9급]

법률유보원칙에서 '법률의 유보'라고 하는 경우의 '법률'에는 국회에서 법률제정의 절차에 따라 만들어진 형식적 의미의 법률뿐만 아니라 국회의 의결을 거치지 않은 명령이나 불문법원으로서의 관습법이나 판례법도 포함된다. (○, ×) [19 서울7급, 16 서울9급]

법률의 우위원칙은 행정의 법률에의 구속성을 의미하는 적극적인 성격의 것인 반면에 법률유보의 원칙은 행정은 단순히 법률의 수권에 의하여 행해져야 한다는 소극적 성격의 것이다. (○, ×) [13 국회9급]

㉢ 급부행정유보설(사회유보설)

침해행정 이외에 급부행정의 영역에도 법률의 유보를 필요로 한다는 견해이다. 행정으로부터의 자유를 강조한 침해유보와 달리 행정을 통한 자유를 강조하고 있다. 이 견해에 따르면 공기업의 경영, 공공시설의 설치, 사회보장행정, 자금지원 등 급부행정 전반과 급부의 내용·절차·기준까지도 법률유보원칙이 적용되어야 한다고 본다. 다만 법률이 제정될 때까지 급부행정의 중단이 불가피하게 되어 오히려 역효과를 초래할 가능성이 있다는 비판이 있다.

㉣ 본질성설(중요사항 유보설)

법률유보의 적용영역을 침해작용인가 급부작용인가 하는 행정작용의 성질에 따라 판단하는 것이 아니라 개인의 기본권과 사회전체의 공익에 있어 가장 근본적이고 중요한 사항은 법률의 근거를 요한다는 견해로서, 독일연방헌법재판소의 판례를 계기로 형성되었다. 이 견해는 법률유보의 범위를 기본권 관련 측면에서 파악한 점, 법률유보의 범위뿐만 아니라 규율의 밀도에 대해서도 원칙을 제시하고 있다 [13 지방9급]는 점에서 높이 평가받고 있으며 판례도 받아들이고 있다. 다만 '본질적 사항'이란 개념이 모호하다는 비판이 있다.

> 급부행정유보설에 따르면 국민의 자유와 재산에 대한 침해행정에 대해서는 법률의 근거가 필요하지 않다. (○, ×) [12 지방9급]

> 급부행정유보설이 행정에 대한 자유를 중요시하는 반면, 침해행정유보설은 행정을 통한 자유를 중요시한다. (○, ×) [05 국회8급]

② 판례

헌재 판례

오늘날 법률유보원칙은 단순히 행정작용이 법률에 근거를 두기만 하면 충분한 것이 아니라, 국가공동체와 그 구성원에게 기본적이고도 중요한 의미를 갖는 영역, 특히 국민의 기본권실현과 관련된 영역에 있어서는 국민의 대표자인 입법자가 그 본질적 사항에 대해서 스스로 결정하여야 한다는 요구까지 내포하고 있다(의회유보원칙)(헌재 1999.5.27. 98헌바70).

[19 국가9급]

> 우리 헌법재판소는 오늘날 법률유보원칙은 특히 국민의 기본권실현과 관련된 영역에서는 국민의 대표자인 입법자가 그 본질적 사항에 대해서 스스로 결정하여야 한다는 요구까지 내포하는 것은 아니라고 판시한바 있다. (○, ×) [14 서울9급, 10 지방7급]

판례

1. 어떠한 사안이 국회가 형식적 법률로 스스로 규정하여야 하는 본질적 사항에 해당되는지는, 구체적 사례에서 관련된 이익 내지 가치의 중요성, 규제 또는 침해의 정도와 방법 등을 고려하여 개별적으로 결정하여야 하지만, 규율대상이 국민의 기본권 및 기본적 의무와 관련한 중요성을 가질수록 그리고 그에 관한 공개적 토론의 필요성 또는 상충하는 이익 사이의 조정 필요성이 클수록, 그것이 국회의 법률에 의해 직접 규율될 필요성은 더 증대된다(대판 2015.8.20. 2012두23808 전원합의체). [23 지방9급, 19 국가9급]
2. 구 여객자동차운수사업법상 관할관청은 개인택시운송사업자의 운전면허가 취소된 때에 그의 개인택시운송사업면허를 취소할 수 있도록 규정되어 있을 뿐 그에게 운전면허 취소사유가 있다는 사유만으로 개인택시운송사업면허를 취소할 수 있도록 하는 규정은 없으므로, 관할관청으로서는 비록 개인택시운송사업자에게 운전면허 취소사유가 있다 하더라도 그로 인하여 운전면허 취소처분이 이루어지지 않은 이상 개인택시운송사업면허를 취소할 수는 없다(대판 2008.5.15. 2007두26001).

> 법률유보의 적용범위는 행정의 복잡화와 다기화, 재량행위의 확대에 따라 과거에 비해 점차 축소되고 있으며 이러한 경향에 따라 헌법재판소는 행정유보의 입장을 확고히 하고 있다. (○, ×) [16 복지9급]

> 개인택시운송사업자의 운전면허가 아직 취소되지 않았더라도 운전면허 취소사유가 있다면 행정청은 명문 규정이 없더라도 개인택시운송사업면허를 취소할 수 있다. (○, ×) [19 국가9급]

㉠ 본질적 사항에 해당한다고 본 판례

판례

1. 병의 복무기간은 국방의무의 본질적 내용에 관한 것이어서 이는 반드시 법률로 정하여야 할 입법사항에 속한다(대판 1985.2.28. 85초13).
2. 지방의회의원에 대하여 유급 보좌 인력을 두는 것은 지방의회의원의 신분·지위 및 처우에 관한 현행 법령상의 제도에 중대한 변경을 초래하는 것으로서 국회의 법률로 규정하여야 할 입법사항이다(대판 2017.3.30. 2016추5087). [18 서울9급, 18 교행]

헌재 판례

1. 텔레비전방송수신 수신료금액의 결정은 납부의무자의 범위 등과 함께 수신료에 관한 본질적인 중요한 사항이므로 국회가 스스로 행하여야 하는 사항 [17 교행]에 속하는 것임에도 불구하고 국회의 결정이나 관여를 배제한 채 한국방송공사로 하여금 수신료금액을 결정해서 문화관광부장관의 승인을 얻도록 한 것은 법률유보원칙에 위반된다(헌재 1999.5.27. 98헌바70).
2. 토지초과이득세법상의 기준시가는 국민의 납세의무의 성부 및 범위와 직접적인 관계를 가지고 있는 중요한 사항이므로, 토초세법 자체에서 직접 규정해 두는 것이 헌법에 합치하는 것이다(헌재 1994.7.29. 92헌바49 등 [헌법불합치]). [16 복지9급]
3. 토지 등 소유자가 도시환경정비사업을 시행하는 경우 사업시행인가 신청시 필요한 토지등소유자의 동의는, 행정주체로서의 지위를 가지는 사업시행자를 지정하는 문제로서, 그 동의요건을 정하는 것은 국민의 권리와 의무의 형성에 관한 기본적이고 본질적인 사항이므로 국회가 스스로 행하여야 하는 사항에 속하는 것임에도 불구하고, 토지등소유자가 자치적으로 정하여 운영하는 규약에 정하도록 한 것은 법률유보원칙에 위반된다(헌재 2012.4.24. 2010헌바1 [위헌]). [18 서울9급, 17 국가9급]
4. 토지 등 소유자들이 그 사업을 위한 조합을 따로 설립하지 아니하고 직접 도시환경정비사업을 시행하고자 하는 경우 토지 등 소유자들이 직접 시행하는 도시환경정비사업에서 토지 등 소유자에 대한 사업시행인가처분은 단순히 사업시행계획에 대한 보충행위로서의 성질을 가지는 것이 아니라 구 도시정비법상 정비사업을 시행할 수 있는 권한을 가지는 행정주체로서의 지위를 부여하는 일종의 설권적 처분의 성격을 가진다(대판 2013.06.13. 2011두19994). [22 지방7급]

> 수신료금액 결정은 수신료에 관한 본질적인 사항이 아니므로 국회가 반드시 스스로 행하여야 할 필요는 없다. (○, ×)
> [19 서울9급, 16 복지9급]

㉡ 본질적 사항이 아니라고 본 판례

헌재 판례

1. 수신료 징수업무를 한국방송공사가 직접 수행할 것인지 제3자에게 위탁할 것인지, 위탁한다면 누구에게 위탁하도록 할 것인지는 국민의 기본권제한에 관한 본질적인 사항이 아니라 할 것이다(헌재 2008.2.28. 2006헌바70 [합헌,각하]). [19 서울9급(上)]
2. 국가유공자 단체의 대의원의 선출에 관한 사항은 각 단체의 구성과 운영에 관한 것으로서, 국민의 권리와 의무의 형성에 관한 기본적이고 본질적인 사항이라고 볼 수 없으므로, 법률유보 내지 의회유보의 원칙이 지켜져야 할 영역이라고 할 수 없다(헌재 2006.3.30. 2005헌바31).

판례

조합의 사업시행인가 신청시의 토지 등 소유자의 동의요건은 사업시행인가 신청에 대한 토지 등 소유자의 사전 통제를 위한 절차적 요건에 불과하고 토지 등 소유자의 재산상 권리·의무에 관한 기본적이고 본질적인 사항이라고 볼 수 없으므로 법률유보 내지 의회유보의 원칙이 반드시 지켜져야 하는 영역이라고 할 수 없다(대판 2007.10.12. 2006두14476).

헌재 판례

청원경찰은 근로관계의 창설과 존속 등이 본질적으로 사법상 고용계약의 성질을 가지는 바, 청원경찰의 징계로 인하여 사적 고용계약상의 문제인 근로관계의 존속에 영향을 받을 수 있다 하더라도 이는 국가 행정주체와 관련되고 기본권의 보호가 문제되는 것이 아니어서 여기에 법률유보의 원칙이 적용될 여지가 없으므로, 그 징계에 관한 사항을 법률에 정하지 않았다고 하여 법률유보의 원칙에 위반된다 할 수 없다(헌재 2010.2.25. 2008헌바160).

⑸ 법률유보원칙의 구체적 적용

① 침해행정

침해행정에 대해서는 어느 학설에 의하든지 법률유보가 필요하다.

② 급부행정

급부행정에 대해서 법률유보가 필요한지에 대해서는 견해대립이 있다.

③ 행정지도와 공법상 계약

행정지도와 공법상 계약은 강제력이 아닌 상대방의 동의를 전제로 하므로 법률의 근거가 필요 없다.

④ 특별권력관계

전통적 특별권력관계론에서는 법률유보 없이 기본권 제한이 가능하다고 보았으나 오늘날 법률유보가 적용된다고 본다.

⑹ 법률에 의한 행정의 원리의 한계와 보완

행정유보란 행정권도 민주적 정당성이 있으므로 일정한 영역에서 행정부가 독자적인 입법권을 행사할 수 있다는 이론이다.

03 행정법의 법원

1. 의의

행정법의 법원(法源)이란 행정에 관한 '법의 존재형식' 또는 '인식근거'를 의미한다. 행정법의 법원은 성문법을 원칙으로 하나, 보충적으로 불문법도 법원으로 인정된다.

2. 성문법원

성문법원들은 국가법질서의 통일성을 위해 헌법을 정점으로 하여 단계적인 계층구조를 이루고 있는바, 성문법원들 간에 내용상 충돌이 있는 경우에는 상위법우선의 원칙(헌법 → 법률 → 명령 → 조례 → 규칙), 특별법우선의 원칙, 신법우선의 원칙의 순서에 따라 해결된다(대판 1969.7.22. 69두33).

(1) 헌법

최고의 효력을 갖는 행정법의 법원으로 헌법규정은 행정에 직접 적용되기도 하며, 헌법에 위반되는 하위법규범은 위헌심사의 대상이 된다. 헌법은 주로 행정법의 해석에 대한 지침, 기준의 역할을 한다.

법원(法源)을 법의 인식근거로 보면 헌법은 행정법의 법원이 될 수 없다. (○, ×) [16 서울9급]

(2) 법률

국회에서 제정한 형식적 의미의 법률은 행정법의 가장 중요한 법원으로 원칙적으로 행정입법에 대한 우위를 가진다. 헌법상의 긴급명령과 긴급재정・경제명령 및 국회의 동의를 요하는 조약은 법률과 동등한 효력을 가진다.

대통령의 긴급명령과 긴급재정・경제명령은 행정법의 법원이 된다. (○, ×) [17 교행]

현행 헌법상 헌법적 효력을 갖는 비상명령이 인정된다. (○, ×) [15 교행]

헌재 판례

예산의 법원성

예산은 일종의 법규범이고 법률과 마찬가지로 국회의 의결을 거쳐 제정되지만 법률과 달리 국가기관만을 구속할 뿐 일반국민을 구속하지 않는다. [19 서울9급] 국회가 의결한 예산 또는 국회의 예산안 의결은 헌법재판소법 제68조 제1항 소정의 '공권력의 행사'에 해당하지 않고 따라서 헌법소원의 대상이 되지 아니한다(헌재 2006.04.25. 2006헌마409).

(3) 명령(법규명령과 행정규칙)

국가행정기관에 의해 정립되는 법규범(행정입법)으로, 국민에 대해 직접적 구속력을 갖는 법규명령과 행정조직 내부에서만 구속력을 갖는 행정규칙(행정명령)으로 구분된다. 행정조직 내부의 법인 행정규칙(행정명령)의 법원성 여부에 대해서는 견해의 대립이 있다.

(4) 자치법규(조례와 규칙)

지방자치단체가 제정하는 자치에 관한 법규범으로, 조례(지방의회가 제정)와 규칙(지방자치단체의 장이 제정) 및 교육규칙(교육감이 제정)이 있다. 국가법질서의 통일을 기하기 위해 조례와 규칙은 헌법・법률・명령에 위반될 수 없다. 동일 지방자치단체 조례 및 규칙 상호 간에는 조례가 규칙보다 우월하다.

(5) 조약 및 일반적으로 승인된 국제법규

① 개념

조약이란 그 명칭과 관계없이 국가와 국가 사이 또는 국가와 국제기구 사이의 문서에 의한 합의를 말하며, 일반적으로 승인된 국제법규란 우리나라가 당사국이 아닌 조약으로서 국제사회에서 일반적으로 그 규범성이 승인된 것(포로의 지위에 관한 제네바협정 등)과 국제관습법을 말한다.

② 법원성

헌법 제6조 1항은 "헌법에 의하여 체결・공포된 조약과 일반적으로 승인된 국제법규는 국내법과 동일한 효력을 갖는다."고 규정하고 있어 [15 경행특채] 조약과 국제법규가 국내행정에 관한 사항을 포함하고 있을 때에는 그 한도에서 행정법의 법원이 된다.

③ 국내법질서로의 편입방법

일반적으로 승인된 국제법규를 국내에 적용하기 위하여 별도의 국내입법조치는 필요하지 않다고 봄이 통설이다(국제법・국내법 일원설 입장).

일반적으로 승인된 국제법규라도 의회에 의한 입법절차를 거쳐야 행정법의 법원이 된다. (○, ×) [15 경행특채]

④ 조약 및 국제법규의 효력

조약 및 국제법규는 그 규율사항에 따라 법률(국회의 동의를 요하는 경우) 또는 명령(국회의 동의를 요하지 않는 경우)과 동일한 효력을 갖는다고 본다. 상위법 우선의 원칙에 따라 헌법에 위반되는 조약 및 국제법규는 국내에서는 효력이 인정되지 않지만, 대외적으로까지 당연히 효력이 부인되는 것은 아니다.

⑤ 조약과 국내법의 충돌

국내법과 국제법이 충돌하는 문제가 발생하는 경우에는 일반적인 법 충돌시 해결방법인 신법우선의 원칙, 특별법우선의 원칙, 상위법우선의 원칙을 통해서 해결한다.

> 헌법에 의하여 체결·공포된 조약과 일반적으로 승인된 국제법규가 동일한 효력을 가진 국내의 법률, 명령과 충돌하는 경우에는 신법우위의 원칙 및 특별법우위의 원칙이 적용된다. (○, ×) [11 지방9급]

판례

1. 국제항공운송에 관한 법률관계에 대하여는 1955년 헤이그에서 개정된 '국제항공운송에 있어서의 일부규칙의 통일에 관한 협약(바르샤바협약)이 일반법인 민법이나 상법에 대한 특별법으로서 우선 적용된다(대판 1986.7.22. 82다카1372).
2. '1994년 관세 및 무역에 관한 일반협정'(General Agreement on Tariffs and Trade 1994)과 '정부조달에 관한 협정'(Agreement on Government Procurement)은 국회의 동의를 얻어 공포, 시행된 조약으로서 각 헌법 제6조 제1항에 의하여 국내법령과 동일한 효력을 가지므로 지방자치단체가 제정한 조례가 GATT나 AGP에 위반되는 경우에는 그 효력이 없다(대판 2005.9.9. 2004추10). [21 국가9급, 20 국가9급]
3. 남북 사이의 화해와 불가침 및 교류협력에 관한 합의서는 남북관계가 '나라와 나라 사이의 관계가 아닌 통일을 지향하는 과정에서 잠정적으로 형성되는 특수관계'임을 전제로, 법적 구속력이 있는 것은 아니어서 이를 국가 간의 조약 또는 이에 준하는 것으로 볼 수 없고, 따라서 국내법과 동일한 효력이 인정되는 것도 아니다(대판 1999.7.23. 98두14525). [15 경행특채]

> '1994년 관세 및 무역에 관한 일반협정(GATT)'이나 '정부조달에 관한 협정(AGP)'에 위반되는 조례는 무효이다. (○, ×) [17 국가9급, 14 지방9급]

> '남북 사이의 화해와 불가침 및 교류협력에 관한 합의서'는 국가 간의 조약이다. (○, ×) [17 교행, 12 지방9급]

헌재 판례

법률의 효력을 갖는 조약은 헌법재판소에 의한 위헌법률심판의 대상이 된다. 국제통화기금협정과 전문기구의 특권과 면제에 관한 협약은 각각 국회의 동의를 얻어 체결된 것으로, 가입국의 재판권 면제에 관한 것으로서 위헌법률심판의 대상이 된다(헌재 2001.9.27. 2000헌바20).

판례

WTO 협정과 관련한 법적 분쟁은 위 WTO 분쟁해결기구에서 해결하는 것이 원칙이고, 사인에 대하여는 위 협정의 직접 효력이 미치지 아니한다고 보아야 할 것이므로, 위 협정에 따른 회원국 정부의 반덤핑부과처분이 WTO 협정위반이라는 이유만으로 사인이 직접 국내 법원에 회원국 정부를 상대로 그 처분의 취소를 구하는 소를 제기하거나 위 협정위반을 처분의 독립된 취소사유로 주장할 수는 없다(대판 2009.1.30. 2008두17936). [19 서울9급]

> 회원국 정부의 반덤핑부과처분이 WTO협정 위반이라는 이유만으로 사인이 직접 국내 법원에 회원국 정부를 상대로 그 처분의 취소를 구하는 소를 제기할 수 있다. (○, ×) [17 국가9급(下), 11 지방9급]

3. 불문법원

(1) 관습법

① 의의

관습법이란 사회의 거듭된 관행으로 생성한 사회생활규범이 사회의 법적 확신과 인식에 의하여 법적 규범으로 승인 강행되기에 이른 것을 말한다. [15 경행특채] 행정의 복잡·다양성 및 유동성 등으로 인해 모든 행정영역에 성문법규정이 완비될 수 없으므로 이를 보충하기 위하여 관습법을 행정법의 법원으로 인정하는 것이 통설 및 판례의 태도이다.

② 성립요건

행정에 관한 관행이 존재(객관적 요건)하고 그에 대한 국민의 법적 확신(주관적 요건)만 있으면 되고 국가의 승인까지는 요하지 않는다.

헌재 판례

관습헌법

우리나라는 성문헌법을 가진 나라로서 기본적으로 우리 헌법전이 헌법의 법원이 된다. 그러나 성문헌법이라고 하여도 그 속에 모든 헌법사항을 빠짐없이 완전히 규율하는 것은 불가능하고 또한 헌법은 국가의 기본법으로서 간결성과 함축성을 추구하기 때문에 형식적 헌법전에는 기재되지 아니한 사항이라도 이를 불문헌법 내지 관습헌법으로 인정할 소지가 있다. 관습헌법이 성립하기 위하여서는 관습법의 성립에서 요구되는 일반적 성립 요건이 충족되어야 한다. 첫째, 기본적 헌법사항에 관하여 어떠한 관행 내지 관례가 존재하고, 둘째, 그 관행은 국민이 그 존재를 인식하고 사라지지 않을 관행이라고 인정할 만큼 충분한 기간 동안 반복 내지 계속되어야 하며(반복·계속성), 셋째, 관행은 지속성을 가져야 하는 것으로서 그 중간에 반대되는 관행이 이루어져서는 아니 되고(항상성), 넷째, 관행은 여러 가지 해석이 가능할 정도로 모호한 것이 아닌 명확한 내용을 가진 것이어야 한다(명료성). 또한 다섯째, 이러한 관행이 헌법관습으로서 국민들의 승인 내지 확신 또는 폭넓은 컨센서스를 얻어 국민이 강제력을 가진다고 믿고 있어야 한다(국민적 합의). 서울이 수도라는 점은 우리의 제정헌법이 있기 전부터 전통적으로 존재하여온 헌법적 관습이며 우리 헌법조항에서 명문으로 밝힌 것은 아니지만 자명하고 헌법에 전제된 규범으로서, 관습헌법으로 성립된 불문헌법에 해당한다(헌재 2004.10.21. 2004헌마554).

③ 종류

㉠ 행정선례법

행정청이 취급한 선례가 반복됨으로써 국민 간에 그에 대한 법적 확신이 생겨 법규범으로서의 성격을 갖게 된 사무처리상의 관행을 말한다. 행정선례법의 인정은 행정에 대한 국민의 신뢰보호관념이 그 기초를 이루고 있다. 행정선례법의 존재를 명문으로 인정하고 있는 실정법도 있다(국세기본법 제18조 제3항, 행정절차법 제4조 제2항). [11 국회9급] 판례 또한 국세행정상 비과세의 관행을 일종의 행정선례법으로 인정하고 있다.

참고

관습헌법에 대한 헌법재판소의 태도

1. **관습헌법의 성립:** 헌법재판소는 성문헌법 하에서도 관습헌법이 생길 수 있음을 인정한다.
2. **관습헌법의 효력:** 헌법재판소는 관습헌법의 효력에 대해 성문헌법과 대등한 효력을 인정한다.
3. **관습헌법의 개정:** 관습헌법의 개정도 성문헌법의 개정과 동일한 방법에 의해 개정해야 한다. 그 방법은 관습헌법의 내용과 다른 내용을 규정하는 방법이다.

헌법재판소는 「신행정수도건설을 위한 특별조치법」의 위헌확인사건에서 관습헌법은 성문헌법과 같은 헌법개정절차를 통해서 개정될 수 있다고 판시하였다. (○, ×) [12 지방9급]

참고

국세기본법 제18조 ③ 세법의 해석이나 국세행정의 관행이 일반적으로 납세자에게 받아들여진 후에는 그 해석이나 관행에 의한 행위 또는 계산은 정당한 것으로 보며, 새로운 해석이나 관행에 의하여 소급하여 과세되지 아니한다.

행정절차법 제4조 ② 행정청은 법령등의 해석 또는 행정청의 관행이 일반적으로 국민들에게 받아들여졌을 때에는 공익 또는 제3자의 정당한 이익을 현저히 해칠 우려가 있는 경우를 제외하고는 새로운 해석 또는 관행에 따라 소급하여 불리하게 처리하여서는 아니 된다.

판례는 국세행정상 비과세의 관행을 일종의 행정선례법으로 인정하지 아니한다. (○, ×) [14 지방9급]

판례

1. 비과세의 사실상태가 장기간에 걸쳐 계속된 경우에 그것이 그 사항에 대하여 과세의 대상으로 삼지 아니하는 뜻의 과세관청의 묵시적인 의향표시로 볼 수 있는 경우 이를 비과세 관행으로 인정할 수 있다(대판 1987.2.24. 86누571).
2. 면허세의 근거법령이 제정되어 폐지될 때까지의 4년 동안 과세관청이 면허세를 부과할 수 있음을 알면서도 수출확대라는 공익상 필요에서 한 건도 부과한 일이 없었다면 비과세의 관행이 이루어졌다고 보아야 하고, 과세근거법규가 폐지된지 1년 3개월이나 지난 뒤에 행한 4년간의 위 면허세의 부과처분은 신의성실의 원칙과 위의 관행을 무시한 위법한 처분이다(대판 1982.6.8. 81누38). [20 지방7급]

㉡ 민중적 관습법

행정법 관계에 관한 국민들 사이의 장기적 관행이 법규범으로서의 성격을 갖게 된 경우를 말한다(관개용수권, 음용용수권, 하천사용권, 입어권). 민중관습법의 존재를 명문으로 인정하고 있는 실정법도 있으며(구 수산업법 제40조), 판례도 관행어업권 등을 인정하고 있다.

수산업법은 민중적 관습법인 입어권의 존재를 명문으로 인정하고 있다. (○, ×) [14 지방9급]

판례

구 수산업법 제40조 소정의 입어의 관행이라 함은 어떤 어업장에 대한 공동어업권 설정 이전부터 어업의 면허 없이 당해 어업장에서 오랫동안 계속 수산동식물을 채포 또는 채취함으로써 그것이 대다수 사람들에게 일반적으로 시인될 정도에 이른 것을 말한다(대판 1994.3.25. 93다45701).

④ 효력

㉠ 성문법과 일반적인 행정관습법의 관계

개폐적 효력설	관습법은 성문법이 있는 경우에도 성립될 수 있고 성문법을 개정 또는 폐지하는 효력까지도 갖는다는 견해이다.
보충적 효력설 (다수설·판례)	원칙적으로 관습법은 성문법의 결여시 성문법을 보충하는 한도에서 적용될 뿐 성문법을 개정 또는 폐지하는 개폐적 효력은 없다는 견해이다.

일반적으로 관습법은 성문법에 대하여 개폐적 효력을 가진다. (○, ×) [18 교행, 15 경행특채]

㉡ 관습법의 소멸

판례

1. 가정의례준칙(대통령령)과 배치되는 관습법의 효력을 인정하는 것은 관습법의 제정법에 대한 열후적(劣後的)·보충적 성격에 비추어 허용되지 않는다(대판 1983.6.14. 80다3231).
2. 사회의 거듭된 관행으로 생성된 사회생활규범이 관습법으로 승인되었다고 하더라도 사회 구성원들이 그러한 관행의 법적 구속력에 대하여 확신을 갖지 않게 되었다거나, 전체 법질서에 부합하지 않게 되었다면 그러한 관습법은 법적 규범으로서의 효력이 부정될 수밖에 없다(대판 2005.7.21. 2002다1178).

사회의 거듭된 관행으로 생성된 사회생활규범이 관습법으로 승인되었다고 하더라도 사회 구성원들이 그러한 관행의 법적 구속력에 대하여 확신을 갖지 않게 되었다면 그러한 관습법은 법적 규범으로서의 효력이 부정될 수밖에 없다. (○, ×) [17 국가9급(下)]

대법원의 판례는 사안이 서로 다른 사건을 재판하는 하급심 법원을 직접 기속하는 효력이 있다. (○, ×) [15 경행특채]

(2) 판례법

영미법계 국가에서는 선례구속의 원칙이 인정되어 판례의 법적 구속력이 인정되나, [14 지방9급] 대륙법계 국가에서는 선례구속의 원칙이 인정되지 않으며 판례의 법적 구속력은 부인된다. 우리나라의 경우 선례구속의 원칙이 인정되지 않으며, 법원조직법 제8조는 "상급법원 재판에서의 판단은 해당 사건에 관하여 하급심을 기속한다."고 규정하고 있으므로 상급법원의 판결은 '당해 사건'에 있어서만 법적 구속력을 가질 뿐 '동종의 유사사건'에 대해서는 법적 구속력이 없어 법적 · 제도적으로는 대법원판례의 법원성이 부정된다.

> ✦ 동종사건에 관하여 대법원의 판례가 있더라도 하급법원은 그 판례와 다른 판단을 하는 것이 가능하다. (○, ×) [11 국가9급]

> **참고**
>
> 기존의 판례와 다른 하급심 판결은 대법원에서 파기환송될 가능성 등을 감안하면 대법원 판례가 사실상의 구속력을 가지고 있다는 점은 부인하기 어렵다.

판례

대법원의 판례가 법률해석의 일반적인 기준을 제시한 경우에, 유사사건을 재판하는 하급심법원의 법관은 판례의 견해를 존중하여 재판하여야 하는 것이나, 판례가 사안이 서로 다른 사건을 재판하는 하급심법원을 직접 기속하는 효력이 있는 것은 아니다(대판 1996.10.25, 96다31307).

> ✦ 대법원은 유사사건에 관한 대법원 판례가 하급법원을 직접 기속한다고 판시한 바 있다. (○, ×) [12 지방9급]

이에 반해 헌법재판소의 위헌결정은 법원(法院)과 그 밖의 국가기관 및 지방자치단체를 기속하므로(헌법재판소법 제47조 제1항), 헌법재판소의 결정은 법적 · 제도적으로 법원성이 인정된다. 헌법재판소의 결정에 대한 기속력은 위헌결정에 인정되는 것이지 합헌결정에는 인정되지 않는다. 한정위헌 결정에 대해서는 대법원과 헌법재판소의 견해가 대립한다.

> ✦ 법률의 위헌결정은 법원을 기속하나 국가기관 및 지방자치단체는 기속하지 못한다. (○, ×) [10 경행특채]

> ✦ 헌법재판소에 의한 법률의 위헌결정은 국가기관과 지방자치단체를 기속한다는 헌법재판소법 제47조에 의해 법원으로서의 성격을 가진다. (○, ×) [12 지방9급]

판례

헌법재판소가 법률의 위헌 여부를 판단하기 위하여 한 법률해석에 대법원이나 각급 법원이 구속되는 것은 아니다. 합헌적 법률해석을 포함하는 법령의 해석 · 적용 권한은 대법원을 최고법원으로 하는 법원에 전속하는 것이며, 헌법재판소의 법률해석에 대법원이나 각급 법원이 구속되는 것은 아니다(대판 2009.2.12. 2004두10289).

(3) 조리(행정법의 일반원칙)

① 의의

조리란 '사물의 본질적 법칙' 또는 '일반 사회의 정의감에 비추어 반드시 그렇게 되어야만 할 것'을 말한다. 조리는 영구불변적인 것은 아니고 시대와 사회에 따라 변할 수 있다.

② 내용

일반적으로 신의성실의 원칙, 권리남용금지의 원칙, 비례원칙(과잉금지의 원칙), 평등원칙(행정의 자기구속의 법리), 신뢰보호의 원칙, 부당결부금지의 원칙, 보충성의 원칙, 기득권존중의 원칙, 명확성의 원칙, 예측가능성의 원칙, 기대가능성의 원칙 등을 조리의 예로 든다.

> ✦ 행정법의 일반원칙의 상당부분은 헌법원칙의 구체화이다. (○, ×) [11 국회9급]

우리나라는 성문법주의를 취하고 있기 때문에 행정법의 일반원칙은 행정법의 법원이 되지 못한다. (○, ×) [09 국회9급]

우리나라는 성문법주의를 취하고 있기 때문에 행정법의 일반원칙은 행정법의 법원이 되지 못한다. (○, ×) [09 국회9급]

③ 조리의 중요성

종래 통설적 견해는 조리에 대해 법해석의 기본원리로서, 성문법・관습법・판례법이 모두 없는 경우에 최후의 보충적 법원으로서 그 중요성을 가진다고 보았다. 그 경우 법원(法院)은 보충적 법원으로서의 조리에 따라 재판할 수 있다. [18 교행] 최근에는 조리의 근거를 헌법이나 기타의 실정법에서 구하고 있다. 조리로 불리던 것 중 행정법의 일반원칙의 상당부분은 헌법원칙의 구체화이고, 후술하는 행정법의 일반원칙은 행정법의 법원이 된다.

04 행정법의 효력

1. 시간적 효력

(1) 효력발생시기

① 법령(조례・규칙)의 효력 발생

㉠ 법령이 시행일에 관하여 규정을 둔 경우

행정법규에 시행일에 관하여 부칙 또는 시행령 등에서 직접 날짜를 정한 경우에는 그날부터 효력이 발생한다.

㉡ 법령이 시행일에 관하여 규정을 두지 않는 경우

시행일에 관하여 특별한 규정이 없는 경우에는 공포한 날로부터 20일을 경과한 날로부터 효력을 발생한다(법령 등 공포에 관한 법률 제13조). 다만 국민의 권리 제한 또는 의무부과와 직접 관련되는 법률 등의 경우에는 공포일로부터 30일이 경과한 날로부터 시행되도록 하여야 한다(동법 제13조의2).

대통령령・총리령 및 부령은 특별한 규정이 없는 한 공포한 날부터 14일이 경과함으로써 효력을 발생한다. (○, ×) [15 행정사, 12 국회9급]

국민의 권리 제한 또는 의무 부과와 직접 관련되는 법률, 대통령령, 총리령 및 부령은 긴급히 시행하여야 할 특별한 사유가 있는 경우를 제외하고는 공포일부터 적어도 30일이 경과한 날부터 시행되도록 하여야 한다. (○, ×) [20 국가9급, 15 지방9급]

② 공포한 날과 발행한 날의 의미

법령 등의 공포일은 법령 등을 게재한 관보 또는 신문을 발행한 날을 말한다. 문제는 여기서 말하는 발행한 날의 의미가 무엇인가인데 학설의 대립이 있다.

③ 발행한 날의 의미

발행한 날의 의미에 대해 학설이 대립하나, 최초구독가능시설이 통설과 판례의 입장이다. 이 견해는 관보가 전국의 각 관보보급소에 도달하여 일반인이 구독가능한 상태에 놓인 최초의 시점을 '발행된 날'로 본다.

대통령령・총리령 및 부령의 공포일은 그 법령 등을 게재한 관보 또는 신문이 발행된 날로 한다. (○, ×) [09 국가9급]

판례

관보 게재일이라 함은 관보에 인쇄된 발행일자를 뜻하는 것이 아니고 관보가 전국의 각 관보보급소에 발송 배포되어 이를 일반인이 열람 또는 구독할 수 있는 상태에 놓이게 된 최초의 시기를 뜻한다(대판 1969.11.25. 69누129).

법령의 공포시점은 관보 또는 공보가 판매소에 도달하여 누구든지 이를 구독할 수 있는 상태가 된 최초의 시점으로 보는 것이 판례의 입장이다. (○, ×) [09 국가9급]

④ 공포 등의 절차

법령 등 공포에 관한 법률 제11조 【공포 및 공고의 절차】 ① 헌법개정·법률·조약·대통령령·총리령 및 부령의 공포와 헌법개정안·예산 및 예산 외 국고부담계약의 공고는 관보(官報)에 게재함으로써 한다.
② 「국회법」 제98조 제3항 전단에 따라 하는 국회의장의 법률 공포는 서울특별시에서 발행되는 둘 이상의 일간신문에 게재함으로써 한다.
④ 관보의 내용 해석 및 적용 시기 등에 대하여 종이관보와 전자관보는 동일한 효력을 가진다.

제12조 【공포일·공고일】 제11조의 법령 등의 공포일 또는 공고일은 해당 법령 등을 게재한 관보 또는 신문이 발행된 날로 한다. [21 지방9급]

㉠ 일반적인 경우
헌법개정·법률·조약·대통령령·총리령 및 부령의 공포와 예산 및 예산 외 국고부담계약의 공고는 관보에 게재한다.

㉡ 국회의장이 공포하는 경우: 신문에 공고
국회의장이 법률을 공포하고자 할 때에는 서울특별시에서 발행되는 둘 이상의 일간신문에 게재함으로써 한다.

㉢ 조례와 규칙의 경우
조례와 규칙의 공포는 해당 지방자치단체의 공보에 게재하는 방법으로 한다. [15 지방9급] 다만 지방의회의장이 공포하는 경우에는 공보나 일간신문에 게재하거나 또는 게시판에 게시한다(지방자치법 제33조).

(2) 소급입법금지의 원칙

① 의의
소급입법금지원칙이라 함은 이미 종료한 법적인 관계에 새로운 법률을 사후적으로 적용하는 것을 금지하는 것을 말한다. 소급입법금지원칙은 헌법 제13조 제1항에 명문의 규정이 있으나 이 규정은 확인적 규정에 지나지 않고 법치국가원리로부터 당연히 도출되는 것이다.

② 진정소급입법

㉠ 개념
진정소급입법이라 함은 과거에 이미 완성된 사실이나 법률관계를 규율대상으로 하는 입법형식을 말한다.

㉡ 원칙적 금지, 예외적 허용
진정소급입법은 원칙적으로 금지된다. 헌법재판소도 '진정소급입법은 헌법적으로 허용되지 않는 것이 원칙이며, 특별한 사정이 있는 경우에만 예외적으로 허용될 수 있다'고 판시하였다(헌재 1995.10.26. 94헌바12).

✦ 관보의 내용 해석 및 적용 시기 등에 대하여 종이관보가 전자관보보다 우선적 효력을 가진다. (○, ×) [21 지방9급]

✦ 반드시 관보에 게재할 사항에 해당되지 않는 것은? [04 국가9급]
① 헌법개정안의 공고
② 총리령의 공포
③ 예산의 공고
④ 국회의장에 의한 법률공포

✦ 대통령의 법률안거부권의 행사로 인하여 재의결된 법률을 국회의장이 공포하는 경우에는 서울특별시에서 발행되는 둘 이상의 일간신문에 게재함으로써 한다. (○, ×) [21 지방9급, 15 지방9급]

✦ 지방자치단체의 조례와 규칙을 지방의회의 의장이 공포하는 경우에는 일간신문에 게재함과 동시에 해당 지방자치단체의 인터넷 홈페이지에 게시하여야 한다. (○, ×) [15 지방9급]

✦ 신뢰보호의 요청에 우선하는 심히 중대한 공익상의 사유가 소급입법을 정당화하는 경우 등에는 예외적으로 진정소급입법이 허용된다. (○, ×) [16 교행, 14 국가9급]

판례

1. 법령의 소급적용, 특히 행정법규의 소급적용은 일반적으로는 법치주의의 원리에 반하고, 개인의 권리·자유에 부당한 침해를 가하며, 법률생활의 안정을 위협하는 것이어서, 이를 인정하지 않는 것이 원칙이고(법률불소급의 원칙 또는 행정법규불소급의 원칙), 다만 법령을 소급적용하더라도 일반 국민의 이해에 직접 관계가 없는 경우, 오히려 그 이익을 증진하는 경우, 불이익이나 고통을 제거하는 경우 등의 특별한 사정이 있는 경우에 한하여 예외적으로 법령의 소급적용이 허용된다(대판 2005.5.13. 2004다8630). [15 복지9급]
2. 친일재산은 취득·증여 등 원인행위시에 국가의 소유로 한다고 규정하고 있는 '친일반민족행위자 재산의 국가귀속에 관한 특별법' 제3조 제1항 본문은 진정소급입법에 해당하지만, 진정소급입법이라 하더라도 예외적으로 국민이 소급입법을 예상할 수 있었거나 신뢰보호 요청에 우선하는 심히 중대한 공익상 사유가 소급입법을 정당화하는 경우 등에는 허용될 수 있는데, [20 국가9급] 친일재산의 소급적 박탈은 일반적으로 소급입법을 예상할 수 있었던 예외적인 사안이고, 진정소급입법을 통해 침해되는 법적 신뢰는 심각하다고 볼 수 없는 데 반해 이를 통해 달성되는 공익적 중대성은 압도적이라고 할 수 있으므로 진정소급입법이 허용되는 경우에 해당하고, 따라서 위 귀속조항이 진정소급입법이라는 이유만으로 헌법 제13조 제2항에 위배된다고 할 수 없다(대판 2011.5.13. 2009다26831).

> 일반적으로 국민이 소급입법을 예상할 수 있었거나 법적 상태가 불확실하고 혼란스러워 보호할 만한 신뢰이익이 적은 경우에도 진정소급입법이 허용되지 않는다. (○, ×) [15 복지9급]

③ 부진정소급입법

㉠ 개념

부진정소급입법이라 함은 현재 진행 중인 사실관계 또는 법률관계를 사후적인 입법으로 규율하는 입법형식을 말한다.

㉡ 원칙적 허용

현재 진행 중인 법률관계를 사회의 변동에 따라 변경하는 것은 당연한 것이므로 부진정소급입법은 원칙적으로 허용된다(헌재 1995.10.26. 94헌바12).

> 계속된 사실이나 새 법령 시행 후에 발생한 부과요건 사실에 대하여 새 법령을 적용하는 것은 소급입법금지의 원칙에 저촉되지 않는다. (○, ×) [08 국가9급]

㉢ 예외적 금지

부진정소급입법은 원칙적으로 허용되지만, 개정 전의 법령에 대한 국민의 신뢰와 개정된 법령을 적용할 공익을 형량하여 전자가 후자보다 큰 경우에는 개정 전의 법령을 적용하여야 한다. 따라서 부진정소급입법의 구체적인 허용 여부는 신뢰보호원칙을 위배하였는지가 그 판단기준이 된다(헌재 1995.10.26. 94헌바12).

> 부진정소급입법은 원칙적으로 허용되지만 소급효를 요구하는 공익상의 사유와 신뢰보호의 요청 사이의 교량과정에서 신뢰보호의 관점이 입법자의 형성권에 제한을 가하게 된다. (○, ×) [21 서울7급, 17 국가7급]

판례

1. 개정 법령이 기존의 사실 또는 법률관계를 적용대상으로 하면서 국민의 재산권과 관련하여 종전보다 불리한 법률효과를 규정하고 있는 경우에도 그러한 사실 또는 법률관계가 개정 법령이 시행되기 이전에 이미 완성 또는 종결된 것이 아니라면 이를 헌법상 금지되는 소급입법에 의한 재산권 침해라고 할 수는 없다(대판 2009.4.23. 2008두17745). [18 국가7급]

> 개정 법령이 기존의 사실 또는 법률관계를 적용대상으로 하면서 국민의 재산권과 관련하여 종전보다 불리한 법률효과를 개정법률이 시행되기 이전에 이미 완성 또는 종결된 것이 아니라면 소급입법금지원칙에 위반된다. (○, ×) [21 국가9급]

2. 과세단위가 시간적으로 정해지는 조세에 있어 과세표준기간인 과세연도 진행 중에 세율 인상 등 납세의무를 가중하는 세법의 제정이 있는 경우에는 이미 충족되지 아니한 과세요건을 대상으로 하는 강학상 이른바 부진정소급효의 경우이므로 그 과세연도 개시시에 소급적용이 허용된다(대판 1983.4.26. 81누423).
3. 대학이 성적불량을 이유로 학생에 대하여 징계처분을 하는 경우에 있어서 수강신청이 있은 후 징계요건을 완화하는 학칙개정이 이루어지고 이어 당해 시험이 실시되어 그 개정학칙에 따라 징계처분을 한 경우라면 이는 이른바 부진정소급효에 관한 것으로서 특별한 사정이 없는 한 위법이라고 할 수 없다(대판 1989.7.11. 87누1123). [22 국가9급]

④ 시혜적 성격을 지닌 입법영역(유리한 소급적용)

신법이 피적용자에게 유리한 경우에는 이른바 시혜적인 소급입법이 가능하지만 이를 입법자의 의무라고는 할 수 없고, 그러한 소급입법을 할 것인지의 여부는 입법재량의 문제로서 그 판단은 일차적으로 입법기관에 맡겨져 있다(헌재 2002.2.28. 2000헌바69).

(3) 효력의 소멸

① 한시법

한시법이란 유효기간이 정해진 법을 말하는데 법에서 정한 기간이 경과되면 자동으로 효력이 소멸된다.

② 신법에 의한 폐지

당해법령, 상급 또는 동위의 법령에 의한 폐지나 내용적으로 모순 저촉되는 법령의 제정에 의해 효력이 소멸된다.

판례

개정 법률이 전문 개정인 경우에는 기존 법률을 폐지하고 새로운 법률을 제정하는 것과 마찬가지여서 종전의 본칙은 물론, 부칙 규정도 모두 소멸하는 것으로 보아야 하므로 종전의 법률 부칙의 경과규정도 실효된다(대판 2008.11.27. 2006두19419).

③ 헌법재판소의 위헌 결정

위헌으로 결정된 법률은 그 결정이 있는 날로부터 효력을 상실한다(헌법재판소법 제47조 제2항). 형벌에 관한 조항은 소급하여 효력을 상실한다. 다만 해당 법률 또는 법률의 조항에 대하여 종전에 합헌으로 결정한 사건이 있는 경우에는 그 결정이 있는 날의 다음 날로 소급하여 효력을 상실한다(헌법재판소법 제47조 제3항).

④ 묵시적 폐지

신구법이 내용상 충돌하는 경우에는 구법의 효력이 소멸된다(신법우선의 원칙).

⑤ 수권법인 상위법의 소멸

수권법인 모법이 소멸되는 경우에는 하위법의 효력이 소멸된다.

> 소득세법이 개정되어 세율이 인상된 경우, 법 개정 전부터 개정법이 발효된 후에까지 걸쳐 있는 과세기간(1년)의 전체 소득에 대하여 인상된 세율을 적용하는 것은 재산권에 대한 소급적 박탈이 되므로 위법하다. (○, ×) [15 서울9급]

> 신법의 효력발생일까지 진행 중인 사건에 대하여 신법을 적용하는 것은 법률의 소급적용에 해당하므로 원칙적으로 허용될 수 없다. (○, ×) [23 국가7급]

> 한시법은 명문으로 정해진 유효기간이 경과하더라도 당연히 그 효력이 소멸되는 것은 아니다. (○, ×) [12 복지9급]

> 법령이 전문개정된 경우 특별한 사정이 없는 한 종전의 법률부칙의 경과규정도 모두 실효된다. (○, ×) [08 국가9급]

2. 지역적 효력

(1) 원칙

행정법규는 제정권자의 통치력이 미치는 지역적 범위 내에서만 효력을 가진다. 예컨대 대통령령·부령은 전국에 걸쳐 효력을 가지고, 조례는 당해 지방자치단체의 구역 내에서만 효력을 가진다.

(2) 예외

특정 지역만을 규율대상으로 하는 법률은 무효이다. (○, ×) [16 교행]

국가의 법령이 영토의 일부지역에만 적용되는 경우도 있다(수도권정비계획법, 제주도국제자유도시특별법 등). [15 행정사] 반대로 행정법규가 그것을 제정한 기관의 본래의 관할구역을 넘어 적용되는 경우도 있다(A지방자치단체의 공공시설에 관한 조례가 B지방자치단체의 구역에도 효력을 미치는 경우).

3. 대인적 효력

(1) 원칙

① 속지주의

행정법규는 원칙적으로 속지주의에 의하여 영토 또는 구역 내에 있는 모든 사람에게 내외국인을 가리지 않고 일률적으로 적용된다. [16 교행]

② 속인주의

국외의 자국인에 대하여 국내법령은 적용되지 않는다. (○, ×) [12 국회9급]

외국에 있는 내국인에게도 대한민국의 행정법이 적용된다(여권법, 병역법 등).

③ 기국주의

공해상에 있는 대한민국 선적의 선박 내에서도 대한민국의 행정법이 적용된다.

(2) 예외

① 조약에 의한 배제

한·미행정협정과 같은 특별한 조약에 의해서 행정법규의 적용이 배제 또는 제한되는 경우도 있다.

② 상호주의

국토교통부장관은 대한민국국민, 대한민국의 법령에 따라 설립된 법인 또는 단체나 대한민국정부에 대하여 자국(自國) 안의 토지의 취득 또는 양도를 금지하거나 제한하는 국가의 개인·법인·단체 또는 정부에 대하여 대통령령으로 정하는 바에 따라 대한민국 안의 토지의 취득 또는 양도를 금지하거나 제한할 수 있다(부동산 거래신고 등에 관한 법률 제7조). 국가배상의 경우에도 외국인이 피해자인 경우에는 해당 국가와 상호 보증이 있을 때에만 적용한다(국가배상법 제7조).

CHAPTER
02 행정법의 일반원칙과 법률관계

제1절 행정법의 일반원칙

01 비례의 원칙(과잉금지의 원칙)

1. 의의

행정의 목적과 그 목적을 실현하기 위한 수단의 관계에서, 수단은 목적을 실현하는 데 유효·적절하고 가능한 한 최소침해를 가져오는 것이어야 하며, 또한 그 수단의 도입으로 인해 생겨나는 침해가 달성되는 공익을 넘어서서는 안 된다는 원칙을 말한다. 이는 목적과 수단 사이에 합리적인 비례관계가 유지되어야 한다는 것으로서 과잉금지의 원칙이라고도 한다.

참고
참새를 잡기 위해 대포를 쏘아서는 아니 된다는 표현으로 나타나기도 한다.

2. 법적 근거

(1) 성문법적 근거

① 헌법

비례의 원칙의 근거에 대해 일반적으로 헌법 제37조 제2항(국민의 모든 자유와 권리는 국가안전보장·질서유지 또는 공공복리를 위하여 필요한 경우에 한하여 법률로써 제한할 수 있으며, 제한하는 경우에도 자유와 권리의 본질적인 내용을 침해할 수 없다)에서 도출한다. 헌법재판소도 비례원칙의 근거를 헌법 제37조 제2항에서 찾고 있다.

② 법률

경찰관 직무집행법(제1조 제2항)은 '이 법에 규정된 경찰관의 직권은 그 직무수행에 필요한 최소한도에서 행사되어야 하며 이를 남용되어서는 아니 된다'고 규정하고 있으며, 행정규제기본법과 행정절차법은 각각 규제의 원칙과 행정지도의 원칙으로 비례원칙을 정하고 있다.

「행정규제기본법」과 「행정절차법」은 각각 규제의 원칙과 행정지도의 원칙으로 비례원칙을 정하고 있다. (○, ×) [17 서울9급]

행정기본법 제10조【비례의 원칙】행정작용은 다음 각 호의 원칙에 따라야 한다.
1. 행정목적을 달성하는 데 유효하고 적절할 것
2. 행정목적을 달성하는 데 필요한 최소한도에 그칠 것
3. 행정작용으로 인한 국민의 이익 침해가 그 행정작용이 의도하는 공익보다 크지 아니할 것

(2) 행정법의 일반원칙

이러한 비례의 원칙은 행정법의 일반원칙으로서 성문의 근거에 더하여 일반적인 정의관념이나 형평관념에 의해서도 인정되며, 국가의 모든 작용의 위헌·위법성을 심사하는 법원칙으로 기능한다고 볼 수 있다.

비례의 원칙은 행정에만 적용되는 원칙이므로 입법에서는 적용될 여지가 없다. (○, ×) [20 지방9급]

비례의 원칙은 침해행정인가 급부 행정인가를 가리지 아니하고 행정의 전 영역에 적용된다. (○, ×) [13 국가9급]

3. 적용범위

비례의 원칙은 명문의 규정이 있는 경우뿐만 아니라 행정의 모든 영역, 즉 침익적 영역은 물론이고 수익적 영역에도 적용된다. 비례원칙은 경찰작용과 같은 명문의 규정이 있는 경우 이외에도 행정강제, 행정행위의 취소·철회, 행정행위 부관의 한계, 행정조사, 규제적 행정지도 등에 광범위하게 적용된다.

4. 비례의 원칙의 내용

(1) 적합성의 원칙(1단계 : 목적과 수단의 관계)

적합성의 원칙은 행정작용이 목적달성에 적합하여야 한다는 것을 의미한다. 적합성의 판단 기준은 행정청이 선택한 수단이 가장 적절한 것이었는지가 아니라 선택한 수단이 목적을 달성함에 효과가 있는지다.

위험한 건물에 대해 개수명령으로써 목적을 달성할 수 있음에도 불구하고 철거명령을 발령하는 것은 비례원칙의 내용 중 필요성 원칙에 반한다. (○, ×) [08 국가7급]

(2) 필요성의 원칙(최소침해의 원칙, 2단계 : 수단과 수단의 관계)

① 개념

필요성의 원칙이란 행정 목적의 달성에 적합한 다수의 수단이 있는 경우에, 행정기관은 상대방과 일반 국민에 대하여 가장 적은 부담을 주는 수단을 선택하여야 한다는 원칙이다. 최소침해의 원칙이라고도 한다.

② 수단 간의 관계

선택된 수단보다 완화된 수단이 있다고 하더라도 선택된 수단이 입법목적 달성에 유효적절한 경우 그 제한 조치가 현저하게 불합리하지 않은 한 완화된 수단이 있다는 것만으로는 최소침해의 원칙에 위반되는 것은 아니다(국회의 자율성 존중 차원).

헌재 판례

1. 기본권을 제한하는 규정은 기본권행사의 '방법'에 관한 규정과 기본권행사의 '여부'에 관한 규정으로 구분할 수 있다. 침해의 최소성의 관점에서, 입법자는 그가 의도하는 공익을 달성하기 위하여 우선 기본권을 보다 적게 제한하는 단계인 기본권행사의 '방법'에 관한 규제로써 공익을 실현할 수 있는가를 시도하고 이러한 방법으로는 공익달성이 어렵다고 판단되는 경우에 비로소 다음 단계인 기본권행사의 '여부'에 관한 규제를 선택해야 한다(헌재 1998.5.28. 96헌가5).
2. 형사사건으로 기소되기만 하면 그가 유죄판결을 받을 고도의 개연성이 있는가의 여부에 무관하게 당해 공무원에게 일률적으로 직위해제처분을 하지 않을 수 없도록 한 이 사건 규정은 헌법 제37조 제2항의 비례의 원칙에 위반된다(헌재 1998.5.28. 96헌가12).

협의의 비례원칙인 상당성의 원칙은 재량권행사의 적법성 기준에 해당한다. (○, ×) [13 국가9급]

(3) 상당성의 원칙(협의의 비례의 원칙 : 공익과 사익 간의 비교형량)

상당성의 원칙이란 행정작용이 적합하고 최소한의 침해를 수반하는 조치라 해도 추구하는 공익과 침해되는 사익 사이에 합리적인 비례관계가 있어야 한다는 것이다.

(4) 세 가지 원칙 상호 간의 관계

적합성의 원칙, 필요성의 원칙, 상당성의 원칙은 단계구조를 이룬다. 즉 많은 적합한 수단 중에서도 필요한 수단만이, 필요한 수단 중에서도 상당성 있는 수단만이 선택되어야 한다. 세 가지 원칙 중 어느 하나의 원칙에 대한 위반이 있으면 비례의 원칙에 대한 위반이 된다.

5. 위반의 효과

(1) 위헌 · 위법

① 위헌 · 위법성

비례의 원칙은 헌법상의 원리이자 행정법의 불문법원의 하나로서 동 원칙을 위반한 행정작용은 위법인 동시에 위헌을 면할 수 없다.

② 구제방법

비례원칙 위반의 행정행위는 항고소송의 대상이 되며 손해배상책임을 발생시킨다. 비례의 원칙을 위반한 법률은 위헌이 되며 헌법재판소의 통제대상이 된다. 한편 비례의 원칙은 주로 재량행위의 통제 법리이며 기속행위의 경우에는 기속행위의 근거가 된 법령에 대한 비례성 통제를 통하여 간접적으로 행해진다.

> 행정법의 일반원칙은 다른 법원(法源)과의 관계에서 보충적 역할에 그치지 않으며 헌법적 효력을 갖기도 한다. (○, ×) [16 서울9급]

> 헌법재판소는 비례원칙을 위헌법률심사의 기준으로 삼고 있다. (○, ×) [12 국가7급]

(2) 구체적 사례

판례

비례원칙 위반이라고 본 사례

1. 원고가 단지 1회 훈령에 위반하여 요정 출입을 하다가 적발된 것만으로 파면처분을 한 것은 비례의 원칙에 어긋난 것으로서 심히 그 재량권의 범위를 넘어서 한 위법한 처분이다(대판 1967.5.2. 67누24).
2. 주유소 영업의 양도인이 등유가 섞인 유사휘발유를 판매한 바를 모르고 이를 양수한 석유판매영업자에게 전 운영자인 양도인의 위법사유를 들어 최장기인 6월의 사업정지에 처한 영업정지처분은 위법하다(대판 1992.2.25. 91누13106). [13 국회9급, 11 경행특채]
3. 청소년유해매체물로 결정 · 고시된 만화인 사실을 모르고 있던 도서대여업자가 그 고시일로부터 8일 후에 청소년에게 그 만화를 대여한 것을 사유로 그 도서대여업자에게 금 700만원의 과징금이 부과된 경우, 재량권을 일탈 · 남용한 것으로서 위법하다(대판 2001.7.27. 99두9490). [11 경행특채]
4. 공정한 업무처리에 대한 사의로 두고 간 돈 30만 원이 든 봉투를 소지함으로써 피동적으로 금품을 수수하였다가 돌려준 20여 년 근속의 경찰공무원에 대한 해임처분은 재량권의 남용에 해당한다(대판 1991.7.23. 90누8954).

> 공정한 업무처리에 대한 사의로 두고 간 돈 30만 원이 든 봉투를 소지함으로써 피동적으로 금품을 수수하였다가 돌려준 20여 년 근속의 경찰공무원에 대한 해임처분은 재량의 일탈 또는 남용에 해당한다. (○, ×) [09 지방7급]

판례

비례원칙 위반이 아니라고 본 사례

1. 공무원으로 재직하면서 직무와 관련한 부탁을 받거나 때로는 스스로 사례를 요구하여 5차례에 걸쳐 합계 금 3,100,000원을 수수하였다면 해임처분이 징계권의 범위를 일탈한 것이 아니다(대판 1996.5.10. 96누2903).
2. 도로교통법 제148조의2 제1항 제1호는 도로교통법 제44조 제1항을 2회 이상 위반한 사람으로서 다시 같은 조 제1항을 위반하여 술에 취한 상태에서 자동차 등을 운전한 사람에 대해 1년 이상 3년 이하의 징역이나 500만 원 이상 1,000만 원 이하의 벌금에 처하도록 규정하고 있는데, '도로교통법 제44조 제1항을 2회 이상 위반한' 것에 개정된 도로교통법이 시행되기 이전에 구 도로교통법 제44조 제1항을 위반한 음주운전 전과까지 포함되는 것으로 해석하는 것이 형벌불소급의 원칙이나 일사부재리의 원칙 또는 비례의 원칙에 위배된다고 할 수 없다(대판 2012.11.29. 2012도10269). [13 국가9급]

지방식품의약품안전청장이 수입 녹용 중 일부를 절단하여 측정한 회분함량이 기준치를 0.5% 초과하였다는 이유로 수입 녹용 전부에 대하여 전량 폐기 또는 반송처리하도록 한 지시처분은 재량권을 일탈·남용한 것에 해당한다. (○, ×)
[13 국회9급]

3. 지방식품의약품안전청장이 수입 녹용 중 전지 3대를 절단부위로부터 5cm까지의 부분을 절단하여 측정한 회분함량이 기준치를 0.5% 초과하였다는 이유로 수입 녹용 전부에 대하여 전량 폐기 또는 반송처리를 지시한 경우, 폐기 등 지시처분이 재량권을 일탈·남용한 경우에 해당하지 않는다(대판 2006.4.14. 2004두3854).
4. 경찰공무원이 그 단속의 대상이 되는 신호위반자에게 먼저 적극적으로 돈을 요구하고 다른 사람이 볼 수 없도록 돈을 접어 건네주도록 전달방법을 구체적으로 알려주었으며 동승자에게 신고시 범칙금 처분을 받게 된다는 등 비위신고를 막기 위한 말까지 하고 금품을 수수한 경우, 비록 그 받은 돈이 1만 원에 불과하더라도 당해 경찰공무원을 해임처분한 것은 징계재량권의 일탈·남용이 아니다(대판 2006.12.21. 2006두16274). [15 경행특채]

참고

비교 헌재판례
지방자치단체의 장이 공소 제기된 후 구금상태에 있는 경우 부단체장이 그 권한을 대행하는 것은 과잉금지원칙에 위배되지 않는다(헌재 2011.4.28. 2010헌마474).

헌재 판례

비례원칙 위반이라고 본 사례
지방자치단체장이 금고 이상의 형을 선고받고 그 형이 확정되지 아니한 경우 부단체장이 그 권한을 대행하도록 규정한 지방자치법은 자치단체장인 청구인의 공무담임권을 침해한다(헌재 2010.9.2. 2010헌마418).

02 신뢰보호의 원칙

1. 의의

신뢰보호의 원칙이란 행정기관의 어떤 행위가 존속될것이라는 것을 일반사인이 정당하게 신뢰한 경우 그러한 신뢰는 보호되어야 한다는 원칙을 말한다.

2. 법적 근거

(1) 이론적 근거

신뢰보호의 원칙의 이론적 근거에 대해서는 법적 안정성설(통설과 판례의 입장)과 신의칙설 및 사회국가원리설이 대립한다.

(2) 실정법적 근거

신뢰보호의 원칙은 「행정절차법」에 명문의 근거가 있다. (○, ×)
[18 국가7급, 17 교행]

신뢰보호의 원칙에 대해 현행법상 국세기본법 제18조 제3항과 행정절차법 제4조 제2항 및 행정심판법 제27조 제5항의 명문의 규정이 있다. 최근 제정된 행정기본법도 신뢰보호의 원칙을 규정하고 있다.

행정기본법 제12조【신뢰보호의 원칙】 ① 행정청은 공익 또는 제3자의 이익을 현저히 해칠 우려가 있는 경우를 제외하고는 행정에 대한 국민의 정당하고 합리적인 신뢰를 보호하여야 한다. [23 국가7급]
② 행정청은 권한 행사의 기회가 있음에도 불구하고 장기간 권한을 행사하지 아니하여 국민이 그 권한이 행사되지 아니할 것으로 믿을 만한 정당한 사유가 있는 경우에는 그 권한을 행사해서는 아니 된다. 다만, 공익 또는 제3자의 이익을 현저히 해칠 우려가 있는 경우는 예외로 한다. [23 국가7급]

(3) 판례

① 대법원

대법원은 신의칙설에 입각하여 인정하였으나, 법적 안정성설에 입각한 판시도 하고 있다.

판례

법령의 개정에서 신뢰보호원칙이 적용되어야 하는 이유는, 어떤 법령이 장래에도 그대로 존속할 것이라는 합리적이고 정당한 신뢰를 바탕으로 국민이 그 법령에 상응하는 구체적 행위로 나아가 일정한 법적 지위나 생활관계를 형성하여 왔음에도 국가가 이를 전혀 보호하지 않는다면 법질서에 대한 국민의 신뢰는 무너지고 현재의 행위에 대한 장래의 법적 효과를 예견할 수 없게 되어 법적 안정성이 크게 저해되기 때문이다(대판 2007.10.29. 2005두4649 전원합의체).

② 헌법재판소

헌법재판소는 신뢰보호원칙은 법적안정성을 내용으로 하는 법치국가원리로부터 도출된다고 본다.

> 헌법재판소와 대법원은 이론적 근거를 사회국가원리에서 찾고 있다. (○, ×) [15 서울9급]

3. 요건

(1) 행정청 선행행위(선행조치)의 존재

① 선행행위(조치)의 종류 및 태양

선행행위(조치)에는 법령·행정규칙·행정처분·확약·행정지도 등 모든 국가작용이 포함되며, 명시적·적극적 언동에 국한되지 않고 묵시적·소극적 언동(위법상태를 장시간 묵인, 방치하는 것)이 포함된다. [20 지방9급] 선행행위(조치)에는 법률행위, 사실행위가 포함되고 권력적 행위와 비권력적 행위가 포함된다. 행정행위인 경우 적법행위, 위법행위인지도 묻지 않는다. 즉 위법한 행정행위도 선행조치가 될 수 있다. 다만 무효인 행정행위에 대한 신뢰는 인정되지 않는다.

② 공적인 견해표명

대법원은 선행행위(조치)를 공적인 견해표명에 한정시키는 입장이다. [19 서울7급] 명시적 표시 외에 묵시적 표시도 포함된다. 반드시 문서의 형식으로 이루어질 필요도 없다.

> 신뢰보호의 대상인 행정청의 선행조치에는 법적 행위만이 포함되며, 행정지도 등 사실행위는 포함되지 아니한다. (○, ×) [19 국가7급, 14 국회8급]

> 신뢰보호원칙의 요건은 행정청의 적법한 선행조치, 보호가치가 있는 사인의 신뢰, 신뢰에 기한 사인의 처리, 인과관계, 선행행위에 반하는 후행처분이다. (○, ×) [15 서울9급]

> 위법한 행정관행에 대해서도 신뢰보호의 원칙이 적용될 수 있다. (○, ×) [19 서울9급]

> 신뢰의 대상인 행정청의 선행조치는 문서에 의한 형식적 행위이어야 한다. (○, ×) [14 국회8급]

> 「국세기본법」에 따른 비과세관행의 성립요건인 공적 견해나 의사의 묵시적 표시가 있다고 하기 위해서는 과세관청이 상당기간의 불과세 상태에 대하여 과세하지 않겠다는 의사표시를 한 것으로 볼 수 있는 사정이 있어야 한다. (○, ×) [17 지방7급]

판례

공적인 견해표명으로 인정한 사례

1. 국세기본법에 규정된 비과세관행이 성립하려면, 상당한 기간에 걸쳐 과세를 하지 아니한 객관적 사실이 존재할 뿐만 아니라, 과세관청이 과세할 수 있음을 알면서도 과세하지 않는다는 의사가 있어야 하며, 위와 같은 공적 견해나 의사는 명시적 또는 묵시적으로 표시되어야 하지만, [13 국가7급] 묵시적 표시가 있다고 하기 위하여는 단순한 과세누락과는 달리 과세관청이 과세하지 않겠다는 의사표시를 한 것으로 볼 수 있는 사정이 있어야 한다(대판 2003.9.5. 2001두7855). [18 서울7급(上)]

2. 시의 도시계획과장과 도시계획국장이 도시계획사업의 준공과 동시에 사업부지에 편입한 토지에 대한 완충녹지 지정을 해제함과 아울러 당초의 토지소유자들에게 환매하겠다는 약속을 했음에도, 이를 믿고 토지를 협의매매한 토지소유자의 완충녹지지정해제신청을 거부한 것은, 행정상 신뢰보호의 원칙을 위반하거나 재량권을 일탈·남용한 위법한 처분이다(대판 2008.10.9. 2008두6127). [24 국가9급]

3. 토지거래계약의 허가과정에서 이 사건 토지형질변경이 가능하다는 피고측의 견해표명은 담당공무원이 시청의 실무처리관행이나 내부업무처리지침에 따라 이루어진 것으로 볼 여지가 더 많고, 나아가 위 토지거래허가신청 과정에서 그 허가담당공무원으로부터 이용목적대로 토지를 이용하겠다는 각서까지 제출할 것을 요구받아 이를 제출한 원고로서는 피고 측의 위와 같은 견해표명에 대하여 보다 고도의 신뢰를 갖게 되었다고 할 것이다. 도시계획구역 내 생산녹지로 답인 토지에 대하여 종교회관 건립을 이용목적으로 하는 토지거래계약의 허가를 받으면서 담당공무원이 관련 법규상 허용된다 하여 이를 신뢰하고 건축준비를 하였으나 그 후 토지형질변경허가신청을 불허가 한 것이 신뢰보호원칙에 반한다(대판 1997.9.12. 96누18380).

> 도시계획구역내 생산녹지로 답(畓)인 녹지에 대하여 종교회관 건립을 이용목적으로 하는 토지거래계약 허가를 받으면서 담당공무원이 관련 법규상 허용된다고 하여 이를 신뢰하고 건축준비를 하였으나, 그 후 토지형질변경허가신청을 불허가한 것은 신뢰보호의 원칙에 위반된다. (○, ×) [16 경행특채, 13 국가9급]

4. 대통령이 담화를 발표하고 이에 따라 국방부장관이 삼청교육 관련 피해자들에게 그 피해를 보상하겠다고 공고하고 피해신고까지 받은 경우, 국가가 그 약속을 어기고 후속조치를 취하지 아니함으로써 위 담화 및 피해신고 공고에 따라 피해신고를 마친 피해자의 신뢰를 깨뜨린 경우, 그 신뢰의 상실에 따르는 손해를 배상할 의무가 있고, 이러한 손해에는 정신적 손해도 포함된다(대판 2001.7.10. 98다38364).

5. 폐기물처리업에 대하여 관할 관청의 사전 적정통보를 받고 막대한 비용을 들여 허가요건을 갖춘 다음 허가신청을 하였음에도 청소업자의 난립으로 효율적인 청소업무의 수행에 지장이 있다는 이유로 한 불허가처분은 신뢰보호의 원칙에 반하여 재량권을 남용한 위법한 처분이다(대판 1998.5.8. 98두4061). [17 서울9급, 12 국회8급]

판례

공적인 견해표명이 아니라고 본 사례

1. 과세할 수 있는 어느 사항에 대하여 비록 장기간에 걸쳐 과세하지 아니한 상태가 계속되었다 하더라도 그것이 착오로 인한 것이라면 그와 같은 비과세는 일반적으로 납세자에게 받아들여진 국세행정의 관행으로 되었다 할 수 없다(대판 1985.3.12. 84누398).

2. 과세관청의 의사표시가 일반론적인 견해표명에 불과한 경우에는 신뢰보호의 원칙을 적용할 수 없다(대판 2001.4.24. 2000두5203).

3. 이익환수에 관한 법률에 정한 개발사업을 시행하기 전에, 행정청이 민원예비심사에 대하여 관련부서 의견으로 '저촉사항 없음'이라고 기재하였다고 하더라도, 이후의 개발부담금 부과처분에 관하여 공적인 견해표명을 한 것이라고는 보기 어렵다(대판 2006.6.9. 2004두46). [13 국가9급]

4. 병무청 담당부서의 담당공무원에게 공적 견해의 표명을 구하는 정식의 서면질의 등을 하지 아니한 채 총무과 민원팀장에 불과한 공무원이 민원봉사차원에서 상담에 응하여 안내한 것을 신뢰한 경우, 신뢰보호 원칙이 적용되지 아니한다(대판 2003.12.26. 2003두1875). [18 지방9급, 18 서울7급]

> 대법원 판례는 행정기관의 추상적 질의에 대한 일반적 견해표명에 대하여도 신뢰보호원칙이 적용될 수 있다고 보았다. (○, ×) [08 지방9급]

> 「개발이익환수에 관한 법률」에 정한 개발사업을 시행하기 전에, 행정청이 민원예비심사로서 관련부서 의견으로 '저촉사항 없음'이라고 기재한 것은 공적인 견해표명에 해당한다. (○, ×) [21 국가7급, 16 경행특채]

> 병무청 담당부서의 담당공무원에게 공적 견해의 표명을 구하지 아니한 채 민원봉사 담당공무원이 상담에 응하여 안내한 것을 신뢰한 경우에도 신뢰보호의 원칙이 적용된다. (○, ×) [22 국가9급]

5. 관광 숙박시설 지원 등에 관한 특별법의 유효기간인 2002. 12. 31. 이전까지 사업계획승인 신청을 한 경우에는 유효기간이 경과한 이후에도 특별법을 적용할 수 있다는 내용의 2002. 11. 13.자 회신은 문화관광부장관이 피고에게 한 것이어서 이를 원고에 대한 공적인 견해표명으로 보기 어렵고, 위 회신에 앞서 피고의 담당공무원이 원고에게 위와 같은 내용의 회신이 있을 것으로 예상되니 신청을 다소 늦게 하더라도 무방하다고 말했다고 하더라도 이는 위 회신이 있기 전에 담당공무원 자신의 추측을 이야기한 것에 불과하여 이 또한 피고의 공적인 견해표명으로 보기 어렵다(대판 2006.4.28. 2005두6539).
6. 지침의 공표만으로 신청인이 보호가치 있는 신뢰를 갖게 되었다고 볼 수 없고, [18 국가9급] 처분이 행정의 자기구속의 원칙 및 행정규칙에 관련된 신뢰보호의 원칙에 위배되거나 재량권을 일탈·남용한 위법이 없다(대판 2009.12.24. 2009두7967).
7. 헌법재판소의 위헌결정에 관련된 개인의 행위에 대하여는 신뢰보호의 원칙이 적용되지 않는다(대판 2003.6.27. 2002두6965). [24 국가9급, 23 국가7급]
8. 폐기물처리업 사업계획에 대하여 적정통보를 한 것만으로 그 사업부지 토지에 대한 국토이용계획변경신청을 승인하여 주겠다는 취지의 공적인 견해표명을 한 것으로 볼 수 없다(대판 2005.4.28. 2004두8828). [19 지방9급, 17 서울9급]
9. 폐기물처리업 사업계획에 대한 적정통보 중에 토지에 대한 형질변경신청을 허가하는 취지의 공적 견해표명이 있다고 볼 수 없다(대판 1998.9.25. 98두6494).
10. 행정청이 지구단위계획을 수립하면서 그 권장용도를 판매·위락·숙박시설로 결정하여 고시한 행위를 당해 지구 내에서는 공익과 무관하게 언제든지 숙박시설에 대한 건축허가가 가능하리라는 공적 견해를 표명한 것이라고 평가할 수는 없다(대판 2005.11.25. 2004두6822).
11. 입법 예고를 통해 법령안의 내용을 국민에게 예고한 적이 있다고 하더라도 법령안에 관련된 사항을 약속하였다고 볼 수 없으며, 어떠한 신뢰를 부여하였다고 볼 수도 없다(대판 2018.6.15. 2017다249769). [20 국가9급]
12. 국회에서 일정한 법률안을 심의하거나 의결한 적이 있다고 하더라도, 그것이 법률로 확정되지 아니한 이상 국가가 이해관계자들에게 위 법률안에 관련된 사항을 약속하였다고 볼 수 없으며, 이러한 사정만으로 어떠한 신뢰를 부여하였다고 볼 수도 없다(대판 2008.05.29. 2004다33469). [24 국가9급]
13. 과세관청이 납세의무자에게 부가가치세 면세사업자용 사업자등록증을 교부하였다고 하더라도 그가 영위하는 사업에 관하여 부가가치세를 과세하지 아니함을 시사하는 언동이나 공적인 견해를 표명한 것으로 볼 수 없다(대판 2008.6.12. 2007두23255).

- 판례에 의하면, 문화관광부장관이 지방자치단체장에게 한 사업승인가능성에 대한 회신은 사업신청자인 민원인에 대한 공적 견해표명이다. (○, ×) [12 경행특채]
- 재량권 행사의 준칙인 행정규칙의 공표만으로 상대방은 보호가치 있는 신뢰를 갖게 되었다고 볼 수 있다. (○, ×) [21 지방9급, 16 지방9급]
- 헌법재판소의 위헌결정은 행정청이 개인에 대하여 신뢰의 대상이 되는 공적인 견해를 표명한 것이라고 할 수 있으므로 그 결정에 관련한 개인의 행위에 대하여는 신뢰보호의 원칙이 적용된다. (○, ×) [19 지방9급, 15 서울7급]
- 관할관청이 폐기물처리업 사업계획에 대하여 적정통보를 한 것만으로도 그 사업부지 토지에 대한 국토이용계획변경신청을 승인하여 주겠다는 취지의 공적인 견해표명을 한 것으로 볼 수 있다. (○, ×) [23 지방9급, 21 서울7급]
- 행정청이 폐기물처리업 사업계획에 대한 적정통보를 한 경우 이는 토지에 대한 형질변경신청을 허가하는 취지의 공적 견해표명까지도 포함한다. (○, ×) [21 국가9급, 12 지방7급]
- 행정청이 지구단위계획을 수립하면서 그 권장용도를 판매·위락·숙박시설로 결정하여 고시하였다 하더라도 당해 지구 내에서 공익과 무관하게 언제든지 숙박시설에 대한 건축허가가 가능하다는 취지의 공적 견해를 표명한 것으로 볼 수 없다. (○, ×) [17 지방7급, 15 서울7급]
- 과세관청이 납세의무자에게 부가가치세 면세사업자용 사업자등록증을 교부하거나 고유번호를 부여하였다고 하더라도 그가 영위하는 사업에 관하여 부가가치세를 과세하지 않겠다는 언동이나 공적 견해를 표명한 것으로 볼 수 없다. (○, ×) [17 지방7급]

신뢰보호의 원칙이 적용되기 위한 요건의 하나인 행정청의 공적 견해표명이 있었는지의 여부를 판단함에 있어서는 반드시 행정조직상의 형식적인 권한분장에 따라야 한다. (○, ×) [17 국가9급(下), 16 지방9급]

신뢰보호원칙의 성립요건인 공적인 견해의 표명은 행정조직법상 권한을 가진 처분청에 의해 행해져야하며, 처분청이 아닌 다른 기관에 의해 행해진 경우에는 신뢰보호의 대상이 될 수 없다. (○, ×) [14 국회8급]

행정청의 견해표명이 정당하다고 신뢰한 데에 대하여 그 개인에게 귀책사유가 있더라도 신뢰보호의 원칙이 적용된다. (○, ×) [19 서울7급]

신뢰보호의 원칙과 관련하여, 행정청의 선행조치가 신청자인 사인의 사위나 사실은폐에 의해 이뤄진 경우라도 행정청의 선행조치에 대한 사인의 신뢰는 보호되어야 한다. (○, ×) [17 서울9급]

상대방에게 귀책사유가 있어 그 신뢰의 보호가치가 인정되지 않는다면 신뢰보호의 원칙이 적용되지 않는데, 이때 귀책사유의 유무는 상대방을 기준으로 판단하여야 하고, 상대방으로부터 신청행위를 위임받은 수임인 등의 귀책사유 유무는 고려하지 않는다. (○, ×) [23 지방7급, 19 국가7급]

건축설계를 위임받은 건축사가 건축한계선의 제한이 있다는 사실을 간과한 채 건축 설계를 하고 이를 토대로 건축물의 신축허가를 받은 경우, 신축허가에 대한 건축주의 신뢰는 보호되어야 한다. (○, ×) [08 국가9급]

③ 공적 견해표명을 할 수 있는 행정청의 범위

판례

1. 행정청의 공적 견해표명이 있었는지의 여부를 판단함에 있어서, 반드시 행정조직상의 형식적인 권한분장에 구애될 것은 아니고, 담당자의 조직상의 지위와 임무, 당해 언동을 하게 된 구체적인 경위 및 그에 대한 상대방의 신뢰가능성에 비추어 실질에 의하여 판단하여야 한다(대판 2008.1.17. 2006두10931). [21 국가7급, 21 지방9급]
2. 보건사회부장관이 '의료취약지 병원설립운영자 신청공고'를 하면서 국세 및 지방세를 비과세하겠다고 발표하였다면, 보건사회부장관에 의하여 이루어진 위 비과세의 견해표명은 당해 과세관청의 그것과 마찬가지로 볼 여지가 충분하다고 할 것이고, 납세자로서는 위와 같은 정부의 공고에 대하여 고도의 신뢰를 갖는 것이 일반적이다(대판 1996.1.23. 95누13746).
3. 공적인 견해표명에 대한 입증책임은 납세자에게 있다(대판 1992.3.31. 91누9824).

(2) **보호가치 있는 신뢰일 것**(관계인의 귀책사유가 없을 것)

① 귀책사유(고의 또는 과실)가 없을 것

신뢰보호원칙이 성립하기 위해서는 관계인이 행정기관의 선행행위(조치)를 신뢰하여야 하고, 그 신뢰가 보호받을 가치가 있어야 한다. 그 신뢰가 보호할 만한 것인가에 대해 판례는 행정청의 견해표명이 정당하다고 신뢰한 데 대하여 그 개인에게 귀책사유가 없어야 한다고 한다.

② 선행행위(조치)에 하자가 있는 경우

신뢰가 보호할 만한 것인가는 정당한 이익형량에 의한다. 사후에 선행조치가 변경될 것을 사인이 예상하였거나 중대한 과실로 알지 못한 경우 또는 사인의 사위나 사실은폐 등이 있는 경우에는 보호가치가 있는 신뢰라고 보기 어렵다. [20 지방7급, 18 서울7급(上)]

③ 귀책사유의 태양

㉠ 적극적인 사실은폐나 사위의 방법에 한하지 않고, 소극적으로 하자가 있음을 알았거나 중대한 과실로 알지 못한 경우도 포함된다(대판 2008.1.17. 2006두10931). [15 복지9급]

㉡ 당사자의 사실은폐나 기타 사위의 방법에 의한 신청행위가 제3자를 통하여 소극적으로 이루어진 경우도 귀책사유가 있는 것으로 본다(대판 2008.11.13. 2008두8628).

㉢ 관계인의 범위

판례

1. 개인의 귀책사유라 함은 행정청의 견해표명의 하자가 상대방 등 관계자의 사실은폐나 기타 사위의 방법에 의한 신청행위 등 부정행위에 기인한 것이거나 그러한 부정행위가 없더라도 하자가 있음을 알았거나 중대한 과실로 알지 못한 경우 등을 의미한다고 해석함이 상당하고, 귀책사유의 유무는 상대방과 그로부터 신청행위를 위임받은 수임인 등 관계자 모두를 기준으로 판단하여야 한다(대판 2008.1.17. 2006두10931). [21 국가7급, 18 지방9급]
2. 건축주와 그로부터 건축설계를 위임받은 건축사가 상세계획지침에 의한 건축한계선의 제한이 있다는 사실을 간과한 채 건축설계를 하고 이를 토대로 건축물의 신축 및 증축허가를 받은 경우, 그 신축 및 증축허가가 정당하다고 신뢰한 데에 귀책사유가 있다(대판 2002.11.8. 2001두1512). [22 국가9급]

④ 국가에 의해 유인된 신뢰

헌재 판례

개인의 신뢰이익에 대한 보호가치는 ① 법령에 따른 개인의 행위가 국가에 의하여 일정방향으로 유인된 신뢰의 행사인지, ② 아니면 단지 법률이 부여한 기회를 활용한 것으로서 원칙적으로 사적 위험부담의 범위에 속하는 것인지 여부에 따라 달라진다. 만일 법률에 따른 개인의 행위가 단지 법률이 반사적으로 부여하는 기회의 활용을 넘어서 국가에 의하여 일정방향으로 유인된 것이라면 특별히 보호가치가 있는 신뢰이익이 인정될 수 있고, 원칙적으로 개인의 신뢰보호가 국가의 법률개정이익에 우선된다고 볼 여지가 있다(헌재 2002.11.28. 2002헌바45 [합헌]).

> 법령 개정에 대한 신뢰와 관련하여, 법령에 따른 개인의 행위가 국가에 의하여 일정한 방향으로 유인된 경우에 특별히 보호가치가 있는 신뢰이익이 인정될 수 있다. (○, ×) [16 지방9급]

> 법률에 따른 개인의 행위가 국가에 의하여 일정 방향으로 유인된 신뢰의 행사가 아니라 단지 법률이 부여한 기회를 활용한 것이라 하더라도, 신뢰보호의 이익이 인정된다. (○, ×) [18 국가7급]

⑤ 위헌인 법률에 대한 신뢰

위헌인 법률에 대한 신뢰도 유효한 신뢰의 근거로 작용할 수 있다.

헌재 판례

우리 헌법재판소법 제47조 제2항은 장래효의 원칙을 규정함으로써 위헌법률이 당연히 무효인 것이 아니라 위헌결정으로 장래 효력을 상실하도록 되어 있어 헌법재판소에 의한 위헌확인시까지는 유효한 신뢰의 근거로 작용할 수 있다. 그러나 이러한 신뢰이익은 합헌적인 법률에 기초한 신뢰이익과 동일한 정도의 보호, 즉 "헌법에서 유래하는 국가의 보호의무"까지는 요청할 수는 없다(헌재 2006.3.30. 2005헌마598).

(3) 신뢰에 기초한 상대방의 행위(조치)

① 상대방의 행위(조치)가 있어야 한다.

개인이 행정청의 견해표명(조치)을 신뢰하고 이에 상응하는 어떠한 행위(투자 · 건축개시 등)를 하였어야 한다. [19 서울7급] 따라서 아무런 행위가 없는 경우에 정신적 신뢰를 이유로 신뢰보호를 주장할 수는 없다.

> 행정청의 선행조치에 대하여 상대방인 사인이 아무런 처리행위가 없었던 경우라도 정신적 신뢰를 이유로 신뢰보호를 요구할 수 있다. (○, ×) [08 국회8급]

② 범위

상대방의 행위(조치)는 적극적 행위뿐만 아니라 소극적 묵시적인 경우도 포함된다.

> 신뢰를 원인으로 하는 처리행위는 행정청의 선행행위에 따른 적극적 행위에 한한다. (○, ×) [09 관세사]

(4) 인과관계

행정기관의 행위(조치)와 상대방의 행위 사이에는 인과관계가 존재하여야 한다. 인과관계는 일반인을 기준으로 상당인과관계가 있는 경우에 인정된다. 따라서 선행행위(조치)와 무관한 우연에 의한 행위는 제외된다.

> 행정청의 선행조치와 무관하게 우연히 행해진 사인의 처리행위도 신뢰보호의 대상이 될 수 있다. (○, ×) [08 국회8급]

(5) 선행조치에 반하는 후행처분의 존재

행정청이 그 견해표명에 반하는 처분을 함으로써 견해표명을 신뢰한 개인의 이익이 침해되는 결과가 초래되어야 한다. [19 서울7급]

(6) 공익과 제3자 이익의 보호

신뢰보호원칙을 적용하는 것이 공익 또는 제3자의 이익을 현저히 해하지 않아야 한다(대판 2001.9.28. 2000두8684).

> 공익을 해할 우려가 있는 경우가 아니여야 함은 신뢰보호원칙의 성립요건이지만, 제3자의 정당한 이익을 해할 우려가 있는 경우가 아니여야 함은 신뢰보호원칙의 성립요건이 아니다. (○, ×) [14 국회8급]

제3자의 정당한 이익까지 희생시키면서 신뢰보호원칙이 관철되어야 한다. (○, ×) [15 서울9급]

4. 신뢰보호의 한계

(1) 행정의 법률적합성과 신뢰보호원칙의 충돌

신뢰보호원칙이 행정의 법률적합성의 원칙과 충돌하는 경우(예 위법한 행위를 취소하려고 하는 경우 이미 형성된 상대방의 신뢰보호) 양 원칙의 관계를 어떻게 볼 것인가가 문제된다.

(2) 학설

① 법률적합성 우위설

행정행위가 위법한 것임에도 불구하고 상대방의 신뢰보호를 위하여 그 존속성 등을 인정하는 것은 법치주의에 반한다는 견해이다.

② 양자 동위설(이익형량설)

행정의 법률적합성원칙과 법적 안정성원리는 동가치적인 것이므로, 양자는 동위적인 관계에 있다고 보는 견해이다. 따라서 적법상태의 실현에 의하여 달성되는 공익과 개인의 신뢰보호라는 사익을 구체적으로 비교형량 [19 지방9급]해서 해결하는 견해이다(通, 判).

신뢰보호의 원칙과 행정의 법률적합성의 원칙이 충돌하는 경우 국민보호를 위해 원칙적으로 신뢰보호의 원칙이 우선한다. (○, ×) [20 지방7급, 16 복지9급]

신뢰보호의 원칙과 행정의 법률적합성의 원칙이 충돌하는 경우 법률적합성의 원칙이 우선한다. (○, ×) [14 경행특채]

헌재 판례

신뢰보호원칙의 위배여부를 판단하기 위하여는 한편으로 침해받은 이익의 보호가치, 침해의 중한 정도, 신뢰가 손상된 정도, 신뢰침해의 방법 등과 다른 한편으로는 새 입법을 통하여 실현하고자 하는 공익적 목적을 종합적으로 형량하여야 한다(헌재 2003.9.25. 2001헌마93 등 [기각, 각하]). [19 지방9급]

(3) 사정변경과 법령개정

① 사정변경

처분시의 사정이 변경되면 신뢰보호원칙은 제한될 수 있다.

판례

1. 행정청이 상대방에게 장차 어떤 처분을 하겠다고 확약 또는 공적인 의사표명을 하였다고 하더라도, 유효기간을 두었는데도 그 기간 내에 상대방의 신청이 없었다거나 [20 지방7급] 확약 또는 공적인 의사표명이 있은 후에 사실적·법률적 상태가 변경되었다면, 그와 같은 확약 또는 공적인 의사표명은 행정청의 별다른 의사표시를 기다리지 않고 실효된다(대판 1996.8.20. 95누10877). [22 국가9급, 20 국가9급]
2. 신뢰보호의 원칙은 행정청이 공적인 견해를 표명할 당시의 사정이 그대로 유지됨을 전제로 적용되는 것이 원칙이므로, 사후에 그와 같은 사정이 변경된 경우에는 그 공적 견해가 더 이상 개인에게 신뢰의 대상이 된다고 보기 어려운 만큼, 특별한 사정이 없는 한 행정청이 그 견해표명에 반하는 처분을 하더라도 신뢰보호의 원칙에 위반된다고 할 수 없다(대판 2020.6.25. 2018두34732). [22 국가7급]

행정청의 공적 견해표명이 있은 후에 사실적·법률적 상태가 변경되었을 때, 그와 같은 공적 견해표명이 실효되기 위하여서는 행정청의 의사표시가 있어야 한다. (○, ×) [17 국회8급]

행정청이 공적인 의사표명을 하였다면 이후 사실적·법률적 상태의 변경이 있더라도 행정청이 이를 취소하지 않는 한 여전히 공적인 의사표명은 유효하다. (○, ×) [21 지방9급]

② 법령개정

판례

변리사 제1차 시험을 절대평가제에서 상대평가제로 환원하는 내용의 변리사법 시행령 개정 조항을 즉시 시행하도록 정한 부칙 부분은 헌법상 신뢰보호의 원칙에 비추어 허용될 수 없으므로 헌법에 위반되어 무효이다(대판 2006.11.16. 2003두12899 전원합의체).

법령의 개정에도 신뢰보호의 원칙이 적용된다. (○, ×) [12 지방7급]

③ 무효인 견해표명

공적인 견해표명이 무효인 경우에는 신뢰보호가 인정되지 않는다.

판례

1. 국가가 공무원임용결격사유가 있는 자에 대하여 결격사유가 있는 것을 알지 못하고 공무원으로 임용하였다가 사후에 결격사유가 있는 자임을 발견하고 공무원 임용행위를 취소하는 것은 당사자에게 원래의 임용행위가 당초부터 당연무효이었음을 통지하여 확인시켜 주는 행위에 지나지 아니하는 것이므로, 그러한 의미에서 당초의 임용처분을 취소함에 있어서는 신의칙 내지 신뢰의 원칙을 적용할 수 없고 또 그러한 의미의 취소권은 시효로 소멸하는 것도 아니다(대판 1987.4.14. 86누459). [21 국가7급, 16 서울7급]
2. 대학원 석사학위과정에 입학할 수 있는 자격을 갖추지 못한 자는 학칙이 정하는 과정을 이수하여 석사학위를 수여받았다고 하더라도 이는 당연무효이고, 이와 같은 당연무효의 행위를 학교법인이 취소하는 것은 신의칙 내지 신뢰의 원칙을 적용할 수 없다(대판 2007.7.27. 2005다22671).

국가가 임용결격사유가 있는 자에 대하여 결격사유가 있는 것을 알지 못하고 공무원으로 임용하였다가 나중에 결격사유가 있음을 발견하고 그 임용행위를 취소하는 경우 신의칙이 적용된다. (○, ×) [22 지방9급]

(4) 신뢰보호의 구체적 적용 사례

① 수익적 행정행위의 취소 · 철회 제한

수익적 행정행위의 취소와 철회는 일반적으로 인정되지만, 상대방의 신뢰보호를 위하여 이익형량으로 결정한다.

② 행정계획의 변경

사인의 신뢰보호라는 관점에서 계획보장청구권 인정 여부가 문제되나 부정적 견해가 통설이다(상세는 행정계획에서 설명).

판례

당초 정구장 시설을 설치한다는 도시계획결정을 하였다가 정구장 대신 청소년 수련시설을 설치한다는 도시계획 변경결정 및 지적승인을 한 경우, 당초의 도시계획결정만으로는 도시계획사업의 시행자 지정을 받게 된다는 공적인 견해를 표명하였다고 할 수 없다는 이유로 그 후의 도시계획 변경결정 및 지적승인이 도시계획사업의 시행자로 지정받을 것을 예상하고 정구장 설계 비용 등을 지출한 자의 신뢰이익을 침해한 것으로 볼 수 없다(대판 2000.11.10. 2000두727).

당초 정구장시설을 설치한다는 도시계획결정을 하였다가 정구장 대신 청소년 수련시설을 설치한다는 도시계획 변경결정 및 지적 승인을 한 경우 당초의 도시계획결정만으로는 도시계획사업의 시행자 지정을 받게 된다는 공적 견해를 표명했다고 할 수 없다. (○, ×) [19 국가7급, 12 지방7급]

③ 실효(실권)의 법리

㉠ 개념

실효(실권)의 법리란 행정청이 취소권·철회권 등의 권리를 행사할 기회가 있음에도 불구하고 장기간에 걸쳐 그 권리를 행사하지 않을 때 상대방이 더 이상 그 권리를 행사하지 않을 것으로 신뢰한 정당한 이유가 있는 경우에는 그 권리를 행사할 수 없다는 원리를 말한다.

㉡ 근거

견해의 대립은 있으나 판례는 신의성실의 원칙의 파생원칙으로 보고 있다.

> 실권의 법리는 일반적으로 신뢰보호원칙의 적용영역의 하나로 설명되고 있으나, 판례는 신의성실원칙의 파생원칙으로 보고 있다. (○, ×) [15 복지9급]

㉢ 적용 범위

판례는 공법관계 가운데 관리관계는 물론이고 권력관계에도 적용되어야 한다고 본다.

㉣ 요건

ⓐ 행정청이 취소 사유를 알고 권리행사가 가능했어야 한다.

ⓑ 권리행사가 가능함에도 장기간 위법상태를 방치하였어야 한다.

ⓒ 특별한 사정에 의해 상대방이 행정기관의 권한 불행사를 신뢰하였어야 하고 그에 대한 정당한 사유가 있어야 한다.

㉤ 효과

실효(실권)의 법리에 해당하면 행정청이 가지고 있던 권한은 더 이상 행사할 수 없다.

판례

일반론

일반적으로 권리의 행사는 신의에 좇아 성실히 하여야 하고 권리는 남용하지 못하는 것이므로 권리자가 실제로 권리를 행사할 기회가 있었음에도 불구하고 상당한 기간이 경과하도록 권리를 행사하지 아니하여 의무자인 상대방으로서도 이제는 권리자가 권리를 행사하지 아니할 것으로 신뢰할 만한 정당한 기대를 가지게 된 다음에 새삼스럽게 그 권리를 행사하는 것이 법질서 전체를 지배하는 신의성실의 원칙에 위반하는 것으로 인정되는 결과가 될 때에는 이른바 실효의 원칙에 따라 그 권리의 행사가 허용되지 않는다(대판 2005.10.28. 2005다45827).

판례

실효의 법리 및 신뢰보호원칙 위반이라고 본 사례

1. 택시운전사가 운전면허정지기간 중의 운전행위를 하다가 적발되어 형사처벌을 받았으나 행정청이 위 위반행위가 있은 이후에 장기간에 걸쳐 아무런 행정조치를 취하지 않은채 방치하고 있다가 3년여가 지나서 무거운 운전면허를 취소하는 행정처분을 하였다면 이는 행정청이 그간 별다른 행정조치가 없을 것이라고 믿은 신뢰의 이익과 그 법적안정성을 빼앗는 것이 되어 매우 가혹할 뿐만 아니라 공익상의 목적만으로는 위 운전사가 입게 될 불이익에 견줄 바 못 된다(대판 1987.9.8. 87누373). [12 경행특채]
2. 동일한 사유에 관하여 보다 무거운 면허취소처분을 하기 위하여 이미 행하여진 가벼운 면허정지처분을 취소하는 것은 선행처분에 대한 당사자의 신뢰 및 법적 안정성을 크게 저해하는 것이 되어 허용될 수 없다 할 것이다(대판 2000.2.25. 99두10520). [17 국가7급(下)]

판례

실효의 법리 및 신뢰보호원칙에 위반되지 않는다고 본 사례

1. 교통사고가 일어난 지 1년 10개월이 지난 뒤 그 교통사고를 일으킨 택시에 대하여 운송사업면허를 취소하였더라도 택시운송사업자로서는 자동차운수사업법의 내용을 잘 알고 있어 교통사고를 낸 택시에 대하여 운송사업면허가 취소될 가능성을 예상할 수도 있었을 터이니, 재량권의 범위를 일탈한 것이라고 보기 어렵다(대판 1989.6.27. 88누6283).
2. 허가 받은 때로부터 20년이 다 되어 처분청이 행정서사업 허가를 취소한 것이기는 하나 취소사유를 알고서도 그렇게 장기간 취소권을 행사하지 않은 것이 아니고 1985.9. 중순에 비로소 위에서 본 취소사유를 알고 그에 관한 법적 처리방안에 관하여 다각도로 연구검토가 행해졌고 원고에게 취소권을 행사하지 않을 것이란 신뢰를 심어준 것으로 여겨지지 않으니 실권의 법리에 저촉된 것이라고 볼 수 없다(대판 1988.4.27. 87누915). [19 국가7급]

(5) 신뢰보호원칙 위반의 효과

신뢰보호원칙은 헌법적 효력을 가지는 원칙이기 때문에, 행정처분이 이에 위반하는 경우에는 위헌·위법한 것이 된다. 효력의 정도는 무효 또는 취소가 된다.

판례

폐기물처리업에 대하여 사전에 관할 관청으로부터 적정통보를 받고 막대한 비용을 들여 허가요건을 갖춘 다음 허가신청을 하였음에도 다수 청소업자의 난립으로 안정적이고 효율적인 청소업무의 수행에 지장이 있다는 이유로 한 불허가처분은 신뢰보호의 원칙 및 비례의 원칙에 반하는 것으로서 재량권을 남용한 위법한 처분이다(대판 1998.5.8. 98두4061). [17 서울9급]

03 자기구속의 원칙

1. 의의

자기구속의 원칙이란 행정청은 동일한 사안에 대하여는 제3자에게 한 것과 동일한 결정을 상대방에게 하여야 한다는 원칙을 말한다. 즉 행정청은 자기 스스로 정하여 시행하고 있는 기준(대표적으로 재량준칙과 같은 행정규칙)을 합리적 이유 없이 일탈할 수 없다는 원칙이 바로 행정의 자기구속의 원칙이다.

2. 법적 성질

행정의 자기구속의 법리는 행정청이 스스로 행한 이전의 행위에 구속되는 '자기'구속이라는 점에서 입법자가 정립한 법률에 의한 구속과 구별된다. 행정청은 이전에 처분한 내용대로 다른 상대방에게도 처분을 하여야 하며, 특정인에 대한 것이 아니라는 점에서 일반적·추상적 구속으로서의 성격을 가지고 있다.

교통사고가 일어난 지 1년 10개월이 지난 뒤 그 교통사고를 일으킨 택시에 대하여 운송사업면허를 취소한 경우, 택시운송사업자로서는 자동차운수사업법의 내용을 잘 알고 있어 교통사고를 낸 택시에 대하여 운송사업면허가 취소될 가능성을 예상할 수도 있었으므로 별다른 행정조치가 없을 것으로 자신이 믿고 있었다 하여도 신뢰의 이익을 주장할 수는 없다. (○, ×) [13 국가9급]

택시운송사업자가 중대한 교통사고로 인하여 많은 사상자를 냈다면 사업면허가 취소될 것을 예상할 수 있었다 하더라도 1년 10개월이 지나 사업면허를 취소하였다면 위법하다. (○, ×) [10 경행특채]

3. 기능

(1) 순기능

자기구속의 원칙은 재량행위의 영역에서 행정권의 자의를 방지하고 적정한 행사가 가능하게 해준다. 평등원칙을 매개로 하여 사법권이 행정의 독자적 영역에도 미칠 수 있게 해주는 가교로서 국민의 권리 보호에 기여(재량권 행사에 대한 사후적 통제)한다.

(2) 역기능

자기구속의 원칙은 재량행위에 있어 행정의 탄력적인 운용을 저해할 우려가 있고, 행정규칙에 사실상 법규성을 인정하게 되어 결과적으로 입법권은 국회가 갖는다는 권력분립의 원칙을 훼손하게 된다는 문제점이 있다.

4. 인정 근거

(1) 실정법적 근거

국세기본법 제18조 제3항과 행정절차법 제4조 제2항에 규정되어 있다.

(2) 판례

헌법재판소와 대법원은 평등의 원칙이나 신뢰보호의 원칙을 근거로 자기구속의 원칙을 인정한다. [18 국가9급]

재량권행사의 기준인 행정규칙이 반복적으로 시행되어 행정관행이 성립된 경우라도 그 행정규칙은 내부적 기준에 불과하므로, 이를 위반 시 재량권의 일탈·남용에 해당되지 않는다. (○, ×) [15 경행특채]

헌재 판례

행정규칙이 법령의 규정에 의하여 행정관청에 법령의 구체적 내용을 보충할 권한을 부여한 경우 또는 재량권행사의 준칙인 규칙이 그 정한 바에 따라 되풀이 시행되어 행정관행이 이룩되게 되면, 평등의 원칙이나 신뢰보호의 원칙에 따라 행정기관은 그 상대방에 대한 관계에서 그 규칙에 따라야할 자기구속을 당하게 되고, 그러한 경우에는 대외적인 구속력을 가지게 된다 할 것이다(헌재 1990.9.3. 90헌마13). [18 서울7급(上), 16 경행특채]

행정처분이 행정규칙에 위반한 것만으로 곧바로 위법하게 되는 것은 아니지만, 재량준칙인 행정규칙에 의해 행정관행이 이루어지면 평등의 원칙이나 신뢰보호의 원칙에 따라 행정기관은 그 상대방과의 관계에서 그 규칙에 따라야 할 자기구속을 받게 되므로, 이러한 경우 특별한 사정이 없는 한 그에 위반하는 처분은 평등의 원칙이나 신뢰보호의 원칙에 위배되어 재량권을 일탈·남용한 위법한 처분이 된다. (○, ×) [16 국가7급, 14 복지9급]

국립공원 관리권한을 가진 행정청이 실제의 공원구역과 다르게 경계측량과 표지를 설치한 십수년 후 착오를 발견하여 지형도를 수정한 조치는 신뢰보호원칙에 위배된다. (○, ×) [15 복지9급]

판례

1. 상급행정기관이 하급행정기관에 대하여 업무처리지침이나 법령의 해석적용에 관한 기준을 정하여 발하는 이른바 '행정규칙이나 내부지침'은 일반적으로 행정조직 내부에서만 효력을 가질 뿐 대외적인 구속력을 갖는 것은 아니므로 행정처분이 그에 위반하였다고 하여 그러한 사정만으로 곧바로 위법하게 되는 것은 아니다. [22 국가7급, 22 지방7급] 다만 재량권 행사의 준칙인 행정규칙이 그 정한 바에 따라 되풀이 시행되어 행정관행이 이루어지게 되면 평등의 원칙이나 신뢰보호의 원칙에 따라 행정기관은 그 상대방에 대한 관계에서 그 규칙에 따라야 할 자기구속을 받게 되므로, 이러한 경우에는 특별한 사정이 없는 한 그를 위반하는 처분은 평등의 원칙이나 신뢰보호의 원칙에 위배되어 재량권을 일탈·남용한 위법한 처분이 된다(대판 2009.12.24. 2009두7967). [23 국가7급, 16 국가7급]
2. 경주시장이 한 때 실제의 공원구역과 다르게 경계측량 및 표지를 설치함으로 인하여 원고들이 그 잘못된 경계를 믿고 행정청으로부터 초지조성허가를 받아 초지를 조성하고 축사를 신축하여 그러한 상태가 십수년이 경과하였다 하여도, 이 사건 토지가 당초 화랑공원구역 안에 있는 것으로 적법하게 지정, 공고된 이상 여전히 이 사건 토지는 그 공원구역 안에 있는 것이고, 따라서 그 후 위와 같은 착오를 발견한 피고가 이 사건 토지는 그 공원구역 안에 있는 것으로 지형도를 수정한 조치를 가리켜 신뢰보호의 원칙에 위배된다거나 행정의 자기구속의 법리에 반하는 것이라고도 할 수 없다(대판 1992.10.13. 92누2325).

5. 요건

(1) 재량행위의 영역일 것

자기구속의 법리는 재량행위와 판단여지가 인정되는 영역에서 의미를 가지고 기속행위의 경우에는 문제되지 않는다. 재량행위라면 수익적 행위뿐만 아니라 침익적 행위에도 적용된다.

(2) 동종의 사안일 것

동일한 법 적용의 요청은 동종의 상황에서 가능한 것이므로 처분의 상대방에 대한 상황과 이전 선례의 상황이 동종으로 취급할 수 있는 것이어야 한다. [18 국가9급]

(3) 동일한 행정청일 것

자기구속의 법리는 개념상 동일한 행정청(처분청)에 대해서 적용되고 상이한 행정청에 대해서는 적용되지 않는다.

(4) 선례의 필요성 여부

① 학설

선례불요설	재량준칙이 존재하는 경우에는 재량준칙 자체만으로 미리 정해진 행정관행(예기관행)이 성립되는 것으로 보고 자기구속의 법리를 인정할 수 있다고 한다.
선례필요설(通, 判)	자기구속의 원칙은 선례가 되풀이되어 관행이 성립된 경우에 한하여 인정된다고 본다.

② 판례

재량준칙이 공표된 것만으로는 행정의 자기구속의 원칙이 적용될 수 없고, 재량준칙이 되풀이 시행되어 행정 관행이 성립한 경우에 행정의 자기구속의 원칙이 적용될 수 있다. [23 지방7급, 18 국가9급]

6. 한계

(1) 행정행위가 위법(불법)인 경우

자기구속의 원칙은 행정관행에 따른 처분 등의 행정행위가 적법한 경우에만 적용된다. 위법(불법)에 대한 행정의 자기구속을 요구하는 것은 행정의 법률적합성의 원칙에 위배되기 때문이다.

판례

위법한 행정처분이 수차례에 걸쳐 반복적으로 행하여졌다 하더라도 그러한 처분이 위법한 것인 때에는 행정청에 대하여 자기구속력을 갖게 된다고 할 수 없다(대판 2009.6.25. 2008두13132). [21 국가9급, 18 서울7급]

참고

행정규칙에 대한 자기구속의 법리 적용 여부

행정청이 재량준칙적 행정규칙을 마련하여 시행하는 경우, 행정청은 같은 사안에 대하여 당해 행정규칙이 정하는 바에 따라 동일하게 다루어야 하는 자기구속을 받는다. 그러나 법률의 최종적 유권해석은 법원의 권한이기 때문에, 규범해석적 행정규칙에서는 자기구속의 법리가 적용되지 않는다.

- 행정의 자기구속의 법리는 주로 재량준칙과 관련하여 문제가 된다. (○, ×) [11 복지9급]
- 행정의 자기구속의 원칙은 처분청이 아닌 제3자 행정청에 대해서도 적용된다. (○, ×) [19 서울9급]
- 행정의 자기구속의 법리를 적용함에 있어서 행정선례가 필요한지 여부에 대한 학설대립이 있다. (○, ×) [11 복지9급]
- 재량준칙이 공표된 것만으로도 자기구속의 원칙이 적용될 수 있으며, 재량준칙이 되풀이 시행되어 행정관행이 성립될 필요는 없다. (○, ×) [17 국가9급(下), 16 복지9급]

참고

위법한 선행행위에 대해서 신뢰보호원칙은 적용되었던 것과 준별(峻別)해야 한다.

- 반복적으로 행해진 행정처분이 위법하더라도 행정의 자기구속의 원칙에 따라 행정청은 선행처분에 구속된다. (○, ×) [22 지방9급, 22 국가7급]

(2) **특수한 사정변경이 있는 경우**

자기구속의 원칙을 적용하는 것이 오히려 형평과 합리성에 반한다고 여겨질 정도의 객관적 사유가 있고 그것이 신뢰보호의 원칙에 반하지 않고 새로운 행정결정이 이후 결정에 동등하게 적용될 것이 예상되는 특별한 사정이 있다면 종래 행정관행으로부터 이탈할 수 있다고 본다.

7. 효과

행정의 자기구속에 위반한 처분 등은 위헌·위법이 된다. 따라서 항고소송의 대상이 되며 경우에 따라 국가배상청구도 가능하다.

행정기관이 재량준칙에 위반하여 처분을 행하는 때에는 자기구속의 법리에 위반하더라도 당사자는 당해 처분의 위법을 이유로 취소쟁송을 제기할 수 없다. (○, ×) [09 국가7급]

04 부당결부금지의 원칙

1. 의의

부당결부금지의 원칙이란 행정기관이 공권력을 행사함에 있어서 실질적 관련성이 없는 상대방의 반대급부를 행정작용의 조건으로 결부시켜서는 안 된다는 원칙을 말한다. 따라서 실질적 관련성이 있는 경우에는 조건 등을 부가하여도 이에 위반되지 않는다.

부당결부금지원칙은 행정작용을 함에 있어서 상대방에게 이와 실질적인 관련이 없는 의무를 부과하지 말도록 하는 것인데, 판례는 이러한 부당결부금지원칙의 적용을 부정하고 있다. (○, ×) [15 서울7급]

「도로법 시행규칙」의 개정 이후에도 위 협약에 포함된 부관은 부당결부금지의 원칙에 반하지 않는다. (○, ×) [17 국가9급]

판례

고속국도 관리청이 고속도로 부지와 접도구역에 송유관 매설을 허가하면서 상대방과 체결한 협약에 따라 송유관 시설을 이전하게 될 경우 그 비용을 상대방에게 부담하도록 하였고, 그 후 도로법 시행규칙이 개정되어 접도구역에는 관리청의 허가 없이도 송유관을 매설할 수 있게 된 경우라도, 위 협약이 효력을 상실하지 않을 뿐만 아니라 위 협약에 포함된 부관이 부당결부금지의 원칙에도 반하지 않는다(대판 2009.2.12. 2005다65500).

2. 인정 근거

부당결부금지의 원칙은 법치국가의 원리와 자의금지의 원리로부터 도출된다고 보면서 헌법적 지위를 갖는다고 보는 견해가 다수설이다. 주택법부당결부금지의 원칙에 관한 명문규정이 있다. 행정기본법에는 부당결부금지의 원칙에 관한 명문규정이 있다.

> **행정기본법 제13조【부당결부금지의 원칙】** 행정청은 행정작용을 할 때 상대방에게 해당 행정작용과 실질적인 관련이 없는 의무를 부과해서는 아니 된다.

3. 요건

부당결부금지의 원칙의 요건으로는 ① 행정청의 권한 행사가 있을 것 ② 이와 같은 권한행사가 상대방의 반대급부와 결부되어 있을 것 ③ 공권력 행사와 반대급부 사이에 실질적 관련성이 없을 것이 요구된다.

4. 적용범위

(1) 공법상 계약

부당결부금지의 원칙은 공법상 계약에 있어서도 그 적용이 있다. [08 지방7급] 행정청이 공법상 계약을 체결할 때 계약당사자에게 반대급부의 의무를 지우는 경우에는 그 반대급부는 행정청의 주된 급부와 실질적인 관련성을 가지고 있어야 한다.

(2) 부관

수익적 행정행위 특히 주택사업계획승인처분을 하면서 일정한 토지 등을 기부채납 할 것을 부담으로 부과하는 경우, 부당결부금지원칙이 특히 문제된다.

(3) 급부행정의 적용

판례

1. 지방자치단체장이 사업자에게 주택사업계획승인을 하면서 그 주택사업과는 아무런 관련이 없는 토지를 기부채납하도록 하는 부관을 주택사업계획승인에 붙인 경우, 그 부관은 부당결부금지의 원칙에 위반되어 위법하지만, 부관의 하자가 중대하고 명백하여 당연무효라고는 볼 수 없다(대판 1997.3.11. 96다49650). [22 국가7급, 19 지방9급]
2. 건축물에 인접한 도로의 개설을 위한 도시계획사업시행허가처분은 건축물에 대한 건축허가처분과는 별개의 행정처분이므로 사업시행허가를 함에 있어 조건으로 내세운 기부채납 의무를 이행하지 않았음을 이유로 한 건축물에 대한 준공거부처분은 건축법에 근거 없이 이루어진 것으로 위법하다(대판 1992.11.27. 92누10364).
3. 65세대의 공동주택을 건설하려는 사업주체에게 그 주택단지의 진입도로부지의 소유권을 확보하여 통행로를 설치하고 그 부지 일부를 기부채납하도록 조건을 붙인 경우, 형평의 원칙 등에 위배되는 위법한 부관이라 할 수 없다(대판 1997.3.14. 96누16698).

✦ 사업자에게 주택사업계획 승인을 하면서 그 주택사업과 아무런 관련이 없는 토지를 기부채납하도록 하는 부관을 주택사업계획 승인에 붙인 경우 부당결부금지원칙 위배로 위법하다. (○, ×)
[22 지방9급, 21 서울7급]

✦ 건축물에 인접한 도로의 개설을 위한 도시계획사업시행허가처분은 건축물에 대한 건축허가처분과는 별개의 행정처분이므로 사업시행허가를 함에 있어 조건으로 내세운 기부채납의무를 이행하지 않았음을 이유로 한 건축물에 대한 준공거부처분은 건축법에 근거 없이 이루어진 것으로 위법하다. (○, ×)
[13 국가9급]

✦ 주택사업계획을 승인하면서 입주민이 이용하는 진입도로의 개설 및 확장과 이의 기부채납의무를 부담으로 부과하는 것은 부당결부금지의 원칙에 반한다. (○, ×)
[15 경행특채, 08 국가9급]

5. 위반의 효과

(1) 위헌 · 위법

부당결부금지의 원칙은 헌법적 지위를 갖는 행정법의 일반원칙이므로 동 원칙 위반시 위헌 · 위법이 된다.

(2) 구제방법

법률이 부당결부금지원칙에 위반되면 위헌법률심판 또는 헌법소원으로 다툴 수 있고, 행정행위의 경우에는 항고소송으로 다툴 수 있다. 손해가 있으면 손해배상청구가 가능하다.

행정행위의 철회사유가 특정의 면허에 관한 것이 아니고, 다른 면허와 공통된 것이거나 운전면허를 받은 사람에 관한 것일 경우에는 여러 면허를 전부 철회할 수도 있다. (○, ×) [14 국회8급]

관련문제 |

복수운전면허의 취소(철회)

여러 종류의 자동차운전면허를 가지고 있는 사람이 음주운전을 한 경우 모든 운전면허를 취소(철회)해야 하는지, 아니면 음주운전을 한 당해 차량에 대한 운전면허만을 취소(철회)해야 하는지가 문제된다. 판례의 원칙적 입장은 복수운전면허를 취소 또는 정지하는 경우에 서로 별개의 것으로 취급한다. 다만 이들 복수운전면허가 서로 '관련성'이 있으면 전부 취소할 수 있다고 판시하고 있다.

도로교통법 시행규칙 제53조 별표18

운전면허		운전할 수 있는 차량
종별	구분	
제1종	대형면허	승용자동차, 승합자동차, 화물자동차, 건설기계, 특수자동차(구난차 등은 제외한다), 원동기장치자전거
	보통면허	승용자동차, 승차정원 15명 이하의 승합자동차, 적재중량 12톤 미만의 화물자동차, 건설기계(도로를 운행하는 3톤 미만의 지게차로 한정한다), 총중량 10톤 미만의 특수자동차(구난차 등은 제외한다), 원동기장치자전거
	소형면허	3륜화물자동차, 3륜승용자동차, 원동기장치자전거
	특수면허	대형견인차, 소형견인차, 구난차, 제2종보통면허로 운전할 수 있는 차량
제2종	보통면허	승용자동차, 승차정원 10명 이하의 승합자동차, 적재중량 4톤 이하의 화물자동차, 총중량 10톤 미만의 특수자동차(구난차 등은 제외한다), 원동기장치자전거
	소형면허	이륜자동차(운반차를 포함한다), 원동기장치자전거
	원동기장치자전거면허	원동기장치자전거

판례

1. 한 사람이 여러 종류의 자동차운전면허를 취득하는 경우뿐 아니라 이를 취소 또는 정지함에 있어서도 서로 별개의 것으로 취급하는 것이 원칙이라 할 것이고 그 취소나 정지의 사유가 특정의 면허에 관한 것이 아니고 다른 면허와 공통된 것이거나 운전면허를 받은 사람에 관한 경우에는 여러 운전면허 전부를 취소 또는 정지할 수도 있다(대판 1992.9.22. 91누8289). [16 서울7급, 16 경행특채]
2. 자동차운전면허는 그 성질이 대인적 면허일 뿐만 아니라 제1종 대형면허 소지자는 제1종 보통면허로 운전할 수 있는 자동차와 원동기장치자전거를, 제1종 보통면허 소지자는 원동기장치자전거까지 운전할 수 있도록 규정하고 있어서 제1종 보통면허로 운전할 수 있는 차량의 음주운전은 당해 운전면허뿐만 아니라 제1종 대형면허로도 가능하고, 또한 제1종 대형면허나 제1종 보통면허의 취소에는 당연히 원동기장치자전거의 운전까지 금지하는 취지가 포함된 것이어서 이들 세 종류의 운전면허는 서로 관련된 것이라고 할 것이므로 제1종 보통면허로 운전할 수 있는 차량을 음주운전한 경우에 이와 관련된 면허인 제1종 대형면허와 원동기장치자전거면허까지 취소할 수 있는 것으로 보아야 한다(대판 1994.11.25. 94누9672). [12 복지9급]

✦ 제1종 보통면허로 운전할 수 있는 차량을 음주운전한 경우 제1종 보통면허의 취소 외에 동일인이 소지하고 있는 제1종 대형면허와 원동기장치자전거면허는 취소할 수 없다. (○, ×) [15 국가9급]

05 평등의 원칙

1. 의의

평등의 원칙이란 합리적 이유 없이 차별취급하면 안 된다는 원칙을 말한다. 따라서 합리적 이유가 있는 차별은 평등의 원칙 위반이 아니다.

2. 기능

(1) 재량권 행사의 한계설정

평등의 원칙은 행정법 영역에서 재량권 행사의 한계를 설정하는 기능을 수행한다.

(2) 전환규범의 기능

행정청이 재량영역에서 재량준칙을 마련하여 시행하는 경우 동종의 사안에 대해 재량준칙을 위반하여 제3자에게 행한 결정과 다른 처분을 한때에는 평등의 원칙을 위반한 위법한 행위로서 그 처분을 다툴 수 있게 된다.

3. 법적 근거

헌법 제11조는 평등의 원칙을 규정하고 있다. 행정기본법에도 평등의 원칙을 규정하고 있다.

> 행정기본법 제9조【평등의 원칙】 행정청은 합리적 이유 없이 국민을 차별하여서는 아니 된다.

4. 한계

평등의 원칙은 위법한 행정작용에서는 적용되지 않는다(불법의 평등은 인정될 수 없다). 위법한 행정작용임에도 불구하고 평등의 원칙을 적용하여 위법한 행정작용이 계속 행해진다면 법치행정이 붕괴되기 때문이다.

판례

평등의 원칙 위반사례

1. 원고와 함께 화투놀이를 한 3명(지방공무원)은 견책에 처하기로 의결된 사실이 인정되는 점 등 제반 사정을 고려하면 피고가 원고에 대한 징계처분으로 파면을 택한 것은 공평의 원칙상 그 재량의 범위를 벗어난 위법한 것이다(대판 1972.12.26. 72누194). [13 서울7급]
2. 행정자치부의 지방조직 개편지침의 일환으로 청원경찰의 인원감축을 위한 면직처분대상자를 선정함에 있어서 초등학교 졸업 이하 학력소지자 집단과 중학교 중퇴 이상 학력소지자 집단으로 나누어 각 집단별로 같은 감원비율 상당의 인원을 선정한 것은 평등의 원칙에 위배하여 그 하자가 중대하다 할 것이나, 객관적으로 명백하다고 보기는 어렵다(대판 2002.2.8. 2000두4057). [08 국가9급]
3. 조례안이 지방의회의 감사 또는 조사를 위하여 출석요구를 받은 증인이 5급 이상 공무원인지 여부, 기관(법인)의 대표나 임원인지 여부 등 증인의 사회적 신분에 따라 미리부터 과태료의 액수에 차등을 두고 있는 경우, 평등의 원칙에 위배되어 무효이다(대판 1997.02.25. 96추213).

지방의회의 감사 또는 조사를 위하여 출석요구를 받은 증인이 출석하지 않을 경우 증인의 사회적 지위에 따라 과태료의 액수에 차등을 두는 것을 내용으로 하는 조례안은 헌법에 규정된 평등의 원칙에 위배된다고 볼 수 없다. (○, ×)
[17 서울9급, 16 국가7급]

헌재 판례

평등의 원칙 위반사례

1. 국·공립학교의 채용시험에 국가유공자와 그 가족이 응시하는 경우 만점의 10퍼센트를 가산하도록 규정하고 있는 국가유공자 등 예우 및 지원에 관한 법률은 평등권과 공무담임권을 침해한다(헌재 2006.2.23. 2004헌마675).
2. 제대군인에게 공무원시험에서 과목별 3% 또는 5%의 가산점을 부여하는 것은 평등원칙에 위반된다(헌재 1999.12.23. 98헌마363).
3. 국·공립사범대학 등 출신자를 교육공무원인 국·공립학교 교사로 우선하여 채용하도록 규정한 교육공무원법 제11조 제1항은 평등의 원칙에 어긋난다(헌재 1990.10.8. 89헌마89).
4. 국유잡종재산에 대한 시효취득을 부인하는 동규정은 합리적 근거 없이 국가만을 우대하는 불평등한 규정으로서 헌법상의 평등의 원칙과 사유재산권 보장의 이념 및 과잉금지의 원칙에 반한다(헌재 1991.5.13. 89헌가97).
5. 우체국보험금 및 환급금 청구채권 전액에 대하여 무조건 압류를 금지하는 것은 우체국보험 가입자의 채권자를 일반 인보험 가입자의 채권자에 비하여 불합리하게 차별취급하여 평등원칙에 위반된다(헌재 2008.5.29. 2006헌바5).
6. 중혼의 취소청구권자를 직계존속과 4촌 이내의 방계혈족을 규정하면서도 직계비속을 제외하는 것은 가부장적·종법적인 사고에 바탕을 두고 있고, 합리적인 이유 없이 직계비속을 차별하고 있어, 평등원칙에 위반된다(헌재 2010.7.29. 2009헌가8).

판례

평등의 원칙에 위반되지 않는다고 본 사례

1. 한국전기통신공사의 일반직 직원의 정년을 58세로 규정하면서 전화교환직렬 직원만은 정년을 53세로 규정하여 5년간의 정년 차등을 둔 것이 사회통념상 합리성이 있다(대판 1996.8.23. 94누13589).
2. 같은 정도의 비위를 저지른 자들 사이에 있어서도 그 직무의 특성 등에 비추어, 개전의 정이 있는지 여부에 따라 징계의 종류의 선택과 양정에 있어서 차별적으로 취급하는 것은, 평등원칙 내지 형평에 반하지 아니한다. 학습지 채택료를 수수하고 담당 경찰관에게 수사무마비를 전달하려고 한 비위를 저지른 사립중학교 교사들 중 잘못을 시인한 교사들은 정직 또는 감봉에, 잘못을 시인하지 아니한 교사들은 파면에 처한 것이 그 직무의 특성 등에 비추어 재량권의 범위를 일탈·남용한 것이 아니다(대판 1999.08.20. 99두2611).

5. 처분적 법률과 평등의 원칙

(1) 처분적 법률의 개념

처분적 법률이란 법률의 특징인 일반적·추상적 규율이 아니라 개별적·구체적 사항을 규율하는 법률을 말한다. 형식은 입법이나 그 실질은 처분의 성격을 갖는 법률로, 집행행위의 매개 없이 직접 적용되는 법률을 말한다.

(2) 처분적 법률의 종류

처분적 법률에는 특정인을 대상으로 하는 개별인 법률, 특정 사건을 대상으로 하는 개별사건 법률 등이 있다.

(3) 처분적 법률의 문제점

처분적 법률은 모든 사람에게 적용되는 것이 아니라는 점에서 평등의 원칙에 위배될 소지가 있다. 처분적 법률은 집행행위의 매개 없이 적용된다는 점에서 권력분립에 위배될 가능성이 있다. 그러나 극단적인 처분적 법률이 아니라면 허용된다고 보는 것이 통설 판례의 입장이다.

(4) 판례검토

헌법재판소는 5·18 민주화운동에 관한 특별법은 개별사건법률로서 처분적 법률이지만 평등의 원칙위반이 아니라고 보았으며, 세무대학 폐지법률도 처분적 법률의 성격이 있지만 헌법에 위반되는 것은 아니라고 판시하였다.

06 기타 일반원칙

1. 적법절차의 원칙(Due Process)

적법절차의 원칙이란 개인의 권익을 제한하는 모든 국가작용은 적법절차에 따라 행하여져야 한다는 것을 말한다. 행정절차법에 규정이 없는 경우라도 행정권의 행사가 적정한 절차에 따라 행해지지 아니한 경우에는 그 행사는 적법절차 원칙위반으로 위헌·위법이다.

일반직 직원의 정년을 58세로 규정하면서 전화교환직렬 직원만은 정년을 53세로 규정하여 5년간의 정년차등을 둔 것은 사회통념상 합리성이 없는 차별로서 평등원칙에 위반된다. (○, ×) [11 국회8급]

같은 정도의 비위를 저지른 자들 사이에 있어서도 그 직무의 특성 등에 비추어 개전의 정이 있는지 여부에 따라 징계종류의 선택과 양정에서 차별적으로 취급하는 것은 평등원칙에 반하지 아니한다. (○, ×) [14 복지9급, 14 경행특채]

동일한 사항을 다르게 취급하는 것은 합리적 이유가 없는 차별이므로, 같은 정도의 비위를 저지른 자들은 비록 개전의 정이 있는지 여부에 차이가 있다고 하더라도 징계 종류의 선택과 양정에 있어 동일하게 취급받아야 한다. (○, ×) [20 지방9급]

2. 신의성실의 원칙

민법 제2조 제1항은 '권리의 행사와 의무의 이행은 신의에 좇아 성실히 하여야 한다.'고 규정하여 신의성실의 원칙을 밝히고 있다. 그러나 신의성실의 원칙은 민법뿐만 아니라 모든 법의 일반원칙이라고 할 수 있다. 행정절차법도 제4조에서 신의성실의 원칙을 신뢰보호의 원칙과 함께 규정하고 있다.

판례

1. 실권의 법리는 신의성실의 원칙에 바탕을 둔 파생원칙으로 관리관계는 물론이고 권력관계에도 적용된다(대판 1988.4.27. 87누915).
2. 일반 행정법률관계에서 관청의 행위에 대하여 신의칙이 적용되기 위해서는 합법성의 원칙을 희생하여서라도 처분의 상대방의 신뢰를 보호함이 정의의 관념에 부합하는 것으로 인정되는 특별한 사정이 있을 경우에 한하여 예외적으로 적용된다(대판 2004.7.22. 2002두11233).
3. 지방공무원 임용신청 당시 잘못 기재된 호적상 출생연월일에 대하여 처음 임용된 때부터 약 36년 동안 전혀 이의를 제기하지 않다가, 정년을 1년 3개월 앞두고 호적상 출생연월일을 정정한 후 그 출생연월일을 기준으로 정년의 연장을 요구하는 것은 신의성실의 원칙에 반하지 않는다(대판 2009.3.26. 2008두21300). [21 국가9급]

지방공무원 임용신청 당시 잘못 기재된 생년월일에 근거하여 36년 동안 공무원으로 근무하다 정년을 1년 3개월 앞두고 생년월일을 정정한 후 그에 기초하여 정년연장을 요구하는 것은 신의성실의 원칙에 반한다. (○, ×) [15 서울7급]

3. 권리남용금지원칙

민법 제2조 제2항은 '권리는 남용하지 못한다.'고 규정하고 있다. 권리남용금지원칙은 모든 법에 적용되는 일반 법원칙이다.

제2절 행정상 법률관계

01 공법관계와 사법관계

1. 행정상 법률관계

법률관계란 법에 의해 규율되는 생활관계를 말하며, 당사자 간의 권리・의무관계가 주된 내용이다. 따라서 행정상 법률관계란 행정활동을 기초로 하여 발생되는 권리・의무관계를 말한다. 하지만 행정상 법률관계가 모두 행정법관계는 아니다. 행정법관계는 행정상 법률관계 중 공법이 적용되는 법률관계를 말한다.

행정법 관계는 행정상의 법률관계 가운데 공법의 규율을 받는 관계이다. (○, ×) [11 복지9급]

2. 공법관계(행정법관계)와 사법(私法)관계

(1) 공법관계와 사법관계의 구별

① 적용법규 및 적용법리의 결정

공법관계와 사법관계의 구별은 구체적인 법률관계에 적용할 법규 및 법원칙을 결정하기 위해서 필요하다. 공법관계의 경우 공법원리 및 공법규정을 직접적용 내지 유추적용하여야 하며, 유추적용할 공법규정도 없는 경우에는 공법관계 중 권력관계의 경우 사법상의 법원리적 규정을 유추적용하며, 관리관계의 경우 사법이 널리 적용되지만 공익보호를 위해 사법규정을 수정하여 적용하는 경우도 있다. 한편 사법관계의 경우 사법규정 및 사법원리가 적용되며, 다만 행정사법의 경우 공법원리가 일정 부분 적용된다.

② 쟁송수단

행정상 법률관계를 공법관계와 사법관계로 구분하는 것은 각각의 소송절차와도 관련된다. [18 교행] 처분에 관한 다툼은 행정소송 중 항고소송을 제기하여야 하고, 그 밖의 공법상 법률관계에 대한 분쟁의 경우에는 행정소송 중 당사자소송을 제기하여야 한다. 반면 사법관계에 관한 분쟁은 민사소송으로 해결하여야 한다.

적용법리	공법관계	법률에 의한 행정의 원리(법치행정)등 공법원리가 적용
	사법관계	사적자치의 원칙 적용
쟁송수단	공법상 분쟁	행정소송에 의한 해결, 제소기간의 제한 등 특칙이 인정
	사법상 분쟁	민사소송절차에 의한 해결
강제집행절차	행정상 의무불이행	행정대집행과 같은 행정강제수단에 의함.
	민사상 채무불이행	민사집행법에 따른 강제집행절차에 의함.
손해전보제도	국가작용으로 인한 손해·손실	• 국가배상: 국가의 위법한 공권력의 행사로 개인에게 손해가 발생한 경우 • 손실보상: 적법한 공권력의 행사에 의한 손실이 발생한 경우
	사법상 불법행위로 인한 손해	민법상의 불법행위 책임이 적용됨.

(2) 구별의 기준

① 1차적 기준

공법관계와 사법관계는 1차적으로 관계법령의 규정 내용과 성질 등을 기준으로 구별한다. [18 교행] 법규가 행정상 강제집행 등을 인정하고 있는 경우 그 대상이 되는 행위는 공법행위가 되므로 이와 관련된 법률관계는 공법관계가 된다. 법적 분쟁에 대해 행정쟁송을 제기하도록 명문 규정을 두고 있는 경우 이와 관련된 법률관계는 공법관계가 된다.

> **참고**
> 다만 행정편의를 위하여 사법상의 금전급부의무 불이행에 대해 국세징수법 중 체납처분에 관한 규정을 준용하는 경우가 있는데, 이 경우 당해 의무가 행정상 강제징수의 대상이 되는 것으로 규정하고 있다고 하더라도 여전히 사법상 의무이며 공법상 의무가 되지 않는다는 것이 판례의 입장이다.

② 2차적 기준

공법과 사법의 구별과 관련하여 구주체설, 신주체설, 권력설, 이익설 등의 입장이 있으나 우리나라의 통설은 위의 견해를 종합하여 해결해야 한다는 복수기준설을 취하고 있다. 이에 따르면 우선 ㉠ 근거 법률의 검토로부터 접근하고, ㉡ 한쪽 당사자가 행정주체이며 대체로 그 행위의 근거 되는 법률이 행정청에 대하여 우월적인 지위를 인정하고 있는 경우, ㉢ 공익의 보호가 고려되고 있는 법률관계나 법률행위의 공공성이 강한 경우에는 공법관계로 봄이 타당할 것이다.

국유재산의 관리청이 행정재산의 사용·수익을 허가한 다음 그 사용·수익하는 자에 대하여 하는 사용료부과는 사경제주체로서 행하는 사법상의 이행청구이다. (○, ×) [17 지방7급, 17 교행]

판례에 의하면 국·공유 행정재산의 사용·수익에 대한 허가신청의 거부는 사법관계에 해당한다. (○, ×) [13 서울9급]

국가를 당사자로 하는 계약에 관한 법률에 의하여 국가기관이 특정기업의 입찰참가자격을 제한하는 경우 이것은 사법관계이므로 이에 대해 다투기 위하여서는 민사소송을 제기하여야 한다. (○, ×) [23 국가9급, 16 국회8급]

국립의료원 부설 주차장에 관한 위탁관리용역운영계약은 사경제주체로서 대등한 위치에서 행한 사법상의 계약에 해당한다. (○, ×) [15 국회8급, 12 지방7급]

판례에 의하면 농지개량조합과 그 직원의 관계는 공법상 특별권력관계이다. (○, ×) [16 지방7급, 15 경행특채]

구 예산회계법에 따른 입찰보증금의 국고귀속조치는 국가가 공법상의 재산권의 주체로서 행위하는 것으로 그 행위는 공법행위에 속한다. (○, ×) [20 국가7급, 19 국가9급]

판례에 의하면 서울특별시지하철공사의 임원과 직원의 근무관계의 성질은 공법상 특별권력관계에 해당한다. (○, ×) [17 교행, 13 지방7급]

「공익사업을 위한 토지 등의 취득 및 보상에 관한 법률」에 따른 협의취득은 공법상 계약이다. (○, ×) [16 지방9급]

공익사업을 위한 토지 등의 취득 및 보상에 관한 법령에 의한 협의취득은 사법상의 법률행위이다. (○, ×) [20 국가7급, 16 경행특채]

판례에 의할 때 개발부담금부과처분의 직권취소를 이유로 한 부당이득반환청구는 사법관계에 해당한다. (○, ×) [15 국회8급, 13 서울9급]

(3) 공법관계와 사법관계의 예

공법관계	사법관계
• 국유재산 무단점유자에 대한 변상금부과 • 행정재산 사용수익자에 대한 사용료부과 • 국유재산 등의 관리청이 하는 행정재산의 사용·수익에 대한 허가 및 그 거부 • 「국가를 당사자로 하는 계약에 따른 법률」에 따른 입찰참가자격 제한 • 국립의료원 부설주차장에 대한 위탁관리 용역계약 • 농지개량조합 직원의 근무관계(단, 퇴직금은 사법관계) • 도시재개발조합의 조합원 지위 확인 • 지방자치단체에 근무하는 청원경찰의 근무관계 • 서울 시립무용단원의 위촉, 해촉 • 공중보건의사 채용계약 • 공무원연금관리공단의 급여 결정 • 행정기관(국방부 등)이 행하는 입찰참가 정지조치 • 광업권허가 • 공유수면매립면허 • 전화요금강제징수, 텔레비전 수신료 부과 • 수도요금 부과 징수 • 사립대학교의 학위수여 • 특허기업자의 토지수용 등 공용부담관계 • 국공립대의 교원 학생 징계	• 국유일반재산(구 잡종재산)의 매각·임대 • 국유일반재산(구 잡종재산)에 대한 대부료 납입고지 • 「국가를 당사자로 하는 계약에 따른 법률」에 따른 입찰보증금의 국고귀속조치 • 행정기관 청사 등의 건설도급계약 • 폐천부지를 양여하는 행위 • 기부채납 공유재산에 대한 무상사용 수익 허가 • 서울지하철공사 직원의 근무관계 • 한국방송공사 직원의 채용관계 • 교직원의료보험관리공단 직원의 근무관계 • 비원안내원 채용계약 • 마사회소속 조교사 기수의 면허취소 • 국공립병원의 전공의(레지던트) 임용계약 • 한국조폐공사 직원의 근무관계 • 물품매매계약, 국고수표 발행 • 토지수용시의 협의취득 및 협의취득에 기한 손실보상금의 환수통보 • 철도·지하철·시영버스 이용 • 통상적인 손실보상청구소송 • 전기·전화가입 및 해지 • 개발부담금부과처분의 직권취소(무효)를 이유로 한 부당이득반환청구 • 사립대학교원의 근무관계

판례

사법관계로 판시한 사례

1. 국유잡종재산을 대부하는 행위는 사법상의 계약이지 행정청이 공권력의 주체로서 상대방의 의사 여하에 불구하고 일방적으로 행하는 행정처분이라고 볼 수 없고, 국유잡종재산에 관한 사용료의 납입고지 역시 사법상의 이행청구에 해당하는 것으로서 이를 항고소송의 대상이 되는 행정처분이라고 할 수 없다(대판 1995.5.12. 94누5281). [23 국가9급, 16 지방9급]
2. 국유재산을 매각하는 행위는 사경제 주체로서 행하는 사법상의 법률행위에 지나지 아니하며 행정청이 공권력의 주체라는 지위에서 행하는 공법상의 행정처분은 아니라 할 것이므로 국유재산매각 신청을 반려한 거부행위도 단순한 사법상의 행위일 뿐 공법상의 행정처분으로 볼 수 없다(대판 1986.6.24. 86누171).
3. 조세부과처분이 당연무효임을 전제로 하여 이미 납부한 세금의 반환을 청구하는 것은 민사상의 부당이득반환청구로서 민사소송절차에 따라야 한다(대판 1995.4.28. 94다55019). [21 국가7급]
4. 서울특별시지하철공사의 임원과 직원의 근무관계의 성질은 공법상의 특별권력관계라고는 볼 수 없고 사법관계에 속할 뿐만 아니라, 위 지하철공사의 사장이 소속직원에 대한 징계처분을 한 경우 위 사장은 행정소송법 소정의 행정청에 해당되지 않으므로 이에 대한 불복절차는 민사소송에 의할 것이지 행정소송에 의할 수는 없다(대판 1989.9.12. 89누2103).
5. 정부투자기관(한국토지공사)의 출자로 설립된 회사(한국토지신탁) 내부의 근무관계(인사상의 차별 및 해고)에 관한 사항은, 이를 규율하는 특별한 공법적 규정이 존재하지 않는 한, 원칙적으로 사법관계에 속하므로 헌법소원의 대상이 되는 공권력 작용이라고 볼 수 없다(헌재 2006.11.30. 2005헌마855).
6. 창덕궁관리소장이 1년 단위로 채용한 비원안내원들의 근무관계는 그 채용근거가 문화공보부장관의 훈령이고 그 직무의 성질에 비추어 볼 때 사법상의 고용계약이다(대판 1995.10.13. 95다184). [07 국가9급]
7. 재개발조합과 조합장 또는 조합임원 사이의 선임·해임 등을 둘러싼 법률관계는 사법상의 법률관계로서 그 조합장 또는 조합임원의 지위를 다투는 소송은 민사소송에 의하여야 할 것이다(대결 2009.9.24. 2009마168).
8. 한국마사회가 조교사 또는 기수의 면허를 부여하거나 취소하는 것은 경마를 독점적으로 개최할 수 있는 지위에서 우수한 능력을 갖추었다고 인정되는 사람에게 경마에서의 일정한 기능과 역할을 수행할 수 있는 자격을 부여하거나 이를 박탈하는 것에 지나지 아니하므로, 사법상의 법률관계에서 이루어지는 단체 내부에서의 징계 내지 제재처분이다(대판 2008.1.31. 2005두8269). [15 지방9급, 15 국회8급]
9. 지방재정법에 의하여 준용되는 국가계약법에 따라 지방자치단체가 당사자가 되는 이른바 공공계약은 사경제의 주체로서 상대방과 대등한 위치에서 체결하는 사법상의 계약으로서 그 본질적인 내용은 사인 간의 계약과 다를 바가 없으므로, 그에 관한 법령에 특별한 정함이 있는 경우를 제외하고는 사적자치와 계약자유의 원칙 등 사법의 원리가 그대로 적용된다 할 것이다(대판 2001.12.11. 2001다33604). [15 경행특채]
10. 예산회계법에 따라 체결되는 계약은 사법상의 계약이라고 할 것이고 입찰보증금의 국고귀속조치는 국가가 사법상의 재산권의 주체로서 행위하는 것이지 공권력을 행사하는 것이거나 공권력작용과 일체성을 가진 것이 아니라 할 것이므로 이에 관한 분쟁은 행정소송이 아닌 민사소송의 대상이 될 수밖에 없다(대판 1983.12.27. 81누366). [23 국가9급, 20 지방9급]

> 국유재산법의 규정에 의하여 총괄청 또는 그 권한을 위임받은 기관이 국유재산을 매각하는 행위는 사경제주체로서 행하는 사법상의 법률행위에 지나지 아니한다. (○, ×) [15 국회8급]

> 서울특별시지하철공사의 임·직원의 근무관계의 성질은 공법상의 특별권력관계라고 볼 수 있다. (○, ×) [15 경행특채, 13 지방7급]

> 헌법재판소는 정부투자기관(한국토지공사)의 출자로 설립된 회사(한국토지신탁) 내부의 근무관계(인사상의 차별 및 해고)에 관한 사항은 특별한 공법적 규정이 존재하는 경우라도 사법관계에 속하는 것이라고 본다. (○, ×) [16 지방7급]

> 재개발조합은 공법인이므로 재개발조합과 조합장 사이의 선임·해임 등을 둘러싼 법률관계는 공법상 법률관계이고 그 조합장의 지위를 다투는 소송은 공법상 당사자소송이다. (○, ×) [19 서울7급]

11. 구 공익사업을 위한 토지 등의 취득 및 보상에 관한 법률 제91조에 규정된 환매권은 상대방에 대한 의사표시를 요하는 형성권의 일종으로서 재판상이든 재판외이든 위 규정에 따른 기간 내에 행사하면 매매의 효력이 생기는 바 이러한 환매권의 존부에 관한 확인을 구하는 소송 및 구 공익사업법 제91조 제4항에 따라 환매금액의 증감을 구하는 소송 역시 민사소송에 해당한다(대판 2013.2.28. 2010두22368).

지방자치단체가 A 주식회사를 자원회수시설과 부대시설의 운영 · 유지 관리 등을 위탁할 민간사업자로 선정하고 A 주식회사와 체결한 위 시설에 관한 위 · 수탁 운영 협약은 사법상 계약에 해당한다. (○, ×) [22 지방9급]

12. 지방자치단체가 사인인 을 회사 등에 자원회수시설의 운영을 위탁하고 그 위탁운영비용을 지급하는 것을 내용으로 하는 용역계약으로서 상호 대등한 입장에서 당사자의 합의에 따라 체결한 사법상 계약에 해당한다(대판 2019.10.17. 2018두60588). [20 지방7급]

13. 국가의 철도운행사업은 국가가 공권력의 행사로서 하는 것이 아니고 사경제적 작용이라 할 것이므로, 이로 인한 사고에 공무원이 간여하였다고 하더라도 국가배상법을 적용할 것이 아니고 일반 민법의 규정에 따라야 한다(대판 1999.6.22. 99다7008). [21 국가7급]

사립학교 교원에 대한 학교법인의 해임처분을 취소소송의 대상이 되는 행정청의 처분으로 볼 수 있으므로 학교법인을 상대로 한 불복은 행정소송에 의한다. (○, ×) [15 국가9급]

14. 사립학교 교원에 대한 학교법인의 해임처분을 취소소송의 대상이 되는 행정청의 처분으로 볼 수 없고, 따라서 학교법인을 상대로 한 불복은 행정소송에 의할 수 없고 민사소송절차에 의할 것이다(대판 1993.2.12. 92누13707).

15. 한국공항공단이 무상사용허가를 받은 행정재산에 대하여 하는 전대행위는 통상의 사인간의 임대차와 다를 바가 없고, 그 임대차계약이 임차인의 사용승인신청과 임대인의 사용승인의 형식으로 이루어졌다고 하여 달리 볼 것은 아니다(대판 2004.1.15. 2001다12638). [23 국가9급, 16 국회8급]

판례

공법관계로 판시한 사례

1. 국유재산의 관리청이 그 무단점유자에 대하여 하는 변상금부과처분은 순전히 사경제 주체로서 행하는 사법상의 법률행위라 할 수 없고 이는 관리청이 공권력을 가진 우월적 지위에서 행한 것으로서 행정소송의 대상이 되는 행정처분이다(대판 1988.2.23. 87누1046). [23 국가9급, 19 서울9급]

공유재산의 관리청이 행하는 행정재산의 사용 · 수익에 대한 허가는 순전히 사경제주체로서 행하는 사법상의 법률행위이다. (○, ×) [20 국가7급, 16 서울7급]

2. 국유재산 등의 관리청이 하는 행정재산의 사용 · 수익에 대한 허가는 순전히 사경제주체로서 행하는 사법상의 행위가 아니라 관리청이 공권력을 가진 우월적 지위에서 행하는 행정처분으로서 특정인에게 행정재산을 사용할 수 있는 권리를 설정하여 주는 강학상 특허에 해당한다(대판 2006.3.9. 2004다31074). [19 서울9급, 16 지방9급]
3. 국가나 지방자치단체에 근무하는 청원경찰은 공무원은 아니지만, 임용권자가 행정기관의 장이고, 국가나 지방자치단체로부터 보수를 받으며, 근로기준법이 아닌 공무원연금법에 따른 재해보상과 퇴직급여를 지급받고, 그 외 임용자격, 직무, 복무의무 내용 등을 종합하여 볼 때, 그에 대한징계처분의 시정을 구하는 소는 행정소송의 대상이지 민사소송의 대상이 아니다(대판 1993.7.13. 92다47564). [16 경행특채]
4. 서울특별시립무용단 단원의 위촉은 공법상의 계약이라고 할 것이고, 따라서 그 단원의 해촉에 대하여는 공법상의 당사자소송으로 그 무효확인을 청구할 수 있다(대판 1995.12.22. 95누4636).
5. TV수신료의 법적 성격, 피고 보조참가인의 수신료 강제징수권의 내용 등에 비추어 보면 수신료 부과행위는 공권력의 행사에 해당하므로, 수신료를 징수할 권한이 있는지 여부를 다투는 이 사건 쟁송은 민사소송이 아니라 당사자소송에 의하여야 한다(대판 2008.7.24. 2007다25261).

6. 조세채무관계는 공법상의 법률관계이고 그에 관한 쟁송은 원칙적으로 행정사건으로서 행정소송법의 적용을 받는다(대판 2007.12.14. 2005다11848).
7. 수도료 부과징수와 이에 따른 수도료의 납부관계는 공법상의 권리·의무관계이다(대판 1977.2.22. 76다2517). [19 국가9급]
8. 부가가치세법령의 내용, 형식 및 입법 취지 등에 비추어 보면, 납세의무자에 대한 국가의 부가가치세 환급세액 지급의무는 부가가치세법령의 규정에 의하여 직접 발생하는 것으로서, 그 법적 성질은 부당이득 반환의무가 아니라 부가가치세법령에 의하여 그 존부나 범위가 구체적으로 확정되고 조세 정책적 관점에서 특별히 인정되는 공법상 의무라고 봄이 타당하다. 그렇다면 국가에 대한 납세의무자의 부가가치세 환급세액 지급청구는 민사소송이 아니라 행정소송법 제3조 제2호에 규정된 당사자소송의 절차에 따라야 한다(대판 2013.3.21. 2011다95564 전원합의체). [19 서울7급, 17 국가9급(下)]
9. 도시재개발법에 의한 재개발조합은 조합원에 대한 법률관계에서 적어도 특수한 존립목적을 부여받은 특수한 행정주체로서 국가의 감독 하에 공공사무를 행하고 있다고 볼 수 있는 범위 내에서는 공법상의 권리의무 관계에 서 있는 것이므로 관리처분계획은 토지 등의 소유자에게 구체적이고 결정적인 영향을 미치는 것으로서 조합이 행한 처분에 해당하므로 항고소송의 방법으로 그 무효확인이나 취소를 구할 수 있다(대판 2002.12.10. 2001두6333).
10. 조합원의 자격 인정 여부에 관하여 다툼이 있는 경우에는 공법상의 당사자소송에 의하여 그 조합원 자격의 확인을 구할 수 있다. 한편 관리처분계획의 내용에 관하여 다툼이 있는 경우에는 항고소송에 의하여 관리처분계획 또는 그 내용인 분양거부처분 등의 취소를 구할 수 있으나, 관리처분계획에 의하여 이를 제외시키거나 원하는 내용의 분양대상자로 결정하지 아니한 경우, 토지 등의 소유자에게 원하는 내용의 구체적인 수분양권이 직접 발생한 것이라고는 볼 수 없어서 곧바로 조합을 상대로 하여 민사소송이나 공법상 당사자소송으로 수분양권의 확인을 구하는 것은 허용될 수 없다(대판 1996.2.15. 94다31235 전원합의체).
11. 귀속재산불하의 취소는 공법상의 성질을 가지는 귀속재산처리법에 기인하는 것으로서 일종의 행정처분이며 행정처분에는 민법상의 원칙 또는 구 민법(의용민법) 제96조 제3항의 규정이 당연히 적용되는 것이 아니다(대판 1959.10.1. 4292민상174). [17 국가7급(下)]
12. 중학교 의무교육의 위탁관계는 초·중등교육법 제12조 제3항, 제4항 등 관련 법령에 의하여 정해지는 공법적 관계로서, 대등한 당사자 사이의 자유로운 의사를 전제로 사익 상호간의 조정을 목적으로 하는 민법 제688조의 수임인의 비용상환청구권에 관한 규정이 그대로 준용된다고 보기도 어렵다(대판 2015.1.29. 2012두7387). [18 교행]

국가에 대한 납세의무자의 부가가치세 환급세액 지급청구는 당사자소송이 아니라 민사소송의 절차에 따라야 한다. (○, ×)
[21 국가7급, 17 지방9급]

02 행정상 법률관계

1. 행정상 법률관계의 종류

행정상 법률관계는 행정의 조직과 작용에 관한 법률관계를 말하는 것으로, 넓은 의미로는 행정조직법 관계와 행정작용법 관계를 포함하지만, 좁은 의미로는 행정작용법 관계만을 가리킨다.

(1) 행정조직법 관계

국가의 지방자치단체에 대한 감독관계, 지방자치단체 상호 간에 행하여지는 사무위탁 등이 행정주체 상호 간의 관계에 해당한다. 이러한 관계는 엄밀한 의미에서 권리・의무 관계라기보다는 권한행사관계에 해당한다.

(2) 행정작용법 관계

행정주체와 그 상대방인 국민 사이의 법률관계를 행정작용법 관계라고 하며, 이는 다시 행정법의 적용을 받는 공법관계(권력관계) 그리고 사법의 적용을 받는 사법관계(협의의 국고관계, 행정사법관계)로 나눌 수 있다.

2. 행정작용법 관계의 종류

(1) 권력관계

① 개념

권력관계란 국가 등 행정주체가 개인에 대해 일방적으로 명령・강제하거나 법률관계를 형성・변경・소멸시키는 등 행정주체에게 일반 사인에게는 인정되지 않는 우월적 지위가 인정되는 법률관계를 말하며, 본래적 공법관계라고도 한다.

> 권력관계란 행정주체에게 개인에게는 인정되지 않는 우월적 지위가 인정되는 법률관계이다. (○, ×) [11 복지9급]

② 특성

이러한 권력관계에는 공정력, 존속력 등 우월한 효력이 인정되고 법률의 구속을 받으며, 원칙적으로 법일반원리적 규정 이외에는 사법규정의 적용이 배제된다.

> 민법상의 일반법원리적인 규정은 행정법상 권력관계에 대해서도 적용될 수 있다. (○, ×) [16 국가9급]

(2) 관리관계

① 개념

관리관계는 행정주체가 공물(도로, 공원 등)을 관리하거나 공기업(우편, 병원, 상하수도 등)을 경영하는 것과 같이, 공권력주체가 아니라 공적 재산 또는 사업의 관리주체로서 국민과 대등한 관계에서 국민을 대하는 관계를 말하며, 전래적(傳來的) 공법관계라고도 한다.

② 특성

이러한 관계는 비권력적 관계라는 점에서 사법(私法)관계와 유사하나 사법관계와 달리 공익을 수행한다는 점에서 특수한 공법적 규율을 받을 수 있다.

③ 적용되는 법 원리

관리관계는 비권력관계로서 원칙적으로 사법의 규율을 받으며, 공익목적달성에 필요한 한도 안에서만 특별한 공법적 규율을 받을 뿐이라는 것이 일반적 견해이다.

> 관리관계는 공법관계에 속하므로 전면적으로 공법규정 내지 공법원리가 적용된다. (○, ×) [11 복지9급]

(3) 협의의 국고관계

① 개념

협의의 국고관계란 행정주체가 일반사인과 같은 사법상의 재산권의 주체로서 사인과 맺는 관계를 말한다. 예를 들면, 국가나 지방자치단체가 사인과 물품매매계약, 건물 임대차계약, 공사 도급계약 등을 체결하거나, 일반재산(개정 전 잡종재산)을 매각하고, 국채・지방채를 모집하거나 수표를 발행하는 것 등이 이에 해당한다.

> 국고관계란 국가 또는 공공단체 등의 행정주체가 우월적인 지위에서가 아니라 재산권의 주체로서 사인과 맺는 법률관계를 말한다. (○, ×) [11 국회9급]

② 적용되는 법 원리

이러한 행정주체의 행위는 사법상의 행위로서 사법(私法)에 의한 규율을 받고, 그에 관한 법률상의 분쟁은 민사소송의 대상이 된다.

(4) 행정사법관계

① 개념

행정사법관계란 행정주체가 공행정작용을 수행함에 있어서 사법적 형식으로 국민과 맺는 법률관계를 의미한다. 전통적으로 공행정작용은 공법적 수단에 의해 행해짐이 일반적이나 오늘날 일정한 경우에는 공행정작용이 사법형식으로 수행되는 경우가 있고, 이를 행정사법관계로 논의하고 있다.

② 적용되는 법 원리

행정사법관계도 사법관계의 일종이므로 원칙적으로 사법에 의해 규율된다. 그러나 행정주체가 행하는 작용의 실질은 공행정작용이므로 일정한 공법원리도 적용된다고 본다.

행정사법(行政私法) 영역에서는 사법이 적용되며, 공법원리는 추가로 적용될 수 없다. (○, ×) [18 교행]

03 행정법관계의 특질

1. 행정의사의 특수한 효력: 공정력 등

행정행위에는 사법상의 법률관계에서는 인정되지 않는 특수한 효력이 인정된다. 이에는 공정력・자력집행력・불가쟁력・불가변력 등이 있다.

2. 강제실현의 특수성

사법관계에서 채무불이행이 있는 경우에 자력구제가 허용되지 않고 재판을 통해 강제집행을 하게 된다. 그러나 행정법관계 의무이행이 없으면 국가는 재판을 통하지 않고 자력집행을 할 수 있다. 행정의 실효성 확보 수단에서 상술하기로 한다.

3. 권리구제의 특수성

행정법관계에서 쟁송은 주로 두 가지 소를 별개로 또는 동시에 제기하는 방식으로 이루어진다. 즉 처분을 쟁송의 대상으로 삼는 행정쟁송과 손해 또는 손실을 대상으로 하는 손해전보가 그것이다.

04 행정법관계의 당사자

1. 행정주체

(1) 행정주체의 의의

행정주체란 행정법관계에서 그 행위의 법적 효과, 예컨대 권리・의무의 생성, 변경, 소멸 등의 효과가 궁극적으로 귀속되는 당사자를 말한다. 권리・의무는 사람만이 가질 수 있으므로 사람만이 행정주체가 될 수 있으며, 사람에는 자연인과 법인이 있다. 행정주체로서의 자연인에는 공무수탁사인이 있고 법인에는 국가, 지방자치단체, 사단법인, 재단법인, 영조물법인이 있다.

(2) 행정주체와 행정기관, 행정청의 구별

① 행정기관

㉠ 행정기관의 개념

행정을 실제로 수행하는 것은 공무수탁사인과 같은 일정한 경우를 제외하고는 국가 등의 행정주체가 아닌, 국가의 기관을 구성하는 대통령, 장관 등이다. 이처럼 행정주체의 일을 현실적으로 수행하는 자를 행정기관이라 한다. 행정기관이란 대통령을 비롯하여 대부분의 공무원을 말한다.

㉡ 법인격의 유무

행정기관은 독립적인 법인격이 없으므로 직무수행의 권한은 있으나 독자적인 권리는 없음이 원칙이다. 이때 법인격이란 행위의 법적 효과가 귀속되는 지위 내지는 자격을 말하는데, 행정기관이 한 행위의 법적 효과의 귀속주체는 행정주체가 되는 것이지 행정기관이 되는 것은 아니다.

> **참고**
> 예를 들어 동작세무서장이 세금을 부과한 행위의 효과, 즉 세금에 관한 권리의 귀속자는 행정주체인 국가가 되는 것이지, 행정기관인 동작세무서장이 되는 것은 아니다. 이와 같이 행정주체와 행정기관은 서로 구별되는 개념이다. (예외 : 공무수탁사인은 그 자체로 행정기관이면서 행정주체가 된다.)

> 행정주체는 인격성을 가지나 행정기관은 그에게 법률효과가 귀속되는 것은 아니므로 인격성을 가지지 못한다. (○, ×) [06 국회8급]

② 행정청

㉠ 행정청의 개념

행정청이란 국가 또는 지방자치단체의 의사를 결정하여 표시할 수 있는 권한을 가진 자를 말한다. 대통령, 국무총리, 장관, 각 지방자치단체의 장을 말한다. 대외적으로 표시권한이 없는 행정기관은 행정청에 해당하지 않는다.

> **참고**
> 의사를 결정하고 표시할 수 있는 행정청과는 달리 결정만 할 수 있고 외부에 표시할 권한이 없는 기관을 의결기관이라고 한다(예 공무원징계위원회 등).

㉡ 권한위임의 경우

공공단체나 일반사인은 원칙적으로 행정청이 아니나, 법령 또는 자치법규에 의해 권한을 위임받은 경우 공공단체 또는 사인도 행정청에 해당될 수 있다. [15 서울9급] 행정절차법, 행정심판법, 행정소송법 등도 이에 관해 규정하고 있다.

> 행정절차법 제2조【정의】 이 법에서 사용하는 용어의 뜻은 다음과 같다.
> 1. "행정청"이란 다음 각 목의 자를 말한다.
>   가. 행정에 관한 의사를 결정하여 표시하는 국가 또는 지방자치단체의 기관
>   나. 그 밖에 법령 또는 자치법규(이하 "법령 등"이라 한다)에 따라 행정권한을 가지고 있거나 위임 또는 위탁받은 공공단체 또는 그 기관이나 사인(私人)

㉢ 독임제 행정청과 합의제 행정청

구성원이 1명인 행정청을 독임제 행정청이라고 하며 주로 시장・장관 등의 기관장이 이에 해당된다. 이에 반해 노동위원회, 토지수용위원회, 공정거래위원회, 행정심판위원회 등 구성원이 2명 이상이며, 의사결정이 구성원의 합의에 의해 이루어지는 행정청을 합의제 행정청이라고 한다.

㉣ 행정소송법 및 행정심판법상 지위

취소소송 등 항고소송의 피고적격을 가지는 자는 처분 등을 행한 행정청이 되며, 취소심판 등 행정심판의 피청구인적격을 가지는 자도 행정청이 된다.

③ 행정주체와 행정청의 구체적 차이

구분	예시	권리·의무의 귀속, 법인격	사무 집행	피고적격
행정주체	국가, 경기도, 서울특별시, 관악구 등	귀속, 법인격 있음.	불가능	당사자소송, 손해배상소송, 손실보상 소송의 피고가 됨, 행정청이 폐지된 경우에 예외적으로 항고소송의 피고가 됨.
행정청	대통령, 장관, 지방자치단체장, 경찰서장 등	귀속되지 않음, 법인격 없음.	가능	항고소송의 피고가 됨.

(3) 행정주체의 종류

① 국가

국가는 시원적 행정주체로서 자신의 행정기관을 통해 국가행정을 행하고 그 권리의무의 귀속주체가 된다. 국가는 당사자소송, 손해배상소송, 손실보상 소송의 피고가 되지만, 원칙적으로 항고소송의 피고는 아니다. 다만 행정청이 폐지된 경우에 예외적으로 항고소송의 피고가 되는 경우가 있다.

② 공공단체(공법인)

공공단체는 국가와는 별개의 독립된 법인격을 가지고 공공사무를 수행하는 공법상의 단체이다. 공공단체 중 지방자치단체는 공공사무 전반에 대한 권한을 갖는 행정주체이고, 그 외의 공공단체는 국가로부터 부여된 존립목적에 따른 활동을 하므로 공공사무 전반에 대하여 권한을 갖는 것은 아니다.

㉠ 지방자치단체

지방자치단체는 국가 영토의 일부인 일정지역과 그 지역 안의 지역주민을 구성요소로 하며, 지역 내에서는 일정범위의 행정권을 행사하는 법인격을 가지는 공공단체를 말한다. 지방자치단체는 포괄적 행정권을 갖는지, 특정 행정권을 갖는지에 따라 보통지방자치단체(특별시·광역시·특별자치시·도·제주특별자치도/시·군·자치구)와 특별지방자치단체(지방자치단체조합)로 나눌 수 있다.

판례

1. 기본권의 보장에 관한 각 헌법규정의 해석상 국민(또는 국민과 유사한 지위에 있는 외국인과 사법인)만이 기본권의 주체라 할 것이고, 국가나 국가기관 또는 국가조직의 일부나 공법인은 기본권의 '수범자'이지 기본권의 주체로서 그 '소지자'가 아니므로, 공법인인 지방자치단체의 의결기관인 의회는 기본권의 주체가 될 수 없고 따라서 헌법소원을 제기할 수 있는 적격이 없다(헌재 1998.3.26. 96헌마345).
2. 춘천시는 헌법소원을 제기할 수 있는 청구인 적격이 없다(헌재 2006.12.28. 2006헌마312).

지방자치단체는 당사자소송, 손해배상소송, 손실보상 소송의 피고가 되지만, 원칙적으로 항고소송의 피고는 아니다. 다만 행정청이 폐지된 경우에 예외적으로 항고소송의 피고가 되는 경우가 있다.

다음 중 행정주체가 아닌 것은? [16 서울9급]
① **법무부장관**
② 농지개량조합
③ 서울대학교
④ 대구광역시

국가나 지방자치단체는 행정청과는 달리 당사자소송의 당사자가 될 수 있고 국가배상책임의 주체가 될 수 있다. (○, ×) [17 서울9급]

제주특별자치도의 제주시와 서귀포시는 기초지방자치단체이다. (○, ×) [13 서울7급]

참고

공법상 사단법인, 공법상 재단법인, 영조물법인

지방자치단체 이외의 공공단체는 법령에 의하여 위임받은 특정한 행정목적을 수행함에 있어서는 행정주체의 지위를 가진다. 국가나 지방자치단체는 그 기관(장관, 동작구청장 등)은 행정기관이 되고, 행정주체와 행정청이 분리되지만 기타 공공단체(공법상의 사단, 재단, 영조물법인)는 자신이 행정주체인 동시에 행정청의 지위를 함께 가진다. 따라서 국가나 지방자치단체는 당사자소송의 피고가 되지만, 항고소송의 경우에는 행정청이 피고가 되는데 비하여 공공단체는 당사자소송의 피고가 됨은 물론 항고소송에서도 그 대표자가 아니라 단체 자신이 피고가 된다.

「도시 및 주거환경정비법」에 따른 주택재건축정비조합은 공법인으로서 행정주체의 지위를 가진다고 보기 어렵다. (○, ×) [17 서울9급, 17 복지9급]

「민영교도소 등의 설치·운영에 관한 법률」상의 민영교도소는 행정보조인(행정보조자)에 해당한다. (○, ×) [18 서울7급(上), 17 서울9급]

법인격 없는 단체는 공무수탁사인이 될 수 없다. (○, ×) [17 서울9급]

경찰과의 계약을 통해 주차위반차량을 견인하는 민간사업자도 공무수탁사인에 해당한다. (○, ×) [17 서울7급]

ⓛ 공법상의 사단법인(공공조합)

공법상의 사단법인은 공공조합이라고도 하는데 특정한 공적 목적을 위하여 일정한 자격을 갖춘 사람(조합원)들의 결합체로서 법인격이 부여된 공법상의 사단법인을 말한다. 도시정비사업조합(구도시재개발조합), 주택재개발조합, [18 국회8급] 한국농어촌공사(구 농지개량조합), 농업협동조합, 산림조합, 대한변호사협회 [18 국회8급] 등이 이에 해당한다.

ⓒ 공법상의 재단법인

공법상 재단이란 행정주체가 공공목적을 위하여 출연한 재산을 관리하기 위하여 설립한 재단법인인 공공단체를 말한다. 한국연구재단, 한국학중앙연구원, 공무원연금관리공단 등이 이에 해당한다. 공법상의 재단은 구성원은 없고 수혜자만 있다는 점에서 공법상 사단과 다르며 인적 물적 결합체가 아니라 물적인 결합체란 점에서 영조물 법인과 다르다.

ⓡ 영조물 법인

영조물 법인이란 특정 목적을 수행하기 위해 설립된 인적·물적 결합체로서 공법상의 법인격이 부여된 영조물을 말한다. 한국전력공사, 한국토지공사, 한국방송공사, [18 국회8급] 서울특별시 지하철공사, 한국조폐공사, 대한주택공사, 대한석탄공사 등 각종의 공사와 교통안전관리공단, 국립공원관리공단, 시설관리공단과 같은 공단 그리고 국립의료원, [18 국회8급] 국립대학병원이나 한국은행, 한국산업은행, 수출입은행과 같은 은행이 이에 해당된다. 영조물법인은 행정주체로서 권리·의무의 귀속주체가 된다. 이에 반해 영조물 그 자체는 법인격이 없다. 따라서 권리·의무의 귀속주체가 되지 못한다.

③ 공무수탁사인

㉠ 개념

공무수탁사인이라 함은 행정주체로부터 법령에 의하여 공적인 임무를 위탁받아 자신의 이름으로 공행정 사무를 수행하는 행정주체로서의 지위를 가지는 사인을 말한다(민영교도소). 여기서의 사인에는 자연인뿐만 아니라 사법인 또는 법인격 없는 단체가 포함된다. 경찰과의 사법상 용역계약에 의해 주차위반차량을 견인하는 행정보조자와 구분되는 개념이다. [18 서울7급(上), 17 복지9급]

ⓛ 취지

행정의 분산을 도모하고, 사인이 갖는 독창성, 전문지식, 재정수단 등을 활용하며, 정부의 비용부담을 줄여 행정의 효율성을 증대하고자 하는 제도로서 그 예가 늘어나고 있다.

ⓒ 공무수탁사인의 행정주체성 인정 여부

공무수탁사인의 행정주체성을 인정하는 것이 다수설이다. 즉 신분상으로는 사인이지만 기능상으로 수탁 받은 범위 내에서 공권력을 행사할 수 있다. 다수설은 공무수탁사인을 전래적 행정주체로 보고 있다.

㉣ 공무수탁사인의 법률관계

ⓐ 법적 근거

수탁에는 법적 근거가 필요하다. 사법경찰관리의 직무를 수행할 자와 그 직무범위에 관한 법률, 공익사업을 위한 토지 등의 취득 및 보상에 관한 법률 등이 그 예이다.

ⓑ 판례

국가사무의 민간위탁 여부는 입법자에게 광범위한 입법재량이 인정된다(헌재 2007.6.28. 2004헌마262).

ⓒ 법적 성격

기본적으로 위탁자와 수탁자 간의 관계는 공법상 위임관계이다. 공무위탁계약은 공법상 계약의 성질을 가진다. 공무를 위탁하는 행정행위는 공무수행권을 사인에게 부여하므로 특허(사업시행자 지정 등)에 해당한다.

ⓓ 권리·의무, 감독권 등

공법상 위임관계로서 조직법상의 독립과 아울러 국가 등의 감독을 받는다. 공무수행권, 비용청구권 등이 인정되는 반면에 경영의무, 임무포기의 제한의무 등이 있다. 국가가 공무수탁사인의 공무수탁사무수행을 감독하는 경우 수탁사무수행의 합법성뿐만 아니라 합목적성까지도 감독할 수 있다. [17 서울7급]

ⓔ 권리구제

공무수탁사인의 위법한 공권력 행사에 대하여 항고소송을 제기할 수 있다. 이때 피고는 공무수탁사인이다. 또한 공무수탁사인은 국가배상법상 공무원에 해당하므로 공무수탁사인의 위법한 행위로 손해를 입은 국민은 국가배상청구가 가능하다. 나아가 토지보상법에 따른 보상금증감청구소송(당사자소송)에서 공무수탁사인은 피고가 될 수 있다.

ⓕ 관련문제: 소득세 원천징수의무자의 문제

판례는 "원천징수하는 소득세에 있어서는 납세의무자의 신고나 과세관청의 부과결정이 없이 법령이 정하는 바에 따라 그 세액이 자동적으로 확정되고, 원천징수의무자는 자동적으로 확정되는 세액을 수급자로부터 징수하여 과세관청에 납부하여야 할 의무를 부담하고 있으므로, 원천징수행위는 법령에서 규정된 징수 및 납부의무를 이행하기 위한 것에 불과한 것이지, 공권력의 행사로서의 행정처분을 한 경우에 해당되지 아니한다."고 판시하였다(대판 1990.3.23. 89누4789).

(4) 행정주체와 행정청의 일치 여부

① 행정주체와 행정청이 분리되는 경우

행정주체 중 국가와 지방자치단체는 행정주체와 행정기관이 분리되어 행정주체는 민사소송이나 당사자소송의 피고는 되지만 항고소송의 피고는 되지 못한다.

② 행정주체와 행정청이 일치하는 경우

반면에 그 외의 행정주체인 공법상 사단, 공법상 재단, 영조물법인, 공무수탁사인은 행정주체의 성격과 행정청의 지위를 함께 가지는 것이다. [17 서울7급]

✦ 국가가 자신의 임무를 스스로 수행할 것인지 아니면 그 임무의 기능을 민간부분으로 하여금 수행하게 할 것인지에 대하여 입법자에게 광범위한 입법재량 내지 형성의 자유가 인정된다고 보는 것이 판례의 입장이다. (○, ×) [10 지방9급]

✦ 사회기반시설에 대한 민간투자법상 민간투자사업의 사업시행자 지정은 공법상 계약이 아니라 행정처분에 해당한다. (○, ×) [20 지방7급, 16 국가9급]

✦ 법령에 의하여 공무를 위탁받은 공무수탁사인이 행한 처분에 대하여 항고소송을 제기하는 경우 피고는 위임행정청이 된다. (○, ×) [10 지방9급]

✦ 소득세법에 의한 원천징수의무자의 원천징수행위는 법령에서 규정된 징수 및 납부의무를 이행하기 위한 것에 불과한 것이지 공권력의 행사로서의 행정처분에 해당되지 아니한다고 보는 것이 판례의 입장이다. (○, ×) [10 지방9급]

✦ 공무수탁사인은 수탁받은 공무를 수행하는 범위 내에서 행정주체이고, 「행정절차법」이나 「행정소송법」에서는 행정청이다. (○, ×) [17 복지9급]

지방자치단체는 행정주체이지 행정권 발동의 상대방인 행정객체는 될 수 없다. (○, ×) [17 복지9급]

③ 국립대학의 경우

국립대 총장(대부분의 국립대는 영조물이지만 영조물법인은 아니다)은 행정기관이면서 행정청이지만 행정주체는 아니다. 따라서 국립대와의 관계에서 당사자소송이나, 민사소송은 국가를 상대로 제기해야 한다(단, 서울대학교는 공법인에 해당).

2. 행정객체

(1) 개념

행정객체란 행정주체가 행하는 행정작용의 상대방을 말한다. 행정객체는 원칙적으로 사인이지만 지방자치단체 등 공공단체도 국가나 다른 공공단체와의 관계에서 행정객체가 될 수 있다. 그러나 국가는 행정객체가 될 수 없다. 국가는 시원적 행정주체이기 때문이다.

(2) 행정주체와 행정객체의 관계

권력관계에서 행정객체는 공권력에 복종해야 하는 지위에 있지만, 관리관계나 국고관계에서는 대등한 당사자로서의 지위에 있다.

05 공권과 공의무 관계(행정법관계의 내용)

1. 공권과 공의무

공법관계는 공권과 공의무 관계로 구성된다. 공권은 귀속주체에 따라 국가가 가지는 공권인 국가적 공권과 개인이 가지는 공권인 개인적 공권으로 구성되며, 공의무 역시 국가적 공의무와 개인적 공의무로 구성된다. 사법관계는 개인의 자유로운 의사에 따라 권리・의무가 발생・변경・소멸하지만, 공법관계는 법률이 정하는 바에 따라 행정주체 일방의 행위로 이루어지는 경우가 많다.

2. 국가적 공권

국가적 공권은 행정주체가 우월한 의사주체로서 개인 또는 단체에 대하여 가지는 권리를 말한다. 국가적 공권은 권리라기보다는 권한의 성격이 강하다고 볼 수 있다. 국가적 공권은 일방적인 명령, 강제, 처벌을 주 내용으로 하며, 자력집행력을 가진다. 국가적 공권의 행사(행정행위)에는 공정력, 존속력, 강제력 등의 특수한 효력이 인정된다.

3. 개인적 공권

(1) 의의

① 개념

개인적 공권이란 개인이 직접 자기의 이익을 위하여 행정주체에 대해 가지는 권리로서 행정주체에게 일정한 행위를 요구할 수 있는 법적인 힘을 의미한다. 개인적 공권은 주관적 공권으로 불리기도 한다.

② 논의의 필요성

공권성이 인정되면 공권이 침해되었을 때 소송에 의해 구제를 받을 수 있다. 즉 공권이 침해된 경우 항고소송의 원고적격이 인정되며 행정상 손해배상청구도 가능하다.

③ 공권과 반사적 이익의 구별

㉠ 반사적 이익의 개념

반사적 이익이란 법규가 사익이 아니라 공익만을 위하여 행정주체에게 일정한 의무를 부과하거나 행정청의 행위에 일정한 제한을 가하는 결과 개인이 반사적으로 받게 되는 이익을 말한다.

㉡ 공권과 반사적 이익의 구별실익

ⓐ 항고소송의 원고적격

공권이 침해되면 행정쟁송이 가능하지만, 반사적 이익이 침해된 경우에는 행정쟁송을 제기할 수 없다. 취소소송은 '법률상 이익이 있는 자만 제기할 수 있다'라고 행정소송법이 규정하고 있기 때문이다.

반사적 이익의 침해는 행정소송의 대상이 되지 아니한다. (○, ×) [09 지방9급]

ⓑ 손해전보에서의 필요성

손해전보는 권리의 침해에 대한 것이므로, 반사적 이익이나 사실상 이익의 침해에 대해서는 인정되지 않는다.

㉢ 공권과 반사적 이익의 구별기준

공권은 처분의 근거법규 및 관계법규에 의해 보호되는 개인의 이익이므로 행정법규가 공익뿐 아니라 개인의 이익(사익)도 아울러 보호하고 있는 경우에 성립될 수 있다. 행정법규가 공익의 보호만을 목적으로 하고 있고 개인의 이익은 보호하지 않는 경우 그 법규로부터 개인이 이익을 누리더라도 그러한 이익은 반사적 이익에 불과하다.

판례

행정소송법 제12조에서 말하는 법률상 이익이란 당해 행정처분의 근거법률에 의하여 보호되는 직접적이고 구체적인 이익을 말하고 당해 행정처분과 관련하여 간접적이거나 사실적·경제적 이해관계를 가지는데 불과한 경우는 여기에 포함되지 아니한다 할 것이나, 행정처분의 직접 상대방이 아닌 제3자라 하더라도 당해 행정처분으로 인하여 법률상 보호되는 이익을 침해당한 경우에는 취소소송을 제기하여 그 당부의 판단을 받을 자격이 있다(대판 2004.5.14. 2002두12465).

(2) 개인적 공권과 법률상 이익의 관계

행정심판법 제13조와 행정소송법 제12조는 법률상 이익이 있는 자에게 행정심판 및 행정소송을 청구할 수 있는 자격을 인정하고 있는데, 이것이 공권과 동일한지 여부에 다툼이 있다.

(3) 개인적 공권의 성립요건

① 개인적 공권이 성립되는 근거

개인적 공권은 헌법에 의해 직접 인정되기도 하고, 법률에 의해 도출되기도 하며, 관습법과 공법상 계약에 의해 성립되는 경우도 있다. 법률에 의한 경우가 가장 대표적이므로 이를 중점으로 검토하고 그 외의 경우를 보기로 한다.

② 법률에 의한 공권의 성립(공권의 3요소론에서 2요소론으로)

㉠ 행정청의 의무의 존재

개인적 공권이 성립하려면 공법상 강행법규가 국가 기타 행정주체에게 의무를 부과해야 한다. 과거에는 그 의무가 기속행위의 경우에만 인정되었으나, 오늘날에는 재량행위에도 인정된다. [17 국가9급]

㉡ 강행법규의 사익보호성

ⓐ 강행법규의 목적

강행법규의 목적・취지가 적어도 관계인의 이익도 보호하고자 하는 것인 경우에만 관련 이익은 법적으로 주장할 수 있는 이익으로서 비로소 권리성이 인정된다.

ⓑ 공익만을 보호하는 경우

어떤 법규가 전적으로 공익의 보호만을 목적으로 하고 사익의 보호를 목적으로 하고 있지 않다면 이는 반사적 이익에 불과하다.

ⓒ 판단기준

사익보호성은 처분의 직접적인 근거가 되는 법률뿐만 아니라 관련 법률과 헌법상의 기본권까지 고려하여야 한다(보호규범론).

판례

법률상 보호되는 이익이라 함은 당해 처분의 근거법규 및 관련법규에 의하여 보호되는 개별적・직접적・구체적 이익이 있는 경우를 말한다(대판 2005.5.12. 2004두14229). [15 교행, 13 국가7급]

㉢ 재판청구가능성(소구가능성/의사력/법상의 힘)

과거에는 공권의 성립에 별도로 재판청구의 가능성을 요구하였으나, 현대 헌법은 재판을 받을 권리를 일반적으로 보장하고 있으므로 소구가능성은 오늘날에는 독자적 의의를 상실하였다. 따라서 공권의 성립에는 행정청 의무의 존재와 사익보호성만 있으면 성립된다(2요소설).

(4) **헌법에 의한 공권의 성립**: 헌법상 기본권의 구체적 공권화

공권은 1차적으로 개별적 법률에서 도출된다. 그러나 개별법에 규정이 없는 경우 2차적으로 헌법에 의해서 공권의 성립을 인정할 수 있다는 것이 오늘날 통설과 판례의 입장이다. 문제는 헌법상의 모든 기본권에 의해 공권이 성립되는 것은 아니므로 헌법상의 여러 기본권 중 어떤 기본권에 의해 공권을 인정할 것인지 그 범위를 결정할 필요가 있다.

① 헌법상 기본권에 의한 공권의 성립범위

헌법상 기본권은 자유권, 참정권, 청구권, 사회적 기본권 등으로 분류할 수 있는데 그중 구체적 권리와 추상적 권리가 있다. 이중 구체적 권리로서의 성격을 가지는 것이 개인적 공권으로 인정될 수 있다.

구분	내용
구체적 권리	주로 자유권적 기본권(알 권리, 구속된 피의자 및 피고인의 접견권, 신체의 자유, 언론의 자유, 종교의 자유 등)이 이에 해당된다.
추상적 권리	사회적 기본권(인간다운 생활권, 근로의 권리, 퇴직급여를 청구할 수 있는 권리, 환경권 등)

- 개인적 공권은 강행적인 행정법규에 의하여 행정청을 기속함으로써 비로소 성립하는 것일 뿐 개인의 사익보호성은 성립요건이 아니라는 것이 일반적인 견해이다. (○, ×) [12 국가9급]
- 처분의 근거법규가 공익뿐만 아니라 개인의 이익도 아울러 보호하고 있는 경우에 공권이 인정될 수있다. (○, ×) [11 복지9급]
- 법률상의 이익 내지 공권이란 당해 처분의 근거법률에 의해 직접 보호되는 구체적인 이익을 말하기 때문에 관련 법률까지 고려해서 법률상 이익을 논할 수 없다. (○, ×) [14 경행특채]
- 오늘날 공권의 성립요건 가운데 '의사력(법상의 힘)의 존재'를 요구하는 것이 새로운 경향이다. (○, ×) [13 국가7급]
- 특정한 사익의 보호가 필요한 경우에도 헌법상의 기본권 규정만으로는 특정한 개인의 이익보호를 위한 공권을 도출할 수 없다. (○, ×) [12 복지9급]
- 헌법상의 모든 기본권은 법률에 의해 구체화되지 않더라도 재판상 주장될 수 있는 구체적 공권이다. (○, ×) [15 교행]
- 인간다운 생활을 할 권리와 같은 헌법상의 추상적인 기본권에 관한 규정은 행정법의 법원이 되지 못한다. (○, ×) [19 서울9급]
- 근로자가 퇴직급여를 청구할 수 있는 권리와 같은 이른바 사회적 기본권은 헌법 규정에 의하여 바로 도출되는 개인적 공권이라 할 수 없다. (○, ×) [12 국가9급]
- 공무원연금수급권은 헌법 규정만으로는 이를 실현할 수 없고 그 수급요건, 수급권자의 범위 및 급여금액은 법률에 의하여 비로소 확정된다. (○, ×) [17 국회8급]

② 대법원

대법원은 구속된 피의자·피고인의 변호인 접견권은 헌법상의 기본권으로 구체적 권리로 파악하였다. 그러나 환경권에 대해서는 헌법상 기본권이지만 환경권으로부터 개인적 공권을 바로 도출할 수는 없으므로 환경권에 기하여 직접 방해배제청구권을 행사할 수 없다고 판시하였다.

판례

환경영향평가 대상지역 밖에 거주하는 주민에게 헌법상의 환경권 또는 환경정책기본법에 근거하여 공유수면매립면허처분과 농지개량사업시행인가처분의 무효확인을 구할 원고적격이 없다(대판 2006.3.16. 2006두300 전원합의체).

환경영향평가 대상지역 밖에 거주하는 주민은 관계 법령의 내용과는 상관없이 헌법상의 환경권에 근거하여 제3자에 대한 공유수면매립면허처분을 취소할 것을 청구할 수 있는 공권을 가진다. (○, ×) [17 국회8급]

③ 헌법재판소

알권리(정보공개청구권)는 헌법상의 구체적 권리로서 정보공개법의 제정 전에도 헌법 규정만으로 개인적 공권성을 인정하여 정보공개거부에 대해 위헌결정을 하였다. 헌법상 기본권인 경쟁의 자유로부터 행정청의 지정행위의 취소를 다툴 사익보호성을 인정하여 헌법소원을 인정하였다.

(5) 기타 공권의 성립

① 공법상 계약, 관습법, 조리

공법상 계약, 관습법, 조리에 의해서도 개인적 공권이 성립할 수 있다.

판례

법령상 검사임용 신청 및 그 처리의 제도에 관한 명문 규정이 없다고 하여도 조리상 임용권자는 임용신청자들에게 전형의 결과인 임용 여부의 응답을 해줄 의무가 있다고 할 것이며, 응답할 것인지 여부조차도 임용권자의 편의재량사항이라고는 할 수 없다(대판 1991.2.12. 90누5825).

공법상 계약을 통해서는 개인적 공권이 성립할 수 없다. (○, ×) [17 교행, 12 국가9급]

개인적 공권은 명확한 법규의 존재를 전제로 하는 것이므로 성문법에 근거하지 않으면 성립할 수 없다. (○, ×) [12 국가9급]

다수의 검사 임용신청자 중 일부만을 검사로 임용하는 결정을 함에 있어, 임용신청자들에게 전형의 결과인 임용 여부의 응답을 할 것인지는 임용권자의 편의재량사항이다. (○, ×) [15 국가9급]

② 법규명령에 의한 공권의 성립

법규명령에 의한 공권의 성립도 가능하다.

판례

건축주명의변경신고에 관한 건축법 시행규칙 제3조의2의 규정은 양수인에게 건축주의 명의변경을 신고할 수 있는 공법상의 권리를 인정함과 아울러 행정관청에게는 그 신고를 수리할 의무를 지게 한 것으로 봄이 상당하므로, 허가대상건축물의 양수인이 위 규칙에 규정되어 있는 형식적 요건을 갖추어 적법하게 건축주의 명의변경을 신고한 때에는 시장, 군수는 그 신고를 수리하여야지 실체적인 이유를 내세워 그 신고의 수리를 거부할 수는 없다(대판 1992.3.31. 91누4911).

③ 행정규칙에 의한 공권의 성립

행정규칙은 국민의 권리 의무와 관련이 없기 때문에 행정규칙에 의해서 공권이 성립되는 것은 어렵다.

참고

공권의 확대화와 관련되는 예	공권의 확대화와 무관한 예
① 강행법규성의 확대 ② 사익보호성의 확대 ③ 관련 법규의 확대해석 ④ 재량권의 영으로의 수축 ⑤ 무하자재량행사청구권 ⑥ 행정개입청구권, 행정처분발급청구권 ⑦ 반사적 이익의 보호이익화 ⑧ 허가의 형성권적 성질을 인정하려는 견해 ⑨ 제3자의 원고적격 확대 ⑩ 행정과정의 절차적 권리 ⑪ 행정재량의 영역에서 개인적 공권의 성립	① 기속행위의 재량행위화 ② 손실보상청구권(헌법에 의하여 인정되는 권리) ③ 국가배상청구권 등 헌법상 기본권 ④ 수용유사침해이론, 수용적 침해이론 등의 법리(권리가 아님)

재량권의 영으로의 수축이론은 개인적 공권을 확대하는 이론이다. (○, ×) [17 교행]

일반적인 개인적 공권의 성립요건인 사익보호성은 무하자재량행사청구권이나 행정개입청구권에는 적용되지 않는다. (○, ×) [15 국가9급]

4. 개인적 공권의 확대경향

실질적 법치주의의 확립은 필연적으로 국민의 권리구제 확대를 요구한다. 권리구제의 확대는 공권의 확대와 밀접한 관련이 있고 이에 새로운 공권의 인정 여부(무하자재량행사청구권, 행정개입청구권 등), 반사적 이익의 공권화, 제3자효 행정행위에서 제3자의 이익(隣人訴訟) 등이 논의된다.

(1) 새로운 공권의 인정 여부

무하자재량행사청구권, 행정개입청구권, 행정절차와 관련한 참여권(청문권), 정보공개청구권 등 새로운 공권의 인정 여부가 문제된다.

(2) 반사적 이익의 공권화

관계 법규상 개인이 받는 이익이 공권인지 여부의 판단은 기본적으로 당해 법규의 강행법규성 및 사익보호성 두 가지 기준에 따라 결정되는 문제이며, 대부분 그 사익보호성은 관계규정과 당해 법규 전체의 목적·취지에 비추어 합리적으로 판단되어야 한다. 이러한 관계법규의 목적·취지의 해석·판단에 있어 목적조항, 거리제한 규정, 제3자의 절차적 참여권 보장규정 등이 중요한 의미를 가지며, 판례는 가급적이면 관계법규에 공익보호와 동시에 개인의 이익보호의 취지도 있는 것으로 해석하여 권리구제를 도모하는 입장을 취하고 있다(보호규범이론).

판례

1. 행정처분의 직접 상대방이 아닌 제3자라 하더라도 당해 행정처분으로 인하여 법률상 보호되는 이익을 침해당한 경우에는 취소소송을 제기하여 그 당부의 판단을 받을 자격이 있다 할 것이나, 여기에서 말하는 법률상 보호되는 이익이라 함은 당해 처분의 근거법규 및 관련법규에 의하여 보호되는 개별적·직접적·구체적 이익이 있는 경우를 말하고, 당해 처분의 근거법규 또는 관련법규에서 명시적으로 당해 이익을 보호하는 명문의 규정이 없더라도 근거법규 및 관련법규의 합리적 해석상 그 법규에서 행정청을 제약하는 이유가 순수한 공익의 보호만이 아닌 개별적·직접적·구체적 이익을 보호하는 취지가 포함되어 있다고 해석되는 경우까지를 말한다(대판 2004.8.16. 2003두2175).
2. 도시계획의 내용이 화장장의 설치에 관한 것일 때에는 도시계획법 제12조 뿐만 아니라 매장및묘지등에관한법률 및 같은 법 시행령 역시 그 근거 법률이 된다고 보아야 할 것이므로, 같은 법 시행령 제4조 제2호가 공설화장장은 20호 이상의 인가가 밀집한 지역, 학교 또는 공중이 수시 집합하는 시설 또는 장소로부터 1,000m 이상 떨어진 곳에 설치하도록 제한을 가함에 의하여 보호되는 부근 주민들의 이익은 법률상 이익이다(대판 1995.9.26. 94누14544).

관련문제 |

공물의 일반사용으로 인한 이익

공물의 일반사용이라 함은 행정청으로부터 허가 등을 받지 않고도 도로의 통행 등 공물의 본래 용법대로 사용하는 것을 말한다.

판례

일반적인 시민생활에 있어 도로를 이용만 하는 사람은 도로용도폐지를 다툴 법률상 이익이 없다. 도로의 용도폐지처분에 관하여 직접적인 이해관계를 가지는 사람이 개별적이고 구체적인 이익을 현실적으로 침해당한 경우 그 처분의 취소를 구할 법률상의 이익이 있다(대판 1992.9.22. 91누13212).

(3) **처분의 상대방이 아닌 제3자에게 공권이 성립하는 경우**

① 개설

제3자효 행정행위란 처분의 상대방에게는 이익이 되지만 제3자의 이익을 침해하는 경우(연탄공장 허가처분으로 인근 주민들이 입게 되는 불이익 등)를 말한다. 이때 제3자가 처분의 상대방은 아니지만 처분의 효력을 다툴 수 있는지가 문제된다.

② 경업자 소송

㉠ 개념

경업자 소송이란 기존의 사업자가 신규 사업자에게 행해진 특허나 허가처분을 소송을 통해 다툴 수 있는지의 문제이다.

㉡ 인정 여부: 경업자의 이익이 법률상의 이익인지 문제

판례는 기존업자가 특허업자인 경우 법률상 이익으로 인정하고 허가업자인 경우 사실상·반사적 이익에 불과하다고 본다. 다만 허가업자의 경우 예외적으로 법률상 이익을 인정한다.

판례

경업자의 법률상 이익을 인정한 사례

1. 시외버스 운송사업계획변경인가처분으로 시외버스 운행노선 중 일부가 기존의 시내버스 운행노선과 중복하게 되어 기존 시내버스사업자의 수익감소가 예상되는 경우, 기존의 시내버스운송사업자에게 처분의 취소를 구할 법률상의 이익이 있다(대판 2002.10.25. 2001두4450).
2. 일반적으로 면허나 인·허가 등의 수익적 행정처분의 근거가 되는 법률이 해당 업자들 사이의 과당경쟁으로 인한 경영의 불합리를 방지하는 것도 그 목적으로 하고 있는 경우, 기존의 업자는 경업자에 대하여 이루어진 면허나 인·허가 등 행정처분의 상대방이 아니라 하더라도 당해 행정처분의 취소를 구할 원고적격이 있다. [13 국회8급] 구 오수·분뇨 및 축산폐수의 처리에 관한 법률과 같은 법 시행령상 분뇨와 축산폐수 수집·운반업 및 정화조청소업 관련 영업허가를 받아 영업을 하고 있는 기존 업자는 경업자에 대한 영업허가처분의 취소를 구할 원고적격이 있다(대판 2006.7.28. 2004두6716).

일반적인 시민생활에 있어 공물인 도로를 이용만 하는 사람은 원칙적으로 그 용도폐지를 다툴 법률상 이익이 있다. (○, ×) [21 국가7급, 12 지방7급]

경찰허가를 받은 경업자에게는 원고적격이 인정되나, 특허사업의 경영자는 특별한 사정이 없는 한 원고적격이 부인된다. (○, ×) [14 서울7급]

기존 시내버스업자는 시외버스사업을 하는 자에 대해 시내버스로 전환함을 허용하는 사업계획변경인가처분의 취소를 구할 법률상 이익이 있다. (○, ×) [15 국회8급]

수익적 행정처분의 근거가 되는 법률이 해당 업자들 사이의 과다경쟁으로 인한 경영의 불합리를 방지하는 목적도 가지고 있는 경우, 기존업자가 경업자에 대한 면허나 인·허가 등의 수익적 행정처분의 취소를 구할 원고적격이 있다. (○, ×) [13 국가9급, 12 국회9급]

분뇨관련영업허가를 받은 기존업자가 다른 업자에 대한 영업허가처분을 다투는 경우 원고적격이 있다. (○, ×) [14 서울9급]

담배 일반소매인으로 지정되어 있는 기존업자가 신규담배구내소매인 지정처분을 다투는 경우에는 원고적격이 있다. (○, ×)
[15 국회8급, 14 서울9급]

3. 담배 일반소매인의 지정기준으로서 일반소매인의 영업소 간에 일정한 거리제한을 두고 있는 것은 일반소매인 간의 과당경쟁으로 인한 불합리한 경영을 방지함으로써 일반소매인의 경영상 이익을 보호하는 데에도 그 목적이 있다고 보이므로, 일반소매인으로 지정되어 영업을 하고 있는 기존업자의 이익은 단순한 사실상의 반사적 이익이 아니라 법률상 보호되는 이익이다(대판 2008.3.27. 2007두23811). [12 서울9급]
4. 주류제조면허는 재정허가의 일종으로 일반적 금지의 해제로 자연적 자유의 회복일 뿐 새로운 권리의 설정은 아니지만 일단 이 주류제조업의 면허를 얻은 자의 이익은 단순한 사실상의 반사적 이익에만 그치는 것이 아니라 주세법의 규정에 따라 보호되는 이익이다(대판 1989.12.22. 89누46).

판례

경업자의 법률상 이익을 부정한 사례(주로 허가업자)

1. 유기장영업허가는 유기장 경영권을 설정하는 설권행위가 아니고 일반적 금지를 해제하는 영업자유의 회복이라 할 것이므로 그 영업상의 이익은 반사적 이익에 불과하다(대판 1986.11.25. 84누147).
2. 담배 구내소매인과 일반소매인 사이에서는 영업소 간에 거리제한을 두지 아니할 뿐 아니라 일반소매인의 입장에서 구내소매인과의 과당경쟁으로 인한 경영의 불합리를 방지하는 것을 그 목적으로 할 수 있다고 보기 어려우므로, 일반소매인으로 지정되어 영업을 하고 있는 기존업자의 신규 구내소매인에 대한 이익은 법률상 보호되는 이익이 아니라 단순한 사실상의 반사적 이익이라고 해석함이 상당하므로, 기존 일반소매인은 신규 구내소매인 지정처분의 취소를 구할 원고적격이 없다(대판 2008.04.10. 2008두402). [15 국회8급]

③ 경원자 소송

㉠ 개념

경원자란 특정 사업자에 대한 허가나 특허 등이 다른 사업자에 대한 거부로 귀결될 수밖에 없는 경우를 말한다. 예컨대 항만공사 시행에 입찰에 출원한 다수의 사업자 중에서 허가처분을 받지 못한 사업자가 제기하는 소송을 말한다.

㉡ 인정 여부

경원자 소송에서는 법적 자격의 흠결로 신청이 인용될 가능성이 없는 경우를 제외하고는 경원 관계의 존재만으로 거부된 처분의 취소를 구할 법률상의 이익이 있다. [14 경행특채, 12 국회9급]

판례

인·허가 등의 수익적 행정처분을 신청한 수인이 서로 경쟁관계에 있어서 일방에 대한 허가 등의 처분이 타방에 대한 불허가 등으로 귀결될 수밖에 없는 때 허가 등의 처분을 받지 못한 자는 비록 경원자에 대하여 이루어진 허가 등 처분의 상대방이 아니라 하더라도 당해 처분의 취소를 구할 원고적격이 있다. 다만 명백한 법적 장애로 인하여 원고 자신의 신청이 인용될 가능성이 처음부터 배제되어 있는 경우에는 당해 처분의 취소를 구할 정당한 이익이 없다(대판 2009.12.10. 2009두8359).

경원관계에서 허가처분을 받지 못한 사람은 자신에 대한 거부처분이 취소되더라도, 그 판결의 직접적 효과로 경원자에 대한 허가처분이 취소되거나 효력이 소멸하는 것은 아니므로 자신에 대한 거부처분의 취소를 구할 소의 이익이 없다. (○, ×)
[16 지방7급]

④ 인인(隣人)소송(인근 주민 소송)

대법원은 연탄공장 허가처분에 대한 이웃 주민의 원고적격을 인정하였고, [18 교행] LPG 충전소 설치 허가에 대하여 인근 주민의 원고적격을 인정한 바 있다.

> 연탄공장 건축허가에 대한 구 도시계획법상 주거지역에 거주하는 인근주민의 생활환경상 이익은 법률상 이익에 해당한다. (○, ×) [14 경행특채]

판례

1. 주거지역 내에 위 법조 소정 제한면적을 초과한 연탄공장 건축허가처분으로 불이익을 받고 있는 제3거주자는 비록 행정처분의 상대자가 아니라 하더라도 그 행정처분으로 말미암아 위와 같은 법률에 의하여 보호되는 이익을 침해받고 있다면 당해 행정처분의 취소를 소구하여 그 당부의 판단을 받을 법률상의 자격이 있다(대판 1975.5.13. 73누96 · 97).
2. 원자로시설부지 지역 내의 주민들에게는 방사성물질 등에 의한 생명 · 신체의 안전침해를 이유로 부지사전승인처분의 취소를 구할 원고적격이 있다(대판 1998.09.04. 97누19588). [15 경행특채, 14 서울9급]

5. 개인적 공권의 특수성

(1) 불융통성 · 비대행성

공권은 사권과 달리 공익적 관점에서 특정인에게 이를 귀속시킨 것이기 때문에 일신전속적인 권리로서 이전, 포기가 제한되고 타인이 대행할 수 없는 것이 원칙이다. 공권은 양도 · 상속 등이 부인되는 경우가 많으며 압류도 제한 또는 금지되는 경우가 많다.

> 개인적 공권은 사권처럼 자유롭게 포기할 수 있는 것이 원칙이다. (○, ×) [17 교행]

> 개인적 공권은 일반적으로 일신전속적 성질을 가지므로 대행이나 위임이 제한되는 경우가 많다. (○, ×) [09 국가9급]

판례

1. 보조금은 국가나 지방자치단체가 특정한 사업을 육성하거나 재정상의 원조를 하기 위하여 지급하는 금원으로서, 보조금청구채권은 양도가 금지된 것으로서 강제집행의 대상이 될 수 없다(대판 2008.4.24. 2006다33586).
2. 공무원으로서의 지위는 일신전속권으로서 상속의 대상이 되지 않으므로, 의원면직처분에 대한 무효확인을 구하는 소송은 당해 공무원이 사망함으로써 중단됨이 없이 종료된다(대판 2007.7.26. 2005두15748).

(2) 포기의 제한

개인적 공권은 포기가 금지되는 경우가 많다.

판례

1. 부제소특약은 당사자가 임의로 처분할 수 없는 공법상의 권리관계를 대상으로 하여 사인의 국가에 대한 공권인 소권을 당사자의 합의로 포기하는 것으로서 허용될 수 없다(대판 1998.8.21. 98두8919). [17 국회8급]
2. 석탄산업법 소정의 재해위로금 청구권은 개인의 공권으로서 그 공익적 성격에 비추어 당사자의 합의에 의하여 이를 미리 포기할 수 없다(대판 1998.12.23. 97누5046).

6. 공의무

(1) 의의

공의무란 공권에 대응하는 개념으로서 의무자에게 가해진 공법상의 구속을 의미한다. 공의무는 주체에 따라 봉급 지급의무와 같은 행정주체의 의무, 납세의 의무와 같은 개인적 공의무로 나뉘며, 내용에 따라 작위·부작위·수인·급부의무로 나뉘고, 발생 근거에 따라 법규에 의해 발생하는 의무와 행정행위에 근거한 의무 등으로 나눌 수 있다.

(2) 특성

공의무는 법령 또는 법령에 근거한 행정청의 일방적인 행위에 의해 이루어지는 것이 원칙이지만, 의무자의 의사에 따라 발생하기도 한다(예: 공법상 계약 등). 공의무를 이행하지 않는 경우 행정권의 자력집행이 인정된다. 공의무를 위반하는 경우 행정벌이 부과되기도 한다.

7. 공권·공의무의 승계

(1) 행정주체의 권리·의무의 승계

행정주체 간에도 권리·의무 및 지위의 이전·승계가 일어난다. (O, ×) [05 국회8급]

행정주체의 변경은 반드시 법률상의 근거를 필요로 한다. 따라서 행정주체의 승계문제는 법률의 규정에 따라야 한다. 행정주체의 권리·의무승계는 지방자치단체의 구역변경이나 폐치·분합(지방자치법 제8조 제1항), 특수법인·공공조합의 통폐합 등의 경우에 발생한다.

참고

지방자치법 제8조 【구역의 변경 또는 폐지·설치·분리·합병 시의 사무와 재산의 승계】 ① 지방자치단체의 구역을 변경하거나 지방자치단체를 폐지하거나 설치하거나 나누거나 합칠 때에는 새로 그 지역을 관할하게 된 지방자치단체가 그 사무와 재산을 승계한다.

참고

국가배상법 제4조 【양도 등 금지】 생명·신체의 침해로 인한 국가배상을 받을 권리는 양도하거나 압류하지 못한다.

(2) <u>사인의 공권·공의무의 승계문제</u>

① 명문규정이 있는 경우

㉠ 일반규정의 부재

공법상 권리·의무의 승계에 관한 일반규정은 없으나, 개별법에서 공권·공의무의 승계를 인정하는 규정을 둔 경우가 있다. 이때에도 <u>일신전속적인 권리·의무는 승계되지 않는다</u>. 한편 <u>개별법에서 공권·공의무의 이전을 금지하는 경우도 있다</u>(국가배상법 제4조, 공무원연금법 제39조 제1항).

㉡ 행정절차법의 규정

행정절차법에 의하면 포괄승계(상속, 합병 등)의 경우에는 행정청의 승인 없이도 당연히 권리의무가 승계되지만, 특정승계(권리의 양수 등)의 경우에는 행정청의 승인을 요한다.

법인합병의 경우 합병 후 존속하는 법인은 합병으로 인하여 소멸하는 법인에게 부과되거나 그 법인이 납부할 국세의 납세의무를 승계한다. (O, ×) [07 서울9급]

② 명문규정이 없는 경우

<u>일신전속적이고 비대체적인 성질의 공법상 지위를 제외한 대물적 성질의 공법상 지위는 승계가 된다</u>.

판례

1. 산림법상의 채석허가는 대물적 허가의 성질을 아울러 가지고 있는 점을 감안하여 보면, 수허가자가 사망한 경우 상속인이 수허가자로서의 지위를 승계한다. 산림을 무단형질변경한 자가 사망한 경우 상속인은 그 복구의무를 부담한다고 봄이 상당하고, 관할 행정청은 그 상속인에 대하여 복구명령을 할 수 있다(대판 2005.8.19. 2003두9817).
2. 구 건축법상의 이행강제금은 구 건축법의 위반행위에 대하여 시정명령을 받은 후 시정기간 내에 당해 시정명령을 이행하지 아니한 건축주 등에 대하여 부과되는 간접강제의 일종으로서 그 이행강제금 납부의무는 상속인 기타의 사람에게 승계될 수 없는 일신전속적인 성질의 것이므로 이미 사망한 사람에게 이행강제금을 부과하는 내용의 처분이나 결정은 당연무효이고, 이행강제금을 부과받은 사람의 이의에 의하여 비송사건절차법에 의한 재판절차가 개시된 후에 그 이의한 사람이 사망한 때에는 사건 자체가 목적을 잃고 절차가 종료한다(대결 2006.12.8. 2006마470).

구 「산림법」에 의해 형질변경허가를 받지 아니하고 산림을 형질변경한 자가 사망한 경우, 해당 토지의 소유권을 승계한 상속인은 그 복구의무를 부담하지 않으므로, 행정청은 그 상속인에 대하여 복구명령을 할 수 없다. (○, ×) [21 국가7급]

(3) 제재사유의 승계

대법원은 등록영업인 석유판매업의 양도・양수의 경우 양도인에게 발생한 제재사유(영업허가 철회사유)가 별도의 명문규정이 없어도 양수인에게 승계된다고 판시한 바 있다.

판례

석유판매업(주유소)허가는 소위 대물적 허가의 성질을 갖는 것이어서 그 사업의 양도도 가능하고 이 경우 양수인은 양도인의 지위를 승계하게 됨에 따라 양도인의 위 허가에 따른 권리의무가 양수인에게 이전되는 것이므로 만약 양도인에게 그 허가를 취소할 위법사유가 있다면 허가관청은 이를 이유로 양수인에게 응분의 제재조치를 취할 수 있다 할 것이고, 양도인의 귀책사유는 양수인에게 그 효력이 미친다(대판 1986.7.22. 86누203).

06 무하자재량행사청구권과 행정개입청구권

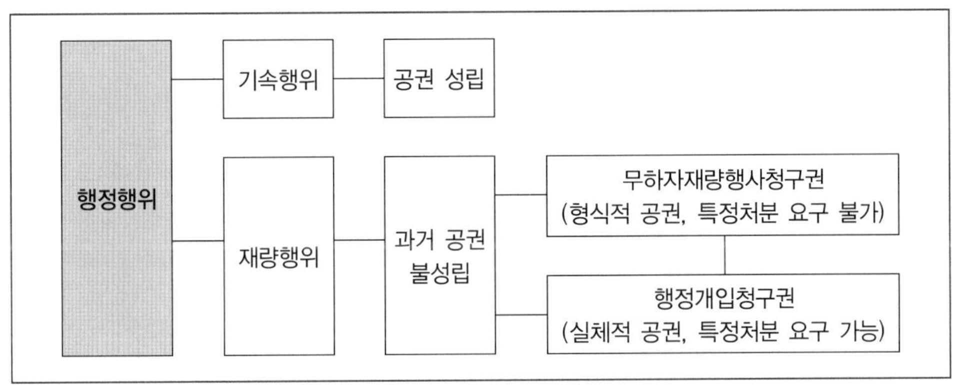

행정청의 재량영역일지라도 법률상 이익 내지 주관적 공권이 도출될 수 없는 것은 아니다. (○, ×) [15 경행특채, 08 국회8급]

무하자재량행사청구권은 위법한 처분의 배제를 구하는 실체적 권리이다. (○, ×) [09 국회8급]

1. 무하자재량행사청구권

(1) 의의

① 개념

무하자재량행사청구권이란 재량의 영역에서 개인이 행정청에 대하여 하자 없는, 즉 적법한 재량처분을 청구할 수 있는 공권을 말한다.

② 발전과정과 인정실익

㉠ 재량영역에서 공권의 성립

전통적 공권이론에 의하면 재량의 영역에서는 개인적 공권이 인정될 수 없었다. 그러나 실질적 법치주의가 확립됨에 따라 재량의 영역에서도 공권의 성립이 가능하다는 것이 일반적 견해이며 무하자재량행사청구권이 이에 기여하였다.

㉡ 재량행위에 대한 항고소송이 가능

재량행위에 대한 사인의 신청에 대한 거부에 대해서는 원칙적으로 항고소송을 인정하기 어렵지만, 무하자재량행사청구권을 인정하면 항고소송이 가능해진다는 실익이 있다.

㉢ 재량행위에 대한 통제법리

무하자재량행사청구권은 독일에서 제2차 세계대전 이후에 승인된 개인적 공권으로서 재량통제의 법리로 등장하였다.

(2) 법적 성질

① 적극적 공권성

무하자재량행사청구권은 단순히 위법한 처분을 배제하는 소극적·방어적 권리에 그치는 것이 아니라, 행정청에 대하여 적법한 재량처분을 할 것을 구하는 적극적 공권의 성질을 가진다.

② 형식적 공권성

무하자재량행사청구권은 실체적 공권은 아니다. 즉 특정처분을 해줄 것을 요구할 수 있는 권리가 아니라 종국처분의 형성과정에 있어서 재량권의 법적 한계를 준수하면서 어떤 처분이든 처분을 할 것을 구하는 것이라는 점에서 형식적 공권으로서의 속성을 가지고 있다.

(3) 인정 여부

판례는 검사임용신청에 대한 거부처분취소소송에서 무하자재량행사청구권을 받아들이고 있다고 보는 것이 일반적인 평가이다. 그러나 동 판례가 무하자재량행사청구권을 인정한 것이 아니라 조리상의 신청권을 인정한 것이라는 견해 등 부정하는 견해도 있다.

판례

검사 지원자 중 한정된 수의 임용대상자에 대한 임용 결정은 한편으로는 그 임용대상에서 제외한 자에 대한 임용거부결정이라는 양면성을 지니는 것이므로 임용대상자에 대한 임용의 의사표시는 동시에 임용대상에서 제외한 자에 대한 임용거부의 의사표시를 포함한 것으로 볼 수 있고, 이러한 임용 거부의 의사 표시는 본인에게 직접 고지되지 않았다고 하여도 본인이 이를 알았거나 알 수 있었을 때에 그 효력이 발생한 것으로 보아야 한다. 검사의 임용 여부는 임용권자의 자유재량에 속하는 사항이나, 법령상 검사임용 신청 및 그 처리의 제도에 관한 명문 규정이 없다고 하여도 조리상 임용권자는 임용신청자들에게 전형의 결과인 임용 여부의 응답을 해줄 의무가 있다고 할 것이며, 응답할 것인지 여부조차도 임용권자의 편의재량사항이라고는 할 수 없다. 검사의 임용에 있어서 임용권자가 임용 여부에 관하여 어떠한 내용의 응답을 할 것인지는 임용권자의 자유재량에 속하나, 적어도 재량권의 한계 일탈이나 남용이 없는 위법하지 않은 응답을 할 의무가 임용권자에게 있고 이에 대응하여 임용신청자로서도 재량권의 한계 일탈이나 남용이 없는 적법한 응답을 요구할 권리가 있다고 할 것이며, 이러한 응답신청권에 기하여 재량권 남용의 위법한 거부처분에 대하여는 항고소송으로서 그 취소를 구할 수 있다(대판 1991.2.12. 90누5825).

⑷ **인정범위**

무하자재량행사청구권은 수익적 행정행위뿐만 아니라 부담적 행정행위에도 적용될 수 있다. [18 교행] 무하자재량행사청구권은 재량권이 인정되는 모든 행정권의 행사에서 인정된다.

⑸ **성립요건**

① 처분의무의 존재

행정청의 처분의무는 법령상 인정되는 것뿐만 아니라, 조리상으로도 인정될 수 있다. 다만 재량행위에 있어서의 법적 의무는 그 처분에 있어 재량권의 한계를 준수할 의무에 그치고, 특정처분을 할 의무는 아니라는 점에서, 양자 간에는 본질적 차이가 있다.

② 사익 보호성

당해 재량처분을 규정하고 있는 관계법규의 목적・취지가 적어도 개인의 이익도 보호하고자 하는 경우여야 한다.

③ 재량영역

재량에서 논의된다. 기속행위의 경우에는 당연히 공권이 인정되기 때문이다.

⑹ **무하자재량행사청구권과 권리구제**

무하자재량행사청구권을 행사하여 적법한 재량처분을 청구하였으나 행정청이 거부한 경우에는 거부처분의 위법을 이유로 의무이행심판을 제기하거나 취소소송을 제기할 수 있다. 무하자재량행사청구권이 있는 자의 신청에 대하여 이를 부작위로 방치하는 것은 위법한 것이 된다. 따라서 의무이행심판이나 부작위위법확인소송을 제기할 수 있다.

✦ 신청에 따른 행정청의 처분이 기속행위인 때에는 행정청은 신청에 대한 응답의무를 지지만, 재량행위인 때에는 응답의무가 없다. (○, ×) [14 지방9급]

✦ 검사의 임용에 있어서 임용권자는 적어도 재량권의 일탈이나 남용이 없는 위법하지 않은 응답을 할 의무가 있고, 이에 대응하여 임용신청자는 적법한 응답을 요구할 수 있는 응답신청권을 가지며, 나아가 이를 바탕으로 재량권남용의 임용거부처분에 대하여 항고소송으로 그 취소를 구할 수 있다. (○, ×) [08 국가7급]

✦ 무하자재량행사청구권은 기속규범에서는 인정되지 않고 재량규범에서 인정된다. (○, ×) [09 국회8급]

✦ 무하자재량행사청구권이 인정되면 행정청은 특정한 처분을 행하여야 할 의무를 지게 된다. (○, ×) [05 지방9급]

2. 행정개입청구권

(1) 의의

행정개입청구권은 광의로 행정행위 발급청구권과 협의의 행정개입청구권을 포함하는 개념이다.

① 행정행위 발급청구권

행정행위 발급청구권이란 개인이 자기의 이익을 위하여 자신에 대한 처분을 청구할 수 있는 권리를 말한다. 각종 허가의 청구, 공무원 임용의 요구 등이 이에 해당된다.

② 협의의 행정개입청구권

협의의 행정개입청구권이란 개인이 자기를 위하여 제3자에게 규제·단속 등의 행정권을 발동하여줄 것을 청구할 수 있는 권리를 말한다. 예컨대 환경오염업체에 대한 환경규제발동을 청구하는 것 등을 말한다. 행정행위 발급청구권은 자기에 대한 행정작용을 청구하는 것임에 비해 행정개입청구권은 제3자에게 발동될 것을 요구하는 점에서 다르다.

③ 무하자재량행사청구권과의 구별

행정개입청구권은 재량행위의 경우라도 사인이 특정처분을 할 것을 구할 수 있는 청구권임에 대하여, 무하자재량행사청구권은 자신의 신청에 따른 처분을 할 것을 구할 수 없다는 점에서 양자는 구별된다.

(2) 등장배경

① 재량의 0으로의 수축이론(행정편의주의의 극복)

재량행위도 평등원칙 등의 헌법적 원칙에 의한 제약을 통해 행정편의주의를 극복하고자 하는 점에서 출발한다. 즉 재량권이 0으로 수축되는 경우에는 행정권의 발동이 의무적이라는 것을 강조하는 것이 행정개입청구권의 등장배경이다.

> 재량권이 영(0)으로 수축하는 경우 행정개입청구권은 무하자재량행사청구권으로 전환된다. (○, ×) [11 복지9급]

② 반사적 이익의 공권화

전통적으로 경찰권 행사로 누리는 이익은 반사적 이익에 불과하다고 보았다. 그러나 오늘날 반사적 이익도 법률상의 이익으로 인정하는 경향에 따라 국민이 특정한 경찰권 행사의 발동을 청구할 수 있는 권리성이 인정된다.

> 반사적 이익의 공권화 경향에 따라 행정개입청구권의 성립요건이 그만큼 완화되고 있다. (○, ×) [11 복지9급]

(3) 법적 성질

① 적극적 공권

행정청에 대해 적극적으로 행정행위 기타 행정작용을 할 것을 구하는 적극적 공권이다.

② 실체적 공권

무하자재량행사청구권과는 달리 형식적 공권이 아니라 실체적 공권이다. 즉 행정개입청구권은 특정처분을 해줄 것을 청구하는 권리이다. 다만 재량행위에 대해서 일반적으로 청구할 수 있는 것이 아니고 재량이 0으로 수축되는 경우에 인정된다.

(4) 인정 여부

사인의 행정에 대한 의존도가 증가하는 현대국가에서 행정권의 부작위는 경우에 따라 사인에 대하여 중대한 침해를 가져올 수도 있으므로 행정청에 대하여 권력발동을 요구할 수 있는 제도가 필요하다는 긍정설이 통설의 입장이다. 판례가 정면으로 사인의 경찰개입청구권을 인정한 것은 없으나, 1·21 사태 시에 무장공비에 의하여 생명의 위협을 받고 있던 청년의 가족이 인근 경찰파출소에 대한 구원요청에도 불구하고 경찰이 출동하지 아니한 결과, 그 청년이 희생된 사건에서 대법원은 국가의 손해배상책임을 인정한 바 있다(대판 1971.4.6. 71다124).

판례

구 건축법 및 기타 관계 법령에 국민이 행정청에 대하여 제3자에 대한 건축허가의 취소나 준공검사의 취소 또는 제3자 소유의 건축물에 대한 철거 등의 조치를 요구할 수 있다는 취지의 규정이 없고, 같은 법 소정의 사유가 있는 경우에 시장·군수·구청장에게 건축허가 등을 취소하거나 건축물의 철거 등 필요한 조치를 명할 수 있는 권한 내지 권능을 부여한 것에 불과할 뿐, 시장·군수·구청장에게 그러한 의무가 있음을 규정한 것은 아니므로 위 조항들도 그 근거 규정이 될 수 없으며, 그 밖에 조리상 이러한 권리가 인정된다고 볼 수도 없다(대판 1999.12.7. 97누17568).

> 규제권한발동에 관해 행정청의 재량을 인정하는 건축법의 규정은 소정의 사유가 있는 경우 행정청에 건축물의 철거 등을 명할 수 있는 권한을 부여한 것일 뿐만 아니라, 행정청에 그러한 의무가 있음을 규정한 것이다. (○, ×) [15 국가9급]

(5) 성립요건

① 개입의무의 발생

㉠ 개입의무

기속행위의 경우에는 특별히 문제가 되지 않으나 재량행위의 경우에는 재량의 0으로의 수축에 의해 개입의무가 인정되어야 한다.

㉡ 재량권이 0으로 수축되는 경우인지 여부의 판단기준

재량권이 0으로 수축되는 경우란, 국민의 생명·신체·재산과 같은 중대한 법익이 위협받고 있는 경우에 당해 행정기관이 다른 동가치의 법익을 소홀함이 없이도 이러한 위해를 제거할 수 있는 상황이어야 한다.

> 개인의 신체, 생명 등 중요한 법익에 급박하고 현저한 침해의 우려가 있는 경우 재량권이 영으로 수축된다. (○, ×) [15 국가9급]

② 사익 보호성

당해 법규의 취지가 공익뿐만 아니라 관계인의 사익보호도 목적으로 하고 있는 경우여야 한다.

07 특별권력관계

1. 전통적 특별권력관계

종래 행정법이론에서는 권력관계를 일반권력관계와 특별권력관계로 나누어 고찰하였다. 일반권력관계란 일반적인 행정목적을 위해 행정주체와 일반 국민 간에 성립되는 법률관계로서 특별한 법률원인 없이 당연히 성립되며, 행정주체와 상대방 간에 법치주의가 전면적으로 적용되는 관계로 보았다. 이에 반해 특별권력관계란 행정목적을 달성하기 위해 특별권력기관과 특별한 신분을 가진 자 간에 성립되는 법률관계로서, 특별권력기관이 포괄적인 지배권을 행사하여 법치주의가 제한되는 관계로 보았다.

2. 전통적 특별권력관계의 특징

(1) 포괄적 지배권

특별권력관계에서의 특별권력주체에는 포괄적 지배권이 부여되어 있어, 그에 복종하는 자에 대하여 특별권력을 발동하는 경우 개별적·구체적인 법률의 근거를 요하지 않는다. 다만 법률우위의 원칙은 적용되므로 그에 위반되는 규칙이나 처분은 위법하다.

(2) 법률유보에 의하지 않는 기본권 제한

특별권력관계의 설정 목적을 위해 필요한 합리적 범위 내에서 법률의 근거 없이 기본권의 제한이 가능하다는 것이 전통적 특별권력관계 이론이다.

(3) 사법심사의 배제

전통적 특별권력관계론은 특별권력관계 내부문제에 대하여는 사법심사가 미치지 않으나, 예외적으로 그것이 일반권력관계상의 국민의 지위에까지 영향을 미치는 경우에는 재판통제가 인정된다고 보았다.

3. 전통적 특별권력관계론의 성립배경

(1) 역사적 배경

19세기 후반 독일에서 절대군주정이 붕괴되고 (외견적)입헌주의가 발달함에 따라 군주가 의회 및 의회가 제정한 법률에 의한 통제와 기속을 받게 되었는데, 이에 그 반대급부로서 군주에 대하여 법률로부터 자유로운 영역을 확보하여 특권을 유지해줄 필요에서 발생한 이론이다.

(2) 불침투이론

불침투이론이란 국가도 법인체로서 하나의 인격주체이므로 인격주체 상호 간인 국가와 국민 사이에는 법규가 적용되지만, 국가내부영역인 특별권력관계에는 법이 침투할 수 없다는 이론을 말한다. 즉 시민이 공무원이나 영조물 이용자가 되어 특별권력관계에 들어가면 국가적 행정조직의 구성원이 되어 국가에 대한 관계에서 독립적인 인격주체성을 상실하는 것으로 본다.

특별권력관계이론은 19세기 후반 독일에서 성립된 독일법에 특유한 이론으로 프랑스법에는 특별권력관계이론이 존재하지 않는다. (○, ×) [07 지방9급]

전통적인 특별관계론은 행정을 국민의 의사인 법률에 의하여 제한하려는 입장과 행정의 특권적 지위를 확보하려는 입장 간의 타협적 산물이었다. (○, ×) [05 국회8급]

4. 특별권력관계의 인정 여부

(1) 학설

긍정설(전통적 특별권력관계론)		오늘날 이러한 견해를 주장하는 학자는 없다.
부정설	전면적·형식적 부정설	민주주의·실질적 법치주의·의회주의의 원칙·기본권보장주의의 원칙상 특별권력관계의 관념은 인정될 수 없다는 견해이다.
수정이론	기본관계·업무수행관계 구별론(Ule)	특별권력관계에서의 행위를 기본관계와 업무(경영)수행관계로 구분하여, 기본관계의 행위는 사법심사의 대상이 되고 업무수행관계에서의 행위는 사법심사의 대상이 아니라고 보는 견해이다.
	제한적 특별권력관계론	공무원의 근무관계·군복무관계 및 죄수의 수형관계는 다른 일반권력관계에 비하여 보다 강화된 의무에 의하여 특징지어지는바, 일정한 법관계를 특별권력관계로 이론 구성하는 것은 나름대로 의미가 있다고 보는 견해이다.
	특수법률관계론	전통적인 특별권력관계 및 사립학교에서의 재학관계 등을 포괄적 지배권이 인정되는 특수법관계 또는 특수사회관계로 보는 견해이다.

(2) 판례

대법원은 동장과 구청장의 관계, 농지개량조합과 그 직원과의 관계 등을 특별권력관계라 표현하고 있으나 사법심사를 긍정하고 있어, 전통적인 특별권력관계론은 부정하고 있다고 봄이 타당하다.

5. 특별권력관계의 성립과 소멸

성립	법률의 규정에 의한 성립	전염병환자의 국공립병원에의 강제입원, 수형자의 수감, 징집대상자의 입대
	본인의 동의에 의한 성립	• 국공립대학 입학, 공무원의 임용 등(임의) • 학력아동의 취학(의무)
소멸	목적의 달성	국공립대학 졸업
	구성원의 탈퇴	공무원의 사임
	권력주체의 해제	국공립대학생의 퇴학처분

참고

기본관계란 특별권력관계를 성립·변경·종료시키는 관계로서 상대방의 권리·의무에 직접적인 영향을 미치므로 법치주의가 적용되고, 사법심사의 대상이 된다는 것이다. 예컨대 공무원의 임면·보직발령·징계, 국·공립학생의 입학·졸업·징계, 군인의 입대·제대 등의 행정작용으로 행정처분적 성격이 있으므로 항고소송의 대상이 된다.

참고

업무수행관계는 당해 특별권력관계의 목표를 실현하는 데 필요한 행위를 말한다. 예컨대 공무원의 직무명령, 군인의 훈련, 재소자관계(폐쇄적 영조물이용관계) 등이 이에 해당되는데 대부분 단순한 사실행위에 해당하여 처분성이 결여되므로 항고소송의 대상이 될 수 없다.

- 특별권력관계 자체의 성립·변경·종료와 관련된 경우는 기본관계에 해당한다. (○, ×) [15 국가7급]
- 기본관계는 공법관계로서 법치행정원리가 적용된다. (○, ×) [15 국가7급]
- 기본관계에서 이루어지는 법률관계의 변동은 행정처분으로서 행정소송의 대상이 된다. (○, ×) [15 국가7급]
- 기본관계가 성립하기 위해서는 상대방의 동의를 필요로 한다. (○, ×) [15 국가7급]
- 특별권력관계의 성립은 직접 법률에 의거하는 경우와 상대방의 동의에 의하는 경우가 있는데, 상대방의 동의는 자유로운 의사에 기한 자발적인 동의만을 인정한다. (○, ×) [09 국회9급]

특별행정법관계(특별권력관계)의 종류에는 공법상의 근무관계, 공법상의 영조물이용관계, 공법상의 특별감독관계, 공법상의 사단관계가 있다. (○, ×) [15 경행특채]

6. 특별권력관계의 종류

공법상 근무관계	공무원의 근무관계, 군복무관계 등
공법상 영조물이용관계	국·공립대학 재학관계, 국·공립병원 입원관계, 교도소 재소관계 등
공법상 특별감독관계	특허기업·공공조합에 대한 국가의 감독관계 등
공법상 사단관계	공공조합과 조합원과의 관계 등

7. 특별권력관계의 내용과 한계

(1) 특별권력관계의 내용

① 명령권

특별권력주체가 그 구성원에게 목적 수행상 필요한 명령·강제를 할 수 있는 권력으로서 그 발동 형식은 일반·추상적인 행정규칙에 의할 수도 있고 개별·구체적인 처분의 형식에 의할 수도 있다.

특별권력관계의 행정주체에게는 명령권·징계권·과세권을 그 내용으로 하는 포괄적 지배권이 인정된다. (○, ×) [07 지방9급]

② 징계권

특별권력관계의 내부질서유지를 위해 질서 문란자에 대해 징계벌을 가할 수 있다.

특별권력관계에서는 특별권력에 따른 명령권과 형벌권이 인정된다. (○, ×) [09 국회9급]

(2) 특별권력관계의 한계

특별권력의 발동은 설립목적을 달성하는 데 필요한 범위 내에서 행사되어야 하고, 법규상·조리상의 한계를 지켜야 한다.

8. 특별권력관계와 법치주의(법률유보와 사법심사)

(1) 법률유보원칙

오늘날 특별권력관계에서도 법률유보의 원칙이 적용되어야 한다는 데 이론이 없다. 따라서 군인·공무원이라 하여도 법률의 근거 없이 권리를 제한할 수 없다. 다만, 특별권력관계는 그 목적과 기능의 특수성으로 인하여 법치주의가 다소 완화될 수 있으므로 일반국민에게 인정되지 않는 내용의 제한이 가능하다.

(2) 사법심사의 가능성

오늘날 통설은 특별권력관계에 대해 전면적인 사법심사를 인정한다. 대법원은 "국립교육대학의 학생에 대한 퇴학처분은 항고소송의 대상인 처분에 해당하고, 비록 징계권 행사가 재량행위라 하더라도 그 이유만으로는 사법심사의 대상에서 당연히 제외되는 것은 아니다."라고 판시하였다(대판 1991.11.12. 92누2144).

08 행정법 흠결의 보완(행정법관계에 대한 사법규정의 적용)

행정법은 역사도 짧고 총칙적 규정도 없는 결과, 구체적 사건에서 적용할 법규나 법원칙이 결여되어 있는 경우가 많은데, 이 경우 사법규정의 적용에 의하여 그 흠결상태를 보완할 수 있는지가 문제된다.

1. 명문에 의한 사법규정의 적용

"국가나 지방자치단체의 손해배상책임에 관하여는 이 법에 규정된 사항 외에는 민법에 따른다."라는 국가배상법 제8조의 규정이 있다.

2. 명문의 규정이 없는 경우

(1) 준용할 공법규정이 있는 경우

① 원칙

행정법의 흠결시 공법규정 가운데 준용할 만한 유사한 규정이 있는 경우, 사법규정에 앞서 공법규정이 적용되어야 할 것이다.

② 판례

대법원은 하천법의 손실보상요건에 관한 규정은 보상사유를 제한적으로 열거한 것이라기보다는 예시적으로 열거하고 있으므로 국유로 된 제외지(堤外地)의 소유자에 대하여는 위 법조를 유추적용하여 관리청은 그 손실을 보상하여야 한다고 한다(대판 1987.7.21. 84누126).

③ 예외

㉠ 조세관련 법규

조세관련 법규에는 유추적용이 허용되지 아니한다. 주의할 것은 판례가 당사자에게 불리한 유추해석뿐만 아니라 유리한 유추해석도 금지한다는 것이다. 조세의 감면은 전가의 효과가 있기 때문이다.

판례

조세법률주의의 원칙상 과세요건이거나 비과세요건 또는 조세감면요건을 막론하고 조세법규의 해석은 특별한 사정이 없는 한 법문대로 해석할 것이고, 합리적 이유 없이 확장해석하거나 유추해석하는 것은 허용되지 아니하고, 특히 감면요건 규정 가운데에 명백히 특혜규정이라고 볼 수 있는 것은 엄격하게 해석하는 것이 조세공평의 원칙에도 부합한다(대판 2004.5.28. 2003두7392).

> 조세법규의 해석에 있어서 유추나 확장해석에 의하여 납세의무를 확대하는 것은 허용되지 아니하지만, 조세의 감면 또는 징수유예의 경우에는 그러하지 아니하다. (○, ×) [08 국가7급]

㉡ 행정형벌 또는 행정벌의 경우

죄형법정주의 원칙상 형벌에는 불리한 유추가 금지된다. 그러나 피고인에게 유리한 유추해석은 가능하다.

(2) 준용할 공법규정이 없는 경우

공법관계와 사법관계의 유사성을 근거로 공법관계에 대한 사법규정의 적용을 인정하되, 공법관계의 특수성을 무시할 수는 없으므로 사법규정이 유추적용 되어야 한다는 유추적용설이 통설과 판례의 입장이다.

3. 사법규정 적용의 한계

(1) 사법규정의 종류에 따른 유추적용의 가능성

법의 일반원칙(신의성실원칙 등)이나 법기술적 규정(기간계산 등)은 공법관계(권력관계 포함)에도 적용될 수 있다.

(2) 구체적 검토

① 권력관계

권력관계에는 사인상호 간의 지위의 대등성을 전제로 하는 이해조절적 규정은 원칙적으로 적용되지 않는다. 따라서 하자담보책임은 민법상의 매도인과 매수인 간의 이해조절적 규정이므로 권력관계에는 적용되지 않는다. 다만 권력관계라고 하더라도 신의성실, 권리남용금지, 자연인, 법인, 주소 · 거소, 물건, 법률행위, 기간, 시효, 제척기간, 사무관리, 부당이득 등의 규정과 같은 일반 원리적 규정은 적용된다.

판례

실권 또는 실효의 법리는 법의 일반원리인 신의성실의 원칙에 바탕을 둔 파생원칙인 것이므로 공법관계 가운데 관리관계는 물론이고 권력관계에도 적용되어야 함을 배제할 수는 없다(대판 1988.4.27. 87누915).

② 관리관계

재산이나 사업을 경영 · 관리하는 관리관계의 경우에는 사법관계와 본질적인 차이가 없으므로, 원칙적으로 사법규정이 폭넓게 적용된다.

③ 국고관계

국고관계의 경우 개념상 사법이 적용되는 것은 당연하다. 다만 행정사법의 경우에는 좁은 의미의 국고관계에 비해 공법적 기속이 강하게 가해진다.

제3절 행정법상의 법률요건과 법률사실

01 의의 및 종류

1. 의의

행정법상의 법률요건이란 행정법관계의 발생 · 변경 · 소멸이라는 법률효과를 발생시키는 사실을 말하며, 이러한 법률요건을 이루는 개개의 사실을 행정법상의 법률사실이라 한다. 행정법상의 법률요건은 1개의 법률사실로 이루어지는 경우도 있고(소멸시효 등), 2개 이상의 법률사실로 성립되는 때도 있다(예를 들어 허가를 요하는 사업에 대한 당사자의 신청과 행정청의 허가처분).

2. 종류

행정법상의 법률사실은 정신작용을 요소로 하는지 여부에 따라 공법상의 사건과 용태로 나누어진다.

(1) 공법상의 사건

공법상의 사건이란 사람의 정신작용을 요소로 하지 않는 법률사실을 말한다. 예컨대 사람의 생사, 시간의 경과, 일정한 연령에의 도달, 물건의 소유 · 점유, 부당이득 등이 이에 속한다.

(2) 공법상의 용태

공법상 용태는 정신작용을 요소로 하는 법률사실이며 이는 외부적 용태인 행위와 내부적 용태인 내심으로 나누어진다. 외부적 용태는 작위 또는 부작위로 이루어지는 공법행위(행정주체의 공법행위, 사인의 공법행위)를 말하며, 내부적 용태는 선의·악의, 고의·과실을 말한다.

02 공법상의 사건

1. 시간의 경과

(1) 기간

기간(期間)이란 한 시점에서 다른 시점에 이르는 시간적 간격을 말한다. 기간의 계산방법은 법기술적인 고려에 따라 결정되는데, 특별한 규정이 없는 한 민법의 규정을 적용한다. 즉 시·분·초로 정한 경우에는 즉시부터 기산하며, 일·주·월·년으로 정한 경우에는 초일은 산입하지 아니한다. [16 교행] 예외가 되는 경우로 연령계산, 오전 0시부터 시작되는 경우, 국회의 회기, 민원처리 등이 있다. 기간을 일·주·월·년으로 정한 때에는 그 기간의 말일이 종료함으로써 만료된다. 다만 기간의 말일이 공휴일일 때에는 그 익일에 기간이 만료된다.

> ✦ 행정법관계에서 기간의 계산에 관하여 특별한 규정이 없으면 민법의 기간 계산에 관한 규정이 적용된다. (○, ×) [21 국가7급, 16 국가9급]

행정기본법 제6조 【행정에 관한 기간의 계산】 ① 행정에 관한 기간의 계산에 관하여는 이 법 또는 다른 법령등에 특별한 규정이 있는 경우를 제외하고는 「민법」을 준용한다. [24 국가9급, 21 서울7급]

② 법령등 또는 처분에서 국민의 권익을 제한하거나 의무를 부과하는 경우 권익이 제한되거나 의무가 지속되는 기간의 계산은 다음 각 호의 기준에 따른다. 다만, 다음 각 호의 기준에 따르는 것이 국민에게 불리한 경우에는 그러하지 아니하다.

1. 기간을 일, 주, 월 또는 연으로 정한 경우에는 기간의 첫날을 산입한다. [24 국가9급]
2. 기간의 말일이 토요일 또는 공휴일인 경우에도 기간은 그 날로 만료한다.

제7조 【법령등 시행일의 기간 계산】 법령등(훈령·예규·고시·지침 등을 포함한다. 이하 이 조에서 같다)의 시행일을 정하거나 계산할 때에는 다음 각 호의 기준에 따른다.

1. 법령등을 공포한 날부터 시행하는 경우에는 공포한 날을 시행일로 한다.
2. 법령등을 공포한 날부터 일정 기간이 경과한 날부터 시행하는 경우 법령등을 공포한 날을 첫날에 산입하지 아니한다. [21 서울7급]
3. 법령등을 공포한 날부터 일정 기간이 경과한 날부터 시행하는 경우 그 기간의 말일이 토요일 또는 공휴일인 때에는 그 말일로 기간이 만료한다. [24 국가9급, 21 서울7급]

> ✦ 법령 등 또는 처분에서 국민의 권익을 제한하거나 의무를 부과하는 경우 권익이 제한되거나 의무가 지속되는 기간의 계산에 있어서 기간을 일, 주, 월 또는 연으로 정한 경우에는 원칙적으로 기간의 첫날은 산입하지 아니한다. (○, ×) [21 서울7급]

> ✦ 법령등을 공포한 날부터 일정 기간이 경과한 날부터 시행하는 경우 법령등을 공포한 날을 첫날에 산입한다. (○, ×) [24 국가9급]

(2) 시효

① 의의

시효(時效)란 일정한 사실상태가 오랫동안 계속된 경우에 진실한 법률관계인지를 묻지 않고 그 상태를 그대로 존중함으로써, 그것을 진실한 법률관계로 인정하는 제도를 말한다. 이러한 시효제도는 공법관계에도 적용된다.

금전의 급부를 목적으로 하는 국가의 권리로서 시효에 관하여 다른 법률에 규정이 없는 것은 10년 동안 행사하지 아니하면 소멸한다. (○, ×) [16 교행]

현행법상 국가에 대한 금전채권의 소멸시효에 대하여는 민법의 규정이 그대로 적용된다. (○, ×) [16 국가9급]

변상금부과처분이 당연무효인 경우, 당해 변상금부과처분에 의하여 납부한 오납금에 대한 납부자의 부당이득반환청구권의 소멸시효는 변상금부과처분의 부과시부터 진행한다. (○, ×) [20 국가9급]

「국가재정법」상 5년의 소멸시효가 적용되는 '금전의 급부를 목적으로 하는 국가의 권리'에는 국가의 사법(私法)상 행위에서 발생한 국가에 대한 금전채무도 포함된다. (○, ×) [16 지방9급]

공법(公法)의 특수성상 소멸시효의 중단·정지에 관하여는 민법의 규정이 적용될 수 없다. (○, ×) [16 경행특채, 09 지방9급]

법령의 규정에 의한 납입고지에 의한 시효중단의 효력은 그 납입고지에 의한 부과처분이 취소되면 상실된다. (○, ×) [16 지방9급, 11 국가7급]

국세징수법상 세무공무원이 체납자의 재산을 압류하기위해 수색을 하였으나 압류할 목적물이 없어 압류를 실행하지 못한 경우에도 시효중단의 효력은 발생한다. (○, ×) [16 경행특채, 08 지방7급]

② 공법상 금전채권의 소멸시효

㉠ 소멸시효의 기간

행정법상 금전채권의 소멸시효기간은 타 법률에 특별한 규정이 없는 한 5년이다(국가재정법 제96조, 지방재정법 제82조).

판례

1. 예산회계법 제96조에서 '다른 법률의 규정'이라 함은 다른 법률에 예산회계법 제96조에서 규정한 5년의 소멸시효기간보다 짧은 기간의 소멸시효의 규정이 있는 경우를 가리키는 것이고, 이보다 긴 10년의 소멸시효를 규정한 민법 제766조 제2항은 예산회계법 제96조에서 말하는 '다른 법률의 규정'에 해당하지 아니한다(대판 2001.4.24. 2000다57856).
2. 변상금부과처분이 당연무효인 경우에 납부자가 납부하거나 징수당한 오납금은 부당이득에 해당하고, [21 국가7급] 이러한 오납금에 대한 납부자의 부당이득반환청구권은 처음부터 법률상 원인이 없이 납부 또는 징수된 것이므로 납부 또는 징수시에 발생하여 확정되며, 그때부터 소멸시효가 진행한다(대판 2005.1.27. 2004다50143).

㉡ 금전채권의 범위

판례

금전의 급부를 목적으로 하는 국가의 권리라 함은 금전의 급부를 목적으로 하는 권리인 이상 금전급부의 발생원인에 관하여는 아무런 제한이 없으므로 국가의 공권력의 발동으로 하는 행위는 물론 국가의 사법상의 행위에서 발생한 국가에 대한 금전채무도 포함한다(대판 1967.7.4. 67다751).

㉢ 시효의 중단·정지

타 법률에 특별한 규정이 없는 한 민법규정을 적용한다. 민법에 따르면 소멸시효는 청구, 압류 또는 가압류, 가처분 그리고 승인에 의해 중단된다(민법 제168조). 이외에도 국가가 행하는 납입의 고지, 독촉 또는 납부최고 등에 시효중단의 효력을 인정하는 경우가 있다(국세기본법 제28조).

판례

1. 예산회계법 제98조에서 법령의 규정에 의한 납입고지를 시효중단 사유로 규정하고 있는바, 이러한 납입고지에 의한 시효중단의 효력은 그 납입고지에 의한 부과처분이 취소되더라도 상실되지 않는다(대판 2000.9.8. 98두19933).
2. 국세기본법 제28조 제1항은 국세징수권의 소멸시효의 중단사유로서 납세고지, 독촉 또는 납부최고, 교부청구 외에 '압류'를 규정하고 있는바, 여기서의 '압류'란 세무공무원이 국세징수법 제24조 이하의 규정에 따라 납세자의 재산에 대한 압류 절차에 착수하는 것을 가리키는 것이므로, 세무공무원이 국세징수법 제26조에 의하여 체납자의 가옥·선박·창고 기타의 장소를 수색하였으나 압류할 목적물을 찾아내지 못하여 압류를 실행하지 못하고 수색조서를 작성하는 데 그친 경우에도 소멸시효 중단의 효력이 있다(대판 2001.8.21. 2000다12419).

3. 변상금 부과처분에 대한 취소소송이 진행중이라도 그 부과권자로서는 위법한 처분을 스스로 취소하고 그 하자를 보완하여 다시 적법한 부과처분을 할 수도 있는 것이어서 그 권리행사에 법률상의 장애사유가 있는 경우에 해당한다고 할 수 없으므로, 그 처분에 대한 취소소송이 진행되는 동안에도 그 부과권의 소멸시효가 진행된다(대판 2006.2.10. 2003두5686).
4. 일반적으로 위법한 행정처분의 취소, 변경을 구하는 행정소송은 사권을 행사하는 것으로 볼 수 없으므로 사권에 대한 시효중단사유가 되지 못하는 것이나, 다만 오납한 조세에 대한 부당이득반환청구권을 실현하기 위한 수단이 되는 과세처분의 취소 또는 무효확인을 구하는 소는 비록 행정소송이라고 할지라도 조세환급을 구하는 부당이득반환청구권의 소멸시효중단사유인 재판상 청구에 해당한다고 볼 수 있다(대판 1992.3.31. 91다32053 전원합의체).

> 변상금 부과처분에 대한 취소소송이 진행 중이면 변상금부과권의 권리행사에 법률상의 장애사유가 있는 경우에 해당하므로 그 부과권의 소멸시효는 진행되지 않는다. (○, ×)
> [17 국가9급(下), 11 국가7급]

㉣ 시효의 효력

시효기간의 경과는 권리 그 자체의 소멸이 아닌 항변권의 발생을 가져올 뿐이며, 이 항변권의 행사 여부는 시효로 이익을 받을 자에 맡겨져 있다고 보는 상대적 소멸설도 있으나, 시효기간의 경과는 절대적 소멸을 가져오며 당사자의 원용이 필요 없다고 보는 입장(절대적 소멸설)이 다수설이다. 판례도 같다.

㉤ 국가의 소멸시효완성주장과 권리남용 여부

국가가 소멸시효의 완성을 주장하는 것 자체가 신의성실의 원칙에 반하여 권리남용에 해당한다고 할 수는 없다(판례).

판례

1. 국가의 소멸시효 완성 주장이 신의칙에 반하고 권리남용에 해당한다고 하려면 일반 채무자의 소멸시효 완성 주장에서와 같은 특별한 사정이 인정되어야 할 것이고, 또한 그와 같은 일반적 원칙을 적용하여 법이 두고 있는 구체적인 제도의 운용을 배제하는 것은 법해석에 있어 또 하나의 대원칙인 법적 안정성을 해할 위험이 있으므로 그 적용에는 신중을 기하여야 한다(대판 2005.5.13. 2004다71881).
2. 공무원 임용결격사유가 발생하여 당연퇴직된 공무원이 당연퇴직사실을 알지 못한 채 계속 근무한 경우, 당연퇴직사유가 발생한 때부터 퇴직급여지급청구권의 소멸시효가 진행된다. 그러나 당연퇴직사유가 발생되기 이전의 근무기간에 대한 퇴직급여청구권에 대하여 시효소멸을 주장하는 것이 권리남용에 해당하는 것은 아니다(대판 2011.5.26. 2011두242).

③ 공물의 시효취득

민법에 따르면 원칙적으로 부동산은 20년간, 동산은 10년간 소유의 의사로서 평온·공연하게 점유를 계속하면 소유권을 취득하는데(민법 제245조 제1항, 제246조), 공물(公物)도 시효취득의 대상이 될 수 있는지가 문제된다. 다수설은 공물은 공적 목적에 제공된 물건이므로 공용폐지가 없는 한 취득시효의 목적이 될 수 없다는 입장이다. 판례도 같다.

참고

국유재산법 제6조【국유재산의 구분과 종류】 ① 국유재산은 그 용도에 따라 행정재산과 일반재산으로 구분한다.
② 행정재산의 종류는 다음 각 호와 같다.
1. **공용재산**: 국가가 직접 사무용·사업용 또는 공무원의 주거용(직무 수행을 위하여 필요한 경우로서 대통령령으로 정하는 경우로 한정한다)으로 사용하거나 대통령령으로 정하는 기한까지 사용하기로 결정한 재산
2. **공공용재산**: 국가가 직접 공공용으로 사용하거나 대통령령으로 정하는 기한까지 사용하기로 결정한 재산
3. **기업용재산**: 정부기업이 직접 사무용·사업용 또는 그 기업에 종사하는 직원의 주거용(직무 수행을 위하여 필요한 경우로서 대통령령으로 정하는 경우로 한정한다)으로 사용하거나 대통령령으로 정하는 기한까지 사용하기로 결정한 재산
4. **보존용재산**: 법령이나 그 밖의 필요에 따라 국가가 보존하는 재산

③ "일반재산"이란 행정재산 외의 모든 국유재산을 말한다.

「국유재산법」상 일반재산은 취득시효의 대상이 될 수 없다. (○, ×) [16 지방9급, 16 교행]

판례

구 잡종재산(現 일반재산)은 시효취득의 대상이라는 사례

1. 국유잡종재산에 대한 시효취득을 부인하는 동규정은 합리적 근거 없이 국가만을 우대하는 불평등한 규정으로서 헌법상의 평등의 원칙과 사유재산권 보장의 이념 및 과잉금지의 원칙에 반한다(헌재 1991.5.13. 89헌가97).
2. 구 지방재정법 제74조 제2항은 "공유재산은 민법 제245조의 규정에 불구하고 시효취득의 대상이 되지 아니한다. 다만 잡종재산의 경우에는 그러하지 아니하다."라고 규정하고 있으므로, 구 지방재정법상 공유재산에 대한 취득시효가 완성되기 위하여는 그 공유재산이 취득시효기간 동안 계속하여 시효취득의 대상이 될 수 있는 잡종재산이어야 하고, 이러한 점에 대한 증명책임은 시효취득을 주장하는 자에게 있다(대판 2009.12.10. 2006다19177). [20 국가7급]

현행법상 행정목적을 위하여 제공된 행정재산에 대해서는 공용폐지가 되지 않는 한 민법상 취득시효규정이 적용되지 않는다. (○, ×) [16 국가9급]

판례

행정재산과 보존재산은 시효취득의 대상이 아니라는 판례

1. 행정목적을 위하여 공용되는 행정재산은 공용폐지가 되지 않는 한 사법상 거래의 대상이 될 수 없으므로 취득시효의 대상도 되지 않는 것인바, [16 경행특채] 공물의 용도폐지 의사표시는 명시적이든, 묵시적이든 불문하나 적법한 의사표시이어야 하고 단지 사실상 공물로서의 용도에 사용되지 아니하고 있다는 사실만으로 용도폐지의 의사표시가 있다고 볼 수는 없는 것이다(대판 1983.6.14. 83다카181). [16 지방7급]
2. 국유 하천부지는 공공용 재산이므로 그 일부가 사실상 대지화되어 그 본래의 용도에 공여되지 않는 상태에 놓여 있더라도 국유재산법령에 의한 용도폐지를 하지 않은 이상 당연히 잡종재산으로 된다고는 할 수 없다(대판 1997.8.22. 96다10737).
3. 행정재산은 공용폐지가 되지 아니한 상태에서는 사법상 거래의 대상이 될 수 없으므로 관재당국이 착오로 행정재산을 다른 재산과 교환하였다는 사정만으로 적법한 공용폐지의 의사표시가 있다고 볼 수 없다(대판 1998.11.10. 98다42974). [20 국가7급]
4. 공유수면으로서 자연공물인 바다의 일부가 매립에 의하여 토지로 변경된 경우에 다른 공물과 마찬가지로 공용폐지가 가능하다고 할 것이며, 이 경우 공용폐지의 의사표시는 명시적 의사표시뿐만 아니라 묵시적 의사표시도 무방하다. 공물의 공용폐지에 관하여 국가의 묵시적인 의사표시가 있다고 인정되려면 공물이 사실상 본래의 용도에 사용되고 있지 않다거나 행정주체가 점유를 상실하였다는 정도의 사정만으로는 부족하고, 주위의 사정을 종합하여 객관적으로 공용폐지 의사의 존재가 추단될 수 있어야 한다(대판 2009.12.10. 2006다87538).
5. 예정공물은 시효취득의 대상이 아니다(대판 1994.5.10. 93다23442).
6. 원래의 행정재산이 공용폐지되어 취득시효의 대상이 된다는 사실에 대한 입증책임은 시효취득을 주장하는 자에게 있다(대판 1994.3.22. 93다56220).

참고

예정공물이란 아직 공공목적에 제공되지 않았으나 장차 그 완성을 기다려 공공목적에 제공되기로 예정된 물건을 말한다. 예를 들어 도로예정지 등이 이에 해당된다.

원래의 행정재산이 공용폐지되어 취득시효의 대상이 된다는 입증책임은 시효취득을 주장하는 자에게 있다. (○, ×) [14 지방7급]

(3) 제척기간

제척(除斥)기간이란 일정한 권리에 대하여 법률이 정한 존속기간을 말한다. 제척기간은 법률관계의 불안정상태를 신속히 확정시키기 위한 제도이며, 영속적인 사실상태를 권리관계로 인정하려는 제도인 시효제도와는 그 성질을 달리한다. 따라서 일반적으로 제척기간은 기간이 더 짧고, 중단·정지의 제도가 없으며, 소송에 원용하여야 할 필요가 없다(제척기간의 경과는 법원의 직권조사사항).

2. 주소와 거소

(1) 주소

민법은 생활의 근거지를 주소로 하고 있으나(객관설), 공법상 자연인의 주소는 다른 법률의 특별한 규정이 없는 한 주민등록법에 의하여 주민등록지를 주소로 하고 있다(주민등록법 제23조 제1항). 주민등록법은 이중등록을 금하고 있으므로 공법관계에서의 주소의 수는 원칙적으로 1개소에 한한다. [17 지방9급]

> 자연인의 공법상 주소지는 다른 법률에 특별한 규정이 없는 한 1개소에 한정한다. (○, ×) [16 교행]

(2) 거소

거소란 다소의 기간 동안 계속하여 거주하는 곳이지만, 그 장소와의 밀접도가 주소만 못한 곳을 말하며 공법상에 특별한 규정이 없으면 민법의 예에 의한다. 민법 제19조는 주소를 알 수 없으면 거소를 주소로 본다고 규정하고 있다.

03 공법상의 사무관리와 부당이득

1. 공법상의 사무관리

사무관리(事務管理)란 법률상의 의무 없이 타인을 위하여 그 사무를 관리하는 것을 말하며(민법 제734조), 공법상의 분야에서도 볼 수 있다. 공법상 사무관리에 대하여 특별규정이 없기에 민법규정을 준용하여 사무관리기관의 통지의무, 비용상환 등을 규율한다고 보는 것이 일반적이다.

행정주체가 행하는 경우	강제관리	국가의 특별감독 아래 있는 사업에 대한 감독권의 작용 (예 특허기업에 대한 강제관리)
	보호관리	수난구호・행려병사자관리와 같이 보호를 위하여 관리 (예 재해 시 상점의 물건 처분)
사인이 행하는 경우	역무제공	비상재해시 사인의 행정사무 대행(예 조난자의 구호조치)

판례

유조선에서 원유가 유출되는 사고가 발생하자 해상 방제업 등을 영위하는 을 주식회사가 피해 방지를 위해 해양경찰의 직접적인 지휘를 받아 방제작업을 보조한 사안에서, 을 회사는 국가의 사무를 처리한다는 의사로 방제작업을 한 것으로 볼 수 있으므로, 사무관리에 근거하여 국가에 방제비용을 청구할 수 있다(대판 2014.12.11. 2012다15602). [22 국가9급]

2. 공법상의 부당이득

(1) 개념

공법상의 부당이득(不當利得)이란 법률상의 원인 없이 타인의 재산 또는 노무로 인하여 이득을 얻고 이로 인하여 타인에게 손해를 끼치는 것을 말한다. 부당이득은 원래 사법상의 개념이나 공법분야에도 조세과오납・봉급과액수령・착오로 인한 사유지의 국・공유지 편입, 무자격자의 연금수령 등이 해당된다. 공법상 부당이득에 관한 일반법은 없으므로 특별한 규정이 없는 경우, 「민법」상 부당이득반환의 법리가 준용된다. [17 지방9급]

> 부당이득과 가장 거리가 먼 것은? [12 지방9급]
> ① 조세과오납
> ② 공무원의 봉급과액수령
> ③ 처분이 무효 또는 소급 취소된 경우의 무자격자의 기초생활 보장금의 수령
> ④ 자연재해시 빈 상점의 물건의 처분

개발부담금부과처분의 직권취소를 이유로 한 부당이득반환청구는 공법관계에 해당한다. (○, ×)
[18 서울9급, 17 국가7급(下)]

(2) 성질

사권설(判)	공법상 부당이득은 행정행위의 무효·취소가 확정됨으로써 비로소 발생하는 문제이기 때문에, 이미 법률상 원인문제는 없어졌다는 점에서 오직 경제적 이해조절만을 담당하는 제도로 볼 수 있으므로 사권이라는 견해이다.
공권설(通)	공법상 원인행위에 의하여 발생한 결과를 조정하기 위한 제도는 결국 공법상 원인의 탐구와 밀접한 관련이 있으므로 공권이라는 견해이다.
견해대립의 실익	사권설에 의할 경우 민사상의 부당이득반환청구로서 민사소송 절차에 의하지만, 공권설에 의할 경우에는 일반적으로 당사자소송에 의한다고 본다.

3. 행정주체의 부당이득

(1) 성립요건

공권력의 발동인 행정행위에 의해 발생한 경우에는 해당 행정행위가 무효이거나 취소·철회된 경우에 성립한다. 행정행위가 위법하더라도 취소되지 않는 한 공정력(公定力)이 인정되어 유효하게 존속하는 이상 법률상 원인 없는 이득이라고 할 수 없기 때문이다.

판례

1. 조세의 과오납이 부당이득이 되기 위하여는 과세처분의 하자가 중대하고 명백하여 당연무효이어야 하고, 과세처분의 하자가 단지 취소할 수 있는 정도에 불과할 때에는 과세관청이 이를 스스로 취소하거나 항고소송절차에 의하여 취소되지 않는 한 그로 인한 조세의 납부가 부당이득이 된다고 할 수 없다(대판 1994.11.11. 94다28000). [23 지방7급, 19 지방9급]
2. 토지의 일부 지분에 관한 대지권등기가 마쳐진 후 위 지분의 일부에 대하여 이루어진 소유권이전등기는 무효이고, 이를 과세대상인 증여로 보아 행해진 과세처분은 그 하자가 중대 명백하여 당연무효이므로, 이에 기하여 징수한 조세는 부당이득으로 반환하여야 한다(대판 2008.3.27. 2006다1633).
3. 국유재산의 무단점유자에 대한 변상금 부과는 공권력을 가진 우월적 지위에서 행하는 행정처분이고, 그 부과처분에 의한 변상금 징수권은 공법상의 권리인 반면, 민사상 부당이득반환청구권은 국유재산의 소유자로서 가지는 사법상의 채권이다. 또한 변상금은 부당이득 산정의 기초가 되는 대부료나 사용료의 120%에 상당하는 금액으로서 부당이득금과 액수가 다르고, 변상금 부과·징수의 요건과 민사상 부당이득반환청구권의 성립 요건이 일치하는 것도 아니다. 이처럼 구 국유재산법 제51조 제1항, 제4항, 제5항에 의한 변상금 부과·징수권은 민사상 부당이득반환청구권과 법적 성질을 달리하므로, 국가는 무단점유자를 상대로 변상금 부과·징수권의 행사와 별도로 국유재산의 소유자로서 민사상 부당이득반환청구의 소를 제기할 수 있다(대판 2014.7.16. 2011다76402 전원합의체). [17 국회8급]
4. 제3자가 체납자가 납부하여야 할 체납액을 체납자의 명의로 납부한 경우에는 원칙적으로 체납자의 조세채무에 대한 유효한 이행이 되고, 이로 인하여 국가의 조세채권은 만족을 얻어 소멸하므로, 국가가 체납액을 납부받은 것에 법률상 원인이 없다고 할 수 없고, 제3자는 국가에 대하여 부당이득반환을 청구할 수 없다(대판 2015.11.12. 2013다215263).

참고

일반적으로 조세부과처분이 당연무효임을 전제로 하여 이미 납부한 세금의 반환을 청구하는 것은 민사상의 부당이득반환청구로서 민사소송절차에 따라야 한다고 보는 것이 판례의 태도이나, 부가가치세 환급세액 지급청구는 당사자소송에 의해야 한다고 본다(대판 2013.3.21. 2011다95564 전원합의체).

국유재산의 무단점유와 관련하여 「국유재산법」에 의한 변상금 부과·징수가 가능한 경우에는 변상금 부과·징수의 방법에 의해서만 국유재산의 무단점유·사용으로 인한 이익을 환수할 수 있으며, 그와 별도로 민사소송의 방법으로 부당이득반환청구를 하는 것은 허용되지 않는다. (○, ×)
[18 국가7급, 16 서울7급]

제3자가 국세징수법에 따라 체납자의 명의로 체납액을 완납한 경우 국가에 대하여 부당이득반환을 청구할 수 있다. (○, ×) [16 서울7급]

(2) **반환청구권의 행사**

부당이득의 원인이 된 해당 행정행위가 당연무효이거나 취소된 것이 아닌 한 우선 취소소송 또는 무효 등 확인소송을 제기하고 그 후 혹은 이에 병합하여 부당이득반환청구소송이 제기되어야 한다. 조세부과처분이 무효인 경우 곧바로 부당이득반환청구소송을 제기할 수 있다.

무효인 조세부과처분에 기하여 납부한 세금의 반환을 구하는 것은 무효확인소송절차에 따라야만 한다. (○, ×) [16 서울7급]

04 사인의 공법행위

1. 의의

사인의 공법행위란 사인이 행하는 행위로서 공법적 효과를 발생시키는 모든 행위를 말한다. [14 서울9급] 공권력의 행사가 아니라는 점에서 행정행위와 구별되고, 공법적 효과를 목적으로 한다는 점에서 사인의 사법행위와도 구별된다. [10 국가7급] 또한 법적행위라는 점에서는 공법상 사실행위와도 구별된다. [14 서울7급]

사인의 공법행위도 공정력과 집행력을 갖는다. (○, ×) [10 국가7급]

2. 종류

(1) **자기완결적**(자체완성적) **공법행위**

사인의 공법행위만으로 법률효과를 완성시키는 행위를 의미하는 것으로, 출생신고, 사망신고, 소규모 건축에 있어 건축신고 등이 있다.

사인의 공법행위에는 사인의 행위만으로 공법적 효과를 가져오는 것과 국가나 지방자치단체의 행위의 전제요건이 되는 것으로 구분할 수 있다. (○, ×) [14 서울9급]

(2) **행위요건적 공법행위**

사인의 공법행위가 그 자체로서 법률효과를 완성하지 못하고 법률효과를 발생시키기 위한 하나의 요건에 불과한 공법행위를 말한다. 사인이 행정청에 대하여 일정한 행위를 청구하는 의사표시로 인·허가신청, 특허신청, 등록신청, 청원이나 행정심판청구 등이 있다.

3. 적용법규

사인의 공법행위를 규율하는 일반적·통칙적 규정은 없고 예외적으로 행정절차법이나 민원처리에 관한 법률에 일부규정을 두고 있다. 하지만 이러한 규정이 없는 경우에 민법의 법률행위에 관한 규정이 적용될 수 있는지가 문제된다.

현재 사인의 공법행위에 관한 전반적인 사항을 규율하는 일반법은 없다. (○, ×) [14 서울9급]

(1) **의사능력과 행위능력**

① 의사능력이 없는 경우

사인의 공법행위가 의사능력이 없는 경우에 규정은 없으나 무효로 보고 있다.

② 행위능력이 없는 경우

㉠ 민법규정이 적용되는지 여부

사인의 공법행위에는 민법의 행위능력 규정이 원칙적으로 적용된다. [16 서울9급] 다만 공법상 특별한 규정을 두어 민법상의 무능력에 관한 규정의 적용이 배제되는 경우가 많다.

참고

우편법 제10조는 '우편물의 발송, 수취나 그 밖에 우편 이용에 관하여 무능력자가 우편관서에 대하여 행한 행위는 능력자가 행한 것으로 본다.'고 규정하여 민법의 행위능력에 대한 예외를 규정하고 있다.

행위무능력자에 의한 사인의 공법행위도 유효한 것이라고 보는 개별법이 있다. (○, ×) [10 국가7급]

명문의 금지규정이 있거나 일신전속적인 행위는 대리가 허용될 수 없으나, 그렇지 않은 사인의 공법행위는 대리에 관한 민법규정이 유추적용 될 수 있다. (○, ×) [14 국가7급]

㉡ 행위능력에 관한 공법상의 특별규정

우편법상의 우편물 발송, 운전면허 신청(만 18세 이상이면 가능) 등은 미성년자가 단독으로 할 수 있다.

(2) **대리**

① 대리의 개념

대리란 대리인이 본인을 위하여 법률행위를 하고 그 법적 효과는 본인에게 귀속되는 것을 말한다.

② 행정법상의 대리

법규정(예 병역법에 의한 징병검사대리금지) 또는 행위의 성질상 즉 선거, 귀화신청, 수험 등의 일신전속적 행위는 대리가 허용되지 않는다. 그러나 개인적 자격과 직접 관계가 없는 행위는 일반적으로 대리가 허용되며(행정심판법 제18조), 민법규정이 유추적용될 수 있다.

(3) **행위의 형식**: 원칙적 서면주의

행정절차법은 행정청에 대해 처분을 구하는 신청은 원칙적으로 문서로 하도록 규정하고 있다.

(4) **효력발생시기**

사인의 공법행위는 다른 법에서 특별히 규정하고 있지 아니하는 한 민법상 도달주의의 원칙을 따른다. [23 지방9급] 예외적으로 국세기본법 제5조의2는 우편신고와 전자신고에 대해 발신주의를 취하고 있다.

(5) **민법상 의사표시 규정의 적용 문제**

① 민법규정이 적용되는 경우

민법상의 의사표시·의사표시의 하자(사기·강박, 착오에 의한 의사표시)는 민법규정을 유추적용하는 것이 통설의 입장이다. 다만 사인의 공법행위가 행정행위의 단순한 동기에 불과한 경우에는 그 하자는 행정행위의 효력에 아무런 영향을 미치지 않는다. [16 서울9급]

판례

사직서의 제출이 감사기관이나 상급관청 등의 강박에 의한 경우에는 그 정도가 의사결정의 자유를 박탈할 정도에 이른 것이라면 그 의사표시가 무효로 될 것이고 그렇지 않고 의사결정의 자유를 제한하는 정도에 그친 경우라면 그 성질에 반하지 아니하는 한 의사표시에 관한 민법 제110조의 규정을 준용하여 그 효력을 따져보아야 할 것이나, 공무원이 징계파면이 될 경우 불이익을 당하게 될 것 등 여러 사정을 고려하여 사직서를 제출한 경우라면 그 의사결정이 하자가 있었다고 볼 수 없다(대판 1997.12.12. 97누13962).

권고사직의 형식을 취하고 있더라도 사직의 권고가 공무원의 의사결정의 자유를 박탈할 정도의 강박에 해당하는 경우에는 당해 권고사직은 무효이다. (○, ×) [14 국가7급]

② 민법규정이 적용되지 않는 경우: 비진의 의사표시

비진의 의사표시는 사인의 공법행위에는 적용되지 않는다. 따라서 사인의 공법행위는 진의가 아니라도 표시된 대로 효력이 발생한다.

민법의 비진의 의사표시의 무효에 관한 규정은 그 성질상 영업재개신고나 사직의 의사표시와 같은 사인의 공법행위에는 적용되지 않는다. (○, ×) [22 지방7급, 15 지방7급]

판례

이른바 1980년의 공직자숙정계획의 일환으로 일괄사표의 제출과 선별수리의 형식으로 공무원에 대한 의원면직처분이 이루어진 경우, 사직원 제출행위가 강압에 의하여 의사결정의 자유를 박탈당한 상태에서 이루어진 것이라고 할 수 없고 민법상 비진의 의사표시의 무효에 관한 규정은 사인의 공법행위에 적용되지 않는다는 등의 이유로 그 의원면직처분을 당연무효라고 할 수 없다(대판 2001.8.24. 99두9971). [16 지방7급]

> 사인의 공법행위에 적용되는 일반 규정은 없으며, 특별한 규정이 없는 한 민법상 비진의 의사표시의 무효에 관한 규정은 사인의 공법행위에 적용된다. (○, ×) [21 지방7급, 16 서울9급]

(6) 부관

사인의 공법행위에는 부관을 붙일 수 없는 것이 원칙이다. 부관은 행정목적의 조기실현이나 행정법관계의 안정요청에 반하기 때문이다.

> 사인의 공법행위에는 원칙적으로 부관을 붙일 수 있다. (○, ×) [10 국가7급]

(7) 의사표시의 철회 · 보정

사인의 공법행위에 의하여 행정처분이 행해지거나 법적 효과가 완성되기 전까지는 일반적으로 자유로이 철회하거나 보정할 수 있다. [21 지방7급, 21 서울7급] 그러나 법률상 명문규정이 있거나, 그 성질상 불가능한 경우(예 선거, 수험 등)에는 철회가 인정되지 않는다.

판례

공무원이 한 사직의 의사표시의 철회나 취소는 그에 터잡은 의원면직처분이 있을 때까지 할 수 있는 것이고, [14 지방9급] 일단 면직처분이 있고 난 이후에는 철회나 취소할 여지가 없다(대판 2001.8.24. 99두9971). [17 국가9급(下), 16 서울9급]

> 공무원의 사직의 의사표시는 상대방에게 도달한 후에는 철회할 수 없다. (○, ×) [14 국가7급]

> 공무원이 한 사직의 의사표시는 그에 터잡은 의원면직처분이 있고 난 이후라도 철회나 취소할 수 있다. (○, ×) [23 국가7급, 23 지방9급]

05 신고

1. 신고의 의의

신고란 사인의 행정청에 대한 일정한 사실 · 관념의 통지로 인하여 공법적 효과가 발생하는 행위를 말한다. 법적 행위로서의 신고가 아닌 단순한 사실로서의 신고는 사인의 공법행위로서의 신고가 아니다.

2. 신고의 종류

(1) 자기완결적 신고와 행위요건적 신고

① 자기완결적 신고(수리를 요하지 않는 신고)

자기완결적 신고란 신고의 요건을 갖춘 적법한 신고만 하면 행정청에 제출되어 접수된 때에 관계법이 정하는 법적 효과가 발생하고, 행정청의 별도의 수리행위가 필요하지 아니한 신고를 말한다. 자기완결적 신고가 본래적 의미의 신고이며 건축법상의 신고, 가족관계의 등록 등에 관한 법률상의 출생신고, 체육시설의 설치 · 이용에 관한 법률상의 신고 등이 있다.

구 「체육시설의 설치 · 이용에 관한 법률」에 의한 골프장 이용료 변경신고서는 행정청에 제출하여 접수된 때에 신고가 있었다고 볼 것이고, 행정청의 수리행위가 있어야만 하는 것은 아니다. (○, ×) [15 경행특채, 14 국가9급]

판례

자기완결적 신고사례

1. 체육시설의 설치 · 이용에 관한 법률 제18조에 의한 변경신고서는 도지사에게 제출하여 접수된 때에 신고가 있었다고 볼 것이고, 도지사의 수리행위가 있어야만 신고가 있었다고 볼 것은 아니다(대결 1993.7.6. 93마635).
2. 구 건축법 제9조 제1항에 의하여 신고를 함으로써 건축허가를 받은 것으로 간주되는 경우에는 건축을 하고자 하는 자가 적법한 요건을 갖춘 신고만 하면 행정청의 수리행위 등 별다른 조치를 기다릴 필요 없이 건축을 할 수 있는 것이므로, [19 서울7급(上)] 행정청이 위 신고를 수리한 행위가 건축주는 물론이고 제3자인 인근 토지 소유자나 주민들의 구체적인 권리 의무에 직접 변동을 초래하는 행정처분이라 할 수 없다(대판 1999.10.22. 98두18435).

수리를 요하는 신고란 사인이 행정청에 대하여 일정한 사항을 통지하고 행정청이 이를 수리함으로써 법적효과가 발생하는 신고를 말하며 실정법상 등록으로 표현되는 경우가 있다. (○, ×) [11 국가9급]

② 행위요건적 신고(수리를 요하는 신고)

사인이 행정청에 대하여 일정한 내용을 통지하고 행정청이 이를 수리하여야 법적효과가 발생하는 신고로서 변형적 신고라고도 한다. 실정법에서는 등록이라고 표현하기도 한다. 신고가 행정청에 의해 수리되어야 신고의 대상이 되는 행위에 대한 금지가 해제되는 것으로 신고가 있어도 수리가 없으면 신고를 하지 않은 것으로 된다. 국토의 계획 및 이용에 관한 법률상의 개발행위 허가로 의제되는 건축신고, 건축주명의변경신고, 허가 등의 지위승계신고 [19 서울9급], 수산업법상 어업의 신고(수산업법상 수산업제조신고는 자기완결적 신고임) 등이 있다. [22 지방7급, 19 서울9급(上)]

참고

[인 · 허가의제 효과를 수반하는 건축신고의 경우] 신고로 다른 법령상의 인 · 허가가 의제되는 경우에는 수리기관이 의제되는 인 · 허가의 실질적인 요건을 심사하여야 하므로 당해 신고는 수리를 요하는 신고로 된다는 것이 판례의 입장이다.

「식품위생법」에 의해 영업양도에 따른 지위승계신고를 수리하는 행정청의 행위는 단순히 양수인이 그 영업을 승계하였다는 사실의 신고를 접수한 행위에 그친다. (○, ×) [17 복지9급]

사실상 영업이 양도 · 양수되었지만 승계신고 및 수리처분이 있기 전에 양도인이 허락한 양수인의 영업 중 발생한 위반행위에 대한 행정적 책임은 양수인에게 귀속된다. (○, ×) [22 지방9급]

판례는 건축대장상의 건축주 명의변경에 대한 신고의 수리거부행위에 대하여 처분성을 인정한다. (○, ×) [15 경행특채, 13 국회8급]

판례

행위요건적 신고 사례

1. 식품위생법 제25조 제3항에 의한 영업양도에 따른 지위승계신고를 수리하는 허가관청의 행위는 단순히 양도 · 양수인 사이에 이미 발생한 사법상 사업양도의 법률효과에 의하여 양수인이 그 영업을 승계하였다는 사실의 신고를 접수하는 행위에 그치는 것이 아니라, 영업허가자의 변경이라는 법률효과를 발생시키는 행위라고 할 것이다. [21 지방7급, 19 지방9급] 사실상 영업이 양도 · 양수되었지만 아직 승계신고 및 그 수리처분이 있기 이전에는 여전히 종전의 영업자인 양도인이 영업허가자이고, 양수인은 영업허가자가 되지 못한다 할 것이고, 한편 양도인이 그의 의사에 따라 양수인에게 영업을 양도하면서 양수인으로 하여금 영업을 하도록 허락하였다면 그 양수인의 영업 중 발생한 위반행위에 대한 행정적인 책임은 영업허가자인 양도인에게 귀속된다고 보아야 할 것이다(대판 1995.2.24. 94누9146).
2. 건축주 명의변경신고 수리거부행위는 신고를 수리하여야 할 법령상의 의무를 지고 있음에도 불구하고 그 신고의 수리를 거부함으로써, 양수인의 권리의무에 직접 영향을 미치는 것으로서 취소소송의 대상이 되는 처분이다(대판 1992.3.31. 91누4911). [19 지방9급]
3. 체육시설의 설치 · 이용에 관한 법률 시행령 규정에 의하면, 체육시설의 회원을 모집하고자 하는 자는 시 · 도지사 등으로부터 회원모집계획서에 대한 검토결과 통보를 받은 후에 회원을 모집할 수 있다고 보아야 하고, 따라서 체육시설의 회원을 모집하고자 하는 자의 시 · 도지사 등에 대한 회원모집계획서 제출은 수리를 요하는 신고에서의 신고에 해당하며, 시 · 도지사 등의 검토결과 통보는 수리행위로서 행정처분에 해당한다(대판 2009.2.26. 2006두16243). [20 국가7급, 12 경행특채]

자기완결적 신고	행위요건적 신고
① 건축신고 ② 체육시설의 설치·이용에 관한 법률에 의한 변경신고(골프연습장 이용료 변경신고) ③ 행정절차법상 신고	① 개발행위허가로 의제되는 건축신고 ② 건축주 명의변경신고 ③ 영업양도에 따른 지위승계신고 ④ 체육시설의 회원모집계획서 신고 ⑤ 유료노인복지주택의 설치신고 ⑥ 주민등록 전입신고 ⑦ 납골당 설치신고

(2) 행정절차법상 신고의 법적 성질

행정절차법 제40조의 신고절차가 적용되는 신고는 자기완결적 신고이다.

3. 신고의 요건

(1) 자기완결적 신고

자기완결적 신고가 효력을 발생하기 위해서는 행정절차법 제40조 제2항의 요건을 갖추어야 한다. 자기완결적 신고의 요건에 대한 심사는 원칙적으로 형식적 요건에 한하여 인정된다.

판례

건축법상 용도변경 신고에 대하여 행정청은 그 신고가 소정의 형식적 요건을 갖추어 적법하게 제출되었는지 여부만 심사하여 수리할 뿐 실질적인 심사를 하는 것이 아니므로 용도변경 신고내용대로 용도변경을 하였다고 하더라도 그 신고내용에 건축 관련 법규를 위반하는 내용이 포함되어 있었다면, 그 신고를 수리한 행정관청으로서는 사용승인을 거부할 수 있다(대판 2006.1.26. 2005두12565).

(2) 수리를 요하는 신고

수리를 요하는 신고의 경우에는 형식적 요건 외에 실질적 요건을 신고의 요건으로 요구하는 경우도 있다.

참고

행정절차법 제40조 【신고】 ① 법령등에서 행정청에 일정한 사항을 통지함으로써 의무가 끝나는 신고를 규정하고 있는 경우 신고를 관장하는 행정청은 신고에 필요한 구비서류, 접수기관, 그 밖에 법령 등에 따른 신고에 필요한 사항을 게시(인터넷 등을 통한 게시를 포함한다)하거나 이에 대한 편람을 갖추어 두고 누구나 열람할 수 있도록 하여야 한다.
② 제1항에 따른 신고가 다음 각 호의 요건을 갖춘 경우에는 신고서가 접수기관에 도달된 때에 신고 의무가 이행된 것으로 본다.
1. 신고서의 기재사항에 흠이 없을 것
2. 필요한 구비서류가 첨부되어 있을 것
3. 그 밖에 법령 등에 규정된 형식상의 요건에 적합할 것

- 행정절차법은 수리를 요하는 신고와 수리를 요하지 않는 신고를 구분하여 별도로 규정하고 있다. (○, ×) [15 교행, 11 지방9급]
- 신고는 사인이 행하는 공법행위로 행정기관의 행위가 아니므로 「행정절차법」에는 신고에 관한 규정을 두고 있지 않다. (○, ×) [18 국가9급]
- 행정절차법상 신고 요건으로는 신고서의 기재사항에 흠이 없고 필요한 구비서류가 첨부되어 있어야 하며, 신고의 기재사항은 그 진실함이 입증되어야 한다. (○, ×) [14 국가9급]
- 수리를 요하는 신고의 경우 행정청은 형식적 심사를 하는 것으로 족하다. (○, ×) [13 국가7급]

유료노인복지주택의 설치신고를 받은 행정관청은 그 유료노인복지주택의 시설 및 운용기준이 법령에 부합하는지와 설치신고 당시 부적격자들이 입소하고 있는지 여부를 심사할 수 있다. (○, ×) [14 국가9급]

주민등록의 신고는 행정청이 수리한 경우에 효력이 발생하는 것이 아니라, 행정청에 도달하기만 하면 신고로서의 효력이 발생한다. (○, ×) [15 지방7급]

주민등록전입신고의 수리 여부와 관련하여서는, 전입신고자가 거주의 목적 외에 다른 이해관계에 관한 의도를 가지고 있었는지 여부, 무허가건축물의 관리, 전입신고를 수리함으로써 당해 지방자치단체에 미치는 영향 등도 고려하여야 한다. (○, ×) [17 지방7급, 13 국가7급]

주민등록전입신고는 수리를 요하는 신고에 해당하지만, 이를 수리하는 행정청은 거주의 목적에 대한 판단 이외에 부동산 투기 목적 등의 공익상의 이유를 들어 주민등록전입신고의 수리를 거부할 수는 없다. (○, ×) [16 국가9급]

「건축법」에 의한 인·허가의제 효과를 수반하는 건축신고는 건축을 하고자 하는 자가 적법한 요건을 갖춘 신고만 하면 건축을 할 수 있고, 행정청의 수리 등 별단의 조처를 기다릴 필요가 없다. (○, ×) [21 지방9급, 20 국가9급]

국토의 계획 및 이용에 관한 법률상의 개발행위허가로 의제되는 건축신고가 동법상의 개발행위허가기준을 갖추지 못한 경우 행정청으로서는 이를 이유로 그 수리를 거부할 수 있다. (○, ×) [15 경행특채, 14 지방9급]

자기완결적 신고를 규정한 법률상의 요건 외에 타법상의 요건도 충족하여야 하는 경우, 타법상의 요건을 충족시키지 못하는 한 적법한 신고를 할 수 없다. (○, ×) [15 지방9급]

식품접객업 영업신고와 관련해서는 「식품위생법」이 「건축법」에 우선 적용되므로, 영업신고가 「식품위생법」상의 신고요건을 갖춘 경우라면 그 영업신고를 한 해당 건축물이 무허가 건축물이라도 적법한 신고에 해당된다. (○, ×) [16 국가9급, 15 국회8급]

판례

1. 유료노인복지주택의 설치신고를 받은 행정관청으로서는 그 유료노인복지주택의 시설 및 운영기준이 위 법령에 부합하는지와 아울러 그 유료노인복지주택이 적법한 입소대상자에게 분양되었는지와 설치신고 당시 부적격자들이 입소하고 있지는 않은지 여부까지 심사하여 그 신고의 수리 여부를 결정할 수 있다(대판 2007.1.11. 2006두14537).
2. 주민들의 거주지 이동에 따른 주민등록전입신고에 대하여 행정청이 이를 심사하여 그 수리를 거부할 수는 있다고 하더라도, [17 지방9급, 15 교행] 시장 등의 주민등록전입신고 수리 여부에 대한 심사는 주민등록법의 입법 목적의 범위 내에서 제한적으로 이루어져야 할 것이다. 전입신고를 받은 시장 등의 심사 대상은 전입신고자가 30일 이상 생활의 근거로서 거주할 목적으로 거주지를 옮기는지 여부만으로 제한된다. [23 지방9급] 따라서 전입신고자가 거주의 목적 이외에 다른 이해관계에 관한 의도를 가지고 있는지 여부, 무허가건축물의 관리, 전입신고를 수리함으로써 당해 지방자치단체에 미치는 영향 등과 같은 사유는 주민등록법이 아닌 다른 법률에 의하여 규율되어야 할 것이고, 주민등록전입신고의 수리 여부를 심사하는 단계에서는 고려 대상이 될 수 없다. 주민등록의 대상이 되는 실질적 의미에서의 거주지인지 여부를 심사하기 위하여 주민등록법의 입법 목적과 주민등록의 법률상 효과 이외에 지방자치법 및 지방자치의 이념까지도 고려하여야 한다고 판시하였던 대법원 2002.7.9. 선고 2002두1748 판결은 이 판결의 견해에 배치되는 범위 내에서 변경하기로 한다. 무허가 건축물을 실제 생활의 근거지로 삼아 10년 이상 거주해 온 사람의 주민등록 전입신고를 거부한 사안에서, 부동산투기나 이주대책 요구 등을 방지할 목적으로 주민등록전입신고를 거부하는 것은 주민등록법의 입법 목적과 취지 등에 비추어 허용될 수 없다(대판 2009.6.18. 2008두10997 전원합의체). [19 지방9급]
3. 인·허가의제 효과를 수반하는 건축신고는 일반적인 건축신고와는 달리, 특별한 사정이 없는 한 행정청이 그 실체적 요건에 관한 심사를 한 후 수리하여야 하는 이른바 '수리를 요하는 신고'로 보는 것이 옳다. [23 국가7급, 22 지방7급] 국토의 계획 및 이용에 관한 법률상의 개발행위허가로 의제되는 건축신고가 개발행위허가의 기준을 갖추지 못한 경우, 행정청은 수리를 거부할 수 있다(대판 2011.1.20. 2010두14954 전원합의체).
4. 유통산업발전법상 대규모점포의 개설 등록은 이른바 '수리를 요하는 신고'로서 행정처분에 해당한다(대판 2015.11.19. 2015두295 전원합의체). [23 국가7급, 19 지방7급]

(3) 복수의 법률이 적용되는 경우

판례는 신고를 규정한 법률상의 요건 외에 타법상의 요건도 충족되어야 하는 경우 타법이 요구하는 요건을 갖추지 못하면 적법한 신고를 할 수 없다고 본다.

판례

식품위생법과 건축법은 그 입법 목적, 규정사항, 적용범위 등을 서로 달리하고 있어 식품접객업에 관하여 식품위생법이 건축법에 우선하여 배타적으로 적용되는 관계에 있다고는 해석되지 않는다. 그러므로 식품위생법에 따른 식품접객업(일반음식점영업)의 영업신고의 요건을 갖춘 자라고 하더라도, 그 영업신고를 한 당해 건축물이 건축법 소정의 허가를 받지 아니한 무허가 건물이라면 적법한 신고를 할 수 없다(대판 2009.4.23. 2008도6829). [24 국가9급, 20 지방9급]

4. 신고의 효과

(1) 적법한 신고의 효과

① 자기완결적 신고

㉠ 효력이 발생하는 시점

적법한 자기완결적 신고가 있는 경우에는 신고의무를 이행한 것이 되어 행정청의 수리 여부와 관계없이 신고서가 접수기관에 도달한 때에 신고의무가 이행된 것으로 본다. 따라서 신고의 요건을 갖추고 있다면 행정청이 수리를 거부하여도 신고의 법적 효력은 발생한다.

> 법령 등에서 행정청에 일정한 사항을 통지함으로써 의무가 끝나는 신고를 규정하고 있는 경우 신고가 본법 제40조 제2항 각 호의 요건을 갖춘 경우에는 신고서가 접수기관에 발송된 때에 신고 의무가 이행된 것으로 본다. (○, ×) [20 지방7급, 17 국가9급]

판례

1. 당구장업과 같은 신고체육시설업을 하고자 하는 자가 체육시설업의 종류별로 같은 법 시행규칙이 정하는 해당 시설을 갖추어 소정의 양식에 따라 신고서를 제출한 경우에는 행정청의 수리처분 등 별단의 조처를 기다릴 필요 없이 그 접수시에 신고로서의 효력이 발생하는 것이므로 그 수리가 거부되었다고 하여 무신고 영업이 되는 것은 아니다(대판 1998.4.24. 97도3121).
2. 수산제조업을 하고자 하는 사람이 형식적 요건을 모두 갖춘 수산제조업 신고서를 제출한 경우에는 담당 공무원이 관계 법령에 규정되지 아니한 사유를 들어 그 신고를 수리하지 아니하고 반려하였다고 하더라도 그 신고서가 제출된 때에 신고가 있었다고 볼 것이나, 담당 공무원이 관계 법령에 규정되지 아니한 서류를 요구하여 신고서를 제출하지 못하였다는 사정만으로는 신고가 있었던 것으로 볼 수 없다(대판 2002.3.12. 2000다73612).

> 수리를 요하지 않는 신고의 경우, 담당공무원이 법령에 규정되지 아니한 사유를 들어 신고를 반려하였다면 신고의 효력발생시기는 담당공무원이 반려의 의사를 표시한 때이다. (○, ×) [15 경행특채]

> 수산제조업 신고에 있어서 담당 공무원이 관계법령에 규정되지 아니한 서류를 요구하여 신고서를 제출하지 못하였다는 사정만으로는 신고가 있었던 것으로 볼 수 없다. (○, ×) [15 국회8급]

㉡ 신고필증의 의미

자기완결적 신고에서 신고필증의 교부는 확인행위로서의 의미만 가지며 아무런 법적 효과가 발생하지 않는다.

② 수리를 요하는 신고

> **행정기본법 제34조 【수리 여부에 따른 신고의 효력】** 법령등으로 정하는 바에 따라 행정청에 일정한 사항을 통지하여야 하는 신고로서 법률에 신고의 수리가 필요하다고 명시되어 있는 경우(행정기관의 내부 업무 처리 절차로서 수리를 규정한 경우는 제외한다)에는 행정청이 수리하여야 효력이 발생한다.

㉠ 효력이 발생하는 시점

행위요건적 신고는 신고만으로는 아무런 효과가 발생하지 않는다. 수리를 요하는 신고는 도달로 효력이 발생하는 것이 아니라 수리행위에 의해 효력이 발생한다. 따라서 수리가 거부되면 신고의 법적 효력은 발생하지 않고 신고 대상행위를 할 수 없다. 다만 수리를 요하는 신고는 원칙적으로 기속행위이므로 적법한 요건을 갖춘 신고이면 행정청은 원칙적으로 신고를 수리할 의무가 있다.

> 영업자지위승계신고의 경우 법령상 신고요건을 갖춘 적법한 신고가 있었다면, 관할 행정청의 수리 여부와 관계없이 영업양도는 효력을 발생한다. (○, ×) [15 국가7급]

㉡ 신고필증의 의미

수리를 요하는 신고에서 신고필증의 교부는 적법한 신고에 대한 수리가 있었다는 증명의 효력이 있으나 신고필증의 교부에 의하여 새로운 일정한 행위를 할 수 있는 법적 효과를 발생시키는 것은 아니다. 신고필증의 교부가 필수적인 것은 아니다. [21 지방7급]

> 수리를 요하는 신고의 경우, 수리행위에 신고필증의 교부가 필수적이므로 신고필증 교부의 거부는 「행정소송법」상 처분으로 볼 수 있다. (○, ×) [17 국가9급(下)]

주민등록의 신고는 행정청에 도달하기만 하면 신고로서의 효력이 발생한다. (○, ×) [21 지방9급, 15 교행]

납골당설치 신고가 구 장사법 관련 규정의 모든 요건에 맞는 신고라 하더라도 신고인은 곧바로 납골당을 설치할 수는 없고, 이에 대한 행정청의 수리처분이 있어야만 신고한 대로 납골당을 설치할 수 있다. (○, ×) [19 서울9급(上), 15 경행특채]

수리란 신고를 유효한 것으로 판단하고 법령에 의하여 처리할 의사로 이를 수령하는 적극적 행위이므로 수리행위에는 신고필증의 교부와 같은 행정청의 행위가 수반되어야 한다. (○, ×) [19 서울9급(上)]

수리를 요하지 않는 신고의 경우 신고의 적법 여부나 수리 여부와는 관계없이 신고서가 접수기관에 도달하면 신고의무가 이행된 것으로 본다. (○, ×) [13 국회8급]

사업양도·양수계약이 무효이더라도 이에 대한 신고의 수리가 있게 되면 사업양도의 효과가 발생한다. (○, ×) [17 지방7급, 15 국가7급]

장기요양기관의 폐업신고 자체가 효력이 없음에도 행정청이 이를 수리한 경우, 그 수리행위가 당연무효로 되는 것은 아니다. (○, ×) [20 국가7급]

판례

1. 주민등록의 신고는 행정청에 도달하기만 하면 신고로서의 효력이 발생하는 것이 아니라 행정청이 수리한 경우에 비로소 신고의 효력이 발생한다(대판 2009.1.30. 2006다17850). [21 국가7급, 20 국가9급]
2. 납골당설치신고는 이른바 '수리를 요하는 신고'라 할 것이므로, 납골당설치신고가 구 장사법 관련 규정의 모든 요건에 맞는 신고라 하더라도 신고인은 곧바로 납골당을 설치할 수는 없고, 이에 대한 행정청의 수리처분이 있어야만 신고한 대로 납골당을 설치할 수 있다. 한편 수리란 신고를 유효한 것으로 판단하고 법령에 의하여 처리할 의사로 이를 수령하는 수동적 행위이므로 수리행위에 신고필증 교부 등 행위가 꼭 필요한 것은 아니다(대판 2011.09.08. 2009두6766).

(2) 부적법한 신고의 효과

① 자기완결적 신고

㉠ 보완요구

행정청은 요건을 갖추지 못한 신고서가 제출된 경우에는 지체 없이 상당한 기간을 정하여 신고인에게 보완을 요구하여야 하고, [17 국가9급(下)] 신고인이 보완기간 내에 보완을 하지 아니하였을 때에는 그 이유를 구체적으로 밝혀 해당 신고서를 되돌려 보내야 한다(행정절차법 제40조 제3항, 제4항).

㉡ 부적법한 자기완결적 신고가 수리된 경우

자기완결적 신고라도 부적법한 신고라면 행정청이 이를 수리한 경우에도 신고의 법적 효과는 발생하지 않는다. 따라서 부적법한 신고를 하고 영업을 하는 경우 무신고영업에 해당되어 불법영업이 된다.

② 행위요건적 신고

㉠ 보완요구

행위요건적 신고의 경우 보완요구에 대한 명문의 규정은 없으나 행정절차법 제40조가 적용되어야 한다.

㉡ 부적법한 수리를 요하는 신고가 수리된 경우

부적법한 신고를 행정청이 수리하였다면 이 수리행위는 위법한 수리행위가 된다.

판례

1. 사업양도·양수에 따른 허가관청의 지위승계신고의 수리는 적법한 사업의 양도·양수가 있었음을 전제로 하는 것이므로 그 수리대상인 사업양도·양수가 존재하지 아니하거나 무효인 때에는 수리를 하였다 하더라도 그 수리는 유효한 대상이 없는 것으로서 당연히 무효라고 할 것이고, 사업의 양도행위가 무효라고 주장하는 양도자는 민사쟁송으로 양도·양수행위의 무효를 구함이 없이 막바로 허가관청을 상대로 하여 행정소송으로 위 신고수리처분의 무효확인을 구할 법률상 이익이 있다(대판 2005.12.23. 2005두3554). [22 지방9급, 19 서울9급]
2. 장기요양기관의 폐업신고와 노인의료복지시설의 폐지신고는, 행정청이 관계 법령이 규정한 요건에 맞는지를 심사한 후 수리하는 이른바 '수리를 필요로 하는 신고'에 해당한다. 그러나 행정청이 그 신고를 수리하였다고 하더라도, 신고서 위조 등의 사유가 있어 신고행위 자체가 효력이 없다면, 그 수리행위는 유효한 대상이 없는 것으로서, 수리행위 자체에 중대·명백한 하자가 있는지를 따질 것도 없이 당연히 무효이다(대판 2018.6.12. 2018두33593).

5. 수리 또는 수리거부의 처분성

(1) 자기완결적 신고의 경우

① 원칙

자기완결적 신고의 경우에는 신고 자체로 법적 효과가 발생하기 때문에 이에 대한 거부에 대해 처분성이 인정되지 않는다. 대법원도 자기완결적 신고의 경우에는 수리거부에 대해 처분성을 인정하지 않는 것이 기본적 입장이다.

② 예외: 건축신고의 경우

판례

1. 행정청은 건축신고 없이 건축이 개시될 경우 건축주 등에 대하여 공사 중지·철거·사용금지 등의 시정명령을 할 수 있고, 행정청은 그 시정명령의 이행을 하지 아니한 건축주 등에 대하여는 이행강제금을 부과할 수 있으며, 또한 건축신고를 하지 아니한 자는 200만원 이하의 벌금에 처해질 수 있다. 건축주 등으로서는 건축신고가 반려될 경우 당해 건축물의 건축을 개시하면 시정명령, 이행강제금, 벌금의 대상이 되거나 당해 건축물을 사용하여 행할 행위의 허가가 거부될 우려가 있어 불안정한 지위에 놓이게 된다. 따라서 건축신고 반려행위가 이루어진 단계에서 당사자로 하여금 반려행위의 적법성을 다투어 그 법적 불안을 해소한 다음 건축행위에 나아가도록 함으로써 장차 있을지도 모르는 위험에서 미리 벗어날 수 있도록 길을 열어 주고, 위법한 건축물의 양산과 그 철거를 둘러싼 분쟁을 조기에 근본적으로 해결할 수 있게 하는 것이 법치행정의 원리에 부합한다. 그러므로 건축신고 반려행위는 항고소송의 대상이 된다고 보는 것이 옳다. **[19 지방9급, 19 서울9급]** 이와 달리, 건축신고의 반려행위 또는 수리거부행위가 항고소송의 대상이 아니어서 그 취소를 구하는 소는 부적법하다는 취지로 판시한 대법원 판결들은 이 판결의 견해와 저촉되는 범위에서 이를 모두 변경하기로 한다(대판 2010.11.18. 2008두167 전원합의체).
2. 건축주 등으로서는 착공신고가 반려될 경우, 당해 건축물의 착공을 개시하면 시정명령, 이행강제금, 벌금의 대상이 되거나 당해 건축물을 사용하여 행할 행위의 허가가 거부될 우려가 있어 불안정한 지위에 놓이게 된다. 따라서 착공신고 반려행위는 항고소송의 대상이 된다(대판 2011.6.10. 2010두7321).
3. 신고대상인 건축물의 건축행위를 하고자 할 경우는 그 관계 법령에 정해진 적법한 요건을 갖춘 신고만을 하면 그와 같은 건축행위를 할 수 있고, 행정청의 수리처분 등 별단의 조처를 기다릴 필요가 없다고 할 것이며, 또한 이와 같은 신고를 받은 행정청으로서는 구비서류 등이 갖추어져 있는지 여부 등을 심사하여 그것이 법규정에 부합하는 이상 이를 수리하여야 하고, 같은 법 규정에 정하지 아니한 사유를 심사하여 이를 이유로 신고수리를 거부할 수는 없다(대판 1999.4.27. 97누6780).

(2) 행위요건적 신고

행위요건적 신고의 경우에는 수리를 해야 법적 효과가 발생하므로 수리나 수리거부에 대해 처분성이 인정된다. 따라서 수리거부에 대해서는 의무이행심판이나 항고소송으로 다툴 수 있다. **[19 지방9급, 14 국가9급]**

- 다른 법령에 의한 인허가가 의제되지 않는 일반적인 건축신고는 자기완결적 신고이므로 이에 대한 수리거부행위는 항고소송의 대상이 되는 처분이 아니다. (○, ×) [20 지방9급, 19 서울7급(上)]
- 「건축법」 제14조 제2항에 의한 인·허가의제 효과를 수반하는 건축신고에 대한 수리거부는 처분성이 인정되나, 동 규정에 의한 인·허가의제 효과를 수반하지 않는 건축신고에 대한 수리거부는 처분성이 부정된다. (○, ×) [19 국가9급]
- 건축법상의 착공신고의 경우에는 신고 그 자체로서 법적 절차가 완료되어 행정청의 처분이 개입될 여지가 없으므로, 행정청의 착공신고 반려행위는 항고소송의 대상인 처분에 해당하지 않는다. (○, ×) [20 국가9급, 17 지방9급]
- 자기완결적 신고에 있어 적법한 신고가 있는 경우, 행정청은 법 규정에 정하지 아니한 사유를 심사하여 이를 이유로 신고수리를 거부할 수 있다. (○, ×) [18 지방7급]

판례

1. 체육시설의 회원을 모집하고자 하는 자의 시·도지사 등에 대한 회원모집계획서 제출은 수리를 요하는 신고에 해당하며, 시·도지사 등의 검토결과 통보는 수리행위로서 행정처분에 해당한다(대판 2009.2.26. 2006두16243).
2. 정보통신매체를 이용하여 불특정 다수인에게 학습비를 받고 실시하는 경우에는 이를 신고하여야 하나, 행정청으로서는 신고서 기재사항에 흠결이 없고 정해진 서류가 구비된 때에는 이를 수리하여야 하고, 이러한 형식적 요건을 모두 갖추었음에도 신고대상이 된 교육이나 학습이 공익적 기준에 적합하지 않는다는 등 실체적 사유를 들어 신고 수리를 거부할 수는 없다(대판 2011.7.28. 2005두11784).
3. 숙박업을 하고자 하는 자가 법령이 정하는 시설과 설비를 갖추고 행정청에 신고를 하면, 행정청은 공중위생관리법령의 위 규정에 따라 원칙적으로 이를 수리하여야 한다. 행정청이 법령이 정한 요건 이외의 사유를 들어 수리를 거부하는 것은 위 법령의 목적에 비추어 이를 거부해야 할 중대한 공익상의 필요가 있다는 등 특별한 사정이 있는 경우에 한한다. 기존에 다른 사람이 숙박업 신고를 한 적이 있더라도 새로 숙박업을 하려는 자가 그 시설 등의 소유권 등 정당한 사용권한을 취득하여 법령에서 정한 요건을 갖추어 신고하였다면, 행정청으로서는 특별한 사정이 없는 한 이를 수리하여야 하고, 단지 해당 시설 등에 관한 기존의 숙박업 신고가 외관상 남아있다는 이유만으로 이를 거부할 수 없다(대판 2017.5.30. 2017두34087).
4. 정신과의원을 개설하려는 자가 법령에 규정되어 있는 요건을 갖추어 개설신고를 한 때에, 행정청은 법령에서 정한 요건 이외의 사유를 들어 의원급 의료기관 개설신고의 수리를 거부할 수는 없다(대판 2018.10.25. 2018두44302).
5. 행정청으로서는 법령에서 요구하고 있지도 아니한 '대지사용승낙서' 등의 서류가 제출되지 아니하였거나, 대지소유권자의 사용승낙이 없다는 등의 사유를 들어 가설건축물 존치기간 연장신고의 수리를 거부하여서는 아니 된다(대판 2018.1.25. 2015두35116). [19 지방7급]

정보통신매체를 이용하여 원격평생교육을 불특정 다수인에게 학습비를 받고 실시하기 위해 인터넷 침·뜸학습센터를 평생교육시설로 신고한 경우, 관할 행정청은 신고서 기재사항에 흠결이 없고 형식적 요건을 모두 갖추었더라도 신고대상이 된 교육이나 학습이 공익적 기준에 적합하지 않는다는 등의 실체적 사유를 들어 신고수리를 거부할 수 있다. (○, ×) [21 지방9급, 16 지방9급]

숙박업을 하고자 하는 자가 법령이 정하는 시설과 설비를 갖추고 행정청에 신고를 하면 행정청은 공중위생관리법령의 규정에 따라 원칙적으로 이를 수리하여야 하므로, 새로 숙박업을 하려는 자가 기존에 다른 사람이 숙박업 신고를 한 적이 있는 시설 등의 소유권 등 정당한 사용권한을 취득하여 법령에서 정한 요건을 갖추어 신고하였다면, 행정청으로서는 특별한 사정이 없는 한 이를 수리하여야 하고, 기존의 숙박업 신고가 외관상 남아있다는 이유로 이를 거부할 수 없다. (○, ×) [18 국가9급]

의료법에 따라 정신과의원을 개설하려는 자가 법령에 규정되어 있는 요건을 갖추어 개설신고를 한 경우라도 관할 시장·군수·구청장은 법령에서 정한 요건 이외의 사유를 들어 의원급 의료기관 개설신고의 수리를 거부할 수 있다. (○, ×) [19 지방7급]

06 신청

1. 신청의 의의

신청이란 사인이 행정청에 대하여 일정한 조치를 요구하는 의사표시를 말한다(여권발급신청 등). 신청은 주로 수익적 행정행위나 제3자에 대한 행정발동 청구시에 이용된다.

2. 신청의 요건

법규상·조리상 신청권이 있어야 한다. 신청권은 행정청의 응답을 요구하는 권리이며, 신청된 대로의 처분을 구하는 권리는 아니다. 법령상 요구되는 구비서류 등의 요건을 갖추어야 한다. 신고나 신청은 모두 원칙적으로 문서로 하여야 하며, 기재사항에 하자가 없어야 하는 등의 형식적 요건을 갖추어야 한다(행정절차법 제17조 제1항).

3. 신청의 효과

(1) 접수의무

행정청은 신청이 있는 때에는 다른 법령 등에 특별한 규정이 있는 경우를 제외하고는 그 접수를 보류 또는 거부하거나 부당하게 되돌려 보내서는 아니 된다(행정절차법 제17조 제4항).

(2) 응답의무

행정청은 상당한 기간 내에 적법한 신청에 대한 응답의무를 진다. 응답의무는 신청된 내용대로 처분할 의무와는 다르다. 신청이 있는 경우 행정청은 이를 접수한 후 일정한 요건을 충족하고 있는지를 심사하여 인용 또는 거부의 처분을 한다.

4. 신청과 권리구제

신청에 대한 거부처분이 있는 경우에는 의무이행심판이나 거부처분취소소송을, 부작위의 경우에는 의무이행심판 또는 부작위위법확인소송을 제기할 수 있다. 신청의 거부로 인하여 손해가 발생한 경우에는 국가배상법에 의한 손해배상청구를 통해 권리를 구제받을 수 있다.

판례

1. 건축불허가처분을 하면서 그 사유의 하나로 소방시설과 관련된 소방서장의 건축부동의 의견을 들고 있으나 그 보완이 가능한 경우, 보완을 요구하지 아니한 채 곧바로 건축허가 신청을 거부한 것은 재량권의 범위를 벗어난 것이다(대판 2004.10.15. 2003두6573).
2. 행정절차법 제17조 제5항은 신청인이 신청할 때 관계 법령에서 필수적으로 첨부하여 제출하도록 규정한 서류를 첨부하지 않은 경우와 같이 쉽게 보완이 가능한 사항을 누락하는 등의 흠이 있을 때 행정청이 곧바로 거부처분을 하는 것보다는 신청인에게 보완할 기회를 주도록 함으로써 행정의 공정성·투명성 및 신뢰성을 확보하고 국민의 권익을 보호하려는 행정절차법의 입법목적을 달성하고자 함이지, 행정청으로 하여금 신청에 대하여 거부처분을 하기 전에 반드시 신청인에게 신청의 내용이나 처분의 실체적 발급요건에 관한 사항까지 보완할 기회를 부여하여야 할 의무를 정한 것은 아니라고 보아야 한다(대판 2020.7.23. 2020두36007).
3. 보완의 대상이 되는 흠은 보완이 가능한 경우이어야 함은 물론이고, 그 내용 또한 형식적·절차적인 요건이거나, 실질적인 요건에 관한 흠이 있는 경우라도 그것이 민원인의 단순한 착오나 일시적인 사정 등에 기한 경우 등이라야 한다(대판 2004.10.15. 2003두6573).

5. 거부처분과 행정절차법 제21조의 적용문제

신청에 대한 거부처분에 행정절차법 제21조가 적용되는지 문제되나, 판례는 적용되지 않는다고 한다. 신청에 대한 거부처분은 직접 당사자의 권익을 제한하는 것은 아니므로 사전통지의 대상이 아니다.

「행정절차법」 제17조는 행정청으로 하여금 신청에 대하여 거부처분을 하기 전에 신청인에게 신청의 내용이나 처분의 실체적 발급요건에 관한 사항을 보완할 기회를 부여하여야 할 의무를 정하고 있다. (○, ×) [21 서울7급]

행정청은 사인의 신청에 구비서류의 미비와 같은 흠이 있는 경우 신청인에게 보완을 요구하여야 하는 바, 이때 보완의 대상이 되는 흠은 원칙상 형식적·절차적 요건뿐만 아니라 실체적 발급요건상의 흠을 포함한다. (○, ×) [22 지방7급]

행정청은 신청에 구비서류의 미비 등 흠이 있는 경우 원칙상 형식적·절차적인 요건만을 보완요구하여야 하므로 실질적인 요건에 관한 흠이 민원인의 단순한 착오나 일시적인 사정 등에 기인한 경우에도 보완을 요구할 수 없다. (○, ×) [23 지방9급]

판례는 공무원임용신청에 대한 거부는 특별한 사정이 없는 한 행정절차법 제21조의 처분의 사전통지대상이 되지 않는 것으로 본다. (○, ×) [11 국가7급]

김태성 행정법총론

합격까지 박문각

PART

02

행정작용법

CHAPTER

01 행정입법

제1절 행정입법 일반론

01 행정입법의 의의

1. 개념

행정입법이란 국가 등 행정주체가 일반적·추상적 규율을 제정하는 작용 또는 그에 의해 제정된 규범을 말한다. 여기에서 일반적이라 함은 불특정 다수를 규율함을 의미하고, 추상적이라 함은 불특정 다수의 사건에 반복적으로 적용됨을 의미한다.

2. 구분

행정입법에는 국가행정권에 의한 입법과 지방자치단체에 의한 입법이 있다. 국가행정권에 의한 입법은 법규성(대외적 구속력과 재판규범성)을 가지는지에 따라 크게 법규명령과 행정규칙으로 구분된다. 한편 지방자치단체에 의한 입법은 조례와 규칙, 교육규칙으로 구분할 수 있다.

02 행정입법의 필요성과 문제점

1. 행정입법의 발전배경

권력분립과 법치국가에서 법규를 정립하는 권한은 입법부에 속한다. 그러나 20세기 중반 이후 복지국가가 태동함에 따라 행정기능이 확대되고 전문화·다양화됨에 따라 행정입법의 필요성은 매우 높아지고 있다.

2. 행정입법의 필요성

행정활동의 내용이 고도로 전문화·기술화됨에 따라 국회의 심의보다는 전문적·직업적 공무원의 심의가 효과적인 전문적·기술적인 입법사항이 증대된 점, 사회·경제·과학기술 등 행정 현상의 급격한 변화에 적응하기 위해서는 신속하고 빈번한 개정이 필요해진 점, 그리고 지방분권적 행정이 활성화됨에 따라서 지방별·분야별 특수사정을 규율할 필요성이 생긴 점 등이 행정입법이 필요해진 이유로 볼 수 있다.

참고

일반적으로 국회가 제정하는 법률에 비해 행정입법인 명령·규칙이 개정이 훨씬 용이하다.

행정입법은 입법내용의 전문화·기술화 및 행정현실 변화에 대한 법률의 적응성 결여 등으로 그 필요성이 제기되어 왔다. (○, ×) [11 복지9급]

제2절 법규명령

01 법규명령의 의의와 종류

1. 법규명령의 개념

법규명령이란 행정권이 정립하는 일반·추상적인 규정으로서 법규의 성질을 가지는 것을 말한다. 즉 법규명령은 대외적인 구속력과 재판규범성을 가진다는 점에서 원칙적으로 행정기관 내부에서만 효력을 갖는 행정규칙과 구별된다.

2. 법규명령의 성질

법규명령은 일반 국민을 구속하는 대외적인 효력을 가지고, 따라서 이러한 법규명령에 위반한 행정청의 행위는 위법행위가 되어 무효 또는 취소가 되고 이로 인해 자신의 권익이 침해된 국민은 행정쟁송을 통하여 무효확인이나 취소를 청구할 수 있고, 손해가 있는 경우에는 손해배상도 청구할 수 있다.

3. 법규명령의 종류

(1) 수권의 근거와 범위에 따른 분류

① 법률대위명령

법률대위명령이란 헌법에 직접 근거하여 발동되는 명령으로 법률과 동일한 효력을 가지는 것을 말한다. 헌법 제76조에 근거한 대통령의 긴급재정·경제명령과 대통령의 긴급명령이 있다. 헌법에서 직접 수권을 받아 발하는 점에서 독립명령이라고도 한다. 법률대위명령은 대통령만 발할 수 있다.

② 법률종속명령

법률보다 하위의 효력을 가지는 것으로서 위임명령과 집행명령이 있다. 위임명령은 반드시 법률에 근거가 있어야 하지만 집행명령은 법률의 위임 없이도 제정할 수 있으므로 법률종속 법규명령이라고 해서 반드시 법률에 근거가 있어야 하는 것은 아니다. 법률종속명령은 대통령·국무총리·각부장관이 발할 수 있다. 국무총리 소속의 기관은 법규명령인 총리령이나 부령을 발할 권한이 없다.

㉠ 위임명령

위임명령은 상위법령의 개별적·구체적 위임(수권)에 의한 법규명령을 말한다. 위임명령은 위임된 범위 내에서 국민의 권리·의무를 새롭게 설정할 수 있다는 점에서 집행명령과 다르다.

㉡ 집행명령

집행명령은 상위법령의 구체적·개별적인 위임을 근거로 하는 것이 아니라, [20 국가7급] 소관 사무를 수행하기 위하여 직권으로 발하는 법규명령을 의미한다. 집행명령은 상위법령의 시행을 위하여 구체적·세목적 또는 절차적·기술적 사항만을 규정하는 것이다. 집행명령도 법규명령이지만 상위법령의 집행에 필요한 세칙을 정하는 범위 내에서만 가능하고 새로운 국민의 권리·의무를 정할 수 없다는 점에서 위임명령과 구별된다.

- 대통령의 긴급명령, 긴급재정경제명령은 헌법에 직접 근거를 둔 법규명령에 해당한다. (○, ×) [11 지방7급]
- 헌법 제76조에 규정된 대통령의 긴급재정경제명령은 법률종속적 법규명령이다. (○, ×) [05 서울9급]
- 행정 각부가 아닌 국무총리 소속의 독립기관은 독립하여 법규명령을 발할 수 있다. (○, ×) [19 서울9급]
- 위임명령은 헌법상의 일반적 근거만으로는 제정할 수 없다. (○, ×) [06 지방9급]
- 법규명령 중 위임명령은 원칙적으로 헌법 제75조와 헌법 제95조에 따라 법률이나 상위명령에 개별적인 수권규범이 있는 경우만 가능하다. (○, ×) [14 서울9급]
- 위임명령의 경우에는 법률유보원칙이 적용된다. (○, ×) [15 서울9급]
- 집행명령은 법률 또는 상위명령에서 정해진 대로 내용을 실현하기 위한 세칙규정이므로 법률 또는 상위명령의 개별수권 없이 발할 수 없다. (○, ×) [15 서울9급, 11 복지9급]
- 집행명령은 상위법령의 집행에 필요한 세칙을 정하는 범위 내에서만 가능하고 새로운 국민의 권리·의무를 정할 수 없다. (○, ×) [19 지방9급]
- 법률의 시행령은 법률에 의한 위임 없이도 법률이 규정한 개인의 권리·의무에 관한 내용을 변경·보충하거나 법률에 규정되지 아니한 새로운 내용을 규정할 수 있다. (○, ×) [23 지방9급]

판례

일반적으로 법률의 시행령은 모법인 법률에 의하여 위임받은 사항이나, 법률이 규정한 범위 내에서 법률을 현실적으로 집행하는 데 필요한 세부적인 사항만을 규정할 수 있을 뿐, 법률의 위임 없이 법률이 규정한 개인의 권리·의무에 관한 내용을 변경·보충하거나 법률에서 규정하지 아니한 새로운 내용을 규정할 수 없다(대판 1999.2.11. 98도2816 전원합의체). [24 국가9급]

(2) 형식에 따른 분류

① 헌법상 인정되고 있는 법규명령

대통령령, 총리령·부령, 대법원규칙, 헌법재판소규칙, 국회규칙, 중앙선거관리위원회규칙 등이 있다. 대통령령은 통상 시행령이라고 하고 부령은 시행규칙이라고 표현한다.

- 법규명령은 제정권자를 기준으로 대통령령, 총리령, 부령 등으로 구분할 수 있다. (○, ×) [14 서울9급]
- 중앙선거관리위원회는 법령의 범위 안에서 선거관리·국민투표·정당사무 등에 관한 규칙을 제정할 수 있는 바, 이 규칙은 법규명령의 성질을 가진다. (○, ×) [13 지방7급]
- 헌법이 인정하고 있는 위임입법의 형식은 한정적인 것으로 보아야 할 것이고, 그것은 법률이 행정규칙에 위임하더라도 그 행정규칙은 위임된 사항만을 규율할 수 있으므로, 국회 입법의 원칙과 상치되지도 않는다. (○, ×) [13 경행특채, 10 지방7급]
- 헌법재판소 판례에 의하면, 헌법상 위임입법의 형식은 열거적이기 때문에, 국민의 권리·의무에 관한 사항을 고시 등 행정규칙으로 정하도록 위임한 법률 조항은 위헌이다. (○, ×) [16 서울9급]

헌재 판례

국회입법에 의한 수권이 입법기관이 아닌 행정기관에게 법률 등으로 구체적인 범위를 정하여 위임한 사항에 관하여는 당해 행정기관에게 법정립의 권한을 갖게 되고, [13 국회8급, 10 지방7급] 입법자가 규율의 형식도 선택할 수도 있다 할 것이므로, 헌법이 인정하고 있는 위임입법의 형식은 예시적인 것으로 보아야 할 것이고, [19 서울9급(上), 18 교행] 그것은 법률이 행정규칙에 위임하더라도 그 행정규칙은 위임된 사항만을 규율할 수 있으므로, 국회입법의 원칙과 상치되지도 않는다. 다만 기본권을 제한하는 작용을 하는 법률이 입법위임을 할 때에는 "대통령령", "총리령", "부령" 등 법규명령에 위임함이 바람직하고, 금융감독위원회의 고시와 같은 형식으로 입법위임을 할 때에는 적어도 행정규제기본법 제4조 제2항 단서에서 정한 바와 같이 법령이 전문적·기술적 사항이나 경미한 사항으로서 업무의 성질상 위임이 불가피한 사항에 한정된다 할 것이고, [17 국가9급] 그러한 사항이라 하더라도 포괄위임금지의 원칙상 법률의 위임은 반드시 구체적·개별적으로 한정된 사항에 대하여 행하여져야 할 것이다(헌재 2004.10.28. 99헌바91).

② 법령보충적 행정규칙

㉠ 개념과 법규성

형식은 행정규칙(고시 훈령 등)이지만 실질은 법규의 내용을 가지고 있는 경우, 즉 법률의 내용을 구체적으로 정하는 기능을 하는 경우를 말한다. 판례는 법규성을 인정한다.

㉡ 법률이 직접 고시로 위임할 수 있는 근거 규정

행정규제기본법 제4조에는 법률이 직접 고시로 위임할 수 있는 근거 규정이 있다. 다만 법률이 고시의 형식으로 입법위임을 할 때에는 전문적·기술적 사항이나 경미한 사항으로서 업무의 성질상 위임이 불가피한 사정으로 한정된다.

③ 관련문제

㉠ 감사원규칙

감사원규칙에 대하여는 헌법에 근거가 없다. 따라서 감사원규칙을 행정규칙으로 보는 견해와 법규명령으로 보는 견해가 대립하나, 실질적 내용에 비추어 법규명령으로 봄이 일반적이다(다수설). 판례는 명시적으로 설시한 바 없다. 다만 최근 행정기본법에서는 감사원규칙이 법령에 해당함을 명시적으로 규정하고 있다.

㉡ 국무총리직속기관의 입법

국무총리의 직속기관인 법제처장, 국가보훈처장은 행정각부의 장이 아니므로 부령을 발할 수 없다. 따라서 이들은 총리령의 형식으로 해야 한다.

> 헌법에서 인정한 법규명령의 형식을 예시적으로 이해하는 견해에 의하면 감사원규칙은 법규명령이 아니라고 본다. (○, ×) [20 국가7급]

> 헌법재판소 판례에 의하면 감사원규칙은 헌법에 근거가 없으므로 법규명령으로 인정되지 않는다. (○, ×) [16 서울9급]

> 국민안전처장·인사혁신처장과 같은 국무총리 직속기관은 부령제정권을 가진다. (○, ×) [19 서울9급, 15 서울9급]

02 법규명령의 근거와 요건

1. 법규명령의 근거

(1) 헌법상 근거

긴급명령, 긴급재정·경제명령은 헌법상의 요건이 충족되는 때에만 발할 수 있다.

(2) 법률상 근거

위임명령은 법률이나 상위명령에서 구체적으로 범위를 정한 개별적 수권이 있는 경우에만 발할 수 있다.

판례

1. 법률의 시행령이나 시행규칙의 내용이 모법의 입법 취지와 관련 조항 전체를 유기적·체계적으로 살펴보아 모법의 해석상 가능한 것을 명시한 것에 지나지 아니하거나 모법 조항의 취지에 근거하여 이를 구체화하기 위한 것인 때에는 모법에 이에 관하여 직접 위임하는 규정을 두지 아니하였다고 하더라도 이를 무효라고 볼 수는 없다(대판 2014.8.20. 2012두19526). [21 국가7급, 21 지방9급]
2. 법령의 위임이 없음에도 법령에 규정된 처분 요건에 해당하는 사항을 부령에서 변경하여 규정한 경우에는 그 부령의 규정은 행정청 내부의 사무처리 기준 등을 정한 것으로서 행정조직 내에서 적용되는 행정명령의 성격을 지닐 뿐 국민에 대한 대외적 구속력은 없다. [23 국가7급, 19 서울9급(上)] 따라서 어떤 행정처분이 그와 같이 법규성이 없는 시행규칙 등의 규정에 위배된다고 하더라도 그 이유만으로 처분이 위법하게 되는 것은 아니라 할 것이고, 처분의 적법 여부는 그러한 규칙 등에서 정한 요건에 합치하는지 여부가 아니라 일반 국민에 대하여 구속력을 가지는 법률 등 법규성이 있는 관계 법령의 규정을 기준으로 판단하여야 한다(대판 2013.9.12. 2011두10584).

> 상위법령의 위임이 없음에도 상위법령에 규정된 처분 요건에 해당하는 사항을 부령에서 변경하여 규정한 경우 그 부령의 규정은 국민에 대한 대외적 구속력이 있다. (○, ×) [23 국가9급, 20 국가9급]

> 법령의 위임이 없음에도 법령에 규정된 처분 요건에 해당하는 사항을 부령에서 변경하여 규정한 경우에 처분의 적법 여부는 그러한 부령에서 정한 요건을 기준으로 판단하여야 한다. (○, ×) [21 지방7급, 16 국회8급]

(3) 법률의 근거가 필요 없는 경우

집행명령은 법률의 집행을 위하여 필요한 세부적·기술적 사항에 관한 규율을 그 내용으로 하는 것이므로, 법률의 명시적 수권이 없어도 발할 수 있다(헌법 제75조, 제95조).

> 집행명령은 상위법령의 집행을 위하여 필요한 사항을 법률 또는 상위명령의 위임에 의해 직권으로 발하는 명령이다. (○, ×) [13 국회8급]

법률의 위임에 의하여 효력을 갖는 법규명령은 구법에 위임의 근거가 없어 무효였더라도 사후에 법률개정으로 위임의 근거가 부여되면 소급하여 유효한 법규명령이 된다. (○, ×) [21 국가7급, 20 지방7급]

법률의 위임에 의하여 효력을 갖는 법규명령이 법개정으로 위임의 근거가 없어지게 되더라도 효력을 상실하지 않는다. (○, ×) [22 국가9급]

법령의 위임관계는 반드시 하위법령의 개별조항에서 위임의 근거가 되는 상위법령의 해당 조항을 구체적으로 명시하고 있어야만 하는 것은 아니다. (○, ×) [16 지방9급]

대통령령, 총리령 및 부령은 특별한 규정이 없으면 공포한 날부터 20일이 경과함으로써 효력을 발생한다. (○, ×) [16 교행, 14 국가9급]

(4) 근거법령의 변동

판례

1. 일반적으로 법률의 위임에 의하여 효력을 갖는 법규명령의 경우, 구법에 위임의 근거가 없어 무효였더라도 사후에 법개정으로 위임의 근거가 부여되면 그때부터는 유효한 법규명령이 되나, 반대로 구법의 위임에 의한 유효한 법규명령이 법개정으로 위임의 근거가 없어지게 되면 그때부터 무효인 법규명령이 되므로, [24 국가9급, 21 지방9급] 어떤 법령의 위임 근거 유무에 따른 유효 여부를 심사하려면 법개정의 전·후에 걸쳐 모두 심사하여야만 그 법규명령의 시기에 따른 유효·무효를 판단할 수 있다(대판 1995.6.30. 93추83).
2. 법규명령이 개정된 법률에 규정된 내용을 함부로 유추·확장하는 내용의 해석규정이어서 위임의 한계를 벗어난 것으로 인정될 경우에는 법규명령은 무효이다(대판 2017.4.20. 2015두45700 전원합의체). [18 국회8급]
3. 법령의 위임관계는 반드시 하위법령의 개별조항에서 위임의 근거가 되는 상위법령의 해당 조항을 구체적으로 명시하고 있어야만 하는 것은 아니라고 할 것이다(대판 1999.12.24. 99두5658).

2. 법규명령의 제정

(1) 내용

상위법령에 저촉되지 않고, 명확하며 실현 가능해야 한다. 위임명령은 수권된 범위 내에서 제정하여야 하며, 모법에서 수권되지 않은 입법사항에 관하여는 정할 수 없다.

(2) 절차

① 대통령령은 법제처심사와 국무회의의 심의를 거쳐야 하고, 총리령과 부령은 법제처 심사를 거쳐야 한다(헌법 제89조, 정부조직법 제23조). [23 국가9급]

② 국민의 권리·의무 또는 일상생활과 밀접한 관련이 있는 법규명령의 제정·개정 시에는 원칙적으로 40일 이상 입법예고를 하여야 한다. 대통령령을 입법예고하는 경우에는 국회 소관상임위원회에 제출하여야 한다(행정절차법 제41조 내지 45조, 국회법 제98조의2). [19 서울7급]

(3) 공포

법규명령은 관보에 게재하여 공포됨으로써 유효하게 성립하고, 시행기일이 도래함으로써 그 효력이 발생한다. 법규명령은 특별한 규정이 없는 한 공포한 날로부터 20일을 경과함으로써 효력을 발생한다(법령 등 공포에 관한 법률 제13조).

03 법규명령의 한계와 하자

1. 법규명령의 한계

(1) 대통령의 긴급명령, 긴급재정경제명령·긴급재정경제처분의 한계

대통령의 긴급명령, 긴급재정경제명령과 처분은 헌법 제76조의 한계를 지켜야 한다.

(2) 위임명령의 한계

① 일반적 한계

위임명령은 그 규정 내용이 헌법, 법률, 상위명령에서 근거를 가져야 할 뿐 아니라, 위임의 범위 내에서 상위법령의 취지에 반하지 않아야 한다. 즉 수권법률이 규정한 수권사항과 수권목적의 범위 안에서 정하여야 한다. 판례도 모법에 위임의 근거가 없는 위임명령은 무효이며, 모법의 위임 취지에 반하는 위임명령도 역시 무효라고 판시하였다.

판례

1. 법률의 위임 규정 자체가 그 의미 내용을 정확하게 알 수 있는 용어를 사용하여 위임의 한계를 분명히 하고 있는데도 시행령이 그 문언적 의미의 한계를 벗어났다든지, 위임 규정에서 사용하고 있는 용어의 의미를 넘어 그 범위를 확장하거나 축소함으로써 위임 내용을 구체화하는 단계를 벗어나 새로운 입법을 한 것으로 평가할 수 있다면, 이는 위임의 한계를 일탈한 것으로서 허용되지 않는다(대판 2012.12.20. 2011두30878 전원합의체). [17 국가7급(下), 17 서울9급]

2. 특정 사안과 관련하여 법률에서 하위 법령에 위임을 한 경우에 모법의 위임범위를 확정하거나 하위 법령이 위임의 한계를 준수하고 있는지 여부를 판단할 때에는, 하위 법령이 규정한 내용이 입법자가 형식적 법률로 스스로 규율하여야 하는 본질적 사항으로서 의회유보의 원칙이 지켜져야 할 영역인지, 당해 법률 규정의 입법 목적과 규정 내용, 규정의 체계, 다른 규정과의 관계 등을 종합적으로 고려하여야 한다(대판 2015.8.20. 2012두23808 전원합의체).

② 헌법상 입법사항의 위임금지

헌법은 국적취득요건(제2조 제1항), 재산권의 내용과 한계(제23조 제1항), 재산권의 수용 및 보상(제23조 제3항), 국회의원의 수(제41조), 조세법률주의(제59조), 행정각부의 설치(제96조), 법관의 자격(제101조 제3항), 지방자치단체의 종류(제117조 제2항) 등을 입법사항으로 규정하고 있다. 통설은 이러한 국회전속적 입법사항에 관하여 적어도 그 기본적 내용은 법률로 규정되어야 하나, 전적으로 법률로 규율되어야 하는 것은 아니고, 일정한 범위에서의 행정입법에 대한 위임은 허용된다는 입장이다. 판례도 조세법규의 위임을 엄격한 요건하에서 인정한다(대판 1996.3.21. 95누3640 전원합의체).

③ 포괄적 위임의 금지

㉠ 개념

헌법은 '구체적으로 범위를 정하여 위임받은 사항'에 관하여서만 위임명령을 발할 수 있다고 규정하여(헌법 제75조), 법률에 의한 포괄적 · 일반적 수권을 금지하고 있다.

㉡ 구체적 위임의 기준

원칙적으로 법률에 의한 수권에 있어서는 행정입법의 규율대상 · 범위 등을 구체적으로 정하여, 누구라도 행정입법에 의하여 규율될 내용의 대강을 합리적으로 예측할 수 있어야 한다. 이 경우 그 예측가능성의 유무는 당해 위임조항 하나만을 가지고 판단할 것이 아니라 그 위임조항이 속한 법률이나 상위명령의 전반적인 체계와 취지 목적, 당해 위임조항의 규정형식과 내용 및 관련 법규를 유기적 체계적으로 종합 판단하여야 하고, 나아가 각 규제 대상의 성질에 따라 구체적 개별적으로 검토함을 요한다.

위임명령이 위임 내용을 구체화하는 단계를 벗어나 새로운 입법을 한 것으로 평가할 수 있다고 하더라도 이는 위임의 한계를 일탈한 것이 아니다. (○, ×) [16 국가7급]

법률에서 하위 법령에 위임을 한 경우에 하위 법령이 위임의 한계를 준수하고 있는지 여부의 판단은 일반적으로 의회유보의 원칙과 무관하다. (○, ×) [19 서울9급(上)]

헌법에서 채택하고 있는 조세법률주의의 원칙상 과세요건과 징수절차에 관한 사항을 명령 · 규칙 등 하위법령에 구체적 · 개별적으로 위임하여 규정할 수 없다. (○, ×) [21 국가9급, 14 지방9급]

어떤 법률의 말미에 "이 법의 시행에 필요한 사항은 대통령령으로 정한다"라고 하여 일반적 시행령 위임조항을 두었다면 이것은 위임명령의 일반적 발령 근거로 작용한다. (○, ×) [17 서울7급]

처벌법규나 조세법규는 다른 법규보다 구체성과 명확성의 요구가 강화되어야 한다. (○, ×) [14 국가9급]

일반적인 급부행정법규는 처벌법규나 조세법규의 경우보다 그 위임의 요건과 범위가 더 엄격하게 제한적으로 규정되어야 한다. (○, ×) [11 복지9급, 11 지방9급]

수권법률의 예측가능성 유무를 판단함에 있어서는 수권규정과 이와 관계된 조항, 수권법률 전체의 취지, 입법목적의 유기적·체계적 해석 등을 통하여 종합 판단하여야 한다. (○, ×) [11 복지9급]

행정입법의 내용이 일반적·추상적·개괄적으로 되어 있다면 법관의 법 보충작용으로서의 해석을 통하여 그 의미가 구체화·명확화될 수 있다 할지라도 그 규정은 명확성의 원칙에 반한다. (○, ×) [07 국가7급]

조례에 대한 법률의 위임은 반드시 구체적으로 범위를 정하여 해야 한다. (○, ×) [18 서울7급]

자치조례의 경우에도 위임조례와 같이 국가법에 적용되는 일반적인 위임입법의 한계가 적용된다. (○, ×) [12 복지9급]

법률이 공법적 단체 등의 정관에 자치법적 사항을 위임한 경우에는 포괄적인 위임입법의 금지는 원칙적으로 적용되지 않는다. (○, ×) [17 서울7급, 15 지방9급]

법률이 공법적 단체 등의 정관에 자치법적 사항을 위임한 경우에도 원칙적으로 헌법 제75조가 정하는 포괄적인 위임입법 금지 원칙이 적용되므로 이와 별도로 법률유보 내지 의회유보의 원칙을 적용할 필요는 없다. (○, ×) [22 지방7급, 19 서울9급]

㉢ 구체성과 명확성의 정도

국민의 권리를 제한하거나 의무를 부과하는 침익적 작용의 경우에는 구체성과 명확성이 엄격하게 요구된다. 즉 처벌법규나 조세법규와 같은 기본권 침해영역에서는 급부영역에서보다 구체성의 요구가 강화된다. 급부행정이나 면제와 같이 국민에게 유리한 행정작용은 위임의 구체성과 명확성이 다소 완화된다. 다양한 사실관계를 규율하거나 수시로 변화될 것이 예상되는 경우, 전문적이고 기술적인 경우에는 위임이 요건이 완화된다. [17 지방9급]

판례

1. 예측가능성의 유무는 당해 위임조항 하나만을 가지고 판단할 것이 아니라 그 위임조항이 속한 법률이나 상위명령의 전반적인 체계와 취지 목적, 당해 위임조항의 규정형식과 내용 및 관련 법규를 유기적 체계적으로 종합 판단하여야 하고, 나아가 각 규제 대상의 성질에 따라 구체적 개별적으로 검토함을 요한다(대판 2006.4.14. 2004두14793).
2. 행정입법의 내용이 일반적, 추상적, 개괄적인 규정이라 할지라도 법관의 법보충 작용으로서의 해석을 통하여 그 의미가 구체화·명확화될 수 있다면 그 규정이 명확성을 결여하여 과세요건명확주의에 반하는 것으로 볼 수는 없다(대판 2001.4.27. 2000두9076).

㉣ 포괄위임금지가 적용되지 않는 경우

조례에 대한 위임은 포괄적위임도 가능하다. 공법단체의 정관에 자치법적 사항을 위임하는 경우에도 포괄적위임금지의 원칙은 적용되지 않는다.

판례

1. 법률이 주민의 권리의무에 관한 사항에 관하여 구체적으로 아무런 범위도 정하지 아니한 채 조례로 정하도록 포괄적으로 위임하였다고 하더라도, 지방자치단체가 법령에 위반되지 않는 범위 내에서 주민의 권리의무에 관한 사항을 조례로 제정할 수 있는 것이다(대판 1991.8.27. 90누6613).
2. 법률이 공법적 단체 등의 정관에 자치법적 사항을 위임한 경우에는 헌법 제75조가 정하는 포괄적인 위임입법의 금지는 원칙적으로 적용되지 않는다고 봄이 상당하고, 그렇다 하더라도 그 사항이 국민의 권리·의무에 관련되는 것일 경우에는 적어도 국민의 권리·의무에 관한 기본적이고 본질적인 사항은 국회가 정하여야 한다(대판 2007.10.12. 2006두14476). [21 국가9급]

헌재 판례

1. 조례의 제정권자인 지방의회는 선거를 통해서 그 지역적인 민주적 정당성을 지니고 있는 주민의 대표기관이고, 헌법이 지방자치단체에 대해 포괄적인 자치권을 보장하고 있는 취지로 볼 때 조례제정권에 대한 지나친 제약은 바람직하지 않으므로 조례에 대한 법률의 위임은 법규명령에 대한 법률의 위임과 같이 반드시 구체적으로 범위를 정하여 할 필요가 없으며 포괄적인 것으로 족하다(헌재 1995.4.20. 92헌마264 등 [기각]). [22 지방9급, 18 교행]
2. 법률이 행정부가 아니거나 행정부에 속하지 않는 공법적 기관의 정관에 특정 사항을 정할 수 있다고 위임하는 경우 포괄적인 위임입법 금지는 원칙적으로 적용되지 않는다(헌재 2006.3.30. 2005헌바31).

④ 처벌법규 및 조세법규의 위임

판례는 처벌법규에 대한 위임도 엄격한 요건하에 위임이 가능하다고 보고, 조세법률주의의 원칙상 조세의 종목과 세율은 법률로 정하는 것이 원칙이지만 구체적으로 범위를 정하여 위임하는 것은 가능하다고 본다.

> 처벌규정의 위임은 죄형법정주의로 인하여 어떠한 경우에도 허용되지 않는다. (○, ×) [11 지방7급]

판례

법률의 시행령이 형사처벌에 관한 사항을 규정하면서 법률의 명시적인 위임 범위를 벗어나 그 처벌의 대상을 확장하는 것은 위임입법의 한계를 벗어나고 죄형법정주의 원칙에 위배된 것으로 무효라고 하지 않을 수 없다(대판 1999.2.11. 98도2816 전원합의체). [22 지방9급]

헌재 판례

죄형법정주의와 위임입법의 한계의 요청상 처벌법규를 위임하기 위하여는 첫째, 긴급한 필요나 미리 법률로써 자세히 정할 수 없는 부득이한 사정이 있는 경우에 한정되어야 하며, 둘째, 이러한 경우일지라도 법률에서 범죄의 구성요건은 처벌대상행위가 어떠한 것이라고 이를 예측할 수 있을 정도로 구체적으로 정하여야 하며, 셋째, 형벌의 종류 및 그 상한과 폭을 명백히 규정하여야 한다고 하였다(헌재 1991.7.8. 91헌가4).

> 형사처벌에 관한 위임입법의 경우, 수권법률이 구성요건의 점에서는 처벌대상인 행위가 어떠한 것인지를 예측할 수 있을 정도로 구체적으로 정하고, 형벌의 점에서는 형벌의 종류 및 그 상한과 폭을 명확히 규정하는 것을 전제로 한다. (○, ×) [13 지방7급, 14 서울9급]

⑤ 재위임의 가능성

위임받은 사항을 그대로 위임하는 전면적 재위임은 허용되지 않으나, 위임받은 사항에 관하여 일반적인 사항을 규정하고 그 세부적 사항을 하위명령에 재위임하는 것은 가능하다.

판례

법률에서 위임받은 사항을 전혀 규정하지 않고 재위임하는 것은 허용되지 않으나 위임받은 사항에 관하여 대강을 정하고 그중의 특정사항을 범위를 정하여 하위법령에 다시 위임하는 경우에는 재위임이 허용된다. [18 국가9급, 13 서울7급] 이러한 법리는 조례가 지방자치법 제22조 단서에 따라 주민의 권리제한 또는 의무부과에 관한 사항을 법률로부터 위임받은 후, 이를 다시 지방자치단체장이 정하는 '규칙'이나 '고시' 등에 재위임하는 경우에도 마찬가지이다(대판 2015.1.15. 2013두14238). [21 국가9급]

> 행정의 효율성을 도모하기 위해 법률에서 위임받은 사항을 전혀 규정하지 않고 하위의 법규명령에 재위임하는 것도 가능하다. (○, ×) [14 서울9급]

헌재 판례

포괄위임금지원칙에 위배된다고 본 사례

1. '자동차운전전문학원을 졸업하고 운전면허를 받은 사람 중 교통사고를 일으킨 비율이 대통령령이 정하는 비율을 초과하는 때'에는 학원의 등록을 취소하거나 1년 이내의 운영정지를 명할 수 있도록 한 도로교통법 제71조의15 제2항 제8호의 '교통사고' 부분은 포괄위임입법금지원칙에 위배된다(헌재 2005.7.21. 2004헌가30).
2. "약국을 관리하는 약사 또는 한약사는 보건복지부령으로 정하는 약국관리에 필요한 사항을 준수하여야 한다"는 약사법 제19조 제4항의 규정 위반자를 200만 원 이하의 벌금에 처하도록 한 약사법 규정은 포괄위임금지원칙에 위배된다(헌재 2000.7.20. 99헌가15).

(3) 집행명령의 한계

집행명령은 오직 상위명령의 집행에 필요한 구체적 절차・형식 등을 규정할 수 있을 뿐이고, 새로운 입법사항을 정할 수 없다. 따라서 집행명령이 새로운 법규사항을 규정하였다면 그 집행명령은 위법한 명령이 되고 무효가 된다.

2. 하자 있는 법규명령

(1) 하자 있는 법규명령의 효력

법규명령이 그 성립・발효요건을 갖추지 못한 때에는 하자 있는 것으로 된다. (○, ×) [09 국가7급]

법규명령이 성립・발효요건을 갖추지 못하거나, 한계를 일탈한 경우에는 당해 법규명령은 위법하다. 위법한 법규명령의 효력에 관하여 학설 대립이 있으나 무효설[17 교행]이 다수설과 판례의 태도이다.

(2) 하자 있는 법규명령에 따른 행정행위의 효력

하자 있는 법규명령에 따른 행정행위의 효력에 관해서 통설은 중대・명백설에 따라 해결되어야 한다고 본다. 하자가 중대하고 명백한 경우, 행정행위는 무효가 되나 그렇지 않은 경우 취소할 수 있는 행정행위에 불과하다. 판례는 위헌・위법인 법규명령에 근거한 처분은 대법원 판결이 선고되기 전에는 명백하다고 볼 수 없어 취소사유에 해당된다고 본다.

일반적으로 시행령이 헌법이나 법률에 위반된다는 사정은 그 시행령의 규정을 위헌 또는 위법하여 무효라고 선언한 대법원의 판결이 선고되지 않은 상태에서도 그 시행령 규정의 위헌 내지 위법 여부가 객관적으로 명백하다고 할 수 있으므로, 이러한 시행령에 근거한 행정처분의 하자는 무효사유에 해당한다. (○, ×) [18 국가9급]

판례

일반적으로 시행령이 헌법이나 법률에 위반된다는 사정은 그 시행령의 규정을 위헌 또는 위법하여 무효라고 선언한 대법원의 판결이 선고되지 아니한 상태에서는 그 시행령 규정의 위헌 내지 위법 여부가 객관적으로 명백한 것이라 할 수 없으므로, 이러한 시행령에 근거한 행정처분의 하자는 취소사유에 해당할 뿐 무효사유가 되지 아니한다(대판 2007.6.14. 2004두619).

04 법규명령의 통제와 소멸

1. 입법부에 의한 통제

(1) 직접적 통제

① 의의와 통제수단

직접적 통제란 법규명령이 성립 또는 발효에 대한 동의권 내지 승인권이나 일단 유효하게 성립된 법규명령의 효력을 소멸시키는 권한을 수권법 등에서 의회에 유보하는 방법에 의한 통제를 말한다. 독일에서는 의회의 동의권 유보, 영국에서는 의회제출절차 등이 인정되고 있다.

② 승인유보제도

긴급명령이나 긴급재정경제명령은 지체 없이 국회의 승인을 받아야 하며 승인을 얻지 못한 때에는 그 명령은 그때부터 효력을 상실한다. (○, ×) [13 국회8급]

우리 헌법에서 대통령이 긴급명령이나 긴급재정・경제명령을 발동하였을 때 지체 없이 국회에 보고하고 승인을 얻지 못하면 그때부터 효력을 상실하게 하는 규정은 직접적 통제 중 승인유보로 볼 수 있다(헌법 제76조 제3항, 제4항).

(2) 간접적 통제

간접적인 통제방법으로는 국정조사·감사, 국무총리·국무위원 등을 국회의 본회의나 상임위에 출석토록 요구하여 그에 대한 답변을 요구할 수도 있고, 해당자에 대한 해임건의나 탄핵소추를 할 수 있다. 다만 국회는 대통령에 대해서는 국회에 출석을 요구할 수 없다. 대통령이 국회에 출석하여 발언하는 것은 가능하다.

> **국회법 제98조의2【대통령령 등의 제출 등】** ① 중앙행정기관의 장은 법률에서 위임한 사항이나 법률을 집행하기 위하여 필요한 사항을 규정한 대통령령·총리령·부령·훈령·예규·고시 등이 제정·개정 또는 폐지되었을 때에는 10일 이내에 이를 국회 소관 상임위원회에 제출하여야 한다. 다만, 대통령령의 경우에는 입법예고를 할 때(입법예고를 생략하는 경우에는 법제처장에게 심사를 요청할 때를 말한다)에도 그 입법예고안을 10일 이내에 제출하여야 한다.
> ② 중앙행정기관의 장은 제1항의 기간 이내에 이를 제출하지 못한 경우에는 그 이유를 소관 상임위원회에 통지하여야 한다.
> ③ 상임위원회는 위원회 또는 상설소위원회를 정기적으로 개회하여 그 소관 중앙행정기관이 제출한 대통령령·총리령 및 부령(이하 이 조에서 "대통령령 등"이라 한다)의 법률 위반 여부 등을 검토하여야 한다.
> ④ 상임위원회는 제3항에 따른 검토 결과 대통령령 또는 총리령이 법률의 취지 또는 내용에 합치되지 아니한다고 판단되는 경우에는 검토의 경과와 처리 의견 등을 기재한 검토결과보고서를 의장에게 제출하여야 한다.
> ⑤ 의장은 제4항에 따라 제출된 검토결과보고서를 본회의에 보고하고, 국회는 본회의 의결로 이를 처리하고 정부에 송부한다.
> ⑥ 정부는 제5항에 따라 송부받은 검토결과에 대한 처리 여부를 검토하고 그 처리결과(송부받은 검토결과에 따르지 못하는 경우 그 사유를 포함한다)를 국회에 제출하여야 한다.
> ⑦ 상임위원회는 제3항에 따른 검토 결과 부령이 법률의 취지 또는 내용에 합치되지 아니한다고 판단되는 경우에는 소관 중앙행정기관의 장에게 그 내용을 통보할 수 있다.
> ⑧ 제7항에 따라 검토내용을 통보받은 중앙행정기관의 장은 통보받은 내용에 대한 처리 계획과 그 결과를 지체 없이 소관 상임위원회에 보고하여야 한다.

국회는 국회법상 제출제도를 통하여 행정입법에 대한 통제를 할 수 있다. 그런데 소관상임위원회에 제출하지 않거나 처리결과를 보고하지 않은 경우 해당 법규명령이 무효로 되는 등의 법적 구속력은 없다고 할 것이므로 행정부에 대한 간접적인 통제수단을 통하여 그 효과를 관철할 수밖에 없다.

2. 행정적 통제

(1) 상급행정청의 감독권에 의한 통제

상급행정청은 하급행정청에 대한 일반적인 지휘·감독권을 갖고 있다. 이러한 지휘·감독권에 기초하여 하급행정기관의 행정입법에 대해 통제할 수 있다. 상급행정청이 하급행정청의 행정입법을 직접 개정 또는 폐지할 수는 없지만 당해 위법한 법규명령의 개정 또는 폐지를 '명'할 수 있다(정부조직법 제11조 제2항, 제18조 제2항).

★ 중앙행정기관의 장은 법률에서 위임한 사항이나 법률을 집행하기 위하여 필요한 사항을 규정한 대통령령·총리령·부령 등이 제정 또는 개정된 때에는 14일 이내에 이를 국회에 송부하여 국회에 의한 통제를 받게 된다. (○, ×) [12 국회8급]

★ 상급행정청의 감독권의 대상에는 하급행정청의 행정입법권 행사도 포함되지만 상급행정청은 하급행정청의 법규명령을 스스로 폐지할 수는 없다. (○, ×) [12 국회8급]

(2) **행정절차법에 의한 통제**

현행 행정절차법은 입법예고(40일 이상, 자치법규는 20일 이상), 통지・청문 등의 절차를 통해 이에 대한 의견을 제시할 수 있도록 하고 있다. 그리고 이 경우는 국민에 의한 통제적 의미도 같이 지니고 있다.

(3) **법제처에 의한 사전심사**

행정입법에 대한 사전심사는 법제처의 심의를 거치는 것이 대표적인데 대통령령 안에 대해서는 법제처와 국무회의의 심의를 거쳐야 하고, 국무회의에 상정될 총리령안과 부령안은 법제처의 심사를 받아야 한다. [18 지방7급]

(4) **국민권익위원회의 통제**

국민권익위원회는 법률・대통령령・총리령・부령 및 그 위임에 따른 훈령・예규・고시・공고와 조례・규칙의 부패유발요인을 분석・검토하여 그 법령 등의 소관기관의 장에게 그 개선을 위하여 필요한 사항을 권고할 수 있다(부패방지 및 국민권익위원회의 설치와 운영에 관한 법률 제28조 제1항). 국민권익위원회는 고충민원을 조사・처리하는 과정에서 법령, 그 밖의 제도나 정책 등의 개선이 필요하다고 인정되는 경우에는 관계행정기관 등의 장에게 이에 대한 합리적인 개선을 권고하거나 의견을 표명할 수 있다(동법 제47조).

> 국민권익위원회는 법규명령의 부패유발요인을 분석・검토하여 당해 법규명령의 소관기관의 장에게 그 개선을 위해 필요한 권고를 할 수 있다. (○, ×) [09 관세사]

3. 사법적 통제

(1) **법원에 의한 통제**

① 구체적 규범통제(법원의 명령・규칙심사권) : 부수적 통제

㉠ 구체적 규범통제와 추상적 규범통제

구체적 규범통제라 함은 명령・규칙 등 행정입법의 위헌・위법 여부가 구체적인 사건에서 재판의 전제가 된 경우에 그 사건의 재판과정에서 심사할 수 있는 제도를 말한다. 추상적 규범통제란 행정입법의 위헌・위법 여부를 직접 소송의 대상으로 하여 다툴 수 있는 제도를 말한다.

> 법규명령에 대한 사법적 통제로 우리나라는 구체적 규범통제를 원칙으로 한다. (○, ×) [12 지방9급]

> 명령・규칙 또는 처분이 헌법이나 법률에 위반되는 여부가 재판의 전제가 된 경우에는 대법원은 이를 최종적으로 심사할 권한을 가진다. (○, ×) [14 경행특채]

헌법 제107조 ② 명령・규칙 또는 처분이 헌법이나 법률에 위반되는 여부가 재판의 전제가 된 경우에는 대법원은 이를 최종적으로 심사할 권한을 가진다.

판례

헌법 제107조 제2항의 규정에 따르면 행정입법의 심사는 일반적인 재판절차에 의하여 구체적 규범통제의 방법에 의하도록 명시하고 있으므로, 당사자는 구체적 사건의 심판을 위한 선결문제로서 행정입법의 위법성을 주장하여 법원에 대하여 당해 사건에 대한 적용 여부의 판단을 구할 수 있을 뿐 행정입법 자체의 합법성의 심사를 목적으로 하는 독립한 신청을 제기할 수는 없다(대결 1994. 4. 26. 93부32). [24 국가9급]

㉡ 부수적 통제

행정입법(주로 법규명령)에 근거한 처분에 의하여 법률상 이익이 침해된 자가 처분에 대한 항고소송을 제기하여 그 소송 중에 처분의 근거법규인 법규명령의 위법을 다투는 것을 말한다.

> 법규명령에 대하여는 특정 법규명령의 위헌・위법 여부가 구체적 사건에 대한 재판의 전제가 된 경우에 법원이 이를 심리・판단하는 선결문제 심리방식에 의한 간접적 통제가 인정되고 있다. (○, ×) [09 국가9급]

② 명령 · 규칙심사의 대상

㉠ 법규명령

심사의 대상은 명령과 규칙이며, 여기서의 명령은 법규명령을 의미한다. 법규명령이면 위임명령과 집행명령을 모두 포함하며, 대통령령 · 총리령 · 부령이 모두 대상이 된다.

㉡ 행정규칙(행정명령)

행정규칙은 대상이 되지 않는 것이 원칙이나 행정규칙이 예외적으로 법규로서 인정되는 경우에는 심사의 대상이 된다.

㉢ 국회규칙, 대법원규칙, 헌법재판소규칙, 선거관리위원회규칙

기관내부에서만 효력을 가지는 경우와 국민에 대하여 일반적 구속력을 가지는 경우로 구분되며, 후자만 심사의 대상이 된다.

㉣ 조례

조례는 구체적 규범통제의 대상이 될 수 있다.

㉤ 조약

명령의 효력을 가지는 조약 등의 경우에는 심사의 대상이 된다.

③ 심사의 주체

㉠ 각급 법원

명령 · 규칙에 대한 심사권의 주체는 각급 법원(모든 법원, 군사법원 포함)이다. 따라서 명령 · 규칙의 위헌 · 위법 여부가 구체적 사건에서 재판의 쟁점으로 다투어질 때는 모든 법원이 이에 대해 판단할 수 있다. 최종적인 판단은 대법원이 한다.

㉡ 헌법재판소

헌법재판소 판례에 따르면 명령 · 규칙이 집행행위의 매개 없이 직접 기본권을 침해할 때는 헌법재판소도 판단할 수 있다.

④ 위헌 · 위법 판결의 효력

㉠ 개별적 효력부인

명령이나 규칙이 헌법이나 법률에 위반된다고 인정하는 경우 법원은 그 명령이나 규칙을 당해 사건에 적용하는 것을 거부할 수 있을 뿐, 그 무효를 선언할 수는 없다. 법원의 본래 임무가 구체적 사건의 심판이고 명령이나 규칙의 효력 자체를 심사하는 것이 아니기 때문이다.

㉡ 명령 · 규칙의 위헌판결 공고제

행정소송에 대한 대법원판결에 의하여 명령 · 규칙이 헌법 또는 법률에 위반된다는 것이 확정된 경우에는 대법원은 지체 없이 그 사유를 행정안전부장관에게 통보하여야 한다. 위 통보 받은 행정안전부장관은 지체 없이 이를 관보에 게재하여야 한다(행정소송법 제6조). [14 지방7급]

> 행정기본법 제39조【행정법제의 개선】 ① 정부는 권한 있는 기관에 의하여 위헌으로 결정되어 법령이 헌법에 위반되거나 법률에 위반되는 것이 명백한 경우 등 대통령령으로 정하는 경우에는 해당 법령을 개선하여야 한다. [24 국가9급]

법규명령에 대한 법원의 위헌 · 위법 결정은 원칙적으로 당해 사건에 한하여 그 적용이 거부된다. (○, ×) [08 지방7급]

행정소송에 대한 대법원판결에 의하여 총리령이 법률에 위반된다는 것이 확정된 경우에는 대법원은 지체 없이 그 사유를 국무총리에게 통보하여야 한다. (○, ×) [16 국가7급]

⑤ 처분적 행정입법에 대한 항고소송: 직접적 통제

법규명령이 집행행위의 매개 없이 직접 국민의 법적지위에 영향을 미칠 때는 법규명령 자체에 처분성이 인정되어 법규명령을 대상으로 하는 항고소송이 가능하다.

법규명령이 그 자체로서 처분적 효과를 발생하는 때에는 이를 항고소송으로 다투는 것이 가능하다. (○, ×) [12 국가9급]

법규명령은 행정입법의 일반·추상성으로 인해 항고소송의 대상이 될 수 없다. (○, ×) [13 지방7급]

판례는 조례가 행정행위의 개입 없이도 그 자체로서 직접 국민의 구체적인 권리·의무나 법적 이익에 영향을 미치는 법률상의 효과가 발생하는 경우에도 그 조례는 항고소송의 대상이 되는 행정처분이 아니라고 하였다. (○, ×) [14 경행특채, 13 서울7급]

판례

1. 조례가 집행행위의 개입 없이도 그 자체로서 직접 국민의 구체적인 권리의무나 법적 이익에 영향을 미치는 등의 법률상 효과를 발생하는 경우 그 조례는 항고소송의 대상이 되는 행정처분에 해당하고, [18 서울7급, 16 국가9급] 이러한 조례에 대한 무효확인소송을 제기함에 있어서 집행기관인 시·도 교육감을 피고로 하여야 한다(대판 1996.9.20. 95누8003).
2. 고시가 일반적·추상적 성격을 가질 때에는 법규명령 또는 행정규칙에 해당할 것이지만, 다른 집행행위의 매개 없이 그 자체로서 직접 국민의 구체적인 권리의무나 법률관계를 규율하는 성격을 가질 때에는 행정처분에 해당한다. [21 서울7급] 보건복지부 고시인 약제급여·비급여목록 및 급여상한금액표는 항고소송의 대상이 되는 행정처분에 해당한다(대판 2006.9.22. 2005두2506). [21 국가7급, 18 국가9급]
3. 항정신병 치료제의 요양급여 인정기준에 관한 보건복지부 고시는 다른 집행행위의 매개 없이 그 자체로서 제약회사, 요양기관, 환자 및 국민건강보험공단 사이의 법률관계를 직접 규율하는 행정처분에 해당한다(대결 2003.10.9. 2003무23). [22 국가9급]

(2) 헌법재판소에 의한 통제

① 법규명령에 대한 헌법소원 가능성

㉠ 헌법재판소의 견해

헌법재판소는 법무사법 시행규칙(대법원규칙으로서 법규명령의 성질을 가진다)에 대하여 헌법소원의 대상성을 인정하고 위헌결정하였다. 다수의 학설도 긍정설을 취한다.

헌법재판소는 구 법무사법 시행규칙 제3조 제1항에 대한 헌법소원심판사건에서 명령·규칙에 대한 헌법재판소의 심사권을 인정하였다. (○, ×) [08 지방7급]

㉡ 대법원

대법원은 헌법 제107조 제2항에서 '재판의 전제가 된 경우'라는 부분은 구체적 규범통제의 원칙을 규정한 것으로 이해하여야 하므로 법률의 위헌 여부는 헌법재판소가 심사하고, 명령·규칙의 위헌 여부는 법원이 심사한다고 보아야 한다면서 명령·규칙의 헌법소원 대상성을 부정하고 있다.

법규명령이 헌법이나 법률에 위반되는지 여부에 관한 심사권은 헌법상 헌법재판소의 배타적 권한이다. (○, ×) [09 국가7급]

헌재 판례

1. 헌법 제107조 제2항이 규정한 명령·규칙에 대한 대법원의 최종심사권이란 구체적인 소송사건에서 명령·규칙의 위헌 여부가 재판의 전제가 되었을 경우 법률의 경우와는 달리 헌법재판소에 제청할 것 없이 대법원이 최종적으로 심사할 수 있다는 의미이므로 법률의 경우와 마찬가지로 명령·규칙 그 자체에 의하여 직접 기본권이 침해되었음을 이유로 하여 헌법소원심판을 청구하는 것은 위 헌법규정과는 아무런 상관이 없는 문제이다. 그리고 헌법재판소법 제68조 제1항이 규정하고 있는 헌법소원심판의 대상으로서의 공권력이란 입법·사법·행정 등 모든 공권력을 말하는 것이므로 입법부에서 제정한 법률, 행정부에서 제정한 시행령이나 시행규칙 및 사법부에서 제정한 규칙 등은 그것들이 별도의 집행행위를 기다리지 않고 직접 기본권을 침해하는 것일 때에는 모두 헌법소원심판의 대상이 될 수 있는 것이다. [17 국가9급]

헌법재판소는 대법원규칙인 구 「법무사법 시행규칙」에 대해, 법규명령이 별도의 집행행위를 기다리지 않고 직접 기본권을 침해하는 것일 때에는 헌법 제107조 제2항의 명령·규칙에 대한 대법원의 최종심사권에도 불구하고 헌법소원심판의 대상이 된다고 한다. (○, ×) [17 국가9급]

법무사법 시행규칙 제3조 제1항은 "법원행정처장은 법무사를 보충할 필요가 있다고 인정되는 경우에는 대법원장의 승인을 얻어 법무사시험을 실시할 수 있다."라고 규정하였는바, 이는 법원행정처장이 법무사를 보충할 필요가 없다고 인정하면 법무사시험을 실시하지 아니해도 된다는 것으로서 상위법인 법무사법 제4조 제1항에 의하여 청구인을 비롯한 모든 국민에게 부여된 법무사자격 취득의 기회를 하위법인 시행규칙으로 박탈하는 것이 되며, 이는 헌법 제11조 제1항의 평등권과 헌법 제15조의 직업선택의 자유를 침해한 것이다(헌재 1990.10.15. 89헌마178).

2. 행정규칙은 일반적으로 행정조직 내부에서만 효력을 가지는 것이나, 행정규칙이 법령의 규정에 의하여 행정관청에 법령의 구체적 내용을 보충할 권한을 부여한 경우나 재량권 행사의 준칙인 규칙이 그 정한 바에 따라 되풀이 시행되어 행정관행이 이룩되게 되면, 평등의 원칙이나 신뢰보호의 원칙에 따라 행정기관은 그 상대방에 대한 관계에서 그 규칙에 따라야 할 자기구속을 당하게 되는 경우에는 대외적인 구속력을 가지게 되는바, 이러한 경우에는 헌법소원의 대상이 될 수도 있다(헌재 2001.5.31. 99헌마413 [각하]).
[23 국가9급, 20 국가9급]

② 헌법재판소 결정의 효력(일반적 효력)

행정입법에 대한 헌법재판소의 인용결정(위헌결정)은 대법원의 결정과 달리 당해 사건에 적용이 거부됨에 그치는 것이 아니라 효력자체를 일반적으로 상실시킨다.

(3) 행정입법 부작위에 대한 통제

판례

부작위위법확인소송의 대상이 될 수 있는 것은 구체적 권리의무에 관한 분쟁이어야 하고 추상적인 법령에 관하여 제정의 여부 등은 그 자체로서 국민의 구체적인 권리의무에 직접적 변동을 초래하는 것이 아니어서 그 소송의 대상이 될 수 없다(대판 1992.5.8. 91누11261).
[22 지방7급, 18 국가9급]

헌재 판례

1. 국회가 특정한 사항에 대하여 행정부에 위임하였음에도 불구하고 행정부가 정당한 이유 없이 이를 이행하지 않는다면 권력분립의 원칙과 법치국가의 원칙에 위배되는 것이다. 법률이 군법무관의 보수를 판사, 검사의 예에 의하도록 규정하면서 그 구체적 내용을 시행령에 위임하고 있음에도 불구하고 지금까지 해당 시행령을 제정하지 않아 보수청구권이 보장되지 않고 있다면 그러한 입법부작위는 정당한 이유 없이 청구인들의 재산권을 침해하는 것으로써 헌법에 위반된다(헌재 2004.2.2. 2001헌마718).
2. 하위 행정입법의 제정 없이 상위 법령의 규정만으로도 집행이 이루어질 수 있는 경우라면 하위 행정입법을 하여야 할 헌법적 작위의무는 인정되지 아니한다(헌재 2005.12.22. 2004헌마66).

- 추상적인 법령에 관하여 제정의 여부 등은 그 자체로서 국민의 구체적인 권리의무에 변동을 초래하는 것이어서 행정소송의 대상이 될 수 있다. (○, ×) [23 지방9급, 21 서울7급]
- 「특정다목적댐법」에서 댐 건설로 손실을 입으면 국가가 보상해야 하고 그 절차와 방법은 대통령령으로 제정토록 명시되어 있음에도 미제정된 경우, 법령제정의 여부는 「행정소송법」상 부작위위법확인소송의 대상이 될 수 없다. (○, ×) [23 국가9급]
- 입법부가 법률로써 행정부에게 특정한 사항을 위임했음에도 불구하고 행정부가 정당한 이유 없이 이를 이행하지 않는다면 권력분립의 원칙과 법치국가 내지 법치행정의 원칙에 위배되는 것으로서 위법함과 동시에 위헌적인 것이 된다. (○, ×) [17 국가7급(下), 16 지방9급]
- 헌법재판소는 적극적 행정입법은 물론 행정입법의 부작위에 대하여서도 헌법소원심판의 대상성을 인정한다. (○, ×) [16 국회8급]
- 행정입법부작위의 위헌·위법성과 관련하여, 하위 행정입법의 제정 없이 상위 법령의 규정만으로 집행이 이루어질 수 있는 경우에도 상위 법령의 명시적 위임이 있다면 하위 행정입법을 제정하여야 할 작위의무는 인정된다. (○, ×) [16 지방9급]

4. 법규명령의 소멸

(1) 폐지

폐지란 법규명령의 효력을 장래에 향하여 소멸시키는 행정권의 의사표시를 말하며, 폐지의 의사표시는 명시적으로도 가능하며, 내용상 법규명령과 충돌되는 상위의 법령을 제정하는 등 묵시적 표시로도 가능하다.

(2) 종기의 도래 또는 해제조건의 성취

종기 또는 해제조건이 붙은 법규명령은 기한의 도래, 조건의 성취로 당연히 효력을 상실한다.

(3) 근거법령의 소멸 등

① 근거법령의 소멸

법규명령은 그 존속이 수권법령의 존재에 의존한다. 따라서 특별한 규정이 없는 한 근거법령이 소멸된 경우에는 법규명령도 소멸함이 원칙이며, 법규명령의 근거법령이 헌법재판소에 의해 위헌결정된 경우에도 법규명령은 효력을 상실한다. 위헌결정의 효력으로 당연히 법규명령은 실효하는 것이지 별도의 폐지행위가 있어야 하는 것은 아니다.

법규명령의 위임근거가 되는 법률에 대하여 위헌결정이 선고되더라도 그 위임에 근거하여 제정된 법규명령은 별도의 폐지행위가 있어야 효력을 상실한다. (○, ×) [21 지방9급, 08 지방7급]

판례

법규명령의 위임근거가 되는 법률에 대하여 위헌결정이 선고되면 그 위임에 근거하여 제정된 법규명령도 원칙적으로 효력을 상실한다(대판 2001.6.12. 2000다18547).

판례는 법규명령의 위임근거가 되는 법률에 대하여 위헌결정이 선고되면 그 위임에 근거하여 제정된 법규명령도 원칙적으로 효력을 상실한다고 보았다. (○, ×) [13 서울7급]

② 집행명령의 경우 근거법령의 개정

판례

상위법령의 시행에 필요한 세부적 사항을 정한, 이른바 집행명령은 근거법령인 상위법령이 폐지되면 특별한 규정이 없는 한 실효된다. 그러나 상위법령이 개정됨에 그친 경우에는 성질상 이와 모순·저촉되지 아니하는 한 개정된 상위법령의 시행을 위한 집행명령이 새로 제정·발효될 때까지는 여전히 그 효력을 유지한다고 할 것이다(대판 1989.9.12. 88누6962). [19 지방9급, 17 국회8급]

근거법령인 상위법령이 개정됨에 그친 경우 개정법령의 시행을 위한 집행명령이 제정·발효될 때까지 여전히 그 효력을 유지하는 것은 아니다. (○, ×) [15 경행특채]

제3절 행정규칙

01 행정규칙의 의의와 종류

1. 행정규칙의 의의

행정규칙이란 상급행정기관이나 상급자가 하급행정기관 또는 하급자에 대하여 행정의 조직과 활동을 규율할 목적으로 그의 권한 범위 내에서 발하는 일반·추상적 규율을 말한다.

2. 법규명령과 행정규칙의 구별

비 교	법규명령	행정규칙
법형식	대통령령·총리령·부령, 대법원규칙·국회규칙 등(예시적)	고시·지침·훈령 등
권력적 기초	일반권력관계	특별권력관계
법적 근거	• 법률유보·법률우위의 원칙 적용. • 위임명령: 상위법령의 수권을 요함. • 집행명령: 요하지 않음.	• 법률우위의 원칙은 적용됨. • 법률유보의 원칙은 적용 안됨. • 상위법령의 수권을 요하지 않음.
수범자	행정기관과 국민 모두에게 적용	행정조직 및 특별권력관계 내부
규율의 내용	• 위임명령: 국민의 권리·의무에 관한 내용을 정할 수 있음. • 집행명령: 국민의 권리·의무에 관한 내용을 정할 수 없음.	기관의 조직, 재량행사의 지침(단, 법령보충적 행정규칙은 상위법령과 결합하여 대외적 구속력을 가짐.)
성 질	법규성 인정	법규성 부정(행정내부적 규율에 그침)
종 류	위임명령, 집행명령	조직규칙, 행정지도규칙(재량준칙 등), 영조물이용규칙, 근무규칙
구속력	양면적 구속력(대내·대외적 구속력)	일면적 구속력(대내적 구속력)
위반의 효과	• 법규명령에 위반한 행정행위는 위법하고 중대명백설에 따라 취소 또는 무효가 됨. • 위반행위에 대해 행정소송 가능	• 평등의 원칙 등을 매개해서 간접적으로 위법성이 판단(원칙적으로 유효) • 위반행위에 대해 행정소송 불가
존재형식	조문의 형식	조문의 형식 또는 구두로도 가능
공 포	공포가 있어야 효력이 발생함.	• 공포가 필요한 것은 아님. • 수명기관에 도달하면 효력이 발생

행정규칙은 법적 근거를 요한다. (○, ×) [15 행정사, 14 경행특채]

행정규칙은 원칙적으로 대외적 구속력이 없다. (○, ×) [15 행정사, 14 경행특채]

법규명령에 위반하는 행위는 위법행위가 된다. (○, ×) [14 서울9급]

행정규칙에 위반한 처분은 위법하기 때문에 행정소송의 대상이 된다. (○, ×) [05 지방9급]

3. 행정규칙의 종류

(1) 형식에 따른 분류

① 훈령

훈령이란 상급기관이 하급기관에 대하여 상당히 장기간에 걸쳐 권한의 행사를 일반적으로 지시하기 위하여 발하는 명령으로서 훈령 중 일반적・추상적 성질을 가지는 것만 행정규칙이다. 판례는 훈령인 국세청장의 재산제세사무처리규정의 법규성을 인정한 바 있다.

> 훈령, 지시, 예규, 일일명령 등 행정기관이 그 하급기관이나 소속 공무원에 대하여 일정한 사항을 지시하는 문서는 지시문서이다. (○, ×) [14 국가9급]

② 지시

지시란 상급기관이 직권 또는 하급기관의 문의나 신청에 대하여 개별적・구체적으로 발하는 명령으로서 행정규칙이 아니라는 견해가 유력하다.

> 일반적으로 법규의 성질을 가지지 않는다고 할 수 있는 것은? [13 서울9급]
> ① 헌법
> ② 법률
> ③ 대통령령
> ④ 부령
> ⑤ **훈령**

③ 예규

예규란 법규문서 이외의 문서로서 행정사무의 통일을 기하기 위하여 반복적 행정사무의 처리 기준을 제시하는 명령을 말한다.

④ 일일명령

당직・출장・시간외근무・휴가 등 일일업무에 관한 명령을 말한다.

(2) 고시

① 의의

고시란 행정기관이 일정한 사항을 불특정 다수의 일반인에게 알리는 통지행위를 말한다. 공고, 공시 등으로 표현되기도 한다. 고시는 형식은 행정규칙이지만 일반에 공표된다는 점에서 보통의 행정규칙과 차이가 있다.

② 법적 성질

고시의 법적 성질은 고시의 내용에 따라 달라진다. 고시가 일반적・추상적 규율의 성질을 가질 때는 행정규칙(경우에 따라서는 법규명령)에 해당하고, 일반적・구체적 규율일 때는 일반처분의 성질을 가지며 법규성이 인정된다.

> 고시에 담긴 내용이 구체적 규율의 성격을 갖는다고 하더라도, 해당 고시를 행정처분으로 볼 수는 없으며 법령의 수권 여부에 따라 법규명령 또는 행정규칙으로 볼 수 있을 뿐이다. (○, ×) [19 국가7급]

헌재 판례

고시가 일반・추상적 성격을 가질 때는 법규명령 또는 행정규칙에 해당하지만, 고시가 구체적인 규율의 성격을 갖는다면 행정처분에 해당한다. 이 사건 국세청고시는 특정 사업자를 납세병마개 제조자로 지정하였다는 행정처분의 내용을 모든 병마개 제조자에게 알리는 통지수단에 불과하므로, 청구인의 이 사건 국세청고시에 대한 헌법소원심판청구는 고시 그 자체가 아니라 고시의 실질적 내용을 이루는 국세청장의 위 납세병마개 제조자 지정처분에 대한 것으로 해석함이 타당하다(헌재 1998.4.30. 97헌마141).

(3) 재량준칙

① 의의

재량준칙이란 상급행정기관이 하급행정기관의 재량처분에 있어서 재량권행사의 일반적 기준을 제시하기 위하여 발하는 것을 말한다. [19 서울9급] 재량준칙은 그 자체로 대외적 구속력을 갖는 것은 아니지만 평등원칙 및 행정의 자기구속력을 매개로 하여 간접적으로 대외적 구속력을 가진다.

> 재량준칙은 제정됨으로써 일반적으로 행정조직 내부뿐만 아니라 대외적인 구속력을 갖는다. (○, ×) [17 국가7급(下)]

② 법적 근거

재량준칙을 제정함에는 별도의 법적 근거를 요하지 않는다. 상급행정기관은 지휘·감독권에 근거하여 하급행정기관에 재량준칙을 발할 수 있고, 처분청은 당해 처분권에 근거해 발할 수 있다.

02 행정규칙의 성질

1. 내부적 효력(대내적 구속력)

행정조직 내부에서 행정규칙의 수명자는 행정조직상의 복종의무에 따라 상급기관이 발한 명령으로서의 행정규칙을 준수할 의무가 있으므로 행정규칙은 행정조직 내부에서는 구속력을 갖는다. 행정규칙은 법규성은 없으나, 공무원은 행정규칙의 적용을 거부할 수 없고, 공무원이 근무규칙을 위반했을 때 징계책임을 지게 된다.

> 행정규칙의 내용이 명백히 부당한 경우 공무원이 이의 적용을 거부하더라도 공무원법상 복종의무위반의 징계책임은 없다. (○, ×) [13 서울7급]

2. 외부적 효력(대외적 구속력: 행정규칙의 법규성 논의)

판례는 원칙적으로 행정규칙의 법규성을 부정하고 예외적으로 법령보충적 행정규칙의 경우이거나 재량준칙이 평등원칙, 신뢰보호의 원칙, 자기구속의 법리를 매개로 예외적으로 법규성이 긍정되는 경우에만 행정규칙의 법규성을 인정한다. 판례에 의하면 원칙적으로 행정규칙을 위반해도 위법의 문제는 생기지 않는다.

> 행정규칙에서 정한 요건을 충족하지 않으면 그 처분은 절차상의 하자로 위법한 처분이 된다. (○, ×) [15 행정사]

판례

법규성을 부정한 사례

1. 공정거래위원회의 '부당한 지원행위의 심사지침'은 상위법령의 위임이 없을 뿐 아니라 그 내용이나 성질 등에 비추어 보더라도 피고 내부의 사무처리준칙에 불과하고 대외적으로 법원이나 일반 국민을 기속하는 법규명령으로서의 성질을 가지는 것이라고는 볼 수 없다(대판 2004.4.23. 2001두6517).
2. 서울특별시가 정한 개인택시운송사업면허지침은 재량권 행사의 기준으로 설정된 행정청의 내부의 사무처리준칙에 불과하므로, 법규명령의 경우와는 달리 외부에 고지되어야만 효력이 발생하는 것은 아니다(대판 1997.1.21. 95누12941).
3. 고소사건 기록의 열람등사를 제한하는 검찰보존사무규칙 제22조는 행정기관 내부의 사무처리준칙으로서 행정규칙에 불과하다(대판 2006.5.25. 2006두3049).
4. 공사낙찰적격심사세부기준은 공공기관의 운영에 관한 법률 제39조 제1항, 제3항, 구 공기업·준정부기관 계약사무규칙 제12조에 근거하고 있으나, 이러한 규정은 공공기관이 사인과 사이의 계약관계를 공정하고 합리적·효율적으로 처리할 수 있도록 관계 공무원이 지켜야 할 계약사무처리에 관한 필요한 사항을 규정한 것으로서 공공기관의 내부규정에 불과하여 대외적 구속력이 없다(대판 2014. 12. 24. 2010두6700). [24 국가9급]
5. 행정처분이 법규성이 없는 내부지침 등의 규정에 위배된다고 하더라도 그 이유만으로 처분이 위법하게 되는 것은 아니고, 또 내부지침 등에서 정한 요건에 부합한다고 하여 반드시 그 처분이 적법한 것이라고 할 수도 없다. 처분의 적법 여부는 그러한 내부지침 등에서 정한 요건에 합치하는지 여부가 아니라 일반 국민에 대하여 구속력을 가지는 법률 등 법규성이 있는 관계 법령의 규정을 기준으로 판단하여야 한다(대판 2018.6.15. 2015두40248). [19 서울7급(上)]

> 서울특별시가 정한 개인택시 운송사업 면허지침은 재량권행사의 기준으로 설정된 행정청의 법규명령에 해당한다. (○, ×) [12 국가9급]

행정관청 내부의 사무처리규정에 불과한 전결규정에 위반하여 원래의 전결권자 아닌 보조기관 등이 처분권자인 행정관청의 이름으로 행정처분을 한 경우, 그 처분은 권한 없는 자에 의하여 행하여진 것으로 무효이다. (○, ×) [20 국가9급]

법령의 규정이 특정 행정기관에게 법령 내용의 구체적 사항을 정할 수 있는 권한을 부여하면서 권한행사의 절차나 방법을 특정하지 아니하였다면, 수임 행정기관은 행정규칙이나 규정 형식으로 법령 내용이 될 사항을 구체적으로 정할 수 없다. (○, ×) [17 국가9급(下)]

행정 각부의 장이 정하는 고시(告示)는 법령의 규정으로부터 구체적 사항을 정할 수 있는 권한을 위임받아 그 법령 내용을 보충하는 기능을 가진 경우라도 그 형식상 대외적으로 구속력을 갖지 않는다. (○, ×) [18 국가9급]

재량권 행사의 준칙인 행정규칙이 있으면 그에 따른 관행이 없더라도 평등의 원칙에 따라 행정기관은 상대방에 대한 관계에서 그 규칙에 따라야 할 자기구속을 받게 된다. (○, ×) [19 서울7급(上)]

대법원은 재량준칙이 되풀이 시행되어 행정관행이 성립된 경우에는 당해 재량준칙에 자기구속력을 인정한다. 따라서 당해 재량준칙에 반하는 처분은 법규범인 당해 재량준칙을 직접 위반한 것으로서 위법한 처분이 된다고 한다. (○, ×) [17 국가9급]

6. 행정관청 내부의 사무처리규정에 불과한 전결규정에 위반하여 원래의 전결권자 아닌 보조기관 등이 처분권자인 행정관청의 이름으로 행정처분을 하였다고 하더라도 그 처분이 무효라고 할 수는 없다(대판 1998.2.27. 97누1105). [21 서울7급]
7. 공무원이 상급행정기관이나 감독권자의 직무상 명령을 위반하였다는 점을 징계사유로 삼으려면 직무상 명령이 상위법령에 반하지 않는 적법·유효한 것이어야 한다(대판 2020. 11. 26. 2020두42262). [23 지방7급]

판례

법규성을 인정한 사례

1. 행정규칙은 일반적으로 행정조직 내부에서만 효력을 가질 뿐 대외적인 구속력을 갖는 것은 아니지만, [18 서울7급(上)] 법령의 규정이 특정행정기관에게 그 법령내용의 구체적 사항을 정할 수 있는 권한을 부여하면서 그 권한행사의 절차나 방법을 특정하고 있지 아니한 관계로 수임행정기관이 행정규칙의 형식으로 그 법령의 내용이 될 사항을 구체적으로 정하고 있다면 그와 같은 행정규칙, 규정은 행정규칙이 갖는 일반적 효력으로서가 아니라, 행정기관에 법령의 구체적 내용을 보충할 권한을 부여한 법령규정의 효력에 의하여 그 내용을 보충하는 기능을 갖게 된다 할 것이므로 이와 같은 행정규칙, 규정은 당해 법령의 위임한계를 벗어나지 아니하는 한 그것들과 결합하여 대외적인 구속력이 있는 법규명령으로서의 효력을 갖게 된다(대판 1987.9.29. 86누484). [22 지방9급, 19 서울9급]
2. 이른바 '행정규칙이나 내부지침'은 일반적으로 행정조직 내부에서만 효력을 가질 뿐 대외적인 구속력을 갖는 것은 아니므로 행정처분이 그에 위반하였다고 하여 그러한 사정만으로 곧바로 위법하게 되는 것은 아니다. 다만 재량권 행사의 준칙인 행정규칙이 그 정한 바에 따라 되풀이 시행되어 행정관행이 이루어지게 되면 평등의 원칙이나 신뢰보호의 원칙에 따라 행정기관은 그 상대방에 대한 관계에서 그 규칙에 따라야 할 자기구속을 받게 되므로, [20 지방9급] 이러한 경우에는 특별한 사정이 없는 한 그를 위반하는 처분은 평등의 원칙이나 신뢰보호의 원칙에 위배되어 재량권을 일탈·남용한 위법한 처분이 된다(대판 2009.12.24. 2009두7967). [18 서울7급]

03 법령보충적 행정규칙(행정규칙형식의 법규명령)

1. 의의

법령보충적 행정규칙이란 고시·훈령 등의 행정규칙의 형식으로 되어 있으나 그 내용은 법규명령에 해당하는 것을 말한다.

2. 법적 성질

(1) 학설

법규명령설(실질설, 다수설)	이러한 행정규칙은 법률 또는 상위명령의 구체적인 위임에 따라 제정되는 것이므로, 그 실질적 내용에 따라 법규명령으로 보아야 한다는 견해이다.
행정규칙설(형식설)	행정입법은 국회입법 원칙에 대한 예외이므로 헌법에 근거가 있어야 하고, 헌법에 근거가 없는 훈령 등은 행정규칙으로 보아야 한다는 견해이다.
수권여부기준설(절충설)	행정규칙 형식의 법규명령은 법령에 근거가 있는 경우와 없는 경우로 구분하여 판단하여야 한다는 견해이다.

행정기본법 행정기본법 제2조 【정의】 이 법에서 사용하는 용어의 뜻은 다음과 같다.

1. "법령등"이란 다음 각 목의 것을 말한다.
   가. 법령: 다음의 어느 하나에 해당하는 것
      1) 법률 및 대통령령·총리령·부령
      2) 국회규칙·대법원규칙·헌법재판소규칙·중앙선거관리위원회규칙 및 감사원규칙 [23 지방9급]
      3) 1) 또는 2)의 위임을 받아 중앙행정기관(「정부조직법」 및 그 밖의 법률에 따라 설치된 중앙행정기관을 말한다. 이하 같다)의 장이 정한 훈령·예규 및 고시 등 행정규칙

중앙행정기관의 장이 정한 훈령·예규 및 고시 등 행정규칙은 상위법령의 위임이 있다고 하더라도 「행정기본법」상의 '법령'에 해당하지 않는다. (○, ×) [22 국가7급]

(2) 판례

① 원칙

판례

1. 보건복지부장관이 고시의 형식으로 정한 '의료보험진료수가기준' 중 '수탁검사 실시기관 인정 등 기준'은 요양급여 및 분만급여의 방법·절차·범위·상한기준 및 그 비용 등 법령의 내용이 되는 구체적인 사항을 의료보험법의 위임에 따라 이를 정한 규정으로서 법령의 위임한계를 벗어나지 아니하는 한 법령의 내용을 보충하는 기능을 하면서 그와 결합하여 대외적으로 구속력이 있는 법규명령으로서의 효력을 가진다고 볼 것이므로, [19 국가7급] 요양기관의 진료비청구가 위 규정에 적합하지 아니하여 진료비심사지급기관이 그 지급을 거절하였다면 그 처분은 적법하다고 보아야 한다(대판 1999.6.22. 98두17807). [16 서울9급]
2. 상급행정기관이 하급행정기관에 대하여 업무처리지침이나 법령의 해석적용에 관한 기준을 정하여 발하는 이른바 행정규칙은 일반적으로 행정조직 내부에서만 효력을 가질 뿐 대외적인 구속력을 갖지 않지만, 법령의 규정이 특정 행정기관에게 그 법령 내용의 구체적 사항을 정할 수 있는 권한을 부여하면서 그 권한 행사의 절차나 방법을 특정하고 있지 않아 수임행정기관이 행정규칙의 형식으로 그 법령의 내용이 될 사항을 구체적으로 정하고 있다면, 그와 같은 행정규칙은 위에서 본 행정규칙이 갖는 일반적 효력으로서가 아니라 행정기관에 법령의 구체적 내용을 보충할 권한을 부여한 법령 규정의 효력에 의하여 그 내용을 보충하는 기능을 갖게 되고, 따라서 이와 같은 행정규칙은 당해 법령의 위임한계를 벗어나지 않는 한 그것들과 결합하여 대외적인 구속력이 있는 법규명령으로서의 효력을 가진다(대판 2008.3.27. 2006두3742).

행정규칙인 고시가 법령의 수권에 의하여 법령을 보충하는 사항을 정하는 경우에 그 근거법령규정과 결합하더라도 그 성질상 행정규칙인 부분만큼은 대외적인 구속력이 없다. (○, ×) [10 국가7급]

상급행정기관이 하급행정기관에 대하여 업무처리지침이나 법령의 해석적용에 관한 기준을 정하여서 발하는 이른바 행정규칙은 일반적으로 행정조직 내부에서의 효력뿐만 아니라 대외적인 구속력도 갖는다. (○, ×) [15 국회8급]

3. 상공부장관은 고시의 형식으로 수입선다변화품목의 지정 및 그 수입절차 등을 공고하였는바, 이는 근거가 되는 대외무역법 시행령 제35조의 규정을 보충하는 기능을 가지면서 그와 결합하여 대외적인 구속력이 있는 법규명령으로서의 효력을 가지는 것으로서 그 자체가 법령은 아니고 행정규칙에 지나지 않으므로 적당한 방법으로 이를 일반인 또는 관계인에게 표시 또는 통보함으로써 그 효력이 발생한다 할 것이다(대판 1993.11.23. 93도662).
4. 재산제세사무처리규정이 국세청장의 훈령형식으로 되어 있다 하더라도 이에 의한 거래지정은 소득세법 시행령의 위임에 따라 그 규정의 내용을 보충하는 기능을 가지면서 그와 결합하여 대외적 효력을 발생하게 된다(대판 1987.9.29. 86누484).
5. 공익사업을 위한 토지 등의 취득 및 보상에 관한 법률 제68조 제3항은 협의취득의 보상액 산정에 관한 구체적 기준을 시행규칙에 위임하고 있고, 위임 범위 내에서 공익사업을 위한 토지 등의 취득 및 보상에 관한 법률 시행규칙 제22조는 토지에 건축물 등이 있는 경우에는 건축물 등이 없는 상태를 상정하여 토지를 평가하도록 규정하고 있는데, 이는 비록 행정규칙의 형식이나 공익사업법 규정과 결합하여 대외적인 구속력을 가진다(대판 2012.3.29. 2011다104253).

> 법령의 규정이 행정기관에 그 내용의 구체화 권한을 부여하면서 그 권한 행사의 절차나 방법을 특정하지 않아서 수임행정기관이 행정규칙의 형식으로 그 법령의 내용이 될 사항을 구체적으로 정한 경우, 그 행정규칙은 당해 법령의 위임한계를 벗어나지 아니하는 한 법령과 결합하여 대외적으로 구속력이 있는 법규명령으로서 효력을 가진다. (○, ×) [15 국회8급, 13 지방7급]

> 법령보충적 행정규칙이 법규명령의 효력을 갖기 위해서는 공포되어야 한다. (○, ×) [08 관세사]

> 국세청장의 훈령형식으로 되어 있는 재산제세사무처리규정은 소득세법 시행령의 위임에 따라 소득세법 시행령의 내용을 보충하는 기능을 가지므로 소득세법 시행령과 결합하여 대외적 효력을 갖는다. (○, ×) [13 국가9급]

> 공익사업을 위한 토지 등의 취득 및 보상에 관한 법률 제68조 제3항은 협의취득의 보상액 산정에 관한 구체적 기준을 시행규칙에 위임하고 있고, 위임 범위 내에서 동법 시행규칙 제22조는 토지에 건축물 등이 있는 경우에는 건축물 등이 없는 상태를 상정하여 토지를 평가하도록 규정하고 있는데, 이는 대외적 구속력이 없다. (○, ×) [14 지방9급]

헌재 판례

1. 재산권 등과 같은 기본권을 제한하는 작용을 하는 법률이 입법위임을 할 때에는 대통령령, 총리령, 부령 등 법규명령에 위임함이 바람직하고, 고시와 같은 형식으로 입법위임을 할 때에는 법령이 전문적·기술적 사항이나 경미한 사항으로서 업무의 성질상 위임이 불가피한 사항에 한정된다 할 것이고, 그러한 사항이라 하더라도 포괄위임금지의 원칙상 법률의 위임은 반드시 구체적·개별적으로 한정된 사항에 대하여 행하여져야 한다(헌재 2006.12.28. 2005헌바59 [합헌]). [23 지방7급, 19 국가7급]
2. 법령보충적 행정규칙이라도 그 자체로서 직접적으로 대외적인 구속력을 갖는 것은 아니다. 즉, 상위법령과 결합하여 일체가 되는 한도 내에서 상위법령의 일부가 됨으로써 대외적 구속력이 발생되는 것일 뿐 그 행정규칙 자체는 대외적 구속력을 갖는 것은 아니라 할 것이다(헌재 2004.10.28. 99헌바91 [합헌]).

② 예외

절차적 규정인 경우, 시행규칙으로 형식을 정해서 위임하였음에도 고시 등 행정규칙으로 정한 경우 그리고 위임의 범위를 벗어난 경우에는 대외적 구속력을 인정하지 않는다.

판례

1. 구 법인세법 시행규칙 제45조 제3항 제6호, 제37호에 의하면, 법인은 법인세 신고시 적정유보초과소득조정명세서(을) 등을 신고서에 첨부하여 제출하여야 하는데, 위 소득금액조정합계표 작성요령 제4호 단서는 잉여금 증감에 따른 익금산입 및 손금산입 사항의 처분인 경우 익금산입은 기타 사외유출로, 손금산입은 기타로 구분하여 기입한다고 규정하고 있고, 위 적정유보초과소득조정명세서(을) 작성요령 제6호는 각 사업연도 소득금액계산상 배당·상여·기타소득 및 기타 사외유출란은 소득금액조정합계표의 배당·상여·기타소득 및 기타 사외유출 처분액을 기입한다고 규정하고 있는바, 위와 같은 작성요령은 법률의 위임을 받은 것이기는 하나 법인세의 부과징수라는 행정적 편의를 도모하기 위한 절차적 규정으로서 단순히 행정규칙의 성질을 가지는 데 불과하여 과세관청이나 일반국민을 기속하는 것이 아니다(대판 2003.9.5. 2001두403).

> 대법원은 행정적 편의를 도모하기 위해 법령의 위임을 받아 제정된 절차적 규정을 법령보충적 행정규칙으로 본다. (○, ×) [14 국가9급]

2. 고시가 비록 법령에 근거를 둔 것이라고 하더라도 그 규정 내용이 법령의 위임 범위를 벗어난 것일 경우에는 법규명령으로서의 대외적 구속력을 인정할 여지는 없다(대결 2006.4.28. 2003마715). [21 국가7급, 20 지방9급]
3. 행정규칙이나 규정이 상위법령의 위임범위를 벗어난 경우에는 법규명령으로서 대외적 구속력을 인정할 여지는 없다. 이는 행정규칙이나 규정 '내용'이 위임범위를 벗어난 경우뿐 아니라 상위법령의 위임규정에서 특정하여 정한 권한행사의 '절차'나 '방식'에 위배되는 경우도 마찬가지이므로, 상위법령에서 세부사항 등을 시행규칙으로 정하도록 위임하였음에도 이를 고시 등 행정규칙으로 정하였다면 그 역시 대외적 구속력을 가지는 법규명령으로서 효력이 인정될 수 없다(대판 2012.7.5. 2010다72076). [20 지방7급, 20 지방9급]

> 행정 각부의 장이 정하는 고시가 법령에 근거를 둔 것이라면, 그 규정 내용이 법령의 위임 범위를 벗어난 것이라도 법규명령으로서의 대외적 구속력이 인정된다. (○, ×) [23 지방7급]

> 상위법령에서 세부사항 등을 시행규칙으로 정하도록 위임하였으나, 이를 고시 등 행정규칙으로 정하였더라도 이는 대외적 구속력을 가지는 법규명령으로서 효력이 인정된다. (○, ×) [23 국가7급, 19 지방9급]

PART 02

3. 법령보충적 행정규칙의 한계

(1) 제정의 정당성

법령보충적 행정규칙의 경우 법령의 수권에 근거하여야 하고, 그 수권은 포괄위임금지의 원칙상 개별적·구체적으로 한정된 사항에 대하여 행하여져야 한다.

> 행정규칙형식의 법규명령은 통상적인 법규명령과는 달리 포괄적 위임입법금지의 원칙에 구속받지 아니한다. (○, ×) [04 지방9급]

(2) 위임의 범위를 벗어난 경우

법령보충적 행정규칙이 법령의 위임의 범위를 벗어난 경우 법규명령으로서의 대외적 구속력이 인정되지 않는다.

판례

1. 보건사회부장관이 노령수당의 지급대상자에 관하여 정할 수 있는 것은 65세 이상의 노령자 중에서 그 선정기준이 될 소득수준 등을 참작한 일정소득 이하의 자인 지급대상자의 범위와 그 지급대상자에 대하여 매년 예산확보상황 등을 고려한 구체적인 지급수준과 지급시기, 지급방법 등일 뿐이지, 나아가 지급대상자의 최저연령을 법령상의 규정보다 높게 정하는 등 노령수당의 지급대상자의 범위를 법령의 규정보다 축소·조정하여 정할 수는 없다고 할 것임에도, 보건사회부장관이 정한 1994년도 노인복지사업지침은 노령수당의 지급대상자를 '70세 이상'의 생활보호대상자로 규정함으로써 당초 법령이 예정한 노령수당의 지급대상자를 부당하게 축소·조정하였고, 따라서 위 지침 가운데 노령수당의 지급대상자를 '70세 이상'으로 규정한 부분은 법령의 위임한계를 벗어난 것이어서 그 효력이 없다(대판 1996.4.12. 95누7727).
2. 행정규칙에서 사용하는 개념이 달리 해석될 여지가 있다 하더라도 행정청이 수권의 범위 내에서 법령이 위임한 취지 및 형평과 비례의 원칙에 기초하여 합목적적으로 기준을 설정하여 그 개념을 해석적용하고 있다면 개념이 달리 해석될 여지가 있다는 것만으로 이를 사용한 행정규칙이 법령의 위임한계를 벗어났다고는 할 수 없다(대판 2008.4.10. 2007두4841).
3. 식품제조영업허가기준이라는 고시는 공익상의 이유로 허가를 할 수 없는 영업의 종류를 지정할 권한을 부여한 구 식품위생법 제23조의3 제4호에 따라 보건사회부장관이 발한 것으로서, 실질적으로 법의 규정내용을 보충하는 기능을 지니면서 그것과 결합하여 대외적으로 구속력이 있는 법규명령의 성질을 가진 것이다. 보존음료수를 주한외국인에게만 판매하도록 허용하고 국내판매를 완전히 금지하는 것은, 보존음료수제조업의 허가를 받은 자의 헌법상 보장된 기본권인 직업의 자유를 침해하는 것으로서 고시는 효력이 없다(대판 1994.3.8. 92누1728). [10 국가9급]

> 구 노인복지법 및 같은 법 시행령은 65세 이상인 자에게 노령수당의 지급을 규정하고 있는데, 같은 법 시행령의 위임에 따라 보건사회부(현 보건복지부)장관이 정한 70세 이상의 보호대상자에게만 노령수당을 지급하는 1994년도 노인복지사업지침은 법규명령의 성질을 가진다. (○, ×) [12 국가9급]

> 노인복지지침은 법률 및 같은 법 시행령의 규정내용을 보충하는 기능을 지니면서 그것과 결합하여 대외적으로 구속력이 있는 법규명령의 성질을 가지므로, 위 노인복지지침에 따른 제외처분은 적법하다. (○, ×) [10 국회8급]

> 행정규칙에서 사용하는 개념이 달리 해석될 여지가 있다 하더라도 행정청이 수권의 범위 내에서 법령이 위임한 취지 및 형평과 비례의 원칙에 기초하여 합목적적으로 기준을 설정하여 그 개념을 해석·적용하고 있다면, 개념이 달리 해석될 여지가 있다는 것만으로 이를 사용한 행정규칙이 법령의 위임 한계를 벗어났다고는 할 수 없다. (○, ×) [15 지방7급]

(3) 상위법령에 위배되지 않을 것

법령보충적 행정규칙은 법규성을 가지는 것으로 상위법령에 위반되면 아무런 효력을 발생하지 못한다. 따라서 이러한 법령보충규칙은 무효가 되며 무효인 법령보충규칙에 따라 행해진 처분은 위법한 처분이 된다.

4. 공포 여부

판례

국세청훈령은 국세청장이 소득세법 시행령 제170조 제4항 제2호에 해당할 거래를 행정규칙의 형식으로 지정한 것으로서 이것 자체가 법령은 아니므로 이를 법령등 공포에 관한 법률이 정하는 바에 따라서 공포(관보게재)하지 아니하였다고 하여 그 효력이 없다고 할 수는 없다(대판 1989.10.24. 89누3328). [22 지방7급]

고시가 법령의 규정을 보충하는 기능을 가지면서 그와 결합하여 대외적인 구속력이 있는 법규명령으로서의 효력을 가지는 경우에도 그 자체가 법령은 아니고 행정규칙에 지나지 않으므로 적당한 방법으로 이를 일반인 또는 관계인에게 표시 또는 통보함으로써 그 효력이 발생한다. (○, ×) [19 서울7급(上)]

04 법규명령형식의 행정규칙

1. 의의

법규명령형식의 행정규칙이란 고시, 훈령, 예규 등의 형식이 아니라 시행령이나 시행규칙으로 행정사무처리기준을 정한 경우를 말한다. 법규명령에서 제재적 처분기준을 정한 경우가 대표적이다.

2. 법적 성질

(1) 학설

형식을 중시하는 법규명령설(형식설, 多)과 내용을 중시하는 행정규칙설(실질설), 수권 여부에 따라 구분하는 절충설의 대립이 있다.

(2) 판례

① 부령 형식인 경우

㉠ 부령 형식으로 정해진 제재적 처분기준

판례는 부령 형식으로 정해진 제재적 처분기준(영업허가의 취소·정지, 과징금부과 기준)은 그 성질과 내용이 행정기관 내부의 사무처리기준을 규정한 것에 불과하므로 행정규칙의 성질을 가지며 대외적으로 국민이나 법원을 구속하는 것은 아니라고 보고 있다.

판례

1. 구 식품위생법 시행규칙에서 식품위생법 제58조에 따른 행정처분의 기준을 정하였다고 하더라도 이는 형식만 부령으로 되어 있을 뿐, 그 성질은 행정기관 내부의 사무처리준칙을 정한 것으로서 행정명령의 성질을 가지는 것이고, 대외적으로 국민이나 법원을 기속하는 힘이 있는 것은 아니므로 처분의 적법 여부는 같은 법 시행규칙에 따라 판단할 것이 아니라 같은 법의 규정 및 그 취지에 적합한 것인가의 여부에 따라 판단하여야 한다(대판 1991.5.14. 90누9780).

법규명령형식의 행정규칙과 관련하여 대법원은 대통령령(시행령)과 부령(시행규칙) 간의 구분 없이 실질적인 행정규칙의 성질을 인정하고 있다. (○, ×) [15 경행특채, 11 국가9급]

「식품위생법 시행규칙」의 행정처분기준은 행정규칙의 형식이나, 「식품위생법」의 내용을 보충하면서 「식품위생법」의 규정과 결합하여 위임의 범위 내에서 대외적인 구속력을 가진다. (○, ×) [21 국가9급]

구 식품위생법 시행규칙 제53조가 정한 [별표15]의 행정처분기준은 구 식품위생법 제58조에 따른 영업허가의 취소 등에 관한 행정처분의 기준을 정한 것으로 대외적 구속력이 있다. (○, ×) [14 지방9급]

2. 제재적 행정처분의 기준이 부령의 형식으로 규정되어 있더라도 그것은 행정청 내부의 사무처리준칙을 정한 것에 지나지 아니하여 대외적으로 국민이나 법원을 기속하는 효력이 없고, [22 국가9급, 22 지방7급] 위 처분기준에 적합하다 하여 곧바로 당해 처분이 적법한 것이라고 할 수는 없지만, 합리적인 이유가 없는 한 선불리 그 처분이 재량권의 범위를 일탈하였거나 재량권을 남용한 것이라고 판단해서는 안 된다(대판 2007.09.20. 2007두6946). [16 국가7급]
3. 도로교통법 시행규칙상의 운전면허행정처분기준은 대외적으로 국민이나 법원을 기속하는 효력이 없다(대판 1998.3.27. 97누20236). [20 지방9급]

ⓛ 부령형식으로 정해진 특허의 인가기준

판례는 특허의 인가기준을 부령으로 정한 경우 이를 법규명령으로 보고 있다.

판례

구 여객자동차 운수사업법 시행규칙 규정은 구 여객자동차 운수사업법 제11조 제4항의 위임에 따라 시외버스운송사업의 사업계획변경에 관한 절차, 인가기준 등을 구체적으로 규정한 것으로서, 대외적인 구속력이 있는 법규명령이라고 할 것이고, 그것을 행정청 내부의 사무처리준칙을 규정한 행정규칙에 불과하다고 할 수는 없다(대판 2006.6.27. 2003두4355). [23 지방7급, 18 국회8급]

② 대통령령 형식인 경우

판례는 제재적 처분기준이 대통령령의 형식으로 정해진 경우 당해 처분기준을 법규명령으로 본다. 구체적인 효력과 관련해서는 상한을 규정한 것으로 본 경우도 있고, 정액이라고 판시한 경우도 있다.

판례

법규명령과 동일한 구속력을 인정

1. 주택건설촉진법 시행령 제10조의3 제1항 [별표 1]은 법 제7조 제2항의 위임규정에 터잡은 규정형식상 대통령령이므로 그 성질이 행정조직 내부에 있어서의 행정명령에 지나지 않는 것이 아니라 대외적으로 국민이나 법원을 구속하는 힘이 있는 법규명령에 해당한다(대판 1997.12.26. 97누15418).
2. 부정행위자에 대한 5년간의 응시자격제한처분을 규정한 경찰공무원임용령 제46조 제1항은 법규명령에 해당한다(대판 2008.5.29, 2007두18321).

판례

효과: 상한을 규정한 것으로 본 경우

1. 구 청소년보호법 시행령 관련규정 [별표 6]의 위반행위의 종별에 따른 과징금처분기준은 법규명령이기는 하나 같은 유형의 위반행위라 하더라도 그 규모나 기간·행위자의 개인적 사정 및 위반행위로 얻은 불법이익의 규모 등 여러 요소를 종합적으로 고려하여 사안에 따라 적정한 과징금의 액수를 정하여야 할 것이므로 그 수액은 정액이 아니라 최고한도액이다(대판 2001.3.9. 99두5207). [19 지방9급]
2. 국민건강보험법 관련규정 [별표 5]의 업무정지처분 및 과징금부과의 기준은 법규명령이기는 하나 여러 요소를 종합적으로 고려하여 사안에 따라 적정한 업무정지의 기간 및 과징금의 금액을 정하여야 할 것이므로 그 기간 내지 금액은 확정적인 것이 아니라 최고한도라고 할 것이다(대판 2006.2.9. 2005두11982). [09 국회8급]

- 부령 형식으로 정해진 제재적 행정처분의 기준은 법규성이 있어서 대외적으로 국민이나 법원을 기속하는 효력이 있다. (○, ×) [22 지방9급]
- 구 도로교통법 시행규칙 제53조 제1항이 정한 [별표16]의 운전면허행정처분기준은 부령의 형식으로 되어 있으나, 그 규정의 성질과 내용이 운전면허의 취소처분 등에 관한 사무처리기준과 처분절차 등 행정청 내부의 사무처리준칙을 규정한 것에 지나지 아니하므로 대외적 구속력이 없다. (○, ×) [14 지방9급, 13 국가9급]
- 구 여객자동차운수사업법 제11조 제4항의 위임에 따라 시외버스운송사업의 사업계획변경에 관한 절차, 인가기준 등을 구체적으로 규정한 구 여객자동차운수사업법 시행규칙 제31조 제2항 제1호, 제2호, 제6호는 행정청 내부의 사무처리준칙을 규정한 행정규칙에 불과하여 대외적 구속력이 없다. (○, ×) [16 경행특채, 14 지방9급]
- 대통령령이나 부령의 형식으로 발령된 제재적 처분기준에 대해서 판례는 그 법규성을 부인하고 있다. (○, ×) [12 국가7급]
- 주택건설촉진법 시행령 제10조의3 제1항 [별표1]은 주택건설촉진법 제7조 제2항의 위임규정에 터잡은 규정형식상 대통령령이므로 대외적으로 국민이나 법원을 구속하는 힘이 있다. (○, ×) [13 국가9급]
- 경찰공무원 채용시험에서의 부정행위자에 대한 5년간의 응시자격제한을 규정한 경찰공무원임용령 제46조 제1항은 행정청 내부의 사무처리기준을 규정한 재량준칙에 불과하다. (○, ×) [15 복지9급]
- 구 청소년보호법 제49조 제1·2항에 따른 동법 시행령 제40조 [별표 6]의 위반행위의 종별에 따른 과징금처분기준은 법규명령에 해당하고 과징금처분기준의 수액은 최고한도액이 아니라 정액이다. (○, ×) [17 복지9급, 15 지방9급]

PART 02

국토의 계획 및 이용에 관한 법령이 정한 이행강제금의 부과기준은 단지 상한을 정한 것에 불과하여 행정청에 이와 다른 이행강제금액을 결정할 재량권이 있다고 보아야 한다. (○, ×) [21 서울7급, 15 지방7급]

판례

효과: 정액을 규정한 것으로 본 경우

국토계획법 및 국토의 계획 및 이용에 관한 법률 시행령이 정한 이행강제금의 부과기준은 단지 상한을 정한 것에 불과한 것이 아니라, 위반행위 유형별로 계산된 특정 금액을 규정한 것이므로 행정청에 이와 다른 이행강제금액을 결정할 재량권이 없다(대판 2014.11.27. 2013두8653).

05 행정규칙의 근거와 요건

1. 행정규칙의 법적 근거

행정규칙의 제정을 위해서는 행정의 법률적합성의 원칙상 위임입법금지의 원칙에 따라 법률적 근거가 필요하다. (○, ×) [08 지방9급]

법규명령의 제정에는 법적 근거가 필요하지만 행정규칙은 법규가 아니므로 법적 근거가 필요하지 않다. 행정규칙 제정권은 집행권에 당연히 내재하는 권한이므로 행정규칙의 제정에 법령의 구체적 개별적 수권(작용법적 근거)은 필요하지 않다. 그러나 조직법적인 근거는 있어야 한다.

2. 행정규칙의 성립

(1) 절차

행정규칙을 제정하는 절차에 관한 일반규정은 없으나, 대통령훈령이나 국무총리훈령의 제정은 법제처의 심사를 거치도록 하고 있다.

(2) 형식

행정규칙은 보통 훈령, 고시, 예규의 형식으로 행하여지며 고유한 서식에 따라야 한다. (○, ×) [11 국회8급]

조문과 문서의 형식으로 하는 것이 일반적이나, 구술의 형식도 가능하다.

(3) 공포

행정규칙은 원칙적으로 법규명령과 다르기 때문에 공포라는 절차를 거칠 필요는 없으나, 어떤 형태로든 수범자에게 도달되어야 한다. [19 서울7급(上)] 다만 특히 고시나 훈령의 경우는 관보에 의하도록 하고 있고 이 경우에는 5일이 경과해야 효력이 발생한다.

서울특별시가 정한 개인택시 운송사업면허지침은 재량권행사의 기준으로 설정된 행정청의 법규명령에 해당한다. (○, ×) [15 경행특채, 12 국가9급]

판례

서울특별시가 정한 개인택시운송사업면허지침은 개인택시운송사업의 면허를 위하여 재량권 행사의 기준으로 마련된 행정청 내부의 사무처리준칙에 불과하므로 대외적으로 국민을 기속하는 법규명령의 경우와는 달리 공고 등의 방법으로 외부에 고지되어야만 효력이 발생한다고 볼 수 없다(대판 1997.9.26. 97누8878, 대판 1997.1.21. 95누12941).

06 행정규칙의 한계와 하자

1. 행정규칙의 한계

행정규칙은 국민의 권리·의무에 관한 사항을 새로이 규정할 수 없다. 또한, 법령과 상급기관의 행정규칙에 위반되지 않는 한도 내에서, 특정한 행정 목적 달성을 위하여 필요한 범위 내에서만 제정할 수 있다.

2. 행정규칙의 하자

성립·효력요건을 갖추지 못하였거나 한계를 일탈한 행정규칙은 하자 있는 행정규칙이 된다. 법규명령과 행정규칙과 같은 규범에 하자가 있는 경우 무효사유에 해당한다.

판례

1. 행정규칙의 내용이 상위법령이나 법의 일반원칙에 반하는 것이라면 법치국가원리에서 파생되는 법질서의 통일성과 모순금지 원칙에 따라 그것은 법질서상 당연무효이고, 행정내부적 효력도 인정될 수 없다(대판 2020.5.28. 2017두66541). [22 국가7급]
2. 행정청 내부에서의 사무처리지침이 행정부가 독자적으로 제정한 행정규칙으로서 상위법규의 규정내용을 벗어나 국민에게 새로운 제한을 가한 것이라면 그 효력을 인정할 수 없겠으나, 단순히 행정규칙 중 하급행정기관을 지도하고 통일적 법해석을 기하기 위하여 상위법규 해석의 준거기준을 제시하는 규범해석규칙의 성격을 가지는 것에 불과하다면 그러한 해석기준이 상위법규의 해석상 타당하다고 보여지는 한 그에 따랐다는 이유만으로 행정처분이 위법하게 되는 것은 아니라 할 것이다(대판 1992.5.12. 91누8128).

07 행정규칙의 통제와 소멸

1. 행정규칙에 대한 통제

(1) 입법부에 의한 통제

행정규칙의 성립·효력에 대한 직접적인 통제수단은 없다. 다만 국정감사·조사권, 국무위원 해임건의, 대정부질문 등에 의해서 간접적인 통제는 가능하다.

(2) 행정적 통제

① 감독권 등에 의한 통제

행정감독권에 의한 통제와 행정절차를 통한 행정내부의 자율적 통제 등이 가능하다.

② 법제처의 사후심사

중앙행정기관의 훈령이나 예규에 대해서는 법제처의 사후평가제가 실시되고 있다. 법규명령이 법제처의 사전심사를 거치는 것과 구별된다.

PART 02

행정규칙도 행정작용의 하나이므로 하자가 있으면 하자의 정도에 따라 무효 또는 취소할 수 있는 행정규칙이 된다. (○, ×) [18 서울7급(上)]

행정청 내부에서의 사무처리지침이 행정부가 독자적으로 제정한 행정규칙으로서 상위법규의 규정내용을 벗어나 국민에게 새로운 제한을 가한 것이라면 그 효력을 인정할 수 없겠으나, 단순히 행정규칙 중 하급행정기관을 지도하고 통일적 법해석을 기하기 위하여 상위법규 해석의 준거기준을 제시하는 규범해석규칙의 성격을 가지는 것에 불과하다면 그러한 해석기준이 상위법규의 해석상 타당하다고 보여지는 한 그에 따랐다는 이유만으로 행정처분이 위법하게 되는 것은 아니다. (○, ×) [13 지방7급]

행정규칙 자체는 원칙적으로 행정소송법상 처분에 해당되지 않는다. (○, ×) [14 경행특채]

행정규칙이 직접적으로 국민의 권익을 침해하는 경우에는 처분성이 인정되어 항고소송에 의한 사법적 통제를 받게 된다. (○, ×) [12 국회8급]

법령보충규칙에 해당하는 고시의 관계규정에 의하여 직접 기본권 침해를 받는다고 하여도 이에 대하여 바로 헌법재판소법 제68조 제1항에 의한 헌법소원심판을 청구할 수 없다. (○, ×) [18 지방7급]

(3) 사법적 통제

① 법원에 의한 통제: 위법한 행정규칙

헌법 제107조 제2항이 규정하는 명령·규칙에 대한 위헌·위법 심사는 법규명령으로서의 규칙만을 의미하고 행정규칙은 제외된다고 보는 것이 다수설이다. 다만 예외적으로 행정규칙이 처분성을 가지는 경우에는 이론상 항고소송의 대상이 될 수 있다.

② 헌법재판소에 의한 통제

헌법재판소는 "행정규칙은 일반적으로 행정조직 내부에서만 효력을 가지는 것이나, 행정규칙이 법령의 규정에 의하여 행정관청에 법령의 구체적 내용을 보충할 권한을 부여한 경우나 재량권행사의 준칙인 규칙이 그 정한 바에 따라 되풀이 시행되어 행정관행이 이룩되게 되면, 평등의 원칙이나 신뢰보호의 원칙에 따라 행정기관은 그 상대방에 대한 관계에서 그 규칙에 따라야 할 자기구속을 당하게 되는 경우에는 대외적인 구속력을 가지게 되는바, 이러한 경우에는 헌법소원의 대상이 될 수도 있다."고 판시하여 법령보충적 행정규칙의 경우이거나 재량준칙이 평등원칙, 신뢰보호의 원칙, 자기구속의 법리를 매개로 예외적으로 법규성이 긍정되는 경우 헌법소원의 대상이 됨을 인정하고 있다.

헌재 판례

1. 이 사건 고시는 구체적 집행행위를 기다리지 않고 일정한 경우 국민의 거주·이전의 자유를 직접 제한하는 규정을 둠으로써 법규명령 또는 행정규칙의 성격을 가지게 되었으므로, 그 효력을 직접 다투기 위한 헌법소원이 가능하다(헌재 2008.6.26. 2007헌마1366).
2. 국립대학인 서울대학교의 "94학년도 대학입학고사 주요요강"은 사실상의 준비행위 내지 사전안내로서 행정쟁송의 대상이 될 수 있는 행정처분이나 공권력의 행사는 될 수 없지만 그 내용이 국민의 기본권에 직접 영향을 끼치는 내용이고 앞으로 법령의 뒷받침에 의하여 그대로 실시될 것이 틀림없을 것으로 예상되어 그로 인하여 직접적으로 기본권 침해를 받게 되는 사람에게는 사실상의 규범작용으로 인한 위험성이 이미 현실적으로 발생하였다고 보아야 할 것이므로 이는 헌법소원의 대상이 되는 헌법재판소법 제68조 제1항 소정의 공권력의 행사에 해당된다(헌재 1992.10.1. 92헌마68). [15 국가9급]

헌법재판소의 결정에 따르면, 대학입학고사 주요 요강은 항고소송의 대상인 처분은 아니지만 헌법소원의 대상이 되는 공권력 행사에는 해당된다. (○, ×) [15 국회8급, 14 지방7급]

국립대학교의 '대학입학고사 주요 요강'은 공권력의 행사로서 행정쟁송의 대상이 될 수 있는 행정처분이다. (○, ×) [17 서울7급]

2. 행정규칙의 소멸

행정규칙은 다음과 같은 이유로 소멸한다. ① 행정규칙의 폐지, ② 해제조건의 성취와 종기의 도래. 행정규칙은 반드시 근거법규가 존재해야 성립하는 것이 아니기 때문에, 근거법규의 소멸은 행정규칙 소멸의 절대적 이유가 될 수는 없다.

해제조건의 성취는 법규명령과 행정규칙의 공통적 소멸사유이다. (○, ×) [07 지방9급]

CHAPTER

02 행정행위

제1절 행정행위의 의의 및 종류

01 행정행위의 의의

1. 개념

행정행위는 실정법상 개념이 아니라 학문상의 개념으로 정립된 것이다. 실정법상으로는 강학상의 행정행위에 해당하는 것을 허가 · 특허 · 인가 등 여러 가지 명칭으로 규정하고 있는데, 이러한 용어들의 공통점을 포괄하는 개념이 행정행위이다.

✦ 행정행위 개념은 실정법상 발전되어 온 개념이다. (○, ×) [03 관세사]

2. 쟁송법상 처분과 행정행위의 관계

(1) 쟁송법상 처분 개념

독일에서는 학문상의 행정행위 개념을 바탕으로 행정절차법에서 행정행위라는 개념을 정의하고 이를 행정소송의 대상으로 규정하고 있다. 이에 반해 우리 행정소송법에서는 취소소송 등 항고소송의 대상을 '처분 등'이라고 규정하고 있으므로 처분과 행정행위 개념이 동일한 것인지 문제된다.

참고

행정소송법 제2조 【정의】 ① 이 법에서 사용하는 용어의 정의는 다음과 같다.
1. "처분 등"이라 함은 행정청이 행하는 구체적 사실에 관한 법집행으로서의 공권력의 행사 또는 그 거부와 그 밖에 이에 준하는 행정작용(이하 "처분"이라 한다) 및 행정심판에 대한 재결을 말한다.

(2) 학설

이원설	행정소송법상 처분개념의 정의 규정이 문언상 실체법적 행정행위보다 넓게 되어 있어서 행정소송법상의 처분개념을 행정행위보다 넓게 파악한다.
일원설	행정소송법상의 처분개념을 강학상의 행정행위와 동일하게 실체법상의 개념으로 파악한다.

✦ 「행정소송법」상 처분의 개념과 강학상 행정행위의 개념이 다르다고 보는 견해는 처분의 개념을 강학상 행정행위의 개념보다 넓게 본다. (○, ×) [17 국가9급]

3. 형식적 행정행위

(1) 개념

공권력의 행사로서의 실체는 가지고 있지 아니하나, 그것이 행정목적 실현을 위하여 국민의 법익에 계속적으로 사실상의 지배력을 미치는 경우에 국민의 실효적인 권익구제라는 관점에서 행정쟁송의 제기를 가능하게 하기 위하여 논의되는 형식적 · 기술적 의미의 행정행위를 말한다. 대표적으로 사회보장부분에서의 급부결정, 보조금의 지급결정, 행정지도, 공공시설(육교, 쓰레기소각장 등)의 설치행위 등에서 형식적 행정행위 개념이 논의되고 있다.

(2) 인정 여부

처분개념을 행정행위보다 더 넓은 개념으로 본다면 행정행위 이외의 작용 중 일정한 행위에 대해서는 국민의 권익구제의 실효성이 확보될 수 있으므로 이러한 개념을 인정할 필요가 없다는 견해가 다수설이며, 판례는 명시적으로 판시한 바는 없으나 형식적 행정행위 긍정설이 대표적으로 주장하는 비권력적인 사실행위(권고 등)에 대해 처분성을 부정하고 있어 부정설의 입장이라고 평가된다.

02 행정행위의 개념요소

1. 행정청의 행위

(1) 행정청의 개념

행정청이란 행정에 관한 의사를 결정하여 표시하는 국가 또는 지방자치단체의 기관, 그 밖에 법령 또는 자치법규에 따라 행정권한을 가지고 있거나 위임 또는 위탁받은 공공단체 또는 그 기관이나 사인을 말한다(행정절차법 제2조 제1호).

(2) 행정청의 범위

행정청은 행정조직법상의 행정청인 국가나 지방자치단체의 행정기관만을 말하는 것이 아니라, 공사 기타 공법인, 공무수탁사인도 수권의 범위 안에서는 행정청에 포함된다. 따라서 공무수탁사인의 행위도 행정행위가 된다. 행정청은 조직법상 개념이 아니라 기능적 개념이다.

> 교통안전공단이 구 교통안전공단법에 의거하여 교통안전분납금 납부의무자에게 한 분납금납부통지는 행정처분이 아니다. (○, ×) [14 국가9급]

판례

교통안전공단이 그 사업목적에 필요한 재원으로 사용할 기금 조성을 위하여 분담금 납부의무자에 대하여 한 분담금 납부통지는 행정처분이라고 보아야 할 것이고, 이는 그 분담금 체납자로부터 국세징수법에 의한 강제징수를 할 수 있음을 정한 규정이 없다고 하여도 마찬가지이다(대판 2000.09.08. 2000다12716).

(3) 행정청의 행위

행정행위는 행정청의 행위이므로 행정기관이라도 보조기관(차관, 국장)의 행위는 행정행위가 아니다. 예를 들면 장관의 처분은 처분이지만 차관의 행위는 처분이 아니다.

2. 구체적 사실에 관한 행위

> 행정행위는 행정청이 행하는 구체적 사실에 관한 법집행작용이라는 점에서 행정청에 의한 법의 제정작용은 행정행위가 아니다. (○, ×) [07 국회8급]

행정행위는 구체적 사실에 관한 것이어야 한다. 따라서 일반적·추상적 규범의 정립행위인 법령의 제정은 행정행위가 아니다. 한편 구체적인 규율은 수범자가 특정인인지, 불특정 다수인지에 따라 다음과 같이 구분할 수 있다.

(1) 개별·구체적 행위

가장 전형적인 행정행위로서 특정인에게 특정사안에 대해 규율하는 것을 말한다. 예컨대 특정인 갑(甲)에게 2021년분의 소득세를 부과하는 것을 들 수 있다.

(2) 일반처분(일반 · 구체적 행위)

① 의의

일반처분이란 구체적 사실과 관련하여 불특정 다수인을 대상으로 하여 발하여지는 행정청의 권력적 · 단독적 행위를 말한다. 일반처분은 일반적이기는 하나 구체적인 법적 효과를 가져오는 행위인 점에서 법규명령과 구별된다.

② 성질

일반처분은 규율의 수범자가 불특정 다수인이라는 점에서는 일반적이나, 그 규율대상이 시간 · 공간 등의 관점에서 특정된다는 점에서 구체성을 가진다. 구체적 사실을 규율하는 경우 불특정 다수인을 상대방으로 하는 일반처분은 행정행위에 해당한다. [16 서울9급]

판례

지방경찰청장이 횡단보도를 설치하여 보행자의 통행방법 등을 규제하는 것은 행정청이 특정사항에 대하여 의무의 부담을 명하는 행위이고 이는 국민의 권리 · 의무에 직접 관계가 있는 행위로서 행정처분이라고 보아야 할 것이다(대판 2000.10.27. 98두8964). [22 지방9급, 20 지방9급]

③ 종류

㉠ 대인적 일반처분

구체적 사안과 관련하여 일반적 기준에 따라 결정되거나 결정될 수 있는 불특정 다수인을 대상으로 하는 행정행위이다. 예를 들어 특정일, 특정 시간 및 특정 장소의 집회행위 금지조치, 통행금지조치 등을 들 수 있다.

㉡ 대물적 일반처분

물건의 규율을 내용으로 하는 행정행위로서 직접적으로는 물건의 성질 · 상태를 규율하며, 이를 통하여 사람에 대해서는 간접적인 법적 효과를 미치는 행정행위를 말한다. 예를 들어 도로의 공용개시행위, 속도제한 표지판, 일방통행 표지판, 개별공시지가결정, 주차금지구역 설정행위 등을 들 수 있다.

3. 법집행에 관한 외부적 행위

(1) 법집행 행위

행정행위는 법적 효과의 발생 · 변경 · 소멸을 의도하는 법적 행위라는 점에서 국민에게 법적 효과를 발생시키지 않는 사실행위는 행정행위가 아니다(도로의 보수 등). 다만 권력적 사실행위(대집행의 실행 등)는 행정쟁송에 있어서 처분성이 인정된다는 점은 주의를 요한다.

(2) 외부적 행위

행정행위는 법집행 행위이기 때문에 집행의 전단계인 내부적 결정행위는 행정행위가 아니다. 특별권력관계에서 구성원의 권리 · 의무와 직접적인 관련이 있는 행위(공무원에 대한 징계 등)는 행정행위가 될 수 있다. 다른 행정청의 동의를 얻어야 하는 행정행위에서 다른 행정청의 동의가 행정행위의 중요한 요소라 하더라도 이는 행정행위가 아니다.

- 특정장소에서의 통행금지와 같은 불특정 다수인에 대한 규율행위는 행정행위에 해당한다. (○, ×) [09 관세사]
- 구체적 사실을 규율하는 경우라도 불특정 다수인을 상대방으로 하는 처분이라면 행정행위가 아니다. (○, ×) [16 서울9급]
- 지방경찰청장이 횡단보도를 설치하여 보행자의 통행방법을 규제하는 것은 행정처분이 아니다. (○, ×) [15 서울9급, 14 국가9급]
- 도로상의 교통표지판과 같이 직접 물건의 특성을 규율하는 행위는 행정행위에 해당한다. (○, ×) [09 관세사]
- 행정행위는 법적 행위이므로, 행정청이 도로를 보수하는 행위는 행정행위가 아니다. (○, ×) [15 교행]
- 상급자가 특정 공무원에 대해 발하는 직무명령은 행정행위에 해당하지 않는다. (○, ×) [15 서울9급]
- 다른 행정청의 동의를 얻어야 하는 행정행위에서 다른 행정청의 동의가 행정행위의 중요한 요소인 경우에는 그 자체도 행정행위로 보아야 한다. (○, ×) [07 국회8급]

판례

이른바 고발은 수사의 단서에 불과할 뿐 그 자체 국민의 권리의무에 어떤 영향을 미치는 것이 아니고, 공정거래위원회의 고발조치는 사직 당국에 대하여 형벌권 행사를 요구하는 행정기관 상호 간의 행위에 불과하여 항고소송의 대상이 되는 행정처분이 되지 못한다(대판 1995.5.12. 94누13794).

4. 권력적 단독행위로서 공법행위

(1) 권력적 단독행위

행정행위는 행정청이 우월적 지위에서 일방적으로 행하는 권력적 단독행위이다. 다만, 행정행위 중에는 상대방의 동의나 신청 등의 협력이 필요한 경우도 있다.

행정행위를 '행정청이 법아래서 구체적 사실에 대한 법집행으로서 행하는 공법행위'로 정의하면, 공법상 계약과 공법상 합동행위는 행정행위의 개념에서 제외된다. (○, ×) [17 국가9급]

(2) 자동결정

자동기계에 의한 행정자동결정(교통신호 등)도 행정행위에 포함된다. 따라서 기계적으로 부과되는 납세고지서의 발급도 행정행위가 될 수 있다.

(3) 공법행위

행정행위는 공법상의 행위이므로 행정청이 행하는 행위의 근거가 사법인 경우(기부채납 받은 일반재산을 기부자가 무상으로 사용하도록 허용하는 행위 등)에는 행정행위가 아니다. 다만 공법상 근거를 갖는 행정행위라고 하더라도 그 행위의 효과까지 공법적인 것만은 아니다. 예컨대 토지거래허가는 공법행위로서 행정행위지만, 사인 간의 사법상 법률행위를 완성시켜 주는 사법적 효과를 갖는다.

참고

비교: 그러나 기부채납을 받은 재산이 행정재산인 경우에는 이에 대한 사용·수익의 허가는 행정행위이다.

행정행위가 공법상의 행위라는 것은 그 행위의 근거가 공법적이라는 것이지, 행위의 효과까지 공법적이라는 것을 의미하는 것은 아니다. (○, ×) [14 국회8급]

판례

행정행위가 아니라고 한 사례

1. 경제기획원장관의 정부투자기관에 대한 예산편성지침통보는 감독작용에 해당할 뿐 그 자체만으로는 직접적으로 국민의 권리, 의무가 설정, 변경, 박탈되거나 그 범위가 확정되는 등 기존의 권리상태에 어떤 변동을 가져오는 것이 아니므로 이를 행정소송의 대상이 되는 행정처분이라고 할 수 없다(대판 1993.9.14. 93누9163).
2. 병역법상 신체등위판정은 행정청이라고 볼 수 없는 군의관이 하도록 되어 있으며, 그 자체만으로 바로 병역법상의 권리의무가 정하여지는 것이 아니라 그에 따라 지방병무청장이 병역처분을 함으로써 비로소 병역의무의 종류가 정하여지는 것이므로 항고소송의 대상이 되는 행정처분이라 보기 어렵다(대판 1993.8.27. 93누3356).
3. 건설부장관이 행한 위의 화랑공원지정처분은 그 결정 및 첨부된 도면의 공고로써 그 경계가 확정되는 것이고, 위와 같은 경위로 경주시장이 행한 경계측량 및 표지의 설치 등은 이미 확정된 경계를 인식, 파악하는 사실상의 행위로 봄이 상당하며, 공권력행사로서의 행정처분의 일부라고 볼 수 없고, 이로 인하여 건설부장관이 행한 공원지정처분이나 그 경계에 변동을 가져온다고 할 수 없다(대판 1992.10.13. 92누2325).

권한 있는 장관이 행한 국립공원지정처분에 따라 공원관리청이 행한 경계측량 및 표지의 설치는 행정처분이다. (○, ×) [14 국가9급]

5. 거부행위

(1) 일반론

행정행위의 신청에 대한 거부행위도 행정행위가 된다. 다만 거부하는 행정작용이 단순한 사실행위의 거부이거나, 사법(私法)상 계약체결요구에 대한 거부 등은 행정행위가 아니다. 특히 통설·판례는 거부행위가 항고소송의 대상이 되는 처분이 되기 위해서는 상대방에게 법규상·조리상 신청권이 있어야 한다고 본다.

(2) 묵시적 거부

판례

검사 지원자 중 한정된 수의 임용대상자에 대한 임용 결정은 한편으로는 그 임용대상에서 제외한 자에 대한 임용거부결정이라는 양면성을 지니는 것이므로 임용대상자에 대한 임용의 의사표시는 동시에 임용대상에서 제외한 자에 대한 임용거부의 의사표시를 포함한 것으로 볼 수 있고, 이러한 임용 거부의 의사 표시는 본인에게 직접 고지되지 않았다고 하여도 본인이 이를 알았거나 알 수 있었을 때에 그 효력이 발생한 것으로 보아야 한다(대판 1991.2.12. 90누5825).

03 행정행위의 종류

1. 법률행위적 행정행위와 준법률행위적 행정행위

(1) 법률행위적 행정행위

행정청의 의사표시를 요소로 하고 그 의사의 내용에 따라 효과가 발생하는 행정행위이다. 명령적 행정행위(하명, 허가, 면제)와 형성적 행정행위(특허, 인가, 대리)가 있다.

(2) 준법률행위적 행정행위

행정청의 의사표시를 요소로 하지 않는 것으로서 의사표시 이외의 정신작용(인식, 판단)을 요소로 한다. 효과는 행정청의 의사에 따르는 것이 아니라 법규에 정해진 대로의 효과가 발생한다. 확인, 공증, 통지, 수리가 있다.

(3) 구별실익

법률행위적 행정행위에는 부관을 붙일 수 있고 준법률행위적 행정행위에는 부관을 붙일 수 없다는 것이 종래의 통설이다. 그런데 현재 다수설은 부관의 가능성은 개별적으로 검토하여야 한다는 전제에서 법률행위적 행정행위라도 귀화허가 등의 경우에는 부관을 붙일 수 없고, 준법률행위적 행정행위인 공증에는 기한 등과 같은 부관을 붙일 수 있다고 한다.

2. 기속행위와 재량행위

기속행위란 법이 정하는 요건이 충족되면 일정한 행위를 반드시 하거나 해서는 안 되는 행정행위를 말한다. 이에 반해 재량행위란 행정청에 어떤 행정행위를 할 수도 있고, 하지 않을 수도 있는 자유가 인정되는 이른바 재량권을 부여한 행위를 말한다.

3. 수익적 · 침익적 · 복효적 행정행위

(1) 수익적(급부적) 행정행위

국민에게 권리나 이익을 부여하거나 권리의 제한을 없애는 행정행위로서 허가 · 면제 · 인가 · 특허 등이 있다.

(2) 침익적(부담적) 행정행위

국민에게 의무를 부과하거나 권리의 행사를 방해하는 등 상대방에게 불리한 효과를 발생시키는 행위로서 명령 · 금지 · 수익적 행정행위의 취소나 철회 등이 있다.

(3) 복효적 행정행위

하나의 행위가 수익과 부담이라고 하는 복수의 효과를 발생시키는 행정행위를 말하며, 이중효과적 행정행위라고도 한다. 이때 복수의 효과가 동일인에게 발생하는 경우를 혼합효 행정행위라고 하고, 1인에게는 이익을 타인에게는 불이익이라고 하는 상반된 효과를 발생시키는 경우를 제3자효 행정행위라고 한다.

다음 중 복효적 행정행위에 해당하는 것은? [04 국회8급]
① 입영명령
② 화장장 설치허가
③ 의사면허
④ 예방접종면제
⑤ 귀화허가

4. 대인적 · 대물적 · 혼합적 행정행위

(1) 대인적 행정행위

행정행위가 순전히 사람의 학식 · 기술 · 경험과 같은 주관적 사정에 착안하여 행하여지는 경우로 의사면허 · 자동차운전면허 · 인간문화재지정 등이 그 예이다. 대인적 행정행위의 효과는 일신전속적인 것이므로 제3자에게 승계되지 않는다.

(2) 대물적 행정행위

행정행위가 오직 물건의 객관적 사정에 착안하여 행하여지는 경우로 자동차검사증 교부 · 건물 준공검사 등이 그 예이다. 대물적 행정행위의 효과는 명문의 규정이 없어도 제3자에게 이전될 수 있다는 것이 통설 및 판례의 입장이며, 이 점에서 대인적 행정행위와는 구별된다.

대물적 행정행위 중 수익적 행정행위인 경우에는 그 효과가 승계된다. (○, ×) [12 복지9급]

(3) 혼합적 행정행위

인적(人的) · 주관적 사정과 물적(物的) · 객관적 사정을 모두 고려하여 행하여지는 행정행위로 전당포 영업허가가 그 예이다. 혼합적 행정행위의 이전은 명문의 규정이 있는 경우에 인정되며 통상 행정청의 승인 또는 허가를 받도록 규정하고 있다.

5. 일방적 행정행위와 쌍방적(협력을 요하는) 행정행위

(1) 일방적 행정행위

상대방의 협력과 관계없이 행정청이 일방적으로 행하는 행정행위이다. 이에는 조세부과 · 경찰하명 · 공무원에 대한 징계 등이 있다.

(2) 쌍방적 행정행위

상대방의 신청 · 동의 · 출원 등에 의하여 행하는 행정행위로서 영업허가 · 특허설정 등이 있다.

행정행위는 행정청이 우월한 지위에서 행하는 것이지만, 상대방의 동의나 신청 등의 협력이 필요한 경우에도 역시 행정행위에 포함될 수 있다. (○, ×) [07 국회8급]

04 제3자효적 행정행위

1. 제3자효적 행정행위의 의의

제3자효적 행정행위란 하나의 행정행위가 한 사람에게는 이익을 주는 것이나 다른 사람에게는 불이익을 과하는 효과를 가지는 행정행위를 의미한다. 건축허가나 영업허가가 허가권자에게는 이익이 되지만 인근주민에게 피해가 생기는 경우가 대표적이다.

2. 등장배경과 논의의 필요성

(1) 제3자의 원고적격

예컨대 주거지역에 연탄공장이 신축되는 경우, 공장에게는 이익이 되지만 인근주민에게는 상당한 불편이 예상된다. 이때 인근 주민에게 취소소송이 인정되는가의 문제처럼 과거에는 원고적격이 부정되었던 제3자(복효적 행정행위의 상대방) 또는 주민에게 소익을 인정하는 소익의 확대화 경향과 맞물려 등장하게 되었다.

(2) 반사적 이익의 공권화

과거에는 반사적 이익에 불과한 것으로 보았던 제3자 또는 주민의 이익을 반사적 권리가 아닌 법률상의 보호이익으로 보아 제3자가 권리의 주체로 등장하게 된 것이다.

3. 제3자효적 행정행위의 절차법적 특수성(행정절차)

(1) 불이익을 받는 제3자에 대한 통지

일반적으로 행정행위는 상대방에 대한 통지에 의하여 성립되고 그 효력이 발생한다. 그런데 제3자효적 행정행위가 성립하고 효력이 발생하기 위하여 상대방 외에 제3자에게도 통지되어야 하는지가 문제되나 통설은 원칙적으로 상대방에 대한 통지만으로 성립하고 제3자인 이해관계인에 대해서는 통지의무가 없다고 본다.

(2) 행정절차의 참가(이해관계인인 제3자에 대한 사전통지 등)

제3자효적 행정행위에 있어서는 행정처분 전에 이해관계인이 청문 등 행정절차에 참가하는 것이 중요한 의미를 갖는다. 행정절차법은 행정행위의 상대방인 당사자에게 의무를 부과하거나 권익을 제한하는 처분을 하는 경우에는 일정사항을 당사자 등에 사전통지하고(동법 제21조), 의견제출의 기회를 주어야 한다고 규정하고 있다(동법 제22조 제3항). 그런데 행정절차법상 당사자 등이라 함은 행정청의 처분에 대하여 직접 그 상대가 되는 당사자와 행정청이 직권 또는 신청에 의하여 행정절차에 참여하게 한 이해관계인이 된다. 따라서 제3자인 이해관계인은 행정청이 직권 또는 신청에 의해 행정절차참가를 인정한 경우에 한하여 사전통지와 의견제출의 기회를 받는다.

> 행정절차법상 행정청은 행정처분으로 인하여 권익을 침해받게 되는 제3자에 대하여 처분의 원인이 되는 사실과 처분의 내용 및 법적 근거를 미리 통지하여야 한다. (○, ×) [15 국가7급]

4. 제3자효적 행정행위와 행정쟁송

(1) 원고적격

위법한 복효적 행정행위에 대하여 제3자가 취소소송을 제기하기 위하여는 그 취소를 구할 '법률상 이익'이 있어야 한다(행정소송법 제12조). 여기에서 법률상 이익이라 함은 '법적으로 보호된 이익'을 의미한다고 보는 것이 통설·판례이다.

> 제3자효 행정행위의 제3자는 법률상 이익유무와 상관없이 행정심판 청구인적격 및 행정소송 원고적격을 가지지 않는다. (○, ×) [08 서울7급]

(2) **제3자의 소송참가**

이해관계 있는 자는 소송절차에 참가할 수 있다. 제3자가 소송에 참가한 경우 행정청과 달리 공동소송적 보조참가가 된다.

(3) **제3자에 대한 판결의 효력**

처분 등의 취소판결은 제3자에 대하여 효력이 없다. (○, ×) [08 서울7급]

처분 등의 취소, 무효 등의 확인 및 부작위의 위법을 확인하는 확정판결은 이러한 제3자에 대해서도 효력을 미친다.

(4) **제3자의 재심청구**

처분 등을 취소하는 판결에 의하여 권리나 이익의 침해를 받은 제3자는, 자기에게 책임 없는 사유로 인해 소송에 참가하지 못함으로써 판결의 결과에 영향을 미칠 공격 또는 방어방법을 제출하지 못한 때에 이를 이유로 재심을 청구할 수 있다.

05 기속행위와 재량행위

1. 등장배경: 법치행정과 행정의 다양성

참고

법규정은 일반적으로 '~하면 ~한다'는 형태로 규정되어 있다. 이 경우'~하면'에 해당하는 규정을 요건규정이라 하고 '~한다'에 해당하는 규정을 효과규정이라고 한다.

건축법 제18조【건축허가 제한 등】 ① 국토교통부장관은 국토관리를 위하여 특히 필요하다고 인정하거나 주무부장관이 국방, 문화재보존, 환경보전 또는 국민경제를 위하여 특히 필요하다고 인정하여 요청하면 허가권자의 건축허가나 허가를 받은 건축물의 착공을 제한할 수 있다.

법규정은 조건명제(요건과 효과)의 형식을 취하는 것이 일반적이다. 그러나 모든 행정행위의 요건을 법규에서 일의적·확정적으로 규정하는 것은 현실적으로 불가능하다. 나아가 행정은 공익의 실현을 위하여 구체적 타당성의 요청에 의해 행정청에게 일정한 범위 내에서 독자적인 판단권을 인정할 필요가 있다. 이러한 배경에서 등장한 것이 재량개념이다.

2. 의의

(1) **기속행위의 의의**

기속행위란 법이 어떤 요건하에서 어떤 행위를 할 것인가에 관해 일의적·확정적으로 규정하고 있어서, 행정청은 다만 그 법률을 기계적으로 적용함에 그치는 경우를 말한다.

(2) **재량행위의 의의**

재량행위란 법률이 행정청에게 그 요건의 판단 또는 효과의 결정에 있어 일정한 독자적 판단권을 인정하고 있는 경우를 말한다. 재량에는 어떤 일을 할 것인가 말 것인가를 결정하는 결정재량과 복수의 행정행위 중 어느 것을 할 것인가의 선택재량이 있다. 판례는 자유재량행위와 기속재량행위를 구별하지만 일반적으로 학설에서는 구분하지 않는다.

판례	기속행위	기속재량행위	자유재량행위
학설(다수설)	기속행위		재량행위

PART 02

3. 재량행위와 기속행위의 구별실익

(1) 재판통제

① 사법심사의 가능성

전통적 이론은 기속행위만 사법심사의 대상이 되고, 재량행위는 사법심사의 대상이 아니라고 보았지만 오늘날 양자 모두 사법심사의 대상이 되는 점에는 차이가 없다. 행정소송법 제27조는 '행정청의 재량에 속하는 처분이라도 재량권의 한계를 넘거나 그 남용이 있는 때에는 법원은 이를 취소할 수 있다.'고 규정하여 [15 경행특채] 재량에 대한 사법심사가 가능함을 명시적으로 밝히고 있다. 다만 사법심사의 범위와 관련하여 차이가 있다. [09 국가9급]

② 사법심사의 범위

기속행위의 경우에 법원은 행정청의 판단과 실체적 결정 모두를 전면적으로 심사하지만 재량의 경우에는 재량권의 일탈・남용만 심사한다. 입증책임에 있어서 기속행위에 대해서는 법위반사실에 대한 적법성을 피고인 행정청이 입증해야 하고, 재량행위인 경우에는 재량의 일탈・남용을 원고가 입증해야 한다.

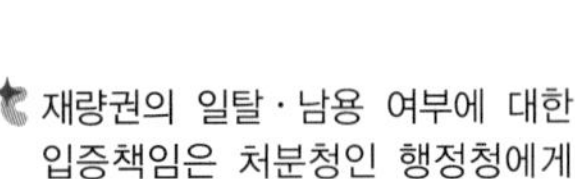

재량권의 일탈・남용 여부에 대한 입증책임은 처분청인 행정청에게 있다. (○, ×) [15 서울7급]

판례

1. 재량권의 남용이나 재량권의 일탈의 경우에는 그 재량권이 기속재량이거나 자유재량이거나를 막론하고 사법심사의 대상이 된다(대판 1984.1.31. 83누451).
2. 행정행위를 기속행위와 재량행위로 구분하는 경우 양자에 대한 사법심사는, 전자의 경우 법원이 사실인정과 관련 법규의 해석・적용을 통하여 일정한 결론을 도출한 후 그 결론에 비추어 행정청이 한 판단의 적법 여부를 독자의 입장에서 판정하는 방식에 의하게 되나, [20 국가7급, 17 국가9급(下)] 후자의 경우 행정청의 재량에 기한 공익판단의 여지를 감안하여 법원은 독자의 결론을 도출함이 없이 당해 행위에 재량권의 일탈・남용이 있는지 여부만을 심사하게 되고, [18 국가7급, 17 국가9급] 이러한 재량권의 일탈・남용 여부에 대한 심사는 사실오인, 비례・평등의 원칙 위배 등을 그 판단 대상으로 한다(대판 2005.7.14. 2004두6181).
3. 문교부장관이 시행하는 검정은 그 저술한 내용이 교육에 적합한 여부까지를 심사할 수 있다. 법원이 위 검정에 관한 처분의 위법 여부를 심사함에 있어 문교부장관과 동일한 입장에 서서 어떠한 처분을 하여야 할 것인가를 판단하고 그것과 동 처분과를 비교하여 당부를 논하는 것은 불가하고, 처분이 현저히 부당하다거나 또는 재량권의 남용에 해당된다고 볼 수밖에 없는 특별한 사정이 있는 때가 아니면 동 처분을 취소할 수 없다(대판 1988.11.8. 86누618).

종전에는 무엇이 법 또는 공익인가를 기준으로 기속재량과 자유재량을 구분하였으나 판례는 양자가 모두 사법심사의 대상이 된다고 보고 있다. (○, ×) [15 경행특채, 08 지방9급]

판례는 자유재량에 대한 사법심사에 있어서는 법원이 일정한 결론을 도출한 후 그 결론에 비추어 행정청이 한 판단의 적법 여부를 독자의 입장에서 판정하는 방식에 의하게 된다고 보고 있다. (○, ×) [14 서울9급, 13 지방7급]

대법원은 교육과학기술부(현 교육부) 장관의 교과서검정에 관한 처분과 관련하여 법원이 교과서의 저술내용이 교육에 적합한지의 여부를 심사할 수 있다고 보았다. (○, ×) [12 경행특채]

(2) 부관의 가능성

① 전통적 견해

종래의 학설과 판례는 기속행위에는 원칙적으로 부관을 붙일 수 없고, 재량행위의 경우에는 원칙적으로 법률효과의 일부를 제한하는 부관을 붙일 수 있다고 한다.

② 새로운 견해

최근의 유력설은 기속행위에도 법령에 근거가 있거나 법령요건보충적 부관은 붙일 수 있고 재량의 경우에도 부관을 붙일 수 없는 경우(귀화허가)가 있다는 입장이다.

재량행위 영역에 있어 개인적 공권을 인정할 수 없다. (○, ×) [05 지방9급]

(3) 공권성립의 가능성

기속행위에 대해서는 상대방이 일정한 행위를 요구할 수 있는 공권이 발생한다. 이에 반해 재량행위에 대하여는 원칙적으로 청구권이 인정되지 않으나, 재량행위의 경우에도 무하자재량행사청구권이나 재량이 '0'으로 수축되는 경우에는 행정개입청구권이 인정될 수 있다. 결국 기속행위이든 재량행위이든 모두 개인적 공권이 성립할 수 있다는 점에서 양자의 구별실익은 크지 않다.

4. 기속행위와 재량행위의 구별기준

(1) 학설

요건재량설에 대해서는 행정행위의 종국목적과 중간목적의 분류나 구체적 기준 자체가 불명확하다는 비판이 있다. (○, ×) [10 경행특채]

구분	개념	비판
요건재량설	행정법규의 요건규정의 해석에 중점을 두어 기속행위와 재량행위를 구별하는 견해이다. 요건이 중간목적을 나타내는 개념으로 규정되어 있는 경우 기속행위로 보고, 요건은 규정하지 아니하고 권한만을 부여하고 있는 경우에는 재량을 가진다고 본다.	행정행위의 종국목적과 중간목적의 구분이 불명확하고, 법률문제인 요건인정을 재량문제로 오인하고 있다.
효과재량설	당해 행위의 성질에 따라 재량행위 여부를 결정하려는 것이다. 침익적 행위는 기속행위이고, 수익적 행위는 원칙적으로 자유재량행위로 보는 견해이다. [19 서울7급]	수익적 행정행위에도 그 요건이 명확하게 규정되어 기속행위로 되는 경우가 있고 부담적 행정행위의 영역에도 재량이 인정될 수 있다.
법문언 기준설 (通, 判)	1차적으로 당해 규정의 표현이 '~하여야 한다'이면 기속행위이고, '~할 수 있다'이면 재량행위로 판단할 수 있다는 견해이다. 만약 당해 규정의 표현이 불명확한 경우에는 2차적으로 행위의 근거법령의 취지와 목적, 당해 행정 분야의 성질, 행위의 성질·유형과 아울러 기본권 관련성을 기준으로 양자를 구분하자는 견해이다.	

기속행위와 재량행위의 구분은 당해 행위의 근거가 된 법규의 체재·형식과 그 문언, 당해 행위가 속하는 행정 분야의 주된 목적과 특성, 당해 행위 자체의 개별적 성질과 유형 등을 모두 고려하여 판단하여야 한다. (○, ×) [20 지방9급, 10 국가9급]

어느 행정행위가 기속행위인지 재량행위인지 나아가 재량행위라고 할지라도 기속재량행위인지 또는 자유재량에 속하는 것인지의 여부는 이를 일률적으로 규정지을 수는 없는 것이고, 당해 처분의 근거가 된 규정의 형식이나 체제 또는 문언에 따라 개별적으로 판단하여야 한다. (○, ×) [15 국가7급, 15 경행특채]

(2) 판례

판례

1. 기속행위와 재량행위의 구분은 당해 행위의 근거가 된 법규의 체재·형식과 그 문언, 당해 행위가 속하는 행정 분야의 주된 목적과 특성, 당해 행위 자체의 개별적 성질과 유형 등을 모두 고려하여 판단하여야 한다(대판 2001.2.9. 98두17593).
2. 주택건설 사업계획의 승인은 상대방에게 권리나 이익을 부여하는 효과를 수반하는 이른바 수익적 행정처분으로서 법령에 행정처분의 요건에 관하여 일의적으로 규정되어 있지 아니한 이상 행정청의 재량행위에 속한다(대판 2007.5.10. 2005두13315). [19 서울7급]
3. 주택재건축사업시행의 인가는 상대방에게 권리나 이익을 부여하는 효과를 수반하는 이른바 수익적 행정처분으로서 법령에 행정처분의 요건에 관하여 일의적으로 규정되어 있지 아니한 이상 행정청의 재량행위에 속한다(대판 2007.7.12. 2007두6663). [23 국가7급]

대법원은 주택건설촉진법상의 주택건설사업계획의 승인은 상대방에게 권리나 이익을 부여하는 효과를 수반하는 수익적 행정처분이라는 점에서 재량행위라고 판단하고 있는데 이것은 이른바 요건재량설에 따른 것이다. (○, ×) [06 국가9급]

주택재건축사업시행의 인가는 상대방에게 권리나 이익을 부여하는 효과를 수반하는 이른바 수익적 행정처분으로서 법령에 행정처분의 요건에 관하여 일의적으로 규정되어 있지 아니한 이상 행정청의 재량행위에 속한다. (○, ×) [10 국가9급]

4. 보조금 교부결정에 관해서는 행정청에게 광범위한 재량이 부여되어 있고, 행정청은 보조금 교부결정을 할 때 법령과 예산에서 정하는 보조금의 교부 목적을 달성 하는 데에 필요한 조건을 붙일 수 있다(대판 2021.2.4. 2020두48772). [22 지방7급]

5. 자동차운수사업법에 의한 개인택시운송사업면허는 특정인에게 권리나 이익을 부여하는 행정행위로서 법령에 특별한 규정이 없으면 행정청의 재량에 속하는 것이고, [22 지방9급, 21 국가7급] 그 면허를 위하여 정하여진 순위 내에서의 운전경력인정방법에 관한 기준설정 역시 행정청의 재량이므로, [19 서울7급(上)] 그 설정된 기준이 객관적으로 합리적이 아니라거나 타당하지 않다고 보이지 않는 이상 이에 기하여 운전경력을 산정한 것을 위법하다고 할 수 없다(대판 1995.4.14. 93누16253).

6. 귀화허가는 외국인에게 대한민국 국적을 부여함으로써 국민으로서의 법적 지위를 포괄적으로 설정하는 행위에 해당한다. 법무부장관은 귀화신청인이 귀화 요건을 갖추었더 하더라도 귀화를 허가할 것인지 여부에 관하여 재량권을 가진다(대판 2010.10.28. 2010두6496).

7. 재외동포에 대한 사증발급은 행정청의 재량행위에 속하는 것으로서, 재외동포가 사증발급을 신청한 경우에 출입국관리법 시행령 [별표 1의2]에서 정한 재외동포체류자격의 요건을 갖추었다고 해서 무조건 사증을 발급해야 하는 것은 아니다(대판 2019. 7. 11. 2017두38874). [23 국가7급]

8. 원칙적으로 국제적멸종위기종 및 그 가공품의 수입 또는 반입 목적 외의 용도로의 사용을 금지하면서 용도변경이 불가피한 경우로서 환경부장관의 용도변경승인을 받은 경우에 한하여 용도변경을 허용하도록 하고 있으므로, 위 법에 의한 용도변경승인은 특정인에게만 용도 외의 사용을 허용해주는 권리나 이익을 부여하는 이른바 수익적 행정행위로서 법령에 특별한 규정이 없는 한 재량행위이다(대판 2011.1.27. 2010두23033).

종류	기속행위	재량행위
하명	① 국유재산의 무단점유에 대한 변상금 부과처분 ② 국유재산무단점유에 대한 변상금징수 ③ 명의신탁자에 대한 과징금부과처분	공정거래위원회의 독점규제 및 공정거래에 관한 법률 위반자에 대한 과징금 부과처분
허가	① 건축법상의 건축허가(개발제한구역 외에서의 건축허가) ② 식품위생법상 대중음식점영업허가 ③ 북한어린이 살리기 의약품 지원본부에 대한 기부금품모집허가	① 토지의 형질변경을 수반하는 건축허가 ② 산림법부칙에 의한 형질변경허가 ③ 개발제한구역 내에서 건축물의 건축, 공작물의 설치 허가 ④ 산림훼손허가, 임목굴채허가, 농지전용허가
특허		① 공유수면매립면허 ② 구 토지수용법상 사업인정 ③ 도로점용허가 ④ 개인택시운송사업면허 ⑤ 출입국관리법상 체류자격 변경허가 [19 서울9급] ⑥ 공유수면점용허가

개인택시운송사업면허는 성질상 일반적 금지에 대한 해제에 불과하다. (○, ×) [17 복지9급]

「여객자동차운수사업법」에 의한 개인택시운송사업면허는 특정인에게 권리나 이익을 부여하는 행정행위로서 법령에 특별한 규정이 없는 한 재량행위이지만, 그 면허를 위하여 필요한 기준을 정하는 것은 행정청의 재량이 아니다. (○, ×) [16 국회8급, 14 지방9급]

귀화허가는 강학상 허가에 해당하므로, 귀화신청인이 귀화요건을 갖추어서 귀화허가를 신청한 경우에 법무부장관은 귀화허가를 해 주어야 한다. (○, ×) [21 국가7급, 17 국가9급(下)]

야생동・식물보호법령에 따른 용도변경승인의 경우 용도변경이 불가피한 경우에만 용도변경을 할 수 있도록 제한하는 규정을 두고 있으므로 환경부장관의 용도변경승인처분은 기속행위이다. (○, ×) [19 서울7급]

판례에 의할 때 식품위생법상 일반 음식점영업허가는 재량행위로 보고 있지 않다. (○, ×) [15 서울7급]

공유수면의 점용・사용허가는 특정인에게 공유수면 이용권이라는 독점적 권리를 설정하여 주는 처분이 아니라 일반적인 상대적 금지를 해제하는 처분이다. (○, ×) [22 지방9급, 15 서울7급]

판례

기속행위로 본 사례

1. 부동산 실권리자명의 등기에 관한 법률 각 규정을 종합하면, 명의신탁자에 대하여 과징금을 부과할 것인지 여부는 기속행위에 해당하므로, 명의신탁이 조세를 포탈하거나 법령에 의한 제한을 회피할 목적이 아닌 경우에 한하여 그 과징금을 일정한 범위 내에서 감경할 수 있을 뿐이지 그에 대하여 과징금 부과처분을 하지 않거나 과징금을 전액 감면할 수 있는 것은 아니다(대판 2007.7.12. 2005두17287).
2. 경찰공무원임용령 제46조 제1항은 행정청 내부의 사무처리기준을 규정한 재량준칙이 아니라 일반 국민이나 법원을 구속하는 법규명령에 해당하므로, 그에 의한 처분은 재량행위가 아니라 기속행위이다(대판 2008.5.29. 2007두18321).
3. 국유재산의 무단점유 등에 대한 변상금 징수의 요건은 국유재산법 제51조 제1항에 명백히 규정되어 있으므로 변상금을 징수할 것인가는 처분청의 재량을 허용하지 않는 기속행위이고, 여기에 재량권 일탈·남용의 문제는 생길 여지가 없다(대판 1998.9.22. 98두7602). [22 지방9급]
4. 국가공무원법 제73조 제2항의 문언에 비추어 복직명령은 기속행위이므로 휴직사유가 소멸하였음을 이유로 신청하는 경우 임용권자는 지체 없이 복직명령을 하여야 한다(대판 2014.6.12. 2012두4852). [23 국가7급, 22 지방9급]
5. 도로교통법 제78조 제1항 단서 제8호의 규정에 의하면, 술에 취한 상태에 있다고 인정할 만한 상당한 이유가 있음에도 불구하고 경찰공무원의 측정에 응하지 아니한 때에는 필요적으로 운전면허를 취소하도록 되어 있어 처분청이 그 취소 여부를 선택할 수 있는 재량의 여지가 없음이 그 법문상 명백하므로, 위 법조의 요건에 해당하였음을 이유로 한 운전면허취소처분에 있어서 재량권의 일탈 또는 남용의 문제는 생길 수 없다(대판 2004.11.12. 2003두12042).
6. 난민 인정에 관한 신청을 받은 행정청은 원칙적으로 법령이 정한 난민 요건에 해당하는지를 심사하여 난민 인정 여부를 결정할 수 있을 뿐이고, 이와 무관한 다른 사유만을 들어 난민 인정을 거부할 수는 없다(대판 2017. 12. 5. 2016두42913). [24 국가9급]
7. 구 여객자동차 운수사업법 제51조 제3항에 따라 국토해양부장관 또는 시·도지사는 여객자동차 운수사업자가 '거짓이나 부정한 방법으로 지급받은 보조금'에 대하여 반환할 것을 명하여야 하고, 위 규정을 '정상적으로 지급받은 보조금'까지 반환하도록 명할 수 있는 것으로 해석하는 것은 문언의 범위를 넘어서는 것이며, 규정의 형식이나 체재 등에 비추어 보면, 위 환수처분은 국토해양부장관 또는 시·도지사가 지급받은 보조금을 반환할 것을 명하여야 하는 기속행위이다(대판 2013. 12. 12. 2011두3388).

지방재정법상 공유재산의 무단점유에 대한 변상금부과처분은 재량행위이다. (○, ×) [12 국가9급]

음주측정거부를 이유로 운전면허취소를 함에 있어서 행정청이 그 취소여부를 선택할 수 있는 재량의 여지가 없음이 법문상 명백하므로 재량권의 일탈·남용의 문제는 생길 수 없다. (○, ×) [15 국회8급]

「여객자동차 운수사업법」에 따르면, 여객자동차 운수사업자가 거짓이나 부정한 방법으로 지급받은 보조금에 대한 국토교통부 장관 또는 시·도지사의 환수처분은 기속행위에 해당한다. (○, ×) [24 국가9급]

판례

재량행위로 본 사례

1. 광업법과, 토지수용법에 의한 토지수용을 위한 사업인정은 단순한 확인행위가 아니라 형성행위이고 당해 사업이 비록 토지를 수용할 수 있는 사업에 해당된다 하더라도 행정청으로서는 그 사업이 공용수용을 할 만한 공익성이 있는지 모든 사정을 참작하여 구체적으로 판단하여야 하는 것으로 사업인정의 여부는 행정청의 재량에 속한다(대판 1992.11.13. 92누596).
2. 관세법 제78조 소정의 보세구역의 설영특허는 보세구역의 설치, 경영에 관한 권리를 설정하는 이른바 공기업의 특허로서 그 특허의 부여 여부는 행정청의 자유재량에 속하며, 특허기간의 갱신 여부도 특허관청의 자유재량에 속한다(대판 1989.5.9. 88누4188). [15 복지9급]
3. 가축분뇨법에 따른 처리방법 변경허가는 허가권자의 재량행위에 해당한다(대판 2021. 6. 30. 2021두35681). [23 지방7급]

5. 재량권의 한계와 재량하자

(1) 재량의 한계

재량행위라 하더라도 완전히 법에서 자유로운 행위는 아니고, 행정의 법률적합성의 원리상 의무에 합당한 재량이라고 볼 수 있다. [12 지방9급] 행정소송법 제27조는 이러한 재량권의 한계를 재량의 일탈·남용으로 규정하고 있다. [08 지방9급]

(2) 재량하자의 효과

재량권의 남용이나 일탈이 있는 때에는 사법심사의 대상이 된다. [14 국회8급, 08 지방9급]

판례

1. 일반적으로 제재적 행정처분이 사회통념상 재량권의 범위를 일탈한 것인가의 여부는 처분사유인 위반행위의 내용과 당해 처분에 의하여 달성하려는 공익목적 및 이에 따르는 제반사정 등을 객관적으로 심리하여 공익침해의 정도와 그 처분으로 인하여 개인이 입을 불이익을 비교교량하여 판단하여야 한다(대판 1989.4.25. 88누3079). [12 복지9급]
2. 학생에 대한 징계권의 발동이나 징계의 양정이 징계권자의 교육적 재량에 맡겨져 있다 할지라도 법원이 심리한 결과 그 징계처분에 위법사유가 있다고 판단되는 경우에는 이를 취소할 수 있는 것이고, 징계처분이 교육적 재량행위라는 이유만으로 사법심사의 대상에서 당연히 제외되는 것은 아니다(대판 1991.11.22. 91누2144).

(3) 재량하자의 유형

① 재량권의 일탈

재량의 일탈이란 재량의 외적 한계를 넘어서 행사된 경우를 말한다. 예컨대 식품위생법에서 6월의 한도 내에서 영업정지 처분을 할 수 있다고 규정하였음에도 행정청이 1년의 영업정지 처분을 하거나 영업허가를 취소한 경우가 이에 해당한다.

참고

행정소송법 제27조 【재량처분의 취소】 행정청의 재량에 속하는 처분이라도 재량권의 한계를 넘거나 그 남용이 있는 때에는 법원은 이를 취소할 수 있다.

- 행정청의 재량에 속하는 처분이라도 재량권의 한계를 넘거나 그 남용이 있는 때에는 법원은 이를 취소할 수 있다. (○, ×) [13 지방7급, 12 지방9급]
- 학생에 대한 징계권의 발동이나 징계의 양정이 징계권자의 교육적 재량에 맡겨져 있다 할지라도 법원이 심리한 결과 그 징계처분에 위법사유가 있다고 판단되는 경우에는 이를 취소할 수 있는 것이고, 징계처분이 교육적 재량행위라는 이유만으로 사법심사의 대상에서 당연히 제외되는 것은 아니다. (○, ×) [08 국가9급]
- 재량권의 일탈이란 재량권의 내적 한계를 벗어난 것을 말하고, 재량권의 남용이란 재량권의 외적 한계를 벗어난 것을 말한다. (○, ×) [15 국가9급]
- 법률에서 정한 액수 이상의 과태료를 부과한 처분은 부당한 처분이다. (○, ×) [11 복지9급]

② 재량권의 남용

재량권의 남용이란 재량의 내적 한계를 넘어서 재량이 행사된 경우를 말한다. 재량의 남용은 ① 재량의 행사가 목적을 위반하거나, 그 동기가 부정한 경우, ② 처분의 근거가 된 사실을 오인한 경우, ③ 행정법의 일반원칙(비례의 원칙, 평등의 원칙 등)을 위반한 경우 등이 있다.

③ 재량의 불행사 · 해태

재량권의 불행사란 행정청이 자신에게 부여된 재량권을 고려 가능한 모든 관점을 고려하여 행사하지 아니하는 경우를 말한다. 재량권의 불행사에는 재량권을 전혀 행사하지 아니하는 경우, 예컨대 행정청이 재량행위를 기속행위로 오해한 경우 또는 행정규칙에 구속되는 것으로 오해한 경우와 재량권을 충분히 행사하지 아니한 경우가 있다.

판례

1. 실권리자명의 등기의무를 위반한 명의신탁자에 대하여 부과하는 과징금의 감경에 관한 '부동산 실권리자명의 등기에 관한 법률 시행령' 제3조의2 단서는 임의적 감경규정임이 명백하므로, 그 감경사유가 존재하더라도 과징금 부과관청이 감경사유까지 고려하고도 과징금을 감경하지 않은 채 과징금 전액을 부과하는 처분을 한 경우에는 이를 위법하다고 단정할 수는 없으나, 위 감경사유가 있음에도 이를 전혀 고려하지 않았거나 감경사유에 해당하지 않는다고 오인한 나머지 과징금을 감경하지 않았다면 그 과징금 부과처분은 재량권을 일탈 · 남용한 위법한 처분이라고 할 수밖에 없다(대판 2010.7.15. 2010두7031).
2. 처분의 근거 법령이 행정청에 처분의 요건과 효과 판단에 일정한 재량을 부여하였는데도, 행정청이 자신에게 재량권이 없다고 오인한 나머지 처분으로 달성하려는 공익과 그로써 처분상대방이 입게 되는 불이익의 내용과 정도를 전혀 비교형량하지 않은 채 처분을 하였다면, 이는 재량권 불행사로서 그 자체로 재량권 일탈 · 남용으로 해당 처분을 취소하여야 할 위법사유가 된다(대판 2019. 7. 11. 2017두38874). [23 지방7급]

④ 판례

대법원은 재량의 일탈 · 남용을 행정처분에 대한 위법성의 기준으로 삼고 있다. 다만 대법원은 일탈과 남용을 정확하게 구분하지는 않고 있다.

판례

재량의 일탈 · 남용을 긍정한 사례

1. 원고가 급량비가 나올 때마다 바로 지급하지 않고 이를 모아 두었다가 일정액에 달하였을 때에 지급하여 온 것이 관례화되어 있었을 뿐더러 유용한 금액이 비교적 소액이고 그 후에 모두 단원들에게 지급된 점 등 이 사건 변론에 나타난 여러 사정 등을 종합하여 보면, 원고를 징계하기 위하여 한 이 사건 해촉은 너무 가혹하여 징계권을 남용한 것이어서 무효이다(대판 1995.12.22. 95누4636). [08 국회8급]
2. 공정한 업무처리에 대한 사의로 두고 간 돈 30만 원을 피동적으로 수수하였다가 돌려 준 20여년 근속의 경찰공무원에 대한 해임처분은 재량권의 남용에 해당한다(대판 1991.7.23. 90누8954). [09 지방7급]

재량권을 수권한 법률상의 목적을 위반한 처분은 위법한 처분이다. (○, ×) [11 복지9급]

사실의 존부에 대한 판단에도 재량권이 인정될 수 있으므로, 사실을 오인하여 재량권을 행사한 경우라도 처분이 위법한 것은 아니다. (○, ×) [20 국가7급]

재량권의 불행사에는 재량권을 충분히 행사하지 아니한 경우는 포함되지 않는다. (○, ×) [15 국가9급]

법령에 과징금의 임의적 감경사유가 있음에도 감경사유에 해당하지 않는다고 오인하여 과징금을 감경하지 않은 경우, 그 과징금 부과처분은 재량권을 일탈 · 남용한 위법한 처분이 아니다. (○, ×) [15 국회8급, 11 지방7급]

판례는 재량권의 일탈과 재량권의 남용을 명확히 구분하고 있다. (○, ×) [15 국가9급]

단원에게 지급될 급량비를 바로 지급하지 않고 모아두었다가 지급한 시립무용단원에 대한 해촉처분은 재량권을 일탈 · 남용한 위법한 처분이다. (○, ×) [08 국회8급]

3. 하급 지방자치단체장이 전국공무원노동조합의 불법 총파업에 참가한 소속 지방공무원들에 대하여 징계의결을 요구하지 않은 채 승진임용하는 처분을 한 것은 재량권의 범위를 현저히 일탈한 것으로서 위법한 처분이다(대판 2007.3.22. 2005추62 전원합의체).
4. 청소년유해매체물로 결정 · 고시된 만화인 사실을 모르고 있던 도서대여업자가 그 고시일로부터 8일 후에 청소년에게 그 만화를 대여한 것을 사유로 그 도서대여업자에게 금 700만원의 과징금을 부과한 것은 재량권을 일탈 · 남용한 것으로서 위법하다(대판 2001.7.27. 99두9490). [11경행특채]
5. 대학교 총장인 피고가 해외근무자들의 자녀를 대상으로 한 교육법시행령 제71조의2 제4항 소정의 특별전형에서 외교관, 공무원의 자녀에 대하여만 획일적으로 과목별 실제 취득점수에 20%의 가산점을 부여하여 합격사정을 함으로써 실제 취득점수에 의하면 충분히 합격할 수 있는 원고들에 대하여 불합격처분을 하였다면 위법하다(대판 1990.8.28. 89누8255). [09 지방7급]

> 교육법 시행령 소정의 대학교 특별전형에서 외교관, 공무원의 자녀에 대하여만 획일적으로 과목별 실제 취득점수에 가산점을 부여함으로써, 실제 취득점수만으로 전형시 합격할 수 있는 다른 응시생에 대하여 불합격처분을 한 경우 판례는 재량권의 남용을 인정하였다. (○, ×) [13 국회9급]

판례

재량의 일탈 · 남용을 부정한 사례

1. 경찰공무원이 그 단속의 대상이 되는 신호위반자에게 먼저 적극적으로 돈을 요구하고 다른 사람이 볼 수 없도록 돈을 접어 건네주도록 전달방법을 구체적으로 알려주었으며 동승자에게 신고시 범칙금 처분을 받게 된다는 등 비위신고를 막기 위한 말까지 하고 금품을 수수한 경우, 비록 그 받은 돈이 1만 원에 불과하더라도 당해 경찰공무원을 해임처분한 것은 징계재량권의 일탈 · 남용이 아니다(대판 2006.12.21. 2006두16274).
2. 행정청이 개인택시운송사업의 면허를 발급함에 있어 택시 운전경력자를 일정 부분 우대하는 처분을 하게 된 것이라면, 사실의 왜곡이나 현저한 불합리가 인정되지 아니하는 한 그 때문에 택시 이외의 운전경력자에게 반사적인 불이익이 초래된다는 결과만을 들어 그러한 행정청의 조치가 불합리 혹은 부당하여 재량권을 일탈 · 남용한 위법이 있다고 볼 수는 없다(대판 2009.7.9. 2008두11983).
3. 학교법인의 교비회계자금을 법인회계로 부당전출한 행위의 위법성 정도와 임원들의 이에 대한 가공의 정도, 학교법인이 사실상 행정청의 시정 요구 대부분을 이행하지 아니하였던 사정 등을 참작하여, 임원취임승인취소처분이 재량권을 일탈 · 남용하였다고 볼 수 없다(대판 2007.7.19. 2006두19297 전원합의체). [09 지방7급]
4. 생물학적 동등성 시험 자료 일부에 조작이 있음을 이유로 해당 의약품의 회수 및 폐기를 명한 행정처분이 재량권을 일탈 · 남용하여 위법하다고 볼 수 없다(대판 2008.11.13. 2008두8628). [12 복지9급]
5. 사립학교의 교원이 대학의 신규 교원 채용에 서류심사위원으로 관여하면서 소지하게 된 인사서류를 학교 운영과 관련한 진정서의 자료로 활용하고 위조된 서면에 대한 확인조치 없이 청원서 등에 첨부하여 사용한 것은 교원으로서의 성실의무와 품위유지의무를 위배한 것으로서 징계사유에 해당하고, 그에 따른 해임의 징계는 재량권의 일탈 · 남용이 아니다(대판 2000.10.13. 98두8858). [08 국회8급]
6. 국가지정문화재 현상변경신청 불허가처분이 취소되는 경우 향후 주변의 나대지에 대한 현상변경허가를 거부하기 어려워질 것으로 예상되는 점 등에 비추어, 위 국가지정문화재 현상변경신청에 대한 불허가처분이 재량권을 일탈 · 남용한 위법한 처분이라고 단정하기 어렵다(대판 2006.5.12. 2004두9920). [08 국회8급]

> 경찰공무원이 교통법규 위반 운전자에게 만원권 지폐 한 장을 두 번 접어서 면허증과 함께 달라고 한 경우에 내려진 해임처분은 징계재량권의 일탈 · 남용이 아니다. (○, ×) [15 경행특채]

> 행정청이 개인택시운송사업의 면허를 발급함에 있어 '개인택시운송사업 면허 사무처리지침'에 따라 택시 운전경력자를 일정 부분 우대하는 처분을 한 경우, 택시 이외의 운전경력자에게 반사적인 불이익이 초래되는 결과가 되므로 그러한 내용의 지침에 따른 처분은 재량권을 일탈 · 남용한 처분에 해당된다. (○, ×) [15 복지9급]

7. 지방식품의약품안정청이 유해화학물질인 말라카이트그린이 사용된 냉동새우를 수입하면서 수입신고서에 그 사실을 누락한 회사에 대하여 영업정지 1월의 처분을 한 것은 재량권을 일탈하거나 남용한 위법이 없다(대판 2010.4.8. 2009두22997). [11 경행특채]
8. 명예퇴직 합의 후 명예퇴직 예정일 사이에 허위로 병가를 받아 다른 회사에 근무하였음을 사유로 한 징계해임처분은 징계재량권의 일탈・남용으로 볼 수 없다(대판 2002.8.23. 2000다60890). [13 국회9급, 11 국회8급]
9. 행정청이 개인택시사업면허를 받을 수 없는 자가 제출한 허위의 무사고증명 기재내용을 그대로 믿고 개인택시사업면허를 발급한 경우 처분청은 그 하자를 이유로 스스로 이를 취소할 수 있고 이 경우 허위의 무사고 증명을 제출하여 사위의 방법으로 면허를 받은 사람은 신뢰이익을 원용할 수 없음은 물론 행정청이 이를 고려하지 아니하였다 하더라도 재량권의 남용이 논의될 여지가 없다(대판 1986.8.19. 85누291).
10. 미성년자를 출입시켰다는 이유로 2회나 영업정지에 갈음한 과징금을 부과받은지 1개월 만에 다시 만 17세도 되지 아니한 고등학교 1학년 재학생까지 포함된 미성년자들을 연령을 확인하지 않고 출입시킨 행위에 대한 영업허가취소처분은 재량권을 일탈한 위법한 처분이라고 보기 어렵다(대판 1993.10.26. 93누5185). [11 경행특채]
11. 교통사고를 일으켜 피해자 2인에게 각 전치 2주의 상해를 입히고 약 296,890원 상당의 손해를 입히고도 구호조치 없이 도주한 수사 담당 경찰관에 대한 해임처분은 재량권의 범위를 일탈・남용한 것이 아니다(대판 1999.10.8. 99두6101). [11 경행특채]
12. 지방공무원 복무조례개정안에 대한 의견을 표명하기 위하여 전국공무원노동조합 간부 10여 명과 함께 시장의 사택을 방문한 위 노동조합 시지부 사무국장에게 지방공무원법 제58조에 정한 집단행위 금지의무를 위반하였다는 등의 이유로 징계권자가 한 파면처분이 징계권의 한계를 일탈하거나 재량권을 남용하였다고 볼 수 없다(대판 2009.6.23. 2006두16786).

허위의 무사고증명을 제출하여 개인택시면허를 받은 자에 대한 면허를 취소함에 있어서 행정청이 그 자의 신뢰이익을 고려하지 아니하였다면 재량권 남용이다. (○, ×) [11 국회8급]

전국공무원노동조합 시지부 사무국장이 지방공무원 복무조례개정안에 대한 의견을 표명하기 위하여 전국공무원노동조합 간부들과 함께 시장의 사택을 방문하였고, 이에 징계권자가 시장 개인의 명예와 시청의 위신을 실추시키고 지방공무원법에서 정한 집단행위 금지의무를 위반하였다는 등의 이유로 사무국장을 파면처분한 것은 재량권의 일탈・남용에 해당되지 않는다. (○, ×) [15 복지9급]

6. 재량행위의 통제

(1) 입법적 통제

국회는 법률을 정립함으로써 재량권의 근거를 부여함과 동시에 그 범위를 확정하고 재량권행사를 통제한다. 헌법은 국정감사, 출석요구 및 질문, 국무총리 및 국무위원의 해임건의 및 탄핵소추를 인정하고 있다.

(2) 행정적 통제

① 직무감독에 의한 통제

상급행정청은 하급행정청의 재량권 행사에 대하여 그 일반적 방향을 설정하는 재량준칙을 제정함으로써 재량권의 자의적 행사에 대한 예방적 기능을, 위법・부당한 재량행위를 취소・변경함으로써 교정적 기능을 수행한다.

② 행정절차에 의한 통제

우리 행정절차법은 청문절차, 공청회는 원칙적으로 관계법에서 이를 거치도록 정하고 있는 경우에만 거치도록 하고 있으나, 의견제출절차는 불이익처분의 경우 당연히 이를 거쳐야 하는 것으로 규정하고 있고(동법 제22조 제3항), 처분에 있어서 행정청의 일반적 이유제시 의무를 규정하고 있다(동법 제23조). 그리고 처분기준의 설정 및 공표에 관해 제20조 제1항에서 규정하고 있는데 이는 행정처분의 관계인에게 예측가능성을 부여하여 준다는 의미에서 중요하다.

③ 행정심판에 의한 통제

행정심판법은 위법한 처분은 물론 '부당'한 처분에 대하여서도 행정심판의 제기를 인정함으로써, 행정심판의 방법에 의한 재량행위에 대한 통제를 인정하고 있다.

(3) 사법적 통제

재량행위라 하더라도 행정청이 재량권을 행사함에 있어서 재량의 일탈 · 남용 · 불행사 등이 있는 경우에는 위법한 처분이 되므로 법원에 의한 통제대상이 된다.

(4) 헌법재판소에 의한 통제

하자 있는 재량의 행사로 국민의 기본권이 침해된 경우에는 일정한 요건하에 헌법소원 등의 방법으로 헌법재판소에 의한 통제가 가능하다. 다만 헌법재판에는 보충성의 원칙이 적용되므로 다른 법률의 구제절차가 있는 경우 그 절차를 모두 거친 후가 아니면 헌법소원을 청구할 수 없다.

✦ 재량행위가 위법하다는 이유로 소송이 제기된 경우에 법원은 각하할 것이 아니라 그 일탈 · 남용 여부를 심사하여 그에 해당하지 않으면 청구를 기각하여야 한다. (○, ×) [12 서울9급]

06 불확정개념과 판단여지

법률요건에 불확정개념(현저한 공익, 환경보전, 식품의 안전 등)이 사용되는 경우에 행정청이 그 개념을 구체화하게 되는바, 이 경우 사법심사의 범위가 문제된다. 이는 법률요건의 해석문제이므로 원칙적으로 전면적인 사법심사가 가능하나, 예외적으로 그것이 고도의 전문적 · 기술적 판단이 요구되는 경우에는 법원은 행정청의 판단을 존중하여 그 범위 내에서 사법심사가 제한되는 것을 판단여지라고 한다.

1. 불확정개념

불확정개념이란 예컨대 공공필요, 공공의 안녕질서, 공익, 중대한 사유 등과 같이 용어 그 자체로는 의미가 명확하지 않고 해석으로 뒷받침되어야 하는 것을 말한다. 공무원 특별승진요건으로서 '직무수행능력의 탁월', 직위해제요건으로서 '근무성적 극히 나쁨' 등이나, 공공의 안녕질서를 해칠 우려 등이 있다. 다수설에 따르면 불확정개념의 해석은 법적 문제이기 때문에 일반적으로 전면적인 사법심사의 대상이 되고, 특정한 사실관계와 관련하여서는 원칙적으로 일의적인 해석(하나의 정당한 결론)만이 가능하다고 본다. [17 국가9급]

2. 판단여지이론

어떤 사실이 요건상의 불확정개념에 해당하는지 여부는 일의적으로 판단하기 어려우므로, 행정청의 전문적 · 기술적 판단을 종국적인 것으로 존중하여, 그 한도 내에서 행정청의 판단에 대한 법원의 사법심사가 제약을 받게 되는 부분을 판단여지라고 하고 이를 인정하는 이론을 말한다. 판단여지설은 재량의 범위를 법률요건이 아니라 법률효과에만 인정된다는 효과재량설의 전제에서 효과재량설을 발전시킨 이론이다.

3. 재량과 판단여지의 구별

(1) 학설

구분	내용
구별 긍정설	판단여지는 구성요건의 인식과 포섭측면인 반면 재량은 법률효과 선택과 결정의 문제로서 행위의 결과의 측면이라는 점, 재량은 입법자에게 주어지는 것이나 판단여지는 법원에 의해 인정되는 것이라는 점을 근거로 재량행위와 구별되는 유형으로서 별도의 판단여지 개념을 인정한다. 판단여지의 경우에는 명문의 근거가 없는 한 효과를 제한하는 부관을 붙일 수 없지만, 재량행위의 경우에는 효과를 제한하는 부관을 붙일 수 있다는 점에서 구별의 실익이 있다.
구별 부정설(判)	양 개념 모두 사법심사의 범위에 있어 실질적인 차이가 없다는 점, 판단여지이론을 긍정하는 견해에 의하면 불확정개념에 대한 사실의 포섭은 법적 개념이라고 하면서 이에 대해 전면적인 사법심사를 인정하지 않는 것은 그 자체가 모순이라는 점을 근거로 별도의 판단여지 이론을 받아들이지 않고 있다.

(2) 판례

판례는 재량과 판단여지를 구분하지 않는다.

판례

교과서 검정이 고도의 학술상, 교육상 전문적 판단을 요한다는 특성에 비추어보면, 현저히 재량권의 범위를 일탈한 것이 아닌 이상 그 감정을 위법하다고 할 수 없다(대판 1992.4.24. 91누6634).

(3) 판단여지설의 적용영역

① 고도의 전문적 비대체적인 결정

각종 시험 합격결정, 국공립학교의 학생의 성적평가, 공무원의 근무평정 등 당해 결정이 원래의 것으로 재현하기 어려운 사실상의 특수성과 관계자의 특수한 경험 및 전문지식을 필요로 하기 때문에 판단여지가 인정된다고 주장한다.

판례

공무원 임용을 위한 면접전형에 있어서 임용신청자의 능력이나 적격성 등에 관한 판단은 면접위원의 고도의 교양과 학식, 경험에 기초한 자율적 판단에 의존하는 것으로서 오로지 면접위원의 자유재량에 속하고, 그와 같은 판단이 현저하게 재량권을 일탈 내지 남용한 것이 아니라면 이를 위법하다고 할 수 없다(대판 1997.11.28. 97누11911). [23 지방7급, 13 지방7급]

- 판단여지를 긍정하는 학설은 판단여지는 법률효과 선택의 문제이고 재량은 법률요건에 대한 인식의 문제라는 점, 양자는 그 인정 근거와 내용 등을 달리하는 점에서 구별하는 것이 타당하다고 한다. (○, ×) [17 국가9급, 10 국회9급]
- 재량행위에 법효과를 제한하는 부관을 붙일 수 없다. (○, ×) [15 국가7급]
- 법규정의 일체성에 의해 요건 판단과 효과 선택의 문제를 구별하기 어렵다고 보는 견해는 재량과 판단여지의 구분을 인정한다. (○, ×) [18 국가7급]
- 판례는 재량행위와 판단여지를 구분하지 않고 판단여지가 인정될 수 있는 경우에도 재량권이 인정되는 것으로 본다. (○, ×) [10 국회9급]
- 대법원은 교과서검정에 대한 판단, 공무원임용을 위한 면접 등의 사안에서 독일의 판단여지이론을 인정하여 사법심사를 배제하고 있다. (○, ×) [07 국가7급]
- 판례는 교과서검정의 위법성을 재량심사에 의하여 판단하고 있다. (○, ×) [10 지방9급]
- 판례는 공무원 임용을 위한 면접전형에서 임용신청자의 능력이나 적격성 등에 관한 판단이 면접위원의 자유재량에 속한다고 보고 있다. (○, ×) [13 지방7급]

② 구속적인 가치평가

예술·문화 등의 분야에 있어 어떤 물건이나 작품의 가치 또는 유해성 등에 대한 독립된 합의체 기관의 판단의 경우에는 그 기관이 갖는 전문성·대표성, 그리고 사법절차와 유사한 결정 과정을 거치므로 공정성이 담보된다는 점 등을 근거로 이 이론이 적용된다고 본다.

판례

건설공사를 계속하기 위한 발굴허가신청에 대하여 그 공사를 계속하기 위하여 부득이 발굴할 필요가 있는지의 여부를 결정하여 발굴을 허가하거나 이를 허가하지 아니함으로써 원형 그대로 매장되어 있는 상태를 유지하는 조치는 허가권자의 재량행위에 속하는 것이므로, 행정청이 매장문화재의 원형보존이라는 목표를 추구하기 위하여 문화재보호법 등 관계 법령이 정하는 바에 따라 내린 전문적·기술적 판단은 특별히 다른 사정이 없는 한 이를 최대한 존중하여야 한다(대판 2000.10.27. 99두264).

③ 예측적 결정

환경 행정상의 허가에 있어 그 기초가 되는 장래의 위해 발생 여부에 대한 판단, 계획결정상의 미래 예측적 판단의 경우에도 판단여지가 인정될 수 있다.

④ 형성적 결정

공무원인사를 위한 인력수급계획의 결정, 전쟁무기의 생산 및 수출 등의 외교정책, 경제정책, 교통정책과 지방자치법상의 공공시설의 설치 결정과 같이 사회형성적 행정의 영역에 있어서도 행정청에 판단여지가 인정될 수 있다.

4. 판단여지의 한계

판단여지가 인정되는 영역의 경우에도 ① 판단기관이 적법하게 구성되었는지 여부, ② 당해 결정이 부정확한 사실에 의거한 것인지 여부, ③ 절차규정의 이행 여부, ④ 판단을 함에 있어서 법의 일반원리를 준수하였는지 여부 등에 대해서는 법원의 사법심사의 대상이 된다.

> 건설공사를 계속하기 위한 매장문화재의 발굴허가신청에 대하여, 이를 원형 그대로 매장되어 있는 상태를 유지하기 위해 문화재보호법 등 관계 법령이 정하는 바에 따라 내린 허가권자의 불허가조치는 재량권의 일탈·남용에 해당하지 아니한다. (○, ×) [14 지방7급]

> 다음 중 판단여지의 구속적 가치평가의 영역이 아닌 것은? [10 서울9급]
> ① 공정거래위원회의 불공정거래행위 결정
> ② 청소년보호위원회의 청소년유해도서물 결정
> ③ 공무원인사를 위한 인력수급계획의 결정
> ④ 보호대상문화재의 대상 여부에 대한 평가
> ⑤ 인사위원회의 평가

제2절 행정행위의 내용

제1항 법률행위적 행정행위

01 명령적 행위: 하명, 허가, 면제

1. 의의

명령적 행위란 주로 질서유지를 위해 국민에 대하여 일정한 작위·부작위·급부·수인 등의 의무를 명하거나 해제하는 행정행위를 말한다. 명령적 행위는 개인의 자연적 자유를 제한하거나 제한된 자유를 회복시킨다는 점에서 개인의 권리, 권리능력, 법률상의 힘을 새로이 발생·변경·소멸하는 것을 내용으로 하는 형성적 행위와 구별된다.

> 명령적 행정행위는 국민에게 새로운 권리·능력, 기타 포괄적 법률관계를 발생·변경·소멸시키는 행위이다. (○, ×) [07 국가9급]

2. 하명

(1) 개념

하명이란 일정한 행정목적을 위하여 행정청이 국민에게 작위(무허가건물 철거명령 등), 부작위(도로통행금지 등), 수인(강제접종 등), 급부(납세고지 등)의 의무를 명하는 행정행위를 말한다.

(2) 성질

하명은 법률행위적 행정행위의 일종이고, 새로운 의무를 과하는 것을 내용으로 하는 점에서 침익적(부담적) 행정행위이며, 원칙적으로 기속행위이다.

(3) 법적 근거

하명은 의무를 부과시키는 행위이므로 헌법 제37조 제2항에 따라 법률의 근거를 요한다. 즉 하명은 법률유보원칙을 지켜야 한다.

> 하명은 법령의 근거를 요하므로 법령이 정한 요건이 갖추어 졌을 때에 행하여진다. (○, ×) [08 지방9급]

(4) 하명의 대상(내용) 및 상대방

하명의 대상은 사실행위(무허가 건물철거)인 경우도 있고, 법률행위(영업행위금지)인 경우도 있다. [08 지방9급] 하명의 상대방은 일반적으로 특정인이지만(조세부과처분), 불특정 다수인인 경우도 있다(입산금지, 통행금지). 불특정 다수인에 대한 하명은 일반처분의 성격을 가진다.

> 하명의 대상은 불법광고물의 철거와 같은 사실행위에 한정된다. (○, ×) [17 국가7급]

> 하명은 대부분 개별적 · 구체적 규율로서 행하여지나 일반처분으로도 행하여진다. (○, ×) [08 지방9급]

(5) 효과

하명이 있으면 상대방에게는 일정한 공법상의 의무가 발생한다. 하명의 효과는 원칙적으로 상대방에게만 미친다. 그러나 대물적 하명의 효과는 하명의 대상이 된 물건을 승계한 자에게도 그 효과가 승계된다. 예컨대 영업장 폐쇄명령이 내려진 후에 영업소를 양수한 양수인은 하명에 따른 의무를 승계한다.

(6) 하명위반의 효과

하명에 의해 부과된 의무를 이행하지 않은 자에게는 행정상 강제집행이나 행정상의 제재가 과해진다. 그러나 하명에 위반하여 행하여진 행위의 사법상 효력은 유효하다. 예컨대 영업정지된 식당에서의 음식판매는 불법적이지만, 음식의 판매 자체는 유효하다.

> 하명에 위반한 법률행위의 효과는 무효이다. (○, ×) [08 지방9급]

판례

주택공급계약이 구 주택건설촉진법 제32조, 구 주택공급에 관한 규칙에 위반하였다고 하더라도 그 사법적 효력까지 부인된다고 할 수는 없다(대판 2007.8.23. 2005다59475).

(7) 하자 있는 하명에 대한 구제

위법한 하명에 의해 권익을 침해당한 자는 항고소송을 통해 그 취소를 구할 수 있고, 손해가 있으면 국가배상청구소송을 할 수 있다.

> 위법한 하명으로 권리가 침해된 자는 취소소송이나 무효 등 확인소송을 제기하여 위법상태를 제거할 수 있고 손해배상청구소송을 제기하여 손해를 배상받을 수 있다. (○, ×) [13 국회8급]

3. 허가

(1) 의의

① 개념

허가란 법규에 의한 일반적 · 상대적 금지를 특정한 경우에 해제하여 자연적 자유를 회복시켜주는 행정행위를 말한다. 여기서의 금지는 허가를 유보한 상대적 금지를 말한다. 절대적 금지에 대하여는 허가할 수 없다. 허가는 수익적 행정행위이다.

② 부작위 하명의 해제

허가는 부작위 하명을 특정한 경우에 해제하는 것이다. 따라서 작위, 급부 등의 의무를 해제하는 면제와는 다르다.

③ 강학상 개념

허가는 강학상의 개념이고, 실정법상으로는 허가 외에 면허, 인가, 특허, 승인 등으로 사용되고 있다. 따라서 용어와 상관없이 강학상 허가인가의 여부는 관계법령의 구체적 규정이나 취지에 비추어 개별적으로 판단하여야 한다.

> 허가는 일반적 금지를 해제하여 본래의 자유를 회복시켜 주는 명령적 행위라고 할 수 있다. (○, ×) [11 국가9급]

> 허가는 법령에 의해 개인의 자유가 제한되고 있는 경우에 그 제한을 해제하여 자유를 적법하게 행사할 수 있도록 회복하여 주는 행정행위이다. (○, ×) [13 경행특채]

(2) 구별개념

① 특허

특허는 형성적 행위라는 점에서 명령적 행위인 허가와 구별된다.

② 예외적 승인

㉠ 개념

허가는 예방적 금지에 대한 해제이고, 예외적 승인은 억제적 금지에 대한 해제이다. 즉 허가는 공익침해의 우려가 있어 잠정적으로 금지된 행위를 적법하게 수행하도록 하는 행위인 데 반하여, 예외적 승인은 그 자체가 사회적으로 유해하여 법령에 의해 일반적으로 금지된 행위를 예외적으로 적법하게 수행할 수 있도록 하는 것이다.

㉡ 구체적 예

개발제한구역 내의 용도변경허가, 카지노사업허가 등이 그 예이다. 예외적 승인을 할 것인지 여부는 억제적 금지를 해제할 공익상의 필요가 있는지에 대해 행정청이 여러 가지 요소를 고려해 결정해야 하므로 재량행위로 보아야 한다. 이에 비해 허가는 원칙적으로 기속행위이다.

㉢ 예외적 승인의 법적 성질

예외적 승인의 법적 성질에 대해서는 허가의 일종으로 보는 견해, 특허의 일종으로 보는 견해, 독립된 개념으로 보는 견해가 대립된다. 어느 견해를 따르더라도 법률행위적 행정행위에 해당된다.

구분	허가	예외적 승인
금지의 내용	예방적 금지(상대적 금지)의 해제	억제적 금지의 해제
재량성 여부	원칙적으로 기속행위	원칙적으로 재량행위
회복되는 자유	자연적 자유의 회복	권리의 범위 확대

> 예외적 승인은 상대적으로 금지된 자유를 회복시켜 주는 것이어서 허가의 경우보다 개인의 법적 지위를 확대시켜주는 의미가 약하다. (○, ×) [08 선관위9급]

> 예외적 승인은 위험방지를 대상으로 하고 허가는 사회적으로 유해한 행위를 대상으로 한다. (○, ×) [13 국회8급]

강학상 예외적 승인에 해당하지 않는 것은? [15 국가9급]
① 치료목적의 마약류사용허가
② 재단법인의 정관변경허가
③ 개발제한구역 내의 용도변경허가
④ 사행행위 영업허가

예시	• 건축허가 • 일반음식점 영업허가 • 자동차 운전면허 [19 서울9급] • 의사면허, 한의사면허 [18 서울9급] • 통행금지 해제, 입산금지 해제 • 수렵금지의 해제 • 화약제조허가	• 개발제한구역 내의 건축허가 • 학교환경정화구역 내에서의 유흥음식점허가 [18 서울9급] • 자연공원법 적용지역 내에서의 단란주점 영업허가 • 카지노업허가 • 치료목적의 마약류사용허가
공통점	허가와 예외적 승인은 금지의 해제라는 점에서 공통점을 갖는다.	

판례

개발제한구역 내에서는 구역 지정의 목적상 건축물의 건축이나 그 용도변경은 원칙적으로 금지되고, 다만 구체적인 경우에 위와 같은 구역 지정의 목적에 위배되지 아니할 경우 예외적으로 허가에 의하여 그러한 행위를 할 수 있게 되어 있음이 위와 같은 관련 규정의 체재와 문언상 분명한 한편, 이러한 건축물의 용도변경에 대한 예외적인 허가는 그 상대방에게 수익적인 것에 틀림이 없으므로, 이는 그 법률적 성질이 재량행위에 속하는 것이다(대판 2001.2.9. 98두17593). [19 국가7급, 18 국가7급]

개발제한구역 내에서는 구역지정의 목적상 건축물의 건축 및 공작물의 설치 등 개발행위가 원칙적으로 금지되고 예외적으로 허가에 의하여 그러한 행위를 할 수 있게 되어 있으므로 그 허가는 재량행위에 속한다. (○, ×) [19 서울9급(上), 19 지방7급]

개발제한구역 내의 건축물의 용도변경허가는 공공의 질서를 위하여 잠정적으로 금지하고, 법상의 요건을 갖춘 경우에 그 금지를 해제하여 본래의 자유를 회복시켜 주는 행위로 기속행위이다. (○, ×) [17 교행, 14 국가7급]

(3) 허가의 법적 근거

① 법령 개정시의 적용법령

판례

허가 등의 행정처분은 원칙적으로 처분시의 법령과 허가기준에 의하여 처리되어야 하고 허가신청 당시의 기준에 따라야 하는 것은 아니며, 비록 허가신청 후 허가기준이 변경되었다 하더라도 그 허가관청이 허가신청을 수리하고도 정당한 이유 없이 그 처리를 늦추어 그 사이에 허가기준이 변경된 것이 아닌 이상 변경된 허가기준에 따라서 처분을 하여야 한다(대판 2006.8.25. 2004두2974). [18 지방7급, 14 경행특채]

허가처분은 원칙적으로 허가신청 당시의 법령과 허가기준에 의하여 처리되어야 한다. (○, ×) [17 교행, 15 경행특채]

건축허가 신청 후 건축허가기준에 관한 관계 법령 및 조례의 규정이 신청인에게 불리하게 개정된 경우, 당사자의 신뢰를 보호하기 위해 처분시가 아닌 신청시 법령에서 정한 기준에 의하여 건축허가 여부를 결정하는 것이 원칙이다. (○, ×) [18 지방9급]

② 행정권에 의한 허가요건의 추가

허가의 요건은 법령으로 규정되어야 하며, 법령의 근거 없이 행정권이 독자적으로 허가요건을 추가하는 것은 허용되지 아니한다. [15 경행특채, 08 국가7급]

(4) 허가의 성질

명령적 행위설(判)	전통적 견해는 허가는 상대방에게 일반적·상대적 금지를 해제하여 자연적 자유를 회복시켜주는 행위로서 형성적 행위와 구별되는 명령적 행위로 파악한다. 이 견해에 의하면 허가에 의하여 누리는 영업상 이익은 반사적 이익이다.
양면성설(多)	최근의 다수 견해는 허가는 명령적 행위로서의 성질과 형성적 행위로서의 성질을 함께 가진다고 보는 것이 유력하다.

① 재량행위 또는 기속행위 여부

㉠ 원칙적 기속행위

재량행위와 기속행위의 구별은 당해 법규의 규정형식 등을 고려하여 개별적 · 구체적으로 검토해야 하기 때문에 획일적으로 판단할 수 없으나, 법령에 특별한 규정이 없는 경우 통설은 허가는 원칙적으로 기속행위라고 본다.

판례

원칙적 사례(기속행위)

1. 식품위생법상 일반음식점영업허가는 성질상 일반적 금지의 해제에 불과하므로 허가권자는 허가신청이 법에서 정한 요건을 구비한 때에는 허가하여야 하고 관계 법령에서 정하는 제한 사유 외에 공공복리 등의 사유를 들어 허가신청을 거부할 수는 없고, [12 국회9급] 이러한 법리는 일반음식점 허가사항의 변경허가에 관하여도 마찬가지이다(대판 2000.3.24. 97누12532).
2. 주류판매업 면허는 강학상의 허가로 해석되므로 주세법 제10조 제1호 내지 제11호에 열거된 면허제한사유에 해당하지 아니하는 한 면허관청으로서는 임의로 그 면허를 거부할 수 없다(대판 1995.11.10. 95누5714).
3. 대기오염물질 총량관리사업장 설치의 허가 또는 변경허가는 특정인에게 인구가 밀집되고 대기오염이 심각하다고 인정되는 수도권 대기관리권역에서 총량관리대상 오염물질을 일정량을 초과하여 배출할 수 있는 특정한 권리를 설정하여 주는 행위로서 그 처분의 여부 및 내용의 결정은 행정청의 재량에 속한다(대판 2013.5.9. 2012두22799). [22 지방9급, 19 서울7급]
4. 허가관청은 특단의 사정이 없는 한 건축허가 내용대로 완공된 건축물의 준공을 거부할 수 없다고 하겠으나, 만약 건축허가 자체가 건축관계 법령에 위반되는 하자가 있는 경우에는 비록 건축허가 내용대로 완공된 건축물이라 하더라도 위법한 건축물이 되는 것으로서 그 하자의 정도에 따라 건축허가를 취소할 수 있음은 물론 그 준공도 거부할 수 있다고 하여야 할 것이다(대판 1992.4.10. 91누5358). [19 지방7급]

㉡ 예외적 재량행위

공익상 필요가 인정되어 허가 여부에 대한 이익형량이 요구되는 경우에는 재량행위로 볼 수 있으며, 이 경우 환경상의 필요 등 중대한 공익상의 필요가 있는 경우에는 법령상 명문규정이 없더라도 허가를 거부할 수 있다는 것이 판례의 입장이다. [19 서울7급(上), 19 서울9급(上)]

판례

예외적 사례(재량행위)

1. 산림훼손은 환경의 보전에 직접적으로 영향을 미치는 행위이므로, 법령이 규정하는 금지 또는 제한 지역에 해당하지 않더라도 허가관청은 산림훼손허가신청 대상토지의 현상과 위치 및 주위의 상황 등을 고려하여 국토 및 자연의 유지와 환경의 보전 등 중대한 공익상 필요가 있다고 인정될 때에는 허가를 거부할 수 있고, 그 경우 법규에 명문의 근거가 없더라도 거부처분을 할 수 있다(대판 2002.10.25. 2002두6651). [18 지방7급]
2. 산림 내에서의 입목벌채는 국토 및 자연의 유지와 환경의 보전에 직접적으로 영향을 미치는 행위가 된다는 점 등을 종합하여 보면, 허가관청은 국토 및 자연의 유지와 환경의 보전 등 중대한 공익상 필요가 있다고 인정될 때에는 허가를 거부할 수 있다(대판 2001.11.30. 2001두5866).

허가가 자유를 회복시켜 주는 행위라고 해서 법률이 허가를 반드시 기속행위로 규정하고 있는 것은 아니다. (○, ×) [09 국회9급]

일반음식점영업허가는 관계법령이 정하는 제한사유 이외에 공익적 요소를 감안하여 그 허가를 거부할 수 있는 재량행위로 볼 것이다. (○, ×) [14 국회8급]

주류판매업면허는 강학상의 허가로 해석되므로 주세법에 열거된 면허제한사유에 해당하지 아니하는 한 면허관청으로서는 임의로 그 면허를 거부할 수 없다. (○, ×) [14 지방9급]

법규에 명문의 근거가 없음에도 환경보전이라는 중대한 공익상의 이유로 산림훼손허가를 거부하는 것은 법률유보의 원칙에 비추어 허용되지 않는다. (○, ×) [17 국가7급, 15 국회8급]

환경의 보전 등 중대한 공익상 필요가 있다고 인정되더라도 법규에 명문의 근거가 없다면 산림훼손기간 연장허가를 거부할 수 없다. (○, ×) [19 서울9급(上)]

3. 도시계획법의 규정의 형식이나 문언 등에 비추어 볼 때, 형질변경의 허가가 신청된 당해 토지의 합리적인 이용이나 도시계획사업에 지장이 될 우려가 있는지 여부와 부관을 붙일 필요의 유무나 그 내용 등을 판단함에 기준을 정하는 것 역시 행정청의 재량에 속한다(대판 1999.2.23. 98두17845).
4. 국토의 계획 및 이용에 관한 법률 제56조에 따른 개발행위허가와 농지법 제34조에 따른 농지전용허가・협의는 그 금지요건・허가기준 등이 불확정개념으로 규정된 부분이 많아 그 요건・기준에 부합하는지 여부는 행정청의 재량판단의 영역에 속한다(대판 2017.10.12. 2017두48956). [20 지방9급]

ⓒ 건축허가의 경우

판례

원칙적 사례(기속행위)

건축허가권자는 건축허가신청이 건축법 등 관계 법규에서 정하는 어떠한 제한에 배치되지 않는 이상 당연히 같은 법조에서 정하는 건축허가를 하여야 하고, 중대한 공익상의 필요가 없음에도 불구하고, 요건을 갖춘 자에 대한 허가를 관계 법령에서 정하는 제한사유 이외의 사유를 들어 거부할 수는 없다(대판 2006.11.9. 2006두1227). [19 서울7급(上), 19 국가9급]

판례

예외적 사례(재량행위)

국토의 계획 및 이용에 관한 법률에서 정한 토지의 형질변경허가는 행정청에게 재량권이 부여되어 있다고 할 것이므로, 같은 법에 의하여 지정된 도시지역 안에서 토지의 형질변경행위를 수반하는 건축허가는 결국 재량행위에 속한다(대판 2005.7.14. 2004두6181). [21 국가7급, 19 국가9급]

(5) 허가와 신청(출원)

① 신청이 필요한지 여부

허가는 상대방의 신청에 따라 행하여지는 것이 보통이나, 예외적으로 신청에 의하지 아니하는 허가도 있다(통행금지해제, 보도관제해제 등).

② 신청과 다른 내용의 허가의 효력(수정허가의 문제)

인가는 수정인가가 부정되지만 허가의 경우에는 신청내용과 다른 수정허가가 가능하다. 수정허가도 당연무효는 아니라는 것이 판례의 입장이다.

판례

개축허가신청에 대하여 행정청이 착오로 대수선 및 용도변경허가를 하였다 하더라도 취소 등 적법한 조치 없이 그 효력을 부정할 수 없음은 물론, 이를 다른 처분으로 볼 근거도 없다(대판 1985.11.26. 85누382)

③ 허가의 상대방

신청을 전제로 하는 허가의 상대방은 특정인이 되고, 그렇지 않은 경우에는 불특정 다수인이 상대방이 될 수도 있다.

- 입목굴채허가는 기속행위에 해당한다. (○, ×) [12 복지9급]
- 「국토의 계획 및 이용에 관한 법률」상 토지형질변경의 허가신청에 대하여, 공익상 또는 이해관계인이 보호를 위하여 부관을 붙일 필요의 유무나 그 내용 등을 판단함에 있어서 행정청에 재량의 여지가 있다. (○, ×) [14 지방9급]
- 건축허가권자는 건축허가신청이 「건축법」 등 관계 법규에서 정하는 어떠한 제한에 배치되지 않는 이상 중대한 공익상의 필요가 있더라도 관계 법령에서 정하는 제한사유 이외의 사유를 들어 요건을 갖춘 자에 대한 허가를 거부할 수는 없다. (○, ×) [19 서울9급(上)]
- 국토의 계획 및 이용에 관한 법률에 따른 토지의 형질변경 허가에는 행정청의 재량권이 부여되어 있다고 하더라도 건축법상의 건축허가는 기속행위이므로, 국토의 계획 및 이용에 관한 법률에 따른 토지의 형질변경행위를 수반하는 건축허가는 기속행위에 속한다. (○, ×) [18 지방7급]
- 의제되는 인・허가가 재량행위인 경우에는 주된 인・허가가 기속행위인 경우에도 인・허가가 의제되는 한도 내에서 재량행위로 보아야 한다. (○, ×) [20 국가7급, 19 서울7급(上)]
- 강학상 허가와 특허는 의사표시를 요소로 한다는 점과 반드시 신청을 전제로 한다는 점에서 공통점이 있다. (○, ×) [17 국가9급]
- 개축허가신청에 대해 착오로 행한 용도변경허가는 무효가 아니다. (○, ×) [11 국가7급]

(6) 허가의 종류

대인적 허가	사람의 주관적 요소를 심사대상으로 하는 허가로서 이전이 불가능	운전면허 · 의사면허 · 건축사면허 등
대물적 허가	물건의 객관적 사정에 착안하여 행하는 허가로서 원칙적으로 이전이 가능	차량검사합격처분, 건축허가, 단란주점영업허가 등
혼합적 허가	사람의 주관적 사정과 물건의 객관적 사정을 모두 심사대상으로 하는 허가로서 원칙적으로 사전에 행정청의 승인 또는 허가를 받아야 이전성이 인정	전당포 영업허가, 고물상영업허가, 약국영업허가 등

판례

석유판매업은 소위 대물적 허가의 성질을 가지는 것이어서 그 사업의 양도도 가능하고 이 경우 양수인은 양도인의 지위를 승계하게 됨에 따라 양도인의 지위 승계에 따른 권리의무가 양수인에게 이전되는 것이므로 만약 양도인에게 그 허가를 취소할 법적 사유가 있다면 허가관청은 이를 이유로 양수인에게 응분의 제재조치를 취할 수 있다 할 것이고, 양도인의 귀책사유는 양수인에게 그 효력이 미친다(대판 1986.7.22. 86누203). [19 서울7급(上)]

구 석유판매업허가는 혼합적 허가의 성질을 갖는 것이므로 양도인의 허가취소사유가 양수인에게 승계되지 않는다. (○, ×) [13 경행특채, 11 국가7급]

(7) 허가의 대상

허가의 대상은 사실행위(음식점 영업, 건축허가 등)인 경우가 대부분이지만 법률행위(영업양도금지 등)인 경우도 있다.

(8) 허가의 효과

① 금지의 해제

허가는 누구라도 요건이 충족되는 한 금지를 해제하여 적법하게 어떠한 행위를 할 수 있게 하는 것이므로 허가의 상대방에게 독점적 · 배타적 권리를 설정해주는 것이 아닌 단순한 금지의 해제에 불과하다. 한편 허가의 효과는 당해 허가를 한 행정청의 관할 구역 내에서만 미치는 것이 원칙이나, 법령의 규정이 있는 경우 또는 허가의 성질상 관할구역 외까지 그 효과가 미치는 경우가 있다(예 서울지방경찰청장이 발급한 운전면허의 효력).

허가의 효과는 당해 허가행정청의 관할구역 내에서만 미치는 것이 원칙이지만 법령의 규정이 있거나 허가의 성질상 관할구역에 국한시킬 것이 아닌 경우에는 관할구역 외까지 그 효과가 미치게 된다. (○, ×) [07 국회8급]

② 기존허가업자의 영업상 이익

㉠ 반사적 이익

일반적으로 학문상 허가를 통해서 얻게 되는 일정한 영업상의 이익은 반사적 이익에 해당한다고 본다. 허가로 인해 상대방이 사실상 독점적 이익을 얻는 경우가 있더라도 이와 같은 영업상 이익은 법률상 이익이 아닌 반사적 이익에 불과하다.

허가로 인하여 받는 이익은 법적으로 보호되는 이익이 아니라 반사적 이익이라는 데 이견이 없다. (○, ×) [14 복지9급]

판례

반사적 이익으로 판시한 사례

1. 유기장영업허가는 유기장 경영권을 설정하는 설권행위가 아니고 일반적 금지를 해제하는 영업자유의 회복이라 할 것이므로 그 영업상의 이익은 반사적 이익에 불과하다(대판 1986.11.25. 84누147).
2. 담배 구내소매인과 일반소매인 사이에서는 구내소매인의 영업소와 일반소매인의 영업소 간에 거리제한을 두지 아니할 뿐 아니라 일반소매인의 입장에서 구내소매인과의 과당경쟁으로 인한 경영의 불합리를 방지하는 것을 그 목적으로 할 수 있다고 보기 어려우므로, 일반소매인으로 지정되어 영업을 하고 있는 기존업자의 신규 구내소매인에 대한 이익은 법률상 보호되는 이익이 아니라 단순한 사실상의 반사적 이익이라고 해석함이 상당하므로, 기존 일반소매인은 신규 구내소매인 지정처분의 취소를 구할 원고적격이 없다(대판 2008.4.10. 2008두402).

> 이미 허가한 영업시설과 동종의 영업허가를 함으로써 기존업자의 영업이익에 따른 피해가 발생한 경우 기존업자는 동종의 신규영업허가의 취소소송을 제기할 수 있는 원고적격이 인정된다. (○, ×) [11 국가9급]

> 담배 일반소매인으로 지정되어 있는 기존업자가 신규담배 구내소매인 지정처분을 다투는 경우 원고적격이 있다. (○, ×) [14 서울9급]

㉡ 법률상 이익

법률규정 중에는 허가에 있어서도 기존업자의 이익을 법률상 이익으로 규정하고 있는 경우가 있는데, 이 경우에는 법률상 이익에 해당된다.

판례

법률상 이익으로 판시한 사례

1. 주류제조면허는 일반적 금지의 해제로 자연적 자유의 회복일 뿐 새로운 권리의 설정은 아니지만 일단 이 주류제조업의 면허를 얻은 자의 이익은 단순한 사실상의 반사적 이익에만 그치는 것이 아니라 주세법의 규정에 따라 보호되는 이익이고, 주류제조의 신규면허는 주세당국의 억제책으로 사실상 그 취득이 거의 불가능하여 위와 같은 보충면허를 받는 방법으로 면허권의 양도가 이루어지는 이상, 위 면허권이 가지는 재산적 가치는 현실적으로 부인할 수 없을 것이다(대판 1989.12.22. 89누46).
2. 일반적으로 면허나 인·허가 등의 수익적 행정처분의 근거가 되는 법률이 해당 업자들 사이의 과당경쟁으로 인한 경영의 불합리를 방지하는 것도 그 목적으로 하고 있는 경우, 다른 업자에 대한 면허나 인·허가 등의 수익적 행정처분에 대하여 이미 같은 종류의 면허나 인·허가 등의 수익적 행정처분을 받아 영업을 하고 있는 기존의 업자는 경업자에 대하여 이루어진 면허나 인·허가 등 행정처분의 상대방이 아니라 하더라도 당해 행정처분의 취소를 구할 원고적격이 있다. [13 국회8급] 구 오수·분뇨 및 축산폐수의 처리에 관한 법률과 같은 법 시행령상 업종을 분뇨와 축산폐수 수집·운반업 및 정화조청소업 관련 영업허가를 받아 영업을 하고 있는 기존 업자는 경업자에 대한 영업허가처분의 취소를 구할 원고적격이 있다(대판 2006.7.28. 2004두6716).
3. 담배 일반소매인의 지정기준으로서 일반소매인의 영업소 간에 일정한 거리제한을 두고 있는 것은 일반소매인 간의 과당경쟁으로 인한 불합리한 경영을 방지함으로써 일반소매인의 경영상 이익을 보호하는 데에도 그 목적이 있다고 보이므로, 일반소매인으로 지정되어 영업을 하고 있는 기존업자의 신규 일반소매인에 대한 이익은 단순한 사실상의 반사적 이익이 아니라 법률상 보호되는 이익이다(대판 2008.3.27. 2007두23811). [12 서울9급]

> 주류제조면허를 통하여 누리는 이익은 반사적 이익이다. (○, ×) [06 국가9급]

> 분뇨관련영업허가를 받은 기존업자가 다른 업자에 대한 영업허가처분을 다투는 경우 원고적격이 있다. (○, ×) [14 서울9급]

③ 허가업자의 허가영업을 할 수 있는 지위

허가업자가 허가받은 행위를 하는 것 그 자체는 법적으로 보호받는 법률상 이익에 속한다. 따라서 허가를 받아 적법하게 영업을 하고 있는데, 합리적 이유 없이 허가가 철회되는 경우에는 소송 등을 통해 구제받을 수 있다.

④ 무허가 행위의 효과

무허가 영업자는 행정상 강제집행이나 행정벌의 대상이 되지만 허가 없이 한 영업의 사법상의 효력은 유효하다. [19 지방9급] 예컨대 무허가 식당에서 식사를 한 경우에 식당주인과 손님의 관계에서 발생하는 관계는 유효하므로 무허가라는 이유로 식대의 지불을 거절할 수는 없다. 법률이 무허가 행위를 무효로 규정하고 있는 경우에는 무효가 된다.

⑤ 타법상의 제한

허가는 특정 법령상의 금지를 해제하여 주는 효과밖에 없으므로 특별한 규정이 없는 한 다른 법령상의 금지까지 해제하는 것은 아니다. [15 경행특채, 11 국가9급] 예컨대 공장건축허가를 받더라도 건축예정토지의 농지전용금지까지 해제하여 준 것은 아니다. 다만 최근의 법령에는 하나의 법령에 의한 허가를 받은 경우 다른 법령에 의한 허가까지 받은 것으로 보는 제도가 있다(인·허가의제 제도).

판례

도로법과 건축법에서 각 규정하고 있는 건축허가는 그 허가권자의 허가를 받도록 한 목적, 허가의 기준, 허가 후의 감독에 있어서 같지 아니하므로 건물에 관하여 도로법에 의하여 도로관리청인 도지사로부터 개축허가를 받았다고 하더라도 건축법에 따라 시장 또는 군수의 허가를 다시 받아야 한다(대판 1991.4.12. 91도218).

(9) 인·허가의제 제도

① 개념

인·허가의제 제도란 여러 행정기관에 복수의 인·허가 등을 받아야 하는 경우에 주된 인·허가를 받으면 다른 인·허가는 받은 것으로 의제하는 제도를 말한다. [13 서울9급]

② 목적

인·허가의제 제도는 복합민원의 일종으로 민원인에게 편의를 제공하는 원스톱 서비스의 기능을 수행하게 된다. [13 서울9급] 인·허가의제 제도는 복수의 관할 행정청 간의 중복된 심사를 피하고 신속한 심사를 하기 위하여 주된 인·허가의 심사기관으로 창구를 단일화하고 절차를 간소화하며 비용과 시간을 절감함으로써 국민의 권익을 보호하려는 것이다. [19 서울7급] 따라서 민원인은 주된 허가의 신청시 다른 인·허가 신청에 필요한 서류까지 첨부하여 주된 허가담당관청에만 신청하면 된다.

PART 02

허가는 행위의 유효요건이므로 허가를 받아야 할 행위를 허가받지 아니하고 행한 경우, 그 행위는 행정강제나 행정벌의 대상은 되지 않고 무효로 되는 것이 원칙이다. (○, ×) [14 복지9급]

甲이 공무원인 경우 허가를 받으면 이는 「식품위생법」상의 금지를 해제할 뿐만 아니라 「국가공무원법」상의 영리업무금지까지 해제하여 주는 효과가 있다.(○, ×) [19 지방9급]

도로법과 건축법에서 각 규정하고 있는 건축허가는 그 허가권자의 허가를 받도록 한 목적, 허가의 기준, 허가 후의 감독에 있어서 동일하므로 도로법에 의하여 도로관리청인 도지사로부터 개축허가를 받았다면 건축법에 의하여 시장 또는 군수의 허가를 다시 받을 필요는 없다. (○, ×) [12 국회9급]

인·허가의제가 인정되는 경우 민원인은 하나의 인·허가 신청과 더불어 의제를 원하는 인·허가 신청을 각각의 해당기관에 제출하여야 한다. (○, ×) [13 서울9급]

주된 인·허가에 의해 의제되는 인·허가는 원칙적으로 주된 인·허가로 인한 사업을 시행하는 데 필요한 범위 내에서만 그 효력이 유지되는 것은 아니므로, 주된 인·허가로 인한 사업이 완료된 이후에도 효력이 있다. (○, ×) [16 지방7급]

주된 인·허가에 관한 사항을 규정하고 있는 A법률에서 주된 인·허가가 있으면 B법률에 의한 인·허가를 받은 것으로 의제한다는 규정을 둔 경우, B법률에 의하여 인·허가를 받았음을 전제로 하는 B법률의 모든 규정이 적용된다. (○, ×) [16 서울7급]

판례

1. 인허가 의제제도는 목적사업의 원활한 수행을 위해 행정절차를 간소화하고자 하는 데 그 취지가 있는 것이므로 위와 같은 실시계획승인에 의해 의제되는 도로공사시행허가 및 도로점용허가는 원칙적으로 당해 택지개발사업을 시행하는 데 필요한 범위 내에서만 그 효력이 유지된다. 따라서 원고가 이 사건 택지개발사업과 관련하여 그 사업시행의 일환으로 이 사건 도로예정지 또는 도로에 전력관을 매설하였다고 하더라도 사업시행완료 후 이를 계속 유지·관리하기 위해 도로를 점용하는 것에 대한 도로점용허가까지 그 실시계획 승인에 의해 의제된다고 볼 수는 없다(대판 2010.4.29. 2009두18547).
2. 주된 인·허가에 관한 사항을 규정하고 있는 어떠한 법률에서 주된 인·허가가 있으면 다른 법률에 의한 인·허가를 받은 것으로 의제한다는 규정을 둔 경우에는, 주된 인·허가가 있으면 다른 법률에 의한 인·허가가 있는 것으로 보는 데 그치는 것이고, 거기에서 더 나아가 다른 법률에 의하여 인·허가를 받았음을 전제로 한 다른 법률의 모든 규정들까지 적용되는 것은 아니다(대판 2015.4.23. 2014두2409). [18 국가7급]

인·허가의제는 반드시 법률에 명시적인 근거가 있어야 하는 것은 아니다. (○, ×) [16 서울7급, 14 지방9급]

③ 법적 근거

인·허가의제 제도는 주된 허가를 담당하는 기관이 의제되는 인·허가에 관한 심사도 담당한다는 점에서 행정기관의 권한에 변경을 가져오는 것이므로 법률의 명시적인 근거가 있어야 한다. [18 국가7급]

④ 인·허가의제의 절차

㉠ 다른 기관과 주된 허가기관의 협의

인·허가의제 제도의 경우 다른 관계인이나 허가기관의 인·허가를 받지 않는 대신 다른 관계인이나 인·허가기관의 협의를 거치도록 하는 경우가 보통이다. [13 서울9급]

건축허가를 받으면 국토의 계획 및 이용에 관한 법률에 의한 토지의 형질변경허가도 받은 것으로 보는 경우 건축허가절차 외에 형질변경허가 절차를 별도로 거쳐야 한다. (○, ×) [15 국가9급]

㉡ 절차의 집중 여부

인·허가가 의제되는 법률에 주민의 의견청취 등 일정한 절차가 규정되어 있는 경우 그러한 절차까지 거쳐야 하는지, 아니면 신청된 주된 허가에 규정된 절차만 거치면 되는지가 문제된다. 판례는 의제되는 인·허가에 규정된 절차는 거칠 필요가 없고 신청된 주된 허가에 관해 규정된 절차만 거치면 족하다고 본다(절차집중효설). [16 서울9급]

신청된 주된 인·허가절차만 거치면 되고, 의제되는 인·허가를 위하여 거쳐야 하는 주민의견청취 등의 절차를 거칠 필요는 없다. (○, ×) [16 서울7급, 16 지방7급]

판례

건설부장관이 구 주택건설촉진법 제33조에 따라 관계기관의 장과의 협의를 거쳐 사업계획승인을 한 이상 같은 조 제4항의 허가·인가·결정·승인 등이 있는 것으로 볼 것이고, 그 절차와 별도로 도시계획법 제12조 등 소정의 중앙도시계획위원회의 의결이나 주민의 의견청취 등 절차를 거칠 필요는 없다(대판 1992.11.10. 92누1162). [22 지방7급, 21 국가9급]

⑤ 인 · 허가의제요건의 판단 방법

실체집중 긍정설	신청된 주된 인 · 허가 요건의 구비 여부만 심사하면 족하고 의제되는 인 · 허가 요건을 구비하였는지는 판단할 필요 없이 허가 여부를 결정할 수 있다고 한다.
실체집중 부정설 (多)	의제되는 인 · 허가 요건에 구속되어 주된 허가요건뿐만 아니라 의제되는 인 · 허가 요건까지 모두 구비한 경우에 주된 신청에 대한 허가를 할 수 있다고 보는 견해로서 다수설의 태도이다. 이 견해에 따르면 의제되는 인 · 허가의 요건불비를 이유로 한 주된 인 · 허가 신청에 대한 거부처분은 적법하다. [16 서울9급]

판례

1. 구 광업법 제47조의2 제5호에 의하여 채광계획인가를 받으면 공유수면 점용허가를 받은 것으로 의제되고, 공유수면 관리청이 공유수면 점용을 허용하지 않기로 결정하였다면, 채광계획 인가관청은 이를 사유로 하여 채광계획을 인가하지 아니할 수 있는 것이다(대판 2002.10.11. 2001두151).
2. 국토계획법상 건축물의 건축에 관한 개발행위허가가 의제되는 건축허가신청이 국토계획법령이 정한 개발행위허가기준에 부합하지 아니하면 허가권자로서는 이를 거부할 수 있고, 이는 건축법 제16조 제3항에 의하여 개발행위허가의 변경이 의제되는 건축허가사항의 변경허가에서도 마찬가지이다(대판 2016.8.24. 2016두35762). [21 국가9급, 18 국가7급]
3. 건축법에서 인 · 허가 의제 제도를 둔 취지는, 인 · 허가 의제사항과 관련하여 건축허가 또는 건축신고의 관할 행정청으로 그 창구를 단일화하고 절차를 간소화하며 비용과 시간을 절감함으로써 국민의 권익을 보호하려는 것이지, 인 · 허가 의제사항 관련 법률에 따른 각각의 인 · 허가 요건에 관한 일체의 심사를 배제하려는 것으로 보기는 어렵다(대판 2011.1.20. 2010두14954 전원합의체). [21 국가9급]

> 공유수면 점용허가를 필요로 하는 채광계획 인가신청에 대하여, 공유수면 관리청이 공유수면 점용을 허용하지 않기로 결정한 경우, 채광계획 인가관청은 이를 사유로 채광계획 인가신청을 반려할 수 없다. (○, ×) [16 국회8급]

⑥ 인 · 허가의제에 대한 불복방법

불허가처분의 경우 의제되는 행위가 아니라 주된 인 · 허가를 대상으로 소송을 제기하여야 한다. [14 지방9급]

판례

1. 건축불허가처분을 하면서 그 처분사유로 건축불허가사유뿐만 아니라 형질변경불허가사유나 농지전용불허가사유를 들고 있다고 하여 그 건축물허가처분 외에 별개로 형질변경불허가처분이나 농지전용불허가처분이 존재하는 것이 아니다. [22 지방7급] 따라서 그 건축불허가처분을 받은 사람은 그 건축불허가처분에 관한 쟁송에서 건축법상의 건축불허가 사유뿐만 아니라 도시계획법상의 형질변경불허가 사유나 농지법상의 농지전용불허가 사유에 관하여도 다툴 수 있는 것이지, 그 건축불허가처분에 관한 쟁송과는 별개로 형질변경불허가처분이나 농지전용불허가처분에 관한 쟁송을 제기하여 이를 다투어야 하는 것은 아니며, [16 지방7급] 그러한 쟁송을 제기하지 아니하였어도 형질변경불허가 사유나 농지전용불허가 사유에 관하여 불가쟁력이 생기지 아니한다(대판 2001.1.16. 99두10988). [16 서울9급]

> A허가에 대해 B허가가 의제되는 것으로 규정된 경우, A불허가처분을 하면서 B불허가사유를 들고 있으면 A불허가처분과 별개로 B불허가처분도 존재한다. (○, ×) [18 국가7급, 15 국가9급]

> 건축불허가처분을 하면서 건축불허가 사유 외에 형질변경불허가 사유를 들고 있는 경우, 건축불허가처분 취소청구소송에서 형질변경불허가 사유에 대하여도 다툴 수 있다. (○, ×) [15 국가9급]

> 주된 인 · 허가인 건축불허가처분을 하면서 그 처분사유로 의제되는 인 · 허가에 해당하는 형질변경불허가 사유를 들고 있다면, 그 건축불허가처분을 받은 자는 형질변경불허가처분에 관해서도 쟁송을 제기하여 다툴 수 있다. (○, ×) [16 서울7급, 11 지방7급]

> 건축불허가처분에 관한 쟁송과는 별개로 형질변경불허가처분취소소송을 제기하지 아니한 경우 형질변경불허가 사유에 관하여 불가쟁력이 발생한다. (○, ×) [15 국가9급]

주택건설사업계획 승인처분에 따라 의제된 인·허가가 위법함을 다투고자 하는 이해관계인은, 주택건설사업계획 승인처분의 취소를 구해야지 의제된 인·허가의 취소를 구해서는 아니 되며, 의제된 인·허가는 주택건설사업계획 승인처분과 별도로 항고소송의 대상이 되는 처분에 해당하지 않는다. (○, ×) [21 국가9급, 20 국가9급]

주된 인허가에 의해 의제된 인허가는 통상적인 인허가와 동일한 효력을 가지나, '부분 인허가의제'가 허용되는 경우 의제된 인허가의 취소나 철회는 허용되지 않으므로 이해관계인이 의제된 인허가의 위법함을 다투고자 하는 경우에는 주된 인허가처분을 항고소송의 대상으로 삼아야 한다. (○, ×) [22 지방7급]

인·허가의제에 관계기관의 장과 협의가 요구되는 경우, 주된 인·허가를 하기 전에 의제되는 모든 인·허가 사항에 관하여 관계기관의 장과 사전협의를 거쳐야 한다. (○, ×) [16 지방7급]

구 「공중위생관리법」상 공중위생영업에 대하여 영업을 정지할 위법사유가 있다면 관할 행정청은 그 영업이 양도·양수되었다 하더라도 양수인에 대하여 영업정지처분을 할 수 있다. (○, ×) [21 국가9급, 13 국가7급]

개인택시운송사업의 양도·양수가 있고 그에 대한 인가가 있은 후 그 양도·양수 이전에 있었던 양도인에 대한 운송사업면허 취소사유(음주운전 등으로 인한 자동차운전면허의 취소)를 들어 양수인의 운송사업면허를 취소한 것은 위법하다. (○, ×) [23 지방7급, 14 국가7급]

2. 의제된 인·허가는 통상적인 인·허가와 동일한 효력을 가지므로, 적어도 '부분 인·허가 의제'가 허용되는 경우에는 그 효력을 제거하기 위한 법적 수단으로 의제된 인·허가의 취소나 철회가 허용될 수 있고, 이러한 직권 취소·철회가 가능한 이상 그 의제된 인·허가에 대한 쟁송취소 역시 허용된다(대판 2018.11.29. 2016두38792).

⑦ 협의를 완료할 것을 조건으로 사업시행승인을 할 수 있는지 여부

인·허가와 관련 있는 행정기관 간에 협의가 모두 완료되기 전이라도 공익상 긴급한 필요가 있는 경우 등 일정한 경우에는 인·허가에 대해 협의를 완료할 것을 조건으로 각종의 사업시행승인이나 시행인가를 할 수 있다. [14 지방9급]

판례

사업 관련 모든 인·허가의제 사항에 관하여 관계 행정기관의 장과 일괄하여 사전 협의를 거칠 것을 요건으로 하는 것은 아니고, 사업시행승인 후 인·허가의제 사항에 관하여 관계 행정기관의 장과 협의를 거치면 그때 해당 인·허가가 의제된다고 보는 것이 타당하다(대판 2012.2.9. 2009두16305).

⑽ 허가의 양도와 지위승계

① 허가의 종류에 따른 승계 가능성

대인적 허가(운전면허 등)는 성질상 승계가 불가능하지만, 대물적 허가(건축허가 등)나 혼합적 허가(약국 등)는 승계가 가능하다.

② 양도인에 대한 제재처분이 양수인에게 승계되는지 여부

판례

1. 공중위생영업에 대하여 그 영업을 정지할 위법사유가 있다면, 관할 행정청은 그 영업이 양도·양수되었다 하더라도 그 업소의 양수인에 대하여 영업정지처분을 할 수 있다고 봄이 상당하다(대판 2001.6.29. 2001두1611).
2. 개인택시운송사업의 양도·양수가 있고 그에 대한 인가가 있은 후 그 양도·양수 이전에 있었던 양도인에 대한 운송사업면허취소사유(음주운전 등으로 인한 자동차운전면허의 취소)를 들어 양수인의 운송사업면허를 취소한 것은 정당하다(대판 1998.6.26. 96누18960). [22 지방9급, 20 국가7급]

⑾ 허가의 갱신·소멸

① 기한도래의 효과

기한부허가에 있어서 기한의 도래, 대인적 허가에 있어서 사망, 대물적 허가에 있어서 허가 대상의 멸실로 허가는 소멸된다.

② 허가 자체의 존속기간과 허가조건의 존속기간

허가 등 행정행위에 종기의 일종인 유효기간이 부가된 경우에 그 기간은 허가 자체의 존속기간인지 허가조건의 존속기간인지 문제된다.

㉠ 구별기준

장기계속성이 예정되어 있는 허가에 붙은 기한이 그 허가된 사업의 성질상 부당하게 짧은 경우에는 그 기한을 허가 '조건'의 존속기간(갱신기간)으로 보아야 하며, [19 서울7급] 허가조건의 존속기간이 아닌 유효기간은 허가 자체의 존속기간으로 보아야 한다.

㉡ 허가조건의 존속기간인 경우

허가조건의 존속기간인 경우 유효기간이 경과하기 전에 당사자의 갱신신청이 있으면 특별한 사정이 없는 한 조건의 개정을 고려할 수는 있으나, 허가기간은 갱신 내지 연장해주어야 한다. 허가조건의 존속기간 내에 적법한 갱신신청이 있었음에도 갱신 가부의 결정이 없는 경우에는 유효기간이 지나도 주된 행정행위는 효력이 상실되지 않는다. 그러나 갱신신청 없이 유효기간이 지나면 주된 행정행위는 효력이 상실되므로 갱신기간이 지나 신청한 경우에는 새로운 허가신청으로 보아야 한다.

판례

1. 일반적으로 행정처분에 효력기간이 정하여져 있는 경우에는 그 기간의 경과로 그 행정처분의 효력은 상실되고, 다만 허가에 붙은 기한이 그 허가된 사업의 성질상 부당하게 짧은 경우에는 이를 그 허가 자체의 존속기간이 아니라 그 허가조건의 존속기간으로 보아 그 기한이 도래함으로써 그 조건의 개정을 고려한다는 뜻으로 해석할 수는 있지만, [18 지방7급] 그와 같은 경우라 하더라도 그 허가기간이 연장되기 위하여는 그 종기가 도래하기 전에 그 허가기간의 연장에 관한 신청이 있어야 하며, [20 국가9급] 만일 그러한 연장신청이 없는 상태에서 허가기간이 만료하였다면 그 허가의 효력은 상실된다(대판 2007.10.11. 2005두12404).
2. 당초에 붙은 기한을 허가 자체의 존속기간이 아니라 허가조건의 존속기간으로 보더라도 그 후 당초의 기한이 상당 기간 연장되어 연장된 기간을 포함한 존속기간 전체를 기준으로 볼 경우 더 이상 허가된 사업의 성질상 부당하게 짧은 경우에 해당하지 않게 된 때에는 행정청으로서는 그 때에도 허가조건의 개정만을 고려하여야 하는 것은 아니고 재량권의 행사로서 더 이상의 기간연장을 불허가할 수도 있는 것이며, 이로써 허가의 효력은 상실된다(대판 2004.03.25. 2003두12837). [21 국가9급, 16 지방7급]

㉢ 허가 자체의 존속기간인 경우

허가 자체의 존속기간인 경우에는 종기의 도래로 허가는 당연히 효력을 상실한다.

판례

어업에 관한 허가 또는 신고의 경우에는 어업면허와 달리 유효기간연장제도가 마련되어 있지 아니하므로 그 유효기간이 경과하면 그 허가나 신고의 효력이 당연히 소멸하며, 재차 허가를 받거나 신고를 하더라도 허가나 신고의 기간만 갱신되어 종전의 어업허가나 신고의 효력 또는 성질이 계속된다고 볼 수 없고 새로운 허가 내지 신고로서의 효력이 발생한다고 할 것이다(대판 2011.7.28. 2011두5728). [18 국회8급, 12 복지9급]

허가에 붙은 기한이 그 허가된 사업의 성질상 부당하게 짧은 경우에는 이를 그 허가 자체의 존속기간이 아니라 그 허가조건의 존속기간으로 보고 그 기한이 도래함으로써 그 조건의 개정을 고려한다. (○, ×) [15 국가9급, 15 국회8급]

허가조건의 존속기간 내에 적법한 갱신신청이 있었음에도 갱신 가부의 결정이 없으면 주된 행정행위는 효력이 상실된다. (○, ×) [11 지방9급]

허가에 붙은 기한이 그 허가된 사업의 성질상 부당하게 짧은 경우에 그 기한은 허가조건의 존속기간이 아니라 허가 자체의 존속기간으로 보아야 한다. (○, ×) [18 지방9급]

갱신신청 없이 유효기간이 지나면 주된 행정행위는 효력이 상실되므로 갱신기간이 지나 신청한 경우에는 기간연장신청이 아니라 새로운 허가신청으로 보아야 하며 허가요건의 충족여부를 새로이 판단하여야 한다. (○, ×) [15 국회8급]

허가기간이 연장되기 위하여는 그 종기가 도래하기 전에 그 허가기간의 연장에 관한 신청이 있어야 하며, 만일 그러한 연장신청이 없는 상태에서 허가기간이 만료하였다면 그 허가의 효력은 상실된다. (○, ×) [14 경행특채, 11 지방9급]

기한의 도래로 실효한 종전의 허가에 대한 기간연장신청은 새로운 허가를 내용으로 하는 행정처분을 구하는 것이 아니라, 종전의 허가처분을 전제로 하여 단순히 그 유효기간을 연장하여 주는 행정처분을 구하는 것으로 보아야 한다. (○, ×) [22 국가7급, 14 경행특채]

허가의 유효기간이 지난 후에 그 허가의 기간연장이 신청된 경우, 허가권자는 특별한 사정이 없는 한 유효기간을 연장해 주어야 한다. (○, ×) [16 지방9급]

허가가 갱신된 이후라고 하더라도, 갱신 전의 법위반사실을 이유로 허가를 취소할 수 있다. (○, ×) [17 국가7급, 17 교행]

허가의 갱신으로 갱신 전의 허가는 동일성을 유지하면서 효력을 유지한다. (○, ×) [11 지방9급]

③ 기한만료 전의 갱신신청

허가의 갱신은 기한의 도래 전에 이루어져야 한다. 기한의 도래 후에 이루어진 갱신허가신청에 따른 허가는 갱신이 아니고 별개의 새로운 행위이다.

판례

종전의 허가가 기한의 도래로 실효한 이상 원고가 종전 허가의 유효기간이 지나서 신청한 이 사건 기간연장신청은 그에 대한 종전의 허가처분을 전제로 하여 단순히 그 유효기간을 연장하여 주는 행정처분을 구하는 것이라기보다는 종전의 허가처분과는 별도의 새로운 허가를 내용으로 하는 행정처분을 구하는 것이라고 보아야 할 것이어서, [18 지방7급] 이러한 경우 허가권자는 이를 새로운 허가신청으로 보아 법의 관계 규정에 의하여 허가요건의 적합 여부를 새로이 판단하여 그 허가 여부를 결정하여야 할 것이다(대판 1995.11.10. 94누11866).

④ 갱신허가의 효력

갱신허가는 기존허가의 효력의 동일성을 유지하는 것이므로 갱신 전의 법령위반 사실을 근거로 갱신허가를 취소할 수 있다. 즉 갱신은 종전 허가의 효력을 지속시키는 것이지, 새로운 행위가 아니다.

판례

1. 유료직업 소개사업의 허가갱신은 허가취득자에게 종전의 지위를 계속 유지시키는 효과를 갖는 것에 불과하고 갱신 후에는 갱신 전의 법위반사항을 불문에 붙이는 효과를 발생하는 것이 아니므로 일단 갱신이 있은 후에도 갱신 전의 법위반사실을 근거로 허가를 취소할 수 있다(대판 1982.7.27. 81누174). [10 국회8급]
2. 건설업면허의 갱신이 있으면 기존 면허의 효력은 동일성을 유지하면서 장래에 향하여 지속한다 할 것이고 갱신에 의하여 갱신 전의 면허는 실효되고 새로운 면허가 부여된 것이라고 볼 수는 없으므로 면허갱신에 의하여 갱신 전의 건설업자의 모든 위법사유가 치유된다거나 일정한 시일의 경과로서 그 위법사유가 치유된다고 볼 수 없다(대판 1984.9.11. 83누658).

⑿ **관련문제**: 타인의 명의로 건축허가를 받은 경우

건축허가가 건축물을 신축한 자가 아닌 타인의 명의로 행해진 경우 건축물이 완공되면 누가 그 건물의 소유권을 취득하는지가 문제된다.

판례

1. 건축허가는 대물적 성질을 갖는 것이어서 행정청으로서는 허가를 할 때에 건축주 또는 토지 소유자가 누구인지 등 인적 요소에 관하여는 형식적 심사만 한다(대판 2017.3.15. 2014두41190). [22 국가9급, 22 지방9급]
2. 건축허가는 행정관청이 건축행정상 목적을 수행하기 위하여 수허가자에게 일반적으로 행정관청의 허가 없이는 건축행위를 하여서는 안 된다는 상대적 금지를 관계 법규에 적합한 일정한 경우에 해제하여 줌으로써 일정한 건축행위를 하여도 좋다는 자유를 회복시켜 주는 행정처분일 뿐 수허가자에게 어떤 새로운 권리나 능력을 부여하는 것이 아니고, [19 서울9급(上)] 건축허가서에 건축주로 기재된 자가 건물의 소유권을 취득하는 것은 아니므로, 자기 비용과 노력으로 건물을 신축한 자는 그 건축허가가 타인의 명의로 된 여부에 관계없이 그 소유권을 원시취득한다(대판 2002.4.26. 2000다16350).
3. 건축 중인 건물의 소유자와 건축허가 명의자가 일치할 필요는 없다(대판 2009.3.12. 2006다28454).

건축허가시 건축허가서에 건축주로 기재된 자는 당연히 그 건물의 소유권을 취득하며, 건축 중인 건물의 소유자와 건축허가의 건축주는 일치하여야 한다. (○, ×) [14 지방9급]

4. 면제

(1) 개념

면제는 법령에 의해 일반적으로 부과되는 작위·급부·수인의무를 특정한 경우에 해제하는 행정행위를 의미한다(조세면제 등).

(2) 허가와의 구별

의무해제라는 점에서 허가와 면제는 같으나 허가는 부작위의무의 해제인 데 반하여 면제는 작위, 급부 및 수인의무의 해제라는 점에서 다르다. [13 국회8급]

02 형성적 행위: 특허, 대리, 인가

1. 의의

형성적 행위란 개인에 대해 개인이 원래부터 가지고 있는 것이 아닌 새로운 권리·법률상의 지위 또는 포괄적 법률관계, 기타 법률상의 힘을 발생·변경·소멸시키는 행정행위를 말한다. 이 점에서 원래부터 가지고 있던 자연적 자유를 대상으로 이를 제한 또는 회복시키는 명령적 행위와는 구별된다.

> 명령적 행정행위는 타인을 위하여 그 행위의 효력을 보충·완성하는 행위와 타인을 대신하여 행하는 행위로 나누어진다. (○, ×) [07 국가9급]

2. 특허

(1) 개념

특허란 특정 상대방을 위하여 새로이 권리를 설정하는 행위(공기업특허·공물사용권의 특허·광업허가·어업면허), 능력을 설정하는 행위(공법인의 설립행위) 및 법적 지위를 설정하는 행위(공무원 임명·귀화허가)를 말한다. 권리를 설정하는 행위를 협의의 특허라고 한다. 특허는 강학상의 용어이고, 실정법상으로는 허가, 면허 등의 용어를 사용한다.

> 전기·가스 등의 공급사업이나 철도·버스 등의 운송사업에 대한 허가는 강학상의 특허로 보는 것이 일반적이다. (○, ×) [13 지방7급]

(2) 특허와 출원(신청)

특허는 언제나 출원을 요건으로 하며(필요요건), 출원이 없거나 그 취지에 반하는 특허는 완전한 효력을 발생할 수 없다. 그러나 법규에 의한 특허는 성질상 출원이 요구되지 않는다.

> 특허의 경우에는 언제나 출원을 전제로 하지만, 법규에 의한 특허에는 출원이 요구되지 않는다. (○, ×) [08 지방9급]

(3) 특허의 상대방

특허는 언제나 특정인을 대상으로 하기 때문에 불특정 다수인을 대상으로 할 수 없다. 즉 특허는 일반처분의 형식으로 할 수 없다. [19 서울7급(上)]

(4) 성질 및 효과

① 특허의 성질

㉠ 형성적 행위·쌍방적 행위

특허는 특정인에게 권리 등을 설정해 주는 행위이므로 형성적 행위이다. 허가와 달리 언제나 신청을 요건으로 한다는 점에서 쌍방적 행정행위이다.

㉡ 재량행위

원칙적으로 특허를 할 것인지 여부는 행정청의 재량에 맡겨져 있는 재량행위이다.

법률에서 정한 귀화요건을 갖춘 귀화신청인에 대한 법무부장관의 귀화허가는 기속행위로 본다. (○, ×) [14 경행특채, 12 지방9급]

행정행위는 국민에 대하여 법적 효과를 발생시키는 행위이므로, 행정청이 귀화신청인에게 귀화를 허가하는 행위는 행정행위가 아니다. (○, ×) [15 교행]

공유수면매립법에 따른 공유수면매립면허는 강학상 허가의 성질을 가진다. (○, ×) [14 복지9급]

여객자동차운수사업법에 의한 개인택시운송사업면허는 특정인에게 권리나 이익을 부여하는 행정행위로서 법령에 특별한 규정이 없는 한 재량행위이지만, 그 면허를 위하여 필요한 기준을 정하는 것은 행정청의 재량이 아니다. (○, ×) [15 경행특채]

판례

1. 귀화허가는 외국인에게 대한민국 국적을 부여함으로써 국민으로서의 법적 지위를 포괄적으로 설정하는 행위에 해당한다. 귀화허가의 근거 규정의 형식과 문언, 귀화허가의 내용과 특성 등을 고려하여 보면, 법무부장관은 귀화신청인이 법률이 정하는 귀화요건을 갖추었다고 하더라도 귀화를 허가할 것인지 여부에 관하여 재량권을 가진다(대판 2010.7.15. 2009두19069).
2. 공유수면매립면허는 설권행위인 특허의 성질을 갖는 것이므로 원칙적으로 행정청의 자유재량에 속하며, [13 지방7급] 일단 실효된 공유수면매립면허의 효력을 회복시키는 행위도 특단의 사정이 없는 한 새로운 면허부여와 같이 면허관청의 자유재량에 속한다(대판 1989.9.12. 88누9206).
3. 자동차운수사업법에 의한 자동차운송사업면허는 특정인에게 특정한 권리를 설정하여 주는 행위로서 법령에 특별한 규정이 없는 한 행정청의 재량에 속하는 것이고, 따라서 관할관청이 그 면허를 위하여 필요한 기준을 정하는 것은 물론 정한 기준을 변경하는 것 역시 행정청의 재량에 속한다고 할 것이다(대판 1992.4.28. 91누13526). [14 지방9급]
4. 도로점용의 허가는 특정인에게 일정한 내용의 공물사용권을 설정하는 설권행위로서, 공물관리자가 신청인의 적격성, 사용목적 및 공익상의 영향 등을 참작하여 허가를 할 것인지의 여부를 결정하는 재량행위이다(대판 2002.10.25. 2002두5795). [14 국가7급]
5. 체류자격 변경허가는 신청인에게 당초의 체류자격과 다른 체류자격에 해당하는 활동을 할 수 있는 권한을 부여하는 일종의 설권적 처분의 성격을 가지므로, 허가권자는 신청인이 관계 법령에서 정한 요건을 충족하였더라도, 공익상의 영향 등을 참작하여 허가 여부를 결정할 수 있는 재량을 가진다(대판 2016.7.14. 2015두48846). [22 지방9급, 19 서울9급]
6. 대기오염물질 총량관리사업장 설치의 허가 또는 변경허가는 특정인에게 인구가 밀집되고 대기오염이 심각하다고 인정되는 수도권 대기관리권역에서 총량관리대상 오염물질을 일정량을 초과하여 배출할 수 있는 특정한 권리를 설정하여 주는 행위로서 [19 서울9급] 그 처분의 여부 및 내용의 결정은 행정청의 재량에 속한다(대판 2013.5.9. 2012두22799).
7. 개발촉진지구 안에서 시행되는 지역개발사업에서 지정권자의 실시계획승인처분은 단순히 시행자가 작성한 실시계획에 대한 보충행위로서의 성질을 가지는 것이 아니라 시행자에게 구 지역균형개발법상 지구개발사업을 시행할 수 있는 지위를 부여하는 일종의 설권적 처분의 성격을 가진다(대판 2014.9.26. 2012두5619). [19 서울9급]

② 특허의 효과

㉠ 법률상 이익

특허는 상대방에 대해 새로운 독점적·배타적인 법률상의 힘을 부여하는 행위로서 그에 의하여 상대방이 받는 경영상 이익은 반사적 이익이 아닌 법률상 이익이다.

판례

광업법상 이미 광업권이 설정된 동일한 구역에 대하여 동일한 광물에 대한 광업권을 중복설정할 수 없고, 이종광물이라고 할지라도 광업권이 설정된 광물과 동일광상중에 부존하는 이종광물은 광업권 설정에 있어서 동일광물로 보게 되므로 이러한 이종광물에 대하여는 기존광업권이 적법히 취소되거나 그 존속기간이 만료되지 않는 한 별도로 광업권을 설정할 수 없다(대판 1986.2.25. 85누712).

㉡ 사법적 효과의 발생도 가능

특허로 인하여 성립하는 권리는 공권(예 공물사용권 등)인 경우도 있지만 사권(예를 들어 어업권, 광업권)인 경우도 있다. 어떤 경우이든 특허로 부여된 권리가 침해되면 손해배상 등을 통하여 구제받을 수 있다.

행정행위는 공법상의 행위이므로, 행정청이 특정인에게 어업권과 같이 사권의 성질을 가지는 권리를 설정하는 행위는 행정행위가 아니다. (○, ×) [15 교행]

(5) 허가와 특허의 구별

① 공통점

양자는 모두 인가와 더불어 사전 통제적 개입수단으로 작용한다는 공통점이 있다.

② 차이점

㉠ 신청이 있어야 하는지 여부

허가는 신청 없이 행하여지는 경우도 있으나, 특허는 항상 신청을 요하는 쌍방적 행정행위이다.

㉡ 법률상 이익과 반사적 이익

허가는 자연적 자유를 회복하여 주는 명령적 행위인데 비해, 특허는 권리·능력의 설정행위로서의 형성적 행위이다. 허가에 의해 얻는 이익은 반사적 이익이며, 특허로써 얻는 이익은 공권이다.

㉢ 재량행위와 기속행위

허가는 상대적 금지를 해제하여 자유권을 적법하게 행사할 수 있게 하여 주는 것이므로 관계법상의 요건이 충족되는 경우 행정청은 허가를 하여야 하는 기속행위이나, 특허는 국민에게 새로이 권리·능력을 설정해주는 행위라는 점에서 재량행위의 성질을 가진다.

구분	허가	특허
법적 성질	• 명령적 행위(금지해제행위) • 원칙적으로 기속행위	• 형성적 행위(설권행위) • 원칙적으로 재량행위
출원(신청)	원칙적으로 신청을 요하나 신청 없이도 가능(일반처분)	• 출원(신청)은 필요요건 • 법규특허는 신청불요
상대방의 특정성	불특정 다수인에 대해서도 이루어짐.	특정인에 대해서만 부여
기존업자의 이익	반사적 이익	법률상 이익

3. 인가

(1) 의의

인가는 제3자의 법률행위를 보충하여 그 법률적 효과를 완성시켜 주는 행정주체의 보충적 의사표시를 말한다. 인가는 학문상의 개념으로서 실정법에서는 허가·승인·특허 등의 용어를 사용하는 경우가 많다.

구분	인가	허가
법적 성질	• 형성적 행위 • 재량행위(원칙), 기속행위(예외)	• 명령적 행위 • 기속행위(원칙), 재량행위(예외)
대 상	법률행위만을 대상	사실행위와 법률행위
요건의 성격	법률행위의 유효요건	적법요건

당사자의 법률적 행위를 보충하여 그 법률적 효력을 완성시키는 행정청의 보충적 의사표시를 인가라고 한다. (○, ×) [14 서울9급]

허가는 형성적 행정행위의 일종이며, 인가는 명령적 행정행위이다. (○, ×) [10 서울9급]

무인가·무허가의 효력	• 요인가행위를 인가 없이 한 경우는 무효 • 강제집행 또는 처벌 등의 대상은 아님.	• 요허가행위를 허가 없이 한 경우는 행위자체는 유효 • 강제집행 또는 처벌 등의 제재를 받음.
수정인·허가 가능성	수정인가 불허	수정허가 가능
효과	공법적·사법적 효과 발생	공법적 효과만 발생
신청의 요부	항상 신청을 요함.	원칙적으로 신청을 요함.

(2) 인가의 종류

특허기업의 양도인가, 구 자동차운수사업법상의 요금인가, 비영리법인설립인가, 재단법인의 정관변경허가, 토지거래허가구역내의 토지거래허가, 학교법인의 임원에 대한 감독청의 취임승인, 주택재건축조합의 사업시행인가, 자동차관리법상 사업자단체조합의 설립인가 [18 서울9급, 17 국가7급] 등을 들 수 있다.

판례

✦ 토지거래허가구역 내에 있는 토지에 관한 토지거래계약허가는 학문상 인가의 성질을 갖는다. (○, ×) [13 국가7급]

1. 국토이용관리법 소정의 토지거래허가가 규제지역 내의 모든 국민에게 전반적으로 토지거래의 자유를 금지하고 일정한 요건을 갖춘 경우에만 금지를 해제하여 계약체결의 자유를 회복시켜 주는 성질의 것이라고 보는 것은 위 법의 입법취지를 넘어선 지나친 해석이라고 할 것이고, 규제지역 내에서도 토지거래의 자유가 인정되나 다만 위 허가를 허가 전의 유동적 무효 상태에 있는 법률행위의 효력을 완성시켜 주는 인가적 성질을 띤 것이라고 보는 것이 타당하다(대판 1991.12.24. 90다12243 전원합의체). [19 국가9급]

✦ 재단법인의 정관변경허가는 그 법적 성격을 인가라고 보아야 한다. (○, ×) [16 지방9급]

2. 재단법인의 정관변경 허가는 법률상의 표현이 허가로 되어 있기는 하나, 그 성질에 있어 법률행위의 효력을 보충해 주는 것이지 일반적 금지를 해제하는 것이 아니므로, 그 법적 성격은 인가로 보아야 할 것이다(대판 1996.5.16. 95누4810 전원합의체). [20 지방9급, 19 국가9급]

✦ 관할청의 임원취임승인은 B에 대해 학교법인의 임원으로서의 포괄적 지위를 설정하여 주는 특허에 해당한다. (○, ×) [16 국가9급]

3. 구 사립학교법상 학교법인의 이사장·이사·감사 등의 임원은 이사회의 선임을 거쳐 관할청의 승인을 받아 취임하도록 규정하고 있는바, 관할청의 임원취임승인행위는 학교법인의 임원선임행위의 법률상 효력을 완성케 하는 보충적 법률행위이다(대판 2007.12.27. 2005두9651). [19 서울9급, 17 서울7급]

4. 조합설립추진위원회(이하 '추진위원회'라고 한다)의 구성을 승인하는 처분은 조합의 설립을 위한 주체에 해당하는 비법인 사단인 추진위원회를 구성하는행위를 보충하여 그 효력을 부여하는 처분인 데 반하여, 조합설립인가처분은 법령상요건을 갖출 경우 도시정비법상 주택재개발사업을 시행할 수 있는 권한을 가지는 행정주체(공법인)로서의 지위를 부여하는 일종의 설권적 처분이다(대판 2013. 12. 26. 2011두8291). [23 지방9급]

(3) 인가의 성질

① 보충적 행위성과 형성적 행위성

인가는 행정청의 인가를 통해서 사인 간의 법률행위의 효력을 완성시켜 준다는 점에서 보충적 성질과 형성적 행위로서의 성질을 가진다.

② 재량행위성 여부

인가의 재량행위성 여부는 근거법령의 법문에 따라 판단하여야 한다. 법령에 특별한 규정이 없을 때는 인가의 대상이 가지는 공익성과 사익성을 고려하여 판단한다. 판례도 이러한 기준에 입각하여 재량행위로 판시한 경우(민법상 비영리법인 설립허가)도 있고 기속행위(토지거래허가)로 판시한 경우도 있다.

판례

1. 재단법인의 임원취임을 인가 또는 거부할 것인지 여부는 주무관청의 권한에 속하는 사항이라고 할 것이고, 재단법인의 임원취임승인 신청에 대하여 주무관청이 이를 당연히 승인(인가)하여야 하는 것은 아니다(대판 2000.1.28. 98두16996). [21 국가7급, 20 국가9급]
2. 구 주택건설촉진법 제33조에 의한 주택건설사업계획 승인의 법적 성질은 인가로서 재량행위이다(대판 2007.5.10. 2005두13315).
3. 사회복지법인의 정관변경을 허가할 것인지의 여부는 주무관청의 정책적 판단에 따른 재량에 맡겨져 있다고 할 것이고, 주무관청이 정관변경허가를 함에 있어서 부관을 붙일 수 있다(대판 2002.9.24. 2000두5661). [18 국가7급]
4. 공익법인의 기본재산의 처분에 관한 공익법인의 설립·운영에 관한 법률 제11조 제3항의 규정은 강행규정으로서 이에 위반하여 주무관청의 허가를 받지 않고 기본재산을 처분하는 것은 무효라 할 것인데, 위 처분허가에 부관을 붙인 경우 그 처분허가의 법률적 성질이 형성적 행정행위로서의 인가에 해당한다고 하여 조건으로서의 부관의 부과가 허용되지 아니한다고 볼 수는 없다(대판 2005.9.28. 2004다50044).
5. 관리처분계획에 대한 행정청의 인가는 관리처분계획의 법률상 효력을 완성시키는 보충행위로서의 성질을 갖는데 [22 지방9급, 19 국가9급] 행정청이 관리처분계획에 대한 인가 여부를 결정할 때에는 도시정비법 제48조 제2항의 기준에 부합하는지 여부 등을 심사·확인하여 그 인가 여부를 결정할 수 있을 뿐 기부채납과 같은 다른 조건을 붙일 수는 없다(대판 2012.8.30. 2010두24951).

> 공익법인의 기본재산 처분에 대한 허가의 법률적 성질이 형성적 행정행위로서의 인가에 해당하므로, 그 허가에 조건으로서의 부관의 부과가 허용되지 아니한다. (○, ×) [24 국가9급, 20 국가9급]

> 관리처분계획에 대한 인가처분은 단순한 보충행위에 그치지 않고 일종의 설권적 처분의 성질을 가지므로, 인가처분시 기부채납과 같은 다른 조건을 붙일 수 있다. (○, ×) [16 국가7급]

③ 효력발생요건

인가는 기본행위가 효력을 발생하는 데 필요한 효력발생요건이다. 따라서 인가를 받아야 할 행위를 인가받지 않고 행한 경우에 그 행위는 무효가 된다.

(4) 인가의 대상

인가의 대상은 반드시 법률행위에 한정되고, 사실행위는 인가의 대상이 아니다. 인가의 대상이 되는 법률행위에는 공법적 행위(예를 들어 공공조합의 정관변경인가)와 사법적 행위(예를 들어 특허기업의 사업양도인가)가 모두 포함된다. 또한 법률행위에는 계약도 있으며 합동행위도 존재한다(예 재단법인의 정관변경허가 등).

> 인가의 대상이 되는 기본행위는 법률행위일 수도 있고, 사실행위일 수도 있다. (○, ×) [17 국가9급(下)]

> 인가의 대상인 법률행위에는 공법상 행위도 있고 사법상 행위도 있다. (○, ×) [14 서울9급]

(5) 인가의 형식

인가는 일반적 형식으로 할 수 없고 언제나 구체적인 처분의 형식으로 이루어진다. 또한 인가는 특정인에 대하여만 가능하며 불특정 다수인에 대한 인가는 있을 수 없다. 따라서 법규인가는 허용되지 않는다. 인가는 보충적 행위이므로 항상 상대방의 신청을 요건으로 한다.

> 법령에 의한 일반적 인가도 가능하다. (○, ×) [04 국회8급]

> 인가는 보충적 행위이므로 신청을 전제로 한다. (○, ×) [14 서울9급]

다수설에 의하면 법령에 명문의 규정이 없는 한 수정인가를 할 수 없다. (○, ×) [11 국가7급, 08 지방7급]

(6) 수정인가의 문제

인가는 제3자의 법률행위에 동의함으로써 그 법률적 효과를 완성하는 행위라는 점에서, 행정청은 인가 여부만을 소극적으로 결정하는 데 그친다. 행정주체가 그 법률행위의 내용을 수정하여 인가하려고 하는 경우에는 법률의 명시적 근거가 있어야 하고, 명문의 규정이 없는 한 수정인가를 할 수 없다.

(7) 인가의 효력

판례에 따르면 공유수면매립의 면허로 인한 권리·의무의 양도·양수가 인가를 받지 못한 경우에는 그 하자의 정도에 따라 취소할 수 있다. (○, ×) [09 국회9급]

주택재건축조합의 정관변경에 대한 시장·군수등의 인가는 그 대상이 되는 기본행위를 보충하여 법률상 효력을 완성시키는 행위로서 시장·군수등이 변경된 정관을 인가하면 정관변경의 효력이 총회의 의결이 있었던 때로 소급하여 발생한다. (○, ×) [22 지방7급]

판례

1. 공유수면매립의 면허로 인한 권리의무의 양도·양수에 있어서의 면허관청의 인가는 효력요건으로서, 위 각 규정은 강행규정이라고 할 것인바, 위 면허의 공동명의자 사이의 면허로 인한 권리의무양도약정은 면허관청의 인가를 받지 않은 이상 법률상 아무런 효력도 발생할 수 없다(대판 1991.6.25. 90누5184). [20 국가9급]
2. 조합이 정관을 변경하고자 하는 경우에는 총회를 개최하여 조합원 과반수 또는 3분의 2 이상의 동의를 얻어 시장·군수의 인가를 받도록 규정하고 있다. 여기서 시장 등의 인가는 그 대상이 되는 기본행위를 보충하여 법률상 효력을 완성시키는 행위로서 이러한 인가를 받지 못한 경우 변경된 정관은 효력이 없고, 시장 등이 변경된 정관을 인가하더라도 정관변경의 효력이 총회의 의결이 있었던 때로 소급하여 발생한다고 할 수 없다(대판 2014.7.10. 2013도11532).

(8) 인가와 기본행위의 효력관계

① 인가의 보충성과 인가의 효력범위

인가는 제3자의 법률행위에 동의함으로써 그 법률행위의 효력을 완성시키는 보충적 행위에 그치고, 그 법률행위의 하자를 치유하는 효력이 있는 것은 아니다. 따라서 기본행위가 불성립 또는 무효인 경우는 인가가 있어도 그 법률행위가 유효로 되는 것은 아니며, 또한 유효하게 성립된 기본행위가 사후에 실효되면, 인가도 당연히 효력을 상실한다. [23 국가7급] 반면 인가의 유무에 따라 기본행위의 효력이 문제되는 것은 공법상의 관계이고 주택조합과 조합원 또는 조합원들 사이의 내부적인 사법관계에까지 영향을 미치는 것은 아니다.

판례

주택조합을 구성하여 그 구성원의 주택을 건설하고자 할 때 관할 시장 등의 인가를 받아야 하고, 인가받은 내용을 변경하거나 주택조합을 해산하고자 할 때에도 마찬가지로 인가를 받도록 되어 있는바, 여기서 관할 시장 등의 인가행위는 그 대상이 되는 기본행위를 보충하여 법률상 효력을 완성시키는 보충행위로서, 이러한 인가의 유무에 따라 기본행위의 효력이 문제되는 것은 주택건설촉진법과 관련한 공법상의 관계에서이지 주택조합과 조합원, 또는 조합원들 사이의 내부적인 사법관계에까지 영향을 미치는 것은 아니다(대결 2002.3.11. 2002그12). [08 국가7급]

인가의 전제가 되는 기본행위에 하자가 있다고 하더라도 행정청의 적법한 인가가 있으면 그 하자는 치유가 된다. (○, ×) [14 서울9급]

② 기본행위에 하자가 있으나 인가는 적법한 경우

㉠ 기본행위가 불성립 또는 무효인 경우에 인가가 있었다 하더라도 그 기본행위가 유효로 되는 것은 아니며, 인가도 무효로 된다. [17 국가9급(下), 15 국가9급]

㉡ 인가의 대상인 법률행위에 취소원인이 있는 경우, 인가 후에도 그 기본행위를 취소할 수 있다.

㉢ 기본행위에 하자가 있다면 다투어야 할 소송의 대상은 기본행위이지 인가가 아니다. 따라서 기본행위의 불성립 또는 무효를 이유로 그에 대한 인가처분의 무효확인이나 취소를 구할 법률상의 이익이 없다.

판례

1. 인가는 기본행위인 재단법인의 정관변경에 대한 법률상의 효력을 완성시키는 보충행위로서, 그 기본이 되는 정관변경 결의에 하자가 있을 때에는 그에 대한 인가가 있었다 하여도 기본행위인 정관변경 결의가 유효한 것으로 될 수 없다(대판 1996.5.16. 95누4810 전원합의체). [20 지방9급]
2. 인가처분에 하자가 없다면 기본행위에 하자가 있다 하더라도 따로 그 기본행위의 하자를 다투는 것은 별론으로 하고 기본행위의 무효를 내세워 바로 그에 대한 행정청의 인가처분의 취소 또는 무효확인을 소구할 법률상의 이익이 없다(대판 1996.5.16. 95누4810 전원합의체). [22 국가7급, 20 국가9급]
3. 학교법인의 임원에 대한 감독청의 취임승인은 학교법인의 임원선임행위를 보충하여 그 법률상의 효력을 완성케 하는 보충적 행정행위로서 성질상 기본행위를 떠나 승인처분 그 자체만으로는 법률상 아무런 효력도 발생할 수 없으므로 [18 국회8급] 기본행위인 학교법인의 임원선임행위가 불성립 또는 무효인 경우에는 비록 그에 대한 감독청의 취임승인이 있었다 하여도 이로써 무효인 그 선임행위가 유효한 것으로 될 수는 없다(대판 1987.8.18. 86누152).
4. 기본행위인 사업시행계획이 무효인 경우 그에 대한 인가처분이 있다고 하더라도 그 기본행위인 사업시행계획이 유효한 것으로 될 수 없으며, 기본행위가 적법·유효하고 보충행위인 인가처분 자체에만 하자가 있다면 그 인가처분의 무효나 취소를 주장할 수 있다고 할 것이지만, 인가처분에 하자가 없다면 기본행위에 하자가 있다고 하더라도 따로 그 기본행위의 하자를 다투는 것은 별론으로 하고 기본행위의 무효를 내세워 바로 그에 대한 인가처분의 취소 또는 무효확인을 구할 수 없다(대판 2014. 2. 27. 2011두25173).

③ 기본행위는 적법하나 인가에 하자가 있는 경우

㉠ 이 경우는 무인가 행위가 되므로 기본행위의 효력이 발생하지 않으며, 인가행위의 하자가 취소사유인 경우는 인가행위가 취소되기까지는 유효한 행위가 된다.

㉡ 따라서 기본행위는 적법하고 인가행위에만 흠이 있을 때는 그 인가의 취소 또는 무효확인을 구할 법률상의 이익이 있다. [21 국가7급, 17 국가9급(下)]

판례

기본행위인 이사선임결의가 적법·유효하고 보충행위인 승인처분 자체에만 하자가 있다면 그 승인처분의 무효확인이나 그 취소를 주장할 수 있지만, [19 서울9급(上)] 이 사건 임원취임승인처분에 대한 무효확인이나 그 취소의 소처럼 기본행위인 임시이사들에 의한 이사선임결의의 내용 및 그 절차에 하자가 있다는 이유로 이사선임결의의 효력에 관하여 다툼이 있는 경우에는 민사쟁송으로서 그 기본행위에 해당하는 위 이사선임결의의 무효확인을 구하는 등의 방법으로 분쟁을 해결할 것이지 그 이사선임결의에 대한 보충적 행위로서 그 자체만으로는 아무런 효력이 없는 승인처분만의 무효확인이나 그 취소를 구하는 것은 특단의 사정이 없는 한 분쟁해결의 유효적절한 수단이라 할 수 없으므로, 임원취임승인처분의 무효확인이나 그 취소를 구할 법률상 이익이 없다(대판 2002.5.24. 2000두3641).

- 유효한 기본행위를 대상으로 인가가 행해진 후에 기본행위가 취소되거나 실효된 경우에는 인가도 실효된다. (○, ×) [15 국가9급]
- 기본행위에 취소원인이 있더라도 인가가 있은 후에는 기본행위를 취소할 수 없다. (○, ×) [07 국가9급]
- 기본행위에 하자가 있는 경우에 그 기본행위의 하자를 다툴 수 있고, 기본행위의 하자를 이유로 인가처분의 취소 또는 무효확인도 소구할 수 있다. (○, ×) [15 국가9급]
- 재단법인의 정관변경 결의에 하자가 있더라도, 그에 대한 인가가 있었다면 기본행위인 정관변경 결의는 유효한 것으로 된다. (○, ×) [21 국가7급]
- 인가처분에 하자가 없더라도 기본행위에 무효사유가 있다면 기본행위의 무효를 내세워 그에 대한 행정청의 인가처분의 취소 또는 무효확인을 구할 소의 이익이 있다. (○, ×) [20 지방9급]
- 학교법인 임원에 대한 감독청의 취임승인은 그 대상인 기본행위의 효과를 완성시키는 보충행위이므로 그 기본행위가 불성립 또는 무효인 때에도 그에 대한 인가를 하면 그 기본행위가 유효하게 될 수 있다. (○, ×) [16 국가9급]
- 주택재개발정비사업조합이 수립한 사업시행계획에 하자가 있음에도 불구하고 관할 행정청이 해당 사업시행계획에 대한 인가처분을 하였다면, 그 인가처분에는 고유한 하자가 없더라도 사업시행계획의 무효를 주장하면서 곧바로 그에 대한 인가처분의 무효확인이나 취소를 구하여야 한다. (○, ×)[23 지방9급]
- 기본행위에 하자가 있는 경우 기본행위의 하자를 이유로 인가처분의 취소 또는 무효를 구할 법률상의 이익이 없다. (○, ×) [14 국가7급, 13 지방7급]
- 임원 선임절차상의 하자를 이유로 관할청의 취임승인처분에 대한 취소를 구하는 소송은 허용되지 않는다. (○, ×) [16 국가9급]
- 학교법인의 임원 선임행위에 대해서는 선임처분취소소송을 제기하여 그 효력을 다툴 수 있다. (○, ×) [16 국가9급]

PART 02

④ 기본행위가 취소·실효된 경우
인가 당시에는 유효하게 성립된 인가라 하더라도 기본행위가 취소되거나 실효되면 인가도 효력을 잃게 된다.

판례

외자도입법 제19조에 따른 기술도입계약에 대한 인가는 기본행위인 기술도입계약을 보충하여 그 법률상 효력을 완성시키는 보충적 행정행위에 지나지 아니하므로 기본행위인 기술도입계약이 해지로 인하여 소멸되었다면 위 인가처분은 무효선언이나 그 취소처분이 없어도 당연히 실효된다(대판 1983.12.27. 82누491).

(9) 쟁송방법

① 인가 자체에 하자가 있는 경우 인가처분의 무효 또는 취소를 구할 수 있다.
② 기본행위에 하자가 있고 인가 자체에는 아무런 하자가 없는 경우에는 기본행위만을 쟁송의 대상으로 삼아야 한다.
③ 기본행위의 하자가 확정판결에 의하여 취소된 경우에는 인가처분의 무효확인을 구할 수 있다.

판례

1. 행정청이 도시정비법 등 관련 법령에 근거하여 행하는 조합설립인가처분은 단순히 사인들의 조합설립행위에 대한 보충행위로서의 성질을 갖는 것에 그치는 것이 아니라 법령상 요건을 갖출 경우 도시정비법상 주택재건축사업을 시행할 수 있는 권한을 갖는 행정주체(공법인)로서의 지위를 부여하는 일종의 설권적 처분의 성격을 갖는다고 보아야 한다. [22 지방9급, 22 지방7급] 그리고 그와 같이 보는 이상 조합설립결의는 조합설립인가처분이라는 행정처분을 하는 데 필요한 요건 중 하나에 불과한 것이어서, 조합설립결의에 하자가 있다면 그 하자를 이유로 직접 항고소송의 방법으로 조합설립인가처분의 취소 또는 무효확인을 구하여야 하고, 이와는 별도로 조합설립결의 부분만을 따로 떼어내어 그 효력 유무를 다투는 확인의 소를 제기하는 것은 원고의 권리 또는 법률상의 지위에 현존하는 불안·위험을 제거하는 데에 가장 유효·적절한 수단이라 할 수 없어 특별한 사정이 없는 한 확인의 이익은 인정되지 아니한다(대판 2009.9.24. 2008다60568). [23 국가9급, 21 국가9급]
2. 자동차관리법상 자동차관리사업자로 구성하는 사업자단체인 조합 또는 협회(이하 '조합 등'이라고 한다)의 설립인가처분은 국토해양부장관 또는 시·도지사(이하 '시·도지사 등'이라고 한다)가 자동차관리사업자들의 단체결성행위를 보충하여 효력을 완성시키는 처분에 해당한다. [23 지방9급] 인가권자인 국토해양부장관 또는 시·도지사는 조합 등의 설립인가 신청에 대하여 설립인가 여부를 결정할 재량을 가진다(대판 2015. 5. 29. 2013두635). [24 국가9급]

행정청이 「도시 및 주거환경정비법」 등 관련법령에 근거하여 행하는 조합설립인가처분은 강학상 인가처분으로서 그 조합설립결의에 하자가 있다면 조합설립결의에 대한 무효확인을 구하여야 한다. (○, ×) [17 국가9급]

주택재건축조합설립 인가 후 주택재건축조합설립결의의 하자를 이유로 조합설립인가처분의 무효확인을 구하기 위해서는 직접 항고소송의 방법으로 확인을 구할 수 없으며, 조합설립결의부분에 대한 효력 유무를 민사소송으로 다툰 후 인가의 무효확인을 구해야 한다. (○, ×) [17 서울7급, 13 국가7급]

조합설립결의에 하자가 있었으나 조합설립인가처분이 이루어진 경우에는 조합설립결의의 하자를 당사자소송으로 다툴 것이고 조합설립인가처분에 대해 항고소송을 제기할 수 없다. (○, ×) [16 국회8급]

4. 대리

(1) 개념

공법상의 대리란 타인이 하여야 할 행위를 행정청이 대신하여 행하고, 그 행위가 본인이 행한 것과 같은 법적 효과를 발생하는 행정행위를 말한다.

(2) 성질

공법상의 대리는 본인의 의사에 의한 임의대리가 아니라 법률규정에 의한 법정대리에 해당한다. 공법상의 대리는 행정행위로서의 대리를 말하므로 행정조직 내부에서의 대리는 여기에 포함되지 않는다.

(3) 종류

감독적 차원에서 하는 경우	공법인의 정관작성, 공공조합의 임원임명 등
타인보호 차원	사무관리(행려병자의 유류품 매각)

제2항 준법률행위적 행정행위

01 의의

준법률행위적 행정행위란 행정청의 의사표시를 요소로 하지 않는 것으로서 의사표시 이외의 정신작용(판단·인식)을 요소로 한다. 법적효과는 행정청의 의사에 따르는 것이 아니라 법률의 규정에 정해진 대로의 효과가 발생한다는 점에서 법률행위적 행정행위와 구별된다. 확인, 공증, 통지, 수리가 이에 해당한다.

02 확인

1. 의의

(1) 개념

확인이란 특정한 사실 또는 법률관계의 존재 여부 또는 정당성 여부에 관해 의문이나 다툼이 있는 경우에 행정청이 공적인 권위로서 행하는 판단(인정·확정·선언)의 의사표시를 말한다. 당선인 결정, 시험합격자 결정, [16 서울7급] 행정심판의 재결, 특허법상의 발명특허, 건축물 준공검사 등을 말한다. 실정법상 재결·사정·검정·재정 등의 용어가 주로 사용된다.

(2) 공증과의 차이점

확인은 의문이나 다툼을 전제로 한다는 점에서 판단표시행위이고, 공증은 의문이나 다툼을 전제로 하지 않는다는 점에서 인식표시행위라고 할 수 있다.

- 공증행위는 특정한 사실 또는 법률관계의 존재를 공적으로 증명하는 행위로서 발명특허가 이에 해당한다. (○, ×) [11 국회8급]
- 확인은 특정한 사실 또는 법률관계에 관하여 의문이 있는 경우에 행정청이 그 존부 또는 정부를 판단하는 준법률행위적 행정행위이며, 그 예로는 합격증서의 발급 및 영수증의 교부 등을 들 수 있다. (○, ×) [15 국가7급]
- 공증은 일정한 사실이나 법률관계의 존재 여부를 공적으로 증명하는 판단표시행위라는 점에서 인식표시행위인 확인과 구분된다. (○, ×) [04 국회8급]

2. 확인의 성질

(1) 준사법(司法)적 행위

확인은 사실 또는 법률관계에 관하여 의문이 있는 경우에 이를 판단하는 작용이라는 점에서 법원의 판결(확인 판결)과 비슷한 성질을 가지는 준사법적 행위이다.

(2) 기속행위성

확인은 일정한 사실 또는 법률관계를 객관적 사실에 따라 결정하는 것이므로 재량이 인정되지 않는 기속행위이다. [06 지방9급] 따라서 원칙적으로 부관을 붙일 수 없다.

판례

친일반민족행위자 재산의 국가귀속에 관한 특별법 규정들의 취지와 내용에 비추어 보면, 친일재산은 친일반민족행위자재산조사위원회가 국가귀속결정을 하여야 비로소 국가의 소유로 되는 것이 아니라 [18 교행] 특별법의 시행에 따라 그 취득·증여 등 원인행위시에 소급하여 당연히 국가의 소유로 되고, 위 위원회의 국가귀속결정은 당해 재산이 친일재산에 해당한다는 사실을 확인하는 이른바 준법률행위적 행정행위의 성격을 가진다(대판 2008.11.13. 2008두13491). [21 서울7급, 19 서울7급]

친일반민족행위자 재산조사위원회의 국가귀속결정은 친일재산을 국가의 소유로 귀속시키는 형성행위이다. (○, ×) [17 복지9급]

3. 확인의 종류

조직법상 확인	국가시험합격자결정, 당선인결정, 정년확인 결정, 친일재산에 대한 조사위원회의 국가귀속결정, 병역법상의 신체검사
급부행정상 확인	발명특허, 도로구역, 하천구역결정 등, 준공검사, 교과서 검·인정
재정법상 확인	세금부과를 위한 소득금액결정 등, 감사원의 재심의 판정 등
쟁송법상 확인	이의재결(단, 토지수용재결은 대리), 행정심판재결

준법률행위적 행정행위가 아닌 것은? [14 복지9급]
① 발명특허
② 교과서의 검정
③ 도로구역의 결정
④ 행려병자의 유류품처분

당선인의 결정은 확인이다. (○, ×) [11 국가9급]

행정심판의 재결은 공증이다. (○, ×) [11 국가9급]

4. 확인의 형식

확인은 언제나 구체적 처분의 형식으로 이루어지며, 법령에 의한 일반적 확인은 불가능하다.

5. 확인의 효과

(1) 불가변력의 발생

확인은 특정한 사실 또는 법률관계의 존재 여부 또는 정당성 여부를 공적으로 확정하는 효과를 발생시킨다. 따라서 확인행위에는 일반적으로 행정청이 임의적으로 변경할 수 없는 불가변력이 발생한다.

행정심판의 재결은 다음 행위 중 어느 것에 해당하는가? [15 교행]
① 공증행위
② 수리행위
③ 통지행위
④ 확인행위

(2) 법률에 규정된 효과의 발생

확인은 준법률행위적 행정행위이므로 그 밖의 법적 효과는 개별법규의 규정에 의해 발생한다. 예컨대, 발명특허의 경우 특허권이라는 형성적 효과가 부여되나 그것은 확인행위 그 자체에 의한 것이 아니라 특허법이라는 법률의 규정에 의한 것이다.

03 공증

1. 의의

공증이란 특정 사실 또는 법률관계의 존부를 공적 권위로써 증명하는 행정행위를 말한다. 공증은 의문 또는 다툼이 없는 사항을 대상으로 하는 점에서 확인과 구별된다. 의료유사업자 자격증 갱신발급행위, [21 서울7급] 부동산등기부의 등기, 광업권원부의 등록, 선거인명부의 등록, 상표사용권 설정등록행위, [21 서울7급] 토지대장의 등재와 같은 공적 장부에의 등기·등록·등재하는 경우나 당선증서, 합격증서 등 각종 증명서를 발급하거나 여권 등을 발급하는 경우가 이에 해당된다.

2. 공증의 성질과 형식

공증 역시 기속행위라고 할 수 있으며, 원칙적으로 문서에 의해야 하고 일정한 형식이 요구되는 요식행위라고 할 수 있다.

확인	공증
의문이나 다툼이 있는 행위를 대상	의문이나 다툼이 없는 행위를 전제
판단표시행위	인식표시행위
기속행위, 일반적으로 요식행위	기속행위, 일반적으로 요식행위
불가변력 발생	공적 증거력 발생(공정력 부인)
발명특허, 당선인 결정, 행정심판 재결	등기부상 등기, 여권발급, 각종 대장상 기재

3. 공증의 처분성 인정 여부

판례

처분성을 부정한 경우

1. 토지대장에 기재된 일정한 사항을 변경하는 행위는, 그것이 지목의 변경이나 정정 등과 같이 토지소유권 행사의 전제요건으로서 토지소유자의 실체적 권리관계에 영향을 미치는 사항에 관한 것이 아닌 한 행정사무집행의 편의와 사실증명의 자료로 삼기 위한 것일 뿐이어서, 소관청이 토지대장상의 소유자명의변경신청을 거부한 행위는 이를 항고소송의 대상이 되는 행정처분이라고 할 수 없다(대판 2012.1.12. 2010두12354). [21 국가9급, 20 지방9급]
2. 무허가 건물관리대장에 등재되어 있다가 그 후 삭제되었다고 하더라도 이주대책에서 정한 무허가건물 소유자의 법률상 지위에 어떠한 영향도 미치지 않는다고 보아, 무허가건물관리대장 등재 삭제행위의 취소를 구하는 소는 부적법하다(대판 2009.3.12. 2008두11525).
3. 자동차운전면허대장상 일정한 사항의 등재행위는 운전면허행정사무집행의 편의와 사실증명의 자료로 삼기 위한 것일 뿐 그 등재행위로 인하여 당해 운전면허 취득자에게 새로이 어떠한 권리가 부여되거나 변동 또는 상실되는 효력이 발생하는 것은 아니므로 이는 행정소송의 대상이 되는 독립한 행정처분으로 볼 수 없다(대판 1991.9.24. 91누1400). [22 국가7급, 18 서울7급(上)]

확인행위는 특정한 사실 또는 법률관계의 존부(存否) 또는 정부(正否)에 대하여 다툼이 있는 경우에 행정청이 공권적으로 판단하는 행위로 각종 증명서 발급이 이에 속한다. (○, ×) [11 국회8급]

건설업면허증 및 건설업면허수첩의 재교부는 건설업의 면허를 받았다고 하는 특정사실에 대하여 형식적으로 그것을 증명하고 공적인 증거력을 부여하는 행정행위이다. (○, ×) [15 국회8급]

토지대장상의 소유자명의변경신청을 거부하는 행위는 실체적 권리관계에 영향을 미치는 사항으로 행정처분이다. (○, ×) [19 서울7급, 16 국가9급]

무허가건물을 무허가건물관리대장에서 삭제하는 행위는 다른 특별한 사정이 없는 한 항고소송의 대상이 되는 행정처분에 해당한다. (○, ×) [19 지방7급, 14 서울7급]

지적공부 소관청이 토지대장을 직권으로 말소하는 행위는 항고소송의 대상이 되는 행정처분에 해당한다. (○, ×) [19 지방7급, 14 서울7급]

지적공부 소관청의 지목변경신청 반려행위는 행정사무의 편의와 사실증명의 자료로 삼기 위한 것이지 그 대장에 등재 여부는 어떠한 권리의 변동이나 상실효력이 생기지 않으므로 이를 항고소송의 대상으로 할 수 없다. (○, ×) [17 국가9급, 14 국회8급]

판례는 건축물대장 소관청의 용도변경신청거부행위의 처분성을 부인한다. (○, ×) [14 서울7급, 11 국회8급]

판례

처분성을 긍정한 사례

1. 건축물대장은 건축물에 대한 공법상의 규제, 지방세의 과세대상, 손실보상가액의 산정 등 건축행정의 기초자료로서 공법상의 법률관계에 영향을 미칠 뿐만 아니라, 건축물에 관한 소유권보존등기 또는 소유권이전등기를 신청하려면 이를 등기소에 제출하여야 하는 점 등을 종합해 보면, 건축물대장을 직권말소한 행위는 국민의 권리관계에 영향을 미치는 것으로서 항고소송의 대상이 되는 행정처분에 해당한다(대판 2010.5.27. 2008두22655).
2. 토지에 관한 소유권보존등기 또는 소유권이전등기를 신청하려면 이를 등기소에 제출해야 하는 점 등을 종합해 보면, 토지대장을 직권으로 말소한 행위는 항고소송의 대상이 되는 행정처분에 해당한다(대판 2013.10.24. 2011두13286).
3. 지목은 토지소유권을 제대로 행사하기 위한 전제요건으로서 토지소유자의 실체적 권리관계에 밀접하게 관련되어 있으므로 지적공부 소관청의 지목변경신청 반려행위는 국민의 권리관계에 영향을 미치는 것으로서 항고소송의 대상이 되는 행정처분에 해당한다(대판 2004.4.22. 2003두9015). [22 국가7급, 21 국가9급]
4. 건축물대장의 용도는 건축물의 소유권을 제대로 행사하기 위한 전제요건으로서 건축물 소유자의 실체적 권리관계에 밀접하게 관련되어 있으므로, 건축물대장 소관청의 용도변경신청 거부행위는 국민의 권리관계에 영향을 미치는 것으로서 항고소송의 대상이 되는 행정처분에 해당한다(대판 2009.1.30. 2007두7277). [24 국가9급, 22 국가7급]
5. 행정청이 건축물대장의 작성신청을 거부한 행위는 국민의 권리관계에 영향을 미치는 것으로서 항고소송의 대상이 되는 행정처분에 해당한다(대판 2009.2.12. 2007두17359).
6. 지적 소관청의 토지분할신청 거부행위는 항고소송의 대상이 되는 행정처분이다(대판 1992.12.8. 92누7542).

04 통지

1. 의의

준법률행위적 행정행위인 통지란 행정청이 특정인 또는 불특정 다수에게 특정사실을 알리는 행위를 말하는 것으로서 일정한 법적 효과를 발생시키는 것을 의미한다(대집행의 계고, 특허출원의 공고 등). 따라서 단순한 사실행위로서의 통지행위(당연퇴직의 통지 등)와 구별된다.

2. 통지의 처분성 인정 여부

(1) 처분성이 인정되는 경우

판례

1. 기간제로 임용되어 임용기간이 만료된 국·공립대학의 조교수는 합리적인 기준에 의한 공정한 심사를 받아 위 기준에 부합되면 특별한 사정이 없는 한 재임용되리라는 기대를 가지고 재임용 여부에 관하여 합리적인 기준에 의한 공정한 심사를 요구할 법규상 또는 조리상 신청권을 가진다고 할 것이니, 임용권자가 임용기간이 만료된 조교수에 대하여 재임용을 거부하는 취지로 한 임용기간만료의 통지는 위와 같은 대학교원의 법률관계에 영향을 주는 것으로서 행정소송의 대상이 되는 처분에 해당한다(대판 2004.4.22. 2000두7735 전원합의체). [13 지방9급]
2. 대집행의 계고, 대집행영장에 의한 통지, 대집행의 실행, 대집행에 요한 비용의 납부명령 등은 타인이 대신하여 행할 수 있는 행정의무의 이행을 의무자의 비용부담하에 확보하고자 하는, 동일한 행정목적을 달성하기 위하여 단계적인 일련의 절차로 연속하여 행하여지는 것이다(대판 1996.2.9. 95누12507).
3. 구 공무원연금법 제47조 각호에 정한 급여제한사유가 있음에도 수급자에게 퇴직연금이 잘못 지급된 경우에 과다하게 지급된 급여의 환수를 위한 행정청의 환수통지는 행정처분에 해당한다(대판 2009.5.14. 2007두16202). [10 국회8급]

(2) 처분성이 인정되지 않는 경우

국가공무원법상 당연퇴직의 인사발령, 정년퇴직의 인사발령 [19 서울7급]

판례

1. 국가공무원법상 당연퇴직은 결격사유가 있을 때 법률상 당연히 퇴직하는 것이지 공무원 관계를 소멸시키기 위한 별도의 행정처분을 요하는 것이 아니며, 당연퇴직의 인사발령은 법률상 당연히 발생하는 퇴직사유를 공적으로 확인하여 알려주는 이른바 관념의 통지에 불과하고 공무원의 신분을 상실시키는 새로운 형성적 행위가 아니므로 행정소송의 대상이 되는 독립한 행정처분이라고 할 수 없다(대판 1995.11.14. 95누2036). [18 교행, 16 국가9급]
2. 공무원연금관리공단이 퇴직연금 중 일부 금액의 지급정지대상자가 되었다는 사실을 통보한 것은 법령에서 정한 사유의 발생으로 퇴직연금 중 일부 금액의 지급이 정지된다는 점을 알려주는 관념의 통지에 불과하고, 그로 인하여 비로소 지급이 정지되는 것은 아니므로 항고소송의 대상이 되는 행정처분으로 볼 수 없다(대판 2004.7.8. 2004두244). [15 국가9급]
3. 체납자 등에 대한 공매통지는 공매에서 법률로 규정한 절차적 요건이라고 보아야 하며, 공매처분을 하면서 체납자 등에게 공매통지를 하지 않았거나 공매통지를 하였더라도 그것이 적법하지 아니한 경우에는 절차상의 흠이 있어 그 공매처분이 위법하게 되는 것이지만, 공매통지 자체가 그 상대방인 체납자 등의 법적 지위나 권리·의무에 직접적인 영향을 주는 행정처분에 해당한다고 할 것은 아니므로 체납자 등은 공매통지의 결여나 위법을 들어 공매처분의 취소 등을 구할 수 있는 것이지 공매통지 자체를 항고소송의 대상으로 삼아 그 취소 등을 구할 수는 없다(대판 2011.3.24. 2010두25527). [17 국가9급, 14 지방9급]

공무원에 대한 당연퇴직의 인사발령은 공무원의 신분을 상실시키는 새로운 형성적 행위이므로 행정소송의 대상이 되는 행정처분이다. (○, ×) [22 국가7급]

「국세징수법」상 공매통지 자체는 원칙적으로 항고소송의 대상이 되는 행정처분이다. (○, ×) [15 국회8급]

> 신고의 수리는 타인의 행위를 유효한 행위로 받아들이는 행정행위를 말하며, 이는 강학상 법률행위적 행정행위에 해당한다. (○, ×) [18 국가9급]

> 지위승계신고를 수리하는 허가관청의 행위는 사실적인 행위에 불과하여 항고소송의 대상이 되지 않는다. (○, ×) [21 지방9급]

> 사업양도·양수계약이 무효이더라도 이에 대한 신고의 수리가 있게 되면 사업양도의 효과가 발생한다. (○, ×) [17 지방7급]

05 수리

1. 의의

(1) 개념

수리란 행정청이 타인의 행위를 유효한 행위로 받아들이는 행위를 말한다. 혼인신고서의 수리, 공직선거에서 입후보자등록의 수리, 원서의 수리, 영업허가명의변경신고의 수리, 행정심판청구서의 수리 등이 그 예이다.

(2) 접수와 수리의 구별

수리는 행정청의 수동적인 의사표시로서 법적 효과가 있는 행정행위이므로 단순한 사실행위에 불과한 접수와는 구별된다. 출생신고와 같은 자기완결적 신고의 경우 형식적 요건을 갖춘 신고서가 행정기관에 도달한 때에 신고의 효과는 발생하며, 행정청의 별도의 수리행위가 필요한 것은 아니다. 이 경우 실무상 수리라는 용어를 쓰더라도 이때의 수리는 단순한 사실행위인 접수에 불과하며 행정행위인 수리는 아니다.

2. 수리의 성질

법률에 특별한 규정이 없는 한 법정요건을 갖춘 신고는 수리되어야 하므로 수리는 원칙적으로 기속행위라고 할 것이다. 행위요건적 신고는 유효한 기본행위의 존재를 전제로 하는 수동적인 행위로서 수리대상인 기본행위가 존재하지 않거나 무효인 때에는 수리를 이미 하였다하더라도 수리도 당연무효가 된다.

판례

1. 액화석유가스의 안전 및 사업관리법에 의한 지위승계신고를 수리하는 허가관청의 행위는 단순히 양도, 양수자 사이에 발생한 사법상의 사업양도의 법률효과에 의하여 양수자가 사업을 승계하였다는 사실의 신고를 접수하는 행위에 그치는 것이 아니라 실질에 있어서 양도자의 사업허가를 취소함과 아울러 양수자에게 적법히 사업을 할 수 있는 법규상 권리를 설정하여 주는 행위로서 사업허가자의 변경이라는 법률효과를 발생시키는 행위이므로 행정처분에 해당한다(대판 1993.6.8. 91누11544). [19 서울9급]
2. 사업양도·양수에 따른 허가관청의 지위승계신고의 수리는 적법한 사업의 양도·양수가 있었음을 전제로 하는 것이므로 그 수리대상인 사업양도·양수가 존재하지 아니하거나 무효인 때에는 수리를 하였다 하더라도 그 수리는 유효한 대상이 없는 것으로서 당연히 무효라고 할 것이고, 사업의 양도행위가 무효라고 주장하는 양도자는 민사쟁송으로 양도·양수행위의 무효를 구함이 없이 막바로 허가관청을 상대로 하여 행정소송으로 위 신고수리처분의 무효확인을 구할 법률상 이익이 있다(대판 2005.12.23. 2005두3554). [22 지방9급]

3. 수리의 효과

수리는 각 개별법령이 정한 바에 의한 효과를 발생시킨다. 즉 사법상의 법률관계를 발생시키는 경우도 있고(혼인신고 등), 공법적 효과가 발생할 때도 있다(행정심판청구서의 수리 등). 혼인신고서가 수리되면 법률상의 혼인이라는 효과가 발생하고, 소장의 수리는 법원에 사건을 계속시켜 법원에 재판의무를 지게 하는 것 등이다.

제3절 행정행위의 부관

01 부관의 의의

1. 부관의 개념

(1) 종래의 다수설

전통적 견해에서 부관이란 행정행위의 효과를 제한하기 위하여 행정행위의 주된 내용에 부가하는 종된 의사표시를 말한다. 부관을 주된 의사표시에 부가된 종된 의사표시의 일종으로 본 결과 법률행위적 행정행위에는 부관을 붙일 수 있지만 준법률행위적 행정행위에는 부관을 붙일 수 없다고 본다. 이 견해에 의하면 기속행위에는 부관을 붙일 수 없다.

(2) 새로운 견해(최근의 다수설)

최근의 다수설은 부관을 행정행위의 효과를 제한 또는 보충하기 위하여 주된 행위에 부가된 종된 규율로 정의한다. 새로운 견해에 의하면 준법률행위적 행정행위에도 '요건의 충족', '의무의 부과'를 위한 부관을 붙일 수 있다. 그리고 기속행위에도 '요건을 보충'하기 위한 부관은 붙일 수 있다.

2. 구별개념

(1) 법정 부관과의 구별

법정부관이란 행정행위의 효과의 제한이 직접 법규에 규정되어 있는 것을 말한다. 예컨대 '어업면허의 기간은 10년으로 한다'(수산업법 제14조 제1항)는 규정과 같은 것이다. 법정부관은 행정청 스스로의 의사에 의한 경우가 아니므로 부관에 해당하지 않는다. 법정부관은 법령이지 부관이 아니기 때문에 부관의 한계의 문제가 발생하지 않는다.

판례

고시에 정한 허가기준에 따라 보존음료수 제조업의 허가에 붙여진 전량수출 또는 주한 외국인에 대한 판매에 한한다는 내용의 조건은 이른바 법정부관으로서 행정청의 의사에 기하여 붙여지는 본래의 의미에서의 행정행위의 부관은 아니므로, 이와 같은 법정부관에 대하여는 행정행위에 부관을 붙일 수 있는 한계에 관한 일반적인 원칙이 적용되지는 않는다(대판 1994.3.8. 92누1728 전원합의체).

(2) 행정행위의 내용상의 제한과의 구별

부관이 행정행위의 주된 규율에 대한 부가적인 규율의 문제임에 비하여, 행정행위의 내용상 제한은 행정행위의 내용 그 자체를 이루는 것으로서 주된 규율 내용을 직접 제한하는 규율로서 부관과 구별된다(영업구역의 설정, 영업시간제한, 2종 운전면허 등).

부관도 행정행위의 내용을 이루는 것이므로 외부에 표시되어야 한다. (○, ×) [12 국가7급]

부관은 행정행위의 법률효과를 제한하거나 보충하는 기능을 수행한다. (○, ×) [09 국가9급]

행정행위의 부관은 법령이 직접 행정행위의 조건이나 기한 등을 정한 경우와 구별되어야 한다. (○, ×) [18 지방9급]

02 부관의 기능과 특성

1. 부관의 기능

행정청이 상황별 특수성을 고려하여 더욱 적합한 행정행위를 할 수 있도록 해주는 것이 행정행위의 부관이다. 이처럼 행정행위의 부관은 행정의 합리성, 유연성, 탄력성을 보장하는 역할을 한다. 부관은 한편으로는 행정편의적인 목적으로 사용되거나 과도한 부담을 주는 등 남용되는 경우에는 국민의 권익을 침해할 우려가 있으므로 적절한 통제가 요구된다.

행정행위의 부관은 행정청이 부관이 없으면 전면적인 거부를 할 것을 제한적인 긍정을 행하게 한다는 점에서, 탄력성 있는 행정을 가능하게 하지만, 동시에 과도한 규제와 간섭의 위험을 내포하고 있다. (○, ×) [09 국가9급]

2. 부관의 특성 – 부종성(종속성)

부관은 주된 행정행위에 부가되는 것이어서 종속적인 지위를 가지므로 주된 행정행위의 존재 여부와 효력 여부에 의존하게 되는데, 이를 부관의 부종성이라고 한다. 따라서 주된 행정행위가 효력이 발생하지 않으면 부관도 효력이 발생하지 않는다. 부관은 주된 행정행위와 실질적 관련성이 있는 경우에만 인정될 수 있다. 부관이 주된 행정행위와 실질적 관련성을 갖더라도 주된 행정행위의 효과를 무의미하게 만드는 경우라면 그러한 부관은 비례원칙에 반하는 하자 있는 부관이 된다. [15 국가9급]

03 부관의 종류

1. 조건

(1) 개념

조건이란 행정행위의 효력의 발생 또는 소멸을 불확실한 장래의 사실에 의존하게 하는 부관을 말한다.

(2) 조건의 종류

① 정지조건

정지조건이란 행정행위의 '효력'을 장래의 조건이 성취될 때까지 정지시켜 놓고 장래의 불확실한 사실이 성취되었을 때부터 행정행위의 효력이 발생하는 것을 말한다. 예컨대 도로확장을 조건으로 하는 여객자동차운수사업면허와 같은 것이다.

행정행위의 효력의 소멸을 장래의 불확실한 사실에 의존시키는 부관을 정지조건이라 한다. (○, ×) [15 교행, 12 국회9급]

② 해제조건

해제조건은 일단 행정행위의 효력을 발생시키되 장래의 불확실한 조건이 성취되면 그때부터 행정행위의 효력이 '소멸'되게 하는 조건을 말한다. 예컨대 일정기간 내에 공사에 착공할 것을 조건으로 하는 공유수면매립허가와 같은 것이다.

정지조건부 행정행위는 조건의 성취 여부가 정해지지 않은 동안에는 그 효력이 불확정한 상태에 있지만, 해제조건부 행정행위는 조건성취에 의해 당연히 그 효력을 상실한다. (○, ×) [15 복지9급, 10 국회8급]

정지조건	해제조건
① 주차시설 완비를 조건으로 한 건축허가 ② 진입도로의 완공을 조건으로 한 주유소 설치허가 ③ 규사채취시 해수 침수를 방지할 사전조치를 할 것을 조건으로 하는 공유수면점용허가	① 일정기간 내에 공사에 착수하지 않으면 실효될 것을 조건으로 하는 공유수면 매립면허 ② 특정기업에 취업할 것을 조건으로 한 체류허가의 발급

2. 기한

(1) 의의

기한이란 행정행위의 효력의 발생 또는 소멸을 확실한 장래의 사실에 의존하게 하는 부관을 말한다. 기한은 장래 도래가 확실한 사실이라는 점에서 장래 도래가 불확실한 조건과 구별된다.

(2) 종류

① 시기(始期)와 종기(終期)

시기란 일정한 사실의 발생에 의해 비로소 행정행위의 효력을 발생시키는 부관을 말하고, 종기란 일정한 사실의 발생에 의해 행정행위의 효력을 소멸하게 하는 부관을 말한다. 2022년 9월 1일부터 영업을 허가한다는 부관은 시기의 예이고, 2022년 12월 31일까지 영업을 허가한다는 부관은 종기의 예이다.

② 확정기한과 불확정기한

확정기한이란 도래하는 시기까지도 확실한 기한을 말하고, 불확정기한이란 도래할 것은 확실하나 도래하는 시기까지는 확실하지 않은 기한을 말한다. 2022년 12월 31일까지 연금을 지급한다고 하는 부관은 확정기한의 예이고, 사망 시까지 연금을 지급한다는 부관은 불확정기한의 예이다.

(3) 종기 도래의 효과

종기인 기한이 도래하면 주된 행정행위는 행정청의 특별한 의사표시 없이도 당연히 효력을 상실(실효)한다. 상대방이 기간연장신청을 한 경우라도 이는 새로운 행정행위의 신청에 불과하다. 한편 장기계속성이 예정되어 있는 행정행위에 부당하게 짧은 기한을 부가한 경우 이는 존속기한이 아니라 조건 자체의 존속기한, 즉 갱신기간으로 보아야 한다.

3. 부담

(1) 의의

부담이란 행정행위의 주된 내용에 부가하여 상대방에게 작위·부작위·수인·급부를 명하는 행정청의 의사표시로서, 다른 부관과 달리 그 자체가 독립된 하나의 행정행위로서의 성질을 갖는다. 부담은 주로 수익적 행정행위에 붙여지는 경우가 많다. 예컨대 도로점용허가를 하면서 점용료 납부의무를 부과하는 것 등이다. 부담은 부수적으로 의무를 부과할 뿐 행정행위의 효과제한과는 관계가 없다.

(2) 부담의 특성

부담은 다른 부관과 달리 그 존속이 본체인 행정행위의 존재를 전제로 하는 것일 뿐 행정행위의 불가분적인 요소는 아니어서 주된 행정행위와 독립하여 별도로 소송제기가 가능하며 부담에 대해서 독자적인 강제집행도 가능하다. 다만 부담도 부관인 이상 주된 행정행위에 대해 어느 정도 부종성을 가질 수밖에 없으므로 주된 행정행위가 아무런 효력이 발생하지 않는 경우 부담도 효력이 발생하지 않는다.

조건은 행정행위의 효력의 발생·소멸을 장래에 발생 여부가 객관적으로 확실한 사실에 의존시키는 부관이다. (○, ×) [14 서울7급]

기한이 도래함으로써 행정행위의 효력이 발생하는 기한을 시기라 하고, 기한이 도래함으로써 행정행위가 효력을 상실하는 기한을 종기라 한다. (○, ×) [09 서울9급]

기한은 행정행위의 시간상의 효력범위를 정하는 점에서 조건과 같으나, 확정기한이든 불확정기한이든 그 도래가 확실하다는 점에서 조건과 구별된다. (○, ×) [12 국회9급]

부담은 다른 부관과는 달리 행정행위의 불가분적 요소가 아니고, 그 존속이 본체인 행정행위의 존재를 전제로 하는 것일 뿐이므로 부담 그 자체로는 행정쟁송의 대상이 될 수 있다. (○, ×) [09 지방7급]

PART 02

(3) 부담의 불이행

① 철회가능

상대방이 부담을 통해 부과된 의무를 이행하지 않을 때 행정청은 주된 행정행위를 철회할 수 있다. 예컨대 도로점용허가를 하면서 매월 점용료 납부를 명한 경우 점용료를 계속해서 납부하지 않으면 행정청은 주된 행정행위인 도로점용허가를 철회할 수 있다.

> 부담에 의해 부과된 의무의 불이행으로 부담부행정행위가 당연히 효력을 상실하는 것은 아니며, 당해 의무불이행은 부담부행정행위의 취소(철회)사유가 될 뿐이다. (○, ×) [15 지방9급, 13 서울7급]

② 강제집행

부담은 상대적 독립성이 있으므로 부담을 불이행한 경우에는 주된 행정행위와는 별도로 부담만을 강제집행할 수 있다. 예컨대, 도로점용허가에 부가된 점용료 납부의무를 불이행한 경우 도로점용료에 대해서 행정청은 강제징수할 수 있다고 본다.

③ 단계적 조치의 불이행

부담으로 부과된 의무를 불이행하는 경우 행정청은 그 후의 단계적인 조치를 거부하는 것도 가능하다. 예컨대 건축허가시 붙인 부담의 불이행을 이유로 그 후의 준공검사를 하지 않거나, 임야개간 허가시 부담의 불이행을 이유로 그 후의 개간준공허가를 하지 않는 등을 들 수 있다.

(4) 조건과 부담의 구별

① 효력발생 및 소멸

조건은 조건의 성취 여부에 따라 행정행위의 효력이 발생(정지조건)하거나 소멸(해제조건)하나, 부담부 행정행위의 효력은 처음부터 발생하고, 부담을 이행하지 않더라도 행정행위의 효력이 소멸되는 것은 아니다. [19 서울7급(上)] 따라서 당해 부관이 부담이라면 부담의 이행 없이 영업을 하여도 무허가영업이 아니지만, 정지조건이라면 조건의 성취 없이 영업을 하면 무허가영업이 된다. 부담부 행정행위는 부담을 이행하지 않을 경우에 행정청이 철회함으로써 비로소 행정행위의 효력이 소멸되는 데 반하여, 해제조건부 행정행위는 조건의 성취로 인해 당연히 효력이 소멸된다. [16 경행특채]

> 부담부 행정행위의 경우 부담에서 부과하고 있는 의무의 이행이 있어야 비로소 주된 행정행위의 효력이 발생한다. (○, ×) [17 지방9급, 15 서울9급]

> 영업허가를 발급하면서 일정한 시설설치의무를 부가하는 것을 정지조건으로 본다면, 시설설치의무를 불이행한 상태에서 한 영업일지라도 적법하다. (○, ×) [12 국회9급]

② 강제집행대상

부담은 독립하여 강제 집행의 대상이 되나, 조건은 강제집행의 대상이 될 수 없다.

> 부담을 불이행하면 주된 행정행위의 효력이 당연히 소멸한다. (○, ×) [15 교행, 14 경행특채]

③ 쟁송대상 여부

다수설과 판례는 부담은 부담만에 대한 독립쟁송 및 취소가 가능하지만, 조건은 그 자체가 소송의 대상이 될 수 없고 행정행위 전체를 대상으로 소송을 제기하는 수밖에 없다.

> 부담에 의하여 부가된 의무의 불이행으로 부담부행정행위가 당연히 효력을 상실하는 것은 아니고 당해 의무불이행은 부담부행정행위의 철회사유가 될 수 있다. (○, ×) [16 국가7급, 16 국가9급]

④ 조건과 부담의 구별기준

㉠ 일반론

행정청의 객관적 의사를 고려하여 행정행위의 효력 자체를 그 조건에 의존시키려는 의사였을 경우에는 조건, 그렇지 않은 경우는 부담으로 볼 수 있다. 예를 들어 행정청이 부관이 성취된 시점부터 행정행위의 효력이 발생하는 것으로 하였다면 정지조건, 그렇지 않고 처음부터 행정행위의 효력이 발생하는 것으로 하였다면 부담으로 볼 수 있다.

㉡ 행정청의 의사가 불분명한 경우

행정청의 의사가 불분명한 경우에는 부담으로 추정한다. 그 이유는 부담이 조건에 비해 국민에게 유리하고, 법률생활에도 안정을 주기 때문이다. 판례는 부관의 필요성, 행정청의 객관화된 의사, 행정관행 등을 종합적으로 고려하여 구별해야 한다고 한다.

(5) **기한과 부담의 구별**

기한은 그 도래에 의해 주된 행정행위의 효력을 발생시키거나 실효시키지만, 부담의 경우는 의무기한의 도래로 의무불이행이 되며 철회사유가 될 뿐이다.

(6) **부담의 부가방법 등**

판례

수익적 행정처분에 있어서는 법령에 특별한 근거규정이 없다고 하더라도 그 부관으로서 부담을 붙일 수 있고, 그와 같은 부담은 행정청이 행정처분을 하면서 일방적으로 부가할 수도 있지만 부담을 부가하기 이전에 상대방과 협의하여 부담의 내용을 협약의 형식으로 미리 정한 다음 행정처분을 하면서 이를 부가할 수도 있다. [22 지방7급, 19 국가7급] 행정청이 수익적 행정처분을 하면서 부가한 부담의 위법 여부는 처분 당시 법령을 기준으로 판단하여야 하고, 부담이 처분 당시 법령을 기준으로 적법하다면 처분 후 부담의 전제가 된 주된 행정처분의 근거 법령이 개정됨으로써 행정청이 더 이상 부관을 붙일 수 없게 되었다 하더라도 곧바로 위법하게 되거나 그 효력이 소멸하게 되는 것은 아니다. [21 지방9급, 19 서울7급(上)] 따라서 행정처분의 상대방이 수익적 행정처분을 얻기 위하여 행정청과 사이에 행정처분에 부가할 부담에 관한 협약을 체결하고 행정청이 수익적 행정처분을 하면서 협약상의 의무를 부담으로 부가하였으나 부담의 전제가 된 주된 행정처분의 근거 법령이 개정됨으로써 행정청이 더 이상 부관을 붙일 수 없게 된 경우에도 곧바로 협약의 효력이 소멸하는 것은 아니다(대판 2009.2.12. 2005다65500). [18 지방7급]

4. 철회권의 유보

(1) **의의**

철회권의 유보란 일정한 사유가 발생한 경우에 주된 행정행위를 철회할 수 있는 권한을 유보하는 부관을 말한다. 예컨대 허가를 하면서 지시를 위반하면 허가를 취소할 수 있게 하는 것이 여기에 해당된다. 철회권의 유보는 행정행위의 효력의 소멸을 가져온다는 점에서 해제조건과 유사하나, 해제조건은 조건사실이 발생하면 당연히 행정행위의 효력이 소멸되지만 철회권의 유보는 유보된 사실이 발생하더라도 그 효력을 소멸시키려면 행정청의 별도의 의사표시(철회)가 필요하다. [13 국회9급]

판례

행정청이 종교단체에 대하여 기본재산전환인가를 함에 있어 인가조건을 부가하고 그 불이행시 인가를 취소할 수 있도록 한 경우, 인가조건의 의미는 철회권을 유보한 것이다(대판 2003.5.30. 2003다6422).

- 해제조건부 행정행위는 조건성취시 기발생했던 행정행위의 효력이 사라져 버리므로 부담부행정행위보다 당사자에게 미치는 불이익이 더 크다. (○, ×) [13 국회9급]
- 부담과 조건의 구분이 명확하지 않을 경우, 조건이 당사자에게 부담보다 유리하기 때문에 원칙적으로 조건으로 추정해야 한다. (○, ×) [15 복지9급, 10 국가9급]
- 수익적 행정처분에 있어서는 법령에 특별한 근거규정이 있는 경우에만 그 부관으로서 부담을 붙일 수 있다. (○, ×) [23 국가9급]
- 행정청이 부담을 부가하기 이전에 상대방과 협의하여 부담의 내용을 협약의 형식으로 미리 정한 경우에는 행정처분을 하면서 이를 부담으로 부가할 수 없다. (○, ×) [20 지방9급, 18 서울7급(上)]
- 부관이 처분 당시의 법령으로는 적법하였으나 처분 후 근거법령이 개정되어 더 이상 부관을 붙일 수 없게 되었다면 당초의 부관도 소급하여 효력이 소멸한다. (○, ×) [19 서울9급, 15 서울7급]
- 부담이 처분 당시 법령을 기준으로 적법하더라도, 처분 후 부담의 전제가 된 주된 행정처분의 근거 법령이 개정됨으로써 행정청이 더 이상 부관을 붙일 수 없게 되었다면 그 부담은 곧바로 위법하게 되거나 그 효력이 소멸한 것으로 보아야 한다. (○, ×) [22 지방7급, 16 지방7급]
- 처분 당시 법령을 기준으로 처분에 부가된 부담이 적법하였더라도, 처분 후 부담의 전제가 된 주된 행정처분의 근거법령이 개정됨으로써 행정청이 더이상 부관을 붙일 수 없게 되었다면 그때부터 부담의 효력은 소멸한다. (○, ×) [21 국가9급, 20 국가9급]
- 숙박영업허가를 함에 있어 윤락행위를 알선하면 허가를 취소한다는 부관을 붙인 경우에는 철회권의 유보이다. (○, ×) [10 국가9급]
- 행정청이 종교단체에 대하여 기본재산전환인가를 함에 있어 인가조건을 부가하고 그 불이행시 인가를 취소할 수 있도록 한 경우, 인가조건의 의미는 인가처분에 대한 철회권을 유보한 것이다. (○, ×) [18 지방7급, 14 지방9급]

PART 02

(2) 기능

철회권의 유보는 이를 통하여 상대방에게 철회의 가능성을 미리 알려주고 공익목적의 실현과 장래의 상황변화에 대비하게 하는 기능을 한다. 즉 철회권이 유보된 경우 상대방은 이후의 철회가능성을 예견하고 있으므로 원칙적으로 신뢰보호원칙에 근거하여 철회의 제한을 주장할 수 없고 철회로 인한 손실보상 등을 요구할 수 없다. [16 서울9급]

철회권이 유보된 경우일지라도 행정행위의 상대방은 당해 행정행위 철회시 신뢰보호의 원칙을 원용하여 손실보상을 청구할 수 있다. (○, ×) [11 국가9급]

(3) 법적 근거

법령에 명시적 근거가 없어도 행정청은 철회권을 유보할 수 있다. 판례는 법령에 규정된 사유 외에도 철회권을 유보할 수 있다는 입장이다.

(4) 철회권 행사의 한계

철회권을 유보하였다고 하여 항상 행정청이 무제한으로 철회권을 행사할 수 있는 것이 아니고, 철회를 하지 않으면 안 될 공익상의 필요가 있고 행정행위의 목적에 비추어 합리적 이유가 있다고 인정되는 경우에 행사할 수 있는 등 철회의 일반적 요건이 충족되어야 한다는 것이 학설・판례의 입장이다. 즉 철회권의 유보가 있더라도 철회의 행사에 대해서는 행정행위의 철회 제한에 관한 일반원리가 적용된다.

철회권유보의 경우 유보된 사유가 발생하였더라도 철회권을 행사함에 있어서는 이익형량에 따른 제한을 받게 된다. (○, ×) [15 복지9급]

행정행위의 부관으로 철회권의 유보가 되어 있는 경우라 하더라도 그 철회권의 행사에 대해서는 행정행위의 철회의 제한에 관한 일반원리가 적용된다. (○, ×) [13 국가9급, 13 서울7급]

철회권이 유보되어 있다는 사유만으로 철회를 할 수 있다는 것이 판례의 입장이다. (○, ×) [08 국회8급]

판례

취소(철회)권을 유보한 경우에 있어서도 무조건적으로 취소권을 행사할 수 있는 것이 아니고, 취소를 필요로 할 만한 공익상의 필요가 있는 경우에 한하여 취소권을 행사할 수 있다(대판 1964.6.9. 64누40).

5. 법률효과의 일부배제

(1) 의의

법률효과의 일부배제란 행정행위의 주된 내용에 부가하여 그 법적 효과 발생의 일부를 배제하는 행정청의 의사표시이다. 예컨대 격일제 운행을 조건으로 하는 택시영업허가가 이에 해당한다. 법률효과의 일부배제는 행정청의 행위에 의한 것이어야 하기 때문에 법률이 직접 효과를 한정하고 있는 경우(예 법령규정에 의한 영업구역의 제한)는 법률효과의 일부배제가 아니다.

(2) 법적 근거

법률효과의 일부배제는 법령 자체가 인정한 일반적인 효과를 행정청의 행위에 의해 일부배제 하는 것이므로 법률에 특별한 근거가 있는 경우에만 이러한 부관을 붙일 수 있다고 보는 것이 다수설이다.

법률효과의 일부배제는 법률에 근거가 있어야 한다. (○, ×) [15 교행]

법률효과의 일부배제는 법령상에 규정된 효과의 일부를 배제하는 것이지만, 항상 법령에 명시적 근거를 요하는 것은 아니다. (○, ×) [10 국회8급]

(3) 성질

법률효과의 일부배제는 행정행위에 별도로 부가된 것이 아니라는 점에서 행정행위의 내용 그 자체를 제한하는 행정행위의 내용적 제한이므로 부관이 아니라는 견해도 있으나, 다수설 및 판례는 법률효과의 일부배제를 행정행위의 내용상 제한이 아니라 부관의 일종으로 보고 있다.

판례

행정행위의 부관은 부담의 경우를 제외하고는 독립하여 행정소송의 대상이 될 수 없는 것인바, 지방국토관리청장이 일부 공유수면매립지에 대하여 한 국가 또는 직할시 귀속처분은 매립준공인가를 함에 있어서 매립의 면허를 받은 자의 매립지에 대한 소유권취득을 규정한 공유수면매립법 제14조의 효과 일부를 배제하는 부관을 붙인 것이고, 이러한 행정행위의 부관은 위 법리와 같이 독립하여 행정소송 대상이 될 수 없다(대판 1993.10.8. 93누2032). [20 지방9급, 16 국가7급]

✦ 판례에 따르면 법률효과의 일부배제는 행정행위의 내용상의 제한으로서, 행정행위와 독립하여 행정소송의 대상으로 삼을 수 없다. (○, ×) [14 서울7급]

✦ 공유수면매립준공인가처분을 하면서 매립지 일부에 대하여 한 국가 및 지방자치단체에의 귀속처분은 부관 중 부담에 해당하므로 독립하여 행정소송 대상이 될 수 있다. (○, ×) [19 지방9급, 19 서울7급(上)]

PART 02

6. 부담유보(사후변경의 유보)

부담유보란 행정청이 행정행위를 발하면서 사후에 부담을 부과하거나 이미 부과된 부담의 내용을 변경·보완할 권한을 유보하는 내용의 부관으로 행정행위의 사후변경의 유보라고도 한다. 부담유보는 향후에 발생할 사회적·기술적·경제적 변화에 대비하기 위한 것이다.

7. 수정부담

수정부담이란 상대방이 신청한 행정행위를 발령한 후 그 행정행위에 부가하여 새로운 의무를 부과하는 것이 아니라, 상대방이 신청한 것과는 다르게 행정행위의 내용을 정하는 것을 말한다. 부관의 일종이라는 견해도 있으나, 통설은 수정부담은 신청에 대한 허가를 거부하고, 신청이 있는 것을 전제로 하여 새로운 허가를 하는 것이므로 실질적으로 부관이 아니라 수정허가, 즉 독립한 행정행위라고 한다. [17 지방9급]

04 부관의 가능성과 한계

1. 부관의 가능성

행정기본법 제17조 【부관】 ① 행정청은 처분에 재량이 있는 경우에는 부관(조건, 기한, 부담, 철회권의 유보 등을 말한다. 이하 이 조에서 같다)을 붙일 수 있다. [23 국가7급]
② 행정청은 처분에 재량이 없는 경우에는 법률에 근거가 있는 경우에 부관을 붙일 수 있다. [23 국가7급, 21 국가7급]
④ 부관은 다음 각 호의 요건에 적합하여야 한다.
1. 해당 처분의 목적에 위배되지 아니할 것
2. 해당 처분과 실질적인 관련이 있을 것
3. 해당 처분의 목적을 달성하기 위하여 필요한 최소한의 범위일 것

판례

수익적 행정행위에 있어서는 법령에 특별한 근거규정이 없다고 하더라도 그 부관으로서 부담을 붙일 수 있으나, 그러한 부담은 비례의 원칙, 부당결부금지의 원칙에 위반되지 않아야만 적법하다(대판 1997.3.11. 96다49650). [18 서울7급(上)]

✦ 수익적 행정처분에 있어서도 원칙적으로 법령에 특별한 근거 규정이 있어야만 그 부관으로서 부담을 붙일 수 있다. (○, ×) [15 경행특채, 14 서울7급]

준법률행위에는 부관을 붙일 수 없다는 것이 전통적 견해이다. (○, ×) [11 국가9급]

2. 법률행위적 행정행위와 준법률행위적 행정행위에 대한 부관의 가능성

(1) 종래의 다수설

부관이란 행정청의 의사에 기해 주된 행정행위의 내용을 제한하기 위한 것이므로, 행정청의 의사표시를 요소로 하는 법률행위적 행정행위에는 부관을 붙일 수 있지만, 행정청의 의사표시를 요소로 하지 않는 준법률행위적 행정행위에는 관계법상의 규정이 없는 한 부관을 붙일 수 없다는 견해이다.

(2) 새로운 견해(최근의 다수설)

행정행위를 법률행위적인 것과 준법률행위적인 것으로 구분하는 것 자체가 문제가 있다는 점을 근거로 법률행위적 행정행위 가운데에도 부관을 붙이기가 적당치 않은 것(귀화허가)이 있는가 하면 준법률행위적 행정행위(공증에 해당하는 여권발급시에 붙인 유효기간)에도 부관을 붙일 수 있는 것이 있다는 견해이다.

3. 재량행위와 기속행위에 대한 부관의 가능성

(1) 재량행위

행정청은 법적 근거가 있는 경우에 한하여 재량행위에 부관을 붙일 수 있는 것은 아니다. (○, ×) [14 국가9급, 13 서울7급]

판례

재량행위에 있어서는 법령상의 근거가 없다고 하더라도 부관을 붙일 수 있는데, [15 서울9급] 그 부관의 내용은 적법하고 이행 가능하여야 하며 비례의 원칙 및 평등의 원칙에 적합하고 행정처분의 본질적 효력을 해하지 아니하는 한도의 것이어야 한다(대판 1997.3.14. 96누16698). [18 지방9급]

재량행위에 있어서는 법령상의 근거가 없다고 하더라도 부관을 붙일 수 있는데, 그 부관의 내용은 적법하고 이행 가능하여야 하며 비례의 원칙 및 평등의 원칙에 적합하고 행정처분의 본질적 효력을 해하지 아니하는 한도의 것이어야 한다. (○, ×) [13 국회9급, 09 지방7급]

(2) 기속행위

① 종래의 다수설

기속행위의 경우에는 행정청은 법규에 엄격히 기속되고 기계적으로 그것을 집행하는데 그치며, 법규가 정한 법률효과를 임의로 제한할 수 없으므로 재량행위에만 부관을 붙일 수 있고 기속행위에는 부관을 붙일 수 없다고 한다.

기속행위도 법률에서 명시적으로 부관을 허용하고 있으면 부관을 붙일 수 있다. (○, ×) [17 국가9급(下), 15 서울9급]

② 새로운 견해(최근의 다수설)

개개 행정행위의 목적과 성질, 부관의 형태를 아울러 검토하여 결정하여야 한다는 견해이다. 기속행위라 할지라도 장래에 법률요건의 충족을 확보하는 목적으로 부관을 붙일 수 있고, 또 법령에 부관을 붙이는 것이 허용되는 경우에는 부관을 붙일 수 있다는 것이다.

③ 판례

판례

건축허가를 하면서 일정토지의 기부채납을 허가조건으로 하는 부관은 기속행위 내지 기속적 재량행위에 붙인 부담이거나 또는 법령상 근거 없는 부관이어서 무효이다. (○, ×) [12 국회9급, 11 지방9급]

1. 건축허가를 하면서 일정 토지를 기부채납하도록 하는 내용의 허가조건은 부관을 붙일 수 없는 기속행위 내지 기속적 재량행위인 건축허가에 붙인 부담이거나 또는 법령상 아무런 근거가 없는 부관이어서 무효이다(대판 1995.6.13. 94다56883). [21 국가9급, 21 지방9급]
2. 구 건축법 관련 규정에 의하면 건축주가 2m 이상의 담장을 설치하고자 하는 경우에는 이를 신고하여야 한다고 규정하고 있을 뿐 건축 관계 법령은 건축물 건축시 반드시 담장을 설치하여야 한다는 취지의 규정은 두지 아니하고 있으므로, 행정청이 건축변경허가를 함에 있어 건축주에게 새 담장을 설치하라는 부관을 붙인 것은 법령상 근거 없는 부담을 부가한 것으로 위법하다(대판 2000.2.11. 98누7527).

3. 일반적으로 기속행위나 기속적 재량행위에는 부관을 붙일 수 없고 가사 부관을 붙였다 하더라도 무효이다(대판 1995.6.13. 94다56883). [19 국가9급]
4. 주택재건축사업시행인가는 재량행위로서 이에 대하여 법령상의 제한에 근거하지 않더라도 조건(부담)을 부과할 수 있다(대판 2007.7.12. 2007두6663).

4. 사후부관의 문제(부관의 시간적 한계)

> **행정기본법 제17조 【부관】** ③ 행정청은 부관을 붙일 수 있는 처분이 다음 각 호의 어느 하나에 해당하는 경우에는 그 처분을 한 후에도 부관을 새로 붙이거나 종전의 부관을 변경할 수 있다.
> 1. 법률에 근거가 있는 경우
> 2. 당사자의 동의가 있는 경우
> 3. 사정이 변경되어 부관을 새로 붙이거나 종전의 부관을 변경하지 아니하면 해당 처분의 목적을 달성할 수 없다고 인정되는 경우

판례

행정처분에 이미 부담이 부가되어 있는 상태에서 그 의무의 범위 또는 내용을 변경하는 부관의 사후변경은 법률에 명문의 규정이 있거나 그 변경이 미리 유보되어 있는 경우 또는 상대방의 동의가 있는 경우에 한하여 허용되는 것이 원칙이지만, [23 국가9급] 사정변경으로 인하여 당초에 부담을 부가한 목적을 달성할 수 없게 된 경우에도 그 목적달성에 필요한 범위 내에서 예외적으로 허용된다(대판 1997.5.30. 97누2627). [19 국가9급, 18 국가7급]

5. 부관의 한계

(1) 내용상 한계

판례

부관의 내용은 적법하고 이행 가능하여야 하며 비례의 원칙 및 평등의 원칙에 적합하고 행정처분의 본질적 효력을 해하지 아니하는 한도의 것이어야 한다(대판 1997.3.14. 96누16698).

(2) 법규상 한계

부관은 법령에 위배되지 않는 범위 내에서 붙일 수 있다. 내용이 적법해야 하고, 형식도 법령에 위배되어서는 아니 된다. 법령에서 부관을 붙이는 것을 금지한다면 재량행위에도 부관을 붙일 수 없다.

판례

부제소특약은 당사자가 임의로 처분할 수 없는 공법상의 권리관계를 대상으로 하여 사인의 국가에 대한 공권인 소권을 당사자의 합의로 포기하는 것으로서 허용될 수 없다(대판 1998.8.21. 98두8919). [19 서울9급]

- 법령에 특별한 근거규정이 없는 한 기속행위에는 부관을 붙일 수 없고 기속행위에 붙은 부관은 무효이다. (○, ×) [18 국가7급, 16 국가7급]
- 재량행위나 기속재량행위에는 부관을 붙인다면 이는 무효이다. (○, ×) [14 서울7급]
- 판례는 행정행위가 인가에 해당하면 부관의 부과가 허용되지 않는다고 본다. (○, ×) [11 국가7급]
- 행정청은 사정이 변경되어 종전의 부관을 변경하지 아니하면 해당 처분의 목적을 달성할 수 없다고 인정되는 경우에도 법률에 근거가 없다면 종전의 부관을 변경할 수 없다. (○, ×) [23 국가7급]
- 행정청은 부관을 붙일 수 있는 처분이 당사자의 동의가 있는 경우에는 그 처분을 한 후에도 부관을 새로 붙이거나 종전의 부관을 변경할 수 있다. (○, ×) [21 국가7급]
- 행정청은 부관의 부종성에 의하여 행정행위의 발급 이후에는 사후적으로 부관을 붙이거나 부관의 내용을 변경할 수 없다. (○, ×) [13 서울7급]
- 부관의 사후변경은 종전의 부관을 변경하지 아니하면 해당 처분의 목적을 달성할 수 없는 경우가 아니라면 인정되지 않는다. (○, ×) [22 지방9급]
- 도매시장법인 지정시 지정기간 중 유통정책 방침에 따라 도매시장법인의 이전 또는 폐쇄 지시에도 일체 소송이나 손실보상을 청구할 수 없다는 부관을 붙인 경우, 이 부제소특약은 허용될 수 있다. (○, ×) [13 국회9급]

(3) 목적상 한계

부관은 주된 행정행위가 추구하는 목적에 위배해서 붙일 수 없다.

판례

기선선망어업의 허가를 하면서 운반선, 등선 등 부속선을 사용할 수 없도록 제한한 부관은 그 어업허가의 목적달성을 사실상 어렵게 하여 그 본질적 효력을 해하는 것일 뿐만 아니라 위 시행령의 규정에도 어긋나는 것이며, 더욱이 어업조정이나 기타 공익상 필요하다고 인정되는 사정이 없는 이상 위법한 것이다(대판 1990.4.27. 89누6808). [23 국가9급, 19 지방9급]

(4) 평등 · 비례원칙 등에 따른 한계

부관은 평등원칙, 비례원칙, 부당결부금지원칙 등 법의 일반원칙에 위배해서 붙일 수 없다. 행정처분과 실제적 관련성이 없어 부관으로 붙일 수 없는 부담은 사법상 계약의 형식으로도 행정처분의 상대방에게 부과할 수 없다.

> 행정처분과 실제적 관련성이 없어 부관으로 붙일 수 없는 부담이라고 하더라도 행정처분의 상대방에게 사법상 계약의 형식으로 이를 부과할 수 있다. (○, ×) [20 국가9급]

판례

행정처분과 부관 사이에 실제적 관련성이 있다고 볼 수 없는 경우 공무원이 위와 같은 공법상의 제한을 회피할 목적으로 행정처분의 상대방과 사이에 사법상 계약을 체결하는 형식을 취하였다면 이는 법치행정의 원리에 반하는 것으로서 위법하다. [19 국가7급] 지방자치단체가 골프장사업계획승인과 관련하여 사업자로부터 기부금을 지급받기로 한 증여계약은 공무수행과 결부된 금전적 대가로서 그 조건이나 동기가 사회질서에 반하므로 민법 제103조에 의해 무효이다(대판 2009.12.10. 2007다63966).

> 행정처분과 실제적 관련성이 없어 부관을 붙일 수 없는 경우에도 사법상 계약의 형식으로 공법상 제한을 회피할 수 있다. (○, ×) [22 지방9급, 21 국가9급]

05 부관의 하자와 행정행위의 효력

1. 하자 있는 부관의 효력

위법한 부관의 효력문제는 행정행위의 하자에 관한 일반 이론에 비추어 판단하여야 한다. 따라서 부관의 하자가 중대하고 명백한 것일 때에는 그 부관은 무효이며, 하자가 그 정도에 이르지 못한 때에는 단순히 취소할 수 있는 경우에 불과하다(중대명백설).

> 부관이란 본체인 행정행위에 부수하여 부대적으로 하는 의사표시이므로 부관이 무효이면 본체인 행정행위도 당연무효가 된다. (○, ×) [04 국가7급]

2. 무효인 부관이 붙은 행정행위의 효력

부관이 무효인 경우에는 원칙적으로 부관만 무효이지만, 그 부관이 행정행위의 본질적 요소인 경우에는 전체가 무효가 된다는 견해가 통설 · 판례의 입장이다. 본질적 요소란 부관이 없었다면 주된 행정행위를 하지 않았을 정도로 양자의 관계가 밀접한 경우를 말한다.

> 부관이 무효인 경우에 그것이 본체인 행정행위의 효력에 어떤 영향을 미치는가에 관하여 판례는 부관이 행정행위의 중요한 요소인 경우에 한하여 행정행위를 무효로 만들며 그렇지 않은 경우에는 아무런 영향을 미치지 않는다고 한다. (○, ×) [05 국회8급]

판례

도로점용허가의 점용기간은 행정행위의 본질적인 요소에 해당하기 때문에 부관인 점용기간에 위법사유가 있으면 이로써 도로점용허가 전부가 위법하게 된다(대판 1985.7.9. 84누604). [19 지방9급, 18 서울7급]

> 도로점용허가의 점용기간을 정함에 있어 위법사유가 있다면 도로점용허가 처분 전부가 위법하게 된다. (○, ×) [19 국가9급, 19 지방9급]

3. 취소할 수 있는 부관이 붙은 행정행위의 효력

취소가 확정되기까지는 유효한 부관부 행정행위로서의 효력을 가지며, 취소가 확정된 경우에는 부관이 무효인 경우와 동일하다.

06 하자 있는 부관과 행정쟁송

행정행위에 붙은 부관이 위법한 경우 국민이 이에 대하여 소송을 제기하여 권리구제를 받을 수 있는지가 문제된다. 이와 관련하여 주된 행정행위와 분리하여 부관만을 소송대상으로 삼을 수 있는지(독립쟁송가능성), 이러한 경우 소송형태는 무엇인지(부진정일부취소소송인정 여부), 그리고 부관이 위법하다고 인정되는 경우 어떠한 판단을 내려야 하는지(독립취소 가능성)가 문제된다.

1. 부관의 독립쟁송 가능성(대상적격의 문제)

부관이 위법한 경우, 부관 그 자체만에 대한 행정쟁송이 가능한지 여부가 문제된다. 즉 부관에 대한 행정쟁송이 제기된 경우 대상적격(=처분성)이 인정되는지가 문제된다. 대법원은 일관되게 부담만이 독립하여 항고소송의 대상이 될 수 있으며, 기타 부관의 경우에는 독립하여 항고소송의 대상이 될 수 없다는 입장이다. 판례에 따르면 부담을 제외한 부관만의 취소를 구하는 소송에 대하여는 각하판결을 하여야 한다고 본다. [17 서울9급, 16 지방9급]

판례

1. 행정행위의 부관은 행정행위의 일반적인 효력이나 효과를 제한하기 위하여 의사표시의 주된 내용에 부가되는 종된 의사표시이지 그 자체로서 직접 법적 효과를 발생하는 독립된 처분이 아니므로 현행 행정쟁송제도 아래서는 부관 그 자체만을 독립된 쟁송의 대상으로 할 수 없는 것이 원칙이나 행정행위의 부관 중에서도 행정행위에 부수하여 그 행정행위의 상대방에게 일정한 의무를 부과하는 행정청의 의사표시인 부담의 경우에는 다른 부관과는 달리 행정행위의 불가분적인 요소가 아니고 그 존속이 본체인 행정행위의 존재를 전제로 하는 것일 뿐이므로 부담 그 자체로서 행정쟁송의 대상이 될 수 있다(대판 1992.1.21. 91누1264). [20 지방9급]
2. 행정재산에 대한 사용・수익허가에서 공유재산의 관리청이 정한 사용・수익허가의 기간은 행정행위의 부관으로서 이러한 사용・수익허가의 기간에 대해서는 독립하여 행정소송을 제기할 수 없다(대판 2001.6.15. 99두509). [24 국가9급, 22 지방9급]
3. 어업면허처분을 함에 있어 그 면허의 유효기간을 1년으로 정한 경우, 위 면허의 유효기간은 행정청이 위 어업면허처분의 효력을 제한하기 위한 행정행위의 부관이라 할 것이고 이러한 행정행위의 부관은 독립하여 행정소송의 대상이 될 수 없는 것이므로 위 어업면허처분 중 그 면허유효기간만의 취소를 구하는 청구는 허용될 수 없다(대판 1986.8.19. 86누202).

- 해제조건은 주된 행정행위에 종속되기는 하나 다른 행정행위의 부관과는 달리 독립하여 그 자체에 대한 행정쟁송의 제기가 가능하다는 것이 판례의 태도이다. (○, ×) [11 국가9급]
- 행정행위의 부관 중에서도 행정행위에 부수하여 그 행정행위의 상대방에게 일정한 의무를 부과하는 행정청의 의사표시인 부담의 경우에는 다른 부관과는 달리 행정행위의 불가분적인 요소가 아니고 그 존속이 본체인 행정행위의 존재를 전제로 하는 것일 뿐이므로 부담 그 자체로서 행정쟁송의 대상이 될 수 있다. (○, ×) [15 서울7급, 11 지방9급]
- 기부채납받은 행정재산에 대한 사용・수익허가 중 고유재산의 관리청이 사용・수익허가의 기간에 대하여 독립하여 행정소송을 제기할 수 있다. (○, ×) [17 서울9급, 15 국회8급]
- 취소소송에 의하지 않으면 권리구제를 받을 수 없는 경우에는, 부담이 아닌 부관이라 하더라도 그 부관만을 대상으로 취소소송을 제기하는 것이 허용된다. (○, ×) [18 국가7급]
- 어업면허처분을 함에 있어서 그 면허의 유효기간을 1년으로 정한 경우, 어업면허처분 중 그 면허유효기간만의 취소를 구하는 청구는 허용될 수 없다. (○, ×) [15 서울7급]

2. 부관에 대한 쟁송형태

(1) 부담의 경우

부담에 대해서는 주된 행정행위와 별개로 부담만을 소송대상으로 하는 일부취소소송이 가능하다는 것이 통설과 판례의 입장이다.

(2) 부담 이외의 부관일 경우

① 학설

부담과 그 밖의 부관 구별설(判)	부담만은 독립하여 취소소송의 대상이 될 수 있지만 나머지 부관은 부관부 행정행위 전체를 취소소송의 대상으로 삼을 수밖에 없다는 견해이다.
부진정일부취소소송설(多)	부담의 경우에는 진정일부취소소송과 부진정일부취소소송이 가능하고 나머지 부관은 부진정일부취소소송만 가능하다고 보는 견해이다.
분리가능성기준설	부관이 주된 행정행위로부터 분리 가능한 것이면 독립하여 행정쟁송으로 다툴 수 있고, 부관이 분리 가능한 것이 아니라면 독립하여 다툴 수 없다고 보는 견해이다.

② 판례

판례는 부담의 경우에는 진정일부취소소송을 인정하지만, 부담 이외의 부관에 대해서는 진정일부취소소송도 인정하지 아니하고 부진정일부취소소송의 형식을 인정하지 않고 있다. 대법원 판례는 위법한 부담 이외의 부관으로 인하여 권리를 침해당한 자는 결국 부관부 행정행위 전체의 취소를 구하든지(대판 1985.8.9. 84누504), [13 서울7급] 아니면 먼저 행정청에 부관이 없는(또는 부관을 변경하는) 처분으로 변경해 줄 것을 청구한 다음 그것이 거부된 경우에 거부처분취소소송을 제기하는 수밖에 없다(대판 1990.4.27. 89누6808). [19 서울7급(上)]

3. 부관의 독립취소 가능성(본안요건의 문제)

판례는 부담은 독립하여 소송대상이 되고 본안에서는 부담만이 소송물이므로 부담만 취소판결할 수 있다는 입장이다. 나머지 부관은 부관부 행정행위 전체가 소송대상이 된다. 따라서 위법한 부관이 주된 행정행위의 본질적인 요소이면 전부취소의 판결을, 그렇지 않으면 기각판결을 하게 된다.

판례

도로의 점용허가에 있어서 점용기간은 행정행위의 본질적인 요소에 해당하는 것으로 따라서 점용기간을 정함에 위법이 있으면 도로점용허가 전부가 위법이 있다고 보아 부관부행정행위 전체를 취소하여야 한다(대판 1985.7.9. 84누604).

참고

진정일부취소소송

부관만을 독립하여 쟁송의 대상으로 삼아 부관만의 취소를 요구하는 진정한 의미의 일부취소소송을 의미한다. 통설과 판례는 부담에 대해 진정일부취소소송을 인정한다.

참고

부진정일부취소소송

부관이 붙은 행정행위 전체를 소송대상으로 하되, 실질적으로는 부관만의 취소를 구하는 소송형태를 부진정일부취소소송이라고 한다. 다수설은 부담을 제외한 부관에 대해 이러한 소송형태를 인정하나 판례는 부정한다.

- 형식상 부관부 행위 전체를 소송의 대상으로 하면서 내용상 일부, 즉 부관만의 취소를 구하는 소송형태는 진정일부취소소송이다. (○, ×) [14 경행특채]
- 판례에 따르면 부담 이외의 부관에 대하여는 진정일부취소소송을 제기하여 다툴 수 없으나, 부관부 행정행위 전체를 취소소송의 대상으로 하여 부관만의 일부취소를 구하여야 한다. (○, ×) [16 국가9급, 12 지방7급]
- 부관이 붙은 행정행위 전체를 소송의 대상으로 하였다가 부관만이 위법하다고 판단되는 경우에는 부관의 독립적 취소가 가능하다. (○, ×) [16 서울9급]
- 판례에 따르면 위법한 부담 이외의 부관으로 인해 권리를 침해받은 자는 행정청에 부관이 없는 처분으로의 변경을 청구한 다음 그것이 거부된 경우에는 부작위위법확인소송을 제기하여야 한다. (○, ×) [09 지방7급]
- 위법한 부관에 대하여 신청인이 부관부행정행위의 변경을 청구하고, 행정청이 이를 거부한 경우 동 거부처분의 취소를 구하는 소송을 제기할 수 있다. (○, ×) [17 서울9급, 12 복지9급]

07 부관과 이를 기초로 한 후속조치

1. 후속조치의 성질

판례는 기부채납부담과 기부채납을 별개로 보아 기부채납은 공법관계가 아닌 사법(私法)상의 증여계약이라고 본다.

판례

기부채납은 기부자가 그의 소유재산을 지방자치단체의 공유재산으로 증여하는 의사표시를 하고 지방자치단체는 이를 승낙하는 채납의 의사표시를 함으로써 성립하는 증여계약이다(대판 1996.11.8. 96다20581).

2. 하자 있는 부관의 이행으로 이루어진 사법행위의 효력

위의 기부채납의 부담이 위법한 경우에 이 부담의 이행으로 행해진 사법상 법률행위(기부채납)의 효력이 어떻게 되는가와 관련하여 논의되는 문제이다.

판례

1. 토지소유자가 토지형질변경행위허가에 붙은 기부채납의 부관에 따라 토지를 국가나 지방자치단체에 기부채납(증여)한 경우, 기부채납의 부관이 당연무효이거나 취소되지 아니한 이상 토지소유자는 위 부관으로 인하여 증여계약의 중요부분에 착오가 있음을 이유로 증여계약을 취소할 수 없다(대판 1999.5.25. 98다53134). [24 국가9급, 23 국가9급]
2. 행정행위의 부관인 부담에 정해진 바에 따라 당해 행정청이 아닌 다른 행정청이 그 부담상의 의무이행을 요구하는 의사표시를 하였을 경우, 이러한 행위가 당연히 또는 무조건으로 행정소송법상 항고소송의 대상이 되는 처분에 해당한다고 할 수는 없다(대판 1992.1.21. 91누1264). [24 국가9급]
3. 행정처분에 부담인 부관을 붙인 경우 부관의 무효화에 의하여 본체인 행정처분 자체의 효력에도 영향이 있게 될 수는 있지만, 부담의 이행으로 사법상 매매 등의 법률행위를 한 경우에는 법률행위의 취소사유가 될 수 있음은 별론으로 하고 그 법률행위 자체를 당연히 무효화하는 것은 아니다. [21 국가7급, 19 서울7급] 또한, 행정처분에 붙은 부담인 부관이 제소기간의 도과로 확정되어 이미 불가쟁력이 생겼다면 그 하자가 중대하고 명백하여 당연무효로 보아야 할 경우 외에는 누구나 그 효력을 부인할 수 없을 것이지만, 부담의 이행으로서 하게 된 사법상 매매 등의 법률행위는 부담을 붙인 행정처분과는 어디까지나 별개의 법률행위이므로 그 부담의 불가쟁력의 문제와는 별도로 법률행위가 사회질서 위반이나 강행규정에 위반되는지 여부 등을 따져보아 그 법률행위의 유효 여부를 판단하여야 한다(대판 2009.6.25. 2006다18174). [21 국가9급]

토지소유자가 토지형질변경행위허가에 붙은 기부채납의 부관에 따라 토지를 국가나 지방자치단체에 기부채납한 경우, 기부채납의 부관이 당연무효이거나 취소되지 아니한 이상 토지소유자는 위 부관으로 인하여 증여계약의 중요 부분에 착오가 있음을 이유로 증여계약을 취소할 수 없다. (○, ×) [22 지방7급, 17 서울9급]

기부채납조건이 중대하고 명백한 하자로 인하여 무효라 하더라도 갑의 기부채납 이행으로 이루어진 토지의 증여는 그 자체로 사회질서 위반이나 강행규정 위반 등의 특별한 사정이 없는 한 유효하다. (○, ×) [19 지방7급]

행정처분에 부담인 부관을 붙인 경우 부관의 무효화에 의하여 본체인 행정처분 자체의 효력에도 영향이 있게 될 수 있으며, 그 처분을 받은 사람이 부담의 이행으로 사법상 매매 등의 법률행위를 한 경우 그 법률행위 자체는 당연무효이다. (○, ×) [24 국가9급, 22 지방9급]

행정처분에 붙인 부담인 부관이 제소기간 도과로 불가쟁력이 생긴 경우에는 그 부담의 이행으로 한 사법상 법률행위의 효력을 다툴 수 없다. (○, ×) [21 국가7급, 17 국회8급]

제 4 절 행정행위의 요건과 효력

01 행정행위의 성립요건과 효력발생요건

행정행위가 적법하게 성립하기 위한 요건을 성립요건이라 하고, 성립요건에는 내부적 성립요건으로 주체 · 내용 · 형식 · 절차가 필요하며, 외부적 성립요건으로 외부에 표시될 것을 요한다. 행정행위가 효력을 발생하기 위한 요건을 효력발생요건이라 하며 통지와 도달이 있다.

행정행위의 성립요건과 효력발생요건을 구분할 경우 효력발생요건에 해당하는 것은? [15 교행]
① 상대방에게 통지되어 도달되어야 한다.
② 내용이 법률상으로나 사실상으로 실현 가능해야 한다.
③ 법령상 특별한 규정이 있는 경우를 제외하고는 문서로 하여야 한다.
④ 당해 행정행위를 발할 수 있는 권한을 가진 자에 의해 행해져야 한다.

1. 행정행위의 성립요건

(1) 주체에 관한 요건

행정행위는 정당한 권한이 있는 자가 하여야 하므로 공무원이 아닌 자, 적법하게 구성되지 않은 합의제 기관의 행위 등은 위법하다.

(2) 내용에 관한 요건

행정행위는 법률상 · 사실상 실현 가능한 행위이어야 한다. 그리고 이해관계인이 인식할 수 있을 정도로 명확한 것이어야 하고, 그 내용이 법률에 적합하여야 한다.

(3) 절차에 관한 요건

행정행위에 관하여 일정한 절차(청문 · 공청회 등)가 요구되고 있는 경우에는 그에 관한 절차를 거쳐야 하며, 다른 관청의 협력절차가 요구되는 경우에는 그러한 절차를 거쳐야 한다.

(4) 형식에 관한 요건

행정행위는 그 내용과 존재를 객관적으로 명확히 하기 위해 일정한 형식이 요구되는 경우가 많다. 행정절차법은 행정청이 처분을 하는 경우에는 다른 법에 특별한 규정이 있는 경우를 제외하고는 문서로 하여야 한다고 규정함으로써 서면주의 원칙을 정하고 있다.

판례

1. 행정절차법 제24조 제1항이 행정청이 처분을 하는 때에는 다른 법령 등에 특별한 규정이 있는 경우를 제외하고는 문서로 하도록 규정한 것은 처분내용의 명확성을 확보하고 처분의 존부에 관한 다툼을 방지하기 위한 것이라 할 것인바, 처분서의 문언이 불분명하다는 등의 특별한 사정이 없는 한, 그 문언에 따라 어떤 처분을 하였는지 여부를 확정하여야 할 것이고, 처분서의 문언만으로도 행정청이 어떤 처분을 하였는지가 분명함에도 불구하고 처분경위나 처분 이후의 상대방의 태도 등 다른 사정을 고려하여 처분서의 문언과는 달리 다른 처분까지 포함되어 있는 것으로 확대해석하여서는 아니 된다(대판 2005.7.28. 2003두469).
2. 행정청이 문서에 의하여 처분을 한 경우 원칙적으로 그 처분서의 문언에 따라 어떤 처분을 하였는지 확정하여야 하나, 그 처분서의 문언만으로는 행정청이 어떤 처분을 하였는지 불분명하다는 등 특별한 사정이 있는 때에는 처분 경위나 처분 이후의 상대방의 태도 등 다른 사정을 고려하여 처분서의 문언과 달리 그 처분의 내용을 해석할 수도 있다(대판 2010. 2. 11. 2009두18035). [22 지방7급]

우리 행정절차법은 행정청이 처분을 하는 때에는 다른 법령 등에 특별한 규정이 있는 경우를 제외하고는 문서로 하지 않아도 된다고 하는 구술(口述)에 의한 처분원칙을 취하고 있다. (○, ×) [04 국회8급]

행정청이 어떤 처분을 하였는지가 분명하더라도 처분경위나 처분 이후의 상대방의 태도 등 다른 사정을 고려하여 처분시의 문언과는 달리 다른 처분까지 포함되어 있는 것으로 확대해석할 수 있다. (○, ×) [12 경행특채]

2. 행정행위의 효력발생요건

(1) 도달주의

상대방이 있는 행정행위는 원칙적으로 상대방에게 발신한 때(발신주의)가 아니라 상대방에게 도달된 때(도달주의)에 그 효력이 발생한다(행정절차법 제15조). 여기서 도달이란 상대방이 직접 수령하여 그 내용을 현실적으로 안 것을 의미하는 것이 아니라 상대방이 알 수 있는 상태에 두는 것을 의미한다. [18 국가9급]

판례

1. 행정의사가 외부에 표시되어 행정청이 자유롭게 취소·철회할 수 없는 구속을 받게 되는 시점에 처분이 성립하고, 그 성립 여부는 행정청이 행정의사를 공식적인 방법으로 외부에 표시하였는지를 기준으로 판단해야 한다(대판 2019.7.11. 2017두38874).
2. 도달이란 상대방이 그 내용을 현실적으로 알 필요는 없고 알 수 있는 상태에 놓여짐으로써 충분하다(대판 1989.9.26. 89누4963). [17 서울9급]
3. 상대방 있는 행정처분은 특별한 규정이 없는 한 의사표시에 관한 일반법리에 따라 상대방에게 고지되어야 효력이 발생하고, 상대방 있는 행정처분이 상대방에게 고지되지 아니한 경우에는 상대방이 다른 경로를 통해 행정처분의 내용을 알게 되었다고 하더라도 행정처분의 효력이 발생한다고 볼 수 없다(대판 2019.8.9. 2019두38656).

(2) 통지의 방법

행정행위를 통지하는 방법으로는 상대방이 특정인인 경우 원칙적으로 송달에 의하고, 상대방이 불특정 다수인이거나 기타 송달이 불가능한 경우에는 고시 또는 공고에 의한다. 송달은 우편·교부 또는 정보통신망 이용 등의 방법에 의하되 송달받을 자의 주소·거소·영업소·사무소 또는 전자우편주소로 한다. 다만 송달받을 자가 동의하는 경우에는 그를 만나는 장소에서 송달할 수 있다. 국내에 주소·거소·영업소·사무소가 없는 외국사업자에 대하여 우편송달의 방법으로 문서를 송달할 수 있는지에 대해 판례는 긍정한다(대판 2006.3.24. 2004두11275).

① 우편송달

판례

1. 우편법 등 관계 규정의 취지에 비추어 볼 때 우편물이 등기취급의 방법으로 발송된 경우 반송되는 등의 특별한 사정이 없는 한 그 무렵 수취인에게 배달되었다고 보아야 한다(대판 1992.3.27. 91누3819).
2. 수취인이 주민등록지에 실제로 거주하지 아니하는 경우에도 우편물이 수취인에게 도달하였다고 추정할 수는 없고, 따라서 이러한 경우에는 우편물의 도달사실을 과세관청이 입증해야 할 것이다(대판 1998.2.13. 97누8977). [18 국가9급]
3. 내용증명우편이나 등기우편과는 달리, 보통우편의 방법으로 발송되었다는 사실만으로는 그 우편물이 도달하였다고 추정할 수 없고 송달의 효력을 주장하는 측에서 증거에 의하여 도달사실을 입증하여야 한다(대판 2002.7.26. 2000다25002). [18 국가9급, 18 교행]

- 행정처분의 송달은 민법상 도달주의가 아니라 행정절차법 제15조에 의한 발신주의를 취한다. (○, ×) [12 지방9급]
- 송달은 다른 법령 등에 특별한 규정이 있는 경우를 제외하고는 해당 문서가 송달받을 자에게 도달됨으로써 그 효력이 발생한다. (○, ×) [15 서울7급]
- 상대방 있는 행정처분이 상대방에게 고지되지 아니한 경우에는 특별한 규정이 없는 한 상대방이 다른 경로를 통해 행정처분의 내용을 알게 되었다고 하더라도 행정처분의 효력이 발생한다고 볼 수 없다. (○, ×) [22 국가7급]
- 송달은 우편, 교부 또는 정보통신망 이용 등의 방법으로 할 수 있다. (○, ×) [14 서울9급]
- 등기우편의 방법으로 송달하는 경우, 수일 내에 우편물이 수취인에게 도달했다고 추정한다. (○, ×) [10 서울9급]
- 우편물이 보통우편의 방법으로 발송되었다는 사실만으로는 그 우편물이 상당기간 내에 도달하였다고 추정할 수 없다. (○, ×) [14 서울9급, 12 지방9급]

PART 02

교부에 의한 송달은 수령확인서를 받고 문서를 교부함으로써 한다. (○, ×) [14 서울9급]

송달하는 장소에서 송달받을 자를 만나지 못한 경우에는 그 사무원·피용자 또는 동거인으로서 사리를 분별할 지능이 있는 사람에게 문서를 교부할 수 있다. (○, ×) [17 국가7급(下), 14 서울9급]

② 교부송달

교부에 의한 송달은 수령확인서를 받고 문서를 교부함으로써 하며, 송달하는 장소에서 송달받을 자를 만나지 못한 경우에는 그 사무원·피용자(피용자) 또는 동거인으로서 사리를 분별할 지능이 있는 사람에게 문서를 교부할 수 있다.

판례

1. 송달받을 사람의 동거인에게 송달할 서류가 교부되고 동거인이 사리를 분별할 지능이 있는 이상 송달받을 사람이 그 서류의 내용을 실제로 알지 못한 경우에도 송달의 효력은 있다. 8세 3개월인 초등학교 2학년 남자어린이에게 이행권고결정등본을 보충송달한 경우, 소송서류의 영수와 관련한 사리를 분별할 지능이 있다고 보기 어렵다(대판 2005.12.5. 2005마1039).
2. 과세처분의 상대방인 납세의무자 등 서류의 송달을 받을 자가 다른 사람에게 우편물 기타 서류의 수령권한을 명시적 또는 묵시적으로 위임한 경우에는 그 수임자가 해당 서류를 수령함으로써 그 송달받을 자 본인에게 해당 서류가 적법하게 송달된 것으로 보아야 하고, 수령권한을 위임받은 자는 반드시 위임인의 종업원이거나 동거인일 필요가 없다(대판 2011.5.13. 2010다108876).

신속을 요하는 경우, 송달받을 자의 동의 없이도 정보통신망을 이용한 송달이 가능하다. (○, ×) [17 서울9급, 10 서울9급]

정보통신망을 이용한 송달을 할 경우 행정청은 송달 받을 자의 동의를 얻어 송달 받을 전자우편주소 등을 지정하여야 한다. (○, ×) [17 국가7급(下)]

행정절차법상 송달은 다른 법령 등에 특별한 규정이 있는 경우를 제외하고는 해당 문서가 송달받을 자에게 도달함으로써 효력이 발생하며, 전자문서로 송달하는 경우 송달받을 자가 지정한 컴퓨터 등에 입력된 후 인지하였을 때 도달된 것으로 본다. (○, ×) [14 경행특채]

납세고지서의 교부송달 및 우편송달에 있어서 반드시 납세의무자 또는 그와 일정한 관계에 있는 사람의 현실적인 수령행위를 전제로 하고 있다고 보아야 하며, 납세자가 과세처분의 내용을 이미 알고 있는 경우에도 납세고지서의 송달이 불필요하다고 할 수 없다. (○, ×) [14 지방7급, 13 지방9급]

③ 정보통신망 송달

정보통신망을 이용한 송달은 송달받을 자가 동의하는 경우에만 한한다. [14 서울9급] 이 경우 송달받을 자는 송달받을 전자우편주소 등을 지정하여야 한다. 정보통신망을 이용하여 전자문서로 송달하는 경우에는 송달받을 자가 지정한 컴퓨터 등에 입력된 때에 도달된 것으로 본다(행정절차법 제14조 제3항, 제15조 제2항). [23 국가9급, 18 교행]

④ 상대방이 처분의 내용을 알고 있는 경우

판례

1. 납세자가 과세처분의 내용을 이미 알고 있는 경우에도 납세고지서의 송달이 불필요하다고 할 수는 없다. 납세고지서의 송달을 받아야 할 자가 부과처분 제척기간이 임박하자 그 수령을 회피하기 위하여 일부러 송달을 받을 장소를 비워 두어 세무공무원이 송달을 받을 자와 보충송달을 받을 자를 만나지 못하여 부득이 사업장에 납세고지서를 두고 왔다고 하더라도 납세고지서가 송달되었다고 볼 수는 없다(대판 2004.4.9. 2003두13908).
2. 납세의무자가 거주하는 아파트에서 일반우편물이나 등기우편물 등 특수우편물이 배달되는 경우 관례적으로 아파트 경비원이 이를 수령하여 거주자에게 전달하여 왔고, 이에 대하여 납세의무자를 비롯한 아파트 주민들이 평소 이러한 특수우편물 배달방법에 관하여 아무런 이의도 제기한 바 없었다면, 납세의무자가 거주하는 아파트의 주민들은 등기우편물 등의 수령권한을 아파트 경비원에게 묵시적으로 위임한 것이라고 봄이 상당하므로 아파트 경비원이 우편집배원으로부터 납세고지서를 수령한 날이 구 국세기본법 제61조 제1항에 정한 처분의 통지를 받은 날에 해당한다(대판 2000.7.4. 2000두1164).

(3) 특별한 송달 – 고시 또는 공고

① 행정절차법상 공고(송달에 갈음하는 공고)

㉠ 공고방법

행정행위의 상대방이 불특정 다수인이거나, 주소 및 거소가 분명하지 않은 경우의 통지는 공고의 방법에 의한다. 송달받을 자의 주소 등을 통상의 방법으로 확인할 수 없는 경우와 송달이 불가능한 경우에는 송달받을 자가 알기 쉽도록 관보・공보・게시판・일간신문 중 하나 이상에 공고하고 인터넷에도 공고하여야 한다(행정절차법 제14조 제4항). [23 국가9급, 20 국가9급]

㉡ 효력발생시기

공고의 경우에는 다른 법령 등에 특별한 규정이 있는 경우를 제외하고는 공고일부터 14일이 지난 때에 그 효력이 발생한다. 다만 긴급히 시행하여야 할 특별한 사유가 있어 효력발생시기를 달리 정하여 공고한 경우에는 그에 따른다(행정절차법 제15조 제3항). 한편 공고의 효력이 발생하기 위해서 당사자가 공고의 내용을 반드시 알아야 하는 것은 아니다.

> 송달받을 자의 주소를 확인할 수 없는 경우에 한하여 고시 또는 공고의 방법에 의한다. (○, ×) [10 서울9급]

> 송달이 불가능할 경우에는 송달받을 자가 알기 쉽도록 관보, 공보, 게시판, 일간신문, 인터넷 중 하나에 공고하여야 한다. (○, ×) [18 교행]

> 행정절차법에 따르면 송달이 불가능한 경우 등에는 다른 법령 등에 특별한 규정이 있는 경우를 제외하고는 공고일로부터 14일이 경과한 때에 그 효력이 발생한다. (○, ×) [12 지방9급]

판례

통상 고시 또는 공고에 의하여 행정처분을 하는 경우에는 그 처분의 상대방이 불특정 다수인이고 그 처분의 효력이 불특정 다수인에게 일률적으로 적용되는 것이므로, 행정처분에 이해관계를 갖는 자가 고시 또는 공고가 있었다는 사실을 현실적으로 알았는지 여부에 관계없이 고시가 효력을 발생하는 날에 행정처분이 있음을 알았다고 보아야 한다(대판 2001.7.27. 99두9490).

② 개별법상의 공고 또는 고시와 효력발생일

일반적으로 법령에서 고시 또는 공고의 효력발생일을 명시하고 있지만, 효력발생일에 관해 명문 규정이 없는 경우에는 행정 효율과 협업 촉진에 관한 규정 제6조 제3항에 의해 공고가 있은 후 5일이 경과됨으로서 상대방에게 도달된 것으로 되어 효력이 발생된다. 이에 행정절차법 제15조 제3항과의 관계가 문제되나, 판례는 고시 또는 공고의 효력발생일에 관한 명문의 규정이 없는 경우에는 당해 고시 또는 공고의 효력발생일을 고시 또는 공고가 있은 후 5일이 경과한 날로 본 바 있다.

판례

청소년보호법에 따른 청소년유해매체물 결정 및 고시처분은 불특정 다수인을 상대방으로 하여 일률적으로 각종 의무를 발생시키는 행정처분으로서, [21 국가7급] 정보통신윤리위원회가 특정 인터넷 웹사이트를 청소년유해매체물로 결정하고 청소년보호위원회가 효력발생시기를 명시하여 고시함으로써 그 명시된 시점에 효력이 발생하였다고 봄이 상당하고, 정보통신윤리위원회와 청소년보호위원회가 위 처분이 있었음을 위 웹사이트 운영자에게 제대로 통지하지 아니하였다고 하여 그 효력 자체가 발생하지 아니한 것으로 볼 수는 없다(대판 2007.6.14. 2004두619). [21 국가7급]

> 구 「청소년 보호법」에 따라 정보통신윤리위원회가 특정 웹사이트를 청소년유해매체물로 결정하고 청소년보호위원회가 효력발생시기를 명시하여 고시하였으나 정보통신윤리위원회와 청소년보호위원회가 웹사이트 운영자에게는 위 처분이 있었음을 통지하지 않았다면 그 효력이 발생하지 않는다. (○, ×) [18 국가9급]

> 정보통신윤리위원회(현 방송통신심의위원회)가 특정 인터넷 웹사이트를 청소년 유해매체물로 결정하고 청소년보호위원회가 효력발생시기를 명시하여 고시하면 그 명시된 시점에 효력이 발생하였다고 보아야 한다. (○, ×) [11 지방9급]

(4) 기한 및 기간의 특례

① 기간의 정지

천재지변 기타 당사자 등의 책임 없는 사유로 기간 및 기한을 지킬 수 없는 경우에는 그 사유가 끝나는 날까지 기간의 진행이 정지된다(행정절차법 제16조 제1항).

② 외국에 대한 통지

외국에 거주 또는 체류하는 자에 대한 기간 및 기한은 행정청이 그 우편이나 통신에 소요되는 일수를 감안하여 정하여야 한다(행정절차법 제16조 제2항).

02 행정법령의 적용문제

법령의 개정이 이루어진 경우에 행정청은 개정 전 법령을 적용할 것인지 개정 후의 법령을 적용할 것인지가 상대방인 국민의 구법에 대한 신뢰보호와 관련하여 문제가 된다. 이는 법령의 위반 시점과 불이익처분 사이에 법령이 개정된 경우에 특히 문제된다.

1. 원칙(처분시법주의)

행정기관은 행위를 함에 있어 법치주의의 원칙에 따라 처분 당시의 법을 적용함이 원칙이다. 즉 행정처분은 그 근거법령이 개정된 경우에도 경과규정에서 달리 정함이 없는 한, 처분 당시 시행되는 개정법령과 그에 정한 기준에 의하는 것이 원칙이다. [14 지방7급] 이미 완성된 법률관계에 소급적용하는 진정소급입법은 원칙적으로 인정되지 않으나, 부진정소급적용은 엄밀한 의미에서 소급적용이 아니므로 가능하다.

> 과거에 완성된 사실에 대하여 당사자에게 불리하게 제정 또는 개정된 신법을 적용하는 것은 당사자의 법적 안정성을 해치는 것이므로 어떠한 경우에도 허용될 수 없다. (○, ×) [15 서울9급]

> 법령의 소급적용금지의 원칙은 부진정소급적용에도 적용된다. (○, ×) [12 복지9급]

행정기본법 제14조【법 적용의 기준】 ① 새로운 법령등은 법령등에 특별한 규정이 있는 경우를 제외하고는 그 법령등의 효력 발생 전에 완성되거나 종결된 사실관계 또는 법률관계에 대해서는 적용되지 아니한다. [21 지방7급]
② 당사자의 신청에 따른 처분은 법령등에 특별한 규정이 있거나 처분 당시의 법령등을 적용하기 곤란한 특별한 사정이 있는 경우를 제외하고는 처분 당시의 법령등에 따른다.

> 당사자의 신청에 따른 처분은 다른 법령에 특별한 규정이 있는 경우를 제외하고는 신청 당시의 법령 등에 따른다. (○, ×) [21 지방7급]

판례

한시적인 법인세액 감면제도를 시행하다가 새로운 조문을 신설하면서 법인세액 감면대상이 되지 아니하는 업종으로 변경된 기업에 대하여 아무런 경과규정을 두지 아니하였더라도 신뢰보호의 원칙에 위반되지 않는다(대판 2009.9.10. 2008두9324). [11 국회8급]

2. 예외

(1) 법률관계를 확인하는 처분

장해등급결정을 하는 경우처럼 행정청이 확정된 법률관계를 확인하는 처분을 하는 경우에는 처분시의 법령을 적용하는 것이 아니라 당해 법률관계의 확정시의 법령을 적용한다.

판례

산업재해보상보험법상 장해급여는 근로자가 업무상의 사유로 부상을 당하거나 질병에 걸려 치료를 종결한 후 신체 등에 장해가 있는 경우 그 지급 사유가 발생하고, 그때 근로자는 장해급여 지급청구권을 취득하므로, 장해급여 지급을 위한 장해등급 결정 역시 장해급여 지급청구권을 취득할 당시, 즉 그 지급 사유 발생 당시의 법령에 따르는 것이 원칙이다(대판 2007.2.22. 2004두12957).

★ 장애연금 지급을 위한 장애등급 결정을 하는 경우에는 원칙상 장애연금 지급청구권을 취득할 당시가 아니라 장애연금지급을 결정할 당시의 법령을 적용한다. (○, ×) [17 국가7급(下), 14 지방7급]

(2) 행정제재처분의 경우

법령위반행위시의 법에 따라야 함이 원칙이다. 다만 최근 제정된 행정기본법은 제재처분이 유리하게 변경된 경우 변경된 신법을 적용하라고 규정하고 있다.

판례

1. 법령이 변경된 경우 명문의 다른 규정이나 특별한 사정이 없는 한 그 변경 전에 발생한 사항에 대하여는 변경 후의 신 법령이 아니라 변경 전의 구 법령이 적용되므로, 건설업자인 원고가 면허수첩을 대여한 것이 그 당시 시행된 건설업법 제38조 제1항 제8호 소정의 건설업면허 취소사유에 해당된다면 그 후 동법 시행령이 개정되어 건설업면허 취소사유에 해당하지 아니하게 되었다 하더라도 건설부장관은 동 면허수첩 대여행위 당시 시행된 건설업법 제38조를 적용하여 원고의 건설업면허를 취소하여야 할 것이다(대판 1982.12.28. 82누1).
2. 법령이 변경된 경우 신 법령이 피적용자에게 유리하여 이를 적용하도록 하는 경과규정을 두는 등의 특별한 규정이 없는 한 변경 전에 발생한 사항에 대하여는 변경 후의 신 법령이 아니라 변경 전의 구 법령이 적용되어야 한다. 구 건설업법 시행 당시에 건설업자가 도급받은 건설공사 중 전문공사를 시공할 자격 없는 자에게 하도급한 행위에 대하여 건설산업기본법 시행 이후에 과징금 부과처분을 하는 경우, 구체적인 부과기준에 대하여는 처분시의 시행령이 행위시의 시행령보다 불리하게 개정되었고 어느 시행령을 적용할 것인지에 대하여 특별한 규정이 없으므로, 행위시의 시행령을 적용하여야 한다(대판 2002.12.10. 2001두3228). [15 국가9급]

★ 건설업면허수첩대여행위가 그 행위 후 법령개정으로 취소사유에서 삭제되었다면, 신법을 적용하여 건설업면허취소를 취소하여야 한다. (○, ×) [15 서울9급]

★ 행정법규 위반자에 대한 제재처분을 하기 전에 처분의 기준이 행위시보다 불리하게 개정되었고 개정법에 경과규정을 두는 등의 특별한 규정이 없다면, 행위시의 법령을 적용하여야 한다. (○, ×) [15 서울9급]

★ 경과규정 등의 특별규정 없이 법령이 변경된 경우, 그 변경 전에 발생한 사항에 대하여 적용할 법령은 개정 후의 신법령이다. (○, ×) [14 국가9급, 12 복지9급]

행정기본법 제14조【법 적용의 기준】③ 법령등을 위반한 행위의 성립과 이에 대한 제재처분은 법령등에 특별한 규정이 있는 경우를 제외하고는 법령등을 위반한 행위 당시의 법령등에 따른다. 다만, 법령등을 위반한 행위 후 법령등의 변경에 의하여 그 행위가 법령등을 위반한 행위에 해당하지 아니하거나 제재처분 기준이 가벼워진 경우로서 해당 법령등에 특별한 규정이 없는 경우에는 변경된 법령등을 적용한다.

★ 법령위반 행위가 2022년 3월 23일 있은 후 법령이 개정되어 그 위반행위에 대한 제재처분 기준이 감경된 경우, 특별한 규정이 없다면 해당 제재처분에 대해서는 개정된 법령을 적용한다. (○, ×) [22 국가7급]

(3) 행정형벌의 문제

행위 후 법령의 개정으로 그 행위가 더 이상 처벌대상이 아니거나 처벌이 가볍게 바뀐 경우 형법 제1조 제2항에 따라 유리하게 변경된 신법이 적용된다.

판례

종래 대법원은 법령의 변경에 관한 입법자의 동기를 고려하여 형법 제1조 제2항과 형사소송법 제326조 제4호의 적용 범위를 제한적으로 해석하는 입장을 견지해 왔다. 즉 형벌법규 제정의 이유가 된 법률이념의 변경에 따라 종래의 처벌 자체가 부당하였다거나 또는 과형이 과중하였다는 반성적 고려에서 법령을 변경하였을 경우에만 형법 제1조 제2항과 형사소송법 제326조 제4호가 적용된다고 해석하여, 이러한 경우가 아니라 그때그때의 특수한 필요에 대처하기 위하여 법령을 변경한 것에 불과한 때에는 이를 적용하지 아니하고 행위 당시의 형벌법규에 따라 위반행위를 처벌하여야 한다는 판례 법리를 확립하여 오랜 기간 유지하여 왔다. 범죄의 성립과 처벌에 관하여 규정한 형벌법규 자체 또는 그로부터 수권 내지 위임을 받은 법령의 변경에 따라 범죄를 구성하지 아니하게 되거나 형이 가벼워진 경우에는, 종전 법령이 범죄로 정하여 처벌한 것이 부당하였다거나 과형이 과중하였다는 반성적 고려에 따라 변경된 것인지 여부를 따지지 않고 원칙적으로 형법 제1조 제2항과 형사소송법 제326조 제4호가 적용된다. 형법 제1조 제2항과 형사소송법 제326조 제4호는 형벌법규 제정의 이유가 된 법률이념의 변경에 따라 종래의 처벌 자체가 부당하였다거나 또는 과형이 과중하였다는 반성적 고려에서 법령을 변경하였을 경우에만 적용된다고 한 대법원판결들은 이 판결의 견해에 배치되는 범위 내에서 모두 변경하기로 한다(대판 2022.12.22. 2020도16420 전원합의체).

(4) **예외적 소급적용**

법령을 소급적용하더라도 일반국민의 이해에 직접 관계가 없는 경우이거나 오히려 그 이익을 증진하는 경우, 불이익이나 고통을 제거하는 경우 등 특별한 사정이 있는 경우에 한하여 법령의 소급적용이 허용된다.

> 법령을 소급적용하더라도 일반 국민의 이해에 직접 관계가 없는 경우, 오히려 그 이익을 증진시키는 경우, 불이익이나 고통을 제거하는 경우에도 법령의 소급적용은 허용되지 않는다. (○, ×) [12 복지9급]

(5) **신의성실의 원칙 위반이 있는 경우**

판례

허가신청 후 허가기준이 변경되었다 하더라도 그 허가관청이 허가신청을 수리하고도 정당한 이유 없이 그 처리를 늦추어 그 사이에 허가기준이 변경된 것이 아닌 이상 변경된 허가기준에 따라서 처분을 하여야 한다(대판 1996.8.20. 95누10877). [19 지방9급, 17 국가7급(下)]

> 허가 등의 행정처분은 원칙적으로 허가 신청시의 법령과 허가기준에 의하여 처리되어야 한다. (○, ×) [19 서울7급, 19 국가7급]

03 행정행위의 효력

행정행위가 성립요건과 효력발생요건을 갖추면 일정한 효력을 갖게 되는데 행정행위에는 사법행위와 구별되는 특유의 효력이 인정된다. 구속력, 공정력, 존속력(확정력) 및 강제력이 그것이다.

> 사인의 공법행위에는 행정행위에 인정되는 공정력, 존속력, 집행력 등이 인정되지 않는다. (○, ×) [15 지방7급]

1. **구속력**(실체법적 효력)

(1) **의의**

행정행위가 유효하게 성립하면 그 내용에 따라 일정한 법적 효과를 발생하고, 그에 따라 관계행정청 및 상대방과 이해관계인을 구속하는 힘을 가지는데 이를 구속력이라 한다.

> 행정행위는 그 내용에 따라 일정한 법적 효과가 발생하고 관계 행정청 및 상대방과 관계인을 구속하는 힘을 가진다. (○, ×) [09 국가9급]

(2) 구속력의 발생

구속력의 내용은 법률행위적 행정행위의 경우에는 효과의사의 내용에 따라 발생하고, 준법률행위적 행정행위의 경우에는 법이 정하는 바에 따라 발생한다. 행정행위의 내용에 따라 발생하는 실체법상의 효력이라는 점에서 후술하는 절차적 효력인 공정력과 구별된다.

(3) 구속력의 인정범위

모든 행정행위에 공통으로 발생하는 효력이고, 행정행위로서 당연히 인정되는 효력이다. 다만 행정행위가 무효인 경우에는 구속력이 발생하지 않는다.

2. 공정력

(1) 의의

① 개념

공정력이란 행정행위의 성립에 하자가 있는 경우에도 그것이 중대·명백하여 당연무효로 인정되는 경우를 제외하고는, 권한 있는 기관(처분청, 감독청, 행정심판위원회, 취소소송법원)에 의하여 취소되기까지는 누구도 그 효력을 부인할 수 없어 상대방·이해관계인, 다른 행정청뿐만 아니라 법원에 대하여도 일응 유효한 것으로 통용되는 힘을 말한다. [15 복지직9급, 15 서울7급] 예선적 효력이라고도 하고, 행정행위의 잠정적 통용력이라고도 한다.

> **행정기본법 제15조【처분의 효력】** 처분은 권한이 있는 기관이 취소 또는 철회하거나 기간의 경과 등으로 소멸되기 전까지는 유효한 것으로 통용된다. 다만, 무효인 처분은 처음부터 그 효력이 발생하지 아니한다.

② 공정력의 법적 성질

공정력은 권한 있는 기관에 의하여 취소되기 전까지 잠정적으로 통용되는 힘으로써 실체적 적법 추정이 아닌 절차적 구속력이라는 견해가 다수설이다.

(2) 인정 근거

① 이론적 근거

종래 자기확인설(O. Mayer), 국가권위설(E. Forsthoff), 특권설 등이 주장되었으나, 현재의 통설은 행정정책설(법적안정설)로서, 행정행위의 공정력은 행정행위에 본질상 내재하는 법 이전의 효력이 아니라 행정의 실효성 확보, 법적 안정성, 신뢰보호의 원리 등에서 공정력의 이론적 실질적 근거를 찾는다.

② 실정법적 근거

현행법상 공정력을 직접 인정한 명문의 규정은 없으나 직권취소 규정, 항고쟁송제도 및 그 쟁송기간의 제한, 행정대집행법상의 자력집행에 관한 규정 등이 간접적인 근거가 된다.

현행법상 공정력을 직접적으로 인정하는 규정은 없다. 그러나 간접적으로 공정력을 추정할 수 있는 경우는 상당수 존재하는 바, 다음 중 공정력을 간접적으로 추정할 수 있는 경우가 아닌 것은? [09 국가7급]

① 취소쟁송제도
② 직권취소제도
③ 흠 있는 행정행위에 대한 제소기간의 제한
④ 철회권의 제한법리

(3) 공정력(또는 구성요건적 효력)과 선결문제

① 의의

선결문제란 민사소송, 형사소송 등에서 본안판단의 전제로서 제기되는 행정행위의 위법성 또는 유효 여부에 관한 문제를 항고소송의 관할법원 이외의 법원이 스스로 심리·판단할 수 있는가의 문제를 말한다. 우리 행정소송법 제11조 제1항은 처분 등의 효력유무 또는 존재 여부가 민사소송의 선결문제인 경우에는 당해 민사소송의 수소법원이 선결문제로 이를 심리·판단하는 것이 가능함을 규정하고 있다. 그러나 위법사유(단순 취소사유)에 관해서는 규정이 없어, 학설과 판례에 맡겨져 있다.

> 처분 등의 효력 유무 및 위법 여부 또는 존재 여부가 민사소송의 선결문제로 되어 당해 민사소송의 수소법원이 이를 심리·판단하는 경우에 대하여 행정소송법은 명시적인 규정을 두고 있다. (○, ×) [11 지방7급]

판례

행정행위에 하자가 있는 경우에도 그 하자가 중대하고 명백하여 당연무효로 보아야 할 사유가 있는 경우 이외에는 그 행정행위가 행정소송이나 다른 행정행위에 의하여 적법히 취소될 때까지는 누구나 그 효력을 부인할 수는 없고 법령에 의한 불복기간이 경과한 경우에는 당사자는 그 행정처분의 효력을 다툴 수 없다(대판 1991.04.23. 90누8756).

> 처분의 효력 유무가 당사자소송의 선결문제인 경우, 당사자소송의 수소법원은 이를 심사하여 하자가 중대·명백한 경우에는 처분이 무효임을 전제로 판단할 수 있고, 또한 단순한 취소사유에 그칠 때에도 처분의 효력을 부인할 수 있다. (○, ×) [18 국가7급]

② 민사소송에서의 선결문제

㉠ 행정행위의 위법성 여부가 선결문제인 경우(국가배상청구소송)

실무상 민사소송으로 다투어지고 있는 행정상 손해배상소송(국가배상청구소송)에서 민사법원이 행정행위의 위법 여부에 대한 판단을 할 수 있는가의 문제이다.

ⓐ 학설

부정설	법원을 포함한 모든 국가기관은 행정행위의 공정력에 의한 기속을 받으며, 취소소송의 배타적 관할원칙에 따라 민사법원은 행정행위의 취소권이 없으므로, 그 위법성 여부를 스스로 심리할 수 없다는 견해이다.
긍정설 (通, 判)	공정력은 단순한 절차적 효력에 불과할 뿐 그 행정행위를 실체적으로 적법하게 만드는 것은 아니므로, 민사법원은 선결문제로 행정행위의 위법성을 판단할 수 있다는 견해이다.

> 민사법원은 국가배상청구소송에서 선결문제로 행정처분의 위법 여부를 판단할 수 없다. (○, ×) [14 지방9급, 11 국회8급]

ⓑ 판례

판례

1. 계고처분이 위법함을 이유로 배상을 청구하는 사건에 있어, 미리 그 행정처분의 취소판결이 있어야만 그 위법임을 이유로 피고에게 배상을 청구할 수 있는 것은 아니다(대판 1991.1.25. 87다카2569). [23 지방7급, 19 국가9급]
2. 위법한 행정대집행이 완료되면 그 처분의 무효확인 또는 취소를 구할 소의 이익은 없다 하더라도, 미리 그 행정처분의 취소판결이 있어야만, 그 행정처분의 위법임을 이유로 한 손해배상 청구를 할 수 있는 것은 아니다(대판 1972.4.28. 72다337).

> 위법한 행정대집행이 완료되면 그 처분의 무효확인 또는 취소를 구할 소의 이익은 없다 하더라도, 미리 그 행정처분의 취소판결이 있어야만 그 처분의 위법임을 이유로 한 손해배상청구를 할 수 있다. (○, ×) [17 복지9급, 13 국가9급]

> 영업허가취소처분으로 손해를 입은 자가 제기한 국가배상청구소송에서 법원은 영업허가취소처분에 취소사유에 해당하는 하자가 있는 경우에는 영업허가취소처분의 위법을 이유로 배상청구를 인용할 수 없다. (○, ×) [22 지방9급]

> 위법한 철거명령을 받고 건축물이 철거된 자는 그 철거명령의 취소를 구하지 않고 곧바로 국가배상을 청구할 수 있다. (○, ×) [12 국가9급]

ⓛ 행정행위의 효력유무가 선결문제인 경우(부당이득반환청구소송)

ⓐ 무효 또는 부존재인 경우

행정행위가 무효 또는 부존재인 경우에는 민사법원이 직접 행정행위의 무효 또는 부존재를 전제로 판단할 수 있다. 무효 또는 부존재인 행정행위에는 공정력이 발생하지 않기 때문이다.

ⓑ 취소사유에 불과한 경우

행정행위의 하자가 취소사유에 불과한 경우에는 공정력이 발생하므로 유효성이 추정되는 결과 민사법원이 독자적으로 심리·판단하여 당해 행정행위의 효력을 부인하는 판결을 할 수 없다.

ⓒ 판례

국세 등의 부과 및 징수처분 등과 같은 행정처분이 당연무효임을 전제로 하여 민사소송을 제기한 때에 행정처분의 하자가 중대·명백하여 당연무효라고 인정될 경우에는 이를 전제로 하여 판단할 수 있으나, 그 하자가 단순한 취소사유에 그칠 때에는 법원은 그 효력을 부인할 수 없다는 입장이다(대판 1973.7.10. 70다1439 등). [19 국가9급, 17 국가7급(下)]

판례

1. 조세의 과오납이 부당이득이 되기 위하여는 납세 또는 조세의 징수가 실체법적으로나 절차법적으로 전혀 법률상의 근거가 없거나 과세처분의 하자가 중대하고 명백하여 당연무효이어야 하고, 과세처분의 하자가 단지 취소할 수 있는 정도에 불과할 때에는 과세관청이 이를 스스로 취소하거나 항고소송절차에 의하여 취소되지 않는 한 그로 인한 조세의 납부가 부당이득이 된다고 할 수 없다(대판 1994.11.11. 94다28000). [19 지방9급, 18 국회8급]
2. 행정소송법 제10조는 처분의 취소를 구하는 취소소송에 당해 처분과 관련되는 부당이득반환소송을 관련 청구로 병합할 수 있다고 규정하고 있는바, 이 조항을 둔 취지에 비추어 보면, 취소소송에 병합할 수 있는 당해 처분과 관련되는 부당이득반환소송에는 당해 처분의 취소를 선결문제로 하는 부당이득반환청구가 포함되고, 이러한 부당이득반환청구가 인용되기 위해서는 그 소송절차에서 판결에 의해 당해 처분이 취소되면 충분하고 그 처분의 취소가 확정되어야 하는 것은 아니다(대판 2009.4.9. 2008두23153). [22 지방7급, 18 국가7급]

③ 형사소송에서의 선결문제

㉠ 행정행위의 위법성 여부가 선결문제인 경우(행정행위 위반이 범죄구성요건인 경우)

통설·판례는 범죄구성요건이 되는 행정행위의 위법성 심사는 그 처분의 효력을 부인하지 않고도 심리가능하므로, 공정력 또는 구성요건적 효력과 모순되는 것이 아니며, 따라서 형사법원은 선결문제로 행정행위의 위법성을 심사할 수 있다는 입장이다.

판례

1. 구 도시계획법 제78조 제1항에 정한 처분이나 조치명령을 받은 자가 이에 위반한 경우 이로 인하여 같은 법 제92조에 정한 처벌을 하기 위하여는 그 처분이나 조치명령이 적법한 것이라야 하고, 그 처분이 당연무효가 아니라 하더라도 그것이 위법한 처분으로 인정되는 한 같은 법 제92조 위반죄가 성립될 수 없다(대판 1992.8.18. 90도1709). [22 국가9급]

민사소송에 있어서 어느 행정처분의 당연무효 여부가 선결문제로 되는 때에는 당해 소송의 수소법원은 이를 판단하여 그 행정처분의 무효확인판결을 할 수 있다. (○, ×) [19 지방9급]

행정처분이 당연무효임을 전제로 하여 민사소송을 제기한 때에, 법원은 그 행정처분이 당연무효인지의 여부를 심사할 수 있다. (○, ×) [15 서울7급, 14 지방9급]

취소사유 있는 과세처분에 의하여 세금을 납부한 자는 과세처분취소소송을 제기하지 않은 채 곧바로 부당이득반환청구소송을 제기하더라도 납부한 금액을 반환받을 수 있다. (○, ×) [19 서울9급]

행정처분이 아무리 위법하다고 하여도 그 하자가 중대하고 명백하여 당연 무효라고 보아야 할 사유가 있는 경우를 제외하고는 아무도 그 하자를 이유로 무단히 그 효과를 부정하지 못한다. (○, ×) [21 지방9급]

처분의 취소를 구하는 취소소송에 당해 처분의 취소를 선결문제로 하는 부당이득반환소송이 병합된 경우, 처분을 취소하는 판결이 확정되어야 법원은 부당이득반환청구를 인용할 수 있다. (○, ×) [15 서울7급]

행정청의 조치명령에 위반하여 명령위반죄로 기소된 사안에서 해당 조치명령이 당연무효인 경우에 한하여 형사법원은 그 위법성을 판단하여 죄의 성립 여부를 결정할 수 있다. (○, ×) [17 국가7급(下)]

구 「주택법」에 따른 시정명령이 위법하더라도 당연무효가 아닌 이상 그 시정명령을 따르지 아니한 경우에는 동법상의 시정명령위반죄가 성립한다. (○, ×) [16 지방7급]

소방시설 등의 설치 또는 유지·관리에 대한 명령이 행정처분으로서 하자가 있어 무효인 경우, 위 명령 위반을 이유로 행정형벌을 부과할 수 없다. (○, ×) [23 지방7급, 19 지방9급]

연령미달 결격자가 다른 사람 이름으로 교부받은 운전면허는 당연무효가 아니고 취소되지 않는 한 유효하므로 그 연령미달 결격자의 운전행위는 무면허운전에 해당하지 아니한다. (○, ×) [22 국가9급, 17 복지9급]

하자 있는 수입승인에 기초하여 수입면허를 받고 물품을 통관한 경우, 당해 수입면허가 당연무효가 아닌 이상 무면허수입죄가 성립되지 않는다. (○, ×) [22 지방9급, 16 지방7급]

민사소송에서 어느 행정처분의 당연무효 여부가 선결문제로 되는 경우 행정소송 등의 절차에 의하여 그 취소나 무효확인을 받아야 한다. (○, ×) [23 지방7급, 18 서울7급]

2. 행정청으로부터 구 주택법 제91조에 의한 시정명령을 받고도 이를 위반하였다는 이유로 위 법 제98조 제11호에 의한 처벌을 하기 위해서는 그 시정명령이 적법한 것이어야 하고, 시정명령이 위법하다고 인정되는 한 위 법 제98조 제11호 위반죄는 성립하지 않는다(대판 2009.6.25. 2006도824). [18 국가7급]
3. 소방시설 설치유지 및 안전관리에 관한 법률 제9조에 의한 소방시설 등의 설치 또는 유지·관리에 대한 명령을 정당한 사유 없이 위반한 자는 같은 법 제48조의2 제1호에 의하여 행정형벌에 처해지는데, 위 명령이 행정처분으로서 하자가 있어 무효인 경우에는 명령에 따른 의무위반이 생기지 아니하므로 행정형벌을 부과할 수 없다(대판 2011.11.10. 2011도11109).

ⓛ 행정행위의 효력유무가 선결문제인 경우(행정행위의 효력이 부인되어야 범죄구성요건에 해당하는 경우)

ⓐ 무효 또는 부존재인 경우

행정행위가 무효 또는 부존재인 경우에는 공정력이 발생하지 않기 때문에 형사법원이 직접 행정행위의 무효 또는 부존재를 판단할 수 있다. 예컨대 운전면허를 받은 행위가 당연무효라면 형사법원은 운전면허가 없는 자가 운전한 것으로 판단하여 무면허운전죄의 성립을 인정할 수 있게 된다. 그 결과 법원은 유죄판결을 할 수 있는 것이다.

ⓑ 취소사유에 불과한 경우

대법원은 연령을 속여 운전면허를 발급받은 자가 운전행위를 한 사안에서 "허위의 방법으로 연령을 속여 발급받은 운전면허는 비록 위법하다고 하더라도, 도로교통법 제65조 제3호의 허위 기타 부정한 수단으로 운전면허를 받은 경우에 해당함에 불과하여 취소되지 않는 한 그 효력이 있는 것이라 할 것이므로 그러한 운전면허에 의한 운전행위는 무면허운전이라고 할 수 없다."라고 판시하여 소극설의 입장이다(대판 1982.6.8. 80도2646).

판례

물품을 수입하고자 하는 자가 일단 세관장에게 수입신고를 하여 그 면허를 받고 물품을 통관한 경우에는, 세관장의 수입면허가 중대하고도 명백한 하자가 있는 행정행위이어서 당연무효가 아닌 한 관세법 제181조 소정의 무면허수입죄가 성립될 수 없다(대판 1989.3.28. 89도149).

ⓒ 관련문제 – 처분이 유효함을 전제로 형사처벌이 이루어지는 경우

처분이 유효함을 전제로 형사처벌이 이루어지는 경우 처분이 취소된 경우라면 무죄판결을 하여야 하며, 판례는 유죄판결 후에 처분이 취소된 경우라면 형사소송법 소정의 재심사유에 해당한다고 본 바 있다.

(4) 공정력의 한계

무효인 행정행위에 대해서까지 잠정적 통용력을 인정하는 것은 법적 안정성이라는 공정력의 본래의 취지와 어긋나기 때문에, 공정력이 인정되지 않는다(통설·판례).

판례

민사소송에 있어서 어느 행정처분의 당연무효 여부가 선결문제로 되는 때에는 당연무효임을 전제로 판결할 수 있고 행정소송 등의 절차에 의하여 그 취소나 무효확인을 받아야 하는 것은 아니다(대판 2010.4.8. 2009다90092). [22 지방9급, 21지방9급]

---

(5) 공정력과 입증책임

종래 다수설은 공정력을 실체법상 적법성의 추정으로 보는 견해에서는 공정력과 입증책임을 연결시켜 행정행위는 공정력이 있으므로 적법성이 추정되기 때문에 처분의 위법성을 원고가 증명해야 한다는 원고책임설을 취하였으나, 최근 다수설은 공정력에 대해 행정행위를 잠정적으로 유효한 것으로 통용시키는 효력에 불과한 것으로 이해하여 공정력과 입증책임은 전혀 관련성이 없고, 민사소송법상의 입증책임분배의 원칙(법률요건분류설)이 적용되어야 한다고 본다. 판례도 같은 입장이다(입증책임무관설).

> 공정력은 입증책임의 분배와 직접적인 관련이 있다. (○, ×) [12 복지9급]

> 공정력은 취소소송에 있어 입증책임의 소재에까지 영향을 미치는 것으로 볼 수 없다. (○, ×) [07 국가9급]

(6) 공정력과 구성요건적 효력

① 개념

구성요건적 효력이란 유효한 행정행위가 존재하는 이상 모든 국가기관은 그의 존재를 존중하여 스스로의 판단기초 내지는 구성요건으로 삼아야 한다는 구속력을 말한다. [08 선관위9급] 법적 안정성에서 이론적 근거를 찾는 공정력과 달리 구성요건적 효력은 국가기관 상호 간의 권한분배체계와 권한 존중의 원칙에서 그 근거를 찾을 수 있다.

> 행정행위의 효력으로서 구성요건적 효력과 공정력은 이론적 근거를 법적 안정성에서 찾고 있다는 공통점이 있다. (○, ×) [17 국가9급]

② 범위

공정력은 상대방 또는 이해관계인에 대한 구속력임에 비해, 구성요건적 효력은 다른 국가기관, 지방자치단체기관 그리고 다른 법원이 미치는 구속력이라고 본다.

③ 선결문제

공정력과 구성요건적 효력을 구분하는 견해에 따르면 민·형사법원에 미치는 효력은 구성요건적 효력이 되므로 구성요건적 효력과 선결문제의 형태로 논의한다.

구분	공정력	구성요건적 효력
내용	행정행위가 무효가 아닌 한 상대방 또는 이해관계인은 행정행위가 권한 있는 기관에 의해 취소되기 전까지는 그 효력을 부인할 수 없는 힘	무효가 아닌 이상 비록 하자 있는 행정행위일지라도, 다른 국가기관은 그 존재, 유효성 및 내용을 존중하며, 구성요건으로 삼아야 하는 구속력
범위	상대방 또는 이해관계인	다른 국가기관

> 구성요건적 효력은 행정행위의 유·무효를 불문하고 인정되는 구속력이다. (○, ×) [15 교행]

3. 행정행위의 존속력(불가쟁력과 불가변력)

(1) 개념

일단 행정행위가 행해진 후 제소기간의 경과 등 일정한 사유가 발생하면 상대방 등이 더 이상 그 효력을 다툴 수 없도록 하고 또한 일정한 행정행위에 대해서는 행위를 한 행정청 자신도 이를 취소·철회할 수 없게 하고 있는데, 이러한 효력을 존속력이라고 한다. 이러한 존속력에는 불가쟁력과 불가변력이 있다.

> 법무부장관이 A에게 귀화허가를 준 경우 그 귀화허가가 무효가 아니라면, 귀화허가가 모든 국가기관을 구속하여 각 부 장관이 A를 국민으로 보아야 하는 효력은 행정의사의 존속력에서 나온다. (○, ×) [14 서울7급]

(2) 불가쟁력(不可爭力/형식적 존속력)

① 의의

불가쟁력이란 제소기간의 경과와 같은 일정한 법률사실의 존재로 행정행위의 상대방 기타 관계인이 더 이상 그 효력을 다툴 수 없게 되는 힘을 말한다. [15 교행] 형식적 확정력이라고도 한다. 불가쟁력은 하자의 승계이론과 밀접한 관계를 가지고 있다.

② 발생시기

쟁송절차의 제소기간이 경과한 때 또는 심급이 종료한 때 발생한다.

③ 성질 및 존재이유

㉠ 절차법적 효력

행정행위에 불가쟁력을 인정하는 이유는 행정행위의 효력을 신속하게 형식적으로 확정시킴으로써 행정법 관계의 안정성을 확보하기 위한 것으로서 절차법적 효력의 일종이다. 따라서 불가쟁력이 생긴 행정행위에 대해 소를 제기하면 부적법 각하된다.

㉡ 무효인 행정행위

무효인 행정행위는 제소기간의 제한을 받지 않으므로 불가쟁력이 발생하지 않는다. [15 복지9급] 그 외의 모든 행정행위에 인정된다.

④ 직권취소의 가부

불가쟁력이 생긴 행정행위라도 위법성이 확인되었을 때 행정청이 직권으로 취소할 수 있다. 즉 불가쟁력은 처분의 상대방에게만 생기는 효력이므로 불가쟁력이 발생해도 행정청은 직권취소가 가능하다. 그러나 국민에게 행정처분의 변경을 구할 신청권은 인정되지 아니한다.

판례

제소기간이 이미 도과하여 불가쟁력이 생긴 행정처분에 대하여는 개별 법규에서 그 변경을 요구할 신청권을 규정하고 있거나 관계 법령의 해석상 그러한 신청권이 인정될 수 있는 등 특별한 사정이 없는 한 국민에게 그 행정처분의 변경을 구할 신청권이 있다 할 수 없다(대판 2007.4.26. 2005두11104). [19 서울9급(上), 17 국가7급(下)]

⑤ 불가쟁력과 국가배상청구

불가쟁력이 생긴 행정행위라도 위법성이 확인되면 국가배상법에 따른 배상청구가 가능하다. 불가쟁력이 발생하였다고 하여 위법성이 치유되어 적법하게 되는 것은 아니기 때문이다. 위법한 과세처분에 대해 기간 도과로 불가쟁력이 발생한 경우, 납세자가 정당한 세액을 초과한 금액을 국가배상청구로 배상청구가 가능하다. [19 지방9급]

⑥ 기판력과의 차이

판례

행정처분이나 행정심판 재결이 불복기간의 경과로 인하여 확정될 경우 확정력은 처분으로 인하여 법률상 이익을 침해받은 자가 처분이나 재결의 효력을 더 이상 다툴 수 없다는 의미일 뿐 판결에 있어서와 같은 기판력이 인정되는 것은 아니어서 처분의 기초가 된 사실관계나 법률적 판단이 확정되고 당사자들이나 법원이 이에 기속되어 모순되는 주장이나 판단을 할 수 없게 되는 것은 아니다(대판 1993.4.13. 92누17181). [24 국가9급, 19 지방9급]

- 무효인 행정행위에는 불가쟁력이 발생하지 않는다. (○, ×) [08 지방9급]
- 취소사유가 있는 행정행위의 경우에는 제소기간을 도과하면 취소소송을 제기할 수 없게 되며, 그로 인해 당해 행정법관계는 실체적으로 확정되기 때문에 처분청은 당해 행정행위를 직권취소할 수 없다. (○, ×) [14 국회8급]
- 취소소송이 기각되어 처분의 적법성이 확정된 이후에도 처분청은 당해 처분이 위법함을 이유로 직권취소할 수 있다. (○, ×) [15 국가7급]
- 제소기간이 이미 도과하여 불가쟁력이 생긴 행정처분에 대하여는, 관계 법령의 해석상 그 변경을 요구할 신청권이 인정될 수 있는 경우라 하더라도 국민에게 그 행정처분의 변경을 구할 신청권이 없다. (○, ×) [17 국가7급]
- 영업허가를 취소하는 처분에 대해 불가쟁력이 발생하였더라도 이후 사정변경을 이유로 그 허가취소의 변경을 요구하였으나 행정청이 이를 거부한 경우라면, 그 거부는 원칙적으로 항고소송의 대상이 되는 처분이다. (○, ×) [19 지방7급]
- 취소사유 있는 영업정지처분에 대한 취소소송의 제소기간이 도과한 경우 처분의 상대방은 국가배상청구소송을 제기하여 재산상 손해의 배상을 구할 수 있다. (○, ×) [19 서울9급]
- 불가쟁력이 발생한 행정행위로 손해를 입은 국민은 국가배상청구를 할 수 있다. (○, ×) [21 지방9급]
- 행정처분에 대해 불가쟁력이 발생한 경우 이로 인해 그 처분의 기초가 된 사실관계나 법률적 판단이 확정되는 것이므로 처분의 당사자는 당초 처분의 기초가 된 사실관계나 법률관계와 모순되는 주장을 할 수 없다. (○, ×) [19 지방7급, 16 국가7급]

(3) 불가변력(不可變力, 실질적 존속력)

① 개념

일정한 행정행위의 경우 행정행위가 행해지면 성질상 행위를 한 행정청 자신도 직권으로 자유로이 취소·변경할 수 없는 효력이 발생하는데 이러한 효력을 불가변력이라고 한다. 불가변력은 당해 행정행위에 대하여서만 인정되는 것이고, 동종의 행정행위라 하더라도 그 대상을 달리할 때에는 이를 인정할 수 없다(대판 1974.12.10. 73누129). [18 지방7급, 16 국가7급]

② 적용영역

불가변력은 모든 행정행위에 공통되는 것이 아니라 행정심판의 재결 등과 같이 예외적이고 특별한 경우에 처분청 등 행정청에 대한 구속으로 인정되는 실체법적 효력을 의미한다. [17 국가7급(下)] 이에 비해 불가쟁력은 무효가 아닌 한 모든 행정행위에 인정된다.

준사법적 법률행위의 성질을 갖는 행위	행정심판의 재결, 특허심판원의 심결 등
고도의 공신력이 있는 확인행위	시험합격자 결정, 당선인 결정 등

③ 무효인 행정행위

무효인 행정행위에 불가변력이 발생하지 않음은 당연하다.

(4) 불가쟁력과 불가변력의 관계

① 효력의 대상

불가쟁력은 행정행위의 상대방 및 이해관계인에 대한 구속력인 반면, 불가변력은 처분청 등 행정기관에 대한 구속력으로 볼 수 있다.

② 효력의 독립성

불가쟁력이 생긴 행위라도 당연히 불가변력을 발생시키는 것은 아니며, 불가변력이 있는 행위가 당연히 불가쟁력을 가지는 것은 아니다. 따라서 불가쟁력이 발생한 행위라도 불가변력이 없다면 행정청이 직권으로 취소·변경하는 것은 가능하며, 불가변력이 발생한 행위라도 불가쟁력이 발생하지 않는 한 쟁송을 제기하여 그 효력을 다툴 수 있다.

③ 성질

불가쟁력이 절차법적 효력인 반면, 불가변력은 실체법적인 효력이라고 한다.

구분	불가쟁력	불가변력
성질	절차법적 효력, 형식적 존속력	실체법적 효력, 실질적 존속력
대상	행정행위의 상대방 및 이해관계인	처분청 자신
한계	무효인 행정행위에는 부정	무효인 행정행위에는 부정
인정영역	모든 행정행위	• 확인행위, 준사법적 행위 등 • 특정한 행정행위

일정한 불복기간이 경과하거나 쟁송수단을 다 거친 후에는 더 이상 행정행위를 다툴 수 없게 되는 효력을 행정행위의 불가변력이라 한다. (○, ×) [15 서울9급]

행정행위의 불가변력은 당해 행정행위에 대해서만 인정되는 것이 아니고, 동종의 행정행위라면 그 대상을 달리하더라도 인정된다. (○, ×) [21 지방9급]

불가변력은 모든 행정행위에 공통하는 효력이므로 일반적으로 인정된다는 것이 판례의 입장이다. (○, ×) [06 관세사]

판례는 준사법적 절차를 거쳐 행해지는 행정심판재결에 대해서는 불가변력을 인정하지 않는다. (○, ×) [06 관세사]

실질적 존속력이 발생한 행위라도 형식적 존속력이 발생하지 않은 동안에는 상대방은 그 행위를 다툴 수 있다. (○, ×) [14 서울7급, 12 국회9급]

위법한 행정행위에 대하여 불가쟁력이 발생한 이후에도 당해 행정행위의 위법을 이유로 직권취소할 수 있다. (○, ×) [16 국가9급, 14 지방9급]

불가변력이 인정되는 행정행위에 대하여 상대방은 행정쟁송절차에 의하여 그 효력을 다툴 수 없다. (○, ×) [15 복지9급]

4. 행정행위의 강제력(자력집행력 · 제재력)

(1) 자력집행력

① 개념

행정행위의 자력집행력이란 행정행위에 의해 부과된 의무를 상대방이 이행하지 않는 경우에 행정청이 스스로 강제력을 발동하여 그 의무를 실현시키는 힘을 말한다.

② 자력집행력이 인정되는 행정행위

모든 행정행위가 집행력을 가지는 것이 아니라 개념상 상대방에게 어떤 의무를 부과하는 하명행위에 인정된다.

③ 근거

행정청이 자력집행을 함에 있어서는 하명의 근거만으로 자력집행을 할 수 있는지가 문제된다. 통설은 이에 대해 하명의 근거 외에 자력집행력에 관한 별도의 법적 근거가 있어야만 자력집행을 할 수 있다고 한다. 자력집행과 관련한 일반법으로는 행정대집행법과 국세징수법 등이 있다.

(2) 제재력

제재력이란 행정행위의 상대방이 의무를 이행하지 않은 때 그에 대한 제재로 행정형벌과 행정질서벌, 즉 행정벌을 부과하는 효력을 의미한다. 이러한 행정벌 역시 명시적인 법적 근거가 있어야 가능하다.

> 행정의사의 강제력에는 제재력과 자력집행력이 있는바, 제재에는 행정형벌과 행정질서벌이 있다. (○, ×) [14 서울7급]

04 행정행위의 결효(缺效)

1. 행정행위의 하자

(1) 하자의 개념

행정행위의 하자라 함은 행정행위가 적법하게 성립하기 위한 요건을 갖추지 못한 것을 말하며, 행정행위의 하자는 위법한 행정행위와 부당한 행정행위를 포함하는 개념이다(광의의 하자). 다만 단순한 오기나 오산 등이 있는 경우에는 행정청은 언제나 정정할 수 있고 상대방도 정정을 요구할 수 있으므로 하자 있는 행정행위가 아니다(행정절차법 제25조). [16 경행특채]

> 법규에 특별한 규정이 없는 한 단순한 계산의 착오만으로 행정행위의 효력에 영향이 없다. (○, ×) [14 경행특채, 08 국회8급]

> 행정청은 처분에 오기·오산이 있을 때에는 직권으로 또는 신청에 따라 정정하고 그 사실을 당사자에게 통지하면 된다. (○, ×) [14 국회8급]

(2) 하자의 판단시점

하자의 판단시점은 행정행위의 처분시(발령시)이다. 따라서 행정행위발령 후 그 근거가 된 사실관계나 법령이 변경됨으로써 당해 행정행위가 위법하게 된 경우에는 행정행위의 철회가 문제된다.

> 행정소송에서 행정처분의 위법 여부는 처분 후 법령의 개폐나 사실상태의 변동에 의하여 영향을 받는다. (○, ×) [13 경행특채]

2. 행정행위의 부존재

(1) 부존재의 개념

행정행위의 부존재란 행정행위라고 볼 수 있는 외형상의 존재 자체가 없어서 행정행위로서 성립조차 하지 못한 경우를 말한다. 이에 반해 행정행위의 무효란 행정행위가 적어도 외형상으로는 성립하였으나 그 효력이 발생하지 못하는 경우를 말한다.

> 무효인 행정행위는 행정행위의 외형은 갖추고 있는 데 대해서, 행정행위의 부존재는 외형 자체가 존재하지 않는다. (○, ×) [08 국회8급]

(2) 무효와 부존재의 구별 실익

다수설과 판례는 무효와 부존재는 실질적으로 모두 그 효력이 발생하지 않는다는 점에서는 동일하다는 점, 행정소송법상 무효확인소송과 부존재확인소송은 하나의 조문에서 규정하고 있다는 점을 그 근거로 부존재와 무효의 구별을 부정한다.

3. 행정행위의 실효

(1) 실효의 개념

행정행위의 실효는 일단 유효하게 성립되었던 행정행위가 행정청의 의사에 의하지 아니하고 일정한 객관적 사실의 발생에 의하여 당연히 행정행위의 효력이 소멸되는 것을 말한다.

(2) 실효사유

실효사유는 행정행위의 상대방의 사망, 행정행위의 목적물의 멸실, 행정행위의 목적 달성, 해제조건의 성취, 종기의 도래 등이 있다.

(3) 무효와 실효의 차이

무효는 처음부터 효력이 발생되지 않는 것이고, 실효는 일단 적법하게 발생한 효력이 사후적으로 소멸되는 것이다.

판례

종전의 결혼예식장영업을 자진폐업한 이상 위 예식장영업허가는 자동적으로 소멸하고 위 건물 중 일부에 대하여 다시 예식장영업허가신청을 하였다 하더라도 이는 전혀 새로운 영업허가의 신청임이 명백하므로 일단 소멸한 종전의 영업허가권이 당연히 되살아난다고 할 수는 없는 것이니 여기에 종전의 영업허가권이 새로운 영업허가신청에도 그대로 미친다고 보는 기득권의 문제는 개재될 여지가 없다(대판 1985.7.9. 83누412).

4. 행정행위의 무효와 취소

(1) 의의

① 무효의 개념

무효인 행정행위는 외관상으로는 행정행위로서 존재하나 처음부터 전혀 법적 효력이 발생하지 않는 행위를 말한다. 행정행위의 일부에 무효사유가 있는 경우에는 무효 부분이 본질적이거나 불가분적인 경우 행정행위 전부가 무효가 되고, 그렇지 않은 경우 무효부분만이 무효가 된다.

② 취소의 개념

취소할 수 있는 행정행위란 행정행위에 하자가 있음에도 불구하고, 권한 있는 기관이 취소하기 전까지는 유효한 행위로 통용되는 행정행위를 말한다.

③ 양자의 구별실익(다수설에 의함)

구분	무효	취소
공정력 · 불가쟁력 등	처음부터 발생하지 않음.	공정력 · 불가쟁력 발생
선결문제 판단 여부	법원 스스로 당해 행위가 무효임을 판단 가능하고 효력부인 가능	민 · 형사법원이 처분의 위법성은 판단 가능하나 효력을 부인할 수 없음.
하자의 치유와 전환	하자치유 부정/하자전환 인정	하자치유 인정/하자전환 부정
하자의 승계	모든 후행행위에 승계	원칙적으로 선행행위와 후행행위가 결합하여 하나의 법률효과를 완성하는 경우에만 승계
신뢰보호원칙 적용 여부	주장할 수 없음.	주장 가능
쟁송제기기간의 차이	불가쟁력 발생하지 않으므로 쟁송제기기간의 제한이 없음.	불가쟁력이 발생하므로 쟁송제기기간 내에만 제기 가능
사정판결 및 사정재결의 인정 여부	사정판결 · 사정재결 인정되지 않음.	사정판결 · 사정재결 인정
예외적 행심전치주의 적용	예외적 행심전치주의가 적용되지 않음(바로 무효확인소송 제기).	예외적 행심전치주의가 적용됨(취소심판을 거쳐 소송을 제기).
간접강제와의 관계	무효확인판결에는 인정되지 않음.	취소판결에는 간접강제가 인정됨.

취소할 수 있는 행정행위는 제소기간의 제한을 받지만 무효인 행정행위는 제소기간의 제한을 받지 않는다. (○, ×) [13 국회9급]

통설에 의하면 취소할 수 있는 행정행위에 대해서는 사정판결이 인정되나, 무효인 행정행위에 대해서는 인정되지 아니한다. (○, ×) [08 국회8급]

(2) 무효와 취소의 구별기준

① 학설

㉠ 중대설

하자의 중대성을 기준으로 하자가 중대하면 명백하지 않아도 무효라는 견해이다.

㉡ 중대 · 명백설(통설 · 판례)

행정행위의 하자가 중대한 법규의 위반이고 또한 그것이 외관상 명백한 것인 때에는 무효이고, 그에 이르지 않는 것인 때에는 취소할 수 있음에 불과하다는 견해이다. 하자의 중대성 판단에는 위반된 행정법규의 종류, 목적, 성질, 기능 외에, 그 위반의 정도도 종합적으로 고려되어야 하며, 하자의 명백성은 법률전문가가 아닌 일반인의 정상적 인식능력을 기준으로 객관적으로 판단되어야 한다.

㉢ 명백성보충요건설

명백성보충요건설에서는 행정행위의 무효의 기준으로 중대성 요건만을 요구하지만, 제3자나 공공의 신뢰보호의 필요가 있는 경우에는 보충적으로 명백성요건도 요구한다. [15 서울9급]

행정행위의 하자론에서 중대명백설에 대한 비판은 주로 명백성 요구를 둘러싸고 전개된다. (○, ×) [13 국가7급]

무효와 취소 양자의 구별기준으로 중대명백설이 통설 및 판례이다. (○, ×) [12 국회9급]

중대명백설은 하자 있는 행정처분이 당연무효이기 위해서는 그 하자가 적법요건의 중대한 위반과 일반인의 관점에서도 외관상 명백한 것을 기준으로 한다. (○, ×) [13 서울7급]

② 판례(중대명백설)

㉠ 대법원 다수의견

판례는 기본적으로 중대명백설에 입각하여 판시하고 있다. 이때 중대성과 관련하여 판례는 행정처분에 사실관계를 오인한 하자를 중대한 하자로 보고 있다. 명백성과 관련해서는 사실관계의 자료를 정확히 조사하여야 비로소 하자 유무가 밝혀질 수 있는 경우라면 그 하자는 명백하다고 할 수 없다는 입장이다.

판례는 무효와 취소의 구별기준에 관하여 명백성 보충요건설을 취하고 있다. (○, ×) [08 관세사]

판례

중대명백설

1. 하자 있는 행정처분이 당연무효가 되기 위하여는 그 하자가 법규의 중요한 부분을 위반한 중대한 것으로서 객관적으로 명백한 것이어야 하고, [19 서울9급(上)] 하자가 중대하고 명백한 것인지 여부를 판별함에 있어서는 그 법규의 목적, 의미, 기능 등을 목적론적으로 고찰함과 동시에 구체적 사안 자체의 특수성에 관하여도 합리적으로 고찰함을 요한다. 행정자치부의 지방조직 개편지침의 일환으로 청원경찰의 인원감축을 위한 면직처분대상자를 선정함에 있어서 초등학교 졸업 이하 학력소지자 집단과 중학교 중퇴 이상 학력소지자 집단으로 나누어 각 집단별로 같은 감원비율 상당의 인원을 선정한 것은 그 하자가 중대하다 할 것이나, 시험문제 출제 수준이 중학교 학력 수준이어서 초등학교 졸업 이하 학력소지자에게 상대적으로 불리할 것이라는 판단 아래 이를 보완하기 위한 것이었으므로 그 하자가 객관적으로 명백하다고 보기는 어렵다(대판 2002.2.8. 2000두4057).
2. 행정처분의 대상이 되는 법률관계나 사실관계가 전혀 없는 사람에게 행정처분을 한 때에는 그 하자가 중대하고도 명백하다 할 것이나, 행정처분의 대상이 되지 아니하는 어떤 법률관계나 사실관계에 대하여 처분대상이 되는지의 여부가 그 사실관계를 정확히 조사하여야 비로소 밝혀질 수 있는 때에는 비록 이를 오인한 하자가 중대하다고 할지라도 외관상 명백하다고 할 수는 없다(대판 2004.10.15. 2002다68485).
3. 세부용도지역에 따라 사전환경성검토협의 대상이 되는 사업계획면적이 달리 규정되어 있는바, 피고가 법의 해석을 잘못한 나머지 이 사건 개발사업이 사전환경성검토협의 대상이 아니라고 보고 그 절차를 생략한 채 이 사건 처분을 하였다고 하더라도, 그 하자가 객관적으로 명백하다고 할 수는 없다(대판 2009.9.24. 2009두2825).
4. 행정청은 종전 처분과 양립할 수 없는 처분을 함으로써 묵시적으로 종전 처분을 취소할 수도 있으나, 행정행위 중 당사자의 신청에 의하여 인・허가 또는 면허 등 이익을 주거나 그 신청을 거부하는 처분을 하는 것을 내용으로 하는 이른바 신청에 의한 처분의 경우에는 신청에 대하여 일단 거부처분이 행해지면 그 거부처분이 적법한 절차에 의하여 취소되지 않는 한, 사유를 추가하여 거부처분을 반복하는 것은 존재하지도 않는 신청에 대한 거부처분으로서 당연무효이다(대판 1999.12.28. 98두1895). [18 국회8급]

> 하자 있는 행정처분이 당연무효가 되기 위하여는 그 하자가 법규의 중요한 부분을 위반한 중대한 것으로서 객관적으로 명백한 것이어야 하며 하자가 중대하고 명백한 것인지 여부를 판별함에 있어서는 구체적 사안 자체의 특수성은 고려함이 없이 법규의 목적, 의미, 기능 등을 목적론적으로 고찰함을 요한다. (○, ×) [15 서울7급]

> 대법원은 사실관계의 자료를 정확히 조사하면 그 하자 유무가 밝혀질 수 있는 경우에는 하자의 명백성을 인정한다. (○, ×) [12 국회9급]

> 판례는 환경영향평가의 결여를 중대한 하자로 보지만 사전환경성검토협의의 결여는 중대한 하자로 보지 않는다. (○, ×) [11 국가7급]

㉡ 대법원 소수의견

판례

판례(반대의견) – 명백성보충요건설

행정행위의 무효사유를 판단하는 기준으로서의 명백성은 행정처분의 법적 안정성 확보를 통하여 행정의 원활한 수행을 도모하는 한편 그 행정처분을 유효한 것으로 믿은 제3자나 공공의 신뢰를 보호하여야 할 필요가 있는 경우에 보충적으로 요구되는 것으로서, 그와 같은 필요가 없거나 하자가 워낙 중대하여 처분 상대방의 권익을 구제하고 위법한 결과를 시정할 필요가 훨씬 더 큰 경우라면 그 하자가 명백하지 않더라도 중대한 하자를 가진 행정처분은 당연무효라고 보아야 할 것이다(대판 1995.7.11. 94누4615 전원합의체).

> 행정행위의 무효사유를 판단하는 기준으로서의 명백성은 행정행위의 법적 안정성 확보를 통하여 행정의 원활한 수행을 도모하는 한편, 그 행정행위를 유효한 것으로 믿은 제3자나 공공의 신뢰를 보호하여야 할 필요가 있는 경우에 보충적으로 요구된다. (○, ×) [20 국가7급]

㉢ 헌법재판소

헌법재판소 역시 원칙적으로 중대명백설의 입장을 취하나, 예외를 인정하여 행정처분 자체의 효력이 쟁송기간 경과 후에도 존속중이고 그 근거법규가 위헌으로 선고된 경우, 그 행정처분을 무효로 하더라도 법적 안정성을 해치지 않는 반면, 그 하자가 중대하여 개인의 권리구제필요성이 큰 경우에는 하자가 명백하지 않더라도 무효를 인정한다. [15 서울7급, 14 지방9급]

(3) 행정행위 하자의 구체적 내용

① 주체상 하자

㉠ 정당한 권한이 없는 행정기관의 행위

공무원 아닌 자의 행위는 원칙적으로 무효이다. 다만 상대방의 신뢰보호를 위해 사실상 공무원의 행위는 유효로 취급한다.

무효	부존재	유효
임용결격자(적법하게 선임되지 않은 자의 행위)	공무원이 아닌 것이 명백한 사인이 공무원 자격을 사칭하여 한 행위	국민의 신뢰보호를 위해 사실상 공무원이론에 의해 유효한 경우가 있음.

판례

무효로 본 사례

1. 운전면허에 대한 정지처분권한은 경찰청장으로부터 경찰서장에게 권한위임된 것이므로 음주운전자를 적발한 단속 경찰관으로서는 자신의 명의로 이를 할 수는 없다 할 것이므로, 단속 경찰관이 자신의 명의로 운전면허행정처분통지서를 작성·교부하여 행한 운전면허정지처분은 권한 없는 자에 의하여 행하여진 점에서 무효의 처분에 해당한다(대판 1997.5.16. 97누2313).
2. 구 폐기물처리시설 설치촉진 및 주변지역 지원 등에 관한 법률에 정한 입지선정위원회가 규정에 위배하여 군수와 주민대표가 선정·추천한 전문가를 포함시키지 않은 채 임의로 구성되어 의결을 한 경우, 폐기물처리시설 입지결정처분의 하자는 중대한 것이고 객관적으로도 명백하므로 무효사유에 해당한다(대판 2007.4.12. 2006두20150).
3. 행정기관의 권한에는 사무의 성질 및 내용에 따르는 제약이 있고, 지역적·대인적으로 한계가 있으므로 이러한 권한의 범위를 넘어서는 권한유월의 행위는 무권한 행위로서 원칙적으로 무효이고, 선행행위가 부존재하거나 무효인 경우에는 그 하자는 당연히 후행행위에 승계되어 후행행위도 무효로 된다. 결국 행정청의 원고에 대한 원상복구명령은 권한 없는 자의 처분으로 무효라고 할 것이고, 위 원상복구명령이 당연무효인 이상 후행처분인 계고처분의 효력에 당연히 영향을 미쳐 그 계고처분 역시 무효로 된다(대판 1996.6.28. 96누4374).
4. 체납취득세에 대한 압류처분권한은 도지사로부터 시장에게 권한위임된 것이고 시장으로부터 압류처분권한을 내부위임받은 데 불과한 구청장으로서는 시장 명의로 압류처분을 대행처리할 수 있을 뿐이고 자신의 명의로 이를 할 수 없다 할 것이므로 구청장이 자신의 명의로 한 압류처분은 권한 없는 자에 의하여 행하여진 위법무효의 처분이다(대판 1993.5.27. 93누6621).

임용결격사유가 있는 공무원이 임용이 취소될 때까지 공무원으로서 한 행위는 당연무효라고 할 수 없다. (○, ×) [21 국가7급]

음주운전단속경찰관이 자신의 이름으로 운전면허행정처분통지서를 작성·교부하여 행한 운전면허정지처분은 위법하며, 취소의 원인이 된다. (○, ×) [15 경행특채, 12 지방7급]

위법하게 구성된 폐기물처리시설 입지선정위원회가 의결을 한 경우, 그에 터잡아 이루어진 폐기물처리시설 입지결정처분의 하자는 무효사유로 본다. (○, ×) [19 국가7급, 18 지방9급]

행정청의 권한은 지역적 한계가 있으므로 행정청이 자신의 권한이 미치는 지역적 한계를 벗어나 발하는 행정행위는 위법하게 된다. (○, ×) [13 지방9급]

대법원은 내부위임을 받은 수임기관이 자신의 이름으로 처분을 한 경우 당해 처분을 무권한의 행위로서 무효라고 보고 있다. (○, ×) [13 국회8급]

판례

무효가 아니라고 본 사례

1. 적법한 권한 위임 없이 세관출장소장에 의하여 행하여진 관세부과처분은 그 하자가 중대하기는 하지만 객관적으로 명백하다고 할 수 없어 당연무효는 아니다(대판 2004.11.26. 2003두2403). [19 지방9급]
2. 5급 이상의 국가정보원직원에 대한 의원면직처분이 임면권자인 대통령이 아닌 국가정보원장에 의해 행해진 것으로 위법하고, 나아가 국가정보원직원의 명예퇴직원 내지 사직서 제출이 직위해제 후 1년여에 걸친 국가정보원장 측의 종용에 의한 것이었다는 사정을 감안한다 하더라도 대통령의 내부결재가 있었는지에 관계없이 당연무효는 아니다(대판 2007.7.26. 2005두15748). [16 지방7급]

> 무권한은 중대·명백한 하자이므로 항상 무효사유라는 것이 판례의 입장이다. (○, ×) [15 서울9급]

> 적법한 권한 위임 없이 세관출장소장에 의하여 행하여진 관세부과처분은 무효이다. (○, ×) [15 지방9급, 11 국회8급]

> 무권한의 행위는 원칙적으로 무효라고 할 것이므로, 5급 이상의 국가정보원 직원에 대해 임면권자인 대통령이 아닌 국가정보원장이 행한 의원면직처분은 당연무효에 해당한다. (○, ×) [18 지방9급, 15 지방7급]

ⓛ 행정기관의 의사에 하자가 있는 행위

ⓐ 의사무능력의 경우

의사무능력자의 행위는 당연무효이다. 심신상실자의 행위, 저항할 수 없을 정도의 강박에 의한 행위는 무효이다.

ⓑ 행위능력 없는 자의 행위

미성년자도 공무원이 될 수 있으므로 그 행위는 유효하다(만 18세 이상인 경우).

ⓒ 착오로 인한 행위

행정행위에 있어 착오는 거래안전, 신뢰보호의 관점에서 그 자체가 독립된 무효원인이나 취소원인이 되지 아니하며 착오에 의한 행정행위는 표시된 대로 효력을 발생한다는 것이 원칙이다(통설). 다만 착오의 결과 행해진 행정행위의 내용이 실현불가능한 경우(예 행정재산을 착오로 매각한 경우 등)에는 무효, 단순한 위법이 있는 경우에는 취소, 그렇지 않고 사소한 오기(誤記) 등에 불과한 경우에는 효력에 영향이 없다.

판례

착오를 무효사유로 본 경우

1. 부동산을 양도한 사실이 없음에도 세무당국이 부동산을 양도한 것으로 오인하여 양도소득세를 부과하였다면 그 부과처분은 착오에 의한 행정처분으로서 그 표시된 내용에 중대하고 명백한 하자가 있어 당연무효이다(대판 1983.8.23. 83누179). [15 경행특채]
2. 행정재산은 공유물로서 이른바 사법상의 거래의 대상이 되지 아니하는 불융통물이므로 이러한 행정재산을 관재당국이 모르고 매각처분하였다 할지라도 그 매각처분은 무효이다(대판 1967.6.27. 67다806).
3. 적법한 건물을 무허가 건축물이라고 하여 건축법규정을 적용하여 철거명령을 내리고 이어 계고장을 발부하고 급기야 행정대집행법의 규정에 따라 이 사건 건물을 철거한 것이므로 피고의 위 일련의 행정행위는 중대하고 명백한 하자가 있어서 당연히 무효이다(대판 1968.11.5. 68다1770).
4. 주택건설촉진법에 의한 설립인가를 받은 주택조합이 아파트지구 개발사업의 사업계획을 승인받아 아파트를 건축한 경우 구 개발이익환수에관한법률 제6조 제1항 소정의 개발부담금 납부의무자는 사업시행자인 주택조합이고 그 조합원들이 아니므로, 납부의무자가 아닌 조합원들에 대한 개발부담금 부과처분은 그 처분의 법적 근거가 없는 것으로서 그 하자가 중대하고도 명백하여 무효이다(대판 1998.5.8. 95다30390). [11 국회8급]

> 부동산을 양도한 사실이 없음에도 세무당국이 부동산을 양도한 것으로 오인한 양도소득세 부과처분은 착오에 의한 행정처분으로서 취소할 수 있는 행정행위에 해당한다. (○, ×) [11 지방9급]

② 절차상 하자

행정행위를 함에 있어서는 관계법상 또는 불문법상 일정한 절차가 요구되는 경우 이를 거쳐야 하는데 이를 거치지 않은 경우의 효력에 대하여 견해가 대립된다.

㉠ 절차하자의 독자성

절차하자는 취소・무효사유가 아니라고 보는 소수설도 있으나 다수설과 판례는 절차상 하자는 독자적 위법사유를 구성한다고 본다.

㉡ 구체적 고찰

ⓐ 법률상 필요한 상대방의 신청 또는 동의를 결한 행위

법령이 상대방의 신청 또는 동의를 필요적 절차로 규정하고 있는 경우 이를 결여한 행위는 무효이다. 판례도 '분배신청을 한 바 없고 분배받은 사실조차 알지 못하고 있는 자에 대한 농지분배는 허무인에게 분배한 것이나 다름이 없는 당연무효의 처분이라고 할 것이다.'고 판시하였다(대판 1970.10.23. 70다1750).

ⓑ 협의 등을 거치지 않은 행위

행정청이 행정행위를 함에 있어 심의・협의를 거치도록 규정한 경우 그들 절차를 결한 경우 일반적으로 취소원인이 된다.

판례

1. 행정청이 구 학교보건법 소정의 학교환경위생정화구역 내에서 금지행위 및 시설의 해제 여부에 관한 행정처분을 함에 있어 학교환경위생정화위원회의 심의를 누락한 흠이 있다면 이는 행정처분을 위법하게 하는 취소사유가 된다(대판 2007.3.15. 2006두15806). [21 서울7급, 16 국회8급]
2. 환경영향평가를 거쳐야 할 대상사업에 대하여 환경영향평가를 거치지 아니하였음에도 불구하고 승인 등 처분이 이루어진다면, 환경영향평가제도를 둔 입법 취지를 달성할 수 없게 되는 결과를 초래할 뿐만 아니라 환경영향평가대상지역 안의 주민들의 직접적이고 개별적인 이익을 근본적으로 침해하게 되므로, 이러한 행정처분의 하자는 법규의 중요한 부분을 위반한 중대한 것이고 객관적으로도 명백한 것이라고 하지 않을 수 없어, 이와 같은 행정처분은 당연무효이다(대판 2006.6.30. 2005두14363). [19 지방9급, 17 서울7급]
3. 환경영향평가법령에서 정한 환경영향평가를 거쳐야 할 대상사업에 대하여 그러한 환경영향평가를 거치지 아니하였음에도 승인 등 처분을 하였다면 그 처분은 위법하다 할 것이나, 그러한 절차를 거쳤다면, 비록 그 환경영향평가의 내용이 다소 부실하다 하더라도, 그 부실의 정도가 환경영향평가제도를 둔 입법 취지를 달성할 수 없을 정도이어서 환경영향평가를 하지 아니한 것과 다를 바 없는 정도의 것이 아닌 이상, 그 부실은 당해 승인 등 처분에 재량권 일탈・남용의 위법이 있는지 여부를 판단하는 하나의 요소로 됨에 그칠 뿐, 그 부실로 인하여 당연히 당해 승인 등 처분이 위법하게 되는 것이 아니다(대판 2006.3.16. 2006두330 전원합의체). [22 국가7급]
4. 행정청이 사전에 교통영향평가를 거치지 아니한 채 위와 같은 부관을 붙여서 한 위 처분에 중대하고 명백한 흠이 있다고 할 수 없으므로 이를 무효로 보기는 어렵다(대판 2010.2.25. 2009두102).
5. 과세예고 통지 후 과세전적부심사 청구나 그에 대한 결정이 있기도 전에 과세처분을 하는 것은 절차상 하자가 중대하고도 명백하여 무효이다(대판 2016.12.27. 2016두49228). [19 국가7급]
6. 도지사의 인사교류안 작성과 그에 따른 인사교류의 권고가 전혀 이루어지지 않은 상태에서 행하여진 관할구역 내 시장의 인사교류에 관한 처분은 지방공무원법 제30조의2 제2항의 입법 취지에 비추어 그 하자가 중대하고 객관적으로 명백하여 당연무효이다(대판 2005.6.24. 2004두10968). [20 지방7급]

행정청이 구 「학교보건법」상 학교환경위생정화구역 내에서 금지행위 및 시설의 해제 여부에 관한 행정처분을 하면서 학교환경위생정화위원회의 심의를 누락한 흠이 있더라도 행정처분의 효력에 아무런 영향을 주지 않는다. (○, ×) [16 경행특채]

환경영향평가법령의 규정상 환경영향평가를 거쳐야 할 사업인 경우에, 환경영향평가를 거치지 아니하고 행한 사업승인처분을 당연무효라 볼 수는 없다. (○, ×) [16 지방7급]

법령상 환경영향평가 대상사업에 대하여 환경영향평가를 부실하게 거쳐 사업승인을 하였다면, 그러한 부실로 인하여 당연히 승인처분은 위법하게 된다. (○, ×) [16 서울7급]

행정청이 사전에 교통영향평가를 거치지 아니한 채 '건축허가 전까지 교통영향평가 심의필증을 교부받을 것'을 부관으로 붙여서 한 '실시계획변경 승인 및 공사시행변경 인가 처분'은 그 하자가 중대하고 객관적으로 명백하여 당연무효이다. (○, ×) [19 지방9급]

ⓒ 필요적 공고 또는 통지를 결한 행위

판례

1. 도시계획의 수립에 있어서 도시계획법 제16조의2 소정의 공청회를 열지 아니하고 공공용지의 취득 및 손실보상에 관한 특례법 제8조 소정의 이주대책을 수립하지 아니하였더라도 이는 절차상의 위법으로서 취소사유에 불과하고 그 하자가 중대하고 명백하다고는 할 수 없다(대판 1990.1.23. 87누947). [12 지방9급]
2. 관할행정청이 주민등록을 말소하는 처분을 한 경우 이 처분이 주민등록법 제17조의2에 규정한 최고, 공고의 절차를 거치지 아니하였다 하더라도 그러한 하자는 중대하고 명백한 것이라고 할 수 없어 처분의 당연무효사유에 해당하는 것이라고는 할 수 없다(대판 1994.8.26. 94누3223).
3. 행정청이 침해적 행정처분을 함에 있어서 당사자에게 위와 같은 사전통지를 하거나 의견제출의 기회를 주지 아니하였다면 사전통지를 하지 않거나 의견제출의 기회를 주지 아니하여도 되는 예외적인 경우에 해당하지 아니하는 한 그 처분은 위법하여 취소를 면할 수 없다(대판 2000.11.14. 99두5870). [21 서울7급]
4. 환지계획 인가 후에 당초의 환지계획에 대한 공람과정에서 토지소유자 등 이해관계인이 제시한 의견에 따라 수정하고자 하는 내용에 대하여 다시 공람절차 등을 밟지 아니한 채 수정된 내용에 따라 한 환지예정지 지정처분은 환지계획에 따르지 아니한 것이거나 환지계획을 적법하게 변경하지 아니한 채 이루어진 것이어서 당연 무효라고 할 것이다(대판 1999.8.20. 97누6889). [15 서울7급]

ⓓ 필요한 청문을 결한 행위

일정한 행정행위의 경우 반드시 상대방에게 청문 또는 의견진술의 기회를 부여하도록 하고 있는데, 판례는 청문 등을 결한 행위에 대해 취소사유로 보는 경향이다. 다만 개별 법률이 청문이 흠결된 행정행위를 무효로 규정하고 있는 경우도 있다.

판례

행정청이 특히 침해적 행정처분을 할 때 그 처분의 근거 법령 등에서 청문을 실시하도록 규정하고 있다면, 행정절차법 등 관련 법령상 청문을 실시하지 않아도 되는 예외적인 경우에 해당하지 않는 한 반드시 청문을 실시하여야 하며, 그러한 절차를 결여한 처분은 위법한 처분으로서 취소사유에 해당한다(대판 2007.11.16. 2005두15700).

③ 내용상 하자

행정행위는 그 내용이 명확하고 실현 가능해야 한다. 이를 위반하여 내용상 불명확·불가능한 행위는 원칙적으로 무효이다. 그러나 내용이 단순히 위법하거나 부당함에 그친 경우에는 취소할 수 있을 뿐이다.

- 주민등록말소처분이 주민등록법에 규정한 최고·공고의 절차를 거치지 아니하였다 하더라도 그러한 하자는 중대하고 명백한 것이라고 할 수 없어 처분의 당연무효사유에 해당하지 않는다. (○, ×) [11 지방9급]

참고

국가공무원법 제13조 【소청인의 진술권】 ① 소청심사위원회가 소청 사건을 심사할 때에는 대통령령으로 정하는 바에 따라 소청인 또는 제76조 제1항 후단에 따른 대리인에게 진술 기회를 주어야 한다.
② 제1항에 따른 진술 기회를 주지 아니한 결정은 무효로 한다.

- 침해적 행정처분을 할 때 처분의 근거법령 등에서 청문을 실시하도록 규정하고 있다면 행정절차법 등의 예외에 해당하지 않는 한 반드시 청문을 실시하여야 하며, 그러한 절차를 결여한 처분은 위법한 처분으로서 당연무효이다. (○, ×) [14 국회8급, 12 지방9급]

㉠ 실현불가능한 행위

내용이 실현불가능인 행위는 사실상 불능, 법률상 불능을 막론하고 무효이다.

사자(死者)를 대상으로 하는 각종 처분	허무인(존재하지 않는 사람)을 대상으로 하는 행위, 사자에 대한 특허 부여, 사자에 대한 운전면허, 사자에 대한 조세부과처분, 존재하지 않는 법인에 대한 조세부과 등 → 무효
명백하게 권리 또는 의무능력 없는 자에 대한 처분	여자에 대한 징집영장의 발부, 조세 완납자에 대한 체납처분, 과세대상이 되는 법률관계나 소득 또는 행위 등의 사실관계가 전혀 없는 사람에게 한 과세처분, 부동산을 양도한 사실이 없음에도 세무당국이 착오로 한 양도소득세 부과, 가옥을 소유하지 아니한 자에 대한 재산세부과, 금치산선고를 받은 자에 대한 공무원임명, 국가시험에 불합격한 자에 대한 의사면허 등 → 무효
존재하지 않는 허무의 물건을 대상으로 하는 행위	존재하지 않는 물건의 징발을 명하는 행위, 존재하지 않는 토지에 대한 수용재결 등 → 무효
명백하게 행정행위의 목적이 될 수 없는 경우	적법한 건물에 대한 대집행, 체납자 아닌 제3자 소유물건에 대한 압류처분 → 무효
법률상 명백하게 금지되어 있는 것을 목적으로 하는 행위	법률상 인정되지 않는 독점권을 부여하는 행위, 법률상 인정되지 않는 어업권 설정행위, 법률상 인정되지 않는 집행벌의 부과, 매매춘 알선업에 대한 경찰허가, 형법이나 경찰법이 금지하는 행위를 명하는 것, 인신매매업을 허가하는 처분 → 무효

국가시험에 불합격한 자에 대한 의사면허는 의료법에 위배되는 법률상 실현불능 행위로서 내용에 관한 흠에 해당되어 무효이다. (○, ×) [08 국회8급]

판례

1. 조세에 관한 소멸시효가 완성되면 국가의 조세부과권과 납세의무자의 납세의무는 당연히 소멸한다 할 것이므로 소멸시효 완성 후에 부과된 부과처분은 납세의무 없는 자에 대하여 부과처분을 한 것으로서 그와 같은 하자는 중대하고 명백하여 그 처분의 효력은 당연무효이다(대판 1985.5.14. 83누655). [16 경행특채]
2. 체납처분으로서 압류의 요건을 규정한 국세징수법 제24조 각 항의 규정을 보면 어느 경우에나 압류의 대상을 납세자의 재산에 국한하고 있으므로, 납세자가 아닌 제3자의 재산을 대상으로 한 압류처분은 그 처분의 내용이 법률상 실현될 수 없는 것이어서 당연무효이다(대판 2012.4.12. 2010두4612). [22 국가7급, 18 서울7급]

조세에 관한 소멸시효가 완성된 후에 부과된 조세부과처분은 위법한 처분이지만 당연무효라고 볼 수는 없다. (○, ×) [16 지방9급]

㉡ 내용이 불명확한 경우

행정행위의 내용이 사회통념상 인식할 수 없을 정도로 불명확하거나 확정되지 아니한 경우에는 원칙적으로 무효이다(대판 1964.5.26. 63누136). ⓐ 경계를 명확히 하지 않은 도로구역결정, ⓑ 목적물의 특정 없는 귀속재산 임대처분(대판 1961.3.13. 4292행상92), ⓒ 과세대상과 납세의무자 확정이 잘못된 과세처분(대판 1971.5.31. 71도742).

행정행위의 내용이 사회통념상 인식할 수 없을 정도로 불명확하거나 확정되지 아니한 경우에는 원칙적으로 무효이다. (○, ×) [05 선관위9급]

판례

행정청이 행정대집행법 제3조 제1항에 의한 대집행의 계고를 함에 있어서는 의무자가 스스로 이행하지 아니하는 경우에 대집행할 행위의 내용을 구체적으로 특정하여야 하며 그 이행의무의 내용이 구체적으로 특정되지 아니한 계고처분은 위법하다(대판 1985.9.10. 85누257).

㉢ 행정행위 내용의 공익 위반

행정행위의 내용이 공익에 반하는 경우 당해 행정행위는 부당한 행정행위로서 취소할 수 있는 행위가 된다. 한편 부당한 행정행위는 법원에 의한 통제의 대상이 되지 않으며 행정심판의 대상이 될 뿐이다.

㉣ 법령에 위반된 행위

판례

행정청이 어느 법률관계나 사실관계에 대하여 그 법률관계나 사실관계에 대하여는 그 법률의 규정을 적용할 수 없다는 법리가 명백히 밝혀져 그 해석에 다툼의 여지가 없음에도 행정청이 위 규정을 적용하여 처분을 한 때에는 그 하자가 중대하고도 명백하다고 할 것이나, 법리가 명백히 밝혀지지 아니하여 그 해석에 다툼의 여지가 있는 때에는 행정관청이 이를 잘못 해석하여 행정처분을 하였더라도 이는 그 처분 요건사실을 오인한 것에 불과하여 그 하자가 명백하다고 할 수 없다(대판 2012.8.23. 2010두13463).

④ 형식에 관한 하자

법령상 서면에 의하도록 되어 있는 행정행위를 서면에 의하지 않은 경우는 무효사유이다(예 재결서에 의하지 않은 행정심판재결, 독촉장에 의하지 않은 납세독촉 등).

판례

행정청의 처분의 방식을 규정한 행정절차법 제24조를 위반하여 행해진 행정청의 처분은 원칙적으로 무효이다(대판 2011.11.10. 2011도11109). [16 서울7급]

(4) 위헌법률에 근거한 행정행위의 효력과 행정행위의 집행력

① 위헌결정 이후 위헌법률을 근거로 행정행위가 행해진 경우

법률이 위헌으로 결정된 후 그 법률에 근거하여 발령되는 행정처분은 그 하자가 중대하고 명백하며 당연무효가 된다.

② 위헌결정과 소급효

㉠ 소급효 인정 여부

헌법재판소법 제47조 제2항에 따르면 위헌으로 결정된 법률 또는 법률의 조항은 그 결정이 있는 날로부터 효력을 상실한다고 규정하고 있어 법률에 대한 위헌결정은 원칙적으로 장래효를 갖는다. 그러나 장래효를 관철하는 경우 위헌제청을 한 당해사건의 경우 불합리한 결과를 초래하게 되어 해석상 소급효를 인정할 필요가 있다.

행정행위의 내용이 공익 위반인 때에는 무효원인이 되는 데 대하여, 단순한 위법인 때에는 취소사유가 된다. (○, ×) [08 국회8급]

법률관계나 사실관계에 대하여 그 법률의 규정을 적용할 수 없다는 법리가 명백히 밝혀지지 아니하여 그 해석에 다툼의 여지가 있는 때에는 행정관청이 이를 잘못 해석하여 행정처분을 하였더라도 이는 그 처분 요건사실을 오인한 것에 불과하여 그 하자가 명백하다고 할 수 없다. (○, ×) [14 경행특채]

행정절차법상의 처분의 방식을 위반하여 행해진 행정청의 처분은 하자가 중대하지만 명백하지 않아 원칙적으로 취소의 대상이 된다. (○, ×) [14 국회8급]

헌법재판소가 법률을 위헌으로 결정하였다면 이러한 결정이 있은 후 그 법률을 근거로 한 행정처분은 중대한 하자이기는 하나 명백한 하자는 아니므로 당연무효는 아니다. (○, ×) [15 국가9급]

헌법재판소법 제47조는 위헌으로 결정된 법률 또는 법률의 조항은 원칙적으로 그 법률 또는 법률조항이 제정된 날까지 소급하여 관련된 사건의 효력을 상실시킨다고 규정하고 있다. (○, ×) [14 지방9급, 13 서울7급]

㉡ 소급효 인정범위

ⓐ 헌법재판소의 태도

헌재 판례

구체적 규범통제의 실효성의 보장의 견지에서 법원의 제청·헌법소원의 청구 등을 통하여 헌법재판소에 법률의 위헌결정을 위한 계기를 부여한 당해사건, 위헌결정이 있기 전에 이와 동종의 위헌 여부에 관하여 헌법재판소에 위헌제청을 하였거나 법원에 위헌제청신청을 한 경우의 당해 사건, 그리고 따로 위헌제청신청을 아니하였지만 당해 법률 또는 법률의 조항이 재판의 전제가 되어 법원에 계속 중인 사건에 대하여는 소급효를 인정하여야 할 것이다. 또 다른 한가지의 불소급의 원칙의 예외로 볼 것은, 당사자의 권리구제를 위한 구체적 타당성의 요청이 현저한 반면에 소급효를 인정하여도 법적 안정성을 침해할 우려가 없고 나아가 구법에 의하여 형성된 기득권자의 이익이 해쳐질 사안이 아닌 경우로서 소급효의 부인이 오히려 정의와 형평 등 헌법적 이념에 심히 배치되는 때라고 할 것으로, 이 때에 소급효의 인정은 법 제47조 제2항 본문의 근본취지에 반하지 않을 것으로 생각한다(헌재 1993.5.13. 92헌가10).

ⓑ 대법원의 태도

대법원은 더 나아가 위헌결정 후 제소된 일반사건의 경우에도 소급효가 인정된다고 한다. 다만 판례는 법적 안정성의 유지 등 일정한 사유가 있는 경우에는 위헌결정의 소급효가 미치지 않는다고 한다.

판례

1. 헌법재판소의 위헌결정의 효력은 위헌제청을 한 당해사건은 물론 위헌제청신청은 아니하였지만 당해 법률 또는 법률의 조항이 재판의 전제가 되어 법원에 계속 중인 사건뿐만 아니라 위헌결정 이후에 위와 같은 이유로 제소된 일반사건에도 미친다고 봄이 타당하다(대판 1993.2.26. 92누12247). [22 국가9급, 19 서울9급(上)]
2. 이미 취소소송의 제기기간을 경과하여 확정력이 발생한 행정처분의 경우에는 위헌결정의 소급효가 미치지 않는다(대판 2002.11.08. 2001두3181). [18 지방9급]
3. 위헌결정의 효력은 그 미치는 범위가 무한정일 수는 없고 다른 법리에 의하여 그 소급효를 제한하는 것까지 부정되는 것은 아니라 할 것이며, 법적 안정성의 유지나 당사자의 신뢰보호를 위하여 불가피한 경우에 위헌결정의 소급효를 제한하는 것은 오히려 법치주의의 원칙상 요청되는 바라 할 것이다. 금고 이상의 형의 선고유예를 받은 경우에 공무원직에서 당연히 퇴직하는 것으로 규정한 구 지방공무원법 제61조 중 제31조 제5호 부분에 대한 헌법재판소의 위헌결정의 소급효를 인정할 경우 그로 인하여 보호되는 퇴직공무원의 권리구제라는 구체적 타당성 등의 요청에 비하여 종래의 법령에 의하여 형성된 공무원의 신분관계에 관한 법적 안정성과 신뢰보호의 요청이 현저하게 우월하다는 이유로, 위 위헌결정 이후 제소된 일반사건에 대하여 위 위헌결정의 소급효가 제한된다(대판 2005.11.10. 2005두5628).

취소소송의 제기기간을 경과하여 불가쟁력이 발생한 행정처분에도 위헌결정의 소급효가 미친다. (○, ×) [17 서울7급, 12 국가7급]

대법원은 금고 이상의 형의 선고유예를 받은 경우에 공무원직에서 당연히 퇴직하는 것으로 규정한 구 지방공무원법 제61조 중 제31조 제5호 부분에 대한 헌법재판소의 위헌결정의 효력에 대하여, 종래의 법령에 의하여 형성된 공무원의 신분관계에 관한 법적 안정성과 신뢰보호의 요청에 비하여 퇴직 공무원의 권리구제의 요청이 현저하게 우월하므로, 위 위헌결정 이후 제소된 일반사건에 대하여 위 위헌결정의 소급효가 인정된다고 판시하였다. (○, ×) [14 지방9급]

③ 행정행위가 행해진 후 행정행위의 근거법률이 위헌결정 된 경우

㉠ 대법원의 태도

판례는 중대명백설의 입장에서 헌법재판소의 위헌결정이 있기 전까지는 그 하자가 명백하다고 할 수 없다는 이유로 특별한 사정이 없는 한 취소할 수 있는 행위에 그칠 뿐 무효가 아니라고 본다.

판례

1. 일반적으로 법률이 헌법에 위반된다는 사정이 헌법재판소의 위헌결정이 있기 전에는 객관적으로 명백한 것이라고 할 수는 없으므로 헌법재판소의 위헌결정 전에 행정처분의 근거되는 당해 법률이 헌법에 위반된다는 사유는 특별한 사정이 없는 한 그 행정처분의 취소소송의 전제가 될 수 있을 뿐 당연무효사유는 아니라고 봄이 상당하다(대판 1994.10.28. 92누9463). [19 서울9급(上), 15 경행특채]
2. 어느 행정처분에 대하여 그 행정처분의 근거가 된 법률이 위헌이라는 이유로 무효확인청구의 소가 제기된 경우에는 다른 특별한 사정이 없는 한 법원으로서는 그 법률이 위헌인지 여부에 대하여는 판단할 필요 없이 그 무효확인청구를 기각하여야 한다(대판 1994.10.28. 92누9463).

> 행정처분이 발하여진 후에 헌법재판소가 그 행정처분의 근거가 된 법률을 위헌으로 결정하였다면, 그 행정처분은 특별한 사정이 없는 한 당연무효이다. (○, ×) [22 국가7급]

> 부담금을 납부하였고 부담금부과처분에 불가쟁력이 발생한 상태라면, 해당 조항이 위헌으로 결정되더라도 이미 납부한 부담금을 반환받을 수 없다. (○, ×) [22 국가9급]

PART 02

ⓛ 헌법재판소의 태도

헌법재판소도 원칙적으로 이러한 행정행위는 취소할 수 있는 행정행위라고 본다. 다만 헌법재판소는 행정처분 자체의 효력이 쟁송기간 경과 후에도 존속 중이고 그 행정처분의 근거가 된 법규가 위헌으로 선고되는 경우, 그 행정처분을 무효로 하더라도 법적 안정성을 크게 해치지 않는 반면에, 그 하자가 중대하여 그 구제가 필요한 경우에는 당연무효사유로 보아 무효확인을 구할 수 있다고 결정하였다(헌재 1994.6.30. 92헌바23). [18 지방9급]

> 헌법재판소는 위헌법률에 근거한 행정처분의 효력과 관련하여, 그 행정처분을 무효로 하더라도 법적 안정성을 크게 해치지 않는 반면에 그 하자가 중대하여 그 구제가 필요한 경우에 대해서는 예외적으로 당연무효사유로 보아야 한다는 입장을 취하고 있다. (○, ×) [15 서울7급]

④ 행정행위의 집행력

처분 후 처분의 근거법률이 위헌으로 결정되었다면 처분으로 부과된 의무를 이행하고 있지 않은 경우(예를 들어 과세처분 후 세금을 납부하고 있지 않은 상태에서 처분의 근거법률이 위헌결정된 경우)에 위헌결정 후에도 강제집행할 수 있는지가 문제된다. 판례는 헌법재판소의 위헌결정은 기속력이 있으므로 위헌결정 후 처분의 집행이나 집행력을 유지하기 위한 행위는 허용될 수 없다고 본다.

> 부담금 부과처분 이후에 처분의 근거법률이 위헌결정된 경우, 그 부과처분에 불가쟁력이 발생하였고 위헌결정 전에 이미 관할 행정청이 압류처분을 하였다면, 위헌결정 이후에도 후속절차인 체납처분절차를 통하여 부담금을 강제징수할 수 있다. (○, ×) [16 국가9급]

판례

1. 위헌법률에 기한 행정처분의 집행이나 집행력을 유지하기 위한 행위는 위헌결정의 기속력에 위반되어 허용되지 않는다고 보아야 할 것인데, [13 국가9급, 13 서울7급] 위헌결정 이전에 이미 부담금 부과처분과 압류처분 및 이에 기한 압류등기가 이루어지고 위의 각 처분이 확정되었다고 하여도, 위헌결정 이후에는 별도의 행정처분인 매각처분, 분배처분 등 후속 체납처분절차를 진행할 수 없는 것은 물론이고, 특별한 사정이 없는 한 기존의 압류등기나 교부청구만으로는 다른 사람에 의하여 개시된 경매절차에서 배당을 받을 수도 없다(대판 2002.8.23. 2001두2959).
2. 조세 부과의 근거가 되었던 법률규정이 위헌으로 선언된 경우, 그에 기한 과세처분이 위헌결정 전에 이루어졌고, 과세처분에 대한 제소기간이 이미 경과하여 조세채권이 확정되었으며, 조세채권의 집행을 위한 체납처분의 근거규정 자체에 대하여는 따로 위헌결정이 내려진 바 없다고 하더라도, 위헌결정 이후에 조세채권의 집행을 위한 새로운 체납처분에 착수하거나 이를 속행하는 것은 더 이상 허용되지 않고, 나아가 이러한 위헌결정의 효력에 위배하여 이루어진 체납처분은 하자가 중대하고 객관적으로 명백하여 당연무효라고 보아야 한다(대판 2012.2.16. 2010두10907). [24 국가9급, 22 국가9급]

> 근거법률의 위헌결정 이전에 이미 부담금 부과처분과 압류처분 및 이에 기한 압류등기가 이루어지고 각 처분이 확정된 경우에는 기존의 압류등기나 교부청구로도 다른 사람에 의하여 개시된 경매절차에서 배당을 받을 수 있다. (○, ×) [18 지방9급]

> 위헌결정 당시 이미 과세처분에 불가쟁력이 발생하여 조세채권이 확정된 경우에도 갑의 재산에 대한 압류처분은 무효이다. (○, ×) [19 국가7급]

> 과세처분 이후 과세의 근거가 되었던 법률규정에 대하여 위헌결정이 내려진 경우, 그 조세채권의 집행을 위해 새로운 체납처분에 착수하거나 이를 속행하는 것은 당연무효로 볼 수 없다. (○, ×) [22 지방7급]

05 행정행위의 하자치유 · 전환

하자 있는 행정행위는 위법성의 정도에 따라 무효나 취소가 됨이 원칙이다. 그러나 경우에 따라서는 행정행위의 불필요한 반복을 피하고, 행정의 법적 안정성을 위해 행정행위의 효력을 유지시키거나 다른 행정행위로 전환할 필요가 있다. 이를 하자의 치유와 전환이라고 한다. 우리 행정절차법의 경우 명문의 규정이 없지만, 학설과 판례는 이를 인정하고 있다.

1. 하자의 치유

(1) 의의

하자의 치유란 성립 당시에 하자가 있는 행정행위라 하더라도 그 하자의 원인인 법정요건을 사후에 보완하였다든가 또는 그 위법성이 경미하여 취소할 만한 성질의 것은 아니라고 판단되는 경우에, 당해 행위를 적법한 행위로 취급하는 것을 말한다.

(2) 근거

하자치유의 근거는 행정행위의 무용한 반복을 피하고 당사자의 법적 안정성을 위해 인정된다. 치유에 관한 행정법상의 통칙적 규정은 없다.

(3) 인정 여부

판례는 하자 있는 행정행위에 있어서 하자의 치유는 행정행위의 성질이나 법치주의의 관점에서 원칙적으로 허용될 수 없고, 행정행위의 무용한 반복을 피하고 당사자의 법적 안정성을 보호하기 위하여 국민의 권익을 침해하지 아니하는 범위 내에서 예외적으로만 허용된다.

판례

하자치유를 인정한 사례

1. 증여세의 납세고지서에 과세표준과 세액의 계산명세가 기재되어 있지 아니하거나 그 계산명세서를 첨부하지 아니하였다면 그 납세고지는 위법하다고 할 것이나, 한편 과세관청이 과세처분에 앞서 납세의무자에게 보낸 과세예고통지서 등에 납세고지서의 필요적 기재사항이 제대로 기재되어 있어 납세의무자가 그 처분에 대한 불복 여부의 결정 및 불복신청에 전혀 지장을 받지 않았음이 명백하다면, 이로써 납세고지서의 하자가 보완되거나 치유될 수 있다(대판 2001.3.27. 99두8039).
2. 행정청이 식품위생법상의 청문절차를 이행함에 있어 청문서 도달기간을 다소 어겼지만 영업자가 이의하지 아니한 채 청문일에 출석하여 의견을 진술하고 변명하는 등 방어의 기회를 충분히 가진 경우 하자는 치유된다(대판 1992.10.23. 92누2844). [22 지방7급, 20 국가9급]

부과처분에 앞서 보낸 과세예고통지서에 납세고지서의 필요적 기재사항이 제대로 기재되어 있었더라도, 납세 고지서에 그 기재사항의 일부가 누락되었다면 이유제시의 하자는 치유의 대상이 될 수 없다. (○, ×) [14 지방9급, 12 지방7급]

행정청이 청문서 도달기간을 다소 어겼다고 하더라도 상대방이 이의를 제기하지 아니한 채 스스로 청문일에 출석하여 방어의 기회를 충분히 가졌다면 청문서 도달기간을 준수하지 아니한 하자는 치유된다. (○, ×) [16 지방9급, 16 국가7급]

판례

하자치유를 부정한 사례

1. 세액산출근거가 기재되지 아니한 납세고지서에 의한 부과처분은 강행법규에 위반하여 취소대상이 된다 할 것이므로 납세의무자가 전심절차에서 이를 주장하지 아니하였거나, 그 후 세금을 자진납부하였다거나, 또는 조세채권의 소멸시효기간이 만료되었다 하여 치유되는 것이라고는 할 수 없다(대판 1985.4.9. 84누431). [21 지방9급, 17 국가9급(下)]
2. 납세고지서에 세액산출근거 등의 기재사항이 누락되었거나 과세표준과 세액의 계산명세서가 첨부되지 않았다면 적법한 납세의 고지라고 볼 수 없으며, 위와 같은 납세고지의 하자는 납세의무자가 그 나름대로 산출근거를 알고 있다거나 사실상 이를 알고서 쟁송에 이르렀다 하더라도 치유되지 않는다(대판 2002.11.13. 2001두1543). [20 지방7급, 19 국가7급]

✦ 과세처분을 하면서 장기간 세액산출근거를 부기하지 아니한 경우에 납세자가 자진납부하였다면 처분의 위법성은 치유된다. (○, ×) [23 국가9급, 13 국가7급]

PART 02

(4) 하자치유의 대상

① 취소할 수 있는 하자

하자의 치유는 취소할 수 있는 행정행위에 대해서만 인정된다(通, 判). [16 국회8급] 무효에 대해서도 취소와의 구별의 상대성을 이유로 치유를 인정하려는 견해도 있으나, 법치행정의 원리 및 관계인의 신뢰보호와 법적 안정성의 견지에서 인정하기 곤란하다.

✦ 무효인 행정행위도 치유가 인정된다. (○, ×) [08 지방7급]

판례

1. 징계처분이 중대하고 명백한 흠 때문에 당연무효의 것이라면 징계처분을 받은 자가 이를 용인하였다 하여 그 흠이 치료되는 것은 아니다(대판 1989.12.12. 88누8869). [19 지방9급]
2. 절차상 또는 형식상 하자로 인하여 무효인 행정처분이 있은 후 행정청이 관계 법령에서 정한 절차 또는 형식을 갖추어 다시 동일한 행정처분을 하였다면 당해 행정처분은 종전의 무효인 행정처분과 관계없이 새로운 행정처분이라고 보아야 한다(대판 2014.3.13. 2012두1006). [16 국가7급]

✦ 징계처분이 중대하고 명백한 하자로 인해 당연 무효의 것이라도 징계처분을 받은 원고가 이를 용인하였다면 그 하자는 치유된다. (○, ×) [16 지방9급, 14 복지9급]

② 절차 및 형식상의 하자

하자의 치유는 취소할 수 있는 절차상 및 형식상의 하자이고, 내용에 관한 하자는 치유의 대상이 아니다(多, 判). [19 서울7급(上), 17 국가9급(下)]

✦ 행정행위의 내용상의 하자는 치유의 대상이 될 수 있으나, 형식이나 절차상의 하자에 대해서는 치유가 인정되지 않는다. (○, ×) [16 국가9급]

✦ 행정처분의 내용상 하자에 대해서는 하자의 치유를 인정하지 아니한다. (○, ×) [14 경행특채]

판례

1. 사업계획변경인가처분에 관한 하자는 행정처분의 내용에 관한 것이고 새로운 노선면허가 소 제기 이후에 이루어진 사정 등에 비추어 하자의 사후적 치유를 인정하지 않은 것은 정당하다(대판 1991.5.28. 90누1359).
2. 선행처분인 개별공시지가결정이 위법하여 그에 기초한 개발부담금 부과처분도 위법하게 된 경우 그 하자의 치유를 인정하면 개발부담금 납부의무자로서는 위법한 처분에 대한 가산금 납부의무를 부담하게 되는 등 불이익이 있을 수 있으므로, 그 후 적법한 절차를 거쳐 공시된 개별공시지가결정이 종전의 위법한 공시지가결정과 그 내용이 동일하다는 사정만으로는 위법한 개별공시지가결정에 기초한 개발부담금 부과처분이 적법하게 된다고 볼 수 없다(대판 2001.6.26. 99두11592).

(5) 하자치유의 한계

① 실체적 한계

> 인근주민의 동의를 받아야 하는 요건을 결여하였다는 이유로 경원관계에 있는 자가 제기한 허가처분의 취소소송에서, 허가처분을 받은 자가 사후 동의를 받은 경우에 하자의 치유를 인정하는 것은 원고에게 불이익하게 되므로 이를 허용할 수 없다. (○, ×) [14 지방7급]

> 처분에 하자가 있더라도 처분청이 처분 이후에 새로운 사유를 추가하였다면, 처분 당시의 하자는 치유된다. (○, ×) [16 지방9급]

판례

1. 하자 있는 행정행위의 치유는 행정행위의 성질이나 법치주의의 관점에서 볼 때 원칙적으로 허용될 수 없는 것이고, 예외적으로 행정행위의 무용한 반복을 피하고 당사자의 법적 안정성을 위해 이를 허용하는 때에도 국민의 권리나 이익을 침해하지 않는 범위에서 구체적 사정에 따라 합목적적으로 인정하여야 한다(대판 2002.7.9. 2001두10684). [19 서울7급(上)]
2. 행정처분의 적법 여부는 처분당시의 사유와 사정을 기준으로 판단하여야 하고 처분청이 처분 이후에 추가한 새로운 사유를 보태어 당초처분의 흠을 치유시킬 수는 없다(대판 1987.8.18. 87누49).

② 시간적 한계

> 판례에 의하면 하자의 치유는 사실심 변론종결시까지 가능하다. (○, ×) [09 국회8급]

하자의 추완이나 보완이 가능한 시기에 대해서 행정쟁송 제기 이전에만 가능하다는 것이 통설과 판례의 입장이다. [22 국가9급, 13 국가7급]

> 하자의 치유는 늦어도 행정처분에 대한 불복 여부의 결정 및 불복신청을 할 수 있는 상당한 기간 내에 해야 하므로, 소가 제기된 이후에는 하자의 치유가 인정될 수 없다. (○, ×) [14 복지9급, 13 경행특채]

> 세액산출근거가 누락된 납세고지서에 의한 과세처분에 대하여 상고심 계류 중 세액산출 근거의 통지가 행하여지면 당해 과세처분의 하자는 치유된다. (○, ×) [17 국가7급(下), 12 지방9급]

판례

1. 과세관청이 취소소송 계속 중에 납세고지서의 세액산출근거를 밝히는 보정통지를 하였다 하여 이것을 종전에 위법한 부과처분을 스스로 취소하고 새로운 부과처분을 한 것으로 볼 수 없으므로 이미 항고소송이 계속 중인 단계에서 위와 같은 보정통지를 하였다 하여 그 위법성이 이로써 치유된다 할 수 없다(대판 1988.2.9. 83누404). [11 국회8급]
2. 세액산출근거가 누락된 납세고지서에 의한 과세처분의 하자의 치유를 허용하려면 늦어도 과세처분에 대한 불복여부의 결정 및 불복신청에 편의를 줄 수 있는 상당한 기간 내에 하여야 한다고 할 것이므로 상고심의 계류 중에 세액산출근거의 통지가 있었다고 하여 과세처분의 하자가 치유되었다고는 볼 수 없다(대판 1984.4.10. 83누393). [18 지방9급]

(6) 하자치유의 효과

> 행정행위의 위법이 치유된 경우에는 그 위법을 이유로 당해 행정행위를 직권취소할 수 없다. (○, ×) [16 국가9급]

행정행위의 하자가 치유되면 당해 행정행위는 치유시가 아니라 처음부터 하자가 없는 적법한 행위로서 그 효력이 발생한다. [19 서울7급(上)]

2. 하자 있는 행정행위의 전환

(1) 의의

> 하자 있는 행정행위의 전환은 취소할 수 있는 행정행위에만 인정되고, 하자의 치유는 무효인 행정행위에도 인정된다. (○, ×) [13 국회9급]

하자 있는 행정행위의 전환이란 행정행위가 본래의 행정행위로는 무효이지만 그것이 다른 종류의 행정행위로 본다면 그 요건을 완전히 갖추고 있다고 판단된 경우에 행정청의 의도에 반하지 아니하는 한, 그 다른 행위로서 효력이 승인되는 것을 말한다. 예컨대 사망자에 대한 조세부과처분을 상속인에 대한 처분으로 보는 경우나 위법한 징계면직을 적법한 징계면직으로 보는 경우 등이 있다.

(2) 인정 여부와 인정범위

우리나라 통설은 법적 안정성, 행정행위의 무용한 반복회피 등을 이유로 하자의 전환을 인정한다. 통설과 판례는 무효인 행정행위에 대해서만 인정한다.

(3) 전환의 요건

① 실질적 공통성

두 행정행위가 요건, 목적, 효과에 있어서 실질적 공통성이 있어야 한다.

② 전환되는 행위로서의 요건

하자 있는 행정행위는 전환되는 행정행위로서 성립·발효요건을 갖추고 있어야 한다.

③ 행정청의 의도에 반하지 않을 것

하자 있는 행정행위를 한 행정청의 의도에 반하지 않아야 한다. [05 서울9급]

④ 원처분보다 불이익하지 않을 것

상대방이 전환을 의욕하는 것으로 인정되어야 하고, 원처분보다 불이익을 주지 않아야 한다.

⑤ 제3자의 이익

전환으로 제3자의 이익을 침해하지 않아야 한다. [09 국회8급]

> 전환 전의 행위와 전환 후의 행위는 목적·효과에 있어서 실질적 공통성이 있어야 한다. (○, ×) [09 국회8급]

> 무효인 행정행위는 전환될 행정행위의 성립·발효요건을 갖추고 있어야 한다. (○, ×) [06 지방9급]

> 당사자가 그 전환을 원하지 않더라도 객관적으로 전환을 위한 요건이 갖추어졌다고 판단되면 당헤 행정행위는 다른 종류의 행정행위로 전환된다. (○, ×) [05 서울9급]

판례

귀속재산을 불하받은 자가 사망한 후에 그 수불하자에 대하여 한 그 불하처분은 사망자에 대한 행정처분이므로 무효이지만 그 취소처분을 수불하자의 상속인에게 송달한 때에는 그 송달시에 그 상속인에 대하여 다시 그 불하처분을 취소한다는 새로운 행정처분을 한 것이라고 할 것이다(대판 1969.1.21. 68누190). [11 국회8급]

(4) 전환의 제한

다음과 같은 경우에는 전환이 인정되지 않는다. ① 전환이 처분청의 의도에 명백히 반하는 경우, ② 관계인에게 원래의 행정행위보다 불이익이 되는 경우, ③ 하자 있는 행정행위의 취소가 허용되지 않는 경우, ④ 기속행위의 재량행위로의 전환 등은 인정되지 않는다.

(5) 전환의 효과

전환으로 인하여 생긴 새로운 행정행위는 종전의 행정행위의 발령당시로 소급하여 효력이 발생한다.

> 전환에 의하여 형성되는 새로운 행정행위의 효력발생을 소급적으로 보아도 무방하다. (○, ×) [09 관세사]

(6) 전환에 대한 쟁송

전환은 그 자체가 하나의 새로운 행정행위이기 때문에 행정쟁송의 방법을 통하여 하자 있는 행정행위의 전환을 다툴 수 있다. 소송 계속 중에 행정행위의 전환이 이루어진다면, 처분의 변경이 이루어지는 것이 되므로 처분변경으로 인한 소의 변경이 가능하다.

> 소송 계속 중 행정행위의 전환이 이루어진다 하더라도 처분변경으로 인한 소의 변경은 불가능하다. (○, ×) [09 관세사]

06 행정행위의 하자승계

1. 의의

하자의 승계란 두 개 이상의 행정행위가 서로 연속하여 행해지는 경우, 선행행위에 취소사유에 해당하는 하자가 있음에도 불구하고 제소기간경과로 인한 불가쟁력이 발생한 후에, 후행행위의 취소소송에서 후행행위 자체가 위법하지 아니함에도 불구하고 선행행위의 위법을 이유로 후행행위의 위법을 주장할 수 있는가의 문제이다. 한편 후행행위의 하자를 이유로 선행행위를 다투는 것은 하자의 승계문제가 아닐뿐더러, 인정될 수도 없다. [14 지방7급]

판례

계고처분의 후속절차인 대집행에 위법이 있다고 하더라도, 그와 같은 후속절차에 위법성이 있다는 점을 들어 선행절차인 계고처분이 부적법하다는 사유로 삼을 수는 없다(대판 1997.2.14. 96누15428). [20 지방7급, 20 국가9급]

> 계고처분의 후속절차인 대집행에 위법이 있는 경우에 그와 같은 후속절차에 위법성이 있다는 점을 들어 선행절차인 계고처분이 부적법하다는 사유로 삼을 수 있다. (○, ×) [14 경행특채]

2. 논의의 전제

(1) 선행행위의 위법은 취소사유일 것

선행행위가 무효인 경우에는 당사자는 선행행위의 무효를 언제나 주장할 수 있고 또한 선행행위의 무효는 후행행위에 당연히 승계되어 후행행위도 무효로 됨으로써 하자의 승계를 논할 실익이 없다.

> 선행행위에 무효의 하자가 존재하더라도 선행행위와 후행행위가 결합하여 하나의 법적 효과를 목적으로 하는 경우에는 하자의 승계에 대한 논의의 실익이 있다. (○, ×) [17 지방9급]

판례

적법한 건축물에 대한 철거명령은 그 하자가 중대하고 명백하여 당연무효라고 할 것이고, 그 후행행위인 건축물철거 대집행계고처분 역시 당연무효라고 할 것이다(대판 1999.4.27. 97누6780). [23 국가9급, 19 서울7급]

> 선행 행정행위가 당연무효이더라도 양자가 서로 독립하여 별개의 효과를 목적으로 하는 경우에는 후행 행정행위가 당연무효가 되는 것은 아니다. (○, ×) [16 국회8급]

> 적법한 건축물에 대한 철거명령의 불이행을 이유로 후행행위로 행해진 건축물철거 대집행계고처분은 당연무효이다. (○, ×) [17 국가7급, 16 국가9급]

(2) 선행행위에 불가쟁력이 발생할 것

선행행위에 대한 제소기간이 경과하지 않은 경우에는 선행행위의 위법 여부를 직접 다툴 수 있으므로 하자의 승계를 논할 실익이 없다.

(3) 후행행위에 고유한 위법사유가 없을 것

후행행위에 고유한 위법사유가 있으면 하자의 승계이론을 논의하지 않더라도 후행행위의 위법을 직접 다투면 되어 논의의 실익이 없다.

(4) 선행행위와 후행행위 모두 항고소송의 대상이 될 것 [16 교행]

선행행위와 후행행위 모두 항고소송의 대상이 되어야 한다. 하자승계가 된다 할지라도 처분성이 없으면 소송을 제기하여 다툴 수 없기 때문이다.

> 하자의 승계가 인정되기 위해서는 선행행위와 후행행위에 모두 불가쟁력이 발생한 경우여야 한다. (○, ×) [16 교행]

3. 하자승계의 인정범위

(1) 학설

① 승계가 인정되는 경우

행정행위 상호 간에는 하자의 승계가 인정되지 않는 것이 원칙이다. 통설은 선행처분과 후행처분이 서로 결합하여 하나의 법적 효과를 완성하는 경우 승계를 인정한다. 예컨대 조세체납처분에 있어서 독촉・압류・매각・청산의 각 행위 사이, 대집행에 있어서 계고・대집행영장통지・대집행실행・비용징수의 각 행위 사이와 같이 선행행위와 후행행위가 결합하여 하나의 법적 효과를 완성하는 경우에는 하자의 승계가 인정된다.

② 승계가 부정되는 경우

그러나 선행행위와 후행행위가 독립하여 별개의 법적 효과를 발생하는 경우에는 하자가 승계되지 않는다. 예컨대 조세부과처분과 체납처분 상호 간, 건물철거명령과 대집행행위 상호 간에는 하자가 승계되지 않는다. [16 교행]

(2) 판례

하자 승계 긍정 사례	하자 승계 부정 사례
1. 귀속재산의 임대처분과 후행매각처분(대판 1963.2.7. 62누215) [18 서울7급(上)]	1. 과세처분과 압류 등의 체납처분(대판 1988.6.28. 87누1009) [19 국가9급]
2. 행정대집행의 계고・대집행영장에 의한 통지・대집행의 실행・대집행에 요한 비용의 납부명령(대판 1993.11.9. 93누14271)	2. 표준공시지가결정과 개별공시지가결정(대판 1996.12.6. 96누1832) [19 국가7급]
3. 강제징수절차인 독촉・압류・매각・청산	3. 표준공시지가와 과세처분(대판 1995.11.10. 93누16468) [08 지방7급]
4. 표준지공시지가결정과 수용재결(수용보상금) [17 서울7급]	4. 토지계획결정과 수용재결처분(대판 1990.1.23. 87누947) [18 서울7급(上)]
5. 개별공시지가결정과 과세(개발부담금부과)처분	5. 재개발사업시행인가처분(사업인정)과 토지수용재결처분(대판 1996.3.22. 95누10075) [16 서울7급]
6. 친일반민족행위자 결정과 「독립유공자 예우에 관한 법률」에 의한 법적용대상 배제결정(대판 2013.3.14. 2012두6964) [17 서울9급]	6. 공무원의 직위해제처분과 면직처분(대판 1984.9.11. 84누191)

선행처분과 후행처분이 서로 결합하여 1개의 법률효과를 완성하는 때에는 선행처분에 하자가 있으면 그 하자는 후행처분에 승계된다. (○, ×) [23 지방9급, 14 경행특채]

일정한 행정목적을 달성하기 위하여 두 개 이상의 행위가 연속적으로 행하여지는 경우에 선행행정행위에 무효인 하자가 있는 경우에는 모두 후행행위의 하자승계가 인정된다. (○, ×) [13 국회9급]

후행처분인 대집행비용납부명령 취소청구 소송에서 선행처분인 계고처분이 위법하다는 이유로 대집행비용납부명령의 취소를 구할 수 없다. (○, ×) [21 지방9급, 16 교행]

다음 중 선행행위와 후행행위 간 하자의 승계가 인정되는 것을 모두 고른 것은? (다툼이 있는 경우 판례에 의함) [15 서울9급]

ㄱ. 개별공시지가 결정과 이에 근거한 개발부담금부과처분
ㄴ. 신고납세방식의 취득세의 신고행위와 징수처분
ㄷ. 계고처분과 대집행비용납부명령
ㄹ. 표준지공시지가결정과 수용재결

① ㄱ, ㄴ, ㄷ ② ㄱ, ㄴ, ㄹ
③ ㄱ, ㄷ, ㄹ ④ ㄴ, ㄷ, ㄹ

법률에 규정된 공청회를 열지 아니한 하자가 있는 도시계획결정에 불가쟁력이 발생하였다면, 당해 도시계획결정이 당연무효가 아닌 이상 그 하자를 이유로 후행하는 수용재결처분의 취소를 구할 수는 없다. (○, ×) [16 지방7급]

선행처분인 공무원직위해제처분과 후행 직권면직처분 사이에는 하자의 승계가 인정된다. (○, ×) [22 국가9급]

판례

하자의 승계가 부정된 경우

1. 도시・군계획시설결정과 실시계획인가는 도시・군계획시설사업을 위하여 이루어지는 단계적 행정절차에서 별도의 요건과 절차에 따라 별개의 법률효과를 발생시키는 독립적인 행정처분이다. 그러므로 선행처분인 도시・군계획시설결정에 하자가 있더라도 그것이 당연무효가 아닌 한 원칙적으로 후행처분인 실시계획인가에 승계되지 않는다(대판 2017.7.18. 2016두49938).
2. 철거명령에 대한 소원이나 소송을 제기하여 그 위법함을 소구하는 절차를 거치지 아니하였다면 위 선행행위인 건물철거명령은 적법한 것으로 확정되었다고 할 것이니 후행행위인 이 사건 대집행계고처분에서는 이 사건 건물이 무허가 건물이 아닌 적법한 건축물이라는 주장이나 그러한 사실인정을 하지 못한다(대판 1982.7.27. 81누293). [22 국가9급]
3. 선행처분인 소득금액변동통지에 하자가 존재하더라도 당연무효 사유에 해당하지 않는 한 후행처분인 징수처분에 그대로 승계되지 아니한다(대판 2012.1.26. 2009두14439). [23 지방9급]

도시・군계획시설결정과 실시계획인가는 서로 결합하여 도시・군계획시설사업의 실시라는 하나의 법적 효과를 완성하므로, 도시・군계획시설결정의 하자는 실시계획인가에 승계된다. (○, ×) [20 지방7급, 18 국가9급]

판례

하자의 승계가 긍정된 경우

1. 선행처분과 후행처분이 서로 독립하여 별개의 법률효과를 목적으로 하는 때에도 선행처분이 당연무효이면 선행처분의 하자를 이유로 후행처분의 효력을 다툴 수 있다. 선행처분인 도시계획시설사업 시행자 지정 처분이 당연무효인 경우에는 후행처분인 실시계획 인가처분도 무효라고 보아야 한다(대판 2017. 7. 11. 2016두35120). [22 국가9급]
2. 대집행의 계고, 대집행영장에 의한 통지, 대집행의 실행, 대집행에 요한 비용의 납부명령 등은 동일한 행정목적을 달성하기 위하여 단계적인 일련의 절차로 연속하여 행하여지는 것으로서, 서로 결합하여 하나의 법률효과를 발생시키는 것이므로, 후행처분인 대집행영장발부통보처분의 취소를 청구하는 소송에서 청구원인으로 선행처분인 계고처분이 위법한 것이기 때문에 그 계고처분을 전제로 행하여진 대집행영장발부통보처분도 위법한 것이라는 주장을 할 수 있다(대판 1996.2.9. 95누12507). [18 국가9급]
3. 가산금 및 중가산금의 납부독촉이 부당하거나 그 절차에 하자가 있는 경우에는 그 징수처분에 대하여도 취소소송에 의한 불복이 가능하다(대판 1986.10.28. 86누147). [19 서울7급]

대집행에 있어서 선행처분인 계고처분이 하자가 있는 위법한 처분이라면 후행처분인 대집행영장발부통보처분도 위법한 것이라고 주장할 수 있다. (○, ×) [11 지방9급]

판례

예외적인 경우

1. 선행처분과 후행처분이 서로 독립하여 별개의 효과를 목적으로 하는 경우에도 선행처분의 불가쟁력이나 구속력이 그로 인하여 불이익을 입게 되는 자에게 수인한도를 넘는 가혹함을 가져오며, 그 결과가 당사자에게 예측 가능한 것이 아닌 경우에는 국민의 재판받을 권리를 보장하고 있는 헌법의 이념에 비추어 선행처분의 후행처분에 대한 구속력은 인정될 수 없다. 개별공시지가결정은 이를 기초로 한 과세처분 등과는 별개의 독립된 처분으로서 서로 독립하여 별개의 법률효과를 목적으로 하는 것이나, [17 서울7급] 개별공시지가는 이를 토지소유자나 이해관계인에게 개별적으로 고지하도록 되어 있는 것이 아니어서 토지소유자 등이 개별공시지가결정 내용을 알고 있었다고 전제하기도 곤란할 뿐만 아니라 위법한 개별공시지가를 기초로 한 과세처분 등 후행 행정처분에서 개별공시지가결정의 위법을 주장할 수 없도록 하는 것은 수인한도를 넘는 불이익을 강요하는 것으로서 국민의 재산권과 재판받을 권리를 보장한 헌법의 이념에도 부합하는 것이 아니라고 할 것이므로, 개별공시지가결정에 위법이 있는 경우에는 그 자체를 행정소송의 대상이 되는 행정처분으로 보아 그 위법 여부를 다툴 수 있음은 물론 [21 국가9급] 이를 기초로 한 과세처분 등 행정처분의 취소를 구하는 행정소송에서도 선행처분인 개별공시지가결정의 위법을 독립된 위법사유로 주장할 수 있다(대판 1994.1.25. 93누8542). [23 국가9급, 21 국가9급]
2. 표준지공시지가결정은 이를 기초로 한 수용재결 등과는 별개의 독립된 처분으로서 서로 독립하여 별개의 법률효과를 목적으로 하지만, 표준지공시지가는 이를 인근 토지의 소유자나 기타 이해관계인에게 개별적으로 고지하도록 되어 있는 것이 아니어서 인근 토지의 소유자 등이 표준지공시지가결정 내용을 알고 있었다고 전제하기가 곤란할 뿐만 아니라, 위법한 표준지공시지가를 기초로 한 수용재결 등 후행 행정처분에서 표준지공시지가결정의 위법을 주장할 수 없도록 하는 것은 수인한도를 넘는 불이익을 강요하는 것으로서 국민의 재산권과 재판받을 권리를 보장한 헌법의 이념에도 부합하는 것이 아니다. 따라서 표준지공시지가결정이 위법한 경우에는 그 자체를 행정소송의 대상이 되는 행정처분으로 보아 그 위법 여부를 다툴 수 있음은 물론, 수용보상금의 증액을 구하는 소송에서도 선행처분으로서 그 수용대상 토지 가격 산정의 기초가 된 비교표준지공시지가결정의 위법을 독립한 사유로 주장할 수 있다(대판 2008.8.21. 2007두13845). [18 국가9급]
3. 갑을 친일반민족행위자로 결정한 친일반민족행위진상규명위원회의 최종발표(선행처분)에 따라 지방보훈지청장이 독립유공자 예우에 관한 법률 적용 대상자로 보상금 등의 예우를 받던 갑의 유가족 을 등에 대하여 독립유공자법 적용배제자 결정(후행처분)을 한 사안에서, 을은 후행처분이 있기 전까지 선행처분의 사실을 알지 못하였고, 선행처분의 하자를 이유로 후행처분의 효력을 다툴 수 없게 하는 것은 을에게 수인한도를 넘는 불이익을 주고 그 결과가 을에게 예측 가능한 것이라고 할 수 없어 선행처분의 후행처분에 대한 구속력을 인정할 수 없으므로 선행처분의 위법을 이유로 후행처분의 효력을 다툴 수 있다(대판 2013.3.14. 2012두6964).

판례

원고가 이 사건 토지를 매도한 이후에 그 양도소득세 산정의 기초가 되는 개별공시지가 결정에 대하여 한 재조사청구에 따른 조정결정을 통지받고서도 더 이상 다투지 아니한 경우까지 선행처분인 개별공시지가 결정의 불가쟁력이나 구속력이 수인한도를 넘는 가혹한 것이거나 예측불가능하다고 볼 수 없어, 위 개별공시지가 결정의 위법을 이 사건 과세처분의 위법사유로 주장할 수 없다(대판 1998.3.13. 96누6059). [17 국가9급(下)]

선행처분인 개별공시지가결정의 하자가 과세처분 등 후행하는 처분에 승계될 수 있는지 여부에 관해 판례는 서로 결합하여 하나의 법률효과를 발생시킨다는 관점에서 하자승계를 인정하였다. (○, ×)
[17 서울7급]

판례상 하자의 승계를 인정한 것은?
[14 서울9급]
① 표준지공시지가결정과 개별공시지가결정
② 재개발사업인정과 수용재결
③ 보상금결정처분과 비교표준지공시지가결정
④ 보충역편입처분과 공익근무요원소집처분
⑤ 표준지공시지가결정과 과세처분

수용보상금증액청구소송에서 선행처분으로서 그 수용대상 토지가격 산정의 기초가 된 비교표준지 공시지가결정의 위법을 독립한 사유로 주장할 수 있다. (○, ×)
[17 서울7급, 12 지방9급]

친일반민족행위자로 결정한 최종발표와 그에 따라 그 유가족에 대하여 한 「독립유공자 예우에 관한 법률」 적용배제자 결정은 별개의 법률효과를 목적으로 하는 처분이다. (○, ×)
[18 지방9급]

판례

1. 개별공시지가에 대하여 이의가 있는 자는 곧바로 행정소송을 제기하거나 부동산 가격공시 및 감정평가에 관한 법률에 따른 이의신청과 행정심판법에 따른 행정심판청구 중 어느 하나만을 거쳐 행정소송을 제기할 수 있을 뿐 아니라, 이의신청을 하여 그 결과통지를 받은 후 다시 행정심판을 거쳐 행정소송을 제기할 수도 있다고 보아야 하고, 이 경우 행정소송의 제소기간은 그 행정심판 재결서 정본을 송달받은 날부터 기산한다(대판 2010.1.28. 2008두19987). [19 국가7급]
2. 개별공시지가 산정업무 담당공무원 등이 그 직무상 의무에 위반하여 현저하게 불합리한 개별공시지가가 결정되도록 함으로써 국민 개개인의 재산권을 침해한 경우에는 그 손해에 대하여 상당인과관계 있는 범위 내에서 그 담당공무원 등이 소속된 지방자치단체가 배상책임을 지게 된다(대판 2010.7.22. 2010다13527). [19 국가7급]

4. 선행행위의 후행행위에 대한 구속력 이론(기결력, 규준력 이론)

(1) 개념

구속력 이론이란 주로 다단계 행정행위에 있어 선행행위가 후행행위에 대하여 일정한 범위 안에서 구속력을 가지며, 그러한 구속력이 미치는 범위 안에서 후행행위에 있어서 선행행위의 효과와 다른 주장을 할 수 없게 되는 것을 말한다.

(2) 구속력이 발생하기 위한 요건

① 사물적 한계

선행행위와 후행행위의 목적 및 법효과가 동일한 경우에 선행행위의 구속력은 인정된다. [15 국가7급] 예를 들어 과세부과처분과 체납처분 사이에는 일치하지만, 직위해제처분과 직권면직처분 사이에는 일치하지 않는다.

② 대인적 한계

선행행위의 상대방과 후행행위의 상대방이 일치하는 경우에 선행행위의 구속력은 인정된다. [15 국가7급]

③ 시간적 한계

선행행위의 사실적·법적 상태가 유지되는 한도에서 선행행위의 구속력은 인정된다. [15 국가7급]

④ 예측 가능성과 수인 가능성

선행행위의 위법을 이유로 후행행위의 취소를 인정하지 아니할 경우에 상대방에게 지나치게 가혹한 결과를 초래할 수 있기 때문에 상대방에게 예측 가능성과 수인 가능성이 있어야 한다.

선행행위의 구속력의 법적 결과를 예측할 수 없거나 수인이 불가능한 경우에 선행행위의 구속력은 인정된다. (○, ×) [15 국가7급]

(3) 구속력의 효과

선행행위가 후행행위에 대해 일정한 한계 내에서 구속력을 가지면 그러한 구속력이 미치는 범위 내에서는 후행행위에 있어 선행행위의 효과와 다른 주장을 할 수 없게 된다.

07 행정행위의 폐지(廢止)

1. 행정행위의 취소

(1) 의의

행정행위의 취소라 함은 그 성립에 하자가 있음에도 불구하고 일단 유효하게 성립한 행정행위를 그 성립상의 하자를 이유로 권한 있는 기관이 그 효력의 전부 또는 일부를 원칙적으로 소급하여 상실시키는 행위를 말한다. 이는 직권취소와 쟁송취소를 포함하는 개념이다.

(2) 구별개념

행정행위의 취소는 처음부터 위법한 행정행위의 효력을 소급하여 소멸시키는 것이라는 점에서 적법한 행정행위에 대해 사정변경을 이유로 장래를 향해 효력을 소멸시키는 철회와 구별된다. 음주로 인한 면허취소는 엄밀한 의미에서 철회에 해당한다.

(3) 직권취소와 쟁송취소

① 직권취소

직권취소는 행정의 적법 상태 회복과 적극적 · 미래지향적 행정실현에 그 목적을 두고, 권한 있는 행정기관이 직권으로 행하는 행정행위의 일종이다.

> **행정기본법 제18조 【위법 또는 부당한 처분의 취소】** ① 행정청은 위법 또는 부당한 처분의 전부나 일부를 소급하여 취소할 수 있다. 다만, 당사자의 신뢰를 보호할 가치가 있는 등 정당한 사유가 있는 경우에는 장래를 향하여 취소할 수 있다. [24 국가9급, 23 지방7급]

② 쟁송취소

쟁송취소는 위법한 행정행위의 효력을 소멸시킴으로써 위법한 행정행위에 의하여 침해된 국민의 권리 · 이익을 구제하는 데 그 목적이 있는 것으로 권리의 침해를 받은 자가 행정심판위원회나 법원에 당해 행위의 효력을 소멸을 청구하는 것이다.

구별	직권취소	쟁송취소
취소권자	행정청(처분청 또는 감독청)	행정심판위원회(재결청) 또는 법원
법적 근거	특별한 법적 근거를 요하지 않음.	행정심판법 · 행정소송법에 근거를 둠.
취소사유	위법 · 부당한 경우	• 위법한 경우(행정소송) • 위법 · 부당한 경우(행정심판)
취소기간	기간의 제한이 없음. (단, 실권의 법리에 의한 제한이 있음.)	쟁송기간의 제한이 있음. (행정심판법 제27조, 행정소송법 제20조)
내용	적극적 변경을 할 수 있음.	• **행정심판**: 적극적 변경가능 • **행정소송**: 소극적 변경만 가능(일부취소)
절차	행정절차법에 따른 절차	행정심판법 · 행정소송법에 따른 절차
효과	• 부담적 행정행위: 소급효 긍정(원칙) • 수익적 행정행위: 소급효 부정(원칙) • 불가변력 부정	• 소급효 인정(원칙) • 불가변력 인정

행정청은 종전 처분과 양립할 수 없는 처분을 함으로써 묵시적으로 종전 처분을 취소할 수도 있다. (○, ×) [13 경행특채]

행정절차법상 위법한 수익적 행정처분의 직권취소의 기간은 그 위법을 안 날로부터 1년이다. (○, ×) [08 지방7급]

처분청이라도 자신이 행한 수익적 행정행위를 위법 또는 부당을 이유로 취소하려면 취소에 대한 법적 근거가 있어야 한다. (○, ×) [16 국가9급, 15 경행특채]

참고

행정권한의 위임 및 위탁에 관한 규정 제6조 【지휘 · 감독】 위임 및 위탁기관은 수임 및 수탁기관의 수임 및 수탁사무 처리에 대하여 지휘 · 감독하고, 그 처리가 위법하거나 부당하다고 인정될 때에는 이를 취소하거나 정지시킬 수 있다.

정부조직법 제11조 【대통령의 행정감독권】 ① 대통령은 정부의 수반으로서 법령에 따라 모든 중앙행정기관의 장을 지휘 · 감독한다.
② 대통령은 국무총리와 중앙행정기관의 장의 명령이나 처분이 위법 또는 부당하다고 인정하면 이를 중지 또는 취소할 수 있다.

행정권한의 위임 및 위탁에 관한 규정은 위임 및 위탁기관은 수임 및 수탁기관의 수임 및 수탁사무 처리에 대하여 지휘 · 감독하고, 그 처리가 위법하거나 부당하다고 인정될 때에는 이를 취소하거나 정지시킬 수 있다고 규정하고 있다. (○, ×) [14 서울7급]

대통령은 국무총리의 명령이 위법하다고 인정해도 이를 중지시킬 수 없다. (○, ×) [13 서울7급]

행정처분을 한 처분청은 그 처분의 성립에 하자가 있는 경우 이를 취소할 별도의 법적 근거가 없다고 하더라도 직권으로 이를 취소할 수 있다. (○, ×) [20 국가9급, 18 서울7급]

직권취소의 취소권자는 행정청이 되고, 쟁송취소의 취소권자는 법원만이 된다. (○, ×) [06 지방9급]

법률에서 직권취소에 대한 근거를 두고 있는 경우에는 이해관계인이 처분청에 대하여 위법을 이유로 행정행위의 취소를 요구할 신청권을 갖는다고 보아야 한다. (○, ×) [19 국가7급, 17 국가9급]

처분에 대하여 행정심판이나 행정소송이 제기되어 쟁송이 진행되고 있는 도중에는 행정청은 스스로 대상 처분을 취소할 수 없다. (○, ×) [24 국가9급, 21 서울7급]

(4) 취소권의 근거

① 직권취소

당해행위를 한 행정청(처분청)이 행정행위를 취소할 수 있는 권한을 가지는 것에 대해서는 이견이 없다. 통설 및 판례에 의하면 처분청은 취소에 관한 별도의 법적 근거가 없더라도 행정행위를 취소할 수 있다. [17 국가9급(下), 15 국가9급] 한편 감독청에 대해서는 학설 대립이 있다.

판례

1. 행정처분에 하자가 있는 경우에는 법령에 특별히 취소사유를 규정하고 있지 아니하여도 행정청은 그가 행한 위법한 행정처분을 취소할 수 있다(대판 1982.7.27. 81누271). [13 서울7급]
2. 권한 없는 행정기관이 한 당연무효인 행정처분을 취소할 수 있는 권한은 당해 행정처분을 한 처분청에게 속하고, 당해 행정처분을 할 수 있는 적법한 권한을 가지는 행정청에게 그 취소권이 귀속되는 것이 아니다(대판 1984.10.10. 84누463). [22 지방9급, 19 지방9급]

② 쟁송취소

쟁송취소의 경우 취소권자는 행정심판의 단계에서는 행정심판위원회가 되고 행정소송의 단계에서는 법원이 된다.

(5) 취소의 사유

① 취소원인

직권취소와 행정심판에 의한 취소는 위법뿐만 아니라 부당도 취소사유가 된다. [10 관세사] 한편 법원에 의한 취소는 위법만 취소사유가 된다. 중대명백한 사유는 무효가 되고 그 외의 위법사유는 취소사유가 된다.

② 직권취소에 대한 신청권

판례

원래 행정처분을 한 처분청은 그 처분에 하자가 있는 경우에는 원칙적으로 별도의 법적 근거가 없더라도 스스로 이를 직권으로 취소할 수 있지만, [19 국가7급] 그와 같이 직권취소를 할 수 있다는 사정만으로 이해관계인에게 처분청에 대하여 그 취소를 요구할 신청권이 부여된 것으로 볼 수는 없으므로, [15 복지9급] 처분청이 위와 같이 법규상 또는 조리상의 신청권이 없이 한 이해관계인의 복구준공통보 등의 취소신청을 거부하더라도, 그 거부행위는 항고소송의 대상이 되는 처분에 해당하지 않는다(대판 2006.6.30. 2004두701).

③ 취소소송이 진행 중인 경우

판례

변상금 부과처분에 대한 취소소송이 진행중이라도 그 부과권자로서는 위법한 처분을 스스로 취소하고 그 하자를 보완하여 다시 적법한 부과처분을 할 수도 있다(대판 2006.2.10. 2003두5686). [18 서울7급(上), 17 국가9급]

(6) 취소권의 제한

① 직권취소

행정행위가 발해지면 일정한 경우에 행정청 자신도 직권으로 자유로이 이를 취소 또는 철회할 수 없다. [09 국가9급] 직권취소는 신뢰보호원칙의 비교형량에 따르는 제한을 받으며 불가변력이 발생한 행위는 직권으로 취소할 수 없다. 한편 직권취소는 독립한 행정행위이며 행정절차법상 처분절차가 적용된다. [19 국가7급]

> 행정기본법 제18조 【위법 또는 부당한 처분의 취소】 ② 행정청은 제1항에 따라 당사자에게 권리나 이익을 부여하는 처분을 취소하려는 경우에는 취소로 인하여 당사자가 입게 될 불이익을 취소로 달성되는 공익과 비교·형량(衡量)하여야 한다. 다만, 다음 각 호의 어느 하나에 해당하는 경우에는 그러하지 아니하다.
> 1. 거짓이나 그 밖의 부정한 방법으로 처분을 받은 경우
> 2. 당사자가 처분의 위법성을 알고 있었거나 중대한 과실로 알지 못한 경우

판례

수익적 처분이 상대방의 허위 기타 부정한 방법으로 인하여 행하여졌다면 상대방은 그 처분이 취소될 것임을 예상할 수 없었다고 할 수 없으므로, 이러한 경우에까지 상대방의 신뢰를 보호하여야 하는 것은 아니라고 할 것이다(대판 1995.1.20. 94누6529). [23 국가9급, 19 지방9급]

취소가 제한되는 경우

구분	내용
부담적 행정행위의 경우	부담적(침익적) 행정행위의 취소는 상대방에게 이익이 되므로 자유롭게 취소할 수 있다. [16 서울9급]
수익적 행정행위의 경우	수익적 행정처분을 취소하거나 중지시키는 경우 취소권 등의 행사는 기득권의 침해를 정당화할 만한 중대한 공익상의 필요 또는 제3자의 이익보호의 필요가 있을 때에 한하여 상대방이 받는 불이익과 비교·교량하여 결정하여야 한다.
행정행위의 치유전환과 경미한 하자	위법한 행정행위의 치유·전환이 인정되는 경우 및 형식·절차상의 하자가 경미한 경우 취소가 제한된다.
수익적 행정행위와 신뢰보호의 원칙	금전급부·가분적 현물급부를 내용으로 하는 수익적 행정행위의 경우, 그 상대방이 당해 행위가 존속할 것으로 믿었고 이러한 신뢰가 보호가치 있는 경우에는 취소권이 제한된다.
실권의 법리	취소권자가 상당한 장기간에 걸쳐 그 권한을 행사하지 아니한 결과, 취소되지 아니할 것이라는 신뢰가 형성된 경우에는 그 취소권은 상실된다.

PART 02

- 당사자가 부정한 방법으로 수익적 처분을 받은 경우에도 행정청이 그 처분을 취소하려면 취소로 인하여 당사자가 입게 될 불이익을 취소로 달성되는 공익과 비교·형량하여야 한다. (○, ×) [22 국가7급]
- 위법한 침익적 행정행위에 대해서는 행정청이 이를 직권으로 취소할 수 없다. (○, ×) [13 서울7급]
- 수익적 행정행위를 취소 또는 철회하는 경우 비례원칙이 적용된다. (○, ×) [12 국가7급]
- 행정행위에 하자가 있으나 하자가 이미 치유되었거나 다른 적법한 행위로 전환된 경우에는 취소의 대상이 되지 않는다. (○, ×) [11 복지9급]
- 상대방의 신뢰보호상 취소가 제한되는 경우도 있다. (○, ×) [07 관세사]

임용당시 공무원임용결격사유가 있었다 하더라도 국가의 과실에 의하여 임용결격자임을 밝혀내지 못하였다면 그 임용 행위는 당연무효라고 할 수 없다. (○, ×) [16 서울7급]

공장의 용도뿐만 아니라 공장 외의 용도로 활용할 내심의 의사가 있었다면 이는 공장등록취소사유가 된다. (○, ×) [08 지방7급]

수익적 행정처분의 하자가 당사자의 사실은폐에 의한 신청행위에 기인한 것이라면 행정청이 당사자의 신뢰이익을 고려하지 않고 취소하였다 하더라도 재량권의 남용이 되지 않는다. (○, ×) [16 국회8급, 11 지방9급]

허위의 고등학교 졸업증명서를 제출하는 사위(詐僞)의 방법에 의한 하사관 지원의 하자를 이유로 하사관 임용일로부터 33년이 경과한 후에 행정청이 행한 하사관 및 준사관 임용취소처분은 위법하다. (○, ×) [13 경행특채]

음주운전으로 인해 운전면허를 취소하는 경우의 이익형량에서 음주운전으로 인한 교통사고를 방지할 공익상의 필요가 취소의 상대방이 입게 될 불이익보다 강조되어야 하는 것은 아니다. (○, ×) [20 국가7급]

수익적 행정행위를 직권취소하는 경우 그 취소권의 행사로 인하여 공익상의 필요보다 상대방이 받게 되는 불이익 등이 막대한 경우에는 재량권의 한계를 일탈한 것으로서 그 자체가 위법하다. (○, ×) [16 서울7급, 16 경행특채]

외형상 하나의 행정처분이라 하더라도 가분성이 있거나 그 처분대상의 일부가 특정될 수 있다면 그 일부만의 취소도 가능하다. (○, ×) [13 경행특채]

판례

직권취소가 가능한 사례

1. 국가가 공무원임용결격사유가 있는 자에 대하여 결격사유가 있는 것을 알지 못하고 공무원으로 임용하였다가 사후에 결격사유가 있는 자임을 발견하고 공무원 임용행위를 취소하는 것은 당사자에게 원래의 임용행위가 당초부터 당연무효이었음을 통지하여 확인시켜 주는 행위에 지나지 아니하는 것이므로, 그러한 의미에서 당초의 임용처분을 취소함에 있어서는 신의칙 내지 신뢰의 원칙을 적용할 수 없고 또 그러한 의미의 취소권은 시효로 소멸하는 것도 아니다(대판 1987.4.14. 86누459). [21 국가7급, 16 국가9급]
2. 행정행위를 한 처분청은 그 행위에 하자가 있는 경우에는 별도의 법적 근거가 없더라도 스스로 이를 취소할 수 있고, 다만 수익적 행정처분을 취소할 때에는 이를 취소하여야 할 공익상의 필요와 그 취소로 인하여 당사자가 입게 될 기득권과 신뢰보호 및 법률생활 안정의 침해 등 불이익을 비교·교량한 후 공익상의 필요가 당사자가 입을 불이익을 정당화할 만큼 강한 경우에 한하여 취소할 수 있다. [23 국가9급, 22 국가9급] 공장을 공장의 용도뿐만 아니라 공장 외의 용도로도 활용할 내심의 의사가 있었다고 하더라도 그와 같은 사유만으로는 이 사건 공장등록이 하자 있는 행정행위로서 취소사유가 있다고 할 수 없어 공장등록취소처분은 위법하다(대판 2006.5.25. 2003두4669).
3. 허위의 고등학교 졸업증명서를 제출하는 사위의 방법에 의한 하사관 지원의 하자를 이유로 하사관 임용일로부터 33년이 경과한 후에 행정청이 행한 하사관 및 준사관 임용취소처분은 적법하다(대판 2002.2.5. 2001두5286). [16 서울7급]
4. 음주운전으로 인한 교통사고를 방지할 공익상의 필요는 더욱 중시되어야 하고 운전면허의 취소는 일반의 수익적 행정행위의 취소와는 달리 그 취소로 인하여 입게 될 당사자의 불이익보다는 이를 방지하여야 하는 일반예방적 측면이 더욱 강조되어야 한다(대판 2019.1.17. 2017두59949). [23 지방7급]

판례

직권취소가 제한되는 사례

수익적 행정처분을 취소 또는 철회하는 경우 이미 부여된 그 국민의 기득권을 침해하는 것이 되므로, 비록 취소 등의 사유가 있다고 하더라도 그 취소권 등의 행사는 기득권의 침해를 정당화할 만한 중대한 공익상의 필요 또는 제3자의 이익보호의 필요가 있는 때에 한하여 상대방이 받는 불이익과 비교·교량하여 결정하여야 하고, [17 국가9급, 16 국회8급] 그 처분으로 인하여 공익상의 필요보다 상대방이 받게 되는 불이익 등이 막대한 경우에는 재량권의 한계를 일탈한 것으로서 그 자체가 위법하다(대판 2004.11.26. 2003두10251).

② 쟁송취소

사정재결과 사정판결의 경우에는 취소가 제한된다. 한편 외형상 하나의 행정처분이라 하더라도 가분성이 있거나 그 처분대상의 일부가 특정될 수 있다면 일부만의 취소도 가능하다.

(7) 취소의 효과

① 직권취소

종래의 통설은 직권취소에 소급효를 인정하였으나 최근의 다수설은 '취소효과의 개별화이론'에 입각하여 사안에 따라 개별적으로 그 효과를 정한다. 일반적으로 부담적 행정행위에 대한 취소는 원칙적으로 소급효가 인정된다고 보는 반면에, 수익적 행정행위에 대한 취소는 장래에 대하여 효력이 발생한다. 다만 상대방에게 귀책사유가 있는 경우에는 소급효가 인정된다.

판례

1. 국민연금법이 정한 수급요건을 갖추지 못하였음에도 연금 지급결정이 이루어진 경우에는 이미 지급된 급여 부분에 대한 환수처분과 별도로 그 지급결정을 취소할 수 있다. 이 경우에도 이미 부여된 국민의 기득권을 침해하는 것이므로 그 취소권의 행사는 지급결정을 취소할 공익상의 필요보다 상대방이 받게 될 불이익 등이 막대한 경우에는 재량권의 한계를 일탈한 것으로서 위법하다고 보아야 한다. 다만 이처럼 연금 지급결정을 취소하는 처분과 그 처분에 기초하여 잘못 지급된 급여액에 해당하는 금액을 환수하는 처분이 적법한지를 판단함에 있어 비교·교량할 각 사정이 동일하다고는 할 수 없으므로, 연금 지급결정을 취소하는 처분이 적법하다고 하여 환수처분도 반드시 적법하다고 판단하여야 하는 것은 아니다(대판 2017.3.30. 2015두43971).
2. 산재보상법상 각종 보험급여 등의 지급결정을 변경 또는 취소하는 처분과 처분에 터 잡아 잘못 지급된 보험급여액에 해당하는 금액을 징수하는 처분이 적법한지를 판단하는 경우 비교·교량할 각 사정이 동일하다고는 할 수 없으므로, 지급결정을 변경 또는 취소하는 처분이 적법하다고 하여 그에 터 잡은 징수처분도 반드시 적법하다고 판단해야 하는 것은 아니다(대판 2014.7.24. 2013두27159).

② 쟁송취소

쟁송취소는 행정행위의 위법 상태를 시정하여 행정의 적법 상태를 회복시키는 것을 목적으로 하는 것이므로 취소의 효과는 당연히 소급한다.

판례

영업허가취소처분 자체가 나중에 행정쟁송절차에 의하여 취소되었다면 그 영업허가취소처분은 그 처분시에 소급하여 효력을 잃게 되며, 영업허가취소처분 이후의 영업행위를 무허가영업이라고 볼 수는 없다(대판 1993.6.25. 93도277). [20 국가7급, 20 국가9급]

(8) 취소의 취소(하자 있는 취소의 효력)

행정행위를 취소한 이후에 그 취소행위에 하자가 있음을 이유로 이를 다시 취소하여 원행정행위의 효력을 회복시킬 수 있는지의 문제이다. 쟁송취소는 불가변력이 발생하므로 직권취소의 경우만 문제된다. 판례는 주로 부담적 행정행위의 취소의 취소에 대해서는 부정설의 입장에서 판시하여 원행정처분을 소생시킬 수 없다고 하고 있고, 수익적 행정행위의 취소의 취소에 있어서는 취소처분을 한 후 새로운 이해관계인이 생기기 전까지는 다시 직권취소하여 수익적 행정행위의 효력을 회복시킬 수 있다는 입장이다.

수익적 행정행위의 취소에 있어서는 행정행위의 상대방에게 귀책사유가 없는 한 취소의 효과가 소급되지 않는 것이 원칙이다. (○, ×) [09 지방9급]

「국민연금법」상 연금 지급결정을 취소하는 처분과 그 처분에 기초하여 잘못 지급된 급여액에 해당하는 금액을 환수하는 처분이 적법한지를 판단하는 경우 비교·교량할 각 사정이 상이하다고는 할 수 없으므로, 연금 지급결정을 취소하는 처분이 적법하다면 환수처분도 적법하다고 판단하여야 한다. (○, ×) [19 국가7급]

출생연월일 정정으로 특례노령연금 수급요건을 충족하지 못하게 된 자에 대하여 지급결정을 소급적으로 직권취소하고, 이미 지급된 급여를 환수하는 처분은 위법하다. (○, ×) [18 서울7급]

「산업재해보상보험법」상 각종 보험급여 등의 지급결정을 변경 또는 취소하는 처분과 처분에 터 잡아 잘못 지급된 보험급여액에 해당하는 금액을 징수하는 처분이 적법한지를 판단하는 경우, 지급결정을 변경 또는 취소하는 처분이 적법하다면 그에 터 잡은 징수처분도 적법하다고 판단해야 한다. (○, ×) [19 지방9급]

영업허가취소처분이 나중에 행정쟁송절차에 의하여 취소되었더라도, 그 영업허가취소처분 이후의 영업행위는 무허가영업이다. (○, ×) [22 국가9급, 19 국가9급]

영업허가취소처분 이후에 영업을 한 행위에 대하여 무허가영업으로 기소되었으나 형사법원이 판결을 내리기 전에 영업허가취소처분이 행정소송에서 취소되면 형사법원은 무허가영업행위에 대해서 무죄를 선고하여야 한다. (○, ×) [22 지방9급]

과세관청은 과세처분의 취소를 다시 취소함으로써 이미 효력을 상실한 과세처분을 소생시킬 수 있다. (○, ×) [21 지방9급, 16 국가9급]

지방병무청장이 재신체검사 등을 거쳐 보충역편입처분을 제2국민역편입처분으로 변경한 경우, 그 후 새로운 병역처분의 성립에 하자가 있었음을 이유로 하여 이를 취소하게 되면 종전의 병역처분의 효력이 되살아난다. (○, ×) [16 서울7급, 14 지방9급]

광업권 취소처분 후 광업권 설정의 선출원이 있는 경우에도 취소처분을 취소하여 광업권을 복구시키는 조처는 적법하다. (○, ×) [14 서울7급]

철회는 적법요건을 구비하여 완전히 효력을 발하고 있는 행정행위를 사후적으로 그 행위의 효력의 전부 또는 일부를 장래에 향해 소멸시키는 행정처분이다. (○, ×) [13 경행특채]

행정행위의 철회 사유는 행정행위가 성립되기 이전에 발생한 것으로서 행정행위의 효력을 존속시킬 수 없는 사유를 말한다. (○, ×) [23 국가9급]

행정청은 적법한 처분의 경우 당사자의 신청이 있는 경우에만 철회가 가능하다. (○, ×) [21 지방7급]

판례

취소의 취소를 부정한 사례(주로 원처분이 부담적 처분인 경우)

1. 국세기본법 제26조 제1호는 부과의 취소를 국세납부의무 소멸사유의 하나로 들고 있으나, 그 부과의 취소에 하자가 있는 경우의 부과의 취소의 취소에 대하여는 법률이 명문으로 그 취소요건이나 그에 대한 불복절차에 대하여 따로 규정을 둔 바도 없으므로, 설사 부과의 취소에 위법사유가 있다고 하더라도 당연무효가 아닌 한 일단 유효하게 성립하여 부과처분을 확정적으로 상실시키는 것이므로, 과세관청은 부과의 취소를 다시 취소함으로써 원부과처분을 소생시킬 수는 없고 [23 지방7급, 20 지방7급] 납세의무자에게 종전의 과세대상에 대한 납부의무를 지우려면 다시 법률에서 정한 부과절차에 좇아 동일한 내용의 새로운 처분을 하는 수밖에 없다(대판 1995.3.10. 94누7027).
2. 과세처분에 관한 이의신청절차에서 과세관청이 이의신청 사유가 옳다고 인정하여 과세처분을 직권으로 취소한 이상 그 후 특별한 사유 없이 이를 번복하고 종전 처분을 되풀이하는 것은 허용되지 않는다(대판 2010.9.30. 2009두1020). [20 국가7급, 16 국가7급]
3. 지방병무청장이 재신체검사 등을 거쳐 현역병입영대상편입처분을 보충역편입처분이나 제2국민역편입처분으로 변경하거나 보충역편입처분을 제2국민역편입처분으로 변경하는 경우, 그 후 새로운 병역처분의 성립에 하자가 있었음을 이유로 하여 이를 취소한다고 하더라도 종전의 병역처분의 효력이 되살아나지 않는다(대판 2002.5.28. 2001두9653).

판례

새로운 이해관계인을 이유로 부정한 사례

일단취소처분을 한 후에 새로운 이해관계인이 생기기 전에 취소처분을 취소하여 그 광업권의 회복을 시켰다면 모르되 피고가 본건취소처분을 한 후에 원고가 1966.1.19에 본건 광구에 대하여 선출원을 적법히 함으로써 이해관계인이 생긴 이 사건에 있어서, 피고가 1966.8.24자로 1965.12.30자의 취소처분을 취소하여, 소외인 명의의 광업권을 복구시키는 조처는, 원고의 선출원 권리를 침해하는 위법한 처분이라고 하지 않을 수 없을 것이다(대판 1967.10.23. 67누126).

2. 행정행위의 철회

(1) 의의

행정행위의 철회란 아무런 하자 없이 성립한 행정행위에 대해 그 효력을 존속시킬 수 없는 새로운 사정이 발생하였음을 이유로 장래를 향하여 그 효력의 전부 또는 일부를 상실시키는 행정행위를 말한다. 실정법상으로는 대부분 취소라는 용어가 사용되고 있다.

> 행정기본법 제19조 【적법한 처분의 철회】 ① 행정청은 적법한 처분이 다음 각 호의 어느 하나에 해당하는 경우에는 그 처분의 전부 또는 일부를 장래를 향하여 철회할 수 있다. [24 국가9급, 22 국가7급]
>
> 1. 법률에서 정한 철회 사유에 해당하게 된 경우
> 2. 법령등의 변경이나 사정변경으로 처분을 더 이상 존속시킬 필요가 없게 된 경우
> 3. 중대한 공익을 위하여 필요한 경우

(2) 직권취소와 철회의 구별

구분	직권취소	철회
주체	처분청과 감독청(견해대립)	처분청만 가능, 감독청은 불가
사유	원시적 하자(성립당시의 하자)	후발적인 새로운 사정(하자가 아님)
법적 근거	법적 근거 불요	법적 근거 불요
효과	• 수익적 행정행위는 장래효 • 부담적 행정행위는 소급효	장래효

판례

행정행위의 취소는 일단 유효하게 성립한 행정행위를 그 행위에 위법 또는 부당한 하자가 있음을 이유로 소급하여 그 효력을 소멸시키는 별도의 행정처분이고, 행정행위의 철회는 적법요건을 구비하여 완전히 효력을 발하고 있는 행정행위를 사후적으로 그 행위의 효력의 전부 또는 일부를 장래에 향해 소멸시키는 행정처분이므로, 행정행위의 취소사유는 행정행위의 성립 당시에 존재하였던 하자를 말하고, 철회사유는 행정행위가 성립된 이후에 새로이 발생한 것으로서 행정행위의 효력을 존속시킬 수 없는 사유를 말한다(대판 2003.5.30. 2003다6422). [15 국가7급]

✦ 행정행위의 철회는 행정행위의 원시적 하자를 이유로 한다. (○, ×) [13 서울7급]

(3) 철회권자와 법적 근거

① 철회권자

행정행위의 철회는 처분을 한 행정청만이 할 수 있으며, 감독청은 법률에 근거 없는 한 직접 철회할 수는 없다.

② 법적 근거

판례

처분청은 비록 그 처분 당시에 별다른 하자가 없었고, 처분 후에 이를 취소할 별도의 법적 근거가 없다 하더라도 원래의 처분을 존속시킬 필요가 없게 된 사정변경이 생겼거나 또는 중대한 공익상의 필요가 발생한 경우에는 그 효력을 상실케 하는 별개의 행정행위로 이를 취소(철회)할 수 있다(대판 1995.6.9. 95누1194). [23 지방7급, 21 지방9급]

✦ 행정처분의 철회권을 가진 기관은? [13 서울9급]
① 감사원
② 상급의 감독청
③ 권한을 위임한 행정청
④ 당해 행정처분을 한 행정청
⑤ 고등법원

✦ 명문의 규정을 불문하고 처분청과 감독청은 철회권을 가진다. (○, ×) [18 서울7급(上), 15 교행]

✦ 처분청은 처분 당시에 별다른 하자가 없었고, 또 그 처분 후에 이를 철회할 별도의 법적 근거가 없다면 사정변경을 이유로 그 효력을 상실케 하는 별개의 행정행위로 이를 철회할 수 없다. (○, ×) [22 국가9급, 18 지방9급]

(4) 철회의 사유

① 법령에 철회사유에 관한 명시적 규정이 있는 경우

관계법에 철회사유가 규정되어 있는 경우에는 그에 따라 철회할 수 있다.

② 법령에 명시적 규정이 없는 경우

㉠ 철회권의 유보

부관에 의하여 철회권이 유보되어 있는 경우에는 행정청은 원칙적으로 당해 행위를 철회할 수 있다. 이 경우 상대방은 그 철회를 예측할 수 있으므로 통상 신뢰보호의 문제는 제기되지 않는다.

✦ 부관에 위반하였음을 이유로 관할 행정청이 건축허가의 효력을 소멸시키려면 법령상의 근거가 있어야 한다. (○, ×) [19 지방9급]

판례

행정행위의 부관으로 취소권이 유보되어 있는 경우, 당해 행정행위를 한 행정청은 그 취소사유가 법령에 규정되어 있는 경우뿐만 아니라 의무위반이 있는 경우, 사정변경이 있는 경우, 좁은 의미의 취소권이 유보된 경우, 또는 중대한 공익상의 필요가 발생한 경우 등에도 그 행정처분을 취소할 수 있는 것이다(대판 1984.11.13. 84누269).

ⓛ 사정변경

도로의 폐지에 따른 도로점용허가의 철회와 같이 처분에 대한 사실관계가 변경된 경우에 철회가 가능하다. 그러나 공무원의 임용, 귀화허가 등의 포괄적 신분설정행위는 그 성질상 사정변경에 기한 철회가 허용되지 않는다.

✦ 사실관계의 변경은 철회의 사유로 볼 수 없다. (○, ×) [13 서울7급]

ⓒ 부담의 불이행

점용료를 납부하지 않은 자에 대해 영업허가의 취소(철회)가 가능하다. 다만 이 경우에도 비례원칙과 관련하여 필요성의 원칙, 이익형량 등이 요구된다.

✦ 부담의 불이행을 이유로 행정행위를 철회하는 경우라면 이익형량에 따른 철회의 제한이 적용되지 않는다. (○, ×) [16 서울9급]

ⓔ 상대방의 의무위반

법령 또는 행정행위에 의하여 상대방에 과하여진 의무위반도 철회사유로 된다. 부패한 식품을 판매한 자에 대한 영업허가의 취소 등이 이에 해당된다.

ⓜ 중대한 공익상의 필요가 있는 경우

댐을 건설하게 되어 기존의 하천점용허가를 철회하는 경우와 같이 중대한 공익상의 필요가 있는 경우 철회가 허용된다.

③ 철회에 대한 신청권

처분청은 별도의 법적 근거가 없어도 별개의 행정행위로 이를 철회·변경할 수 있으나, 처분청이 철회할 수 있다는 사정만으로는 처분의 상대방 등에게 그 철회·변경을 요구할 신청권이 인정되지 않는다(대판 1997.9.12. 96누6219).

(5) 철회권의 제한

① 부담적 행정행위의 철회

부담적 행정행위의 철회는 상대방에게 이익을 가져다주는 것이므로 수익적 행정행위의 철회에서와 같은 제한을 받지 않고 자유롭게 할 수 있음이 원칙이다.

✦ 부담적 행정행위의 철회는 원칙적으로 자유롭지 않다고 본다. (○, ×) [11 국가7급]

② 수익적 행정행위의 철회

수익적 행정행위의 철회는 상대방의 신뢰와 법적 안정성을 해할 우려가 있으므로 철회사유가 발생한 경우에도 자유로이 철회할 수 있는 것은 아니며 비례원칙 등 일정한 제한을 받는다.

✦ 수익적 행정행위에 철회원인이 있는 경우에 행정청은 철회원인이 있다는 것만으로 자유로이 철회권을 행사할 수 있다. (○, ×) [12 지방9급]

㉠ 일반적 제한

철회를 요하는 공익상의 필요, 상대방의 신뢰 내지 기득권의 보호, 법적 안정성의 유지 등 관계되는 여러 이익을 비교·형량하여 철회 여부를 결정하여야 한다.

㉡ 구체적 검토

실권의 법리	행정청이 철회사유가 있음을 알면서도 장기간 철회권을 행사하지 않은 경우에는 실권의 법리에 의해 철회권의 행사가 제한된다.
포괄적 신분설정행위	귀화허가, 공무원 임명행위 등 포괄적 신분설정행위는 상대방의 권익보호를 위해 철회가 제한된다.
불가변력 있는 행정행위	행정심판의 재결 등 불가변력이 발생한 행위는 철회가 제한된다.
비례의 원칙 등	철회가 아닌 다른 경미한 침해를 가져오는 수단으로도 그 목적을 달성할 수 있는 경우에 곧바로 철회권을 행사하는 것은 비례원칙에 위반된다. 국고보조조림결정에서 정한 조건에 일부만 위반한 경우 그 보조조림결정의 전부를 취소한 것은 위법하다(대판 1986.12.9. 86누276). [10 국회8급]

판례

수익적 행정행위의 철회는 그 처분 당시 별다른 하자가 없었음에도 불구하고 사후적으로 그 효력을 상실케 하는 행정행위이므로, 법령에 명시적인 규정이 있거나 행정행위의 부관으로 그 철회권이 유보되어 있는 등의 경우가 아니라면, 원래의 행정행위를 존속시킬 필요가 없게 된 사정변경이 생겼거나 또는 중대한 공익상의 필요가 발생한 경우 등의 예외적인 경우에만 허용된다(대판 2005.4.29. 2004두11954). [18 서울9급, 18 국회8급]

(6) 철회의 절차 및 효과

① 철회의 절차

철회 역시 하나의 행정행위이므로 특별한 규정이 없는 한 일반 행정행위와 같은 절차에 따른다. 따라서 수익적 행정행위의 철회는 사전통지절차(행정절차법 제21조)와 이유제시(동법 제23조) 등 행정절차법상의 절차를 거쳐야 한다. [21 지방9급]

② 철회의 효과 – 장래효

원칙적으로 장래에 향하여만 발생한다. 그러나 소급효를 인정하지 아니하면 철회의 의의가 없게 되는 경우에는 예외적으로 소급효를 인정하여야 하는 경우도 있다. [15 교행]

판례

영유아보육법에 따른 평가인증의 취소는 평가인증 당시에 존재하였던 하자가 아니라 그 이후에 새로이 발생한 사유로 평가인증의 효력을 소멸시키는 경우에 해당하므로, 법적 성격은 평가인증의 '철회'에 해당한다. 평가인증을 철회하는 처분을 하면서도, 평가인증의 효력을 과거로 소급하여 상실시키기 위해서는, 영유아보육법 제30조 제5항과는 별도의 법적 근거가 필요하다(대판 2018.6.28. 2015두58195). [20 지방7급, 19 국가9급]

행정청이 철회사유가 있음을 알면서도 장기간 철회권을 행사하지 않은 경우 실권의 법리에 의하여 철회권 행사가 제한된다. (○, ×) [09 국회8급]

행정행위의 철회의 절차는 행정쟁송절차에 의하여 엄격하게 이루어진다. (○, ×) [13 서울7급]

한편 판례는 행정절차법이 제정되기 이전부터 철회에 이유제시가 필요하다는 입장을 취해오고 있다. (○, ×) [11 국가7급]

철회 자체가 행정행위의 성질을 가지는 것은 아니어서 「행정절차법」상 처분절차를 적용하여야 하는 것은 아니나, 신뢰보호원칙이나 비례원칙과 같은 행정법의 일반원칙은 준수해야 한다. (○, ×) [18 서울9급]

행정행위의 철회의 효과는 취소와 같이 소급하여 발생한다. (○, ×) [13 서울7급]

행정청이 의료법인의 이사에 대한 이사취임승인취소처분(제1처분)을 직권으로 취소(제2처분)한 경우, 제1처분과 제2처분 사이에 법원에 의하여 선임결정된 임시이사들의 지위는 법원의 해임결정이 있어야 소멸된다. (○, ×) [23 지방7급]

행정행위의 실효사유에 해당되지 않는 것은? [11 국회8급]
① 행정행위의 대상소멸
② 행정행위의 목적달성
③ 사기 등 부정행위
④ 해제조건의 성취
⑤ 행정행위의 종기도래

신청에 의한 허가처분을 받은 자가 그 영업을 폐업한 경우에는 그 허가도 당연히 실효된다고 할 것이고, 이 경우 허가행정청의 허가취소처분은 허가가 실효되었음을 확인하는 것에 불과하다. (○, ×) [16 국가9급]

해제조건부 행정행위에 있어서 조건의 성취, 종기부 행정행위에 있어서 종기의 도래는 행정행위 효력의 소멸을 가져온다. (○, ×) [07 국가7급]

(7) 철회의 취소

판례

철회의 직권취소를 인정한 사례

행정처분이 취소되면 그 소급효에 의하여 처음부터 그 처분이 없었던 것과 같은 효과를 발생하게 되는바, 행정청이 의료법인의 이사에 대한 이사취임승인취소처분(제1처분)을 직권으로 취소(제2처분)한 경우에는 그로 인하여 이사가 소급하여 이사로서의 지위를 회복하게 되고, 그 결과 위 제1처분과 제2처분 사이에 법원에 의하여 선임결정된 임시이사들의 지위는 법원의 해임결정이 없더라도 당연히 소멸된다(대판 1997.1.21. 96누3401). [17 국가9급]

3. 행정행위의 실효

(1) 의의

행정행위의 실효란 일정한 사유의 발생에 따라 장래를 향하여 당연히 기존의 행정행위의 효력이 소멸되는 것을 말한다. 취소와 철회는 행정청의 별도의 의사표시가 필요하나 실효는 행정청의 의사표시와는 무관하게 당연히 효력이 소멸한다는 점에서 차이가 있다.

(2) 실효의 사유

① 행정행위 대상의 소멸

행정행위는 그 대상인 사람의 사망이나 물건의 소멸 등으로 당연히 효력이 소멸된다. 운전면허를 받은 자의 사망으로 인한 운전면허의 실효가 이에 해당된다. 판례도 허가영업을 자진폐업하는 경우와 대물적 허가에 있어 영업시설이 모두 철거된 경우에 허가는 실효된다고 보고 있다.

판례

유기장의 영업허가는 대물적 허가로서 영업장소의 소재지와 유기시설 등이 영업허가의 요소를 이루는 것이므로, 영업장소에 설치되어 있던 유기시설이 모두 철거되어 허가를 받은 영업상의 기능을 더 이상 수행할 수 없게 된 경우에는, 이미 당초의 영업허가는 허가의 대상이 멸실된 경우와 마찬가지로 그 효력이 당연히 소멸되는 것이고, 또 유기장의 영업허가는 신청에 의하여 행하여지는 처분으로서 허가를 받은 자가 영업을 폐업할 경우에는 그 효력이 당연히 소멸되는 것이니, [16 국가9급] 이와 같은 경우 허가행정청의 허가취소처분은 허가가 실효되었음을 확인하는 것에 지나지 않는다고 보아야 할 것이므로, [16 국가9급] 유기장의 영업허가를 받은 자가 영업장소를 명도하고 유기시설을 모두 철거하여 매각함으로써 유기장업을 폐업하였다면 영업허가취소처분의 취소를 청구할 소의 이익이 없는 것이다(대판 1990.7.13. 90누2284).

② 해제조건의 성취, 종기의 도래

해제조건이 붙은 행정행위는 그 조건이 성취됨으로써, 그리고 종기가 붙은 행정행위는 종기가 도래함으로써 실효된다.

③ 목적의 달성 또는 목적 달성의 불가능

행정행위의 목적이 달성되거나 목적 달성이 불가능해지면 당해 행정행위는 실효된다.

(3) 실효의 효과

행정행위의 실효사유가 발생하면 행정청의 특별한 의사표시 없이 그때부터 장래를 향하여 당연히 효력이 소멸된다.

제5절 그 밖의 행정의 행위형식

01 행정상의 확약

1. 확약의 의의

(1) 개념

행정청이 자기구속을 할 의도로 국민에게 일정한 행정작용을 하거나 행정작용을 하지 않을 것을 약속하는 의사표시 중 그 약속의 대상이 행정행위인 경우를 확약이라고 한다.

(2) 확약의 예

각종 인·허가 발급 약속, 공무원 임용의 내정, 자진 납세신고자에 대한 세금인하의 약속, 어업면허의 우선순위 결정 등이 확약의 예이다.

2. 확약의 법적 성질

판례

어업권면허에 선행하는 우선순위결정은 행정청이 우선권자로 결정된 자의 신청이 있으면 어업권면허처분을 하겠다는 것을 약속하는 행위로서, 강학상 확약에 불과하고 행정처분이 아니므로, 우선순위결정에 공정력이나 불가쟁력과 같은 효력이 인정되지 아니하며, [23 국가7급, 15 지방9급] 따라서 우선순위결정이 잘못되었다는 이유로 종전의 어업권면허처분이 취소되면 행정청은 종전의 우선순위결정을 무시하고 다시 우선순위를 결정한 다음 새로운 우선순위결정에 기하여 새로운 어업권면허를 할 수 있다(대판 1995.1.20. 94누6529).

3. 확약의 근거

우리 행정절차법은 최근 개정을 통해 확약에 관한 규정을 두어 입법적으로 해결하였다(행정절차법 제40조의2). 법령이 행정기관에 대하여 본행정행위를 할 수 있는 권한을 부여한 경우에는 확약의 권한도 함께 주어진 것으로 보고 별도의 근거를 요하지 않는다고 보는 견해가 다수설의 입장이다(본처분권한포함설). [14 경행특채]

> 행정절차법 제40조의2 【확약】 ① 법령등에서 당사자가 신청할 수 있는 처분을 규정하고 있는 경우 행정청은 당사자의 신청에 따라 장래에 어떤 처분을 하거나 하지 아니할 것을 내용으로 하는 의사표시(이하 "확약"이라 한다)를 할 수 있다.
> ② 확약은 문서로 하여야 한다.
> ③ 행정청은 다른 행정청과의 협의 등의 절차를 거쳐야 하는 처분에 대하여 확약을 하려는 경우에는 확약을 하기 전에 그 절차를 거쳐야 한다.
> ④ 행정청은 다음 각 호의 어느 하나에 해당하는 경우에는 확약에 기속되지 아니한다.
> 1. 확약을 한 후에 확약의 내용을 이행할 수 없을 정도로 법령등이나 사정이 변경된 경우
> 2. 확약이 위법한 경우
> ⑤ 행정청은 확약이 제4항 각 호의 어느 하나에 해당하여 확약을 이행할 수 없는 경우에는 지체 없이 당사자에게 그 사실을 통지하여야 한다. [23 국가7급]

PART 02

확약은 행정청이 자기구속을 할 의도로 행하는 것인 점에서 비구속적인 법률적 견해의 표명과 같은 정보제공과 구별된다. (○, ×) [05 서울9급]

판례는 어업권면허에 선행하는 우선순위결정의 처분성을 인정하고 있다. (○, ×) [21 지방7급, 16 서울9급]

어업권면허에 선행하는 우선순위결정은 행정청이 우선권자로 결정된 자의 신청이 있으면 어업권면허처분을 하겠다는 것을 약속하는 행위로서 그 우선순위결정에 공정력과 불가쟁력이 인정된다. (○, ×) [13 국가9급]

재량행위에 대해 상대방에게 확약을 하려면 확약에 대한 법적 근거가 있어야 한다. (○, ×) [18 국가9급]

「행정절차법」상 법령등에서 당사자가 신청할 수 있는 처분을 규정하고 있는 경우 행정청은 당사자의 신청에 따라 장래에 어떤 처분을 하거나 하지 아니할 것을 내용으로 하는 확약을 할 수 있으며, 문서 또는 말에 의한 확약도 가능하다. (○, ×) [23 국가7급]

4. 확약의 발생요건과 효과

(1) 요건

확약은 본 행정행위에 대해 정당한 권한을 가진 행정청만이 할 수 있고, 당해 행정청의 행위권한의 범위 내에 있어야 한다. [15 경행특채] 본행정행위에 관하여 일정한 절차가 규정되어 있는 경우에는, 확약에 있어서도 당해 절차는 이행되어야 한다.

유효한 확약은 권한을 가진 행정청에 의해서만, 그리고 권한의 범위 내에서만 발해질 수 있다. (○, ×) [13 국가9급, 10 지방7급]

(2) 효과(구속력)

확약은 상대방에게 확약된 행위를 하여야 할 자기구속적 의무를 발생시킨다. 동시에 상대방은 행정기관에 대해 확약의 내용을 이행할 것을 청구할 수 있는 권리가 인정된다. [16 서울9급] 확약은 처분이 아니므로 처분에 인정되는 공정력이 인정되지 않는다.

행정청의 확약은 위법하더라도 중대명백한 하자가 있어 당연무효가 아닌 한 취소되기 전까지는 유효한 것으로 통용된다. (○, ×) [18 국가9급]

5. 확약의 실효

판례

행정청이 상대방에게 장차 어떤 처분을 하겠다고 확약 또는 공적인 의사표명을 하였다고 하더라도, 그 자체에서 상대방으로 하여금 언제까지 처분의 발령을 신청을 하도록 유효기간을 두었는데도 그 기간 내에 상대방의 신청이 없었다거나 확약 또는 공적인 의사표명이 있은 후에 사실적·법률적 상태가 변경되었다면, 그와 같은 확약 또는 공적인 의사표명은 행정청의 별다른 의사표시를 기다리지 않고 실효된다(대판 1996.8.20. 95누10877). [23 국가7급, 19 지방7급]

확약이 있은 후 사실적·법률적 상태가 변경된 경우에는 그 확약은 행정청의 별다른 의사표시를 기다리지 않고 실효된다. (○, ×) [18 국가9급, 16 서울9급]

6. 권리구제

(1) 확약 자체에 대한 행정쟁송

다수설과 달리 확약의 처분성을 부정하는 판례에 따르면 확약 그 자체에 대해 취소소송 등 항고소송을 제기할 수는 없다.

(2) 확약의 불이행에 대한 행정쟁송

행정기관이 확약을 불이행하는 경우 확약의 상대방은 행정심판법상 의무이행심판을 청구하거나 행정소송법상 부작위위법확인소송을 제기할 수 있다.

(3) 손해배상·손실보상

확약의 불이행으로 인해 손해를 입은 자는 국가배상법 제2조에 따라 손해배상을 청구할 수 있다. 확약의 철회에 행정행위의 철회에 관한 법리가 준용된다고 보면, 공익상의 이유로 확약이 철회된 경우에 손실보상의 청구도 가능할 것이다.

행정청의 확약의 불이행으로 인해 손해를 입은 자는 국가배상법상 요건을 충족하는 경우에 한하여 손해배상을 청구할 수 있다. (○, ×) [14 복지9급]

02 가행정행위 · 예비결정 · 부분허가

1. 가행정행위

(1) 의의

가행정행위란 종국적인 행정행위가 있기 전에 당해 행정법관계를 잠정적으로 규율하는 행정행위를 말한다. 예컨대 국가공무원법 제73조의3 제1항 제3호에 의거하여 징계의결이 요구중인 자에게 잠정적으로 직위를 해제하는 경우와 같이 문자 그대로 행정법 관계를 잠정적으로 규율하는 결정을 말한다.

(2) 특징

잠정성	종국적인 결정이 있을 때까지 당해 행위는 잠정적으로 규율하는 효과를 가진다.
종속성	가행정행위의 내용은 종국적인 결정을 위한 주된 절차에 종속하며, 종국적인 결정이 내려지면 이에 의해 종전의 결정이 대체된다.
불가변력 불발생	행정행위의 존속력 중 불가변력이 발생하지 않는다.
신뢰보호주장 불가	상대방은 종국적 행정행위에 대해 신뢰보호원칙을 주장하지 못한다.

(3) 법적 성질

다수설은 가행정행위도 비록 잠정적이긴 하지만 일정한 법적 효과가 발생하므로 행정행위로서의 성격을 가지고 있다고 본다.

판례

1. 직위해제처분은 공무원이 공무원의 신분관계를 그대로 존속시키면서 다만 그 직위를 부여하지 아니하는 처분이므로 만일 어떤 사유에 기하여 직위해제를 한 후 동일한 사유를 이유로 공무원의 신분관계를 박탈하는 파면처분을 하였을 경우에는 뒤에 이루어진 파면처분에 의하여 그전에 있었던 직위해제처분의 효력은 상실하게 된다(헌재 2005.12.22. 2003헌바76).
2. 자진신고 등을 이유로 한 과징금 감면처분(이하 '후행처분'이라 한다)을 하였다면, 후행처분은 자진신고 감면까지 포함하여 처분 상대방이 실제로 납부하여야 할 최종적인 과징금액을 결정하는 종국적 처분이고, 선행처분은 이러한 종국적 처분을 예정하고 있는 일종의 잠정적 처분으로서 후행처분이 있을 경우 선행처분은 후행처분에 흡수되어 소멸한다. 따라서 위와 같은 경우에 선행처분의 취소를 구하는 소는 이미 효력을 잃은 처분의 취소를 구하는 것으로 부적법하다(대판 2015.2.12. 2013두987). [22 국가9급]

> 공정거래위원회가 부당한 공동행위를 한 사업자들 중 자진신고자에 대하여 구 독점규제 및 공정거래에 관한 법령에 따라 과징금 부과처분(선행처분)을 한 뒤, 다시 자진신고자에 대한 사건을 분리하여 자진신고를 이유로 과징금 감면처분(후행처분)을 한 경우라도 선행처분의 취소를 구하는 소는 적법하다. (○, ×) [21 국가9급, 19 서울7급]

(4) 효과

가행정행위는 직접 법적 효과가 발생하나, 이는 잠정적인 것으로 후에 종국적 행정행위가 발령되면 대체되어 효력이 상실된다. 따라서 가행정행위에 대해서는 신뢰보호 원칙을 주장할 수 없으며 행정청 자신도 구속되지 않는다.

> 가행정행위는 불가변력이 발생하지 않기 때문에 신뢰보호의 원칙이 적용된다고 보기 어렵다. (○, ×) [08 지방9급]

2. 예비결정(예비허가, 사전결정)

(1) 의의

예비결정이란 종국적인 행정행위를 하기 전 단계에서 종국적인 행정행위에 요구되는 여러 요건 중 개별적인 몇 가지 요건에 대한 종국적인 판단으로서 내려지는 결정을 말한다. 폐기물 처리사업계획서의 적정·부적정 통보, 건축에 관한 입지 및 규모의 사전결정 등이 이에 해당한다. 한편 예비결정은 일부요건에 대한 결정이기는 하나 그 자체가 최종적인 결정이라는 점에서 종국적인 결정에 대한 약속에 불과한 확약과는 구별된다.

예비결정과 확약은 구별된다. (○, ×) [14 경행특채]

(2) 법적 성질

예비결정은 그 자체가 하나의 완결적·종국적·구속적인 행위로서 처분성이 인정된다. 한편 예비결정이 재량행위인지 여부는 최종 행정행위의 성격에 따라 결정된다. 즉 최종행위가 재량행위이면 예비결정도 재량행위의 성격을 가진다.

사전결정(예비결정)은 단계화된 행정절차에서 최종적인 행정결정을 내리기 전에 이루어지는 행위이지만, 그 자체가 하나의 행정행위이기도 하다. (○, ×) [16 서울9급]

판례

1. 폐기물관리법 관계 법령의 규정에 의하면 폐기물처리업의 허가를 받기 위하여는 먼저 사업계획서를 제출하여 허가권자로부터 사업계획에 대한 적정통보를 받아야 하고, 그 적정통보를 받은 자만이 일정기간 내에 시설, 장비, 기술능력, 자본금을 갖추어 허가신청을 할 수 있으므로, 결국 부적정통보는 허가신청 자체를 제한하는 등 개인의 권리 내지 법률상의 이익을 개별적이고 구체적으로 규제하고 있어 행정처분에 해당한다. [19 서울7급, 17 국가9급]. 폐기물처리업의 허가에 앞서 사업계획서에 대한 적정·부적정 통보 제도를 두고 있는 것은 폐기물처리업을 하고자 하는 자가 스스로 시설 등을 설치하여 허가신청을 하였다가 허가단계에서 그 사업계획이 부적정하다고 판명되어 불허가되면 허가신청인이 막대한 경제적·시간적 손실을 입게 되므로, 이를 방지하는 동시에 허가관청으로 하여금 미리 사업계획서를 심사하여 그 적정·부적정통보 처분을 하도록 하고, 나중에 허가단계에서는 나머지 허가요건만을 심사하여 신속하게 허가업무를 처리하는 데 그 취지가 있다(대판 1998.4.28. 97누21086). [18 국가7급]
2. 주택건설촉진법의 규정에 의한 주택건설사업계획의 승인은 상대방에게 권리나 이익을 부여하는 효과를 수반하는 이른바 수익적 행정처분으로서 행정청의 재량행위에 속하고, 그 전 단계인 주택건설사업계획의 사전결정이 있다하여 달리 볼 것은 아니다. 따라서 피고가 주택건설사업에 대한 사전결정을 하였다고 하더라도 사업승인 단계에서 그 사전결정에 기속되지 않고 다시 사익과 공익을 비교형량하여 그 승인 여부를 결정할 수 있다(대판 1999.5.25. 선고 99두1052).

적합통보를 받은 甲은 폐기물처리업의 허가를 받기 전이라도 부분적으로 폐기물처리를 적법하게 할 수 있다. (○, ×) [18 국가7급]

폐기물관리법상의 사업계획서 부적정통보는 처분이다. (○, ×) [10 지방9급]

구 「주택건설촉진법」에 의한 주택건설사업계획 사전결정이 있는 경우 주택건설계획 승인 처분은 사전결정에 기속되므로 다시 승인 여부를 결정할 수 없다. (○, ×) [17 서울9급]

(3) 효과

예비결정은 후행결정에 구속력을 가지므로 행정청은 합리적 사유 없이 종국적 결정에서 예비결정의 내용과 모순되는 결정을 할 수 없다. 한편, 판례는 폐기물처리업의 사업계획에 대한 적정통보가 있는 경우 폐기물사업의 허가단계에서는 나머지 요건만 심사하면 족하다고 본다(대판 1998.4.28. 97누21086). [15 국가7급] 예비결정은 후행결정 전에 신청자의 편의를 위하여 미리 그 일부 요건을 심사하여 행하는 사전결정의 성격이 있는 것이어서 본래의 처분인 후행처분이 있게 되면 그 처분에 흡수되어 독립된 존재가치를 상실한다. [15 국가7급]

사업계획에 대한 적합통보결정은 최종행정행위인 폐기물처리사업허가에 기본적으로 구속력을 미치지 않는다. (○, ×) [15 국가7급]

3. 부분허가(부분인허, 부분승인)

(1) 의의

부분허가란 단계적 행정행위의 일부에 대하여 행하는 허가를 말하는 것으로서, 하나의 대단위사업을 위한 건축허가, 시설허가, 영업허가 신청의 경우에 우선 건축이나 시설의 설치만을 허가하는 경우 등이 있다.

(2) 성질

부분허가는 종국적인 행정행위이다. 즉 부분허가는 결정의 대상이 되는 계획의 중간 단계에 대하여 이루어지는 결정이나, 그 단계 자체에 대하여는 종국적인 행정행위의 성격을 가진다. 다만 부분허가란 허가 중의 일부분을 의미하는 것이므로 본허가 권한과 분리된다고 볼 수 없으며 본허가의 근거 이외에 별도의 법적 근거를 필요로 하는 것은 아니다. [16 서울9급]

판례

원자로 및 관계시설의 부지사전승인처분은 그 자체로서 건설부지를 확정하고 사전공사를 허용하는 법률효과를 지닌 독립한 행정처분이기는 하지만, [22 국가9급, 19 서울7급] 건설허가 전에 신청자의 편의를 위하여 미리 그 건설허가의 일부 요건을 심사하여 행하는 사전적 부분 건설허가처분의 성격을 갖고 있는 것이어서 나중에 건설허가처분이 있게 되면 그 건설허가처분에 흡수되어 독립된 존재가치를 상실함으로써 그 건설허가처분만이 쟁송의 대상이 되는 것이므로, 부지사전승인처분의 취소를 구하는 소는 소의 이익을 잃게 되고, 따라서 부지사전승인처분의 위법성은 나중에 내려진 건설허가처분의 취소를 구하는 소송에서 이를 다투면 된다(대판 1998.9.4. 97누19588).

> 원자력법상 시설부지 사전사용승인은 그 자체로서 독립적인 행정처분이 아니므로 취소소송으로 이를 다툴 수 없다. (○, ×) [17 국가9급, 14 국회8급]

> 구 「원자력법」상 원자로 및 관계 시설의 부지사전승인처분 후 건설허가처분까지 내려진 경우, 선행처분은 후행처분에 흡수되어 건설허가처분만이 행정쟁송의 대상이 된다. (○, ×) [22 국가9급]

(3) 효과

부분허가를 받은 자는 허가를 받은 범위 안에서 허가를 받은 행위를 할 수 있다. 그리고 행정청은 나머지 부분에 대한 결정에서 부분 허가한 내용과 상충되는 결정을 할 수 없다. 즉 부분허가는 최종적 결정에 대한 구속력을 갖는다.

03 행정계획

1. 행정계획의 의의

행정계획은 행정에 관한 전문적·기술적 판단을 기초로 하여 도시의 건설·정비·개량 등과 같은 특정한 행정목표를 달성하기 위하여 서로 관련되는 행정수단을 종합·조정함으로써 장래의 일정한 시점에 있어서 일정한 질서를 실현하기 위한 활동기준을 말한다(대판 1996.11.29. 96누8567). [16 국회8급]

> 행정계획이란 행정활동의 일정한 목표를 설정하고 그 목표를 달성하기 위하여 필요한 수단을 선정하고 조정하는 것을 말한다. (○, ×) [13 서울9급, 12 지방9급]

2. 행정계획의 등장배경 및 기능

(1) 등장배경

현대국가에서는 행정의 주요한 과제가 장기성·종합성을 요하는 사회국가적인 급부행정에 있다. 헌법상의 사회국가 원리는 국가에 대해 정의로운 사회질서의 실현을 위하여 사회 전반에 적극적으로 개입하여 계획적으로 국가질서를 형성할 수 있는 광범위한 권한을 부여하고 있기 때문에 행정계획은 행정의 주요한 행위형식이 되고 있다.

> 행정계획은 주로 장기성·종합성을 요하는 사회국가적 복리행정 영역에서 중요한 의미를 갖는다. (○, ×) [13 지방9급]

PART 02

(2) 기능

① 목표설정기능

행정계획은 장래의 일정한 시점에서의 행정목적 달성을 위하여 목표를 설정하는 기능을 가지는데 이는 행정계획의 기본적인 기능에 해당된다.

② 종합·조정기능

다양한 행정수요에 대한 여러 가지 행정수단을 종합, 조정하여 목표와 유기적으로 연관시킴으로써 행정능률을 확보하는 기능을 가진다.

③ 기타

이외에도 매개적 기능, 국민에 대한 정보제공기능과 국민에 대한 유도적·지침적 기능 등을 들 수 있다.

3. 행정계획의 종류

(1) 구체화의 정도에 따른 분류

구체화의 정도를 기준으로 경제적·사회적 측면을 종합한 계획을 기본계획이라 하고, 이것을 개별적으로 시행하기 위한 구체적인 세부계획을 실시(시행)계획이라 한다.

행정계획은 구체화의 정도에 따라 기본계획과 실시계획으로 나눌 수 있는 바, 실시계획은 기본계획의 내용을 구체화하는 것이다. (○, ×) [13 서울9급]

(2) 법적 구속력에 따른 분류

① 구속적 계획

구속적 계획이란 국민 또는 행정기관에 대해 일정한 구속력을 갖는 일체의 행정계획을 말한다. 예컨대 행정기관에 대한 구속적 계획으로는 국토종합계획, 예산운용계획이 있고, 국민에 대한 구속적 계획(협의의 구속적 계획)으로는 도시관리계획, 개발제한구역의 지정에 관한 계획이 있다.

헌재 판례

도시설계는 도시계획의 한 종류로서 도시설계지구 내의 모든 건축물에 대하여 구속력을 가지는 구속적 행정계획의 법적 성격을 갖는다(헌재 2003.6.26. 2002헌마402).

도시설계는 건축물 규제라는 성격과 건축법의 입법적인 경과에 비추어 볼 때 법적 구속력을 갖는 구속적 행정계획이다. (○, ×) [08 지방9급]

② 비구속적 계획

비구속적 계획은 단순한 내부지침에 불과한 것으로 국민은 물론 행정기관에 대해서도 아무런 법적 구속력을 가지지 못하는 계획을 말하며, 경제개발 5개년 계획 등이 이에 해당된다.

판례

도시기본계획은 도시의 기본적인 공간구조와 장기발전방향을 제시하는 종합계획으로서 그 계획에는 토지이용계획, 환경계획, 공원녹지계획 등 장래의 도시개발의 일반적인 방향이 제시되지만, 그 계획은 도시계획입안의 지침이 되는 것에 불과하여 일반 국민에 대한 직접적인 구속력은 없는 것이다(대판 2002.10.11. 2000두8226). [21 국가9급, 19 서울7급(上)]

「국토의 계획 및 이용에 관한 법률」에 따른 도시기본계획은 일반 국민에 대한 직접적인 구속력은 인정되지 않지만, 도시의 장기적 개발방향과 미래상을 제시하는 도시계획 입안의 지침이 되기에 행정청에 대한 직접적인 구속력은 인정된다. (○, ×) [18 국가7급]

4. 행정계획의 법적 성질

(1) 학설

행정계획이 특정의 법 형식에 의해 수립된 경우에 당해 행정계획은 그 형식의 성질을 갖는다. 예를 들어 법률의 형식이라면 법률의 성질을, 법규명령의 형식이라면 법규명령의 성질을 갖는 것이 일반적이다. 한편 행정계획이 특정의 행위 형식을 취하지 않는 경우에 행정계획의 법적 성질에 대하여는 견해가 대립되고 있다.

입법행위설	행정계획을 일반적·추상적 성격을 지닌 것으로 이해한다. 따라서 특정개인에게 직접 권리의무관계가 발생하지 않는다고 본다.
행정행위설	행정계획을 특정개인의 권리 내지 법률상 이익을 개별적·구체적으로 규제하는 효과를 가져온다고 이해한다. 따라서 행정계획에 처분성을 인정한다.
개별검토설(복수성질설)	행정계획의 종류에 따라 법규명령인 것도 있고, 행정행위인 것도 있다고 이해한다(다수설·판례).

(2) 판례

판례

처분성을 긍정한 사례

1. 도시계획법 소정의 도시계획결정이 고시되면 도시구역 안의 토지나 건물소유자의 토지형질변경, 건축물의 신축·개축 또는 증축 등 권리행사가 제한을 받게 되는바, 이런 점에서 볼 때 고시된 도시계획결정은 특정 개인의 권리 내지 법률상의 이익을 개별적·구체적으로 규제하는 효과를 가져오게 하는 행정청의 처분이라 할 것이고, 이는 행정소송의 대상이 된다(대판 1982.3.9. 80누105). [16 국회8급, 15 지방7급]
2. 주택재건축정비사업조합은 도시정비법상의 주택재건축사업을 시행하는 공법인으로서, 그 목적 범위 내에서 행정주체의 지위를 갖는다. 재건축조합이 행정주체의 지위에서 수립하는 관리처분계획은 정비사업의 시행 결과 조성되는 대지 또는 건축물의 권리귀속에 관한 사항과 조합원의 비용 분담에 관한 사항 등을 정함으로써 조합원의 재산상 권리·의무 등에 구체적이고 직접적인 영향을 미치게 되므로, 이는 구속적 행정계획으로서 재건축조합이 행하는 독립된 행정처분에 해당한다. [19 서울7급(上)] 행정주체인 재건축조합을 상대로 관리처분계획안에 대한 조합 총회결의의 효력 등을 다투는 소송은 행정처분의 위법 여부에 직접 영향을 미치는 공법상 법률관계에 관한 것이므로, 행정소송법상의 당사자소송에 해당한다(대판 2009.9.17. 2007다2428 전원합의체). [22 지방9급, 19 국가9급]
3. 재건축정비사업조합이 행정주체의 지위에서 수립한 사업시행계획은 인가·고시를 통해 확정되면 이해관계인에 대한 구속적 행정계획으로서 독립된 행정처분에 해당한다(대결 2009.11.2. 2009마596).
4. 개발제한구역지정처분은 도시의 무질서한 확산 방지 등을 목적으로 도시정책상의 전문적·기술적 판단에 기초하여 행하는 일종의 행정계획으로서 그 입안·결정에 관하여 광범위한 형성의 자유를 가지는 계획재량처분이므로, 그 지정에 관련된 공익과 사익을 전혀 비교교량하지 아니하였거나 비교교량을 하였더라도 그 정당성과 객관성이 결여되어 비례의 원칙에 위반되었다고 볼 만한 사정이 없는 이상, 그 개발제한구역지정처분은 재량권을 일탈·남용한 위법한 것이라고 할 수 없다(대판 1997.6.24. 96누1313).

PART 02

- 행정계획은 장래 행정작용의 방향을 정한 것일 뿐 직접 국민의 권리의무에 변동을 가져오지는 않으므로 행정입법의 성질을 갖는다고 본다. (○, ×) [13 서울9급]
- 행정계획은 법률의 형식일 수도 있다. (○, ×) [13 지방9급]
- 도시관리계획결정의 법적 성질을 행정처분으로 보지 아니하는 것이 판례의 입장이다. (○, ×) [09 국회8급]
- 도시재개발법상의 관리처분계획은 처분성이 없다. (○, ×) [12 지방9급]
- 판례는 도시 및 주거환경정비법상 관리처분계획의 처분성을 인정한다. (○, ×) [16 국가7급]
- 도시 및 주거환경정비법에 기초하여 주택재건축정비사업조합이 수립한 사업시행계획은 인가·고시를 통해 확정되어도 이해관계인에 대한 직접적인 구속력이 없는 행정계획으로서 독립된 행정처분에 해당하지 아니한다. (○, ×) [20 국가9급]
- 개발제한구역의 지정·고시행위는 특정 개인의 법률상 이익을 구체적으로 규제하는 효과를 가져오는 행정청의 처분으로서 행정소송의 대상이 된다. (○, ×) [14 국회8급]

판례

처분성을 부정한 사례

1. 토지구획정리사업법의 규정상 환지예정지 지정이나 환지처분은 그에 의하여 직접 토지소유자 등의 권리의무가 변동되므로 이를 항고소송의 대상이 되는 처분이라고 볼 수 있으나, 환지계획은 위와 같은 환지예정지 지정이나 환지처분의 근거가 될 뿐 그 자체가 직접 토지소유자 등의 법률상의 지위를 변동시키거나 또는 환지예정지 지정이나 환지처분과는 다른 고유한 법률효과를 수반하는 것이 아니어서 이를 항고소송의 대상이 되는 처분에 해당한다고 할 수가 없다(대판 1999.8.20. 97누6889). [16 국회8급]
2. 도시기본계획이라는 것은 도시의 장기적 개발방향과 미래상을 제시하는 도시계획 입안의 지침이 되는 장기적・종합적인 개발계획으로서 직접적인 구속력은 없는 것이므로, 도시계획시설결정 대상면적이 도시기본계획에서 예정했던 것보다 증가하였다 하여 그것이 도시기본계획의 범위를 벗어나 위법한 것은 아니다(대판 1998. 11. 27. 96누13927).
3. 국토해양부, 환경부, 문화체육관광부, 농림수산부, 식품부가 합동으로 2009. 6. 8. 발표한 '4대강 살리기 마스터플랜' 등은 '4대강 살리기 사업'의 기본방향을 제시하는 계획으로서, 행정기관 내부에서 사업의 기본방향을 제시하는 것일 뿐, 국민의 권리・의무에 직접 영향을 미치는 것이 아니어서 행정처분에 해당하지 않는다(대판 2011.4.21. 2010무111 전원합의체). [22 국가9급]

5. 행정계획의 법적 근거와 절차

(1) 행정계획의 법적 근거

① 조직법적 근거

행정계획은 행정기관이 자신의 직무범위 안에서 수립하여야 하므로 구속적 행정계획과 비구속적 행정계획을 수립함에 있어서는 모두 조직법적 근거가 필요하다고 할 것이다.

② 작용법적 근거

구속적 계획은 일반국민의 권리・의무에 영향을 미치거나 행정기관에 대해 법적인 구속력을 가지므로 이를 수립함에 있어서 작용법적 근거가 필요하다고 할 것이다.

판례

권한 있는 행정청이 수립한 후행 도시계획에 선행 도시계획과 서로 양립할 수 없는 내용이 포함되어 있다면 특별한 사정이 없는 한 선행 도시계획은 후행 도시계획과 같은 내용으로 변경된 것으로 볼 수 있다. [24 국가9급, 21 국가9급] 후행 도시계획의 결정을 하는 행정청이 선행 도시계획의 결정・변경 등에 관한 권한을 가지고 있지 아니한 경우 선행 도시계획과 양립할 수 없는 내용이 포함된 후행 도시계획 결정은 무효이다(대판 2000.9.8. 99두11257). [16 지방9급, 13 국회8급]

(2) 행정계획의 절차

① 절차적 통제의 중요성

행정계획은 그 파급효과가 매우 광범위한 반면 처분성이 인정되지 않거나, 인정된다 하더라도 광범위한 재량이 인정되기 때문에 사후적인 구제가 어렵다. 따라서 계획수립과정에서 이해관계인을 참여시키는 등의 절차적 통제가 더욱 중요한 의미를 갖는다.

- 환지계획은 그 자체가 직접 토지소유자 등의 법률상 지위를 변동시키므로 환지계획은 항고소송의 대상이 되는 처분에 해당한다. (○, ×) [14 국가7급, 12 국가7급]
- 구 도시계획법상 도시기본계획은 일반 국민에 대한 직접적 구속력을 가진다. (○, ×) [14 국가9급]
- 도시기본계획은 도시의 장기적 개발 방향과 미래상을 제시하는 도시계획 입안의 지침이 되는 장기적・종합적인 개발계획으로서 직접적인 구속력이 있으므로, 도시계획시설결정 대상면적이 도시기본계획에서 예정했던 것보다 증가할 경우 도시기본계획의 범위를 벗어나 위법하다. (○, ×) [24 국가9급]
- '4대강 살리기 마스터플랜'은 4대강 정비사업 지역 인근에 거주하는 주민의 권리・의무에 직접 영향을 미치는 것이어서 행정처분에 해당한다. (○, ×) [22 국가7급]
- 도시계획의 결정・변경 등에 관한 권한을 가진 행정청이 이미 도시계획이 결정・고시된 지역에 대하여 행한 다른 내용의 도시계획의 결정・고시는 무효이다. (○, ×) [16 지방7급]
- 후행도시계획을 결정하는 행정청이 선행도시계획의 결정・변경에 관한 권한을 가지고 있지 아니한 경우 선행도시계획과 양립할 수 없는 후행 도시계획결정은 취소사유에 해당한다. (○, ×) [17 서울7급, 17 국회8급]

② 행정절차법의 태도

행정계획의 절차에 관한 일반적인 규정은 없고, 개별법에서 다양하게 규정되어 있다. [18 서울7급(上), 15 지방7급] 행정절차법은 '행정청은 행정청이 수립하는 계획 중 국민의 권리·의무에 직접 영향을 미치는 계획을 수립하거나 변경·폐지할 때에는 관련된 여러 이익을 정당하게 형량하여야 한다.'고 규정하고 있다. 나아가 일정한 행정계획은 행정예고의 대상이 되며, 행정계획이 행정입법의 형식인 경우에는 행정절차법상의 행정입법예고절차가, 처분의 형식인 경우에는 행정절차법상의 처분절차가 적용된다.

판례

1. 도시계획의 입안에 있어 해당 도시계획안의 내용을 공고 및 공람하게 한 것은 다수 이해관계자의 이익을 합리적으로 조정하여 국민의 권리자유에 대한 부당한 침해를 방지하고 행정의 민주화와 신뢰를 확보하기 위하여 국민의 의사를 그 과정에 반영시키는데 있는 것이므로 이러한 공고 및 공람 절차에 하자가 있는 도시계획결정은 위법하다(대판 2000.3.23. 98두2768). [22 국가7급]
2. 도시계획의 수립에 있어서 도시계획법 소정의 공청회를 열지 아니하고 공공용지의 취득 및 손실보상에 관한 특례법 소정의 이주대책을 수립하지 아니하였더라도 이는 절차상의 위법으로서 취소사유에 불과하고 그 하자가 도시계획결정 또는 도시계획사업시행인가를 무효라고 할 수 있을 정도로 중대하고 명백하다고는 할 수 없으므로 이러한 위법을 선행처분인 도시계획결정이나 사업시행인가 단계에서 다투지 아니하였다면 그 쟁송기간이 이미 도과한 후인 수용재결단계에 있어서는 도시계획수립 행위의 위와 같은 위법을 들어 재결처분의 취소를 구할 수는 없다(대판 1990.1.23. 87누947). [16 지방7급]

6. 행정계획의 효력발생요건과 효력

(1) 효력발생요건 – 공포 또는 고시

① 법령 등의 형식

행정계획이 법령의 형식으로 발하여지는 경우에는 '법령 등 공포에 관한 법률'이 정한 형식을 갖추어야 되고 특별히 정함이 없으면 공포일로부터 20일을 경과함으로써 효력이 발생한다.

② 그 외의 형식

기타 형식으로 계획을 정하는 경우에는 각 개별법이 정하는 형식에 의해 고시해야하며, 판례는 도시계획결정 사건에서 국민의 권리·의무와 관련되는 계획은 고시하지 아니한 이상 대외적으로 아무런 효력도 발생하지 아니한다고 보았다. 도시·군관리계획결정은 지형도면을 고시한 날부터 그 효력이 발생한다(국토의 계획 및 이용에 관한 법률 제31조 제1항).

참고

행정절차법 제46조 【행정예고】 ① 행정청은 정책, 제도 및 계획(이하 "정책등"이라 한다)을 수립·시행하거나 변경하려는 경우에는 이를 예고하여야 한다. 다만, 다음 각 호의 어느 하나에 해당하는 경우에는 예고를 하지 아니할 수 있다.

- 행정절차법은 국민생활에 매우 큰 영향을 주는 사항에 대한 행정계획을 수립·시행하거나 변경하고자 하는 때에는 이를 예고하도록 규정하고 있다. (○, ×) [13 지방9급]
- 「행정절차법」은 행정계획의 절차상 통제 방법으로 관계 행정기관과의 협의와 주민·이해관계인의 참여에 관한 일반적인 규정을 두고 있다. (○, ×) [17 국가9급(下)]
- 행정계획에 대해서는 행정절차법의 규정이 적용될 여지가 없다. (○, ×) [09 국가7급]
- 도시계획안의 공고 및 공람절차에 하자가 있는 도시계획결정은 내용에 하자가 있는 것이 아니라 단지 절차의 하자에 불과하므로 위법하지 않다. (○, ×) [11 지방7급]
- 공청회와 이주대책이 없는 도시계획 수립행위는 당연무효인 행위이다. (○, ×) [12 지방9급]

구 도시계획법상 행정청이 정당하게 도시계획결정의 처분을 하였다고 하더라도 이를 관보에 게재하여 고시하지 아니한 이상 대외적으로는 아무런 효력이 발생하지 않는다. (○, ×) [21 지방7급, 14 국가7급]

판례

구 도시계획법 제7조는 도시계획결정 등 처분의 고시를 도시계획구역, 도시계획결정 등의 효력발생요건으로 규정하였다고 볼 것이어서 건설부장관 또는 그의 권한의 일부를 위임받은 서울특별시장, 도지사 등 지방장관이 기안, 결재 등의 과정을 거쳐 정당하게 도시계획결정 등의 처분을 하였다고 하더라도 이를 관보에 게재하여 고시하지 아니한 이상 대외적으로는 아무런 효력도 발생하지 아니한다(대판 1985.12.10. 85누186).

(2) **행정계획의 집중효**(특수한 효력)

① 의의

집중효란 행정계획이 확정되면 다른 법령에 의해 받아야 하는 승인 또는 허가 등을 받은 것으로 의제하는 효력을 말한다. 계획확정절차를 통해 인・허가를 받은 것으로 대체된다는 점에서 대체효라고도 한다. 예컨대 택지개발촉진법 제11조 제1항에 의하면 '사업시행자가 실시계획을 작성하거나 승인을 받았을 때에는 도시계획법 등에서 요구하는 결정・인가・허가・협의・동의・면허・승인・처분・해제・명령 또는 지정을 받은 것으로 보며, 지정권자가 실시계획을 작성하거나 승인한 것을 고시한 때에는 관계 법률에 따른 인・허가 등의 고시 또는 공고가 있은 것으로 본다.'라는 규정과 같은 것이다.

② 인정취지

집중효는 절차 간소화를 통해 사업자의 부담해소 및 절차촉진에 기여하고, 다수의 인・허가 부서를 통합하는 효과가 있고, 인・허가에 필요한 서류의 감소효과를 가져온다.

③ 집중효와 인・허가의제의 구별

집중효는 행정계획의 확정에 부여되는 특유한 효력이지만, 인・허가의제는 행정계획 뿐만 아니라 일반 행정행위에도 적용된다는 점에서 차이가 난다. 그러나 양자는 절차간소화와 사업의 신속한 진행을 위한 것이고 행정권한의 통합이 발생한다는 점에서 본질적인 차이는 없다.

④ 집중효의 정도

판례는 절차집중설의 입장에서 법령상 다른 규정이 없는 한 계획 확정청은 의제되는 인・허가에 관한 모법상의 행정절차를 거칠 필요는 없다고 본다.

⑤ 절차

㉠ 관계기관과의 협의

행정계획이 결정되면 다른 인・허가 등 행위가 행하여진 것으로 의제되는 경우에 행정계획을 결정하는 행정청은 미리 의제되는 행위의 관계기관과 협의하여야 한다(택지개발촉진법 제11조 제2항).

㉡ 이해관계 있는 제3자의 절차적 보호

의제되는 인・허가의 관계 법률이 정하고 있는 이해관계인의 권익보호절차는 존중되어야 한다. 그러나 판례는 의제되는 법률에 규정된 이해관계인의 의견청취절차를 생략할 수 있다는 입장이다(대판 1992.11.10. 92누1162). [16 국회8급]

7. 행정계획과 계획재량

(1) 계획재량의 의의

행정계획은 장래목표를 설정하는 기능을 담당하고 있기 때문에, 광범위한 재량이 인정된다. [22 국가7급] 이처럼 행정기관이 갖는 구체적 형성의 자유로서 법적으로 미리 결정할 수 없는 고유한 결정여지를 계획재량이라 한다.

(2) 계획재량과 행정재량(일반재량)의 차이

일반적인 행정행위에 비하여 행정청에 폭넓은 재량권이 부여된다. [16 서울9급] 계획재량에 대해서는 절차적 통제가 중심이 되고, 행정재량에 대해서는 절차적 통제 외에 실체적 통제도 중요하다.

(3) 계획재량의 법적 성질

① 학설

보통의 행정재량과 계획재량은 동일한 성질의 것인지 아니면 별개의 성질을 가지는 것인지에 관해 학설이 대립한다.

질적 차이설(多)	계획재량과 행정재량과 질적인 차이가 있다고 이해하는 견해이다. 즉 행정재량은 요건과 효과라는 조건프로그램적인 성질을 가지고 있다면, 계획재량은 목적과 수단의 관계에 근거한 목적프로그램적 성질을 지녔다는 것이다.
양적 차이설	행정재량은 전통적 행정재량과 양적인 부분에 차이가 있다고 이해한다.

② 판례

판례는 "행정주체는 구체적인 행정계획을 입안·결정함에 있어서 비교적 광범위한 형성의 자유를 가진다"는 전제하에 형량의 하자가 있는 행정계획이 "재량권을 일탈·남용한 것으로 위법하다."라고 판시함으로써 그 위법의 판단은 여전히 재량권 일탈남용 여부로 판단한 사례도 있으나 최근 행정계획의 통제에 대하여 형량명령의 법리를 정면으로 인정하는 판시를 하였다.

(4) 계획재량에 대한 통제

① 형량명령(=형량의 원리)

㉠ 형량명령의 의의

형량명령이란 행정계획수립주체가 계획재량권을 행사함에 있어서 공익 상호 간, 사익 상호 간 및 공익과 사익 상호 간의 정당한 형량을 하여야 한다는 원리를 말한다. 이러한 형량명령은 계획결정에 있어 비례의 원칙을 고려한 것으로 볼 수 있으며 계획재량의 통제원리로 작용하지만, 우리나라의 경우 실정법에 규정되지는 않고 학설과 판례에 의해 인정되고 있다.

㉡ 형량명령의 단계적 준수

형량명령의 준수는 내용적으로 비교·형량하여야 할 관련이익의 조사, 관련이익의 중요도에 따른 이익의 평가, 협의의 비교·형량의 3단계에 걸쳐서 행해진다. 이때 이익은 법령에서 고려하도록 규정한 이익은 물론 법령에 규정되지 않은 이익도 행정계획과 관련이 있으면 모두 조사되어야 한다는 것이 일반적인 견해이다.

계획수립의 권한을 가지고 있는 행정기관은 계획수립과 관련하여 광범위한 재량권을 갖고 있는바, 이를 계획재량이라 한다. (○, ×) [13 서울9급]

PART 02

계획법규범은 목표는 제시하지만 그 목표실현을 위한 수단은 구체적으로 제시하지 않는 목적프로그램의 형식을 취하는 것을 특징으로 한다. (○, ×) [15 복지9급]

계획재량과 일반 행정재량 사이에는 어떠한 양적·질적 차이도 존재하지 아니한다고 보는 것이 통설적 견해이다. (○, ×) [09 국회8급]

행정주체는 구체적인 행정계획을 입안·결정함에 있어서 비교적 광범위한 형성의 자유를 가진다. (○, ×) [18 국가7급]

행정계획에서 행정기관이 가지는 계획재량의 통제를 위한 법리로는 형량명령이 있다. (○, ×) [14 서울7급]

비례의 원칙은 행정계획과 관련하여서는 계획재량을 제한하는 형량명령이론으로 발전하였다. (○, ×) [12 국가7급]

법령에서 고려하도록 규정한 이익은 물론 법령에 규정되지 않은 이익도 행정계획과 관련이 있으면 모두 형량명령에 포함시켜야 한다. (○, ×) [12 복지9급]

판례

행정주체가 구체적인 행정계획을 입안·결정할 때에 가지는 비교적 광범위한 형성의 자유는 무제한적인 것이 아니라 행정계획에 관련되는 자들의 이익을 공익과 사익 사이에서는 물론이고 공익 상호 간과 사익 상호 간에도 정당하게 비교교량하여야 한다는 제한이 있는 것이므로, [09 국가7급] 행정주체가 행정계획을 입안·결정하면서 이익형량을 전혀 행하지 않거나 이익형량의 고려 대상에 마땅히 포함시켜야 할 사항을 빠뜨린 경우 또는 이익형량을 하였으나 정당성과 객관성이 결여된 경우에는 행정계획결정은 형량에 하자가 있어 위법하게 된다. [22 국가7급, 21 지방7급] 이러한 법리는 행정주체가 구 국토의 계획 및 이용에 관한 법률 제26조에 의한 주민의 도시관리계획 입안 제안을 받아들여 도시관리계획결정을 할 것인지를 결정할 때에도 마찬가지이고, 나아가 도시계획시설구역 내 토지 등을 소유하고 있는 주민이 장기간 집행되지 아니한 도시계획시설의 결정권자에게 도시계획시설의 변경을 신청하고, 결정권자가 이러한 신청을 받아들여 도시계획시설을 변경할 것인지를 결정하는 경우에도 동일하게 적용된다고 보아야 한다(대판 2012.1.12. 2010두5806). [20 국가9급]

행정주체가 구체적인 행정계획을 입안·결정할 때 가지는 형성의 자유의 한계에 관한 법리는 주민의 입안 제안 또는 변경신청을 받아들여 도시관리계획결정을 할 때에도 동일하게 적용된다. (○, ×) [14 국가9급]

② 형량의 하자

다음과 같이 형량 내용에 반하는 경우에는 형량에 하자가 있는 것이 되어 당해 행정계획은 위법하게 된다. 결국 광범위한 형성의 자유를 가지는 계획재량도 법률로부터 자유로운 행위는 아니다.

형량의 해태	관계이익을 형량함에 있어서 형량을 전혀 하지 않은 경우
형량의 흠결	형량을 함에 있어서 반드시 고려하여야 할 이익을 누락시킨 경우
오형량	형량에 있어 특정사실이나 특정이익에 대한 평가가 정당성과 객관성을 결한 경우

계획재량의 경우 형성의 자유가 인정되나, 형량의 부존재, 형량의 누락, 형량의 불비례 등의 경우에는 형량의 하자로 인해 그 행정계획 결정은 위법하게 된다. (○, ×) [13 지방7급]

형량시에 여러 이익 간의 형량을 행하기는 하였으나 그것이 객관성·비례성을 결한 경우를 형량의 해태라고 한다. (○, ×) [14 서울7급]

형량의 대상 중 당연히 포함되어야 할 사항을 빠뜨린 경우를 형량의 흠결이라고 한다. (○, ×) [14 서울7급]

③ 판례

판례

1. 행정주체는 구체적인 행정계획을 입안·결정함에 있어서 비교적 광범위한 형성의 자유를 가지는 것이지만, [24 국가9급, 19 서울7급(上)] 행정주체가 가지는 이와 같은 형성의 자유는 무제한적인 것이 아니라 그 행정계획에 관련되는 자들의 이익을 공익과 사익 사이에서는 물론이고 공익 상호 간과 사익 상호 간에도 정당하게 비교교량하여야 한다는 제한이 있으므로, 행정주체가 행정계획을 입안·결정함에 있어서 이익형량을 전혀 행하지 아니하거나 이익형량의 고려 대상에 마땅히 포함시켜야 할 사항을 누락한 경우 또는 이익형량을 하였으나 정당성과 객관성이 결여된 경우에는 그 행정계획결정은 형량에 하자가 있어 위법하게 된다(대판 2007.4.12. 2005두1893). [24 국가9급, 14 국회8급]
2. 이익형량을 전혀 하지 아니하였거나 이익형량의 고려대상에 포함시켜야 할 중요한 사항을 누락한 경우 또는 이익형량을 하기는 하였으나 그것이 비례의 원칙에 어긋나게 된 경우에는 그 행정계획은 재량권을 일탈·남용한 위법한 처분이다(대판 1997.9.26. 96누10096).

행정주체가 행정계획을 입안·결정하는 데에는 광범위한 계획재량을 가지더라도, 행정계획에 관련된 자들의 이익을 공익 상호 간과 사익 상호 간까지 비교·교량하여야 할 필요는 없다. (○, ×) [15 행정사]

이익형량을 전혀 하지 않았다면 위법하다고 볼 수 있으나, 이익형량의 고려사항을 일부 누락하였거나 이익형량에 있어 정당성이 결여된 것만으로는 위법하다고 볼 수 없다. (○, ×) [16 서울9급]

8. 계획보장청구권(행정계획과 신뢰보호)

(1) 의의

행정계획의 폐지나 변경 등의 경우에 당사자가 주장할 수 있는 다양한 청구권과 이에 상응하는 다양한 보장수단을 포괄하는 개념으로 사용된다. 우리나라에서는 광의로 이해하는 것이 다수의 입장이다. 계획보장의 문제는 법적 안정성 내지 신뢰보호라는 이념과 계획의 신축성 내지 계획변경의 필요성이라는 상충적인 요청 사이에 위치하는 것이다.

(2) 내용

① 계획보장청구권

일반적으로는 계획의 가변성으로 인해 계획보장청구권은 인정되기 어렵다. 계획의 변경 또는 폐지에 내항하여 계획의 존치를 주장하는 계획존속청구권 역시 인정되지 않는다. 다만 행정계획의 시행으로 국민 또는 주민의 재산권행사가 제한된다면, 법령이 손실보상의 근거규정을 두고 있는 경우에는 손실보상을 청구할 수 있다. [14 서울7급]

② 계획변경청구권

판례는 원칙적으로 계획변경청구권을 인정하고 있지 않으며 [15 복지9급, 13 지방7급] 계획변경청구에 대한 행정청의 거부처분에 대해 원칙적으로 취소소송으로 다툴 수 없다는 입장이다. 다만 계획변경신청을 거부하는 것이 실질적으로 당해 행정처분 자체를 거부하는 결과가 되는 경우에는 예외적으로 인정한 사례가 있다.

판례

계획변경청구권 부정(원칙) 사례

도시계획과 같은 행정계획에 있어서 그 계획이 일단 확정된 후 어떤 사정의 변동이 있다 하여 지역주민에게 일일이 그 계획의 변경을 청구할 권리를 인정해 줄 수도 없는 것이므로, 원고들에게 그 주장과 같은 사유만으로는 이 사건 도시계획의 변경을 신청할 조리상의 권리가 있다고 볼 수 없다. 따라서 도시계획시설 변경신청거부행위를 항고소송의 대상이 되는 행정처분이라고 할 수 없다(대판 1994.1.28. 93누22029).

판례

계획변경청구권 인정(예외) 사례

1. 국토건설종합계획의 효율적인 추진과 국토이용질서를 확립하기 위한 국토이용계획은 장기성, 종합성이 요구되는 행정계획이어서 원칙적으로는 그 계획이 일단 확정된 후에 어떤 사정의 변동이 있다고 하여 그러한 사유만으로는 지역주민이나 일반 이해관계인에게 일일이 그 계획의 변경을 신청할 권리를 인정하여 줄 수는 없을 것이지만, [20 지방9급] 장래 일정한 기간 내에 관계 법령이 규정하는 시설 등을 갖추어 일정한 행정처분을 구하는 신청을 할 수 있는 법률상 지위에 있는 자의 국토이용계획변경신청을 거부하는 것이 실질적으로 당해 행정처분 자체를 거부하는 결과가 되는 경우에는 예외적으로 그 신청인에게 국토이용계획변경을 신청할 권리가 인정된다고 봄이 상당하므로, 이러한 신청에 대한 거부행위는 항고소송의 대상이 되는 행정처분에 해당한다(대판 2003.9.23. 2001두10936). [20 국가9급, 20 지방9급]

- 행정계획은 그 본질상 변경가능성과 신뢰보호의 긴장관계에 있다. (○, ×) [10 국가9급]
- 행정계획에는 변화가능성이 내재되어 있으므로, 국민의 신뢰보호를 위하여 계획보장청구권이 널리 인정된다. (○, ×) [16 서울9급]
- 계획법규는 공익보호를 목적으로 하는 것이므로 계획변경신청권의 예외적 인정은 허용되지 않는다. (○, ×) [10 국가7급]
- 확정된 행정계획에 대하여 사정변경을 이유로 조리상 변경 신청권이 인정된다. (○, ×) [18 서울7급(上)]
- 구 국토이용관리법상 국토이용계획이 확정된 후 일정한 사정의 변동이 있다면 지역주민에게 일반적으로 계획의 변경 또는 폐지를 청구할 권리가 있다. (○, ×) [14 국가9급]
- 장래 일정한 기간 내에 관계 법령이 규정하는 시설 등을 갖추어 일정한 행정처분을 구하는 신청을 할 수 있는 법률상 지위에 있는 자의 국토이용계획변경신청을 거부하는 것이 실질적으로 당해 행정처분 자체를 거부하는 결과가 되는 경우라도, 구 「국토이용관리법」상 주민이 국토이용계획의 변경에 대하여 신청을 할 수 있다는 규정이 없으므로 그 신청인에게 국토이용계획변경을 신청할 권리가 인정된다고 볼 수 없다. (○, ×) [21 국가9급]
- 폐기물처리사업의 적정통보를 받은 자가 폐기물처리업 허가를 받기 위해서는 국토이용계획의 변경이 선행되어야 하는 경우에 일반적·추상적 효력을 가지는 이용계획의 특성상 그 변경을 신청할 개인의 권리는 인정되지 아니한다. (○, ×) [14 국회8급]

PART 02

2. 도시계획구역 내 토지 등을 소유하고 있는 사람과 같이 당해 도시계획시설결정에 이해관계가 있는 주민으로서는 도시시설계획의 입안권자 내지 결정권자에게 도시시설계획의 입안 내지 변경을 요구할 수 있는 법규상 또는 조리상의 신청권이 있고, 이러한 신청에 대한 거부행위는 항고소송의 대상이 되는 행정처분에 해당한다(대판 2015.3.26. 2014두42742). [20 지방9급, 19 서울9급(上)]
3. 산업단지개발계획상 산업단지 안의 토지 소유자로서 산업단지개발계획에 적합한 시설을 설치하여 입주하려는 자는 산업단지개발계획의 변경을 요청할 수 있는 법규상 또는 조리상 신청권이 있고, 이러한 신청에 대한 거부행위는 항고소송의 대상이 되는 행정처분에 해당한다(대판 2017.8.29. 2016두44186). [21 지방7급]
4. 문화재보호구역 내에 있는 토지소유자 등으로서는 위 보호구역의 지정해제를 요구할 수 있는 법규상 또는 조리상의 신청권이 있다고 할 것이고, 이러한 신청에 대한 거부행위는 항고소송의 대상이 되는 행정처분에 해당한다(대판 2004.4.27. 2003두8821). [18 지방7급]

✦ 도시계획구역 내 토지 등을 소유하고 있는 주민이라도 도시계획입안권자에게 도시계획의 입안을 요구할 수 있는 법규상·조리상 신청권은 없다. (○, ×) [16 지방9급]

✦ 문화재보호구역 내의 토지소유자가 문화재보호구역의 지정해제를 신청하는 경우에는 그 신청인에게 법규상 또는 조리상 행정계획 변경을 신청할 권리가 인정되지 않는다. (○, ×) [20 지방9급]

9. 행정계획과 권리구제

(1) 사전적 권리구제(계획수립절차의 절차적 통제)

행정계획은 그에 대한 사후구제가 어렵기 때문에 다른 어떤 행정작용보다 사전적 권리구제절차인 계획수립절차의 중요성이 큰 분야이다. 현행 행정절차법에는 관련된 여러 이익을 정당하게 형량하여야 한다고 규정하고, 처분성이 인정되는 계획에 대한 처분절차에 관한 규정과 계획에 대한 행정예고제도는 이에 관한 간접적 규정이라고 할 수 있다.

(2) 사후적 권리구제

① 항고소송

국민의 권리·의무에 구체적·개별적인 영향을 미치는 행정계획은 처분성이 인정된다. 다만 처분성이 인정되는 계획이라 하더라도 광범위한 형성의 자유인 계획재량으로 인해 위법성의 인정이 어렵다. 나아가 위법성이 인정된다 하더라도 공익의 관점에서 사정판결이 행해질 가능성도 있다.

✦ 국민의 권리·의무에 구체적·개별적인 영향을 미치는 행정계획은 처분성이 인정된다. (○, ×) [15 교행]

판례

도시관리계획결정·고시와 그 도면에 특정 토지가 도시관리계획에 포함되지 않았음이 명백한데도 도시관리계획을 집행하기 위한 후속 계획이나 처분에서 그 토지가 도시관리계획에 포함된 것처럼 표시되어 있는 경우가 있다. 이것은 실질적으로 도시관리계획결정을 변경하는 것에 해당하여 구 국토의 계획 및 이용에 관한 법률 제30조 제5항에서 정한 도시관리계획 변경절차를 거치지 않는 한 당연무효이다(대판 2019.7.11. 2018두47783).

✦ 도시관리계획결정·고시와 그 도면에 특정 토지가 도시관리계획에 포함되지 않았음이 명백한데도 도시관리계획을 집행하기 위한 후속 계획이나 처분에서 그 토지가 도시관리계획에 포함된 것처럼 표시되어 있는 경우, 이는 원칙적으로 취소사유에 해당한다. (○, ×) [21 지방7급]

② 손해배상·손실보상

행정계획과 관련하여 공무원이 직무상 고의 또는 과실로 법령에 위반하여 타인에게 손해를 가한 경우 국가배상청구가 가능하다(국가배상법 제2조). 행정계획으로 인해 특별한 희생에 해당하는 재산권의 침해를 받은 자는 손실의 보상을 청구할 수 있다(헌법 제23조 제3항).

③ 헌법소원

헌법재판소는 비구속적 행정계획에 대해서는 원칙적으로 헌법소원을 인정하지 아니한다. 다만 예외적으로 비구속적 행정계획도 국민의 기본권에 직접적으로 영향을 끼치고, 앞으로 법령의 뒷받침에 의하여 그대로 실시될 것이 틀림없을 것으로 예상될 수 있을 때에는, 공권력행위로서 예외적으로 헌법소원의 대상이 될 수 있다(헌재 1992.10.1. 92헌마68등). [18 서울7급(上), 17 국가9급(下)]

> 구속력 없는 행정계획안이나 행정지침이라도 국민의 기본권에 직접적으로 영향을 끼치고 법령의 뒷받침에 의하여 그대로 실시될 것이 틀림없을 것으로 예상되는 때에는 예외적으로 헌법소원의 대상이 된다. (○, ×) [21 국가9급, 18 국가7급]

10. 장기미집행 도시계획

(1) 일반론

사인(私人)의 토지가 도로나 공원과 같은 도시계획시설로 지정되면 토지소유자는 당해 토지가 매수될 때까지 계획된 사업의 시행을 어렵게 하는 변경을 해서는 안 된다는 변경금지의 의무 등을 진다. 이때 도시계획시설로 지정된 후 사업집행 없이 오랜 기간이 경과한 경우에는 개인의 재산권 침해 문제가 발생한다.

(2) 장기미집행 도시계획시설결정의 실효문제

이 경우 헌법상 재산권 규정으로부터 도시계획시설결정의 실효가 당연히 도출되는지가 문제된다. 헌법재판소는 별도의 법률상 근거가 필요하다는 입장에서 당연히 실효되는 것은 아니라고 본다. 한편 현행 국토의 계획 및 이용에 관한 법률 제48조 제1항에 따르면 도시·군계획결정 고시일로부터 20년이 지날 때까지 사업이 시행되지 아니하는 경우 고시일로부터 20년이 되는 날의 다음 날에 효력을 잃는다고 한다.

> 도시·군계획시설결정이 고시된 도시·군계획시설에 대하여 그 고시일부터 20년이 지날 때까지 그 시설 설치에 관한 도시·군계획시설사업이 시행되지 아니하는 경우 도시·군계획시설결정은 그 고시일로부터 20년이 되는 날의 다음 날에 그 효력을 잃는다. (○, ×) [11 지방7급]

헌재 판례

장기미집행 도시계획시설결정의 실효제도는 도시계획시설부지로 하여금 도시계획시설결정으로 인한 사회적 제약으로부터 벗어나게 하는 것으로서 결과적으로 개인의 재산권이 보다 보호되는 측면이 있는 것은 사실이나, 이와 같은 보호는 입법자가 새로운 제도를 마련함에 따라 얻게 되는 법률에 기한 권리일 뿐 헌법상 재산권으로부터 당연히 도출되는 권리는 아니다(헌재 2005.9.29. 2002헌바84 등). [20 국가9급]

> 장기미집행 도시계획시설결정의 실효는 헌법상 재산권으로부터 당연히 도출되는 것은 아니며, 법률의 근거가 필요하다. (○, ×) [08 국회8급]

04 공법상 계약

행정기본법 제27조【공법상 계약의 체결】 ① 행정청은 법령등을 위반하지 아니하는 범위에서 행정목적을 달성하기 위하여 필요한 경우에는 공법상 법률관계에 관한 계약(이하 "공법상 계약"이라 한다)을 체결할 수 있다. [23 지방7급] 이 경우 계약의 목적 및 내용을 명확하게 적은 계약서를 작성하여야 한다. [24 국가9급]
② 행정청은 공법상 계약의 상대방을 선정하고 계약 내용을 정할 때 공법상 계약의 공공성과 제3자의 이해관계를 고려하여야 한다.

> 「행정기본법」에 따르면 신속히 처리할 필요가 있거나 사안이 경미한 경우에는 말 또는 서면으로 공법상 계약을 체결할 수 있다. (○, ×) [23 지방7급]

공법상 계약은 복수당사자 간 반대방향의 의사표시 합치로 성립되는 공법행위로 동일한 방향의 의사표시 합치로 성립되는 공법상 합동행위와 구별된다. (○, ×) [14 경행특채]

1. 공법상 계약의 의의

공법상 계약이란 공법적 효과의 발생을 목적으로 하는 복수당사자 간의 서로 반대방향의 의사표시의 합치에 의하여 성립하는 공법행위를 말한다. 이에 반해 공법상 합동행위는 동일방향의 의사합치가 요구된다는 점에서 구별된다.

2. 공법상 계약의 장 · 단점 및 인정영역

(1) 공법상 계약의 장점

공법상 계약은 ① 탄력적인 행정목적 달성을 가능하게 하고, [13 서울9급] ② 법률관계의 불명료성을 해결해주는 역할을 하며, [13 서울9급] ③ 당사자의 합의에 따라 쟁송제기의 가능성을 줄여주고, ④ 법률지식이 부족한 자에 대한 교섭을 통해 계약내용을 이해시킬 수 있고, [13 서울9급] ⑤ 법의 흠결을 보충하는 장점을 가지고 있다. [13 서울9급]

(2) 공법상 계약의 단점

공법상 계약은 ① 행정권과 사인이 대등해짐으로써 행정권의 약화가 초래될 수 있고, ② 행정의사의 사실상의 우월성으로 인하여 행정계약의 체결이 강요됨으로 불평등계약이 되기 쉽고, ③ 평등원칙에 위반될 가능성이 많다.

(3) 공법상 계약의 인정영역 – 모든 공행정 분야

공법상 계약은 주로 비권력적인 급부행정영역에서 인정되어 왔으나 최근에는 환경규제행정과 같은 침해적 · 권력적 행정 분야에서도 활용되고 있다. 대표적인 예로 행정주체와 기업체 간에 체결되는 공해방지협정을 들 수 있다.

3. 공법상 계약의 자유성과 한계

(1) 공법상 계약의 자유성(법률유보의 문제)

다수설에 따르면 공법상 계약은 당사자의 자유로운 의사의 합치에 의하므로 원칙적으로 법률유보의 원칙이 적용되지 않는다고 본다. (○, ×) [17 국가9급]

권력적 영역에서도 법률규정의 문언 등에 비추어 공법상 계약을 부정하는 것이 아닌 한 원칙적으로 법률의 근거 없이 가능하다.

(2) 공법상 계약의 한계(법률우위의 문제)

공법상 계약에는 법률우위의 원칙이 적용된다. (○, ×) [21 지방9급, 14 서울7급]

공법상 계약도 법률우위의 원칙에 위반될 수 없음은 다른 행정작용과 마찬가지이다. 따라서 헌법을 포함한 성문법, 행정법의 일반원칙 등에 위배되어서는 아니 된다.

4. 공법상 계약의 종류: 계약의 주체(당사자)를 기준으로 한 분류

(1) 행정주체 상호 간의 공법상 계약

지방자치단체 간의 교육사무위탁은 공법상 계약이다. (○, ×) [11 복지9급]

공법상 계약은 행정주체 상호 간에도 이루어진다. 행정주체 상호 간에 이루어지는 공법상 계약으로서는 지방자치단체 사이의 교육사무위탁, 농지개량조합의 시 · 군 · 구에 대한 공공조합비의 징수위탁 등이 있다.

공법상 계약은 행정주체와 사인 간에만 체결 가능하며, 행정주체 상호 간에는 공법상 계약이 성립할 수 없다. (○, ×) [17 국가9급]

(2) 행정주체와 사인 간의 계약

특별권력관계설정합의	계약직 공무원 임용·채용, 지원에 의한 입대, 영조물이용관계설정 등
공법상 보조계약	청원경찰에 대한 비용부담 등
임의적 공용부담	공원용지의 기증이나 개인의 사유지를 도로부지로 제공하는 행위 등
행정사무위임	사인의 청구에 의한 별정우체국의 지정, 체신창구사무위임 등
환경보존의 협정	지방자치단체와 사기업 간의 공해방지 협정 등
보조금지급계약	농어민자금지원계약 등

판례

행정청이 상대방 사이의 근로관계를 일방적인 의사표시로 종료시켰다고 하더라도 곧바로 그 의사표시가 공권력을 행사하여 행하는 행정처분이라고 단정할 수는 없고, 관계 법령이 상대방의 근무관계에 관하여 구체적으로 어떻게 규정하고 있는지에 따라 그 의사표시가 항고소송의 대상이 되는 행정처분에 해당하는 것인지 아니면 공법상 계약관계인지 여부를 개별적으로 판단하여야 한다(대판 2014.4.24. 2013두6244). [21 국가9급]

(3) 공무수탁사인과 일반사인 간의 계약

공무수탁사인과 일반사인 간의 계약도 공법상 계약이 이루어진다. 예컨대 토지수용에 있어서 사업시행자와 피수용자 간의 손실보상 등에 관한 협의를 들 수 있다. 다만 협의취득의 성질에 대해서 다수설은 공법상 계약으로 보지만 판례는 사법상의 계약으로 본다.

판례

공법상 계약으로 본 사례

1. 서울특별시립무용단원이 가지는 지위가 공무원과 유사한 것이라면, 서울특별시립무용단 단원의 위촉은 공법상의 계약이라고 할 것이고, 따라서 그 단원의 해촉에 대하여는 공법상의 당사자소송으로 그 무효확인을 청구할 수 있다(대판 1995.12.22. 95누4636). [19 서울9급, 17 서울7급]
2. 전문직공무원인 공중보건의사의 채용계약의 해지의 의사표시에 대하여는 대등한 당사자 간의 소송형식인 공법상 당사자소송으로 그 의사표시의 무효확인을 청구할 수 있다(대판 1993.9.14. 92누4611). [21 지방9급, 19 국가7급]

판례

사법상 계약으로 본 사례

창덕궁관리소장이 채용한 비원안내원들은 공법상 계약에 개념적 징표인 대등한 당사자 사이의 채용계약으로 보기 어려운 점 등에 비추어, 그 채용계약은 단순한 사법상의 고용계약으로 이해된다(대판 1996.1.23. 95다5809).

행성청이 자신과 상대방 사이의 법률관계를 일방적인 의사표시로 종료시켰다면 그 의사표시는 공법상 계약관계의 일방 당사자로서 대등한 지위에서 행하는 의사표시가 아니라 공권력 행사로서 행정처분에 해당한다. (○, ×) [21 지방7급]

계약당사자의 일방은 행정주체이어야 하며, 행정주체에는 공무를 수탁받은 사인도 포함된다. (○, ×) [12 복지9급]

행정주체인 사인은 공법상 계약의 일방 당사자가 될 수 없다. (○, ×) [11 복지9급]

서울특별시립무용단 단원의 위촉은 공법상의 계약이므로, 그 단원의 해촉에 대하여는 공법상의 당사자소송으로 그 무효확인을 청구할 수 있다. (○, ×) [15 지방7급]

계약직 공무원에 대한 채용계약 해지의 의사표시는 국가 또는 지방자치단체가 대등한 지위에서 행하는 의사표시로 이해된다. (○, ×) [19 서울9급(上)]

국립의료원 부설 주차장 위탁관리 용역운영계약은 공법상 계약에 해당한다. (○, ×) [22 지방9급, 18 교행]

판례

행정처분으로 본 판례

대한민국 산하의 국립의료원 부설주차장에 관한 위탁관리용역운영계약의 실질은 행정재산인 위 부설주차장에 대한 국유재산법에 의한 사용·수익허가로서 이루어진 것이므로, 국립의료원이 공권력을 가진 우월적 지위에서 행한 행정처분으로서 특정인에게 행정재산을 사용할 수 있는 권리를 설정하여 주는 강학상 특허에 해당한다 할 것이다(대판 2006.3.9. 2004다31074). [15 경행특채]

5. 공법상 계약의 특성

(1) 실체법적 특성

① 성립상의 특성

㉠ 계약의 절차 및 형식상의 특성

공법상 계약에 대해서도 행정절차법이 적용된다. (○, ×) [17 국가9급, 17 서울7급]

공법상 계약은 문서뿐만 아니라 구두에 의한 것도 가능하며, [13 국회8급] 공법상 계약의 해지는 처분이 아니므로 행정절차법 규정이 적용되지 않는다. [19 서울7급(上), 18 교행]

계약직공무원 채용계약해지의 의사표시는 항고소송의 대상이 되는 처분 등의 성격을 가진 것으로 행정처분과 같이 「행정절차법」에 의하여 근거와 이유를 제시하여야 한다. (○, ×) [24 국가9급, 21 지방9급]

판례

계약직공무원 채용계약해지의 의사표시는 일반공무원에 대한 징계처분과는 달라서 항고소송의 대상이 되는 처분 등의 성격을 가진 것으로 인정되지 아니하고, 행정처분과 같이 행정절차법에 의하여 근거와 이유를 제시하여야 하는 것은 아니다(대판 2002.11.26. 2002두5948). [22 지방9급, 21 국가9급]

참고

부합계약이란 일방이 미리 정해놓은 약관 등에 따라 체결되는 계약을 말한다.

㉡ 부합계약성

공법상 계약은 행정주체가 일방적으로 계약 내용을 정하고 상대방은 체결 여부만을 선택해야 되는 경우가 많다. 공법상 계약에서는 실질적으로 행정청이 일반국민보다 더 많은 형성의 자유를 가질 여지가 많다.

공법상 계약의 내용은 당사자 간에 합의에 의하여 정해지기도 하지만, 행정주체가 일방적으로 내용을 정하고 상대방은 체결 여부만을 선택해야 하는 경우도 인정될 수 있다. (○, ×) [14 서울7급]

㉢ 재량행위

판례

지방전문직 공무원 채용계약에서 정한 채용기간이 만료한 경우 채용계약을 갱신하거나 채용기간을 연장할 것인지 여부는 지방자치단체장의 재량이다(대판 1993.9.14. 92누4611). [18 국가9급, 15 지방9급]

② 효력상의 특성

㉠ 비권력성

공법상 계약은 상대방의 의무불이행에 대한 강제적 실행이 용이하다. (○, ×) [13 서울9급]

행정주체의 상대방이 계약상 의무를 이행하지 않는 경우라도 법률의 근거가 없으면 행정상 강제집행을 할 수 없다. (○, ×) [19 서울7급(上)]

공법상의 계약은 비권력적 작용이기 때문에 원칙적으로 행정행위에 인정되는 공정력·자력집행력·불가쟁력·불가변력 등과 같은 효력이 인정되지 않는다. [19 서울7급(上)] 공법상의 계약에서는 상대방의 의무불이행에 대해 자력집행권은 인정되지 않는 것이 원칙이므로 법률의 근거가 없으면 행정상의 강제집행을 할 수 없다.

㉡ 계약의 해지·변경

공법상 계약에는 민법의 계약에 관한 규정이 적용되지만 공법상 계약이 계속적 급부를 내용으로 하는 경우 행정청의 계약해지가 제한될 수 있다. 그리고 상대방에게 귀책사유가 없는 경우에도 중대한 공익상의 필요에 의해 행정주체의 일방적인 계약변경·해지권을 인정하여야 할 경우도 있다. 따라서 공법상의 계약에는 민법상의 계약해제에 관한 규정이 그대로 적용되지는 않는다. [19 서울7급(上)]

③ 계약의 하자

공법상의 계약에는 공정력이 인정되지 않기 때문에 하자가 있는 경우에도 행정행위의 하자이론이 적용되지 않는다. 판례는 법령상의 요건과 절차를 거치지 않고 체결한 지방자치단체와 사인 사이에 사법상 계약은 무효로 본다. [19 서울9급(上), 15 경행특채]

(2) **절차법적 특성**

공법상의 계약에 관한 쟁송은 공법상의 당사자소송으로 행정소송법이 적용된다. 공법상 계약은 행정심판의 대상이 아니다.

판례

1. 공중보건의사 채용계약 해지의 의사표시에 대하여는 대등한 당사자 간의 소송형식인 공법상의 당사자소송으로 그 의사표시의 무효확인을 청구할 수 있는 것이지, 그 취소를 구하는 항고소송을 제기할 수는 없다(대판 1996.5.31. 95누10617). [19 서울7급(上), 17 국가9급]
2. 광주광역시문화예술회관장의 단원 위촉은 공법상 근로계약에 해당한다고 보아야 할 것이므로, 광주광역시립합창단원으로서 위촉기간이 만료되는 자들의 재위촉 신청에 대하여 광주광역시문화예술회관장이 실기와 근무성적에 대한 평정을 실시하여 재위촉을 하지 아니한 것을 항고소송의 대상이 되는 불합격처분이라고 할 수는 없다(대판 2001.12.11. 2001두7794).
3. 지방공무원법에 의하여 지방계약직공무원에게도 지방공무원법의 징계사유가 있는 때에는 징계처분을 할 수 있다. 근로기준법 등의 입법 취지, 지방공무원법과 지방공무원징계 및 소청규정의 여러 규정에 비추어 볼 때, 채용계약상 특별한 약정이 없는 한, 지방계약직공무원에 대하여 지방공무원법, 지방공무원징계 및 소청규정에 정한 징계절차에 의하지 않고서는 보수를 삭감할 수 없다고 봄이 상당하다(대판 2008.6.12. 2006두16328). [21 국가9급, 16 서울9급]
4. 중소기업 정보화지원사업에 따른 지원금 출연을 위하여 중소기업청장이 체결하는 협약은 공법상 대등한 당사자 사이의 의사표시의 합치로 성립하는 공법상 계약에 해당하는 점을 종합하면, 협약의 해지 및 그에 따른 환수통보는 공법상 계약에 따라 행정청이 대등한 당사자의 지위에서 하는 의사표시로 보아야 하고, 이를 행정청이 우월한 지위에서 행하는 공권력의 행사로서 행정처분에 해당한다고 볼 수는 없다(대판 2015.8.27. 2015두41449). [22 국가7급, 21 지방7급]
5. 민간투자사업 실시협약을 체결한 당사자가 공법상 당사자소송에 의하여 그 실시협약에 따른 재정지원금의 지급을 구하는 경우에, 수소법원은 단순히 주무관청이 재정지원금액을 산정한 절차 등에 위법이 있는지 여부를 심사하는 데 그쳐서는 아니 되고, 실시협약에 따른 적정한 재정지원금액이 얼마인지를 구체적으로 심리·판단하여야 한다(대판 2019. 1. 31. 2017두46455).

PART 02

- 위법한 공법상 계약은 민법에서와 같이 원칙상 무효이다. (○, ×) [13 국회8급, 10 국가9급]
- 공법상 계약에 관한 쟁송은 원칙적으로 행정소송법 제3조에 규정된 당사자소송에 의한다. (○, ×) [14 국가7급]
- 관할 도지사의 공중보건의사 채용계약 해지의 의사표시에 대하여는 공법상의 당사자소송으로 그 의사표시의 무효확인을 청구할 수 있다. (○, ×) [15 지방9급, 14 서울7급]
- 행정청이 자신과 상대방 사이의 근로관계를 일방적인 의사표시로 종료시켰다면, 곧바로 그 의사표시는 행정청으로서 공권력을 행사하여 행하는 행정처분에 해당한다. (○, ×) [15 지방7급]
- 광역시립합창단원으로서 위촉기간이 만료되는 자들의 재위촉신청에 대하여 광역시문화예술회관장이 실기와 근무성적에 대한 평정을 실시하여 재위촉을 하지 아니한 것은 항고소송의 대상이 되는 불합격 처분에 해당한다. (○, ×) [20 지방7급, 19 서울9급(上)]
- 지방계약직 공무원에 대해서 채용계약상 특별한 약정이 없는 한, 지방공무원법 및 지방공무원징계 및 소청규정에 정한 징계절차에 의하지 아니하고는 보수를 삭감할 수 없다. (○, ×) [15 지방7급, 15 지방9급]
- 중소기업 정보화지원사업에 대한 지원금출연협약의 해지 및 환수통보는 공법상 계약에 따른 의사표시가 아니라 행정청이 우월한 지위에서 행하는 공권력의 행사로서 행정처분이다. (○, ×) [23 지방7급, 21 국가9급]
- 민간투자사업 실시협약을 체결한 당사자가 공법상 당사자소송에 의하여 그 실시협약에 따른 재정지원금의 지급을 구하는 경우에, 수소법원은 주무관청이 재정지원금액을 산정한 절차 등에 위법이 있는지 여부를 심사할 수는 있지만 실시협약에 따른 적정한 재정지원금액이 얼마인지를 구체적으로 심리·판단할 수 없다. (○, ×) [22 국가7급]

05 공법상 합동행위 및 행정상의 사실행위

1. 공법상 합동행위

공법상 합동행위는 공법적 효과 발생을 목적으로 하는 복수당사자 간의 동일방향의 의사의 합치로 성립되는 공법행위이며, 지방자치단체조합을 설립하는 행위 등이 이에 해당한다. (○, ×) [12 지방7급]

공법상 합동행위란 공법적 효과발생을 목적으로 하는 복수당사자 간의 서로 동일방향에 선 의사표시를 합치시킴으로써 이루어지는 공법행위를 말한다. 지방자치단체조합을 설립하는 행위, 농지개량조합 등 공공조합을 설립하는 행위 등이 대표적인 예이다. 공법상 합동행위는 동일방향의 의사합치라는 점에서 서로 대립하는 의사표시의 합치인 공법상 계약과 구별된다. 공법상 계약, 공법상 합동행위는 공권력의 행사에 해당하지 않는 이유로 행정행위에 포함되지 않는다. [16 서울9급]

2. 행정상 사실행위

(1) 의의

행정상의 사실행위란, 일정한 법률적 효과를 발생시키기 위한 것이 아니라, 사실상의 결과 발생을 직접 목적으로 하는 행위를 말한다(불법건축물의 철거, 폐기물 수거, 법령질의에 대한 응답 등).

(2) 종류

① 권력적 사실행위

권력적 사실행위란 행정주체가 우월적 지위를 가지고 하는 행위로서 공권력(명령・강제 등) 행사의 실체를 가지는 사실행위를 말한다. 불법건축물의 강제철거 등 대집행의 실행행위, 전염병 환자의 강제격리 등의 행정상 즉시강제가 이에 해당한다.

② 비권력적 사실행위

비권력적 사실행위란 공권력행사의 실체를 가지지 않는 사실행위를 말한다. 도로건설, 여론조사, 폐기물 수거, 행정지도 등이 이에 해당한다.

(3) 행정상 사실행위의 법적 근거와 한계

일반적으로 권력적 사실행위는 법률유보의 적용을 받는다. (○, ×) [09 관세사]

① 법적 근거(법률유보의 문제)

행정상 사실행위도 행정기관이 자신의 권한범위 내에서 행하여야 하므로 조직법적 근거는 필요하다. 다만 작용법적 근거에 대해서 권력적 사실행위는 침해적 성질이 강하므로 법률유보의 원칙이 엄격히 적용되어 법적 근거가 필요하다고 할 것이나, 비권력적 사실행위에는 법적 근거가 필요하지 않다.

② 한계(법률우위의 문제)

행정상 사실행위도 행정작용인 이상 법률우위의 원칙이 적용되어 헌법을 비롯한 성문법이나 행정법의 일반원칙에 반하지 않아야 한다.

(4) 권리구제

① 행정쟁송

㉠ 권력적 사실행위

권력적 사실행위는 행정쟁송법상의 처분에 해당한다. 따라서 권력적 사실행위에 대해서는 일응 취소소송 등 항고소송을 제기해서 권리구제를 받을 수 있다. 하지만 무허가건물의 강제철거와 같은 권력적 사실행위는 단기간에 종료하는 것이 보통이므로 협의의 소의 이익이 없어 취소쟁송을 통해 구제받기는 사실상 어렵다. 반면 계속적 성질을 가지는 사실행위, 예컨대 전염병 환자의 강제격리 등은 소송을 통해 구제받을 수 있다.

판례

권력적 사실행위에 대한 사례

1. 단수처분은 항고소송의 대상이 되는 행정처분에 해당한다(대판 1979.12.28. 79누218).
2. 미결수용자의 교도소 이송조치는 행정처분이다(대판 1992.8.7. 92두30).

판례는 단수처분에 대해 행정소송법상 처분에 해당하는 것으로 인정하고 있다. (○, ×) [12 지방9급]

㉡ 비권력적 사실행위

알선, 권유, 경고, 사실상의 통지와 같은 비권력적 사실행위에 대해서는 처분성을 부정하는 것이 통설과 판례의 태도이다.

판례

비권력적 사실행위에 대한 사례

1. 수도사업자가 급수공사 신청자에 대하여 급수공사비 내역과 이를 지정기일 내에 선납하라는 취지로 한 납부통지는 강제성이 없는 의사 또는 사실상의 통지행위라고 풀이함이 상당하고, 이를 가리켜 항고소송의 대상이 되는 행정처분이라고 볼 수 없다(대판 1993.10.26. 93누6331).
2. 추첨방식에 의하여 운수사업 면허대상자를 선정하는 경우 추첨 자체는 다수의 면허신청자 중에서 면허를 받을 수 있는 신청자를 특정하여 선발하는 행정처분을 위한 사전 준비절차로서의 사실행위에 불과한 것으로, 행정청으로서는 당첨된 신청인을 상대로 면허처분을 할 때 다시 자격 유무를 구체적으로 조사 판단하여 종국적으로 면허 또는 면허거부처분을 하여야 할 것이다(대판 1993.5.11. 92누15987). [15 복지9급]

급수공사 신청자에 대한 수도사업자의 급수공사비 납부통지는 처분성이 인정된다. (○, ×) [14 복지9급]

② 손해전보

㉠ 손해배상

행정상의 사실행위가 국가배상법상의 배상요건에 부합되는 위법한 것일 때에는 손해배상이 가능하다. 다만 비권력적 사실행위인 경우 배상에 한계가 있다.

국가배상청구가 사실행위의 구제수단이 될 수 있다. (○, ×) [08 국회8급]

㉡ 행정상 사실행위와 손실보상

적법한 사실행위로 인하여 특별한 희생이 발생한 경우에는 손실보상이 인정된다. 다만 비권력적 사실행위인 경우에는 보상에 한계가 있다.

③ 결과제거청구권

행정상 사실행위로 인한 위법한 결과로 법률상 이익이 침해된 자는 공법상 결과제거청구권을 통해 원상회복을 청구할 수 있다. 이러한 결과제거청구권은 소송상 당사자소송에 의하여야 한다는 것이 일반적 견해이다.

④ 헌법소원

헌법재판소는 권력적 사실행위로서 처분성이 인정되는 경우라고 하더라도 보충성의 원칙의 예외로서 헌법소원 대상성을 긍정한 바 있다.

헌재 판례

수형자의 서신검열은 권력적 사실행위로서 행정처분이지만 보충성 원칙의 예외로서 헌법소원의 대상이 된다(헌재 1998.8.27. 96헌마398).

헌법재판소는 "수형자의 서신을 교도소장이 검열하는 행위는 이른바 권력적 사실행위로서 행정심판이나 행정소송의 대상이 되는 행정처분으로 볼 수 있다."라고 하여 명시적으로 권력적 사실행위의 처분성을 긍정하였다. (○, ×) [18 서울7급(上)]

06 행정지도

1. 행정지도의 의의

행정지도란 행정기관이 그 소관사무의 범위에서 일정한 행정목적을 실현하기 위하여 특정인에게 행위를 하거나 하지 않도록 지도, 권고, 조언 등을 하는 행정작용을 말한다(행정절차법 제2조 제3호). [14 경행특채] 차량 10부제 운행이나 피서지 폭리행위 자제요청 등이 이에 해당된다.

2. 행정지도의 법적 성질

행정지도는 법적 의무를 부과하는 것이 아니라 상대방의 임의적 협력을 전제로 하는 비권력적 사실행위이다. 행정지도는 행정목적 달성에 필요한 제재를 가하기 위해 행해지는 단계적 행정행위로서의 사전적인 행위가 아니다. 따라서 행정지도는 그 자체로는 아무런 법적 효과도 발생하지 않는다.

행정지도는 사실상 강제력으로 인하여 권력적 행동활동임이 원칙이다. (○, ×) [11 지방9급]

행정지도는 법적 효과의 발생을 목적으로 하는 의사표시이다. (○, ×) [18 교행]

판례

행정관청이 건축허가시에 도로의 폭에 대하여 행정지도를 하였다는 점만으로는 건축법시행령 제64조 제1항 소정의 도로지정이 있었던 것으로 볼 수 없다(대판 1991.12.13. 91누1776).

3. 행정지도의 장 · 단점

행정지도는 행정기능의 확대, 정보의 제공, 행정의 탄력적 운영 등을 도모할 수 있다는 점에서 장점이 있으나, 법치주의 형해화 우려가 있다는 점, 임의적 수단을 사용하지만 사실상의 강제력이 수반되는 경우가 있다는 점, 한계가 불명확하고 구제수단이 불완전하다는 점에서 단점도 있다.

4. 행정지도의 종류(기능에 의한 분류)

(1) 규제적 행정지도

주로 위해방지나 위법·부당한 행위를 시정하기 위한 것으로 자연보호를 위한 오물 투기의 제한, 공해방지를 위한 규제, 물가억제를 위한 권고 등이 있다.

(2) 조성적 행정지도

새로운 기술이나 정보의 제공을 통하여 사회적·경제적 약자를 보호하고 그 지위향상을 위한 것으로 생활개선지도, 중소기업의 합리화 지도, 영농지도, 장학지도, 세무지도, 기술·정보·지식의 제공이 있다.

5. 행정지도의 법적 근거와 한계

(1) 행정지도의 법적 근거(법률유보의 문제)

행정지도는 행정기관의 직무범위 내에서 이루어져야 하므로 조직법적 근거규범이 필요하나, 행정지도에 따를 것인지 여부가 상대방의 임의적 결정에 달려있는 비권력적 사실행위이므로 작용법적 근거는 필요 없다. [22 국가9급]

(2) 행정지도의 한계(법률우위의 문제)

① 일반론

행정지도도 행정작용인 이상 법률우위의 원칙이 적용되어 헌법을 비롯한 성문법이나 행정법의 일반원칙에 반하지 않아야 한다.

② 내용적 한계

> 행정절차법 제48조【행정지도의 원칙】 ① 행정지도는 그 목적 달성에 필요한 최소한도에 그쳐야 하며, 행정지도의 상대방의 의사에 반하여 부당하게 강요하여서는 아니 된다.
> ② 행정기관은 행정지도의 상대방이 행정지도에 따르지 아니하였다는 것을 이유로 불이익한 조치를 하여서는 아니 된다.

㉠ 비례의 원칙(과잉금지의 원칙)

행정지도는 목적달성에 필요한 최소한도에 그쳐야 한다. [19 서울9급(上)]

㉡ 임의성의 원칙

행정지도는 상대방의 임의의 의사에 의하여야 하고, 행정지도의 상대방의 의사에 반하여 부당하게 강요하여서는 아니 된다. [19 국가9급, 19 서울9급(上)]

㉢ 불이익조치금지원칙

행정기관은 행정지도의 상대방이 행정지도에 따르지 아니하였다는 것을 이유로 불이익한 조치를 하여서는 아니 된다. [23 지방9급, 17 교행]

PART 02

- 영농지도, 중소기업에 대한 경영지도, 생활개선지도 등은 조성적 행정지도에 해당한다. (○, ×) [12 국가9급]
- 다수설에 따르면 행정지도에 관해서 개별법에 근거규정이 없는 경우 행정지도의 상대방인 국민에게 미치는 효력을 고려하여 행정지도를 할 수 없다고 본다. (○, ×) [17 국가9급, 15 서울9급]
- 행정지도는 작용법적 근거가 필요하지 않으므로, 비례원칙과 평등원칙에 구속되지 않는다. (○, ×) [19 국가9급]
- 행정절차법은 행정지도의 원칙으로 비례원칙을 규정하고 있다. (○, ×) [13 국가9급]
- 행정지도를 함에 있어서 명문의 규정은 없지만 비례원칙이 적용된다. (○, ×) [12 국가7급]
- 행정기관은 행정지도의 상대방이 행정지도에 따르지 아니할 경우 그 행정지도에 따르지 아니하였다는 것을 이유로 목적 달성에 필요최소한의 범위 내에서 불이익한 조치를 취할 수 있다. (○, ×) [14 경행특채]

③ 절차적 한계

행정절차법 제49조 【행정지도의 방식】 ① 행정지도를 하는 자는 그 상대방에게 그 행정지도의 취지 및 내용과 신분을 밝혀야 한다. [17 교행, 15 경행특채]
② 행정지도가 말로 이루어지는 경우에 상대방이 제1항의 사항을 적은 서면의 교부를 요구하면 그 행정지도를 하는 자는 직무 수행에 특별한 지장이 없으면 이를 교부하여야 한다. [17 국가9급, 16 지방9급]

제50조 【의견제출】 행정지도의 상대방은 해당 행정지도의 방식·내용 등에 관하여 행정기관에 의견제출을 할 수 있다. [19 서울9급(上)]

제51조 【다수인을 대상으로 하는 행정지도】 행정기관이 같은 행정목적을 실현하기 위하여 많은 상대방에게 행정지도를 하려는 경우에는 특별한 사정이 없으면 행정지도에 공통적인 내용이 되는 사항을 공표하여야 한다.

> 행정절차법은 행정지도는 반드시 서면으로 하여야 하고 그 서면에는 행정지도의 취지·내용을 기재하도록 규정함으로써 행정지도의 명확성을 요구하고 있다. (○, ×) [17 국회8급, 17 교행]

> 행정지도의 상대방은 당해 행정지도의 방식·내용 등에 관하여 행정지도를 한 행정기관의 상급행정기관에 의견제출을 하여야 한다. (○, ×) [13 지방7급, 11 국회8급]

> 행정지도의 상대방은 행정지도의 내용에 동의하지 않는 경우 이를 따르지 않을 수 있으므로, 행정지도의 내용이나 방식에 대해 의견제출권을 갖지 않는다. (○, ×) [17 국가9급]

> 행정기관이 같은 행정목적을 실현하기 위하여 많은 상대방에게 행정지도를 하려는 경우에는 특별한 사정이 없으면 행정지도에 공통적인 내용이 되는 사항을 공표하여야 한다. (○, ×) [23 지방9급, 14 경행특채]

6. 행정지도와 권리구제

(1) 행정쟁송

행정지도는 비권력적 사실행위이기 때문에 원칙적으로 처분이 아니지만, 예외적으로 상대방의 권리의무에 직접 영향을 미치는 효과를 가져오는 경우 처분성을 긍정한 사례가 있다.

판례

행정지도로서 처분성을 부정한 사례(원칙)

1. 공무원이 소속 장관으로부터 받은 "직상급자와 다투고 폭언하는 행위 등에 대하여 엄중 경고하니 차후 이러한 사례가 없도록 각별히 유념하기 바람"이라는 내용의 서면에 의한 경고가 국가공무원법상의 징계의 종류에 해당하지 아니하고, 근무충실에 관한 권고행위 내지 지도행위로서 그 때문에 공무원으로서의 신분에 불이익을 초래하는 법률상의 효과가 발생하는 것도 아니므로, 경고가 국가공무원법상의 징계처분이나 행정소송의 대상이 되는 행정처분이라고 할 수 없다(대판 1991.11.12. 91누2700).
2. 세무당국이 소외 회사에 대하여 원고와의 주류거래를 일정기간 중지하여 줄 것을 요청한 행위는 권고 내지 협조를 요청하는 권고적 성격의 행위로서 소외 회사나 원고의 법률상의 지위에 직접적인 법률상의 변동을 가져오는 행정처분이라고 볼 수 없는 것이므로 항고소송의 대상이 될 수 없다(대판 1980.10.27. 80누395).
3. 유흥전문음식점업의 소관관서인 시장이 한 허가에 부쳐진 영업시간의 준수지시는 새로운 의무를 부과하는 것이 아니라 이미 허가조건에 부쳐진 사항의 이행을 지시 경고하는 것이라고 할 것이니 이에 불과한 시장의 주간영업행위 금지지시는 행정처분이라고 할 수 없으므로 행정소송의 대상이 되지 아니한다(대판 1982.12.28. 82누366).

> 세무당국이 주류제조회사에 대하여 특정 업체와의 주류거래를 일정기간 중지하여 줄 것을 요청한 행위는 권고적 성격의 행위로서 행정처분이라고 볼 수 없다. (○, ×) [19 국가9급, 13 지방9급]

판례

처분성을 인정한 사례(예외)

1. 행정규칙에 의한 '불문경고조치'가 비록 법률상의 징계처분은 아니지만 위 처분을 받지 아니하였다면 차후 다른 징계처분이나 경고를 받게 될 경우 징계감경사유로 사용될 수 있었던 표창공적의 사용가능성을 소멸시키는 효과와 1년 동안 인사기록카드에 등재됨으로써 그 동안은 장관표창이나 도지사표창 대상자에서 제외시키는 효과 등이 있다는 이유로 항고소송의 대상이 되는 행정처분에 해당한다(대판 2002.7.26. 2001두3532). [13 지방9급]
2. 금융기관의 임원에 대한 금융감독원장의 문책경고는 그 상대방에 대한 직업선택의 자유를 직접 제한하는 효과를 발생하게 하는 등 상대방의 권리의무에 직접 영향을 미치는 행위로서 항고소송의 대상이 되는 행정처분에 해당한다(대판 2005.2.17. 2003두14765). [15 경행특채, 14 국회8급]

(2) 손해전보

판례

1. 행정지도가 강제성을 띠지 않은 비권력적 작용으로서 행정지도의 한계를 일탈하지 아니하였다면, 그로 인하여 상대방에게 어떤 손해가 발생하였다 하더라도 행정기관은 그에 대한 손해배상책임이 없다(대판 2008.9.25. 2006다18228). [23 지방9급, 17 국회8급]
2. 국가배상법이 정한 배상청구의 요건인 '공무원의 직무'에는 권력적 작용만이 아니라 행정지도와 같은 비권력적 작용도 포함되며 단지 행정주체가 사경제주체로서 하는 활동만 제외되는 것이고, 비권력적 작용인 공탁으로 인한 피고의 손해배상책임은 성립할 수 없다는 상고이유의 주장은 이유가 없다(대판 1998.7.10. 96다38971).

(3) 헌법소원

헌재 판례

교육인적자원부장관의 대학총장들에 대한 이 사건 학칙시정요구는 고등교육법에 따른 것으로서 그 법적 성격은 대학총장의 임의적인 협력을 통하여 사실상의 효과를 발생시키는 행정지도의 일종이지만, 그에 따르지 않을 경우 일정한 불이익조치를 예정하고 있어 사실상 상대방에게 그에 따를 의무를 부과하는 것과 다를 바 없으므로 단순한 행정지도로서의 한계를 넘어 규제적·구속적 성격을 상당히 강하게 갖는 것으로서 헌법소원의 대상이 되는 공권력의 행사라고 볼 수 있다(헌재 2003.6.26. 2002헌마337). [19 국가9급]

7. 행정지도와 위법성조각

위법한 행정지도에 따라 행한 사인의 행위는 법령에 명시적으로 정함이 없는 한 위법성이 조각된다고 할 수 없다. [18 서울7급(上), 17 국가9급]

판례

행정관청이 국토이용관리법 소정의 토지거래계약신고에 관하여 공시된 기준시가를 기준으로 매매가격을 신고하도록 행정지도를 하여 그에 따라 허위신고를 한 것이라 하더라도 이와 같은 행정지도는 법에 어긋나는 것으로서 그와 같은 행정지도나 관행에 따라 허위신고행위에 이르렀다고 하여도 이것만 가지고서는 그 범법행위가 정당화될 수 없다(대판 1994.6.14. 93도3247).

행정규칙에 의한 불문경고조치는 차후 징계감경사유로 작용할 수 있는 표창대상자에서 제외되는 등의 인사상 불이익을 줄 수 있다 하여도 이는 간접적 효과에 불과하므로 항고소송의 대상인 행정처분에 해당 하지 않는다. (○, ×) [18 서울7급(上), 15 국회8급]

행정지도의 한계 일탈로 인해 상대방에게 손해가 발생한 경우 행정기관은 손해배상책임이 없다. (○, ×) [18 교행]

국가배상법 제2조 제1항의 공무원의 직무에는 권력적 작용만 포함된다. (○, ×) [14 서울9급]

행정지도는 비권력적 작용이므로 「국가배상법」이 정한 배상청구의 요건인 공무원의 직무에 포함되지 않는다. (○, ×) [19 서울9급(上)]

행정지도가 단순한 행정지도의 한계를 넘어 규제적 구속적 성격을 상당히 강하게 갖는 경우라도 헌법소원의 대상이 되는 공권력의 행사로 볼 수 없다. (○, ×) [15 경행특채, 12 국가9급]

교육인적자원부장관(현 교육부장관)의 대학총장들에 대한 학칙시정요구는 행정지도에 해당하므로 규제적·구속적 성격을 강하게 가지고 있더라도 헌법소원의 대상이 되는 공권력의 행사라고 볼 수 없다. (○, ×) [17 교행, 13 지방9급]

토지매매대금의 허위신고가 위법한 행정지도에 따른 것이라 하더라도 그 범법행위가 정당화되지는 않는다. (○, ×) [18 교행, 14 경행특채]

위법한 행정지도에 따라 행한 사인의 행위는 위법성이 조각되어 범법행위가 되지 않는다. (○, ×) [23 지방9급]

07 기타 행정작용

1. 비공식 행정작용

(1) 비공식 행정작용의 의의

공식적 행정작용은 행정작용의 근거・요건 및 효과 등이 법에 정해져 있는 것을 말하고, 비공식적 행정작용이란 이와 같은 형식 등이 정해져 있지 않은 일체의 행정작용으로서 법적 구속력이 발생하지 않는 사실행위를 말한다.

(2) 비공식 행정작용의 허용성 여부

헌법상 법치주의원리에 비추어 볼 때 비공식적 행정작용은 허용되지 않는 것이 원칙이지만 행정권의 확대와 행정수요의 변화에 대응하기 위하여 전통적인 행정만으로는 한계가 있고 비공식적 행정작용의 기능을 고려하여 이를 인정하자는 견해가 있으나 이미 유사한 기능을 수행하는 행정지도가 행정절차법에 도입되어 있어 실익이 없고, 오히려 행정절차법상의 규율을 우회하는 수단이 될 수 있다는 점에서 부정하는 견해가 유력하다.

(3) 기타

비공식적 행정작용의 장・단점, 법적 근거 및 한계, 효력, 권리구제방법 등은 행정지도의 경우와 거의 동일하다.

2. 행정의 자동결정

(1) 의의

행정의 자동결정이란 일반적으로 행정과정에서 컴퓨터 등 전자처리정보를 투입하여 행정업무를 자동화하여 수행하는 것을 말한다. 신호등에 의한 교통신호, 컴퓨터를 통한 중・고등학생의 학교배정 등을 들 수 있다. [23 지방9급, 16 복지9급]

(2) 법적 성질

행정자동결정은 자동시설의 도움을 받아 발하여지는 행정처분으로서 일반적으로 행정행위라는 것이 통설의 입장이다. 행정기본법상 자동적 처분은 항고소송의 대상이 된다. [23 지방9급]

> 행정기본법 제20조 【자동적 처분】 행정청은 법률로 정하는 바에 따라 완전히 자동화된 시스템(인공지능 기술을 적용한 시스템을 포함한다)으로 처분을 할 수 있다. 다만, 처분에 재량이 있는 경우는 그러하지 아니하다. [23 지방9급]

(3) 자동결정의 하자와 권리구제

행정의 자동결정도 행정작용의 하나이므로 행정의 법률적합성과 행정법의 일반원칙에 의한 법적 한계를 준수하여야 한다. [16 복지9급] 행정자동결정은 행정처분성이 인정되므로 행정쟁송을 통하여 다툴 수 있다. 위법한 행정자동결정에 의해 손해를 받은 자는 국가배상법에 기초하여 국가배상청구소송을 제기할 수 있다.

참고

비공식적 행정작용은 독일법상 행정작용의 개념이고, 행정지도는 일본에서 도입된 개념이다.

- 비공식 행정작용은 행정기관과 사인 사이에 행하여지기 때문에 그 사인과 제3자의 지위보장에 적합한 행위형식이다. (○, ×) [98국가7급]
- 행정의 자동결정은 컴퓨터를 통하여 이루어지는 자동적 결정이기 때문에 행정행위의 개념적 요소를 구비하는 경우에도 행정행위로서의 성격을 인정하는 데 어려움이 있다. (○, ×) [16 복지9급]
- 「행정기본법」상 자동적 처분을 할 수 있는 '완전히 자동화된 시스템'에는 '인공지능 기술을 적용한 시스템'이 포함되지 않는다. (○, ×) [23 지방9급]
- 행정청은 처분에 재량이 있는 경우 법령이나 행정규칙이 정하는 바에 따라 완전히 자동화된 시스템으로 처분할 수 있다. (○, ×) [21 지방7급]

3. 사법형식의 행정작용(행정사법)

(1) 의의

행정사법이란 행정기관이 사법(私法)형식에 의하여 직접적으로 공행정임무를 수행하는 것으로 일정한 공법적 규율을 받는 것을 의미한다. 형식이 사법형식일 뿐 직접적으로 공행정목적을 추구한다는 점에서 협의(狹義)의 국고행정과는 구별된다.

(2) 행정사법의 적용영역

급부행정분야	① 공급행정분야(교통 · 운수 · 전기 · 가스 등) ② 생활배려행정분야(폐수 · 오물 · 쓰레기 · 폐기물 처리 등) ③ 자금지원에 의한 경제행정(국유재산의 대여 · 지불보증, 융자 등)
유도행정분야	① 규제행정분야(경제규제 · 환경규제 등) ② 기타의 사회형성분야(경기대책 · 토지대책 · 고용대책 · 수출진흥 등)

(3) 행정사법의 특성

① 공법적 구속

행정사법은 국민의 일상생활에 절대적으로 필요한 것을 공급하는 활동과 관계되므로 사적자치가 전면적으로 적용되는 것이 아니라 공법적 구속을 받는다는 점이 본질적 속성이다. 따라서 행정사법은 헌법에 의한 재산권보장 · 신뢰보호 · 평등원칙 · 비례원칙 등의 구속을 받는다.

② 공행정작용의 직접적 수행

행정사법은 사법형식에 의할지라도 협의의 국고작용과는 달리 직접적으로 공적 목적을 수행한다는 점에서 특색이 있다.

(4) 행정사법과 권리구제

행정사법이 공법적 규율을 받더라도 그 본질은 사법작용이므로 행정사법에 관한 법적분쟁은 특별한 규정이 없는 한 민사소송을 통해 권리구제를 도모해야 한다.

판례

전화가입계약은 전화가입희망자의 가입청약과 이에 대한 전화관서의 승락에 의하여 성립하는 영조물 이용의 계약관계로서 그 성질은 사법상의 계약관계에 불과하다고 할 것이므로, 전화가입계약의 해지를 항고소송의 대상이 되는 행정처분으로 볼 수 없다(대판 1982.12.28. 82누441).

4. 협의의 국고작용

(1) 의의

행정주체가 재산권의 주체로서 일반사인과 같은 지위에서 사법상 행위를 하는 것을 협의의 국고작용이라고 한다. 관공서비품구매계약이나 관공서청사건설계약 등의 조달행정이 대표적이다.

(2) 특성 및 권리구제

협의의 국고작용은 사법상 규율을 받지만, 조달행정의 경우 평등권과 같은 헌법상의 원칙에 구속되어야 한다는 견해가 유력하다. 한편 협의의 국고작용은 특별한 규정이 없는 한 민사소송을 통해서 권리구제를 도모해야 한다.

5. 국가를 당사자로 하는 계약에 관한 법률

사법(私法)형식으로 행정상 활동을 하는 경우 민법규정 외에 국가를 당사자로 하는 계약에 관한 법률이 적용되기도 한다. 동법에는 신의성실의 원칙(국가를 당사자로 하는 계약에 관한 법률 제5조 제1항) 등을 규정하고 있다.

판례

1. 지방재정법에 의하여 준용되는 '국가를 당사자로 하는 계약에 관한 법률'에 따라 지방자치단체가 당사자가 되는 이른바 공공계약은 사경제의 주체로서 상대방과 대등한 위치에서 체결하는 사법상의 계약으로서 그 본질적인 내용은 사인 간의 계약과 다를 바가 없으므로, 법령에 특별한 정함이 있는 경우를 제외하고는 사적 자치와 계약자유의 원칙 등 사법의 원리가 그대로 적용된다(대결 2006.6.19. 2006마117). [22 국가9급, 21 지방7급]
2. 국가가 사인과 계약을 체결할 때에는 국가계약법령에 따른 계약서를 따로 작성하는 등 요건과 절차를 이행하여야 할 것이고, [19 서울9급(上)] 설령 국가와 사인 사이에 계약이 체결되었더라도 이러한 법령상 요건과 절차를 거치지 아니한 계약은 효력이 없다(대판 2015.1.15. 2013다215133).

판례에 의하면 행정조달계약은 국가 등 행정주체가 계약의 일방당사자가 된다는 점에서 그 분쟁에 대한 관할 법원은 행정법원이다. (○, ×) [10 국회8급]

「국가를 당사자로 하는 계약에 관한 법률」에 따르면 계약은 상호 대등한 입장에서 당사자의 합의에 따라 체결되어야 하며, 당사자는 계약의 내용을 신의성실의 원칙에 따라 이를 이행하여야 한다(○, ×) [12 지방9급]

국가계약의 본질적인 내용은 사인 간의 계약과 다르므로 법령에 특정한 규정이 있는 경우에 한하여 사법의 규정 내지 법원리가 적용된다. (○, ×) [22 지방9급, 19 서울9급(上)]

「국가를 당사자로 하는 계약에 관한 법률」에 따른 계약서를 따로 작성하는 등 그 요건과 절차를 거치지 않고 체결된 계약이라고 해서 무효가 되는 것은 아니다. (○, ×) [19 서울9급(上)]

MEMO

김태성 행정법총론

합격까지 박문각

PART

03

행정절차·정보공개·개인정보 보호

CHAPTER 01 행정절차

제1절 행정절차 일반론

01 행정절차의 의의

1. 행정절차의 개념

협의의 행정절차는 행정청이 행정작용을 할 때 대외적으로 거쳐야 하는 사전절차만을 의미하며, 여기에는 처분절차, 행정조사절차, 행정입법절차 및 행정집행절차가 포함된다.

2. 행정절차의 기능 및 필요성

행정의 민주화	행정절차는 이해관계인들을 의사형성의 과정에 참여시킴으로써 행정작용의 민주화를 기함은 물론, 행정객체의 지위상승의 효과를 불러온다.
행정의 능률화	행정의 상대방 또는 이해관계인을 행정과정에 참여시킴으로써 행정의 능률성을 확보할 수 있다.
행정의 적정화	이해관계인의 의견을 반영하여 행정문제에 대한 적정한 결정을 내릴 수 있게 되어, 행정의 정당성을 확보하게 한다.
법치주의의 보장	행정절차의 법제화는 행정의 투명성, 예측가능성을 부여하고 행정권 발동의 남용을 방지함으로써 실질적 법치주의에 기여한다.
사전적 권리구제 (사법기능의 보완)	미리 상대방 등 이해관계인의 의견을 수렴하여 행정작용을 함으로써 분쟁을 회피할 수 있고, 이에 따라 부담을 완화하는 기능을 한다.

행정절차는 행정의 민주화, 행정의 능률화, 사후적 행정규제 등의 기능을 수행한다. (○, ×) [13 서울7급]

02 행정절차의 법적 근거

1. 헌법적 근거

행정절차의 헌법적 근거에 대해서는 헌법 제12조 제1항의 적법절차원칙에서 찾는다.

현재 판례

헌법 제12조 제3항 본문은 동조 제1항과 함께 적법절차원리의 일반조항에 해당하는 것으로서, 형사절차상의 영역에 한정되지 않고 입법, 행정 등 국가의 모든 공권력의 작용에는 절차상의 적법성뿐만 아니라 법률의 구체적 내용도 합리성과 정당성을 갖춘 실체적인 적법성이 있어야 한다는 적법절차의 원칙을 헌법의 기본원리로 명시하고 있는 것이다(헌재 1992.12.24. 92헌가78).

헌법재판소는 행정절차의 헌법적 근거를 민주국가원리라는 헌법원리에서 찾고 있다. (○, ×) [15 복지9급]

헌법 제12조 제1항과 제3항은 형사사건의 적법절차에 관한 규정이므로 행정절차에는 적용되지 아니한다. (○, ×) [14 복지9급]

판례

국세징수법과 개별 세법의 납세고지에 관한 규정들은 조세행정의 공정을 기함과 아울러 납세의무자에게 과세처분의 내용을 자세히 알려주어 이에 대한 불복 여부의 결정과 불복신청의 편의를 주려는 데 그 근본취지가 있으므로, 이 규정들은 강행규정으로 보아야 한다. 따라서 납세고지서에 해당 본세의 과세표준과 세액의 산출근거 등이 제대로 기재되지 않았다면 특별한 사정이 없는 한 그 과세처분은 위법하다는 것이 판례의 확립된 견해이다. 설령 부가가치세법과 같이 개별 세법에 납세고지에 관한 별도의 규정이 없더라도 국세징수법이 정한 것과 같은 납세고지의 요건을 갖추지 않으면 안 된다는 것이고, 이는 적법절차의 원칙이 과세처분에도 적용됨에 따른 당연한 귀결이다. [13 국회8급] 같은 맥락에서, 하나의 납세고지서에 의하여 복수의 과세처분을 함께 하는 경우에는 과세처분별로 그 세액과 산출근거 등을 구분하여 기재함으로써 납세의무자가 각 과세처분의 내용을 알 수 있도록 해야 하는 것 역시 당연하다. 따라서 하나의 납세고지서에 의하여 본세와 가산세를 함께 부과할 때에는 납세고지서에 본세와 가산세 각각의 세액과 산출근거 등을 구분하여 기재해야 하는 것이고, 또 여러 종류의 가산세를 함께 부과하는 경우에는 그 가산세 상호 간에도 종류별로 세액과 산출근거 등을 구분하여 기재함으로써 납세의무자가 납세고지서 자체로 각 과세처분의 내용을 알 수 있도록 하는 것이 당연한 원칙이다(대판 2012.10.18. 2010두12347 전원합의체). [20 국가7급, 17 국가7급(下)]

✦ 가산세 부과처분에 관해서는 국세기본법이나 개별 세법 어디에도 그 납세고지의 방식 등에 관하여 따로 정한 규정이 없으므로, 가산세의 종류와 세액의 산출근거 등을 전혀 밝히지 않고 가산세의 합계액만을 기재한 경우 그 부과처분은 위법하지 않다. (○, ×) [17 지방7급]

PART 03

2. 법률적 근거

행정절차에 관한 일반법으로 행정절차법이 있고, 민원사무와 관련된 일반법으로 민원사무처리에 관한 법률이 있다. 그 외 많은 개별법에서 행정절차에 관한 규정을 두고 있다.

03 행정절차법의 특징

공법 · 일반법	행정절차법은 공법으로서 행정절차에 관한 일반법이며, 사법(私法)작용과는 무관하다. [20 지방9급]
절차법 (실체법적 내용 존재)	행정절차법은 주로 절차적 규정으로 구성되나 신뢰보호의 원칙이나 신의성실의 원칙 같은 일반원리는 물론이고 처분의 정정이나 행정지도에 관한 실체적 규정도 포함하고 있다. [15 경행특채]
다양한 규율대상	행정절차법은 처분절차 외에도 신고, 확약, 위반사실 등의 공표, 행정계획, 행정상 입법예고, 행정예고, 및 행정지도 등에 관한 것도 규정하고 있으나, 공법상 계약 · 행정조사절차 등에 대해서는 규정하지 않고 있다. 또 행정행위 하자치유와 절차 하자의 효과 등에 대해서도 규정하지 않고 있다.
광범위한 예외조항	행정절차법이 적용되지 않는 예외조항을 광범위하게 둠으로써 절차적 통제가 엄격하지 않은 편이라고 보는 것이 일반적이다.

✦ 우리나라의 행정절차법은 독일과 마찬가지로 순수한 절차규정만으로 이루어졌다. (○, ×) [11 국회8급]

✦ 행정절차법에는 행정처분절차, 행정입법절차, 행정예고절차 등에 관하여 상세한 규정을 두고 있으나, 행정지도에 관한 규정은 없다. (○, ×) [15 경행특채]

✦ 현행 「행정절차법」은 공법상 계약에 대한 규정을 두고 있다. (○, ×) [17 국가9급]

제2절 행정절차법의 주요 내용

01 행정절차법의 통칙(通則)규정

1. 입법목적

행정절차법은 행정절차에 관한 공통적인 사항을 규정하여 국민의 행정참여를 도모함으로써 행정의 공정성·투명성 및 신뢰성을 확보하고 국민의 권익을 보호함을 목적으로 한다(행정절차법 제1조).

2. 용어정의(행정절차법 제2조)

행정청	"행정청"이란 다음 각 목의 자를 말한다. ① 행정에 관한 의사를 결정하여 표시하는 국가 또는 지방자치단체의 기관 ② 그 밖에 법령 또는 자치법규(이하 "법령 등"이라 한다)에 따라 행정 권한을 가지고 있거나 위임 또는 위탁받은 공공단체 또는 그 기관이나 사인(私人)
처분	"처분"이란 행정청이 행하는 구체적 사실에 관한 법 집행으로서의 공권력의 행사 또는 그 거부와 그 밖에 이에 준하는 행정작용(行政作用)을 말한다.
행정지도	"행정지도"란 행정기관이 그 소관 사무의 범위에서 일정한 행정목적을 실현하기 위하여 특정인에게 일정한 행위를 하거나 하지 아니하도록 지도, 권고, 조언 등을 하는 행정작용을 말한다.
당사자 등	"당사자 등"이란 다음 각 목의 자를 말한다. ① 행정청의 처분에 대하여 직접 그 상대가 되는 당사자 ② 행정청이 직권으로 또는 신청에 따라 행정절차에 참여하게 한 이해관계인 [18 서울7급, 17 국가7급]
청문	"청문"이란 행정청이 어떠한 처분을 하기 전에 당사자 등의 의견을 직접 듣고 증거를 조사하는 절차를 말한다.
공청회	"공청회"란 행정청이 공개적인 토론을 통하여 어떠한 행정작용에 대하여 당사자 등, 전문지식과 경험을 가진 사람, 그 밖의 일반인으로부터 의견을 널리 수렴하는 절차를 말한다.
의견제출	"의견제출"이란 행정청이 어떠한 행정작용을 하기 전에 당사자 등이 의견을 제시하는 절차로서 청문이나 공청회에 해당하지 아니하는 절차를 말한다.
전자문서	"전자문서"란 컴퓨터 등 정보처리능력을 가진 장치에 의하여 전자적인 형태로 작성되어 송신·수신 또는 저장된 정보를 말한다.
정보통신망	"정보통신망"이란 전기통신설비를 활용하거나 전기통신설비와 컴퓨터 및 컴퓨터 이용기술을 활용하여 정보를 수집·가공·저장·검색·송신 또는 수신하는 정보통신체제를 말한다.

참고

행정절차법의 당사자는 처분의 직접 상대방뿐만 아니라 이해관계인이 포함된다. 다만 행정절차법상의 이해관계인은 직권 또는 본인의 신청에 의하여 행정청이 행정절차에 참여시킨 자만을 의미하며, 법률상 이익을 갖는 모든 자가 이해관계인이 되는 것은 아님에 주의해야 한다.

행정행위는 상대방에 대한 통지(도달)로서 효력이 발생하며, 행정청은 개별법에서 달리 정하지 않는 한 제3자인 이해관계인에 대한 행정행위 통지의무를 부담하지 않는다. (○, ×) [19 서울9급]

3. 행정절차법의 적용 범위

(1) 적용범위(행정절차법 제3조 제1항)

> 행정절차법 제3조【적용 범위】① 처분, 신고, 확약, 위반사실 등의 공표, 행정계획, 행정상 입법예고, 행정예고 및 행정지도의 절차(이하 "행정절차"라 한다)에 관하여 다른 법률에 특별한 규정이 있는 경우를 제외하고는 이 법에서 정하는 바에 따른다. <개정 2022.1.11.>

(2) 적용제외대상(행정절차법 제3조 제2항/동법 시행령 제2조)

적법절차의 원칙은 헌법의 기본원리이고 행정절차법은 행정절차에 관한 일반법적 성격을 가지기는 하지만 행정절차법이 모든 행정작용에 적용되는 것은 아니고 다음과 같은 예외가 있다.

행정절차법 제3조【적용범위】	행정절차법 시행령 제2조【적용제외】
② 이 법은 다음 각 호의 어느 하나에 해당하는 사항에 대하여는 적용하지 아니한다. 1. 국회 또는 지방의회의 의결을 거치거나 동의 또는 승인을 받아 행하는 사항 2. 법원 또는 군사법원의 재판에 의하거나 그 집행으로 행하는 사항 3. 헌법재판소의 심판을 거쳐 행하는 사항 4. 각급 선거관리위원회의 의결을 거쳐 행하는 사항 5. 감사원이 감사위원회의의 결정을 거쳐 행하는 사항 6. 형사(刑事), 행형(行刑) 및 보안처분 관계 법령에 따라 행하는 사항 7. 국가안전보장·국방·외교 또는 통일에 관한 사항 중 행정절차를 거칠 경우 국가의 중대한 이익을 현저히 해칠 우려가 있는 사항 8. 심사청구, 해양안전심판, 조세심판, 특허심판, 행정심판, 그 밖의 불복절차에 따른 사항 9. 「병역법」에 따른 징집·소집, 외국인의 출입국·난민인정·귀화, 공무원 인사 관계 법령에 따른 징계와 그 밖의 처분, 이해 조정을 목적으로 하는 법령에 따른 알선·조정·중재(仲裁)·재정(裁定) 또는 그 밖의 처분 등 해당 행정작용의 성질상 행정절차를 거치기 곤란하거나 거칠 필요가 없다고 인정되는 사항과 행정절차에 준하는 절차를 거친 사항으로서 대통령령으로 정하는 사항	법 제3조 제2항 제9호에서 "대통령령으로 정하는 사항"이라 함은 다음 각 호의 어느 하나에 해당하는 사항을 말한다. 1. 「병역법」, 「예비군법」, 「민방위기본법」, 「비상대비자원 관리법」, 「대체역의 편입 및 복무 등에 관한 법률」에 따른 징집·소집·동원·훈련에 관한 사항 2. 외국인의 출입국·난민인정·귀화·국적회복에 관한 사항 3. 공무원 인사관계법령에 의한 징계 기타 처분에 관한 사항 4. 이해조정을 목적으로 법령에 의한 알선·조정·중재·재정 기타 처분에 관한 사항 5. 조세관계법령에 의한 조세의 부과·징수에 관한 사항 6. 「독점규제 및 공정거래에 관한 법률」, 「하도급거래 공정화에 관한 법률」, 「약관의 규제에 관한 법률」에 따라 공정거래위원회의 의결·결정을 거쳐 행하는 사항 7. 「국가배상법」, 「공익사업을 위한 토지 등의 취득 및 보상에 관한 법률」에 따른 재결·결정에 관한 사항 8. 학교·연수원 등에서 교육·훈련의 목적을 달성하기 위하여 학생·연수생 등을 대상으로 행하는 사항 9. 사람의 학식·기능에 관한 시험·검정의 결과에 따라 행하는 사항 10. 「배타적 경제수역에서의 외국인어업 등에 대한 주권적 권리의 행사에 관한 법률」에 따라 행하는 사항 11. 「특허법」, 「실용신안법」, 「디자인보호법」, 「상표법」에 따른 사정·결정·심결, 그 밖의 처분에 관한 사항

행정절차에 관하여는 「행정절차법」이 다른 법률 규정에 우선하여 적용된다. (○, ×) [21 서울7급]

지방의회의 의결을 거치거나 동의 또는 승인을 받아 행하는 사항에 대해서는 행정절차법이 적용되지 않는다. (○, ×) [19 서울9급, 18 국회8급]

난민인정·귀화 등과 같이 성질상 행정절차를 거치기 곤란하거나 불필요하다고 인정되는 처분이나 행정절차에 준하는 절차를 거치도록 하고 있는 처분의 경우에는 행정절차법의 적용이 배제되는 것으로 보아야 하고, 이러한 법리는 '공무원 인사관계 법령에 의한 처분'에 해당하는 별정직 공무원에 대한 직권면직처분의 경우에도 마찬가지로 적용된다. (○, ×) [16 국회8급, 12 지방9급]

대통령이 직접 행하는 처분사항은 행정절차법의 적용이 배제되지 아니한다. (○, ×) [12 국회9급, 11 국가9급]

한편 행정절차법 제3조 제2항 제9호와 관련하여서는 조문 해석상 대통령령으로 정하는 사항 전부에 대해 행정절차법의 적용이 배제되는 것이 아니라 성질상 행정절차를 거치기 곤란하거나 불필요 또는 행정절차에 준하는 절차를 거치는 사항의 경우에만 행정절차법의 적용이 배제된다.

판례

1. 국가공무원법상 직위해제처분은 당해 행정작용의 성질상 행정절차를 거치기 곤란하거나 불필요하다고 인정되는 사항 또는 행정절차에 준하는 절차를 거친 사항에 해당하므로, 처분의 사전통지 및 의견청취 등에 관한 행정절차법의 규정이 별도로 적용되지 않는다(대판 2014.5.16. 2012두26180). [21 지방7급, 21 지방9급]
2. 군인사법상 보직해임처분은 성질상 행정절차를 거치기 곤란하거나 불필요하다고 인정되는 사항 또는 행정절차에 준하는 절차를 거친 사항에 해당하므로, 처분의 근거와 이유 제시 등에 관한 구 행정절차법의 규정이 별도로 적용되지 아니한다(대판 2014.10.15. 2012두5756). [21 국가7급]
3. 공정거래위원회의 의결·결정을 거쳐 행하는 사항에는 행정절차법의 적용이 제외되게 되어 있으므로, 설사 공정거래위원회의 시정조치 및 과징금납부명령에 행정절차법 소정의 의견청취절차 생략사유가 존재한다고 하더라도, 공정거래위원회는 행정절차법을 적용하여 의견청취절차를 생략할 수는 없다(대판 2001.5.8. 2000두10212). [19 지방9급, 17 서울9급]
4. 행정절차법 제3조 제2항 제9호의 규정 내용 등에 비추어 보면, 공무원 인사 관계 법령에 의한 처분에 관한 사항 전부에 대하여 행정절차법의 적용이 배제되는 것이 아니라 성질상 행정절차를 거치기 곤란하거나 불필요하다고 인정되는 처분이나 행정절차에 준하는 절차를 거치도록 하고 있는 처분의 경우에만 행정절차법의 적용이 배제된다. [19 서울9급(上)] 군인사법령에 의하여 진급예정자명단에 포함된 자에 대하여 의견제출의 기회를 부여하지 아니한 채 진급선발을 취소하는 처분을 한 것은 행정절차법상 절차상 하자가 있어 위법하다(대판 2007.9.21. 2006두20631). [18 국가7급]
5. 별정직 공무원에 대한 직권면직의 경우 사전통지를 하지 않거나 의견제출의 기회를 주지 아니하여도 되는 예외적인 경우에 해당한다고 할 수 없다는 이유로, 사전통지를 하지 않고 의견제출의 기회를 주지 아니한 처분은 구 행정절차법 제21조 제1항, 제22조 제3항을 위반한 절차상 하자가 있어 위법하다(대판 2013.1.16. 2011두30687).
6. 지방병무청장이 산업기능요원에 대하여 한 산업기능요원 편입취소처분은, '당사자의 권익을 제한하는 처분'에 해당하는 한편, 행정절차법의 적용이 배제되는 사항에는 해당하지 아니하므로, 행정절차법상의 '처분의 사전통지'와 '의견제출 기회의 부여'등의 절차를 거쳐야 한다(대판 2002.9.6. 2002두554). [20 지방7급]
7. 대통령이 한국방송공사 사장인 갑의 해임처분을 하는 과정에서 갑이 처분 내용을 사전에 통지받거나 그에 대한 의견제출 기회 등을 받지 못했고 해임처분 시 법적 근거 및 구체적 해임 사유를 제시받지 못하였으므로 해임처분이 행정절차법에 위배되어 위법하지만, 당연무효가 아닌 취소 사유에 해당한다(대판 2012.2.23. 2011두5001). [22 국가9급, 17 국가7급]

- 행정절차법령이 '공무원 인사관계 법령에 의한 처분에 관한 사항'에 대하여 「행정절차법」의 적용이 배제되는 것으로 규정하고 있는 이상, '공무원 인사관계 법령에 의한 처분에 관한 사항' 전부에 대해 「행정절차법」의 적용이 배제되는 것으로 보아야 한다. (○, ×) [16 국가9급]
- 「국가공무원법」상 직위해제처분에는 처분의 사전통지 및 의견청취 등에 관한 「행정절차법」의 규정이 적용된다. (○, ×) [22 지방9급, 22 국가7급]
- 공정거래위원회의 시정조치 및 과징금납부명령에 「행정절차법」 소정의 의견청취절차 생략사유가 존재하면 공정거래위원회는 「행정절차법」을 적용하여 의견청취절차를 생략할 수 있다. (○, ×) [19 지방9급, 16 국가7급]
- 행정과정에 대한 국민의 참여와 행정의 공정성, 투명성 및 신뢰성을 확보하고 국민의 권익을 보호함을 목적으로 하는 「행정절차법」의 입법목적과 「행정절차법」 제3조 제2항 제9호의 규정 내용 등에 비추어 보면, 공무원 인사관계 법령에 의한 처분에 관한 사항에 대하여 「행정절차법」의 적용이 배제된다. (○, ×) [17 서울9급, 13 경행특채]
- 공무원 인사관계 법령에 따른 처분에 관하여는 행정절차법 적용을 배제하고 있으므로, 군인사법령에 의하여 진급예정자명단에 포함된 자에 대하여 의견제출의 기회를 부여하지 아니하고 진급선발취소처분을 한 것이 절차상 하자가 있어 위법하다고 할 수 없다. (○, ×) [24 국가9급, 10 지방7급]
- 별정직 공무원인 대통령기록관장에 대한 직권면직 처분에는 처분의 사전통지 및 의견청취 등에 관한 「행정절차법」 규정이 적용되지 않는다. (○, ×) [22 국가9급]
- 한국방송공사의 설치·운영에 관한 사항을 정하고 있는 「방송법」은 제50조 제2항에서 "사장은 이사회의 제청으로 대통령이 임명한다."고 규정하고 있을 뿐 한국방송공사 사장에 대한 해임에 관하여는 명시적 규정을 두고 있지 아니하므로, 한국방송공사 사장의 임명권자인 대통령에게 해임권한이 없다고 보는 것이 타당하다. (○, ×) [18 국회8급]

4. 행정절차법의 일반원칙

(1) 신의성실 및 신뢰보호원칙

행정절차법 제4조 【신의성실 및 신뢰보호】 ① 행정청은 직무를 수행할 때 신의(信義)에 따라 성실히 하여야 한다.
② 행정청은 법령 등의 해석 또는 행정청의 관행이 일반적으로 국민들에게 받아들여졌을 때에는 공익 또는 제3자의 정당한 이익을 현저히 해칠 우려가 있는 경우를 제외하고는 새로운 해석 또는 관행에 따라 소급하여 불리하게 처리하여서는 아니 된다.

행정절차법에 신의성실에 대한 규정은 있으나 신뢰보호에 관한 규정은 없다. (○, ×) [14 경행특채, 13 서울7급]

(2) 투명성의 원칙과 법령해석 요청권

행정절차법 제5조 【투명성】 ① 행정청이 행하는 행정작용은 그 내용이 구체적이고 명확하여야 한다.
② 행정작용의 근거가 되는 법령 등의 내용이 명확하지 아니한 경우 상대방은 해당 행정청에 그 해석을 요청할 수 있으며, 해당 행정청은 특별한 사유가 없으면 그 요청에 따라야 한다. [10 국가7급]
③ 행정청은 상대방에게 행정작용과 관련된 정보를 충분히 제공하여야 한다.

(3) 행정업무 혁신

행정절차법 제5조의2 【행정업무 혁신】 ① 행정청은 모든 국민이 균등하고 질 높은 행정서비스를 누릴 수 있도록 노력하여야 한다.
② 행정청은 정보통신기술을 활용하여 행정절차를 적극적으로 혁신하도록 노력하여야 한다. 이 경우 행정청은 국민이 경제적 · 사회적 · 지역적 여건 등으로 인하여 불이익을 받지 아니하도록 하여야 한다.
③ 행정청은 행정청이 생성하거나 취득하여 관리하고 있는 데이터(정보처리능력을 갖춘 장치를 통하여 생성 또는 처리되어 기계에 의한 판독이 가능한 형태로 존재하는 정형 또는 비정형의 정보를 말한다)를 행정과정에 활용하도록 노력하여야 한다.
④ 행정청은 행정업무 혁신 추진에 필요한 행정적 · 재정적 · 기술적 지원방안을 마련하여야 한다.

5. 행정청의 관할 · 협조 · 행정응원

(1) 행정청의 관할

행정절차법 제6조 【관할】 ① 행정청이 그 관할에 속하지 아니하는 사안을 접수하였거나 이송받은 경우에는 지체 없이 이를 관할 행정청에 이송하여야 하고 그 사실을 신청인에게 통지하여야 한다. 행정청이 접수하거나 이송받은 후 관할이 변경된 경우에도 또한 같다. [09 관세사]
② 행정청의 관할이 분명하지 아니한 경우에는 해당 행정청을 공통으로 감독하는 상급 행정청이 그 관할을 결정하며, 공통으로 감독하는 상급 행정청이 없는 경우에는 각 상급 행정청이 협의하여 그 관할을 결정한다.

행정청의 관할이 분명하지 아니하고 당해 행정청을 공통으로 감독하는 상급행정청이 없는 경우, 법원이 그 관할을 정한다. (○, ×) [09 관세사]

PART 03

(2) 행정청의 협조

행정절차법 제7조 【행정청 간의 협조】 ① 행정청은 행정의 원활한 수행을 위하여 서로 협조하여야 한다.
② 행정청은 업무의 효율성을 높이고 행정서비스에 대한 국민의 만족도를 높이기 위하여 필요한 경우 행정협업(다른 행정청과 공동의 목표를 설정하고 행정청 상호 간의 기능을 연계하거나 시설·장비 및 정보 등을 공동으로 활용하는 것을 말한다. 이하 같다)의 방식으로 적극적으로 협조하여야 한다.

(3) 행정응원

행정절차법 제8조 【행정응원】 ① 행정청은 다음 각 호의 어느 하나에 해당하는 경우에는 다른 행정청에 행정응원(行政應援)을 요청할 수 있다.
1. 법령 등의 이유로 독자적인 직무 수행이 어려운 경우
2. 인원·장비의 부족 등 사실상의 이유로 독자적인 직무 수행이 어려운 경우
3. 다른 행정청에 소속되어 있는 전문기관의 협조가 필요한 경우
4. 다른 행정청이 관리하고 있는 문서(전자문서를 포함한다. 이하 같다)·통계 등 행정자료가 직무 수행을 위하여 필요한 경우
5. 다른 행정청의 응원을 받아 처리하는 것이 보다 능률적이고 경제적인 경우

② 제1항에 따라 행정응원을 요청받은 행정청은 다음 각 호의 어느 하나에 해당하는 경우에는 응원을 거부할 수 있다.
1. 다른 행정청이 보다 능률적이거나 경제적으로 응원할 수 있는 명백한 이유가 있는 경우
2. 행정응원으로 인하여 고유의 직무 수행이 현저히 지장받을 것으로 인정되는 명백한 이유가 있는 경우

③ 행정응원은 해당 직무를 직접 응원할 수 있는 행정청에 요청하여야 한다.
④ 행정응원을 요청받은 행정청은 응원을 거부하는 경우 그 사유를 응원을 요청한 행정청에 통지하여야 한다.
⑤ 행정응원을 위하여 파견된 직원은 응원을 요청한 행정청의 지휘·감독을 받는다. 다만, 해당 직원의 복무에 관하여 다른 법령 등에 특별한 규정이 있는 경우에는 그에 따른다.
⑥ 행정응원에 드는 비용은 응원을 요청한 행정청이 부담하며, 그 부담금액 및 부담방법은 응원을 요청한 행정청과 응원을 하는 행정청이 협의하여 결정한다.

> 행정청이 다른 행정청에 응원을 요청하는 경우 행정응원에 소요되는 비용은 응원을 요청한 행정청이 부담한다. (○, ×) [11 국회9급]

6. 행정절차의 당사자

(1) 당사자 등의 자격

행정절차법 제9조 【당사자 등의 자격】 다음 각 호의 어느 하나에 해당하는 자는 행정절차에서 당사자 등이 될 수 있다.
1. 자연인
2. 법인, 법인이 아닌 사단 또는 재단(이하 "법인 등"이라 한다)
3. 그 밖에 다른 법령 등에 따라 권리·의무의 주체가 될 수 있는 자

> 법인이 아닌 재단은 당사자 등이 될 수 없다. (○, ×) [18 서울7급]

(2) 당사자 등의 지위승계

행정절차법 제10조 【지위의 승계】 ① 당사자 등이 사망하였을 때의 상속인과 다른 법령 등에 따라 당사자 등의 권리 또는 이익을 승계한 자는 당사자 등의 지위를 승계한다.
② 당사자 등인 법인 등이 합병하였을 때에는 합병 후 존속하는 법인 등이나 합병 후 새로 설립된 법인 등이 당사자 등의 지위를 승계한다.
③ 제1항 및 제2항에 따라 당사자 등의 지위를 승계한 자는 행정청에 그 사실을 통지하여야 한다.
④ 처분에 관한 권리 또는 이익을 사실상 양수한 자는 행정청의 승인을 받아 당사자 등의 지위를 승계할 수 있다.
⑤ 제3항에 따른 통지가 있을 때까지 사망자 또는 합병 전의 법인 등에 대하여 행정청이 한 통지는 제1항 또는 제2항에 따라 당사자 등의 지위를 승계한 자에게도 효력이 있다.

처분에 관한 권리 또는 이익을 사실상 양수한 자는 행정청의 승인을 받아 당사자 등의 지위를 승계할 수 있다. (○, ×) [14 국가7급]

(3) 대표자 선정 · 변경 및 권한

행정절차법 제11조 【대표자】 ① 다수의 당사자 등이 공동으로 행정절차에 관한 행위를 할 때에는 대표자를 선정할 수 있다.
② 행정청은 제1항에 따라 당사자 등이 대표자를 선정하지 아니하거나 대표자가 지나치게 많아 행정절차가 지연될 우려가 있는 경우에는 그 이유를 들어 상당한 기간 내에 3인 이내의 대표자를 선정할 것을 요청할 수 있다. 이 경우 당사자 등이 그 요청에 따르지 아니하였을 때에는 행정청이 직접 대표자를 선정할 수 있다.
③ 당사자 등은 대표자를 변경하거나 해임할 수 있다.
④ 대표자는 각자 그를 대표자로 선정한 당사자 등을 위하여 행정절차에 관한 모든 행위를 할 수 있다. 다만, 행정절차를 끝맺는 행위에 대하여는 당사자 등의 동의를 받아야 한다.
⑤ 대표자가 있는 경우에는 당사자 등은 그 대표자를 통하여서만 행정절차에 관한 행위를 할 수 있다.
⑥ 다수의 대표자가 있는 경우 그중 1인에 대한 행정청의 행위는 모든 당사자 등에게 효력이 있다. 다만, 행정청의 통지는 대표자 모두에게 하여야 그 효력이 있다. [23 국가7급]

다수의 대표자가 있는 경우 그중 1인에 대한 행정청의 통지는 모든 당사자 등에게 효력이 있다. (○, ×) [18 서울7급]

참고

대표자와는 달리 대리인의 경우에는 대리인을 통하여서만 행정절차에 관한 행위를 할 수 있는 것은 아님에 유의한다.

(4) 대리인의 선임 · 변경 및 권한

행정절차법 제12조 【대리인】 ① 당사자 등은 다음 각 호의 어느 하나에 해당하는 자를 대리인으로 선임할 수 있다.
1. 당사자 등의 배우자, 직계 존속 · 비속 또는 형제자매
2. 당사자 등이 법인 등인 경우 그 임원 또는 직원
3. 변호사
4. 행정청 또는 청문 주재자(청문의 경우만 해당한다)의 허가를 받은 자
5. 법령 등에 따라 해당 사안에 대하여 대리인이 될 수 있는 자

② 대리인에 관하여는 제11조 제3항 · 제4항 및 제6항을 준용한다.

행정절차법 제13조 【대표자 · 대리인의 통지】 ① 당사자 등이 대표자 또는 대리인을 선정하거나 선임하였을 때에는 지체 없이 그 사실을 행정청에 통지하여야 한다. 대표자 또는 대리인을 변경하거나 해임하였을 때에도 또한 같다.

당사자 등은 당사자 등의 형제자매를 대리인으로 선임할 수 있다. (○, ×) [18 서울7급]

⑸ 이해관계인의 참여

행정절차법 시행령 제3조【이해관계인의 참여】 ① 행정절차에 참여하고자 하는 이해관계인은 행정청에게 참여대상인 절차와 참여이유를 기재한 문서(전자문서를 포함한다. 이하 같다)로 참여를 신청하여야 한다.
② 행정청은 제1항의 규정에 의한 신청을 받은 때에는 지체없이 참여 여부를 결정하여 신청인에게 통지하여야 한다.

7. 송달 및 기간 · 기한의 특례

행정절차법 제14조【송달】 ① 송달은 우편, 교부 또는 정보통신망 이용 등의 방법으로 하되, 송달받을 자(대표자 또는 대리인을 포함한다. 이하 같다)의 주소 · 거소(居所) · 영업소 · 사무소 또는 전자우편주소(이하 "주소 등"이라 한다)로 한다. 다만 송달받을 자가 동의하는 경우에는 그를 만나는 장소에서 송달할 수 있다.
② 교부에 의한 송달은 수령확인서를 받고 문서를 교부함으로써 하며, [14 서울9급] 송달하는 장소에서 송달받을 자를 만나지 못한 경우에는 그 사무원 · 피용자(被傭者) 또는 동거인으로서 사리를 분별할 지능이 있는 사람(이하 이 조에서 "사무원 등"이라 한다)에게 문서를 교부할 수 있다. 다만 문서를 송달받을 자 또는 그 사무원 등이 정당한 사유 없이 송달받기를 거부하는 때에는 그 사실을 수령확인서에 적고, 문서를 송달할 장소에 놓아둘 수 있다.
③ 정보통신망을 이용한 송달은 송달받을 자가 동의하는 경우에만 한다. 이 경우 송달받을 자는 송달받을 전자우편주소 등을 지정하여야 한다.
④ 다음 각 호의 어느 하나에 해당하는 경우에는 송달받을 자가 알기 쉽도록 관보, 공보, 게시판, 일간신문 중 하나 이상에 공고하고 인터넷에도 공고하여야 한다. [23 국가9급, 20 국가9급]
1. 송달받을 자의 주소 등을 통상적인 방법으로 확인할 수 없는 경우
2. 송달이 불가능한 경우
⑤ 제4항에 따른 공고를 할 때에는 민감정보 및 고유식별정보 등 송달받을 자의 개인정보를 「개인정보 보호법」에 따라 보호하여야 한다.
⑥ 행정청은 송달하는 문서의 명칭, 송달받는 자의 성명 또는 명칭, 발송방법 및 발송 연월일을 확인할 수 있는 기록을 보존하여야 한다.

행정절차법 제15조【송달의 효력 발생】 ① 송달은 다른 법령 등에 특별한 규정이 있는 경우를 제외하고는 해당 문서가 송달받을 자에게 도달됨으로써 그 효력이 발생한다.
② 제14조 제3항에 따라 정보통신망을 이용하여 전자문서로 송달하는 경우에는 송달받을 자가 지정한 컴퓨터 등에 입력된 때에 도달된 것으로 본다. [23 국가9급]
③ 제14조 제4항의 경우에는 다른 법령 등에 특별한 규정이 있는 경우를 제외하고는 공고일부터 14일이 지난 때에 그 효력이 발생한다. 다만 긴급히 시행하여야 할 특별한 사유가 있어 효력 발생 시기를 달리 정하여 공고한 경우에는 그에 따른다.

행정절차법 제16조【기간 및 기한의 특례】 ① 천재지변이나 그 밖에 당사자 등에게 책임이 없는 사유로 기간 및 기한을 지킬 수 없는 경우에는 그 사유가 끝나는 날까지 기간의 진행이 정지된다.
② 외국에 거주하거나 체류하는 자에 대한 기간 및 기한은 행정청이 그 우편이나 통신에 걸리는 일수(日數)를 고려하여 정하여야 한다.

02 행정처분절차

1. 공통절차

(1) 처분기준의 설정·공표

행정절차법 제20조 【처분기준의 설정·공표】 ① 행정청은 필요한 처분기준을 해당 처분의 성질에 비추어 되도록 구체적으로 정하여 공표하여야 한다. 처분기준을 변경하는 경우에도 또한 같다. [16 경행특채]

② 「행정기본법」 제24조에 따른 인허가의제의 경우 관련 인허가 행정청은 관련 인허가의 처분기준을 주된 인허가 행정청에 제출하여야 하고, 주된 인허가 행정청은 제출받은 관련 인허가의 처분기준을 통합하여 공표하여야 한다. 처분기준을 변경하는 경우에도 또한 같다.

③ 제1항에 따른 처분기준을 공표하는 것이 해당 처분의 성질상 현저히 곤란하거나 공공의 안전 또는 복리를 현저히 해치는 것으로 인정될 만한 상당한 이유가 있는 경우에는 처분기준을 공표하지 아니할 수 있다. [23 지방9급, 16 경행특채]

④ 당사자 등은 공표된 처분기준이 명확하지 아니한 경우 해당 행정청에 그 해석 또는 설명을 요청할 수 있다. 이 경우 해당 행정청은 특별한 사정이 없으면 그 요청에 따라야 한다.

판례

행정청이 행정절차법 제20조 제1항의 처분기준 사전공표 의무를 위반하여 미리 공표하지 아니한 기준을 적용하여 처분을 하였다고 하더라도, 그러한 사정만으로 곧바로 해당 처분에 취소사유에 이를 정도의 흠이 존재한다고 볼 수는 없다. [23 국가7급] 다만 해당 처분에 적용한 기준이 상위법령의 규정이나 신뢰보호의 원칙 등과 같은 법의 일반원칙을 위반하였거나 객관적으로 합리성이 없다고 볼 수 있는 구체적인 사정이 있다면 해당 처분은 위법하다고 평가할 수 있다(대판 2020.12.24. 2018두45633).

(2) 처분의 이유 제시

① 의의 및 기능

행정청이 처분을 하는 때에는 당사자에게 그 근거와 이유를 제시하여야 한다. 이유 제시는 처분의 결정과정을 보다 투명하게 하는 데 기여하고, 처분의 상대방에게 처분의 적법성을 보다 확신시켜 이를 수용하게 한다는 점에서 법원의 부담을 경감시켜 주는 기능을 한다. [15 국가7급]

② 이유 제시 원칙과 적용 예외

이유 제시 의무는 당사자의 권리구제기능과 밀접한 관련을 갖는 것이므로 당해 처분이 수익적인지 침익적인지를 불문하고 모든 행정행위에 인정되는 것이 원칙이나, 예외적으로 이유 제시의무가 면제되는 경우도 있다. 다만 예외적으로 이유 제시의무가 면제되는 경우라고 하더라도 일정한 경우에는 처분 후 당사자가 요청하면 그 근거와 이유를 제시하여야 한다.

참고

행정절차법은 처분절차를 신청에 의한 처분절차(수익적 처분절차)와 불이익 처분절차로 구분하여 규정한다. 양자에 공통되는 절차는 ① 처분기준의 설정 공표(제20조), ② 처분의 이유 제시(제23조), ③ 처분의 방식(제24조), ④ 처분의 정정(제25조), ⑤ 고지제도 등이다.

PART 03

- 처분기준의 설정·공표의 규정은 침익적 처분뿐만 아니라 수익적 처분의 경우에도 적용된다. (○, ×) [23 국가9급]

- 당사자 등은 공표된 처분기준이 명확하지 아니한 경우 해당 행정청에 그 해석 또는 설명을 요청할 수 있으며 이 경우 해당 행정청은 특별한 사정이 없으면 그 요청에 따라야 한다. (○, ×) [15 서울9급, 15 국회8급]

- 행정절차법은 당사자에게 의무를 부과하거나 당사자의 권익을 제한하는 처분을 하는 경우에 대해서만 그 근거와 이유를 제시하도록 규정하고 있다. (○, ×) [21 서울7급, 18 지방7급]

행정청이 신청내용을 모두 그대로 인정하는 처분을 하는 경우 당사자에게 그 근거와 이유를 제시하여야 한다. (○, ×) [17 국가9급]

신청내용을 모두 그대로 인정하는 처분인 경우 이유 제시의무가 면제되지만 처분 후 당사자가 요청하는 경우에는 그 근거와 이유를 제시하여야 한다. (○, ×) [14 경행특채, 12 국가9급]

행정청은 경미한 처분으로 당사자가 이유를 명백하게 알 수 있는 경우에는 처분 후 당사자가 요청하여도 그 근거와 이유를 제시할 필요가 없다. (○, ×) [15 경행특채, 13 서울7급]

행정절차법 제23조【처분의 이유 제시】 ① 행정청은 처분을 할 때에는 다음 각 호의 어느 하나에 해당하는 경우를 제외하고는 당사자에게 그 근거와 이유를 제시하여야 한다.
1. 신청 내용을 모두 그대로 인정하는 처분인 경우 [15 국회8급]
2. 단순·반복적인 처분 또는 경미한 처분으로서 당사자가 그 이유를 명백히 알 수 있는 경우 [18 서울7급]
3. 긴급히 처분을 할 필요가 있는 경우

② 행정청은 제1항 제2호 및 제3호의 경우에 처분 후 당사자가 요청하는 경우에는 그 근거와 이유를 제시하여야 한다. [18 국가9급]

③ 기타 실정법의 이유 제시 규정

행정절차법 외에 민원사무 처리와 관련하여서는 민원 처리에 관한 법률 제15조 제2항이 있으며 그 밖에 국가공무원법 등 개별 법률에서도 이유 제시에 관한 규정을 두고 있는 경우가 있다. 한편 행정절차법 제정 이전에도 판례는 개별법상 명문의 규정이 없더라도 이유를 제시하여야 하고 그렇지 않은 경우에는 위법한 처분이라고 판시하였다.

판례

행정절차법 제정 이전

세무서장이 주류도매업자에 대하여 일반주류도매업면허취소통지를 하면서 그 위반사실을 구체적으로 특정하지 아니한 것은 위법하다는 것이 판례의 입장이다. (○, ×) [12 국가9급]

1. 취소처분의 근거와 위반사실의 적시를 빠뜨린 하자는 피처분자가 처분 당시 그 취지를 알고 있었다거나 그 후 알게 되었다 하여도 치유될 수 없다고 할 것인바, 세무서장인 피고가 주류도매업자인 원고에 대하여 한 이 사건 일반주류도매업면허취소통지에 "상기 주류도매장은 무면허 주류판매업자에게 주류를 판매하여 주세법 제11조 및 국세법 사무처리규정 제26조에 의거 지정조건위반으로 주류판매 면허를 취소합니다"라고만 되어 있어서 원고가 어떠한 거래행위로 인하여 이 사건 처분을 받았는지 알 수 없게 되어 있다면 이 사건 면허취소처분은 위법하다(대판 1990.9.11. 90누1786).
2. 과세표준과 세율, 세액, 세액산출근거 등의 필요한 사항을 납세자에게 서면으로 통지하도록 한 세법상의 제 규정들은 단순히 세무행정의 편의를 위한 훈시규정이 아니라 조세행정에 있어 자의를 배제하고 신중하고 합리적인 처분을 행하게 함으로써 공정을 기함과 동시에 납세의무자에게 부과처분의 내용을 상세히 알려서 불복여부의 결정과 불복신청에 편의를 제공하려는 데서 나온 강행규정으로서 납세고지서에 그와 같은 기재가 누락되면 그 과세처분 자체가 위법한 처분이 되어 취소의 대상이 된다(대판 1985.5.28. 84누289). [22 지방9급]

④ 이유 제시의 방식과 시기

이유 제시는 처분의 상대방에게 제시된 이유에 대해 방어할 기회를 보장하기 위해 처분에 앞서 사전에 함이 원칙이다. (○, ×) [15 국가7급]

처분의 방식은 원칙적으로 문서로 하도록 되어 있으므로 이유 제시의 방식 또한 원칙적으로 문서로 하여야 한다고 보는 것이 일반적이다. 한편 이유 제시는 원칙적으로 처분 시에 이루어져야 하며 [14 서울7급] 처분 시에 이유 제시가 없거나 미비한 경우에는 그러한 처분은 하자가 있는 것으로 위법하게 된다. 다만 행정절차법 제23조 제1항 제2호·제3호의 경우에는 처분 후 당사자가 요청하는 경우에 이유를 제시하면 된다(동조 제2항).

⑤ 이유 제시의 정도

이유 제시는 당사자가 처분의 근거를 알 수 있을 정도로 상당한 이유이어야 하고 충분히 납득할 수 있도록 구체적이고 명확하여야 한다. [13 경행특채] 판례는 처분 당시 당사자가 어떠한 근거와 이유로 처분이 이루어진 것인지를 충분히 알 수 있어서 그에 불복하여 행정구제절차로 나아가는 데 별다른 지장이 없었던 것으로 인정되는 경우에는 위법하지 않다고 판시한 적이 있다(대판 2009. 12. 10. 2007두20348). [16 국회8급]

판례

1. 처분청이 변상금 부과처분을 함에 있어서 그 납부고지서 또는 적어도 사전통지서에 그 산출근거를 밝히지 아니하였다면 위법한 것이고, 위 시행령 제26조, 제26조의2에 변상금 산정의 기초가 되는 사용료의 산정방법에 관한 규정이 마련되어 있다고 하여 산출근거를 명시할 필요가 없다거나, 부과통지서 등에 위 시행령 제56조를 명기함으로써 간접적으로 산출근거를 명시하였다고는 볼 수 없다(대판 2001.12.14. 2000두86).
2. 일반적으로 당사자가 근거규정 등을 명시하여 신청하는 인·허가 등을 거부하는 처분을 함에 있어 당사자가 그 근거를 알 수 있을 정도로 상당한 이유를 제시한 경우에는 당해 처분의 근거 및 이유를 구체적 조항 및 내용까지 명시하지 않았더라도 그로 말미암아 그 처분이 위법한 것이 된다고 할 수 없다. [24 국가9급, 23 지방9급] 따라서 행정청이 토지형질변경허가신청을 불허하는 근거규정으로 '도시계획법시행령 제20조'를 명시하지 아니하고 '도시계획법'이라고만 기재하였으나, 신청인이 자신의 신청이 개발제한구역의 지정목적에 현저히 지장을 초래하는 것이라는 이유로 구 도시계획법시행령 제20조 제1항 제2호에 따라 불허된 것임을 알 수 있었던 경우, 그 불허처분이 위법하지 아니하다(대판 2002.5.17. 2000두8912). [18 지방9급]

⑥ 이유 제시의 하자와 하자치유

㉠ 이유 제시의 하자

처분의 내용에는 하자가 없더라도 처분 시 이유를 제시하지 않은 경우 그것만으로도 처분이 위법하게 된다. [07 지방9급] 판례는 이유 제시가 누락된 처분의 경우 취소대상으로 보고 있다.

판례

1. 지방세법 납세고지서에 관한 법령 규정들은 강행규정으로서 이들 법령이 요구하는 기재사항 중 일부를 누락시킨 하자가 있는 경우 이로써 그 부과처분은 위법하게 되지만, 이러한 납세고지서 작성과 관련한 하자는 과세처분의 취소사유가 됨은 별론으로 하고 당연무효의 사유로는 되지 아니한다(대판 1998.6.26. 96누12634).
2. 세액산출근거가 기재되지 아니한 납세고지서에 의한 부과처분의 하자는 납세의무자가 전심절차에서 이를 주장하지 아니하였거나, 그 후 부과된 세금을 자진납부하였다거나, 또는 조세채권의 소멸시효기간이 만료되었다 하여 치유되는 것이라고는 할 수 없다(대판 1985.4.9. 선고 84누431). [21 지방9급]

처분의 이유의 제시는 처분과 동시에 하며, 당사자가 그 근거를 알 수 있을 정도로 상당한 이유이어야 하고, 충분히 납득할 수 있도록 구체적이고 명확하여야 한다. (○, ×) [13 서울7급]

변상금부과처분을 하면서 그 납부고지서 또는 적어도 사전통지서에 그 산출근거를 제시하지 아니하였다면 위법이지만 그 산출근거가 법령상 규정되어 있거나 부과통지서 등에 산출근거가 되는 법령을 명기하였다면 이유 제시의 요건을 충족한 것이다. (○, ×) [16 국회8급]

처분 당시 당사자가 어떠한 근거와 이유로 처분이 이루어진 것인지를 충분히 알 수 있어서 그에 불복하여 행정구제절차로 나아가는 데에 별다른 지장이 없었던 것으로 인정되는 경우에도 처분서에 처분의 근거와 이유가 구체적으로 명시되어 있지 않았다면 그 처분은 위법하다. (○, ×) [21 지방9급]

당사자가 처분의 근거를 알 수 있을 정도로 상당한 이유를 제시할 뿐 그 구체적 조항 및 내용까지 명시하지 않으면, 해당 처분은 위법하다. (○, ×) [18 서울7급]

세액산출의 근거가 기재되지 않은 납세고지서에 의한 부과처분은 강행법규에 위반하여 당연무효라고 보는 것이 판례의 입장이다. (○, ×) [13 국가7급]

판례에 의하면 하자의 치유는 사실심변론종결시까지 가능하다. (○, ×) [09 국회8급]

행정처분에 있어 여러 개의 처분사유 중 일부가 적법하지 않으면 다른 처분사유로써 그 처분의 정당성이 인정된다고 하더라도, 그 처분은 위법하게 된다. (○, ×) [20 국가9급, 18 국가7급]

행정청이 전자문서로 처분을 함에 있어서 반드시 당사자 등의 동의가 필요한 것은 아니다. (○, ×) [17 서울7급]

행정절차법은 국민의 권익을 보호하기 위하여 모든 행정처분을 문서로 하도록 규정하고 있다. (○, ×) [14 국가9급]

법령상 문서에 의하도록 한 행정행위를 문서에 의해 하지 아니한 때, 그 처분은 하자가 중대하고 명백하여 원칙적으로 무효이다. (○, ×) [16 서울7급]

면허관청이 운전면허정지처분을 하면서 통지서에 의하여 면허정지사실을 통지하지 아니하거나 처분집행예정일 7일 전까지 이를 발송하지 아니한 경우에는 특별한 사정이 없는 한 위 관계 법령이 요구하는 절차·형식을 갖추지 아니한 조치로서 그 효력이 없으나, 면허관청이 임의로 출석한 상대방의 편의를 위하여 구두로 면허정지사실을 알렸다면 운전면허정지처분의 효력이 인정된다. (○, ×) [13 지방9급]

ⓛ 이유 제시의 하자치유(상세는 하자치유의 한계 참조)

판례는 하자의 치유에 대해 원칙적으로 허용될 수 없는 것이고, 예외적으로 행정행위의 무용한 반복을 피하고 당사자의 법적 안정성을 위해 허용되는 때에도 늦어도 처분에 대한 불복 여부의 결정 및 불복신청에 편의를 줄 수 있는 상당한 기간 내(쟁송제기 이전)에 하여야 한다고 본다. [13 국가7급] 따라서 소가 제기된 이후에는 하자의 치유가 인정될 수 없다.

판례

행정처분에 있어 수 개의 처분사유 중 일부가 적법하지 않다고 하더라도 다른 처분사유로써 그 처분의 정당성이 인정되는 경우에는 그 처분을 위법하다고 할 수 없다(대판 2004.3.25. 2003두1264).

(3) 처분의 방식 : 원칙적 문서주의, 처분실명제

행정절차법 제24조 【처분의 방식】 ① 행정청이 처분을 할 때에는 다른 법령 등에 특별한 규정이 있는 경우를 제외하고는 문서로 하여야 하며, 다음 각 호의 어느 하나에 해당하는 경우에는 전자문서로 할 수 있다. [08 지방9급]

1. 당사자 등의 동의가 있는 경우
2. 당사자가 전자문서로 처분을 신청한 경우

② 제1항에도 불구하고 공공의 안전 또는 복리를 위하여 긴급히 처분을 할 필요가 있거나 사안이 경미한 경우에는 말, 전화, 휴대전화를 이용한 문자 전송, 팩스 또는 전자우편 등 문서가 아닌 방법으로 처분을 할 수 있다. 이 경우 당사자가 요청하면 지체 없이 처분에 관한 문서를 주어야 한다.

③ 처분을 하는 문서에는 그 처분 행정청과 담당자의 소속·성명 및 연락처(전화번호, 팩스번호, 전자우편주소 등을 말한다)를 적어야 한다. [09 지방9급]

판례

면허관청이 운전면허정지처분을 하면서 별지 52호 서식의 통지서에 의하여 면허정지사실을 통지하지 아니하거나 처분집행예정일 7일 전까지 이를 발송하지 아니한 경우에는 특별한 사정이 없는 한 위 관계 법령이 요구하는 절차·형식을 갖추지 아니한 조치로서 그 효력이 없고, 이와 같은 법리는 면허관청이 임의로 출석한 상대방의 편의를 위하여 구두로 면허정지사실을 알렸다고 하더라도 마찬가지이다(대판 1996.6.14. 95누17823).

(4) 처분의 정정 및 고지

행정절차법 제25조 【처분의 정정】 행정청은 처분에 오기(誤記), 오산(誤算) 또는 그 밖에 이에 준하는 명백한 잘못이 있을 때에는 직권으로 또는 신청에 따라 지체 없이 정정하고 그 사실을 당사자에게 통지하여야 한다. [16 경행특채, 14 복지9급]

행정절차법 제26조 【고지】 행정청이 처분을 할 때에는 당사자에게 그 처분에 관하여 행정심판 및 행정소송을 제기할 수 있는지 여부, 그 밖에 불복을 할 수 있는지 여부, 청구절차 및 청구기간, 그 밖에 필요한 사항을 알려야 한다. [14 경행특채]

2. 수익적 처분절차(신청에 의한 처분절차)

(1) 처분의 신청

행정절차법 제17조 【처분의 신청】 ① 행정청에 처분을 구하는 신청은 문서로 하여야 한다. 다만, 다른 법령 등에 특별한 규정이 있는 경우와 행정청이 미리 다른 방법을 정하여 공시한 경우에는 그러하지 아니하다.
② 제1항에 따라 처분을 신청할 때 전자문서로 하는 경우에는 행정청의 컴퓨터 등에 입력된 때에 신청한 것으로 본다. [18 서울9급]
③ 행정청은 신청에 필요한 구비서류, 접수기관, 처리기간, 그 밖에 필요한 사항을 게시(인터넷 등을 통한 게시를 포함한다)하거나 이에 대한 편람을 갖추어 두고 누구나 열람할 수 있도록 하여야 한다. [17 지방9급]
④ 행정청은 신청을 받았을 때에는 다른 법령 등에 특별한 규정이 있는 경우를 제외하고는 그 접수를 보류 또는 거부하거나 부당하게 되돌려 보내서는 아니 되며, 신청을 접수한 경우에는 신청인에게 접수증을 주어야 한다. 다만, 대통령령으로 정하는 경우에는 접수증을 주지 아니할 수 있다.
⑤ 행정청은 신청에 구비서류의 미비 등 흠이 있는 경우에는 보완에 필요한 상당한 기간을 정하여 지체 없이 신청인에게 보완을 요구하여야 한다. [15 서울9급]
⑥ 행정청은 신청인이 제5항에 따른 기간 내에 보완을 하지 아니하였을 때에는 그 이유를 구체적으로 밝혀 접수된 신청을 되돌려 보낼 수 있다.
⑦ 행정청은 신청인의 편의를 위하여 다른 행정청에 신청을 접수하게 할 수 있다. 이 경우 행정청은 다른 행정청에 접수할 수 있는 신청의 종류를 미리 정하여 공시하여야 한다.
⑧ 신청인은 처분이 있기 전에는 그 신청의 내용을 보완·변경하거나 취하(取下)할 수 있다. 다만, 다른 법령 등에 특별한 규정이 있거나 그 신청의 성질상 보완·변경하거나 취하할 수 없는 경우에는 그러하지 아니하다. [20 지방7급]

행정절차법 시행령 제9조 【접수증】 법 제17조제4항 단서에서 "대통령령이 정하는 경우"라 함은 다음 각호의 1에 해당하는 신청의 경우를 말한다.
1. 구술·우편 또는 정보통신망에 의한 신청
2. 처리기간이 "즉시"로 되어 있는 신청

판례

신청인의 행정청에 대한 신청의 의사표시는 명시적이고 확정적인 것이어야 한다고 할 것이므로 신청인이 신청에 앞서 행정청의 허가업무 담당자에게 신청서의 내용에 대한 검토를 요청한 것만으로는 다른 특별한 사정이 없는 한 명시적이고 확정적인 신청의 의사표시가 있었다고 하기 어렵다(대판 2004.9.24. 2003두13236).

(2) 다수의 행정청이 관여하는 처분

행정절차법 제18조 【다수의 행정청이 관여하는 처분】 행정청은 다수의 행정청이 관여하는 처분을 구하는 신청을 접수한 경우에는 관계 행정청과의 신속한 협조를 통하여 그 처분이 지연되지 아니하도록 하여야 한다. [23 국가9급]

- 행정청에 처분을 구하는 신청은 문서로만 가능하다. (○, ×) [16 서울9급, 09 지방7급]
- 행정청에 대하여 처분을 구하는 신청을 함에 있어 전자문서로 하는 경우에는 행정청의 컴퓨터 등에 입력된 때의 익일에 신청한 것으로 본다. (○, ×) [08 국가7급]
- 처분을 신청할 때 전자문서로 하는 경우에는 신청인의 컴퓨터 등에 입력된 때에 신청한 것으로 본다. (○, ×) [16 서울9급]
- 신청에 형식적 요건의 하자가 있었다면 그 하자의 보완이 가능함에도 보완을 요구하지 않고 바로 거부하였다고 하여 그 거부가 위법한 것은 아니다. (○, ×) [20 지방7급]
- 행정청은 신청에 구비서류의 미비 등 흠이 있는 경우 접수를 거부하여야 한다. (○, ×) [23 국가9급, 16 서울9급]
- 행정청은 신청인의 편의를 위하여 다른 행정청에 신청을 접수하게 할 수 있다. (○, ×) [23 국가9급, 16 서울9급]
- 행정청은 처리기간이 "즉시"로 되어 있는 신청의 경우에는 접수증을 주지 아니할 수 있다. (○, ×) [23 국가9급]
- 신청인이 신청에 앞서 행정청의 허가업무 담당자에게 한 신청서의 내용에 대한 검토요청은 다른 특별한 사정이 없는 한 명시적이고 확정적인 신청의 의사표시로 보기 어렵다. (○, ×) [21 지방7급, 20 국가7급]

PART 03

⑶ 처리기간의 설정 · 공표

행정절차법 제19조 【처리기간의 설정 · 공표】 ① 행정청은 신청인의 편의를 위하여 처분의 처리기간을 종류별로 미리 정하여 공표하여야 한다.
② 행정청은 부득이한 사유로 제1항에 따른 처리기간 내에 처분을 처리하기 곤란한 경우에는 해당 처분의 처리기간의 범위에서 한 번만 그 기간을 연장할 수 있다. [16 지방9급]
③ 행정청은 제2항에 따라 처리기간을 연장할 때에는 처리기간의 연장 사유와 처리 예정 기한을 지체 없이 신청인에게 통지하여야 한다.
④ 행정청이 정당한 처리기간 내에 처리하지 아니하였을 때에는 신청인은 해당 행정청 또는 그 감독 행정청에 신속한 처리를 요청할 수 있다. [17 국가9급(下)]

행정청은 신청인의 편의를 위하여 처분의 처리기간을 종류별로 미리 정하여 공표하여야 한다. (○, ×) [14 경행특채, 09 서울9급]

행정청이 처리기간을 신청인에게 공표하였으나 그 처리기간 내에 처리하기 곤란한 경우에는 신청인에게 통지하고 그 처리기간을 3회까지 연장할 수 있다. (○, ×) [04 국가9급]

판례

처분이나 민원의 처리기간을 정하는 것은 신청에 따른 사무를 가능한 한 조속히 처리하도록 하기 위한 것이다. 처리기간에 관한 규정은 훈시규정에 불과할 뿐 강행규정이라고 볼 수 없다. 행정청이 처리기간이 지나 처분을 하였더라도 이를 처분을 취소할 절차상 하자로 볼 수 없다. [23 지방7급] 민원처리법 시행령 제23조에 따른 민원처리진행상황 통지도 민원인의 편의를 위한 부가적인 제도일 뿐, 그 통지를 하지 않았더라도 이를 처분을 취소할 절차상 하자로 볼 수 없다(대판 2019. 12. 13. 2018두41907).

처분의 처리기간에 관한 규정은 강행규정이므로 행정청이 처리기간이 지나 처분을 하였다면 이는 처분을 취소할 절차상 하자로 볼 수 있다. (○, ×) [23 국가7급]

3. 침익적 처분절차: 처분의 사전통지

행정절차법 제21조 【처분의 사전 통지】 ① 행정청은 당사자에게 의무를 부과하거나 권익을 제한하는 처분을 하는 경우에는 미리 다음 각 호의 사항을 당사자 등에게 통지하여야 한다.
1. 처분의 제목
2. 당사자의 성명 또는 명칭과 주소
3. 처분하려는 원인이 되는 사실과 처분의 내용 및 법적 근거 [11 국회8급]
4. 제3호에 대하여 의견을 제출할 수 있다는 뜻과 의견을 제출하지 아니하는 경우의 처리방법
5. 의견제출기관의 명칭과 주소
6. 의견제출기한
7. 그 밖에 필요한 사항

② 행정청은 청문을 하려면 청문이 시작되는 날부터 10일 전까지 제1항 각 호의 사항을 당사자 등에게 통지하여야 한다. 이 경우 제1항 제4호부터 제6호까지의 사항은 청문 주재자의 소속 · 직위 및 성명, 청문의 일시 및 장소, 청문에 응하지 아니하는 경우의 처리방법 등 청문에 필요한 사항으로 갈음한다.
③ 제1항 제6호에 따른 기한은 의견제출에 필요한 기간을 10일 이상으로 고려하여 정하여야 한다.

처분의 상대방에게 이익이 되며 제3자의 권익을 침해하는 이중효과적 행정행위는 행정절차법상 사전통지 · 의견제출의 대상이 된다. (○, ×) [19 지방7급]

행정청은 당사자 등에게 의무를 면제하거나 권익을 부여하는 처분을 하는 경우에도 사전통지의무를 진다. (○, ×) [10 지방7급]

⑴ 의의

행정청은 당사자에게 의무를 부과하거나 권익을 제한하는 처분을 하는 경우에는 미리 처분의 제목, 당사자의 성명 또는 명칭과 주소 등을 당사자 등에게 통지하여야 한다. 사전통지의 예외사유에 해당하지 아니하는 한 상대방의 귀책사유가 있는 경우라 하더라고, 사전통지를 하여야 한다.

상대방의 귀책사유로 야기된 처분의 하자를 이유로 수익적 행정행위를 취소하는 경우에는 특별한 규정이 없는 한 「행정절차법」상 사전통지의 대상이 되지 않는다. (○, ×) [16 국가9급]

(2) 청문실시를 위한 사전통지

행정청이 청문을 실시하려면 청문이 시작되는 날부터 10일 전까지 처분의 제목, 당사자의 성명 또는 명칭과 주소 등 통지사항을 당사자 등에게 통지하여야 한다.

(3) 사전통지의 생략 등

> 행정절차법 제21조 【처분의 사전 통지】 ④ 다음 각 호의 어느 하나에 해당하는 경우에는 제1항에 따른 통지를 하지 아니할 수 있다.
> 1. 공공의 안전 또는 복리를 위하여 긴급히 처분을 할 필요가 있는 경우
> 2. 법령 등에서 요구된 자격이 없거나 없어지게 되면 반드시 일정한 처분을 하여야 하는 경우에 그 자격이 없거나 없어지게 된 사실이 법원의 재판 등에 의하여 객관적으로 증명된 경우 [22 국가9급]
> 3. 해당 처분의 성질상 의견청취가 현저히 곤란하거나 명백히 불필요하다고 인정될 만한 상당한 이유가 있는 경우
>
> ⑤ 처분의 전제가 되는 사실이 법원의 재판 등에 의하여 객관적으로 증명된 경우 등 제4항에 따른 사전 통지를 하지 아니할 수 있는 구체적인 사항은 대통령령으로 정한다.
> ⑥ 제4항에 따라 사전 통지를 하지 아니하는 경우 행정청은 처분을 할 때 당사자 등에게 통지를 하지 아니한 사유를 알려야 한다. 다만, 신속한 처분이 필요한 경우에는 처분 후 그 사유를 알릴 수 있다.

한편 사전통지는 의견청취의 전치절차로서 사전통지의무가 면제되는 경우에는 의견청취의무도 면제된다(동법 제22조 제4항).

(4) 사전통지 대상인지가 문제되는 경우

① 거부처분

판례는 '교수임용거부처분 취소청구사건'이나 '공무원임용신청에 대한 거부처분사건' 등에서 수익적 처분이 행해지기 전에는 아직 당사자에게 권익이 부여되지 않았으므로 거부처분은 당사자의 권익을 침해하는 처분이 아니라고 보아 사전통지의 대상이 아니라고 한다. [17 교행, 14 경행특채] 수익적 행위의 신청에 대한 거부처분도 이유제시는 필요하다는 점은 주의를 요한다.

판례

신청에 따른 처분이 이루어지지 아니한 경우에는 아직 당사자에게 권익이 부과되지 아니하였으므로 특별한 사정이 없는 한 신청에 대한 거부처분이라고 하더라도 직접 당사자의 권익을 제한하는 것은 아니어서 신청에 대한 거부처분을 여기에서 말하는 '당사자의 권익을 제한하는 처분'에 해당한다고 할 수 없는 것이어서 처분의 사전통지대상이 된다고 할 수 없다(대판 2003.11.28. 2003두674). [21 국가7급, 21 지방7급]

② 수리를 요하는 신고(특히 지위승계신고)

판례는 영업자지위승계신고의 수리와 관련하여 이러한 수리처분은 종전 영업자의 권익을 제한하는 처분이므로 종전 영업자에게 사전통지 등의 절차를 거쳐야 한다고 본다.

- 행정절차법상 행정청은 행정처분으로 인하여 권익을 침해받게 되는 제3자에 대하여 처분의 원인이 되는 사실과 처분의 내용 및 법적 근거를 미리 통지하여야 한다. (○, ×) [15 국가7급]
- 행정절차법에 의하면 침익적 처분이라 해도 공공의 안전 또는 복리를 위하여 긴급히 처분을 할 필요가 있는 경우에는 처분의 사전통지를 아니할 수 있다. (○, ×) [16 경행특채]
- 처분의 전제가 되는 사실이 법원의 재판 등에 의하여 객관적으로 증명된 경우에는 행정청이 당사자에게 의무를 부과하거나 권익을 제한하는 처분을 하는 경우에도 사전통지를 하지 아니할 수 있다. (○, ×) [18 서울9급, 15 국가7급]
- 단순·반복적인 처분 또는 경미한 처분으로서 당사자가 그 이유를 명백히 알 수 있는 경우 사전통지를 생략할 수 있다. (○, ×) [15 서울9급]
- 행정청이 침해적 행정처분을 할 경우에는 사전통지를 반드시 하여야 한다. (○, ×) [15 국가7급]
- 사전통지의무가 면제되는 경우에도 의견청취의무가 면제되는 것은 아니다. (○, ×) [10 지방7급]
- 상대방의 신청을 거부하는 처분은 행정절차법상 당사자의 권익을 제한하는 처분에 해당하는 것으로, 처분의 사전통지 및 의견청취의 대상이 된다. (○, ×) [16 서울7급, 15 국가7급]
- 건축허가청은 건축허가신청에 대하여 건축불허가처분을 하는 경우 미리 처분의 제목과 처분하려는 원인이 되는 사실과 처분의 내용 및 법적 근거를 당사자 등에게 통지하여야 한다. (○, ×) [21 서울7급, 17 국가9급(下)]

「식품위생법」상 허가영업에 대해 영업자지위승계신고를 수리하는 처분은 종전의 영업자에 대하여 다소 권익을 침해하는 효과가 발생한다고 하더라도 「행정절차법」상 사전통지를 거쳐야 하는 대상이 아니다. (○, ×) [16 국가9급]

영업자지위승계신고를 수리하는 경우, 영업시설을 인수하여 영업자의 지위를 승계한 자에 대하여 사전통지를 하고, 그에게 의견제출의 기회를 주어야 한다. (○, ×) [21 국가7급]

「행정절차법」상 사전통지 및 의견제출에 대한 권리를 부여하고 있는 '당사자등'에는 불이익처분의 직접 상대방인 당사자와 행정청이 직권으로 또는 신청에 따라 행정절차에 참여하게 한 이해관계인, 그 밖에 제3자가 포함된다. (○, ×) [23 지방9급, 15 국가7급]

행정청이 구 관광진흥법의 규정에 의하여 유원시설업자 지위승계신고를 수리하는 처분을 하는 경우, 종전 유원시설업자에 대하여는 행정절차법상 처분의 사전통지절차를 거칠 필요가 없다. (○, ×) [14 지방9급]

고시의 방법으로 불특정 다수인을 상대로 권익을 제한하는 처분을 하는 경우, 상대방에게 사전에 통지하여 의견제출 기회를 주어야 한다. (○, ×) [19 국가9급, 19 서울7급]

「도로법」상 도로구역의 결정·변경 고시는 행정처분으로서 「행정절차법」 제21조 제1항의 사전통지나 제22조 제3항의 의견청취의 절차를 거쳐야 한다. (○, ×) [17 복지9급, 14 지방9급]

건축법상의 공사중지명령에 대한 사전통지를 하고 의견제출의 기회를 준다면 많은 액수의 손실보상금을 기대하여 공사를 강행할 우려가 있다는 사정이 사전통지 및 의견제출 절차의 예외사유에 해당하지 아니한다. (○, ×) [10 지방7급]

처분상대방이 이미 행정청에 위반사실을 시인하였다는 사정은 사전통지의 예외가 적용되는 '의견청취가 현저히 곤란하거나 명백히 불필요하다고 인정될 만한 상당한 이유가 있는 경우'에 해당한다. (○, ×) [17 국가7급]

판례

1. 행정청이 구 식품위생법 규정에 의하여 영업자지위승계신고를 수리하는 처분은 종전의 영업자의 권익을 제한하는 처분이라 할 것이고 따라서 종전의 영업자는 그 처분에 대하여 직접 그 상대가 되는 자에 해당한다고 봄이 상당하므로, 행정청으로서는 위 신고를 수리하는 처분을 함에 있어서 행정절차법 규정 소정의 당사자에 해당하는 종전의 영업자에 대하여 위 규정 소정의 행정절차를 실시하고 처분을 하여야 한다(대판 2003.2.14. 2001두7015). [22 지방9급, 21 서울7급]
2. 행정절차법에 의하면, 행정청이 당사자에게 의무를 과하거나 권익을 제한하는 처분을 할 때에는 당사자 등에게 처분의 사전통지를 하고 의견제출의 기회를 주어야 하며, 여기서 당사자란 행정청의 처분에 대하여 직접 그 상대가 되는 자를 의미한다. 한편 행정청이 유원시설업자 또는 체육시설업자 지위승계신고를 수리하는 처분은 종전 유원시설업자 또는 체육시설업자의 권익을 제한하는 처분이고, 당사자에 해당하는 종전 유원시설업자 또는 체육시설업자에 대하여 위 규정에서 정한 행정절차를 실시하고 처분을 하여야 한다(대판 2012.12.13. 2011두29144). [19 국가9급]

③ 일반처분

일반처분의 경우 처분자체가 개별통지가 아닌 고시 또는 공고에 의해 이루어진다는 점에서 사전통지의 대상이 아니라고 볼 수 있다. [15 지방9급]

판례

1. '고시'의 방법으로 불특정 다수인을 상대로 의무를 부과하거나 권익을 제한하는 처분은 성질상 의견제출의 기회를 주어야 하는 상대방을 특정할 수 없으므로, 이와 같은 처분에 있어서까지 구 행정절차법 제22조 제3항에 의하여 그 상대방에게 의견제출의 기회를 주어야 한다고 해석할 것은 아니다(대판 2014.10.27. 2012두7745). [22 지방7급, 20 지방9급]
2. 도로법 제25조 제3항이 도로구역을 결정하거나 변경할 경우 이를 고시에 의하도록 하면서, 그 도면을 일반인이 열람할 수 있도록 한 점 등을 종합하여 보면, 도로구역을 변경한 이 사건 처분은 행정절차법 제21조 제1항의 사전통지나 제22조 제3항의 의견청취의 대상이 되는 처분은 아니라고 할 것이다(대판 2008.6.12. 2007두1767). [21 국가7급]

(5) 사전통지를 하지 않은 경우

판례

1. 행정청이 침해적 행정처분을 함에 있어 당사자에게 위와 같은 사전통지를 하거나 의견제출의 기회를 주지 아니하였다면 사전통지를 하지 않거나 의견제출의 기회를 주지 아니하여도 되는 예외적인 경우에 해당하지 아니하는 한 그 처분은 위법하여 취소를 면할 수 없다. [12 국회8급] 건축법상의 공사중지명령에 대한 사전통지를 하고 의견제출의 기회를 준다면 많은 액수의 손실보상금을 기대하여 공사를 강행할 우려가 있다는 사정이 사전통지 및 의견제출 절차의 예외사유에 해당하지 아니한다(대판 2004.5.28. 2004두1254). [18 서울9급]
2. '의견청취가 현저히 곤란하거나 명백히 불필요하다고 인정될 만한 상당한 이유가 있는 경우'에 해당하는지는 해당 행정처분의 성질에 비추어 판단하여야 하며, 처분 상대방이 이미 행정청에 위반사실을 시인하였다거나 처분의 사전통지 이전에 의견을 진술할 기회가 있었다는 사정을 고려하여 판단할 것은 아니다(대판 2016.10.27. 2016두41811).

3. 정규공무원으로 임용된 사람에게 시보임용처분 당시 지방공무원법 제31조 제4호에 정한 공무원임용 결격사유가 있어 시보임용처분을 취소하고 그에 따라 정규임용처분을 취소한 사안에서, 정규임용처분을 취소하는 처분은 성질상 행정절차를 거치는 것이 불필요하여 행정절차법의 적용이 배제되는 경우에 해당하지 않으므로, 그 처분을 하면서 사전통지를 하거나 의견제출의 기회를 부여하지 않은 것은 위법하다(대판 2009.1.30. 2008두16155). [12 국가7급]

✦ 판례는 정규공무원으로 임용된 사람에게 시보임용처분 당시 공무원임용 결격사유가 있다하여 사전통지 없이 시보임용처분과 정규임용처분을 취소하는 것은 위법하다고 한다. (○, ×) [11 국회8급]

03 의견청취절차(의견제출, 청문, 공청회)

행정절차법 제22조 【의견청취】 ① 행정청이 처분을 할 때 다음 각 호의 어느 하나에 해당하는 경우에는 청문을 한다.
1. 다른 법령 등에서 청문을 하도록 규정하고 있는 경우
2. 행정청이 필요하다고 인정하는 경우
3. 다음 각 목의 처분을 하는 경우
가. 인허가 등의 취소
나. 신분·자격의 박탈
다. 법인이나 조합 등의 설립허가의 취소

② 행정청이 처분을 할 때 다음 각 호의 어느 하나에 해당하는 경우에는 공청회를 개최한다.
1. 다른 법령 등에서 공청회를 개최하도록 규정하고 있는 경우
2. 해당 처분의 영향이 광범위하여 널리 의견을 수렴할 필요가 있다고 행정청이 인정하는 경우
3. 국민생활에 큰 영향을 미치는 처분으로서 대통령령으로 정하는 처분에 대하여 대통령령으로 정하는 수 이상의 당사자 등이 공청회 개최를 요구하는 경우

③ 행정청이 당사자에게 의무를 부과하거나 권익을 제한하는 처분을 할 때 제1항 또는 제2항의 경우 외에는 당사자 등에게 의견제출의 기회를 주어야 한다.

④ 제1항부터 제3항까지의 규정에도 불구하고 제21조 제4항 각 호의 어느 하나에 해당하는 경우와 당사자가 의견진술의 기회를 포기한다는 뜻을 명백히 표시한 경우에는 의견청취를 하지 아니할 수 있다. [22 국가9급, 18 국가9급]

⑤ 행정청은 청문·공청회 또는 의견제출을 거쳤을 때에는 신속히 처분하여 해당 처분이 지연되지 아니하도록 하여야 한다.

⑥ 행정청은 처분 후 1년 이내에 당사자 등이 요청하는 경우에는 청문·공청회 또는 의견제출을 위하여 제출받은 서류나 그 밖의 물건을 반환하여야 한다.

✦ 인허가 등을 취소하는 경우에는 개별 법령상 청문을 하도록 하는 근거규정이 없고 의견제출기한 내에 당사자 등의 신청이 없는 경우에도 청문을 하여야 한다. (○, ×) [19 서울9급]

✦ 행정청이 법인이나 조합 등의 설립허가 취소처분을 할 때에는 청문을 해야 한다. (○, ×) [18 서울9급]

✦ 제3자인 이해관계인은 법원의 참가결정이 없어도 관계처분에 의하여 자신의 법률상 이익이 침해되는 한 청문이나 공청회 등 의견청취절차에 참가할 수 있다. (○, ×) [19 서울9급]

1. 의의

의견청취절차는 행정청이 침익적 처분을 함에 있어서 상대방에게 의견을 진술할 기회를 주고, 이를 당해 처분의 고려대상으로 반영하는 절차를 말한다. 행정절차법상 의견청취절차에는 의견제출, 청문, 공청회가 규정되어 있다.

2. 적용제외

(1) 일반론

① 공공의 안전 또는 복리를 위하여 긴급히 처분을 할 필요가 있는 경우, [18 서울9급] ② 법령 등에서 요구된 자격이 없거나 없어지게 되면 반드시 일정한 처분을 하여야 하는 경우에 그 자격이 없거나 없어지게 된 사실이 법원의 재판 등에 의하여 객관적으로 증명된 경우, ③ 해당 처분의 성질상 의견청취가 현저히 곤란하거나 명백히 불필요하다고 인정될 만한 상당한 이유가 있는 경우 그리고 ④ 당사자가 의견진술의 기회를 포기한다는 뜻을 명백히 표시한 경우에는 의견청취를 하지 아니할 수 있다(행정절차법 제22조 제4항). [16 교행]

(2) 의견청취의 예외인지가 문제되는 경우

① 적용배제의 협약

판례

협약을 체결하면서 관계 법령 및 행정절차법에 규정된 청문의 실시 등 의견청취절차를 배제하는 조항을 두었다고 하더라도, 협약이 체결되었다고 하여 청문의 실시에 관한 규정의 적용이 배제된다거나 청문을 실시하지 않아도 되는 예외적인 경우에 해당한다고 할 수 없다(대판 2004.7.8. 2002두8350). [23 지방7급, 20 국가9급]

② 청문통지서의 반송 등

판례

행정처분의 상대방에 대한 청문통지서가 반송되었다거나, 행정처분의 상대방이 청문일시에 불출석하였다는 이유로 청문을 실시하지 아니하고 한 침해적 행정처분은 위법하다(대판 2001.4.13. 2000두3337). [23 지방9급, 21 서울7급]

③ 법령상 확정된 의무부과

판례

퇴직연금의 환수결정은 당사자에게 의무를 과하는 처분이기는 하나, 관련 법령에 따라 당연히 환수금액이 정하여지는 것이므로, 퇴직연금의 환수결정에 앞서 당사자에게 의견진술의 기회를 주지 아니하여도 행정절차법 제22조 제3항이나 신의칙에 어긋나지 아니한다(대판 2000.11.28. 99두5443). [23 지방7급, 20 국가9급]

3. 의견청취절차의 공통규정

행정청은 청문・공청회 또는 의견제출을 거쳤을 때에는 신속히 처분하여 해당 처분이 지연되지 아니하도록 하여야 한다. 행정청은 처분 후 1년 이내에 당사자 등이 요청하는 경우에는 청문・공청회 또는 의견제출을 위하여 제출받은 서류나 그 밖의 물건을 반환하여야 한다.

- 행정청이 당사자와 사이에 도시계획사업시행 관련 협약을 체결하면서 청문 실시를 배제하는 조항을 두었더라도, 이와 같은 협약의 체결로 청문 실시 규정의 적용을 배제할 만한 법령상 규정이 없는 한, 이러한 협약이 체결되었다고 하여 청문을 실시하지 않아도 되는 예외적인 경우에 해당한다고 할 수 없다. (○, ×) [22 국가7급, 20 지방9급]
- 행정청이 당사자와 사이에 도시계획사업의 시행과 관련한 협약을 체결하면서 관계 법령 및 행정절차법에 규정된 청문의 실시 등 의견청취절차를 배제하는 조항을 두었다면 청문을 실시하지 않아도 되는 예외적인 경우에 해당한다고 할 수 있다. (○, ×) [22 지방7급, 21 서울7급]
- 행정청은 행정처분의 상대방에 대한 청문통지서가 반송되었거나, 행정처분의 상대방이 청문일시에 불출석하였다는 이유로 청문절차를 생략하고 침해적 행정처분을 할 수 있다. (○, ×) [20 국가7급, 15 지방7급]
- 「공무원연금법」상 퇴직연금 지급정지 사유기간 중 수급자에게 지급된 퇴직연금의 환수결정은 당사자에게 의무를 과하는 처분으로, 퇴직연금의 환수결정에 앞서 당사자에게 의견진술의 기회를 주지 아니하면 「행정절차법」에 반한다. (○, ×) [19 국가7급, 17 국가9급(下)]

4. 의견제출(약식청문)

(1) 의견제출의 의의

의견제출이란 행정청이 어떠한 행정작용을 하기 전에 당사자 등이 의견을 제시하는 절차로서 청문이나 공청회에 해당하지 아니하는 절차를 말한다(행정절차법 제2조 제7호). 청문·공청회에 대한 명시적인 규정이 없는 경우에도 의견제출 절차는 거쳐야 한다는 점에서 의견청취의 일반절차로서 성격을 지닌다.

(2) 의견제출의 기회제공

행정청이 당사자에게 의무를 부과하거나 권익을 제한하는 처분을 할 때 청문을 실시하거나 또는 공청회를 개최하는 경우 외에는 당사자 등에게 의견제출의 기회를 주어야 한다(동법 제22조 제3항). 청문이나 공청회를 개최하는 경우에는 침익적 처분이라고 하더라도 의견제출의 기회를 별도로 주지 않아도 된다.

판례

행정청이 침해적 행정처분을 함에 있어서 당사자에게 위와 같은 사전통지를 하거나 의견제출의 기회를 주지 아니하였다면 사전통지를 하지 않거나 의견제출의 기회를 주지 아니하여도 되는 예외적인 경우에 해당하지 아니하는 한 그 처분은 위법하여 취소를 면할 수 없다(대판 2000.11.14. 99두5870). [16 경행특채]

사전통지와 청문 등의 주요절차를 위반하면 위법이 되나 의견제출절차, 타 기관과의 협의절차를 위반한다고 하여 위법이 되는 것은 아니다. (○, ×) [16 국회8급]

(3) 의견제출의 방법

행정절차법 제27조 【의견제출】 ① 당사자 등은 처분 전에 그 처분의 관할 행정청에 서면이나 말로 또는 정보통신망을 이용하여 의견제출을 할 수 있다.
② 당사자 등은 제1항에 따라 의견제출을 하는 경우 그 주장을 입증하기 위한 증거자료 등을 첨부할 수 있다.
③ 행정청은 당사자 등이 말로 의견제출을 하였을 때에는 서면으로 그 진술의 요지와 진술자를 기록하여야 한다. [13 지방7급]
④ 당사자 등이 정당한 이유 없이 의견제출 기한까지 의견제출을 하지 아니한 경우에는 의견이 없는 것으로 본다. [15 지방7급]

당사자 등은 처분 전에 그 처분의 관할 행정청에 서면이나 말로 또는 정보통신망을 이용하여 의견제출을 할 수 있다. (○, ×) [13 지방7급]

(4) 제출의견의 반영

행정절차법 제27조의2 【제출 의견의 반영 등】 ① 행정청은 처분을 할 때에 당사자 등이 제출한 의견이 상당한 이유가 있다고 인정하는 경우에는 이를 반영하여야 한다.
② 행정청은 당사자 등이 제출한 의견을 반영하지 아니하고 처분을 한 경우 당사자 등이 처분이 있음을 안 날부터 90일 이내에 그 이유의 설명을 요청하면 서면으로 그 이유를 알려야 한다. 다만, 당사자 등이 동의하면 말, 정보통신망 또는 그 밖의 방법으로 알릴 수 있다.

행정청은 처분을 할 때에 당사자 등이 제출한 의견이 상당한 이유가 있다고 인정하는 경우에는 이를 반영하여야 한다. (○, ×) [15 경행특채, 08 국가9급]

의견을 반영한다고 해서 행정청이 당사자가 제출한 의견에 기속되는 것은 아니다. 다만 의견을 반영하지 아니하는 경우 당사자가 요청하면 그 이유를 알려야 한다.

5. 청문

(1) 청문의 의의

청문이란 행정청이 어떠한 처분을 하기 전에 당사자 등의 의견을 직접 듣고 증거를 조사하는 절차를 말한다(행정절차법 제2조 제5호). 청문제도는 행정처분의 사유에 대하여 당사자에게 변명과 유리한 자료를 제출할 기회를 부여함으로써 위법사유의 시정가능성을 고려하고 처분의 신중과 적정을 기하려는 데 그 취지가 있다.

(2) 청문의 실시

행정절차법 제22조 【의견청취】 ① 행정청이 처분을 할 때 다음 각 호의 어느 하나에 해당하는 경우에는 청문을 한다.
1. 다른 법령 등에서 청문을 하도록 규정하고 있는 경우
2. 행정청이 필요하다고 인정하는 경우
3. 다음 각 목의 처분을 하는 경우 [15 교행]
   가. 인허가 등의 취소
   나. 신분·자격의 박탈 [17 국가9급]
   다. 법인이나 조합 등의 설립허가의 취소

인허가 등의 취소 또는 신분·자격의 박탈, 법인이나 조합 등의 설립허가의 취소 시 의견제출기한 내에 당사자 등의 신청이 있는 경우에 공청회를 개최한다. (○, ×) [18 국가9급]

(3) 청문의 통지

행정청은 청문이 시작되는 날부터 10일 전까지 처분하고자 하는 원인이 되는 사실과 처분의 내용 및 법적 근거 등을 당사자 등에게 통지하여야 한다(동법 제21조 제2항).

행정청은 청문을 실시하고자 하는 경우에 청문이 시작되는 날부터 14일 전까지 당사자 등에게 통지를 하여야 한다. (○, ×) [11 지방7급, 10 서울9급]

(4) 청문의 주재자

① 청문주재자의 자격

행정절차법 제28조 【청문 주재자】 ① 행정청은 소속 직원 또는 대통령령으로 정하는 자격을 가진 사람 중에서 청문 주재자를 공정하게 선정하여야 한다.
② 행정청은 다음 각 호의 어느 하나에 해당하는 처분을 하려는 경우에는 청문 주재자를 2명 이상으로 선정할 수 있다. 이 경우 선정된 청문 주재자 중 1명이 청문 주재자를 대표한다.
1. 다수 국민의 이해가 상충되는 처분
2. 다수 국민에게 불편이나 부담을 주는 처분
3. 그 밖에 전문적이고 공정한 청문을 위하여 행정청이 청문 주재자를 2명 이상으로 선정할 필요가 있다고 인정하는 처분

③ 행정청은 청문이 시작되는 날부터 7일 전까지 청문 주재자에게 청문과 관련한 필요한 자료를 미리 통지하여야 한다.
④ 청문 주재자는 독립하여 공정하게 직무를 수행하며, 그 직무 수행을 이유로 본인의 의사에 반하여 신분상 어떠한 불이익도 받지 아니한다.
⑤ 제1항 또는 제2항에 따라 선정된 청문 주재자는 「형법」이나 그 밖의 다른 법률에 따른 벌칙을 적용할 때에는 공무원으로 본다.

청문 주재자는 당사자의 신청을 받아 행정청이 선정한다. (○, ×) [16 교행]

청문의 주재자는 대통령령으로 정하는 자격을 가지는 사람 중에서 선정하되, 행정청의 소속 직원은 주재자가 될 수 없다. (○, ×) [14 경행특채]

② 청문주재자의 제척 · 기피 · 회피

> 「행정절차법」은 청문 주재자의 제척 · 기피 · 회피에 관하여 규정하고 있다. (○, ×) [16 교행]

행정절차법 제29조【청문 주재자의 제척 · 기피 · 회피】① 청문 주재자가 다음 각 호의 어느 하나에 해당하는 경우에는 청문을 주재할 수 없다.
1. 자신이 당사자 등이거나 당사자 등과 「민법」 제777조 각 호의 어느 하나에 해당하는 친족관계에 있거나 있었던 경우
2. 자신이 해당 처분과 관련하여 증언이나 감정(鑑定)을 한 경우
3. 자신이 해당 처분의 당사자 등의 대리인으로 관여하거나 관여하였던 경우
4. 자신이 해당 처분업무를 직접 처리하거나 처리하였던 경우
5. 자신이 해당 처분업무를 처리하는 부서에 근무하는 경우. 이 경우 부서의 구체적인 범위는 대통령령으로 정한다.

② 청문 주재자에게 공정한 청문 진행을 할 수 없는 사정이 있는 경우 당사자 등은 행정청에 기피신청을 할 수 있다. 이 경우 행정청은 청문을 정지하고 그 신청이 이유가 있다고 인정할 때에는 해당 청문 주재자를 지체 없이 교체하여야 한다.
③ 청문 주재자는 제1항 또는 제2항의 사유에 해당하는 경우에는 행정청의 승인을 받아 스스로 청문의 주재를 회피할 수 있다.

(5) 청문의 진행 및 내용

① 청문의 공개

행정절차법 제30조【청문의 공개】청문은 당사자가 공개를 신청하거나 청문 주재자가 필요하다고 인정하는 경우 공개할 수 있다. [24 국가9급, 16 지방9급] 다만, 공익 또는 제3자의 정당한 이익을 현저히 해칠 우려가 있는 경우에는 공개하여서는 아니 된다.

청문은 당사자의 공개신청이나 주재자가 필요하다고 인정하는 경우에도 공개하여야 하는 것은 아니라는 점에서 비공개가 원칙이라고 할 수 있다.

> 청문은 당사자가 공개를 신청하거나 청문주재자가 필요하다고 인정하는 경우 공개하여야 한다. (○, ×) [13 지방7급]

② 질문 및 증거조사

행정절차법 제31조【청문의 진행】① 청문 주재자가 청문을 시작할 때에는 먼저 예정된 처분의 내용, 그 원인이 되는 사실 및 법적 근거 등을 설명하여야 한다.
② 당사자 등은 의견을 진술하고 증거를 제출할 수 있으며, 참고인이나 감정인 등에게 질문할 수 있다. [15 국회8급]

행정절차법 제33조【증거조사】① 청문 주재자는 직권으로 또는 당사자의 신청에 따라 필요한 조사를 할 수 있으며, 당사자 등이 주장하지 아니한 사실에 대하여도 조사할 수 있다. [14 국가9급, 10 경행특채]
③ 청문 주재자는 필요하다고 인정할 때에는 관계 행정청에 필요한 문서의 제출 또는 의견의 진술을 요구할 수 있다. 이 경우 관계 행정청은 직무 수행에 특별한 지장이 없으면 그 요구에 따라야 한다.

> 행정절차에는 당사자주의가 적용되므로 행정청은 당사자가 제출한 증거나 당사자의 증거신청에 구속된다. (○, ×) [17 국회8급]

> 청문은 행정청이 어떠한 처분을 하기 전에 당사자 등의 의견을 직접 듣는 절차일 뿐, 증거를 조사하는 절차는 아니다. (○, ×) [18 지방7급]

청문 주재자는 당사자 등의 전부 또는 일부가 정당한 사유 없이 청문기일에 출석하지 아니한 경우라도 이들에게 다시 의견진술 및 증거제출의 기회를 주지 아니하고는 청문을 마칠 수 없다. (○, ×) [15 국가9급]

③ 청문의 종결

행정절차법 제35조【청문의 종결】 ① 청문 주재자는 해당 사안에 대하여 당사자 등의 의견진술, 증거조사가 충분히 이루어졌다고 인정하는 경우에는 청문을 마칠 수 있다.
② 청문 주재자는 당사자 등의 전부 또는 일부가 정당한 사유 없이 청문기일에 출석하지 아니하거나 제31조 제3항에 따른 의견서를 제출하지 아니한 경우에는 이들에게 다시 의견진술 및 증거제출의 기회를 주지 아니하고 청문을 마칠 수 있다.
③ 청문 주재자는 당사자 등의 전부 또는 일부가 정당한 사유로 청문기일에 출석하지 못하거나 제31조 제3항에 따른 의견서를 제출하지 못한 경우에는 10일 이상의 기간을 정하여 이들에게 의견진술 및 증거제출을 요구하여야 하며, 해당 기간이 지났을 때에 청문을 마칠 수 있다.
④ 청문 주재자는 청문을 마쳤을 때에는 청문조서, 청문 주재자의 의견서, 그 밖의 관계 서류 등을 행정청에 지체 없이 제출하여야 한다.

④ 청문의 재개

행정절차법 제36조【청문의 재개】 행정청은 청문을 마친 후 처분을 할 때까지 새로운 사정이 발견되어 청문을 재개(再開)할 필요가 있다고 인정할 때에는 제35조 제4항에 따라 받은 청문조서 등을 되돌려 보내고 청문의 재개를 명할 수 있다. 이 경우 제31조 제5항을 준용한다.

행정청은 직권으로 또는 당사자 및 이해관계인의 신청에 따라 여러 개의 사안을 병합하거나 분리하여 청문을 할 수 있다. (○, ×) [17 국가9급]

⑤ 청문의 병합 · 분리

행정절차법 제32조【청문의 병합 · 분리】 행정청은 직권으로 또는 당사자의 신청에 따라 여러 개의 사안을 병합하거나 분리하여 청문을 할 수 있다.

⑥ 청문결과의 반영

행정절차법 제35조의2【청문결과의 반영】 행정청은 처분을 할 때에 제35조 제4항에 따라 받은 청문조서, 청문 주재자의 의견서, 그 밖의 관계 서류 등을 충분히 검토하고 상당한 이유가 있다고 인정하는 경우에는 청문결과를 반영하여야 한다. [11 복지9급]

⑦ 문서의 열람 및 비밀 누설금지 · 목적 외 사용금지

행정절차법 제34조【청문조서】 ② 당사자 등은 청문조서의 내용을 열람 · 확인할 수 있으며, 이의가 있을 때에는 그 정정을 요구할 수 있다. [21 지방9급]

행정절차법 제37조【문서의 열람 및 비밀유지】 ① 당사자 등은 의견제출의 경우에는 처분의 사전 통지가 있는 날부터 의견제출 기한까지, 청문의 경우에는 청문의 통지가 있는 날부터 청문이 끝날 때까지 행정청에 해당 사안의 조사결과에 관한 문서와 그 밖에 해당 처분과 관련되는 문서의 열람 또는 복사를 요청할 수 있다. 이 경우 행정청은 다른 법령에 따라 공개가 제한되는 경우를 제외하고는 그 요청을 거부할 수 없다.
⑤ 행정청은 제1항에 따른 복사에 드는 비용을 복사를 요청한 자에게 부담시킬 수 있다.
⑥ 누구든지 의견제출 또는 청문을 통하여 알게 된 사생활이나 경영상 또는 거래상의 비밀을 정당한 이유 없이 누설하거나 다른 목적으로 사용하여서는 아니 된다.

행정절차법도 비밀 누설금지 · 목적 외 사용금지 등 개인정보보호에 관한 규정을 두고 있다. (○, ×) [14 국가9급]

6. 공청회

(1) 공청회의 의의

공청회란 행정청이 공개적인 토론을 통하여 어떠한 행정작용에 대하여 당사자 등 전문 지식과 경험을 가진 사람, 그 밖의 일반인으로부터 의견을 널리 수렴하는 절차를 말한다 (행정절차법 제2조 제6호).

(2) 공청회의 개최

행정절차법 제22조 【의견청취】 ② 행정청이 처분을 할 때 다음 각 호의 어느 하나에 해당하는 경우에는 공청회를 개최한다.
1. 다른 법령 등에서 공청회를 개최하도록 규정하고 있는 경우
2. 해당 처분의 영향이 광범위하여 널리 의견을 수렴할 필요가 있다고 행정청이 인정하는 경우
3. 국민생활에 큰 영향을 미치는 처분으로서 대통령령으로 정하는 처분에 대하여 대통령령으로 정하는 수 이상의 당사자 등이 공청회 개최를 요구하는 경우

① 개최사유

공청회도 청문과 동일하게 일정한 사유가 있는 경우 실시되지 않을 수 있다. 한편 행정청이 개최한 공청회가 아닌 경우에는 행정절차법의 공청회에 관한 규정이 적용되지 않는다.

판례

묘지공원과 화장장의 후보지를 선정하는 과정에서 서울특별시, 비영리법인, 일반 기업 등이 공동발족한 협의체인 추모공원건립추진협의회가 후보지 주민들의 의견을 청취하기 위하여 그 명의로 개최한 공청회는 행정청이 도시계획시설결정을 하면서 개최한 공청회가 아니므로, 위 공청회의 개최에 관하여 행정절차법에서 정한 절차를 준수하여야 하는 것은 아니다(대판 2007.4.12. 2005두1893).

② 공고

행정절차법 제38조 【공청회 개최의 알림】 행정청은 공청회를 개최하려는 경우에는 공청회 개최 14일 전까지 다음 각 호의 사항을 당사자 등에게 통지하고 관보, 공보, 인터넷 홈페이지 또는 일간신문 등에 공고하는 등의 방법으로 널리 알려야 한다. 다만, 공청회 개최를 알린 후 예정대로 개최하지 못하여 새로 일시 및 장소 등을 정한 경우에는 공청회 개최 7일 전까지 알려야 한다.

묘지공원과 화장장의 후보지를 선정하는 과정에서 추모공원건립추진협의회가 후보지 주민들의 의견을 청취하기 위하여 그 명의로 개최한 공청회는 「행정절차법」에서 정한 절차를 준수하여야 하는 것은 아니다. (○, ×) [19 지방9급]

대법원은 묘지공원과 화장장의 후보지를 선정하는 과정에서 서울특별시, 비영리법인, 일반 기업 등이 공동발족한 협의체인 추모공원건립추진협의회가 후보지 주민들의 의견을 청취하기 위하여 그 명의로 개최한 공청회에 대해 「행정절차법」에서 정한 절차를 준수하여야 한다고 보았다. (○, ×) [13 국회8급]

행정청은 공청회를 개최하려는 경우에는 공청회 개최 10일 전까지 일시 및 장소 등의 사항을 당사자 등에게 통지하여야 한다. (○, ×) [16 경행특채, 09 지방7급]

PART 03

정보통신망을 이용한 공청회(온라인공청회)는 공청회를 실시할 수 없는 불가피한 상황에서만 실시할 수 있다. (○, ×) [16 지방9급]

공청회가 개최는 되었으나 정상적으로 진행되지 못하고 무산된 횟수가 2회인 경우 온라인공청회를 단독으로 개최할 수 있다. (○, ×) [23 국가9급]

③ 온라인공청회

> 행정절차법 제38조의2 【온라인공청회】 ① 행정청은 제38조에 따른 공청회와 병행하여서만 정보통신망을 이용한 공청회(이하 "온라인공청회"라 한다)를 실시할 수 있다. [17 국가9급(下), 15 지방7급]
> ② 제1항에도 불구하고 다음 각 호의 어느 하나에 해당하는 경우에는 온라인공청회를 단독으로 개최할 수 있다. <신설 2022.1.11.>
> 1. 국민의 생명 · 신체 · 재산의 보호 등 국민의 안전 또는 권익보호 등의 이유로 제38조에 따른 공청회를 개최하기 어려운 경우
> 2. 제38조에 따른 공청회가 행정청이 책임질 수 없는 사유로 개최되지 못하거나 개최는 되었으나 정상적으로 진행되지 못하고 무산된 횟수가 3회 이상인 경우
> 3. 행정청이 널리 의견을 수렴하기 위하여 온라인공청회를 단독으로 개최할 필요가 있다고 인정하는 경우. 다만, 제22조 제2항 제1호 또는 제3호에 따라 공청회를 실시하는 경우는 제외한다.
>
> ③ 행정청은 온라인공청회를 실시하는 경우 의견제출 및 토론 참여가 가능하도록 적절한 전자적 처리능력을 갖춘 정보통신망을 구축 · 운영하여야 한다.
> ④ 온라인공청회를 실시하는 경우에는 누구든지 정보통신망을 이용하여 의견을 제출하거나 제출된 의견 등에 대한 토론에 참여할 수 있다. [15 교행]
> ⑤ 제1항부터 제3항까지에서 규정한 사항 외에 온라인공청회의 실시 방법 및 절차에 관하여 필요한 사항은 대통령령으로 정한다.

(3) 공청회의 주재자 및 발표자

> 행정절차법 제38조의3 【공청회의 주재자 및 발표자의 선정】 ① 행정청은 해당 공청회의 사안과 관련된 분야에 전문적 지식이 있거나 그 분야에 종사한 경험이 있는 사람으로서 대통령령으로 정하는 자격을 가진 사람 중에서 공청회의 주재자를 선정한다.
> ② 공청회의 발표자는 발표를 신청한 사람 중에서 행정청이 선정한다. 다만, 발표를 신청한 사람이 없거나 공청회의 공정성을 확보하기 위하여 필요하다고 인정하는 경우에는 다음 각 호의 사람 중에서 지명하거나 위촉할 수 있다.
> 1. 해당 공청회의 사안과 관련된 당사자 등
> 2. 해당 공청회의 사안과 관련된 분야에 전문적 지식이 있는 사람
> 3. 해당 공청회의 사안과 관련된 분야에 종사한 경험이 있는 사람

(4) 공청회의 진행과 결과반영

> 행정절차법 제39조 【공청회의 진행】 ① 공청회의 주재자는 공청회를 공정하게 진행하여야 하며, 공청회의 원활한 진행을 위하여 발표 내용을 제한할 수 있고, 질서유지를 위하여 발언 중지 및 퇴장 명령 등 행정안전부장관이 정하는 필요한 조치를 할 수 있다.
> ② 발표자는 공청회의 내용과 직접 관련된 사항에 대하여만 발표하여야 한다.
> ③ 공청회의 주재자는 발표자의 발표가 끝난 후에는 발표자 상호 간에 질의 및 답변을 할 수 있도록 하여야 하며, 방청인에게도 의견을 제시할 기회를 주어야 한다.

행정절차법 제39조의2 【공청회 및 온라인공청회 결과의 반영】 행정청은 처분을 할 때에 공청회, 온라인공청회 및 정보통신망 등을 통하여 제시된 사실 및 의견이 상당한 이유가 있다고 인정하는 경우에는 이를 반영하여야 한다.

행정절차법 제39조의3 【공청회의 재개최】 행정청은 공청회를 마친 후 처분을 할 때까지 새로운 사정이 발견되어 공청회를 다시 개최할 필요가 있다고 인정할 때에는 공청회를 다시 개최할 수 있다.

행정청은 처분을 할 때에 공청회, 온라인공청회 및 정보통신망 등을 통하여 제시된 사실 및 의견이 상당한 이유가 있다고 인정하는 경우에는 이를 반영하여야 한다. (○, ×) [08 국가9급]

PART 03

04 신고

본래 의미의 신고는 자기완결적 행위이므로 신고가 법정요건을 갖춘 이상 행정청은 이를 접수하여야 한다. 행정절차법상의 신고는 수리를 요하지 않는 신고(자기완결적 신고)만 규정하고 있고, 수리를 요하는 신고에 대해서는 규정하고 있지 않다는 점을 유의하여야 한다.

행정절차법은 수리를 요하는 신고를 규정하고 있다. (○, ×) [13 국회9급, 11 지방9급]

행정절차법 제40조 【신고】 ① 법령 등에서 행정청에 일정한 사항을 통지함으로써 의무가 끝나는 신고를 규정하고 있는 경우 신고를 관장하는 행정청은 신고에 필요한 구비서류, 접수기관, 그 밖에 법령 등에 따른 신고에 필요한 사항을 게시(인터넷 등을 통한 게시를 포함한다)하거나 이에 대한 편람을 갖추어 두고 누구나 열람할 수 있도록 하여야 한다.

② 제1항에 따른 신고가 다음 각 호의 요건을 갖춘 경우에는 신고서가 접수기관에 도달된 때에 신고 의무가 이행된 것으로 본다.

1. 신고서의 기재사항에 흠이 없을 것
2. 필요한 구비서류가 첨부되어 있을 것
3. 그 밖에 법령 등에 규정된 형식상의 요건에 적합할 것

③ 행정청은 제2항 각 호의 요건을 갖추지 못한 신고서가 제출된 경우에는 지체 없이 상당한 기간을 정하여 신고인에게 보완을 요구하여야 한다.

④ 행정청은 신고인이 제3항에 따른 기간 내에 보완을 하지 아니하였을 때에는 그 이유를 구체적으로 밝혀 해당 신고서를 되돌려 보내야 한다.

행정절차법상 신고 요건으로는 신고서의 기재사항에 흠이 없고 필요한 구비서류가 첨부되어 있어야 하며, 신고의 기재사항은 그 진실함이 입증되어야 한다. (○, ×) [14 국가9급]

법령 등에서 행정청에 일정한 사항을 통지함으로써 의무가 끝나는 신고를 규정하고 있는 경우 신고가 본법 제40조 제2항 각 호의 요건을 갖춘 경우에는 신고서가 접수기관에 발송된 때에 신고 의무가 이행된 것으로 본다. (○, ×) [17 국가9급]

05 확약

행정절차법 제40조의2 【확약】 ① 법령 등에서 당사자가 신청할 수 있는 처분을 규정하고 있는 경우 행정청은 당사자의 신청에 따라 장래에 어떤 처분을 하거나 하지 아니할 것을 내용으로 하는 의사표시(이하 "확약"이라 한다)를 할 수 있다.

② 확약은 문서로 하여야 한다.

③ 행정청은 다른 행정청과의 협의 등의 절차를 거쳐야 하는 처분에 대하여 확약을 하려는 경우에는 확약을 하기 전에 그 절차를 거쳐야 한다.

④ 행정청은 다음 각 호의 어느 하나에 해당하는 경우에는 확약에 기속되지 아니한다.
1. 확약을 한 후에 확약의 내용을 이행할 수 없을 정도로 법령 등이나 사정이 변경된 경우
2. 확약이 위법한 경우
⑤ 행정청은 확약이 제4항 각 호의 어느 하나에 해당하여 확약을 이행할 수 없는 경우에는 지체 없이 당사자에게 그 사실을 통지하여야 한다.

06 위반사실 등의 공표

행정절차법 제40조의3【위반사실 등의 공표】 ① 행정청은 법령에 따른 의무를 위반한 자의 성명·법인명, 위반사실, 의무 위반을 이유로 한 처분사실 등(이하 "위반사실등"이라 한다)을 법률로 정하는 바에 따라 일반에게 공표할 수 있다.
② 행정청은 위반사실 등의 공표를 하기 전에 사실과 다른 공표로 인하여 당사자의 명예·신용 등이 훼손되지 아니하도록 객관적이고 타당한 증거와 근거가 있는지를 확인하여야 한다.
③ 행정청은 위반사실 등의 공표를 할 때에는 미리 당사자에게 그 사실을 통지하고 의견제출의 기회를 주어야 한다. 다만, 다음 각 호의 어느 하나에 해당하는 경우에는 그러하지 아니하다.
1. 공공의 안전 또는 복리를 위하여 긴급히 공표를 할 필요가 있는 경우
2. 해당 공표의 성질상 의견청취가 현저히 곤란하거나 명백히 불필요하다고 인정될 만한 타당한 이유가 있는 경우
3. 당사자가 의견진술의 기회를 포기한다는 뜻을 명백히 밝힌 경우
④ 제3항에 따라 의견제출의 기회를 받은 당사자는 공표 전에 관할 행정청에 서면이나 말 또는 정보통신망을 이용하여 의견을 제출할 수 있다. [23 국가7급]
⑤ 제4항에 따른 의견제출의 방법과 제출 의견의 반영 등에 관하여는 제27조 및 제27조의2를 준용한다. 이 경우 "처분"은 "위반사실 등의 공표"로 본다.
⑥ 위반사실 등의 공표는 관보, 공보 또는 인터넷 홈페이지 등을 통하여 한다.
⑦ 행정청은 위반사실 등의 공표를 하기 전에 당사자가 공표와 관련된 의무의 이행, 원상회복, 손해배상 등의 조치를 마친 경우에는 위반사실 등의 공표를 하지 아니할 수 있다.
⑧ 행정청은 공표된 내용이 사실과 다른 것으로 밝혀지거나 공표에 포함된 처분이 취소된 경우에는 그 내용을 정정하여, 정정한 내용을 지체 없이 해당 공표와 같은 방법으로 공표된 기간 이상 공표하여야 한다. 다만, 당사자가 원하지 아니하면 공표하지 아니할 수 있다.

07 행정계획

행정절차법 제40조의4【행정계획】 행정청은 행정청이 수립하는 계획 중 국민의 권리·의무에 직접 영향을 미치는 계획을 수립하거나 변경·폐지할 때에는 관련된 여러 이익을 정당하게 형량하여야 한다.

08 행정상 입법예고, 행정예고

1. 의의

행정입법예고 및 행정예고는 국민의 일상생활과 밀접하게 관련되는 법령안의 내용을 알리거나, 국민의 권익과 관계된 사항을 알림으로써 국민들의 참여기회를 보장하고 법령 및 행정의 실효성을 높이기 위한 절차이다.

> ✦ 행정절차법은 법령 등을 제정·개정 또는 폐지하려는 경우에 해당 입법안을 마련한 행정청이 예고하는 행정상 입법예고에 관한 규정을 두고 있다. (○, ×) [14 경행특채]

2. 행정상 입법예고

(1) 입법예고의 원칙과 적용예외

행정절차법 제41조【행정상 입법예고】 ① 법령 등을 제정·개정 또는 폐지(이하 "입법"이라 한다)하려는 경우에는 해당 입법안을 마련한 행정청은 이를 예고하여야 한다. 다만 다음 각 호의 어느 하나에 해당하는 경우에는 예고를 하지 아니할 수 있다.
1. 신속한 국민의 권리 보호 또는 예측 곤란한 특별한 사정의 발생 등으로 입법이 긴급을 요하는 경우
2. 상위 법령 등의 단순한 집행을 위한 경우
3. 입법내용이 국민의 권리·의무 또는 일상생활과 관련이 없는 경우
4. 단순한 표현·자구를 변경하는 경우 등 입법내용의 성질상 예고의 필요가 없거나 곤란하다고 판단되는 경우
5. 예고함이 공공의 안전 또는 복리를 현저히 해칠 우려가 있는 경우

> ✦ 상위 법령 등의 단순한 집행을 위해 총리령을 제정하려는 경우, 행정상 입법예고를 하지 아니할 수 있다. (○, ×) [19 국가9급]

> ✦ 입법내용이 국민의 권리·의무 또는 일상생활과 관련이 없는 경우에도 예고를 하여야 한다. (○, ×) [15 행정사]

(2) 법제처장의 권고·직접예고

행정절차법 제41조【행정상 입법예고】 ③ 법제처장은 입법예고를 하지 아니한 법령안의 심사 요청을 받은 경우에 입법예고를 하는 것이 적당하다고 판단할 때에는 해당 행정청에 입법예고를 권고하거나 직접 예고할 수 있다. [15 국회8급]

(3) 행정청의 재입법예고

행정절차법 제41조【행정상 입법예고】 ④ 입법안을 마련한 행정청은 입법예고 후 예고내용에 국민생활과 직접 관련된 내용이 추가되는 등 대통령령으로 정하는 중요한 변경이 발생하는 경우에는 해당 부분에 대한 입법예고를 다시 하여야 한다. 다만 제1항 각 호의 어느 하나에 해당하는 경우에는 예고를 하지 아니할 수 있다.

(4) 예고방법 및 예고기간

행정절차법 제42조【예고방법】 ① 행정청은 입법안의 취지, 주요 내용 또는 전문(全文)을 다음 각 호의 구분에 따른 방법으로 공고하여야 하며, <u>추가로 인터넷, 신문 또는 방송</u> 등을 통하여 공고할 수 있다.
1. 법령의 입법안을 입법예고하는 경우: <u>관보</u> 및 법제처장이 구축·제공하는 <u>정보시스템</u>을 통한 공고
2. 자치법규의 입법안을 입법예고하는 경우: 공보를 통한 공고

② 행정청은 대통령령을 입법예고하는 경우 국회 소관 상임위원회에 이를 제출하여야 한다.

③ 행정청은 입법예고를 할 때에 입법안과 관련이 있다고 인정되는 중앙행정기관, 지방자치단체, 그 밖의 단체 등이 예고사항을 알 수 있도록 예고사항을 통지하거나 그 밖의 방법으로 알려야 한다.
④ 행정청은 제1항에 따라 예고된 입법안에 대하여 온라인공청회 등을 통하여 널리 의견을 수렴할 수 있다. 이 경우 제38조의2 제3항부터 제5항까지의 규정을 준용한다.
⑤ 행정청은 예고된 입법안의 전문에 대한 열람 또는 복사를 요청받았을 때에는 특별한 사유가 없으면 그 요청에 따라야 한다. [15 행정사]
⑥ 행정청은 제5항에 따른 복사에 드는 비용을 복사를 요청한 자에게 부담시킬 수 있다.

행정절차법 제43조【예고기간】 입법예고기간은 예고할 때 정하되, 특별한 사정이 없으면 40일(자치법규는 20일) 이상으로 한다. [17 서울7급, 15 지방7급]

행정상 입법예고의 기간은 특별한 사정이 없는 한 20일 이상으로 하며, 누구든지 예고된 입법안에 대하여 의견을 제출할 수 있다. (○, ×) [08 국가7급]

(5) 의견제출 및 처리

행정절차법 제44조【의견제출 및 처리】 ① 누구든지 예고된 입법안에 대하여 의견을 제출할 수 있다.
② 행정청은 의견접수기관, 의견제출기간, 그 밖에 필요한 사항을 해당 입법안을 예고할 때 함께 공고하여야 한다.
③ 행정청은 해당 입법안에 대한 의견이 제출된 경우 특별한 사유가 없으면 이를 존중하여 처리하여야 한다.
④ 행정청은 의견을 제출한 자에게 그 제출된 의견의 처리결과를 통지하여야 한다.

행정절차법에 따르면, 예고된 법령 등의 제정·개정 또는 폐지의 안에 대하여 누구든지 의견을 제출할 수 있다. (○, ×) [18 지방7급]

행정청은 입법안에 대한 의견을 제출한 자에 대해서도 제출된 의견의 처리결과를 통지할 의무는 없다. (○, ×) [07 지방9급]

(6) 공청회

행정절차법 제45조【공청회】 ① 행정청은 입법안에 관하여 공청회를 개최할 수 있다. [07 지방9급]
② 공청회에 관하여는 제38조, 제38조의2, 제38조의3, 제39조 및 제39조의2를 준용한다.

3. 행정예고

(1) 행정예고의 원칙과 적용예외

행정절차법 제46조【행정예고】 ① 행정청은 정책, 제도 및 계획(이하 "정책 등"이라 한다)을 수립·시행하거나 변경하려는 경우에는 이를 예고하여야 한다. 다만, 다음 각 호의 어느 하나에 해당하는 경우에는 예고를 하지 아니할 수 있다. [17 지방9급]
1. 신속하게 국민의 권리를 보호하여야 하거나 예측이 어려운 특별한 사정이 발생하는 등 긴급한 사유로 예고가 현저히 곤란한 경우
2. 법령 등의 단순한 집행을 위한 경우
3. 정책등의 내용이 국민의 권리·의무 또는 일상생활과 관련이 없는 경우
4. 정책등의 예고가 공공의 안전 또는 복리를 현저히 해칠 우려가 상당한 경우

(2) 입법예고와의 관계

행정절차법 제46조【행정예고】 ② 제1항에도 불구하고 법령 등의 입법을 포함하는 행정예고는 입법예고로 갈음할 수 있다.

행정예고를 입법예고로 갈음할 수는 없다. (○, ×) [07 관세사]

(3) 예고기간

행정절차법 제46조 【행정예고】 ③ 행정예고기간은 예고 내용의 성격 등을 고려하여 정하되, 20일 이상으로 한다.
④ 제3항에도 불구하고 행정목적을 달성하기 위하여 긴급한 필요가 있는 경우에는 행정예고기간을 단축할 수 있다. 이 경우 단축된 행정예고기간은 10일 이상으로 한다.

(4) 예고통계 작성 및 공고

행정절차법 제46조의2 【행정예고 통계 작성 및 공고】 행정청은 매년 자신이 행한 행정예고의 실시 현황과 그 결과에 관한 통계를 작성하고, 이를 관보·공보 또는 인터넷 등의 방법으로 널리 공고하여야 한다.

(5) 준용규정

행정절차법 제47조 【예고방법 등】 ① 행정청은 정책 등 안(案)의 취지, 주요 내용 등을 관보·공보나 인터넷·신문·방송 등을 통하여 공고하여야 한다.
② 행정예고의 방법, 의견제출 및 처리, 공청회 및 온라인공청회에 관하여는 제38조, 제38조의2, 제38조의3, 제39조, 제39조의2, 제39조의3, 제42조(제1항·제2항 및 제4항은 제외한다), 제44조 제1항부터 제3항까지 및 제45조 제1항을 준용한다. 이 경우 "입법안"은 "정책 등 안"으로, "입법예고"는 "행정예고"로, "처분을 할 때"는 "정책 등을 수립·시행하거나 변경할 때"로 본다.

09 행정지도

행정절차법 제48조 【행정지도의 원칙】 ① 행정지도는 그 목적 달성에 필요한 최소한도에 그쳐야 하며, 행정지도의 상대방의 의사에 반하여 부당하게 강요하여서는 아니 된다.
② 행정기관은 행정지도의 상대방이 행정지도에 따르지 아니하였다는 것을 이유로 불이익한 조치를 하여서는 아니 된다. [15 서울9급]

행정절차법 제49조 【행정지도의 방식】 ① 행정지도를 하는 자는 그 상대방에게 그 행정지도의 취지 및 내용과 신분을 밝혀야 한다.
② 행정지도가 말로 이루어지는 경우에 상대방이 제1항의 사항을 적은 서면의 교부를 요구하면 그 행정지도를 하는 자는 직무 수행에 특별한 지장이 없으면 이를 교부하여야 한다. [17 국가9급, 16 지방9급]

행정절차법 제50조 【의견제출】 행정지도의 상대방은 해당 행정지도의 방식·내용 등에 관하여 행정기관에 의견제출을 할 수 있다. [17 국가9급]

행정절차법 제51조 【다수인을 대상으로 하는 행정지도】 행정기관이 같은 행정목적을 실현하기 위하여 많은 상대방에게 행정지도를 하려는 경우에는 특별한 사정이 없으면 행정지도에 공통적인 내용이 되는 사항을 공표하여야 한다. [15 서울9급]

행정예고기간은 예고 내용의 성격 등을 고려하여 정하되, 특별한 사정이 없으면 40일 이상으로 한다. (○, ×) [21 지방7급, 14 국가9급]

행정청은 행정계획의 취지, 주요 내용을 관보·공보나 인터넷·신문·방송 등을 통하여 널리 공고하여야 하고 국회 소관 상임위원회에 이를 제출하여야 하되, 공고기간은 특별한 사정이 없으면 40일 이상으로 한다. (○, ×) [17 지방9급]

PART 03

참고

의견처리결과통지의무는 입법예고에서와 달리, 행정예고에서는 준용되지 않고 있다는 점은 주의를 요한다.

행정지도의 상대방은 행정지도의 내용에 동의하지 않는 경우 이를 따르지 않을 수 있으므로, 행정지도의 내용이나 방식에 대해 의견제출권을 갖지 않는다. (○, ×) [17 국가9급]

10 기타

1. 국민 참여 활성화

행정절차법 제52조 【국민참여 활성화】 ① 행정청은 행정과정에서 국민의 의견을 적극적으로 청취하고 이를 반영하도록 노력하여야 한다.
② 행정청은 국민에게 다양한 참여방법과 협력의 기회를 제공하도록 노력하여야 하며, 구체적인 참여방법을 공표하여야 한다.
③ 행정청은 국민참여 수준을 향상시키기 위하여 노력하여야 하며 필요한 경우 국민참여 수준에 대한 자체진단을 실시하고, 그 결과를 행정안전부장관에게 제출하여야 한다.
④ 행정청은 제3항에 따라 자체진단을 실시한 경우 그 결과를 공개할 수 있다.
⑤ 행정청은 국민참여를 활성화하기 위하여 교육·홍보, 예산·인력 확보 등 필요한 조치를 할 수 있다.
⑥ 행정안전부장관은 국민참여 확대를 위하여 행정청에 교육·홍보, 포상, 예산·인력 확보 등을 지원할 수 있다.

2. 보칙

행정절차법 제54조 【비용의 부담】 행정절차에 드는 비용은 행정청이 부담한다. 다만 당사자 등이 자기를 위하여 스스로 지출한 비용은 그러하지 아니하다.

행정절차법 제55조 【참고인 등에 대한 비용 지급】 ① 행정청은 행정절차의 진행에 필요한 참고인이나 감정인 등에게 예산의 범위에서 여비와 일당을 지급할 수 있다.

행정절차법 제56조 【협조 요청 등】 행정안전부장관(제4장의 경우에는 법제처장을 말한다)은 이 법의 효율적인 운영을 위하여 노력하여야 하며, 필요한 경우에는 그 운영 상황과 실태를 확인할 수 있고, 관계 행정청에 관련 자료의 제출 등 협조를 요청할 수 있다.

제3절 행정절차의 하자

01 절차하자의 독자성 여부

1. 명문의 규정이 있는 경우

국가공무원법 제13조는 소청 사건을 심사할 때에는 소청인 또는 대리인에게 진술 기회를 주어야 하고, 의견 진술 기회를 주지 아니한 결정은 무효로 한다고 규정하고 있다.

2. 명문의 규정이 없는 경우

(1) 재량행위의 경우

재량행위의 경우 행정청은 그 결정에 있어 독자적인 판단권이 인정되므로 적법한 절차를 거쳐 더 신중한 고려를 하거나 청문 등에 의해 사실관계를 더 구체적으로 파악한 경우에는 기존 처분과 다른 처분을 할 가능성이 있으므로 독자적 위법사유가 된다.

(2) 기속행위의 경우

① 학설

소극설	절차상의 하자만을 이유로 행정행위를 취소할 수 없다는 견해이다.
	절차규정은 적절한 행정결정을 하기 위한 수단에 불과하고, 기속행위의 경우에는 절차위반을 이유로 다시 처분을 하더라도 적법한 절차를 거쳐 동일한 내용의 처분을 하게 되어 소송경제에 반한다는 점 등을 논거로 한다.
적극설 (通, 判)	실체적인 면에서 하자가 없다고 하더라도 절차상의 하자만 있어도 행정행위는 위법하다고 보는 견해이다.
	당해 처분을 취소한 후 행정청이 재처분을 하는 경우 반드시 전과 동일한 처분을 한다고 단정할 수는 없다는 점, 절차규정의 의미를 존중해야 한다는 점 등을 논거로 한다.

② 판례

재량행위뿐만 아니라 조세부과처분과 같은 기속행위의 경우에도 절차하자를 독자적 위법사유로 인정한다. [17 국회8급]

판례

1. 식품위생법 소정의 청문절차를 전혀 거치지 아니하거나 거쳤다고 하여도 그 절차적 요건을 제대로 준수하지 아니한 경우에는 가사 영업정지사유 등 위 법 제58조 등 소정 사유가 인정된다고 하더라도 그 처분은 위법하여 취소를 면할 수 없다(대판 1991.7.9. 91누971).
2. 국세징수법 제9조 제1항에 의하면, 세무서장이 국세를 징수하고자 할 때에는 납세자에게 그 국세의 과세연도, 세목, 세액 및 산출근거, 납부기한과 납부장소를 명시한 고지서를 발부하여야 한다고 규정하고 있는바, 위 규정의 취지는 강행규정으로서 납세고지서에 그와 같은 기재가 누락되면 그 과세처분 자체가 위법한 처분이 되어 취소의 대상이 된다(대판 1984.5.9. 84누116).
3. 예비타당성조사를 실시하지 아니한 하자는 원칙적으로 예산 자체의 하자일 뿐, 그로써 곧바로 각 처분의 하자가 된다고 할 수 없어, 예산이 각 처분 등으로써 이루어지는 '4대강 살리기 사업' 중 한강 부분을 위한 재정 지출을 내용으로 하고 있고 예산의 편성에 절차상 하자가 있다는 사정만으로 각 처분에 취소사유에 이를 정도의 하자가 존재한다고 보기 어렵다(대판 2015.12.10. 2011두32515).

02 절차상 하자 있는 행정행위의 효력

1. 일반론

절차하자의 독자성을 긍정하는 경우 위법한 행정행위의 효력에 관한 기준인 중대·명백설에 따라 절차하자가 중대하고 명백하면 무효가 되고, 그에 이르지 아니한 경우에는 취소사유가 된다.

- 절차상의 하자를 독자적 취소의 사유로 인정하지 않는 견해(소극설)에 따르면, 당해 행정행위가 취소되더라도 행정청은 다시 적법한 절차를 거쳐 동일한 행정행위를 반복할 것이므로 소송경제상 바람직하지 않다는 점을 논거로 한다. (○, ×) [09 국가9급]
- 절차상의 하자를 독자적 취소의 사유로 인정하는 견해(적극설)에 따르면, 적법한 절차를 거쳐 다시 처분을 하는 경우 반드시 동일한 결정에 도달하는 것은 아니라는 점을 논거로 한다. (○, ×) [09 국가9급]
- 처분에 행정절차상 하자가 있을 경우 기속행위인지 재량행위인지를 불문하고 독자적 위법사유성이 인정되어 법원에 의한 취소의 대상이 된다. (○, ×) [08 지방7급]
- 기속행위의 경우에는 절차상의 하자만으로 독립된 취소사유가 될 수 없으나, 재량행위의 경우에는 절차상의 하자만으로도 독립된 취소사유가 된다. (○, ×) [17 지방9급]
- 판례는 행정절차가 결여되었더라도 그 행정행위가 실체적으로는 적법하고 기속행위에 해당하면 그 절차상의 하자를 독립적 취소사유로 보지 않는다. (○, ×) [11 국가7급]
- 예산의 편성에 절차적 하자가 있으면 그 예산을 집행하는 처분은 위법하게 된다. (○, ×) [16 국회8급]

PART 03

2. 청문절차의 위반

(1) 법령상 요구되는 청문절차 결여

법령상 요구되는 청문절차를 결여한 행정행위에 대해 주류적 판례는 취소할 수 있는 행정행위로 본다.

> 침해적 행정처분을 할 때 처분의 근거법령 등에서 청문을 실시하도록 규정하고 있다면 행정절차법 등의 예외에 해당하지 않는 한 반드시 청문을 실시하여야 하며, 그러한 절차를 결여한 처분은 위법한 처분으로서 당연무효이다. (○, ×) [12 지방9급, 14 국회8급]

판례

행정청이 특히 침해적 행정처분을 할 때 그 처분의 근거 법령 등에서 청문을 실시하도록 규정하고 있다면, 행정절차법 등 관련 법령상 청문을 실시하지 않아도 되는 예외적인 경우에 해당하지 않는 한 반드시 청문을 실시하여야 하며, 그러한 절차를 결여한 처분은 위법한 처분으로서 취소사유에 해당한다(대판 2007.11.16. 2005두15700). [15 국가9급]

(2) 훈령상 요구되는 청문절차 결여

> 판례는 훈령이 정한 청문절차를 거치지 아니한 건축사사무소 등록취소처분을 위법으로 판시하였다. (○, ×) [11 지방9급]

판례

관계행정청이 건축사사무소의 등록취소 및 폐쇄처분과 같은 처분을 하려면 반드시 사전에 청문절차를 거쳐야 하고 설사 위 같은 법 제28조 소정의 사유가 분명히 존재하는 경우라 하더라도 당해 건축사가 정당한 이유 없이 청문에 응하지 아니하는 경우가 아닌 한 청문절차를 거치지 아니하고 한 건축사사무소 등록취소처분은 청문절차를 거치지 아니한 위법한 처분이다(대판 1984.9.11. 82누166).

03 절차하자의 치유

1. 하자치유의 인정 여부

판례

하자의 치유를 긍정한 사례(예외)

1. 택지초과소유부담금의 납부고지서에 납부금액 및 산출근거, 납부기한과 납부장소 등의 필요적 기재사항의 일부가 누락되었다면 그 부과처분은 위법하다고 할 것이나, 부과관청이 부과처분에 앞서 부담금예정통지서에 납부고지서의 필요적 기재사항이 제대로 기재되어 있었다면 납부의무자로서는 부과처분에 대한 불복 여부의 결정 및 불복신청에 전혀 지장을 받지 않았음이 명백하므로, 이로써 납부고지서의 흠결이 보완되거나 하자가 치유될 수 있는 것이다(대판 1997.12.26. 97누9390).
2. 행정청이 청문서 도달기간을 다소 어겼다하더라도 영업자가 이에 대하여 이의하지 아니한 채 스스로 청문일에 출석하여 그 의견을 진술하고 변명하는 등 방어의 기회를 충분히 가졌다면 청문서 도달기간을 준수하지 아니한 하자는 치유되었다고 봄이 상당하다(대판 1992.10.23. 92누2844). [16 국가7급, 15 국가9급]

2. 하자치유의 시기

행정소송이 종결되기 전까지는 하자의 치유가 가능하다고 보는 견해도 있으나 통설 및 판례는 쟁송제기 전까지 가능하다고 본다.

판례는 절차하자의 치유는 행정쟁송제기 이후에도 가능하다고 본다. (○, ×) [11 국가7급]

04 절차하자와 취소판결의 기속력

판례

과세의 절차 내지 형식에 위법이 있어 과세처분을 취소하는 판결이 확정되었을 때는 그 확정판결의 기판력은 거기에 적시된 절차 내지 형식의 위법사유에 한하여 미치는 것이므로 과세관청은 그 위법사유를 보완하여 다시 새로운 과세처분을 할 수 있고 [24 국가9급] 그 새로운 과세처분은 확정판결에 의하여 취소된 종전의 과세처분과는 별개의 처분이라 할 것이어서 확정판결의 기판력(기속력)에 저촉되는 것이 아니다(대판 1987.2.10. 86누91). [20 국가9급, 18 지방9급]

05 절차하자와 국가배상

국가배상이 인정되기 위해서는 손해가 발생하여야 하므로, 절차상의 하자로 손해가 발생한 경우에는 국가배상이 인정될 수 있다. 한편 판례는 절차상의 하자가 있어도 처분이 객관적 정당성을 상실하고 이로 인하여 손해의 전보책임을 국가에게 부담시켜야 할 실질적인 이유가 있다고 인정되어야만 국가배상책임이 인정된다고 판시한 적이 있다.

CHAPTER 02

행정정보공개 · 개인정보보호

제1절 행정정보공개제도

01 의의

행정정보공개제도는 행정권이 보유하는 다양한 정보에 대한 국민의 자유로운 접근을 인정하여 국민의 '알 권리'를 보장함으로써 '열린 정부'에 의한 행정의 공정화 · 민주화의 실현을 목적으로 하는 제도이다. 정보공개청구권은 자기와 직접접인 이해관계가 있는 특정사안에 대한 개별적 정보보호청구권과 자기와 직접적인 이해관계가 없는 사안에 관한 일반적 정보공개청구권으로 구분된다. 「공공기관의 정보공개에 관한 법률」상의 정보공개청구권은 일반적 정보공개청구권을 포함하는 권리이다.

02 정보공개의 법적 근거

1. 헌법적 근거

'알 권리'의 헌법상 근거에 대해 헌법재판소는 헌법 제21조의 표현의 자유에서 도출된다고 보고 있다. [17 서울9급] 따라서 정보공개청구권은 이를 인정하는 법률규정이 존재하지 않는 경우에도 알 권리에 근거하여 인정된다. 한편 대법원도 알 권리를 헌법 제21조에 의하여 직접 보장되는 권리로 보고 있다.

헌재 판례

"알 권리"의 핵심은 정부가 보유하고 있는 정보에 대한 국민의 "알 권리", 즉 국민의 정부에 대한 일반적 정보공개를 구할 권리(청구권적 기본권)라고 할 것이며, 이러한 "알 권리"의 실현은 법률이 제정되어 있지 않다고 하더라도 불가능한 것은 아니고 헌법 제21조에 의해 직접 보장될 수 있다(헌재 1991.5.13. 90헌마133). [21 국가9급]

판례

국민의 '알 권리', 즉 정보에의 접근 · 수집 · 처리의 자유는 자유권적 성질과 청구권적 성질을 공유하는 것으로서 헌법 제21조에 의하여 직접 보장되는 권리이다(대판 2009.12.10. 2009두12785). [20 지방7급, 17 국가7급]

2. 법률상 근거

공공기관의 정보공개에 관한 법률(이하 정보공개법)은 행정정보공개에 대한 일반법으로서 헌법상 알 권리를 구체화한 법률이라고 볼 수 있다.

3. 조례

정보공개법 제4조 제2항에서는 지방자치단체는 그 소관 사무에 관하여 법령의 범위에서 정보공개에 관한 조례를 정할 수 있다고 규정하고 있고, 이에 따라 대부분의 지방자치단체에서는 정보공개조례를 제정・시행하고 있다. 한편 대법원은 정보공개법이 제정되기 이전에도 정보공개를 규정하고 있는 조례에 대해 법률의 개별적 위임이 없더라도 가능하다고 판시하였다.

판례

지방자치단체는 그 내용이 주민의 권리의 제한 또는 의무의 부과에 관한 사항이거나 벌칙에 관한 사항이 아닌 한 법률의 위임이 없더라도 조례를 제정할 수 있다 할 것인데 청주시의회에서 의결한 청주시 행정정보공개 조례안은 법률의 개별적 위임이 따로 필요한 것은 아니다 (대판 1992.6.23. 92추17).

> 지방자치단체는 그 소관사무에 관하여 법령의 범위에서 정보공개에 관한 조례를 정할 수 있다. (○, ×) [23 국가7급, 15 지방9급]

> 판례는 「공공기관의 정보공개에 관한 법률」과 같은 실정법의 근거가 없는 경우에는 정보공개청구권이 인정되기 어렵다고 보고 있다. (○, ×) [10 지방9급]

> 청주시의회에서 의결한 청주시 행정정보공개 조례인은 행정에 대한 주민의 알 권리의 실현을 그 근본내용으로 하면서도 이로 인한 개인의 권익침해 가능성을 배제하고 있으므로, 이를 들어 주민의 권리를 제한하거나 의무를 부과하는 조례라고는 단정할 수 없고 따라서 그 제정에 있어서 반드시 법률의 개별적 위임이 따로 필요한 것은 아니다. (○, ×) [13 국가9급]

PART 03

03 공공기관의 정보공개에 관한 법률의 주요 내용

1. 입법목적 및 용어의 정의

(1) 입법목적

정보공개법 제1조 【목적】 이 법은 공공기관이 보유・관리하는 정보에 대한 국민의 공개 청구 및 공공기관의 공개 의무에 관하여 필요한 사항을 정함으로써 국민의 알 권리를 보장하고 국정(國政)에 대한 국민의 참여와 국정 운영의 투명성을 확보함을 목적으로 한다.

(2) 용어의 정의

정보공개법 제2조 【정의】 이 법에서 사용하는 용어의 뜻은 다음과 같다.

1. "정보"란 공공기관이 직무상 작성 또는 취득하여 관리하고 있는 문서(전자문서를 포함한다. 이하 같다) 및 전자매체를 비롯한 모든 형태의 매체 등에 기록된 사항을 말한다. [11 지방9급]
2. "공개"란 공공기관이 이 법에 따라 정보를 열람하게 하거나 그 사본・복제물을 제공하는 것 또는 「전자정부법」 제2조 제10호에 따른 정보통신망(이하 "정보통신망"이라 한다)을 통하여 정보를 제공하는 것 등을 말한다.
3. "공공기관"이란 다음 각 목의 기관을 말한다.
   가. 국가기관
      1) 국회, 법원, 헌법재판소, 중앙선거관리위원회
      2) 중앙행정기관(대통령 소속 기관과 국무총리 소속 기관을 포함한다) 및 그 소속 기관
      3) 「행정기관 소속 위원회의 설치・운영에 관한 법률」에 따른 위원회
   나. 지방자치단체
   다. 「공공기관의 운영에 관한 법률」 제2조에 따른 공공기관
   라. 「지방공기업법」에 따른 지방공사 및 지방공단
   마. 그 밖에 대통령령으로 정하는 기관

> 정보공개의무를 지는 공공기관에는 국가기관과 지방자치단체만이 해당한다. (○, ×) [14 서울9급]

정보공개법 시행령 제2조 【공공기관의 범위】 「공공기관의 정보공개에 관한 법률」(이하 "법"이라 한다) 제2조 제3호 마목에서 "대통령령으로 정하는 기관"이란 다음 각 호의 기관 또는 단체를 말한다.

1. 「유아교육법」, 「초·중등교육법」, 「고등교육법」에 따른 각급 학교 또는 그 밖의 다른 법률에 따라 설치된 학교
2. 삭제
3. 「지방자치단체 출자·출연 기관의 운영에 관한 법률」 제2조 제1항에 따른 출자기관 및 출연기관
4. 특별법에 따라 설립된 특수법인
5. 「사회복지사업법」 제42조 제1항에 따라 국가나 지방자치단체로부터 보조금을 받는 사회복지법인과 사회복지사업을 하는 비영리법인
6. 제5호 외에 「보조금 관리에 관한 법률」 제9조 또는 「지방재정법」 제17조 제1항 각 호 외의 부분 단서에 따라 국가나 지방자치단체로부터 연간 5천만 원 이상의 보조금을 받는 기관 또는 단체. 다만, 정보공개 대상 정보는 해당 연도에 보조를 받은 사업으로 한정한다.

국가 또는 지방자치단체로부터 보조금을 받는 사회복지법인과 사회복지사업을 하는 비영리법인도 공개대상이 되는 공공기관에 포함된다. (○, ×) [14 복지9급, 08 지방7급]

판례

공공기관에 해당한다고 본 사례

1. 공공기관은 국가기관에 한정되는 것이 아니라 지방자치단체, 정부투자기관, 그 밖에 공동체 전체의 이익에 중요한 역할이나 기능을 수행하는 기관도 포함되는 것으로 해석되고, 사립대학교에 대한 국비 지원이 한정적·일시적·국부적이라는 점을 고려하더라도, 같은 법 시행령 제2조 제1호가 정보공개의무를 지는 공공기관의 하나로 사립대학교를 들고 있는 것이 모법인 구 공공기관의 정보공개에 관한 법률의 위임 범위를 벗어났다거나 사립대학교가 국비의 지원을 받는 범위 내에서만 공공기관의 성격을 가진다고 볼 수 없다(대판 2006.8.24. 2004두2783). [15 서울7급]
2. 방송법이라는 특별법에 의하여 설립 운영되는 한국방송공사(KBS)는 공공기관의 정보공개에 관한 법률 시행령 제2조 제4호의 '특별법에 의하여 설립된 특수법인'으로서 정보공개의무가 있는 공공기관의 정보공개에 관한 법률 제2조 제3호의 '공공기관'에 해당한다(대판 2010.12.23. 2008두13101). [17 지방9급, 16 복지9급]

사립대학교에 정보공개를 청구하였다가 거부될 경우 사립대학교에 대한 국가의 지원이 한정적·국부적·일시적임을 고려한다면 사립대학교 총장을 피고로 하여 취소소송을 제기할 수 없다. (○, ×) [20 지방7급]

사립대학교는 「공공기관의 정보공개에 관한 법률 시행령」에 따른 공공기관에 해당하나, 국비의 지원을 받는 범위 내에서만 공공기관의 성격을 가진다. (○, ×) [17 지방9급, 11 국가7급]

한국방송공사(KBS)는 「공공기관의 정보공개에 관한 법률」에 따라 정보공개의무가 있는 공공기관에 해당하는 반면, 한국증권업협회는 그에 해당하지 아니한다. (○, ×) [12 지방7급]

판례

공공기관에 해당하지 않는다고 본 사례

정보를 공개할 의무가 있는 '특별법에 의하여 설립된 특수법인'에 해당하는가는, 국민의 알 권리를 보장하고 국정에 대한 국민의 참여와 국정운영의 투명성을 확보하고자 하는 법의 입법 목적을 염두에 두고, 개별적으로 판단하되, 직접 정보공개청구를 구할 필요성이 있는지 여부 등을 종합적으로 고려하여야 한다. '한국증권업협회(현 금융투자협회)'는 그 업무가 국가기관 등에 준할 정도로 공동체 전체의 이익에 중요한 역할이나 기능에 해당하는 공공성을 갖는다고 볼 수 없는 점 등에 비추어, 공공기관의 정보공개에 관한 법률 시행령 제2조 제4호의 '특별법에 의하여 설립된 특수법인'에 해당한다고 보기 어렵다(대판 2010.4.29. 2008두5643). [17 국가9급, 17 지방9급]

판례는 '특별법에 의하여 설립된 특수법인'이라는 점만으로 정보공개의무를 인정하고 있으며, 다시금 해당 법인의 역할과 기능에서 정보공개의무를 지는 공공기관에 해당하는지 여부를 판단하지 않는다. (○, ×) [17 서울9급]

판례에 의하면 한국증권업협회는 정보공개의무를 지는 특별법에 의하여 설립된 특수법인에 해당한다. (○, ×) [11 국가7급]

2. 적용범위

(1) 일반법의 지위

정보공개법 제4조 【적용 범위】 ① 정보의 공개에 관하여는 다른 법률에 특별한 규정이 있는 경우를 제외하고는 이 법에서 정하는 바에 따른다.

판례

1. '정보공개에 관하여 다른 법률에 특별한 규정이 있는 경우'에 해당한다고 하여서 정보공개법의 적용을 배제하기 위해서는, 그 특별한 규정이 '법률'이어야 하고, 나아가 그 내용이 정보공개의 대상 및 범위, 정보공개의 절차, 비공개대상정보 등에 관하여 정보공개법과 달리 규정하고 있는 것이어야 할 것이다(대판 2007.6.1. 2007두2555). [15 국회8급]
2. 형사소송법 제59조의2는 형사재판확정기록의 공개 여부나 공개 범위, 불복절차 등에 대하여 구 공공기관의 정보공개에 관한 법률과 달리 규정하고 있는 것으로 정보공개법 제4조 제1항에서 정한 '정보의 공개에 관하여 다른 법률에 특별한 규정이 있는 경우'에 해당한다. 따라서 형사재판확정기록의 공개에 관하여는 정보공개법에 의한 공개청구가 허용되지 아니한다(대판 2016.12.15. 2013두20882). [22 국가7급, 19 지방7급]

(2) 적용제외

정보공개법 제4조 【적용 범위】 ③ 국가안전보장에 관련되는 정보 및 보안 업무를 관장하는 기관에서 국가안전보장과 관련된 정보의 분석을 목적으로 수집하거나 작성한 정보에 대해서는 이 법을 적용하지 아니한다. 다만, 제8조 제1항에 따른 정보목록의 작성·비치 및 공개에 대해서는 그러하지 아니한다.

3. 정보공개청구권자

정보공개법 제5조 【정보공개 청구권자】 ① 모든 국민은 정보의 공개를 청구할 권리를 가진다.
② 외국인의 정보공개 청구에 관하여는 대통령령으로 정한다.

정보공개법 시행령 제3조 【외국인의 정보공개 청구】 법 제5조 제2항에 따라 정보공개를 청구할 수 있는 외국인은 다음 각 호의 어느 하나에 해당하는 자로 한다.
1. 국내에 일정한 주소를 두고 거주하거나 학술·연구를 위하여 일시적으로 체류하는 사람 [15 지방9급]
2. 국내에 사무소를 두고 있는 법인 또는 단체

(1) 모든 국민

모든 국민은 정보의 공개를 청구할 권리를 가진다. [23 지방9급] 국민에는 자연인뿐만 아니라 법인, 권리능력 없는 사단·재단도 포함된다는 것이 판례의 입장이다. 나아가 판례에 따르면 해당 정보와의 이해관계 유무를 불문하므로 시민단체의 정보공개청구와 같이 개인적인 이해관계가 없는 공익을 위한 경우에도 인정된다. [17 서울7급, 16 복지9급] 한편 지방자치단체는 정보공개의무자에 해당할 뿐 정보공개청구권자인 국민에 해당하지 않는다(서울행법 2005.10.12. 2005구합10484). [19 서울9급, 18 서울9급]

외국인의 정보공개청구권은 인정될 여지가 없다. (○, ×) [17 교행]

정보공개청구권은 해당 정보와 이해관계가 있는 자에 대해서만 인정된다. (○, ×) [14 서울9급]

「공공기관의 정보공개에 관한 법률」은 모든 국민을 정보공개청구권자로 규정하고 있는데, 이에는 자연인은 물론 법인, 권리능력 없는 사단·재단, 지방자치단체 등이 포함된다. (○, ×) [16 국가7급]

모든 국민은 정보의 공개를 청구할 권리를 가진다고 규정하고 있고, 여기의 국민에는 자연인과 법인이 포함되지만 권리능력 없는 사단은 포함되지 않는다. (○, ×) [17 국가9급]

이해관계가 없는 시민단체는 정보의 공개를 청구할 수 있는 당사자능력이 없으므로 정보공개거부처분의 취소를 구할 법률상 이익이 없다. (○, ×) [14 지방7급]

정보공개를 청구할 수 있는 자는 반드시 자연인에 국한되지 않으며 법인과 권리능력 없는 사단이나 재단도 가능하지만 외국인은 이에 해당되지 않는다. (○, ×) [12 국가9급]

판례

정보공개법은 "모든 국민은 정보의 공개를 청구할 권리를 가진다."고 규정하고 있는데, 여기에서 말하는 국민에는 자연인은 물론 법인, 권리능력 없는 사단·재단도 포함되고, 법인, 권리능력 없는 사단·재단 등의 경우에는 설립목적을 불문하며, [20 국가7급, 20 국가9급] 한편 정보공개청구권은 법률상 보호되는 구체적인 권리이므로 청구인이 공공기관에 대하여 정보공개를 청구하였다가 거부처분을 받은 것 자체가 법률상 이익의 침해에 해당한다(대판 2003.12.12. 2003두8050). [22 국가9급, 21 지방9급]

(2) 외국인의 경우

정보공개법 시행령은 외국인이라 하더라도 ① 국내에 일정한 주소를 두고 거주하거나 학술·연구를 위하여 일시적으로 체류하는 사람, ② 국내에 사무소를 두고 있는 법인 또는 단체의 경우 정보공개청구권을 인정하고 있다.

4. 공공기관의 의무

(1) 정보공개의 원칙

정보공개법 제3조【정보공개의 원칙】 공공기관이 보유·관리하는 정보는 국민의 알 권리 보장 등을 위하여 이 법에서 정하는 바에 따라 적극적으로 공개하여야 한다.

알 권리에서 파생되는 정보의 공개의무는 특별한 사정이 없는 한, 특정의 정보에 대한 공개청구가 있는 경우에 비로소 존재한다는 것이 헌법재판소의 입장이다. 나아가 판례는 공개청구의 대상이 되는 정보는 공공기관이 보유·관리하고 있는 정보에 한정되나 반드시 원본일 필요가 없다는 입장이다.

국민의 알 권리에서 파생되는 정부의 정보공개의무는 특별한 사정이 없는 한 적극적인 정보수집행위, 특히 특정정보에 대하여 공개청구를 하지 아니하였지만 그 정보와 이해관계를 가지는 자에 대해서도 존재한다. (○, ×) [08 국가7급]

헌재 판례

알 권리에서 파생되는 정부의 공개의무는 특별한 사정이 없는 한 국민의 적극적인 정보수집행위, 특히 특정의 정보에 대한 공개청구가 있는 경우에야 비로소 존재하므로, 정보공개청구가 없었던 경우 대한민국과 중화인민공화국이 2000.7.31. 체결한 양국 간 마늘교역에 관한 합의서 및 그 부속서 중 '2003.1.1.부터 한국의 민간기업이 자유롭게 마늘을 수입할 수 있다'는 부분을 사전에 마늘재배농가들에게 공개할 정부의 의무는 인정되지 아니한다(헌재 2004.12.16. 2002헌마579).

「공공기관의 정보공개에 관한 법률」상 공개청구의 대상이 되는 정보란 공공기관이 직무상 작성 또는 취득하여 현재 보유·관리하고 있는 원본인 문서만을 의미한다. (○, ×) [21 국가9급]

정보공개청구의 대상이 되는 문서는 반드시 원본이어야 한다. (○, ×) [17 교행]

판례

공공기관의 정보공개에 관한 법률상 공개청구의 대상이 되는 정보란 공공기관이 직무상 작성 또는 취득하여 현재 보유·관리하고 있는 문서에 한정되는 것이기는 하나, 그 문서가 반드시 원본일 필요는 없다(대판 2006.5.25. 2006두3049). [18 서울9급, 17 국가7급]

(2) 특별한 사정이 있는 경우

정보공개법 제8조의2 【공개대상 정보의 원문공개】 공공기관 중 중앙행정기관 및 대통령령으로 정하는 기관은 전자적 형태로 보유·관리하는 정보 중 공개대상으로 분류된 정보를 국민의 정보공개 청구가 없더라도 정보통신망을 활용한 정보공개시스템 등을 통하여 공개하여야 한다.

정보공개법 제11조 【정보공개 여부의 결정】 ⑤ 공공기관은 정보공개 청구가 다음 각 호의 어느 하나에 해당하는 경우로서 「민원 처리에 관한 법률」에 따른 민원으로 처리할 수 있는 경우에는 민원으로 처리할 수 있다. [21 지방9급]

1. 공개 청구된 정보가 공공기관이 보유·관리하지 아니하는 정보인 경우
2. 공개 청구의 내용이 진정·질의 등으로 이 법에 따른 정보공개 청구로 보기 어려운 경우

(3) 행정정보의 공표

정보공개법 제7조 【정보의 사전적 공개 등】 ① 공공기관은 다음 각 호의 어느 하나에 해당하는 정보에 대해서는 공개의 구체적 범위, 주기, 시기 및 방법 등을 미리 정하여 정보통신망 등을 통하여 알리고, 이에 따라 정기적으로 공개하여야 한다. 다만, 제9조 제1항 각 호의 어느 하나에 해당하는 정보에 대해서는 그러하지 아니하다.

1. 국민생활에 매우 큰 영향을 미치는 정책에 관한 정보
2. 국가의 시책으로 시행하는 공사(工事) 등 대규모 예산이 투입되는 사업에 관한 정보
3. 예산집행의 내용과 사업평가 결과 등 행정감시를 위하여 필요한 정보
4. 그 밖에 공공기관의 장이 정하는 정보

② 공공기관은 제1항에 규정된 사항 외에도 국민이 알아야 할 필요가 있는 정보를 국민에게 공개하도록 적극적으로 노력하여야 한다.

(4) 정보목록의 작성·비치 등

정보공개법 제8조 【정보목록의 작성·비치 등】 ① 공공기관은 그 기관이 보유·관리하는 정보에 대하여 국민이 쉽게 알 수 있도록 정보목록을 작성하여 갖추어 두고, 그 목록을 정보통신망을 활용한 정보공개시스템 등을 통하여 공개하여야 한다. 다만 정보목록 중 제9조 제1항에 따라 공개하지 아니할 수 있는 정보가 포함되어 있는 경우에는 해당 부분을 갖추어 두지 아니하거나 공개하지 아니할 수 있다.

② 공공기관은 정보의 공개에 관한 사무를 신속하고 원활하게 수행하기 위하여 정보공개 장소를 확보하고 공개에 필요한 시설을 갖추어야 한다. [10 지방7급]

5. 공개대상정보 및 비공개대상정보

정보공개법 제9조 【비공개 대상 정보】 ① 공공기관이 보유·관리하는 정보는 공개 대상이 된다. 다만, 다음 각 호의 어느 하나에 해당하는 정보는 공개하지 아니할 수 있다.

1. 다른 법률 또는 법률에서 위임한 명령(국회규칙·대법원규칙·헌법재판소규칙·중앙선거관리위원회규칙·대통령령 및 조례로 한정한다)에 따라 비밀이나 비공개 사항으로 규정된 정보

비공개 대상 정보의 공개 여부에 대한 결정은 공공기관의 재량행위에 속한다. (○, ×) [19 서울9급(上)]

2. 국가안전보장 · 국방 · 통일 · 외교관계 등에 관한 사항으로서 공개될 경우 국가의 중대한 이익을 현저히 해칠 우려가 있다고 인정되는 정보 [18 국가7급]
3. 공개될 경우 국민의 생명 · 신체 및 재산의 보호에 현저한 지장을 초래할 우려가 있다고 인정되는 정보
4. 진행 중인 재판에 관련된 정보와 범죄의 예방, 수사, 공소의 제기 및 유지, 형의 집행, 교정(矯正), 보안처분에 관한 사항으로서 공개될 경우 그 직무수행을 현저히 곤란하게 하거나 형사피고인의 공정한 재판을 받을 권리를 침해한다고 인정할 만한 상당한 이유가 있는 정보
5. 감사 · 감독 · 검사 · 시험 · 규제 · 입찰계약 · 기술개발 · 인사관리에 관한 사항이나 의사결정 과정 또는 내부검토 과정에 있는 사항 등으로서 공개될 경우 업무의 공정한 수행이나 연구 · 개발에 현저한 지장을 초래한다고 인정할 만한 상당한 이유가 있는 정보. 다만, 의사결정 과정 또는 내부검토 과정을 이유로 비공개할 경우에는 제13조 제5항에 따라 통지를 할 때 의사결정 과정 또는 내부검토 과정의 단계 및 종료 예정일을 함께 안내하여야 하며, 의사결정 과정 및 내부검토 과정이 종료되면 제10조에 따른 청구인에게 이를 통지하여야 한다.
6. 해당 정보에 포함되어 있는 성명 · 주민등록번호 등 「개인정보 보호법」 제2조 제1호에 따른 개인정보로서 공개될 경우 사생활의 비밀 또는 자유를 침해할 우려가 있다고 인정되는 정보. 다만, 다음 각 목에 열거한 사항은 제외한다.
   가. 법령에서 정하는 바에 따라 열람할 수 있는 정보
   나. 공공기관이 공표를 목적으로 작성하거나 취득한 정보로서 사생활의 비밀 또는 자유를 부당하게 침해하지 아니하는 정보
   다. 공공기관이 작성하거나 취득한 정보로서 공개하는 것이 공익이나 개인의 권리 구제를 위하여 필요하다고 인정되는 정보
   라. 직무를 수행한 공무원의 성명 · 직위 [16 국가7급]
   마. 공개하는 것이 공익을 위하여 필요한 경우로서 법령에 따라 국가 또는 지방자치단체가 업무의 일부를 위탁 또는 위촉한 개인의 성명 · 직업 [18 국가7급]
7. 법인 · 단체 또는 개인(이하 "법인 등"이라 한다)의 경영상 · 영업상 비밀에 관한 사항으로서 공개될 경우 법인 등의 정당한 이익을 현저히 해칠 우려가 있다고 인정되는 정보. 다만, 다음 각 목에 열거한 정보는 제외한다.
   가. 사업활동에 의하여 발생하는 위해(危害)로부터 사람의 생명 · 신체 또는 건강을 보호하기 위하여 공개할 필요가 있는 정보
   나. 위법 · 부당한 사업활동으로부터 국민의 재산 또는 생활을 보호하기 위하여 공개할 필요가 있는 정보
8. 공개될 경우 부동산 투기, 매점매석 등으로 특정인에게 이익 또는 불이익을 줄 우려가 있다고 인정되는 정보 [18 지방9급]

개인의 이름이나 주민등록번호 등 개인의 정보는 절대적으로 공개가 거부될 수 있는 것이다. (○, ×) [12 지방9급, 10 서울9급]

직무를 수행한 공무원의 성명과 직위는 공개될 경우 개인의 사생활의 비밀 또는 자유를 침해할 우려가 있다면 비공개대상정보에 해당한다. (○, ×) [19 서울9급(上), 15 지방9급]

(1) 공개대상정보

공공기관이 보유·관리하는 정보는 공개 대상이 된다.

(2) 비공개대상정보

판례

공공기관의 정보공개에 관한 법률 제1조, 제3조, 제6조는 공공기관이 보유·관리하는 정보를 모든 국민에게 원칙적으로 공개하도록 하고 있으므로, 공공기관으로서는 같은 법 제7조 제1항 각 호에서 정하고 있는 비공개사유에 해당하지 않는 한 이를 공개하여야 할 것이고, 만일 이를 거부하는 경우라 할지라도 법 제7조 제1항 몇 호에서 정하고 있는 비공개사유에 해당하는지를 주장·입증하여야만 할 것이며, 그에 이르지 아니한 채 개괄적인 사유만을 들어 공개를 거부하는 것은 허용되지 아니한다(대판 2003.12.11. 2001두8827). [22 지방9급, 21 지방7급]

① 비밀 또는 비공개 사항으로 규정된 정보(정보공개법 제9조 제1항 제1호)

판례

1. 공공기관의 정보공개에 관한 법률 제7조 제1항 제1호 소정의 '법률에 의한 명령'은 법률의 위임규정에 의하여 제정된 대통령령, 총리령, 부령 전부를 의미한다기보다는 정보의 공개에 관하여 법률의 구체적인 위임 아래 제정된 법규명령(위임명령)을 의미한다(대판 2003.12.11. 2003두8395). [23 지방7급]
2. 교육공무원법의 위임에 따라 제정된 교육공무원승진규정은 정보공개에 관한 사항에 관하여 구체적인 법률의 위임에 따라 제정된 명령이라고 할 수 없고, 위 규정을 근거로 정보공개청구를 거부하는 것은 잘못이다(대판 2006.10.26. 2006두11910). [21 국가7급, 20 국가7급]
3. 검찰보존사무규칙이 검찰청법 제11조에 기하여 제정된 법무부령이기는 하지만, 그 사실만으로 같은 규칙 내의 모든 규정이 법규적 효력을 가지는 것은 아니다. 규칙상의 열람·등사의 제한을 비공개사항으로 규정된 경우'에 해당한다고 볼 수 없다(대판 2006.5.25. 2006두3049).
4. 국방부의 한국형 다목적 헬기(KMH) 도입사업에 대한 감사원장의 감사결과보고서가 군사2급비밀에 해당하는 이상 공공기관의 정보공개에 관한 법률 제9조 제1항 제1호에 의하여 공개하지 아니할 수 있다(대판 2006.11.10. 2006두9351).
5. 학교폭력대책자치위원회의 회의록은 공공기관의 정보공개에 관한 법률 제9조 제1항 제1호의 '다른 법률 또는 법률이 위임한 명령에 의하여 비밀 또는 비공개 사항으로 규정된 정보'에 해당한다(대판 2010.6.10. 2010두2913). [19 지방9급]
6. 국가정보원법 제12조가 비공개 사항으로 규정하는 '예산내역'에는 예산집행내역도 포함된다고 보아야 하며, 국가정보원이 직원에게 지급하는 현금급여 및 월초수당에 관한 정보는 비공개대상정보인 '다른 법률에 의하여 비공개 사항으로 규정된 정보'에 해당한다고 보아야 하고, 정보공개청구인이 해당 직원의 배우자라고 하여 달리 볼 것은 아니다(대판 2010.12.23. 2010두14800). [18 서울7급]
7. 국가정보원의 조직·소재지 및 정원에 관한 정보는 공공기관의 정보공개에 관한 법률 제9조 제1항 제1호에서 말하는 '다른 법률에 의하여 비공개 사항으로 규정된 정보'에 해당한다(대판 2013.1.24. 2010두18918).
8. 공직자윤리법상의 등록의무자가 제출한 '자신의 재산등록사항의 고지를 거부한 직계존비속의 본인과의 관계, 성명, 고지거부사유, 서명(날인)'이 기재되어 있는 문서는 구 공직자윤리법에 의한 등록사항이 아니므로, 열람복사가 금지되거나 누설이 금지된 정보가 아니고, 나아가 구 공공기관의 정보공개에 관한 법률 제7조 제1항 제1호에 정한 법령비정보에도 해당하지 않는다(대판 2007.12.13. 2005두13117).

- 공개청구된 정보를 해당 공공기관이 공개하지 않기로 결정하였다면, 법령에서 정하고 있는 비공개사유에 해당하는지를 주장·입증하여야 한다. (○, ×) [12 국회9급]
- 「공공기관의 정보공개에 관한 법률」 제9조 제1항 제1호의 '법률에서 위임한 명령'은 법률의 위임규정에 의하여 제정된 대통령령, 총리령, 부령 전부를 의미한다. (○, ×) [18 국회8급, 14 지방7급]
- 공공기관의 정보공개에 관한 법률에 의하면 "다른 법률 또는 법률에서 위임한 명령에 의하여 비밀 또는 비공개 사항으로 규정된 정보"는 이를 공개하지 아니할 수 있다고 규정하고 있는바, 여기에서 '법률에 의한 명령'은 정보의 공개에 관하여 법률의 구체적인 위임 아래 제정된 법규명령(위임명령)을 의미한다. (○, ×) [20 지방9급, 08 국가7급]
- 법무부령인 「검찰보존사무규칙」은 행정기관 내부의 사무처리준칙인 행정규칙이지만, 「검찰보존사무규칙」상의 열람·등사의 제한은 「공공기관의 정보공개에 관한 법률」 제9조제1항제1호의 '다른 법률 또는 법률에 의한 명령에 의하여 비공개사항으로 규정된 경우'에 해당한다. (○, ×) [23 지방9급, 18 서울7급]
- 학교폭력대책자치위원회의 회의록은 공개대상정보에 해당한다. (○, ×) [15 경행특채, 13 국가9급]
- 국가정보원이 그 직원에게 지급하는 현금급여 및 월초수당에 관한 정보는 비공개대상정보에 해당한다. (○, ×) [14 지방9급, 11 국가7급]
- 공직자윤리법상의 등록의무자가 구 공직자윤리법 시행규칙 제12조에 따라 제출한 '자신의 재산등록사항의 고지를 거부한 직계존비속의 본인과의 관계, 성명, 고지거부사유, 서명'이 기재되어 있는 문서는 정보공개법상의 비공개 대상 정보에 해당한다. (○, ×) [17 국회8급]

PART 03

「보안관찰법」 소정의 보안관찰 관련 통계자료는 「공공기관의 정보공개에 관한 법률」 소정의 비공개대상정보에 해당하지 않는다. (○, ×) [19 지방9급, 15 지방9급]

② 국가이익이나 공공안전 관련 정보(동항 제2호, 제3호)

판례

보안관찰 관련 통계자료는 북한정보기관에 의한 간첩의 파견, 포섭, 선전선동을 위한 교두보의 확보 등 북한의 대남전략에 있어 매우 유용한 자료로 악용될 우려가 없다고 할 수 없다. 이 사건 정보는 공개될 경우 국가안전보장·국방·통일·외교관계 등 국가의 중대한 이익을 해할 우려가 있는 정보, 또는 공개될 경우 국민의 생명·신체 및 재산의 보호 기타 공공의 안전과 이익을 현저히 해할 우려가 있다고 인정되는 정보에 해당한다(대판 2004.3.18, 2001두8254 전원합의체).

③ 형사절차 관련 정보(동항 제4호)

진행 중인 재판에 관련된 정보와 범죄의 예방, 수사, 공소의 제기 및 유지, 형의 집행, 교정(矯正), 보안처분에 관한 사항으로서 공개될 경우 그 직무수행을 현저히 곤란하게 하거나 형사피고인의 공정한 재판을 받을 권리를 침해한다고 인정할 만한 상당한 이유가 있는 정보는 비공개대상정보에 해당한다.

판례

공공기관의 정보공개에 관한 법률상 비공개대상정보인 '진행 중인 재판에 관련된 정보'라 함은 재판에 관련된 일체의 정보를 의미한다. (○, ×) [19 지방7급]

「공공기관의 정보공개에 관한 법률」 제9조 제1항 제4호의 '진행 중인 재판에 관련된 정보'에 해당한다는 사유로 정보공개를 거부하기 위해서는 그 정보가 진행 중인 재판의 소송기록 그 자체에 포함된 내용이어야 한다. (○, ×) [22 국가9급, 17 국가7급]

교도관이 직무 중 발생한 사유에 관하여 작성한 근무보고서는 비공개대상정보에 해당한다. (○, ×) [13 국가9급]

1. '진행 중인 재판에 관련된 정보'에 해당한다는 사유로 정보공개를 거부하기 위하여는 반드시 그 정보가 진행 중인 재판의 소송기록 자체에 포함된 내용일 필요는 없다. [13 국회8급] 그러나 재판에 관련된 일체의 정보가 그에 해당하는 것은 아니고 진행 중인 재판의 심리 또는 재판결과에 구체적으로 영향을 미칠 위험이 있는 정보에 한정된다(대판 2011.11.24. 2009두19021). [21 지방7급]
2. 재소자가 교도관의 가혹행위를 이유로 형사고소 및 민사소송을 제기하면서 그 증명자료 확보를 위해 '근무보고서'와 '징벌위원회 회의록' 등의 정보공개를 요청하였으나 교도소장이 이를 거부한 사안에서, 근무보고서는 비공개대상정보에 해당한다고 볼 수 없고, 징벌위원회 회의록 중 비공개 심사·의결 부분은 비공개사유에 해당하지만 징벌절차 진행 부분은 비공개사유에 해당하지 않는다(대판 2009.12.10. 2009두12785). [15 경행특채]
3. 수용자자비부담물품의 판매수익금과 관련하여 교도소장이 재단법인 교정협회로 송금한 수익금 총액과 교도소장에게 배당된 수익금액 및 사용내역, 교도소직원회 수지에 관한 결산결과와 사업계획 및 예산서, 수용자 외부병원 이송진료와 관련한 이송진료자 수, 이송진료자의 진료내역별(치료, 검사, 수술) 현황, 이송진료자의 진료비 지급(예산지급, 자비부담) 현황, 이송진료자의 진료비총액 대비 예산지급액, 이송진료자의 병명별 현황, 수용자 신문구독현황과 관련한 각 신문별 구독신청자 수 등에 관한 정보는 공개될 경우 그 직무수행을 현저히 곤란하게 하는 정보'에 해당하기 어렵다(대판 2004.12.9. 2003두12707).

④ 감사·감독·검사·시험 등 관련 정보(동항 제5호)

판례

1. 공공기관의 정보공개에 관한 법률 제9조 제1항 제5호에서 규정하고 있는 '공개될 경우 업무의 공정한 수행에 현저한 지장을 초래한다고 인정할 만한 상당한 이유가 있는 경우'란, 공공기관의 정보공개에 관한 법률 제1조의 정보공개제도의 목적 및 공공기관의 정보공개에 관한 법률 제9조 제1항 제5호의 규정에 의한 비공개대상정보의 입법 취지에 비추어 볼 때 공개될 경우 업무의 공정한 수행이 객관적으로 현저하게 지장을 받을 것이라는 고도의 개연성이 존재하는 경우를 의미한다고 할 것이고, 여기에 해당하는지 여부는 비공개에 의하여 보호되는 업무수행의 공정성 등의 이익과 공개에 의하여 보호되는 국민의 알 권리의 보장과 국정에 대한 국민의 참여 및 국정운영의 투명성 확보 등의 이익을 비교·교량하여 구체적인 사안에 따라 신중하게 판단되어야 한다. '학교폭력대책자치위원회 회의록'은 공공기관의 정보공개에 관한 법률 제9조 제1항 제5호의 '공개될 경우 업무의 공정한 수행에 현저한 지장을 초래한다고 인정할 만한 상당한 이유가 있는 정보'에 해당한다(대판 2010.6.10. 2010두2913). [24 국가9급]
2. 의사결정과정에 제공된 회의관련 자료나 의사결정과정이 기록된 회의록 등은 의사가 결정되거나 의사가 집행된 경우에는 더 이상 의사결정과정에 있는 사항 그 자체라고는 할 수 없으나, 의사결정과정에 있는 사항에 준하는 사항으로서 비공개대상정보에 포함될 수 있다. [21 국가7급] 따라서 학교환경위생구역 내 금지행위(숙박시설) 해제결정에 관한 학교환경위생정화위원회의 회의록에 기재된 발언내용에 대한 해당 발언자의 인적사항 부분에 관한 정보는 공공기관의 정보공개에 관한 법률 제7조 제1항 제5호 소정의 비공개대상에 해당한다(대판 2003.8.22. 2002두12946). [22 지방7급, 19 지방9급]
3. 사법시험 제2차 시험의 답안지 열람은 시험문항에 대한 채점위원별 채점 결과의 열람과 달리 사법시험업무의 수행에 현저한 지장을 초래한다고 볼 수 없다(대판 2003.3.14. 2000두6114). [15 복지9급]
4. 치과의사 국가시험에서 채택하고 있는 문제은행 출제방식이 출제의 시간·비용을 줄이면서도 양질의 문항을 확보할 수 있는 등 많은 장점을 가지고 있는 점, 그 시험문제를 공개할 경우 발생하게 될 결과와 시험업무에 초래될 부작용 등을 감안하면, 위 시험의 문제지와 그 정답지를 공개하는 것은 시험업무의 공정한 수행이나 연구·개발에 현저한 지장을 초래한다고 인정할 만한 상당한 이유가 있는 경우에 해당하므로, 공공기관의 정보공개에 관한 법률 제9조 제1항 제5호에 따라 이를 공개하지 않을 수 있다(대판 2007.6.15. 2006두15936). [10 국가9급]
5. '2002년도 및 2003년도 국가 수준 학업성취도평가 자료'는 표본조사 방식으로 이루어졌을 뿐만 아니라 학교식별정보 등도 포함되어 있어서 자료 전부가 그대로 공개될 경우 학업성취도평가 업무의 공정한 수행이 객관적으로 현저하게 지장을 받을 것이라는 고도의 개연성이 존재한다고 볼 여지가 있어 비공개대상정보에 해당하는 부분이 있으나, '2002학년도부터 2005학년도까지의 대학수학능력시험 원데이터'는 연구 목적으로 그 정보의 공개를 청구하는 경우, 공개로 인하여 초래될 부작용이 공개로 얻을 수 있는 이익보다 더 클 것이라고 단정하기 어려우므로 비공개대상정보에 해당하지 않는다(대판 2010.2.25. 2007두9877).
6. 외국 또는 외국 기관으로부터 비공개를 전제로 정보를 입수하였다는 이유만으로 이를 공개할 경우 업무의 공정한 수행에 현저한 지장을 받을 것이라고 단정할 수는 없다. [19 서울7급] 다만 위와 같은 사정은 정보 제공자와의 관계, 정보 제공자의 의사, 정보의 취득 경위, 정보의 내용 등과 함께 업무의 공정한 수행에 현저한 지장이 있는지를 판단할 때 고려하여야 할 형량 요소이다(대판 2018.9.28. 2017두69892).

> 감사·감독·검사·시험·규제·입찰계약·기술개발·인사관리에 관한 사항이나 의사결정 과정 또는 내부검토 과정에 있는 사항 등으로서 공개될 경우 업무의 공정한 수행이나 연구·개발에 현저한 지장을 초래한다고 인정할 만한 상당한 이유가 있는 정보란 공개될 경우 업무의 공정한 수행이 객관적으로 현저하게 지장을 받을 것이라는 고도의 개연성이 존재하는 경우를 말한다. (○, ×) [14 지방9급]

> 학교환경위생구역 내 금지행위 해제결정에 관한 학교환경위생정화위원회의 회의록에 기재된 발언내용에 대한 해당 발언자의 인적사항 부분에 관한 정보는 비공개대상에 해당하지 아니한다. (○, ×) [22 지방9급]

> 사법시험 제2차 시험의 답안지와 시험문항에 대한 채점위원별 채점 결과는 비공개정보에 해당한다. (○, ×) [13 국가9급]

> '2002학년도부터 2005학년도까지의 대학수학능력시험 원데이터'는 연구목적으로 그 정보의 공개를 청구하는 경우 「공공기관의 정보공개에 관한 법률」 소정의 비공개대상정보에 해당한다. (○, ×) [24 국가9급, 16 복지9급]

> 외국 또는 외국 기관으로부터 비공개를 전제로 입수한 정보는 비공개를 전제로 하였다는 이유만으로 비공개대상정보에 해당한다. (○, ×) [20 국가7급]

⑤ 개인 관련 정보(동항 제6호)

판례

1. '공개하는 것이 공익을 위하여 필요하다고 인정되는 정보'에 해당하는지 여부는 비공개에 의하여 보호되는 개인의 사생활 보호 등의 이익과 공개에 의하여 보호되는 국민의 알 권리의 보장과 국정에 대한 국민의 참여 및 국정운영의 투명성 확보 등의 공익을 비교·교량하여 구체적 사안에 따라 개별적으로 판단하여야 한다. 공무원이 직무와 관련 없이 개인적인 자격으로 간담회·연찬회 등 행사에 참석하고 금품을 수령한 정보는 '공개하는 것이 공익을 위하여 필요하다고 인정되는 정보'에 해당하지 않는다(대판 2003.12.12. 2003두8050).
2. 사면대상자들의 사면실시건의서와 그와 관련된 국무회의 안건자료에 관한 정보는 그 공개로 얻는 이익이 그로 인하여 침해되는 당사자들의 사생활의 비밀에 관한 이익보다 더욱 크므로 구 공공기관의 정보공개에 관한 법률 제7조 제1항 제6호에서 정한 비공개사유에 해당하지 않는다(대판 2006.12.7. 2005두241). [15 복지9급]
3. 지방자치단체의 업무추진비 세부항목별 집행내역 및 그에 관한 증빙서류에 포함된 개인에 관한 정보는 '공개하는 것이 공익을 위하여 필요하다고 인정되는 정보'에 해당하지 않는다(대판 2003.3.11. 2001두6425). [18 서울9급]
4. 정보공개법 제9조 제1항 제6호 규정에 따라 비공개대상이 되는 정보에는 구 공공기관의 정보공개에 관한 법률의 이름·주민등록번호 등 정보 형식이나 유형을 기준으로 비공개대상정보에 해당하는지를 판단하는 '개인식별정보'뿐만 아니라 그 외에 정보의 내용을 구체적으로 살펴 '개인에 관한 사항의 공개로 개인의 내밀한 내용의 비밀 등이 알려지게 되고, 그 결과 인격적·정신적 내면생활에 지장을 초래하거나 자유로운 사생활을 영위할 수 없게 될 위험성이 있는 정보'도 포함된다. 따라서 불기소처분 기록 중 피의자신문조서 등에 기재된 피의자 등의 인적사항 이외의 진술내용 역시 비공개대상에 해당한다(대판 2012.6.18. 2011두2361 전원합의체). [18 지방9급]

⑥ 영업비밀 관련 정보(동항 제7호)

판례

1. 정보공개법 제9조 제1항 제7호 소정의 '법인 등의 경영·영업상 비밀'은 부정경쟁방지법 제2조 제2호 소정의 '영업비밀'에 한하지 않고, '타인에게 알려지지 아니함이 유리한 사업활동에 관한 일체의 정보' 또는 '사업활동에 관한 일체의 비밀사항'으로 해석함이 상당하다(대판 2008.10.23. 2007두1798).
2. 법인 등의 상호, 단체명, 영업소명, 사업자등록번호 등에 관한 정보는 법인 등의 영업상 비밀에 해당하지 아니하지만, 법인 등이 거래하는 금융기관의 계좌번호에 관한 정보는 법인 등의 영업상 비밀에 관한 사항으로서 공개될 경우 법인 등의 정당한 이익을 현저히 해할 우려가 있다고 인정되는 정보에 해당한다(대판 2004.8.20. 2003두8302).
3. 한국방송공사의 수시집행 접대성 경비의 건별 집행서류 일체는 공공기관의 정보공개에 관한 법률 제9조 제1항 제7호의 비공개대상정보에 해당하지 않는다(대판 2008.10.23. 2007두1798). [12 서울9급]
4. 대한주택공사의 아파트 분양원가 산출내역에 관한 정보는, 그 공개로 위 공사의 정당한 이익을 현저히 해할 우려가 있다고 볼 수 없어 구 공공기관의 정보공개에 관한 법률 제7조 제1항 제7호에서 정한 비공개대상정보에 해당하지 않는다(대판 2007.6.1. 2006두20587). [12 서울9급]

공무원이 직무와 관련 없이 개인적 자격으로 금품을 수령한 정보는 공개대상이 되는 정보이다. (○, ×) [15 복지9급, 13 국회8급]

대통령의 사면권행사는 고도의 정치적인 행위이므로 그 정보의 공개가 사면권 자체를 부정하게 될 위험이 있고 해당 정보의 당사자들의 사생활의 비밀도 침해될 우려가 있기 때문에 공공기관의 정보공개에 관한 법률상의 비공개 사유에 해당한다. (○, ×) [10 국회8급]

지방자치단체의 업무추진비 세부항목별 집행내역 및 그에 관한 증빙서류에 포함된 개인에 관한 정보는 「공공기관의 정보공개에 관한 법률」 소정의 '공개하는 것이 공익을 위하여 필요하다고 인정되는 정보'에 해당하여 공개대상이 된다. (○, ×) [19 지방9급]

국민의 알 권리를 두텁게 보호하기 위해 공공기관의 정보공개에 관한 법률 제9조 제1항 제6호 본문의 규정에 따라 비공개대상이 되는 정보는 이름·주민등록번호 등 '개인식별정보'로 한정된다. (○, ×) [20 지방9급, 13 국회8급]

비공개대상인 법인 등의 경영·영업상 비밀은 부정경쟁방지법 제2조 제2호 소정의 영업비밀에 한하지 않고, 타인에게 알려지지 아니함이 유리한 사업활동에 관한 일체의 정보 또는 사업활동에 관한 일체의 비밀사항을 말한다. (○, ×) [18 서울7급, 14 지방9급]

법인 등이 거래하는 금융기관의 계좌번호에 관한 정보는 법인 등의 영업상 비밀에 관한 사항으로서 공개될 경우 법인 등의 정당한 이익을 현저히 해할 우려가 있다고 인정되는 정보에 해당한다. (○, ×) [17 국가7급(下), 16 국가7급]

⑦ 특정인의 이익 관련 정보(동항 제8호)

공개될 경우 부동산 투기, 매점매석 등으로 특정인에게 이익 또는 불이익을 줄 우려가 있다고 인정되는 정보는 비공개대상정보에 해당한다.

(3) 비공개 대상 정보의 예외

정보공개법 제9조【비공개 대상 정보】② 공공기관은 제1항 각 호의 어느 하나에 해당하는 정보가 기간의 경과 등으로 인하여 비공개의 필요성이 없어진 경우에는 그 정보를 공개 대상으로 하여야 한다.

(4) 세부기준 수립의무

정보공개법 제9조【비공개 대상 정보】③ 공공기관은 제1항 각 호의 범위에서 해당 공공기관의 업무 성격을 고려하여 비공개 대상 정보의 범위에 관한 세부 기준(이하 "비공개 세부 기준"이라 한다)을 수립하고 이를 정보통신망을 활용한 정보공개시스템 등을 통하여 공개하여야 한다.

(5) 권리남용

판례

1. 실제로 해당 정보를 취득 또는 활용할 의사가 전혀 없이 정보공개 제도를 이용하여 사회통념상 용인될 수 없는 부당한 이득을 얻으려 하거나, 오로지 공공기관의 담당공무원을 괴롭힐 목적으로 정보공개청구를 하는 경우처럼 권리의 남용에 해당하는 것이 명백한 경우에는 정보공개청구권의 행사를 허용하지 아니하는 것이 옳다(대판 2014.12.24. 2014두9349). [23 지방9급, 19 서울9급]
2. 정보공개를 청구한 목적이 이 사건 손해배상소송에 제출할 증거자료를 획득하기 위한 것이었고 위 소송이 이미 종결되었다고 하더라도, 원고가 오로지 피고를 괴롭힐 목적으로 정보공개를 구하고 있다는 등의 특별한 사정이 없는 한, 위와 같은 사정만으로는 원고가 이 사건 소송을 계속하고 있는 것이 권리남용에 해당한다고 볼 수 없다(대판 2004.9.23. 2003두1370).

(6) 공지(共知)의 정보

판례

공개청구의 대상이 되는 정보가 이미 다른 사람에게 공개하여 널리 알려져 있다거나 인터넷 등을 통하여 공개되어 인터넷검색 등을 통하여 쉽게 알 수 있다는 사정만으로는 소의 이익이 없다거나 비공개결정이 정당화될 수 없다(대판 2007.7.13, 2005두8733). [20 국가9급, 19 국가7급]

(7) 청구권자의 권리구제 가능성

판례

비공개대상정보에 해당하지 않는 한 공공기관이 보유·관리하는 정보는 공개 대상이 된다고 규정하고 있을 뿐(제9조 제1항) 정보공개 청구권자가 공개를 청구하는 정보와 어떤 관련성을 가질 것을 요구하거나 정보공개청구의 목적에 특별한 제한을 두고 있지 아니하므로 정보공개 청구권자의 권리구제 가능성 등은 정보의 공개 여부 결정에 아무런 영향을 미치지 못한다(대판 2017.9.7. 2017두44558). [22 지방9급, 22 국가7급]

공개될 경우 부동산 투기로 특정인에게 이익 또는 불이익을 줄 우려가 있다고 인정되는 정보는 비공개대상에 해당한다. (○, ×) [18 지방9급, 10 국가7급]

오로지 공공기관의 담당공무원을 괴롭힐 목적으로 정보공개청구를 하는 경우에도 정보공개청구권의 행사는 허용되어야 한다. (○, ×) [21 지방9급, 15 서울7급]

정보공개청구권은 국민의 알 권리에 근거한 헌법상 기본권이므로, 권리남용을 이유로 정보공개를 거부하는 것은 허용되지 아니한다. (○, ×) [17 지방7급]

정보공개를 청구한 목적이 손해배상소송에 제출할 증거자료를 획득하기 위한 것이었고 그 소송이 이미 종결되었다면, 그러한 정보공개청구는 권리남용에 해당한다. (○, ×) [19 국가7급]

공개청구의 대상이 되는 정보가 인터넷 등을 통하여 공개되어 인터넷검색 등을 통하여 쉽게 알 수 있는 경우에는 비공개결정이 정당화될 수 있다. (○, ×) [21 국가7급, 20 지방9급]

공개청구의 대상이 되는 정보가 인터넷에 공개되어 인터넷 검색 등을 통하여 쉽게 알 수 있다면 정보공개 청구권자는 공개거부처분의 취소를 구할 법률상의 이익이 없다. (○, ×) [19 서울9급, 18 지방9급]

PART 03

6. 정보공개절차

(1) 정보공개의 청구

① 정보공개의 청구방법

정보공개법 제10조 【정보공개의 청구방법】 ① 정보의 공개를 청구하는 자(이하 "청구인"이라 한다)는 해당 정보를 보유하거나 관리하고 있는 공공기관에 다음 각 호의 사항을 적은 정보공개 청구서를 제출하거나 말로써 정보의 공개를 청구할 수 있다.
1. 청구인의 성명 · 생년월일 · 주소 및 연락처(전화번호 · 전자우편주소 등을 말한다. 이하 이 조에서 같다). 다만, 청구인이 법인 또는 단체인 경우에는 그 명칭, 대표자의 성명, 사업자등록번호 또는 이에 준하는 번호, 주된 사무소의 소재지 및 연락처를 말한다.
2. 청구인의 주민등록번호(본인임을 확인하고 공개 여부를 결정할 필요가 있는 정보를 청구하는 경우로 한정한다)
3. 공개를 청구하는 정보의 내용 및 공개방법

② 제1항에 따라 청구인이 말로써 정보의 공개를 청구할 때에는 담당 공무원 또는 담당 임직원(이하 "담당공무원등"이라 한다)의 앞에서 진술하여야 하고, 담당공무원등은 정보공개 청구조서를 작성하여 이에 청구인과 함께 기명날인하거나 서명하여야 한다.

판례

공공기관의 정보공개에 관한 법률 제10조 제1항 제2호는 정보의 공개를 청구하는 자는 정보공개청구서에 '공개를 청구하는 정보의 내용' 등을 기재할 것을 규정하고 있는바, 청구대상정보를 기재함에 있어서는 사회일반인의 관점에서 청구대상정보의 내용과 범위를 확정할 수 있을 정도로 특정함을 요한다(대판 2007.6.1. 2007두2555). [15 국가9급]

> 정보의 공개를 청구하는 자가 청구대상정보를 기재함에 있어서는 사회일반인의 관점에서 청구대상정보의 내용과 범위를 확정할 수 있을 정도로 특정하여야 한다. (○, ×) [19 지방7급, 15 경행특채]

② 공개 여부의 결정

정보공개법 제11조 【정보공개 여부의 결정】 ① 공공기관은 제10조에 따라 정보공개의 청구를 받으면 그 청구를 받은 날부터 10일 이내에 공개 여부를 결정하여야 한다. [10 국가7급]

② 공공기관은 부득이한 사유로 제1항에 따른 기간 이내에 공개 여부를 결정할 수 없을 때에는 그 기간이 끝나는 날의 다음 날부터 기산(起算)하여 10일의 범위에서 공개 여부 결정기간을 연장할 수 있다. [17 국가9급] 이 경우 공공기관은 연장된 사실과 연장 사유를 청구인에게 지체 없이 문서로 통지하여야 한다.

③ 공공기관은 공개 청구된 공개 대상 정보의 전부 또는 일부가 제3자와 관련이 있다고 인정할 때에는 그 사실을 제3자에게 지체 없이 통지하여야 하며, 필요한 경우에는 그의 의견을 들을 수 있다.

④ 공공기관은 다른 공공기관이 보유 · 관리하는 정보의 공개 청구를 받았을 때에는 지체 없이 이를 소관 기관으로 이송하여야 하며, 이송한 후에는 지체 없이 소관 기관 및 이송 사유 등을 분명히 밝혀 청구인에게 문서로 통지하여야 한다.

⑤ 공공기관은 정보공개 청구가 다음 각 호의 어느 하나에 해당하는 경우로서 「민원 처리에 관한 법률」에 따른 민원으로 처리할 수 있는 경우에는 민원으로 처리할 수 있다.
1. 공개 청구된 정보가 공공기관이 보유 · 관리하지 아니하는 정보인 경우
2. 공개 청구의 내용이 진정 · 질의 등으로 이 법에 따른 정보공개 청구로 보기 어려운 경우

> 공공기관은 정보공개의 청구를 받으면 그 청구를 받은 날부터 20일 이내에 공개 여부를 결정하여야 한다. (○, ×) [16 경행특채]

③ 제3자에 대한 통지

공공기관은 공개 청구된 공개 대상 정보의 전부 또는 일부가 제3자와 관련이 있다고 인정할 때에는 그 사실을 제3자에게 지체 없이 통지하여야 하며, 필요한 경우에는 그의 의견을 들을 수 있다(동조 제3항).

(2) 정보공개 여부 결정의 통지

① 공개결정의 경우

정보공개법 제13조 【정보공개 여부 결정의 통지】 ① 공공기관은 제11조에 따라 정보의 공개를 결정한 경우에는 공개의 일시 및 장소 등을 분명히 밝혀 청구인에게 통지하여야 한다. [16 경행특채, 13 서울9급]

② 비공개결정의 경우

정보공개법 제13조 【정보공개 여부 결정의 통지】 ⑤ 공공기관은 제11조에 따라 정보의 비공개 결정을 한 경우에는 그 사실을 청구인에게 지체 없이 문서로 통지하여야 한다. 이 경우 제9조 제1항 각 호 중 어느 규정에 해당하는 비공개 대상 정보인지를 포함한 비공개 이유와 불복(不服)의 방법 및 절차를 구체적으로 밝혀야 한다. [13 복지9급]

판례

'문서'에 '전자문서'를 포함한다고 규정한 구 공공기관의 정보공개에 관한 법률 제2조와 정보의 비공개결정을 '문서'로 통지하도록 정한 정보공개법 제13조 제4항의 규정들은 행정절차법 제3조 제1항에서 행정절차법의 적용이 제외되는 것으로 정한 '다른 법률'에 특별한 규정이 있는 경우에 해당하므로, 비공개결정 당시 정보의 비공개결정은 정보공개법 제13조 제4항에 의하여 전자문서로 통지할 수 있다(대판 2014.4.10. 2012두17384).

③ 청구인의 교부요구

정보공개법 제13조 【정보공개 여부 결정의 통지】 ② 공공기관은 청구인이 사본 또는 복제물의 교부를 원하는 경우에는 이를 교부하여야 한다.
③ 공공기관은 공개 대상 정보의 양이 너무 많아 정상적인 업무수행에 현저한 지장을 초래할 우려가 있는 경우에는 해당 정보를 일정 기간별로 나누어 제공하거나 사본·복제물의 교부 또는 열람과 병행하여 제공할 수 있다. [18 서울7급(上)]

판례

1. 정보공개를 청구하는 자가 공공기관에 대해 정보의 사본 또는 출력물의 교부의 방법으로 공개방법을 선택하여 정보공개청구를 한 경우에 공공기관으로서는 정보의 사본 또는 복제물의 교부를 제한할 수 있는 사유에 해당하지 않는 한 정보공개청구자가 선택한 공개방법에 따라 정보를 공개하여야 하므로 그 공개방법을 선택할 재량권이 없다(대판 2003.12.12. 2003두8050). [24 국가9급, 17 국가9급(下)]

공공기관은 공개대상정보가 제3자와 관련이 있다고 인정되는 경우에는 반드시 공개 청구된 사실을 제3자에게 통지하고 그에 대한 의견을 청취한 다음에 공개 여부를 결정하여야 한다. (○, ×) [13 서울9급]

공개청구된 사실을 통지받은 제3자가 당해 공공기관에 공개하지 아니할 것을 요청하는 때에는 공공기관은 비공개결정을 해야 한다. (○, ×) [12 지방9급]

공공기관은 정보의 비공개 결정을 한 경우 청구인에게 비공개 이유와 불복의 방법 및 절차를 구체적으로 밝혀 문서로 통지하여야 한다. (○, ×) [15 교행]

행정소송의 재판기록 일부의 정보공개청구에 대한 비공개결정은 전자문서로 통지할 수 없다. (○, ×) [19 국가9급]

공개방법을 선택하여 정보공개를 청구하였더라도 공공기관은 정보공개청구자가 선택한 방법에 따라 정보를 공개하여야 하는 것은 아니며, 원칙적으로 그 공개방법을 선택할 재량권이 있다. (○, ×) [16 국가9급]

정보공개청구에 대하여 행정청이 전부공개 결정을 하는 경우에는, 청구인이 지정한 정보공개방법에 의하지 않았다고 하더라도 청구인은 이를 다툴 수 없다. (○, ×) [22 국가7급, 20 지방9급]

정보비공개결정 취소소송에서 공공기관이 청구정보를 증거로 법원에 제출하여 법원을 통하여 그 사본을 청구인에게 교부되게 하여 정보를 공개하게 된 경우에는 비공개결정의 취소를 구할 소의 이익이 소멸한다. (○, ×) [22 지방7급, 18 국가7급]

2. 청구인에게는 특정한 공개방법을 지정하여 정보공개를 청구할 수 있는 법령상 신청권이 있다. 따라서 공공기관이 공개청구의 대상이 된 정보를 공개는 하되, 청구인이 신청한 공개방법 이외의 방법으로 공개하기로 하는 결정을 하였다면, 이는 정보공개청구 중 정보공개방법에 관한 부분에 대하여 일부 거부처분을 한 것이고, 청구인은 그에 대하여 항고소송으로 다툴 수 있다(대판 2016.11.10. 2016두44674). [23 국가7급, 22 지방7급]
3. 청구인이 정보공개거부처분의 취소를 구하는 소송에서 공공기관이 청구정보를 증거 등으로 법원에 제출하여 법원을 통하여 그 사본을 청구인에게 교부 또는 송달되게 하여 결과적으로 청구인에게 정보를 공개하는 셈이 되었다고 하더라도, 이러한 우회적인 방법은 정보공개법이 예정하고 있지 아니한 방법으로서 정보공개법에 의한 공개라고 볼 수는 없으므로, [20 국가9급] 당해 정보의 비공개결정의 취소를 구할 소의 이익은 소멸되지 않는다(대판 2016.12.15. 2012두11409). [22 국가7급]

(3) 정보공개의 방법

① 부분공개

정보공개법 제14조 【부분 공개】 공개 청구한 정보가 제9조 제1항 각 호의 어느 하나에 해당하는 부분과 공개 가능한 부분이 혼합되어 있는 경우로서 공개 청구의 취지에 어긋나지 아니하는 범위에서 두 부분을 분리할 수 있는 경우에는 제9조 제1항 각 호의 어느 하나에 해당하는 부분을 제외하고 공개하여야 한다.

공개청구한 정보가 비공개 대상에 해당하는 부분과 공개 가능한 부분이 혼합되어 있는 경우로서 공개 청구의 취지에 어긋나지 아니하는 범위에서 두 부분을 분리할 수 있는 경우라도 비공개 대상에 해당하는 부분을 제외하고 공개할 수 없다. (○, ×) [16 경행특채]

공개청구한 정보의 일부가 「공공기관의 정보공개에 관한 법률」상 비공개사유에 해당하는 때에는 그 나머지 정보만을 공개하는 것이 가능한 경우라 하더라도 법원은 공개가능한 정보에 관한 부분만의 일부취소를 명할 수는 없다. (○, ×) [22 국가9급, 21 지방7급]

판례

1. 공개를 거부한 정보에 비공개대상 정보에 해당하는 부분과 공개가 가능한 부분이 혼합되어 있고 공개청구의 취지에 어긋나지 아니하는 범위 안에서 두 부분을 분리할 수 있음을 인정할 수 있을 때에는 청구취지의 변경이 없더라도 공개가 가능한 정보에 관한 부분만의 일부취소를 명할 수 있다 할 것이고, [19 서울7급, 15 국가9급] 공개청구의 취지에 어긋나지 아니하는 범위 안에서 비공개대상 정보에 해당하는 부분과 공개가 가능한 부분을 분리할 수 있다고 함은, 이 두 부분이 물리적으로 분리 가능한 경우를 의미하는 것이 아니고 당해 정보의 공개방법 및 절차에 비추어 당해 정보에서 비공개대상 정보에 관련된 기술 등을 제외 내지 삭제하고 그 나머지 정보만을 공개하는 것이 가능하고 나머지 부분의 정보만으로도 공개의 가치가 있는 경우를 의미한다(대판 2004.12.9. 2003두12707). [24 국가9급]

행정청이 공개를 거부한 정보에 비공개사유에 해당하는 부분과 그렇지 않은 부분이 혼재되어 있는 경우에는 그 전부에 대해 공개하여야 한다. (○, ×) [12 국가9급]

2. 법원이 행정청의 정보공개거부처분의 위법 여부를 심리한 결과 공개를 거부한 정보에 비공개대상정보에 해당하는 부분과 공개가 가능한 부분이 혼합되어 있고 공개청구의 취지에 어긋나지 아니하는 범위 안에서 두 부분을 분리할 수 있음을 인정할 수 있을 때에는, 위 정보 중 공개가 가능한 부분을 특정하고 판결의 주문에 행정청의 위 거부처분 중 공개가 가능한 정보에 관한 부분만을 취소한다고 표시하여야 한다(대판 2003.3.11. 2001두6425). [18 지방9급, 14 복지9급]

한·일 군사정보보호협정 및 한·일 상호군수지원협정과 관련하여 각종 회의자료 및 회의록 등의 정보는 정보공개법상 공개가 가능한 부분과 공개가 불가능한 부분을 쉽게 분리하는 것이 불가능한 비공개정보에 해당하지 아니한다. (○, ×) [19 서울7급]

3. 갑이 외교부장관에게 한·일 군사정보보호협정 및 한·일 상호군수지원협정과 관련하여 각종 회의자료 및 회의록 등의 정보에 대한 공개를 청구하였으나, 이 사건 쟁점 정보는 상호 유기적으로 결합되어 있어 공개가 가능한 부분과 공개가 불가능한 부분을 용이하게 분리하는 것이 불가능하고, 이 사건 쟁점 정보에 관한 목록에는 '문서의 제목, 생산 날짜, 문서 내용을 추론할 수 있는 목차 등'이 포함되어 있어 목록의 공개만으로도 한·일 양국 간의 논의 주제와 논의 내용, 그에 대한 우리나라의 입장 및 전략을 추론할 수 있는 가능성이 충분하여 부분공개도 가능하지 않다(대판 2019.1.17. 2015두46512).

② 정보의 전자적 공개

정보공개법 제15조【정보의 전자적 공개】① 공공기관은 전자적 형태로 보유·관리하는 정보에 대하여 청구인이 전자적 형태로 공개하여 줄 것을 요청하는 경우에는 그 정보의 성질상 현저히 곤란한 경우를 제외하고는 청구인의 요청에 따라야 한다.
② 공공기관은 전자적 형태로 보유·관리하지 아니하는 정보에 대하여 청구인이 전자적 형태로 공개하여 줄 것을 요청한 경우에는 정상적인 업무수행에 현저한 지장을 초래하거나 그 정보의 성질이 훼손될 우려가 없으면 그 정보를 전자적 형태로 변환하여 공개할 수 있다. [11 국가7급]

✦ 공공기관은 전자적 형태로 보유·관리하는 정보에 대하여 청구인이 전자적 형태로 공개하여 줄 것을 요청하더라도 이를 출력한 형태로 공개하는 것이 원칙이다. (○, ×) [16 경행특채]

판례

정보가 청구인이 구하는 대로는 되어 있지 않다고 하더라도, 공개청구를 받은 공공기관이 공개청구대상정보의 기초자료를 전자적 형태로 보유·관리하고 있고, 당해 기관에서 통상 사용되는 컴퓨터 하드웨어 및 소프트웨어와 기술적 전문지식을 사용하여 그 기초자료를 검색하여 청구인이 구하는 대로 편집할 수 있으며, 그러한 작업이 당해 기관의 컴퓨터 시스템 운용에 별다른 지장을 초래하지 아니한다면, 그 공공기관이 공개청구대상정보를 보유·관리하고 있는 것으로 볼 수 있다(대판 2010. 2. 11. 2009두6001). [23 지방7급]

③ 즉시 또는 말로 처리가 가능한 정보의 공개

정보공개법 제16조【즉시 처리가 가능한 정보의 공개】다음 각 호의 어느 하나에 해당하는 정보로서 즉시 또는 말로 처리가 가능한 정보에 대해서는 제11조에 따른 절차를 거치지 아니하고 공개하여야 한다.
1. 법령 등에 따라 공개를 목적으로 작성된 정보
2. 일반국민에게 알리기 위하여 작성된 각종 홍보자료
3. 공개하기로 결정된 정보로서 공개에 오랜 시간이 걸리지 아니하는 정보 [11 국가9급]
4. 그 밖에 공공기관의 장이 정하는 정보

(4) 비용부담

정보공개법 제17조【비용 부담】① 정보의 공개 및 우송 등에 드는 비용은 실비(實費)의 범위에서 청구인이 부담한다. [21 지방9급]
② 공개를 청구하는 정보의 사용 목적이 공공복리의 유지·증진을 위하여 필요하다고 인정되는 경우에는 제1항에 따른 비용을 감면할 수 있다. [15 지방9급]

✦ 국민의 정보공개청구권을 보장하기 위하여 정보공개에 드는 비용은 무료로 한다. (○, ×) [14 서울9급]

✦ 정보의 공개 및 우송 등에 드는 비용은 정보공개청구를 받은 행정청이 부담한다. (○, ×) [19 국가9급]

✦ 정보의 공개 및 우송 등에 소요되는 비용은 실비의 범위에서 청구인의 부담으로 한다. 다만 그 액수가 너무 많아서 청구인에게 과중한 부담을 주는 경우에는 비용을 감면할 수 있다. (○, ×) [18 서울7급(上)]

7. 청구인의 불복구제절차

(1) 이의신청

정보공개법 제18조【이의신청】① 청구인이 정보공개와 관련한 공공기관의 비공개 결정 또는 부분 공개 결정에 대하여 불복이 있거나 정보공개 청구 후 20일이 경과하도록 정보공개 결정이 없는 때에는 공공기관으로부터 정보공개 여부의 결정 통지를 받은 날 또는 정보공개 청구 후 20일이 경과한 날부터 30일 이내에 해당 공공기관에 문서로 이의신청을 할 수 있다. [15 서울7급, 14 서울9급]

✦ 정보공개청구자는 정보공개와 관련한 공공기관의 비공개결정에 대해서는 이의신청을 할 수 있지만, 부분공개의 결정에 대해서는 따로 이의신청을 할 수 없다. (○, ×) [16 국가9급]

② 국가기관 등은 제1항에 따른 이의신청이 있는 경우에는 심의회를 개최하여야 한다. 다만, 다음 각 호의 어느 하나에 해당하는 경우에는 심의회를 개최하지 아니할 수 있으며 개최하지 아니하는 사유를 청구인에게 문서로 통지하여야 한다.
1. 심의회의 심의를 이미 거친 사항
2. 단순·반복적인 청구
3. 법령에 따라 비밀로 규정된 정보에 대한 청구
③ 공공기관은 이의신청을 받은 날부터 7일 이내에 그 이의신청에 대하여 결정하고 그 결과를 청구인에게 지체 없이 문서로 통지하여야 한다. 다만, 부득이한 사유로 정하여진 기간 이내에 결정할 수 없을 때에는 그 기간이 끝나는 날의 다음 날부터 기산하여 7일의 범위에서 연장할 수 있으며, 연장 사유를 청구인에게 통지하여야 한다.
④ 공공기관은 이의신청을 각하(却下) 또는 기각(棄却)하는 결정을 한 경우에는 청구인에게 행정심판 또는 행정소송을 제기할 수 있다는 사실을 제3항에 따른 결과 통지와 함께 알려야 한다.

> 정보공개청구자는 정보공개와 관련한 공공기관의 비공개결정에 대해서는 이의신청을 할 수 있지만, 부분공개의 결정에 대해서는 따로 이의신청을 할 수 없다. (○, ×) [16 국가9급]

> 공공기관의 비공개 결정에 대하여 불복이 있는 청구인은 해당 공공기관의 상급기관에 이의신청을 하여야 한다. (○, ×) [15 교행]

> 공공기관은 이의신청을 받은 날부터 7일 이내에 그 이의신청에 대하여 결정하고 그 결과를 청구인에게 지체 없이 문서로 통지하여야 한다. (○, ×) [11 지방9급]

(2) 행정심판

정보공개법 제19조 【행정심판】 ① 청구인이 정보공개와 관련한 공공기관의 결정에 대하여 불복이 있거나 정보공개 청구 후 20일이 경과하도록 정보공개 결정이 없는 때에는 「행정심판법」에서 정하는 바에 따라 행정심판을 청구할 수 있다. 이 경우 국가기관 및 지방자치단체 외의 공공기관의 결정에 대한 감독행정기관은 관계 중앙행정기관의 장 또는 지방자치단체의 장으로 한다.
② 청구인은 제18조에 따른 이의신청 절차를 거치지 아니하고 행정심판을 청구할 수 있다. [22 국가9급, 17 국가9급]
③ 행정심판위원회의 위원 중 정보공개 여부의 결정에 관한 행정심판에 관여하는 위원은 재직 중은 물론 퇴직 후에도 그 직무상 알게 된 비밀을 누설하여서는 아니 된다.

> 청구인이 정보공개와 관련한 공공기관의 결정에 대하여 불복이 있거나 정보공개청구 후 10일이 경과하도록 정보공개 결정이 없는 때에는 「행정심판법」에서 정하는 바에 따라 행정심판을 청구할 수 있다. (○, ×) [23 지방9급]

> 정보공개청구인은 공공기관의 비공개결정에 불복하는 행정심판을 청구하려면 「공공기관의 정보공개에 관한 법률」에서 정하는 이의신청 절차를 거쳐야 한다. (○, ×) [23 국가7급, 23 지방7급]

(3) 행정소송

정보공개법 제20조 【행정소송】 ① 청구인이 정보공개와 관련한 공공기관의 결정에 대하여 불복이 있거나 정보공개 청구 후 20일이 경과하도록 정보공개 결정이 없는 때에는 「행정소송법」에서 정하는 바에 따라 행정소송을 제기할 수 있다.
② 재판장은 필요하다고 인정하면 당사자를 참여시키지 아니하고 제출된 공개 청구 정보를 비공개로 열람·심사할 수 있다. [11 국가9급]
③ 재판장은 행정소송의 대상이 제9조 제1항 제2호에 따른 정보 중 국가안전보장·국방 또는 외교관계에 관한 정보의 비공개 또는 부분 공개 결정처분인 경우에 공공기관이 그 정보에 대한 비밀 지정의 절차, 비밀의 등급·종류 및 성질과 이를 비밀로 취급하게 된 실질적인 이유 및 공개를 하지 아니하는 사유 등을 입증하면 해당 정보를 제출하지 아니하게 할 수 있다.

① 행정소송의 제기

㉠ 원고적격

판례

공공기관의 정보공개에 관한 법률 제6조 제1항은 '모든 국민은 정보의 공개를 청구할 권리를 가진다'고 규정하고 있는데, 여기에서 말하는 국민에는 자연인은 물론 법인, 권리능력 없는 사단·재단도 포함되고, [19 서울9급(上)] 한편 정보공개청구권은 법률상 보호되는 구체적인 권리이므로 청구인이 공공기관에 대하여 정보공개를 청구하였다가 거부처분을 받은 것 자체가 법률상 이익의 침해에 해당한다고 할 것이고, 거부처분을 받은 것 이외에 추가로 어떤 법률상의 이익을 가질 것을 요구하는 것은 아니다(대판 2004.8.20. 2003두8302). [21 지방7급, 17 국가9급(下)]

㉡ 대상적격

정보공개청구에 대한 공공기관의 정보공개 거부는 항고소송의 대상이 되는 처분이다.

㉢ 소의 이익

공공기관이 정보를 폐기하였거나 보유·관리하고 있지 않은 경우 특별한 사정이 없는 한 소의 이익이 없다.

판례

공공기관이 그 정보를 보유·관리하고 있지 아니한 경우에는 특별한 사정이 없는 한 정보공개거부처분의 취소를 구할 법률상의 이익이 없다(대판 2006.1.13. 2003두9459).

㉣ 피고적격

정보공개거부처분취소소송의 피고도 일반적인 항고소송과 동일하게 행정청이 피고적격을 가지며 정보공개심의회가 피고가 되는 것은 아니다.

② 비공개 열람·심사 가능

재판장은 필요하다고 인정하면 당사자를 참여시키지 아니하고 제출된 공개 청구 정보를 비공개로 열람·심사할 수 있다(동조 제2항).

③ 입증책임

판례

정보공개제도는 공공기관이 보유·관리하는 정보를 그 상태대로 공개하는 제도로서 공개를 구하는 정보를 공공기관이 보유·관리하고 있을 상당한 개연성이 있다는 점에 대하여 원칙적으로 공개청구자에게 증명책임이 있다고 할 것이지만, 공개를 구하는 정보를 공공기관이 한 때 보유·관리하였으나 후에 그 정보가 담긴 문서등이 폐기되어 존재하지 않게 된 것이라면 그 정보를 더 이상 보유·관리하고 있지 아니하다는 점에 대한 증명책임은 공공기관에게 있다(대판 2004.12.9. 2003두12707). [22 지방9급, 22 지방7급]

정보공개거부처분을 받은 청구인은 그 정보의 열람에 관한 구체적 이익을 입증해야만 행정소송을 통하여 그 공개거부처분의 취소를 구할 법률상의 이익이 인정된다. (○, ×) [13 지방9급]

공공기관에 정보공개를 청구하였다가 거부처분을 받은 것만으로는 정보공개청구권이 인정되는 것이 아니라 추가로 어떤 법률상 이익을 가져야 한다는 것이 판례의 입장이다. (○, ×) [10 국가7급]

공공기관이 그 정보를 보유·관리하고 있지 아니한 경우에는 특별한 사정이 없는 한 정보공개거부처분의 취소를 구할 법률상의 이익이 없다. (○, ×) [21 국가7급, 21 국가9급]

공공기관이 보유·관리하고 있지 않은 경우라도 해당 정보에 대한 공개거부처분에 대해 취소를 구할 법률상 이익은 인정된다. (○, ×) [15 국회8급]

정보공개거부결정의 취소를 구하는 소송에서는 각 행정청의 정보공개심의회가 피고가 된다. (○, ×) [13 지방9급]

8. 제3자의 불복구제절차

(1) 제3자의 비공개 요청

정보공개법 제11조 【정보공개 여부의 결정】 ③ 공공기관은 공개 청구된 공개 대상 정보의 전부 또는 일부가 제3자와 관련이 있다고 인정할 때에는 그 사실을 제3자에게 지체 없이 통지하여야 하며, 필요한 경우에는 그의 의견을 들을 수 있다. [18 서울7급(上)]

정보공개법 제21조 【제3자의 비공개 요청 등】 ① 제11조 제3항에 따라 공개 청구된 사실을 통지받은 제3자는 그 통지를 받은 날부터 3일 이내에 해당 공공기관에 대하여 자신과 관련된 정보를 공개하지 아니할 것을 요청할 수 있다.
② 제1항에 따른 비공개 요청에도 불구하고 공공기관이 공개 결정을 할 때에는 공개 결정 이유와 공개 실시일을 분명히 밝혀 지체 없이 문서로 통지하여야 하며, 제3자는 해당 공공기관에 문서로 이의신청을 하거나 행정심판 또는 행정소송을 제기할 수 있다. 이 경우 이의신청은 통지를 받은 날부터 7일 이내에 하여야 한다.
③ 공공기관은 제2항에 따른 공개 결정일과 공개 실시일 사이에 최소한 30일의 간격을 두어야 한다.

공개청구된 정보가 제3자와 관련이 있는 경우 행정청은 제3자에게 통지하여야 하고 의견을 들을 수 있으나, 제3자가 비공개를 요청할 권리를 갖지는 않는다. (○, ×) [19 서울9급]

판례는 제3자가 비공개 요청을 한 것만으로는 비공개 사유에 해당하는 것은 아니라고 본다.

판례

정보공개법 제11조 제3항, 제21조 제1항은 공공기관이 보유·관리하고 있는 정보가 제3자와 관련이 있는 경우 그 정보공개 여부를 결정함에 있어 공공기관이 제3자와의 관계에서 거쳐야 할 절차를 규정한 것에 불과할 뿐, 제3자의 비공개요청이 있다는 사유만으로 정보공개법상 정보의 비공개사유에 해당한다고 볼 수 없다(대판 2008.9.25. 2008두8680).

(2) 공개결정의 절차

제3자의 비공개 요청에도 불구하고 공공기관이 공개 결정을 할 때에는 공개 결정 이유와 공개 실시일을 분명히 밝혀 지체 없이 문서로 통지하여야 하며, 공공기관은 공개 결정일과 공개 실시일 사이에 최소한 30일의 간격을 두어야 한다.

제3자의 비공개 요청에도 불구하고 공공기관이 공개 결정을 할 때에는 공개 결정 이유와 공개 실시일을 분명히 밝혀 지체 없이 문서로 통지하여야 한다. (○, ×) [11 복지9급]

(3) 제3자의 이의신청 및 쟁송제기

제3자는 해당 공공기관에 문서로 이의신청을 하거나 행정심판 또는 행정소송을 제기할 수 있다. 이 경우 이의신청은 공개 결정의 통지를 받은 날부터 7일 이내에 하여야 한다.

공공기관은 공개 결정일과 공개 실시일 사이에 최소한 20일의 간격을 두어야 한다. (○, ×) [11 복지9급]

자신과 관련된 정보에 대한 제3자의 비공개 요청에도 불구하고 공공기관이 공개결정을 하는 때에는 제3자는 당해 공공기관에 문서 또는 구두로 이의신청을 하거나 행정심판 또는 행정소송을 제기할 수 있다. (○, ×) [11 복지9급]

9. 정보공개심의회, 정보공개위원회

(1) 정보공개심의회

정보공개법 제12조 【정보공개심의회】 ① 국가기관, 지방자치단체, 「공공기관의 운영에 관한 법률」 제5조에 따른 공기업 및 준정부기관, 「지방공기업법」에 따른 지방공사 및 지방공단(이하 "국가기관 등"이라 한다)은 제11조에 따른 정보공개 여부 등을 심의하기 위하여 정보공개심의회(이하 "심의회"라 한다)를 설치·운영한다. 이 경우 국가기관 등의 규모와 업무성격, 지리적 여건, 청구인의 편의 등을 고려하여 소속 상급기관(지방공사·지방공단의 경우에는 해당 지방공사·지방공단을 설립한 지방자치단체를 말한다)에서 협의를 거쳐 심의회를 통합하여 설치·운영할 수 있다.

② 심의회는 위원장 1명을 포함하여 5명 이상 7명 이하의 위원으로 구성한다. [15 국회8급]

③ 심의회의 위원은 소속 공무원, 임직원 또는 외부 전문가로 지명하거나 위촉하되, 그 중 3분의 2는 해당 국가기관 등의 업무 또는 정보공개의 업무에 관한 지식을 가진 외부 전문가로 위촉하여야 한다. 다만 제9조 제1항 제2호 및 제4호에 해당하는 업무를 주로 하는 국가기관은 그 국가기관의 장이 외부 전문가의 위촉 비율을 따로 정하되, 최소한 3분의 1 이상은 외부 전문가로 위촉하여야 한다. [18 서울7급(上)]

④ 심의회의 위원장은 위원 중에서 국가기관 등의 장이 지명하거나 위촉한다.

⑤ 심의회의 위원에 대해서는 제23조 제4항 및 제5항을 준용한다.

⑥ 심의회의 운영과 기능 등에 관하여 필요한 사항은 국회규칙·대법원규칙·헌법재판소규칙·중앙선거관리위원회규칙 및 대통령령으로 정한다.

(2) 정보공개위원회

정보공개법 제22조 【정보공개위원회의 설치】 다음 각 호의 사항을 심의·조정하기 위하여 행정안전부 소속으로 정보공개위원회(이하 "위원회"라 한다)를 둔다.

1. 정보공개에 관한 정책 수립 및 제도 개선에 관한 사항
2. 정보공개에 관한 기준 수립에 관한 사항
3. 제12조에 따른 심의회 심의결과의 조사·분석 및 심의기준 개선 관련 의견제시에 관한 사항
4. 제24조 제2항 및 제3항에 따른 공공기관의 정보공개 운영실태 평가 및 그 결과 처리에 관한 사항
5. 정보공개와 관련된 불합리한 제도·법령 및 그 운영에 대한 조사 및 개선권고에 관한 사항
6. 그 밖에 정보공개에 관하여 대통령령으로 정하는 사항

정보공개법 제23조 【위원회의 구성 등】 ① 위원회는 성별을 고려하여 위원장과 부위원장 각 1명을 포함한 11명의 위원으로 구성한다.

② 위원회의 위원은 다음 각 호의 사람이 된다. 이 경우 위원장을 포함한 7명은 공무원이 아닌 사람으로 위촉하여야 한다.

1. 대통령령으로 정하는 관계 중앙행정기관의 차관급 공무원이나 고위공무원단에 속하는 일반직공무원
2. 정보공개에 관하여 학식과 경험이 풍부한 사람으로서 행정안전부장관이 위촉하는 사람

3. 시민단체(「비영리민간단체 지원법」 제2조에 따른 비영리민간단체를 말한다)에서 추천한 사람으로서 행정안전부장관이 위촉하는 사람

③ 위원장·부위원장 및 위원(제2항 제1호의 위원은 제외한다)의 임기는 2년으로 하며, 연임할 수 있다.

④ 위원장·부위원장 및 위원은 정보공개 업무와 관련하여 알게 된 정보를 누설하거나 그 정보를 이용하여 본인 또는 타인에게 이익 또는 불이익을 주는 행위를 하여서는 아니 된다.

⑤ 위원장·부위원장 및 위원 중 공무원이 아닌 사람은 「형법」이나 그 밖의 법률에 따른 벌칙을 적용할 때에는 공무원으로 본다.

⑥ 위원회의 구성과 의결 절차 등 위원회 운영에 필요한 사항은 대통령령으로 정한다.

10. 기타 규정

정보공개법 제24조 【제도 총괄 등】 ① 행정안전부장관은 이 법에 따른 정보공개제도의 정책 수립 및 제도 개선 사항 등에 관한 기획·총괄 업무를 관장한다.

② 행정안전부장관은 위원회가 정보공개제도의 효율적 운영을 위하여 필요하다고 요청하면 공공기관(국회·법원·헌법재판소 및 중앙선거관리위원회는 제외한다)의 정보공개제도 운영실태를 평가할 수 있다.

③ 행정안전부장관은 제2항에 따른 평가를 실시한 경우에는 그 결과를 위원회를 거쳐 국무회의에 보고한 후 공개하여야 하며, 위원회가 개선이 필요하다고 권고한 사항에 대해서는 해당 공공기관에 시정 요구 등의 조치를 하여야 한다.

④ 행정안전부장관은 정보공개에 관하여 필요할 경우에 공공기관(국회·법원·헌법재판소 및 중앙선거관리위원회는 제외한다)의 장에게 정보공개 처리 실태의 개선을 권고할 수 있다. 이 경우 권고를 받은 공공기관은 이를 이행하기 위하여 성실하게 노력하여야 하며, 그 조치 결과를 행정안전부장관에게 알려야 한다.

⑤ 국회·법원·헌법재판소·중앙선거관리위원회·중앙행정기관 및 지방자치단체는 그 소속 기관 및 소관 공공기관에 대하여 정보공개에 관한 의견을 제시하거나 지도·점검을 할 수 있다.

정보공개법 제25조 【자료의 제출 요구】 국회사무총장·법원행정처장·헌법재판소사무처장·중앙선거관리위원회사무총장 및 행정안전부장관은 필요하다고 인정하면 관계 공공기관에 정보공개에 관한 자료 제출 등의 협조를 요청할 수 있다.

정보공개법 제26조 【국회에의 보고】 ① 행정안전부장관은 전년도의 정보공개 운영에 관한 보고서를 매년 정기국회 개회 전까지 국회에 제출하여야 한다.

정보공개법 제28조 【신분보장】 누구든지 이 법에 따른 정당한 정보공개를 이유로 징계조치 등 어떠한 신분상 불이익이나 근무조건상의 차별을 받지 아니한다.

제2절 개인정보 보호제도

01 의의

개인은 누구나 자신에 관한 정보를 관리하고 외부로 공개함에 있어 스스로 결정할 수 있는 권리인 개인정보자기결정권을 갖는다. 개인정보보호제도는 이러한 자기정보결정권을 보호하기 위한 제도를 말한다.

02 법적 근거

1. 헌법적 근거

헌재 판례

개인정보자기결정권의 헌법상 근거로는 헌법 제17조의 사생활의 비밀과 자유, 헌법 제10조 제1문의 인간의 존엄과 가치 및 행복추구권에 근거를 둔 일반적 인격권 또는 위 조문들과 동시에 우리 헌법의 자유민주적 기본질서 규정 또는 국민주권원리와 민주주의원리 등을 고려할 수 있으나, 개인정보자기결정권으로 보호하려는 내용을 위 각 기본권들 및 헌법원리들 중 일부에 완전히 포섭시키는 것은 불가능하다고 할 것이므로, 그 헌법적 근거를 굳이 어느 한 두개에 국한시키는 것은 바람직하지 않은 것으로 보이고, 오히려 개인정보자기결정권은 이들을 이념적 기초로 하는 독자적 기본권으로서 헌법에 명시되지 아니한 기본권이라고 보아야 할 것이다(헌재 2005.5.26. 99헌마513). [18 국가9급]

2. 법률적 근거

공공부문과 민간부문을 망라하여 적용되는 일반법으로서 「개인정보 보호법」이 있고, 이 외에도 개별법으로 「정보통신망이용촉진 및 정보보호 등에 관한 법률」, 「신용정보의 이용 및 보호에 관한 법률」 등이 있다.

판례

기관이 아닌 개인이 타인에 관한 정보의 공개를 청구하는 경우에는 '구 공공기관의 개인정보 보호에 관한 법률'이 아닌 '공공기관의 정보공개에 관한 법률' 제9조 제1항 제6호에 따라 개인에 관한 정보의 공개 여부를 판단하여야 한다(대판 2010.2.25. 2007두9877). [23 국가9급]

03 개인정보 보호법의 주요내용

1. 총칙

(1) 입법목적

개인정보 보호법 제1조 【목적】 이 법은 개인정보의 처리 및 보호에 관한 사항을 정함으로써 개인의 자유와 권리를 보호하고, 나아가 개인의 존엄과 가치를 구현함을 목적으로 한다.

법인의 정보는 개인정보 보호법의 보호대상이 아니다. (○, ×) [18 지방7급]

개인정보는 살아 있는 개인뿐만 아니라 사망자의 성명, 주민등록번호 및 영상 등을 통하여 개인을 알아볼 수 있는 정보도 포함한다. (○, ×) [17 복지9급]

개인정보는 살아 있는 개인에 관한 정보로서 성명, 주민등록번호 및 영상 등을 통하여 개인을 알아볼 수 있는 정보이며, 해당 정보만으로는 특정 개인을 알아볼 수 없다면, 다른 정보와 쉽게 결합하여 그 개인을 알아볼 수 있는 경우라도 개인정보라 할 수 없다. (○, ×) [18 서울7급]

개인정보처리자란 개인정보파일을 운용하기 위하여 스스로 개인정보를 처리하는 공공기관, 법인, 단체 및 개인 등을 말한다. (○, ×) [16 지방7급]

「개인정보 보호법」의 대상정보의 범위에는 공공기관·법인·단체에 의하여 처리되는 정보가 포함되고, 개인에 의해서 처리되는 정보는 포함되지 않는다. (○, ×) [17 복지9급]

(2) **용어의 정의**(동법 제2조)

용어	정의
개인정보	살아 있는 개인에 관한 정보로서 다음 각 목의 어느 하나에 해당하는 정보를 말한다. 가. 성명, 주민등록번호 및 영상 등을 통하여 개인을 알아볼 수 있는 정보 나. 해당 정보만으로는 특정 개인을 알아볼 수 없더라도 다른 정보와 쉽게 결합하여 알아볼 수 있는 정보. 이 경우 쉽게 결합할 수 있는지 여부는 다른 정보의 입수 가능성 등 개인을 알아보는 데 소요되는 시간, 비용, 기술 등을 합리적으로 고려하여야 한다. 다. 가목 또는 나목을 제1호의2에 따라 가명처리함으로써 원래의 상태로 복원하기 위한 추가 정보의 사용·결합 없이는 특정 개인을 알아볼 수 없는 정보(이하 "가명정보"라 한다)
가명처리	개인정보의 일부를 삭제하거나 일부 또는 전부를 대체하는 등의 방법으로 추가 정보가 없이는 특정 개인을 알아볼 수 없도록 처리하는 것을 말한다.
처리	개인정보의 수집, 생성, 연계, 연동, 기록, 저장, 보유, 가공, 편집, 검색, 출력, 정정(訂正), 복구, 이용, 제공, 공개, 파기(破棄), 그 밖에 이와 유사한 행위를 말한다.
정보주체	처리되는 정보에 의하여 알아볼 수 있는 사람으로서 그 정보의 주체가 되는 사람을 말한다.
개인정보파일	개인정보를 쉽게 검색할 수 있도록 일정한 규칙에 따라 체계적으로 배열하거나 구성한 개인정보의 집합물(集合物)을 말한다.
개인정보처리자	업무를 목적으로 개인정보파일을 운용하기 위하여 스스로 또는 다른 사람을 통하여 개인정보를 처리하는 공공기관, 법인, 단체 및 개인 등을 말한다. **[14 국가9급, 13 경행특채]**
공공기관	가. 국회, 법원, 헌법재판소, 중앙선거관리위원회의 행정사무를 처리하는 기관, 중앙행정기관(대통령 소속 기관과 국무총리 소속 기관을 포함한다) 및 그 소속 기관, 지방자치단체 나. 그 밖의 국가기관 및 공공단체 중 대통령령으로 정하는 기관(국가인권위원회, 「공공기관의 운영에 관한 법률」 제4조에 따른 공공기관, 지방공사와 지방공단, 특수법인, 각급 학교)
고정형 영상정보처리기기	일정한 공간에 설치되어 지속적 또는 주기적으로 사람 또는 사물의 영상 등을 촬영하거나 이를 유·무선망을 통하여 전송하는 장치(폐쇄회로 텔레비전, 네트워크 카메라)
이동형 영상정보처리기기	사람이 신체에 착용 또는 휴대하거나 이동 가능한 물체에 부착 또는 거치(据置)하여 사람 또는 사물의 영상 등을 촬영하거나 이를 유·무선망을 통하여 전송하는 장치로서 대통령령으로 정하는 장치
과학적 연구	기술의 개발과 실증, 기초연구, 응용연구 및 민간 투자 연구 등 과학적 방법을 적용하는 연구

헌재 판례

개인정보자기결정권은 정보주체가 개인정보의 공개와 이용에 관하여 스스로 결정할 권리를 말한다. 개인정보는 개인의 신체, 신념, 사회적 지위, 신분 등과 같이 개인의 인격주체성을 특징짓는 사항으로서 그 개인의 동일성을 식별할 수 있게 하는 일체의 정보라고 할 수 있고, [21 지방9급] 반드시 개인의 내밀한 영역이나 사사(私事)의 영역에 속하는 정보에 국한되지 않고 공적 생활에서 형성되었거나 이미 공개된 개인정보까지 포함한다. [21 국가9급] 시장·군수 또는 구청장이 개인의 지문정보를 수집하고, 경찰청장이 이를 보관·전산화하여 범죄수사목적에 이용하는 것은 모두 개인정보자기결정권을 제한하는 것이라고 할 수 있다(헌재 2005.5.26. 99헌마513). [18 지방7급]

판례

공적 인물에 대하여는 사생활의 비밀과 자유가 일정한 범위 내에서 제한되어 그 사생활의 공개가 면책되는 경우도 있을 수 있으나, 이는 공적 인물은 통상인에 비하여 일반 국민의 알 권리의 대상이 되고 그 공개가 공공의 이익이 된다는 데 근거한 것이므로, 일반 국민의 알 권리와는 무관하게 국가기관이 평소의 동향을 감시할 목적으로 개인의 정보를 비밀리에 수집한 경우에는 그 대상자가 공적 인물이라는 이유만으로 면책될 수 없다(대판 1998.7.24. 96다42789).

(3) 적용범위

① 일반법의 지위

개인정보 보호법 제6조 【다른 법률과의 관계】 ① 개인정보의 처리 및 보호에 관하여 다른 법률에 특별한 규정이 있는 경우를 제외하고는 이 법에서 정하는 바에 따른다.
② 개인정보의 처리 및 보호에 관한 다른 법률을 제정하거나 개정하는 경우에는 이 법의 목적과 원칙에 맞도록 하여야 한다.

② 적용제외

개인정보 보호법 제58조 【적용의 일부 제외】 ① 다음 각 호의 어느 하나에 해당하는 개인정보에 관하여는 제3장부터 제7장까지를 적용하지 아니한다.
1. 삭제
2. 국가안전보장과 관련된 정보 분석을 목적으로 수집 또는 제공 요청되는 개인정보
3. 삭제
4. 언론, 종교단체, 정당이 각각 취재·보도, 선교, 선거 입후보자 추천 등 고유 목적을 달성하기 위하여 수집·이용하는 개인정보

② 제25조 제1항 각 호에 따라 공개된 장소에 고정형 영상정보처리기기를 설치·운영하여 처리되는 개인정보에 대하여는 제15조, 제22조, 제22조의2, 제27조 제1항·제2항, 제34조 및 제37조를 적용하지 아니한다.
③ 개인정보처리자가 동창회, 동호회 등 친목 도모를 위한 단체를 운영하기 위하여 개인정보를 처리하는 경우에는 제15조, 제30조 및 제31조를 적용하지 아니한다.
④ 개인정보처리자는 제1항 각 호에 따라 개인정보를 처리하는 경우에도 그 목적을 위하여 필요한 범위에서 최소한의 기간에 최소한의 개인정보만을 처리하여야 하며, 개인정보의 안전한 관리를 위하여 필요한 기술적·관리적 및 물리적 보호조치, 개인정보의 처리에 관한 고충처리, 그 밖에 개인정보의 적절한 처리를 위하여 필요한 조치를 마련하여야 한다.

- 개인정보보호제도의 헌법적 근거는 헌법상 기본권인 개인정보자기결정권 등에서 도출할 수 있으나, 개인정보자기결정권은 자신에 관한 정보를 정부주체에게 맡기고 정부주체가 개인정보의 공개와 이용에 관하여 결정할 권리를 말한다. (○, ×) [18 국회8급, 12 국회9급]
- 개인정보자기결정권의 보호대상이 되는 개인정보는 개인의 신체, 신념, 사회적 지위, 신분 등과 같이 개인의 인격주체성을 특징짓는 사항으로서 그 개인의 동일성을 식별할 수 있는 일체의 정보이고, 이미 공개된 개인정보는 포함하지 않는다. (○, ×) [18 지방7급, 18 국회8급]
- 판례는 지문(指紋)을 개인정보에 해당하지 않는 것으로 본다. (○, ×) [16 교행]

개인정보 보호법 제58조의2 【적용제외】 이 법은 시간·비용·기술 등을 합리적으로 고려할 때 다른 정보를 사용하여도 더 이상 개인을 알아볼 수 없는 정보에는 적용하지 아니한다.

(4) 개인정보 보호원칙

개인정보처리자는 개인정보의 처리 목적을 명확하게 하여야 하고 그 목적에 필요한 범위에서 최소한의 개인정보만을 적법하고 정당하게 수집하여야 한다. (○, ×) [13 국회9급]

개인정보 보호법 제3조 【개인정보 보호 원칙】 ① 개인정보처리자는 개인정보의 처리 목적을 명확하게 하여야 하고 그 목적에 필요한 범위에서 최소한의 개인정보만을 적법하고 정당하게 수집하여야 한다.
② 개인정보처리자는 개인정보의 처리 목적에 필요한 범위에서 적합하게 개인정보를 처리하여야 하며, 그 목적 외의 용도로 활용하여서는 아니 된다.
③ 개인정보처리자는 개인정보의 처리 목적에 필요한 범위에서 개인정보의 정확성, 완전성 및 최신성이 보장되도록 하여야 한다.
④ 개인정보처리자는 개인정보의 처리 방법 및 종류 등에 따라 정보주체의 권리가 침해받을 가능성과 그 위험 정도를 고려하여 개인정보를 안전하게 관리하여야 한다.
⑤ 개인정보처리자는 제30조에 따른 개인정보 처리방침 등 개인정보의 처리에 관한 사항을 공개하여야 하며, 열람청구권 등 정보주체의 권리를 보장하여야 한다.
⑥ 개인정보처리자는 정보주체의 사생활 침해를 최소화하는 방법으로 개인정보를 처리하여야 한다.
⑦ 개인정보처리자는 개인정보를 익명 또는 가명으로 처리하여도 개인정보 수집목적을 달성할 수 있는 경우 익명처리가 가능한 경우에는 익명에 의하여, 익명처리로 목적을 달성할 수 없는 경우에는 가명에 의하여 처리될 수 있도록 하여야 한다.
⑧ 개인정보처리자는 이 법 및 관계 법령에서 규정하고 있는 책임과 의무를 준수하고 실천함으로써 정보주체의 신뢰를 얻기 위하여 노력하여야 한다.

(5) 정보주체의 권리

개인정보 보호법 제4조 【정보주체의 권리】 정보주체는 자신의 개인정보 처리와 관련하여 다음 각 호의 권리를 가진다.
1. 개인정보의 처리에 관한 정보를 제공받을 권리
2. 개인정보의 처리에 관한 동의 여부, 동의 범위 등을 선택하고 결정할 권리
3. 개인정보의 처리 여부를 확인하고 개인정보에 대한 열람(사본의 발급을 포함한다. 이하 같다) 및 전송을 요구할 권리
4. 개인정보의 처리 정지, 정정·삭제 및 파기를 요구할 권리
5. 개인정보의 처리로 인하여 발생한 피해를 신속하고 공정한 절차에 따라 구제받을 권리
6. 완전히 자동화된 개인정보 처리에 따른 결정을 거부하거나 그에 대한 설명 등을 요구할 권리

정보주체는 자신의 개인정보 처리와 관련하여 개인정보의 처리 정지, 정정·삭제 및 파기를 요구할 권리를 가진다. (○, ×) [12 지방9급]

(6) 국가 등의 책무

> **개인정보 보호법 제5조【국가 등의 책무】** ① 국가와 지방자치단체는 개인정보의 목적 외 수집, 오용·남용 및 무분별한 감시·추적 등에 따른 폐해를 방지하여 인간의 존엄과 개인의 사생활 보호를 도모하기 위한 시책을 강구하여야 한다.
> ② 국가와 지방자치단체는 제4조에 따른 정보주체의 권리를 보호하기 위하여 법령의 개선 등 필요한 시책을 마련하여야 한다.
> ③ 국가와 지방자치단체는 만 14세 미만 아동이 개인정보 처리가 미치는 영향과 정보주체의 권리 등을 명확하게 알 수 있도록 만 14세 미만 아동의 개인정보 보호에 필요한 시책을 마련하여야 한다.
> ④ 국가와 지방자치단체는 개인정보의 처리에 관한 불합리한 사회적 관행을 개선하기 위하여 개인정보처리자의 자율적인 개인정보 보호활동을 존중하고 촉진·지원하여야 한다.
> ⑤ 국가와 지방자치단체는 개인정보의 처리에 관한 법령 또는 조례를 적용할 때에는 정보주체의 권리가 보장될 수 있도록 개인정보 보호 원칙에 맞게 적용하여야 한다.

2. 개인정보 보호정책의 수립 등

(1) 개인정보 보호위원회

> **개인정보 보호법 제7조【개인정보 보호위원회】** ① 개인정보 보호에 관한 사무를 독립적으로 수행하기 위하여 <u>국무총리 소속으로 개인정보 보호위원회</u>(이하 "보호위원회"라 한다)를 둔다.
> ② 보호위원회는 「정부조직법」 제2조에 따른 중앙행정기관으로 본다. 다만, 다음 각 호의 사항에 대하여는 「정부조직법」 제18조를 적용하지 아니한다.
> 1. 제7조의8 제3호 및 제4호의 사무
> 2. 제7조의9 제1항의 심의·의결 사항 중 제1호에 해당하는 사항

> **개인정보 보호법 제7조의2【보호위원회의 구성 등】** ① 보호위원회는 상임위원 2명(위원장 1명, 부위원장 1명)을 포함한 9명의 위원으로 구성한다.
> ② 보호위원회의 위원은 개인정보 보호에 관한 경력과 전문지식이 풍부한 다음 각 호의 사람 중에서 위원장과 부위원장은 국무총리의 제청으로, 그 외 위원 중 2명은 위원장의 제청으로, 2명은 대통령이 소속되거나 소속되었던 정당의 교섭단체 추천으로, 3명은 그 외의 교섭단체 추천으로 <u>대통령이 임명 또는 위촉한다</u>.
> 1. 개인정보 보호 업무를 담당하는 3급 이상 공무원(고위공무원단에 속하는 공무원을 포함한다)의 직에 있거나 있었던 사람
> 2. 판사·검사·변호사의 직에 10년 이상 있거나 있었던 사람
> 3. 공공기관 또는 단체(개인정보처리자로 구성된 단체를 포함한다)에 3년 이상 임원으로 재직하였거나 이들 기관 또는 단체로부터 추천받은 사람으로서 개인정보 보호 업무를 3년 이상 담당하였던 사람
> 4. 개인정보 관련 분야에 전문지식이 있고 「고등교육법」 제2조 제1호에 따른 학교에서 부교수 이상으로 5년 이상 재직하고 있거나 재직하였던 사람
>
> ③ 위원장과 부위원장은 정무직 공무원으로 임명한다.
> ④ 위원장, 부위원장, 제7조의13에 따른 사무처의 장은 「정부조직법」 제10조에도 불구하고 정부위원이 된다.

개인정보 보호에 관한 사항을 심의·의결하기 위하여 국무총리 소속으로 합의제의결기관인 개인정보심의위원회가 설치되어 있다. (○, ×) [12 국회9급]

PART 03

개인정보 보호법 제7조의3 【위원장】 ① 위원장은 보호위원회를 대표하고, 보호위원회의 회의를 주재하며, 소관 사무를 총괄한다.
② 위원장이 부득이한 사유로 직무를 수행할 수 없을 때에는 부위원장이 그 직무를 대행하고, 위원장·부위원장이 모두 부득이한 사유로 직무를 수행할 수 없을 때에는 위원회가 미리 정하는 위원이 위원장의 직무를 대행한다.
③ 위원장은 국회에 출석하여 보호위원회의 소관 사무에 관하여 의견을 진술할 수 있으며, 국회에서 요구하면 출석하여 보고하거나 답변하여야 한다.
④ 위원장은 국무회의에 출석하여 발언할 수 있으며, 그 소관 사무에 관하여 국무총리에게 의안 제출을 건의할 수 있다.

개인정보 보호법 제7조의4 【위원의 임기】 ① 위원의 임기는 3년으로 하되, 한 차례만 연임할 수 있다.
② 위원이 궐위된 때에는 지체 없이 새로운 위원을 임명 또는 위촉하여야 한다. 이 경우 후임으로 임명 또는 위촉된 위원의 임기는 새로이 개시된다.

(2) 보호위원회의 기능 등

개인정보 보호법 제7조의8 【보호위원회의 소관 사무】 보호위원회는 다음 각 호의 소관 사무를 수행한다.
1. 개인정보의 보호와 관련된 법령의 개선에 관한 사항
2. 개인정보 보호와 관련된 정책·제도·계획 수립·집행에 관한 사항
3. 정보주체의 권리침해에 대한 조사 및 이에 따른 처분에 관한 사항
4. 개인정보의 처리와 관련한 고충처리·권리구제 및 개인정보에 관한 분쟁의 조정
5. 개인정보 보호를 위한 국제기구 및 외국의 개인정보 보호기구와의 교류·협력
6. 개인정보 보호에 관한 법령·정책·제도·실태 등의 조사·연구, 교육 및 홍보에 관한 사항
7. 개인정보 보호에 관한 기술개발의 지원·보급, 기술의 표준화 및 전문인력의 양성에 관한 사항
8. 이 법 및 다른 법령에 따라 보호위원회의 사무로 규정된 사항

개인정보 보호법 제7조의9 【보호위원회의 심의·의결 사항 등】 ① 보호위원회는 다음 각 호의 사항을 심의·의결한다.
1. 제8조의2에 따른 개인정보 침해요인 평가에 관한 사항
2. 제9조에 따른 기본계획 및 제10조에 따른 시행계획에 관한 사항
3. 개인정보 보호와 관련된 정책, 제도 및 법령의 개선에 관한 사항
4. 개인정보의 처리에 관한 공공기관 간의 의견조정에 관한 사항
5. 개인정보 보호에 관한 법령의 해석·운용에 관한 사항
6. 제18조 제2항 제5호에 따른 개인정보의 이용·제공에 관한 사항
6의2. 제28조의9에 따른 개인정보의 국외 이전 중지 명령에 관한 사항
7. 제33조 제4항에 따른 영향평가 결과에 관한 사항
8. 제64조의2에 따른 과징금 부과에 관한 사항
9. 제61조에 따른 의견제시 및 개선권고에 관한 사항
9의2. 제63조의2제2항에 따른 시정권고에 관한 사항
10. 제64조에 따른 시정조치 등에 관한 사항
11. 제65조에 따른 고발 및 징계권고에 관한 사항
12. 제66조에 따른 처리 결과의 공표 및 공표명령에 관한 사항

13. 제75조에 따른 과태료 부과에 관한 사항
14. 소관 법령 및 보호위원회 규칙의 제정·개정 및 폐지에 관한 사항
15. 개인정보 보호와 관련하여 보호위원회의 위원장 또는 위원 2명 이상이 회의에 부치는 사항
16. 그 밖에 이 법 또는 다른 법령에 따라 보호위원회가 심의·의결하는 사항

② 보호위원회는 제1항 각 호의 사항을 심의·의결하기 위하여 필요한 경우 다음 각 호의 조치를 할 수 있다.

1. 관계 공무원, 개인정보 보호에 관한 전문 지식이 있는 사람이나 시민사회단체 및 관련 사업자로부터의 의견 청취
2. 관계 기관 등에 대한 자료제출이나 사실조회 요구

③ 제2항 제2호에 따른 요구를 받은 관계 기관 등은 특별한 사정이 없으면 이에 따라야 한다.

④ 보호위원회는 제1항 제3호의 사항을 심의·의결한 경우에는 관계 기관에 그 개선을 권고할 수 있다.

⑤ 보호위원회는 제4항에 따른 권고 내용의 이행 여부를 점검할 수 있다.

개인정보 보호법 제8조의2【개인정보 침해요인 평가】 ① 중앙행정기관의 장은 소관 법령의 제정 또는 개정을 통하여 개인정보 처리를 수반하는 정책이나 제도를 도입·변경하는 경우에는 보호위원회에 개인정보 침해요인 평가를 요청하여야 한다.

② 보호위원회가 제1항에 따른 요청을 받은 때에는 해당 법령의 개인정보 침해요인을 분석·검토하여 그 법령의 소관기관의 장에게 그 개선을 위하여 필요한 사항을 권고할 수 있다.

③ 제1항에 따른 개인정보 침해요인 평가의 절차와 방법에 관하여 필요한 사항은 대통령령으로 정한다.

(3) 기본계획과 시행계획

개인정보 보호법 제9조【기본계획】 ① 보호위원회는 개인정보의 보호와 정보주체의 권익 보장을 위하여 3년마다 개인정보 보호 기본계획(이하 "기본계획"이라 한다)을 관계 중앙행정기관의 장과 협의하여 수립한다.

② 기본계획에는 다음 각 호의 사항이 포함되어야 한다.

1. 개인정보 보호의 기본목표와 추진방향
2. 개인정보 보호와 관련된 제도 및 법령의 개선
3. 개인정보 침해 방지를 위한 대책
4. 개인정보 보호 자율규제의 활성화
5. 개인정보 보호 교육·홍보의 활성화
6. 개인정보 보호를 위한 전문인력의 양성
7. 그 밖에 개인정보 보호를 위하여 필요한 사항

③ 국회, 법원, 헌법재판소, 중앙선거관리위원회는 해당 기관(그 소속 기관을 포함한다)의 개인정보 보호를 위한 기본계획을 수립·시행할 수 있다.

개인정보 보호법 제10조【시행계획】 ① 중앙행정기관의 장은 기본계획에 따라 매년 개인정보 보호를 위한 시행계획을 작성하여 보호위원회에 제출하고, 보호위원회의 심의·의결을 거쳐 시행하여야 한다.

② 시행계획의 수립·시행에 필요한 사항은 대통령령으로 정한다.

⑷ 자료제출요구 등

개인정보 보호법 제11조【자료제출 요구 등】 ① 보호위원회는 기본계획을 효율적으로 수립하기 위하여 개인정보처리자, 관계 중앙행정기관의 장, 지방자치단체의 장 및 관계 기관·단체 등에 개인정보처리자의 법규 준수 현황과 개인정보 관리 실태 등에 관한 자료의 제출이나 의견의 진술 등을 요구할 수 있다.
② 보호위원회는 개인정보 보호 정책 추진, 성과평가 등을 위하여 필요한 경우 개인정보처리자, 관계 중앙행정기관의 장, 지방자치단체의 장 및 관계 기관·단체 등을 대상으로 개인정보관리 수준 및 실태파악 등을 위한 조사를 실시할 수 있다.
③ 중앙행정기관의 장은 시행계획을 효율적으로 수립·추진하기 위하여 소관 분야의 개인정보처리자에게 제1항에 따른 자료제출 등을 요구할 수 있다.
④ 제1항부터 제3항까지에 따른 자료제출 등을 요구받은 자는 특별한 사정이 없으면 이에 따라야 한다.
⑤ 제1항부터 제3항까지에 따른 자료제출 등의 범위와 방법 등 필요한 사항은 대통령령으로 정한다.

⑸ 개인정보 보호지침

개인정보 보호법 제12조【개인정보 보호지침】 ① 보호위원회는 개인정보의 처리에 관한 기준, 개인정보 침해의 유형 및 예방조치 등에 관한 표준 개인정보 보호지침(이하 "표준지침"이라 한다)을 정하여 개인정보처리자에게 그 준수를 권장할 수 있다.
② 중앙행정기관의 장은 표준지침에 따라 소관 분야의 개인정보 처리와 관련한 개인정보 보호지침을 정하여 개인정보처리자에게 그 준수를 권장할 수 있다.
③ 국회, 법원, 헌법재판소 및 중앙선거관리위원회는 해당 기관(그 소속 기관을 포함한다)의 개인정보 보호지침을 정하여 시행할 수 있다.

⑹ 자율규제 지원 및 국제협력

개인정보 보호법 제13조【자율규제의 촉진 및 지원】 보호위원회는 개인정보처리자의 자율적인 개인정보 보호활동을 촉진하고 지원하기 위하여 다음 각 호의 필요한 시책을 마련하여야 한다.
1. 개인정보 보호에 관한 교육·홍보
2. 개인정보 보호와 관련된 기관·단체의 육성 및 지원
3. 개인정보 보호 인증마크의 도입·시행 지원
4. 개인정보처리자의 자율적인 규약의 제정·시행 지원
5. 그 밖에 개인정보처리자의 자율적 개인정보 보호활동을 지원하기 위하여 필요한 사항

개인정보 보호법 제14조【국제협력】 ① 정부는 국제적 환경에서의 개인정보 보호 수준을 향상시키기 위하여 필요한 시책을 마련하여야 한다.
② 정부는 개인정보 국외 이전으로 인하여 정보주체의 권리가 침해되지 아니하도록 관련 시책을 마련하여야 한다.

3. 개인정보의 수집, 이용, 제공 등

(1) 개인정보의 수집 · 이용

개인정보 보호법 제15조 【개인정보의 수집 · 이용】 ① 개인정보처리자는 다음 각 호의 어느 하나에 해당하는 경우에는 개인정보를 수집할 수 있으며 그 수집 목적의 범위에서 이용할 수 있다.
1. 정보주체의 동의를 받은 경우
2. 법률에 특별한 규정이 있거나 법령상 의무를 준수하기 위하여 불가피한 경우 [18 서울7급]
3. 공공기관이 법령 등에서 정하는 소관 업무의 수행을 위하여 불가피한 경우
4. 정보주체와 체결한 계약을 이행하거나 계약을 체결하는 과정에서 정보주체의 요청에 따른 조치를 이행하기 위하여 필요한 경우
5. 명백히 정보주체 또는 제3자의 급박한 생명, 신체, 재산의 이익을 위하여 필요하다고 인정되는 경우
6. 개인정보처리자의 정당한 이익을 달성하기 위하여 필요한 경우로서 명백하게 정보주체의 권리보다 우선하는 경우. 이 경우 개인정보처리자의 정당한 이익과 상당한 관련이 있고 합리적인 범위를 초과하지 아니하는 경우에 한한다.
7. 공중위생 등 공공의 안전과 안녕을 위하여 긴급히 필요한 경우

② 개인정보처리자는 제1항 제1호에 따른 동의를 받을 때에는 다음 각 호의 사항을 정보주체에게 알려야 한다. 다음 각 호의 어느 하나의 사항을 변경하는 경우에도 이를 알리고 동의를 받아야 한다.
1. 개인정보의 수집 · 이용 목적
2. 수집하려는 개인정보의 항목
3. 개인정보의 보유 및 이용 기간
4. 동의를 거부할 권리가 있다는 사실 및 동의 거부에 따른 불이익이 있는 경우에는 그 불이익의 내용

③ 개인정보처리자는 당초 수집 목적과 합리적으로 관련된 범위에서 정보주체에게 불이익이 발생하는지 여부, 암호화 등 안전성 확보에 필요한 조치를 하였는지 여부 등을 고려하여 대통령령으로 정하는 바에 따라 정보주체의 동의 없이 개인정보를 이용할 수 있다.

PART 03

개인정보 보호법상 개인정보처리자는 정보주체 또는 그 법정대리인이 의사표시를 할 수 없는 상태에 있거나 주소불명 등으로 사전 동의를 받을 수 없는 경우로서 명백히 정보주체 또는 제3자의 급박한 생명, 신체, 재산의 이익을 위하여 필요하다고 인정되는 경우 개인정보를 수집할 수 있으며, 그 수집 목적의 범위에서 이용할 수 있다. (○, ×) [14 경행특채]

판례

이미 공개된 개인정보를 정보주체의 동의가 있었다고 객관적으로 인정되는 범위 내에서 수집 · 이용 · 제공 등 처리를 할 때는 정보주체의 별도의 동의는 불필요하다고 보아야 하고, 별도의 동의를 받지 아니하였다고 하여 개인정보 보호법 제15조나 제17조를 위반한 것으로 볼 수 없다(대판 2016.8.17. 2014다235080). [21 국가9급]

개인정보처리자가 이 법에 따라 최소한의 개인정보를 수집한 경우, 최소 필요성 요건의 충족 여부에 대한 입증책임은 정보주체에게 있다. (○, ×) [16 서울7급, 16 지방7급]

⑵ 개인정보의 수집 제한

개인정보 보호법 제16조 【개인정보의 수집 제한】 ① 개인정보처리자는 제15조 제1항 각 호의 어느 하나에 해당하여 개인정보를 수집하는 경우에는 그 목적에 필요한 최소한의 개인정보를 수집하여야 한다. 이 경우 최소한의 개인정보 수집이라는 입증책임은 개인정보처리자가 부담한다.
② 개인정보처리자는 정보주체의 동의를 받아 개인정보를 수집하는 경우 필요한 최소한의 정보 외의 개인정보 수집에는 동의하지 아니할 수 있다는 사실을 구체적으로 알리고 개인정보를 수집하여야 한다.
③ 개인정보처리자는 정보주체가 필요한 최소한의 정보 외의 개인정보 수집에 동의하지 아니한다는 이유로 정보주체에게 재화 또는 서비스의 제공을 거부하여서는 아니 된다.

⑶ 개인정보의 제공

개인정보 보호법 제17조 【개인정보의 제공】 ① 개인정보처리자는 다음 각 호의 어느 하나에 해당되는 경우에는 정보주체의 개인정보를 제3자에게 제공(공유를 포함한다. 이하 같다)할 수 있다.
1. 정보주체의 동의를 받은 경우
2. 제15조 제1항 제2호, 제3호 및 제5호부터 제7호까지에 따라 개인정보를 수집한 목적 범위에서 개인정보를 제공하는 경우

개인정보 처리위탁에 있어 수탁자는 정보제공자의 관리·감독 아래 위탁받은 범위 내에서만 개인정보를 처리하게 되지만, 위탁자로부터 위탁사무처리에 따른 대가를 지급받는 이상 개인정보 처리에 관하여 독자적인 이익을 가지므로, 그러한 수탁자는 「개인정보 보호법」 제17조에 의해 개인정보처리자가 정보주체의 개인정보를 제공할 수 있는 '제3자'에 해당한다. (○, ×) [21 국가9급]

판례

개인정보 처리위탁에 있어 수탁자는 위탁자로부터 위탁사무 처리에 따른 대가를 지급받는 것 외에는 개인정보 처리에 관하여 독자적인 이익을 가지지 않고, 정보제공자의 관리·감독 아래 위탁받은 범위 내에서만 개인정보를 처리하게 되므로, 개인정보 보호법 제17조에 정한 '제3자'에 해당하지 않는다(대판 2017.4.7. 2016도13263).

⑷ 개인정보의 목적 외 이용·제공 제한

개인정보 보호법 제18조 【개인정보의 목적 외 이용·제공 제한】 ① 개인정보처리자는 개인정보를 제15조 제1항에 따른 범위를 초과하여 이용하거나 제17조 제1항 및 제28조의8 제1항에 따른 범위를 초과하여 제3자에게 제공하여서는 아니 된다.
② 제1항에도 불구하고 개인정보처리자는 다음 각 호의 어느 하나에 해당하는 경우에는 정보주체 또는 제3자의 이익을 부당하게 침해할 우려가 있을 때를 제외하고는 개인정보를 목적 외의 용도로 이용하거나 이를 제3자에게 제공할 수 있다. 다만, 제5호부터 제9호까지에 따른 경우는 공공기관의 경우로 한정한다.
1. 정보주체로부터 별도의 동의를 받은 경우
2. 다른 법률에 특별한 규정이 있는 경우
3. 명백히 정보주체 또는 제3자의 급박한 생명, 신체, 재산의 이익을 위하여 필요하다고 인정되는 경우
4. 삭제

5. 개인정보를 목적 외의 용도로 이용하거나 이를 제3자에게 제공하지 아니하면 다른 법률에서 정하는 소관 업무를 수행할 수 없는 경우로서 보호위원회의 심의·의결을 거친 경우
6. 조약, 그 밖의 국제협정의 이행을 위하여 외국정부 또는 국제기구에 제공하기 위하여 필요한 경우
7. 범죄의 수사와 공소의 제기 및 유지를 위하여 필요한 경우
8. 법원의 재판업무 수행을 위하여 필요한 경우
9. 형(刑) 및 감호, 보호처분의 집행을 위하여 필요한 경우
10. 공중위생 등 공공의 안전과 안녕을 위하여 긴급히 필요한 경우

PART 03

(5) 개인정보를 제공받은 자의 이용·제공 제한

개인정보 보호법 제19조【개인정보를 제공받은 자의 이용·제공 제한】 개인정보처리자로부터 개인정보를 제공받은 자는 다음 각 호의 어느 하나에 해당하는 경우를 제외하고는 개인정보를 제공받은 목적 외의 용도로 이용하거나 이를 제3자에게 제공하여서는 아니 된다.
1. 정보주체로부터 별도의 동의를 받은 경우
2. 다른 법률에 특별한 규정이 있는 경우

(6) 개인정보 이용·제공 내역의 통지

개인정보 보호법 제20조의2【개인정보 이용·제공 내역의 통지】 ① 대통령령으로 정하는 기준에 해당하는 개인정보처리자는 이 법에 따라 수집한 개인정보의 이용·제공 내역이나 이용·제공 내역을 확인할 수 있는 정보시스템에 접속하는 방법을 주기적으로 정보주체에게 통지하여야 한다. 다만, 연락처 등 정보주체에게 통지할 수 있는 개인정보를 수집·보유하지 아니한 경우에는 통지하지 아니할 수 있다.

(7) 개인정보의 파기

개인정보 보호법 제21조【개인정보의 파기】 ① 개인정보처리자는 보유기간의 경과, 개인정보의 처리 목적 달성, 가명정보의 처리 기간 경과 등 그 개인정보가 불필요하게 되었을 때에는 지체 없이 그 개인정보를 파기하여야 한다. 다만, 다른 법령에 따라 보존하여야 하는 경우에는 그러하지 아니하다.

(8) 동의를 받는 방법

개인정보 보호법 제22조【동의를 받는 방법】 ① 개인정보처리자는 이 법에 따른 개인정보의 처리에 대하여 정보주체(제22조의2 제1항에 따른 법정대리인을 포함한다. 이하 이 조에서 같다)의 동의를 받을 때에는 각각의 동의 사항을 구분하여 정보주체가 이를 명확하게 인지할 수 있도록 알리고 동의를 받아야 한다. 이 경우 다음 각 호의 경우에는 동의 사항을 구분하여 각각 동의를 받아야 한다.
1. 제15조제1항제1호에 따라 동의를 받는 경우
2. 제17조제1항제1호에 따라 동의를 받는 경우

3. 제18조제2항제1호에 따라 동의를 받는 경우
4. 제19조제1호에 따라 동의를 받는 경우
5. 제23조제1항제1호에 따라 동의를 받는 경우
6. 제24조제1항제1호에 따라 동의를 받는 경우
7. 재화나 서비스를 홍보하거나 판매를 권유하기 위하여 개인정보의 처리에 대한 동의를 받으려는 경우
8. 그 밖에 정보주체를 보호하기 위하여 동의 사항을 구분하여 동의를 받아야 할 필요가 있는 경우로서 대통령령으로 정하는 경우

② 개인정보처리자는 제1항의 동의를 서면(「전자문서 및 전자거래 기본법」 제2조 제1호에 따른 전자문서를 포함한다)으로 받을 때에는 개인정보의 수집·이용 목적, 수집·이용하려는 개인정보의 항목 등 대통령령으로 정하는 중요한 내용을 보호위원회가 고시로 정하는 방법에 따라 명확히 표시하여 알아보기 쉽게 하여야 한다.

③ 개인정보처리자는 정보주체의 동의 없이 처리할 수 있는 개인정보에 대해서는 그 항목과 처리의 법적 근거를 정보주체의 동의를 받아 처리하는 개인정보와 구분하여 제30조제2항에 따라 공개하거나 전자우편 등 대통령령으로 정하는 방법에 따라 정보주체에게 알려야 한다. 이 경우 동의 없이 처리할 수 있는 개인정보라는 입증책임은 개인정보처리자가 부담한다.

④ 삭제

⑤ 개인정보처리자는 정보주체가 선택적으로 동의할 수 있는 사항을 동의하지 아니하거나 제1항제3호 및 제7호에 따른 동의를 하지 아니한다는 이유로 정보주체에게 재화 또는 서비스의 제공을 거부하여서는 아니 된다.

⑥ 삭제

⑦ 제1항부터 제5항까지에서 규정한 사항 외에 정보주체의 동의를 받는 세부적인 방법에 관하여 필요한 사항은 개인정보의 수집매체 등을 고려하여 대통령령으로 정한다.

개인정보처리자는 「개인정보 보호법」에 따라 개인정보의 처리에 대하여 정보주체의 동의를 받을 때에는, 정보주체와의 계약 체결 등을 위하여 정보주체의 동의 없이 처리할 수 있는 개인정보와 정보주체의 동의가 필요한 개인정보를 구분하여야 한다. 이 경우 동의 없이 처리할 수 있는 개인정보라는 입증책임은 개인정보처리자가 부담한다. (○, ×) [16 지방7급]

4. 개인정보의 처리 제한

(1) 민감정보의 처리 제한

정치적 견해, 건강, 사상·신념에 관한 정보는 민감정보에 해당한다. (○, ×) [16 교행]

개인정보처리자는 법령에서 민감정보의 처리를 요구 또는 허용하는 경우에도 정보주체의 동의를 받지 못하면 민감정보를 처리할 수 없다. (○, ×) [16 서울7급]

개인정보 보호법 제23조 【민감정보의 처리 제한】 ① 개인정보처리자는 사상·신념, 노동조합·정당의 가입·탈퇴, 정치적 견해, 건강, 성생활 등에 관한 정보, 그 밖에 정보주체의 사생활을 현저히 침해할 우려가 있는 개인정보로서 대통령령으로 정하는 정보(이하 "민감정보"라 한다)를 처리하여서는 아니 된다. 다만, 다음 각 호의 어느 하나에 해당하는 경우에는 그러하지 아니하다.
1. 정보주체에게 제15조 제2항 각 호 또는 제17조 제2항 각 호의 사항을 알리고 다른 개인정보의 처리에 대한 동의와 별도로 동의를 받은 경우
2. 법령에서 민감정보의 처리를 요구하거나 허용하는 경우

② 개인정보처리자가 제1항 각 호에 따라 민감정보를 처리하는 경우에는 그 민감정보가 분실·도난·유출·위조·변조 또는 훼손되지 아니하도록 제29조에 따른 안전성 확보에 필요한 조치를 하여야 한다.

③ 개인정보처리자는 재화 또는 서비스를 제공하는 과정에서 공개되는 정보에 정보주체의 민감정보가 포함됨으로써 사생활 침해의 위험성이 있다고 판단하는 때에는 재화 또는 서비스의 제공 전에 민감정보의 공개 가능성 및 비공개를 선택하는 방법을 정보주체가 알아보기 쉽게 알려야 한다.

(2) 고유식별정보의 처리 제한

개인정보 보호법 제24조 【고유식별정보의 처리 제한】 ① 개인정보처리자는 다음 각 호의 경우를 제외하고는 법령에 따라 개인을 고유하게 구별하기 위하여 부여된 식별정보로서 대통령령으로 정하는 정보(이하 "고유식별정보"라 한다)를 처리할 수 없다.

1. 정보주체에게 제15조 제2항 각 호 또는 제17조 제2항 각 호의 사항을 알리고 다른 개인정보의 처리에 대한 동의와 별도로 동의를 받은 경우
2. 법령에서 구체적으로 고유식별정보의 처리를 요구하거나 허용하는 경우

② 삭제

③ 개인정보처리자가 제1항 각 호에 따라 고유식별정보를 처리하는 경우에는 그 고유식별정보가 분실·도난·유출·위조·변조 또는 훼손되지 아니하도록 대통령령으로 정하는 바에 따라 암호화 등 안전성 확보에 필요한 조치를 하여야 한다.

④ 보호위원회는 처리하는 개인정보의 종류·규모, 종업원 수 및 매출액 규모 등을 고려하여 대통령령으로 정하는 기준에 해당하는 개인정보처리자가 제3항에 따라 안전성 확보에 필요한 조치를 하였는지에 관하여 대통령령으로 정하는 바에 따라 정기적으로 조사하여야 한다.

⑤ 보호위원회는 대통령령으로 정하는 전문기관으로 하여금 제4항에 따른 조사를 수행하게 할 수 있다.

(3) 주민등록번호 처리의 제한

개인정보 보호법 제24조의2 【주민등록번호 처리의 제한】 ① 제24조 제1항에도 불구하고 개인정보처리자는 다음 각 호의 어느 하나에 해당하는 경우를 제외하고는 <u>주민등록번호를 처리할 수 없다</u>.

1. 법률·대통령령·국회규칙·대법원규칙·헌법재판소규칙·중앙선거관리위원회규칙 및 감사원규칙에서 구체적으로 주민등록번호의 처리를 요구하거나 허용한 경우
2. 정보주체 또는 제3자의 급박한 생명, 신체, 재산의 이익을 위하여 명백히 필요하다고 인정되는 경우
3. 제1호 및 제2호에 준하여 주민등록번호 처리가 불가피한 경우로서 보호위원회가 고시로 정하는 경우

② 개인정보처리자는 제24조 제3항에도 불구하고 주민등록번호가 분실·도난·유출·위조·변조 또는 훼손되지 아니하도록 암호화 조치를 통하여 안전하게 보관하여야 한다. 이 경우 암호화 적용 대상 및 대상별 적용 시기 등에 관하여 필요한 사항은 개인정보의 처리 규모와 유출 시 영향 등을 고려하여 대통령령으로 정한다.

③ 개인정보처리자는 제1항 각 호에 따라 주민등록번호를 처리하는 경우에도 정보주체가 인터넷 홈페이지를 통하여 회원으로 가입하는 단계에서는 주민등록번호를 사용하지 아니하고도 회원으로 가입할 수 있는 방법을 제공하여야 한다.

④ 보호위원회는 개인정보처리자가 제3항에 따른 방법을 제공할 수 있도록 관계 법령의 정비, 계획의 수립, 필요한 시설 및 시스템의 구축 등 제반 조치를 마련·지원할 수 있다.

불특정 다수가 이용하는 목욕실, 화장실, 발한실(發汗室), 탈의실 등에의 영상정보처리기기 설치는 대통령령으로 정하는 바에 따라 안내판 설치 등 필요한 조치를 취하는 경우에만 허용된다. (○, ×) [16 지방7급]

(4) 영상정보처리기기의 설치 · 운영 제한

개인정보 보호법 제25조【고정형 영상정보처리기기의 설치 · 운영 제한】 ① 누구든지 다음 각 호의 경우를 제외하고는 공개된 장소에 고정형 영상정보처리기기를 설치 · 운영하여서는 아니 된다.

1. 법령에서 구체적으로 허용하고 있는 경우
2. 범죄의 예방 및 수사를 위하여 필요한 경우
3. 시설의 안전 및 관리, 화재 예방을 위하여 정당한 권한을 가진 자가 설치 · 운영하는 경우
4. 교통단속을 위하여 정당한 권한을 가진 자가 설치 · 운영하는 경우
5. 교통정보의 수집 · 분석 및 제공을 위하여 정당한 권한을 가진 자가 설치 · 운영하는 경우
6. 촬영된 영상정보를 저장하지 아니하는 경우로서 대통령령으로 정하는 경우

② 누구든지 불특정 다수가 이용하는 목욕실, 화장실, 발한실(發汗室), 탈의실 등 개인의 사생활을 현저히 침해할 우려가 있는 장소의 내부를 볼 수 있도록 고정형 영상정보처리기기를 설치 · 운영하여서는 아니 된다. 다만 교도소, 정신보건 시설 등 법령에 근거하여 사람을 구금하거나 보호하는 시설로서 대통령령으로 정하는 시설에 대하여는 그러하지 아니하다. [14 경행특채]

③ 제1항 각 호에 따라 고정형 영상정보처리기기를 설치 · 운영하려는 공공기관의 장과 제2항 단서에 따라 고정형 영상정보처리기기를 설치 · 운영하려는 자는 공청회 · 설명회의 개최 등 대통령령으로 정하는 절차를 거쳐 관계 전문가 및 이해관계인의 의견을 수렴하여야 한다.

④ 제1항 각 호에 따라 고정형 영상정보처리기기를 설치 · 운영하는 자(이하 "고정형 영상정보처리기기운영자"라 한다)는 정보주체가 쉽게 인식할 수 있도록 다음 각 호의 사항이 포함된 안내판을 설치하는 등 필요한 조치를 하여야 한다. 다만, 「군사기지 및 군사시설 보호법」 제2조제2호에 따른 군사시설, 「통합방위법」 제2조제13호에 따른 국가중요시설, 그 밖에 대통령령으로 정하는 시설의 경우에는 그러하지 아니하다.

1. 설치 목적 및 장소
2. 촬영 범위 및 시간
3. 관리책임자 연락처
4. 그 밖에 대통령령으로 정하는 사항

⑤ 고정형영상정보처리기기운영자는 고정형 영상정보처리기기의 설치 목적과 다른 목적으로 고정형 영상정보처리기기를 임의로 조작하거나 다른 곳을 비춰서는 아니 되며, 녹음기능은 사용할 수 없다.

⑥ 고정형영상정보처리기기운영자는 개인정보가 분실 · 도난 · 유출 · 위조 · 변조 또는 훼손되지 아니하도록 제29조에 따라 안전성 확보에 필요한 조치를 하여야 한다.

⑦ 고정형영상정보처리기기운영자는 대통령령으로 정하는 바에 따라 고정형 영상정보처리기기 운영 · 관리 방침을 마련하여야 한다. 다만, 제30조에 따른 개인정보 처리방침을 정할 때 고정형 영상정보처리기기 운영 · 관리에 관한 사항을 포함시킨 경우에는 고정형 영상정보처리기기 운영 · 관리 방침을 마련하지 아니할 수 있다.

⑧ 고정형영상정보처리기기운영자는 고정형 영상정보처리기기의 설치 · 운영에 관한 사무를 위탁할 수 있다. 다만, 공공기관이 고정형 영상정보처리기기 설치 · 운영에 관한 사무를 위탁하는 경우에는 대통령령으로 정하는 절차 및 요건에 따라야 한다.

개인정보 보호법 제25조의2【이동형 영상정보처리기기의 운영 제한】 ① 업무를 목적으로 이동형 영상정보처리기기를 운영하려는 자는 다음 각 호의 경우를 제외하고는 공개된 장소에서 이동형 영상정보처리기기로 사람 또는 그 사람과 관련된 사물의 영상(개인정보에 해당하는 경우로 한정한다. 이하 같다)을 촬영하여서는 아니 된다.
1. 제15조제1항 각 호의 어느 하나에 해당하는 경우
2. 촬영 사실을 명확히 표시하여 정보주체가 촬영 사실을 알 수 있도록 하였음에도 불구하고 촬영 거부 의사를 밝히지 아니한 경우. 이 경우 정보주체의 권리를 부당하게 침해할 우려가 없고 합리적인 범위를 초과하지 아니하는 경우로 한정한다.
3. 그 밖에 제1호 및 제2호에 준하는 경우로서 대통령령으로 정하는 경우
② 누구든지 불특정 다수가 이용하는 목욕실, 화장실, 발한실, 탈의실 등 개인의 사생활을 현저히 침해할 우려가 있는 장소의 내부를 볼 수 있는 곳에서 이동형 영상성보처리기기로 사람 또는 그 사람과 관련된 사물의 영상을 촬영하여서는 아니 된다. 다만, 인명의 구조·구급 등을 위하여 필요한 경우로서 대통령령으로 정하는 경우에는 그러하지 아니하다.
③ 제1항 각 호에 해당하여 이동형 영상정보처리기기로 사람 또는 그 사람과 관련된 사물의 영상을 촬영하는 경우에는 불빛, 소리, 안내판 등 대통령령으로 정하는 바에 따라 촬영 사실을 표시하고 알려야 한다.
④ 제1항부터 제3항까지에서 규정한 사항 외에 이동형 영상정보처리기기의 운영에 관하여는 제25조제6항부터 제8항까지의 규정을 준용한다.

PART 03

영상정보처리기기운영자는 영상정보처리기기의 설치 목적과 다른 목적으로 영상정보처리기기를 임의로 조작하거나 다른 곳을 비춰서는 아니 되며, 녹음기능은 사용할 수 없다. (○, ×) [13 국가9급]

(5) 업무위탁에 따른 개인정보의 처리 제한

개인정보 보호법 제26조【업무위탁에 따른 개인정보의 처리 제한】 ① 개인정보처리자가 제3자에게 개인정보의 처리 업무를 위탁하는 경우에는 다음 각 호의 내용이 포함된 문서로 하여야 한다.
1. 위탁업무 수행 목적 외 개인정보의 처리 금지에 관한 사항
2. 개인정보의 기술적·관리적 보호조치에 관한 사항
3. 그 밖에 개인정보의 안전한 관리를 위하여 대통령령으로 정한 사항

(6) 영업양도 등에 따른 개인정보의 이전 제한

개인정보 보호법 제27조【영업양도 등에 따른 개인정보의 이전 제한】 ① 개인정보처리자는 영업의 전부 또는 일부의 양도·합병 등으로 개인정보를 다른 사람에게 이전하는 경우에는 미리 다음 각 호의 사항을 대통령령으로 정하는 방법에 따라 해당 정보주체에게 알려야 한다.
1. 개인정보를 이전하려는 사실
2. 개인정보를 이전받는 자(이하 "영업양수자 등"이라 한다)의 성명(법인의 경우에는 법인의 명칭을 말한다), 주소, 전화번호 및 그 밖의 연락처
3. 정보주체가 개인정보의 이전을 원하지 아니하는 경우 조치할 수 있는 방법 및 절차

(7) 가명정보의 처리에 관한 특례

개인정보 보호법 제28조의2 【가명정보의 처리 등】 ① 개인정보처리자는 통계작성, 과학적 연구, 공익적 기록보존 등을 위하여 정보주체의 동의 없이 가명정보를 처리할 수 있다.
② 개인정보처리자는 제1항에 따라 가명정보를 제3자에게 제공하는 경우에는 특정 개인을 알아보기 위하여 사용될 수 있는 정보를 포함해서는 아니 된다.

개인정보 보호법 제28조의3 【가명정보의 결합 제한】 ① 제28조의2에도 불구하고 통계작성, 과학적 연구, 공익적 기록보존 등을 위한 서로 다른 개인정보처리자 간의 가명정보의 결합은 보호위원회 또는 관계 중앙행정기관의 장이 지정하는 전문기관이 수행한다.
② 결합을 수행한 기관 외부로 결합된 정보를 반출하려는 개인정보처리자는 가명정보 또는 제58조의2에 해당하는 정보로 처리한 뒤 전문기관의 장의 승인을 받아야 한다.
③ 제1항에 따른 결합 절차와 방법, 전문기관의 지정과 지정 취소 기준 · 절차, 관리 · 감독, 제2항에 따른 반출 및 승인 기준 · 절차 등 필요한 사항은 대통령령으로 정한다.

개인정보 보호법 제28조의4 【가명정보에 대한 안전조치의무 등】 ① 개인정보처리자는 제28조의2 또는 제28조의3에 따라 가명정보를 처리하는 경우에는 원래의 상태로 복원하기 위한 추가 정보를 별도로 분리하여 보관 · 관리하는 등 해당 정보가 분실 · 도난 · 유출 · 위조 · 변조 또는 훼손되지 않도록 대통령령으로 정하는 바에 따라 안전성 확보에 필요한 기술적 · 관리적 및 물리적 조치를 하여야 한다.
② 개인정보처리자는 제28조의2 또는 제28조의3에 따라 가명정보를 처리하는 경우 처리목적 등을 고려하여 가명정보의 처리 기간을 별도로 정할 수 있다.
③ 개인정보처리자는 제28조의2 또는 제28조의3에 따라 가명정보를 처리하고자 하는 경우에는 가명정보의 처리 목적, 제3자 제공 시 제공받는 자, 가명정보의 처리 기간(제2항에 따라 처리 기간을 별도로 정한 경우에 한한다) 등 가명정보의 처리 내용을 관리하기 위하여 대통령령으로 정하는 사항에 대한 관련 기록을 작성하여 보관하여야 하며, 가명정보를 파기한 경우에는 파기한 날부터 3년 이상 보관하여야 한다.

개인정보 보호법 제28조의5 【가명정보 처리 시 금지의무 등】 ① 제28조의2 또는 제28조의3에 따라 가명정보를 처리하는 자는 특정 개인을 알아보기 위한 목적으로 가명정보를 처리해서는 아니 된다.
② 개인정보처리자는 제28조의2 또는 제28조의3에 따라 가명정보를 처리하는 과정에서 특정 개인을 알아볼 수 있는 정보가 생성된 경우에는 즉시 해당 정보의 처리를 중지하고, 지체 없이 회수 · 파기하여야 한다.

5. 개인정보의 안전한 관리

(1) 개인정보처리방침의 수립 및 공개

개인정보 보호법 제30조 【개인정보 처리방침의 수립 및 공개】 ① 개인정보처리자는 다음 각 호의 사항이 포함된 개인정보의 처리 방침(이하 "개인정보 처리방침"이라 한다)을 정하여야 한다. 이 경우 공공기관은 제32조에 따라 등록대상이 되는 개인정보파일에 대하여 개인정보 처리방침을 정한다.
1. 개인정보의 처리 목적
2. 개인정보의 처리 및 보유 기간
3. 개인정보의 제3자 제공에 관한 사항(해당되는 경우에만 정한다)

3의2. 개인정보의 파기절차 및 파기방법(제21조 제1항 단서에 따라 개인정보를 보존하여야 하는 경우에는 그 보존근거와 보존하는 개인정보 항목을 포함한다)
3의3. 제23조제3항에 따른 민감정보의 공개 가능성 및 비공개를 선택하는 방법(해당되는 경우에만 정한다)
4. 개인정보처리의 위탁에 관한 사항(해당되는 경우에만 정한다)
4의2. 제28조의2 및 제28조의3에 따른 가명정보의 처리 등에 관한 사항(해당되는 경우에만 정한다)
5. 정보주체와 법정대리인의 권리·의무 및 그 행사방법에 관한 사항
6. 제31조에 따른 개인정보 보호책임자의 성명 또는 개인정보 보호업무 및 관련 고충사항을 처리하는 부서의 명칭과 전화번호 등 연락처
7. 인터넷 접속정보파일 등 개인정보를 자동으로 수집하는 장치의 설치·운영 및 그 거부에 관한 사항(해당하는 경우에만 정한다)
8. 그 밖에 개인정보의 처리에 관하여 대통령령으로 정한 사항

② 개인정보처리자가 개인정보 처리방침을 수립하거나 변경하는 경우에는 정보주체가 쉽게 확인할 수 있도록 대통령령으로 정하는 방법에 따라 공개하여야 한다.
③ 개인정보 처리방침의 내용과 개인정보처리자와 정보주체 간에 체결한 계약의 내용이 다른 경우에는 정보주체에게 유리한 것을 적용한다.
④ 보호위원회는 개인정보 처리방침의 작성지침을 정하여 개인정보처리자에게 그 준수를 권장할 수 있다.

(2) 개인정보 보호책임자의 지정

개인정보 보호법 제31조 【개인정보 보호책임자의 지정 등】 ① 개인정보처리자는 개인정보의 처리에 관한 업무를 총괄해서 책임질 개인정보 보호책임자를 지정하여야 한다. 다만, 종업원 수, 매출액 등이 대통령령으로 정하는 기준에 해당하는 개인정보처리자의 경우에는 지정하지 아니할 수 있다.
② 제1항 단서에 따라 개인정보 보호책임자를 지정하지 아니하는 경우에는 개인정보처리자의 사업주 또는 대표자가 개인정보 보호책임자가 된다.

(3) 개인정보파일의 등록 및 공개

개인정보 보호법 제32조 【개인정보파일의 등록 및 공개】 ① 공공기관의 장이 개인정보파일을 운용하는 경우에는 다음 각 호의 사항을 <u>보호위원회에 등록하여야 한다</u>. 등록한 사항이 변경된 경우에도 또한 같다.
1. 개인정보파일의 명칭
2. 개인정보파일의 운영 근거 및 목적
3. 개인정보파일에 기록되는 개인정보의 항목
4. 개인정보의 처리방법
5. 개인정보의 보유기간
6. 개인정보를 통상적 또는 반복적으로 제공하는 경우에는 그 제공받는 자
7. 그 밖에 대통령령으로 정하는 사항

공공기관의 장이 개인정보파일을 운용하는 경우에는 개인 정보파일의 명칭, 운용목적, 처리 방법, 보유기간 등을 미래창조과학부장관에게 등록하여야 한다. (○, ×) [16 서울7급]

② 다음 각 호의 어느 하나에 해당하는 개인정보파일에 대하여는 제1항을 적용하지 아니한다.
1. 국가 안전, 외교상 비밀, 그 밖에 국가의 중대한 이익에 관한 사항을 기록한 개인정보파일
2. 범죄의 수사, 공소의 제기 및 유지, 형 및 감호의 집행, 교정처분, 보호처분, 보안관찰처분과 출입국관리에 관한 사항을 기록한 개인정보파일
3. 「조세범처벌법」에 따른 범칙행위 조사 및 「관세법」에 따른 범칙행위 조사에 관한 사항을 기록한 개인정보파일
4. 일회적으로 운영되는 파일 등 지속적으로 관리할 필요성이 낮다고 인정되어 대통령령으로 정하는 개인정보파일
5. 다른 법령에 따라 비밀로 분류된 개인정보파일

③ 보호위원회는 필요하면 제1항에 따른 개인정보파일의 등록여부와 그 내용을 검토하여 해당 공공기관의 장에게 개선을 권고할 수 있다.
④ 보호위원회는 정보주체의 권리 보장 등을 위하여 필요한 경우 제1항에 따른 개인정보파일의 등록 현황을 누구든지 쉽게 열람할 수 있도록 공개할 수 있다.
⑤ 제1항에 따른 등록과 제4항에 따른 공개의 방법, 범위 및 절차에 관하여 필요한 사항은 대통령령으로 정한다.
⑥ 국회, 법원, 헌법재판소, 중앙선거관리위원회(그 소속 기관을 포함한다)의 개인정보파일 등록 및 공개에 관하여는 국회규칙, 대법원규칙, 헌법재판소규칙 및 중앙선거관리위원회규칙으로 정한다.

(4) 개인정보 영향평가

공공기관의 장은 대통령령으로 정하는 기준에 해당하는 개인정보파일의 운용으로 인하여 정보주체의 개인정보 침해가 우려되는 경우에는 그 위험요인의 분석과 개선 사항 도출을 위하여 개인정보 영향평가를 하고 그 결과를 산업통상자원부장관을 거쳐 국무총리에게 보고하여야 한다. (○, ×) [12 국회9급]

개인정보 보호법 제33조 【개인정보 영향평가】 ① 공공기관의 장은 대통령령으로 정하는 기준에 해당하는 개인정보파일의 운용으로 인하여 정보주체의 개인정보 침해가 우려되는 경우에는 그 위험요인의 분석과 개선 사항 도출을 위한 평가(이하 "영향평가"라 한다)를 하고 그 결과를 보호위원회에 제출하여야 한다.
② 보호위원회는 대통령령으로 정하는 인력·설비 및 그 밖에 필요한 요건을 갖춘 자를 영향평가를 수행하는 기관(이하 "평가기관"이라 한다)으로 지정할 수 있으며, 공공기관의 장은 영향평가를 평가기관에 의뢰하여야 한다.
③ 영향평가를 하는 경우에는 다음 각 호의 사항을 고려하여야 한다.
1. 처리하는 개인정보의 수
2. 개인정보의 제3자 제공 여부
3. 정보주체의 권리를 해할 가능성 및 그 위험 정도
4. 그 밖에 대통령령으로 정한 사항

④ 보호위원회는 제1항에 따라 제출받은 영향평가 결과에 대하여 의견을 제시할 수 있다.
⑪ 공공기관 외의 개인정보처리자는 개인정보파일 운용으로 인하여 정보주체의 개인정보 침해가 우려되는 경우에는 영향평가를 하기 위하여 적극 노력하여야 한다.

(5) 개인정보 유출 통지 등

개인정보 보호법 제34조 【개인정보 유출 등의 통지·신고】 ① 개인정보처리자는 개인정보가 분실·도난·유출(이하 이 조에서 "유출등"이라 한다)되었음을 알게 되었을 때에는 지체 없이 해당 정보주체에게 다음 각 호의 사항을 알려야 한다. 다만, 정보주체의 연락처를 알 수 없는 경우 등 정당한 사유가 있는 경우에는 대통령령으로 정하는 바에 따라 통지를 갈음하는 조치를 취할 수 있다.

1. 유출등이 된 개인정보의 항목
2. 유출등이 된 시점과 그 경위
3. 유출등으로 인하여 발생할 수 있는 피해를 최소화하기 위하여 정보주체가 할 수 있는 방법 등에 관한 정보
4. 개인정보처리자의 대응조치 및 피해 구제절차
5. 정보주체에게 피해가 발생한 경우 신고 등을 접수할 수 있는 담당부서 및 연락처

② 개인정보처리자는 개인정보가 유출등이 된 경우 그 피해를 최소화하기 위한 대책을 마련하고 필요한 조치를 하여야 한다.

③ 개인정보처리자는 개인정보의 유출등이 있음을 알게 되었을 때에는 개인정보의 유형, 유출등의 경로 및 규모 등을 고려하여 대통령령으로 정하는 바에 따라 제1항 각 호의 사항을 지체 없이 보호위원회 또는 대통령령으로 정하는 전문기관에 신고하여야 한다. 이 경우 보호위원회 또는 대통령령으로 정하는 전문기관은 피해 확산방지, 피해 복구 등을 위한 기술을 지원할 수 있다.

개인정보 보호법 제34조의2 【노출된 개인정보의 삭제·차단】 ① 개인정보처리자는 고유식별정보, 계좌정보, 신용카드정보 등 개인정보가 정보통신망을 통하여 공중(公衆)에 노출되지 아니하도록 하여야 한다.

② 개인정보처리자는 공중에 노출된 개인정보에 대하여 보호위원회 또는 대통령령으로 지정한 전문기관의 요청이 있는 경우에는 해당 정보를 삭제하거나 차단하는 등 필요한 조치를 하여야 한다.

개인정보처리자는 개인정보가 유출되었음을 알게 되었을 때에는 지체 없이 방송통신위원회 위원장에게 신고하여야 한다. (○, ×) [17 복지9급]

PART 03

6. 정보주체의 권리 보장

(1) 개인정보의 열람

개인정보 보호법 제35조 【개인정보의 열람】 ① 정보주체는 개인정보처리자가 처리하는 자신의 개인정보에 대한 열람을 해당 개인정보처리자에게 요구할 수 있다.

② 제1항에도 불구하고 정보주체가 자신의 개인정보에 대한 열람을 공공기관에 요구하고자 할 때에는 공공기관에 직접 열람을 요구하거나 대통령령으로 정하는 바에 따라 보호위원회를 통하여 열람을 요구할 수 있다.

③ 개인정보처리자는 제1항 및 제2항에 따른 열람을 요구받았을 때에는 대통령령으로 정하는 기간 내에 정보주체가 해당 개인정보를 열람할 수 있도록 하여야 한다. 이 경우 해당 기간 내에 열람할 수 없는 정당한 사유가 있을 때에는 정보주체에게 그 사유를 알리고 열람을 연기할 수 있으며, 그 사유가 소멸하면 지체 없이 열람하게 하여야 한다.

④ 개인정보처리자는 다음 각 호의 어느 하나에 해당하는 경우에는 정보주체에게 그 사유를 알리고 열람을 제한하거나 거절할 수 있다.

1. 법률에 따라 열람이 금지되거나 제한되는 경우
2. 다른 사람의 생명·신체를 해할 우려가 있거나 다른 사람의 재산과 그 밖의 이익을 부당하게 침해할 우려가 있는 경우

3. 공공기관이 다음 각 목의 어느 하나에 해당하는 업무를 수행할 때 중대한 지장을 초래하는 경우
   가. 조세의 부과·징수 또는 환급에 관한 업무
   나. 「초·중등교육법」 및 「고등교육법」에 따른 각급 학교, 「평생교육법」에 따른 평생교육시설, 그 밖의 다른 법률에 따라 설치된 고등교육기관에서의 성적 평가 또는 입학자 선발에 관한 업무
   다. 학력·기능 및 채용에 관한 시험, 자격 심사에 관한 업무
   라. 보상금·급부금 산정 등에 대하여 진행 중인 평가 또는 판단에 관한 업무
   마. 다른 법률에 따라 진행 중인 감사 및 조사에 관한 업무

(2) 개인정보의 정정 및 삭제

개인정보 보호법 제36조【개인정보의 정정·삭제】 ① 제35조에 따라 자신의 개인정보를 열람한 정보주체는 개인정보처리자에게 그 개인정보의 정정 또는 삭제를 요구할 수 있다. 다만 다른 법령에서 그 개인정보가 수집 대상으로 명시되어 있는 경우에는 그 삭제를 요구할 수 없다.

② 개인정보처리자는 제1항에 따른 정보주체의 요구를 받았을 때에는 개인정보의 정정 또는 삭제에 관하여 다른 법령에 특별한 절차가 규정되어 있는 경우를 제외하고는 지체 없이 그 개인정보를 조사하여 정보주체의 요구에 따라 정정·삭제 등 필요한 조치를 한 후 그 결과를 정보주체에게 알려야 한다.

④ 개인정보처리자는 정보주체의 요구가 제1항 단서에 해당될 때에는 지체 없이 그 내용을 정보주체에게 알려야 한다.

(3) 개인정보의 처리정지 등

개인정보 보호법 제37조【개인정보의 처리정지 등】 ① 정보주체는 개인정보처리자에 대하여 자신의 개인정보 처리의 정지를 요구하거나 개인정보 처리에 대한 동의를 철회할 수 있다. 이 경우 공공기관에 대해서는 제32조에 따라 등록 대상이 되는 개인정보파일 중 자신의 개인정보에 대한 처리의 정지를 요구하거나 개인정보 처리에 대한 동의를 철회할 수 있다.

② 개인정보처리자는 제1항에 따른 처리정지 요구를 받았을 때에는 지체 없이 정보주체의 요구에 따라 개인정보 처리의 전부를 정지하거나 일부를 정지하여야 한다. 다만, 다음 각 호의 어느 하나에 해당하는 경우에는 정보주체의 처리정지 요구를 거절할 수 있다.

1. 법률에 특별한 규정이 있거나 법령상 의무를 준수하기 위하여 불가피한 경우
2. 다른 사람의 생명·신체를 해할 우려가 있거나 다른 사람의 재산과 그 밖의 이익을 부당하게 침해할 우려가 있는 경우
3. 공공기관이 개인정보를 처리하지 아니하면 다른 법률에서 정하는 소관 업무를 수행할 수 없는 경우
4. 개인정보를 처리하지 아니하면 정보주체와 약정한 서비스를 제공하지 못하는 등 계약의 이행이 곤란한 경우로서 정보주체가 그 계약의 해지 의사를 명확하게 밝히지 아니한 경우

③ 개인정보처리자는 정보주체가 제1항에 따라 동의를 철회한 때에는 지체 없이 수집된 개인정보를 복구·재생할 수 없도록 파기하는 등 필요한 조치를 하여야 한다. 다만, 제2항 각 호의 어느 하나에 해당하는 경우에는 동의 철회에 따른 조치를 하지 아니할 수 있다.
④ 개인정보처리자는 제2항 단서에 따라 처리정지 요구를 거절하거나 제3항 단서에 따라 동의 철회에 따른 조치를 하지 아니하였을 때에는 정보주체에게 지체 없이 그 사유를 알려야 한다.

(4) 권리행사의 방법 및 절차

개인정보 보호법 제38조 【권리행사의 방법 및 절차】 ① 정보주체는 제35조에 따른 열람, 제35조의2에 따른 전송, 제36조에 따른 정정·삭제, 제37조에 따른 처리정지 및 동의 철회, 제37조의2에 따른 거부·설명 등의 요구(이하 "열람등요구"라 한다)를 문서 등 대통령령으로 정하는 방법·절차에 따라 대리인에게 하게 할 수 있다.
② 만 14세 미만 아동의 법정대리인은 개인정보처리자에게 그 아동의 개인정보 열람등 요구를 할 수 있다.
③ 개인정보처리자는 열람 등 요구를 하는 자에게 대통령령으로 정하는 바에 따라 수수료와 우송료(사본의 우송을 청구하는 경우에 한한다)를 청구할 수 있다. 다만, 제35조의2제2항에 따른 전송 요구의 경우에는 전송을 위해 추가로 필요한 설비 등을 함께 고려하여 수수료를 산정할 수 있다.
④ 개인정보처리자는 정보주체가 열람 등 요구를 할 수 있는 구체적인 방법과 절차를 마련하고, 이를 정보주체가 알 수 있도록 공개하여야 한다. 이 경우 열람등요구의 방법과 절차는 해당 개인정보의 수집 방법과 절차보다 어렵지 아니하도록 하여야 한다.
⑤ 개인정보처리자는 정보주체가 열람 등 요구에 대한 거절 등 조치에 대하여 불복이 있는 경우 이의를 제기할 수 있도록 필요한 절차를 마련하고 안내하여야 한다.

개인정보의 열람청구와 삭제 또는 정정청구는 정보주체가 직접 하여야 하고 대리인에 의한 청구는 허용되지 않는다. (○, ×) [17 국가7급(下)]

(5) 손해배상책임

개인정보 보호법 제39조 【손해배상책임】 ① 정보주체는 개인정보처리자가 이 법을 위반한 행위로 손해를 입으면 개인정보처리자에게 손해배상을 청구할 수 있다. 이 경우 그 개인정보처리자는 고의 또는 과실이 없음을 입증하지 아니하면 책임을 면할 수 없다. [18 국가9급, 18 지방7급]
② 삭제
③ 개인정보처리자의 고의 또는 중대한 과실로 인하여 개인정보가 분실·도난·유출·위조·변조 또는 훼손된 경우로서 정보주체에게 손해가 발생한 때에는 법원은 그 손해액의 5배를 넘지 아니하는 범위에서 손해배상액을 정할 수 있다. 다만 개인정보처리자가 고의 또는 중대한 과실이 없음을 증명한 경우에는 그러하지 아니하다. [18 서울7급]
④ 법원은 제3항의 배상액을 정할 때에는 다음 각 호의 사항을 고려하여야 한다.
1. 고의 또는 손해 발생의 우려를 인식한 정도
2. 위반행위로 인하여 입은 피해 규모
3. 위법행위로 인하여 개인정보처리자가 취득한 경제적 이익
4. 위반행위에 따른 벌금 및 과징금

정보주체는 개인정보처리자가 개인정보 보호법을 위반한 행위로 손해를 입으면 개인정보처리자에게 손해배상을 청구할 수 있으며, 이 경우 그 정보주체는 고의 또는 과실을 입증해야 한다. (○, ×) [14 국가9급]

5. 위반행위의 기간·횟수 등
6. 개인정보처리자의 재산상태
7. 개인정보처리자가 정보주체의 개인정보 분실·도난·유출 후 해당 개인정보를 회수하기 위하여 노력한 정도
8. 개인정보처리자가 정보주체의 피해구제를 위하여 노력한 정도

개인정보 보호법 제39조의2 【법정손해배상의 청구】 ① 제39조 제1항에도 불구하고 정보주체는 개인정보처리자의 고의 또는 과실로 인하여 개인정보가 분실·도난·유출·위조·변조 또는 훼손된 경우에는 300만 원 이하의 범위에서 상당한 금액을 손해액으로 하여 배상을 청구할 수 있다. 이 경우 해당 개인정보처리자는 고의 또는 과실이 없음을 입증하지 아니하면 책임을 면할 수 없다.
② 법원은 제1항에 따른 청구가 있는 경우에 변론 전체의 취지와 증거조사의 결과를 고려하여 제1항의 범위에서 상당한 손해액을 인정할 수 있다.
③ 제39조에 따라 손해배상을 청구한 정보주체는 사실심(事實審)의 변론이 종결되기 전까지 그 청구를 제1항에 따른 청구로 변경할 수 있다.

(6) 제6장 정보통신서비스 제공자 등의 개인정보 처리 등 특례

개인정보 보호법 제39조의3 【개인정보의 수집·이용 동의 등에 대한 특례】 ① 법원은 이 법을 위반한 행위로 인한 손해배상청구소송에서 당사자의 신청에 따라 상대방 당사자에게 해당 손해의 증명 또는 손해액의 산정에 필요한 자료의 제출을 명할 수 있다. 다만, 제출명령을 받은 자가 그 자료의 제출을 거부할 정당한 이유가 있으면 그러하지 아니하다.
② 법원은 제1항에 따른 제출명령을 받은 자가 그 자료의 제출을 거부할 정당한 이유가 있다고 주장하는 경우에는 그 주장의 당부(當否)를 판단하기 위하여 자료의 제시를 명할 수 있다. 이 경우 법원은 그 자료를 다른 사람이 보게 하여서는 아니 된다.
③ 제1항에 따라 제출되어야 할 자료가 「부정경쟁방지 및 영업비밀보호에 관한 법률」 제2조제2호에 따른 영업비밀(이하 "영업비밀"이라 한다)에 해당하나 손해의 증명 또는 손해액의 산정에 반드시 필요한 경우에는 제1항 단서에 따른 정당한 이유로 보지 아니한다. 이 경우 법원은 제출명령의 목적 내에서 열람할 수 있는 범위 또는 열람할 수 있는 사람을 지정하여야 한다.
④ 법원은 제1항에 따른 제출명령을 받은 자가 정당한 이유 없이 그 명령에 따르지 아니한 경우에는 자료의 기재에 대한 신청인의 주장을 진실한 것으로 인정할 수 있다.
⑤ 법원은 제4항에 해당하는 경우 신청인이 자료의 기재에 관하여 구체적으로 주장하기에 현저히 곤란한 사정이 있고 자료로 증명할 사실을 다른 증거로 증명하는 것을 기대하기도 어려운 경우에는 신청인이 자료의 기재로 증명하려는 사실에 관한 주장을 진실한 것으로 인정할 수 있다.

7. 개인정보 분쟁조정위원회

(1) 설치 및 구성

개인정보 보호법 제40조 【설치 및 구성】 ① 개인정보에 관한 분쟁의 조정(調停)을 위하여 개인정보 분쟁조정위원회(이하 "분쟁조정위원회"라 한다)를 둔다.
② 분쟁조정위원회는 위원장 1명을 포함한 30명 이내의 위원으로 구성하며, 위원은 당연직위원과 위촉위원으로 구성한다.
③ 위촉위원은 다음 각 호의 어느 하나에 해당하는 사람 중에서 보호위원회 위원장이 위촉하고, 대통령령으로 정하는 국가기관 소속 공무원은 당연직위원이 된다.
1. 개인정보 보호업무를 관장하는 중앙행정기관의 고위공무원단에 속하는 공무원으로 재직하였던 사람 또는 이에 상당하는 공공부문 및 관련 단체의 직에 재직하고 있거나 재직하였던 사람으로서 개인정보 보호업무의 경험이 있는 사람
2. 대학이나 공인된 연구기관에서 부교수 이상 또는 이에 상당하는 직에 재직하고 있거나 재직하였던 사람
3. 판사·검사 또는 변호사로 재직하고 있거나 재직하였던 사람
4. 개인정보 보호와 관련된 시민사회단체 또는 소비자단체로부터 추천을 받은 사람
5. 개인정보처리자로 구성된 사업자단체의 임원으로 재직하고 있거나 재직하였던 사람

④ 위원장은 위원 중에서 공무원이 아닌 사람으로 보호위원회 위원장이 위촉한다.
⑤ 위원장과 위촉위원의 임기는 2년으로 하되, 1차에 한하여 연임할 수 있다.
⑥ 분쟁조정위원회는 분쟁조정 업무를 효율적으로 수행하기 위하여 필요하면 대통령령으로 정하는 바에 따라 조정사건의 분야별로 5명 이내의 위원으로 구성되는 조정부를 둘 수 있다. 이 경우 조정부가 분쟁조정위원회에서 위임받아 의결한 사항은 분쟁조정위원회에서 의결한 것으로 본다.
⑦ 분쟁조정위원회 또는 조정부는 재적위원 과반수의 출석으로 개의하며 출석위원 과반수의 찬성으로 의결한다.
⑧ 보호위원회는 분쟁조정 접수, 사실 확인 등 분쟁조정에 필요한 사무를 처리할 수 있다.
⑨ 이 법에서 정한 사항 외에 분쟁조정위원회 운영에 필요한 사항은 대통령령으로 정한다.

개인정보에 관한 분쟁의 조정을 위하여 위원장 1명을 포함한 20명 이내의 위원으로 구성된 개인정보보호심의위원회를 두고 있다. (○, ×) [12 지방9급]

(2) 조정의 신청

개인정보 보호법 제43조 【조정의 신청 등】 ① 개인정보와 관련한 분쟁의 조정을 원하는 자는 분쟁조정위원회에 분쟁조정을 신청할 수 있다. [16 교행]
② 분쟁조정위원회는 당사자 일방으로부터 분쟁조정 신청을 받았을 때에는 그 신청내용을 상대방에게 알려야 한다.
③ 개인정보처리자가 제2항에 따른 분쟁조정의 통지를 받은 경우에는 특별한 사유가 없으면 분쟁조정에 응하여야 한다.

개인정보 보호법 제46조 【조정 전 합의 권고】 분쟁조정위원회는 제43조 제1항에 따라 분쟁조정 신청을 받았을 때에는 당사자에게 그 내용을 제시하고 조정 전 합의를 권고할 수 있다.

개인정보분쟁조정위원회의 조정을 분쟁당사자가 수락하는 경우, 조정의 내용은 재판상 화해와 동일한 효력을 갖는다. (○, ×) [16 서울7급]

(3) 분쟁의 조정

개인정보 보호법 제47조 【분쟁의 조정】 ① 분쟁조정위원회는 다음 각 호의 어느 하나의 사항을 포함하여 조정안을 작성할 수 있다.
1. 조사 대상 침해행위의 중지
2. 원상회복, 손해배상, 그 밖에 필요한 구제조치
3. 같거나 비슷한 침해의 재발을 방지하기 위하여 필요한 조치
② 분쟁조정위원회는 제1항에 따라 조정안을 작성하면 지체 없이 각 당사자에게 제시하여야 한다.
③ 제2항에 따라 조정안을 제시받은 당사자가 제시받은 날부터 15일 이내에 수락 여부를 알리지 아니하면 조정을 수락한 것으로 본다.
④ 당사자가 조정내용을 수락한 경우(제3항에 따라 수락한 것으로 보는 경우를 포함한다) 분쟁조정위원회는 조정서를 작성하고, 분쟁조정위원회의 위원장과 각 당사자가 기명날인 또는 서명을 한 후 조정서 정본을 지체 없이 각 당사자 또는 그 대리인에게 송달하여야 한다. 다만, 제3항에 따라 수락한 것으로 보는 경우에는 각 당사자의 기명날인 및 서명을 생략할 수 있다.
⑤ 제4항에 따른 조정의 내용은 재판상 화해와 동일한 효력을 갖는다.

국가 및 지방자치단체, 개인정보 보호단체 및 기관, 정보주체, 개인정보처리자는 정보주체의 피해 또는 권리침해가 다수의 정보주체에게 같거나 비슷한 유형으로 발생하는 경우로서 일정한 사건에 대하여는 분쟁조정위원회에 일괄적인 분쟁조정을 의뢰 또는 신청할 수 있다. (○, ×) [13 국회9급]

(4) 집단분쟁조정

개인정보 보호법 제49조 【집단분쟁조정】 ① 국가 및 지방자치단체, 개인정보 보호단체 및 기관, 정보주체, 개인정보처리자는 정보주체의 피해 또는 권리침해가 다수의 정보주체에게 같거나 비슷한 유형으로 발생하는 경우로서 대통령령으로 정하는 사건에 대하여는 분쟁조정위원회에 일괄적인 분쟁조정(이하 "집단분쟁조정"이라 한다)을 의뢰 또는 신청할 수 있다.
② 제1항에 따라 집단분쟁조정을 의뢰받거나 신청받은 분쟁조정위원회는 그 의결로써 제3항부터 제7항까지의 규정에 따른 집단분쟁조정의 절차를 개시할 수 있다. 이 경우 분쟁조정위원회는 대통령령으로 정하는 기간 동안 그 절차의 개시를 공고하여야 한다.
③ 분쟁조정위원회는 집단분쟁조정의 당사자가 아닌 정보주체 또는 개인정보처리자로부터 그 분쟁조정의 당사자에 추가로 포함될 수 있도록 하는 신청을 받을 수 있다.
④ 분쟁조정위원회는 그 의결로써 제1항 및 제3항에 따른 집단분쟁조정의 당사자 중에서 공동의 이익을 대표하기에 가장 적합한 1인 또는 수인을 대표당사자로 선임할 수 있다.
⑤ 분쟁조정위원회는 개인정보처리자가 분쟁조정위원회의 집단분쟁조정의 내용을 수락한 경우에는 집단분쟁조정의 당사자가 아닌 자로서 피해를 입은 정보주체에 대한 보상계획서를 작성하여 분쟁조정위원회에 제출하도록 권고할 수 있다.
⑥ 제48조 제2항에도 불구하고 분쟁조정위원회는 집단분쟁조정의 당사자인 다수의 정보주체 중 일부의 정보주체가 법원에 소를 제기한 경우에는 그 절차를 중지하지 아니하고, 소를 제기한 일부의 정보주체를 그 절차에서 제외한다.
⑦ 집단분쟁조정의 기간은 제2항에 따른 공고가 종료된 날의 다음 날부터 60일 이내로 한다. 다만 부득이한 사정이 있는 경우에는 분쟁조정위원회의 의결로 처리기간을 연장할 수 있다.
⑧ 집단분쟁조정의 절차 등에 관하여 필요한 사항은 대통령령으로 정한다.

(5) 개인정보단체소송

① 단체소송의 대상 등

개인정보 보호법 제51조 【단체소송의 대상 등】 다음 각 호의 어느 하나에 해당하는 단체는 개인정보처리자가 제49조에 따른 집단분쟁조정을 거부하거나 집단분쟁조정의 결과를 수락하지 아니한 경우에는 법원에 권리침해 행위의 금지·중지를 구하는 소송(이하 "단체소송"이라 한다)을 제기할 수 있다. [16 교행, 13 국회9급]

1. 「소비자기본법」 제29조에 따라 공정거래위원회에 등록한 소비자단체로서 다음 각 목의 요건을 모두 갖춘 단체
   가. 정관에 따라 상시적으로 정보주체의 권익증진을 주된 목적으로 하는 단체일 것
   나. 단체의 정회원수가 1천명 이상일 것
   다. 「소비자기본법」 제29조에 따른 등록 후 3년이 경과하였을 것
2. 「비영리민간단체 지원법」 제2조에 따른 비영리민간단체로서 다음 각 목의 요건을 모두 갖춘 단체
   가. 법률상 또는 사실상 동일한 침해를 입은 100명 이상의 정보주체로부터 단체소송의 제기를 요청받을 것
   나. 정관에 개인정보 보호를 단체의 목적으로 명시한 후 최근 3년 이상 이를 위한 활동실적이 있을 것
   다. 단체의 상시 구성원수가 5천명 이상일 것
   라. 중앙행정기관에 등록되어 있을 것

② 전속관할

개인정보 보호법 제52조 【전속관할】 ① 단체소송의 소는 피고의 주된 사무소 또는 영업소가 있는 곳, 주된 사무소나 영업소가 없는 경우에는 주된 업무담당자의 주소가 있는 곳의 지방법원 본원 합의부의 관할에 전속한다.
② 제1항을 외국사업자에 적용하는 경우 대한민국에 있는 이들의 주된 사무소·영업소 또는 업무담당자의 주소에 따라 정한다.

③ 소송대리인 선임

개인정보 보호법 제53조 【소송대리인의 선임】 단체소송의 원고는 변호사를 소송대리인으로 선임하여야 한다.

개인정보 단체소송은 개인정보처리자가 「개인정보 보호법」의 집단분쟁조정을 거부하거나 집단분쟁조정의 결과를 수락하지 아니한 경우에 법원의 허가를 받아 제기할 수 있다. (○, ×) [16 지방9급]

「소비자기본법」에 따라 공정거래위원회에 등록한 소비자단체가 개인정보 단체소송을 제기하려면 그 단체의 정회원수가 1백명 이상이어야 한다. (○, ×) [16 지방9급]

「개인정보 보호법」에는 개인정보 단체소송을 제기할 수 있는 단체에 대한 제한을 두고 있지 않으므로 법인격이 있는 단체라면 어느 단체든지 권리침해 행위의 금지·중지를 구하는 소송을 제기할 수 있다. (○, ×) [18 국가9급]

PART 03

④ 소송허가신청

개인정보 보호법 제54조 【소송허가신청】 ① 단체소송을 제기하는 단체는 소장과 함께 다음 각 호의 사항을 기재한 소송허가신청서를 법원에 제출하여야 한다.
1. 원고 및 그 소송대리인
2. 피고
3. 정보주체의 침해된 권리의 내용
② 제1항에 따른 소송허가신청서에는 다음 각 호의 자료를 첨부하여야 한다.
1. 소제기단체가 제51조 각 호의 어느 하나에 해당하는 요건을 갖추고 있음을 소명하는 자료
2. 개인정보처리자가 조정을 거부하였거나 조정결과를 수락하지 아니하였음을 증명하는 서류

⑤ 소송허가요건 등

개인정보 단체소송을 허가하거나 불허가하는 법원의 결정에 대하여는 불복할 수 없다. (○, ×) [16 지방9급, 15 지방9급]

개인정보 보호법 제55조 【소송허가요건 등】 ① 법원은 다음 각 호의 요건을 모두 갖춘 경우에 한하여 결정으로 단체소송을 허가한다.
1. 개인정보처리자가 분쟁조정위원회의 조정을 거부하거나 조정결과를 수락하지 아니하였을 것
2. 제54조에 따른 소송허가신청서의 기재사항에 흠결이 없을 것
② 단체소송을 허가하거나 불허가하는 결정에 대하여는 즉시항고할 수 있다.

⑥ 확정판결의 효력

개인정보 보호법 제56조 【확정판결의 효력】 원고의 청구를 기각하는 판결이 확정된 경우 이와 동일한 사안에 관하여는 제51조에 따른 다른 단체는 단체소송을 제기할 수 없다. 다만 다음 각 호의 어느 하나에 해당하는 경우에는 그러하지 아니하다.
1. 판결이 확정된 후 그 사안과 관련하여 국가·지방자치단체 또는 국가·지방자치단체가 설립한 기관에 의하여 새로운 증거가 나타난 경우
2. 기각판결이 원고의 고의로 인한 것임이 밝혀진 경우

⑦ 민사소송법의 적용 등

개인정보 단체소송에 관하여 「개인정보 보호법」에 특별한 규정이 없는 경우에는 「행정소송법」을 적용한다. (○, ×) [16 지방9급]

개인정보 보호법 제57조 【「민사소송법」의 적용 등】 ① 단체소송에 관하여 이 법에 특별한 규정이 없는 경우에는 「민사소송법」을 적용한다.
② 제55조에 따른 단체소송의 허가결정이 있는 경우에는 「민사집행법」 제4편에 따른 보전처분을 할 수 있다.

8. 침해사실의 신고

개인정보 보호법 제62조【침해 사실의 신고 등】 ① 개인정보처리자가 개인정보를 처리할 때 개인정보에 관한 권리 또는 이익을 침해받은 사람은 보호위원회에 그 침해 사실을 신고할 수 있다.

9. 양벌규정

개인정보 보호법 제74조【양벌규정】 ① 법인의 대표자나 법인 또는 개인의 대리인, 사용인, 그 밖의 종업원이 그 법인 또는 개인의 업무에 관하여 제70조에 해당하는 위반행위를 하면 그 행위자를 벌하는 외에 그 법인 또는 개인을 7천만 원 이하의 벌금에 처한다. 다만, 법인 또는 개인이 그 위반행위를 방지하기 위하여 해당 업무에 관하여 상당한 주의와 감독을 게을리하지 아니한 경우에는 그러하지 아니하다.
② 법인의 대표자나 법인 또는 개인의 대리인, 사용인, 그 밖의 종업원이 그 법인 또는 개인의 업무에 관하여 제71조부터 제73조까지의 어느 하나에 해당하는 위반행위를 하면 그 행위자를 벌하는 외에 그 법인 또는 개인에게도 해당 조문의 벌금형을 과(科)한다. 다만, 법인 또는 개인이 그 위반행위를 방지하기 위하여 해당 업무에 관하여 상당한 주의와 감독을 게을리하지 아니한 경우에는 그러하지 아니하다.

판례

개인정보 보호법은 제2조 제5호, 제6호에서 공공기관 중 법인격이 없는 '중앙행정기관 및 그 소속 기관' 등을 개인정보처리자 중 하나로 규정하고 있으면서도, 양벌규정에 의하여 처벌되는 개인정보처리자로는 같은 법 제74조 제2항에서 '법인 또는 개인'만을 규정하고 있을 뿐이고, 법인격 없는 공공기관에 대하여도 위 양벌규정을 적용할 것인지 여부에 대하여는 명문의 규정을 두고 있지 않으므로, 죄형법정주의의 원칙상 '법인격 없는 공공기관'을 위 양벌규정에 의하여 처벌할 수 없고, 그 경우 행위자 역시 위 양벌규정으로 처벌할 수 없다고 봄이 타당하다(대판 2021. 10. 28. 2020도1942). [24 국가9급]

김태성 행정법총론

합격까지 박문각

PART 04

행정의 실효성 확보수단

CHAPTER

01 행정상의 강제집행

제1절 행정상 강제집행

<table>
<tr><td rowspan="7">직접적
강제수단</td><td rowspan="7">행정강제</td><td rowspan="5">행정상
강제집행</td><td>대집행</td><td>대체적 작위의무 불이행의 경우</td></tr>
<tr><td>이행강제금</td><td>비대체적 작위의무 및 부작위 의무 불이행의 경우</td></tr>
<tr><td>직접강제</td><td>일체의 의무 불이행의 경우</td></tr>
<tr><td>행정상 강제징수</td><td>금전지급의무 불이행의 경우</td></tr>
<tr><td colspan="2"></td></tr>
<tr><td colspan="3">행정상 즉시강제</td></tr>
<tr><td colspan="3">행정조사</td></tr>
<tr><td rowspan="3">간접적
강제수단</td><td rowspan="2">행정벌</td><td colspan="3">행정형벌</td></tr>
<tr><td colspan="3">행정질서벌(과태료)</td></tr>
<tr><td>새로운
의무이행확보수단</td><td colspan="3">경제적 부담, 공급거부, 공표, 관허사업의 제한 등</td></tr>
</table>

01 행정상 강제집행의 의의

행정상 강제집행(强制執行)이란 행정법상의 의무불이행에 대하여 행정권이 의무자의 신체·재산에 실력을 가하여, 장래에 향하여 그 의무를 이행시키거나, 이행된 것과 같은 상태를 실현하는 작용을 말한다.

행정기본법 제30조【행정상 강제】 ① 행정청은 행정목적을 달성하기 위하여 필요한 경우에는 법률로 정하는 바에 따라 필요한 최소한의 범위에서 다음 각 호의 어느 하나에 해당하는 조치를 할 수 있다.

1. 행정대집행: 의무자가 행정상 의무(법령등에서 직접 부과하거나 행정청이 법령등에 따라 부과한 의무를 말한다. 이하 이 절에서 같다)로서 타인이 대신하여 행할 수 있는 의무를 이행하지 아니하는 경우 법률로 정하는 다른 수단으로는 그 이행을 확보하기 곤란하고 그 불이행을 방치하면 공익을 크게 해칠 것으로 인정될 때에 행정청이 의무자가 하여야 할 행위를 스스로 하거나 제3자에게 하게 하고 그 비용을 의무자로부터 징수하는 것
2. 이행강제금의 부과: 의무자가 행정상 의무를 이행하지 아니하는 경우 행정청이 적절한 이행기간을 부여하고, 그 기한까지 행정상 의무를 이행하지 아니하면 금전급부의무를 부과하는 것

3. 직접강제: 의무자가 행정상 의무를 이행하지 아니하는 경우 행정청이 의무자의 신체나 재산에 실력을 행사하여 그 행정상 의무의 이행이 있었던 것과 같은 상태를 실현하는 것
4. 강제징수: 의무자가 행정상 의무 중 금전급부의무를 이행하지 아니하는 경우 행정청이 의무자의 재산에 실력을 행사하여 그 행정상 의무가 실현된 것과 같은 상태를 실현하는 것
5. 즉시강제: 현재의 급박한 행정상의 장해를 제거하기 위한 경우로서 다음 각 목의 어느 하나에 해당하는 경우에 행정청이 곧바로 국민의 신체 또는 재산에 실력을 행사하여 행정목적을 달성하는 것
   가. 행정청이 미리 행정상 의무 이행을 명할 시간적 여유가 없는 경우
   나. 그 성질상 행정상 의무의 이행을 명하는 것만으로는 행정목적 달성이 곤란한 경우

02 유사제도와의 구별

1. 행정상 즉시강제와의 구별

행정상의 강제집행은 의무의 존재 및 의무의 불이행을 전제로 하는 점에서, 이것을 전제함이 없이 행하여지는 행정상 즉시강제와 구별된다.

2. 행정벌과의 구별

행정상의 강제집행은 장래에 향하여 의무이행을 강제하기 위한 수단인 점에서, 과거의 의무위반에 대한 제재인 행정벌과 구별된다.

3. 민사상 강제집행과의 구별

행정상의 강제집행은 행정법상 의무에 대한 행정권의 자력집행이라는 점에서, 사법상 의무 또는 소송법상 의무의 강제가 사법권의 힘을 빌려야 하는 민사상 강제집행과 다르다. 한편 판례는 행정상 강제집행이 가능한 경우에는 민사상 강제집행은 허용될 수 없다는 입장이다. 다만 판례도 행정강제의 수단이 인정되지 않은 경우에는 민사상 강제집행의 수단을 활용할 수 있다고 본다.

판례

1. 아무런 권원 없이 국유재산에 설치한 시설물에 대하여 행정청이 행정대집행을 할 수 있음에도 민사소송의 방법으로 그 시설물의 철거를 구하는 것은 허용되지 않는다. **[24 국가9급, 23 지방9급]** 다만 관리권자인 행정청이 행정대집행을 실시하지 않는 경우, 그 국유재산에 대한 사용청구권을 가지고 있는 자가 국가를 대위하여 민사소송으로 그 시설물의 철거를 구할 수 있다(대판 2009.6.11. 2009다1122). **[14 지방7급]**
2. 변상금 부과·징수권은 민사상 부당이득반환청구권과 법적 성질을 달리하므로, 국가는 무단점유자를 상대로 변상금 부과·징수권의 행사와 별도로 국유재산의 소유자로서 민사상 부당이득반환청구의 소를 제기할 수 있다(대판 2014.7.16. 2011다76402 전원합의체).

행정상 강제집행은 행정법상 개별·구체적인 의무의 불이행을 전제로 그 불이행한 의무를 장래에 향해 실현시키는 것을 목적으로 한다는 점에서 과거의 의무위반에 대한 제재로써 가하는 행정벌과 구별된다. (○, ×) [08 국가7급]

법령상 행정대집행의 절차가 인정되어 행정청이 행정대집행의 방법으로 건물의 철거 등 대체적 작위의무의 이행을 실현할 수 있는 경우에도 따로 민사소송의 방법으로 그 의무의 이행을 구할 수 있다. (○, ×) [19 서울9급(上), 16 국가9급]

국유재산의 무단점유와 관련하여 「국유재산법」에 의한 변상금 부과·징수가 가능한 경우에는 변상금 부과·징수의 방법에 의해서만 국유재산의 무단점유·사용으로 인한 이익을 환수할 수 있으며, 그와 별도로 민사소송의 방법으로 부당이득반환청구를 하는 것은 허용되지 않는다. (○, ×) [18 국가7급, 16 서울7급]

03 행정상 강제집행의 근거

행정법관계에서는 강제력의 특질이 인정되므로 행정법상의 의무를 명하는 명령권의 근거규정은 동시에 그 의무 불이행에 대한 행정상 강제집행의 근거가 될 수 있다. (○, ×) [17 국가7급]

의무를 명하는 행위와 의무의 내용을 강제적으로 실현하는 행위는 성질과 차원을 달리하는 별개의 행정작용이며, 법치행정의 원리 및 사인의 권리를 존중하고 객관적으로 공정한 강제를 보장하기 위해서는 의무를 명한 법규와는 별도로 강제집행에 관한 법규의 근거가 필요하다. 이에 따르면 행정상 강제집행에 관한 일반법으로 행정대집행법과 국세징수법이 있으며, 그 밖에 각 개별법률상의 근거가 있다.

04 행정상 강제집행의 수단

행정상 강제집행의 수단은 대집행, 집행벌, 직접강제, 행정상 강제징수 등이 있다. (○, ×) [13 경행특채]

행정상 강제집행의 수단으로는 대집행 · 이행강제금 · 직접강제 및 행정상 강제징수가 있으나, 우리나라 현행법에서는 대집행과 행정상 강제징수만이 일반적으로 인정되고 있고, 이행강제금 · 직접강제와 같은 강력한 강제집행수단은 몇몇의 개별법률에서 극히 예외적으로 인정하고 있다. [09 지방9급]

제2절 대집행(代執行)

01 대집행의 의의

1. 개념

대집행은 부작위의무의 이행을 확보하기 위하여 활용하는 대표적인 행정작용의 실효성 확보수단에 해당한다. (○, ×) [13 국회9급]

대집행이란 대체적 작위의무위반이 있는 경우 행정청이 의무자가 해야 할 일을 스스로 행하거나 또는 제3자로 하여금 행하게 함으로써 의무의 이행이 있었던 것과 같은 상태를 실현하고 그 비용을 의무자로부터 징수하는 행정작용을 말한다.

2. 법적 근거

대집행에 관한 일반법으로 행정대집행법이 있으며, 그 밖에도 도로교통법 제35조 및 「공익사업을 위한 토지 등의 취득 및 보상에 관한 법률」 제89조 등 개별 법률에서 대집행에 대하여 규율하고 있다.

02 대집행의 주체

1. 당해 행정청 및 수임청

대집행의 주체는 당해 행정청이다. (○, ×) [13 국회9급, 12 복지9급]

대집행의 주체는 당해 행정청이다. 한편 당해 행정청은 대집행을 다른 행정청에 위탁하거나 제3자(공공단체 또는 사인)에게 위탁할 수도 있다. 이 경우 위임을 받은 다른 행정청은 대집행의 주체가 될 수 있다. 대집행의 주체가 대집행을 하는 경우를 자기집행(자력집행)이라고 하며, 제3자가 하는 경우를 제3자 집행(타자집행)이라고 한다.

2. 제3자(공공단체 또는 사인)

(1) 당해 행정청의 임의의 위탁을 받은 경우

당해 행정청의 임의의 위탁을 받은 경우에는 제3자도 대집행의 실행행위를 할 수 있다. [13 서울9급] 그러나 대집행을 실행하는 제3자는 대집행의 주체는 아니다. 대집행은 물리력의 행사로서 전형적인 공권력의 행사이므로 행정기관만이 이를 행할 수 있다. 따라서 제3자는 독립된 주체로서 대집행을 하는 것이 아니라 사실상의 집행자로서 대집행을 하는 것에 불과하고, 항상 대집행권자인 행정청의 감독과 책임하에 이루어져야 한다. 대집행의 실행행위를 하는 제3자는 사법상의 도급계약에 의한 행정보조자에 해당한다.

(2) 법령에 의하여 대집행의 권한을 위탁받은 경우

법령에 의하여 대집행 권한을 위탁받은 경우에는 대집행의 주체로서 행정 주체에 해당한다.

판례

한국토지공사법 규정에 의하여 본래 시·도지사나 시장·군수 또는 구청장의 업무에 속하는 대집행권한을 한국토지공사에게 위탁하도록 되어 있는바, 한국토지공사는 이러한 법령의 위탁에 의하여 대집행을 수권받은 자로서 공무인 대집행을 실시함에 따르는 권리·의무 및 책임이 귀속되는 행정주체의 지위에 있다고 볼 것이지 지방자치단체 등의 기관으로서 국가배상법 제2조 소정의 공무원에 해당한다고 볼 것은 아니다(대판 2010.1.28. 2007다82950). [19 지방9급]

03 대집행의 요건

대집행을 하기 위한 요건으로는 ① 공법상의 의무불이행이 있을 것, ② 대체적 작위의무의 불이행이 있을 것, ③ 다른 수단으로는 그 이행을 확보하기 곤란할 것, ④ 그 불이행을 방치함이 심히 공익을 해칠 것이 있다. [21 국가9급]

1. 공법상 의무의 불이행

대집행의 대상이 되는 의무는 공법상의 의무에 한정된다. [23 국가9급, 14 서울7급] 공법상의 의무는 법령에서 직접 부여될 수도 있고, 법령에 의거한 행정청의 처분에 의해 부여될 수도 있다. [18 서울7급(上)] 조례도 행정대집행의 대상이 될 의무부과의 근거가 되는 법령에 해당한다. 하지만 사법상의 의무는 행정주체에 대한 것이라도 대집행의 대상이 아니다. 한편 위법한 행정처분에 의해 부과된 대체적 작위의무도 당해 행정처분이 취소되지 않는 한 대집행의 대상이 된다.

- 행정청의 위임을 받아 대집행을 실행하는 제3자는 대집행의 주체가 아니다. (○, ×) [13 국가7급]
- 대법원은 공익사업을 위한 토지 등의 취득 및 보상에 관한 법률상 수용대상물의 인도·이전의무불이행에 대한 지방자치단체장의 대집행권한을 구 한국토지공사에 위탁한 것은 구 한국토지공사를 행정보조자로 고용한 것으로 본다. (○, ×) [13 국회8급]
- 시·도지사 등의 업무에 속하는 대집행권한을 위탁받은 한국토지공사가 대집행을 실시하는 과정에서 국민에게 손해가 발생할 경우 한국토지공사는 공무수탁사인에 해당하므로, 「국가배상법」 제2조의 공무원과 같은 지위를 갖게 된다. (○, ×) [19 서울7급(上)]
- 행정주체와 사인 사이의 건축도급계약에 있어서, 사인이 의무불이행을 하였다고 하여도 행정대집행은 허용되지 않는다. (○, ×) [15 지방9급]
- 대집행의 대상이 되는 행위는 법률에서 직접 명령된 것이 아니라, 법률에 의거한 행정청의 명령에 의한 행위를 말한다. (○, ×) [18 서울9급]
- 대체적 작위의무가 법률의 위임을 받은 조례에 의해 직접 부과된 경우에는 대집행의 대상이 되지 아니한다. (○, ×) [20 국가7급, 08 국가7급]
- 위법한 행정처분에 의해 부과된 대체적 작위의무의 불이행에 대해서는 대집행을 할 수 없다. (○, ×) [12 복지9급]

PART 04

구 공공용지의 취득 및 손실보상에 관한 특례법에 의한 협의취득시 건물소유자가 매매대상 건물에 대한 철거의무를 부담하겠다는 취지의 약정을 한 경우, 그 철거의무는 행정대집행법에 의한 대집행의 대상이 된다. (○, ×) [15 지방7급]

판례

구 공공용지의 취득 및 손실보상에 관한 특례법에 따른 토지 등의 협의취득은 공공사업에 필요한 토지 등을 그 소유자와의 협의에 의하여 취득하는 것으로 사법상 매매 내지 사법상 계약의 실질을 가지는 것이므로, [19 국가9급] 협의취득시 건물소유자가 매매대상 건물에 대한 철거의무를 부담하겠다는 취지의 약정을 하였다고 하더라도 이러한 철거의무는 공법상의 의무가 될 수 없고, 이 경우에도 행정대집행법을 준용하여 대집행을 허용하는 별도의 규정이 없는 한 위와 같은 철거의무는 행정대집행법에 의한 대집행의 대상이 되지 않는다(대판 2006.10.13. 2006두7096). [20 국가9급, 18 서울9급]

2. 대체적 작위의무의 불이행

(1) 작위의무

① 대상의무

대집행의 대상이 될 수 있는 의무는 작위의무에 한한다. 따라서 부작위의무 및 수인의무를 위반한 경우에는 원칙적으로 대집행의 대상이 되지 않는다.

대집행계고처분을 하기 위하여는 법령에 의하여 직접 명령되거나 법령에 근거한 행정청의 명령에 의한 의무자의 대체적 작위의무가 존재하고 이에 대한 위반행위가 있어야 한다. (○, ×) [13 지방7급]

영업정지기간 중 영업의 계속의 경우 행정대집행을 할 수 있다. (○, ×) [13 서울7급]

법률에 시설설치금지의무가 규정되어 있음에도 이를 위반하여 시설을 설치한 경우 별다른 규정이 없어도 대집행의 요건이 충족된다. (○, ×) [09 국회9급]

관계 법령에 위반하여 장례식장 영업을 하고 있는 자에 대한 장례식장 사용중지의무는 대집행의 대상이 된다. (○, ×) [22 지방9급, 20 국가7급]

대집행의 대상은 원칙적으로 대체적 작위의무에 한하며, 부작위의무위반의 경우 대체적 작위의무로 전환하는 규정을 두고 있지 아니하는 한 대집행의 대상이 되지 않는다. (○, ×) [20 지방9급, 14 국가7급]

판례

1. 관계법령을 위반하여 장례식장 영업을 하고 있는 자의 장례식장 사용중지의무는 부작위의무로서 행정대집행법 제2조의 규정에 의한 대집행의 대상이 되지 않는다(대판 2005.9.28. 2005두7464). [18 서울9급, 17 국가7급]
2. 하천유수인용행위를 중단할 것과 이를 불이행할 경우 행정대집행법에 의하여 대집행하겠다는 내용의 이 사건 계고처분은 부작위의무에 대한 대집행계고처분으로서 위법하다(대판 1998.10.2. 96누5445).

② 부작위의무의 경우

부작위의무는 그 자체로는 대집행의 대상이 되지 않지만 작위의무로 전환된 후에는 그 불이행시 대집행을 할 수 있다. [23 지방7급] 예를 들어 불법공작물의 설치행위는 공작물설치금지의무를 위반한 경우이므로 직접 대집행을 할 수 없으나, 행정청이 먼저 불법공작물의 철거명령을 발함으로써 작위의무로 전환한 이후에는 그 작위의무의 불이행을 이유로 대집행을 할 수 있다. 한편 부작위의무를 작위의무로 전환시켜 대집행을 하기 위해서는 전환을 명할 수 있는 별도의 법적 근거가 필요하다.

판례

부작위의무로부터 그 의무를 위반함으로써 생긴 결과를 시정하기 위한 작위의무를 당연히 끌어낼 수는 없으며, 또 위 금지규정(특히 허가를 유보한 상대적 금지규정)으로부터 작위의무, 즉 위반결과의 시정을 명하는 권한이 당연히 추론되는 것도 아니다. [19 지방7급, 19 국가7급] 주택건설촉진법 제52조의2 제1호에서 1천만 원 이하의 벌금에 처하도록 하는 벌칙규정만을 두고 있을 뿐, 건축법 제69조 등과 같은 부작위의무 위반행위에 대하여 대체적 작위의무로 전환하는 규정을 두고 있지 아니하므로 위 금지규정으로부터 그 위반결과의 시정을 명하는 원상복구명령을 할 수 있는 권한이 도출되는 것은 아니다. [21 국가7급, 19 지방9급] 결국 행정청의 원고에 대한 원상복구명령은 권한 없는 자의 처분으로 무효라고 할 것이고, 위 원상복구명령이 당연무효인 이상 후행처분인 계고처분의 효력에 당연히 영향을 미쳐 그 계고처분 역시 무효로 된다(대판 1996.6.28. 96누4374).

(2) 의무의 대체성

① 대체적 작위의무

대집행의 대상이 되는 의무는 대체적인 의무에 한정된다. 따라서 비대체적 작위의무(병역의무, 증인의 출석의무 등)의 경우에는 대집행을 할 수 없다.

② 토지 · 건물의 인도(명도)의무

토지 · 건물의 철거의무는 대집행의 대상이 되는 반면, 토지 · 건물을 점유하고 있는 사람의 퇴거를 전제로 하는 인도(명도)의무는 대체적 작위의무라고 볼 수 없으므로 대집행에 의한 강제는 할 수 없다. [22 국가9급, 16 서울9급] 따라서 이러한 경우에는 직접강제를 실시하고 이에 저항할 경우 형법상 공무집행방해죄를 적용하여 의무의 이행을 확보해야 할 것이다.

③ 수용 목적물인 토지나 건물의 인도 또는 이전의무

판례

1. 토지나 건물 등의 인도나 명도의무는 원칙적으로 대집행의 대상이 되지 아니한다. [24 국가9급, 21 지방9급] 도시공원시설인 매점의 관리청이 그 공동점유자 중의 1인에 대하여 소정의 기간 내에 위 매점으로부터 퇴거하고 이에 부수하여 그 판매 시설물 및 상품을 반출하지 아니할 때에는 이를 대집행하겠다는 내용의 계고처분은 대체적 작위의무에 해당하는 것은 아니어서 직접강제의 방법에 의하는 것은 별론으로 하고 행정대집행법에 의한 대집행의 대상이 되는 것은 아니다(대판 1998.10.23. 97누157). [23 지방7급, 18 국가9급]
2. 토지수용법 제63조의 규정에 따라 피수용자 등이 기업자에 대하여 부담하는 수용대상 토지의 인도 또는 그 지장물의 명도의무 등이 비록 공법상의 법률관계라고 하더라도, 그 권리를 피보전권리로 하는 명도단행가처분은 그 권리에 끼칠 현저한 손해를 피하거나 급박한 위험을 방지하기 위하여 또는 그 밖의 필요한 이유가 있을 경우에는 허용될 수 있다(대판 2005. 8. 19. 2004다2809).

부작위의무 위반행위에 대하여 대체적 작위의무로 전환하는 규정을 두고 있지 아니하더라도 그 금지규정으로부터 그 위반결과의 시정을 명하는 원상복구명령을 할 수 있는 권한이 도출될 수 있다. (○, ×) [19 서울7급, 17 국가9급]

법령이 일정한 행위를 금지하고 있는 경우, 그 금지규정으로부터 위반결과의 시정을 명하는 행정청의 처분권한은 당연히 도출되므로 행정청은 그 금지규정에 근거하여 시정을 명하고 행정대집행에 나아갈 수 있다. (○, ×) [22 지방7급, 16 서울7급]

법령상 부작위의무 위반에 대해 작위의무를 부과할 수 있는 법령의 근거가 없음에도, 행정청이 작위의무를 명한 후 그 의무불이행을 이유로 대집행계고처분을 한 경우 그 계고처분은 유효하다. (○, ×) [16 지방7급]

군복무를 위한 징집소환영장에의 불응의 경우 행정대집행을 할 수 있다. (○, ×) [13 서울7급]

토지나 건물의 명도는 대집행의 대상이 된다. (○, ×) [17 지방7급, 15 국가9급]

도시공원시설 점유자의 퇴거 및 명도의무는 행정대집행법에 의한 대집행의 대상이 된다. (○, ×) [15 경행특채]

甲이 토지 인도의무를 이행하지 않을 경우, 甲의 토지 인도 의무는 공법상 의무에 해당하므로 그 권리에 끼칠 현저한 손해를 피하기 위한 경우라 하더라도 A시 시장이 그 권리를 피보전권리로 하는 민사상 명도단행가처분을 구할 수는 없다. (○, ×) [24 국가9급]

3. 다른 수단으로는 그 이행확보가 곤란할 것(보충성)

행정대집행법 제2조 【대집행과 그 비용징수】 법률(법률의 위임에 의한 명령, 지방자치단체의 조례를 포함한다. 이하 같다)에 의하여 직접 명령되었거나 또는 법률에 의거한 행정청의 명령에 의한 행위로서 타인이 대신하여 행할 수 있는 행위를 의무자가 이행하지 아니하는 경우 다른 수단으로써 그 이행을 확보하기 곤란하고 또한 그 불이행을 방치함이 심히 공익을 해할 것으로 인정될 때에는 당해 행정청은 스스로 의무자가 하여야 할 행위를 하거나 또는 제삼자로 하여금 이를 하게 하여 그 비용을 의무자로부터 징수할 수 있다.

당해 행정청은 의무자가 하여야 할 행위를 제3자로 하여금 행하게 할 수도 있다. (○, ×) [18 서울7급(上)]

행정대집행법 제2조는 다른 수단으로써 그 이행을 확보하기 곤란할 것을 대집행의 요건으로 하고 있다. [11 국회8급] 의무이행확보를 위한 침익성이 적은 다른 수단이 없는 경우 부득이한 수단으로서만 발동되어야 한다(비례의 원칙 중 최소침해의 원칙).

대집행은 다른 수단으로 그 이행확보가 불가능한 경우 부득이한 수단으로서만 발동될 수 있다. (○, ×) [13 국회8급]

4. 불이행을 방치함이 심히 공익을 해칠 것

대집행하기 위한 계고처분을 하려면 다른 방법으로는 그 이행의 확보가 어렵고, 그 불이행을 방치함이 심히 공익을 해하는 것으로 인정되는 경우에 한한다. [20 지방7급]

의무의 불이행만으로 대집행이 가능한 것은 아니며 의무의 불이행을 방치하는 것이 심히 공익을 해한다고 인정되는 경우에 비로소 대집행이 허용된다. (○, ×) [13 지방9급]

원칙적으로 '의무의 불이행을 방치하는 것이 심히 공익을 해하는 것으로 인정되는 경우'의 요건은 계고를 할 때에 충족되어 있어야 한다. (○, ×) [17 국가9급]

판례

1. 행정대집행법 제2조의 법률에 의하여 직접 명령이 있거나 또는 법률에 의거한 행정청의 명령에 의한 행위로서 타인이 대신하여 행할 수 있는 행위를 의무자가 이행하지 아니하는 경우 다른 수단으로서 그 이행을 확보하기 곤란하고 또한 그 불이행을 방치함이 심히 공익을 해할 것으로 인정될 때라는 요건은 같은 법 제3조의 계고를 하는 요건으로 해석할 것이다(대판 1964.11.30. 64누94).
2. 대집행하기 위한 계고처분을 하려면 다른 방법으로는 이행의 확보가 어렵고 불이행을 방치함이 심히 공익을 해하는 것으로 인정될 때에 한하여 허용되고 이러한 요건의 주장입증책임은 처분 행정청에 있다(대판 1993.9.14. 92누16690). [20 지방9급, 19 지방7급]

판례

공익을 해친다고 본 판례

1. 위법건축물인 위 증축부분을 그대로 방치하여야만 한다면 건축법 소정의 제한규정이나 도시계획구역 안에서의 토지의 경제적이고 효율적인 이용을 회피하는 것을 사전에 예방하지 못하게 되어 철거대집행계고처분은 적법하다(대판 1992.8.14. 92누3885).
2. 골프연습장시설이 도시계획법 및 건축법을 위반하여 무허가로 용도변경하여 설치되었으며, 개발제한구역 내에 위치하고 있어 합법화될 가능성도 없는 경우, 공익을 심히 해친다(대판 1995.6.29. 94누11354).
3. 무허가증축부분으로 인하여 건물의 미관이 나아지고 증축 부분을 철거하는 데 비용이 많이 소요된다고 하더라도 더 큰 공익을 심히 해할 우려가 있다고 보아 건물철거대집행계고처분을 할 요건에 해당된다(대판 1992.3.10. 91누4140). [20 지방7급]

판례

공익을 해치지 않는다고 본 판례

1. 대수선 및 구조변경허가의 내용과 다르게 건물을 증·개축하여 그 위반결과가 현존하고 있다고 할지라도, 그 공사결과 건물모양이 산뜻하게 되었고, 건물의 안정감이 더하여진 반면 그 증평부분을 철거함에는 많은 비용이 소요되고 이를 철거하여도 건물의 외관만을 손상시키고 쓰임새가 줄 뿐이라면 건축주의 철거의무불이행을 방치함이 심히 공익을 해하는 것으로 볼 수 없다(대판 1987.3.10. 86누860).
2. 도로관리청으로부터 도로점용허가를 받지 아니하고 광고물을 설치하였다는 점만으로 곧 심히 공익을 해치는 경우에 해당한다고 할 수 없다(대판 1974.10.25. 74누122).
3. 비상시 헬기 이착륙 등의 안전비행을 위하여 헬리포트와 건물외곽층이 수평을 이루도록 하라는 서울특별시 항공대의 권고가 있자, 그 증축부분을 내집행으로 철거할 경우 많은 비용이 들고 건물의 외관을 손상시킬 뿐 아니라 오히려 헬기의 안전 이착륙에 지장이 있게 된다면, 이를 그대로 방치한다고 하여도 심히 공익을 해하는 것이라고는 볼 수 없다(대판 1990.12.7. 90누5405).

5. 기타

(1) 불가쟁력과의 관계

독일행정법과 달리 우리 행정대집행법은 행정처분의 불가쟁력 발생을 대집행실행의 전제로 하지 않고 있다. 따라서 의무를 명한 행정처분이 아직 다툴 수 있는 상태에 있더라도, 즉 불가쟁력이 발생되기 전이라도 대집행을 할 수 있다.

> 의무를 명하는 행정행위가 불가쟁력이 발생하지 않은 경우에는 그 행정행위에 따른 의무의 불이행에 대하여 대집행을 할 수 없다. (○, ×) [17 국가9급]

(2) 재량행위인지 여부

요건이 충족된 경우 대집행을 할 것인지 여부와 관련하여 명문의 규정상 재량행위로 봄이 타당하다(다수설, 판례). 다만 구체적 사정상 의무 불이행의 방치가 국민의 생명, 신체, 재산에 절박하고도 중대한 위험을 야기하는 경우 등에서는 재량이 영(0)으로 수축될 수도 있다.

> 「행정대집행법」 제2조에 따른 대집행의 실시 여부는 행정청의 재량에 속하지 않는다. (○, ×) [17 국가9급, 15 지방9급]

04 대집행의 절차

일반적으로 대집행의 절차는 '대집행의 계고 → 대집행영장에 의한 통지 → 대집행실행 → 비용징수'의 단계를 거치게 된다.

1. 계고

(1) 개념

> 행정대집행법 제3조 【대집행의 절차】 ① 전조의 규정에 의한 처분(이하 대집행이라 한다)을 하려함에 있어서는 상당한 이행기한을 정하여 그 기한까지 이행되지 아니할 때에는 대집행을 한다는 뜻을 미리 문서로써 계고하여야 한다. 이 경우 행정청은 상당한 이행기한을 정함에 있어 의무의 성질·내용 등을 고려하여 사회통념상 해당 의무를 이행하는 데 필요한 기간이 확보되도록 하여야 한다.

⑵ **성질**

계고는 준법률행위적 행정행위 중 의사의 통지라는 것이 통설 · 판례이다. 따라서 위법한 계고에 대하여는 취소소송 등을 제기할 수 있다.

⑶ **반복된 계고**

반복된 계고의 경우 제1차 계고만 처분성을 가진다. 제2차, 제3차 계고는 새로운 철거의무를 부과한 것이 아니고 대집행 기한의 연기통지에 불과하다는 것이 판례의 입장이다. 이에 비해 반복된 거부행위는 각각 독립해서 처분성이 인정된다.

계고가 반복적으로 부과된 경우 제1차 계고가 행정처분이라면 같은 내용이 반복된 제2차 계고는 새로운 의무를 부과하는 것이 아니어서 행정처분이 아니다. (○, ×) [16 지방9급, 13 지방7급]

대집행의 계고는 준법률행위적 행정행위로서 통지행위에 해당하며, 계고가 반복된 경우 각각의 계고는 행정소송의 대상이 되는 행정처분에 해당한다. (○, ×) [14 국가7급]

대집행을 위한 계고가 동일한 내용으로 수회 반복된 경우에는 최후에 행해진 계고가 항고소송의 대상이 되는 처분이다. (○, ×) [15 지방9급]

판례

1. 건물의 소유자에게 대집행한다는 내용의 철거대집행 계고처분을 고지한 후 이에 불응하자 다시 제2차, 제3차 계고서를 발송하여 일정기간까지의 자진철거를 촉구하고 불이행하면 대집행을 한다는 뜻을 고지하였다면 행정대집행법상의 건물철거의무는 제1차 철거명령 및 계고처분으로서 발생하였고 제2차, 제3차의 계고처분은 새로운 철거의무를 부과한 것이 아니고 다만 대집행기한의 연기통지에 불과하므로 행정처분이 아니다(대판 1994.10.28. 94누5144). [23 국가9급, 18 국가9급]
2. 당사자가 한 신청에 대하여 거부처분이 있은 후 당사자가 다시 신청을 한 경우에 그 신청의 제목 여하에 불구하고 그 내용이 새로운 신청을 하는 취지라면 관할 행정청이 이를 다시 거절한 이상 새로운 거부처분이 있은 것으로 보아야 할 것이다(대판 1992.10.27. 92누1643). [21 서울7급]

⑷ **계고의 요건**

① 상당한 이행기간의 부여

상당한 이행기간이란 사회통념에 따라 이행에 필요한 기간을 말한다. 이행기간이 상당하지 않은 계고는 위법하다. 상당하지 않은 이행기간을 통지단계에서 대집행의 시기를 늦추었다 해도 위법하다.

기간을 부여하지 않은 경우 대집행 영장으로 대집행의 시기를 늦추었다 하더라도 대집행계고처분은 상당한 이행기간을 정하여 한 것이 아니므로 위법하다. (○, ×) [15 국회8급]

판례

행정청인 피고가 의무이행기한이 1988.5.24.까지로 된 이 사건 대집행계고서를 5.19. 원고에게 발송하여 원고가 그 이행종기인 5.24. 이를 수령하였다면, 설사 피고가 대집행영장으로써 대집행의 시기를 1988.5.27 15:00로 늦추었더라도 위 대집행계고처분은 상당한 이행기한을 정하여 한 것이 아니어서 대집행의 적법절차에 위배한 것으로 위법한 처분이라고 할 것이다(대판 1990.9.14. 90누2048).

② 계고의 방식

계고는 문서로 하여야 한다. 구두에 의한 계고는 무효이다.

대집행의 계고는 문서에 의한 것이어야 하고, 구두에 의한 계고는 무효가 된다. (○, ×) [12 복지9급]

판례

위법한 건물의 공유자 1인에 대한 계고처분은 다른 공유자에 대하여는 그 효력이 없다(대판 1994.10.28. 94누5144). [16 복지9급]

③ 의무내용의 특정시기

판례

대집행계고를 함에 있어서는 의무자가 스스로 이행하지 아니하는 경우에 대집행할 행위의 내용 및 범위가 구체적으로 특정되어야 하나, [13 국가7급] 그 행위의 내용 및 범위는 반드시 대집행계고서에 의하여서만 특정되어야 하는 것이 아니고, [20 국가7급, 19 서울7급] 계고처분 전후에 송달된 문서나 기타 사정을 종합하여 행위의 내용이 특정되거나 실제건물의 위치, 구조, 평수 등을 계고서의 표시와 대조·검토하여 대집행의무자가 그 이행의무의 범위를 알 수 있을 정도로 하면 족하다(대판 1996.10.11. 96누8086). [18 국가9급, 16 지방9급]

(5) 의무부과와 계고의 결합가능성

판례

계고서라는 명칭의 1장의 문서로서 일정기간 내에 위법건축물의 자진철거를 명함과 동시에 그 소정기한 내에 자진철거를 하지 아니할 때에는 대집행할 뜻을 미리 계고한 경우라도 건축법에 의한 철거명령과 행정대집행법에 의한 계고처분은 독립하여 있는 것으로서 각 그 요건이 충족되었다고 볼 것이다. [19 서울7급, 17 국가7급(下)] 이 경우, 철거명령에서 주어진 일정기간이 자진철거에 필요한 상당한 기간이라면 그 기간 속에는 계고시에 필요한 '상당한 이행기간'도 포함되어 있다고 보아야 할 것이다(대판 1992.6.12. 91누13564). [19 지방9급, 16 경행특채]

(6) 계고의 생략

행정대집행법 제3조【대집행의 절차】③ 비상시 또는 위험이 절박한 경우에 있어서 당해 행위의 급속한 실시를 요하여 전2항에 규정한 수속을 취할 여유가 없을 때에는 그 수속을 거치지 아니하고 대집행을 할 수 있다. [19 서울7급(上), 17 지방7급]

2. 대집행 영장에 의한 통지

(1) 개념

행정대집행법 제3조【대집행의 절차】② 의무자가 전항의 계고를 받고 지정기한까지 그 의무를 이행하지 아니할 때에는 당해 행정청은 대집행영장으로써 대집행을 할 시기, 대집행을 시키기 위하여 파견하는 집행책임자의 성명과 대집행에 요하는 비용의 개산에 의한 견적액을 의무자에게 통지하여야 한다.

(2) 성질

대집행영장에 의한 통지는 준법률행위적 행정행위로서의 통지이고 처분성이 인정되며, 항고소송의 대상이 된다.

(3) 통지의 생략

대집행영장에 의한 통지도 계고와 마찬가지로 비상시 또는 위험이 절박한 경우에 있어서 당해 행위의 급속한 실시를 요하여 통지 절차를 취할 여유가 없을 때는 통지를 생략하고 대집행을 할 수 있다(행정대집행법 제3조 제3항).

행정청이 계고를 함에 있어 의무자가 스스로 이행하지 아니하는 경우 대집행의 내용과 범위가 구체적으로 특정되어야 하며, 대집행의 내용과 범위는 반드시 대집행 계고서에 의해서만 특정되어야 한다. (○, ×) [20 지방9급, 17 국가9급(下)]

대집행할 행위의 내용 및 범위는 반드시 대집행계고서에 의하여서만 특정되어야 하는 것이 아니고, 계고처분 전후에 송달된 문서나 기타 사정을 종합하여 행위의 내용이 특정되거나 의무자가 그 이행의무의 범위를 알 수 있으면 족하다는 것이 판례의 입장이다. (○, ×) [15 경행특채, 14 국가7급]

PART 04

철거명령과 계고를 각각 따로 하지 않고, 일정한 기간 내에 위법건축물의 자진철거를 명함과 동시에 그 소정기간 내에 자진철거를 아니하면 대집행할 뜻을 미리 계고하는 것과 같이 1장의 문서로 철거명령과 계고를 행하는 것은 허용되지 아니한다. (○, ×) [13 지방7급]

계고서라는 명칭의 1장의 문서로 일정기간 내에 위법건축물의 자진철거를 명함과 동시에 그 소정기한 내에 자진철거를 하지 아니할 때에는 대집행할 뜻을 미리 계고한 경우, 철거명령에서 주어진 일정기간이 자진철거에 필요한 상당한 기간이라도 그 기간 속에 계고 시에 필요한 '상당한 이행기간'이 포함된다고 볼 수 없다. (○, ×) [19 지방9급, 16 지방7급]

대집행의 계고는 대집행의 의무적 절차의 하나이므로 생략할 수 없지만, 철거명령과 계고처분을 1장의 문서로 동시에 행할 수는 있다. (○, ×) [20 국가7급, 16 경행특채]

대집행영장에 의한 통지는 그 자체가 독립하여 취소소송의 대상이 된다. (○, ×) [15 지방7급]

대집행영장의 통지는 대집행을 실행하겠다는 단순한 사실의 통지에 불과하여 행정처분이라고 보기 어려우므로 이에 대해서는 취소소송을 제기할 수 없다. (○, ×) [10 국가9급]

행정대집행을 함에 있어 비상시 또는 위험이 절박한 경우에 당해 행위의 급속한 실시를 요하여 절차를 취할 여유가 없을 때에는 계고 및 대집행영장 통지절차를 생략할 수 있다. (○, ×) [16 국가9급]

3. 대집행의 실행

(1) 의의

> **행정대집행법 제4조 【대집행의 실행 등】** ① 행정청(제2조에 따라 대집행을 실행하는 제3자를 포함한다. 이하 이 조에서 같다)은 해가 뜨기 전이나 해가 진 후에는 대집행을 하여서는 아니 된다. 다만, 다음 각 호의 어느 하나에 해당하는 경우에는 그러하지 아니하다.
> 1. 의무자가 동의한 경우
> 2. 해가 지기 전에 대집행을 착수한 경우
> 3. 해가 뜬 후부터 해가 지기 전까지 대집행을 하는 경우에는 대집행의 목적 달성이 불가능한 경우
> 4. 그 밖에 비상시 또는 위험이 절박한 경우
>
> ② 행정청은 대집행을 할 때 대집행 과정에서의 안전 확보를 위하여 필요하다고 인정하는 경우 현장에 긴급 의료장비나 시설을 갖추는 등 필요한 조치를 하여야 한다.

해가 지기 전에 대집행에 착수한 경우라도 해가 진 후에는 대집행을 할 수 없다. (○, ×) [20 지방7급, 19 서울9급]

(2) 성질

대집행의 실행은 권력적 사실행위이므로 처분성이 인정되어 항고소송을 제기할 수 있다. 한편 대집행절차인 계고 및 통지절차를 거치지 아니하고 대집행 실행을 하는 것은 위법한 공무집행이므로 공무집행방해죄가 성립되지 않는다는 것이 판례의 입장이다.

대집행의 실행행위는 권력적 사실행위로서의 성질을 갖는다. (○, ×) [13 서울9급]

(3) 증표의 휴대

> **행정대집행법 제4조 【대집행의 실행 등】** ③ 대집행을 하기 위하여 현장에 파견되는 집행책임자는 그가 집행책임자라는 것을 표시한 증표를 휴대하여 대집행시에 이해관계인에게 제시하여야 한다.

(4) 실력행사의 허용 여부

독일은 실력으로 배제할 수 있다는 명문의 규정이 있으나 우리나라는 명문의 규정이 없어서 학설이 대립된다. 명시적으로 설시한 판례는 없으며, 실무상으로는 대집행의 실행에 의하여 의무자가 수인하지 아니하고 저항할 때에는 형법상 공무집행방해죄에 해당하여 경찰력을 동원하는 것이 일반적이다.

대집행에 대해 상대방이 저항할 경우 그 저항을 배제하기 위하여 최소한의 실력행사는 허용된다고 보는 견해가 있다. (○, ×) [14 서울7급]

행정대집행을 실행할 때 대집행 상대방이 저항하는 경우에 대집행 책임자가 실력행사를 하여 직접강제를 할 수 있다는 것이 판례의 입장이다. (○, ×) [14 국가9급]

판례

건물의 점유자가 철거의무자일 때에는 건물철거의무에 퇴거의무도 포함되어 있는 것이어서 별도로 퇴거를 명하는 집행권원이 필요하지 않다. [22 지방7급, 19 지방9급] 같은 취지에서 원고가 피고들에 대하여 건물퇴거를 구하는 이 사건 소가 부적법하다고 판단한 것은 정당하다. 행정청이 행정대집행의 방법으로 건물철거의무의 이행을 실현할 수 있는 경우에는 건물철거 대집행 과정에서 부수적으로 건물의 점유자들에 대한 퇴거 조치를 할 수 있고, [22 지방9급] 점유자들이 적법한 행정대집행을 위력을 행사하여 방해하는 경우 형법상 공무집행방해죄가 성립하므로, 필요한 경우에는 '경찰관 직무집행법'에 근거한 위험발생 방지조치 또는 형법상 공무집행방해죄의 범행방지 내지 현행범체포의 차원에서 경찰의 도움을 받을 수도 있다(대판 2017.4.28. 2016다213916). [24 국가9급, 20 국가9급]

행정청이 건물 철거의무를 행정대집행의 방법으로 실현하는 과정에서, 건물을 점유하고 있는 철거의무자들에 대하여 제기한 건물퇴거를 구하는 소송은 적법하다. (○, ×) [20 국가9급]

행정대집행의 방법으로 건물철거의무이행을 실현할 수 있는 경우, 철거의무자인 건물 점유자의 퇴거의무를 실현하려면 퇴거를 명하는 별도의 집행권원이 있어야 하고, 철거대집행 과정에서 부수적으로 건물 점유자들에 대한 퇴거조치를 할 수는 없다. (○, ×) [19 국가9급]

4. 비용납부명령

행정대집행법 제5조【비용납부명령서】 대집행에 요한 비용의 징수에 있어서는 실제에 요한 비용액과 그 납기일을 정하여 의무자에게 문서로써 그 납부를 명하여야 한다. [20 지방9급]

행정대집행법 제6조【비용징수】 ① 대집행에 요한 비용은 국세징수법의 예에 의하여 징수할 수 있다. [23 국가9급, 17 지방7급]
② 대집행에 요한 비용에 대하여서는 행정청은 사무비의 소속에 따라 국세에 다음가는 순위의 선취득권을 가진다.
③ 대집행에 요한 비용을 징수하였을 때에는 그 징수금은 사무비의 소속에 따라 국고 또는 지방자치단체의 수입으로 한다. [21 지방9급]

대집행의 비용은 의무자가 부담한다. 비용징수의 성질은 급부하명으로서 처분성이 인정되며, 항고소송의 대상이 된다.

판례

대집행비용의 징수에 관하여 행정대집행법 절차에 따라 국세징수법의 예에 의하여 징수할 수 있으므로, 대한주택공사가 구 대한주택공사법 및 구 대한주택공사법 시행령에 의하여 대집행권한을 위탁받아 공무인 대집행을 실시하기 위하여 지출한 비용을 민사소송절차에 의하여 그 비용의 상환을 청구한 경우에는 소의 이익이 없어 부적법하다(대판 2011.9.8. 2010다48240). [22 지방7급, 19 지방9급]

05 대집행에 대한 권리구제

1. 항고소송

(1) 소송의 대상

대집행의 각 단계의 행위는 모두 행정쟁송의 대상인 처분에 속한다. 즉, '계고'와 '대집행영장에 의한 통지'는 준법률행위적 행정행위로서 통지에 속하고, '대집행 실행행위'는 권력적 사실행위의 성질을 가지며, '비용납부명령'은 하명으로서 모두 처분에 속한다.

(2) 소의 이익

대집행은 단기간에 종료되는 것이 보통이므로 대집행의 실행이 완료된 경우에는 소의 이익을 상실하여 원칙적으로 항고소송의 제기가 허용되지 않는다. 따라서 의무자는 집행정지의 신청을 통하여 대집행실행을 막을 필요가 있다.

판례

이미 대집행이 사실행위로서 완료된 마당에 있어서는 그 행위의 위법을 이유로 하는 손해배상 또는 원상회복의 청구를 하는 것은 몰라도 그 처분의 취소를 구함은 권리보호의 실익이 없는 것이다(대판 1967.10.23. 67누115). [19 지방9급]

- 대집행에 요한 비용에 대하여서는 행정청은 사무비의 소속에 따라 국세와 동일한 순위의 선취득권을 가지며, 대집행에 요한 비용을 징수하였을 때에는 그 징수금은 국고의 수입으로 한다. (○, ×) [23 국가9급]
- 대집행의 소요비용은 행정청이 스스로 부담한다. (○, ×) [13 서울9급]
- 대집행비용의 납부명령은 독립하여 항고소송의 대상이 된다. (○, ×) [11 국가9급]
- 「행정대집행법」 절차에 따라 국세징수의 대집행비용을 징수할 수 있음에도 불구하고 민사소송절차에 의하여 그 비용의 상환을 청구할 수 있다. (○, ×) [19 서울7급(上), 19 국가9급]
- 한국토지주택공사가 구 대한주택공사법 및 같은 법 시행령에 의해 대집행 권한을 위탁받아 대집행을 실시한 경우 그 비용은 민사소송절차에 의해 징수할 수 있다. (○, ×) [16 복지9급]
- 대집행의 실행이 완료된 후에는 소의 이익이 없으므로 행정쟁송으로 다툴 수 없음이 원칙이다. (○, ×) [15 국회8급, 11 국가7급]
- 대집행계고처분 취소소송의 변론이 종결되기 전에 대집행의 실행이 완료된 경우라도 그 계고처분의 취소 또는 무효 확인을 구할 법률상 이익이 있다. (○, ×) [10 국가9급]

PART 04

(3) 입증책임

대집행요건이 충족되었는지에 대한 다툼이 있는 경우 입증책임은 처분청인 행정청에 있다는 것이 판례의 입장이다.

판례

대집행요건을 구비하였는지에 관한 주장 및 입증책임은 처분행정청에 있다(대판 1996.10.11. 96누8086).

허가 없이 신축·증축한 불법건축물의 철거의무를 대집행하기 위한 계고처분 요건의 주장·입증책임은 처분 행정청에 있다. (O, ×) [16 국가7급, 11 복지9급]

(4) 하자의 승계

① 철거명령과 계고처분 사이

대체적 작위의무부과처분(무허가건물철거명령 등)과 계고처분 사이에는 하자가 승계되지 않는다.

판례

법률에 의거한 행정청의 무허가건물철거명령에 대하여 소원이나 소송제기 등 소구절차를 거치지 아니하여 이미 선행행위가 적법인 것으로 확정된 경우에는 후행행위인 대집행계고처분에서는 위 건물이 무허가건물이 아닌 적법한 건축물이라는 주장이나 그러한 사실인정을 하지 못한다(대판 1975.12.9. 75누218).

철거명령과 대집행절차를 이루는 행위는 별개의 법적 효과를 가져오는 행위이므로 철거명령의 흠은 대집행 절차를 이루는 각 행위에 승계되지 아니한다. (O, ×) [14 경행특채, 13 지방7급]

② 대집행 절차 상호 간의 사이

계고처분과 대집행영장통지, 실행, 비용납부명령 사이에는 하자가 승계된다.

판례

대집행의 계고·대집행영장에 의한 통지·대집행의·실행·대집행에 요한 비용의 납부명령 등은, 동일한 행정목적을 달성하기 위하여 단계적인 일련의 절차로 연속하여 행하여지는 것으로서, 서로 결합하여 하나의 법률효과를 발생시키는 것이므로, 선행처분인 계고처분이 하자가 있는 위법한 처분이라면, 후행처분인 대집행비용납부명령의 취소를 청구하는 소송에서 청구원인으로 선행처분인 계고처분이 위법한 것이기 때문에 그 계고처분을 전제로 행하여진 대집행비용납부명령도 위법한 것이라는 주장을 할 수 있다(대판 1993.11.9. 93누14271). [21 지방9급]

행정대집행에 있어 대집행계고, 대집행영장에 의한 통지, 대집행실행, 비용징수의 일련의 절차 중 대집행계고와 대집행영장에 의한 통지 간에는 하자의 승계가 인정되나, 대집행계고와 비용징수 간에는 하자의 승계가 인정되지 않는다. (O, ×) [17 국가7급(下), 16 서울7급]

③ 비용납부명령과 체납처분 사이

비용납부명령과 그 불이행시 체납처분 사이에는 하자 승계가 부정된다.

2. 행정심판

대집행에 불복이 있는 자는 취소심판 등 행정심판의 제기를 통하여 권리구제를 받을 수도 있다(행정심판법 제7조). [21 지방9급] 이러한 행정심판은 임의적 절차에 해당하므로 당사자는 행정심판을 제기하지 않고도 행정소송을 제기할 수 있다(행정소송법 제18조).

3. 손해배상

손해배상청구소송에서 선결문제로 계고처분 등의 위법성을 심사할 수 있으며, 위법한 대집행으로 인하여 손해를 입은 경우에는 국가배상법상의 손해배상을 청구할 수 있다.

판례

1. 계고처분이 위법함을 이유로 배상을 청구하는 취지로 인정될 수 있는 사건에 있어, 미리 그 행정처분의 취소판결이 있어야만 그 위법임을 이유로 피고에게 배상을 청구할 수 있는 것은 아니다(대판 1991.1.25. 87다카2569). [18 교행]
2. 행정대집행이 완료되면 그 처분의 무효 확인 또는 취소를 구할 소의 이익은 없다 하더라도, 미리 그 행정처분의 취소판결이 있어야만, 그 행정처분의 위법임을 이유로 한 손해배상 청구를 할 수 있는 것은 아니다(대판 1972.4.28. 72다337). [17 국회8급, 16 국가7급]

대집행이 완료되어 취소소송을 제기할 수 없는 경우에도 국가배상청구는 가능하다. (○, ×) [15 국가9급]

4. 관련문제 – 국유재산법 등의 경우

국가소유재산의 관리에 관한 「국유재산법」 및 지방자치단체 소유재산의 관리에 관한 「공유재산 및 물품관리법」에 따르면 모든 국유재산・공유재산에 대하여 행정대집행법을 준용할 수 있도록 규정하고 있으므로 행정청은 당해 재산이 행정재산인지 여부나 그 철거의무가 공법상 의무인지 여부에 관계없이 대집행을 할 수 있다.

판례

1. 이 사건 토지는 잡종재산(현 일반재산)인 국유재산으로서, 국유재산법 제52조는 “정당한 사유 없이 국유재산을 점유하거나 이에 시설물을 설치한 때에는 행정대집행법을 준용하여 철거 기타 필요한 조치를 할 수 있다.”고 규정하고 있으므로, 관리권자인 보령시장으로서는 행정대집행의 방법으로 이 사건 시설물을 철거할 수 있고, 이러한 행정대집행의 절차가 인정되는 경우에는 따로 민사소송의 방법으로 피고들에 대하여 이 사건 시설물의 철거를 구하는 것은 허용되지 않는다고 할 것이다. 다만 관리권자인 보령시장이 행정대집행을 실시하지 아니하는 경우 국가에 대하여 이 사건 토지 사용청구권을 가지는 원고로서는 국가를 대위하여 피고들을 상대로 민사소송의 방법으로 이 사건 시설물의 철거를 구할 수 있다고 보아야 할 것이고, 한편 이 사건 청구 중 이 사건 토지 인도청구 부분에 대하여는 관리권자인 보령시장으로서도 행정대집행의 방법으로 이를 실현할 수 없으므로, 원고는 당연히 국가를 대위하여 피고들을 상대로 민사소송의 방법으로 이 사건 토지의 인도를 구할 수 있다고 할 것이다(대판 2009.6.11. 2009다1122).
2. 공유재산 대부계약의 해지에 따른 원상회복으로 행정대집행의 방법에 의하여 그 지상물을 철거시킬 수 있다(대판 2001.10.12. 2001두4078). [18 국가7급]

권원 없이 국유재산에 설치한 시설물에 대하여 관리청이 행정대집행을 통해 철거를 하지 않는 경우 그 국유재산에 대하여 사용청구권을 가진 자는 국가를 대위하여 민사소송으로 그 시설물의 철거를 구할 수 있다. (○, ×) [22 지방9급]

공유재산 대부계약의 적법한 해지에 따라 원상회복을 위하여 실시하는 지상물 철거의무는 대집행의 대상이 되지 않는다. (○, ×) [17 지방7급, 16 서울7급]

PART 04

제 3 절 이행강제금(집행벌)

01 이행강제금의 의의

이행강제금은 심리적 압박을 통하여 간접적으로 의무이행을 확보하는 수단인 행정벌과는 달리 의무이행의 강제를 직접적인 목적으로 하므로, 강학상 직접강제에 해당한다. (○, ×) [19 국가9급]

이행강제금은 작위의무 또는 부작위의무를 불이행한 경우에 그 의무를 간접적으로 강제이행시키는 수단으로서 집행벌이라고도 한다. [23 지방7급, 15 국가7급] 대표적으로 건축법상 이행강제금이 이에 해당한다. 집행벌이라는 용어는 행정벌의 일종으로 오인할 우려가 있다는 점에서 적절하지 않다는 견해가 있다.

02 이행강제금과 행정벌의 구별

1. 목적에 의한 구별

이행강제금은 행정상 강제집행 수단으로서 장래를 향한 의무이행을 확보하는 것임에 반해, [14 서울9급] 행정벌은 과거의 위반에 대한 제재를 주된 목적으로 한다는 점에서 구별된다. 따라서 이행강제금과 행정벌은 그 목적을 달리하므로 양자는 병과될 수 있다.

헌재 판례

전통적으로 행정대집행은 대체적 작위의무에 대한 강제집행수단으로, 이행강제금은 부작위의무나 비대체적 작위의무에 대한 강제집행수단으로 이해되어 왔으나, 이행강제금은 대체적 작위의무의 위반에 대하여도 부과될 수 있다. [21 지방9급] 행정청은 개별사건에 있어서 대집행과 이행강제금을 선택적으로 활용할 수 있으며, 합리적인 재량에 의해 선택하여 활용하는 이상 중첩적인 제재에 해당한다고 볼 수 없다(헌재 2004.2.26. 2002헌바26). [23 국가7급, 21 국가9급]

2. 반복부과 여부

「건축법」상 이행강제금은 일정한 기한까지 의무를 이행하지 않을 때에는 일정한 금전적 부담을 과할 뜻을 미리 계고함으로써 의무자에게 심리적 압박을 주어 장래에 그 의무를 이행하게 하려는 행정상 간접적인 강제집행 수단의 하나로서 반복적으로 부과되더라도 헌법상 이중처벌금지의 원칙이 적용될 여지가 없다. (○, ×) [17 교행, 16 지방9급]

이행강제금은 처벌이 아니므로 의무이행이 있기 전까지는 반복적으로 부과할 수 있다. [23 지방7급, 19 서울7급(上)] 이와 달리 행정벌은 과거의 위반에 대한 제재로서 하나의 의무위반에 대해 반복하여 부과할 수 없다.

판례

건축법이 "허가권자는 최초의 시정명령이 있은 날을 기준으로 하여 1년에 2회의 범위 안에서 당해 시정명령이 이행될 때까지 반복하여 이행강제금을 부과 · 징수할 수 있다."고 규정하였다고 하여 과잉금지원칙에 반한다고 할 수도 없다(대결 2005.8.19. 2005마30).

3. 명령을 이행한 이후 이행강제금의 부과 가부

이행명령을 받은 의무자가 그 명령을 이행한 경우에는 이행강제금을 부과할 수 없다. 이와 별도로 이미 부과된 이행강제금은 징수하여야 한다.

판례

1. 국토의 계획 및 이용에 관한 법률이 이행명령을 받은 자가 그 명령을 이행하는 경우에 새로운 이행강제금의 부과를 즉시 중지하도록 규정한 것은 이행을 확보하고자 한 목적이 이미 실현된 경우에는 그 이행강제금을 부과할 수 없다는 취지를 규정한 것으로서, 부과가 중지되는 '새로운 이행강제금'에는 반복 부과되는 이행강제금뿐만 아니라 이행명령 불이행에 따른 최초의 이행강제금도 포함된다. 의무자가 그 명령을 이행한 경우에는 이행명령에서 정한 기간을 지나서 이행한 경우라도 최초의 이행강제금을 부과할 수 없다(대판 2014.12.11. 2013두15750). [17 국가7급]
2. 이행강제금의 본질상 시정명령을 받은 의무자가 이행강제금이 부과되기 전에 그 의무를 이행한 경우에는 비록 시정명령에서 정한 기간을 지나서 이행한 경우라도 이행강제금을 부과할 수 없다. [20 국가9급, 19 지방7급] 나아가 시정명령을 받은 의무자가 그 시정명령의 취지에 부합하는 의무를 이행하기 위한 정당한 방법으로 행정청에 신청 또는 신고를 하였으나 행정청이 위법하게 이를 거부 또는 반려함으로써 결국 그 처분이 취소되기에 이르렀다면, 특별한 사정이 없는 한 그 시정명령의 불이행을 이유로 이행강제금을 부과할 수는 없다(대판 2018.1.25. 2015두35116).

03 이행강제금의 근거 및 대상

1. 법적 근거

이행강제금에 관한 일반법으로서의 성질을 가지는 법은 없고, 건축법 제80조, 농지법 제63조, 독점규제 및 공정거래에 관한 법률 제16조 등 일부 개별법에 이행강제금이 규정되어 있다.

2. 이행강제금의 대상

이행강제금은 부작위의무나 비대체적 작위의무위반에 부과하는 것이 전통적인 입장이나 대체적 작위의무에 대해서도 이행강제금을 부과할 수 있다.

헌재 판례

전통적으로 행정대집행은 대체적 작위의무에 대한 강제집행수단으로, 이행강제금은 부작위의무나 비대체적 작위의무에 대한 강제집행수단으로 이해되어 왔으나, 이는 이행강제금제도의 본질에서 오는 제약은 아니며, 이행강제금은 대체적 작위의무의 위반에 대하여도 부과될 수 있다. [19 지방9급] 현행 건축법상 위법건축물에 대한 이행강제수단으로 대집행과 이행강제금이 인정되고 있는데, 양 제도는 각각의 장단점이 있으므로 행정청은 개별사건에 있어서 위반내용, 위반자의 시정의지 등을 감안하여 대집행과 이행강제금을 선택적으로 활용할 수 있으며, 이처럼 그 합리적인 재량에 의해 선택하여 활용하는 이상, 중첩적인 제재에 해당한다고 볼 수 없다(헌재 2004.2.26. 2001헌바80). [18 국가7급, 17 국가7급(下)]

- 건축법상 행정청은 의무자가 행정상 의무를 이행할 때까지 이행강제금을 반복하여 부과할 수 있으나, 의무자가 의무를 이행하면 새로운 이행강제금의 부과를 즉시 중지하여야 하고 이미 부과한 이행강제금은 징수하지 아니한다. (○, ×) [21 지방7급]
- 이행강제금이 부과되기 전에 의무를 이행한 경우에도 시정명령에서 정한 기간을 지나서 이행한 경우라면 이행강제금을 부과할 수 있다. (○, ×) [23 국가7급, 19 지방9급]
- 등기신청의무를 이행하였더라도 동법에 규정된 기간이 지나서 등기신청의무를 이행하였다면 이행강제금을 부과할 수 있다. (○, ×) [21 지방9급, 17 교행]
- 「건축법」상 시정명령을 받은 의무자가 그 시정명령의 취지에 부합하는 의무를 이행하기 위한 정당한 방법으로 행정청에 신청 또는 신고를 하였으나 행정청이 위법하게 이를 거부 또는 반려함으로써 결국 그 처분이 취소되기에 이르렀더라도, 이행강제금 제도의 취지에 비추어 볼 때 그 시정명령의 불이행을 이유로 이행강제금을 부과할 수 있다. (○, ×) [23 국가9급]
- 이행강제금은 비대체적 작위의무 위반에만 부과될 뿐 대체적 작위의무의 위반에는 부과될 수 없다. (○, ×) [15 국가9급, 14 복지9급]
- 대집행과 이행강제금 중 어떠한 강제수단을 선택할 것인지에 대하여 행정청의 재량이 인정된다. (○, ×) [20 국가9급, 15 국가7급]
- 건축법에 위반한 건축물의 철거를 명하였으나 불응하자 이행강제금을 부과·징수한 후, 이후에도 철거를 하지 아니하자 다시 행정대집행계고처분을 한 경우 그 계고처분은 유효하다. (○, ×) [16 지방7급]

04 이행강제금의 부과절차

이행강제금의 부과는 의무불이행에 대한 집행벌로 가하는 것이기 때문에 행정절차상 의견청취를 거치지 않아도 된다. (○, ×) [15 국가7급]

이행강제금은 시정명령 등으로 의무가 부과된 경우에 이를 이행하지 아니하는 경우에 상당한 이행기한을 정하여 그 기한까지 이행하지 아니하면 부과함이 보통인데, 그 절차는 보통 계고, 이행강제금의 부과 및 강제징수의 3단계로 되어 있다. 이행강제금의 부과행위는 급부하명으로서 침익적 행정행위다. 따라서 이행강제금의 부과행위에는 행정절차법이 적용되므로, 행정절차상 의견청취를 거쳐야 한다.

1. 이행강제금의 계고

「건축법」상 허가권자는 이행강제금을 부과하기 전에 이행강제금을 부과·징수한다는 뜻을 미리 문서로써 계고하여야 한다. (○, ×) [19 지방9급, 14 복지9급]

행정청은 이행강제금을 부과하기 전에 상당한 이행기간을 정하여 이행강제금을 부과·징수한다는 뜻을 미리 문서로써 계고하여야 한다. [14 복지9급] 즉, 의무이행에 필요한 상당한 기한을 정하여 그 기한까지 의무를 이행할 수 있는 기회를 준 후에야 이행강제금을 부과할 수 있다.

판례

1. 건축법에 의하면, 허가권자는 먼저 건축주 등에 대하여 상당한 기간을 정하여 시정명령을 하고, 건축주 등이 그 시정기간 내에 시정명령을 이행하지 아니하면, 시정명령의 이행에 필요한 상당한 이행기한을 정하여 그 기한까지 시정명령을 이행할 수 있는 기회를 준 후가 아니면 이행강제금을 부과할 수 없다(대판 2010.6.24. 2010두3978).
2. 개발제한구역법 규정에 의하면 이행강제금의 부과·징수를 위한 계고는 시정명령을 불이행한 경우에 취할 수 있는 절차라 할 것이고, 따라서 이행강제금을 부과·징수할 때마다 그에 앞서 시정명령 절차를 다시 거쳐야 할 필요는 없다(대판 2013.12.12. 2012두19137).
3. 건축주 등이 장기간 시정명령을 이행하지 아니하였더라도, 그 기간 중에는 시정명령의 이행 기회가 제공되지 아니하였다가 뒤늦게 시정명령의 이행 기회가 제공된 경우라면, 시정명령의 이행 기회 제공을 전제로 한 1회분의 이행강제금만을 부과할 수 있고, 시정명령의 이행 기회가 제공되지 아니한 과거의 기간에 대한 이행강제금까지 한꺼번에 부과할 수는 없다. [23 국가7급] 그리고 이를 위반하여 이루어진 이행강제금 부과처분은 이행강제금의 본질에 반하여 그러한 하자는 중대할 뿐만 아니라 객관적으로도 명백하다(대판 2016.7.14. 2015두46598). [19 국가7급]
4. 사용자가 이행하여야 할 행정법상 의무의 내용을 초과하는 것을 '불이행 내용'으로 기재한 이행강제금 부과 예고서에 의하여 이행강제금 부과 예고를 한 다음 이를 이행하지 않았다는 이유로 이행강제금을 부과하였다면, 초과한 정도가 근소하다는 등의 특별한 사정이 없는 한 이행강제금 부과처분은 위법하다(대판 2015.6.24. 2011두2170). [19 국가7급]

「건축법」상 이행강제금은 시정명령의 불이행이라는 과거의 위반행위에 대한 제재이므로, 건축주가 장기간 시정명령을 이행하지 않았다면 그 기간 중에 시정명령의 이행 기회가 제공되지 않았다가 뒤늦게 이행 기회가 제공된 경우라 하더라도 이행 기회가 제공되지 않은 과거의 기간에 대한 이행강제금까지 한꺼번에 부과할 수 있다. (○, ×) [18 국가9급]

시정명령의 이행 기회가 제공되지 아니한 과거의 기간에 대한 이행강제금까지 한꺼번에 부과할 수는 없으나, 이를 위반하여 이루어진 이행강제금 부과처분이라 하여 중대하고도 명백한 하자라고는 할 수 없다. (○, ×) [17 국가7급(下)]

2. 이행강제금의 부과

(1) 문서에 의한 부과통지

이행강제금을 부과하는 경우에는 이행강제금의 금액, 이행강제금의 부과사유, 이행강제금의 납부기한 및 수납기관, 이의제기방법 및 이의제기기관 등을 명시한 문서로써 행하여야 한다. 이행강제금의 부과는 명령적 행정행위인 하명처분이며 침익적 강제수단이므로 법적 근거를 요한다. [20 지방9급]

(2) 반복부과

이행강제금의 부과는 해당 의무가 이행될 때까지 수회 반복하여 부과·징수할 수 있다.

(3) 부과중지

의무자가 명령을 이행한 경우에는 더 이상 이행강제금을 부과할 수 없으며, 이미 부과된 이행강제금은 강제징수한다.

3. 강제징수

이행강제금을 납부기한 내에 납부하지 아니한 경우에는 국세 또는 지방세 체납처분의 예에 따라 강제 징수한다. 건축법의 경우에는 건축법 제80조 제7항에서 '이행강제금 부과처분을 받은 자가 이행강제금을 납부기한까지 내지 아니하면 「지방행정제재·부과금의 징수 등에 관한 법률」에 따라 징수한다.'고 규정하고 있다. 한편 이행강제금 납부의 최초독촉은 징수처분으로서 항고소송의 대상이 되는 행정처분이다.

> 건축법상 허가권자는 이행강제금 부과처분을 받은 자가 이행강제금을 납부기한까지 내지 아니하면 「지방세외수입금의 징수 등에 관한 법률」에 따라 징수한다. (○, ×) [10 국가9급]

판례

이행강제금 부과처분을 받은 자가 이행강제금을 기한 내에 납부하지 아니한 때에는 그 납부를 독촉할 수 있으며, 납부독촉에도 불구하고 이행강제금을 납부하지 않으면 체납절차에 의하여 이행강제금을 징수할 수 있고, 이때 이행강제금 납부의 최초 독촉은 징수처분으로서 항고소송의 대상이 되는 행정처분이다(대판 2009.12.24. 2009두14507). [19 지방9급, 17 국회8급]

> 이행강제금 부과처분을 받고 기한 내에 납부하지 아니한 자에 대한 이행강제금 납부독촉은 사실행위인 통지로서 항고소송의 대상이 되지 아니한다. (○, ×) [14 국회8급, 13 국가7급]

PART 04

05 이행강제금에 대한 구제

1. 개별법에 특별한 규정을 두고 있는 경우

이행강제금에 불복하는 자는 이의를 제기할 수 있으며, 이의를 제기한 경우에는 비송사건절차법에 의해 이행강제금을 결정하도록 특별한 규정을 두고 있는 경우가 있다. 이 경우에는 특별한 절차에 따라 권리를 구제받을 수 있을 뿐 항고소송을 제기할 수 없다(농지법 제63조).

> 이행강제금부과처분에 대한 불복방법에는 개별법의 규정에 의한 방법과 일반 행정쟁송에 의하는 방법이 있다. (○, ×) [12 국회9급]

> 농지법상 이행강제금 부과처분은 항고소송의 대상이 되는 처분에 해당하므로 이에 불복하는 경우 항고소송을 제기할 수 있다. (○, ×) [21 국가7급, 20 국가7급]

판례

농지법 제62조 제1항에 따른 이행강제금 부과처분에 불복하는 경우에는 비송사건절차법에 따른 재판절차가 적용되어야 하고, 행정소송법상 항고소송의 대상은 될 수 없다. 설령 관할청이 이행강제금 부과처분을 하면서 재결청에 행정심판을 청구하거나 관할 행정법원에 행정소송을 할 수 있다고 잘못 안내하였다고 하더라도, 그러한 잘못된 안내로 행정법원의 항고소송 재판관할이 생긴다고 볼 수도 없다(대판 2019.4.11. 2018두42955). [23 지방9급]

> 관할청이 「농지법」상의 이행강제금 부과처분을 하면서 재결청에 행정심판을 청구하거나 관할 행정법원에 행정소송을 할 수 있다고 잘못 안내한 경우 행정법원의 항고소송 재판관할이 생긴다. (○, ×) [22 국가9급]

2. 개별법에 특별한 규정을 두고 있지 않은 경우

이행강제금의 부과처분에 대한 불복방법에 관하여 아무런 규정을 두고 있지 않는 경우에는 이행강제금 부과처분은 행정행위이므로 행정심판 또는 행정소송을 제기할 수 있다. [16 서울9급, 15 국가7급]

현행 건축법에 따르면 이행강제금에 대하여 불복하고자 하는 때에는 비송사건절차법에 의한 재판을 통하여야 한다. (○, ×)
[14 서울9급, 08 국가7급]

「건축법」상 이행강제금의 부과에 대해서는 항고소송을 제기할 수 없고 「비송사건절차법」에 따라 재판을 청구할 수 있다. (○, ×)
[17 지방9급, 16 서울9급]

3. 건축법상 이행강제금의 경우

과거 건축법상 이행강제금에 대해서도 비송사건절차법에 의하도록 하는 특별한 규정이 있었으나 2006년 개정 건축법에서는 그러한 규정을 삭제하였다. 따라서 현행 건축법에 따르면 이행강제금에 대하여 불복하고자 하는 때에는 항고소송을 제기하면 된다.

06 관련문제

1. 일신전속성 여부

이행강제금 납부의무는 일신전속적인 것으로 상속되지 않는다는 것이 판례의 입장이다.

이행강제금은 간접강제의 일종으로서 그 이행강제금 납부의무는 일신전속적인 성질의 것이므로 이미 사망한 사람에게 이행강제금을 부과하는 내용의 처분은 당연무효이다. (○, ×) [19 지방7급, 15 국가9급]

사망한 건축주에 대하여 「건축법」상 이행강제금이 부과된 경우 그 이행강제금 납부의무는 상속인에게 승계된다. (○, ×)
[21 국가9급, 16 국가9급]

판례

이행강제금 납부의무는 상속인 기타의 사람에게 승계될 수 없는 일신전속적인 성질의 것이므로 이미 사망한 사람에게 이행강제금을 부과하는 내용의 처분이나 결정은 당연무효이고, [23 국가7급, 21 지방9급] 이행강제금을 부과받은 사람의 재판절차가 개시된 후에 그 이의한 사람이 사망한 때에는 사건 자체가 목적을 잃고 절차가 종료한다(대결 2006.12.8. 2006마470). [17 복지9급, 15 국회8급]

2. 건물완공 후의 이행강제금 부과

공무원들이 위법건축물임을 알지 못하여 공사 도중에 시정명령이 내려지지 않아 위법건축물이 완공되었다 하더라도 위법건축물 완공 후에도 시정명령을 할 수 있고 그 불이행에 대하여 이행강제금을 부과할 수 있다. (○, ×) [13 국회8급]

판례

공무원들이 위법건축물임을 알지 못하여 공사 도중에 시정명령이 내려지지 않아 위법건축물이 완공되었다 하더라도, 완공 후에라도 위법건축물임을 알게 된 이상 시정명령을 할 수 있다고 보아야 할 것이며, 공사기간 중에 위법건축물임을 알지 못하여 시정명령을 하지 않고 있다가 완공 후에 이러한 사실을 알고 시정명령을 하였다고 하여 부당하다고 볼 수는 없다(대결 2002.8.16. 2002마1022).

제 4 절 직접강제

01 직접강제의 의의

사업장의 폐쇄, 외국인의 강제퇴거는 직접강제의 예에 해당한다. (○, ×)
[09 지방9급]

감염병환자의 강제입원, 불법게임물의 폐기는 행정상 직접강제의 예이다. (○, ×) [15 지방9급]

직접강제란 행정법상 의무불이행에 대하여 행정기관이 직접 의무자의 신체·재산에 실력을 가하여 의무의 이행이 있었던 것과 동일한 상태를 실현하는 작용을 말한다. 식품위생법상의 영업소 폐쇄조치, 출입국관리법상의 외국인 강제퇴거 등이 대표적이다.

02 구별개념

직접강제는 대체적 작위의무 · 비대체적 작위의무 · 부작위의무 · 수인의무 등 일체의 의무불이행에 대하여 할 수 있다는 점에서 대체적 작위의무에 대한 강제수단인 대집행과 구별되며, 의무불이행을 전제로 하는 점에서 의무이행을 전제로 하지 않는 즉시강제와 구별된다.

03 직접강제의 근거 및 대상

1. 법적 근거

직접강제는 의무자의 신체 또는 재산에 대해 직접 실력을 가하는 행위이므로 법치행정의 원리상 명시적인 근거가 있어야 한다. 직접강제에 관한 일반법으로서의 성질을 가지는 법은 없고 출입국관리법상의 외국인강제퇴거, 공중위생법 · 먹는물관리법상의 영업장 강제폐쇄, 의료법상의 의료기관폐쇄, 그 외 식품위생법, 학원의 설립 · 운영 및 과외교습에 관한 법률 등 일부 개별법에 직접강제가 규정되어 있다.

> 식품위생법 제79조 【폐쇄조치 등】 ① 식품의약품안전처장, 시 · 도지사 또는 시장 · 군수 · 구청장은 제37조 제1항, 제4항 또는 제5항을 위반하여 허가받지 아니하거나 신고 또는 등록하지 아니하고 영업을 하는 경우 또는 제75조 제1항 또는 제2항에 따라 허가 또는 등록이 취소되거나 영업소 폐쇄명령을 받은 후에도 계속하여 영업을 하는 경우에는 해당 영업소를 폐쇄하기 위하여 관계 공무원에게 다음 각 호의 조치를 하게 할 수 있다.
> 1. 해당 영업소의 간판 등 영업 표지물의 제거나 삭제
> 2. 해당 영업소가 적법한 영업소가 아님을 알리는 게시문 등의 부착
> 3. 해당 영업소의 시설물과 영업에 사용하는 기구 등을 사용할 수 없게 하는 봉인(封印)
>
> ④ 제1항에 따른 조치는 그 영업을 할 수 없게 하는 데에 필요한 최소한의 범위에 그쳐야 한다.

2. 대상

직접강제는 대체적 작위의무 · 비대체적 작위의무 · 부작위의무 · 수인의무 등 모든 의무불이행에 대하여 이행을 강제할 수 있다.

04 직접강제의 한계

직접강제는 강제집행수단 중에서도 가장 강력한 수단이라 할 수 있으므로, 다른 행정상 강제집행수단으로 의무이행을 강제할 수 없을 때 최후의 수단으로서 적용되어야 한다. 따라서 비례의 원칙 등 행정법의 일반원칙들을 준수해야 함은 물론이고, 적법절차의 엄격한 기준에 의해 발동되어야 한다.

경찰관 직무집행법은 직접강제에 관한 일반적 근거를 규정하고 있다. (○, ×) [14 국가9급]

관계 공무원이 계고 등 사전조치 이후 행한 영업 표지물의 제거나 삭제는 즉시강제에 해당한다. (○, ×) [15 서울9급]

위 「식품위생법」 제79조 제4항은 비례의 원칙 중에서 필요성의 원칙을 입법화한 것이다. (○, ×) [15 서울9급]

05 직접강제에 대한 구제

1. 행정쟁송

직접강제는 권력적 사실행위로서 처분성이 인정되므로 항고소송의 대상이 된다. 그러나 직접강제는 그 성질상 단기에 종료되므로 소의 이익이 없게 되는 경우가 많다.

적법한 영업소가 아님을 알리는 게시문 등의 부착에 대해서는 취소소송이 적절한 구제수단이 된다. (○, ×) [15 서울9급]

2. 손해배상

위법한 직접강제로 손해를 입은 자는 국가배상법상의 손해배상청구를 할 수 있다.

제5절 행정상 강제징수

01 행정상 강제징수의 의의

행정상 강제징수란 공법상의 금전납부의무를 불이행한 경우에 행정청이 의무자의 재산에 실력을 가하여 이를 징수하는 작용을 말한다.

판례

국유 일반재산의 대부료 등의 징수에 관하여는 국세징수법 규정을 준용한 간이하고 경제적인 특별구제절차가 마련되어 있으므로, 민사소송의 방법으로 대부료 등의 지급을 구하는 것은 허용되지 아니한다(대판 2014.9.4. 2014다203588). [18 국가7급, 16 지방7급]

공유 일반재산의 대부료 지급은 사법상 법률관계이므로 행정상 강제집행절차가 인정되더라도 따로 민사소송으로 대부료의 지급을 구하는 것이 허용된다. (○, ×) [22 지방9급]

02 법적 근거

행정상의 강제징수는 법적 근거가 있어야 할 수 있으며, 국세징수법이 일반법으로 기능하고 있다. 원래 국세징수법은 국세의 강제징수에 관한 법이지만, 많은 개별법에서 국세징수법을 준용하고 있다.

국세징수법은 행정상 강제징수에 관한 사실상 일반법의 지위를 갖는다. (○, ×) [15 복지9급]

03 국세징수법상의 강제징수의 절차

강제징수 절차는 세금의 과세처분을 전제로 하여 독촉 → 압류 → 매각 → 청산의 순으로 진행된다. 그중에서 압류 · 매각 · 청산을 체납처분이라고 한다. [16 교행]

행정상 강제징수는 금전지급의무의 이행을 강제하기 위한 수단으로, 국세징수법상의 강제징수절차는 독촉 및 체납처분으로 이루어진다. (○, ×) [09 국가9급]

1. 독촉

(1) 개념 및 효과

독촉이란 납세의무자에게 일정기간 내에 그 이행을 최고하고 불이행시에는 체납처분 할 것을 예고하는 준법률행위적 행정행위로서 강학상 통지이며 처분성이 긍정된다. 판례도 독촉의 처분성을 긍정하고 있으나 반복된 독촉에 대해서는 처분성을 부정하고 있다.

독촉만으로는 시효중단의 효과가 발생하지 않는다. (○, ×) [17 복지9급]

독촉은 국세징수권의 소멸시효를 중단시키는 시효중단사유이다.

판례

보험자 또는 보험자단체가 부당이득금 또는 가산금의 납부를 독촉한 후 다시 동일한 내용의 독촉을 하는 경우 최초의 독촉만이 징수처분으로서 항고소송의 대상이 되는 행정처분이 되고 그 후에 한 동일한 내용의 독촉은 소멸시효 중단사유가 되는 독촉이 아니라 민법상의 단순한 최고에 불과하여 국민의 권리의무나 법률상의 지위에 직접적으로 영향을 미치는 것이 아니므로 항고소송의 대상이 되는 행정처분이라 할 수 없다(대판 1999.7.13. 97누119).

(2) 방식 및 독촉생략의 경우

독촉은 반드시 문서로 하여야 하며 원칙적으로 납부기한 경과 후 10일 내에 독촉장을 발부하여야 한다. 독촉절차를 결여한 체납처분의 효력을 다수설은 무효로 보지만, 판례는 무효가 아닌 취소사유로 보고 있다(대판 1987.9.22. 87누383).

국세를 그 납부기한까지 완납하지 아니한 때에는 세무서장·시장 또는 군수는 납기 경과 후 30일 내에 독촉장을 발부하여야 한다. (○, ×) [10 국가7급]

2. 체납처분

(1) 재산압류

① 개념

압류란 납세자가 독촉장을 받고 지정된 기한까지 국세와 가산금을 완납하지 아니한 경우 체납자의 재산을 사실상·법률상으로 처분을 금지하고 확보하는 강제행위를 말한다. 압류는 권력적 사실행위로서 처분성이 인정되며, 항고소송의 대상이 된다.

체납자는 압류된 재산에 대하여 법률상의 처분을 할 수 있다. (○, ×) [16 교행]

② 압류의 요건

판례

압류요건이 흠결된 경우의 압류처분은 위법한 것이기는 하나 당연무효는 아니다(대판 1982.7.13. 81누360).

납세의무자의 재산에 대하여 사실상·법률상의 처분을 금지시키는 강제보전행위인 압류는 사실행위로서 처분적 성격을 가지지 않는다. (○, ×) [10 국가7급]

③ 압류대상재산

압류대상재산은 채무자의 소유로서 금전적 가치가 있고, 양도성 있는 모든 재산이며 동산·부동산·무체재산권을 불문한다.

판례

1. 과세관청이 납세자에 대한 체납처분으로서 제3자의 소유물건을 압류하고 공매하더라도 그 처분으로 인하여 제3자가 소유권을 상실하는 것이 아니므로 체납자가 아닌 제3자의 소유물건을 대상으로 한 압류처분은 처분의 내용이 법률상 실현될 수 없는 것이어서 당연무효이다(대판 1993.4.27. 92누12117).
2. 세무공무원이 국세의 징수를 위해 납세자의 재산을 압류하는 경우 그 재산의 가액이 징수할 국세액을 초과한다 하여 위 압류가 당연무효의 처분이라고는 할 수 없다(대판 1986.11.11. 86누479).

납세자 아닌 제3자의 재산에 대한 체납압류처분은 무효이다. (○, ×) [11 국회8급]

세무 공무원이 국세의 징수를 위해 납세자의 재산을 압류하는 경우 그 재산의 가액이 징수할 국세액을 초과한다면 당해 압류처분은 무효이다. (○, ×) [17 국가9급]

PART 04

압류대상 재산은 의무자 및 동거인의 소유인 재산적인 가치가 있는 모든 재산을 말하며, 생활필수품의 압류에는 의무자의 동의를 요한다. (○, ×) [10 국가7급]

④ 압류금지재산

압류금지재산에 대해서는 체납자의 동의가 있어도 압류할 수 없다(국세징수법 제41조). 체납자의 최소한의 생활을 보호해야 하기 때문이다. 압류금지재산으로는 의복·침구·가구 등 생활필수품 등이 있고, 급료·연금·임금 등 그 밖에 이와 비슷한 성질을 가진 급여채권에 대하여는 그 총액의 2분의 1에 해당하는 금액은 압류하지 못한다.

⑤ 압류의 효력

압류에는 시효중단의 효과가 인정되며, 압류의 하자는 매각·청산에 승계된다.

판례

세무공무원이 체납자의 재산을 압류하기 위해 수색을 하였으나 압류할 목적물이 없어 압류를 실행하지 못한 경우에도 시효중단의 효력이 발생한다(대판 2001.8.21. 2000다12419).

⑥ 압류의 해제

압류의 해제는 유효한 압류에 의하여 발생한 처분금지의 효력을 장래에 향해서 상실시키는 처분이다. 한편 국세징수법 제57조 제1항 제5호의 그 밖의 사유로 압류가 필요 없게 된 때에는 근거법령이 위헌결정을 받은 경우도 포함된다.

국세징수법 제57조 【압류해제의 요건】 ① 관할 세무서장은 다음 각 호의 어느 하나에 해당하는 경우 압류를 즉시 해제하여야 한다.

1. 압류와 관계되는 체납액의 전부가 납부 또는 충당(국세환급금, 그 밖에 관할 세무서장이 세법상 납세자에게 지급할 의무가 있는 금전을 체납액과 대등액에서 소멸시키는 것을 말한다. 이하 이 조, 제60조 제1항 및 제71조 제5항에서 같다)된 경우
2. 국세 부과의 전부를 취소한 경우
3. 여러 재산을 한꺼번에 공매(公賣)하는 경우로서 일부 재산의 공매대금으로 체납액 전부를 징수한 경우
4. 총 재산의 추산(推算)가액이 강제징수비(압류에 관계되는 국세에 우선하는 「국세기본법」 제35조 제1항 제3호에 따른 채권 금액이 있는 경우 이를 포함한다)를 징수하면 남을 여지가 없어 강제징수를 종료할 필요가 있는 경우. 다만, 제59조에 따른 교부청구 또는 제61조에 따른 참가압류가 있는 경우로서 교부청구 또는 참가압류와 관계된 체납액을 기준으로 할 경우 남을 여지가 있는 경우는 제외한다.
5. 제41조에 따른 압류금지재산을 압류한 경우
6. 제3자의 재산을 압류한 경우
7. 그 밖에 제1호부터 제4호까지의 규정에 준하는 사유로 압류할 필요가 없게 된 경우

② 관할 세무서장은 다음 각 호의 어느 하나에 해당하는 경우 압류재산의 전부 또는 일부에 대하여 압류를 해제할 수 있다.

1. 압류 후 재산가격이 변동하여 체납액 전액을 현저히 초과한 경우
2. 압류와 관계되는 체납액의 일부가 납부 또는 충당된 경우
3. 국세 부과의 일부를 취소한 경우
4. 체납자가 압류할 수 있는 다른 재산을 제공하여 그 재산을 압류한 경우

판례

압류 후 부과처분의 근거 법률이 위헌으로 결정된 경우에 압류처분은 취소사유가 있는 경우에 해당되어 압류를 해제하여야 한다(대판 2002.7.12. 2002두3317).

압류 후 부과처분의 근거 법률이 위헌으로 결정된 경우에 압류처분은 취소사유가 있는 것이 되므로 압류를 해제하여야 할 것이다. (○, ×) [08 지방9급]

⑦ 압류 후 세액이 납부된 경우

압류처분 후 고지된 세액이 납부된 경우 압류를 해제하여야 하나, 그것만으로 압류처분이 당연무효가 되는 것은 아니다(대판 1982.7.13. 81누360).

⑧ 상속 또는 합병의 경우

체납자의 재산에 대하여 체납처분을 집행한 후 체납자가 사망하였거나 체납자인 법인이 합병에 의하여 소멸되었을 때에도 그 재산에 대한 체납처분은 계속 진행하여야 한다. 한편 체납자가 사망한 후 체납자 명의의 재산에 대하여 한 압류는 그 재산을 상속한 상속인에 대하여 한 것으로 본다(동법 제27조 제2항).

(2) 압류재산의 매각

① 개념 및 방법

매각은 압류재산을 금원으로 환가하는 것을 말한다. 압류재산의 매각은 입찰 또는 경매 등 공매에 의하여 하는 것이 원칙이나, 예외적으로 수의계약으로 하는 경우도 있다. 예를 들어 매각대금이 체납처분비에 충당하고 잔여가 생길 여지가 없는 때나 부패・변질 또는 감량되기 쉬운 재산으로서 속히 매각하지 않으면 그 재산가격이 감손될 우려가 있는 때에는 수의계약에 의하여 매각한다(동법 제67조).

② 공매의 성질

매각 중 공매는 우월한 공권력의 행사로서 행정소송의 대상이 되는 행정처분인 반면, [15 국가9급] 수의계약은 사법상의 매매계약이다.

판례

과세관청이 체납처분으로서 행하는 공매는 우월한 공권력의 행사로서 행정소송의 대상이 되는 공법상의 행정처분이며 공매에 의하여 재산을 매수한 자는 그 공매처분이 취소된 경우에 그 취소처분의 위법을 주장하여 행정소송을 제기할 법률상 이익이 있다(대판 1984.9.25. 84누201). [16 국가7급]

③ 공매의 결정과 통지

공매의 결정과 통지 자체에 대해서는 처분성을 부정하는 것이 판례의 입장이다.

판례

1. 한국자산공사가 당해 부동산을 인터넷을 통하여 재공매(입찰)하기로 한 결정 자체는 내부적인 의사결정에 불과하여 항고소송의 대상이 되는 행정처분이라고 볼 수 없고, 또한 한국자산공사의 공매통지는 공매사실 자체를 체납자에게 알려주는 데 불과한 것으로서, 행정처분에 해당한다고 할 수 없다(대판 2007.7.27. 2006두8464).
2. 공매처분을 하면서 체납자 등에게 공매통지를 하지 않았거나 공매통지를 하였더라도 그것이 적법하지 아니한 경우에는 절차상의 흠이 있어 그 공매처분이 위법하게 되는 것이지만, [17 국가7급] 공매통지 자체가 그 상대방인 체납자 등의 법적 지위나 권리・의무에 직접적인 영향을 주는 행정처분에 해당한다고 할 것은 아니므로 체납자 등은 공매통지의 결여나 위법을 들어 공매처분의 취소 등을 구할 수 있는 것이지 공매통지 자체를 항고소송의 대상으로 삼아 그 취소 등을 구할 수는 없다(대판 2011.3.24. 2010두25527). [19 서울7급(上), 17 국가9급]

체납자가 사망한 후 체납자 명의의 재산에 대하여 한 압류는 그 재산을 상속한 상속인에 대하여 한 것으로 본다. (○, ×) [10 국가7급]

국세징수법상의 체납처분에서 압류재산의 매각은 공매를 통해서만 이루어지며 수의계약으로 해서는 안 된다. (○, ×) [15 국가9급]

과세관청이 체납처분으로서 하는 공매는 행정처분으로 볼 수 없다. (○, ×) [13 국가7급, 11 국가9급]

과세관청이 체납처분으로서 행하는 공매는 우월한 공권력의 행사로서 행정소송의 대상이 되는 행정처분이나, 공매에 의하여 재산을 매수한 자는 그 공매처분이 취소된 경우에 그 취소처분의 위법을 주장하여 행정소송을 제기할 법률상 이익이 없다. (○, ×) [16 지방9급]

한국자산관리공사가 인터넷을 통하여 재공매(입찰)하기로 한 결정 자체는 상대방의 법적 지위나 권리・의무에 직접 영향을 주는 것으로 행정처분에 해당한다. (○, ×) [16 국가7급]

공매처분을 하면서 체납자에게 공매통지를 하지 않았거나 공매통지를 하였지만 그것이 적법하지 아니하다 하더라도 공매처분 자체는 위법하지 않다. (○, ×)[23 지방9급]

국세징수법상 공매통지에 하자가 있는 경우, 다른 특별한 사정이 없는 한 체납자는 공매통지 자체를 항고소송의 대상으로 삼아 그 취소 등을 구할 수 있다. (○, ×) [20 국가9급, 19 지방7급]

국세징수법상 체납자 등에 대한 공매통지는 체납자 등의 법적 지위나 권리・의무에 직접적인 영향을 주는 행정처분에 해당하지 아니하므로 공매통지가 적법하지 아니한 경우에도 그에 따른 공매처분이 위법하게 되는 것은 아니다. (○, ×) [18 지방9급, 17 복지9급]

PART 04

3. 공매통지의 목적이나 취지 등에 비추어 보면, 체납자 등은 자신에 대한 공매통지의 하자만을 공매처분의 위법사유로 주장할 수 있을 뿐 다른 권리자에 대한 공매통지의 하자를 들어 공매처분의 위법사유로 주장하는 것은 허용되지 않는다(대판 2008.11.20. 2007두18154 전원합의체).
4. 체납자 등에 대한 공매통지는 국가의 강제력에 의하여 진행되는 공매절차에서 체납자 등의 권리 내지 재산상 이익을 보호하기 위하여 법률로 규정한 절차적 요건에 해당하지만, 그 통지를 하지 아니한 채 공매처분을 하였다 하여도 그 공매처분이 당연무효로 되는 것은 아니다(대판 2012.7.26. 2010다50625). [16 지방9급]

---

④ 공매재산평가의 하자

부당하게 저렴한 가격으로 공매되었다 하더라도 그러한 공매처분은 취소사유에 불과하여 취소 전까지는 유효하므로 매수인의 부당이득이 되는 것은 아니다.

판례

공매에 있어서 공매재산에 대한 감정평가나 매각예정가격의 결정이 잘못되었다 하더라도, 그로 인하여 공매재산이 부당하게 저렴한 가격으로 공매됨으로써 공매처분이 위법하다고 볼 수 있는 경우에 공매재산의 소유자 등이 이를 이유로 적법한 절차에 따라 공매처분의 취소를 구하거나, 위법한 재산권의 침해로서 불법행위의 요건을 충족하는 경우에 국가 등을 상대로 불법행위로 인한 손해배상을 청구할 수 있음은 별론으로 하고, 매수인이 공매절차에서 취득한 공매재산의 시가와 감정평가액과의 차액 상당을 법률상의 원인 없이 부당이득한 것이라고는 볼 수 없다(대판 1997.4.8. 96다52915).

> 공매에 있어서 공매재산에 대한 감정평가나 매각예정가격의 결정이 잘못되어 공매재산이 부당하게 저렴한 가격으로 공매된 경우 그 공매처분은 당연무효가 된다. (○, ×) [08 지방7급]

---

⑤ 공매공고기간의 하자

국세징수법이 정한 10일의 공매공고기간이 경과하지 아니한 공매는 위법하다(대판 1974.2.26. 73누186).

(3) 청산

① 개념

청산이란 압류금전, 체납자·제3채무자로부터 받은 금전, 매각대금 등으로 받은 금전을 국세·가산금·체납처분비, 기타의 채권에 배분하는 것을 말한다. 배분 후 남은 금액이 있으면 체납자에게 지급한다. [16 교행] 청산은 체납처분절차의 최종단계로서, 성질은 사실행위이다.

② 배분의 방법

매각대금이 국세·가산금과 체납처분비, 기타의 채권의 총액에 부족한 때에는 민법 기타 법령에 의하여 배분할 순위와 금액을 정하여 배분하여야 한다. 이 경우 압류재산과 관계되는 체납액은 다른 공과금, 기타 채권에 우선한다.

(4) 체납처분의 중지·유예

세무서장은 일정한 사유가 있는 경우 체납처분에 의한 재산의 압류나 압류재산의 매각을 대통령령이 정하는 바에 따라 유예할 수 있다.

04 행정상 강제징수에 대한 구제수단

1. 행정쟁송

행정상 강제징수에 불복이 있으면 개별법에 특별한 규정이 없는 한 국세기본법에 따라 불복을 제기할 수 있다. 다만 국세기본법상의 심사청구 또는 심판청구와 그에 대한 결정을 거치지 아니하면 소송을 제기할 수 없다(국세기본법 제56조 제2항). 국세기본법에 따른 심사청구 또는 심판청구를 하는 경우에는 행정심판법의 규정을 적용하지 아니한다(국세기본법 제56조 제1항). 행정소송은 심사청구 또는 심판청구에 대한 결정의 통지를 받은 날부터 90일 이내에 제기하도록 하여 조세심판전치주의를 취하고 있다(동조 제2항·제3항).

2. 하자의 승계

(1) 체납처분 상호 간

강제징수절차는 독촉과 체납처분으로서 압류·매각·청산 등의 일련의 절차로 이루어지고 이들 절차는 모두 결합하여 하나의 법률효과를 완성하는 관계이므로 하자의 승계가 인정된다.

(2) 조세부과 처분과 체납처분 상호 간

그러나 조세부과처분에 하자가 있는 경우, 조세부과처분은 강제징수의 전제가 되는 단계이므로 조세부과처분의 하자는 독촉에 승계되지 않는다.

> 국세기본법에 의하면 강제징수절차에 불복하는 당사자는 심사청구 또는 심판청구를 거친 후 행정소송을 제기하여야 한다. (○, ×) [16 교행, 15 국가9급]

> 독촉과 체납처분에 대하여 불복이 있는 자는 바로 취소소송을 제기할 수 있다. (○, ×) [15 복지9급]

PART 04

05 가산금(납부지연가산세)

국세를 납부기한까지 완납하지 아니한 때에는 그 납부기한이 지난 날로부터 체납된 세액에 대하여 대통령령으로 정하는 이자율에 상당하는 납부지연가산세를 징수한다(국세기본법 제47조의4 제1항).

판례

국세징수법 제21조, 제22조가 규정하는 가산금 또는 중가산금은 국세를 납부기한까지 납부하지 아니하면 과세청의 확정절차 없이도 법률 규정에 의하여 당연히 발생하는 것이므로 가산금 또는 중가산금의 고지가 항고소송의 대상이 되는 처분이라고 볼 수 없다(대판 2005.6.10. 2005다15482). [23 지방9급, 19 국가9급]

> 국세를 납부기한까지 납부하지 아니하면 과세권자의 가산금 확정절차 없이 「국세징수법」 제21조에 의하여 가산금이 당연히 발생하고 그 액수도 확정된다. (○, ×) [17 국가9급]

> 국세징수법에 따른 가산금은 행정법상 금전급부 불이행에 대한 제재로 가해지는 금전부담이므로 그 고지는 항고소송의 대상이 되는 처분이다. (○, ×) [13 지방7급]

CHAPTER

02 행정상의 즉시강제와 행정조사

제1절 행정상 즉시강제

01 행정상 즉시강제의 의의

행정상 즉시강제란 급박한 위험 또는 장해를 제거하기 위하여 미리 의무를 명할 시간적 여유가 없거나, 그 성질상 의무를 명하여서는 목적 달성이 곤란한 경우에 직접 국민의 신체 또는 재산에 실력을 가하여 행정상 필요한 상태를 실현하는 작용을 말한다. 전염병 환자의 강제입원조치, 불량식품 또는 청소년유해물품의 수거 · 폐기, 주차위반차량의 견인 등이 이에 해당한다.

즉시강제는 과거의 의무위반에 대하여 가해지는 제재이다. (○, ×) [22 국가9급]

02 구별개념

1. 행정상 강제집행과의 구별

행정상 즉시강제는 의무의 존재와 불이행을 전제로 하지 않는다는 점에서, [19 서울9급(上)] 의무의 존재 및 그 불이행을 전제로 하는 행정상 강제집행과 구별된다.

즉시강제란 법령 또는 행정처분에 의한 선행의 구체적 의무의 불이행으로 인한 목전의 급박한 장해를 제거할 필요가 있는 경우에 행정기관이 즉시 국민의 신체 또는 재산에 실력을 행사하여 행정상의 필요한 상태를 실현하는 작용을 말한다. (○, ×) [19 국가9급]

2. 행정조사와의 구별

행정상 즉시강제는 직접 국민의 신체 또는 재산에 실력을 가하여 행정상 필요한 상태를 실현하는 작용이고, 행정조사는 벌칙에 의해 간접적으로 강제하며, 그 자체가 목적이 아니라 자료수집이 기본적 목적이라는 점에서 구별된다.

03 행정상 즉시강제의 근거

행정청이 행정상 즉시강제의 권한을 발동하기 위해서는 엄격한 실정법상 근거를 필요로 하고, 그와 같은 실정법상 근거가 없는 경우에는 허용될 수 없다. [22 국가9급] 행정상 즉시강제에 관한 일반법은 없고 개별법에서 규정을 두고 있으나, [17 국가9급(下)] 경찰관의 직무집행과 관련된 즉시강제에 대해서는 경찰관 직무집행법이 일반법의 지위를 가진다고 보는 것이 다수설이다. 최근 제정된 행정기본법은 즉시강제에 관한 규정을 두고 있다.

행정상 즉시강제는 개인에게 미리 의무를 명할 시간적 여유가 없는 경우를 전제로 하므로 그 긴급성을 고려할 때 원칙적으로 법률적 근거를 요하지 아니한다. (○, ×) [19 서울9급]

행정기본법 제33조 【즉시강제】 ① 즉시강제는 다른 수단으로는 행정목적을 달성할 수 없는 경우에만 허용되며, 이 경우에도 최소한으로만 실시하여야 한다.
② 즉시강제를 실시하기 위하여 현장에 파견되는 집행책임자는 그가 집행책임자임을 표시하는 증표를 보여 주어야 하며, 즉시강제의 이유와 내용을 고지하여야 한다.
③ 제2항에도 불구하고 집행책임자는 즉시강제를 하려는 재산의 소유자 또는 점유자를 알 수 없거나 현장에서 그 소재를 즉시 확인하기 어려운 경우에는 즉시강제를 실시한 후 집행책임자의 이름 및 그 이유와 내용을 고지할 수 있다. 다만, 다음 각 호에 해당하는 경우에는 게시판이나 인터넷 홈페이지에 게시하는 등 적절한 방법에 의한 공고로써 고지를 갈음할 수 있다.
1. 즉시강제를 실시한 후에도 재산의 소유자 또는 점유자를 알 수 없는 경우
2. 재산의 소유자 또는 점유자가 국외에 거주하거나 행방을 알 수 없는 경우
3. 그 밖에 대통령령으로 정하는 불가피한 사유로 고지할 수 없는 경우

04 행정상 즉시강제의 종류

대인적 강제	경찰관 직무집행법	• 보호조치: 미아보호, 정신병자보호 • 범행의 예방·제지, 장구의 사용, 무기의 사용
	개별법	• 감염병예방법: 강제건강진단, 예방접종 [22 국가9급] • 출입국관리법·마약류관리법: 강제수용 • 정신건강복지법: 응급입원
대물적 강제	경찰관 직무집행법	• 무기·흉기·위험물의 임시영치 • 위해방지조치: 무단방치된 장애물제거
	개별법	• 식품위생법·약사법·마약류관리법·검역법: 물건의 폐기 • 소방기본법: 소방대상물에 대한 강제처분 • 청소년보호법: 청소년유해약물의 수거폐기 • 영화비디오법: 불법비디오 수거·폐기 • 형집행법: 물건의 영치
대가택 강제	경찰관 직무집행법	위험방지를 위한 가택출입
	개별법	• 식품위생법·공중위생관리법: 출입 검사 • 조세범 처벌법: 수색

직접강제와 즉시강제를 구분하는 전통적 견해에 의할 때 성질이 다른 하나는? [13 국가9급]
① **출입국관리법상의 외국인 등록 의무를 위반한 사람에 대한 강제퇴거**
② 소방기본법상의 소방활동에 방해가 되는 물건 등에 대한 강제처분
③ 식품위생법상의 위해식품에 대한 압류
④ 마약류관리에 관한 법률상의 승인을 받지 못한 마약류에 대한 폐기

05 행정상 즉시강제의 한계

1. 실체법적 한계

(1) 급박성에 의한 한계

행정상 즉시강제는 현존하는 명백한 위험의 장애를 예방하기 위하여 발동되어야 한다. 단순히 장래 위험발생의 가능성만으로는 행해질 수가 없다.

(2) 보충성에 의한 한계

행정상 즉시강제는 그 본질상 행정목적 달성을 위하여 불가피한 한도 내에서 예외적으로 허용된다(헌재 2002.10.31. 2000헌가12). [12 경행특채] 행정상 즉시강제는 다른 수단으로는 그 목적달성이 불가능하거나 시간적 여유가 없는 경우여야 하며 행정상 강제집행이 가능한 경우에는 행정상 즉시강제는 허용되지 않는다. [21 국가9급, 17 국가9급(下)]

(3) 비례성 원칙에 의한 한계

즉시강제의 목적과 침해되는 상대방의 권익 사이에는 비례관계가 유지되어야 한다. (O, ×) [19 서울9급(上)]

행정상 즉시강제는 적합성의 원칙, 필요성의 원칙, 상당성의 원칙 등 비례원칙을 지켜야 한다.

(4) 소극성 원칙에 의한 한계

행정상 즉시강제는 소극적으로 공공의 안녕질서를 유지하기 위한 것이어야 하고, 적극적으로 공공복리의 달성이라는 목적으로 행사되어서는 안 된다.

2. 영장주의 적용 여부

행정상 즉시강제가 사람이나 그의 주거를 대상으로 하여 행사되는 경우에는 행정객체에 대한 신체의 자유와 주거의 자유를 침해할 가능성이 크다. 예를 들어 특정인에 대한 보호조치는 신체에 대한 구속과 유사하고, 타인의 주거에 대한 수색은 주거침입과 유사하다. 이에 행정상 즉시강제의 경우에도 헌법상 영장주의를 그대로 적용할 것인지에 대해 견해가 대립된다.

영장불요설	영장주의는 본래 범죄수사절차에 있어 형사사법권의 남용을 방지하기 위하여 채택된 것이므로, 행정상의 즉시강제에는 적용되지 않는다는 견해이다.
영장필요설	불요설은 헌법규정을 부당하게 축소 해석하여 기본권을 침해하는 결과가 되므로, 형사작용에만 적용된다는 명문의 제한이 없는 한 그것은 행정상 즉시강제에도 일반적으로 적용된다고 한다.
절충설(多)	우리 헌법상의 영장제도는 형사사법권뿐만 아니라 행정상 즉시강제에도 적용되어야 하나, 다만 즉시강제 중에서 행정목적 달성을 위하여 불가피하다고 인정할 만한 합리적인 이유가 있는 특별한 경우에 한하여 영장주의가 적용되지 않는다는 견해이다.

대법원은 절충설의 입장이지만, 헌법재판소는 영장주의가 적용되지 않는다고 본다.

판례

사전영장주의는 인신보호를 위한 헌법상의 기속원리이기 때문에 인신의 자유를 제한하는 모든 국가작용의 영역에서 존중되어야 하지만, 헌법 제12조 제3항 단서도 사전영장주의의 예외를 인정하고 있는 것처럼 지극히 예외적인 경우에는 형사절차에서와 같은 예외가 인정되므로, 구 사회안전법 소정의 동행보호규정은 재범의 위험성이 현저한 자를 상대로 긴급히 보호할 필요가 있는 경우에 한하여 단기간의 동행보호를 허용한 것으로서 그 요건을 엄격히 해석하는 한, 동 규정 자체가 사전영장주의를 규정한 헌법규정에 반한다고 볼 수는 없다(대판 1997.6.13. 96다56115).

헌재 판례

행정상 즉시강제는 상대방의 임의이행을 기다릴 시간적 여유가 없을 때 하명 없이 바로 실력을 행사하는 것으로서, 그 본질상 급박성을 요건으로 하고 있어 법관의 영장을 기다려서는 그 목적을 달성할 수 없다고 할 것이므로, 원칙적으로 영장주의가 적용되지 않는다. 불법게임물에 대하여 관계당사자에게 수거·폐기를 명하고 그 불이행을 기다려 직접강제 등 행정상의 강제집행으로 나아가는 원칙적인 방법으로는 목적달성이 곤란하다고 할 수 있으므로, 영장 없는 수거를 인정한다고 하더라도 헌법상 영장주의에 위배되는 것으로는 볼 수 없다(헌재 2002.10.31. 2000헌가12). [21 국가9급]

06 행정상 즉시강제에 대한 구제

1. 적법한 즉시강제에 대한 구제

적법한 행정상 즉시강제로 인하여 특정인에게 귀책사유 없이 특별한 손실이 발생한 경우에 그에 대한 보상은 손실보상청구를 통하여 이루어져야 한다. 이와 관련하여 경찰관 직무집행법은 손실발생의 원인에 대하여 책임이 없는 자가 경찰관의 직무집행에 자발적으로 협조하거나 물건을 제공하여 재산상의 손실을 입은 경우 국가는 손실을 입은 자에 대하여 정당한 보상을 하여야 한다고 규정하고 있다.

2. 위법한 즉시강제에 대한 구제

(1) 행정쟁송

행정상 즉시강제는 권력적 사실행위로서 행정쟁송의 대상인 처분에 해당하고 항고소송이 가능하다. [22 국가9급] 일반적으로 즉시강제는 단시간 내에 종료되므로 소의 이익이 없는 경우가 많지만 전염병환자의 강제격리, 정신질환자의 강제입원 등과 같이 계속적 성질을 가지는 경우에는 취소소송·취소심판으로 다툴 소의 이익이 있다.

(2) 손해배상

공무원의 위법한 즉시강제로 인하여 신체 또는 재산상의 손해를 받았을 경우 국가 또는 지방자치단체에 대해 손해배상을 청구할 수 있다. [22 국가9급] 행정상 즉시강제에 대한 항고소송이 소의 이익이 없다는 이유로 제 기능을 발휘하지 못할 때 국가배상청구는 실질적인 권리구제수단으로 기능한다.

- 즉시강제에서 영장주의가 적용되는가의 여부에 대하여 판례는 국민의 권익보호를 위하여 예외 없이 영장주의가 적용되어야 한다는 영장필요설의 입장을 취하고 있다. (○, ×) [13 경행특채]
- 재범의 위험성이 현저한 자를 상대로 긴급히 보호할 필요가 있는 경우에 단기간의 동행보호를 허용한 구 사회안전법상 동행보호규정은 사전영장주의를 규정한 헌법규정에 반한다. (○, ×) [15 경행특채, 14 지방9급]
- 행정강제는 행정상 강제집행을 원칙으로 하므로 불법게임물에 대해서도 관계당사자에게 수거·폐기를 명하고 그 불이행시 직접강제 등 행정상 강제집행으로 나아가야 한다. (○, ×) [19 서울9급(上)]
- 불법게임물을 발견한 경우 관계공무원으로 하여금 영장 없이 이를 수거하여 폐기하게 할 수 있도록 규정한 구 「음반·비디오물 및 게임물에 관한 법률」의 조항은 급박한 상황에 대처하기 위해 행정상 즉시강제를 행할 불가피성과 정당성이 인정되지 않으므로 헌법상 영장주의에 위배된다. (○, ×) [17 국가9급(下), 14 지방9급]
- 손실발생의 원인에 대하여 책임이 없는 자가 경찰관의 직무집행에 자발적으로 협조하거나 물건을 제공하여 재산상의 손실을 입은 경우, 국가는 손실을 입은 자에 대하여 정당한 보상을 하여야 한다. (○, ×) [14 지방9급]
- 즉시강제는 단기간에 그 행위가 완료되는 경우가 대부분이므로 대체로 권리보호의 이익이 없는 경우가 많다. (○, ×) [07 지방9급]

PART 04

판례

타인의 집대문 앞에 은신하고 있다가 경찰관의 명령에 따라 순순히 손을 들고 나오면서 그대로 도주하는 범인을 경찰관이 뒤따라 추격하면서 등 부위에 권총을 발사하여 사망케 한 경우는 위법한 행위로 손해배상책임이 있다(대판 1991.5.28. 91다10084).

판례는 위법한 즉시강제에 대한 항거가 공무집행방해죄를 구성하지 아니한다고 본다. (○, ×) [07 지방9급]

(3) 정당방위

공무원의 즉시강제가 위법하게 행해진 경우 정당방위가 인정된다. 즉 위법한 즉시강제에 저항하는 것은 공무집행방해죄를 구성하지 않는다(대판 2006.11.23. 2006도2732).

3. 인신보호법상의 구제

동법은 위법한 행정처분만이 아니라 사인에 의한 시설에의 수용에 대해서도 적용된다.

인신보호법 제1조 【목적】 이 법은 위법한 행정처분 또는 사인(私人)에 의한 시설에의 수용으로 인하여 부당하게 인신의 자유를 제한당하고 있는 개인의 구제절차를 마련함으로써 「헌법」이 보장하고 있는 국민의 기본권을 보호하는 것을 목적으로 한다.

인신보호법 제2조 【정의】 ① 이 법에서 "피수용자"란 자유로운 의사에 반하여 국가, 지방자치단체, 공법인 또는 개인, 민간단체 등이 운영하는 의료시설·복지시설·수용시설·보호시설(이하 "수용시설"이라 한다)에 수용·보호 또는 감금되어 있는 자를 말한다. 다만 형사절차에 따라 체포·구속된 자, 수형자 및 「출입국관리법」에 따라 보호된 자는 제외한다.
② 이 법에서 "수용자"란 수용시설의 장 또는 운영자를 말한다.

인신보호법 제3조 【구제청구】 피수용자에 대한 수용이 위법하게 개시되거나 적법하게 수용된 후 그 사유가 소멸되었음에도 불구하고 계속 수용되어 있는 때에는 피수용자, 그 법정대리인, 후견인, 배우자, 직계혈족, 형제자매, 동거인, 고용주 또는 수용시설 종사자(이하 "구제청구자"라 한다)는 이 법으로 정하는 바에 따라 법원에 구제를 청구할 수 있다. 다만 다른 법률에 구제절차가 있는 경우에는 상당한 기간 내에 그 법률에 따른 구제를 받을 수 없음이 명백하여야 한다.

인신보호법 제9조 【수용의 임시해제 등】 ① 법원은 수용을 계속하는 경우 발생할 것으로 예상되는 신체의 위해 등을 예방하기 위하여 긴급한 필요가 있다고 인정하는 때에는 직권 또는 구제청구자의 신청에 따라 피수용자의 수용을 임시로 해제할 것을 결정할 수 있다.

인신보호법 제13조 【결정】 ① 법원은 구제청구사건을 심리한 결과 그 청구가 이유가 있다고 인정되는 때에는 결정으로 피수용자의 수용을 즉시 해제할 것을 명하여야 한다.

인신보호법 제16조 【재수용의 금지】 이 법에 따라 수용이 해제된 자는 구제청구의 전제가 된 사유와 같은 사유로 다시 수용할 수 없다.

제 2 절 행정조사

01 행정조사의 의의

행정조사란 행정기관이 정책을 결정하거나 직무를 수행하는 데 필요한 정보나 자료를 수집하기 위하여 현장조사·문서열람·시료채취 등을 하거나 조사대상자에게 보고요구·자료제출요구 및 출석·진술요구를 행하는 활동을 말한다(행정조사기본법 제2조 제1호). [15 경행특채, 12 지방9급] 일반적으로 행정조사 그 자체는 법적 효과를 가져오지 않는 사실행위에 해당한다.

행정조사는 사실행위의 형식으로만 가능하다. (○, ×) [17 서울9급]

일반적으로 행정조사 그 자체는 법적 효과를 가져오지 않는 사실행위에 해당한다. (○, ×) [12 복지9급]

02 행정조사의 독자성 인정 여부

1. 행정조사와 행정상 즉시강제의 독자성 문제

전통적으로 행정조사는 즉시강제에 포함하여 설명하였으나, 오늘날 행정조사의 목적·기능·효과 등의 차이점을 고려하여 독자성을 인정하는 것이 통설이다.

2. 양자의 차이점

① 행정상 즉시강제는 직접 개인의 신체·재산에 실력을 가하여 행정상 필요한 구체적인 결과를 실현시키는 것을 목적으로 하지만 행정조사는 그 자체가 결과를 실현시키는 것이 아니고 행정작용에 필요한 자료수집을 위한 준비적·보조적 수단의 성질을 갖는데 그치며, ② 행정상 즉시강제는 직접적 실력행사를 통해 일정한 상태를 실현시키는데 반해 행정조사는 반드시 실력행사를 수반하지 않으므로 상대방이 거부하는 경우 직접적인 실력행사는 할 수 없고 벌칙에 의하여 간접적으로 강제함에 불과하고, ③ 행정상 즉시강제는 행위의 급박성이 개념요소가 되지만, 행정조사는 급박성이 그 개념의 요소가 되지 않는다는 점에서 구별된다.

03 행정조사의 법적 근거 및 적용범위

1. 법적 근거

> 행정조사기본법 제5조【행정조사의 근거】 행정기관은 법령 등에서 행정조사를 규정하고 있는 경우에 한하여 행정조사를 실시할 수 있다. 다만 조사대상자의 자발적인 협조를 얻어 실시하는 행정조사의 경우에는 그러하지 아니하다. [18 국가9급]

조사대상자의 자발적 협조가 있을지라도 법령 등에서 행정조사를 규정하고 있어야 실시가 가능하다. (○, ×) [17 서울9급, 14 경행특채]

권력적 행정조사(강제조사)에는 법적 근거가 필요하며, 행정조사에 관한 일반법으로는 행정조사기본법이 있고, 행정조사가 규정된 개별법으로는 경찰관 직무집행법, 소방기본법 등이 있다.

2. 적용범위

> **행정조사기본법 제3조 【적용범위】** ① 행정조사에 관하여 다른 법률에 특별한 규정이 있는 경우를 제외하고는 이 법으로 정하는 바에 따른다.
> ② 다음 각 호의 어느 하나에 해당하는 사항에 대하여는 이 법을 적용하지 아니한다.
> 1. 행정조사를 한다는 사실이나 조사내용이 공개될 경우 국가의 존립을 위태롭게 하거나 국가의 중대한 이익을 현저히 해칠 우려가 있는 국가안전보장·통일 및 외교에 관한 사항
> 2. 국방 및 안전에 관한 사항 중 다음 각 목의 어느 하나에 해당하는 사항
>   가. 군사시설·군사기밀보호 또는 방위사업에 관한 사항
>   나. 「병역법」·「예비군법」·「민방위기본법」·「비상대비에 관한 법률」에 따른 징집·소집·동원 및 훈련에 관한 사항
> 3. 「공공기관의 정보공개에 관한 법률」 제4조 제3항의 정보에 관한 사항
> 4. 「근로기준법」 제101조에 따른 근로감독관의 직무에 관한 사항
> 5. 조세·형사·행형 및 보안처분에 관한 사항
> 6. 금융감독기관의 감독·검사·조사 및 감리에 관한 사항
> 7. 「독점규제 및 공정거래에 관한 법률」, 「표시·광고의 공정화에 관한 법률」, 「하도급거래 공정화에 관한 법률」, 「가맹사업거래의 공정화에 관한 법률」, 「방문판매 등에 관한 법률」, 「전자상거래 등에서의 소비자보호에 관한 법률」, 「약관의 규제에 관한 법률」 및 「할부거래에 관한 법률」에 따른 공정거래위원회의 법률위반행위 조사에 관한 사항
>
> ③ 제2항에도 불구하고 제4조(행정조사의 기본원칙), 제5조(행정조사의 근거) 및 제28조(정보통신수단을 통한 행정조사)는 제2항 각 호의 사항에 대하여 적용한다.

- 근로기준법상 근로감독관의 직무에 관한 사항에 대하여는 행정조사기본법이 적용된다. (○, ×) [12 지방9급]
- 근로기준법상 근로감독관의 직무에 관한 사항에 대하여는 행정조사기본법이 적용된다. (○, ×) [12 지방9급]
- 조세에 관한 사항도 행정조사기본법상 행정조사의 대상에 해당한다. (○, ×) [14 국회8급, 10 지방9급]
- 금융감독기관의 감독·검사·조사에 대하여는 행정조사기본법이 적용될 여지가 없다. (○, ×) [12 지방9급, 08 지방7급]
- 「행정조사기본법」 제4조(행정조사의 기본원칙)는 조세·보안처분에 관한 사항에 대하여 적용하지 아니한다. (○, ×) [22 국가7급]

04 행정조사의 법적 한계

1. 실체법적 한계

(1) 일반론

행정조사는 근거법에 규정된 한계를 준수하여야 한다. 행정조사는 행정조사기본법에 규정된 행정조사의 기본원칙을 준수하여야 하며, 그 외 행정법의 일반원칙 등의 한계를 준수하여야 한다.

(2) 행정조사의 기본원칙(행정조사기본법 제4조)

조사범위의 최소화(비례의 원칙)	행정조사는 조사목적을 달성하는 데 필요한 최소한의 범위 안에서 실시하여야 하며, 다른 목적 등을 위하여 조사권을 남용하여서는 아니 된다. [16 국가9급, 14 서울9급]
목적적합성	행정기관은 조사목적에 적합하도록 조사대상자를 선정하여 행정조사를 실시하여야 한다. [16 경행특채]
행정조사중복금지	행정기관은 유사하거나 동일한 사안에 대하여는 공동조사 등을 실시함으로써 행정조사가 중복되지 아니하도록 하여야 한다. [14 경행특채]

- 행정조사는 조사목적을 달성하는 데 필요한 최대한의 범위 안에서 실시하여야 하며, 다른 목적 등을 위하여 조사권을 남용하여서는 아니 된다. (○, ×) [09 국회9급]
- 행정기관이 유사하거나 동일한 사안이라고 하여 공동조사 등을 실시하는 것은 국민의 권익을 침해할 수 있으므로 허용되지 않는다. (○, ×) [16 경행특채]

법령준수유도중점	행정조사는 법령 등의 위반에 대한 처벌보다는 법령 등을 준수하도록 유도하는 데 중점을 두어야 한다. [16 경행특채]
비밀준수	다른 법률에 따르지 아니하고는 행정조사의 대상자 또는 행정조사의 내용을 공표하거나 직무상 알게 된 비밀을 누설하여서는 아니 된다. [16 경행특채]
조사목적 외 이용 금지	행정기관은 행정조사를 통하여 알게 된 정보를 다른 법률에 따라 내부에서 이용하거나 다른 기관에 제공하는 경우를 제외하고는 원래의 조사목적 이외의 용도로 이용하거나 타인에게 제공하여서는 아니 된다. [19 지방7급]

행정조사는 조사를 통해 법령 등의 위반사항을 발견하고 처벌하는 데 중점을 두어야 한다. (○, ×) [14 서울9급, 10 지방9급]

행정기관은 행정조사를 통하여 알게 된 정보를 임의로 다른 국가기관에 제공할 수 있다. (○, ×) [09 지방9급]

2. 절차법적 한계

(1) 행정조사와 영장주의

권력적 행정조사의 경우 영장주의가 적용되는지에 대해 학설은 적극설·소극설·절충설 등이 대립하나, 통설은 원칙적으로 영장주의가 적용되어야 하며 긴급을 요하는 경우에는 영장주의의 적용이 없다고 보는 절충설의 입장이다. 한편 판례도 원칙적으로 영장이 필요하다는 취지로 판시한 적이 있다(대판 1976.11.9. 76도2703).

(2) 실력행사의 가능성

권력적 행정조사에 상대방이 저항하는 경우, 실력을 행사하여 필요한 조사를 할 수 있는가가 문제된다.

긍정설	권력적 행정조사의 성격상 이러한 조사의 방해를 배제하는 것도 권력적 행정조사의 범위 안에 포함된다는 점을 근거로 든다.
부정설(多)	대부분의 법률에서 상대방이 거부하는 경우 행정벌 또는 기타 불이익조치 등 간접적 강제수단을 마련하고 있는 점에 비추어 볼 때, 행정청이 상대방의 저항을 배제하고 직접 이를 실현할 수는 없다는 점을 근거로 든다.

행정조사의 상대방이 조사를 거부하는 경우에 공무원이 실력행사를 하여 강제로 조사할 수 있는지 여부에 대해서는 견해가 대립한다. (○, ×) [14 국가9급]

조사대상자가 행정조사의 실시를 거부하거나 방해하는 경우 조사원은 「행정조사기본법」상의 명문규정에 의하여 조사대상자의 신체와 재산에 대해 실력을 행사할 수 있다. (○, ×) [18 국가7급]

PART 04

05 행정조사기본법의 주요 내용

1. 목적

> 행정조사기본법 제1조 【목적】 이 법은 행정조사에 관한 기본원칙·행정조사의 방법 및 절차 등에 관한 공통적인 사항을 규정함으로써 행정의 공정성·투명성 및 효율성을 높이고, 국민의 권익을 보호함을 목적으로 한다.

2. 조사계획의 수립 및 조사대상의 선정

(1) 연도별 조사의 수립

> 행정조사기본법 제6조 【연도별 행정조사운영계획의 수립 및 제출】 ① 행정기관의 장은 매년 12월 말까지 다음 연도의 행정조사운영계획을 수립하여 국무총리실장에게 제출하여야 한다. 다만 행정조사운영계획을 제출해야 하는 행정기관의 구체적인 범위는 대통령령으로 정한다.
> ② 행정기관의 장이 행정조사운영계획을 수립하는 때에는 제4조에 따른 행정조사의 기본원칙에 따라야 한다.

행정조사는 수시로 실시함을 원칙으로 한다. (○, ×) [15 경행특채]

행정기관은 조사목적에 적합하도록 조사대상자를 선정하여 행정조사를 실시하여야 한다. (○, ×) [14 서울9급]

조사대상의 선정에 있어 자율준수 노력 등을 고려함은 형평에 어긋나므로 허용되지 않는다. (○, ×) [08 국회8급]

행정기관은 조사목적에 적합하도록 조사대상자를 사전에 선정하지 않고 행정조사를 실시해야 한다. (○, ×) [09 국회9급]

조사대상자는 법령 등에서 규정하고 있는 경우에 한하여 조사대상 선정기준에 대한 열람을 행정기관의 장에게 신청할 수 있다. (○, ×) [15 지방9급]

조사대상자가 조사대상 선정기준에 대한 열람을 신청한 경우에 행정기관은 그 열람이 당해 행정조사업무를 수행할 수 없을 정도로 조사활동에 지장을 초래한다는 이유로 열람을 거부할 수 없다. (○, ×) [18 지방9급]

행정조사에 현장조사, 문서열람, 시료채취, 보고요구, 자료제출요구, 진술요구는 포함되지만 출석요구는 포함되지 않는다. (○, ×) [10 지방9급]

(2) 조사의 주기

행정조사기본법 제7조 【조사의 주기】 행정조사는 법령 등 또는 행정조사운영계획으로 정하는 바에 따라 <u>정기적으로 실시함을 원칙으로 한다</u>. 다만 다음 각 호 중 어느 하나에 해당하는 경우에는 <u>수시조사를 할 수 있다</u>.
1. 법률에서 수시조사를 규정하고 있는 경우
2. 법령 등의 위반에 대하여 혐의가 있는 경우
3. 다른 행정기관으로부터 법령 등의 위반에 관한 혐의를 통보 또는 이첩받은 경우
4. 법령 등의 위반에 대한 신고를 받거나 민원이 접수된 경우
5. 그 밖에 행정조사의 필요성이 인정되는 사항으로서 대통령령으로 정하는 경우

(3) 조사대상의 선정

행정조사기본법 제8조 【조사대상의 선정】 ① 행정기관의 장은 행정조사의 목적, <u>법령준수의 실적, 자율적인 준수를 위한 노력, 규모와 업종 등을 고려하여 명백하고 객관적인 기준에 따라 행정조사의 대상을 선정하여야 한다</u>. [14 국회8급]
② 조사대상자는 <u>조사대상 선정기준에 대한 열람을 행정기관의 장에게 신청할 수 있다</u>.
③ 행정기관의 장이 제2항에 따라 열람신청을 받은 때에는 다음 각 호의 어느 하나에 해당하는 경우를 제외하고 신청인이 조사대상 선정기준을 열람할 수 있도록 하여야 한다.
1. 행정기관이 당해 행정조사업무를 수행할 수 없을 정도로 조사활동에 지장을 초래하는 경우
2. 내부고발자 등 제3자에 대한 보호가 필요한 경우

3. 조사방법

(1) <u>출석 · 진술 요구</u>

행정조사기본법 제9조 【<u>출석 · 진술 요구</u>】 ① 행정기관의 장이 조사대상자의 출석 · 진술을 요구하는 때에는 다음 각 호의 사항이 기재된 출석요구서를 발송하여야 한다.
1. 일시와 장소
2. 출석요구의 취지
3. 출석하여 진술하여야 하는 내용
4. 제출자료
5. 출석거부에 대한 제재(근거 법령 및 조항 포함)
6. 그 밖에 당해 행정조사와 관련하여 필요한 사항

② 조사대상자는 지정된 출석일시에 출석하는 경우 업무 또는 생활에 지장이 있는 때에는 행정기관의 장에게 출석일시를 변경하여 줄 것을 신청할 수 있으며, 변경신청을 받은 행정기관의 장은 행정조사의 목적을 달성할 수 있는 범위 안에서 출석일시를 변경할 수 있다.
③ 출석한 조사대상자가 제1항에 따른 출석요구서에 기재된 내용을 이행하지 아니하여 행정조사의 목적을 달성할 수 없는 경우를 제외하고는 조사원은 조사대상자의 1회 출석으로 당해 조사를 종결하여야 한다.

(2) 보고요구와 자료제출의 요구

행정조사기본법 제10조 【보고요구와 자료제출의 요구】 ① 행정기관의 장은 조사대상자에게 조사사항에 대하여 보고를 요구하는 때에는 다음 각 호의 사항이 포함된 보고요구서를 발송하여야 한다.
1. 일시와 장소
2. 조사의 목적과 범위
3. 보고하여야 하는 내용
4. 보고거부에 대한 제재(근거법령 및 조항 포함)
5. 그 밖에 당해 행정조사와 관련하여 필요한 사항

② 행정기관의 장은 조사대상자에게 장부·서류나 그 밖의 자료를 제출하도록 요구하는 때에는 다음 각 호의 사항이 기재된 자료제출요구서를 발송하여야 한다.
1. 제출기간
2. 제출요청사유
3. 제출서류
4. 제출서류의 반환 여부
5. 제출거부에 대한 제재(근거 법령 및 조항 포함)
6. 그 밖에 당해 행정조사와 관련하여 필요한 사항

(3) 현장조사

행정조사기본법 제11조 【현장조사】 ① 조사원이 가택·사무실 또는 사업장 등에 출입하여 현장조사를 실시하는 경우에는 행정기관의 장은 다음 각 호의 사항이 기재된 현장출입조사서 또는 법령 등에서 현장조사시 제시하도록 규정하고 있는 문서를 조사대상자에게 발송하여야 한다.
1. 조사목적
2. 조사기간과 장소
3. 조사원의 성명과 직위
4. 조사범위와 내용
5. 제출자료
6. 조사거부에 대한 제재(근거 법령 및 조항 포함)
7. 그 밖에 당해 행정조사와 관련하여 필요한 사항

② 제1항에 따른 현장조사는 해가 뜨기 전이나 해가 진 뒤에는 할 수 없다. 다만 다음 각 호의 어느 하나에 해당하는 경우에는 그러하지 아니하다.
1. 조사대상자(대리인 및 관리책임이 있는 자를 포함한다)가 동의한 경우
2. 사무실 또는 사업장 등의 업무시간에 행정조사를 실시하는 경우
3. 해가 뜬 후부터 해가 지기 전까지 행정조사를 실시하는 경우에는 조사목적의 달성이 불가능하거나 증거인멸로 인하여 조사대상자의 법령 등의 위반 여부를 확인할 수 없는 경우

③ 제1항 및 제2항에 따라 현장조사를 하는 조사원은 그 권한을 나타내는 증표를 지니고 이를 조사대상자에게 내보여야 한다.

현장조사는 조사대상자가 동의한 경우에도 해가 뜨기 전이나 해가 진 뒤에는 할 수 없다. (○, ×)
[17 서울9급, 09 국가9급]

행정조사기본법 제13조 【자료 등의 영치】 ① 조사원이 현장조사 중에 자료·서류·물건 등(이하 이 조에서 "자료 등"이라 한다)을 영치하는 때에는 조사대상자 또는 그 대리인을 입회시켜야 한다.
② 조사원이 제1항에 따라 자료 등을 영치하는 경우에 조사대상자의 생활이나 영업이 사실상 불가능하게 될 우려가 있는 때에는 조사원은 자료 등을 사진으로 촬영하거나 사본을 작성하는 등의 방법으로 영치에 갈음할 수 있다. [18 국가7급] 다만, 증거인멸의 우려가 있는 자료 등을 영치하는 경우에는 그러하지 아니하다.

(4) 시료채취

조사원이 조사목적의 달성을 위하여 시료채취를 하는 경우 이로 인하여 조사대상자에게 손실을 입힌 때에는 법령이 정하는 절차와 방법에 따라 그 손실을 보상하여야 한다. (○, ×) [08 지방7급]

행정조사기본법 제12조 【시료채취】 ① 조사원이 조사목적의 달성을 위하여 시료채취를 하는 경우에는 그 시료의 소유자 및 관리자의 정상적인 경제활동을 방해하지 아니하는 범위 안에서 최소한도로 하여야 한다.
② 행정기관의 장은 제1항에 따른 시료채취로 조사대상자에게 손실을 입힌 때에는 대통령령으로 정하는 절차와 방법에 따라 그 손실을 보상하여야 한다. [23 국가9급]

판례

우편물 통관검사절차에서 압수·수색영장 없이 우편물의 개봉, 시료채취, 성분분석 등의 검사가 진행되었다면 특별한 사정이 없는 한 위법하다. (○, ×) [15 지방7급]

우편물 통관검사절차에서 이루어지는 우편물의 개봉, 시료채취, 성분분석 등의 검사는 수출입물품에 대한 적정한 통관 등을 목적으로 한 행정조사의 성격을 가지는 것으로서 수사기관의 강제처분이라고 할 수 없으므로, [18 국가7급] 압수·수색영장 없이 우편물의 개봉, 시료채취, 성분분석 등 검사가 진행되었다 하더라도 특별한 사정이 없는 한 위법하다고 볼 수 없다(대판 2013.9.26. 2013도7718). [17 국회8급, 16 국가9급]

(5) 공동조사

행정기관이 유사한 사안이라고 하여 공동조사 등을 실시하는 것은 국민의 권익을 침해할 수 있으므로 허용되지 않는다. (○, ×) [15 경행특채]

행정기관 내의 2 이상의 부서가 동일하거나 유사한 업무분야에 대하여 동일한 조사대상자에게 행정조사를 실시하는 경우 행정기관의 장은 공동조사를 실시할 수 있다. (○, ×) [09 국회8급]

행정조사기본법 제14조 【공동조사】 ① 행정기관의 장은 다음 각 호의 어느 하나에 해당하는 행정조사를 하는 경우에는 공동조사를 하여야 한다. [23 국가9급]
1. 당해 행정기관 내의 2 이상의 부서가 동일하거나 유사한 업무분야에 대하여 동일한 조사대상자에게 행정조사를 실시하는 경우
2. 서로 다른 행정기관이 대통령령으로 정하는 분야에 대하여 동일한 조사대상자에게 행정조사를 실시하는 경우
② 제1항 각 호에 따른 사항에 대하여 행정조사의 사전통지를 받은 조사대상자는 관계 행정기관의 장에게 공동조사를 실시하여 줄 것을 신청할 수 있다. 이 경우 조사대상자는 신청인의 성명·조사일시·신청이유 등이 기재된 공동조사신청서를 관계 행정기관의 장에게 제출하여야 한다.
③ 제2항에 따라 공동조사를 요청받은 행정기관의 장은 이에 응하여야 한다.

(6) 중복조사의 제한

행정조사기본법 제15조 【중복조사의 제한】 ① 제7조에 따라 정기조사 또는 수시조사를 실시한 행정기관의 장은 동일한 사안에 대하여 동일한 조사대상자를 재조사하여서는 아니 된다. 다만 당해 행정기관이 이미 조사를 받은 조사대상자에 대하여 위법행위가 의심되는 새로운 증거를 확보한 경우에는 그러하지 아니하다. [18 서울7급]
② 행정조사를 실시할 행정기관의 장은 행정조사를 실시하기 전에 다른 행정기관에서 동일한 조사대상자에게 동일하거나 유사한 사안에 대하여 행정조사를 실시하였는지 여부를 확인할 수 있다.
③ 행정조사를 실시할 행정기관의 장이 제2항에 따른 사실을 확인하기 위하여 행정조사의 결과에 대한 자료를 요청하는 경우 요청받은 행정기관의 장은 특별한 사유가 없는 한 관련 자료를 제공하여야 한다.

4. 조사의 실시

행정조사기본법 제5조 【행정조사의 근거】 행정기관은 법령 등에서 행정조사를 규정하고 있는 경우에 한하여 행정조사를 실시할 수 있다. 다만, 조사대상자의 자발적인 협조를 얻어 실시하는 행정조사의 경우에는 그러하지 아니하다. [23 국가9급, 18 국가9급]

(1) 법령에 근거한 행정조사

① 조사의 사전통지

행정조사기본법 제17조 【조사의 사전통지】 ① 행정조사를 실시하고자 하는 행정기관의 장은 제9조에 따른 출석요구서, 제10조에 따른 보고요구서·자료제출요구서 및 제11조에 따른 현장출입조사서(이하 "출석요구서 등"이라 한다)를 조사개시 7일 전까지 조사대상자에게 서면으로 통지하여야 한다. [15 경행특채] 다만 다음 각 호의 어느 하나에 해당하는 경우에는 행정조사의 개시와 동시에 출석요구서등을 조사대상자에게 제시하거나 행정조사의 목적 등을 조사대상자에게 구두로 통지할 수 있다.
1. 행정조사를 실시하기 전에 관련 사항을 미리 통지하는 때에는 증거인멸 등으로 행정조사의 목적을 달성할 수 없다고 판단되는 경우
2. 「통계법」 제3조 제2호에 따른 지정통계의 작성을 위하여 조사하는 경우
3. 제5조 단서에 따라 조사대상자의 자발적인 협조를 얻어 실시하는 행정조사의 경우 [18 국가9급]

② 행정기관의 장이 출석요구서등을 조사대상자에게 발송하는 경우 출석요구서등의 내용이 외부에 공개되지 아니하도록 필요한 조치를 하여야 한다.

② 제3자에 대한 보충조사

행정조사기본법 제19조 【제3자에 대한 보충조사】 ① 행정기관의 장은 조사대상자에 대한 조사만으로는 당해 행정조사의 목적을 달성할 수 없거나 조사대상이 되는 행위에 대한 사실 여부 등을 입증하는 데 과도한 비용 등이 소요되는 경우로서 다음 각 호의 어느 하나에 해당하는 경우에는 제3자에 대하여 보충조사를 할 수 있다.
1. 다른 법률에서 제3자에 대한 조사를 허용하고 있는 경우
2. 제3자의 동의가 있는 경우

- 정기조사 또는 수시조사를 실시한 행정기관의 장은 조사대상자의 자발적인 협조를 얻어 실시하는 경우가 아닌 한, 동일한 사안에 대하여 동일한 조사대상자를 재조사하여서는 아니 된다. (○, ×) [18 지방9급]
- 행정조사기본법은 행정조사 실시를 위한 일반적인 근거규범으로서 행정기관은 다른 법령 등에서 따로 행정조사를 규정하고 있지 않더라도 행정조사기본법을 근거로 행정조사를 실시할 수 있다. (○, ×) [18 지방9급]
- 행정기관이 조사대상자의 자발적인 협조를 얻어 실시하는 행정조사의 경우에도 법령 등에서 행정조사를 규정하고 있지 아니한 경우에는 행정조사를 실시할 수 없다. (○, ×) [15 지방7급]
- 행정조사를 실시하고자 하는 행정기관의 장은 출석요구서 등을 조사개시 3일 전까지 조사대상자에게 서면으로 통지하여야 한다. (○, ×) [09 국가9급]
- 「행정조사기본법」에 따르면, 행정조사를 실시하는 경우 조사 개시 7일 전까지 조사대상자에게 출석요구서, 보고요구서·자료제출요구서, 현장출입조사서를 서면으로 통지하여야 하나, 조사대상자의 자발적인 협조를 얻어 행정조사를 실시하는 경우에는 미리 서면으로 통지하지 않고 행정조사의 개시와 동시에 이를 조사대상자에게 제시할 수 있다. (○, ×) [18 국가9급]

PART 04

자발적인 협조에 따라 실시하는 행정조사에 대하여 조사대상자가 조사에 응할 것인지에 대한 응답을 하지 아니하는 경우에는 법령 등에 특별한 규정이 없는 한 그 조사에 동의한 것으로 본다. (○, ×)
[17 서울9급, 09 국회8급]

조사대상자는 행정기관의 장이 승인하지 않는 한 조사원의 교체신청을 할 수 없다. (○, ×)
[10 지방9급]

⑵ 자발적인 협조에 따른 행정조사

행정조사기본법 제20조【자발적인 협조에 따라 실시하는 행정조사】 ① 행정기관의 장이 제5조 단서에 따라 조사대상자의 자발적인 협조를 얻어 행정조사를 실시하고자 하는 경우 조사대상자는 문서·전화·구두 등의 방법으로 당해 행정조사를 거부할 수 있다. [23 지방9급, 18 국가7급]

② 제1항에 따른 행정조사에 대하여 조사대상자가 조사에 응할 것인지에 대한 응답을 하지 아니하는 경우에는 법령 등에 특별한 규정이 없는 한 그 조사를 거부한 것으로 본다. [19 지방7급]

⑶ 조사원 교체신청

행정조사기본법 제22조【조사원 교체신청】 ① 조사대상자는 조사원에게 공정한 행정조사를 기대하기 어려운 사정이 있다고 판단되는 경우에는 행정기관의 장에게 당해 조사원의 교체를 신청할 수 있다. [15 서울7급]

② 제1항에 따른 교체신청은 그 이유를 명시한 서면으로 행정기관의 장에게 하여야 한다. [15 지방9급]

③ 제1항에 따른 교체신청을 받은 행정기관의 장은 즉시 이를 심사하여야 한다.

④ 행정기관의 장은 제1항에 따른 교체신청이 타당하다고 인정되는 경우에는 다른 조사원으로 하여금 행정조사를 하게 하여야 한다.

⑤ 행정기관의 장은 제1항에 따른 교체신청이 조사를 지연할 목적으로 한 것이거나 그 밖에 교체신청에 타당한 이유가 없다고 인정되는 때에는 그 신청을 기각하고 그 취지를 신청인에게 통지하여야 한다.

⑷ 조사권 행사의 제한

행정조사기본법 제23조【조사권 행사의 제한】 ① 조사원은 제9조부터 제11조까지에 따라 사전에 발송된 사항에 한하여 조사대상자를 조사하되, 사전통지한 사항과 관련된 추가적인 행정조사가 필요할 경우에는 조사대상자에게 추가조사의 필요성과 조사내용 등에 관한 사항을 서면이나 구두로 통보한 후 추가조사를 실시할 수 있다.

② 조사대상자는 법률·회계 등에 대하여 전문지식이 있는 관계 전문가로 하여금 행정조사를 받는 과정에 입회하게 하거나 의견을 진술하게 할 수 있다. [15 서울7급]

③ 조사대상자와 조사원은 조사과정을 방해하지 아니하는 범위 안에서 행정조사의 과정을 녹음하거나 녹화할 수 있다. [15 서울7급] 이 경우 녹음·녹화의 범위 등은 상호 협의하여 정하여야 한다.

④ 조사대상자와 조사원이 제3항에 따라 녹음이나 녹화를 하는 경우에는 사전에 이를 당해 행정기관의 장에게 통지하여야 한다.

(5) 정보통신수단을 통한 행정조사

행정조사기본법 제28조 【정보통신수단을 통한 행정조사】 ① 행정기관의 장은 인터넷 등 정보통신망을 통하여 조사대상자로 하여금 자료의 제출 등을 하게 할 수 있다. [15 지방9급]
② 행정기관의 장은 정보통신망을 통하여 자료의 제출 등을 받은 경우에는 조사대상자의 신상이나 사업비밀 등이 유출되지 아니하도록 제도적 · 기술적 보안조치를 강구하여야 한다.

행정기관의 장은 조사대상자의 신상이나 사업비밀 등이 유출될 우려가 있으므로 인터넷 등 정보통신망을 통하여 조사대상자로 하여금 자료의 제출 등을 하게 할 수 없다. (○, ×) [23 국가9급]

(6) 조사결과의 통지

행정조사기본법 제24조 【조사결과의 통지】 행정기관의 장은 법령 등에 특별한 규정이 있는 경우를 제외하고는 행정조사의 결과를 확정한 날부터 7일 이내에 그 결과를 조사대상자에게 통지하여야 한다. [22 국가7급, 18 서울7급]

행정기관의 장은 법령 등에 특별한 규정이 있는 경우를 제외하고는 행정조사의 결과를 확정한 날부터 30일 이내에 그 결과를 조사대상자에게 통지하여야 한다. (○, ×) [15 서울7급]

5. 자율신고제도

행정조사기본법 제25조 【자율신고제도】 ① 행정기관의 장은 법령 등에서 규정하고 있는 조사사항을 조사대상자로 하여금 스스로 신고하도록 하는 제도를 운영할 수 있다.
② 행정기관의 장은 조사대상자가 제1항에 따라 신고한 내용이 거짓의 신고라고 인정할 만한 근거가 있거나 신고내용을 신뢰할 수 없는 경우를 제외하고는 그 신고내용을 행정조사에 갈음할 수 있다.

행정조사기본법 제27조 【자율관리에 대한 혜택의 부여】 행정기관의 장은 제25조에 따라 자율신고를 하는 자와 제26조에 따라 자율관리체제를 구축하고 자율관리체제의 기준을 준수한 자에 대하여는 법령 등으로 규정한 바에 따라 행정조사의 감면 또는 행정 · 세제상의 지원을 하는 등 필요한 혜택을 부여할 수 있다.

행정기관의 장은 법령 등에서 규정하고 있는 조사사항을 조사대상자로 하여금 스스로 신고하도록 하는 제도를 운영할 의무가 있다. (○, ×) [17 국회8급]

행정기관의 장은 조사대상자가 신고한 내용이 거짓의 신고라고 인정할 만한 근거가 있거나 신고내용을 신뢰할 수 없는 경우를 제외하고는 그 신고내용을 행정조사에 갈음하여야 한다. (○, ×) [12 복지9급]

06 행정조사에 대한 구제

1. 적법한 행정조사에 대한 구제

행정조사로 인하여 자신의 귀책사유 없이 특별한 손실을 입은 국민은 그 손실보상을 청구할 수 있다. 행정조사기본법도 일정한 경우 손실보상을 청구할 수 있음을 규정하고 있다.

2. 위법한 행정조사에 대한 구제

(1) 위법한 행정조사와 주된 행정행위의 효력

위법한 행정조사를 통해 수집된 정보를 기초로 내린 행정결정이 위법한 것이 되는지가 문제된다. 이에 비해 판례는 적극설의 입장이다.

판례에 따르면 위법한 행정조사에 기초하여 내려진 행정처분은 위법한 처분이다. (○, ×) [14 경행특채, 12 복지9급]

조세부과처분을 위한 과세관청의 세무조사결정은 사실행위로서 납세의무자의 권리·의무에 직접 영향을 미치는 것은 아니므로 항고소송의 대상이 되지 아니한다. (○, ×) [19 지방7급, 18 국가9급]

위법한 중복세무조사에 기초하여 이루어진 과세처분은 위법한 처분이다. (○, ×) [15 지방7급]

위법한 세무조사를 통하여 수집된 과세자료에 기초하여 과세처분을 하였더라도 그러한 사정만으로 그 과세처분이 위법하게 되는 것은 아니다. (○, ×) [16 국가9급]

판례

1. 부과처분을 위한 과세관청의 질문조사권이 행해지는 세무조사결정이 있는 경우 납세의무자는 세무공무원의 과세자료 수집을 위한 질문에 대답하고 검사를 수인하여야 할 법적 의무를 부담하게 되는 점 등을 종합하면, 세무조사결정은 납세의무자의 권리·의무에 직접 영향을 미치는 공권력의 행사에 따른 행정작용으로서 항고소송의 대상이 된다(대판 2011.3.10. 2009두23617). [18 서울7급, 17 지방9급]
2. 납세자에 대한 부가가치세부과처분이, 종전의 부가가치세 경정조사와 같은 세목 및 같은 과세기간에 대하여 중복하여 실시된 위법한 세무조사에 기초하여 이루어진 것이어서 위법하다(대판 2006.6.2. 2004두12070). [19 지방7급]
3. 세무조사가 과세자료의 수집 또는 신고내용의 정확성 검증이라는 본연의 목적이 아니라 부정한 목적을 위하여 행하여진 것이라면 이는 세무조사에 중대한 위법사유가 있는 경우에 해당하고 이러한 세무조사에 의하여 수집된 과세자료를 기초로 한 과세처분 역시 위법하다(대판 2016.12.15. 2016두47659). [22 국가7급, 21 지방7급]

(2) 항고쟁송

권력적인 강제조사는 권력적 사실행위로서 행정쟁송법상의 처분성이 인정되므로 행정소송의 대상이 될 수 있다. 다만 단기간에 끝나는 행정조사의 경우에는 일반적으로 소의 이익이 부정될 것이다.

(3) 손해배상

위법한 행정조사로 손해를 입은 국민은 「국가배상법」에 따른 손해배상을 청구할 수 있다. [16 국가9급]

CHAPTER

03 행정법

제1절 행정벌의 의의

01 개념 및 특성

행정벌이란 행정상의 의무위반, 즉 행정법규에 의한 명령 또는 금지 위반에 대하여 과하는 제재를 말한다. 행정벌은 과거의 의무위반에 대하여 제재를 가하는 것이지만 그 의무자에게 심리적 압박을 가하여 간접적으로 행정법규의 실효성을 확보하는 수단으로 기능한다.

행정벌과 이행강제금은 장래에 의무의 이행을 강제하기 위한 제재로서 직접적으로 행정작용의 실효성을 확보하기 위한 수단이라는 점에서는 동일하다. (○, ×) [17 국가9급]

02 구별개념

1. 징계벌과의 구별

행정벌	징계벌
일반행정법관계에 의거하여 일반국민을 대상으로 함.	특별권력관계에 근거하여 공무원 등의 내부 구성원을 대상으로 함.
양자는 목적·권력의 기초 등에서 차이가 있으므로 병과할 수 있다.	

징계벌은 특별권력관계의 질서를 유지하기 위한 것이나, 행정벌은 일반권력관계에 있어서 일반사인에 대한 통치권의 발동으로 과해지는 제재이다. (○, ×) [07 지방9급]

2. 이행강제금과의 구별

행정벌	이행강제금
과거의 의무위반에 대한 제재	장래에 대한 의무이행 확보수단
일사부재리 원칙이 적용되어 반복부과 불가	반복부과 가능, 처벌이 아니므로 일사부재리 원칙이 적용되지 않음.
고의·과실 필요	고의·과실 불요
양자는 목적이 다르므로 병과하여 부과할 수 있다.	

3. 형사벌과의 구별

형사범은 국가의 명령이나 금지를 기다릴 것 없이 반사회성이 인식될 수 있는 행위이지만 행정범은 그 자체로서 반사회성이 있는 것이 아니라 국가의 명령금지에 위반됨으로써 비로소 가벌성이 도출되는 것이라는 점에서 양자는 구별된다는 구별긍정설이 통설이다.

03 행정벌의 근거

1. 죄형법정주의 적용

형사벌의 경우와는 달리 행정형벌에 대해서는 죄형법정주의의 원칙이 적용되지 아니한다. (○, ×) [11 복지9급, 10 경행특채]

행정질서벌인 과태료는 죄형법정주의의 규율 대상이다. (○, ×) [21 국가7급, 19 국가9급]

형벌의 대원칙인 죄형법정주의는 행정벌에도 적용된다. 따라서 행정벌의 부과에는 반드시 법률이 있어야 한다. 한편 헌법재판소는 행정형벌에는 죄형법정주의가 적용되나, 행정질서벌인 과태료부과에는 죄형법정주의가 적용되지 않는다고 판시한 바 있다(헌재 1998.5.28. 96헌바83).

2. 구체적 근거

(1) 개별법

행정형벌에 대한 일반법은 없으나, 행정질서벌에 대한 일반법으로는 질서위반행위규제법이 있다.

(2) 조례

지방자치단체는 조례를 위반한 행위에 대하여 조례로써 1천만 원 이하의 과태료를 정할 수 있다(지방자치법 제34조 제1항). 그러나 법률의 위임 없이는 조례로 행정형벌을 규정할 수는 없다.

04 행정벌의 종류

1. 행정형벌

행정형벌이란 형법에 정해져 있는 형벌(사형 · 징역 · 금고 · 자격상실 · 자격정지 · 벌금 · 구류 · 과료 · 몰수)이 과하여지는 것을 말한다. 행정형벌에는 특별한 규정이 있는 경우를 제외하고는 형법총칙이 적용되고(형법 제8조), 과벌절차는 원칙적으로 형사소송절차에 의한다.

2. 행정질서벌

행정질서벌이란 행정목적의 달성에 장애를 미칠 위험성이 있는 행위에 부과되는 제재로 형법상의 벌이 아닌 과태료가 과하여지는 것을 말한다. 형법총칙이 적용되지 않으며, 질서벌의 성립요건 등과 부과 · 징수 등의 절차에 대해서는 원칙적으로 질서위반행위규제법이 적용된다.

3. 양자의 관계

행정형벌의 보호법익은 행정목적 및 공익이고 행정질서벌의 보호법익은 행정질서이다. 행정형벌은 행정목적 등의 직접적인 침해에 대한 제재이고, 행정질서벌은 단순한 행정상 의무태만에 대한 제재이다. 행정형벌과 행정질서벌의 병과는 일사부재리 원칙에 위반되지 않는다.

어떤 행정법규위반행위에 대해 과태료를 과할 것인지 행정형벌을 과할 것인지는 기본적으로 입법재량에 속한다. (○, ×) [14 지방9급, 12 지방7급]

헌재 판례

어떤 행정법규 위반행위에 대하여 행정질서벌인 과태료를 과할 것인가 아니면 행정형벌을 과할 것인가는 기본적으로 입법권자가 제반사정을 고려하여 결정할 입법재량에 속하는 문제라고 할 수 있다(헌재 1994.4.28. 91헌바14).

4. 행정형벌의 행정질서벌화

경미한 행정법규위반에 대해 징역, 벌금 등의 형벌을 부과하는 경우 전과자를 양산하게 되어 바람직하지 못하다는 반성적 고려로, 최근에는 행정법규위반행위에 대한 벌금을 과태료로 전환하는 이른바 행정형벌의 행정질서벌화가 많이 이루어지고 있다.

제2절 행정형벌

01 행정형벌의 특수성

형법 제8조는 '본법 총칙은 타 법령에 정한 죄에 적용한다. 단, 그 법령에 특별한 규정이 있는 때에는 예외로 한다.'고 규정하고 있다. 여기서 '타 법령'을 형법 이외에 형벌을 내용으로 하는 모든 법령을 의미하는 것으로 보아 행정형벌에도 형법총칙이 적용된다. [09 국가9급]

판례

형벌법규의 해석은 엄격하여야 하고 명문규정의 의미를 피고인에게 불리한 방향으로 지나치게 확장 해석하거나 유추 해석하는 것은 죄형법정주의의 원칙에 어긋나는 것으로서 허용되지 않으며, 이러한 법해석의 원리는 그 형벌법규의 적용대상이 행정법규가 규정한 사항을 내용으로 하고 있는 경우에 그 행정법규의 규정을 해석하는 데에도 마찬가지로 적용된다(대판 2007.6.29. 2006도4582). [19 서울9급]

02 행정형벌의 성립요건

1. 구성요건해당성

(1) 구성요건의 개념

행정형벌을 부과하려면 우선 행정형법을 위반하는 행위가 있어야 한다.

(2) 고의 · 과실

구성요건에 해당하는 행위가 고의 또는 과실에 의해서 이루어졌을 때 범죄가 성립한다.

① 고의

형법에 의하면 형사범의 성립에는 원칙적으로 고의가 있어야 하며 과실이 있는 행위는 법률의 특별한 규정이 있는 경우에 처벌한다. 이러한 형법의 규정은 행정범에도 적용되어 행정범의 경우에도 범죄성립을 위해서는 원칙적으로 고의가 있어야 한다.

② 과실행위의 경우

형법 제14조는 '정상적으로 기울여야 할 주의(注意)를 게을리하여 죄의 성립요소인 사실을 인식하지 못한 행위는 법률에 특별한 규정이 있는 경우에만 처벌한다.'라고 규정하고 있다. 통설 및 판례는 명문의 규정이 없더라도 행정형벌 법규의 해석에 의해 과실행위도 처벌한다는 뜻이 도출되는 경우에는 과실행위도 처벌할 수 있다.

과실범을 처벌한다는 명문의 규정이 없더라도 행정형벌법규의 해석에 의하여 과실행위도 처벌한다는 뜻이 도출되는 경우에는 과실범도 처벌될 수 있다. (○, ×) [19 국가9급, 17 서울7급]

구 대기환경보전법에 따라 배출허용기준을 초과하는 배출가스를 배출하는 자동차를 운행하는 행위를 처벌하는 규정은 과실범의 경우에 적용하지 아니한다. (○, ×) [14 국가9급]

판례

비산먼지의 발생을 억제하기 위한 시설을 설치하지 아니하거나 필요한 조치를 하지 아니한 자를 처벌하고자 하는 구 대기환경보전법 제57조 제4호의 규정은 고의범은 물론이고, 과실로 인하여 그러한 내용을 인식하지 못하고 위 시설을 설치하지 아니하거나 필요한 조치를 하지 아니한 자도 함께 처벌하는 규정이라고 해석함이 상당하다(대판 2008.11.27. 2008도7438). [18 지방9급, 17 국가7급]

2. 위법성의 인식

형법 제16조는 '자기의 행위가 법령에 의하여 죄가 되지 아니하는 것으로 오인한 행위는 그 오인에 정당한 이유가 있는 때에 한하여 벌하지 아니한다.'라고 규정하고 있다. 당해 규정의 해석과 관련하여 통설은 행정범의 경우에도 위법성을 현실적으로 인식하지 못했다 하더라도 위법성의 인식이 가능하면 범죄가 성립된다고 본다.

판례

1. 허가를 담당하는 공무원이 허가를 요하지 않는 것으로 잘못 알려 주어 이를 믿었기 때문에 허가를 받지 아니한 것이라면 허가를 받지 않더라도 죄가 되지 않는 것으로 착오를 일으킨 데 대하여 정당한 이유가 있는 경우에 해당하여 처벌할 수 없다(대판 1992.5.22. 91도2525). [11 국회9급]
2. 유흥접객업소의 업주가 경찰당국의 단속대상에서 제외되어 있는 만 18세 이상의 고등학생이 아닌 미성년자는 출입이 허용되는 것으로 알고 있었더라도 이는 미성년자보호법 규정을 알지 못한 단순한 법률의 부지에 해당하고 비록 경찰당국이 단속대상에서 제외하였다 하여 이를 법률의 착오에 기인한 행위라고 할 수는 없다(대판 1985.4.9. 85도25).
3. 교장이 교육위원회의 지시에 따라 양귀비를 심은 것은 죄가 되지 아니하는 것으로 오인한 행위로서 오인한 데 대한 정당한 이유가 있다(대판 1972.3.31. 72도64).

3. 책임능력

형사범의 성립에는 책임능력이 필요하다. 심신장애자 및 농아자의 행위는 형을 필요적으로 감경하며 14세 미만의 자의 행위는 벌하지 않는다. 그러나 행정형벌의 경우에는 이를 배제 또는 제한하는 규정을 두어 14세 미만의 어린이도 범죄능력이 있는 것으로 보아 처벌하는 경우가 있다(담배사업법 제31조).

4. 양벌규정

(1) 의의

양벌규정에 의한 법인의 처벌은 어디까지나 행정적 제재처분일 뿐 형벌과는 성격을 달리한다. (○, ×) [22 국가9급]

범죄행위자와 행위자 이외의 자를 함께 처벌하는 법규정을 양벌규정이라 한다. [22 국가9급] 특히 종업원의 위반행위에 대하여 사업주도 처벌하는 것으로 규정하는 경우가 대표적이다.

(2) 책임주의

종래의 양벌규정은 종업원의 행위에 대한 사업주의 고의·과실 여부와 관계없이 처벌하는 것이 많아 책임주의 원칙에 반하는 것이 아닌가하는 점이 문제되었으나, 최근 헌법재판소에서 이에 대해 책임주의 원칙에 위배된다는 이유로 연이어 위헌결정을 하였고 그 후 양벌규정에 대해 영업주가 관리·감독의무를 해태하지 아니하는 경우에는 영업주의 책임을 면제하는 규정을 두게 되었다. 따라서 지금은 종업원의 행위에 대해 사업주가 무조건 처벌되는 것이 아니고, 종업원의 행위에 대한 사업주의 고의·과실이 있는 경우에만 처벌된다.

헌재 판례

종업원 등이 저지른 행위의 결과에 대한 영업주 개인의 독자적인 책임에 관하여 전혀 규정하지 않은 채, 단순히 영업주가 고용한 종업원 등이 업무에 관하여 범죄행위를 하였다는 이유만으로 영업주 개인에 대하여 형사처벌을 과하고 있는바, 이는 다른 사람의 범죄에 대하여 그 책임 유무를 묻지 않고 형벌을 부과함으로써 법치국가의 원리 및 죄형법정주의로부터 도출되는 책임주의원칙에 반하여 헌법에 위반된다(헌재 2010.12.28. 2010헌가94).

법인의 독자적인 책임에 관한 규정이 없이 단순히 종업원이 업무에 관한 범죄행위를 하였다는 이유만으로 법인에게 형사처벌을 과하는 것은 책임주의 원칙에 반한다. (○, ×) [19 서울9급, 17 국가9급]

PART 04

(3) 행위자 이외의 자의 책임

사업주의 책임은 주의·감독의무를 태만히 한 것에 대한 과실책임의 성질을 가진다. 따라서 종업원이 처벌되지 않는 경우라 하더라도 사업주는 독자적으로 처벌될 수 있다. 법인 대표자의 법규위반행위에 대한 법인의 책임은 법인 자신의 법규위반행위로 평가될 수 있는 행위에 대한 법인의 직접책임이다. [22 국가9급]

종업원의 위반행위에 대해 사업주도 처벌하는 경우, 사업주가 지는 책임은 무과실 책임이다. (○, ×) [12 지방9급]

판례

양벌규정에 의한 영업주의 처벌은 금지위반행위자인 종업원의 처벌에 종속하는 것이 아니라 독립하여 그 자신의 종업원에 대한 선임감독상의 과실로 인하여 처벌되는 것이므로 종업원의 범죄성립이나 처벌이 영업주 처벌의 전제조건이 될 필요는 없다(대판 2006.2.24. 2005도7673). [23 국가7급, 22 국가9급]

양벌규정에 의한 영업주의 처벌은 금지위반행위자인 종업원의 처벌에 종속하는 것이므로 종업원의 범죄성립이나 처벌이 영업주 처벌의 전제조건이 된다. (○, ×) [20 지방7급, 19 서울9급]

양벌규정에 의한 영업주의 처벌은 금지위반행위자인 종업원의 처벌에 종속되는 것이므로 영업주만 따로 처벌할 수는 없다. (○, ×) [22 지방9급, 21 국가7급]

(4) 법인의 책임

행정법규에는 법인의 대표자·대리인·사용인 기타 종업원이 그 법인의 업무에 관하여 행정법상의 의무를 위반한 경우에는 그 행위를 벌하는 외에 법인에 대하여도 재산형(벌금·과료·몰수)을 과할 것을 규정하는 경우가 많다. 한편 지방자치단체도 자치사무에 관해서는 양벌규정의 적용대상이 되는 법인이라는 것이 판례의 입장이다.

판례

1. 지방자치단체가 그 고유의 자치사무를 처리하는 경우에는 지방자치단체는 국가기관의 일부가 아니라 국가기관과는 별도의 독립한 공법인이므로, 지방자치단체 소속 공무원이 지방자치단체 고유의 자치사무를 수행하던 중 도로법 제81조 내지 제85조의 규정에 의한 위반행위를 한 경우에는 지방자치단체는 도로법 제86조의 양벌규정에 따라 처벌대상이 되는 법인에 해당한다(대판 2005.11.10. 2004도2657). [23 지방9급, 21 지방7급]

지방자치단체 소속 공무원이 지방자치단체 고유의 자치사무를 수행하던 중 도로법 규정에 의한 위반행위를 한 경우 지방자치단체는 도로법 소정의 양벌규정에 따라 처벌대상이 되는 법인에 해당하지 않는다. (○, ×) [24 국가9급, 20 국가7급]

국가가 본래 그의 사무의 일부를 지방자치단체의 장에게 위임하여 처리하게 하는 기관위임사무의 경우 지방자치단체는 양벌규정에 의해 처벌대상이 되는 법인에 해당한다. (○, ×) [14 경행특채]

2. 지방자치단체 소속 공무원이 지정항만순찰 등의 업무를 위해 관할관청의 승인 없이 개조한 승합차를 운행함으로써 구 자동차관리법을 위반한 사안에서, 지방자치법, 구 항만법, 구 항만법 시행령 등에 비추어 위 항만순찰 등의 업무가 지방자치단체의 장이 국가로부터 위임받은 기관위임사무에 해당하여, 해당 지방자치단체가 구 자동차관리법 제83조의 양벌규정에 따른 처벌대상이 될 수 없다(대판 2009.6.11. 2008도6530). [17 국가7급(下), 17 서울7급]

03 행정형벌의 과벌절차

1. 일반절차

행정형벌은 형사소송법이 정하는 절차에 따라 법원이 과벌하는 것이 원칙이다. (○, ×) [09 국가9급]

행정형벌도 형벌과 마찬가지로 형사소송법에 따라 법원이 부과하는 것이 원칙이다.

2. 특별절차

(1) 통고처분

① 통고처분의 의의

통고처분이란 일정한 행정범 등에 대해 정식재판에 대신하여 절차의 간이·신속을 목적으로 상대방의 동의를 조건으로 행정청이 벌금 또는 과료에 상당하는 금액의 납부 등을 통고하는 준사법적 행위를 말한다.

② 통고처분의 대상

통고처분은 조세범, 관세범, 출입국사범, 교통사범 등 행정형벌의 예외적인 과벌절차이다. (○, ×) [08 선관위9급]

통고처분권자는 검사이다. (○, ×) [07 서울9급]

통고처분은 모든 범죄에 대해 인정되는 것이 아니라 일정한 범죄에 인정되고 있는데, 현행법상 조세범, 관세범, 교통사범, 출입국관리사범, 경범죄사범 등에 인정되고 있다. 한편 통고처분권자는 세무서장, 국세청장, 관세청장, 세관장, 경찰서장 등이며, 검사나 법원이 되는 것은 아니다.

③ 통고처분의 취지

헌재 판례

도로교통법상의 통고처분은 처분을 받은 당사자의 임의의 승복을 발효요건으로 하고 있으며, 행정공무원에 의하여 발하여 지는 것이지만, 통고처분에 따르지 않고자 하는 당사자에게는 정식재판의 절차가 보장되어 있다. [23 지방7급] 통고처분 제도는 형사처벌절차에 수반되는 여러 불이익을 당하지 않고 검찰 및 법원의 과중한 업무 부담을 덜어 준다. 통고처분제도는 형벌의 비범죄화 정신에 접근하는 제도이다. 이러한 점들을 종합할 때, 통고처분 제도의 근거규정인 도로교통법 제118조 본문이 적법절차원칙이나 권력분립원칙에 위배된다거나, 재판청구권을 침해하는 것이라 할 수 없다(헌재 2003.10.30. 2002헌마275).

「관세법」상 통고처분은 상대방의 임의의 승복을 그 발효요건으로 하기 때문에 그 자체만으로는 통고이행을 강제하거나 상대방에게 아무런 권리의무를 형성하지 않는다. (○, ×) [19 국가7급, 14 국가9급]

통고처분은 법정기간 내에 납부하지 않는 것을 해제조건으로 하는 행정처분이므로 행정소송의 대상이 된다. (○, ×) [22 지방9급, 21 지방7급]

④ 통고처분의 법적 성질

판례

도로교통법 제118조에서 규정하는 경찰서장의 통고처분은 행정소송의 대상이 되는 행정처분이 아니므로 그 처분의 취소를 구하는 소송은 부적법하고, 도로교통법상의 통고처분을 받은 자가 그 처분에 대하여 이의가 있는 경우에는 통고처분에 따른 범칙금의 납부를 이행하지 아니함으로써 경찰서장의 즉결심판청구에 의하여 법원의 심판을 받을 수 있게 될 뿐이다(대판 1995.6.29. 95누4674). [23 지방9급, 22 국가7급]

⑤ 통고처분의 재량성 여부

판례

관세법 규정에 의하면, 통고처분을 할 것인지의 여부는 관세청장 또는 세관장의 재량에 맡겨져 있고, 따라서 관세청장 또는 세관장이 관세범에 대하여 통고처분을 하지 아니한 채 고발하였다는 것만으로는 그 고발 및 이에 기한 공소의 제기가 부적법하게 되는 것은 아니다(대판 2007.5.11. 2006도1993). [21 서울7급]

⑥ 통고처분의 효과

행정청의 범칙자로 인정된 자에 대하여 그 이유를 명시한 범칙금납부통고서로 범칙금납부를 통고할 수 있고, 이 경우 범칙자는 15일 이내(도로교통법은 10일 이내)에 납부해야 한다. 통고처분에 따른 이행은 확정판결에 준하는 효력이 발생하며, 통고처분을 이행한 자에 대하여는 범칙행위의 동일성이 인정되는 한 이중처벌금지의 원칙 및 일사부재리의 원칙이 적용되어 다시 소추하지 못한다. [15 지방9급] 한편 통고처분은 일반적으로 공소시효를 중단시킨다는 특별규정을 두고 있다(조세범 처벌절차법 제16조 등).

판례

1. 경범죄처벌법상 범칙금제도는 경찰서장 등의 통고처분에 의하여 일정액의 범칙금을 납부하는 기회를 부여하여 범칙금을 납부하는 사람에 대하여는 기소를 하지 아니하고 사건을 간이하고 신속·적정하게 처리하기 위하여 처벌의 특례를 마련해 둔 것이라는 점에서 법원의 재판절차와는 제도적 취지 및 법적 성질에서 차이가 있다. 그리고 범칙금의 납부에 따라 확정판결에 준하는 효력이 인정되는 범위는 범칙금 통고의 이유에 기재된 당해 범칙행위 자체 및 범칙행위와 동일성이 인정되는 범칙행위에 한정된다(대판 2012.9.13. 2012도6612).
2. 경찰서장이 범칙행위에 대하여 통고처분을 한 이상, 범칙자의 위와 같은 절차적 지위를 보장하기 위하여 통고처분에서 정한 범칙금 납부기간까지는 원칙적으로 경찰서장은 즉결심판을 청구할 수 없고, 검사도 동일한 범칙행위에 대하여 공소를 제기할 수 없다(대판 2020.4.29. 2017도13409). [21 지방9급]
3. 지방국세청장 또는 세무서장이 조세범칙행위에 대하여 고발을 한 후에 동일한 조세범칙행위에 대하여 통고처분을 하였더라도, 이는 법적 권한 소멸 후에 이루어진 것으로서 효력이 없고, [23 국가7급] 조세범칙행위자가 이러한 통고처분을 이행하였더라도 조세범 처벌절차법 제15조 제3항에서 정한 일사부재리의 원칙이 적용될 수 없다(대판 2016.9.28. 2014도10748).

⑦ 통고처분에 대한 권리구제

통고처분에 대해 불복이 있는 경우 통고처분에 따른 범칙금을 납부하지 않으면 통고처분은 그 효력을 상실하며 행정청의 즉결심판의 청구 또는 고발에 의한 정식의 형사소송절차가 개시되는 것으로 특별규정을 두고 있다. 따라서 통고처분은 항고소송의 대상인 처분이 아니라는 것이 통설과 판례의 입장이며, 이러한 점이 헌법위반이 되는 것은 아니라는 것이 헌법재판소의 입장이다.

- 법률에 따라 통고처분을 할 수 있으면 행정청은 통고처분을 하여야 하며, 통고처분 이외의 조치를 취할 재량은 없다. (○, ×) [15 지방9급]
- 통고처분에 따른 범칙금을 납부한 후에 동일한 사건에 대하여 다시 형사처벌을 하는 것이 일사부재리의 원칙에 반하는 것은 아니다. (○, ×) [19 국가9급]
- 통고처분이 행하여지더라도 공소시효의 진행은 중단되지 않는다. (○, ×) [11 지방7급]
- 통고처분에 의해 범칙금을 납부한 경우, 그 납부의 효력에 따라 다시 벌 받지 아니하게 되는 행위사실은 범칙금 통고의 이유에 기재된 당해 범칙행위 자체에 한정될 뿐, 그 범칙행위와 동일성이 인정되는 범칙행위에는 미치지 않는다. (○, ×) [17 국가7급]
- 「조세범 처벌절차법」상 지방국세청장 또는 세무서장이 조세범칙행위에 대하여 고발을 한 후에 동일한 조세범칙행위에 대하여 통고처분을 하였다면 조세범칙행위에 대한 고발은 효력을 상실한다. (○, ×) [21 서울7급]
- 통고처분을 받은 자가 통고처분의 내용을 이행하지 아니하면 권한행정청은 일정기간 내에 고발할 수 있고, 그에 따라 형사소송절차로 이행되게 된다. (○, ×) [08 국가9급]
- 행정법규 위반자가 법정기간 내에 통고처분에 의해 부과된 금액을 납부하지 않으면 「비송사건절차법」에 의해 처리된다. (○, ×) [15 지방9급]

PART 04

(2) 즉결심판

20만 원 이하의 벌금·구류 또는 과료의 행정형벌은 즉결심판에 관한 절차법이 정하는 바에 따라 과하여지며, 그 형은 경찰서장에 의하여 집행된다. 즉결심판에 불복이 있는 피고인은 고지를 받은 날로부터 7일 이내에 소관 지방법원 또는 지방법원 지원에 정식재판을 청구할 수 있다(즉결심판에 관한 절차법 제14조). 도로교통법상 경찰서장은 범칙금 미납자에 대하여 지체 없이 즉결심판을 청구하여야 한다.

제3절 행정질서벌

01 행정질서벌의 의의

행정질서벌이란 행정법규 위반에 대한 제재로서 과태료가 과하여지는 행정벌을 말한다. [16 서울9급] 행정벌은 과거의 의무위반에 대한 재제로서의 성격을 지닌 점에서 장래의 의무이행 확보를 위한 강제집행과 즉시강제와 구별되고, 행정질서벌은 과태료를 부과하는 점에서 형을 부과하는 행정형벌과 구별된다.

02 법적 근거

지방자치단체는 조례를 통하여 행정질서벌을 정할 수 있다. (○, ×) [11 복지9급]

행정질서벌에 관한 일반법으로 질서위반행위규제법이 있고, 지방자치법 제34조 제1항은 '지방자치단체는 조례를 위반한 행위에 대하여 조례로써 1천만 원 이하의 과태료를 정할 수 있다.'고 규정하고 있다.

03 과태료 부과처분의 처분성 여부

「질서위반행위규제법」에 따른 과태료 부과처분은 항고소송의 대상인 행정처분에 해당한다. (○, ×) [16 국가9급]

질서위반행위규제법상의 과태료 부과처분은 취소소송의 대상인 행정처분이 아니다. 동법 제20조 제2항에 의하면 과태료 부과처분에 대해 이의를 제기하면 과태료 부과처분은 효력을 상실하기 때문에 항고소송의 대상적격으로서 처분성을 인정할 수 없다. [18 서울7급]

04 행정질서벌의 특성

1. 고의 · 과실의 필요 여부

질서위반행위규제법이 제정되기 전 판례는 행정질서벌을 부과함에 있어서는 원칙적으로 행위자의 주관적인 고의 · 과실을 요하지 않는다고 보았으나, 질서위반행위규제법은 고의 또는 과실이 없는 질서위반행위는 과태료를 부과하지 아니한다고 규정하고 있다. 따라서 현행법상 행정질서벌인 과태료를 부과하기 위해서는 고의 또는 과실이 있어야 한다. [17 국회8급, 16 지방7급]

판례

질서위반행위규제법은 제7조에서 "고의 또는 과실이 없는 질서위반행위는 과태료를 부과하지 아니한다."고 규정하고 있으므로, 질서위반행위를 한 자가 자신의 책임 없는 사유로 위반행위에 이르렀다고 주장하는 경우 법원으로서는 그 내용을 살펴 행위자에게 고의나 과실이 있는지를 따져보아야 한다(대결 2011.7.14. 2011마364). [23 국가7급, 18 지방7급]

2. 죄형법정주의 적용 여부

과거 헌법재판소는 "과태료는 행정상의 질서유지를 위한 행정질서벌에 해당할 뿐 형벌이라고 할 수 없어 죄형법정주의의 규율대상에 해당하지 아니한다."라고 하여 부정하는 판시를 하였다.

3. 행정질서벌과 이중처벌의 문제

(1) 형사벌과 행정질서벌

판례는 행정법상의 질서벌인 과태료를 납부한 후에 형사처벌을 하여도 일사부재리의 원칙에 반하는 것은 아니라고 한다. 행정질서벌은 엄격한 의미의 형벌이 아니기 때문이다(대판 1989.6.13. 88도1983).

(2) 행정형벌과 행정질서벌

대법원과 헌법재판소는 행정형벌과 행정질서벌의 병과가 가능하다는 입장이다.

판례

행정법상의 질서벌인 과태료의 부과처분과 형사처벌은 그 성질이나 목적을 달리하는 별개의 것이므로 행정법상의 질서벌인 과태료를 납부한 후에 형사처벌을 한다고 하여 이를 일사부재리의 원칙에 반하는 것이라고 할 수는 없으며, [23 국가9급] 만일 임시운행허가기간을 넘어 운행한 자가 등록된 차량에 관하여 그러한 행위를 한 경우라면 과태료의 제재만을 받게 되겠지만, 무등록 차량에 관하여 그러한 행위를 한 경우라면 과태료와 별도로 형사처벌의 대상이 된다(대판 1996.4.12. 96도158).

질서위반행위규제법은 종래의 판례 입장을 반영하여 고의 또는 과실이 있어야 질서위반행위가 성립하는 것으로 규정하고 있다. (○, ×) [11 국가7급]

「질서위반행위규제법」에 따르면 고의 또는 과실이 없는 질서위반행위에는 과태료를 부과하지 아니한다. (○, ×) [16 국가9급, 15 국가7급]

질서위반행위를 한 자가 자신의 책임 없는 사유로 위반행위에 이르렀다고 주장하는 경우, 법원은 그 내용을 살펴 행위자에게 고의나 과실이 있는지를 따져보아야 한다. (○, ×) [16 국가7급, 13 국가9급]

과태료처분을 받고 이를 납부한 후에 형사처벌을 한다고 하여 일사부재리원칙에 반하지 않는다는 것이 대법원의 입장이다. (○, ×) [15 복지9급, 13 지방9급]

임시운행허가기간을 벗어난 무등록 차량을 운행한 자는 과태료와 별도로 형사처벌의 대상이 된다. (○, ×) [14 국가9급]

헌법재판소의 결정에 따르면 행정질서벌과 행정형벌을 병과하면 이중처벌금지의 기본정신에 배치될 여지가 있다고 설시하고 있다. (○, ×) [09 국회9급]

판례에 따르면 동일한 행위를 대상으로 하여 형벌을 부과하면서 아울러 행정질서벌인 과태료를 부과하는 것은 이중처벌에 해당한다고 할 수 없다. (○, ×) [14 국회8급]

헌재 판례

헌법 제13조 제1항에서 말하는 "처벌"은 원칙으로 범죄에 대한 국가의 형벌권 실행으로서의 과벌을 의미하는 것이고, 국가가 행하는 일체의 제재나 불이익처분을 모두 그 "처벌"에 포함시킬 수는 없다 할 것이다. 다만 동일한 행위를 대상으로 하여 형벌을 부과하면서 아울러 행정질서벌로서의 과태료까지 부과한다면 그것은 이중처벌금지의 기본정신에 배치되어 국가 입법권의 남용으로 인정될 여지가 있음을 부정할 수 없다. 이중처벌금지의 원칙은 처벌 또는 제재가 "동일한 행위"를 대상으로 행해질 때에 적용될 수 있는 것이고, 그 대상이 동일한 행위인지의 여부는 기본적 사실관계가 동일한지 여부에 의하여 가려야 할 것이다. 구 건축법 제54조 제1항에 의한 무허가 건축행위에 대한 형사처벌과 이 사건 규정에 의한 시정명령 위반에 대한 과태료의 부과는 헌법 제13조 제1항이 금지하는 이중처벌에 해당한다고 할 수 없다(헌재 1994.6.30. 92헌바38).

05 질서위반행위규제법의 주요내용

1. 총칙규정

(1) 목적

질서위반행위규제법 제1조 【목적】 이 법은 법률상 의무의 효율적인 이행을 확보하고 국민의 권리와 이익을 보호하기 위하여 질서위반행위의 성립요건과 과태료의 부과·징수 및 재판 등에 관한 사항을 규정하는 것을 목적으로 한다.

(2) 용어의 정의

지방자치단체의 조례상의 의무를 위반하여 과태료를 부과하는 행위는 질서위반행위에 해당되지 않는다. (○, ×) [19 지방9급, 18 서울7급]

질서위반행위란 '법률(조례를 포함한다)상의 의무를 위반하여 과태료를 부과하는 행위'를 말하고, 이에는 대통령령으로 정하는 법률에 따른 징계사유에 해당하여 과태료를 부과하는 행위가 포함된다. (○, ×) [09 국가7급]

질서위반행위규제법 제2조 【정의】 이 법에서 사용하는 용어의 뜻은 다음과 같다.

1. "질서위반행위"란 법률(지방자치단체의 조례를 포함한다. 이하 같다)상의 의무를 위반하여 과태료를 부과하는 행위를 말한다. 다만 다음 각 목의 어느 하나에 해당하는 행위를 제외한다.
   가. 대통령령으로 정하는 사법(私法)상·소송법상 의무를 위반하여 과태료를 부과하는 행위
   나. 대통령령으로 정하는 법률에 따른 징계사유에 해당하여 과태료를 부과하는 행위
2. "행정청"이란 행정에 관한 의사를 결정하여 표시하는 국가 또는 지방자치단체의 기관, 그 밖의 법령 또는 자치법규에 따라 행정권한을 가지고 있거나 위임 또는 위탁받은 공공단체나 그 기관 또는 사인(私人)을 말한다.
3. "당사자"란 질서위반행위를 한 자연인 또는 법인(법인이 아닌 사단 또는 재단으로서 대표자 또는 관리인이 있는 것을 포함한다. 이하 같다)을 말한다.

질서위반행위규제법 시행령 제2조 【질서위반행위에서 제외되는 행위】 ① 「질서위반행위규제법」(이하 "법"이라 한다) 제2조 제1호 가목에서 "대통령령으로 정하는 사법(私法)상·소송법상 의무를 위반하여 과태료를 부과하는 행위"란 「민법」, 「상법」 등 사인(私人) 간의 법률관계를 규율하는 법 또는 「민사소송법」, 「가사소송법」, 「민사집행법」, 「형사소송법」, 「민사조정법」 등 분쟁 해결에 관한 절차를 규율하는 법률상의 의무를 위반하여 과태료를 부과하는 행위를 말한다.
② 법 제2조 제1호 나목에서 "대통령령으로 정하는 법률에 따른 징계사유에 해당하여 과태료를 부과하는 행위"란 「공증인법」·「법무사법」·「변리사법」·「변호사법」 등 기관·단체 등이 질서 유지를 목적으로 구성원의 의무 위반에 대하여 제재를 할 수 있도록 규정하는 법률에 따른 징계사유에 해당하여 과태료를 부과하는 행위를 말한다.

(3) 법적용의 범위

질서위반행위규제법 제3조 【법 적용의 시간적 범위】 ① 질서위반행위의 성립과 과태료 처분은 행위 시의 법률에 따른다.
② 질서위반행위 후 법률이 변경되어 그 행위가 질서위반행위에 해당하지 아니하게 되거나 과태료가 변경되기 전의 법률보다 가볍게 된 때에는 법률에 특별한 규정이 없는 한 변경된 법률을 적용한다. [23 지방9급]
③ 행정청의 과태료 처분이나 법원의 과태료 재판이 확정된 후 법률이 변경되어 그 행위가 질서위반행위에 해당하지 아니하게 된 때에는 변경된 법률에 특별한 규정이 없는 한 과태료의 징수 또는 집행을 면제한다. [23 지방7급, 19 지방9급]

질서위반행위규제법 제4조 【법 적용의 장소적 범위】 ① 이 법은 대한민국 영역 안에서 질서위반행위를 한 자에게 적용한다.
② 이 법은 대한민국 영역 밖에서 질서위반행위를 한 대한민국의 국민에게 적용한다. [15 경행특채]
③ 이 법은 대한민국 영역 밖에 있는 대한민국의 선박 또는 항공기 안에서 질서위반행위를 한 외국인에게 적용한다.

(4) 다른 법률과의 관계

질서위반행위규제법 제5조 【다른 법률과의 관계】 과태료의 부과·징수, 재판 및 집행 등의 절차에 관한 다른 법률의 규정 중 이 법의 규정에 저촉되는 것은 이 법으로 정하는 바에 따른다. [24 국가9급, 17 서울9급]

2. 질서위반행위의 성립요건 등

(1) 질서위반행위 법정주의

질서위반행위규제법 제6조 【질서위반행위 법정주의】 법률에 따르지 아니하고는 어떤 행위도 질서위반행위로 과태료를 부과하지 아니한다. [21 지방9급, 19 서울7급]

- 민법상의 의무를 위반하여 과태료를 부과하는 행위는 「질서위반행위규제법」상 질서위반행위에 해당한다. (○, ×) [19 서울9급]
- 과태료를 부과하는 근거 법령이 개정되어 행위 시의 법률에 의하면 과태료 부과대상이었지만 재판 시의 법률에 의하면 부과대상이 아니게 된 때에는 특별한 사정이 없는 한 과태료를 부과할 수 없다. (○, ×) [19 국가9급, 18 국가9급]
- 질서위반행위 후 법률이 변경되어 그 행위가 질서위반행위에 해당하지 아니하게 된 경우, 법률에 특별한 규정이 없는 한 질서위반행위의 성립은 행위 시의 법률에 따른다. (○, ×) [19 국가7급, 18 지방7급]
- 「질서위반행위규제법」상 법원의 과태료 재판이 확정된 후에는 법률이 변경되어 그 행위가 질서위반행위에 해당하지 아니하게 된 경우라 하더라도 과태료의 집행을 면제하지 못한다. (○, ×) [22 국가7급, 13 국가9급]
- 질서위반행위는 행정질서벌이므로 대한민국 영역 밖에서 질서위반행위를 한 대한민국의 국민에게는 적용되지 않는다. (○, ×) [10 지방9급]
- 과태료의 부과·징수의 절차에 관해 질서위반행위규제법의 규정에 저촉되는 다른 법률의 규정이 있는 경우에는 그 다른 법률의 규정이 정하는 바에 따른다. (○, ×) [17 국회8급, 15 서울7급]
- 지방자치법 제27조 조례위반에 대한 과태료의 경우에는 질서위반행위규제법이 적용되지 않으므로 그에 대한 불복이 있으면 항고소송을 제기할 수 있다. (○, ×) [16 국회8급]

⑵ 고의 또는 과실, 위법성의 인식

질서위반행위규제법 제7조【고의 또는 과실】고의 또는 과실이 없는 질서위반행위는 과태료를 부과하지 아니한다. [19 서울7급, 17 서울9급]

질서위반행위규제법 제8조【위법성의 착오】자신의 행위가 위법하지 아니한 것으로 오인하고 행한 질서위반행위는 그 오인에 정당한 이유가 있는 때에 한하여 과태료를 부과하지 아니한다. [23 국가9급, 19 서울7급]

고의 또는 과실이 없는 질서위반행위에 대해서도 과태료를 부과할 수 있다. (○, ×) [23 지방9급, 21 국가7급]

자신의 행위가 위법하지 아니한 것으로 오인하고 행한 질서위반행위는 과태료를 부과하지 아니한다. (○, ×) [18 지방9급, 14 복지9급]

위법성의 착오는 과태료 부과에 영향을 미치지 않는다. (○, ×) [16 지방7급]

⑶ 책임능력

질서위반행위규제법 제9조【책임연령】14세가 되지 아니한 자의 질서위반행위는 과태료를 부과하지 아니한다. 다만 다른 법률에 특별한 규정이 있는 경우에는 그러하지 아니하다. [20 국가9급, 14 경행특채]

질서위반행위규제법 제10조【심신장애】① 심신(心神)장애로 인하여 행위의 옳고 그름을 판단할 능력이 없거나 그 판단에 따른 행위를 할 능력이 없는 자의 질서위반행위는 과태료를 부과하지 아니한다. [23 지방7급]

② 심신장애로 인하여 제1항에 따른 능력이 미약한 자의 질서위반행위는 과태료를 감경한다.

③ 스스로 심신장애 상태를 일으켜 질서위반행위를 한 자에 대하여는 제1항 및 제2항을 적용하지 아니한다.

스스로 심신장애 상태를 일으켜 질서위반행위를 한 자에 대하여는 과태료를 감경한다. (○, ×) [19 국가7급]

⑷ 양벌규정

질서위반행위규제법 제11조【법인의 처리 등】① 법인의 대표자, 법인 또는 개인의 대리인·사용인 및 그 밖의 종업원이 업무에 관하여 법인 또는 그 개인에게 부과된 법률상의 의무를 위반한 때에는 법인 또는 그 개인에게 과태료를 부과한다.

② 제7조부터 제10조까지의 규정은 「도로교통법」 제56조 제1항에 따른 고용주등을 같은 법 제160조 제3항에 따라 과태료를 부과하는 경우에는 적용하지 아니한다.

법인에 대해서는 과태료를 부과할 수 없다. (○, ×) [13 경행특채]

「질서위반행위규제법」상 개인의 대리인이 업무에 관하여 그 개인에게 부과된 법률상의 의무를 위반한 때에는 행위자인 대리인에게 과태료를 부과한다. (○, ×) [17 국가9급]

⑸ 공범과 신분

질서위반행위규제법 제12조【다수인의 질서위반행위 가담】① 2인 이상이 질서위반행위에 가담한 때에는 각자가 질서위반행위를 한 것으로 본다.

② 신분에 의하여 성립하는 질서위반행위에 신분이 없는 자가 가담한 때에는 신분이 없는 자에 대하여도 질서위반행위가 성립한다. [23 국가9급, 18 지방7급]

③ 신분에 의하여 과태료를 감경 또는 가중하거나 과태료를 부과하지 아니하는 때에는 그 신분의 효과는 신분이 없는 자에게는 미치지 아니한다.

2인 이상이 질서위반행위에 가담한 때에는 각자가 질서위반행위를 한 것으로 본다. (○, ×) [17 교행, 14 복지9급]

신분에 의하여 성립하는 질서위반행위에 신분이 없는 자가 가담한 때에는 신분이 없는 자에 대해서는 질서위반행위가 성립하지 않는다. (○, ×) [21 지방9급, 15 국가7급]

신분에 의하여 과태료를 감경 또는 가중하거나 과태료에 처하지 아니하는 때에는 그 신분의 효과는 신분이 없는 자에게는 미치지 아니한다. (○, ×) [21 국가7급, 14 국가7급]

(6) 상상적 · 실체적 경합

질서위반행위규제법 제13조 【수개의 질서위반행위의 처리】 ① 하나의 행위가 2 이상의 질서위반행위에 해당하는 경우에는 각 질서위반행위에 대하여 정한 과태료 중 가장 중한 과태료를 부과한다. [23 국가9급, 19 서울9급]
② 제1항의 경우를 제외하고 2 이상의 질서위반행위가 경합하는 경우에는 각 질서위반행위에 대하여 정한 과태료를 각각 부과한다. 다만 다른 법령(지방자치단체의 조례를 포함한다. 이하 같다)에 특별한 규정이 있는 경우에는 그 법령으로 정하는 바에 따른다.

> 하나의 행위가 둘 이상의 질서위반행위에 해당하는 경우에는 각 질서위반행위에 대하여 정한 과태료를 각각 부과한다. (○, ×) [16 서울9급]

3. 행정청의 과태료 부과 및 징수

(1) 과태료의 산정

질서위반행위규제법 제14조 【과태료의 산정】 행정청 및 법원은 과태료를 정함에 있어서 다음 각 호의 사항을 고려하여야 한다.
1. 질서위반행위의 동기 · 목적 · 방법 · 결과
2. 질서위반행위 이후의 당사자의 태도와 정황
3. 질서위반행위자의 연령 · 재산상태 · 환경
4. 그 밖에 과태료의 산정에 필요하다고 인정되는 사유

(2) 과태료의 시효

질서위반행위규제법 제15조 【과태료의 시효】 ① 과태료는 행정청의 과태료 부과처분이나 법원의 과태료 재판이 확정된 후 5년간 징수하지 아니하거나 집행하지 아니하면 시효로 인하여 소멸한다. [20 지방9급]
② 제1항에 따른 소멸시효의 중단 · 정지 등에 관하여는 「국세기본법」 제28조를 준용한다.

> 과태료는 행정청의 과태료 부과처분이 있은 후 3년간 징수하지 아니하면 시효로 인하여 소멸한다. (○, ×) [19 서울9급, 19 지방9급]

> 행정청에 의해 부과된 과태료는 질서위반행위가 종료된 날(다수인이 질서위반행위에 가담한 경우에는 최종행위가 종료된 날을 말한다)부터 5년간 징수하지 아니하거나 집행하지 아니하면 시효로 인하여 소멸한다. (○, ×) [20 국가9급]

(3) 사전통지 및 의견제출

질서위반행위규제법 제16조 【사전통지 및 의견 제출 등】 ① 행정청이 질서위반행위에 대하여 과태료를 부과하고자 하는 때에는 미리 당사자(제11조 제2항에 따른 고용주등을 포함한다. 이하 같다)에게 대통령령으로 정하는 사항을 통지하고, 10일 이상의 기간을 정하여 의견을 제출할 기회를 주어야 한다. 이 경우 지정된 기일까지 의견 제출이 없는 경우에는 의견이 없는 것으로 본다.
② 당사자는 의견 제출 기한 이내에 대통령령으로 정하는 방법에 따라 행정청에 의견을 진술하거나 필요한 자료를 제출할 수 있다.
③ 행정청은 제2항에 따라 당사자가 제출한 의견에 상당한 이유가 있는 경우에는 과태료를 부과하지 아니하거나 통지한 내용을 변경할 수 있다.

> 행정청이 질서위반행위에 대하여 과태료를 부과하고자 하는 때에는 미리 당사자에게 대통령령으로 정하는 사항을 통지하고, 10일 이상의 기간을 정하여 의견을 제출할 기회를 주어야 한다. (○, ×) [20 국가9급, 15 지방9급]

PART 04

(4) 부과 및 납부

질서위반행위규제법 제17조 【과태료의 부과】 ① 행정청은 제16조의 의견 제출 절차를 마친 후에 서면(당사자가 동의하는 경우에는 전자문서를 포함한다. 이하 이 조에서 같다)으로 과태료를 부과하여야 한다. [17 국회8급]
② 제1항에 따른 서면에는 질서위반행위, 과태료 금액, 그 밖에 대통령령으로 정하는 사항을 명시하여야 한다.

질서위반행위규제법 제17조의2 【신용카드 등에 의한 과태료의 납부】 ① 당사자는 과태료, 제24조에 따른 가산금, 중가산금 및 체납처분비를 대통령령으로 정하는 과태료 납부대행기관을 통하여 신용카드, 직불카드 등(이하 "신용카드등"이라 한다)으로 낼 수 있다.

(5) 제척기간

행정청은 질서위반행위가 종료된 날(다수인이 질서위반행위에 가담한 경우에는 최종행위가 종료된 날을 말한다)부터 5년이 경과한 경우에는 해당 질서위반행위에 대하여 과태료를 부과할 수 없다. (○, ×) [15 국가7급, 14 국가9급]

질서위반행위규제법 제19조 【과태료 부과의 제척기간】 ① 행정청은 질서위반행위가 종료된 날(다수인이 질서위반행위에 가담한 경우에는 최종행위가 종료된 날을 말한다)부터 5년이 경과한 경우에는 해당 질서위반행위에 대하여 과태료를 부과할 수 없다. [23 지방7급, 17 국가7급]

(6) 이의제기

행정청의 과태료 부과에 불복하려는 당사자는 과태료 부과 통지를 받은 날부터 90일 이내에 해당 행정청에 서면으로 이의제기를 할 수 있다. (○, ×) [19 서울7급, 14 경행특채]

행정청의 과태료 부과에 대한 이의제기는 과태료 부과처분의 효력에 영향을 주지 아니한다. (○, ×) [21 국가7급, 19 지방9급]

「질서위반행위규제법」에 의한 과태료부과처분은 처분의 상대방이 이의제기하지 않은 채 납부기간까지 과태료를 납부하지 않으면 「도로교통법」상 통고처분과 마찬가지로 그 효력을 상실한다. (○, ×) [18 국가7급]

질서위반행위규제법 제20조 【이의제기】 ① 행정청의 과태료 부과에 불복하는 당사자는 제17조 제1항에 따른 과태료 부과 통지를 받은 날부터 60일 이내에 해당 행정청에 서면으로 이의제기를 할 수 있다. [23 지방9급]
② 제1항에 따른 이의제기가 있는 경우에는 행정청의 과태료 부과처분은 그 효력을 상실한다. [22 지방9급, 18 지방7급]
③ 당사자는 행정청으로부터 제21조 제3항에 따른 통지를 받기 전까지는 행정청에 대하여 서면으로 이의제기를 철회할 수 있다.

질서위반행위규제법 제21조 【법원에의 통보】 ① 제20조 제1항에 따른 이의제기를 받은 행정청은 이의제기를 받은 날부터 14일 이내에 이에 대한 의견 및 증빙서류를 첨부하여 관할 법원에 통보하여야 한다. [15 서울9급] 다만, 다음 각 호의 어느 하나에 해당하는 경우에는 그러하지 아니하다.
1. 당사자가 이의제기를 철회한 경우
2. 당사자의 이의제기에 이유가 있어 과태료를 부과할 필요가 없는 것으로 인정되는 경우

4. 질서위반행위의 재판 및 집행

(1) 관할법원 등

질서위반행위규제법 제25조【관할 법원】 과태료 사건은 다른 법령에 특별한 규정이 있는 경우를 제외하고는 당사자의 주소지의 지방법원 또는 그 지원의 관할로 한다. [19 서울9급]

질서위반행위규제법 제28조【준용규정】「비송사건절차법」 제2조부터 제4조까지, 제6조, 제7조, 제10조(인증과 감정을 제외한다) 및 제24조부터 제26조까지의 규정은 이 법에 따른 과태료 재판(이하 "과태료 재판"이라 한다)에 준용한다.

(2) 심문 등

질서위반행위규제법 제31조【심문 등】 ① 법원은 심문기일을 열어 당사자의 진술을 들어야 한다.
② 법원은 검사의 의견을 구하여야 하고, 검사는 심문에 참여하여 의견을 진술하거나 서면으로 의견을 제출하여야 한다.
③ 법원은 당사자 및 검사에게 제1항에 따른 심문기일을 통지하여야 한다.

질서위반행위규제법 제32조【행정청에 대한 출석 요구 등】 ① 법원은 행정청의 참여가 필요하다고 인정하는 때에는 행정청으로 하여금 심문기일에 출석하여 의견을 진술하게 할 수 있다.
② 행정청은 법원의 허가를 받아 소속 공무원으로 하여금 심문기일에 출석하여 의견을 진술하게 할 수 있다.

(3) 재판과 항고

질서위반행위규제법 제36조【재판】 ① 과태료 재판은 이유를 붙인 결정으로써 한다. [12 국회9급]

질서위반행위규제법 제37조【결정의 고지】 ① 결정은 당사자와 검사에게 고지함으로써 효력이 생긴다.
② 결정의 고지는 법원이 적당하다고 인정하는 방법으로 한다. 다만 공시송달을 하는 경우에는 「민사소송법」에 따라야 한다.

질서위반행위규제법 제38조【항고】 ① 당사자와 검사는 과태료 재판에 대하여 즉시항고를 할 수 있다. [15 복지9급] 이 경우 항고는 집행정지의 효력이 있다. [24 국가9급]

질서위반행위규제법 제39조【항고법원의 재판】 항고법원의 과태료 재판에는 이유를 적어야 한다.

과태료 사건은 다른 법령에 특별한 규정이 있는 경우를 제외하고는 과태료 부과관청의 소재지의 지방법원 또는 그 지원의 관할로 한다. (○, ×) [23 국가7급, 20 국가9급]

행정청이 위반사실을 적발하면 과태료를 부과받을 자의 주소지를 관할하는 지방법원에 통보하여야 하고, 당해 법원은 「비송사건절차법」에 따라 결정으로써 과태료를 부과한다. (○, ×) [23 국가9급]

행정청으로부터 과태료부과처분을 받은 자가 행정소송을 제기하면 과태료부과처분의 집행이 정지된다. (○, ×) [12 국가7급]

당사자는 과태료 재판에 대하여 즉시항고할 수 있으나 이 경우의 항고는 집행정지의 효력이 없다. (○, ×) [17 교행, 14 국가7급]

과태료재판의 경우, 법원으로서는 기록상 현출되어 있는 사항에 관하여 직권으로 증거조사를 하고 이를 기초로 하여 판단할 수 있는 것이나, 그 경우 행정청의 과태료부과처분사유와 기본적 사실관계에서 동일성이 인정되는 한도 내에서만 과태료를 부과할 수 있다. (○, ×) [16 경행특채, 14 국가7급]

과태료 재판은 판사의 명령으로써 집행하며, 이 경우 그 명령은 집행력 있는 집행권원과 동일한 효력이 있다. (○, ×) [12 지방9급]

「질서위반행위규제법」에 의하면 법원이 과태료 재판을 약식재판으로 진행하고자 하는 경우 당사자와 검사는 약식재판의 고지를 받은 날부터 7일 이내에 이의신청을 할 수 있다. (○, ×) [16 국가7급]

판례

1. 과태료재판의 경우, 법원으로서는 기록상 현출되어 있는 사항에 관하여 직권으로 증거조사를 하고 이를 기초로 하여 판단할 수 있는 것이나, 그 경우 행정청의 과태료부과처분사유와 기본적 사실관계에서 동일성이 인정되는 한도 내에서만 과태료를 부과할 수 있다(대결 2012.10.19. 2012마1163).
2. 법원이 비송사건절차법에 따라서 하는 과태료 재판은 행정소송절차가 아니라 법원이 직권으로 개시·결정하는 것이므로, 원칙적으로 과태료 재판에서는 행정소송에서와 같은 신뢰보호의 원칙 위반 여부가 문제로 되지 아니하고, [22 지방9급] 그 의무 해태를 탓할 수 없는 정당한 사유가 있는 때에는 이를 부과할 수 없다(대결 2006.04.28. 2003마715).

(4) 재판의 집행

질서위반행위규제법 제42조 【과태료 재판의 집행】 ① 과태료 재판은 검사의 명령으로써 집행한다. 이 경우 그 명령은 집행력 있는 집행권원과 동일한 효력이 있다. [15 경행특채]
② 과태료 재판의 집행절차는 「민사집행법」에 따르거나 국세 또는 지방세 체납처분의 예에 따른다. 다만 「민사집행법」에 따를 경우에는 집행을 하기 전에 과태료 재판의 송달은 하지 아니한다.
③ 과태료 재판의 집행에 대하여는 제24조 및 제24조의2를 준용한다. 이 경우 제24조의2 제1항 및 제2항 중 "과태료 부과처분에 대하여 이의를 제기하지 아니한 채 제20조 제1항에 따른 기한이 종료한 후"는 "과태료 재판이 확정된 후"로 본다.
④ 검사는 제1항부터 제3항까지의 규정에 따른 과태료 재판을 집행한 경우 그 결과를 해당 행정청에 통보하여야 한다.

질서위반행위규제법 제43조 【과태료 재판 집행의 위탁】 ① 검사는 과태료를 최초 부과한 행정청에 대하여 과태료 재판의 집행을 위탁할 수 있고, 위탁을 받은 행정청은 국세 또는 지방세 체납처분의 예에 따라 집행한다.
② 지방자치단체의 장이 제1항에 따라 집행을 위탁받은 경우에는 그 집행한 금원(金員)은 당해 지방자치단체의 수입으로 한다.

(5) 약식재판

질서위반행위규제법 제44조 【약식재판】 법원은 상당하다고 인정하는 때에는 제31조 제1항에 따른 심문 없이 과태료 재판을 할 수 있다.

질서위반행위규제법 제45조 【이의신청】 ① 당사자와 검사는 제44조에 따른 약식재판의 고지를 받은 날부터 7일 이내에 이의신청을 할 수 있다. [23 지방9급]

5. 과태료 징수의 효율을 높이기 위한 수단

(1) 관허사업의 제한

질서위반행위규제법 제52조 【관허사업의 제한】 ① 행정청은 허가·인가·면허·등록 및 갱신(이하 "허가 등"이라 한다)을 요하는 사업을 경영하는 자로서 다음 각 호의 사유에 모두 해당하는 체납자에 대하여는 사업의 정지 또는 허가 등의 취소를 할 수 있다.
1. 해당 사업과 관련된 질서위반행위로 부과받은 과태료를 3회 이상 체납하고 있고, 체납발생일부터 각 1년이 경과하였으며, 체납금액의 합계가 500만 원 이상인 체납자 중 대통령령으로 정하는 횟수와 금액 이상을 체납한 자
2. 천재지변이나 그 밖의 중대한 재난 등 대통령령으로 정하는 특별한 사유 없이 과태료를 체납한 자

② 허가 등을 요하는 사업의 주무관청이 따로 있는 경우에는 행정청은 당해 주무관청에 대하여 사업의 정지 또는 허가 등의 취소를 요구할 수 있다.
③ 행정청은 제1항 또는 제2항에 따라 사업의 정지 또는 허가 등을 취소하거나 주무관청에 대하여 그 요구를 한 후 당해 과태료를 징수한 때에는 지체 없이 사업의 정지 또는 허가 등의 취소나 그 요구를 철회하여야 한다.
④ 제2항에 따른 행정청의 요구가 있는 때에는 당해 주무관청은 정당한 사유가 없는 한 이에 응하여야 한다.

(2) 신용정보의 제공

질서위반행위규제법 제53조 【신용정보의 제공 등】 ① 행정청은 과태료 징수 또는 공익목적을 위하여 필요한 경우 「국세징수법」 제110조를 준용하여 「신용정보의 이용 및 보호에 관한 법률」 제25조 제2항 제1호에 따른 종합신용정보집중기관의 요청에 따라 체납 또는 결손처분자료를 제공할 수 있다. 이 경우 「국세징수법」 제110조를 준용할 때 "체납자"는 "체납자 또는 결손처분자"로, "체납자료"는 "체납 또는 결손처분 자료"로 본다.

(3) 고액·상습체납자에 대한 제재

질서위반행위규제법 제54조 【고액·상습체납자에 대한 제재】 ① 법원은 검사의 청구에 따라 결정으로 30일의 범위 이내에서 과태료의 납부가 있을 때까지 다음 각 호의 사유에 모두 해당하는 경우 체납자(법인인 경우에는 대표자를 말한다. 이하 이 조에서 같다)를 감치(監置)에 처할 수 있다.
1. 과태료를 3회 이상 체납하고 있고, 체납발생일부터 각 1년이 경과하였으며, 체납금액의 합계가 1천만 원 이상인 체납자 중 대통령령으로 정하는 횟수와 금액 이상을 체납한 경우
2. 과태료 납부능력이 있음에도 불구하고 정당한 사유 없이 체납한 경우

과태료의 고액·상습체납자에 대해서도 자유를 박탈하는 제재인 감치처분을 행할 수는 없다. (○, ×) [12 국회8급, 11 지방9급]

당사자가 과태료를 자진납부하고자 하는 경우 행정청은 과태료를 감경할 수 있고, 과태료를 체납할 경우 법원은 검사의 청구에 따라 체납된 과태료액에 상당하는 강제노역에 처할 수 있다. (○, ×) [12 국가7급]

PART 04

⑷ 행정청의 과태료 감경과 징수

질서위반행위규제법 제18조【자진납부자에 대한 과태료 감경】① 행정청은 당사자가 제16조에 따른 의견 제출 기한 이내에 과태료를 자진하여 납부하고자 하는 경우에는 대통령령으로 정하는 바에 따라 과태료를 감경할 수 있다. [12 국회9급]
② 당사자가 제1항에 따라 감경된 과태료를 납부한 경우에는 해당 질서위반행위에 대한 과태료 부과 및 징수절차는 종료한다.

질서위반행위규제법 제24조【가산금 징수 및 체납처분 등】① 행정청은 당사자가 납부기한까지 과태료를 납부하지 아니한 때에는 납부기한을 경과한 날부터 체납된 과태료에 대하여 100분의 3에 상당하는 가산금을 징수한다. [15 서울7급]
② 체납된 과태료를 납부하지 아니한 때에는 납부기한이 경과한 날부터 매 1개월이 경과할 때마다 체납된 과태료의 1천분의 12에 상당하는 가산금(이하 이 조에서 "중가산금"이라 한다)을 제1항에 따른 가산금에 가산하여 징수한다. 이 경우 중가산금을 가산하여 징수하는 기간은 60개월을 초과하지 못한다.
③ 행정청은 당사자가 제20조 제1항에 따른 기한 이내에 이의를 제기하지 아니하고 제1항에 따른 가산금을 납부하지 아니한 때에는 국세 또는 지방세 체납처분의 예에 따라 징수한다.

질서위반행위규제법 제24조의3【과태료의 징수유예 등】① 행정청은 당사자가 다음 각 호의 어느 하나에 해당하여 과태료(체납된 과태료와 가산금, 중가산금 및 체납처분비를 포함한다. 이하 이 조에서 같다)를 납부하기가 곤란하다고 인정되면 1년의 범위에서 대통령령으로 정하는 바에 따라 과태료의 분할납부나 납부기일의 연기(이하 "징수유예등"이라 한다)를 결정할 수 있다.

✦ 당사자가 과태료를 납부하지 아니하여도 가산금을 징수할 수는 없다. (○, ×) [11 지방9급]

✦ 행정청은 당사자가 납부기한까지 과태료를 납부하지 아니한 때에는 납부기한을 경과한 날부터 체납된 과태료에 대하여 100분의 10에 상당하는 가산금을 징수한다. (○, ×) [15 경행특채]

⑸ 상속재산 등에 대한 집행

질서위반행위규제법 제24조의2【상속재산 등에 대한 집행】① 과태료는 당사자가 과태료 부과처분에 대하여 이의를 제기하지 아니한 채 제20조 제1항에 따른 기한이 종료한 후 사망한 경우에는 그 상속재산에 대하여 집행할 수 있다. [14 복지9급]
② 법인에 대한 과태료는 법인이 과태료 부과처분에 대하여 이의를 제기하지 아니한 채 제20조 제1항에 따른 기한이 종료한 후 합병에 의하여 소멸한 경우에는 합병 후 존속한 법인 또는 합병에 의하여 설립된 법인에 대하여 집행할 수 있다.

✦ 과태료는 당사자가 과태료 부과처분에 대하어 이의를 제기하지 아니한 채 이의제기 기한이 종료한 후 사망한 경우에는 집행할 수 없다. (○, ×) [15 국가7급]

✦ 과태료는 당사자가 과태료 부과처분에 대하여 이의를 제기하지 아니한 채 「질서위반행위규제법」에 따른 이의제기기한이 종료한 후 사망한 경우에는 그 상속재산에 대하여 집행할 수 있다. (○, ×) [16 지방7급]

⑹ 자동차등록번호판의 영치

질서위반행위규제법 제55조【자동차 관련 과태료 체납자에 대한 자동차 등록번호판의 영치】① 행정청은 「자동차관리법」 제2조 제1호에 따른 자동차의 운행·관리 등에 관한 질서위반행위 중 대통령령으로 정하는 질서위반행위로 부과받은 과태료(이하 "자동차 관련 과태료"라 한다)를 납부하지 아니한 자에 대하여 체납된 자동차 관련 과태료와 관계된 그 소유의 자동차의 등록번호판을 영치할 수 있다.

6. 조례에 의한 과태료

지방자치법 제34조 【조례 위반에 대한 과태료】 ① 지방자치단체는 조례를 위반한 행위에 대하여 조례로써 1천만 원 이하의 과태료를 정할 수 있다. [14 경행특채]
② 제1항에 따른 과태료는 해당 지방자치단체의 장이나 그 관할 구역 안의 지방자치단체의 장이 부과·징수한다.

지방자치법 제156조 【사용료의 징수조례 등】 ① 사용료·수수료 또는 분담금의 징수에 관한 사항은 조례로 정한다. 다만 국가가 지방자치단체나 그 기관에 위임한 사무와 자치사무의 수수료 중 전국적으로 통일할 필요가 있는 수수료에 관한 사항은 다른 법령의 규정에도 불구하고 대통령령으로 정하는 표준금액으로 징수하되, 지방자치단체가 다른 금액으로 징수하고자 하는 경우에는 표준금액의 50퍼센트 범위에서 조례로 가감 조정하여 징수할 수 있다.
② 사기나 그 밖의 부정한 방법으로 사용료·수수료 또는 분담금의 징수를 면한 자에게는 그 징수를 면한 금액의 5배 이내의 과태료를, 공공시설을 부정사용한 자에게는 50만 원 이하의 과태료를 부과하는 규정을 조례로 정할 수 있다.
③ 제2항에 따른 과태료의 부과·징수, 재판 및 집행 등의 절차에 관한 사항은 「질서위반행위규제법」에 따른다.

지방자치단체의 조례도 과태료 부과의 근거가 될 수 있다. (○, ×) [16 국가9급]

PART 04

CHAPTER 04

새로운 의무이행확보수단

제 1 절 새로운 의무이행확보수단의 등장

전통적인 행정의 실효성 확보수단만으로는 양적·질적으로 증가하고 있는 현대 행정에 있어서 행정상 의무이행을 확보하는 데 한계가 있다. 이에 전통적 실효성 확보수단을 보완하기 위해 새로운 수단들이 등장하고 있는데, 과징금, 부과금, 가산세, 가산금·중가산금, 명단의 공표, 공급거부, 관허사업의 제한 등이 그것이다. 이러한 수단들은 모두 간접적 강제수단으로서의 성질을 갖는다.

제 2 절 금전상의 제재

01 과징금

1. 의의 및 법적 근거

과징금이란 행정법상의 의무를 위반하거나 이행하지 않은 데 대하여 행정청이 그 의무자에게 부과·징수하는 금전적 제재를 말한다. 우리나라의 과징금제도는 독점규제 및 공정거래에 관한 법률을 통하여 처음으로 도입된 후 도시가스사업법 등 100여 개의 법률에 규정되어 있다. 최근 제정된 행정기본법에도 과징금에 관한 규정을 두고 있다.

> 이행강제금이란 행정법상 의무를 불이행하였거나 위반한 자에 대하여 단해 위반행위로 얻은 경제적 이익을 박탈하기 위하여 부과하거나 또는 사업의 취소·정지에 갈음하여 부과되는 금전상의 제재를 말한다. (○, ×) [15 지방7급]

> 「행정기본법」 제28조 제1항에 과징금 부과의 법적 근거를 마련하였으므로 행정청은 직접 이 규정에 근거하여 과징금을 부과할 수 있다. (○, ×) [22 지방7급]

행정기본법 제28조 【과징금의 기준】 ① 행정청은 법령등에 따른 의무를 위반한 자에 대하여 법률로 정하는 바에 따라 그 위반행위에 대한 제재로서 과징금을 부과할 수 있다.
② 과징금의 근거가 되는 법률에는 과징금에 관한 다음 각 호의 사항을 명확하게 규정하여야 한다. [24 국가9급]
1. 부과·징수 주체
2. 부과 사유
3. 상한액 [22 지방7급]
4. 가산금을 징수하려는 경우 그 사항
5. 과징금 또는 가산금 체납 시 강제징수를 하려는 경우 그 사항

행정기본법 시행령 제7조 【과징금의 납부기한 연기 및 분할 납부】 ① 과징금 납부 의무자는 법 제29조 각 호 외의 부분 단서에 따라 과징금 납부기한을 연기하거나 과징금을 분할 납부하려는 경우에는 납부기한 10일 전까지 과징금 납부기한의 연기나 과징금의 분할 납부를 신청하는 문서에 같은 조 각 호의 사유를 증명하는 서류를 첨부하여 행정청에 신청해야 한다.

판례

과징금부과처분은 행정목적의 달성을 위하여 행정법규 위반이라는 객관적 사실에 착안하여 가하는 제재이므로 [19 서울9급] 반드시 현실적인 행위자가 아니라도 법령상 책임자로 규정된 자에게 부과되고 원칙적으로 위반자의 고의·과실을 요하지 아니하나, 위반자의 의무 해태를 탓할 수 없는 정당한 사유가 있는 등의 특별한 사정이 있는 경우에는 이를 부과할 수 없다(대판 2014.10.15. 2013두5005). [22 지방9급, 22 지방7급]

2. 종류

(1) 본래적 과징금(전형적 과징금)

본래의 과징금은 원칙적으로 행정법상의 의무를 위반한 자에 대하여 당해 위반행위로 얻게 된 경제적 이익을 박탈하기 위한 목적으로 부과하는 금전적인 제재이다. 불법적인 경제적 이익을 박탈하기 위한 것이라는 점에서 벌금·과태료와 구별된다.

판례

구 독점규제및공정거래에관한법률상의 과징금은 행정상의 제재금으로서의 기본적 성격에 부당이득환수적 요소도 부가되어 있는 것이라고 할 것이어서 형사처벌과 아울러 과징금의 부과처분을 할 수 있도록 규정하고 있다 하더라도 이중처벌금지원칙이나 무죄추정원칙에 위반된다고 볼 수 없다(대판 2004.4.9. 2001두6197). [24 국가9급, 22 국가9급]

(2) 변형된 과징금

변형된 과징금은 인·허가사업에 관한 법률상의 의무위반이 있음에도 불구하고 공익상 필요하여 그 인·허가사업을 취소·정지시키지 않고 사업을 계속하되, 이에 갈음하여 사업을 계속함으로써 얻은 이익을 박탈하는 금전적인 제재이다. [14 국회8급] 예를 들면 국토교통부장관 또는 시·도지사는 여객자동차 운수사업자에 대하여 사업정지 처분을 하여야 하는 경우에 그 사업정지 처분이 그 여객자동차 운수사업을 이용하는 사람들에게 심한 불편을 주거나 공익을 해칠 우려가 있는 때에는 그 사업정지 처분을 갈음하여 5천만 원 이하의 과징금을 부과·징수할 수 있다는 여객자동차 운수사업법 제88조 제1항의 과징금을 들 수 있다.

판례

자동차운수사업면허조건 등을 위반한 사업자에 대하여 행정청이 행정제재수단으로 사업 정지를 명할 것인지, 과징금을 부과할 것인지, 과징금을 부과키로 한다면 그 금액은 얼마로 할 것인지에 관하여 재량권이 부여되었다 할 것이다(대판 1998.4.10. 98두2270). [22 국가9급, 22 지방7급]

행정기본법령에 따르면, 과징금 납부 의무자가 과징금을 분할 납부하려는 경우에는 납부기한 7일 전까지 과징금의 분할 납부를 신청하는 문서에 해당 사유를 증명하는 서류를 첨부하여 행정청에 신청해야 한다. (○, ×) [24 국가9급]

행정상 의무위반행위자에 대하여 과징금을 부과하기 위해서는 원칙적으로 위반자의 고의 또는 과실이 있어야 한다. (○, ×) [21 국가7급, 19 서울9급]

전형적 과징금은 원칙적으로 행정법상의 의무를 위반한 자에 대하여 당해 위반행위로 얻게 된 경제적 이익을 박탈하기 위한 목적으로 부과하는 금전적인 제재이다. (○, ×) [14 국회8급]

변형과징금의 1차적 목적은 영업정지처분을 받는 자에 대한 최소침해의 수단을 찾는 것이다. (○, ×) [09 국회8급]

과징금은 어떤 경우에도 영업정지에 갈음하여 부과할 수 없다. (○, ×) [20 지방9급]

PART 04

3. 과징금의 법적 성질

(1) 처분성

과징금부과행위는 침익적 행정행위로서 과징금을 부과함에는 행정절차법이 적용되며 과징금부과처분은 행정소송의 대상이 되는 처분이다. [19 서울9급]

헌재 판례

공정거래위원회로 하여금 부당내부거래를 한 사업자에 대하여 그 매출액의 2% 범위 내에서 과징금을 부과할 수 있도록 한 것은 적법절차원칙에 위반되거나 권력분립의 원칙에 위반된다고 볼 수 없다(헌재 2003.7.24. 2001헌가25).

(2) 재량행위 여부

과징금 부과처분은 원칙적으로 재량행위로 규정되어 있으나, 부동산 실권리자명의 등기에 관한 법률상 명의신탁자에 대한 과징금부과처분은 기속행위로 보는 것이 판례의 입장이다.

판례

1. 구 독점규제 및 공정거래에 관한 법률의 각 규정을 종합하여 보면, 공정거래위원회의 법 위반행위자에 대한 과징금 부과처분은 재량행위라 할 것이고, 다만 이러한 재량을 행사함에 있어 과징금 부과의 기초가 되는 사실을 오인하였거나, 비례·평등의 원칙에 위배하는 등의 사유가 있다면 이는 재량권의 일탈·남용으로서 위법하다(대판 2010.3.11. 2008두15176).
2. 부동산 실권리자명의 등기에 관한 법률의 각 규정을 종합하면, 명의신탁자에 대하여 과징금을 부과할 것인지 여부는 기속행위에 해당하므로, 명의신탁이 조세를 포탈하거나 법령에 의한 제한을 회피할 목적이 아닌 경우에 한하여 그 과징금을 일정한 범위 내에서 감경할 수 있을 뿐이지 그에 대하여 과징금 부과처분을 하지 않거나 과징금을 전액 감면할 수 있는 것은 아니다(대판 2007.7.12. 2005두17287).
3. 과징금은 법이 규정한 범위 내에서 그 부과처분 당시까지 부과관청이 확인한 사실을 기초로 일의적으로 확정되어야 할 것이고, 부과관청이 과징금을 부과하면서 추후에 부과금 산정 기준이 되는 새로운 자료가 나올 경우에는 과징금액이 변경될 수도 있다고 유보한다든지, 실제로 추후에 새로운 자료가 나왔다고 하여 새로운 부과처분을 할 수는 없다(대판 1999.5.28. 99두1571). [22 국가9급]
4. 관할 행정청이 여객자동차운송사업자의 여러 가지 위반행위를 인지하였다면 전부에 대하여 일괄하여 5,000만 원의 최고한도 내에서 하나의 과징금 부과처분을 하는 것이 원칙이고, 인지한 여러 가지 위반행위 중 일부에 대해서만 우선 과징금 부과처분을 하고 나머지에 대해서는 차후에 별도의 과징금 부과처분을 하는 것은 다른 특별한 사정이 없는 한 허용되지 않는다. [24 국가9급] 만약 행정청이 여러 가지 위반행위를 인지하여 그 전부에 대하여 일괄하여 하나의 과징금 부과처분을 하는 것이 가능하였음에도 임의로 몇 가지로 구분하여 각각 별도의 과징금 부과처분을 할 수 있다고 보게 되면, 행정청이 여러 가지 위반행위에 대하여 부과할 수 있는 과징금의 최고한도액을 정한 구 여객자동차 운수사업법 시행령 제46조 제2항의 적용을 회피하는 수단으로 악용될 수 있기 때문이다(대판 2021. 2. 4. 2020두48390).

- 공정거래위원회의 과징금부과처분은 재량행위적 성질을 가진다. (○, ×) [12 국가9급]
- 판례에 따르면 공정거래위원회가 행하는 부당지원행위에 대한 과징금 납부명령은 기속행위이다. (○, ×) [08 지방7급]
- 「부동산 실권리자명의 등기에 관한 법률」상 명의신탁자에 대한 과징금의 부과 여부는 행정청의 재량행위이다. (○, ×) [22 국가9급]
- 부과관청이 추후에 부과금 산정 기준이 되는 새로운 자료가 나올 경우 과징금액이 변경될 수도 있다고 유보하며 과징금을 부과했다면, 새로운 자료가 나온 것을 이유로 새로이 부과처분을 할 수 있다. (○, ×) [18 지방9급]

5. 관할 행정청이 여객자동차운송사업자가 범한 여러 가지 위반행위 중 일부만 인지하여 과징금 부과처분을 하였는데 그 후 과징금 부과처분 시점 이전에 이루어진 다른 위반행위를 인지하여 이에 대하여 별도의 과징금 부과처분을 하게 되는 경우에도 종전 과징금 부과처분의 대상이 된 위반행위와 추가 과징금 부과처분의 대상이 된 위반행위에 대하여 일괄하여 하나의 과징금 부과처분을 하는 경우와의 형평을 고려하여 추가 과징금 부과처분의 처분양정이 이루어져야 한다(대판 2021.2.4. 2020두48390). [23 국가9급]

(3) 법규명령에 규정된 과징금 수액의 의미

판례

1. 구 청소년보호법 시행령 제40조 [별표 6]의 위반행위의 종별에 따른 과징금처분기준은 법규명령이기는 하나 사안에 따라 적정한 과징금의 액수를 정하여야 할 것이므로 그 수액은 정액이 아니라 최고한도액이다(대판 2001.3.9. 99두5207).
2. 국토계획법 및 국토의 계획 및 이용에 관한 법률 시행령이 정한 이행강제금의 부과기준은 단지 상한을 정한 것에 불과한 것이 아니라, 위반행위 유형별로 계산된 특정 금액을 규정한 것이므로 행정청에 이와 다른 이행강제금액을 결정할 재량권이 없다고 보아야 한다(대판 2014.11.27. 2013두8653).

4. 과징금 납부의무의 불이행

과징금납부의무를 불이행한 경우에는 국세징수법 또는 지방세체납처분의 예에 의하여 강제징수한다. 한편 이러한 과징금납부의무는 일신전속적 의무가 아니므로 과징금을 부과받은 자가 사망한 경우 상속인에게 승계된다는 것이 판례의 입장이다.

판례

부동산 실권리자명의 등기에 관한 법률 제5조에 의하여 부과된 과징금 채무는 대체적 급부가 가능한 의무이므로 위 과징금을 부과받은 자가 사망한 경우 그 상속인에게 포괄승계된다(대판 1999.5.14. 99두35).

5. 한도액을 초과한 과징금부과의 경우

판례

자동차운수사업면허조건 등을 위반한 사업자에 대하여 행정청이 행정제재수단으로 사업 정지를 명할 것인지, 과징금을 부과할 것인지, 과징금을 부과키로 한다면 그 금액은 얼마로 할 것인지에 관하여 재량권이 부여되었다 할 것이므로 과징금부과처분이 법이 정한 한도액을 초과하여 위법할 경우 법원으로서는 그 전부를 취소할 수밖에 없고, 그 한도액을 초과한 부분이나 법원이 적정하다고 인정되는 부분을 초과한 부분만을 취소할 수 없다(대판 1998.4.10. 98두2270). [22 지방9급, 18 국가9급]

- 구 청소년보호법 제49조 제1 · 2항에 따른 동법 시행령 제40조 [별표6]의 위반행위의 종별에 따른 과징금처분기준은 법규명령에 해당하고 과징금처분기준의 수액은 최고한도액이 아니라 정액이다. (○, ×) [15 지방9급, 15 복지9급]
- 국토의 계획 및 이용에 관한 법률 및 같은 법 시행령이 정한 이행강제금의 부과기준은 단지 상한을 정한 것에 불과한 것이므로 행정청에 이와 다른 이행강제금액을 결정할 재량권이 있다. (○, ×) [15 지방7급]
- 부동산 실권리자명의 등기에 관한 법률상 실권리자명의등기의무에 위반하여 부과된 과징금채무는 대체저 급부가 가능한 의무이므로 과징금을 부과받은 자가 사망한 경우 그 상속인에게 포괄승계된다. (○, ×) [23 국가7급, 14 복지9급]
- 과징금부과처분이 법이 정한 한도액을 초과하여 위법할 경우 법원으로서는 그 한도액을 초과한 부분이나 법원이 적정하다고 인정되는 부분을 초과한 부분만을 취소할 수 있다. (○, ×) [24 국가9급, 20 지방9급]

헌법재판소 결정에 따르면 과징금은 국가형벌권행사로서의 처벌이 아니므로, 법에서 형사처벌과 아울러 과징금의 부과처분을 규정하고 있더라도 이중처벌금지원칙에 반하지 아니한다. (○, ×) [12 국가7급]

6. 행정형벌과 과징금의 병과

헌재 판례

구 독점규제 및 공정거래에 관한 법률 제24조의2에 의한 부당내부거래에 대한 과징금은 그 취지와 기능, 부과의 주체와 절차 등을 종합할 때 부당내부거래 억지라는 행정목적을 실현하기 위하여 그 위반행위에 대하여 제재를 가하는 행정상의 제재금으로서의 기본적 성격에 부당이득환수적 요소도 부가되어 있는 것이라 할 것이고, 이를 두고 헌법 제13조 제1항에서 금지하는 국가형벌권 행사로서의 '처벌'에 해당한다고는 할 수 없으므로, [17 지방7급] 공정거래법에서 형사처벌과 아울러 과징금의 병과를 예정하고 있더라도 이중처벌금지원칙에 위반된다고 볼 수 없으며, 무죄추정의 원칙에 위반된다고도 할 수 없다(헌재 2003.7.24. 2001헌가25). [18 교행, 14 복지9급]

과징금의 부과·징수에 하자가 있는 경우, 납부의무자는 행정쟁송절차에 따라 다툴 수 있다. (○, ×) [22 지방9급, 13 국회9급]

과징금의 부과에 대하여 불복이 있는 경우에는 비송사건절차법에 의하여 법원이 결정한다. (○, ×) [04 관세사]

7. 과징금과 권리구제

과징금 부과처분은 행정행위이므로 그에 대해 행정쟁송을 제기할 수 있다. 한편 위법한 과징금부과처분으로 손해를 입은 자는 국가를 상대로 손해배상을 청구할 수 있다.

02 부과금

부과금은 행정법상 의무위반에 대한 금전적 제재의 성질을 가지는 것을 말한다. 현행법상 부과금의 예로는 환경법 영역의 배출부담금을 들 수 있다. 과징금과 부과금은 모두 행정법상의 의무위반에 대한 금전적 제재의 성질을 가진다는 점과 그 징수절차가 국세나 지방세 체납처분의 예에 의한다는 점에서는 공통된다. 그러나 과징금의 경우에는 국고 수입으로 귀속되나, 부과금의 경우에는 국고 수입으로 귀속되는 것이 아니라 특정한 행정법상 의무이행확보를 위해 그 사용 목적이 제한된다는 점에서 양자는 구별된다.

03 가산세

가산세란 세법에서 규정하는 의무의 성실한 이행을 확보하기 위하여 세법에 따라 산출한 세액에 가산하여 징수하는 금액을 말한다. (○, ×) [14 경행특채]

1. 의의

가산세란 세법에서 규정하는 의무의 성실한 이행을 확보하기 위하여 세법에 따라 산출한 세액에 가산하여 징수하는 금액을 말한다(국세기본법 제2조 제4호). 예컨대 소득세 신고에서 신고하여야 할 소득금액에 미달하여 신고한 때에 일정금액을 가산하여 세금을 부과하는 것을 말한다. 가산세에는 무신고가산세, 과소신고가산세 등이 있다. 한편 가산세는 처벌이 아니라는 점에서 행정벌, 형사벌과 병과될 수 있다.

2. 법적 성질

가산세 부과처분은 본세의 부과처분과 별개의 과세처분이다(대판 2005.9.30. 2004두2356). 따라서 가산세는 가산금과 달리 급부하명으로서 처분성이 인정된다. 한편 본세의 산출세액이 없다 하더라도 가산세만 독립하여 부과·징수할 수 있다.

3. 법적 근거

가산세의 부과에는 법률적 근거가 필요하다. 국세기본법, 소득세법 등에 근거규정이 있다.

4. 가산세의 특징

판례

1. 세법상 가산세는 그 의무해태를 탓할 수 없는 정당한 사유가 있는 경우에는 그 부과를 면할 수 있다(대판 2005.4.15. 2003두4089). [18 국가9급]
2. 세법상 가산세는 의무를 위반한 경우에 법이 정하는 바에 따라 부과하는 행정상 제재로서 납세자의 고의·과실은 고려되지 아니하고 법령의 부지·착오 등은 그 의무위반을 탓할 수 없는 정당한 사유에 해당하지 아니한다(대판 2004.6.24. 2002두10780). [19 국가9급]
3. 납세의무자가 세무공무원의 잘못된 설명을 믿고 그 신고납부의무를 이행하지 아니하였다 하더라도 그것이 관계 법령에 어긋나는 것임이 명백한 때에는 그러한 사유만으로 정당한 사유가 있다고 볼 수 없다(대판 1997.8.22. 96누15404). [18 지방7급]
4. 가산세는 세법에서 규정하는 의무의 성실한 이행을 확보하기 위하여 세법에 따라 산출한 본세의 세액에 가산하여 징수하는 독립된 조세로서, 본세에 감면사유가 인정된다고 해서 가산세도 당연히 감면대상에 포함되는 것은 아니다. 그리고 가산세 납부의무를 이행하지 않은 데 정당한 사유가 있는 경우에는 본세 납부의무가 있더라도 가산세는 부과하지 않는다(대판 2018. 11. 29. 2016두53180).

04 가산금·중가산금

1. 가산금

가산금이란 국세를 납부기한까지 납부하지 아니한 경우에 국세징수법에 따라 고지세액에 가산하여 징수하는 금액과 납부기한이 지난 후 일정 기한까지 납부하지 아니한 경우에 그 금액에 다시 가산하여 징수하는 금액을 말한다(국세기본법 제2조 제5호 현재 삭제). 판례는 가산금과 중가산금은 미납분에 대한 지연이자로서의 의미를 가진다고 본다.

판례

국유재산 등의 관리청이 하는 행정재산의 사용·수익 허가에 따른 사용료에 대하여는 국유재산법 제25조 제3항의 규정에 의하여 국세징수법 제21조, 제22조가 규정한 가산금과 중가산금을 징수할 수 있다 할 것이고, 위 가산금과 중가산금은 위 사용료가 납부기한까지 납부되지 않은 경우 미납분에 관한 지연이자의 의미로 부과되는 부대세의 일종이다(대판 2006.3.9. 2004다31074).

2. 중가산금

중가산금은 가산금의 납부고지를 받고도 금전채무를 이행하지 않는 자에 대하여 그 이행을 강제하기 위하여 부과하는 것으로, 당초의 가산금에 일정비율에 의한 가산금을 더하는 방식으로 부과한다. 국세기본법의 경우 가산금, 중가산금 규정을 삭제하고 납부지연가산세로 개정하여 가산세 개념으로 일원화하였다.

- 가산세는 납세자가 정당한 이유 없이 법에 규정된 신고, 납세 등 각종 의무를 위반한 경우에 개별세법이 정하는 바에 따라 부과되는 행정상의 제재로서 납세자의 고의·과실 또한 중요한 고려 요소가 된다. (○, ×) [23 국가7급, 12 국가9급]
- 세법상 가산세는 납세자가 정당한 이유 없이 법에 규정된 신고·납세의무 등을 위반한 경우에 부과되는 행정상 제재로서, 납세의무자가 세무공무원의 잘못된 설명을 믿고 그 신고납부의무를 이행하지 아니한 경우에는 그것이 관계 법령에 어긋나는 것임이 명백하다고 하더라도 정당한 사유가 있는 경우에 해당한다. (○, ×) [17 지방7급]
- 가산세는 세법에서 규정하는 의무의 성실한 이행을 확보하기 위하여 세법에 따라 산출한 본세액에 가산하여 징수하는 조세로서, 본세에 감면사유가 인정된다면 가산세도 감면대상에 포함된다. (○, ×) [23 국가7급]
- 가산세는 행정상 금전급부의무를 납부기한까지 납부하지 아니함에 대한 지연이자의 의미를 갖는 것이며, 가산금은 성실한 납세신고와 같은 협력의무를 위반한 경우 부과하는 것이다. (○, ×) [06 국회8급]
- 가산금과 중가산금은 행정상의 제재로서, 그 의무해태를 탓할 수 없는 정당한 사유가 있는 경우에는 부과할 수 없다. (○, ×) [13 국가7급]
- 행정재산의 사용·수익 허가에 따른 사용료에 대하여는 국세징수법에 따라 가산금과 중가산금을 징수할 수 있고, 이는 미납분에 관한 지연이자의 의미로 부과되는 부대세의 일종이다. (○, ×)[12 국가9급]

제3절 비금전적 제재

01 명단공표

1. 의의

명단공표란 행정법상 의무위반 또는 의무불이행이 있는 경우에, 그 의무위반자 또는 불이행자의 성명, 위반사실 등을 일반에게 공개하여 명예 또는 신용의 침해를 위협함으로써 심리적 압박을 가하여 행정법상의 의무이행을 간접적으로 확보하는 강제수단을 말한다. [14 경행특채] 국세기본법에는 고액체납자의 명단공개제도에 대하여 규정하고 있다. [15 국회8급]

행정상 공표는 의무위반자의 명예나 신용의 침해를 위협함으로써 직접적으로 행정법상 의무이행을 확보하는 수단이다. (○, ×) [10 지방9급]

국세징수법은 고액조세체납자의 명단공표에 관하여 규정하고 있다. (○, ×) [06 서울9급, 03국가7급]

행정법상 의무위반자에 대한 명단의 공표는 법적인 근거가 없더라도 허용된다. (○, ×) [15 복지9급]

2. 법적 근거

(1) 법적 근거의 필요성 여부

학설은 공표의 성질이 비권력적 사실행위임에도 불구하고 공표는 관계자의 명예・신용・프라이버시를 침해하거나 사실상 심각한 불이익을 초래할 수 있다는 점에서 법적 근거를 요한다고 본다.

(2) 실정법의 태도

명단의 공표에 관해 명시적으로 규정하는 일반법은 없으나, 개별법상으로는 식품위생법 제84조, 공직자윤리법 제8조의2, 국세기본법 제85조의5, 아동・청소년의 성보호에 관한 법률 제49조 등을 들 수 있다.

3. 공표의 한계

(1) 행정법 일반원칙의 준수

명단의 공표는 법률에 근거하여 행하여져야 하고, 개별법에 규정된 한계를 준수하여야 하며, 또한 기본권의 보호・비례원칙 등 행정법의 일반원칙을 준수하여야 한다. [10 국회8급]

(2) 프라이버시권과 알 권리의 조화

공표제도는 사생활의 비밀과 자유를 침해할 가능성이 매우 높은 제도이다. 사생활의 비밀과 자유도 일정한 한계가 있으며 국민의 알 권리도 보호되어야 한다는 점에서, 공표를 함에 있어서는 양자의 이익이 조화가 되는 것이 필요하다.

헌재 판례

청소년 성매수자에 대한 신상공개를 규정한 청소년의 성보호에 관한 법률은 이중처벌금지원칙, 과잉금지원칙, 평등원칙, 법관에 의한 재판을 받을 권리, 적법절차원칙에 위반되지 않는다(헌재 2003.6.26. 2002헌가14).

헌법재판소는 청소년 성매수자의 신상공개제도가 이중처벌금지원칙, 과잉금지원칙, 평등원칙, 적법절차원칙 등에 위반되지 않는다는 입장이다. (○, ×) [10 지방9급]

판례

인격권으로서의 개인의 명예의 보호와 표현의 자유의 보장이라는 두 법익이 충돌하였을 때 그 조정을 어떻게 할 것인지는 구체적인 경우에 사회적인 여러 가지 이익을 비교하여 표현의 자유로 얻어지는 이익, 가치와 인격권의 보호에 의하여 달성되는 가치를 형량하여 그 규제의 폭과 방법을 정하여야 한다(대판 1998.7.14. 96다17257).

행정상 공표는 사생활의 비밀과 자유, 국민의 알 권리 등 다른 기본권과 충돌하는 경우에는 이익형량에 의하여 제한할 수 있다. (○, ×) [10 지방9급]

4. 공표에 대한 권리구제

(1) 공표에 대한 항고소송

공표는 비권력적 사실행위에 해당하며, 이는 그 자체로서 아무런 법적 효과도 발생하지 않기 때문에 행정소송법상 처분에 해당하지 않는다고 보는 견해가 다수설이다.

(2) 국가배상

위법한 공표에 의해 명예 · 신용 등이 침해된 경우에는 행정상 손해배상을 청구할 수 있다.

판례

국가기관이 행정목적달성을 위하여 언론에 보도자료를 제공하는 등 이른바 행정상 공표의 방법으로 실명을 공개함으로써 타인의 명예를 훼손한 경우, 그 공표된 사람에 관하여 적시된 사실의 내용이 진실이라는 증명이 없더라도 국가기관이 공표 당시 이를 진실이라고 믿었고 또 그렇게 믿을 만한 상당한 이유가 있다면 위법성이 없는 것이고, [07 관세사] 이 점은 언론을 포함한 사인에 의한 명예훼손의 경우에서와 마찬가지이다. 상당한 이유의 존부의 판단에 있어서는 사인의 행위에 의한 경우보다는 훨씬 더 엄격한 기준이 요구된다 할 것이므로, 지방국세청 소속 공무원들이 통상적인 조사를 다하여 의심스러운 점을 밝혀 보지 아니한 채 막연한 의구심에 근거하여 원고가 위장증여자로서 국토이용관리법을 위반하였다는 요지의 조사결과를 보고한 것이라면 국세청장이 이에 근거한 보도자료의 내용이 진실하다고 믿은 데에는 상당한 이유가 없다(대판 1993.11.26. 93다18389).

> 판례에 따르면 위법한 공표에 의하여 명예 · 신용 등이 침해된 경우에는 행정상 손해배상청구소송을 제기하여 그 손해배상을 구할 수 없다. (○, ×) [10 국회9급, 07 관세사]

> 대법원은 국세청장이 부동산투기자의 명단을 언론사에 공표함으로써 명예를 훼손한 사건에서 손해배상 책임을 인정하였다. (○, ×) [10 지방9급]

PART 04

02 공급거부

1. 의의

공급거부라 함은 행정법상의 의무를 위반하거나 불이행한 자에 대하여 행정상의 서비스나 재화의 공급을 거부하는 행위를 말한다. [14 경행특채] 행정에 의해 공급되는 재화 등은 오늘날 국민 생활에 필수적이라는 점에서 공급거부는 매우 강력한 행정의 실효성 확보수단으로 기능할 수 있다.

2. 법적 성질

(1) 공급거부요청

판례

행정청이 위법 건축물에 대한 시정명령을 하고 나서 위반자가 이를 이행하지 아니하여 전기 · 전화의 공급자에게 그 위법 건축물에 대한 전기 · 전화공급을 하지 말아 줄 것을 요청한 행위는 권고적 성격의 행위에 불과한 것으로서 전기 · 전화공급자나 특정인의 법률상 지위에 직접적인 변동을 가져오는 것은 아니므로 이를 항고소송의 대상이 되는 행정처분이라고 볼 수 없다(대판 1996.3.22. 96누433). [23 지방9급, 17 서울9급]

> 위법 건축물에 대한 단전 및 전화통화 단절조치 요청행위는 처분성이 부인된다. (○, ×) [13 지방9급]

(2) 단수처분

판례

단수처분은 항고소송의 대상이 되는 행정처분에 해당한다(대판 1979.12.28, 79누218). [17 서울9급, 11 복지9급]

3. 법적 근거

현행 건축법은 이 법 또는 이 법의 규정에 의한 명령이나 처분에 위반하여 허가가 취소되거나 개축 등의 시정명령을 받고 이행하지 아니한 건축물에 대하여 전기·전화·수도의 공급자 등에게 그 공급을 중지하도록 요청할 수 있다고 규정하고 있다. (○, ×) [11 국가9급]

공급거부도 국민생활에 중대한 영향을 미치는 침익적 행위이므로 법적 근거가 있어야 한다. 한편 공급거부에 대해서 구 건축법 제69조에는 위법건축물에 대하여는 전기·전화·수도의 공급자, 도시가스 사업자 또는 관계행정기관의 장에게 전기·전화·수도 또는 도시가스공급 시설의 설치 또는 공급의 중지를 요청할 수 있다는 규정을 두고 있었으나 부당결부금지원칙에 위배된다는 비판이 있었다. 현행 건축법에서는 공급거부에 관한 위 규정을 삭제하였다.

03 관허사업의 제한

1. 의의

관허사업의 제한이란 행정법상의 의무위반행위가 있는 경우 이를 이유로 각종 인·허가를 거부·정지·철회할 수 있도록 함으로써 행정법상 의무의 준수 또는 의무의 이행을 간접적으로 강제하는 것을 말한다. 관허사업의 제한은 행정법상 의무위반을 발생시킨 당해 사업에 대해서만 할 수 있는 것이 아니라 관련이 없는 사업에 대해서도 할 수 있다.

2. 법적 근거

관허사업의 제한은 권익침해의 효과가 있으므로 법적 근거가 있어야 한다. 일반법은 존재하지 않고 국세징수법, 건축법, 질서위반행위규제법 등에 근거가 있다.

3. 종류

(1) 국세징수법상 세금체납자의 관허사업 제한

국세징수법 제112조 【사업에 관한 허가등의 제한】 ① 관할 세무서장은 납세자가 허가·인가·면허 및 등록 등(이하 이 조에서 "허가등"이라 한다)을 받은 사업과 관련된 소득세, 법인세 및 부가가치세를 체납한 경우 해당 사업의 주무관청에 그 납세자에 대하여 허가등의 갱신과 그 허가등의 근거 법률에 따른 신규 허가등을 하지 아니할 것을 요구할 수 있다. 다만, 재난, 질병 또는 사업의 현저한 손실, 그 밖에 대통령령으로 정하는 사유가 있는 경우에는 그러하지 아니하다.

② 관할 세무서장은 허가등을 받아 사업을 경영하는 자가 해당 사업과 관련된 소득세, 법인세 및 부가가치세를 3회 이상 체납하고 그 체납된 금액의 합계액이 500만 원 이상인 경우 해당 주무관청에 사업의 정지 또는 허가등의 취소를 요구할 수 있다. 다만, 재난, 질병 또는 사업의 현저한 손실, 그 밖에 대통령령으로 정하는 사유가 있는 경우에는 그러하지 아니하다.

③ 관할 세무서장은 제1항 또는 제2항의 요구를 한 후 해당 국세를 징수한 경우 즉시 그 요구를 철회하여야 한다.

④ 해당 주무관청은 제1항 또는 제2항에 따른 관할 세무서장의 요구가 있는 경우 정당한 사유가 없으면 요구에 따라야 하며, 그 조치 결과를 즉시 관할 세무서장에게 알려야 한다.

⑵ 건축법상의 관허사업 제한

> 건축법 제79조【위반 건축물 등에 대한 조치 등】② 허가권자는 제1항에 따라 허가나 승인이 취소된 건축물 또는 제1항에 따른 시정명령을 받고 이행하지 아니한 건축물에 대하여는 다른 법령에 따른 영업이나 그 밖의 행위를 허가・면허・인가・등록・지정 등을 하지 아니하도록 요청할 수 있다. 다만 허가권자가 기간을 정하여 그 사용 또는 영업, 그 밖의 행위를 허용한 주택과 대통령령으로 정하는 경우에는 그러하지 아니하다.
> ③ 제2항에 따른 요청을 받은 자는 특별한 이유가 없으면 요청에 따라야 한다.

⑶ 질서위반행위규제법의 관허사업 제한

> 질서위반행위규제법 제52조【관허사업의 제한】① 행정청은 허가・인가・면허・등록 및 갱신(이하 "허가 등"이라 한다)을 요하는 사업을 경영하는 자로서 다음 각 호의 사유에 모두 해당하는 체납자에 대하여는 사업의 정지 또는 허가 등의 취소를 할 수 있다.
> 1. 해당 사업과 관련된 질서위반행위로 부과받은 과태료를 3회 이상 체납하고 있고, 체납발생일부터 각 1년이 경과하였으며, 체납금액의 합계가 500만 원 이상인 체납자 중 대통령령으로 정하는 횟수와 금액 이상을 체납한 자
> 2. 천재지변이나 그 밖의 중대한 재난 등 대통령령으로 정하는 특별한 사유 없이 과태료를 체납한 자
>
> ② 허가 등을 요하는 사업의 주무관청이 따로 있는 경우에는 행정청은 당해 주무관청에 대하여 사업의 정지 또는 허가 등의 취소를 요구할 수 있다.
> ③ 행정청은 제1항 또는 제2항에 따라 사업의 정지 또는 허가 등을 취소하거나 주무관청에 대하여 그 요구를 한 후 당해 과태료를 징수한 때에는 지체 없이 사업의 정지 또는 허가 등의 취소나 그 요구를 철회하여야 한다.
> ④ 제2항에 따른 행정청의 요구가 있는 때에는 당해 주무관청은 정당한 사유가 없는 한 이에 응하여야 한다.

4. 관허사업 제한의 한계

관허사업의 제한은 행정작용이므로 비례의 원칙, 평등의 원칙 등 행정법의 일반원칙에 위배될 수 없다. 관허사업의 제한과 관련하여 특히 논의되는 것은 부당결부금지의 원칙이다. 이에 대해 위헌설과 합헌설의 대립이 있으며, 조세체납자에 대한 <u>관허사업제한이 부당결부에 해당하는지에 대한 명시적인 판례는 없다</u>.

✦ 조세체납자의 관허사업제한을 명시하고 있는 국세징수법 관련규정은 부당결부금지원칙에 반하여 위헌이라는 것이 판례의 입장이다. (○, ×) [14 국가9급]

5. 권리구제

관허사업의 제한은 행정상 제재처분으로서 처분성이 인정되므로 행정쟁송의 대상이 된다. 위법한 관허사업 제한으로 손해를 입은 경우 국가배상청구도 가능하다.

04 기타

1. 제재적 행정처분 등

제재적 행정처분, 예를 들어 행정법상 의무위반자에 대하여 인가・허가 등을 정지, 철회함으로써 위반자에게 불이익을 가하고 이로써 행정법상 의무의 이행을 간접적으로 확보하는 경우에는 허가 등의 정지・철회도 실효성 확보수단에 해당될 수 있다.

2. 고의・과실의 필요 여부

> 현실적 행위자가 아닌 법령상 책임자로 규정된 자에게는 행정법규 위반에 대한 제재조치를 부과할 수 없다. (○, ×) [18 지방7급, 14 지방7급]

> 대법원은 행정법규 위반에 대하여 가하는 제재조치로서의 행정처분에도 특별한 경우가 아닌 한 고의 또는 과실을 그 요건으로 한다고 판시하였다. (○, ×) [17 서울7급]

판례

행정법규 위반에 대하여 가하는 제재조치는 행정목적의 달성을 위하여 행정법규 위반이라는 객관적 사실에 착안하여 가하는 제재이므로 반드시 현실적인 행위자가 아니라도 법령상 책임자로 규정된 자에게 부과되고 특별한 사정이 없는 한 위반자에게 고의나 과실이 없더라도 부과할 수 있다. [22 국가7급] 원고의 종업원 등이 이 사건 호텔의 객실을 성매매 장소로 제공한 사안에서, 공중위생영업자인 원고가 이 사건 호텔 내에서 성매매가 이루어지는 것을 방지하여야 할 의무를 위반하였고 원고에게 그 의무위반을 탓할 수 없는 정당한 사유가 있다고 보기 어려우므로, 피고가 원고의 종업원 등의 구 성매매알선 등 행위의 처벌에 관한 법률 제19조 위반행위를 이유로 원고에게 한 2월의 영업정지처분을 한 것은 정당하다(대판 2012.5.10. 2012두1297).

3. 형사재판과의 관련성

> 일정한 법규위반 사실이 행정처분의 전제사실이자 형사법규의 위반 사실이 되는 경우, 형사판결이 확정되기 전에 그 위반사실을 이유로 제재처분을 하였다면 절차적 위반에 해당한다. (○, ×) [22 국가7급]

판례

행정처분과 형벌은 각각 그 권력적 기초, 대상, 목적이 다르다. 일정한 법규 위반 사실이 행정처분의 전제사실이자 형사법규의 위반 사실이 되는 경우에 동일한 행위에 관하여 독립적으로 행정처분이나 형벌을 부과하거나 이를 병과할 수 있다. 법규가 예외적으로 형사소추 선행 원칙을 규정하고 있지 않은 이상 형사판결 확정에 앞서 일정한 위반사실을 들어 행정처분을 하였다고 하여 절차적 위반이 있다고 할 수 없다(대판 2017.6.19. 2015두59808).

4. 위반행위별 제재

판례

1. 여러 처분사유에 관하여 하나의 제재처분을 하였을 때 그중 일부가 인정되지 않는다고 하더라도 나머지 처분사유들만으로도 처분의 정당성이 인정되는 경우에는 그 처분을 위법하다고 보아 취소하여서는 아니 된다. [20 국가9급] 행정청이 여러 개의 위반행위에 대하여 하나의 제재처분을 하였으나, 위반행위별로 제재처분의 내용을 구분하는 것이 가능하고 여러 개의 위반행위 중 일부의 위반행위에 대한 제재처분 부분만이 위법하다면, 법원은 제재처분 중 위법성이 인정되는 부분만 취소하여야 하고 제재처분 전부를 취소하여서는 아니 된다(대판 2020.5.14. 2019두63515). [22 국가7급]
2. 어느 하나의 처분사유에 의한 과징금 부과처분에 대하여 당해 처분사유가 아닌 다른 처분사유가 존재한다는 이유로 적법하다고 판단하는 것은 특별한 사정이 없는 한 행정소송법상 직권심사주의의 한계를 넘는 것으로서 허용될 수 없다(대판 2017.5.17. 2016두53050).

5. 제재처분의 제척기간

행정기본법 제23조 【제재처분의 제척기간】 ① 행정청은 법령등의 위반행위가 종료된 날부터 5년이 지나면 해당 위반행위에 대하여 제재처분(인허가의 정지·취소·철회, 등록 말소, 영업소 폐쇄와 정지를 갈음하는 과징금 부과를 말한다. 이하 이 조에서 같다)을 할 수 없다.

② 다음 각 호의 어느 하나에 해당하는 경우에는 제1항을 적용하지 아니한다. [23 국가9급]

1. 거짓이나 그 밖의 부정한 방법으로 인허가를 받거나 신고를 한 경우
2. 당사자가 인허가나 신고의 위법성을 알고 있었거나 중대한 과실로 알지 못한 경우
3. 정당한 사유 없이 행정청의 조사·출입·검사를 기피·방해·거부하여 제척기간이 지난 경우
4. 제재처분을 하지 아니하면 국민의 안전·생명 또는 환경을 심각하게 해치거나 해칠 우려가 있는 경우

당사자가 인허가나 신고의 위법성을 경과실로 알지 못한 경우 제척기간인 5년이 지나면 제재처분을 할 수 없다. (○, ×) [23 국가9급]

김태성 행정법총론

합격까지 박문각

PART

05

행정구제법

CHAPTER 01

행정구제 일반론

제1절 행정구제의 의의와 종류

01 행정구제의 의의

행정구제란 행정주체의 행정작용으로 권익이 침해되었다고 주장하는 자가 국가기관에 대하여 원상회복·손해전보 또는 당해 행정작용의 취소·변경 등을 청구하는 절차를 말한다. 행정구제는 법치국가를 실현하기 위한 필수적인 요소로서, 국민의 권리와 이익을 효과적으로 보호함으로써 행정작용의 적법성을 직접적으로 회복·실현하기 위한 제도이다.

02 행정구제의 종류

사전적 권리구제제도로는 행정절차제도를 들 수 있고, 사후적 권리구제제도로는 행정상 손해전보(손해배상·손실보상)와 행정쟁송(행정심판·행정소송)을 들 수 있다. 한편 이외에도 청원, 옴부즈만제도, 민원처리제도 등이 있는데 이는 사전구제제도로서의 성질도 있으나 경우에 따라서는 사후구제적 기능을 수행한다.

제2절 행정상 손해전보

01 개념

손해전보란 국가 등이 그 활동으로 인해 사인에게 발생한 손해 또는 손실을 보전하는 제도를 의미하는 것으로서, 그 원인행위의 형태에 따라 크게 손해배상과 손실보상으로 구분할 수 있다.

02 유형

1. 행정상의 손해배상

국가 등이 자신의 사무수행과 관련하여 위법하게 타인에게 손해를 가한 경우 국가가 피해자에게 손해를 배상하는 제도를 말한다.

2. 행정상의 손실보상

국가 등이 자신의 사무수행과 관련하여 적법하게 타인에게 특별한 희생을 가한 경우 그로부터 발생한 소실을 보상하는 제도를 말한다. 이는 헌법상의 재산권 보장의 법리를 토대로 하여 단체주의·공평부담의 이념을 근거로 발전하였다.

03 손해배상과 손실보상의 차이점

손해배상과 손실보상 양 제도는 사후적·실체적, 그리고 금전적 구제제도라는 점에서 공통점을 가지나, 이념적 기초나 법적 근거에서 차이가 있다.

구분	손해배상	손실보상
개념	위법한 행정작용으로 인한 손해전보	적법한 행정작용으로 인한 특별한 손실전보
이념적 기초	개인주의, 도의적 책임주의	단체주의, 사회적 공평부담의 이념
법적 근거	헌법 제29조, 국가배상법(일반법)	헌법 제23조 제3항, 일반법은 없고 개별법에 근거
전보의 대상	재산적·비재산적(생명·신체 등) 손해	재산적 손실
책임의 성질	과실책임주의(국가배상법 제2조)	무과실책임주의
양도·압류	생명·신체의 침해로 인한 국가배상을 받을 권리는 양도 및 압류 금지	양도 및 압류 가능

제3절 행정쟁송

01 행정쟁송의 의의

행정쟁송이란 행정상 법률관계에 관한 다툼을 당사자의 청구에 의해 일정한 국가기관이 심리·판정하는 절차를 말한다. 이는 국민의 권리구제와 행정통제의 기능을 함으로써 실질적 법치국가의 구현에 핵심적인 역할을 한다.

02 행정쟁송의 종류

1. 행정쟁송의 성질에 의한 구분

(1) 주관적 쟁송과 객관적 쟁송

주관적 쟁송이란 쟁송제기자의 권리·이익의 구제를 직접 목적으로 하는 쟁송을 말하며, 객관적 쟁송이란 적법성의 확보 또는 공익 실현을 직접 목적으로 하는 쟁송을 말한다. 항고쟁송과 당사자쟁송은 주관적 쟁송에 해당하며, 민중쟁송과 기관쟁송은 객관적 쟁송에 해당한다.

(2) 항고쟁송과 당사자쟁송

항고쟁송이란 행정청의 공권력 행사를 전제로 그 행위의 위법 또는 부당을 주장하는 자가 그 심판을 구하는 쟁송을 말하며, 당사자쟁송이란 대등한 당사자 간의 법률관계 형성 또는 존부에 관한 다툼에 대하여 그 심판을 구하는 쟁송을 말한다.

(3) 민중쟁송과 기관쟁송

민중쟁송이란 행정법규의 위법한 작용을 시정하기 위하여 일반민중 또는 선거인 등이 제기하는 쟁송을 말하며, 기관쟁송이란 행정법규의 적정한 적용을 확보하기 위해 국가 또는 지방자치단체의 기관 상호 간의 관계에서 인정되는 쟁송이다. 선거 또는 당선의 효력에 관하여 선거인이 제기하는 선거쟁송은 민중쟁송의 예이며, 지방자치단체의 장이 지방의회 의결의 위법을 이유로 소송을 제기하는 것은 기관쟁송의 예이다.

2. 행정쟁송의 절차에 의한 구분

분쟁의 공정한 해결을 위해서는 심판기관의 독립성과 심리절차에 당사자의 구술변론 기회가 보장되어야 한다. 이 두 가지 요건을 모두 갖춘 쟁송을 정식쟁송이라고 하고, 어느 하나를 결여한 쟁송을 약식쟁송이라 한다. 법원에 의한 행정쟁송, 즉 행정소송은 정식쟁송에 해당하고, 행정심판과 이의신청은 약식쟁송에 해당한다.

3. 행정쟁송의 단계에 의한 구분

시심적 쟁송이란 법률관계의 형성 또는 존부에 관한 제1차적 행정작용 자체가 쟁송의 형식에 의해 이루어지는 쟁송을 말하며, 복심적 쟁송이란 이미 행해진 행정작용을 전제로 하여 그 작용의 하자를 주장하는 자가 그에 대한 심사를 구하는 쟁송을 말한다. 당사자쟁송, 토지수용위원회의 재결은 시심적 쟁송에 속하며, 항고쟁송은 복심적 쟁송에 속한다.

4. 행정쟁송의 심판기관에 의한 구분

행정심판이란 행정기관에 의해 심리・재결되는 쟁송이고, 행정소송은 법원에 의해 심리・판결되는 쟁송이다.

제4절 기타의 권리구제제도

01 청원

1. 청원의 의의

청원이란 국민이 국가의 공권력 행사와 관련하여 자신의 의견・불만 또는 희망을 국가 또는 공공단체의 기관에 대하여 문서로 개진하거나 시정을 요구하는 헌법상의 기본권의 하나이다(헌법 제26조 제1항).

2. 법적 근거

헌법 제26조 제1항은 “모든 국민은 법률이 정하는 바에 의하여 국가기관에 문서로 청원할 권리를 가진다.”고 규정하고 있고 이에 근거하여 청원에 관한 일반법으로 청원법이 제정되어 있다.

3. 청원인 · 청원기관

(1) 청원인

국민은 누구나 모든 국가기관에 대하여 청원할 수 있다. 청원인에는 외국인도 포함되며, 법인도 청원권의 주체가 된다. 청원을 제기하기 위해서는 개인의 권익침해 등을 요구하지 않으므로 이해관계가 없는 자도 청원을 제기할 수 있다.

(2) 청원기관

청원을 제출할 수 있는 기관은 국가기관, 지방자치단체와 그 소속 기관, 법령에 따라 행정권한을 가지고 있거나 행정 권한을 위임 또는 위탁받은 법인 · 단체 또는 그 기관이나 개인이다(청원법 제4조).

4. 청원사항 및 청원의 제한

(1) 청원사항

청원법 제5조【청원사항】 국민은 다음 각 호의 어느 하나에 해당하는 사항에 대하여 청원기관에 청원할 수 있다.
1. 피해의 구제
2. 공무원의 위법 · 부당한 행위에 대한 시정이나 징계의 요구
3. 법률 · 명령 · 조례 · 규칙 등의 제정 · 개정 또는 폐지
4. 공공의 제도 또는 시설의 운영
5. 그 밖에 청원기관의 권한에 속하는 사항

(2) 청원의 제한

청원법 제6조【청원 처리의 예외】 청원기관의 장은 청원이 다음 각 호의 어느 하나에 해당하는 경우에는 처리를 하지 아니할 수 있다. 이 경우 사유를 청원인(제11조 제3항에 따른 공동청원의 경우에는 대표자를 말한다)에게 알려야 한다.
1. 국가기밀 또는 공무상 비밀에 관한 사항
2. 감사 · 수사 · 재판 · 행정심판 · 조정 · 중재 등 다른 법령에 의한 조사 · 불복 또는 구제절차가 진행 중인 사항
3. 허위의 사실로 타인으로 하여금 형사처분 또는 징계처분을 받게 하는 사항
4. 허위의 사실로 국가기관 등의 명예를 실추시키는 사항
5. 사인 간의 권리관계 또는 개인의 사생활에 관한 사항
6. 청원인의 성명, 주소 등이 불분명하거나 청원내용이 불명확한 사항

청원법 제16조【반복청원 및 이중청원】 ① 청원기관의 장은 동일인이 같은 내용의 청원서를 같은 청원기관에 2건 이상 제출한 반복청원의 경우에는 나중에 제출된 청원서를 반려하거나 종결처리할 수 있고, 종결처리하는 경우 이를 청원인에게 알려야 한다.

청원법 제25조【모해의 금지】 누구든지 타인을 모해(謀害)할 목적으로 허위의 사실을 적시한 청원을 하여서는 아니 된다.

5. 청원의 방식

청원은 청원인의 성명(법인인 경우에는 명칭 및 대표자의 성명을 말한다)과 주소 또는 거소를 기재하고 서명한 문서(「전자문서 및 전자거래 기본법」에 따른 전자문서를 포함한다)로 하여야 한다(청원법 제9조 제1항). 청원은 개별적으로는 물론 집단적으로도 제기할 수 있으며(집단청원), 그 기관에 관해서도 아무런 제한이 없다.

6. 청원의 효과

> **청원법 제18조 【청원의 조사】** 청원기관의 장은 청원을 접수한 경우에는 지체 없이 청원사항을 성실하고 공정하게 조사하여야 한다. 다만, 청원사항이 별도의 조사를 필요로 하지 아니하는 경우에는 조사 없이 신속하게 처리할 수 있다.
>
> **제14조 【접수·처리 상황의 통지 및 공개】** ① 청원기관의 장은 청원의 접수 및 처리 상황을 청원인(공동청원의 경우 대표자를 말한다)에게 알려야 한다. 공개청원의 경우에는 온라인청원시스템에 접수 및 처리 상황을 공개하여야 한다.

헌법에서는 청원의 수리·심사의무만 규정하고 있으나(헌법 제26조 제2항), 청원법에서는 모든 청원기관의 장은 '지체 없이 청원사항을 성실하고 공정하게 조사하고 청원의 접수 및 처리 상황을 청원인에게 알려야 한다'고 규정하고 있어, 행정구제적 성질을 강화하고 있다. 판례는 통지된 내용은 행정심판 재결서의 송달과는 달리 그 자체로는 아무런 법적인 효과를 갖지 않기 때문에 행정처분이 아니라고 본다.

판례

청원에 대한 심사처리결과의 통지 유무는 행정소송의 대상이 되는 행정처분이 아니다(대판 1990.5.25. 90누1458).

02 옴부즈만제도

1. 의의

옴부즈만이란 공공기관이 법령상의 책무를 적정하게 수행하고 있는지를 국민을 대신하여 감시하기 위하여 의회에 의하여 그 대리인으로 선출된 자를 말한다. 이는 행정기능의 확대나 그 작용형식의 다양화 등으로 인한 전통적인 행정구제제도의 결점을 보완하여, 국민의 권익을 보다 실효적으로 보호하려는 데에 존재의의가 있다.

2. 특징

(1) 고도의 독립성

옴부즈만은 원칙적으로 의회에 의하여 선출되는 임기제 공무원이다. 이는 행정기관에 대한 옴부즈만의 독립성이나 권위를 확보하여 주는 요인이 된다. 한편 옴부즈만은 임명된 이후에는 공평하고 중립적인 조사관으로서 의회에 대해서 고도의 독립성을 갖는다.

(2) 신속 · 경제성

옴부즈만 제도는 다른 구제방법에 비하여, 그 처리에 있어 고정된 절차가 없으므로, 그에 대한 시민의 접근이 용이하고 또한 민원을 저렴한 비용으로 매우 신속하고 융통성 있는 처리가 가능하다.

(3) 시정권고 등

한편 옴부즈만은 특정행정작용이 위법 · 부당한 것으로 판단되는 경우에도 이를 직접 취소 · 변경할 수 없고, 관계기관에 대한 시정권고, 의회에 대한 보고, 언론에 대한 공표 등만이 가능하다. 옴부즈만은 그 실질적 권한보다는 그 객관적 지위나 사회적 신망에 의거한 영향력에 의하여 그 실효성이 담보된다.

3. 우리나라에서의 옴부즈만

(1) 판례

대법원은 '합의제 행정기관인 옴부즈맨(Ombudsman)을 집행기관의 장인 도지사 소속으로 설치하는 데 있어서는 지방자치법 제107조 제1항의 규정에 따라 당해 지방자치단체의 조례로 정하면 되는 것이지 헌법이나 다른 법령상으로 별도의 설치근거가 있어야 되는 것은 아니다.'고 판시하여 옴부즈만의 도입에 대해 긍정적인 입장이다(대판 1997.4.11. 96추138).

(2) 개별법의 규정

현재 방위사업법, 경제자유구역의 지정 및 운영에 관한 특별법 등에서 옴부즈만에 대한 명문의 규정을 두고 있다.

> **방위사업법 제6조 【청렴서약제 및 옴부즈만제도】** ④ 방위사업청장은 방위사업수행에 있어 투명성 및 공정성을 높이기 위하여 방위사업수행과정에서 제기된 민원사항에 대하여 조사하고 시정 또는 감사요구 등을 할 수 있는 옴부즈만제도를 운영할 수 있다.

03 민원처리제도 등

1. 민원처리제도의 의의

민원처리제도란 법령에 의한 민원처리기관이 행정작용으로 인하여 불이익을 받은 개인으로부터의 신청을 받아 관계기관에 구제조치를 권고 · 알선함으로써 행정운영의 적정과 합리적인 민원해소를 도모하는 절차를 말한다. 민원처리기관으로는 「부패방지 및 국민권익위원회의 설치와 운영에 관한 법률」(약칭 부패방지권익위법)상의 국민권익위원회와 시민고충처리위원회가 대표적이다. 한편 이외에도 행정기관에 직접 민원을 제기하는 경우에 민원사무처리에 관한 일반법으로 민원 처리에 관한 법률이 시행 중이며, 불필요한 행정규제로 국민의 권익이 침해되는 것을 미리 방지하기 위한 행정규제기본법이 시행 중이다.

고충민원의 처리와 이에 관련된 불합리한 행정제도를 개선하고, 부패의 발생을 예방하며 부패행위를 효율적으로 규제하도록 하기 위하여 국무총리 소속으로 국민권익위원회를 설치하였다. (○, ×) [09 국가9급]

고충민원의 처리와 이에 관련된 불합리한 행정제도를 개선하고, 부패의 발생을 예방하며 부패행위를 효율적으로 규제하도록 하기 위하여 대통령 소속으로 국민권익위원회를 둔다. (○, ×) [09 지방7급]

국민권익위원회의 위원장과 위원의 임기는 각각 2년으로 하되 1차에 한하여 연임할 수 있다. (○, ×) [09 지방7급]

2. 국민권익위원회

(1) 설치

고충민원의 처리와 이에 관련된 불합리한 행정제도를 개선하고, 부패의 발생을 예방하며 부패행위를 효율적으로 규제하도록 하기 위하여 국무총리 소속으로 국민권익위원회를 둔다(부패방지권익위법 제11조).

(2) 구성

부패방지권익위법 제13조 【위원회의 구성】 ① 위원회는 위원장 1명을 포함한 15명의 위원(부위원장 3명과 상임위원 3명을 포함한다)으로 구성한다. 이 경우 부위원장은 각각 고충민원, 부패방지 업무 및 중앙행정심판위원회의 운영업무로 분장하여 위원장을 보좌한다. 다만 중앙행정심판위원회의 구성에 관한 사항은 「행정심판법」에서 정하는 바에 따른다.

③ 위원장 및 부위원장은 국무총리의 제청으로 대통령이 임명하고, 상임위원은 위원장의 제청으로 대통령이 임명하며, 상임이 아닌 위원은 대통령이 임명 또는 위촉한다. 이 경우 상임이 아닌 위원 중 3명은 국회가, 3명은 대법원장이 각각 추천하는 자를 임명 또는 위촉한다.

부패방지권익위법 제16조 【직무상 독립과 신분보장】 ① 위원회는 그 권한에 속하는 업무를 독립적으로 수행한다.

② 위원장과 위원의 임기는 각각 3년으로 하되 1차에 한하여 연임할 수 있다.

③ 위원은 다음 각 호의 어느 하나에 해당하는 경우를 제외하고는 그 의사에 반하여 면직 또는 해촉되지 아니한다.

1. 제15조 제1항 각 호의 어느 하나에 해당하는 때
2. 심신상의 장애로 직무수행이 현저히 곤란하게 된 때
3. 제17조에 따른 겸직금지의무에 위반한 경우

④ 제3항 제2호의 경우에는 전체 위원 3분의 2 이상의 찬성에 의한 의결을 거쳐 위원장의 제청으로 대통령 또는 국무총리가 면직 또는 해촉한다.

(3) 기능

부패방지권익위법 제12조 【기능】 위원회는 다음 각호의 업무를 수행한다.

1. 국민의 권리보호·권익구제 및 부패방지를 위한 정책의 수립 및 시행
2. 고충민원의 조사와 처리 및 이와 관련된 시정권고 또는 의견표명
3. 고충민원을 유발하는 관련 행정제도 및 그 제도의 운영에 개선이 필요하다고 판단되는 경우 이에 대한 권고 또는 의견표명
4. 위원회가 처리한 고충민원의 결과 및 행정제도의 개선에 관한 실태조사와 평가
5. 공공기관의 부패방지를 위한 시책 및 제도개선 사항의 수립·권고와 이를 위한 공공기관에 대한 실태조사
6. 공공기관의 부패방지시책 추진상황에 대한 실태조사·평가
7. 부패방지 및 권익구제 교육·홍보 계획의 수립·시행
8. 비영리 민간단체의 부패방지활동 지원 등 위원회의 활동과 관련된 개인·법인 또는 단체와의 협력 및 지원
9. 위원회의 활동과 관련된 국제협력

10. 부패행위 신고 안내 · 상담 및 접수 등
11. 신고자의 보호 및 보상
12. 법령 등에 대한 부패유발요인 검토
13. 부패방지 및 권익구제와 관련된 자료의 수집 · 관리 및 분석
14. 공직자 행동강령의 시행 · 운영 및 그 위반행위에 대한 신고의 접수 · 처리 및 신고자의 보호
15. 민원사항에 관한 안내 · 상담 및 민원사항 처리실태 확인 · 지도
16. 온라인 국민참여포털의 통합 운영과 정부민원안내콜센터의 설치 · 운영
17. 시민고충처리위원회의 활동과 관련한 협력 · 지원 및 교육
18. 다수인 관련 갈등 사항에 대한 중재 · 조정 및 기업애로 해소를 위한 기업고충민원의 조사 · 처리
19. 「행정심판법」에 따른 중앙행정심판위원회의 운영에 관한 사항
20. 다른 법령에 따라 위원회의 소관으로 규정된 사항
21. 그 밖에 국민권익 향상을 위하여 국무총리가 위원회에 부의하는 사항

(4) 고충민원의 처리

① 고충민원의 의의

"고충민원"이란 행정기관 등의 위법 · 부당하거나 소극적인 처분(사실행위 및 부작위를 포함한다) 및 불합리한 행정제도로 인하여 국민의 권리를 침해하거나 국민에게 불편 또는 부담을 주는 사항에 관한 민원(현역장병 및 군 관련 의무복무자의 고충민원을 포함한다)을 말한다(부패방지권익위법 제2조 제5호).

② 신청 및 접수

부패방지권익위법 제39조【고충민원의 신청 및 접수】 ① 누구든지(국내에 거주하는 외국인을 포함한다) 위원회 또는 시민고충처리위원회(이하 이 장에서 "권익위원회"라 한다)에 고충민원을 신청할 수 있다. 이 경우 하나의 권익위원회에 대하여 고충민원을 제기한 신청인은 다른 권익위원회에 대하여도 고충민원을 신청할 수 있다.

② 권익위원회에 고충민원을 신청하고자 하는 자는 다음 각 호의 사항을 기재하여 문서(전자문서를 포함한다. 이하 같다)로 이를 신청하여야 한다. 다만 문서에 의할 수 없는 특별한 사정이 있는 경우에는 구술로 신청할 수 있다.

1. 신청인의 이름과 주소(법인 또는 단체의 경우에는 그 명칭 및 주된 사무소의 소재지와 대표자의 이름)
2. 신청의 취지 · 이유와 고충민원신청의 원인이 된 사실내용
3. 그 밖에 관계 행정기관의 명칭 등 대통령령으로 정하는 사항

④ 권익위원회는 고충민원의 신청이 있는 경우에는 다른 법령에 특별한 규정이 있는 경우를 제외하고는 그 접수를 보류하거나 거부할 수 없으며, 접수된 고충민원서류를 부당하게 되돌려 보내서는 아니 된다. 다만 권익위원회가 고충민원서류를 보류 · 거부 또는 반려하는 경우에는 지체 없이 그 사유를 신청인에게 통보하여야 한다.

누구든지 국민권익위원회 또는 시민고충처리위원회에 고충민원을 신청할 수 있다. 이 경우 하나의 권익위원회에 대하여 고충민원을 제기한 신청인은 다른 권익위원회에 대하여도 고충민원을 신청할 수 있다. (○, ×) [09 지방7급]

PART 05

③ 합의의 권고 및 조정

부패방지권익위법 제44조【합의의 권고】 권익위원회는 조사 중이거나 조사가 끝난 고충민원에 대한 공정한 해결을 위하여 필요한 조치를 당사자에게 제시하고 합의를 권고할 수 있다.

부패방지권익위법 제45조【조정】 ① 권익위원회는 다수인이 관련되거나 사회적 파급효과가 크다고 인정되는 고충민원의 신속하고 공정한 해결을 위하여 필요하다고 인정하는 경우에는 당사자의 신청 또는 직권에 의하여 조정을 할 수 있다.
② 조정은 당사자가 합의한 사항을 조정서에 기재한 후 당사자가 기명날인하고 권익위원회가 이를 확인함으로써 성립한다.
③ 제2항에 따른 조정은 「민법」상의 화해와 같은 효력이 있다.

④ 시정의 권고 및 의견표명 등

부패방지권익위법 제46조【시정의 권고 및 의견의 표명】 ① 권익위원회는 고충민원에 대한 조사결과 처분 등이 위법·부당하다고 인정할 만한 상당한 이유가 있는 경우에는 관계 행정기관 등의 장에게 적절한 시정을 권고할 수 있다.
② 권익위원회는 고충민원에 대한 조사결과 신청인의 주장이 상당한 이유가 있다고 인정되는 사안에 대하여는 관계 행정기관 등의 장에게 의견을 표명할 수 있다.

부패방지권익위법 제47조【제도개선의 권고 및 의견의 표명】 권익위원회는 고충민원을 조사·처리하는 과정에서 법령 그 밖의 제도나 정책 등의 개선이 필요하다고 인정되는 경우에는 관계 행정기관 등의 장에게 이에 대한 합리적인 개선을 권고하거나 의견을 표명할 수 있다.

⑤ 처리결과의 통보

부패방지권익위법 제50조【처리결과의 통보 등】 ① 제46조 또는 제47조에 따른 권고 또는 의견을 받은 관계 행정기관 등의 장은 이를 존중하여야 하며, 그 권고 또는 의견을 받은 날부터 30일 이내에 그 처리결과를 권익위원회에 통보하여야 한다.
② 제1항에 따른 권고를 받은 관계 행정기관 등의 장이 그 권고내용을 이행하지 아니하는 경우에는 그 이유를 권익위원회에 문서로 통보하여야 한다.
③ 권익위원회는 제1항 또는 제2항에 따른 통보를 받은 경우에는 신청인에게 그 내용을 지체 없이 통보하여야 한다.

국민권익위원회는 필요하다고 인정하는 경우 공공기관의 장에게 제도개선의 권고를 할 수 있으며, 제도개선 권고를 받은 공공기관의 장은 이를 제도개선에 반영하여야 하며, 그 조치에 대한 결과를 국민권익위원회에 통보할 필요까지는 없다. (○, ×) [09 국가9급]

국민권익위원회는 조사결과 A세관장의 조치가 위법하다고 판단하여 A세관장에게 시정을 요구한 경우에는 A세관장은 이를 따라야 한다. (○, ×) [09 관세사]

⑥ 결정의 통지 및 공표

부패방지권익위법 제49조【결정의 통지】 권익위원회는 고충민원의 결정내용을 지체 없이 신청인 및 관계 행정기관 등의 장에게 통지하여야 한다.

부패방지권익위법 제53조【공표】 권익위원회는 다음 각 호의 사항을 공표할 수 있다. 다만 다른 법률의 규정에 따라 공표가 제한되거나 개인의 사생활의 비밀이 침해될 우려가 있는 경우에는 그러하지 아니하다.
1. 제46조 및 제47조에 따른 권고 또는 의견표명의 내용
2. 제50조 제1항에 따른 처리결과
3. 제50조 제2항에 따른 권고내용의 불이행사유

국민권익위원회는 그 처리결과를 일반에 공표할 수 있다. (○, ×) [09 관세사]

⑦ 감사의 의뢰

> 부패방지권익위법 제51조【감사의 의뢰】 ① 고충민원의 조사·처리과정에서 관계 행정기관 등의 직원이 고의 또는 중대한 과실로 위법·부당하게 업무를 처리한 사실을 발견한 경우 위원회는 감사원 또는 관계 행정기관등의 감독기관(감독기관이 없는 경우에는 해당 행정기관등을 말한다. 이하 같다)에, 시민고충처리위원회는 해당 지방자치단체에 감사를 의뢰할 수 있다.
> ② 감사원, 관계 행정기관등의 감독기관 또는 지방자치단체는 제1항에 따라 감사를 의뢰받은 경우 그 처리결과를 감사를 의뢰한 위원회 또는 시민고충처리위원회에 통보하여야 한다.
>
> 부패방지권익위법 제72조【감사청구권】 ① 18세 이상의 국민은 공공기관의 사무처리가 법령 위반 또는 부패행위로 인하여 공익을 현저히 해하는 경우 대통령령으로 정하는 일정한 수 이상의 국민의 연서로 감사원에 감사를 청구할 수 있다. 다만, 국회·법원·헌법재판소·선거관리위원회 또는 감사원의 사무에 대하여는 국회의장·대법원장·헌법재판소장·중앙선거관리위원회 위원장 또는 감사원장(이하 "당해 기관의 장"이라 한다)에게 감사를 청구하여야 한다.

18세 이상의 국민은 공공기관의 사무처리가법령 위반 또는 부패행위로 인하여 공익을 현저히 해하는 경우 대통령령으로 정하는 일정한 수 이상의 국민의 연서로 감사원에 감사를 청구할 수 있다. (○, ×) [09 지방7급]

PART 05

3. 시민고충처리위원회

(1) 설치

지방자치단체 및 그 소속 기관에 관한 고충민원의 처리와 행정제도의 개선 등을 위하여 각 <u>지방자치단체에 시민고충처리위원회를 둘 수 있다</u>(부패방지권익위법 제32조 제1항). 이러한 시민고충처리위원회의 설치는 임의적(재량)이다.

지방자치단체 및 그 소속기관에 관한 고충민원의 처리와 행정제도의 개선 등을 위하여 부패방지 및 국민권익위원회의 설치와 운영에 관한 법률에서 각 지방자치단체에 시민고충처리위원회를 설치할 수 있는 근거조항을 두고 있다. (○, ×) [09 국가9급]

(2) 시민고충처리위원회의 업무

국민권익위원회와 시민고충처리위원회는 그 권한에 속하는 업무를 독립하여 수행한다(동법 제54조).

> 부패방지권익위법 제32조【시민고충처리위원회의 설치】 ② 시민고충처리위원회는 다음 각 호의 업무를 수행한다.
> 1. 지방자치단체 및 그 소속 기관에 관한 고충민원의 조사와 처리
> 2. 고충민원과 관련된 시정권고 또는 의견표명
> 3. 고충민원의 처리과정에서 관련 행정제도 및 그 제도의 운영에 개선이 필요하다고 판단되는 경우 이에 대한 권고 또는 의견표명
> 4. 시민고충처리위원회가 처리한 고충민원의 결과 및 행정제도의 개선에 관한 실태조사와 평가
> 5. 민원사항에 관한 안내, 상담 및 민원처리 지원
> 6. 시민고충처리위원회의 활동과 관련한 교육 및 홍보
> 7. 시민고충처리위원회의 활동과 관련된 국제기구 또는 외국의 권익구제기관 등과의 교류 및 협력
> 8. 시민고충처리위원회의 활동과 관련된 개인·법인 또는 단체와의 협력 및 지원
> 9. 그 밖에 다른 법령에 따라 시민고충처리위원회에 위탁된 사항

(3) 운영

부패방지권익위법 제33조【시민고충처리위원회 위원의 자격요건 등】 ① 시민고충처리위원회 위원은 고충민원 처리업무를 공정하고 독립적으로 수행할 수 있다고 인정되는 자로서 다음 각 호의 어느 하나에 해당하는 자 중에서 지방자치단체의 장이 지방의회의 동의를 거쳐 위촉한다.

1. 대학이나 공인된 연구기관에서 부교수 이상 또는 이에 상당하는 직에 있거나 있었던 자
2. 판사・검사 또는 변호사의 직에 있거나 있었던 자
3. 4급 이상 공무원의 직에 있거나 있었던 자
4. 건축사・세무사・공인회계사・기술사・변리사의 자격을 소지하고 해당 직종에서 5년 이상 있거나 있었던 자
5. 사회적 신망이 높고 행정에 관한 식견과 경험이 있는 자로서 시민사회단체로부터 추천을 받은 자

② 시민고충처리위원회 위원의 임기는 4년으로 하되, 연임할 수 없다.

부패방지권익위법 제34조【활동비 지원】 시민고충처리위원회가 설치된 지방자치단체의 장은 시민고충처리위원회가 제32조 제2항의 업무를 처리하는데 필요한 경비를 지원하여야 한다.

부패방지권익위법 제35조【위원회에 관한 규정의 준용】 제15조, 제16조 제3항, 제17조, 제18조, 제25조 및 제83조의2 제1항은 시민고충처리위원회에 관하여 이를 준용한다.

(4) 감사의 의뢰

부패방지권익위법 제51조【감사의 의뢰】 ① 고충민원의 조사・처리과정에서 관계 행정기관 등의 직원이 고의 또는 중대한 과실로 위법・부당하게 업무를 처리한 사실을 발견한 경우 위원회는 감사원 또는 관계 행정기관등의 감독기관(감독기관이 없는 경우에는 해당 행정기관등을 말한다. 이하 같다)에, 시민고충처리위원회는 해당 지방자치단체에 감사를 의뢰할 수 있다.

② 감사원, 관계 행정기관등의 감독기관 또는 지방자치단체는 제1항에 따라 감사를 의뢰받은 경우 그 처리결과를 감사를 의뢰한 위원회 또는 시민고충처리위원회에 통보하여야 한다.

(5) 국민권익위원회 관련규정의 준용

시민고충처리위원회는 위원의 신분보장(동법 제16조 제3항), 결격사유(동법 제15조), 겸직금지(동법 제17조), 위원의 제척・기피・회피(동법 제18조), 공무원의 파견(동법 제25조), 및 벌칙 적용(동법 제83조의2)에 대해서는 국민권익위원회에 관한 규정을 준용한다(부패방지권익위법 제35조).

4. 민원 처리에 관한 법률(이하 민원처리법)

(1) 목적

민원처리법 제1조【목적】 이 법은 민원 처리에 관한 기본적인 사항을 규정하여 민원의 공정하고 적법한 처리와 민원행정제도의 합리적 개선을 도모함으로써 국민의 권익을 보호함을 목적으로 한다. [06 서울9급]

(2) 용어의 정의

민원처리법 제2조【정의】 이 법에서 사용하는 용어의 뜻은 다음과 같다.

1. "민원"이란 민원인이 행정기관에 대하여 처분 등 특정한 행위를 요구하는 것을 말하며, 그 종류는 다음 각 목과 같다.
   가. 일반민원
      1) 법정민원: 법령·훈령·예규·고시·자치법규 등(이하 "관계법령 등"이라 한다)에서 정한 일정 요건에 따라 인가·허가·승인·특허·면허 등을 신청하거나 장부·대장 등에 등록·등재를 신청 또는 신고하거나 특정한 사실 또는 법률관계에 관한 확인 또는 증명을 신청하는 민원
      2) 질의민원: 법령·제도·절차 등 행정업무에 관하여 행정기관의 설명이나 해석을 요구하는 민원
      3) 건의민원: 행정제도 및 운영의 개선을 요구하는 민원
      4) 기타민원: 법정민원, 질의민원, 건의민원 및 고충민원 외에 행정기관에 단순한 행정절차 또는 형식요건 등에 대한 상담·설명을 요구하거나 일상생활에서 발생하는 불편사항에 대하여 알리는 등 행정기관에 특정한 행위를 요구하는 민원
   나. 고충민원: 「부패방지 및 국민권익위원회의 설치와 운영에 관한 법률」 제2조 제5호에 따른 고충민원
2. "민원인"이란 행정기관에 민원을 제기하는 개인·법인 또는 단체를 말한다. [06 서울9급] 다만 행정기관(사경제의 주체로서 제기하는 경우는 제외한다), 행정기관과 사법(私法)상 계약관계(민원과 직접 관련된 계약관계만 해당한다)에 있는 자, 성명·주소 등이 불명확한 자 등 대통령령으로 정하는 자는 제외한다.
3. "행정기관"이란 다음 각 목의 자를 말한다.
   가. 국회·법원·헌법재판소·중앙선거관리위원회의 행정사무를 처리하는 기관, 중앙행정기관(대통령 소속 기관과 국무총리 소속 기관을 포함한다. 이하 같다)과 그 소속 기관, 지방자치단체와 그 소속 기관
   나. 공공기관
      1) 「공공기관의 운영에 관한 법률」 제4조에 따른 법인·단체 또는 기관
      2) 「지방공기업법」에 따른 지방공사 및 지방공단
      3) 특별법에 따라 설립된 특수법인
      4) 「초·중등교육법」·「고등교육법」 및 그 밖의 다른 법률에 따라 설치된 각급 학교
      5) 그 밖에 대통령령으로 정하는 법인·단체 또는 기관
   다. 법령 또는 자치법규에 따라 행정권한이 있거나 행정권한을 위임 또는 위탁받은 법인·단체 또는 그 기관이나 개인

PART 05

"전자민원창구"라 함은 행정기관의 장이 행정기관 또는 공공장소 등에 설치하여 민원인이 직접 민원서류를 교부받을 수 있도록 하는 전자장비를 말한다. (○, ×) [06 서울9급]

4. "처분"이란 「행정절차법」 제2조 제2호의 처분을 말한다.
5. "복합민원"이란 하나의 민원 목적을 실현하기 위하여 관계법령 등에 따라 여러 관계 기관(민원과 관련된 단체·협회 등을 포함한다. 이하 같다) 또는 관계 부서의 인가·허가·승인·추천·협의 또는 확인 등을 거쳐 처리되는 법정민원을 말한다. [06 서울9급]
6. "다수인관련민원"이란 5세대(世帶) 이상의 공동이해와 관련되어 5명 이상이 연명으로 제출하는 민원을 말한다.
7. 삭제
8. "무인민원발급창구"란 행정기관의 장이 행정기관 또는 공공장소 등에 설치하여 민원인이 직접 민원문서를 발급받을 수 있도록 하는 전자장비를 말한다.

(3) 적용범위

민원처리법 제3조【적용 범위】 ① 민원에 관하여 다른 법률에 특별한 규정이 있는 경우를 제외하고는 이 법에서 정하는 바에 따른다.

(4) 민원사무처리원칙

① 공무원의 의무

민원처리법 제4조【민원 처리 담당자의 의무와 보호】 ① 민원을 처리하는 담당자는 담당 민원을 신속·공정·친절·적법하게 처리하여야 한다.
② 행정기관의 장은 민원인 등의 폭언·폭행, 목적이 정당하지 아니한 반복 민원 등으로부터 민원 처리 담당자를 보호하기 위하여 민원 처리 담당자의 신체적·정신적 피해의 예방 및 치료 등 대통령령으로 정하는 필요한 조치를 하여야 한다.
③ 민원 처리 담당자는 행정기관의 장에게 제2항에 따른 조치를 요구할 수 있다.
④ 행정기관의 장은 제3항에 따른 민원 처리 담당자의 요구를 이유로 해당 민원 처리 담당자에게 불이익을 주어서는 아니 된다.

② 민원인의 권리와 의무

민원처리법 제5조【민원인의 권리와 의무】 ① 민원인은 행정기관에 민원을 신청하고 신속·공정·친절·적법한 응답을 받을 권리가 있다.
② 민원인은 민원을 처리하는 담당자의 적법한 민원처리를 위한 요청에 협조하여야 하고, 행정기관에 부당한 요구를 하거나 다른 민원인에 대한 민원 처리를 지연시키는 등 공무를 방해하는 행위를 하여서는 아니 된다.

③ 민원처리의 원칙

민원처리법 제6조【민원 처리의 원칙】 ① 행정기관의 장은 관계법령 등에서 정한 처리기간이 남아 있다거나 그 민원과 관련 없는 공과금 등을 미납하였다는 이유로 민원 처리를 지연시켜서는 아니 된다. 다만 다른 법령에 특별한 규정이 있는 경우에는 그에 따른다.
② 행정기관의 장은 법령의 규정 또는 위임이 있는 경우를 제외하고는 민원 처리의 절차 등을 강화하여서는 아니 된다.

④ 정보보호

민원처리법 제7조【정보보호】 행정기관의 장은 민원 처리와 관련하여 알게 된 민원의 내용과 민원인 및 민원의 내용에 포함되어 있는 특정인의 개인정보 등이 누설되지 아니하도록 필요한 조치를 강구하여야 하며, 수집된 정보가 민원 처리의 목적 외의 용도로 사용되지 아니하도록 하여야 한다.

⑤ 처리기간의 계산

민원처리법 제19조【처리기간의 계산】 ① 민원의 처리기간을 5일 이하로 정한 경우에는 민원의 접수시각부터 "시간" 단위로 계산하되, 공휴일과 토요일은 산입(算入)하지 아니한다. 이 경우 1일은 8시간의 근무시간을 기준으로 한다.
② 민원의 처리기간을 6일 이상으로 정한 경우에는 "일" 단위로 계산하고 첫날을 산입하되, 공휴일과 토요일은 산입하지 아니한다.
③ 민원의 처리기간을 주·월·연으로 정한 경우에는 첫날을 산입하되, 「민법」 제159조부터 제161조까지의 규정을 준용한다.

(5) 민원사무처리절차

① 민원의 신청 및 접수

민원처리법 제8조【민원의 신청】 민원의 신청은 문서(「전자정부법」 제2조 제7호에 따른 전자문서를 포함한다. 이하 같다)로 하여야 한다. 다만, 기타민원은 구술(口述) 또는 전화로 할 수 있다.

민원처리법 제8조의2【증명서류 또는 구비서류의 전자적 제출】 ① 민원인은 민원의 처리에 필요한 증명서류나 구비서류를 「전자정부법」 제2조제7호에 따른 전자문서(이하 "전자문서"라 한다)나 같은 조 제8호에 따른 전자화문서(이하 "전자화문서"라 한다)로 제출할 수 있다. 다만, 행정기관이 전자문서나 전자화문서로 증명서류나 구비서류를 받을 수 있는 정보시스템을 구축하지 아니한 경우 등 대통령령으로 정하는 사유가 있는 경우에는 그러하지 아니하다.

민원처리법 제9조【민원의 접수】 ① 행정기관의 장은 민원의 신청을 받았을 때에는 다른 법령에 특별한 규정이 있는 경우를 제외하고는 그 접수를 보류하거나 거부할 수 없으며, 접수된 민원문서를 부당하게 되돌려 보내서는 아니 된다.

민원의 신청은 항상 종이문서로만 하여야 한다. (○, ×)
[05 지방9급]

② 불필요한 서류요구의 금지

민원처리법 제10조【불필요한 서류 요구의 금지】 ① 행정기관의 장은 민원을 접수·처리할 때에 민원인에게 관계법령 등에서 정한 구비서류 외의 서류를 추가로 요구하여서는 아니 된다.
② 행정기관의 장은 동일한 민원서류 또는 구비서류를 복수로 받는 경우에는 특별한 사유가 없으면 원본과 함께 그 사본의 제출을 허용하여야 한다.
③ 행정기관의 장은 민원을 접수·처리할 때에 다음 각 호의 어느 하나에 해당하는 경우에는 민원인에게 관련 증명서류 또는 구비서류의 제출을 요구할 수 없으며, 그 민원을 처리하는 담당자가 직접 이를 확인·처리하여야 한다.

1. 민원인이 소지한 주민등록증·여권·자동차운전면허증 등 행정기관이 발급한 증명서로 그 민원의 처리에 필요한 내용을 확인할 수 있는 경우
2. 해당 행정기관의 공부(公簿) 또는 행정정보로 그 민원의 처리에 필요한 내용을 확인할 수 있는 경우
3. 「전자정부법」 제36조 제1항에 따른 행정정보의 공동이용을 통하여 그 민원의 처리에 필요한 내용을 확인할 수 있는 경우
4. 행정기관이 증명서류나 구비서류를 다른 행정기관으로부터 전자문서로 직접 발급받아 그 민원의 처리에 필요한 내용을 확인할 수 있는 경우로서 민원인이 행정기관에 미리 해당 증명서류 또는 구비서류에 대하여 관계법령 등에서 정한 수수료 등을 납부한 경우

④ 행정기관의 장이 제3항에 따라 증명서류나 구비서류를 확인·처리한 경우에는 관계법령 등에서 정한 절차에 따라 증명서류나 구비서류를 확인·처리한 것으로 본다.
⑤ 행정기관의 장은 제3항 제3호에 따라 행정정보의 공동이용을 통하여 민원인의 증명서류 또는 구비서류 제출을 갈음하는 경우에는 증명서류나 구비서류의 발급기관의 장과 협의하여 해당 증명서류나 구비서류에 대한 수수료를 감면할 수 있다.
⑥ 행정기관의 장은 제3항 제3호에 따라 행정정보의 공동이용을 통하여 그 내용을 확인할 수 있는 민원의 종류·범위와 그 밖에 필요한 사항을 인터넷 홈페이지 등을 통하여 공표하여야 한다.
⑦ 행정기관의 장은 원래의 민원의 내용 변경 또는 갱신 신청을 받았을 때에는 특별한 사유가 없으면 이미 제출되어 있는 관련 증명서류 또는 구비서류를 다시 요구하여서는 아니 된다.
⑧ 제3항부터 제6항까지의 규정에 따른 민원 처리에 필요한 내용의 확인 절차와 그 밖에 필요한 사항은 국회규칙, 대법원규칙, 헌법재판소규칙, 중앙선거관리위원회규칙 및 대통령령으로 정한다.

③ 복합민원의 처리

민원처리법 제31조【복합민원의 처리】① 행정기관의 장은 복합민원을 처리할 주무부서를 지정하고 그 부서로 하여금 관계 기관·부서 간의 협조를 통하여 민원을 한꺼번에 처리하게 할 수 있다.

④ 처리결과의 통지

행정기관의 장은 민원처리결과를 문서로 통지하여야 하나 신속을 요하는 경우에는 구술 또는 정보통신망으로 통지할 수 있다. (○, ×) [11 국가9급]

민원처리법 제27조【처리결과의 통지】① 행정기관의 장은 접수된 민원에 대한 처리를 완료한 때에는 그 결과를 민원인에게 문서로 통지하여야 한다. 다만, 기타민원의 경우와 통지에 신속을 요하거나 민원인이 요청하는 등 대통령령으로 정하는 경우에는 구술, 전화, 문자메시지, 팩시밀리 또는 전자우편 등으로 통지할 수 있다.
③ 행정기관의 장은 제1항 또는 제2항에 따라 민원의 처리결과를 통지할 때에 민원의 내용을 거부하는 경우에는 거부 이유와 구제절차를 함께 통지하여야 한다.

⑤ 무인민원발급창구를 이용한 민원의 교부

행정기관의 장이 무인민원발급창구를 이용하여 민원사항을 처리한 결과를 교부할 수 있도록 하는 법적 근거가 있다. (○, ×) [12 지방7급]

민원처리법 제28조【무인민원발급창구를 이용한 민원문서의 발급】① 행정기관의 장은 무인민원발급창구를 통하여 민원문서(다른 행정기관 소관의 민원문서를 포함한다)를 발급할 수 있다.

⑥ 정보통신망을 이용한 다른 행정기관 소관 민원사무의 접수 · 교부

민원처리법 제15조 【정보통신망을 이용한 다른 행정기관 소관 민원의 접수 · 교부】 ① 행정기관의 장은 정보통신망을 이용하여 다른 행정기관 소관의 민원을 접수 · 교부할 수 있는 경우에는 이를 직접 접수 · 교부할 수 있다.

⑦ 민원사무처리기준표의 고시

민원처리법 제36조 【민원처리기준표의 고시 등】 ① 행정안전부장관은 민원인의 편의를 위하여 관계법령 등에 규정되어 있는 민원의 처리기관, 처리기간, 구비서류, 처리절차, 신청방법 등에 관한 사항을 종합한 민원처리기준표를 작성하여 관보에 고시하고 통합 전자민원창구에 게시하여야 한다.

⑧ 민원실의 설치

민원처리법 제12조 【민원실의 설치】 행정기관의 장은 민원을 신속히 처리하고 민원인에 대한 안내와 상담의 편의를 제공하기 위하여 민원실을 설치할 수 있다.

⑨ 민원사무심사관 지정

민원처리법 제25조 【민원심사관의 지정】 ① 행정기관의 장은 민원 처리상황의 확인 · 점검 등을 위하여 소속 직원 중에서 민원심사관을 지정하여야 한다.

⑩ 민원 1회방문 처리제의 시행

민원처리법 제32조 【민원 1회방문 처리제의 시행】 ① 행정기관의 장은 복합민원을 처리할 때에 그 행정기관의 내부에서 할 수 있는 자료의 확인, 관계 기관 · 부서와의 협조 등에 따른 모든 절차를 담당 직원이 직접 진행하도록 하는 민원 1회방문 처리제를 확립함으로써 불필요한 사유로 민원인이 행정기관을 다시 방문하지 아니하도록 하여야 한다.
② 행정기관의 장은 제1항에 따른 민원 1회방문 처리에 관한 안내와 상담의 편의를 제공하기 위하여 민원 1회방문 상담창구를 설치하여야 한다.

> 민원 처리에 관한 법률은 민원 1회 방문처리제를 규정하고 있다. (○, ×) [05 지방9급]

판례

민원사무를 처리하는 행정기관이 민원 1회방문 처리제를 시행하는 절차의 일환으로 민원사항의 심의 · 조정 등을 위한 민원조정위원회를 개최하면서 민원인에게 회의일정 등을 사전에 통지하지 아니하였다 하더라도, 이러한 사정만으로 곧바로 민원사항에 대한 행정기관의 장의 거부처분에 취소사유에 이를 정도의 흠이 존재한다고 보기는 어렵다. [19 서울9급(上)] 다만 행정기관의 장의 거부처분이 재량행위인 경우에, 위와 같은 사전통지의 흠결로 민원인에게 의견진술의 기회를 주지 아니한 결과 민원조정위원회의 심의과정에서 고려대상에 마땅히 포함시켜야 할 사항을 누락하는 등 재량권의 불행사 또는 해태로 볼 수 있는 구체적 사정이 있다면, 거부처분은 재량권을 일탈 · 남용한 것으로서 위법하다(대판 2015.8.27. 2013두1560).

> 처분 이전에 개최하도록 되어 있는 민원조정위원회의 경우, 민원조정위원회의 절차요건에 하자가 있을 때에는 그 처분이 재량행위이면 위법하다고 할 수 없으나 그 처분이 기속행위이면 재량권 일탈 · 남용이라고 볼 수 있는 한 취소의 대상이 되는 위법한 행위이다. (○, ×) [17 국회8급, 16 국회8급]

⑪ 민원후견인의 지정

> **민원처리법 제33조【민원후견인의 지정 · 운영】** 행정기관의 장은 민원 1회방문 처리제의 원활한 운영을 위하여 민원 처리에 경험이 많은 소속 직원을 민원후견인으로 지정하여 민원인을 안내하거나 민원인과 상담하게 할 수 있다.

(6) 민원사무처리의 불복절차

① 거부처분에 대한 이의신청 등

민원사항에 대한 거부처분에 대하여 불복이 있는 경우 처분을 받은 날부터 180일 이내에 이의신청을 할 수 있다. (○, ×) [11 국회8급]

> **민원처리법 제35조【거부처분에 대한 이의신청】** ① 법정민원에 대한 행정기관의 장의 거부처분에 불복하는 민원인은 그 거부처분을 받은 날부터 <u>60일 이내에 그 행정기관의 장에게 문서로 이의신청을 할 수 있다</u>.
> ② 행정기관의 장은 이의신청을 받은 날부터 10일 이내에 그 이의신청에 대하여 인용 여부를 결정하고 그 결과를 민원인에게 지체 없이 문서로 통지하여야 한다. 다만 부득이한 사유로 정하여진 기간 이내에 인용 여부를 결정할 수 없을 때에는 그 기간의 만료일 다음 날부터 기산(起算)하여 10일 이내의 범위에서 연장할 수 있으며, 연장 사유를 민원인에게 통지하여야 한다.
> ③ 민원인은 제1항에 따른 이의신청 여부와 관계없이 「행정심판법」에 따른 행정심판 또는 「행정소송법」에 따른 행정소송을 제기할 수 있다. [22 국가9급]
> ④ 제1항에 따른 이의신청의 절차 및 방법 등에 필요한 사항은 대통령령으로 정한다.

② 사전심사의 청구

> **민원처리법 제30조【사전심사의 청구 등】** ① 민원인은 법정민원 중 신청에 경제적으로 많은 비용이 수반되는 민원 등 대통령령으로 정하는 민원에 대하여는 행정기관의 장에게 정식으로 민원을 신청하기 전에 미리 약식의 사전심사를 청구할 수 있다.
> ② 행정기관의 장은 제1항에 따라 사전심사가 청구된 법정민원이 다른 행정기관의 장과의 협의를 거쳐야 하는 사항인 경우에는 미리 그 행정기관의 장과 협의하여야 한다.
> ③ 행정기관의 장은 사전심사 결과를 민원인에게 문서로 통지하여야 하며, 가능한 것으로 통지한 민원의 내용에 대하여는 민원인이 나중에 정식으로 민원을 신청한 경우에도 동일하게 결정을 내릴 수 있도록 노력하여야 한다. 다만 민원인의 귀책사유 또는 불가항력이나 그 밖의 정당한 사유로 이를 이행할 수 없는 경우에는 그러하지 아니하다.
> ④ 행정기관의 장은 제1항에 따른 사전심사 제도를 효율적으로 운영하기 위하여 필요한 법적 · 제도적 장치를 마련하여 시행하여야 한다.

(7) 민원행정제도의 개선

① 민원사무의 실태조사 · 검토

> **민원처리법 제41조【민원의 실태조사 및 간소화】** ① 중앙행정기관의 장은 매년 그 기관이 관장하는 민원의 처리 및 운영 실태를 조사하여야 한다.
> ② 중앙행정기관의 장은 제1항에 따른 조사 결과에 따라 소관 민원의 구비서류, 처리절차 등의 간소화 방안을 마련하여야 한다.

② 확인 · 점검 · 평가 등

민원처리법 제42조 【확인 · 점검 · 평가 등】 ① 행정안전부장관은 효과적인 민원행정 및 제도의 개선을 위하여 필요하다고 인정할 때에는 행정기관에 대하여 민원의 개선 상황과 운영 실태를 확인 · 점검 · 평가하고 그 결과를 해당 행정기관의 장에게 통보할 수 있다.
② 행정기관의 장은 제1항에 따른 확인 · 점검 · 평가 결과를 통보받은 경우에는 이를 해당 행정기관의 인터넷 홈페이지에 공개하여야 한다.

5. 행정규제기본법

(1) 목적

행정규제기본법 제1조 【목적】 이 법은 행정규제에 관한 기본적인 사항을 규정하여 불필요한 행정규제를 폐지하고 비효율적인 행정규제의 신설을 억제함으로써 사회 · 경제활동의 자율과 창의를 촉진하여 국민의 삶의 질을 높이고 국가경쟁력이 지속적으로 향상되도록 함을 목적으로 한다.

(2) 행정규제의 개념

행정규제기본법 제2조 【정의】 ① 이 법에서 사용하는 용어의 뜻은 다음과 같다.
1. "행정규제"(이하 "규제"라 한다)란 국가나 지방자치단체가 특정한 행정 목적을 실현하기 위하여 국민(국내법을 적용받는 외국인을 포함한다)의 권리를 제한하거나 의무를 부과하는 것으로서 법령 등이나 조례 · 규칙에 규정되는 사항을 말한다.

(3) 적용범위

행정규제기본법 제3조 【적용 범위】 ① 규제에 관하여 다른 법률에 특별한 규정이 있는 경우를 제외하고는 이 법에서 정하는 바에 따른다.
② 다음 각 호의 어느 하나에 해당하는 사항에 대하여는 이 법을 적용하지 아니한다.
1. 국회, 법원, 헌법재판소, 선거관리위원회 및 감사원이 하는 사무
2. 형사(刑事), 행형(行刑) 및 보안처분에 관한 사무
2의2. 과징금, 과태료의 부과 및 징수에 관한 사항
3. 「국가정보원법」에 따른 정보 · 보안 업무에 관한 사항
4. 「병역법」, 「통합방위법」, 「예비군법」, 「민방위기본법」, 「비상대비에 관한 법률」 및 「재난 및 안전관리기본법」 및 「재난관리자원의 관리 등에 관한 법률」에 규정된 징집 · 소집 · 동원 · 훈련에 관한 사항
5. 군사시설, 군사기밀 보호 및 방위사업에 관한 사항
6. 조세(租稅)의 종목 · 세율 · 부과 및 징수에 관한 사항
③ 지방자치단체는 이 법에서 정하는 취지에 따라 조례 · 규칙에 규정된 규제의 등록 및 공표(公表), 규제의 신설이나 강화에 대한 심사, 기존규제의 정비, 규제심사기구의 설치 등에 필요한 조치를 하여야 한다.

(3) 행정규제의 기본원칙

① 행정규제법정주의

행정규제기본법 제4조 【규제 법정주의】 ① 규제는 법률에 근거하여야 하며, 그 내용은 알기 쉬운 용어로 구체적이고 명확하게 규정되어야 한다.
② 규제는 법률에 직접 규정하되, 규제의 세부적인 내용은 법률 또는 상위법령(上位法令)에서 구체적으로 범위를 정하여 위임한 바에 따라 대통령령·총리령·부령 또는 조례·규칙으로 정할 수 있다. 다만 법령에서 전문적·기술적 사항이나 경미한 사항으로서 업무의 성질상 위임이 불가피한 사항에 관하여 구체적으로 범위를 정하여 위임한 경우에는 고시 등으로 정할 수 있다.
③ 행정기관은 법률에 근거하지 아니한 규제로 국민의 권리를 제한하거나 의무를 부과할 수 없다.

② 행정규제의 원칙

행정규제기본법 제5조 【규제의 원칙】 ① 국가나 지방자치단체는 국민의 자유와 창의를 존중하여야 하며, 규제를 정하는 경우에도 그 본질적 내용을 침해하지 아니하도록 하여야 한다.
② 국가나 지방자치단체가 규제를 정할 때에는 국민의 생명·인권·보건 및 환경 등의 보호와 식품·의약품의 안전을 위한 실효성이 있는 규제가 되도록 하여야 한다.
③ 규제의 대상과 수단은 규제의 목적 실현에 필요한 최소한의 범위에서 가장 효과적인 방법으로 객관성·투명성 및 공정성이 확보되도록 설정되어야 한다.

행정규제기본법 제5조의2 【우선허용·사후규제 원칙】 ① 국가나 지방자치단체가 신기술을 활용한 새로운 서비스 또는 제품(이하 "신기술 서비스·제품"이라 한다)과 관련된 규제를 법령 등이나 조례·규칙에 규정할 때에는 다음 각 호의 어느 하나의 규정 방식을 우선적으로 고려하여야 한다.
1. 규제로 인하여 제한되는 권리나 부과되는 의무는 한정적으로 열거하고 그 밖의 사항은 원칙적으로 허용하는 규정 방식
2. 서비스와 제품의 인정 요건·개념 등을 장래의 신기술 발전에 따른 새로운 서비스와 제품도 포섭될 수 있도록 하는 규정 방식
3. 서비스와 제품에 관한 분류기준을 장래의 신기술 발전에 따른 서비스와 제품도 포섭될 수 있도록 유연하게 정하는 규정 방식
4. 그 밖에 신기술 서비스·제품과 관련하여 출시 전에 권리를 제한하거나 의무를 부과하지 아니하고 필요에 따라 출시 후에 권리를 제한하거나 의무를 부과하는 규정 방식

② 국가와 지방자치단체는 신기술 서비스·제품과 관련된 규제를 점검하여 해당 규제를 제1항에 따른 규정 방식으로 개선하는 방안을 강구하여야 한다.

(4) 행정규제의 방법

① 규제의 등록 및 공표

행정규제기본법 제6조 【규제의 등록 및 공표】 ① 중앙행정기관의 장은 소관 규제의 명칭·내용·근거·처리기관 등을 제23조에 따른 규제개혁위원회(이하 "위원회"라 한다)에 등록하여야 한다.
② 위원회는 제1항에 따라 등록된 규제사무 목록을 작성하여 공표하고, 매년 6월 말일까지 국회에 제출하여야 한다.

② 규제영향분석

행정규제기본법 제7조【규제영향분석 및 자체심사】 ① 중앙행정기관의 장은 규제를 신설하거나 강화(규제의 존속기한 연장을 포함한다. 이하 같다)하려면 다음 각 호의 사항을 종합적으로 고려하여 규제영향분석을 하고 규제영향분석서를 작성하여야 한다.

1. 규제의 신설 또는 강화의 필요성
2. 규제 목적의 실현 가능성
3. 규제 외의 대체 수단 존재 여부 및 기존규제와의 중복 여부
4. 규제의 시행에 따라 규제를 받는 집단과 국민이 부담하여야 할 비용과 편익의 비교 분석
5. 규제의 시행이 「중소기업기본법」 제2조에 따른 중소기업에 미치는 영향
6. 경쟁 제한적 요소의 포함 여부
7. 규제 내용의 객관성과 명료성
8. 규제의 신설 또는 강화에 따른 행정기구·인력 및 예산의 소요
9. 관련 민원사무의 구비서류 및 처리절차 등의 적정 여부

② 중앙행정기관의 장은 제1항에 따른 규제영향분석서를 입법예고 기간 동안 국민에게 공표하여야 하고, 제출된 의견을 검토하여 규제영향분석서를 보완하며, 의견을 제출한 자에게 제출된 의견의 처리 결과를 알려야 한다.

③ 중앙행정기관의 장은 제1항에 따른 규제영향분석의 결과를 기초로 규제의 대상·범위·방법 등을 정하고 그 타당성에 대하여 자체심사를 하여야 한다. 이 경우 관계 전문가 등의 의견을 충분히 수렴하여 심사에 반영하여야 한다.

③ <u>규제의 존속기한명시(규제일몰제)</u> 및 소상공인 배려

행정규제기본법 제8조【규제의 존속기한 및 재검토기한 명시】 ① 중앙행정기관의 장은 규제를 신설하거나 강화하려는 경우에 존속시켜야 할 명백한 사유가 없는 규제는 존속기한 또는 재검토기한(일정기간마다 그 규제의 시행상황에 관한 점검결과에 따라 폐지 또는 완화 등의 조치를 할 필요성이 인정되는 규제에 한정하여 적용되는 기한을 말한다. 이하 같다)을 설정하여 그 법령 등에 규정하여야 한다.

② <u>규제의 존속기한 또는 재검토기한은 규제의 목적을 달성하기 위하여 필요한 최소한의 기간 내에서 설정되어야 하며, 그 기간은 원칙적으로 5년을 초과할 수 없다.</u>

③ 중앙행정기관의 장은 규제의 존속기한 또는 재검토기한을 연장할 필요가 있을 때에는 그 규제의 존속기한 또는 재검토기한의 6개월 전까지 제10조에 따라 위원회에 심사를 요청하여야 한다.

행정규제기본법 제8조의2【소상공인 등에 대한 규제 형평】 ① 중앙행정기관의 장은 규제를 신설하거나 강화하려는 경우 「소상공인기본법」 제2조에 따른 소상공인 및 「중소기업기본법」 제2조 제2항에 따른 소기업에 대하여 해당 규제를 적용하는 것이 적절하지 아니하거나 과도한 부담을 줄 우려가 있다고 판단되면 규제의 전부 또는 일부의 적용을 면제하거나 일정기간 유예하는 등의 방안을 검토하여야 한다.

② 중앙행정기관의 장은 제1항을 적용하는 것이 적절하지 아니하다고 판단될 경우에는 제10조 제1항에 따라 위원회에 심사를 요청할 때에 그 판단의 근거를 제시하여야 한다.

✦ 행정규제기본법은 규제의 존속기한을 명시하여 '규제일몰제'를 도입하고 있다. (○, ×) [11 지방9급]

④ 의견수렴

행정규제기본법 제9조 【의견 수렴】 중앙행정기관의 장은 규제를 신설하거나 강화하려면 공청회, 행정상 입법예고 등의 방법으로 행정기관·민간단체·이해관계인·연구기관·전문가 등의 의견을 충분히 수렴하여야 한다.

⑤ 개선권고

행정규제기본법 제14조 【개선 권고】 ① 위원회는 제12조와 제13조에 따른 심사 결과 필요하다고 인정하면 관계 중앙행정기관의 장에게 그 규제의 신설 또는 강화를 철회하거나 개선하도록 권고할 수 있다.
② 제1항에 따라 권고를 받은 관계 중앙행정기관의 장은 특별한 사유가 없으면 이에 따라야 하며, 그 처리 결과를 대통령령으로 정하는 바에 따라 위원회에 제출하여야 한다.

⑥ 심사절차의 준수

행정규제기본법 제16조 【심사절차의 준수】 ① 중앙행정기관의 장은 위원회의 심사를 받지 아니하고 규제를 신설하거나 강화하여서는 아니 된다.
② 중앙행정기관의 장은 법제처장에게 신설되거나 강화되는 규제를 포함하는 법령안의 심사를 요청할 때에는 그 규제에 대한 위원회의 심사의견을 첨부하여야 한다. 법령안을 국무회의에 상정(上程)하는 경우에도 또한 같다.

⑦ 의견제출

행정규제기본법 제17조 【규제 정비의 요청】 ① 누구든지 위원회에 고시(告示) 등 기존규제의 폐지 또는 개선(이하 "정비"라 한다)을 요청할 수 있다.

행정규제기본법은 부당결부금지의 원칙에 관하여 명시적으로 규정하고 있다. (○, ×) [08 지방7급]

(5) 규제개혁위원회

행정규제기본법 제23조 【설치】 정부의 규제정책을 심의·조정하고 규제의 심사·정비 등에 관한 사항을 종합적으로 추진하기 위하여 대통령 소속으로 규제개혁위원회를 둔다.

행정규제기본법 제24조 【기능】 위원회는 다음 각 호의 사항을 심의·조정한다.
1. 규제정책의 기본방향과 규제제도의 연구·발전에 관한 사항
2. 규제의 신설·강화 등에 대한 심사에 관한 사항
3. 기존규제의 심사, 신산업 규제정비 기본계획 및 규제정비 종합계획의 수립·시행에 관한 사항
4. 규제의 등록·공표에 관한 사항
5. 규제 개선에 관한 의견 수렴 및 처리에 관한 사항
6. 각급 행정기관의 규제 개선 실태에 대한 점검·평가에 관한 사항
7. 그 밖에 위원장이 위원회의 심의·조정이 필요하다고 인정하는 사항

CHAPTER

02 행정상 손해전보

제1절 행정상 손해배상제도

01 행정상 손해배상제도의 의의

행정상 손해배상이란 공무원의 위법한 직무행위 또는 영조물의 하자로 인하여 국민 등에게 손해가 발생한 경우 국가 또는 지방자치단체 등이 책임을 지는 제도를 말한다.

02 손해배상제도의 법적 근거

1. 헌법적 근거

헌법 제29조는 국가배상청구권을 헌법상 기본권으로 규정하여 국민에게 널리 청구권을 인정하고 있다. 헌법 제29조는 국민에게 직접 청구권을 보장하는 것으로서 청구권 자체는 헌법에서 직접 도출되고, 다만 구체적 기준과 방법은 법률로 정하도록 한 규정이라는 견해가 일반적이다.

2. 국가배상법

(1) 일반법의 지위

헌법 제29조의 취지에 따라 국가배상의 기준·절차 등을 규정한 법으로서 국가배상법이 존재한다. 이는 행정상 손해배상청구권에 관한 일반법의 지위를 갖는다(국가배상법 제8조). [15 서울9급] 국가배상법의 해석에 따르면 특별법이 있으면 그 규정이 먼저 적용되고, 그러한 특별법이 없으면 국가배상법이 적용되며, 국가배상법에 규정이 없는 것은 민법에 의한다.

(2) 법적 성격

사법(私法)설	손해배상청구권은 일반불법행위이론의 한 유형인 것이지 공법에 특유한 책임이론이 아니며, 배상청구원인이 공법적인지 또는 사법적인지를 가릴 필요가 없이 국가를 사인과 동등한 지위에 두고 국가배상법을 민법에 대한 특별법으로서 사법으로 보아야 한다는 견해이다.
공법(公法)설	공권력작용은 민법이 예정하는 사경제작용과는 성격을 달리하는 것으로 국가배상법은 공행정작용을 다룬 국가배상에 관한 일반법이며, 실정법상 공·사법의 이원적 법체계를 인정하고 있는 이상, 공법적 원인에 의하여 발생한 손해에 대한 배상법은 공법으로 보아야 한다는 견해이다(다수설).

PART 05

판례는 국가배상법을 민법의 특별법으로 보고, 국가배상청구소송을 민사소송으로 다루고 있다. [20 국가9급]

> 국가배상책임을 공법적 책임으로 보는 견해는 국가배상청구소송은 당사자소송으로 제기되어야 한다고 보나, 재판실무에서는 민사소송으로 다루고 있다. (○, ×) [15 서울9급]

판례

공무원의 직무상 불법행위로 손해를 입은 국민이 국가 또는 지방자치단체에 대하여 그의 불법행위를 이유로 배상을 청구함은 국가배상법이 정한 바에 따른다 하여도 이 역시 민사상의 손해배상책임을 특별법인 국가배상법이 정한 데 불과하다(대판 1981.2.10. 80누317). [17 국회8급]

(3) 국가배상법의 유형

국가배상법은 국가배상의 유형을 ① 공무원의 위법한 직무행위로 인한 것(국가배상법 제2조 제1항)과 ② 영조물의 설치·관리의 하자로 인한 것(동법 제5조 제1항)의 둘로 나누어 규정하고 있다.

03 공무원의 위법한 직무행위로 인한 손해배상

> 국가배상법 제2조 【배상책임】 ① 국가나 지방자치단체는 공무원 또는 공무를 위탁받은 사인(이하 "공무원"이라 한다)이 직무를 집행하면서 고의 또는 과실로 법령을 위반하여 타인에게 손해를 입히거나, 「자동차손해배상 보장법」에 따라 손해배상의 책임이 있을 때에는 이 법에 따라 그 손해를 배상하여야 한다.

1. 배상책임의 요건

(1) 공무원

① 공무원의 범위

국가 등이 배상책임을 지는 손해는 '공무원 또는 공무를 위탁받은 사인'이 그 직무를 집행하면서 입힌 것이어야 한다. 여기서 공무원은 공무를 위탁받은 사인, 즉 공무수탁 사인을 포함하므로 [15 서울7급] 신분상의 개념이 아니라 기능상의 개념이다. 따라서 국가공무원, 지방공무원뿐만 아니라 입법부, 사법부 소속의 공무원도 포함되고, 널리 공무를 위탁받아 실질적으로 이에 종사하는 자 모두 '공무원'에 해당한다. 한편 그 공무의 위탁은 일시적이고 한정적인 것도 포함하며 보수지급 여부와도 관계없다. 즉 공무원에는 조직법상 의미의 공무원뿐만 아니라 기능적 의미의 공무원이 포함된다. [19 서울9급(上)]

> 공무원이라 함은 국가공무원법과 지방공무원법상의 공무원에 한정되지 않고 공무를 위탁받은 사인도 포함한다. (○, ×) [13 지방7급]

> 법관이나 헌법재판소 재판관은 국가배상법 제2조에서 말하는 공무원에 해당되지 않는다. (○, ×) [09 국가9급]

판례

공무원으로 본 사례

1. 국가배상법 제2조 소정의 '공무원'이라 함은 국가공무원법이나 지방공무원법에 의하여 공무원으로서의 신분을 가진 자에 국한하지 않고, 널리 공무를 위탁받아 실질적으로 공무에 종사하고 있는 일체의 자를 가리키는 것으로서, [19 국가7급] 공무의 위탁이 일시적이고 한정적인 사항에 관한 활동을 위한 것이어도 달리 볼 것은 아니다. 지방자치단체가 '교통할아버지 봉사활동 계획'을 수립한 후 관할 동장으로 하여금 '교통할아버지'를 선정하게 하여 어린이 보호, 교통안내, 거리질서 확립 등의 공무를 위탁하여 집행하게 하던 중 '교통할아버지'로 선정된 노인이 위탁받은 업무 범위를 넘어 교차로 중앙에서 교통정리를 하다가 교통사고를 발생시킨 경우, 지방자치단체가 국가배상법 제2조 소정의 배상책임을 부담한다(대판 2001.1.5. 98다39060). [16 경행특채]
2. 통장이 전입신고서에 확인인을 찍는 행위는 실질적으로 공무를 수행하는 것이라고 보아야 하므로 국가배상법상의 공무원에 해당한다(대판 1991.7.9. 91다5570). [09 국회9급]
3. 소집 중인 향토예비군은 국가배상법상 공무원에 해당한다(대판 1970.5.26. 70다471). [16 경행특채]
4. 시 청소차 운전수는 국가배사업상 공무원에 해당한다(대판 1980.9.24. 80다1051). [09 국회9급]
5. 국가나 지방자치단체에 근무하는 청원경찰은 국가배상법의 공무원에 해당한다(대판 1993.7.13. 92다47564). [09 국회9급]

> '공무원'에는 공무를 위탁받아 실질적으로 공무에 종사하고 있는 자가 포함되나, 공무의 위탁이 일시적이고 한정적인 사항에 관한 활동을 위한 것인 경우 그러한 활동을 하는 자는 포함되지 않는다. (○, ×) [22 지방7급, 17 서울7급]

> 서울특별시 강서구 교통할아버지사건과 같은 경우 공무를 위탁받아 수행하는 일반 사인(私人)은 국가배상법 제2조 제1항에 따른 공무원이 될 수 없다. (○, ×) [12 국가9급]

> 통장이 전입신고서에 확인인을 찍는 행위는 공무를 위탁받아 실질적으로 공무를 수행하는 것이라고 보아야 하므로, 통장은 그 업무범위 내에서는 국가배상법 제2조 소정의 공무원에 해당한다. (○, ×) [11 국회8급]

판례

공무원이 아니라고 본 사례

소방법에 의하여 시, 읍에 설치한 의용소방대는 국가기관이라 할 수 없으니 그 대원의 직무수행과정의 불법행위에 대하여 국가는 그 배상책임이 없다(대판 1966.11.22. 66다1501). [09 국회9급]

> 구 「소방법」 제63조의 규정에 의하여 시, 읍, 면이 소방서장의 소방업무를 보조하게 하기 위하여 설치한 의용소방대는 국가기관이라고 할 수 있다. (○, ×) [16 경행특채]

② 국가기관의 포함 여부

기관(합의제 행정청 포함) 그 자체는 공무원에 해당하지 않는다는 것이 판례의 입장이다.

판례

본래 시·도지사나 시장·군수 또는 구청장의 업무에 속하는 대집행권한을 한국토지공사에게 위탁하는 경우, 한국토지공사는 법령의 위탁에 의하여 대집행을 수권받은 자로서 공무인 대집행을 실시함에 따르는 권리·의무 및 책임이 귀속되는 행정주체의 지위에 있다고 볼 것이지 지방자치단체 등의 기관으로서 국가배상법 제2조 소정의 공무원에 해당한다고 볼 것은 아니다(대판 2010.1.28. 2007다82950).

> 관계 법령에 의하여 대집행권한을 부여받은 구 한국토지공사는 공무수탁사인으로서, 「국가배상법」상 공무원에 해당한다. (○, ×) [15 서울7급, 15 국회8급]

(2) 직무행위

① 직무행위의 범위

국가배상법상의 직무는 공법상의 권력작용뿐만 아니라 공법상의 비권력작용(관리작용) 등 모든 공행정작용을 의미한다. 그러나 국가 또는 지방자치가 사경제주체로서 활동하였을 경우에는 국가배상법상의 직무에 해당되지 않는다. [18 서울7급]

판례

1. 국가배상법이 정한 배상청구의 요건인 '공무원의 직무'에는 권력적 작용만이 아니라 행정지도와 같은 비권력적 작용도 포함되며 단지 행정주체가 사경제주체로서 하는 활동만 제외된다(대판 1998.7.10. 96다38971). [24 국가9급, 19 서울7급]
2. 국가 또는 지방자치단체라 할지라도 공권력의 행사가 아니고 단순한 사경제의 주체로 활동하였을 경우에는 그 손해배상책임에 국가배상법이 적용될 수 없고 [12 지방9급] 민법상의 사용자책임 등이 인정되는 것이고 국가의 철도운행사업은 국가가 공권력의 행사로서 하는 것이 아니고 사경제적 작용이라 할 것이므로, 이로 인한 사고에 공무원이 간여하였다고 하더라도 국가배상법을 적용할 것이 아니고 일반 민법의 규정에 따라야 한다(대판 1999.6.22. 99다7008). [21 국가7급]

② 직무행위의 내용

직무행위에는 입법작용, 사법(司法)작용, 법률행위적 행정행위, 준법률행위적 행정행위, 행정지도 등의 사실행위, 재량행위, 부작위가 모두 포함된다.

㉠ 입법작용

국회의원의 입법행위로 인해 피해를 입은 경우 입법작용 역시 직무행위에 포함되므로 국가배상책임이 인정될 수 있다. [15 교행] 입법행위나 행정입법 및 조례제정으로 손해가 발생하였다 하더라도 그것만으로는 원칙적으로 국가배상법상의 위법한 행위로 되지 아니한다. 입법행위는 그 입법내용이 헌법(행정입법인 경우에는 헌법과 법률)의 문언에 객관적으로 명백히 위반됨에도 불구하고 '굳이 당해 입법을 한 것과 같은 특수한 경우'에는 국가배상책임이 인정될 수 있다.

판례

국회의원의 입법행위는 그 입법 내용이 헌법의 문언에 명백히 위배됨에도 불구하고 국회가 굳이 당해 입법을 한 것과 같은 특수한 경우가 아닌 한 국가배상법 제2조 제1항 소정의 위법행위에 해당한다고 볼 수 없고, [16 지방9급] 같은 맥락에서 국가가 일정한 사항에 관하여 헌법에 의하여 부과되는 구체적인 입법의무를 부담하고 있음에도 불구하고 그 입법에 필요한 상당한 기간이 경과하도록 고의 또는 과실로 이러한 입법의무를 이행하지 아니하는 등 극히 예외적인 사정이 인정되는 사안에 한정하여 국가배상법 소정의 배상책임이 인정될 수 있으며, [19 국가9급] 위와 같은 구체적인 입법의무 자체가 인정되지 않는 경우에는 애당초 부작위로 인한 불법행위가 성립할 여지가 없다(대판 2008.5.29. 2004다33469). [19 서울9급(上)]

- 국가의 비권력적 작용은 국가배상청구의 요건인 직무에 포함되지 않는다. (○, ×) [22 지방9급, 17 국가9급]
- 국가배상의 요건인 '공무원의 직무'에는 국가나 지방자치단체의 비권력적 작용과 사경제 주체로서 하는 작용이 포함된다. (○, ×) [21 국가9급]
- 국가의 철도운행사업은 국가가 공권력의 행사로 하는 것이 아니고 사경제적 작용이라 하여도 그로 인한 사고에 공무원이 간여하였을 경우 국가배상법에 따라 배상청구를 하는 배상절차를 거쳐야 한다. (○, ×) [14 경행특채]
- 직무행위의 범위에는 원칙적으로 공법상 권력작용을 중심으로 하여 공법상 비권력적 작용을 포함하는 것이므로 준법률행위적 행정행위나 사실행위, 부작위는 포함되지 않는다. (○, ×) [08 지방9급]
- 행정입법부작위로 인하여 손해가 발생한 경우에 국가배상청구가 인정될 수 있다. (○, ×) [15 서울7급]
- 국회의원은 입법에 관하여 국민 전체에 대한 관계에서 정치적 책임을 질 뿐 국민 개개인의 권리에 대해 법적 의무를 지는 것은 아니므로 국회의원이 입법작용과 관련하여 국가배상책임을 지는 경우는 발생할 여지가 없다. (○, ×) [07 국회8급]
- 헌법에 의하여 일반적으로 부과된 의무가 있음에도 불구하고 국회가 그 입법을 하지 않고 있다면 「국가배상법」상 배상책임이 인정된다. (○, ×) [17 국가7급]
- 직무행위와 관련하여 국회의원의 입법행위는 그 입법내용이 헌법의 문언에 명백히 위반된 경우에는 입법기관의 국가배상책임을 인정하는 데 별다른 어려움이 없다. (○, ×) [08 지방9급]
- 입법행위로 인한 손해에 대한 국가배상청구에서 법률이 위헌인 경우 입법행위는 위법하다. (○, ×) [13 국회9급]

㉡ 사법작용

사법(司法)작용, 즉 재판작용도 직무행위에 포함된다. 다만 판결 자체의 위법으로 상고심이나 재심에서 취소되었다고 하여 바로 국가배상책임이 인정되는 것은 아니며, 위법·부당한 목적 또는 명백한 권한남용과 같은 특별한 사정이 있는 경우에 국가배상책임을 인정할 수 있다.

판례

법관의 재판에 법령의 규정을 따르지 아니한 잘못이 있다 하더라도 이로써 바로 그 재판상 직무행위가 국가배상법 제2조 제1항에서 말하는 위법한 행위로 되어 국가의 손해배상책임이 발생하는 것은 아니고, 그 국가배상책임이 인정되려면 당해 법관이 위법 또는 부당한 목적을 가지고 재판을 하였다거나 법이 법관의 직무수행상 준수할 것을 요구하고 있는 기준을 현저하게 위반하는 등 법관이 그에게 부여된 권한의 취지에 명백히 어긋나게 이를 행사하였다고 인정할 만한 특별한 사정이 있어야 한다. [17 국가7급(下)] 재판에 대하여 따로 불복절차 또는 시정절차가 마련되어 있는 경우에는 재판의 결과로 불이익 내지 손해를 입었다고 여기는 사람은 그 절차에 따라 자신의 권리 내지 이익을 회복하도록 함이 법이 예정하는 바이므로, 원칙적으로 국가배상에 의한 권리구제를 받을 수 없다고 봄이 상당하다고 하겠으나, 재판에 대하여 불복절차 내지 시정절차 자체가 없는 경우에는 부당한 재판으로 인하여 불이익 내지 손해를 입은 사람은 국가배상 이외의 방법으로는 자신의 권리 내지 이익을 회복할 방법이 없으므로, 이와 같은 경우에는 배상책임의 요건이 충족되는 한 국가배상책임을 인정하지 않을 수 없다. [21 국가7급] 헌법재판소 재판관이 청구기간 내에 제기된 헌법소원심판청구 사건에서 청구기간을 오인하여 각하결정을 한 경우, 이에 대한 불복절차 내지 시정절차가 없는 때에는 국가배상책임(위법성)을 인정할 수 있다(대판 2003.7.11. 99다24218). [23 지방9급, 19 서울7급]

> 법령의 규정을 따르지 아니한 법관의 재판상 직무행위는 곧바로 「국가배상법」 제2조 제1항에서 규정하고 있는 위법행위가 되어 국가의 손해배상책임이 발생한다. (○, ×)
> [16 지방9급]

> 청구기간 내에 헌법소원이 적법하게 제기되었음에도 헌법재판소 재판관이 청구기간을 오인하여 각하결정을 한 경우, 이에 대한 불복절차 내지 시정절차가 없는 때에는 국가배상책임을 인정할 수 있다. (○, ×)
> [24 국가9급, 19 국가9급]

> 헌법재판소 재판관이 잘못된 각하결정을 하여 청구인으로 하여금 본안판단을 받을 기회를 상실하게 하였더라도, 본안판단에서 어차피 청구가 기각되었을 것이라는 사정이 있다면 국가배상책임이 인정되지 않는다. (○, ×)
> [18 지방7급, 17 국가7급]

㉢ 준법률행위적 행정행위

판례

공증인 인감증명서 발급행위에 대해 손해배상책임이 인정된다(대판 1991.7.9. 91다5570).

㉣ 부작위

공무원의 위법한 부작위도 당연히 직무행위에 포함된다.

판례

어린이가 '미니컵 젤리'를 먹다가 질식하여 사망한 사안에서, 식품의약품안전청장 및 관계 공무원이 위 사고 발생시까지 구 식품위생법상의 규제 권한을 행사하여 미니컵 젤리의 수입·유통 등을 금지하거나 그 기준과 규격, 표시 등을 강화하고 그에 필요한 검사 등을 실시하는 조치를 취하지 않은 것이 현저하게 합리성을 잃어 사회적 타당성이 없다거나 객관적 정당성을 상실하여 위법하다고 할 수 있을 정도에까지 이르렀다고 보기 어렵다(대판 2010.9.9. 2008다77795).

⑰ 수사기관의 행위

판례

형사재판 과정에서 범죄사실의 존재를 증명함에 충분한 증거가 없다는 이유로 무죄판결이 확정되었다고 하더라도 그러한 사정만으로 바로 검사의 구속 및 공소제기가 위법하다고 할 수 없고, 그 구속 및 공소제기에 관한 검사의 판단이 그 당시의 자료에 비추어 경험칙이나 논리칙상 도저히 합리성을 긍정할 수 없는 정도에 이른 경우에만 그 위법성을 인정할 수 있다(대판 2002.2.22. 2001다23447).

③ 직무행위의 판단기준(직무집행관련성)

'직무를 집행하면서'란 직무행위 자체는 물론 객관적으로 직무의 범위 내에 속하는 행위라고 인정되거나, 직무와 밀접하게 관련된 행위라고 인정되는 경우를 말한다. 직무행위의 판단기준은 당해 행위가 현실적으로 정당한 권한 내의 것인지 또는 행위자인 공무원이 주관적으로 직무행위의 의사를 가지고 있는지 여부와는 관계없이 객관적으로 직무행위의 외형을 갖추고 있는지의 여부, 즉 외형(外形)주의에 의한다(通, 判). 나아가 판례는 객관적으로 보아 직무행위의 외형을 갖추고 있는 이상 실질적으로 공무집행행위가 아니라는 사정을 피해자가 알았다 하더라도 그것을 직무집행관련성을 인정하는 데 아무런 영향을 미치지 않는다는 입장이다.

판례

직무집행관련성을 인정한 사례

1. 국가배상법 제2조 제1항의 '직무를 집행함에 당하여'라 함은 직접 공무원의 직무집행행위이거나 그와 밀접한 관련이 있는 행위를 포함하고, 이를 판단함에 있어서는 행위 자체의 외관을 객관적으로 관찰하여 공무원의 직무행위로 보여질 때에는 비록 그것이 실질적으로 직무행위가 아니거나 또는 행위자로서는 주관적으로 공무집행의 의사가 없었다고 하더라도 그 행위는 공무원이 '직무를 집행함에 당하여' 한 것으로 보아야 한다. [18 국가9급]
울산세관의 통관지원과에서 인사업무를 담당하면서 울산세관 공무원들의 공무원증 및 재직증명서 발급업무를 하는 공무원이 울산세관의 다른 공무원의 공무원증 등을 위조하는 행위는 비록 그것이 실질적으로는 직무행위에 속하지 아니한다 할지라도 적어도 외관상으로는 공무원증과 재직증명서를 발급하는 행위로서 직무집행으로 인정된다(대판 2005.1.14. 2004다26805). [18 지방7급]
2. 실질적으로 공무집행행위가 아니라는 사정을 피해자가 알았다 하더라도 그것을 "직무를 행함에 당하여"라고 단정하는 데 아무런 영향을 미치는 것이 아니다(대판 1966.6.28. 66다781).
3. 전입신병에 대한 보호조인 상급자가 같은 소대에 새로 전입한 하급자에 대하여 암기사항에 관한 교육을 실시하던 중 암기상태가 불량하다는 이유로 그 하급자를 훈계하다가 도가 지나쳐 폭행을 하기에 이른 경우 국가배상법 제2조 제1항 소정의 공무원이 직무를 집행함에 당하여 한 행위로 볼 수 있다(대판 1995.4.21. 93다14240).
4. 도로가설 등 공사로 인한 무허가건물의 강제철거와 관련하여 이루어지는 시나 구 등 지방자치단체의 철거건물 소유자에 대한 시영아파트 분양권 부여 및 세입자에 대한 지원대책 등의 업무는 지방자치단체의 공권력 행사 기타 공행정 작용과 관련된 활동으로 볼 것이지 사경제주체로서 하는 활동이라고는 볼 수 없다(대판 1994.9.30. 94다11767).

공무원들의 공무원증 발급 업무를 하는 공무원이 다른 공무원의 공무원증을 위조하는 행위는 「국가배상법」상의 직무집행에 해당하지 않는다. (○, ×) [21 국가7급, 15 지방7급]

행위 자체의 외관을 객관적으로 관찰하여 직무행위로 보여질 때에는 행위자가 주관적으로 직무행위의 의사가 없었다고 하여도 그 행위는 직무행위에 해당한다. (○, ×) [14 지방7급]

상급자가 전입사병인 하급자에게 암기사항에 관하여 교육하던 중 훈계하다가 도가 지나쳐 폭행한 경우에 그 폭행은 국가배상법상의 직무집행에 해당한다. (○, ×) [11 국회8급]

도로개설 등 공사로 인한 무허가건물의 강제철거와 관련하여 이루어지는 지방자치단체의 그 철거건물 소유자에 대한 시영아파트 분양권 부여 등의 업무는, 사경제주체로서의 활동이므로 지방자치단체의 공권력 행사로 보기 어렵다고 할 것이다. (○, ×) [16 지방7급]

판례

직무집행관련성을 부정한 사례

1. 공무원이 자기 소유 차량을 운전하여 출근하던 중 교통사고를 일으킨 경우, 직무집행 관련성이 인정되지 않는다(대판 1996.5.31. 94다15271).
2. 서울특별시장의 대행자인 도봉구청장이 원고와 사이에 체결한 이 사건 매매계약은 공공기관이 사경제주체로서 행한 사법상 매매이므로, 설령 서울특별시장이나 그 대행자인 도봉구청장에게 원고를 위하여 양도소득세 감면신청을 할 법률상의 의무가 인정되고 이러한 의무를 위반하여 원고에게 손해를 가한 행위가 불법행위를 구성하는 것으로 본다 하더라도, 이에 대하여는 국가배상법을 적용하기는 어렵고 일반 민법의 규정을 적용할 수 있을 뿐이다(대판 1999.11.26. 98다47245). [16 지방7급]
3. 구청 공무원 갑이 주택정비계장으로 부임하기 이전에 그의 처 등과 공모하여 을에게 무허가건물철거 세입자들에 대한 시영아파트 입주권 매매행위를 한 경우 이는 갑이 개인적으로 저지른 행위에 불과하고 당시 근무하던 세무과에서 수행하던 지방세 부과, 징수 등 본래의 직무와는 관련이 없는 행위로서 외형상으로도 직무범위 내에 속하는 행위라고 볼 수 없다(대판 1993.1.15. 92다8514).

> 구청 세무과 소속 공무원 갑이 을에게 무허가 건물 세입자들에 대한 시영아파트 입주권 매매행위를 한 경우 외형상 직무범위 내의 행위라고 볼 수 없다. (○, ×) [11 경행특채]

(3) 고의·과실로 인한 행위

① 고의·과실의 개념

고의란 공무원이 직무를 집행하면서 해당 행위로 인해 객관적으로 위법이 되는 사실의 발생을 인식하면서도 그 행위를 행하는 것을 말하며, 과실이란 해당 처분이 위법이라는 것을 부주의로 인식하지 못하고 그 행위를 하는 것을 말한다.

② 고의·과실의 판단기준

고의 또는 과실에 대해서는 공무원을 선임·감독함에 있어 국가의 과실이 있는지가 아니라 직무를 행하는 공무원을 기준으로 판단하여 공무원에게 고의·과실이 있는 경우 국가배상책임이 인정된다. 이러한 점에서 사용자가 피용자의 선임 및 감독에 상당한 주의를 할 때 면책되는 민법상의 사용자책임(민법 제756조)과는 구별된다고 할 수 있다.

> 민법상의 사용자 면책사유는 국가배상법상의 고의·과실의 판단에서는 적용되지 않는다. (○, ×) [10 국가9급]

③ 과실의 객관화·정형화

국가배상법은 고의·과실을 요한다는 점에서 과실책임주의를 취하고 있으나, 국가 등의 책임의 범위를 확대하기 위하여 과실의 객관화·정형화를 기하는 경향이 있다. [19 서울9급(上)]

> 「국가배상법」은 직무행위로 인한 행정상 손해배상에 대하여 무과실책임을 명시하고 있다. (○, ×) [15 서울9급]

> 국가배상청구권은 과실개념의 주관화(主觀化)경향이 나타나고 있다. (○, ×) [14 서울9급]

㉠ 추상적 과실

과실은 구체적 과실이 아니라 추상적 과실이므로 공무원 개인의 주관적 능력과 관계없이 표준적·평균적인 공무원으로서 할 수 있는 주의의무위반을 말한다. 즉 주의의무의 내용은 공무원의 직종과 직위에 의하여 객관적으로 정하여야 하며, 특정 공무원 개인의 지식·능력·경험의 여하로 좌우되지 않는다.

PART 05

판례

1. 공무원의 직무집행상의 과실이라 함은 공무원이 그 직무를 수행함에 있어 당해직무를 담당하는 평균인이 보통(통상) 갖추어야 할 주의의무를 게을리한 것을 말한다(대판 1987.9.22. 87다카1164). [15 서울9급]
2. 행정처분의 담당공무원이 보통 일반의 공무원을 표준으로 하여 볼 때 객관적 주의의무를 결하여 그 행정처분이 객관적 정당성을 상실하였다고 인정될 정도에 이른 경우에 국가배상법 제2조 소정의 국가배상책임의 요건을 충족하였다고 봄이 상당할 것이다(대판 2003.12.11. 2001다65236).

행정처분의 담당공무원이 주관적 주의의무를 결하여 그 행정처분이 주관적 정당성을 상실하였다고 인정될 정도에 이른 경우에 국가배상법 제2조의 요건을 충족하였다고 봄이 상당하다. (○, ×) [20 지방7급]

ⓛ 조직과실론

과실의 인정단위는 해당 권한행사에 관한 직무집행의 체제전체를 포함한다. 따라서 가해공무원의 특정은 필요하지 않다.

판례

집회 중 사망한 사건에서 가해공무원인 전투경찰공무원을 특정하지 않더라도 손해배상책임을 인정한다(대판 1995.11.10. 95다23897).

불법행위를 행한 가해 공무원을 특정할 수 없는 경우에는 국가배상책임이 인정되지 않는다. (○, ×) [21 국가9급, 15 교행]

④ 위법성과 과실의 관계

배상책임성립에 있어서 위법성은 객관적인 요건이고 과실은 공무원의 주관적인 요건이다. 그리하여 위법 자체만으로 고의 또는 과실로 인한 불법행위를 구성한다고 단정할 수 없고 고의·과실에 대해서는 별도의 판단을 요한다.

직무행위가 위법하다고 판단되면 과실의 존재도 추정된다. (○, ×) [15 서울9급]

판례

공무원에 대한 전보인사가 법령이 정한 기준과 원칙에 위배되거나 인사권을 다소 부적절하게 행사한 것으로 볼 여지가 있다 하더라도 그러한 사유만으로 그 전보인사가 당연히 불법행위를 구성한다고 볼 수는 없고, 인사권자가 당해 공무원에 대한 보복감정 등 다른 의도를 가지고 인사재량권을 일탈·남용하여 객관적 정당성을 상실하였음이 명백한 경우 등 전보인사가 우리의 건전한 사회통념이나 사회상규상 도저히 용인될 수 없음이 분명한 경우에, 그 전보인사는 위법하게 상대방에게 정신적 고통을 가하는 것이 되어 당해 공무원에 대한 관계에서 불법행위를 구성한다. 시청 소속 공무원이 시장을 부패방지위원회에 부패혐의자로 신고한 후 동사무소로 하향 전보된 경우, 그 전보인사 조치는 해당 공무원에 대한 다면평가 결과 원활한 업무 수행의 필요성 등을 고려하여 이루어진 것으로 볼 여지도 있으므로, 사회통념상 용인될 수 없을 정도로 객관적 상당성을 결여하였다고 단정할 수 없어 불법행위를 구성하지 않는다(대판 2009.5.28. 2006다16215).

공무원에 대한 전보인사가 인사권을 다소 부적절하게 행사한 것으로 볼 여지가 있다 하더라도 그러한 사유만으로 그 전보인사가 당연히 불법행위를 구성한다고 볼 수는 없다. (○, ×) [22 국가7급]

시청소속 공무원이 시장을 구 부패방지위원회에 부패혐의자로 신고한 후 동사무소로 전보된 경우, 사회통념상 용인될 수 없을 정도로 객관적 상당성을 결여하였으므로 불법행위를 구성한다. (○, ×) [11 경행특채]

⑤ 고의·과실의 입증책임

법률요건분류설에 의할 때 고의·과실의 입증책임은 원고(피해자)에게 있다. [14 지방7급] 한편 국민의 권리구제의 실효성 확보를 위해 판례는 일응추정의 법리 및 간접반증이론 등을 인정하여 입증책임을 완화하기 위한 노력을 하고 있다.

과실의 입증책임은 원고가 아니라 피고인 국가 또는 지방자치단체로 전환된다. (○, ×) [15 서울9급]

⑥ 구체적 검토

㉠ 법령의 부지 혹은 법령해석의 잘못이 있는 경우

판례

고의 · 과실을 인정한 경우

1. 법령에 대한 해석이 복잡, 미묘하여 워낙 어렵고, 이에 대한 학설, 판례조차 귀일되어 있지 않는 등의 특별한 사정이 없는 한 일반적으로 공무원이 관계법규를 알지 못하거나 필요한 지식을 갖추지 못하고 법규의 해석을 그르쳐 행정처분을 하였다면 그가 법률전문가가 아닌 행정직 공무원이라고 하여 과실이 없다고는 할 수 없다(대판 2001.2.9. 98다52988). [21 국가9급, 18 지방7급]
2. 대법원의 판단으로 관계 법령의 해석이 확립되고 이를 충분히 인식할 수 있게 된 상태에서, 확립된 법령의 해석에 어긋나는 견해를 고집하여 계속하여 위법한 행정처분을 하게 된다면, 그 공무원의 고의 또는 과실로 인한 것이 되어 그 손해를 배상할 책임이 있다(대판 2007.5.10. 2005다31828).

판례

고의 · 과실을 부정한 경우

1. 법령의 해석이 복잡 미묘하여 어렵고 학설, 판례가 통일되지 않을 때에 공무원이 신중을 기해 그중 어느 한 설을 취하여 처리한 경우에는 그 해석이 결과적으로 위법한 것이었다 하더라도 국가배상법상 공무원의 과실을 인정할 수 없다(대판 1973.10.10. 72다2583). [15 국회8급]
2. 행정청이 관계 법령의 해석이 확립되기 전에 어느 한 설을 취하여 업무를 처리한 것이 결과적으로 위법하게 되어 그 법령의 부당집행이라는 결과를 빚었다고 하더라도 처분 당시 그와 같은 처리방법 이상의 것을 성실한 평균적 공무원에게 기대하기 어려웠던 경우라면 특별한 사정이 없는 한 이를 두고 공무원의 과실로 인한 것이라고는 볼 수 없다(대판 2004.6.11. 2002다31018). [22 국가9급, 10 국가7급]

㉡ 행정규칙에 따른 경우

재량행위에서 공무원이 재량준칙에 따라 처분을 한 경우에는 결과적으로 그 처분이 재량을 일탈 · 남용하여 위법하게 되었다고 하더라도 과실이 있다고 보기는 어렵다(대판 1994.11.8. 94다26141). [21 국가7급, 16 지방9급]

판례

구체적인 경우 어느 행정처분을 할 것인가에 관하여 행정청 내부에 일응의 기준을 정해 둔 경우 그 기준에 따른 행정처분을 하였다면 이에 관여한 공무원에게 그 직무상의 과실이 있다고 할 수 없다(대판 1984.7.24. 84다카597).

공무원이 관계법규를 알지 못하거나 법규의 해석을 그르쳐 행정처분을 한 경우라고 할지라도 법률전문가가 아닌 행정직 공무원인 경우에는 과실을 인정할 수 없다. (○, ×) [14 서울9급]

행정청이 대법원의 법령해석과 어긋나는 견해를 고집하여 계속 위법한 행정처분을 해서 처분상대방에게 불이익을 주었다면 국가배상책임이 인정된다. (○, ×) [08 국회8급]

법령해석에 여러 견해가 있어 관계 공무원이 신중한 태도로 어느 일설을 취하여 처분한 경우, 위법한 것으로 판명되었다고 하더라도 그것만으로 배상책임을 인정할 수 없다. (○, ×) [12 국가9급]

행정소송에서 행정처분이 위법한 것으로 확정되었고 그 이유가 법령해석의 잘못이었다면 그 행정처분을 한 공무원의 과실은 당연히 인정된다. (○, ×) [15 서울9급]

㉢ 항고소송에서 처분이 취소된 경우

판례

어떠한 행정처분이 후에 항고소송에서 취소되었다고 할지라도 그 기판력에 의하여 당해 행정처분이 곧바로 공무원의 고의 또는 과실로 인한 것으로서 불법행위를 구성한다고 단정할 수는 없는 것이고, [22 지방9급, 22 국가9급] 그 행정처분의 담당공무원이 보통 일반의 공무원을 표준으로 하여 볼 때 객관적 주의의무를 결하여 그 행정처분이 객관적 정당성을 상실하였다고 인정될 정도에 이른 경우에 국가배상법 제2조 소정의 국가배상책임의 요건을 충족하였다고 봄이 상당할 것이다(대판 2000.5.12. 99다70600).

㉣ 처분의 근거법률이 위헌결정된 경우

판례

1. 형벌에 관한 법령이 헌법재판소의 위헌결정으로 소급하여 효력을 상실하였거나 법원에서 위헌·무효로 선언된 경우, 그 법령이 위헌으로 선언되기 전에 그 법령에 기초하여 수사가 개시되어 공소가 제기되고 유죄판결이 선고되었더라도, 그러한 사정만으로 수사기관의 직무행위나 법관의 재판상 직무행위가 공무원의 고의 또는 과실에 의한 불법행위에 해당하여 국가의 손해배상책임이 발생한다고 볼 수는 없다(대판 2014.10.27. 2013다217962). [19 지방9급]
2. 처분이 있은 후에 근거법률이 위헌으로 결정된 경우, 그 법률을 적용한 공무원에게 고의 또는 과실이 있었다고 단정할 수 없다(헌재 2009.9.24. 2008헌바23).

(4) **법령 위반**(위법성)

① 개념

국가배상법에 의한 손해배상책임이 성립하기 위하여는 관련 공무원의 직무상의 작위 또는 부작위가 반드시 당연무효일 필요는 없고 고의·과실에 의한 위법한 가해행위이면 족하다. 공무원의 가해행위에 대해 형사상 무죄판결이 있었더라도 그 가해행위를 이유로 국가배상책임이 인정될 수 있다. [17 국가7급]

판례

법령을 위반하였다 함은 엄격한 의미의 법령 위반뿐 아니라 인권존중, 권력남용금지, 신의성실과 같이 공무원으로서 마땅히 지켜야 할 준칙이나 규범을 지키지 아니하고 위반한 경우를 포함하여 널리 그 행위가 객관적인 정당성을 결여하고 있음을 뜻하는 것이므로, [20 지방9급, 18 서울9급] 경찰관이 범죄수사를 함에 있어 경찰관으로서 의당 지켜야 할 법규상 또는 조리상의 한계를 위반하였다면 이는 법령을 위반한 경우에 해당한다. 성폭력범죄의 수사를 담당하거나 수사에 관여하는 경찰관이 위와 같은 직무상 의무에 반하여 피해자의 인적사항 등을 공개 또는 누설하였다면 국가는 그로 인하여 피해자가 입은 손해를 배상하여야 한다(대판 2008.6.12. 2007다64365).

- 어떠한 행정처분이 후에 항고소송에서 위법한 것으로서 취소되었다면, 그로써 곧 당해 행정처분은 공무원의 고의 또는 과실에 의한 불법행위를 구성한다고 보아야 한다. (○, ×) [19 서울7급, 19 지방9급]
- 시장의 영업허가 취소처분에 대한 취소소송에서 인용판결이 확정된 이후에도 甲의 국가배상청구소송은 기각될 수 있다. (○, ×) [17 국회8급]
- 처분이 있은 후에 근거법률이 위헌으로 결정된 경우, 그 법률을 적용한 공무원에게 고의 또는 과실이 있었다고 단정할 수 있다. (○, ×) [19 서울9급(上), 14 경행특채]
- 국가배상책임에서 '법령을 위반하여'라고 함은 엄격하게 형식적 의미의 법령에서 명시적으로 공무원의 행위의무가 정하여져 있음에도 이를 위반하는 경우만을 의미한다. (○, ×) [17 국가7급(下)]
- 신뢰보호원칙의 위반은 「국가배상법」상의 위법 개념을 충족시킨다. (○, ×) [21 지방9급]
- 국가배상의 요건 중법령 위반의 의미를 판단하는 데 있어서는 형식적 의미의 법령을 위반한 것뿐만 아니라 인권존중, 권력남용금지, 신의성실과 같이 공무원으로서 당연히 지켜야 할 원칙을 지키지 않은 경우도 포함한다. (○, ×) [17 서울7급]
- 성폭력범죄의 수사를 담당하거나 수사에 관여하는 경찰관이 직무상 의무에 위반하여 피해자의 인적사항 등을 공개 또는 누설한 경우, 그로 인하여 피해자가 입은 손해에 대하여 국가는 배상책임을 진다. (○, ×) [14 국가7급]

② 위법성의 판단기준

판례

공무원의 직무집행이 법령이 정한 요건과 절차에 따라 이루어진 것이라면 법령에 적합한 것이고 그 과정에서 개인의 권리가 침해되는 일이 생긴다고 하여 그 법령적합성이 곧바로 부정되는 것은 아니다(대판 2000.11.10. 2000다26807). [18 서울7급]

공무원의 직무집행이 법령이 정한 요건과 절차에 따라 이루어진 것이라도, 그 과정에서 개인의 권리가 침해되면법령 위반에 해당한다. (○, ×) [18 서울9급, 14 지방7급]

③ 선결문제로서 위법판단

판례

계고처분이 위법함을 이유로 배상을 청구하는 취지로 인정될 수 있는 사건에 있어, 미리 그 행정처분의 취소판결이 있어야만 그 위법임을 이유로 피고에게 배상을 청구할 수 있는 것은 아니다(대판 1991.1.25. 87다카2569).

④ 위법성의 입증책임

국가배상의 경우 원고(피해자)가 요건사실인 위법성을 입증하여야 한다.

⑤ 구체적 사례

㉠ 행정규칙위반의 위법성

판례

국가배상법 제2조에 이른바 법령에 위반하여라 함은 일반적으로 위법행위를 함을 말하는 것이고, 단순한 행정적인 내부규칙에 위배하는 것을 포함하지 아니한다(대판 1973.1.30. 72다2062).

㉡ 부작위의 위법성

작위의무를 도출할 수 있는 경우 부작위의 경우에도 위법성을 인정할 수 있다. 나아가 행정청이 규제권한을 행사하지 아니하는 것이 직무상 의무를 위반하는 것으로 되어 위법한 것으로 평가되는 경우에는 특별한 사정이 없는 한 과실도 인정된다. [11 국가7급]

판례

경찰관 직무집행법 제5조는 경찰관은 인명 또는 신체에 위해를 미치거나 재산에 중대한 손해를 끼칠 우려가 있는 위험한 사태가 있을 때에는 그 각 호의 조치를 취할 수 있다고 규정하여 형식상 경찰관에게 재량에 의한 직무수행권한을 부여한 것처럼 되어 있으나, 경찰관에게 그러한 권한을 부여한 취지와 목적에 비추어 볼 때 구체적인 사정에 따라 경찰관이 그 권한을 행사하여 필요한 조치를 취하지 아니하는 것이 현저하게 불합리하다고 인정되는 경우에는 그러한 권한의 불행사는 직무상의 의무를 위반한 것이 되어 위법하게 된다(대판 1998.8.25. 98다16890). [17 국가7급(下), 16 국회8급]

판례에 의하면 규제권한을 행사하지 아니한 것이 직무상 의무를 위반하여 위법한 것으로 되는 경우에는 특별한 사정이 없는 한 과실도 인정된다. (○, ×) [11 국가7급]

토석채취공사 도중 경사지를 굴러 내린 암석이 가스저장시설을 충격하여 화재가 발생한 경우, 토지형질변경허가권자에게 허가 당시 사업자로 하여금 위해방지시설을 설치하게 할 의무는 없다. (○, ×) [12 국가7급]

인감증명사무를 처리하는 공무원은 인감증명이 타인과의 권리·의무와 관계되는 일에 사용되는 것을 예상하여 그 발급된 인감증명으로 인한 부정행위의 발생을 방지할 직무상의 의무가 있다. (○, ×) [15 경행특채, 12 국가7급]

경찰관이 난동을 부리는 범인을 검거하기 위하여 가스총을 사용할 경우에는 최소한의 안전수칙을 준수함으로써 장비 사용으로 인한 사고 발생을 미리 막아야 할 주의의무가 있다. (○, ×) [08 지방7급]

경찰관이 난동을 부리던 범인을 검거하면서 가스총을 근접 발사하여 가스와 함께 발사된 고무마개가 범인의 눈에 맞아 실명한 경우에는 국가배상이 인정된다. (○, ×) [08 국회8급]

음주운전으로 적발된 주취운전자가 도로 밖으로 차량을 이동하겠다며 단속경찰관으로부터 보관중이던 차량열쇠를 반환받아 몰래 차량을 운전하여 가던 중 사고를 일으킨 경우, 국가배상책임이 인정되지 않는다. (○, ×) [24 국가9급]

판례

작위의무를 인정한 사례

1. 구 식품위생법의 규정이 식품의약품안전청장 등에게 권한을 부여한 취지와 목적에 비추어 볼 때 구체적인 상황 아래에서 식품의약품안전청장 등이 그 권한을 행사하지 아니한 것이 현저하게 합리성을 잃어 사회적 타당성이 없는 경우에 한하여 직무상 의무를 위반한 것이 되어 위법하게 된다. 그리고 위와 같이 식약청장등이 그 권한을 행사하지 아니한 것이 직무상 의무를 위반하여 위법한 것으로 되는 경우에는 특별한 사정이 없는 한 과실도 인정된다. 어린이가 '미니컵 젤리'를 먹다가 질식하여 사망한 사안에서, 식품의약품안전청장 및 관계 공무원이 위 사고 발생 시까지 구 식품위생법상의 규제 권한을 행사하여 미니컵 젤리의 수입·유통 등을 금지하거나 그 기준과 규격, 표시 등을 강화하고 그에 필요한 검사 등을 실시하는 조치를 취하지 않은 것이 현저하게 합리성을 잃어 사회적 타당성이 없다거나 객관적 정당성을 상실하여 위법하다고 할 수 있을 정도에까지 이르렀다고 보기 어렵다(대판 2010.9.9. 2008다77795).
2. 토석채취공사 도중 경사지를 굴러 내린 암석이 가스저장시설을 충격하여 화재가 발생한 경우, 토지형질변경허가권자에게 허가 당시 사업자로 하여금 위해방지시설을 설치하게 할 의무를 다하지 아니한 위법과 작업 도중 구체적인 위험이 발생하였음에도 작업을 중지시키는 등의 사고예방조치를 취하지 아니한 위법이 있다(대판 2001.3.9. 99다64278).
3. 인감증명은 인감 자체의 동일성과 거래행위자의 의사에 의한 것임을 확인하는 자료로서 일반인의 거래상 극히 중요한 기능을 갖고 있는 것이므로 인감증명사무를 처리하는 공무원으로서는 그것이 타인과의 권리의무에 관계되는 일에 사용되어 지는 것을 예상하여 그 발급된 인감으로 인한 부정행위의 발생을 방지할 직무상의 의무가 있다. [15 경행특채] 위조인장에 의하여 타인 명의의 인감증명서가 발급되고 이를 토대로 소유권이전등기가 경료된 부동산을 담보로 금전을 대여한 자가 손해를 입게 된 경우, 인감증명 발급업무 담당 공무원은 직무집행상의 과실이 있다(대판 2004.3.26. 2003다54490).
4. 가스총을 사용하는 경찰관으로서는 인체에 대한 위해를 방지하기 위하여 상대방과 근접한 거리에서 상대방의 얼굴을 향하여 이를 발사하지 않는 등 가스총 사용시 요구되는 최소한의 안전수칙을 준수함으로써 장비 사용으로 인한 사고 발생을 미리 막아야 할 주의의무가 있다. 경찰관이 난동을 부리던 범인을 검거하면서 가스총을 근접 발사하여 가스와 함께 발사된 고무마개가 범인의 눈에 맞아 실명한 경우에는 국가배상이 인정된다(대판 2003.3.14. 2002다57218).
5. 윤락녀들이 윤락업소에 감금된 채로 윤락을 강요받으면서 생활하고 있음을 쉽게 알 수 있는 상황이었음에도, 경찰관이 이러한 감금 및 윤락강요행위를 제지하거나 윤락업주들을 체포·수사하는 등 필요한 조치를 취하지 아니하고 오히려 업주들로부터 뇌물을 수수하며 그와 같은 행위를 방치한 것은 경찰관의 직무상 의무에 위반하여 위법하므로 국가는 이로 인한 정신적 고통에 대하여 위자료를 지급할 의무가 있다(대판 2004.9.23. 2003다49009).
6. 음주운전으로 적발된 주취운전자가 도로 밖으로 차량을 이동하겠다며 단속경찰관으로부터 보관 중이던 차량열쇠를 반환받아 몰래 차량을 운전하여 가던 중 사고를 일으킨 경우, 국가배상책임이 인정된다(대판 1998. 5. 8. 97다54482).

7. 공무원의 부작위로 인한 국가배상책임을 인정하기 위하여는 공무원의 작위로 인한 국가배상책임을 인정하는 경우와 마찬가지로 '공무원이 그 직무를 집행함에 당하여 고의 또는 과실로 법령에 위반하여 타인에게 손해를 가한 때'라고 하는 국가배상법 제2조 제1항의 요건이 충족되어야 할 것인바, 여기서 '법령에 위반하여'라고 하는 것은 엄격하게 형식적 의미의 법령에 명시적으로 공무원의 작위의무가 규정되어 있는데도 이를 위반하는 경우만을 의미하는 것은 아니고, 국민의 생명, 신체, 재산 등에 대하여 절박하고 중대한 위험상태가 발생하였거나 발생할 우려가 있어서 국가가 초법규적, 일차적으로 그 위험 배제에 나서지 아니하면 국민의 생명, 신체, 재산 등을 보호할 수 없는 경우에는 형식적 의미의 법령에 근거가 없더라도 국가나 관련 공무원에 대하여 그러한 위험을 배제할 작위의무를 인정할 수 있을 것이다. [22 지방7급] 지방자치단체 소속 공무원들에게는 폭우로 인하여 차도 또는 하수도가 침수되어 인근 건물 내의 인명 또는 재산 피해가 예상되는 경우 침수의 방지, 통제, 퇴거 등의 조치를 취하는 등 재해방지에 필요한 적절한 조치를 신속히 취하여야 할 의무가 있다(대판 2004.6.25. 2003다69652).

> 공무원의 부작위로 인한 국가배상책임을 인정하기 위하여는 공무원의 작위로 인한 국가배상책임을 인정하는 경우와 마찬가지로 국가배상법 제2조 제1항의 요건이 충족되어야 한다. (○, ×) [13 지방7급]

> 법령에 위반하여라 함은 엄격하게 형식적 의미의 법령에 명시적으로 공무원의 작위의무가 정하여져 있음에도 이를 위반하는 경우만을 의미한다. (○, ×) [13 지방7급, 10 국가9급]

> 공무원의 직무상 의무는 명문의 규정이 없는 경우에도 관련규정에 비추어 조리상 인정될 수 있다. (○, ×) [12 지방9급]

> 공무원의 부작위로 인한 국가배상책임을 인정할 것인지 여부가 문제되는 경우에 관련 공무원에 대하여 작위의무를 명하는 형식적 법률의 규정이 없는 경우에는 국가배상책임이 인정되지 않는다. (○, ×) [21 지방7급]

판례

작위의무를 부정한 사례

1. 절박하고 중대한 위험상태가 발생하였거나 발생할 상당한 우려가 있는 경우가 아닌 한, 원칙적으로 공무원이 관련 법령에서 정하여진 대로 직무를 수행하였다면 그와 같은 공무원의 부작위를 가지고 '고의 또는 과실로 법령에 위반'하였다고 할 수는 없다(대판 2012.7.26. 2010다95666).
2. 등기신청을 접수한 등기관으로서는 위와 같이 등기신청에 필요한 서면이 모두 제출되었는지 여부, 형식적 사항이 구비되었는지 여부, 특히 확정된 판결서의 당사자 및 주문의 표시가 등기신청의 적법함을 뒷받침하고 있는지 등을 제출된 서면과 등기부의 상호 대조 등의 방법으로 모두 심사한 이상 그 형식적 심사의무를 다하였다고 할 것이고, 위 판결서에 위조된 것이라고 쉽게 의심할 만한 객관적 상황도 존재하지 않는 이 사건에서, 등기관이 판결서의 기재 사항 중 재판서 양식에 관한 예규 및 일반적인 작성 관행 등에서 벗어난 것인지 여부를 파악한 다음 이를 토대로 그 위조 여부에 관하여 보다 자세한 확인을 하여야 할 주의의무가 있다고는 할 수 없다(대판 2005.2.25. 2003다13048).

> 등기신청의 첨부서면으로 제출한 판결서의 일부 기재사항 및 기재형식이 일반적인 판결서의 작성방식과 다른 경우에, 담당등기관이 자세한 확인절차를 거치지 않았다면 국가배상의 책임이 인정된다. (○, ×) [08 국회8급]

(5) 타인에 대한 손해의 발생

① 타인의 개념

가해자인 공무원과 그의 직무상 위법행위에 가담한 자 이외의 모든 사람을 가리키는 것으로서 자연인, 법인을 불문한다.

② 손해의 개념

손해는 가해행위로부터 발생한 일체의 손해로서 적극적 손해(치료비 등), 소극적 손해(일당 등 벌 수 있었던 금전), 정신적 손해(위자료), [15 교행] 생명・신체・재산에 대한 모든 손해를 포함한다.

> 사인이 받은 손해란 생명・신체・재산상의 손해는 인정하지만, 정신상의 손해는 인정하지 않는다. (○, ×) [17 복지9급, 08 지방9급]

③ 재산침해에 대한 위자료

판례

국가배상법은 생명·신체의 침해에 대한 위자료의 지급만을 규정하고 있으므로, 재산권의 침해에 대해서는 위자료를 청구할 수 없다. (○, ×) [12 경행특채]

1. 국가배상법 제3조 제5항에 생명, 신체에 대한 침해로 인한 위자료의 지급을 규정하였을 뿐이고 재산권 침해에 대한 위자료의 지급에 관하여 명시한 규정을 두지 아니하였으나 같은 법조 제4항의 규정이 재산권 침해로 인한 위자료의 지급의무를 배제하는 것이라고 볼 수는 없다(대판 1990.12.21. 90다6033).
2. 일반적으로 타인의 불법행위로 인하여 재산권이 침해된 경우에는 특별한 사정이 없는 한 그 재산적 손해의 배상에 의하여 정신적 고통도 회복된다고 보아야 할 것이고 재산적 손해의 배상만으로는 회복할 수 없는 정신적 손해가 있다면 그 위자료를 인정할 수 있다(대판 2003.7.25. 2003다22912). [06 관세사]

(6) 직무행위와 손해발생 간의 인과관계

① 상당인과관계

공무원이 고의 또는 과실로 그에게 부과된 직무상 의무를 위반하였을 경우라고 하더라도 국가는 그러한 직무상의 의무 위반과 피해자가 입은 손해 사이에 상당인과관계가 인정되는 범위 내에서만 배상책임을 진다. [21 지방7급] 상당인과관계의 유무를 판단함에 있어서는 일반적인 결과발생의 개연성은 물론 직무상 의무를 부과하는 법령 기타 행동규범의 목적, 그 수행하는 직무의 목적 내지 기능으로부터 예견가능한 행위 후의 사정, 가해행위의 태양 및 피해의 정도 등을 종합적으로 고려하여야 한다. [12 복지9급]

판례

유흥주점의 화재로 여종원원들이 사망한 경우, 담당 공무원의 유흥주점의 용도변경, 무허가 영업 및 시설기준에 위배된 개축에 대하여 시정명령 등 식품위생법상 취하여야 할 조치를 게을리 한 직무상 의무위반행위와 위 종업원들의 사망 사이에 상당인과관계가 존재하지 아니한다. (○, ×) [14 지방9급]

1. 유흥주점에 감금된 채 윤락을 강요받으며 생활하던 여종업원들이 유흥주점에 화재가 났을 때 미처 피신하지 못하고 유독가스에 질식해 사망한 경우 소방공무원이 위 화재 전 유흥주점에 대하여 구 소방법상 시정조치를 명하지 않은 직무상 의무 위반과 위 사망의 결과 사이에 상당인과관계가 있다. 지방자치단체의 담당 공무원이 위 유흥주점의 용도변경, 무허가 영업 및 시설기준에 위배된 개축에 대하여 시정명령 등 식품위생법상 취하여야 할 조치를 게을리 한 직무상 의무위반행위와 위 종업원들의 사망 사이에 상당인과관계가 존재하지 않는다(대판 2008.4.10. 2005다48994).
2. 주점에서 발생한 화재로 사망한 갑 등의 유족들이 을 광역시를 상대로 손해배상을 구한 사안에서, 소방공무원들이 업주들에 대하여 적절한 지도·감독을 하지 않는 등 직무상 의무를 위반하였고, 소방공무원들의 직무상 의무 위반과 갑 등의 사망 사이에 상당인과관계가 인정된다(대판 2016.8.25. 2014다225083). [19 서울9급]
3. 윤락녀들이 윤락업소에 감금된 채로 윤락을 강요받으면서 생활하고 있음을 쉽게 알 수 있는 상황이었음에도, 경찰관이 이러한 감금 및 윤락강요행위를 제지하거나 윤락업주들을 체포·수사하는 등 필요한 조치를 취하지 아니하고 오히려 업주들로부터 뇌물을 수수하며 그와 같은 행위를 방치한 것은 경찰관의 직무상 의무에 위반하여 위법하므로 국가는 이로 인한 정신적 고통에 대하여 위자료를 지급할 의무가 있다(대판 2004.9.23. 2003다49009).
4. 헌병대 영창에서 탈주한 군인들이 민가에 침입하여 저지른 범죄행위에 대해 상당인과관계가 있다(대판 2003.2.14. 2002다62678).

5. 자살한 초임하사가 근무한 부대의 지휘관 등이 육군규정에 규정된 기간을 초과하여 망인으로 하여금 영내거주를 하도록 한 과실과 망인의 사망에는 상당인과관계가 있다고 볼 수 없다(대판 2011.1.27. 2010다74416).

② 사익보호성

판례

1. 상당인과관계가 인정되기 위하여는 공무원에게 부과된 직무상 의무의 내용이 단순히 공공 일반의 이익을 위한 것이거나 행정기관 내부의 질서를 규율하기 위한 것이 아니고 전적으로 또는 부수적으로 사회구성원 개인의 안전과 이익을 보호하기 위하여 설정된 것이어야 한다(대판 2010.9.9. 2008다77795). [22 지방7급, 21 지방9급]
2. 주민등록사무를 담당하는 공무원이 개명과 같은 사유로 주민등록상의 성명을 정정한 경우에는 본적지 관할관청에 그 변경사항을 통보할 직무상 의무가 있으며, 그러한 의무에는 사익보호성이 인정된다(대판 2003.4.25. 2001다59842).
3. 공직선거법이 후보자가 되고자 하는 자와 그 소속 정당에게 전과기록을 조회할 권리를 부여한 것은 공공 일반의 이익만을 위한 것이 아니라, 후보자가 되고자 하는 자, 정당의 개별적인 이익도 보호하기 위한 것이다(대판 2011.9.8. 2011다34521).
4. 상수원수의 수질을 환경기준에 따라 유지하도록 규정하고 있는 관련 법령의 취지·목적·내용 등을 고려할 때, 국가 등에게 일정한 기준에 따라 상수원수의 수질을 유지하여야 할 의무를 부과하고 있는 법령의 규정은 국민 일반의 건강을 보호하여 공공 일반의 전체적인 이익을 도모하기 위한 것이지, 국민 개개인의 안전과 이익을 직접적으로 보호하기 위한 규정이 아니므로, 국민에게 공급된 수돗물의 상수원의 수질이 수질기준에 미달한 경우가 있고, 국민이 법령에 정하여진 수질기준에 미달한 상수원수로 생산된 수돗물을 마심으로써 정신적 고통을 받았다고 하더라도, 국가 또는 지방자치단체가 국민에게 손해배상책임을 부담하지 아니한다(대판 2001.10.23. 99다36280). [16 국회8급]

2. 배상의 범위

(1) 배상의 원칙

헌법 제29조 제1항은 정당한 배상을 청구할 수 있다고 규정하고 있는데, 이때 정당한 배상은 가해행위와 상당인과관계의 범위 안에 있는 일체의 손해를 의미한다.

(2) 배상기준

타인의 생명을 해한 때에는 그 때의 월급액·월실수액·평균임금에 장래의 취업가능기간을 승한 액의 유족배상과 장례비를, 타인의 신체를 해한 때에는 필요한 요양을 행하거나 이에 갈음한 요양비와 그 요양기간 중 월급액·월실수액·평균임금의 손실액의 휴업보상을 배상해야 한다(국가배상법 제3조 제1항, 제2항). 당해 규정은 상한을 정한 것이 아니라 하나의 기준에 불과하다.

판례

국가배상법 제3조 제1항, 제3항 규정의 손해배상 기준은 배상심의회의 배상금지급 기준을 정함에 있어서의 하나의 기준을 정한 것에 불과하다(대판 1970.3.10. 69다1772). [20 지방9급]

공무원에게 부과된 직무상 의무의 내용이 순전히 행정기관 내부의 질서를 유지하기 위한 것이거나 전체적으로 공공 일반의 이익을 도모하기 위한 것인 경우, 국가 또는 지방자치단체가 배상책임을 부담하지 아니한다. (○, ×) [22 국가9급, 22 지방9급]

공무원에게 부과된 직무상 의무의 내용이 전적으로 공공일반의 이익을 위한 것이거나 행정기관 내부의 질서를 규율하기 위한 것인 경우에도, 공무원의 그와 같은 직무상 의무 위반으로 인한 손해에 대하여 국가는 배상책임을 진다. (○, ×) [14 국가7급]

주민등록사무를 담당하는 공무원이 개명과 같은 사유로 주민등록상의 성명을 정정한 경우에는 반드시 본적지 관할관청에 그 변경사항을 통보하여 본적지의 호적관서로 하여금 그 정정사항의 진위를 재확인할 수 있도록 할 직무상 의무가 있다. (○, ×) [12 국가7급]

「공직선거법」이 후보자가 되고자 하는 자와 그 소속 정당에게 전과기록을 조회할 권리를 부여하고 수사기관에 회보의무를 부과한 것은 공공의 이익만을 위한 것이지 후보자가 되고자 하는 자나 그 소속 정당의 개별적 이익까지 보호하기 위한 것은 아니다. (○, ×) [19 국가7급]

국민이 법령에 정하여진 수질기준에 미달한 상수원수로 생산된 수돗물을 마심으로써 건강상의 위해 발생에 대한 염려 등에 따른 정신적 고통을 받았다고 하더라도, 이러한 사정만으로는 국가 또는 지방자치단체가 국민에게 손해배상책임을 부담하지 아니한다. (○, ×) [20 지방7급, 12 국가7급]

국가 등에게 일정한 기준에 따라 상수원수의 수질을 유지하여야 할 의무를 부과하고 있는 수도법의 규정은 국민에게 양질의 수돗물이 공급되게 함으로써 국민 개개인의 안전과 이익을 직접적으로 보호하기 위한 것으로써, 그 의무에 위반하여 국민에게 손해를 가하였다면 국가 또는 지방자치단체는 배상책임을 부담한다. (○, ×) [10 국회8급]

피해자가 손해를 입은 동시에 이익을 얻은 경우 이를 공제할 수 없으며, 이것은 국가배상법이 가지는 생계보장적 성격에서 타당하다. (○, ×) [08 국가7급]

생명·신체의 침해로 인한 국가배상을 받을 권리는 양도하거나 압류하지 못한다. (○, ×) [13 국가9급]

신체·생명의 침해로 인한 손해배상청구권은 양도할 수는 있지만 압류하지는 못한다. (○, ×) [13 경행특채, 11 국가7급]

국가배상법은 국가배상책임의 주체를 국가 또는 공공단체로 규정하고 있다. (○, ×) [15 경행특채]

한국수자원공사는 국가배상법상 손해배상의 책임자가 될 수 있다. (○, ×) [11 국가7급]

사무귀속주체와 비용부담주체가 동일하지 아니한 경우에는 사무귀속주체가 손해를 우선적으로 배상하여야 한다. (○, ×) [16 서울9급]

(3) 이익의 공제

① 손익상계

> **국가배상법 제3조의2 【공제액】** ① 제2조 제1항을 적용할 때 피해자가 손해를 입은 동시에 이익을 얻은 경우에는 손해배상액에서 그 이익에 상당하는 금액을 빼야 한다. [15 경행특채, 15 복지9급]

판례

사망한 공무원의 유족들이 국가배상법에 의하여 국가 또는 지방자치단체로부터 사망한 공무원의 소극적 손해에 대한 손해배상금을 지급받았다면 공무원연금관리공단 등은 그 유족들에게 같은 종류의 급여인 유족보상금에서 그 상당액을 공제한 잔액만을 지급하면 된다(대판 1998.11.19. 97다36873 전원합의체).

② 과실상계

> **국가배상법 시행령 제21조 【결정 및 통지】** ① 배상결정은 믿을 수 있는 증거자료에 의하여 이루어져야 하며, 배상금을 지급하는 결정을 함에 있어 피해자측의 과실이 있을 때에는 법과 이 영에 정한 기준에 따라 산정한 금액에 대하여 그 과실의 정도에 따른 과실상계를 하여야 한다.

③ 이자의 공제

> **국가배상법 제3조의2 【공제액】** ② 제3조 제1항의 유족배상과 같은 조 제2항의 장해배상 및 장래에 필요한 요양비 등을 한꺼번에 신청하는 경우에는 중간이자를 빼야 한다.

3. 배상청구권의 양도 · 압류금지

> **국가배상법 제4조 【양도 등 금지】** 생명 · 신체의 침해로 인한 국가배상을 받을 권리는 양도하거나 압류하지 못한다.

4. 배상책임

(1) 배상책임자

① 국가 또는 지방자치단체

공무원이 피해자에게 가한 손해의 배상책임자는 원칙적으로 국가 또는 지방자치단체이다(국가배상법 제2조 제1항). 헌법 제29조 제1항은 배상주체를 국가 또는 공공단체라고 규정하고 있으나 국가배상법은 국가와 지방자치단체만을 규정하고 있다.

② 공무원의 선임 · 감독자와 비용부담자가 다른 경우

㉠ 국가배상법의 규정

> **국가배상법 제6조 【비용부담자 등의 책임】** ① 제2조 · 제3조 및 제5조에 따라 국가나 지방자치단체가 손해를 배상할 책임이 있는 경우에 공무원의 선임 · 감독 또는 영조물의 설치 · 관리를 맡은 자와 공무원의 봉급 · 급여, 그 밖의 비용 또는 영조물의 설치 · 관리 비용을 부담하는 자가 동일하지 아니하면 그 비용을 부담하는 자도 손해를 배상하여야 한다. [21 지방9급, 20 국가7급]

㉡ 국가배상법 제6조 제1항의 비용부담자의 의미

다수설과 판례는 비용부담자를 실질적 부담자와 형식적 부담자를 모두 포함한다고 보고 있다(병합설).

③ 기관위임사무의 경우

기관위임사무는 위임자의 사무가 되므로 위임자는 사무귀속자로서 국가배상법 제2조에 의한 배상책임을 진다.

판례

지방자치단체장 간의 기관위임의 경우에 위임받은 하위 지방자치단체장은 상위 지방자치단체 산하 행정기관의 지위에서 그 사무를 처리하는 것이므로 사무귀속의 주체가 달라진다고 할 수 없고, 따라서 하위 지방자치단체장을 보조하는 하위 지방자치단체 소속 공무원이 고의 또는 과실로 타인에게 손해를 가하였더라도 상위 지방자치단체는 여전히 그 사무귀속 주체로서 손해배상책임을 진다(대판 1996.11.8. 96다21331).

기관위임사무를 처리하는 과정에서 지방자치단체가 대외적으로 비용을 지출한 경우 지방자치단체도 비용부담자로서 배상책임을 진다.

판례

1. 국가배상법 제6조 제1항 소정의 '공무원의 봉급·급여 기타의 비용'이란 공무원의 인건비만을 가리키는 것이 아니라 당해사무에 필요한 일체의 경비를 의미한다고 할 것이고, 적어도 대외적으로 그러한 경비를 지출하는 자는 경비의 실질적·궁극적 부담자가 아니더라도 그러한 경비를 부담하는 자에 포함된다. 지방자치단체의 장이 기관위임된 국가행정사무를 처리하는 경우 그에 소요되는 경비의 실질적·궁극적 부담자는 국가라고 하더라도 당해 지방자치단체는 국가로부터 내부적으로 교부된 금원으로 그 사무에 필요한 경비를 대외적으로 지출하는 자이므로, 이러한 경우 지방자치단체는 국가배상법 제6조 제1항 소정의 비용부담자로서 공무원의 불법행위로 인한 같은 법에 의한 손해를 배상할 책임이 있다(대판 1994.12.9. 94다38137). [20 국가9급]
2. 국가배상법은 민법상의 사용자책임을 규정한 민법 제756조 제1항 단서에서 사용자가 피용자의 선임감독에 무과실인 경우에는 면책되도록 규정한 것과는 달리 이러한 면책규정을 두지 아니함으로써 국가배상책임이 용이하게 인정되도록 하고 있다(대판 1996.2.15. 95다38677 전원합의체). [18 국가9급]

④ 손해배상의 최종적 부담자(내부적 구상의 문제)

> 국가배상법 제6조 【비용부담자 등의 책임】 ② 제1항의 경우에 손해를 배상한 자는 내부관계에서 그 손해를 배상할 책임이 있는 자에게 구상할 수 있다. [23 지방9급]

(2) **배상책임의 성질**

불법행위를 한 자는 공무원임에도 불구하고 국가나 지방자치단체가 손해배상책임을 지는 근거가 무엇인가가 문제된다.

✦ 판례는 지방자치단체장 간의 기관위임이 있을 때 위임받은 하위지방자치단체 소속 공무원이 위임사무를 처리하면서 고의로 타인에게 손해를 가한 경우에는 상위지방자치단체는 손해배상책임을 지지 않는다고 본다. (○, ×) [11 국가7급]

PART 05

✦ 판례에 따르면 가해행위를 한 공무원의 선임감독자와 비용부담자가 다른 경우 그 비용을 부담하는 자는 배상책임이 없다. (○, ×) [07 서울9급]

✦ 시장의 영업허가 취소사무가 국가사무로서 국가가 실질적인 비용을 부담하는 자인 경우에는 甲은 국가를 상대로 국가배상을 청구하여야 한다. (○, ×) [17 국회8급]

✦ 공무원이 직무를 집행하면서 고의 또는 과실로 위법하게 타인에게 손해를 가하였어도 국가나 지방자치단체가 그 공무원의 선임 및 감독에 상당한 주의를 하였다면 국가나 지방자치단체는 국가배상책임을 면한다. (○, ×) [17 국가9급(下)]

✦ 국가나 지방자치단체는 공무원이 직무를 집행하면서 고의 또는 과실로 위법하게 타인에게 손해를 가한 때에 「국가배상법」상 배상책임을 지고, 공무원의 선임 및 감독에 상당한 주의를 한 경우에도 그 배상책임을 면할 수 없다. (○, ×) [18 국가9급]

공무원의 불법행위책임을 국가 자신의 책임으로 보는 입장에서는 일반적으로 공무원의 피해자에 대한 책임을 부인한다. (○, ×)
[18 서울7급(上)]

① 학설

대위 책임설	공무원의 불법행위로 인한 국가배상책임은 원래 국가의 행위가 될 수 없고 공무원 개인에게 귀속될 책임이나, 공무원의 직무의욕 감퇴방지와 피해자를 두텁게 보호하기 위해 정책적으로 배상자력이 있는 국가가 대신하여 그 책임을 지는 대위책임이라는 견해이다. 대위책임설은 국가가 대신하여 책임을 지므로 공무원 개인에 대한 책임을 부인한다.
자기 책임설	공무원의 행위는 국가의 기관으로서의 행위이므로 그 불법행위로 인한 책임도 국가에 직접 귀속되는 자기책임이라는 견해이다. 자기책임설은 공무원 개인과 더불어 국가도 책임을 진다.
절충설	고의·중과실에 의한 위법행위는 원칙적으로 기관행위로서 품격을 상실하여 국가행위로 볼 수 없지만 직무행위로서 외형을 갖추고 있는 한 피해자구제 측면에서 국가도 피해자에 대해 자기책임을 지고, 경과실에 의한 경우에는 기관행위로 볼 수 있으므로 당연히 자기책임으로 배상책임을 진다는 견해이다.

② 판례

판례는 경과실의 경우 국가 등의 기관행위로 보아 국가의 배상책임만을 긍정하고, 고의 또는 중과실의 경우에는 기관행위로서 품격을 상실하였지만 피해자구제 관점에서 국가 등도 공무원 개인과 중첩적인 책임을 부담한다 [[17 국가9급(下)], 15 서울7급]고 하여 절충설에 해당한다.

(3) **선택적 청구의 문제**(공무원의 직접적인 배상책임 문제)

① 헌법 제29조의 규정

> 대한민국 헌법 제29조 ① 공무원의 직무상 불법행위로 손해를 받은 국민은 법률이 정하는 바에 의하여 국가 또는 공공단체에 정당한 배상을 청구할 수 있다. 이 경우 공무원 자신의 책임은 면제되지 아니한다.

헌법 제29조 제1항 단서의 해석과 관련하여 국가 등이 피해자에게 배상책임을 지는 외에 공무원 개인도 피해자에 대해서 배상책임을 지는지가 문제된다.

② 학설

선택적 청구 긍정설	헌법 제29조 제1항 단서가 공무원 개인의 책임을 규정한다는 점을 이유로 피해자인 국민의 선택에 따라 국가 또는 지방자치단체 외에 가해공무원에 대하여도 배상을 청구할 수 있다.
선택적 청구 부정설	헌법 제29조 제1항 단서의 의미는 공무원의 외부적 책임을 규정한 것이 아닌 단순히 국가의 구상에 대응하는 책임이라는 전제하에, 피해자는 국가 또는 지방자치단체에 대해서만 배상을 청구할 수 있고 가해자인 공무원에 대해서는 직접배상을 청구할 수는 없다.
절충설	고의·중과실의 경우와 경과실의 경우를 나누어 고의·중과실의 경우에는 선택적 청구권을 긍정하고, 경과실의 경우에는 선택적 청구권을 부정한다.

③ 판례

판례는 헌법 제29조 제1항 단서에서 공무원 자신의 책임은 면제되지 않는다는 의미는 공무원의 구체적 책임의 범위까지 규정한 것은 아니라는 전제하에 고의·중과실의 경우에는 선택적 청구권을 긍정하고, [16 국회8급] 경과실의 경우에는 선택적 청구권을 부정하고 있다.

판례

1. 헌법 제29조 제1항 단서는 공무원 개인의 구체적 손해배상책임범위까지 규정한 것으로 보기는 어렵다(대판 1996.2.15. 95다38677 전원합의체). [18 서울7급(上)]
2. 공무원이 직무 수행 중 불법행위로 타인에게 손해를 입힌 경우에 국가나 지방자치단체가 국가배상책임을 부담하는 외에 공무원 개인도 고의 또는 중과실이 있는 경우에는 불법행위로 인한 손해배상책임을 지고, 공무원에게 경과실이 있을 뿐인 경우에는 공무원 개인은 불법행위로 인한 손해배상책임을 부담하지 아니하는데, [21 지방9급, 18 서울7급] 여기서 공무원의 중과실이란 공무원에게 통상 요구되는 정도의 상당한 주의를 하지 않더라도 약간의 주의를 한다면 손쉽게 위법·유해한 결과를 예견할 수 있는 경우임에도 만연히 이를 간과함과 같은 거의 고의에 가까운 현저한 주의를 결여한 상태를 의미한다(대판 2011.9.8. 2011다34521).

(4) 구상권

국가배상법 제2조 【배상책임】 ② 제1항 본문의 경우에 공무원에게 고의 또는 중대한 과실이 있으면 국가나 지방자치단체는 그 공무원에게 구상(求償)할 수 있다. [18 서울7급(上), 17 국가9급(下)]

① 구상권의 의의

구상권(求償權)이란 타인의 행위에 의하여 손해배상을 이행한 자가 그 타인에 대하여 가지는 반환청구권을 말한다.

② 국가배상법 제2조의 구상권 행사의 요건

구상권행사의 요건은 ㉠ 국가 등이 피해자에 대하여 현실로 손해배상금을 지불했을 것, ㉡ 가해공무원에게 고의 또는 중대한 과실이 있을 것의 두 가지이다.

③ 국가배상법 제2조의 구상권의 범위 및 시효

판례

1. 국가 등은 신의칙상 상당하다고 인정되는 한도 내에서만 당해 공무원에 대하여 구상권을 행사할 수 있다(대판 1991.5.10. 91다6764).
2. 공무원의 불법행위로 손해를 입은 피해자의 국가배상청구권의 소멸시효 기간이 지났으나 국가가 소멸시효 완성을 주장하는 것이 신의성실의 원칙에 반하는 권리남용으로 허용될 수 없어 배상책임을 이행한 경우에는, 소멸시효 완성 주장이 권리남용에 해당하게 된 원인행위와 관련하여 공무원이 원인이 되는 행위를 적극적으로 주도하였다는 등의 특별한 사정이 없는 한, 국가가 공무원에게 구상권을 행사하는 것은 신의칙상 허용되지 않는다(대판 2016.6.10. 2015다217843). [19 서울9급]

공무원이 고의 또는 중과실로 불법행위를 하여 손해를 입힌 경우 피해자는 공무원 개인에 대하여 손해배상을 청구할 수 있다. (○, ×) [16 서울9급, 13 서울7급]

공무원의 직무수행 중 불법행위로 인한 배상과 관련하여, 피해자가 공무원에 대해 직접적으로 손해배상을 청구할 수 있는지 여부에 대한 명시적 규정은 국가배상법상으로 존재하지 않는다. (○, ×) [17 서울9급]

PART 05

국가 또는 지방자치단체가 공무원의 위법한 직무집행으로 발생한 손해에 대해 「국가배상법」에 따라 배상한 경우에 당해 공무원에게 구상권을 행사할 수 있는지에 대해 「국가배상법」은 규정을 두고 있지 않으나, 판례에 따르면 당해 공무원에게 고의 또는 중과실이 인정될 경우 국가 또는 지방자치단체는 그 공무원에게 구상권을 행사할 수 있다. (○, ×) [18 국가9급]

국가가 가해 공무원에 대하여 구상권을 행사하는 경우 국가가 배상한 배상액 전액에 대하여 구상권을 행사하여야 한다. (○, ×) [21 국가9급]

경과실로 불법행위를 한 공무원이 피해자에게 손해를 배상하였다면 이는 타인의 채무를 변제한 경우에 해당하므로 피해자는 공무원에게 이를 반환할 의무가 있다. (○, ×)
[22 지방9급]

피해자에게 손해를 직접 배상한 경과실이 있는 공무원이 국가에 대하여 국가의 손해배상책임의 범위 내에서 자신이 변제한 금액에 관하여 구상권을 행사하는 것은 권리남용으로 허용되지 아니한다. (○, ×)
[17 서울9급, 15 서울7급]

피해자에게 손해를 직접 배상한 경과실이 있는 공무원은 특별한 사정이 없는 한, 국가의 피해자에 대한 손해배상책임의 범위 내에서 자신이 변제한 금액에 관하여 국가에 대한 구상권을 취득한다. (○, ×)
[19 국가9급, 15 지방9급]

「자동차손해배상 보장법」은 배상책임의 성립요건에 관하여 「국가배상법」에 우선하여 적용된다. (○, ×)
[15 지방9급]

④ 공무원의 구상권

경과실 있는 공무원이 피해자에게 배상한 경우 공무원은 국가에 대해 구상권을 행사할 수 있다.

판례

경과실이 있는 공무원이 피해자에 대하여 손해배상책임을 부담하지 아니함에도 피해자에게 손해를 배상하였다면 그것은 채무자 아닌 사람이 타인의 채무를 변제한 경우에 해당하고, [15 서울7급] 이는 민법 제469조의 '제3자의 변제' 또는 민법 제744조의 '도의관념에 적합한 비채변제'에 해당하여 피해자는 공무원에 대하여 이를 반환할 의무가 없고, 그에 따라 피해자의 국가에 대한 손해배상청구권이 소멸하여 국가는 자신의 출연 없이 채무를 면하게 되므로, 피해자에게 손해를 직접 배상한 경과실이 있는 공무원은 특별한 사정이 없는 한 국가에 대하여 국가의 피해자에 대한 손해배상책임의 범위 내에서 공무원이 변제한 금액에 관하여 구상권을 취득한다(대판 2014.8.20. 2012다54478). [16 국가7급]

5. 자동차손해배상책임

(1) 의의

국가배상법 제2조 제1항은 '국가나 지방자치단체는 「자동차손해배상 보장법」에 따라 손해배상의 책임이 있을 때에는 이 법에 따라 그 손해를 배상하여야 한다.'고 규정하고 있다. 따라서 자동차손해배상 보장법에 따른 손해배상책임요건이 충족되면 국가배상법상의 배상책임 성립요건 여부와 관계없이 국가나 지방자치단체가 배상책임을 진다는 점에서 국가배상법의 배상책임요건에 특례를 인정한 것이라 할 수 있다.

(2) 국가 등의 배상책임요건

① 국가 등이 자기를 위하여 자동차를 운행하는 자일 것

㉠ 자기를 위하여 자동차를 운행하는 자의 의미

자동차손해배상 보장법 제3조는 "자기를 위하여 자동차를 운행하는 자는 그 운행으로 다른 사람을 사망하게 하거나 부상하게 한 경우에는 그 손해를 배상할 책임을 진다."고 규정하고 있다. 여기서 '자기를 위하여 자동차를 운행하는 자'란 자동차에 대한 운행을 지배하여 그 이익을 향수하는 책임주체로서의 지위에 있는 자를 말하며, 운행의 지배는 현실적인 지배에 한하지 아니하고 사회통념상 간접지배 내지는 지배가능성이 있다고 볼 수 있는 경우도 포함한다(대판 2002.11.26. 2002다47181).

㉡ 공무원이 관용차로 공무수행 중 인명피해를 입힌 경우

이 경우에는 국가 등이 자신의 이익을 위하여 운행을 지배한 경우라 할 것이므로, 국가 등의 배상책임이 성립한다.

판례

공무원이 그 직무를 집행하기 위하여 국가 또는 지방자치단체 소유의 공용차를 운행하는 경우, 그 자동차에 대한 운행지배나 운행이익은 그 공무원이 소속한 국가 또는 지방자치단체에 귀속된다(대판 1994.12.27. 94다31860). [14 경행특채]

㉢ 공무원이 개인차로 공무수행을 한 경우 및 사적 목적으로 관용차를 사용한 경우

판례

공무원이 자기 소유의 자동차로 공무수행 중 사고를 일으킨 경우에는 운전한 공무원의 경과실에 의한 것인지 중과실 또는 고의에 의한 것인지를 가리지 않고 그 공무원이 자동차손해배상 보장법 제3조 소정의 '자기를 위하여 자동차를 운행하는 자'에 해당하는 한 손해배상책임을 부담한다(대판 1996.5.31. 94다15271). [15 국회8급]

② 자동차운행으로 사람이 사망하거나 부상하였을 것

자동차손해배상 보장법상의 배상책임은 사람이 사망하거나 부상하였어야 하는 인적 피해에 대한 배상이며, 물적 손해에 대해서는 이 법의 적용이 없다. 이러한 인적 피해의 발생은 자동차 운행의 고의 또는 과실의 여부와 관련이 없는 무과실책임이다.

(3) 국가 등이 자동차손해배상 보장법상의 배상책임이 없는 경우

자동차손해배상 보장법상의 배상책임요건을 결여한 경우에는 국가배상법에 의한 배상의 특례가 인정되지 아니한다. 이 경우 자동차손해배상에 관하여 국가배상법의 배상책임이 성립하기 위해서는 국가배상법 제2조(배상책임)의 요건이나 제5조(공공시설 등의 하자로 인한 책임)의 요건을 갖추어야 한다.

6. 군인 등에 대한 국가배상청구권의 제한

(1) 의의

대한민국 헌법 제29조 ② 군인·군무원·경찰공무원 기타 법률이 정하는 자가 전투·훈련등 직무집행과 관련하여 받은 손해에 대하여는 법률이 정하는 보상외에 국가 또는 공공단체에 공무원의 직무상 불법행위로 인한 배상은 청구할 수 없다.

국가배상법 제2조 【배상책임】 ① (...) 다만, 군인·군무원·경찰공무원 또는 예비군대원이 전투·훈련 등 직무 집행과 관련하여 전사(戰死)·순직(殉職)하거나 공상(公傷)을 입은 경우에 본인이나 그 유족이 다른 법령에 따라 재해보상금·유족연금·상이연금 등의 보상을 지급받을 수 있을 때에는 이 법 및 「민법」에 따른 손해배상을 청구할 수 없다.

(2) 적용요건

① 군인·군무원·경찰공무원 또는 예비군대원의 피해일 것

판례는 전투경찰순경은 경찰공무원에 해당하여 손해배상청구권이 제한되나, 공익근무요원·경비교도로 임용된 자는 군인의 신분을 상실하였으므로 손해배상청구권이 허용된다고 본다. 한편 예비군대원은 헌법에는 없고 국가배상법에만 규정되어 있어 위헌성 여부가 논의되나 헌법재판소는 이를 합헌으로 보았다.

공무원이 자기 소유의 자동차로 공무수행 중 사고를 일으킨 경우에는 그 공무원은 자기를 위하여 자동차를 운행하는 자에 해당하는 한 자동차손해배상 보장법에 따른 손해배상책임을 부담한다. (○, ×) [08 국가7급]

PART 05

공익근무요원은 「국가배상법」 제2조 제1항 단서규정에 의하여 손해배상청구가 제한된다. (○, ×) [22 국가7급]

현역병으로 입영한 후 군사교육을 마치고 경비교도로 전임되어 근무하는 자는 국가배상법 제2조 제1항 단서 소정의 군인 등에 해당하므로 국가배상청구권 행사에 제한을 받는다. (○, ×) [15 경행특채]

판례

1. 전투경찰순경은 국가배상법 제2조 제1항 단서 소정의 "경찰공무원"에 해당한다(대판 1995.3.24. 94다25414). [11 지방7급]
2. 공익근무요원은 보충역에 편입되어 있는 자이기 때문에, 소집되어 군에 복무하지 않는 한 군인이라고 말할 수 없으므로, 국가배상법 제2조 제1항 단서의 규정에 의하여 국가배상법상 손해배상청구가 제한되는 군인·군무원·경찰공무원 또는 예비군대원에 해당한다고 할 수 없다(대판 1997.3.28. 97다4036). [19 서울7급(上), 18 지방7급]
3. 현역병으로 입영하여 소정의 군사교육을 마치고 병역법 제25조의 규정에 의하여 경비교도로 임용된 자는, 군인의 신분을 상실하고 군인과는 다른 경비교도로서의 신분을 취득하게 되었다고 할 것이어서 국가배상법 제2조 제1항 단서가 정하는 군인 등에 해당하지 아니한다(대판 1998.2.10. 97다45914).

헌재 판례

국가배상법 제2조 제1항 단서가 임무수행 중 상해를 입거나 사망한 개별 향토예비군대원의 국가배상청구권을 금지하고 있는 것은 평등의 원리에 반한다거나 향토예비군대원의 재산권의 본질적인 내용을 침해하는 위헌규정이라고 할 수 없다(헌재 1996.6.13. 94헌바20).

② 전투·훈련 등 직무집행과 관련하여 전사·순직하거나 공상을 입었을 것

군인 등이 받은 모든 손해에 대해 손해배상책임이 배제되는 것은 아니고 전투·훈련 등 직무집행과 관련하여 인적손해를 입은 경우만이 배제된다.

판례

경찰공무원이 낙석사고 현장 주변 교통정리를 위하여 사고현장 부근으로 이동하던 중 대형 낙석이 순찰차를 덮쳐 사망하자, 국가배상법 제2조 제1항 단서의 면책조항은 전투·훈련 또는 이에 준하는 직무집행뿐만 아니라 '일반 직무집행'에 관하여도 국가나 지방자치단체의 배상책임을 제한하는 것이다(대판 2011.3.10. 2010다85942).

③ 본인이나 그 유족이 다른 법령의 규정에 의해 보상금을 지급받을 수 있을 것

이중배상을 배제하려는 것이므로 다른 법령에 의해 재해보상을 지급받지 못하는 경우에는 국가배상법에 의한 배상청구가 가능하다. [09 지방7급]

훈련으로 공상을 입은 군인이 「국가배상법」에 따라 손해배상금을 지급받은 다음 「보훈보상대상자 지원에 관한 법률」이 정한 보훈급여금의 지급을 청구하는 경우, 국가는 「국가배상법」 제2조 제1항 단서에 따라 그 지급을 거부할 수 있다. (○, ×) [23 국가9급, 19 서울9급]

직무집행과 관련하여 공상을 입은 군인이 먼저 「국가배상법」에 따라 손해배상금을 지급받았다면 「국가유공자 등 예우 및 지원에 관한 법률」이 정한 보상금 등 보훈급여금의 지급을 청구하는 것은 이중배상금지원칙에 따라 인정되지 아니한다. (○, ×) [22 국가7급]

판례

1. 국가배상법 제2조 제1항 단서가 보상을 받을 수 있는 경우 국가배상법에 따른 손해배상청구를 하지 못한다는 것을 넘어 국가배상법상 손해배상금을 받은 경우 보훈보상자법상 보상금 등 보훈급여금의 지급을 금지하는 것으로 해석하기는 어려운 점 등에 비추어, 국가보훈처장은 국가배상법에 따라 손해배상을 받았다는 사정을 들어 보상금 등 보훈급여금의 지급을 거부할 수 없다(대판 2017.2.3. 2015두60075). [20 지방7급, 19 국가9급]
2. 국가배상법 제2조 제1항 단서 규정은 다른 법령에 보상제도가 규정되어 있고, 그 법령에 규정된 상이등급 또는 장애등급 등의 요건에 해당되어 그 권리가 발생한 이상, 실제로 그 권리를 행사하였는지 또는 그 권리를 행사하고 있는지 여부에 관계없이 적용된다고 보아야 하고, 그 각 법률에 의한 보상금청구권이 시효로 소멸되었다 하여 적용되지 않는다고 할 수는 없다(대판 2002.5.10. 2000다39735). [23 국가9급]

3. 군인 · 군무원 등 국가배상법 제2조 제1항에 열거된 자가 전투, 훈련 기타 직무집행과 관련하는 등으로 공상을 입은 경우라고 하더라도 별도의 보상을 받을 수 없는 경우에는 국가배상법 제2조 제1항 단서의 적용 대상에서 제외하여야 한다(대판 1997.2.14. 96다28066). [23 국가9급]
4. 경찰공무원인 피해자가 구 공무원연금법의 규정에 따라 공무상 요양비를 지급받는 것은 국가배상법 제2조 제1항 단서에서 정한 '다른 법령의 규정'에 따라 보상을 지급받는 것에 해당하지 않는다(대판 2019.5.30. 2017다16174). [23 국가9급]
5. 다른 법령에 따라 지급받은 급여와의 조정에 관한 조항을 두고 있지 아니한 보훈보상대상자 지원에 관한 법률과 달리, 군인연금법 제41조 제1항은 "다른 법령에 따라 국가나 지방자치단체의 부담으로 이 법에 따른 급여와 같은 종류의 급여를 받은 사람에게는 그 급여금에 상당하는 금액에 대하여는 이 법에 따른 급여를 지급하지 아니한다."라고 명시적으로 규정하고 있다. 따라서 피고에게 군인연금법 제41조 제1항에 따라 원고가 받은 손해배상금 상당 금액에 대하여는 사망보상금을 지급할 의무가 존재하지 아니한다(대판 2018. 7. 20. 2018두36691). [23 지방9급]
6. 사망보상금은 일실손해의 보전을 위한 것으로 불법행위로 인한 소극적 손해배상과 같은 종류의 급여이므로, 군 복무 중 사망한 사람의 유족이 국가배상을 받은 경우 국가보훈처장 등은 사망보상금에서 소극적 손해배상금 상당액을 공제할 수 있을 뿐, 이를 넘어 정신적 손해배상금까지 공제할 수 없다(대판 2021. 12. 16. 2019두45944). [24 국가9급]

(3) 공동불법행위자의 구상권

일반국민이 국가와 공동불법행위로 피해를 입은 군인 등이나 그 유족에게 손해배상을 한 경우에 국가에 대하여 구상권을 행사할 수 있는지 문제된다.

① 학설

긍정설 (헌법재판소)	공동불법행위로 인한 손해배상을 한 일반국민의 국가에 대한 구상권을 배제하는 것은 일반국민을 국가에 대하여 지나치게 차별하여 공평한 재산권보장의 취지에 반하는 것으로서 국민의 재산권을 과잉제한하는 것이라고 한다.
부정설 (대법원)	민간인이 국가와 공동불법행위로 부담하는 책임은 모든 손해에 대한 것이 아니라 귀책부분에 한하여 부담하므로 국가에 대하여 구상을 청구할 수 없다고 한다.

② 판례

헌재 판례

국가배상법 제2조 제1항 단서 중 군인에 관련되는 부분을, 일반국민이 직무집행 중인 군인과의 공동불법행위로 직무집행 중인 다른 군인에게 공상을 입혀 그 피해자에게 공동의 불법행위로 인한 손해를 배상한 다음 공동불법행위자인 군인의 부담부분에 관하여 국가에 대하여 구상권을 행사하는 것을 허용하지 않는다고 해석한다면, 합리적인 이유 없이 일반국민을 국가에 대하여 지나치게 차별하는 경우에 해당하므로 헌법 제11조, 제29조에 위반되며, 헌법 제23조 제1항 및 제37조 제2항에도 위반된다(헌재 1994.12.29. 93헌바21).

헌법재판소는 일반국민이 직무집행 중인 군인과의 공동불법행위로 다른 군인에게 공상을 입혀 그 피해자에게 손해전부를 배상했을지라도, 공동불법행위자인 군인의 부담부분에 관하여 국가에 대한 구상권은 허용되지 않는다고 본다. (○, ×) [11 지방7급]

민간인과 직무집행중인 군인의 공동불법행위로 인하여 직무집행 중인 다른 군인이 피해를 입은 경우, 민간인이 공동불법행위자로 부담하는 책임은 공동불법행위의 일반적 경우와는 달리 모든 손해에 대한 것이 아니라 귀책비율에 따른 부분으로 한정된다는 것이 대법원의 입장이다. (○, ×) [10 국가7급]

판례

헌법 제29조 제2항, 국가배상법 제2조 제1항 단서의 입법 취지를 관철하기 위하여는, 국가배상법 제2조 제1항 단서가 적용되는 공무원의 직무상 불법행위로 인하여 직무집행과 관련하여 피해를 입은 군인 등에 대하여 위 불법행위에 관련된 일반국민이 손해를 자신의 귀책부분을 넘어서 배상한 경우에도, 국가 등은 피해 군인 등에 대한 국가배상책임을 면할 뿐만 아니라, 나아가 민간인에 대한 국가의 귀책비율에 따른 구상의무도 부담하지 않는다고 하여야 할 것이다. [18 국가9급] 각 당사자의 이해관계의 실질을 고려하여, 위와 같은 경우에는 공동불법행위자 등이 부진정연대채무자로서 각자 피해자의 손해 전부를 배상할 의무를 부담하는 공동불법행위의 일반적인 경우와 달리 예외적으로 민간인은 피해 군인 등에 대하여 그 손해 중 국가 등이 민간인에 대한 구상의무를 부담한다면 그 내부적인 관계에서 부담하여야 할 부분을 제외한 나머지 자신의 부담부분에 한하여 손해배상의무를 부담하고, 한편 국가 등에 대하여는 그 귀책부분의 구상을 청구할 수 없다고 해석함이 상당하다 할 것이다(대판 2001.2.15. 96다42420).

7. 배상청구권의 소멸시효

(1) 시효기간

국가배상청구권의 소멸시효기간은 피해자나 법정대리인이 손해 및 가해자를 안 날로부터 10년이다. (○, ×) [08 국가7급]

국가배상법은 배상청구권의 소멸시효에 대하여 명문규정을 두고 있지 않는데, 이 경우 국가배상법 제8조에 따라 민법규정에 의하게 되므로 민법 제766조에 따라서 국가배상청구권은 피해자나 그 법정대리인이 손해 및 가해자를 안 날로부터 3년간 행사하지 않으면 시효로 소멸한다. [18 서울7급, 15 경행특채] 한편 피해자나 법정대리인이 손해 및 가해자를 알지 못한 경우에는 불법행위의 종료일로부터 국가재정법에 따라 5년간 손해배상청구권을 행사하지 아니하면 시효로 소멸한다(대판 2001.4.24. 2000다57856).

(2) 손해 및 가해자를 안 날의 의미

배상청구권의 시효와 관련하여 '가해자를 안다는 것'은 피해자나 그 법정대리인이 가해 공무원의 불법행위가 그 직무를 집행함에 있어서 행해진 것이라는 사실까지 인식함을 요구하지 않는다. (○, ×) [17 국가7급]

손해 및 가해자를 안 날이란 공무원의 직무집행상 불법행위의 존재 및 그로 인한 손해의 발생 등 불법행위의 요건사실에 대하여 현실적이고도 구체적으로 인식하였을 때를 말하며, 그 시효기간은 권리를 행사할 수 있는 때로부터 진행한다는 것이 판례의 입장이다.

판례

'손해 및 가해자를 안 날'은 공무원의 직무집행상 불법행위의 존재 및 그로 인한 손해의 발생 등 불법행위의 요건사실에 대하여 현실적이고도 구체적으로 인식하였을 때를 의미하지만, 피해자 등이 언제 불법행위의 요건사실을 현실적이고도 구체적으로 인식한 것으로 볼 것인지는 개별 사건에서 여러 객관적 사정과 손해배상청구가 가능하게 된 상황 등을 종합하여 합리적으로 판단하여야 한다(대판 2012.4.13. 2009다33754).

(3) 국가배상청구와 보상청구권의 소멸시효

국가배상청구에 있어서 채권자가 동일한 목적을 달성하기 위하여 복수의 채권을 갖고 있는 경우 어느 하나의 청구권을 행사하는 것이 다른 채권에 대한 소멸시효 중단의 효력이 있다고 할 수 없다(대판 2002.5.10. 2000다39735). [08 지방7급]

(4) 소멸시효의 주장과 권리남용

소멸시효의 주장이 권리남용에 해당하거나 신의성실의 원칙에 반하는 경우에는 국가배상청구권은 시효로 소멸하지 않는다(대판 2011.1.13. 2009다103950).

04 영조물의 설치관리상의 하자로 인한 손해배상

> 국가배상법 제5조 【공공시설 등의 하자로 인한 책임】 ① 도로·하천, 그 밖의 공공의 영조물(營造物)의 설치나 관리에 하자(瑕疵)가 있기 때문에 타인에게 손해를 발생하게 하였을 때에는 국가나 지방자치단체는 그 손해를 배상하여야 한다. 이 경우 제2조 제1항 단서, 제3조 및 제3조의2를 준용한다.
> ② 제1항을 적용할 때 손해의 원인에 대하여 책임을 질 자가 따로 있으면 국가나 지방자치단체는 그 자에게 구상할 수 있다.

이 규정은 민법 제758조와 유사하나, 그 대상을 공작물에 한정하고 있는 민법에 비해 범위가 넓으며, 점유자의 면책규정이 없는 점이 다르다. 또한 국가배상법 제2조와는 달리 과실을 배상책임의 요건으로 하고 있지 않다는 점에서 국가 또는 지방자치단체의 손해배상책임은 무과실책임의 일종이라 할 수 있다.

1. 배상책임의 요건

(1) 공공의 영조물

① 공물

공공의 영조물이란 본래적 의미의 영조물이 아니라 강학상 공물을 의미한다는 것이 통설 및 판례의 입장이다. 공물은 국가나 지방자치단체가 관리하는 물건을 의미하는데, 판례는 소유권 등 권원에 의한 것뿐 아니라 사실상 관리하는 것도 포함한다고 본다. 따라서 사인의 소유물이라고 하더라도 국가 또는 지방자치단체가 관리하는 공물인 한 여기서의 영조물에 해당한다. 한편 이러한 공물에는 자연공물(하천 등), 인공공물(도로, 관공서의 청사 등), 동산(관용자동차 등), 부동산, 동물(경찰견 등) 등이 모두 포함된다. [17 지방9급]

판례

국가배상법 제5조 제1항 소정의 "공공의 영조물"이라 함은 국가 또는지방자치단체에 의하여 특정 공공의 목적에 공여된 유체물 내지 물적 설비를 지칭하며, 일반공중의 자유로운 사용에 직접적으로 제공되는 공공용물에 한하지 아니하고, 행정주체 자신의 사용에 제공되는 공용물도 포함하며 [21 지방7급] 국가 또는 지방자치단체가 소유권, 임차권 그밖의 권한에 기하여 관리하고 있는 경우뿐만 아니라 사실상의 관리를 하고 있는 경우도 포함한다(대판 1995.1.24. 94다45302). [23 국가7급, 21 지방9급]

② 공공단체가 관리하는 경우

국가배상법은 국가와 지방자치단체의 책임을 규정하므로 지방자치단체 외의 공공단체의 경우에는 국가배상법이 적용되지 않고 민법이 적용된다. 따라서 공공단체가 설치·관리하는 공물의 하자로 인해 손해가 발생하는 경우에는 피해자는 민법 제758조에 의한 손해배상청구를 할 수 있다.

- 국가배상법 제5조의 영조물은 민법 제758조의 공작물의 개념보다 넓다. (○, ×) [14 서울7급]
- 국가배상법 제5조는 점유자의 면책조항을 두고 있는 점에서 민법 제758조의 공작물 등의 배상책임과 동일하며, 다만 그 대상을 공작물에 한정하고 있지 않은 점에서 민법상의 배상책임규정과 차이가 있다. (○, ×) [08 국가7급]
- 국가배상법 제5조의 손해배상책임은 동법 제2조의 책임과 같이 과실책임주의로 규정되어 있다. (○, ×) [09 국가7급]
- 국가 또는 지방자치단체가 관리하지만 사인의 소유에 속하는 공물에 대하여는 국가배상법 제5조가 적용되지 아니한다. (○, ×) [16 국가9급, 14 국가7급]
- 「국가배상법」상의 '공공의 영조물'은 일반공중의 자유로운 사용에 직접적으로 제공되는 공공용물에 한하고, 행정주체 자신의 사용에 제공되는 공용물은 포함하지 않는다. (○, ×) [23 지방7급]
- 지방자치단체가 권원 없이 사실상 관리하고 있는 도로는 국가배상책임의 대상이 되는 영조물에 해당하지 않는다. (○, ×) [22 지방9급, 20 국가9급]

③ 구체적 예

영조물에 해당하는 경우	영조물에 해당하지 않는 경우
㉠ 철도건널목 자동경보기, 차단기 [10 경행특채] ㉡ 교통신호기 [20 국가7급] ㉢ 도로의 맨홀 [04 국가7급] ㉣ 여의도광장 [10 경행특채] ㉤ 철도역 대합실과 승강장 [20 국가7급] ㉥ 매향리 사격장 [10 경행특채] ㉦ 공중변소 [04 국가7급]	㉠ 잡종재산, 국유림, 국유임야 ㉡ 공사 중이며 아직 완성되지 않아 일반 공중의 이용에 제공되지 않는 옹벽 [21 지방7급] ㉢ 공용지정을 갖추지 못하였으나 사실상 군민의 통행에 제공되고 있던 도로 [20 국가7급] ㉣ 예정공물: 자동차경주에 필요한 방호벽 ㉤ 폐차된 관용차, 공용 폐지된 도로

(2) **설치 · 관리상의 하자**

① 하자의 의미

하자란 영조물이 일반적으로 갖추어야 할 안정성을 결한 것을 의미한다.

② 하자의 판단기준에 관한 학설

객관설	설치 · 관리의 하자를 객관적으로 파악하여 영조물이 통상 갖추어야 할 안전성을 결함으로써 위험성이 있는 상태를 의미하는 것으로 본다. 이 견해에 따르면 국가의 과실 유무나 재정력과는 무관하게 배상책임을 인정하게 되며 무과실책임으로 본다는 점에서 주관설보다 하자 입증이 용이하여 피해자구제에 유리하다.
주관설	설치 · 관리의 하자란 관리자가 영조물을 안전 · 양호한 상태로 유지하여야 할 작위 또는 부작위의무를 위반한 것으로 보는 견해이다. 이 견해는 영조물책임을 무과실책임이 아니라 설치 · 관리자의 주관적 귀책사유가 있어야 성립하는 과실책임이라고 본다.

③ 판례

㉠ 개관설을 취한 판례

판례는 종래 객관설을 취하여 왔으며, 다만 영조물 자체의 물리적 · 외형적 흠결 및 불비로 인한 위험성뿐만 아니라 수인한도 초과 여부도 포함시키고 있다.

판례

1. 국가배상법 제5조 제1항에 규정된 '영조물 설치 · 관리상의 하자'는 공공의 목적에 공여된 영조물이 그 용도에 따라 통상 갖추어야 할 안전성을 갖추지 못한 상태에 있음을 말한다. [20 국가9급] 그리고 위와 같은 안전성의 구비 여부는 영조물의 설치자 또는 관리자가 그 영조물의 위험성에 비례하여 사회통념상 일반적으로 요구되는 정도의 방호조치의무를 다하였는지를 기준으로 판단하여야 하고, 아울러 그 설치자 또는 관리자의 재정적 · 인적 · 물적 제약 등도 고려하여야 한다. 따라서 영조물인 도로의 경우도 그 설치 및 관리에 있어 완전무결한 상태를 유지할 정도의 고도의 안전성을 갖추지 아니하였다고 하여 하자가 있다고 단정할 수는 없고, [18 지방9급] 그것을 이용하는 자의 상식적이고 질서 있는 이용 방법을 기대한 상대적인 안전성을 갖추는 것으로 족하다. 좌로 굽은 도로에서 운전자가 무리하게 앞지르기를 시도하여 중앙선을 침범하여 반대편 도로로 미끄러질 경우까지 대비하여 도로 관리자인 지방자치단체가 차량용 방호울타리를 설치하지 않았다고 하여 도로에 통상 갖추어야 할 안전성이 결여된 설치 · 관리상의 하자가 있다고 보기 어렵다(대판 2013.10.24. 2013다208074). [16 국가9급]

영조물의 설치 · 관리의 하자라 함은 공공의 영조물이 일반적으로 갖추어야 할 안전성을 결한 상태를 말한다. (○, ×) [09 국가7급]

국가배상법 제5조상 하자의 해석과 관련하여 객관설이 주관설보다 피해자의 구제에 유리하다. (○, ×) [14 서울7급]

영조물이 안전성을 갖추었는지 여부는 영조물의 설치자 또는 관리자가 그 영조물의 위험성에 비례하여 사회통념상 일반적으로 요구되는 정도의 방호조치의무를 다하였는지를 기준으로 판단하여야 하고, 그 설치자 또는 관리자의 재정적 · 인적 · 물적 제약 등은 고려하지 않는다. (○, ×) [23 국가7급]

영조물의 설치 · 관리 하자 유무를 객관적 견지에서 본 안전성의 문제로 판단하는 객관설이 종래의 판례의 입장이다. (○, ×) [08 국회8급]

2. 영조물 설치의 하자라 함은 영조물 자체가 통상 갖추어야 할 완전성을 갖추지 못한 상태에 있음을 말한다고 할 것인바 그 하자 유무는 객관적 견지에서 본 안전성의 문제이고 그 설치자의 재정사정은 안전성을 요구하는 데 대한 정도 문제로서 참작사유에는 해당할 지언정 안전성을 결정지을 절대적 요건에는 해당하지 아니한다 할 것이다(대판 1967.2.21. 66다1723). [12 경행특채]

판례

수인한도초과 포함

안전성을 갖추지 못한 상태라 함은 당해 영조물을 구성하는 물적 시설 그 자체에 있는 물리적·외형적 흠결이나 불비로 인하여 그 이용자에게 위해를 끼칠 위험성이 있는 경우뿐만 아니라 그 영조물이 공공의 목적에 이용됨에 있어 그 이용상태 및 정도가 일정한 한도를 초과하여 제3자에게 사회통념상 참을 수 없는 피해를 입히는 경우까지 포함된다고 보아야 할 것이고, [23 국가7급, 17 국가9급] 사회통념상 참을 수 있는 피해인지의 여부는 그 영조물의 공공성, 피해의 내용과 정도, 이를 방지하기 위하여 노력한 정도 등을 종합적으로 고려하여 판단하여야 한다(대판 2004.3.12. 2002다14242).

ⓛ 주관적 요소도 고려한 판례

한편 최근의 판례는 주관적 요소도 고려하여 하자유무를 판단하기도 한다.

판례

주관적 요소도 고려한 판례

1. 영조물이 완전무결한 상태에 있지 아니하고 그 기능상 어떠한 결함이 있다는 것만으로 영조물의 설치 또는 관리에 하자가 있다고 할 수 없는 것이고, [11 지방9급] 당해 영조물의 용도, 그 설치장소의 현황 및 이용 상황 등 제반 사정을 종합적으로 고려하여 설치 관리자가 그 영조물의 위험성에 비례하여 사회통념상 일반적으로 요구되는 정도의 방호조치의무를 다하였는지 여부를 그 기준으로 삼아야 할 것이며, [12 경행특채] 객관적으로 보아 시간적·장소적으로 영조물의 기능상 결함으로 인한 손해발생의 예견가능성과 회피가능성이 없는 경우, 즉 그 영조물의 결함이 영조물의 설치관리자의 관리행위가 미칠 수 없는 상황 아래에 있는 경우에는 영조물의 설치·관리상의 하자를 인정할 수 없다(대판 2007.9.21. 2005다65678). [23 국가7급, 21 서울7급]

2. 국가배상법 제5조 제1항에 정하여진 '영조물 설치·관리상의 하자'라 함은 공공의 목적에 공여된 영조물이 그 용도에 따라 통상 갖추어야 할 안전성을 갖추지 못한 상태에 있음을 말하는바, 영조물의 설치 및 관리에 있어서 항상 완전무결한 상태를 유지할 정도의 고도의 안전성을 갖추지 아니하였다고 하여 영조물의 설치 또는 관리에 하자가 있다고 단정할 수 없는 것이고, [17 국가9급] 영조물의 설치자 또는 관리자에게 부과되는 방호조치의무는 영조물의 위험성에 비례하여 사회통념상 일반적으로 요구되는 정도의 것을 의미하므로 영조물인 도로의 경우 관리하는 주체의 재정적, 인적, 물적 제약 등을 고려하여 그것을 이용하는 자의 상식적이고 질서 있는 이용방법을 기대한 상대적인 안전성을 갖추는 것으로 족하다(대판 2002.8.23. 2002다9158). [17 국가9급]

주관적 요소를 고려하는 최근의 판례에 따르면 영조물의 결함이 영조물의 설치관리자의 관리행위가 미칠 수 없는 상황 아래에 있는 것이 입증되는 경우 영조물의 설치·관리상의 하자를 인정할 수 있다. (○, ×) [16 국회8급]

PART 05

④ 일반적인 판단기준

㉠ 안정성의 정도

통상 갖추어야 할 물적 안정성의 정도는 완전무결한 상태를 유지할 정도의 고도의 안전성을 의미하는 것은 아니고, 영조물의 위험성에 비례하여 사회통념상 일반적으로 요구되는 정도의 상대적 안정성을 말한다. 이러한 안정성의 구비 여부는 당해 영조물의 구조, 본래의 용법, 장소적 환경 및 이용상황 등의 여러 사정을 종합적으로 고려하여 구체적·개별적으로 판단하여야 한다(대판 2002.8.23. 2002다9158).

㉡ 물적 하자

이는 영조물이 통상의 용법에 따라 통상 갖추어야 할 안정성의 결여를 말한다.

판례

고등학교 3학년 학생이 교사의 단속을 피해 담배를 피우기 위하여 3층 건물 화장실 밖의 난간을 지나다가 실족하여 사망한 경우 학교 관리자에게 그와 같은 이례적인 사고가 있을 것을 예상하여 복도나 화장실 창문에 난간으로의 출입을 막기 위하여 출입금지장치나 추락위험을 알리는 경고표지판을 설치할 의무가 있다고 볼 수는 없다는 이유로 학교시설의 설치·관리상의 하자가 없다(대판 1997.5.16. 96다54102).

학생이 담배를 피우기 위하여 3층 건물 화장실 밖의 난간을 지나다가 실족하여 사망한 경우, 학교 관리자에게 그와 같은 이례적인 사고가 있을 것을 예상하여 화장실 창문에 난간으로의 출입을 막기 위한 출입금지장치나 추락 위험을 알리는 경고표지판을 설치할 의무는 없으므로 학교시설의 설치·관리상의 하자는 인정되지 아니한다. (○, ×) [14 국가7급]

㉢ 기능적 하자(이용상 하자)

하자라 함은 이용상태 및 정도가 일정한 한도를 초과하여 제3자에게 사회통념상 참을 수 없는 피해를 입히는 경우(수인한도를 넘는 경우)를 말한다. 판례는 매향리 사격장, 김포공항 사건 등에서 수인한도 초과를 이유로 인근 주민들에게 국가의 배상책임을 인정하였다.

판례는 사격장에서 발생하는 소음 등으로 지역주민들이 입은 피해가 수인한도를 넘는 경우 사격장의 설치 또는 관리에 하자가 있다고 한다. (○, ×) [11 지방9급, 07 국가9급]

판례

국가배상법 제5조 제1항에 정하여진 '영조물의 설치 또는 관리의 하자'라 함은 이용상태 및 정도가 일정한 한도를 초과하여 제3자에게 사회통념상 수인할 것이 기대되는 한도를 넘는 피해를 입히는 경우까지 포함된다(대판 2005.1.27. 2003다49566). [18 국회8급]

영조물이 공공의 목적에 이용됨에 있어 그 이용상태 및 정도가 일정한 한도를 초과하여 제3자에게 사회통념상 수인할 것이 기대되는 한도를 넘는 피해를 입히는 경우는 손실보상의 대상으로 논의될 수 있을 뿐, 국가배상법 제5조 제1항의 '영조물의 설치 또는 관리의 하자'에 해당될 수 없다. (○, ×) [11 복지9급]

㉣ 하자발생원인의 형태

하자의 발생원인은 자연력에 의한 것인지, 인력에 의한 것인지를 불문하고, 관리자의 과실 유무도 불문한다(무과실책임).

㉤ 하자발생원인의 결합

영조물의 설치·관리의 하자가 다른 자연적 사실이나 제3자의 행위 또는 피해자의 행위와 결합하여 손해발생의 공동원인의 하나가 되는 경우에도 물적 안정성의 결여가 성립한다.

판례

영조물의 설치 또는 관리상의 하자로 인한 사고라 함은 영조물의 설치 또는 관리상의 하자만이 손해발생의 원인이 되는 경우만을 말하는 것이 아니고, 다른 자연적 사실이나 제3자의 행위 또는 피해자의 행위와 경합하여 손해가 발생하더라도 영조물의 설치 또는 관리상의 하자가 공동원인의 하나가 되는 이상 그 손해는 영조물의 설치 또는 관리상의 하자에 의하여 발생한 것이라고 해석함이 상당하다(대판 1994.11.22. 94다32924).

다른 자연적 사실이나 제3자의 행위 또는 피해자의 행위와 경합하여 손해가 발생하더라도 영조물의 설치 또는 관리상의 하자가 공동원인의 하나가 되는 이상 그 손해는 영조물의 설치 또는 관리상의 하자에 의하여 발생한 것이라고 보아야 한다. (○, ×) [08 국가9급]

⑤ 구체적 검토

㉠ 도로의 경우

판례

노면의 흠 · 신호등 고장

1. 관광버스가 국도상에 생긴 웅덩이를 피하기 위하여 중앙선을 침범운행한 과실로 마주오던 트럭과 충돌하여 발생한 교통사고에 대하여 국가는 공동불법행위자로서의 손해배상책임이 있다(대판 1993.6.25. 93다14424).
2. 가변차로에 설치된 두 개의 신호등에서 서로 모순되는 신호가 들어오는 오작동이 발생하였고 그 고장이 현재의 기술수준상 부득이한 것이라고 가정하더라도 그와 같은 사정만으로 손해발생의 예견가능성이나 회피가능성이 없어 영조물의 하자를 인정할 수 없는 경우라고 단정할 수 없다(대판 2001.7.27. 2000다56822). [10 국회8급]
3. 강설에 대처하기 위하여 완벽한 방법으로 도로 자체에 융설 설비를 갖추는 것이 현대의 과학기술 수준이나 재정사정에 비추어 사실상 불가능하다고 하더라도, 고속도로의 경우에 있어서는 도로관리자가 도로의 구조, 기상예보 등을 고려하여 사전에 충분한 인적 · 물적 설비를 갖추어 강설시 신속한 제설작업을 하고 나아가 필요한 경우 제때에 교통통제 조치를 취함으로써 고속도로로서의 기본적인 기능을 유지하거나 신속히 회복할 수 있도록 하는 관리의무가 있다. 폭설로 차량 운전자 등이 고속도로에서 장시간 고립된 경우, 고속도로의 관리자가 고립구간의 교통정체를 충분히 예견할 수 있었음에도 교통제한 및 운행정지 등 필요한 조치를 충실히 이행하지 아니하였으므로 고속도로의 관리상 하자가 있다(대판 2008.3.13. 2007다29287).

판례

제3자의 행위로 인한 하자

1. 도로의 설치 후 제3자의 행위에 의하여 그 본래 목적인 통행상의 안전에 결함이 발생한 경우에는 도로에 그와 같은 결함이 있다는 것만으로 성급하게 도로의 보존상 하자를 인정하여서는 안 되고, 당해 도로의 구조, 장소적 환경과 이용상황 등 제반 사정을 종합하여 그와 같은 결함을 제거하여 원상으로 복구할 수 있는데도 이를 방치한 것인지 여부를 개별적, 구체적으로 심리하여 하자의 유무를 판단하여야 한다. 도로에 떨어져 있던 쇠파이프가 갤로퍼 승용차 뒷타이어에 튕기어 마주오던 피해자의 승용차 앞유리창을 뚫고 들어오는 바람에 목부분이 찔려 사망한 경우, 사고 발생 33분 내지 22분 전에 검문차량이 사고장소를 통과하였으나 위 쇠파이프를 발견하지 못하였다고 하더라도 피고가 관리하는 넓은 국도상을 더 짧은 간격으로 일일이 순찰하면서 낙하물을 제거하는 것은 현실적으로 불가능하므로 손해배상을 물을 수 없다(대판 1997.4.22. 97다3194).
2. 트럭 앞바퀴가 고속도로상에 떨어져 있는 자동차 타이어에 걸려 중앙분리대를 넘어가 사고가 발생한 경우 타이어가 사고지점 고속도로상에 떨어진 것은 사고가 발생하기 10분 내지 15분 전이었다면 손해배상을 물을 수는 없다(대판 1992.9.14. 92다3243).

가변차로에 설치된 2개의 신호등에서 서로 모순된 신호가 들어오는 오작동이 발생하였고 그 고장이 현재의 기술수준상 부득이하다는 사정만으로 영조물의 하자가 면책되는 것은 아니다. (○, ×) [10 지방9급]

강설에 대처하기 위하여 완벽한 방법으로 도로 자체에 융설 설비를 갖추는 것이 현대의 과학기술 수준이나 재정사정에 비추어 사실상 불가능하다고 하더라도, 최저 속도의 제한이 있는 고속도로의 경우에 있어서는 도로관리자가 도로의 구조, 기상예보 등을 고려하여 사전에 충분한 인적 · 물적 설비를 갖추어 강설시 신속한 제설작업을 하고 나아가 필요한 경우 제때에 교통통제 조치를 취함으로써 고속도로로서의 기본적인 기능을 유지하거나 신속히 회복할 수 있도록 하는 관리의무가 있다고 할 수 없다. (○, ×) [14 국가7급]

A가 운전하던 트럭의 앞바퀴가 고속도로상에 떨어져 있는 타이어에 걸려 중앙분리대를 넘어가 맞은편에서 오던 트럭과 충돌하여 부상을 입었다. 그런데 위 타이어가 사고지점 고속도로상에 떨어진 것은 사고가 발생하기 10분 내지 15분 전이었다. A는 국가배상책임을 물을 수 없다. (○, ×) [11 복지9급, 10 국회8급]

㉡ 하천의 경우

홍수 등으로 인해 하천이 범람한 경우에 하천홍수위(계획고수량이론)에 따라 하자를 판단하고 있다.

> 하천의 제방이 계획홍수위를 넘고 있더라도, 하천이 그 후 새로운 하천시설을 설치할 때 '하천시설기준'으로 정한 여유고(餘裕高)를 확보하지 못하고 있다면 그 사정만으로 안정성이 결여된 하자가 있다고 보아야 한다. (○, ×) [20 국가7급]

판례

하천의 제방이 계획홍수위를 넘고 있다면 그 하천은 용도에 따라 통상 갖추어야 할 안전성을 갖추고 있다고 보아야 하고, 그와 같은 하천이 그 후 새로운 하천시설을 설치할 때 기준으로 삼기 위하여 제정한 '하천시설기준'이 정한 여유고를 확보하지 못하고 있다는 사정만으로 바로 안전성이 결여된 하자가 있다고 볼 수는 없다. 100년 발생빈도의 강우량을 기준으로 책정된 계획홍수위를 초과하여 600년 또는 1,000년 발생빈도의 강우량에 의한 하천의 범람은 예측가능성 및 회피가능성이 없는 불가항력적인 재해로서 그 영조물의 관리청에게 책임을 물을 수 없다(대판 2003.10.23. 2001다48057). [12 복지9급]

(3) 손해의 발생

손해의 개념은 국가배상법 제2조의 개념과 동일하다. 즉, 적극적 손해(치료비 등), 소극적 손해(일당 등 벌 수 있었던 금전), 정신적 손해(위자료), 생명・신체・재산에 대한 모든 손해를 포함한다.

(4) 상당인과관계가 있을 것

상당인과관계도 국가배상법 제2조의 개념과 동일하다. 한편 자연현상 또는 제3자나 피해자의 행위가 그 손해의 원인으로서 개입되었더라도 손해배상책임은 성립한다.

(5) 면책사유(감면사유)

면책사유란 영조물의 설치・관리상의 하자로 인한 손해발생에도 불구하고 손해배상책임이 면제 또는 감면될 수 있는 사유를 말한다.

① 불가항력

불가항력으로 인한 손해는 국가배상책임이 면제된다. 판례는 600년에서 1,000년 발생빈도의 강우량에 의해 손해가 발생한 경우에는 면책사유로 보았으나, 50년 만의 강우량으로 인한 손해의 경우 면책사유로 보고 있지 않다.

> 집중호우로 제방도로가 유실되면서 보행자가 강물에 휩쓸려 익사한 경우, 사고 당일의 집중호우가 50년 빈도의 최대강우량에 해당한다면 불가항력에 기인한 것으로 볼 수 있다. (○, ×) [21 국가7급, 15 복지9급]

판례

집중호우로 제방도로가 유실되면서 그곳을 걸어가던 보행자가 강물에 휩쓸려 익사한 경우, 사고 당일의 집중호우가 50년 빈도의 최대강우량에 해당한다는 사실만으로 불가항력에 기인한 것으로 볼 수 없다(대판 2000.5.26. 99다53247).

② 예산부족의 경우

> 판례는 예산부족은 절대적인 면책사유가 된다고 보고 있다. (○, ×) [11 지방9급]

판례

설치자의 재정사정이나 영조물의 사용목적에 의한 사정은 안전성을 요구하는 데 대한 정도 문제로서 참작사유에는 해당할지언정 안전성을 결정지을 절대적 요건에는 해당하지 아니한다 할 것이다(대판 1967.2.21. 66다1723). [17 지방9급, 16 국가9급]

③ 피해자의 과실

피해자에게 과실이 있었던 경우에는 피해자의 과실에 의하여 확대된 손해의 한도 내에서 영조물 관리주체의 책임이 부분적으로 감면된다(과실상계).

판례

1. 소음 등을 포함한 공해 등의 위험지역으로 이주하여 들어가 거주하는 경우와 같이 위험의 존재를 인식하거나 과실로 인식하지 못하고 이주한 경우에는 손해배상액의 산정에 있어 형평의 원칙상 과실상계에 준하여 감경 또는 면제사유로 고려하여야 한다(대판 2010.11.11. 2008다57975). [16 국가9급]
2. 일반인이 공해 등의 위험지역으로 이주하여 거주하는 경우라고 하더라도 위험에 접근할 당시에 그러한 위험이 문제가 되고 있지 아니하였고, 그러한 위험이 존재하는 사실을 정확하게 알 수 없었으며, 그 밖에 위험에 접근하게 된 경위와 동기 등의 여러 가지 사정을 종합하여 그와 같은 위험의 존재를 인식하면서 굳이 위험으로 인한 피해를 용인하였다고 볼 수 없는 경우에는 그 책임이 감면되지 아니한다고 봄이 상당하다(대판 2004.3.12. 2002다14242).

> 소음 등의 공해로 인한 법적 쟁송이 제기되거나 그 피해에 대한 보상이 실시되는 등 피해지역임이 구체적으로 드러나고 이러한 사실이 그 지역에 널리 알려진 이후에 이주하여 오는 경우에는 위와 같은 위험에의 접근에 따른 가해자의 면책 여부를 보다 적극적으로 인정할 여지가 있다. (○, ×) [17 지방9급]

> 소음 등의 공해로 인한 피해 사실이 널리 알려진 이후 그 위험지역으로 이주하였다면, 위험에 접근한 후 실제로 입은 피해 정도가 위험에 접근할 당시에 인식하고 있었던 위험의 정도를 초과하였거나 그 위험에 접근한 후에 그 위험이 증대하였다고 하더라도 가해자의 면책을 인정하여야 한다. (○, ×) [21 서울7급]

(6) 입증책임

공공의 영조물에 하자가 있다는 입증책임은 피해자가 지지만, 관리주체에게 손해발생의 예견가능성과 회피가능성이 없다는 입증책임은 관리주체가 진다. [17 국가9급]

판례

고속도로의 관리상 하자가 인정되는 이상 고속도로의 점유관리자는 그 하자가 불가항력에 의한 것이거나 손해의 방지에 필요한 주의를 해태하지 아니하였다는 점을 주장·입증하여야 비로소 그 책임을 면할 수가 있다(대판 2008.3.13. 2007다29287).

> 고속도로의 관리상 하자가 인정되더라도 고속도로의 관리상 하자를 판단할 때 고속도로의 점유관리자가 손해의 방지에 필요한 주의의무를 해태하였다는 주장·입증책임은 피해자에게 있다. (○, ×) [17 지방9급, 09 국회8급]

2. 배상의 범위

배상의 범위는 하자와 상당인과관계가 있는 모든 손해액이다. 생명·신체의 침해의 경우에는 국가배상법 제2조의 배상기준을 준용하고 있다(국가배상법 제5조 제1항 후단).

3. 배상책임자

(1) 국가 또는 지방자치단체

배상책임자는 국가 또는 지방자치단체이다(국가배상법 제5조 제1항).

(2) 영조물의 설치·관리자와 비용부담자가 다른 경우

직무행위로 인한 배상책임의 경우처럼 설치·관리자와 비용부담자가 다른 경우 비용부담자도 배상책임을 진다. 따라서 국민은 양자에 대해 선택적으로 손해배상청구권을 행사할 수 있다. 한편 다수설과 판례는 이때의 비용부담자에는 실질적 부담자와 형식적 부담자 모두가 포함된다고 보고 있다(병합설).

> 영조물의 설치관리자와 비용부담자가 다른 경우 피해자는 선택하여 손해배상을 청구할 수 있다. (○, ×) [14 서울7급]

지방자치단체장이 설치하여 관할 지방경찰청장에게 관리권한이 위임된 교통신호기의 고장으로 교통사고가 발생한 경우에는 국가는 배상책임을 지지 않는다. (○, ×)
[20 지방7급, 10 지방9급]

시·도경찰청장 또는 경찰서장이 지방자치단체의 장으로부터 권한을 위탁받아 설치·관리하는 신호기의 하자로 인해 손해가 발생한 경우 「국가배상법」 제5조 소정의 배상책임의 귀속 주체는 국가뿐이다. (○, ×)
[23 지방9급]

지방자치단체의 장인 시장이 국도의 관리청이 되었다 하더라도 이는 시장이 국가로부터 관리업무를 위임받아 국가행정기관의 지위에서 집행하는 것이므로 국가는 도로관리상 하자로 인한 손해배상책임을 면할 수 없다. (○, ×) [11 복지9급]

도로·하천 그 밖의 공공의 영조물의 설치나 관리에 하자가 있기 때문에 타인에게 손해를 발생하게 하였을 때에는 국가나 지방자치단체는 그 손해를 배상하여야 하며, 손해의 원인에 대하여 책임을 질 자가 따로 있으면 국가나 지방자치단체는 그 자에게 구상할 수 있다. (○, ×)
[14 경행특채, 09 국가7급]

(3) 기관위임사무의 경우

판례

1. 지방자치단체장이 교통신호기를 설치하여 그 관리권한이 도로교통법에 의하여 관할 지방경찰청장에게 위임되어 지방자치단체 소속 공무원과 지방경찰청 소속 공무원이 합동근무하는 교통종합관제센터에서 그 관리업무를 담당하던 중 위 신호기가 고장난 채 방치되어 교통사고가 발생한 경우, 배상책임을 부담하는 것은 지방경찰청장이 소속된 국가가 아니라, 그 권한을 위임한 지방자치단체장이 소속된 지방자치단체라고 할 것이나, 국가배상법은 비용을 부담하는 자도 손해를 배상하여야 한다고 규정하고 있으므로 교통신호기를 관리하는 지방경찰청장 산하 경찰관들에 대한 봉급을 부담하는 국가도 국가배상법 제6조 제1항에 의한 배상책임을 부담한다(대판 1999.6.25. 99다11120). [13 국가9급]
2. 도로법 제22조 제2항에 의하여 지방자치단체의 장인 시장이 국도의 관리청이 되었다 하더라도 이는 시장이 국가로부터 관리업무를 위임받아 국가행정기관의 지위에서 집행하는 것이므로 국가는 도로관리상 하자로 인한 손해배상책임을 면할 수 없다(대판 1993.1.26. 92다2684). [15 경행특채]

4. 구상권

영조물의 설치·관리의 하자로 인한 손해배상에 있어서 국가나 지방자치단체가 배상한 경우 손해의 원인에 대하여 책임을 질 자가 따로 있으면 그 자에게 구상할 수 있다(국가배상법 제5조 제2항). 설치·관리와 비용부담자가 다른 경우에 피해자에게 손해를 배상한 자는 내부관계에서 그 손해를 배상할 책임이 있는 자에게 구상할 수 있다(국가배상법 제6조 제2항). [17 지방7급] 이 경우 내부적으로 구상의 대상자인 궁극적인 최종 배상책임자가 누구인지에 대해 판례는 관리자와 비용부담자가 중첩된 경우에는 양쪽 모두에게 책임이 있다고 하면서, 구체적인 관리책임·사고발생경위·비용부담 등 제반사정을 종합하여 결정해야 한다고 판시하고 있다(대판 1998.7.10. 96다42819).

5. 국가배상법 제2조와 제5조의 관계

① 선택적 청구 가능

예를 들어 횡단보도의 보행자 신호기의 고장과 신호기 관리상의 과실이 경합한 경우처럼 예외적으로 양 손해배상청구권이 모두 성립하는 경우가 있다. 이때에는 피해자가 국가배상법 제2조와 제5조를 선택적으로 청구할 수 있다. 한편 선택적 청구가 가능한 경우에는 무과실책임으로서 요건의 입증이 보다 용이한 국가배상법 제5조의 책임을 묻는 것이 피해자에게 유리하다.

② 공무원의 과실로 피해가 확대된 경우

불가항력 등 영조물 책임의 감면사유가 있는 경우에도 공무원의 과실로 피해가 확대된 경우에는 그 한도에서 국가배상법 제2조의 배상책임이 성립된다. [09 국가7급]

05 행정상 손해배상의 청구

1. 배상청구권자

손해를 입은 자는 누구나 배상금의 지급을 청구할 수 있다. 외국인이 피해자인 경우에는 해당 국가와 상호 보증이 있을 때에만 적용한다(국가배상법 제7조). [24 국가9급, 17 국가9급(下)]

판례

국가배상법 제7조는 외국인의 국가배상청구권의 발생요건으로 '외국인이 피해자인 경우에는 해당 국가와 상호보증이 있을 것'을 요구하고 있는데, 상호보증은 외국의 법령, 판례 및 관례 등에 의하여 발생요건을 비교하여 인정되면 충분하고 반드시 당사국과의 조약이 체결되어 있을 필요는 없으며, 당해 외국에서 구체적으로 우리나라 국민에게 국가배상청구를 인정한 사례가 없더라도 실제로 인정될 것이라고 기대할 수 있는 상태이면 충분하다. 일본 국가배상법 제1조 제1항, 제6조가 국가배상청구권의 발생요건 및 상호보증에 관하여 우리나라 국가배상법과 동일한 내용을 규정하고 있는 점 등에 비추어 우리나라와 일본 사이에 국가배상법 제7조가 정하는 상호보증이 있다(대판 2015.6.11. 2013다208388). [19 서울9급]

> 대한민국 구역 내에 있다면 외국인에게도 국가배상청구권은 당연히 인정된다. (○, ×) [16 서울9급]

> 외국인이 피해자인 경우에는 해당 국가와 상호보증이 있을 때에만 「국가배상법」이 적용되며, 상호보증은 해당 국가와 조약이 체결되어 있어야 한다. (○, ×) [22 국가7급]

2. 배상청구절차

(1) 임의적 결정전치주의

개정 전 국가배상법에서는 필요적 결정 전치주의를 채택하고 있었는데, 헌법재판소와 대법원은 합헌이라고 보았다. 현행 국가배상법 제9조는 배상심의회에 배상신청을 하지 않고도 손해배상청구소송을 제기할 수 있다고 하여 임의적 결정전치주의를 채택하고 있다. 국가배상법에 따르면 배상심의회의 심의를 거치지 않고 국가배상소송을 제기할 수 있다. [15 국회8급, 15 경행특채] 배상심의회의 결정을 거치는 경우 배상심의회에 대한 손해배상신청은 시효중단사유가 된다.

> 국가배상법에 따른 손해배상의 소송은 배상심의회에 배상신청을 하지 않으면 제기할 수 없다. (○, ×) [13 경행특채]

> 국가배상법상 손해배상청구소송을 제기하기 전에 배상심의회의 결정을 먼저 거치는 경우, 배상심의회에 대한 손해배상지급신청은 시효중단사유가 된다. (○, ×) [07 국가7급]

(2) 배상심의회

① 배상심의회의 성격

배상심의회는 행정상 손해배상에 관하여 심의 결정하는 권한을 가진 합의제 행정관청이다. 헌법재판소는 배상심의회의 결정에 대해서 사법(司法)작용이라고는 할 수 없고, 행정심판과도 다르다고 판시하였다(헌재 2000.2.24. 99헌바17).

② 종류

배상심의회의 종류로는 상급심의회인 본부심의회 및 특별심의회와, 하급심의회인 지구심의회가 있다. 본부심의회는 법무부에, 특별심의회(군인 또는 군무원이 타인에게 가한 손해에 대한 배상신청사건을 심의)는 국방부에 두며, 각각 그 소속하에 지구심의회를 둔다. 본부심의회, 특별심의회, 지구심의회는 법무부장관의 지휘를 받아야 한다.

> 군인 또는 군무원이 타인에게 가한 손해에 대한 배상신청사건을 심의하기 위하여 국방부에 두는 특별심의회는 법무부장관의 지휘를 받지 않는다. (○, ×) [08 선관위9급]

③ 권한

본부 및 특별심의회는 지구심의회로부터 송부받은 사건, 기타 재심신청사건, 기타 법령에 의하여 그 소관을 속하는 사안을 심의・처리한다. 한편 지구심의회는 그 권한에 속하는 국가 또는 지방자치단체에 대한 배상신청사건을 심의・처리한다.

④ 배상심의와 결정

지구심의회는 배상금 지급을 신청받은 때에는 관계사실에 대한 증거조사를 한 후 신청일로부터 4주일 이내에 배상금을 지급 또는 기각결정을 하고, 그 결정일로부터 1주일 내에 결정정본을 신청인에게 송달하여야 한다. 한편 판례는 배상심의회의 결정에 대해 행정소송대상으로서 처분성을 부정하고 있다.

> 판례에 따르면 국가배상법상 배상심의회에 의한 배상결정은 행정처분이 아니다. (○, ×) [08 선관위9급]

판례

국가배상법에 의한 배상심의회의 결정은 행정처분이 아니므로 행정소송의 대상이 아니다(대판 1981.2.10. 80누317).

> 국가배상법상 배상신청인은 배상심의회의 배상결정에 불복할 경우 결정 자체에 대해 항고소송으로 다툴 수 있다는 것이 판례의 입장이다. (○, ×) [06 국가7급]

> 배상심의회의 결정은 대외적인 법적 구속력을 가지므로 배상 신청인과 상대방은 그 결정에 항상 구속된다. (○, ×) [20 지방9급]

⑤ 배상결정의 효력

종래 국가배상법 제16조는 "배상결정은 신청인이 동의하거나 지방자치단체가 배상금을 지급한 때에는 민사소송법상의 재판상 화해가 성립된 것으로 본다."고 규정하고 있었으나 이 조항은 헌법재판소의 위헌결정으로 효력을 상실하였다(헌재 1995.5.25. 91헌가7). 따라서 신청인이 배상결정에 동의하거나 지방자치단체가 배상금을 지급한 때에도 신청인은 국가배상소송을 제기할 수 있게 되었다.

⑥ 지급청구를 하지 아니한 경우

배상결정을 받은 신청인이 배상금 지급을 청구하지 아니하거나 지방자치단체가 대통령령으로 정하는 기간 내에 배상금을 지급하지 아니한 때에는 그 결정에 동의하지 아니한 것으로 본다(국가배상법 제15조 제3항).

⑦ 재심신청

지구심의회에서 배상금지급신청이 기각 또는 각하된 때에는 신청인은 그 결정정본이 송달된 날로부터 2주일 이내에 당해 심의회를 거쳐 본부심의회 또는 특별심의회에 재심을 신청할 수 있다(국가배상법 제15조의2 제1항).

(3) 사법절차에 의한 배상청구

배상심의회의 심의를 거친 후 또는 심의를 거치지 않고 소를 제기하여 법원에 의하여 배상을 받을 수 있는데 문제는 소송의 형태를 민사소송으로 할 것인지 당사자소송으로 할 것인지 견해의 대립이 있다.

① 소송유형

다수설은 국가배상법을 공법으로 보아 당사자소송에 의하여야 한다고 하고 판례는 민사소송으로 처리하고 있다.

> 국가배상은 공행정작용을 대상으로 하므로 국가배상청구소송은 당사자소송이다. (○, ×) [16 서울9급]

② 관련청구의 병합

관련청구의 병합이란 분쟁의 일의적 해결과 재판의 모순방지를 위해 행정소송에서 그 청구와 관련된 손해배상청구를 행정소송에 병합하여 청구하는 것을 말한다. 예를 들면 위법한 영업허가취소처분에 대한 취소소송을 제기하면서 그로 인한 손해배상소송을 병합하여 제기하는 것이다(행정소송법 제10조).

③ 대표자

국가가 피고인 경우에는 법무부장관이, 지방자치단체가 피고인 경우에는 지방자치단체의 장이 국가 또는 지방자치단체를 대표하여 소송을 수행한다.

제2절 행정상 손실보상

01 행정상 손실보상의 의의

행정상 손실보상이란 공공필요에 의한 적법한 공권력행사에 의하여 개인의 재산에 가하여진 특별한 손해에 대하여, 전체적인 공평부담의 견지에서 행정주체가 행하는 조절적인 재산적 보상을 말한다.

02 행정상 손실보상청구권의 성질

1. 학설

공권설(通)	손실보상은 그 원인행위가 공법적인 것이므로 손실보상의무의 이행관계는 공법관계로 보아야 하며, 손실보상청구권은 공권이라는 견해이다. 이 견해에 따르면 손실보상청구권에 관한 소송은 행정소송인 공법상 당사자소송에 의한다.
사권설	손실보상의 원인행위가 비록 공법적인 것이라 할지라도 이에 대한 손실보상은 사법상 채권·채무관계로서 손실보상청구권은 사권이라는 견해이다. 이 견해에 따르면 손실보상청구에 관한 소송은 민사소송에 의한다.

2. 판례

판례는 손실보상의 원인이 공법적이라도 손실의 내용이 사권이라면 그 손실보상청구권은 사권이라는 사권설의 입장에서 민사소송으로 다루어 왔으나(대판 1998.2.27. 97다46450), 최근에는 당사자소송으로 보는 판례도 나타나고 있다.

판례

1. 구 수산업법에 의한 손실보상청구권이나 손실보상 관련 법령의 유추적용에 의한 손실보상청구권은 사업시행자를 상대로 한 민사소송의 방법에 의하여 행사하여야 하나, 구 공유수면매립법 규정에 의하여 취득한 손실보상청구권은 민사소송의 방법으로 행사할 수 없고 토지수용위원회의 재정을 거쳐 토지수용위원회를 상대로 재정에 대한 행정소송을 제기하는 방법에 의하여 행사하여야 한다(대판 2005.9.29. 2002다73807).
2. 하천구역 편입토지 보상에 관한 특별조치법상 손실보상청구권의 법적 성질은 공법상의 권리임이 분명하므로 그에 관한 쟁송은 민사소송이 아닌 행정소송절차에 의하여야 할 것이고, 손실보상금의 지급을 구하거나 손실보상청구권의 확인을 구하는 소송은 행정소송법 제3조 제2호 소정의 당사자소송에 의하여야 할 것이다(대판 2006.5.18. 2004다6207 전원합의체). [18 서울9급, 16 지방9급]
3. 구 공익사업을 위한 토지 등의 취득 및 보상에 관한 법률 제79조 제2항 등에 따른 사업폐지 등에 대한 보상청구권은 손실보상의 일종으로 공법상 권리임이 분명하므로 그에 관한 쟁송은 민사소송이 아닌 행정소송절차에 의하여야 한다(대판 2012.10.11. 2010다23210).

행정상 손실보상과 관련없는 내용은? [15 서울7급]
① **행정청이 위법하게 운전면허를 취소하는 경우**
② 사후적 행정구제제도
③ 개인의 특별한 희생
④ 공공 도로용지를 위한 토지수용

손실보상청구권을 발생시키는 침해는 재산권이나 신체에 대한 것이어야 한다. (○, ×) [14 서울7급]

판례에 따르면 손실보상의 원인이 공법적이라면 손실의 내용이 사권이라 하더라도 그 손실보상청구권을 공법상 권리로 본다. (○, ×) [14 서울7급, 13 국가7급]

손실보상청구권의 성질에 관하여 대법원은 전통적으로 사권설의 입장에서 민사소송으로 다루어 왔으나, 최근에는 당사자소송으로 보는 판례도 나타나고 있다. (○, ×) [11 국가9급]

판례는 구 하천법상 하천구역편입토지에 대한 손실보상청구를 공법상의 권리라고 보아 항고소송에 의하여야 한다고 보고 있다. (○, ×) [14 서울7급, 13 서울9급]

대법원은 구 「하천법」 부칙 제2조와 이에 따른 특별조치법에 의한 손실보상청구권의 법적 성질을 사법상의 권리로 보아 그에 대한 쟁송은 행정소송이 아닌 민사소송절차에 의하여야 한다고 판시하고 있다. (○, ×) [17 지방9급, 14 지방9급]

「공익사업을 위한 토지 등의 취득 및 보상에 관한 법률」에 따른 사업폐지 등에 대한 보상청구권은 사법상 권리로서 그에 관한 소송은 민사소송절차에 의하여야 한다. (○, ×) [19 지방9급, 16 지방7급]

03 행정상 손실보상의 근거

1. 헌법상의 근거

> 대한민국 헌법 제23조 ① 모든 국민의 재산권은 보장된다. 그 내용과 한계는 법률로 정한다.
> ② 재산권의 행사는 공공복리에 적합하도록 하여야 한다.
> ③ 공공필요에 의한 재산권의 수용·사용 또는 제한 및 그에 대한 보상은 법률로써 하되, 정당한 보상을 지급하여야 한다. [15 경행특채]

헌법 제23조 제3항의 규정은 보상청구권의 근거에 관하여서 뿐만 아니라 보상의 기준과 방법에 관하여서도 법률의 규정에 유보하고 있는 것으로 보아야 한다. (○, ×) [15 국회8급]

판례

헌법 제23조 제3항은 "공공필요에 의한 재산권의 수용·사용 또는 제한 및 그에 대한 보상은 법률로써 하되, 정당한 보상을 지급하여야 한다"라고 규정하고 있는 바, 이 헌법의 규정은 보상청구권의 근거에 관하여서 뿐만 아니라 보상의 기준과 방법에 관하여서도 법률의 규정에 유보하고 있는 것으로 보아야 할 것이다(대판 1993.7.13. 93누2131).

① 불가분조항 여부

불가분조항(부대조항, 결부조항)이란 재산권제한에 관한 사항과 보상의 방법·기준에 관한 사항을 반드시 하나의 같은 법률 속에 동시에 규정하는 것을 말한다. 우리 헌법 제23조 제3항이 불가분조항인지에 대해 견해가 나뉜다.

구분	내용
긍정설	이 견해에 따르면 공용침해를 규정한 법률이 보상규정을 두지 않으면 그 법률은 위헌이 된다고 한다.
부정설	공용침해규정과 보상규정은 불가분의 조항이 아니라는 입장이다. 이 견해는 보상규정이 없는 경우를 모두 위헌으로 본다면 법정안정성을 침해하게 된다고 한다.

② 헌법 제23조 제3항의 성격

공용침해의 근거법률에 보상규정이 없는 경우 헌법 제23조 제3항이 손실보상의 근거가 될 수 있는지의 여부와 관련하여 이 조항의 성질이 문제된다.

구분	내용	비판
직접 효력설	헌법규정을 국민에 대하여 직접적 효력을 가지는 규범으로 보아 관계법률에 보상규정이 없는 경우에는 직접 헌법규정에 의거하여 보상을 청구할 수 있다.	헌법 제23조 제3항의 문리적 해석상 법률의 규정 없이 어떠한 보상을 청구할 수 있는지 의문이라는 비판이 있다.
위헌 무효설	법률이 재산권침해를 규정하면서 보상에 관하여 규정을 하지 않으면 그 법률은 위헌무효이며, 그 법률에 의한 재산권 침해행위는 불법행위로 되어 손해배상을 청구할 수 있다.	입법의 불비가 곧 공무원의 직무상 과실의 인정을 의미하는 것은 아니므로 손해배상의 성립에 어려움이 있다는 비판이 있다.

헌법 제23조 제3항을 국민에 대한 직접적인 효력이 있는 규정으로 보는 견해는 동조항의 재산권의 수용·사용·제한 규정과 보상규정을 불가분조항으로 본다. (○, ×) [17 국가9급]

위헌 무효설에 따르면, 보상규정이 없는 공용침해법률은 위헌법률이 되며 이러한 위헌법률에 근거한 공용침해는 위법한 공용침해에 해당하기 때문에 그러한 공용침해에 대해서는 다른 법률의 유추해석을 통하여 보상이 주어져야 한다고 본다. (○, ×) [08 국가7급]

유추 적용설	보상규정이 없는 경우에는 헌법 제23조 제3항 및 관련법규상의 보상규정을 유추적용하여 보상을 청구할 수 있다.	평등원칙으로부터 적극적인 손실보상청구권을 도출하기는 어렵다는 비판이 있다.
보상입법 부작위 위헌설	보상규정을 두지 않은 경우, 해당 법률이 위헌이 되는 것이 아니라 보상규정을 두지 않은 입법부작위가 위헌이라고 보는 견해이다. 이 견해에 따르면 입법부작위에 대한 헌법소원을 통해 해결해야 한다.	헌법소원에 따른 위헌결정과 그에 따른 입법조치에 의해 비로소 구제받을 수 있다면, 우회적인 구제수단이고 불완전하다는 비판이 있다.

대법원은 유추적용설을 취하고 있으나, 헌법재판소는 위헌설을 취하고 있다.

판례

보상에 관한 명문의 근거 법령이 없는 경우라고 하더라도, 헌법 제23조 제3항 및 구 토지수용법 등의 개별 법률의 규정 등의 규정 취지에 비추어 보면, 그 손실의 보상에 관하여 구 공공용지의 취득 및 손실보상에 관한 특례법시행규칙의 관련 규정 등을 유추적용할 수 있다(대판 2004.9.23. 2004다25581).

헌재 판례

도시계획법 제21조에 의한 재산권의 제한은 개발제한구역으로 지정된 토지를 종래의 지목과 토지현황에 의한 이용방법에 따른 토지의 사용도 할 수 없거나 실질적으로 사용·수익을 전혀 할 수 없는 예외적인 경우에도 아무런 보상없이 이를 감수하도록 하고 있는 한, 비례의 원칙에 위반되어 당해 토지소유자의 재산권을 과도하게 침해하는 것으로서 헌법에 위반된다(헌재 1998.12.24. 89헌마214).

2. 개별법상 근거

헌법규정을 구체화한 법률로는 손실보상에 관한 일반법은 존재하지 않고, 공익사업과 관련된 토지 등의 수용 및 사용과 손실보상에 관한 일반법의 성격을 가지는 「공익사업을 위한 토지 등의 취득 및 보상에 관한 법률」(토지보상법)과 그 밖의 도로법, 하천법 등에서 재산권침해와 그로 인한 손실보상에 관해 규정하고 있다.

04 행정상 손실보상의 요건

1. 공공의 필요

(1) 개념

헌법재판소는 헌법 제23조 제3항의 '공공필요'는 '국민의 재산권을 그 의사에 반하여 강제적으로라도 취득해야 할 공익적 필요성'을 의미하고, 이 요건 중 공익성은 기본권 일반의 제한사유인 '공공복리'보다 좁은 것으로 보고 있다. (○, ×) [17 국가9급, 17 국회8급]

헌재 판례

'공공필요'의 요건에 관하여, 공익성은 추상적인 공익 일반 또는 국가의 이익 이상의 중대한 공익을 요구하므로 기본권 일반의 제한사유인 '공공복리'보다 좁게 보는 것이 타당하며, 공용수용이 허용될 수 있는 공익성을 가진 사업, 즉 공익사업의 범위는 사업시행자와 토지소유자 등의 이해가 상반되는 중요한 사항으로서, 공용수용에 대한 법률유보의 원칙에 따라 법률에서 명확히 규정되어야 한다. 공공의 이익에 도움이 되는 사업이라도 '공익사업'으로 실정법에 열거되어 있지 않은 사업은 공용수용이 허용될 수 없다(헌재 2014.10.30. 2011헌바172 등 [헌법불합치]). [17 국회8급]

(2) 판단기준

① 비례의 원칙

공공필요라는 개념은 공익이라는 개념과 비례의 원칙을 포함하는 개념으로서 수용을 정당화하는 공공필요의 판단은 비례의 원칙에 의해 행해진다.

판례

공공필요가 있는지에 대하여는 수용에 따른 상대방의 재산권 침해를 정당화할 만한 공익의 존재가 쌍방의 이익의 비교형량의 결과로 입증되어야 하며, 그 입증책임은 사업시행자에게 있다(대판 2005.11.10. 2003두7507).

② 사업의 공익성을 기준으로 판단

공공필요의 판단은 추구하는 사업의 공익성을 중심으로 판단하는 것이지 사업의 주체가 누구인지는 결정적 요소가 아니다. 따라서 공공의 필요가 있으면 사인에 의한 수용도 가능하다.

판례

사업인정이란 공익사업을 토지 등을 수용 또는 사용할 사업으로 결정하는 것으로서 공익사업의 시행자에게 그 후 일정한 절차를 거칠 것을 조건으로 일정한 내용의 수용권을 설정하여 주는 형성행위이므로, [23 지방9급] 사업시행자에게 해당 공익사업을 수행할 의사와 능력이 있어야 한다는 것도 사업인정의 한 요건이라고 보아야 한다(대판 2011.1.27. 2009두1051). [23 국가7급]

헌재 판례

헌법 제23조 제3항은 정당한 보상을 전제로 하여 재산권의 수용 등에 관한 가능성을 규정하고 있지만, 재산권 수용의 주체를 한정하지 않고 있다. 위 헌법조항의 핵심은 당해 수용이 공공필요에 부합하는가, 정당한 보상이 지급되고 있는가 여부 등에 있는 것이지, 그 수용의 주체가 국가인지 민간기업인지 여부에 달려 있다고 볼 수 없다. 또한 국가 등의 공적 기관이 직접 수용의 주체가 되는 것이든 그러한 공적 기관의 최종적인 허부판단과 승인결정하에 민간기업이 수용의 주체가 되는 것이든, 양자 사이에 공공필요에 대한 판단과 수용의 범위에 있어서 본질적인 차이를 가져올 것으로 보이지 않는다. [20 국가7급] 따라서 위 수용 등의 주체를 국가 등의 공적 기관에 한정하여 해석할 이유가 없다(헌재 2009.9.24. 2007헌바114). [19 서울9급(上)]

공용수용은 공공필요에 부합하여야 하므로, 수용 등의 주체를 국가 등의 공적 기관에 한정하여야 한다. (○, ×) [21 국가급, 16 서울9급]

2. 재산권에 대한 의도적인 침해

(1) 재산권

① 개념

재산권이란 토지소유권뿐만 아니라 그 밖에 법에 의하여 보호되는 일체의 재산적 가치 있는 권리(어업권, 광업권, 특허권 등)를 의미하며, 재산권의 종류는 물권인지 채권인지를 가리지 않는다. 재산권에는 사법(私法)상의 권리뿐만이 아니라 공법상의 권리(공유수면매립권 등)도 포함된다. 한편 판례는 위법한 건축물도 원칙적으로 손실보상의 대상이 된다고 본다.

손실보상청구권을 발생시키는 침해는 재산권에 대한 것이면 족하며 재산권의 종류는 불문한다. (○, ×) [14 서울9급]

손실보상청구권을 공권으로 보게 되면 손실보상청구권을 발생시키는 침해의 대상이 되는 재산권에는 공법상의 권리만이 포함될 뿐 사법상의 권리는 포함되지 않는다. (○, ×) [17 국가9급]

판례

토지수용법상의 사업인정 고시 이전에 건축되고 공공사업용지 내의 토지에 정착한 지장물인 건물은 통상 적법한 건축허가를 받았는지 여부에 관계없이 손실보상의 대상이 되나, 주거용 건물이 아닌 위법 건축물의 경우에는 객관적으로도 합법화될 가능성이 거의 없어 거래의 객체도 되지 아니하는 경우에는 예외적으로 수용보상 대상이 되지 아니한다(대판 2001.4.13. 2000두6411).

지장물인 건물은 적법한 건축허가를 받아 건축된 건물이 아니면 손실보상의 대상이 되지 않는다. (○, ×) [16 경행특채, 11 지방7급]

② 기대이익의 경우

재산권은 현존하는 구체적인 재산가치일 것이 요구되므로, 지가상승의 기대와 같은 기대이익은 손실보상의 대상이 아니다. 또한 자연적・문화적 학술가치도 원칙적으로 손실보상의 대상이 아니다.

기대이익은 재산권의 보호대상에 포함되지 않는다. (○, ×) [11 지방9급]

판례

문화적, 학술적 가치는 특별한 사정이 없는 한 그 토지의 부동산으로서의 경제적, 재산적 가치를 높여 주는 것이 아니므로 토지수용법 제51조 소정의 손실보상의 대상이 될 수 없으니, 이 사건 토지가 철새 도래지로서 자연 문화적인 학술가치를 지녔다 하더라도 손실보상의 대상이 될 수 없다(대판 1989.9.12. 88누11216).

문화적, 학술적 가치는 특별한 사정이 없는 한 그 토지의 부동산으로서의 경제적, 재산적 가치를 높여 주는 것이므로 토지수용법 제51조 소정의 손실보상의 대상이 된다. (○, ×) [16 경행특채]

③ 비재산적 법익의 경우

생명・신체 등 비재산권에 대한 침해의 경우에는 손실보상청구권이 성립하는 것이 아니라 희생보상청구권의 문제가 될 수 있을 뿐이다.

손실보상은 원칙적으로 재산・생명・신체의 침해에 대한 보상이다. (○, ×) [05 서울9급]

재산권의 수용 · 사용 · 제한은 법률로써 하여야 하고, 이 법률에 법률종속명령이나 조례는 포함되지 아니한다. (○, ×) [11 복지9급]

(2) 의도적 침해

① 침해의 방식

헌법 제23조 제3항에서는 공공필요에 의한 재산권의 수용 · 사용 및 제한은 법률로써 하여야 한다고 규정하고 있는데, 여기서의 법률은 형식적 의미의 법률을 의미한다. 따라서 법률수용과 행정수용 모두 국회제정의 형식적 의미의 법률에 근거를 두어야 하며, 법률의 근거 없이 명령이나 조례로 수용을 할 수는 없다.

② 침해의 의도성

재산권에 대한 침해는 직접적으로 의도된 것이어야 한다. 의도되지 않은 간접적 침해는 수용적 침해 이론으로서 논의되는 영역이다.

③ 침해로 인한 손실

판례는 손실보상이 인정되기 위해서는 침해가 현실적으로 발생하여야 하며 공익사업과 손실 사이에 상당인과관계가 있어야 된다고 보고 있다.

판례

공유수면 매립면허의 고시가 있는 경우 그 사업이 시행되므로, 그로 인하여 곧바로 손실이 발생한다고 할 수 있고 실질적이고 현실적인 피해가 발생할 때를 기다릴 필요 없이 손실보상청구권이 발생한다. (○, ×) [14 국회8급]

공유수면매립면허의 고시가 있는 경우 그 사업이 시행되고 그로 인하여 직접 손실이 발생한다고 할 수 있으므로, 관행어업권자는 공유수면매립면허의 고시를 이유로 손실보상을 청구할 수 있다. (○, ×) [19 지방9급]

1. 공유수면 매립면허의 고시가 있다고 하여 반드시 그 사업이 시행되고 그로 인하여 손실이 발생한다고 할 수 없으므로, 매립면허 고시 이후 매립공사가 실행되어 관행어업권자에게 실질적이고 현실적인 피해가 발생한 경우에만 공유수면매립법에서 정하는 손실보상청구권이 발생하였다고 할 것이다(대판 2010.12.9. 2007두6571). [21 국가7급]
2. 사업인정고시는 수용재결절차로 나아가 강제적인 방식으로 토지소유자나 관계인의 권리를 취득 · 보상하기 위한 절차적 요건에 지나지 않고 영업손실보상의 요건이 아니다. 피고가 시행하는 사업이 토지보상법상 공익사업에 해당하고 원고들의 영업이 해당 공익사업으로 폐업하거나 휴업하게 된 것이어서 토지보상법령에서 정한 영업손실 보상대상에 해당하면, 사업인정고시가 없더라도 피고는 원고들에게 영업손실을 보상할 의무가 있다(대판 2021. 11. 11. 선고 2018다204022). [23 국가7급]

(3) 적법한 침해

손실보상청구권이 성립하기 위해서는 형식적 법률에 근거한 적법한 침해가 있어야 하고, 이 점에서 손해배상과 구별된다. 법률에 근거하지 않은 수용은 불법행위를 구성하므로 손해배상청구가 가능하다.

손실보상은 당해 재산권 자체에 내재하는 사회적인 제약에 해당하는 경우에는 인정되지 않는다. (○, ×) [05 서울9급]

(4) 특별한 희생

손실보상이 성립하기 위해서는 재산권에 대한 의도적인 침해가 사회적 제약을 넘는 공용침해이어야 한다. 즉, 적법한 공권력행사로 인하여 재산권에 일반적으로 내재하는 사회적 제약을 넘는 특별한 희생이 있는 경우에 한하여 보상이 이루어질 수 있다. 보상을 요하지 않는 사회적 제약과 이를 요하는 특별한 희생과의 구별기준에 관해 견해의 대립이 있다.

① 학설

형식적 기준설	개별희생설	특정인 또는 한정된 범위의 사람에 대한 침해만을 특별한 희생으로 보는 견해이다.
	특별희생설	특정인 또는 한정된 사람에 대해서 다른 자에게 요구되지 않는 희생을 불평등하게 부과되는 경우 특별한 희생으로 보는 견해이다.
실질적 기준설	보호가치설	관련사실을 종합적으로 판단하여 보호할 만한 가치있는 권리에 대한 침해는 특별한 희생으로 보는 견해이다.
	수인한도설	침해의 본질성과 강도를 표준으로 하여 재산권의 본체인 배타적 지배성을 침해하는 정도이면 수인한도를 넘는 것으로 특별한 희생으로 보는 견해이다.
	목적위배설	재산권에 대한 침해행위가 재산권의 본래의 기능 또는 목적에 위배되는 것일 때 특별한 희생으로 본다.
	상황구속성설	토지 등 목적물이 놓여 있는 위치 또는 상황에 따라 사회적 구속에 차이가 있다는 견해이다.
	중대성설	침해의 중대성과 범위를 기준으로 판단하려는 견해이다.

② 판례

보상 여부의 결정에 있어서는 형식적 기준과 실질적 기준을 상호 보완적으로 적용하여 판단하여야 하는 것이 통설과 판례의 입장이다(복수기준설).

③ 구체적 검토

㉠ 민법상 상린관계에서의 제한

민법상 재산권에 대한 상린관계에서의 제한(민법 제242조 등)은 일반적인 경우 재산권의 사회적 제약으로 볼 수 있다.

㉡ 공공용물에 대한 일반사용의 경우의 제한

판례

공공용물에 대한 일반사용(해안가 백사장에 대한 어선정박 등)이 적법한 개발행위로 인해 제한됨으로써 입는 불이익은 손실보상의 대상이 되는 특별한 희생이 아니다(대판 2002.2.26. 99다35300). [18 서울9급]

㉢ 도시계획

대법원은 구 도시계획법에 의한 개발제한구역지정에 의한 토지소유자의 재산권 행사의 제한은 사회적 제약이라고 판시하였다. 그러나 헌법재판소는 구 도시계획법 제21조에 규정된 개발제한구역지정으로 일부 토지소유자에게 사회적 제약의 범위를 넘는 가혹한 부담이 발생하는 예외적인 경우에도 보상규정을 두지 않은 것은 비례원칙에 위반되어 위헌이라고 하여 헌법불합치결정을 하였다.

판례

개발제한구역지정으로 토지소유자가 입는 불이익은 사회적 제약에 불과하다(대판 1996.6.28. 94다54511).

민법상 재산권에 대한 상린관계에서의 제한은 재산권의 사회적 제약을 넘는 것이므로 손실보상의 대상이 된다. (○, ×) [06 국회8급]

지방자치단체의 공공용물에 대한 적법한 개발행위로 인해, 당해 공공용물에 대한 일정범위의 사람들의 일반사용이 제한받게 되어 입게 된 불이익은 원칙적으로 손실보상의 대상이 된다. (○, ×) [16 지방7급]

PART 05

헌법재판소는 구 도시계획법 제21조의 개발제한구역제도에 대하여 그 자체는 합헌이지만 보상규정을 결한 것에 위헌성이 있어 입법권자는 이를 시정할 의무가 있다고 보았다. (○, ×) [14 국회8급]

헌법재판소는 구 도시계획법상 개발제한구역의 지정으로 일부 토지소유자에게 사회적 제약의 범위를 넘는 가혹한 부담이 발생하는 경우에 보상규정을 두지 않은 것은 위헌성이 있는 것이고, 보상의 구체적 기준과 방법은 입법자가 입법정책적으로 정할 사항이라고 결정하였다. (○, ×) [14 지방9급]

우리 헌법재판소는 손실보상규정이 없어 손실보상을 할 수 없으나 수인한도를 넘는 침해가 있는 경우에는 침해를 야기한 행위가 위법하므로 그에 대한 항고소송을 제기할 수 있다고 한다. (○, ×) [18 국회8급]

헌법재판소는 재산권의 제한이 특별한 희생에 해당하는 경우에 보상규정을 두지 않는 것은 위헌이라고 하면서도 단순위헌이 아닌 헌법불합치 결정을 하였다. (○, ×) [11 국가9급]

헌재 판례

개발제한구역의 지정으로 인한 개발가능성의 소멸과 그에 따른 지가의 하락이나 지가상승률의 상대적 감소는 토지소유자가 감수해야 하는 사회적 제약의 범주에 속하는 것으로 보아야 한다. [18 서울9급] 자신의 토지를 장래에 건축이나 개발목적으로 사용할 수 있으리라는 기대가능성이나 신뢰 및 이에 따른 지가상승의 기회는 원칙적으로 재산권의 보호범위에 속하지 않는다. 구역지정 당시의 상태대로 토지를 사용·수익·처분할 수 있는 이상, 구역지정에 따른 단순한 토지이용의 제한은 원칙적으로 재산권에 내재하는 사회적 제약의 범주를 넘지 않는다. [08 지방9급] 개발제한구역 지정으로 인하여 토지를 종래의 목적으로도 사용할 수 없거나 또는 더 이상 법적으로 허용된 토지이용의 방법이 없기 때문에 실질적으로 토지의 사용·수익의 길이 없는 경우에는 토지소유자가 수인해야 하는 사회적 제약의 한계를 넘는 것으로 보아야 한다. [19 서울9급(上)] 종래의 지목과 토지현황에 의한 이용방법에 따른 토지의 사용도 할 수 없거나 실질적으로 사용·수익을 전혀 할 수 없는 예외적인 경우에도 아무런 보상 없이 이를 감수하도록 하고 있는 한, 비례의 원칙에 위반되어 당해 토지소유자의 재산권을 과도하게 침해하는 것으로서 헌법에 위반된다. 도시계획법 제21조에 규정된 개발제한구역제도 그 자체는 원칙적으로 합헌적인 규정인데, 다만 개발제한구역의 지정으로 말미암아 일부 토지소유자에게 사회적 제약의 범위를 넘는 가혹한 부담이 발생하는 예외적인 경우에 대하여 보상규정을 두지 않은 것에 위헌성이 있는 것이고, 보상의 구체적 기준과 방법은 헌법재판소가 결정할 성질의 것이 아니라 광범위한 입법형성권을 가진 입법자가 입법정책적으로 정할 사항이므로, 입법자가 보상입법을 마련함으로써 위헌적인 상태를 제거할 때까지 위 조항을 형식적으로 존속케 하기 위하여 헌법불합치결정을 하는 것인바, 입법자는 되도록 빠른 시일 내에 보상입법을 하여 위헌적 상태를 제거할 의무가 있고, 행정청은 보상입법이 마련되기 전에는 새로 개발제한구역을 지정하여서는 아니되며, 토지소유자는 보상입법을 기다려 그에 따른 권리행사를 할 수 있을 뿐 개발제한구역의 지정이나 그에 따른 토지재산권의 제한 그 자체의 효력을 다투거나 위 조항에 위반하여 행한 자신들의 행위의 정당성을 주장할 수는 없다(헌재 1998.12.24. 89헌마214).

사적 이용권이 배제된 상태에서 토지소유자로 하여금 10년 이상을 아무런 보상 없이 수인하도록 하는 것은 헌법상 재산권보장에 위배된다. (○, ×) [11 서울9급]

헌재 판례

도시계획시설로 지정된 토지가 나대지인 경우, 토지의 사적 이용권이 배제된 상태에서 토지소유자로 하여금 10년 이상을 아무런 보상 없이 수인하도록 하는 것은 공익실현의 관점에서도 정당화될 수 없는 과도한 제한으로서 헌법상의 재산권보장에 위배된다고 보아야 한다(헌재 1999.10.21. 97헌바26).

④ 보상규정의 존재

보상규정을 두지 않은 경우에 헌법 제23조 제3항에 근거에 손실보상을 청구할 수 있는지에 대해서는 직접효력설, 위헌무효설, 유추적용설 등의 견해대립이 있다. 대법원은 일반적으로 유추적용설을 취하고 있고 헌법재판소는 위헌설을 취하고 있다.

05 경계이론과 분리이론

1. 헌법규정

(1) 재산권의 내용규정

헌법 제23조 제1항 제2문은 재산권의 "내용과 한계는 법률로 정한다."고 규정하여 입법자에게 재산권의 내용을 형성할 권한을 부여하고 있다. 동조 제2항은 "재산권의 행사는 공공복리에 적합하도록 하여야 한다."라고 하여 재산권의 사회적 구속성을 규정하고 있다. 재산권 제한이 이에 해당하는 경우에는 보상이 필요 없다.

(2) 공용침해규정

한편 헌법 제23조 제3항은 '공공필요에 의한 재산권의 수용·사용 또는 제한 및 그에 대한 보상은 법률로써 하되, 정당한 보상을 지급하여야 한다'고 하여 공공필요에 의한 재산권의 제한(공용침해)과 보상을 규정하고 있다. 이에 해당하는 재산권 침해의 경우 보상이 필요하다.

(3) 구별의 어려움

만약 어느 개인의 재산소유권을 완전히 박탈하여 국가가 취득하거나 기타 타인에게 이전하는 경우 이는 당연히 공용침해에 해당하므로 보상이 필요하다. 그러나 재산권 사용을 제한하는 경우에는 양자의 구별이 반드시 명확한 것은 아니다. 이를 구별하기 위한 이론이 경계이론과 분리이론이다.

2. 가치보장과 존속보장

국가가 개인의 재산권을 제한할 때 재산권을 침해하면서 그 가치만 보상해주면 위헌이 아니라는 것이 경계이론의 가치보장이다. 가치보장에 의하면 토지의 수용 자체는 다툴 수 없고 보상에 대해서만 다툴 수 있다. 한편 분리이론의 존속보장은 1차적으로 개인의 재산권의 존속을 보장하는 것이 재산권 보장의 핵심이라고 보는 견해이다.

3. 경계이론과 분리이론

(1) 경계이론

① 개념

독일의 연방최고법원의 판결에서 유래한 입장으로, 재산권에 대한 침해의 강도를 기준으로 무보상의 사회적 제약과 보상을 요하는 공용침해를 구분하고, 무보상의 사회적 제약도 강도가 일정수준을 넘어서면 자동으로 보상을 요하는 공용침해로 바뀐다고 한다. 따라서 양자는 질적인 차이가 아니라 양적인 차이이다.

② 특징

경계이론에 따르면 침해는 있지만 보상규정이 없는 경우 일반적으로 유추적용설로 해결하게 되며(가치보장의 우선), 사회적 제약과 공용침해의 경계를 설정하는 것이 중요한 과제가 된다. 그 기준은 앞에서 본 개별행위설, 특별희생이론, 사회기속이론, 수인가능성설, 상황구속성설 등이 있다.

> 재산권의 사회적 제약과 공용침해는 별개의 제도가 아니라 재산권 규제의 강도에 따라서 상대적으로 구분되는 것으로 사회적 제약의 경계를 벗어나면 보상의무가 있는 공용침해로 전환된다고 보는 경계이론은 독일의 연방헌법재판소의 판결에서 유래한다. (○, ×)
> [08 국가7급]

(2) 분리이론

① 개념

재산권을 제약하는 법률의 내용과 형식에 따라 무보상의 사회적 제약과 보상을 요하는 공용침해를 구분하고 법률이 일반적·추상적으로 재산권을 제한하면 보상을 요하지 않는 사회적 제약이고(민법상의 상린관계 등), 법률이 개별적·구체적으로 개인의 재산권을 박탈(수용 등)하면 공용침해로서 보상을 해야 한다고 한다. 따라서 양자는 질적으로 구별되는 완전히 다른 제도이다.

② 특징

분리이론에 따르면 공용침해가 아닌 재산권의 사회적 제약이어도 그 제약의 정도가 수인할 수 없는 경우에는 예외적으로 보상을 요하는 사회적 제약이 된다고 본다. 보상규정을 두지 않게 되면 비례원칙 등에 위반되어 위헌·위법이고, 따라서 입법자는 비례원칙 위반이 되지 않도록 재산권 제한을 합헌적으로 하여야 할 의무를 지는데 이를 조절의무라 한다. 조절조치로는 1차적으로 국가침해의 제한 등 비금전적 구제가 행해져야 하고, 이러한 구제조치들이 어려운 경우 2차적으로 손실보상, 매수청구 등 금전적 보상이 주어져야 한다(존속보장의 우선).

(3) 판례

> 개발제한구역지정으로 말미암아 일부 토지소유자에게 사회적 제약의 범위를 넘는 가혹한 부담이 발생하는 예외적인 경우임에도 보상규정을 두시 않은 것이 위헌이라는 견해는 보상을 통한 가치의 보장을 강조하는 입장이다. (○, ×)
> [08 국가7급]

대법원은 전통적으로 경계이론에 입각한 판시를 하고 있고, 헌법재판소는 도시계획법 제21조 관련사건 이후 분리이론에 입각한 판시를 하고 있다.

헌재 판례

1. 입법자가 도시계획법 제21조를 통하여 국민의 재산권을 비례의 원칙에 부합하게 합헌적으로 제한하기 위해서는, 수인의 한계를 넘어 가혹한 부담이 발생하는 예외적인 경우에는 이를 완화하는 보상규정을 두어야 한다. 이러한 보상규정은 입법자가 헌법 제23조 제1항 및 제2항에 의하여 재산권의 내용을 구체적으로 형성하고 공공의 이익을 위하여 재산권을 제한하는 과정에서 이를 합헌적으로 규율하기 위하여 두어야 하는 규정이다. 재산권의 침해와 공익 간의 비례성을 다시 회복하기 위한 방법은 헌법상 반드시 금전보상만을 해야 하는 것은 아니다. 입법자는 지정의 해제 또는 토지매수청구권제도와 같이 금전보상에 갈음하거나 기타 손실을 완화할 수 있는 제도를 보완하는 등 여러 가지 다른 방법을 사용할 수 있다(헌재 1998.12.24. 89헌마214).
2. 구 도시계획법시행령이 개정되어 개발제한구역 지정 당시 지적법상 지목이 대인 토지 중 나대지에서의 주택의 건축이 허용되었으며, 2000.1.28. 제정된 특조법 제16조에서는 개발제한구역의 지정으로 인하여 개발제한구역 안의 토지를 종래의 용도로 사용할 수 없어 그 효용이 현저히 감소한 토지 또는 당해토지의 사용 및 수익이 사실상 불가능한 토지의 소유자에게 토지매수청구권을 인정하고 있다. 위와 같은 점을 종합할 때, 이 사건 특조법조항에 의한 개발제한구역 내에서의 행위제한은 토지재산권의 사회적 제약의 범주 내에 있는 것으로서 비례의 원칙에 위반하여 당해토지의 소유자의 재산권을 과도하게 침해한 것으로 보기 어렵다(헌재 2004. 11.25.2003헌바29등). [23 국가9급]

3. 도시정비법 제65조 제2항 전단에 따른 정비기반시설의 소유권 귀속은 재산권의 법률적 수용이라는 법적 외관을 가지고 있으나 그 실질은 정비기반시설의 설치와 그 비용부담자 등에 관하여 규율하는 것으로, 그 규율형식의 면에서 정비사업의 시행으로 새로이 설치된 정비기반시설과 그 부지를 '개별적이고 구체적으로' 박탈하려는 데 본질이 있는 것이 아니라, 해당 정비기반시설과 그 부지의 소유관계를 '일반적이고 추상적으로' 규율하고자 한 것이므로, 재산권의 내용과 한계를 정한 것으로 이해함이 타당하다(헌재 2013.10.24. 2011헌바355).

⑷ 경계이론과 분리이론의 비교

구분	경계이론	분리이론
재산권 보장의 이념	• 가치보장이 우선함. • 불가분조항에 의미를 부여하지 않음. • 보상판결을 통해 법원이 보상규정 없는 법률에 대해 합헌으로 만들 수 있음.	• 존속보장이 우선함. • 불가분조항을 준수함. • 법률의 위헌 여부에 대한 독점적인 심사권은 헌법재판소가 가짐.
내용규정과 공용수용의 구별	• 양자는 침해의 강도만 다를 뿐 본질적인 차이 없음. • 비례원칙에 위배되는(특별희생에 해당하는) 내용한계형성규정은 공용수용이 됨.	• 양자는 본질적으로 다른 제도임. • 비례원칙에 위반되는 내용한계형성규정은 공용수용이 되는 것이 아니라 위헌적인 내용한계형성규정임.

06 행정상 손실보상의 기준과 내용

1. 손실보상의 기준

⑴ 헌법상의 보상기준

헌법 제23조 제3항은 정당한 보상을 지급하여야 한다고 규정하고 있다. 여기서 정당한 보상의 의미와 관련하여 견해가 대립되고 있다.

① 학설

완전보상설(通)	피침해재산의 완전한 가치를 보상하여야 한다는 견해로서, ㉠ 침해된 재산의 객관적 가치만을 완전히 보상하면 된다는 견해와 ㉡ 발생된 손실의 전부를 보상하여야 하므로 부대적 손실까지 보상하여야 한다는 견해로 나뉜다.
상당보상설	사회국가적 기준에 의하여 정하여지는 적정한 보상이면 족하다는 견해로서, ㉠ 사회통념상 객관적으로 공정·타당하면 된다는 견해와 ㉡ 완전보상이 원칙이나 공익상 합리적 이유가 있으면 그 이하의 보상도 허용된다는 견해로 나뉘어진다.

정비기반시설과 그 부지의 소유·관리·유지관계를 정한 도시 및 주거환경정비법 제65조 제2항의 전단에 따른 정비기반시설의 소유권 귀속은 헌법 제23조 제3항의 수용에 해당한다. (○, ×) [14 지방9급]

분리이론은 재산권의 존속보장보다는 가치보장을 강화하려는 입장에서 접근하는 견해이다. (○, ×) [15 국회8급]

사회적 제약을 벗어나는 무보상의 공용침해에 대하여, 분리이론은 당해 침해행위의 폐지를 주장함으로써 위헌적 침해의 억제에 중점을 두고 있음에 비하여 경계이론은 보상을 통한 가치의 보장에 중점을 두고 있다. (○, ×) [08 국가7급]

PART 05

피수용재산의 객관적인 재산가치를 완전하게 보상한다는 것은 불가능하므로 보상은 상당한 보상이면 족하다는 것이 대법원의 입장이다. (○, ×) [14 서울9급]

공익사업시행으로 인한 개발이익은 완전보상의 범위에 포함되는 피수용토지의 객관적 가치 내지 피수용자의 손실에 해당한다. (○, ×) [21 국가7급, 14 서울7급]

건물의 일부만 수용되어 잔여부분을 보수하여 사용할 수 있는 경우 그 건물 전체의 가격에서 수용된 부분의 비율에 해당하는 금액과 건물 보수비를 손실보상액으로 평가하여 보상하면 되고, 잔여건물에 대한 가치하락까지 보상해야 하는 것은 아니다. (○, ×) [14 국가7급]

보상액을 산정할 경우에 해당 공익사업으로 인하여 토지 등의 가격이 변동되었을 때에는 이를 고려하여야 한다. (○, ×) [17 서울9급, 16 국가7급]

② 판례

헌재 판례

헌법 제23조 제3항이 규정하는 정당한 보상이란 원칙적으로 피수용재산의 객관적인 재산가치를 완전하게 보상하는 것이어야 한다는 완전보상을 의미한다. [19 서울9급(上)] 지가가 상승함으로 받게 되는 이른바 개발이익은 궁극적으로 국민 모두에게 지속될 성질의 것으로서 완전보상의 범위에 포함되는 피수용자의 손실이라고 볼 수 없어, 당해 사업과 관계없는 인근지역의 지가변동률 등을 참작하여 시점 수정을 함으로써 개발이익을 배제하여야 하는 만큼, 수용당시의 보상금액이 개발이익이 포함된 인근지역의 지가수준에 미치지 아니한다 하여 위 각 법률의 조항이 헌법상의 정당보상의 원칙에 위배된다거나 국민의 기본권제한에 관한 과잉금지의 원칙에 위배된다고 할 수 없다(헌재 1995.4.20. 93헌바20). [17 국가9급(下)]

판례

동일한 토지소유자의 소유에 속하는 일단의 토지 일부가 공공사업용지로 편입됨으로써 잔여지의 가격이 하락한 경우에는 공공사업용지로 편입되는 토지의 가격으로 환산한 잔여지의 가격에서 가격이 하락된 잔여지의 평가액을 차감한 잔액을 손실액으로 평가하도록 되어 있는 공공용지의 취득 및 손실보상에 관한 특례법시행규칙 제26조 제2항을 유추적용하여 잔여건물의 가치하락분에 대한 감가보상을 인정함이 상당하다(대판 2001.9.25. 2000두2426).

(2) 구체적 보상기준

헌법 제23조 제3항은 정당보상의 원칙을 제시하고 보상의 기준과 방법은 법률에 유보하고 있다(대판 1993.7.13. 93누2131). 보상기준에 관한 일반법은 없으나 공용수용에 관하여 「공익사업을 위한 토지 등의 취득 및 보상에 관한 법률」(이하 토지보상법)이 있다.

① 보상대상자

토지보상법상 보상의 대상이 되는 자는 공익사업에 필요한 토지의 소유자 및 관계인이 된다. 관계인에는 토지에 관한 소유권 이외의 권리를 가진 자나 그 토지에 있는 물건에 관한 소유권 등을 가진 자가 포함된다(토지보상법 제2조 제5호).

판례

공익사업을 위한 토지 등의 취득 및 보상에 관한 법률상 보상 대상이 되는 '기타 토지에 정착한 물건에 대한 소유권 그 밖의 권리를 가진 관계인'에는 수거・철거권 등 실질적 처분권을 가진 자도 포함된다(대판 2019.4.11. 2018다277419). [21 국가7급]

② 토지에 대한 공용수용

㉠ 보상액 결정의 시점

토지보상법 제67조 【보상액의 가격시점 등】 ① 보상액의 산정은 협의에 의한 경우에는 협의 성립 당시의 가격을, 재결에 의한 경우에는 수용 또는 사용의 재결 당시의 가격을 기준으로 한다. [17 서울9급, 14 복지9급]

② 보상액을 산정할 경우에 해당 공익사업으로 인하여 토지 등의 가격이 변동되었을 때에는 이를 고려하지 아니한다.

ⓛ 토지보상의 가격기준

토지보상법 제70조 【취득하는 토지의 보상】 ① 협의나 재결에 의하여 취득하는 토지에 대하여는 「부동산 가격공시에 관한 법률」에 따른 공시지가를 기준으로 하여 보상하되, 그 공시기준일부터 가격시점까지의 관계 법령에 따른 그 토지의 이용계획, 해당 공익사업으로 인한 지가의 영향을 받지 아니하는 지역의 대통령령으로 정하는 지가변동률, 생산자물가상승률(「한국은행법」 제86조에 따라 한국은행이 조사·발표하는 생산자물가지수에 따라 산정된 비율을 말한다)과 그 밖에 그 토지의 위치·형상·환경·이용상황 등을 고려하여 평가한 적정가격으로 보상하여야 한다.

헌재 판례

이 사건 토지보상조항이 '부동산 가격공시 및 감정평가에 관한 법률'에 의한 공시지가를 기준으로 토지수용으로 인한 손실보상액을 산정하되, 개발이익을 배제하고 공시기준일부터 재결시까지의 시점보정을 인근 토지의 가격변동률과 생산자물가상승률에 의하도록 한 것은 헌법 제23조 제3항이 규정한 정당보상의 원칙에 위배되지 않는다(헌재 2013.12.26. 2011헌바162).

ⓒ 객관적 가치의 보상

토지보상법 제70조 【취득하는 토지의 보상】 ② 토지에 대한 보상액은 가격시점에서의 현실적인 이용상황과 일반적인 이용방법에 의한 객관적 상황을 고려하여 산정하되, 일시적인 이용상황과 토지소유자나 관계인이 갖는 주관적 가치 및 특별한 용도에 사용할 것을 전제로 한 경우 등은 고려하지 아니한다.

판례

1. 관계 법령에 따라 보상액을 산정한 결과 그 보상액이 당해 토지의 개별공시지가를 기준으로 하여 산정한 지가보다 저렴하게 되었다는 사정만으로 그 보상액 산정이 잘못되어 위법한 것이라고 할 수는 없다(대판 2002.3.29. 2000두10106). [16 서울9급]
2. 토지수용의 경우 손실보상금 산정을 위한 감정평가 중 어느 한 가지 점이라도 위법사유가 있으면 그것으로써 그 감정평가결과는 위법하게 되나, 감정평가가 위법하다고 하여도 법원은 그 감정내용 중 위법하지 않은 부분은 이를 추출하여 판결에서 참작할 수 있다(대판 1999.8.24. 99두4754). [20 국가7급]

ⓓ 개발이익의 배제

토지보상법 제70조 【취득하는 토지의 보상】 ④ 사업인정 후의 취득의 경우에 제1항에 따른 공시지가는 사업인정고시일 전의 시점을 공시기준일로 하는 공시지가로서, 해당 토지에 관한 협의의 성립 또는 재결 당시 공시된 공시지가 중 그 사업인정고시일과 가장 가까운 시점에 공시된 공시지가로 한다.

참고

공시지가란 「부동산 가격공시에 관한 법률」의 규정에 의한 절차에 따라 조사·평가하여 공시한 토지의 단위면적당 가격을 말하며, 표준지공시지가와 개별공시지가가 있다. 전자는 국토교통부장관이 토지이용상황이나 주변환경 그 밖의 자연적·사회적 조건이 일반적으로 유사하다고 인정되는 일단의 토지 중에서 선정한 표준지의 단위면적당 가격이고, 후자는 시장·군수·구청장이 표준지공시지가를 기준으로 정하는 개별토지의 단위면적당 가격을 말한다.

공시지가에 의한 보상은 헌법상 정당보상의 원칙에 위배되지 아니한다. (○, ×) [12 지방7급]

수용대상 토지에 대한 손실보상액을 평가함에 있어서는 수용재결당시의 이용 상황, 주위환경 등을 기준으로 하여야 하는 것이고, 여기서의 수용대상 토지의 현실 이용 상황은 법령의 규정이나 토지소유자의 주관적 의도 등에 의하여 의제되어야 한다. (○, ×) [16 경행특채]

토지수용으로 인한 손실보상액은 당해 공공사업의 시행을 직접 목적으로 하는 계획의 승인·고시로 인한 가격변동을 고려함이 없이 수용재결 당시의 가격을 기준으로 하여 정하여야 한다. (○, ×)
[14 국가7급, 08 지방7급]

토지수용으로 인한 손실보상액을 산정함에 있어서 당해 공공사업의 시행과 관련이 없는 다른 사업으로 인한 개발이익을 배제한 가격으로 평가하여야 한다. (○, ×)
[08 지방7급]

사업인정고시가 된 후 토지의 사용으로 인하여 토지의 형질이 변경되는 경우에 토지소유자는 중앙토지수용위원회에 그 토지의 매수청구권을 행사할 수 있다. (○, ×)
[23 국가9급]

사업인정고시가 된 후 사업시행자가 토지를 사용하는 기간이 3년 이상인 경우 토지소유자는 토지수용위원회에 토지의 수용을 청구할 수 있고, 토지수용위원회가 이를 받아들이지 않는 재결을 한 경우에는 사업시행자를 피고로 하여 토지보상법상 보상금의 증감에 관한 소송을 제기할 수 있다. (○, ×)
[18 국가7급]

판례

토지수용으로 인한 손실보상액을 산정함에 있어서 당해 공공사업의 시행을 직접목적으로 하는 계획의 승인, 고시로 인한 가격변동은 이를 고려함이 없이 수용재결 당시의 가격을 기준으로 하여 적정가격을 정하여야 하나, 당해 공공사업과는 관계없는 다른 사업의 시행으로 인한 개발이익은 이를 배제하지 아니한 가격으로 평가하여야 한다(대판 1992.2.11. 91누7774).

ⓜ 용도지역 등의 변경

토지보상법 시행규칙 제23조【공법상 제한을 받는 토지의 평가】 ② 당해 공익사업의 시행을 직접 목적으로 하여 용도지역 또는 용도지구 등이 변경된 토지에 대하여는 변경되기 전의 용도지역 또는 용도지구 등을 기준으로 평가한다.

판례

당해 공공사업의 시행을 직접 목적으로 하여 용도지역 또는 용도지구 등이 변경된 토지에 대하여는 변경되기 전의 용도지역 또는 용도지구 등을 기준으로 평가하여야 한다(대판 2007.7.12. 2006두11507).

ⓑ 공법상의 제한이 있는 토지

토지보상법 시행규칙 제23조【공법상 제한을 받는 토지의 평가】 ① 공법상 제한을 받는 토지에 대하여는 제한받는 상태대로 평가한다. 다만, 그 공법상 제한이 당해 공익사업의 시행을 직접 목적으로 하여 가하여진 경우에는 제한이 없는 상태를 상정하여 평가한다.

③ 공용사용의 경우

토지보상법 제71조【사용하는 토지의 보상 등】 ① 협의 또는 재결에 의하여 사용하는 토지에 대하여는 그 토지와 인근 유사토지의 지료(地料), 임대료, 사용방법, 사용기간 및 그 토지의 가격 등을 고려하여 평가한 적정가격으로 보상하여야 한다.
② 사용하는 토지와 그 지하 및 지상의 공간 사용에 대한 구체적인 보상액 산정 및 평가방법은 투자비용, 예상수익 및 거래가격 등을 고려하여 국토교통부령으로 정한다.

토지보상법 제72조【사용하는 토지의 매수청구 등】 사업인정고시가 된 후 다음 각 호의 어느 하나에 해당할 때에는 해당 토지소유자는 사업시행자에게 해당 토지의 매수를 청구하거나 관할 토지수용위원회에 그 토지의 수용을 청구할 수 있다. 이 경우 관계인은 사업시행자나 관할 토지수용위원회에 그 권리의 존속(存續)을 청구할 수 있다.
1. 토지를 사용하는 기간이 3년 이상인 경우
2. 토지의 사용으로 인하여 토지의 형질이 변경되는 경우
3. 사용하려는 토지에 그 토지소유자의 건축물이 있는 경우

판례

공익사업을 위한 토지 등의 취득 및 보상에 관한 법률(이하 '토지보상법'이라고 한다) 제72조의 문언, 연혁 및 취지 등에 비추어 보면, 위 규정이 정한 수용청구권은 토지보상법 제74조 제1항이 정한 잔여지 수용청구권과 같이 손실보상의 일환으로 토지소유자에게 부여되는 권리로서 그 청구에 의하여 수용효과가 생기는 형성권의 성질을 지니므로, 토지소유자의 토지수용청구를 받아들이지 아니한 토지수용위원회의 재결에 대하여 토지소유자가 불복하여 제기하는 소송은 토지보상법 제85조 제2항에 규정되어 있는 '보상금의 증감에 관한 소송'에 해당하고, 피고는 토지수용위원회가 아니라 사업시행자로 하여야 한다(대판 2015.4.9. 2014두46669).

본법 제72조에 의한 사용토지에 대한 수용청구를 받아들이지 아니한 토지수용위원회의 재결에 대하여 토지소유자는 당해 토지수용위원회를 피고로 하여 항고소송을 제기할 수 있다. (○, ×) [16 지방7급]

④ 공용제한의 경우

공용제한에 대한 법률 중에는 손실보상에 관한 규정을 둔 경우도 있고(도로법, 하천법, 산림법), 보상에 대해 명확한 기준을 두지 않은 경우도 있다. 한편 판례는 준용하천의 제외지로 편입됨에 따른 보상은 공용제한에 의한 손실보상으로서 편입 당시의 지료(地料) 상당액을 기준으로 함이 상당하다고 한다.

⑤ 손실보상청구권 유무의 판단시점

투기를 방지하기 위해 손실보상청구권 유무를 판단할 기준시점은 공공사업의 시행 당시를 기준으로 하여야 한다.

⑥ 손실보상의무불이행상태에서 공익사업을 시행한 경우

손실보상의무불이행상태에서 공사를 시행한 경우 불법행위가 성립하며, 이 경우 손해금액은 손실보상금 상당액이라는 것이 판례의 입장이다(대결 1988.11.3. 88마850).

2. 손실보상의 내용

(1) 재산권 보상

재산권 보상이란 피침해재산의 손실에 대한 객관적인 가치의 보상과 공용침해로 필연적으로 발생된 부대적 손실(영업손실 · 이전료 등)에 대한 보상을 의미한다.

① 토지의 보상

토지보상법 제70조 【취득하는 토지의 보상】 ① 협의나 재결에 의하여 취득하는 토지에 대하여는 「부동산 가격공시에 관한 법률」에 따른 공시지가를 기준으로 하여 보상하되, 그 공시기준일부터 가격시점까지의 관계 법령에 따른 그 토지의 이용계획, 해당 공익사업으로 인한 지가의 영향을 받지 아니하는 지역의 대통령령으로 정하는 지가변동률, 생산자물가상승률(「한국은행법」 제86조에 따라 한국은행이 조사 · 발표하는 생산자물가지수에 따라 산정된 비율을 말한다)과 그 밖에 그 토지의 위치 · 형상 · 환경 · 이용상황 등을 고려하여 평가한 적정가격으로 보상하여야 한다.
② 토지에 대한 보상액은 가격시점에서의 현실적인 이용상황과 일반적인 이용방법에 의한 객관적 상황을 고려하여 산정하되, 일시적인 이용상황과 토지소유자나 관계인이 갖는 주관적 가치 및 특별한 용도에 사용할 것을 전제로 한 경우 등은 고려하지 아니한다.
③ 사업인정 전 협의에 의한 취득의 경우에 제1항에 따른 공시지가는 해당 토지의 가격시점 당시 공시된 공시지가 중 가격시점과 가장 가까운 시점에 공시된 공시지가로 한다.
④ 사업인정 후의 취득의 경우에 제1항에 따른 공시지가는 사업인정고시일 전의 시점을 공시기준일로 하는 공시지가로서, 해당 토지에 관한 협의의 성립 또는 재결 당시 공시된 공시지가 중 그 사업인정고시일과 가장 가까운 시점에 공시된 공시지가로 한다.

⑤ 제3항 및 제4항에도 불구하고 공익사업의 계획 또는 시행이 공고되거나 고시됨으로 인하여 취득하여야 할 토지의 가격이 변동되었다고 인정되는 경우에는 제1항에 따른 공시지가는 해당 공고일 또는 고시일 전의 시점을 공시기준일로 하는 공시지가로서 그 토지의 가격시점 당시 공시된 공시지가 중 그 공익사업의 공고일 또는 고시일과 가장 가까운 시점에 공시된 공시지가로 한다.
⑥ 취득하는 토지와 이에 관한 소유권 외의 권리에 대한 구체적인 보상액 산정 및 평가방법은 투자비용, 예상수익 및 거래가격 등을 고려하여 국토교통부령으로 정한다.

② 토지 이외의 재산권 보상

㉠ 건축물 등 물건에 대한 보상

토지보상법 제75조 【건축물 등 물건에 대한 보상】 ① 건축물·입목·공작물과 그 밖에 토지에 정착한 물건(이하 "건축물 등"이라 한다)에 대하여는 이전에 필요한 비용(이하 "이전비"라 한다)으로 보상하여야 한다. 다만, 다음 각 호의 어느 하나에 해당하는 경우에는 해당 물건의 가격으로 보상하여야 한다.
1. 건축물 등을 이전하기 어렵거나 그 이전으로 인하여 건축물 등을 종래의 목적대로 사용할 수 없게 된 경우
2. 건축물 등의 이전비가 그 물건의 가격을 넘는 경우
3. 사업시행자가 공익사업에 직접 사용할 목적으로 취득하는 경우

㉡ 농작물에 대한 보상

토지보상법 제75조 【건축물 등 물건에 대한 보상】 ② 농작물에 대한 손실은 그 종류와 성장의 정도 등을 종합적으로 고려하여 보상하여야 한다.

㉢ 토지에 속한 흙 등에 대한 보상

토지보상법 제75조 【건축물 등 물건에 대한 보상】 ③ 토지에 속한 흙·돌·모래 또는 자갈(흙·돌·모래 또는 자갈이 해당 토지와 별도로 취득 또는 사용의 대상이 되는 경우만 해당한다)에 대하여는 거래가격 등을 고려하여 평가한 적정가격으로 보상하여야 한다.

㉣ 분묘에 대한 보상

토지보상법 제75조 【건축물 등 물건에 대한 보상】 ④ 분묘에 대하여는 이장(移葬)에 드는 비용 등을 산정하여 보상하여야 한다.

㉤ 수용재결의 신청

토지보상법 제75조 【건축물 등 물건에 대한 보상】 ⑤ 사업시행자는 사업예정지에 있는 건축물 등이 제1항 제1호 또는 제2호에 해당하는 경우에는 관할 토지수용위원회에 그 물건의 수용 재결을 신청할 수 있다.

판례

지장물인 건물은 그 건물이 적법한 건축허가를 받아 건축된 것인지 여부에 관계없이 토지수용법상의 사업인정의 고시 이전에 건축된 건물이기만 하면 손실보상의 대상이 됨이 명백하다(대판 2000.3.10. 99두10896).

지장물인 건물은 그 건물이 적법한 건축허가를 받아 건축된 것인지 여부에 관계없이 토지수용법상의 사업인정의 고시 이전에 건축된 건물이기만 하면 손실보상의 대상이 된다. (○, ×) [16 경행특채]

ⓑ 권리에 대한 보상

토지보상법 제76조【권리의 보상】 ① 광업권・어업권・양식업권 및 물(용수시설을 포함한다) 등의 사용에 관한 권리에 대하여는 투자비용, 예상 수익 및 거래가격 등을 고려하여 평가한 적정가격으로 보상하여야 한다. [11 지방7급]

ⓢ 일실손실에 대한 보상

일실손실이란 재산권의 수용으로 인하여 사업을 폐지 또는 휴업하게 됨으로 발생하는 손실을 말한다. 일실손실에는 영업손실, 농업손실, 임금손실 등이 있다.

토지보상법 제77조【영업의 손실 등에 대한 보상】 ① 영업을 폐업하거나 휴업함에 따른 영업손실에 대하여는 영업이익과 시설의 이전비용 등을 고려하여 보상하여야 한다.
② 농업의 손실에 대하여는 농지의 단위면적당 소득 등을 고려하여 실제 경작자에게 보상하여야 한다. 다만, 농지소유자가 해당 지역에 거주하는 농민인 경우에는 농지소유자와 실제 경작자가 협의하는 바에 따라 보상할 수 있다. [11 지방7급]
③ 휴직하거나 실직하는 근로자의 임금손실에 대하여는 「근로기준법」에 따른 평균임금 등을 고려하여 보상하여야 한다. [06 국가9급]

판례

1. 영업손실에 관한 보상에 있어 영업의 폐지로 볼 것인지 아니면 영업의 휴업으로 볼 것인지를 구별하는 기준은 당해 영업을 그 영업소 소재지나 인접 시・군 또는 구 지역 안의 다른 장소로 이전하는 것이 가능한지의 여부에 달려 있다 할 것이다(대판 2001.11.13. 2000두1003).
2. '영업상의 손실' 규정은 영업을 하기 위하여 투자한 비용이나 그 영업을 통하여 얻을 것으로 기대되는 이익에 대한 손실보상의 근거규정이 될 수 없고, 이러한 손실은 그 보상의 대상이 된다고 할 수 없다(대판 2006.1.27. 2003두13106). [24 국가9급]
3. 공익사업으로 인하여 영업을 폐지하거나 휴업하는 자가 사업시행자에게서 구 공익사업법 제77조 제1항에 따라 영업손실에 대한 보상을 받기 위해서는 구 공익사업법 제34조, 제50조 등에 규정된 재결절차를 거친 다음 재결에 대하여 불복이 있는 때에 비로소 구 공익사업법 제83조 내지 제85조에 따라 권리구제를 받을 수 있을 뿐, 이러한 재결절차를 거치지 않은 채 곧바로 사업시행자를 상대로 손실보상을 청구하는 것은 허용되지 않는다(대판 2011.9.29. 2009두10963). [17 국가7급]
4. 공익사업으로 인하여 농업의 손실을 입게 된 자가 보상을 받기 위해서는 구 공익사업법 제34조, 제50조 등에 규정된 재결절차를 거친 다음 그 재결에 대하여 불복이 있는 때에 비로소 구 공익사업법 제83조 내지 제85조에 따라 권리구제를 받을 수 있다(대판 2011.10.13. 2009다43461).
5. 공익사업에 영업시설 일부가 편입됨으로 인하여 잔여 영업시설에 손실을 입은 자가 사업시행자로부터 잔여 영업시설의 손실에 대한 보상을 받기 위해서는, 토지보상법 제34조, 제50조 등에 규정된 재결절차를 거친 다음 그 재결에 대하여 불복이 있는 때에 비로소 토지보상법 제83조 내지 제85조에 따라 권리구제를 받을 수 있을 뿐이다. 이러한 재결절차를 거치지 않은 채 곧바로 사업시행자를 상대로 손실보상을 청구하는 것은 허용되지 않는다(대판 2018.7.20. 2015두4044).

PART 05

- 영업손실에 관한 보상에 있어서 영업의 휴업과 폐지를 구별하는 기준은 당해 영업을 다른 장소로 실제로 이전하였는지의 여부에 달려있다. (○, ×) [08 지방7급]
- 구 토지수용법 제51조는 영업을 하기 위하여 투자한 비용이나 그 영업을 통하여 얻을 것으로 기대되는 이익에 대한 손실보상의 근거규정이 될 수 없고, 그 보상의 기준과 방법 등에 관한 규정이 없어도 이러한 손실은 그 보상의 대상이 된다. (○, ×) [11 경행특채]
- 공익사업으로 인해 농업손실을 입은 자가 사업시행자에게서 「공익사업을 위한 토지 등의 취득 및 보상에 관한 법률」에 따른 보상을 받으려면 재결절차를 거쳐야 하고, 이를 거치지 않고 곧바로 민사소송으로 보상금을 청구하는 것은 허용되지 않는다. (○, ×) [19 국가7급]
- 공익사업에 영업시설 일부가 편입됨으로 인하여 잔여 영업시설에 손실을 입은 자는 재결절차를 거치지 않은 채 곧바로 사업시행자를 상대로 잔여 영업시설의 손실에 대한 보상을 청구할 수 있다. (○, ×) [20 국가7급]

> 손실보상에 관하여 최근에는 재산권보상뿐만 아니라 생활보상의 개념도 등장하였다. (○, ×) [14 서울9급]

> 대법원은 이주대책이 생활보상의 일환으로 마련된 제도라고 보고 있다. (○, ×) [11 지방9급]

> 공익사업을 위한 토지 등의 취득 및 보상에 관한 법률상 이주대책은 이주대책 대상자들에 대하여 종전의 생활상태를 원상으로 회복시키면서 동시에 인간다운 생활을 보장하여 주기 위한 생활보상의 일환이다. (○, ×) [14 복지9급]

> 이주대책은 그 본래의 취지에 있어 이주자들에 대하여 종전의 생활상태를 원상으로 회복시키면서 동시에 인간다운 생활을 보장하여 주기 위한 이른바 생활보상의 일환으로 국가의 적극적이고 정책적인 배려에 의하여 마련된 제도이다. (○, ×) [10 지방7급]

> 이주대책은 이주자들에게 종전의 생활상태를 회복시키기 위한 생활보상의 일환으로서 국가의 정책적인 배려에 의하여 마련된 제도이므로, 이주대책의 실시 여부는 입법자의 입법정책적 재량의 영역에 속한다. (○, ×) [17 국가9급(下)]

(2) 생활보상

① 의의

생활보상은 피수용자가 종전과 같은 생활을 유지할 수 있도록 실질적으로 보장하는 보상을 말한다. [15 국회8급] 오늘날에는 토지의 희소성으로 인하여 보상금으로 유사토지를 구입하여 종전과 같은 생업을 영위하기 어렵게 되었고 수몰민의 경우처럼 피수용자가 생활근거를 상실하게 되는 경우가 많아져 대물적 보상의 전제 그 자체가 성립되지 않는 경우가 많게 되어, 이를 보완하는 의미에서 생활보상이 도입되게 되었다. 생활보상에는 이주대책의 시행, 직업훈련, 고용알선, 주거이전비 지급 등이 있다.

② 인정근거

판례

공공용지의 취득 및 손실보상에 관한 특례법상의 이주대책은 그 본래의 취지에 있어 이주자들에 대하여 종전의 생활상태를 원상으로 회복시키면서 동시에 인간다운 생활을 보장하여 주기 위한 이른바 생활보상의 일환으로 국가의 적극적이고 정책적인 배려에 의하여 마련된 제도이다(대판 1994.5.24. 92다35783 전원합의체).

③ 법적 성질

생활보상은 단순히 재산권의 보장에만 그치는 것이 아니라 생존권의 보장이자 사회국가원리 실현수단으로서의 성질도 가진다. 생활보상은 공용침해 이전의 생활상태를 회복하는 것을 목적으로 한다는 점에서 원상회복적인 성격도 갖고 있다.

④ 이주대책

㉠ 의의

판례

이주대책은 공공사업의 시행에 필요한 토지 등을 제공함으로 인하여 생활의 근거를 상실하게 되는 이주자들을 위하여 사업시행자가 '기본적인 생활시설이 포함된' 택지를 조성하거나 그 지상에 주택을 건설하여 이주자들에게 이를 '그 투입비용 원가만의 부담하에' 개별 공급하는 것으로서, 그 본래의 취지에 있어 이주자들에 대하여 종전의 생활상태를 원상으로 회복시키면서 동시에 인간다운 생활을 보장하여 주기 위한 이른바 생활보상의 일환으로 국가의 적극적이고 정책적인 배려에 의하여 마련된 제도이다(대판 2003.7.25. 2001다57778).

㉡ 이주대책의 수립 · 실시 및 수립자

> 토지보상법 제78조 【이주대책의 수립 등】 ① 사업시행자는 공익사업의 시행으로 인하여 주거용 건축물을 제공함에 따라 생활의 근거를 상실하게 되는 자(이하 "이주대책대상자"라 한다)를 위하여 대통령령으로 정하는 바에 따라 이주대책을 수립 · 실시하거나 이주정착금을 지급하여야 한다.
> ② 사업시행자는 제1항에 따라 이주대책을 수립하려면 미리 관할 지방자치단체의 장과 협의하여야 한다.

토지보상법 시행령 제40조 【이주대책의 수립·실시】 ① 사업시행자가 법 제78조 제1항에 따른 이주대책(이하 "이주대책"이라 한다)을 수립하려는 경우에는 미리 그 내용을 같은 항에 따른 이주대책대상자(이하 "이주대책대상자"라 한다)에게 통지하여야 한다.
② 이주대책은 국토교통부령으로 정하는 부득이한 사유가 있는 경우를 제외하고는 이주대책대상자 중 이주정착지에 이주를 희망하는 자의 가구 수가 10호(戶) 이상인 경우에 수립·실시한다. 다만, 사업시행자가 「택지개발촉진법」 또는 「주택법」 등 관계 법령에 따라 이주대책대상자에게 택지 또는 주택을 공급한 경우(사업시행자의 알선에 의하여 공급한 경우를 포함한다)에는 이주대책을 수립·실시한 것으로 본다.

판례는 이주대책을 규정하고 있는 조문의 취지를 고려할 때 토지보상법 제78조는 그 적용을 배제할 수 없는 강행법규라고 본다. 다만 도시개발사업의 사업시행자는 이주대책기준을 정하여 이주대책 대상자 가운데 이주대책을 수립·실시하여야 할 자를 선정하여 그들에게 공급할 택지 등을 정하는 데 재량을 갖는다.

판례

1. 사업시행자의 이주대책 수립·실시의무를 정하고 있는 구 공익사업법 제78조 제1항은 물론 같은 조 제4항 본문 역시 당사자의 합의 또는 사업시행자의 재량에 의하여 적용을 배제할 수 없는 강행법규이다(대판 2011.6.23. 2007다63089 전원합의체). [20 국가7급, 17 국가7급]
2. 사업시행자는 이주대책기준을 정하여 이주대책을 수립·실시하여야 할 자를 선정하여 그들에게 공급할 택지 또는 주택의 내용이나 수량을 정할 수 있고, 이를 정하는 데 재량을 가지므로, [15 국회8급] 이를 위해 사업시행자가 설정한 기준은 그것이 객관적으로 합리적이 아니라거나 타당하지 않다고 볼 만한 다른 특별한 사정이 없는 한 존중되어야 한다(대판 2009.3.12. 2008두12610).
3. 사업시행자는 법이 정한 이주대책대상자를 법령이 예정하고 있는 이주대책 수립 등의 대상에서 임의로 제외해서는 아니 된다. 그렇지만 규정 취지가 사업시행자가 시행하는 이주대책 수립 등의 대상자를 법이 정한 이주대책대상자로 한정하는 것은 아니므로, 사업시행자는 해당 공익사업의 성격, 구체적인 경위나 내용, 원만한 시행을 위한 필요 등 제반 사정을 고려하여 법이 정한 이주대책대상자를 포함하여 그 밖의 이해관계인에게까지 넓혀 이주대책 수립 등을 시행할 수 있다(대판 2015.7.23. 2012두22911). [18 지방7급]

ⓒ 이주대책대상자

토지보상법 시행령 제40조 【이주대책의 수립·실시】 ⑤ 다음 각 호의 어느 하나에 해당하는 자는 이주대책대상자에서 제외한다.
1. 허가를 받거나 신고를 하고 건축 또는 용도변경을 하여야 하는 건축물을 허가를 받지 아니하거나 신고를 하지 아니하고 건축 또는 용도변경을 한 건축물의 소유자
2. 해당 건축물에 공익사업을 위한 관계 법령에 따른 고시 등이 있은 날부터 계약체결일 또는 수용재결일까지 계속하여 거주하고 있지 아니한 건축물의 소유자
3. 타인이 소유하고 있는 건축물에 거주하는 세입자. 다만, 해당 공익사업지구에 주거용 건축물을 소유한 자로서 타인이 소유하고 있는 건축물에 거주하는 세입자는 제외한다.

세입자를 이주대책대상자에서 제외하는 것은 세입자의 재산권을 침해하지 않는다는 것이 헌법재판소의 입장이다.

이주대책은 인간다운 생활을 보장하여 주기 위한 사회보장적 차원의 급부로서 공익사업시행자의 법적의무는 아니다. (○, ×) [09 국회8급]

PART 05

생활보상의 일종인 이주대책은 입법자의 입법정책적 재량영역이 아니라 헌법 제23조 제3항의 정당한 보상에 포함된다고 함이 헌법재판소의 입장이다. (○, ×) [15 변호사, 11 복지9급]

이주대책의 실시 여부는 입법자의 입법 정책적 재량의 영역에 속한다. (○, ×) [15 국회8급]

이주대책은 이른바 생활보상에 해당하는 것으로서 헌법 제23조 제3항이 규정하는 손실보상의 한 형태로 보아야 하므로, 법률이 사업시행자에게 이주대책의 수립·실시의무를 부과하였다면 이로부터 사업시행자가 수립한 이주대책상의 택지분양권 등의 구체적 권리가 이주자에게 직접 발생한다. (○, ×) [19 국가7급]

이주대책은 생활보상의 한 내용이므로 이주대책이 수립되면 이주자들에게는 구체적인 권리가 발생하며, 사업시행자의 확인·결정이 있어야만 구체적인 수분양권이 발생하는 것은 아니다. (○, ×) [16 국가7급]

「공익사업을 위한 토지 등의 취득 및 보상에 관한 법률」상 행정청이 아닌 사업시행자가 이주대책을 수립·실시하는 경우에 이주정착지에 대한 도로 등 통상적인 생활기본시설에 필요한 비용은 지방자치단체가 부담하여야 한다. (○, ×) [15 지방9급]

헌재 판례

이주대책의 실시 여부는 입법자의 입법정책적 재량의 영역에 속하므로 이주대책의 대상자에서 세입자를 제외하고 있는 것이 세입자의 재산권을 침해하는 것이라 볼 수 없다(헌재 2006.2.23. 2004헌마19).

㉣ 이주자의 법적 지위

판례

구 공공용지의 취득 및 손실보상에 관한 특례법이 사업시행자에게 이주대책의 수립·실시의무를 부과하고 있다고 하여 그 규정 자체 만에 의하여 이주자에게 사업시행자가 수립한 이주대책상의 택지분양권이나 아파트 입주권 등을 받을 수 있는 구체적인 권리(수분양권)가 직접 발생하는 것이라고는 도저히 볼 수 없으며, 사업시행자가 이주대책에 관한 구체적인 계획을 수립하여 이를 해당자에게 통지 내지 공고한 후, 이주자가 수분양권을 취득하기를 희망하여 이주대책에 정한 절차에 따라 사업시행자에게 이주대책대상자 선정신청을 하고 사업시행자가 이를 받아들여 이주대책대상자로 확인·결정하여야만 비로소 구체적인 수분양권이 발생하게 된다. [15 국회8급] 위와 같은 사업시행자가 하는 확인·결정은 곧 구체적인 이주대책상의 수분양권을 취득하기 위한 요건이 되는 행정작용으로서의 처분인 것이지, [17 국가9급(下)] 절차상의 필요에 따른 사실행위에 불과한 것으로 평가할 수는 없다. 따라서 수분양권의 취득을 희망하는 이주자가 소정의 절차에 따라 이주대책대상자 선정신청을 한 데 대하여 사업시행자가 이주대책대상자가 아니라고 하여 위 확인·결정 등의 처분을 하지 않고 이를 제외시키거나 또는 거부조치한 경우에는, 이주자로서는 당연히 사업시행자를 상대로 항고소송에 의하여 그 제외처분 또는 거부처분의 취소를 구할 수 있다(대판 1994.5.24. 92다35783 전원합의체).

㉤ 이주대책의 내용

토지보상법 제78조 【이주대책의 수립 등】 ④ 이주대책의 내용에는 이주정착지(이주대책의 실시로 건설하는 주택단지를 포함한다)에 대한 도로, 급수시설, 배수시설, 그 밖의 공공시설 등 통상적인 수준의 생활기본시설이 포함되어야 하며, 이에 필요한 비용은 사업시행자가 부담한다. 다만, 행정청이 아닌 사업시행자가 이주대책을 수립·실시하는 경우에 지방자치단체는 비용의 일부를 보조할 수 있다.

⑤ 제1항에 따라 이주대책의 실시에 따른 주택지 또는 주택을 공급받기로 결정된 권리는 소유권이전등기를 마칠 때까지 전매(매매, 증여, 그 밖에 권리의 변동을 수반하는 모든 행위를 포함하되, 상속은 제외한다)할 수 없으며, 이를 위반하거나 해당 공익사업과 관련하여 다음 각 호의 어느 하나에 해당하는 경우에 사업시행자는 이주대책의 실시가 아닌 이주정착금으로 지급하여야 한다.

1. 제93조, 제96조 및 제97조 제2호의 어느 하나에 해당하는 위반행위를 한 경우
2. 「공공주택 특별법」 제57조 제1항 및 제58조 제1항 제1호의 어느 하나에 해당하는 위반행위를 한 경우
3. 「한국토지주택공사법」 제28조의 위반행위를 한 경우

⑥ 주거용 건물의 거주자에 대하여는 주거 이전에 필요한 비용과 가재도구 등 동산의 운반에 필요한 비용을 산정하여 보상하여야 한다. [16 국가7급]

⑦ 공익사업의 시행으로 인하여 영위하던 농업·어업을 계속할 수 없게 되어 다른 지역으로 이주하는 농민·어민이 받을 보상금이 없거나 그 총액이 국토교통부령으로 정하는 금액에 미치지 못하는 경우에는 그 금액 또는 그 차액을 보상하여야 한다.

ⓗ 이주정착금 지원

토지보상법 시행령 제41조【이주정착금의 지급】사업시행자는 법 제78조 제1항에 따라 다음 각 호의 어느 하나에 해당하는 경우에는 이주대책대상자에게 국토교통부령으로 정하는 바에 따라 이주정착금을 지급해야 한다.
1. 이주대책을 수립·실시하지 아니하는 경우
2. 이주대책대상자가 이주정착지가 아닌 다른 지역으로 이주하려는 경우

⑤ 생활대책

판례

공익사업을 위한 토지 등의 취득 및 보상에 관한 법률은 이주대책을 수립·실시하거나 이주정착금을 지급하여야 한다고 규정하고 있을 뿐, 생활대책용지의 공급과 같이 공익사업 시행 이전과 같은 경제수준을 유지할 수 있도록 하는 내용의 생활대책에 관한 분명한 근거 규정을 두고 있지는 않으나, 사업시행자 스스로 공익사업의 원활한 시행을 위하여 필요하다고 인정함으로써 생활대책을 수립·실시할 수 있도록 하는 내부규정을 두고 있고 내부규정에 따라 생활대책대상자 선정기준을 마련하여 생활대책을 수립·실시하는 경우에는, 이러한 생활대책 역시 "공공필요에 의한 재산권의 수용·사용 또는 제한 및 그에 대한 보상은 법률로써 하되, 정당한 보상을 지급하여야 한다."고 규정하고 있는 헌법 제23조 제3항에 따른 정당한 보상에 포함되는 것으로 보아야 한다. 따라서 이러한 생활대책대상자 선정기준에 해당하는 자는 사업시행자에 대하여 생활대책대상자 선정 여부의 확인·결정을 신청할 수 있는 권리를 가진다고 할 것이어서, 만일 사업시행자가 그러한 자를 생활대책대상자에서 제외하거나 그 선정을 거부하면, 이러한 생활대책대상자 선정기준에 해당하는 자는 사업시행자를 상대로 항고소송을 제기할 수 있다고 봄이 타당하다(대판 2011.10.13. 2008두17905). [15 국회8급]

사업시행자 스스로 생활대책을 수립·실시하는 경우, 이는 내부적인 기준에 불과하므로 생활대책대상자 선정 여부의 확인·결정을 신청할 수 있는 권리를 갖지 못한다. (○, ×) [15 국회8급]

헌재 판례

생업의 근거를 상실하게 된 자에 대하여 일정 규모의 상업용지 또는 상가분양권 등을 공급하는 생활대책은 헌법 제23조 제3항에 규정된 정당한 보상에 포함되는 것이라기보다는 생활보상의 일환으로서 국가의 정책적인 배려에 의하여 마련된 제도이므로, 그 실시 여부는 입법자의 입법정책적 재량의 영역에 속한다. 이 사건 법률조항이 공익사업의 시행으로 인하여 농업 등을 계속할 수 없게 되어 이주하는 농민 등에 대한 생활대책 수립의무를 규정하고 있지 않다는 것만으로 재산권을 침해한다고 볼 수 없다(헌재 2013.7.25. 2012헌바71).

헌법재판소는 생업의 근거를 상실하게 된 자에 대하여 일정규모의 상업용지 또는 상가분양권 등을 공급하는 생활대책이 헌법 제23조 제3항이 규정하는 정당한 보상에 포함된다고 결정하였다. (○, ×) [14 지방9급]

(3) 간접손실의 보상

간접손실은 비전형적이고 예상하지 못한 부수적인 효과에 의한 재산권침해로서 소위 '수용적침해'에 유사하다고 볼 수 있다. 이러한 간접손실에 대한 보상으로 잔여지 등의 보상과 사업손실의 보상을 들 수 있다.

① 잔여지 등의 보상

㉠ 의의

토지보상법 제73조【잔여지의 손실과 공사비 보상】 ① 사업시행자는 동일한 소유자에게 속하는 일단의 토지의 일부가 취득되거나 사용됨으로 인하여 잔여지의 가격이 감소하거나 그 밖의 손실이 있을 때 또는 잔여지에 통로·도랑·담장 등의 신설이나 그 밖의 공사가 필요할 때에는 국토교통부령으로 정하는 바에 따라 그 손실이나 공사의 비용을 보상하여야 한다. 다만, 잔여지의 가격 감소분과 잔여지에 대한 공사의 비용을 합한 금액이 잔여지의 가격보다 큰 경우에는 사업시행자는 그 잔여지를 매수할 수 있다.

토지보상법 제75조의2【잔여 건축물의 손실에 대한 보상 등】 ① 사업시행자는 동일한 소유자에게 속하는 일단의 건축물의 일부가 취득되거나 사용됨으로 인하여 잔여 건축물의 가격이 감소하거나 그 밖의 손실이 있을 때에는 국토교통부령으로 정하는 바에 따라 그 손실을 보상하여야 한다. 다만, 잔여 건축물의 가격 감소분과 보수비(건축물의 나머지 부분을 종래의 목적대로 사용할 수 있도록 그 유용성을 동일하게 유지하는 데에 일반적으로 필요하다고 볼 수 있는 공사에 사용되는 비용을 말한다. 다만, 「건축법」 등 관계 법령에 따라 요구되는 시설 개선에 필요한 비용은 포함하지 아니한다)를 합한 금액이 잔여 건축물의 가격보다 큰 경우에는 사업시행자는 그 잔여 건축물을 매수할 수 있다.

판례

1. 사업시행자가 동일한 토지소유자에 속하는 일단의 토지 일부를 취득함으로 인하여 잔여지의 가격이 감소하거나 그 밖의 손실이 있을 때 등에는 잔여지를 종래의 목적으로 사용하는 것이 가능한 경우라도 잔여지 손실보상의 대상이 되며, 잔여지를 종래의 목적에 사용하는 것이 불가능하거나 현저히 곤란한 경우이어야만 잔여지 손실보상청구를 할 수 있는 것이 아니다(대판 2018.7.20. 2015두4044).
2. 잔여지에 대하여 현실적 이용상황 변경 또는 사용가치 및 교환가치의 하락 등이 발생하였더라도, 그 손실이 토지의 일부가 공익사업에 취득되거나 사용됨으로 인하여 발생하는 것이 아니라면 특별한 사정이 없는 한 토지보상법 제73조 제1항 본문에 따른 잔여지 손실보상 대상에 해당한다고 볼 수 없다(대판 2017.7.11. 2017두40860).
3. 토지소유자가 사업시행자로부터 잔여지 가격감소 등으로 인한 손실보상을 받기 위해서는 공익사업법 제34조, 제50조 등에 규정된 재결절차를 거친 다음 그 재결에 대하여 불복이 있는 때에 비로소 공익사업법 제83조 내지 제85조에 따라 권리구제를 받을 수 있을 뿐, 이러한 재결절차를 거치지 않은 채 곧바로 사업시행자를 상대로 손실보상을 청구하는 것은 허용되지 않는다고 봄이 상당하고, 이는 수용대상토지에 대하여 재결절차를 거친 경우에도 마찬가지라 할 것이다(대판 2012.11.29. 2011두22587).

동일한 토지소유자에 속하는 일단의 토지의 일부가 취득됨으로써 잔여지의 가격이 감소한 때에는 잔여지를 종래의 목적으로 사용하는 것이 가능한 경우라도 그 잔여지는 손실보상의 대상이 된다. (○, ×) [19 지방7급]

잔여지에 현실적 이용상황 변경 또는 사용가치 및 교환가치의 하락 등이 발생하였더라도 그 손실이 토지가 공익사업에 취득·사용됨으로써 발생한 것이 아닌 경우에는 손실보상의 대상이 되지 않는다. (○, ×) [19 서울7급(上)]

토지소유자가 잔여지 수용청구에 대한 재결절차를 거친 경우에는 곧바로 사업시행자를 상대로 잔여지 가격감소 등으로 인한 손실보상을 청구할 수 있다. (○, ×) [19 지방7급]

ⓛ 소유자의 잔여지 등 매수 · 수용청구

토지보상법 제74조 【잔여지 등의 매수 및 수용 청구】 ① 동일한 소유자에게 속하는 일단의 토지의 일부가 협의에 의하여 매수되거나 수용됨으로 인하여 잔여지를 종래의 목적에 사용하는 것이 현저히 곤란할 때에는 해당 토지소유자는 사업시행자에게 잔여지를 매수하여 줄 것을 청구할 수 있으며, 사업인정 이후에는 관할 토지수용위원회에 수용을 청구할 수 있다. 이 경우 수용의 청구는 매수에 관한 협의가 성립되지 아니한 경우에만 할 수 있으며, 사업완료일까지 하여야 한다. [23 지방7급]

토지보상법 제75조의2 【잔여 건축물의 손실에 대한 보상 등】 ② 동일한 소유자에게 속하는 일단의 건축물의 일부가 협의에 의하여 매수되거나 수용됨으로 인하여 잔여 건축물을 종래의 목적에 사용하는 것이 현저히 곤란할 때에는 그 건축물소유자는 사업시행자에게 잔여 건축물을 매수하여 줄 것을 청구할 수 있으며, 사업인정 이후에는 관할 토지수용위원회에 수용을 청구할 수 있다. 이 경우 수용 청구는 매수에 관한 협의가 성립되지 아니한 경우에만 하되, 사업완료일까지 하여야 한다.

> 잔여지 수용의 청구는 사업시행자가 관할 토지수용위원회에 하여야 하고, 토지소유자는 사업시행자에게 잔여지 수용을 청구해 줄 것을 요청할 수 있다. (○, ×) [19 서울7급(上)]

> 토지소유자는 사업시행자에게 잔여지 매수 청구를 할 수 있는데, 이 매수 청구는 토지수용위원회의 잔여지 수용재결 전 또는 후에 할 수 있다. (○, ×) [19 서울7급(上)]

판례

1. '사용하는 것이 현저히 곤란한 때'라고 함은 물리적으로 사용하는 것이 곤란하게 된 경우는 물론 사회적, 경제적으로 사용하는 것이 곤란하게 된 경우, 즉 절대적으로 이용 불가능한 경우만이 아니라 이용은 가능하나 많은 비용이 소요되는 경우를 포함한다(대판 2005.1.28. 2002두4679).
2. 잔여지 수용청구권의 행사기간은 제척기간으로서, 토지소유자가 그 행사기간 내에 잔여지 수용청구권을 행사하지 아니하면 그 권리가 소멸한다. [19 지방7급] 또한 잔여지 수용청구의 의사표시는 관할 토지수용위원회에 하여야 하는 것으로서, 관할 토지수용위원회가 사업시행자에게 잔여지 수용청구의 의사표시를 수령할 권한을 부여하였다고 인정할 만한 사정이 없는 한, 사업시행자에게 한 잔여지 매수청구의 의사표시를 관할 토지수용위원회에 한 잔여지 수용청구의 의사표시로 볼 수는 없다(대판 2010.8.19. 2008두822). [16 지방7급]

> 잔여지가 이용은 가능하지만 그 이용에 많은 비용이 소요되는 경우에는 잔여지수용을 청구할 수 있다. (○, ×) [11 국가7급]

> 토지소유자가 사업시행자에게 잔여지 매수청구의 의사표시를 하였다면, 그 의사표시는 특별한 사정이 없는 한 관할 토지수용위원회에 한 잔여지 수용청구의 의사표시로 볼 수 있다. (○, ×) [19 지방7급]

ⓒ 관계인의 존속청구

토지보상법 제74조 【잔여지 등의 매수 및 수용 청구】 ② 제1항에 따라 매수 또는 수용의 청구가 있는 잔여지 및 잔여지에 있는 물건에 관하여 권리를 가진 자는 사업시행자나 관할 토지수용위원회에 그 권리의 존속을 청구할 수 있다.

> 잔여지 수용 청구가 있으면 그 잔여지에 있는 물건에 대한 권리를 가진 자는 사업시행자에게 그 권리의 존속을 주장할 수 없게 된다. (○, ×) [19 서울7급(上)]

ⓡ 수용청구권의 법적 성질

판례

토지수용법에 의한 잔여지수용청구권은 그 요건을 구비한 때에는 토지수용위원회의 특별한 조치를 기다릴 것 없이 청구에 의하여 수용의 효과가 발생하는 형성권적 성질을 가지고, [11 국가7급] 그 행사기간은 제척기간으로서, 토지소유자가 그 행사기간 내에 잔여지수용청구권을 행사하지 아니하면 그 권리가 소멸한다(대판 2001.9.4. 99두11080).

> 공익사업을 위한 토지 등의 취득 및 보상에 관한 법령에 의한 잔여지 수용청구권은 토지수용위원회의 재결이 없더라도 그 청구에 의하여 수용의 효과가 발생하는 청구권적 성질을 가진다. (○, ×) [16 국회8급]

㉤ 제척기간

토지보상법 제73조 【잔여지의 손실과 공사비 보상】 ② 제1항 본문에 따른 손실 또는 비용의 보상은 관계 법률에 따라 사업이 완료된 날 또는 제24조의2에 따른 사업완료의 고시가 있는 날(이하 "사업완료일"이라 한다)부터 1년이 지난 후에는 청구할 수 없다.

㉥ 불복방법

판례

잔여지 수용청구권은 손실보상의 일환으로 토지소유자에게 부여되는 권리로서 그 요건을 구비한 때에는 잔여지를 수용하는 토지수용위원회의 재결이 없더라도 그 청구에 의하여 수용의 효과가 발생하는 형성권적 성질을 가지므로, [20 국가7급] 잔여지 수용청구를 받아들이지 않은 토지수용위원회의 재결에 대하여 토지소유자가 불복하여 제기하는 소송은 위 법 제85조 제2항에 규정되어 있는 '보상금의 증감에 관한 소송'에 해당하여 사업시행자를 피고로 하여야 한다(대판 2010.8.19. 2008두822).

「공익사업을 위한 토지 등의 취득 및 보상에 관한 법률」에 의한 잔여지 수용청구를 받아들이지 않은 토지수용위원회의 재결에 대하여 토지소유자가 불복하여 제기하는 소송은 항고소송에 해당한다. (○, ×) [23 지방7급, 19 지방9급]

② 사업손실의 보상

㉠ 의의

사업손실보상은 공공사업의 실시 또는 완성 후에 시설결과가 간접적으로 공익사업시행지구 밖에 위치한 타인의 재산에 미치는 손실에 대한 보상을 말한다. 제3자 보상이라고도 한다. 사업손실의 보상은 사업시행지 밖의 토지소유자가 입는 손실의 보상이므로 사업시행지 내의 토지소유자가 입는 부대적 손실의 보상과는 구별하여야 한다.

㉡ 법적 근거 및 요건

판례

수산업협동조합이 수산물 위탁판매장을 운영하면서 위탁판매 수수료를 지급받아 왔는데, 공유수면매립사업의 시행으로 그 사업대상지역에서 어업활동을 하던 조합원들의 조업이 불가능하게 되어 일부 위탁판매장에서의 위탁판매사업을 중단하게 된 경우, 그로 인해 수산업협동조합이 상실하게 된 위탁판매수수료 수입은 사업시행자의 매립사업으로 인한 직접적인 영업손실이 아니고 간접적인 영업손실이라고 하더라도 위 위탁판매수수료 수입손실은 헌법 제23조 제3항에 규정한 손실보상의 대상이 되고, 그 손실에 관하여 구 공유수면매립법 또는 그 밖의 법령에 직접적인 보상규정이 없더라도 공공용지의 취득 및 손실보상에 관한 특례법시행규칙상의 각 규정을 유추적용하여 그에 관한 보상을 인정하는 것이 타당하다(대판 1999.10.8. 99다27231).

간접적 영업손실은 특별한 희생이 될 수 없다. (○, ×) [19 서울9급(上)]

공공사업 시행으로 사업시행지 밖에서 발생한 간접손실은 손실 발생을 쉽게 예견할 수 있고 손실 범위도 구체적으로 특정할 수 있더라도, 사업시행자와 협의가 이루어지지 않고 그 보상에 관한 명문의 근거 법령이 없는 경우에는 보상의 대상이 아니다. (○, ×) [19 국가7급]

㉢ 사업손실보상의 내용

토지보상법 시행규칙은 제59조 이하에서 사업보상을 유형화하여 열거・규정하고 있다. 그 내용으로는 공익사업시행지구 밖의 대지 등에 대한 보상(동규칙 제59조), 공익사업시행지구 밖의 건축물에 대한 보상(동규칙 제60조), 소수잔존자에 대한 보상(동규칙 제61조), 공익사업시행지구 밖의 공작물 등에 대한 보상(동규칙 제62조), 공익사업시행지구밖의 어업의 피해에 대한 보상(동규칙 제63조), 공익사업시행지구밖의 영업손실에 대한 보상(동규칙 제64조), 공익사업시행지구 밖의 농업의 손실에 대한 보상(동규칙 제65조)을 들 수 있다.

㉣ 법률에 규정이 없는 경우

판례는 사업손실의 경우 손실이 쉽게 예견될 수 있고, 손실의 범위도 구체적으로 특정될 수 있다면 관련 법규를 유추적용하여 보상해야 한다고 한다(대판 2002.11.26. 2001다44352).

(4) 환매권

토지보상법 제91조【환매권】 ① 공익사업의 폐지·변경 또는 그 밖의 사유로 취득한 토지의 전부 또는 일부가 필요 없게 된 경우 토지의 협의취득일 또는 수용의 개시일(이하 이 조에서 "취득일"이라 한다) 당시의 토지소유자 또는 그 포괄승계인(이하 "환매권자"라 한다)은 다음 각 호의 구분에 따른 날부터 10년 이내에 그 토지에 대하여 받은 보상금에 상당하는 금액을 사업시행자에게 지급하고 그 토지를 환매할 수 있다.

1. 사업의 폐지·변경으로 취득한 토지의 전부 또는 일부가 필요 없게 된 경우: 관계 법률에 따라 사업이 폐지·변경된 날 또는 제24조에 따른 사업의 폐지·변경 고시가 있는 날
2. 그 밖의 사유로 취득한 토지의 전부 또는 일부가 필요 없게 된 경우: 사업완료일

② 취득일부터 5년 이내에 취득한 토지의 전부를 해당 사업에 이용하지 아니하였을 때에는 제1항을 준용한다. 이 경우 환매권은 취득일부터 6년 이내에 행사하여야 한다.

④ 토지의 가격이 취득일 당시에 비하여 현저히 변동된 경우 사업시행자와 환매권자는 환매금액에 대하여 서로 협의하되, 협의가 성립되지 아니하면 그 금액의 증감을 법원에 청구할 수 있다.

⑤ 제1항부터 제3항까지의 규정에 따른 환매권은 「부동산등기법」에서 정하는 바에 따라 공익사업에 필요한 토지의 협의취득 또는 수용의 등기가 되었을 때에는 제3자에게 대항할 수 있다.

① 의의

환매권(還買權)이란 공용수용의 목적물이 해당 공익사업의 폐지 등의 사유로 불필요하게 된 경우나 그 공익사업에 현실적으로 이용되지 아니한 경우에 원래의 피수용자가 일정한 요건하에 다시 매수하여 소유권을 회복할 수 있는 권리를 말한다.

② 근거

헌재 판례

환매권은 헌법상의 재산권 보장규정으로부터 도출되는 것으로서 헌법이 보장하는 재산권의 내용에 포함되는 권리라고 할 수 있다. 또 이 권리는 피수용자가 수용 당시 이미 정당한 손실보상을 받았다는 사실로 말미암아 부정되지 않는다(헌재 1994.2.24. 92헌가15).

판례

환매권은 재산권보장과 관련하여 공평의 원칙상 인정하고 있는 권리로서 민법상의 환매권과는 달리 법률의 규정에 의하여서만 인정되고 있으며, 그 행사요건, 기간 및 방법 등이 세밀하게 규정되어 있는 점에 비추어 다른 경우에까지 이를 유추적용할 수 없고, 환지처분에 의하여 공공용지로서 지방자치단체에 귀속되게 된 토지에 관하여는 토지구획정리사업법상 환매권을 인정하고 있는 규정이 없고, 이를 공공용지의취득및손실보상에관한특례법상의 협의취득이라고도 볼 수 없으므로 같은 특례법상의 환매권에 관한 규정을 적용할 수 없다(대판 1993.6.29. 91다43480).

환매권자와 사업시행자가 환매금액에 대하여 협의가 성립되지 않아 환매금액의 증감을 구하는 소송은 형식적 당사자소송에 해당한다. (○, ×) [16 국가7급]

③ 법적 성격: 사법관계, 형성권

판례

1. 환매권은 상대방에 대한 의사표시를 요하는 형성권의 일종으로서 재판상이든 재판외이든 위 규정에 따른 기간 내에 행사하면 매매의 효력이 생기는 바 이러한 환매권의 존부에 관한 확인을 구하는 소송 및 구 공익사업법 제91조 제4항에 따라 환매금액의 증감을 구하는 소송 역시 민사소송에 해당한다(대판 2013.2.28. 2010두22368). [22 국가9급, 18 서울7급]
2. 환매권은 상대방에 대한 의사표시를 요하는 형성권의 일종으로서 환매의 의사표시가 상대방에게 도달한 때에 비로소 환매권 행사의 효력이 발생함이 원칙이다(대판 1999.4.9. 98다46945). [19 지방7급]

④ 환매권 행사의 요건

판례

협의취득 또는 수용된 토지가 필요 없게 되었는지 여부는 사업시행자의 주관적인 의사를 표준으로 할 것이 아니라 당해 사업의 목적과 내용, 협의취득의 경위와 범위, 당해 토지와 사업의 관계, 용도 등 제반 사정에 비추어 객관적 · 합리적으로 판단하여야 한다(대판 2010.9.30, 2010다30782). [19 지방7급]

⑤ 환매권의 행사

환매제도는 재산권보장, 원소유자의 보호 및 공평의 원칙에 바탕을 두기에, 환매의 목적물은 토지소유권에 한하지 않고, 토지 이외의 물건이나 토지소유권 이외의 권리 역시 환매의 대상이 될 수 있다. (○, ×) [18 지방7급]

헌재 판례

입법자가 건물에 대한 환매권을 부인한 것은 헌법적 한계 내에 있는 입법재량권의 행사이므로 재산권을 침해하는 것이라 볼 수 없다(헌재 2005.5.26. 2004헌가10 [합헌]).

판례

1. 협의취득 또는 수용된 토지가 필요 없게 되었는지 여부는 사업시행자의 주관적인 의사를 표준으로 할 것이 아니라 당해 사업의 목적과 내용, 협의취득의 경위와 범위, 당해 토지와 사업의 관계, 용도 등 제반 사정에 비추어 객관적 · 합리적으로 판단하여야 한다(대판 2010.9.30. 2010다30782). [19 지방7급]
2. 환매는 환매기간 내에 환매의 요건이 발생하면 환매권자가 지급받은 보상금에 상당한 금액을 사업시행자에게 미리 지급하고 일방적으로 의사표시를 함으로써 사업시행자의 의사와 관계없이 환매가 성립한다. 따라서 환매기간 내에 환매대금 상당을 지급하거나 공탁하지 아니한 경우에는 환매로 인한 소유권이전등기 청구를 할 수 없다(대판 2012.8.30. 2011다74109).
3. "보상금의 상당금액"이라 함은 같은 법에 따른 협의취득 당시 토지 등의 소유자가 사업시행자로부터 지급받은 보상금을 의미하며 여기에 환매권 행사 당시까지의 법정이자를 가산한 금액을 말하는 것은 아니다(대판 1994.5.24. 93누17225).
4. '환매권은 부동산등기법이 정하는 바에 의하여 공익사업에 필요한 토지의 협의취득 또는 수용의 등기가 된 때에는 제3자에게 대항할 수 있다'고 정하고 있다. 이는 협의취득 또는 수용의 목적물이 제3자에게 이전되더라도 협의취득 또는 수용의 등기가 되어 있으면 환매권자의 지위가 그대로 유지되어 환매권자는 환매권을 행사할 수 있고, 제3자에 대해서도 이를 주장할 수 있다는 의미이다(대판 2017.3.15. 2015다238963). [19 지방7급]

5. 환매는 환매기간 내에 환매의 요건이 발생하면 환매권자가 지급받은 보상금에 상당한 금액을 사업시행자에게 미리 지급하고 일방적으로 의사표시를 함으로써 사업시행자의 의사와 관계없이 환매가 성립하고, 사업시행자 또는 환매권자가 그 금액의 증감을 법원에 청구하여 법원에서 그 금액이 확정되지 않는 한, 사업시행자는 소로써 법원에 환매대금의 증액을 청구할 수 있을 뿐 환매권 행사로 인한 소유권이전등기 청구소송에서 환매대금 증액청구권을 내세워 증액된 환매대금과 보상금 상당액의 차액을 지급할 것을 선이행 또는 동시이행의 항변으로 주장할 수 없다(대판 2006.12.21. 2006다49277).

환매권 행사로 인한 소유권이전등기 청구소송에서 사업시행자는 환매대금 증액청구권을 내세워 증액된 환매대금과 보상금 상당액의 차액을 지급할 것을 동시이행의 항변으로 주장할 수 있다. (○, ×) [19 지방7급]

⑥ 환매권 행사의 제한 – 공익사업의 변환

토지보상법 제91조【환매권】⑥ 국가, 지방자치단체 또는 「공공기관의 운영에 관한 법률」 제4조에 따른 공공기관 중 대통령령으로 정하는 공공기관이 사업인정을 받아 공익사업에 필요한 토지를 협의취득하거나 수용한 후 해당 공익사업이 제4조 제1호부터 제5호까지에 규정된 다른 공익사업(별표에 따른 사업이 제4조 제1호부터 제5호까지에 규정된 공익사업에 해당하는 경우를 포함한다)으로 변경된 경우 제1항 및 제2항에 따른 환매권 행사기간은 관보에 해당 공익사업의 변경을 고시한 날부터 기산(起算)한다. 이 경우 국가, 지방자치단체 또는 「공공기관의 운영에 관한 법률」 제4조에 따른 공공기관 중 대통령령으로 정하는 공공기관은 공익사업이 변경된 사실을 대통령령으로 정하는 바에 따라 환매권자에게 통지하여야 한다.

변환되는 새로운 사업은 「공익사업을 위한 토지 등의 취득 및 보상에 관한 법률」 제4조 제1호부터 제5호까지에 규정된 공익사업이어야 한다.

판례

1. "공익사업의 변환"이 국가·지방자치단체 또는 정부투자기관이 사업인정을 받아 토지를 협의취득 또는 수용한 경우에 한하여, 그것도 사업인정을 받은 공익사업이 공익성의 정도가 높은 토지수용법 제3조 제1호 내지 제4호에 규정된 다른 공익사업으로 변경된 경우에만 허용되도록 규정하고 있는 토지수용법 제71조 제7항 등 관계법령의 규정내용이나 그 입법이유 등으로 미루어 볼 때, 같은 법 제71조 제7항 소정의 "공익사업의 변환"이 국가·지방자치단체 또는 정부투자기관 등 기업자(또는 사업시행자)가 동일한 경우에만 허용되는 것으로 해석되지는 않는다(대판 1994.1.25. 93다11760).
2. 공익사업의 변환을 인정하기 위해서는 적어도 변경된 사업의 사업시행자가 당해 토지를 소유하고 있어야 한다. 공익사업을 위해 협의취득하거나 수용한 토지가 제3자에게 처분된 경우에는 특별한 사정이 없는 한 그 토지는 당해 공익사업에는 필요 없게 된 것이라고 보아야 하고, 변경된 공익사업에 관해서도 마찬가지이므로, 그 토지가 변경된 사업의 사업시행자 아닌 제3자에게 처분된 경우에는 공익사업의 변환을 인정할 여지도 없다(대판 2010.9.30. 2010다30782).

PART 05

07 행정상 손실보상의 방법

1. 금전보상의 원칙

(1) 의의

「공익사업을 위한 토지 등의 취득 및 보상에 관한 법률」상 손실보상은 원칙적으로 토지 등의 현물로 보상하여야 하고, 현금으로 지급하는 것은 다른 법률에 특별한 규정이 있는 경우에 예외적으로 허용된다. (○, ×) [17 국가9급(下), 14 국가7급]

손실보상은 현금으로 지급하는 것이 원칙이나, 일정한 경우 현물보상, 채권보상, 매수보상, 대토보상과 같은 다른 방법으로 하는 것도 가능하다.

(2) 예외

① 현물보상

「도시 및 주거환경정비법」에 따르면 일정한 경우 건축시설물 등 현물로 보상이 이루어질 수도 있다. 공용환지나 공용환권 등이 이에 해당한다.

② 채권보상

토지보상법 제63조 【현금보상 등】 ⑦ 사업시행자가 국가, 지방자치단체, 그 밖에 대통령령으로 정하는 「공공기관의 운영에 관한 법률」에 따라 지정·고시된 공공기관 및 공공단체인 경우로서 다음 각 호의 어느 하나에 해당되는 경우에는 제1항 본문에도 불구하고 해당 사업시행자가 발행하는 채권으로 지급할 수 있다.
1. 토지소유자나 관계인이 원하는 경우
2. 사업인정을 받은 사업의 경우에는 대통령령으로 정하는 부재부동산 소유자의 토지에 대한 보상금이 대통령령으로 정하는 일정 금액을 초과하는 경우로서 그 초과하는 금액에 대하여 보상하는 경우

⑧ 토지투기가 우려되는 지역으로서 대통령령으로 정하는 지역에서 다음 각 호의 어느 하나에 해당하는 공익사업을 시행하는 자 중 대통령령으로 정하는 「공공기관의 운영에 관한 법률」에 따라 지정·고시된 공공기관 및 공공단체는 제7항에도 불구하고 제7항 제2호에 따른 부재부동산 소유자의 토지에 대한 보상금 중 대통령령으로 정하는 1억 원 이상의 일정 금액을 초과하는 부분에 대하여는 해당 사업시행자가 발행하는 채권으로 지급하여야 한다.
1. 「택지개발촉진법」에 따른 택지개발사업
2. 「산업입지 및 개발에 관한 법률」에 따른 산업단지개발사업
3. 그 밖에 대규모 개발사업으로서 대통령령으로 정하는 사업

토지투기가 우려되는 지역으로서 대통령령이 정하는 지역 안에서 「택지개발촉진법」에 의한 택지개발사업을 시행하는 공공단체는 부재부동산 소유자의 토지에 대한 보상금 중 대통령령이 정하는 1억 원 이상의 일정금액을 초과하는 부분에 대하여는 해당 사업시행자가 발행하는 채권으로 지급할 수 있다. (○, ×) [11 지방7급]

사업시행자가 국가·지방자치단체 그 밖에 대통령령이 정하는 정부투자기관 및 공공단체 등인 경우로서 토지소유자 또는 관계인이 원하는 경우, 대통령령이 정하는 부재부동산소유자의 토지에 대한 보상금이 1억 원을 초과하는 경우 그 초과하는 금액에 대하여 채권으로 보상할 수 있다. 토지투기가 우려되는 지역으로서, 「택지개발촉진법」에 의한 택지개발사업, 「산업입지 및 개발에 관한 법률」에 의한 산업단지개발사업, 그 밖에 대규모 개발사업으로서 대통령령이 정하는 사업의 시행자 중 공공기관 및 공공단체는 1억 원 이상의 일정금액을 초과하는 부분에 대하여는 당해 사업시행자가 발행하는 채권으로 지급하여야 한다.

채권보상이 의무적으로 요구되는 경우도 있다. (○, ×) [09 국회8급]

③ 매수보상

물건의 사용 기타의 이용제한에 따라 종래의 이용목적에 제공하는 것이 곤란하게 된 경우에 상대방에게 그 물건의 매수청구권을 인정하고, 이에 따라 그 물건을 매수함으로써 실질적으로 보상을 행하는 방법이다(토지보상법 제74조).

④ 대토보상

토지소유자가 원하는 경우로서 사업시행자가 해당 공익사업의 합리적인 토지이용계획과 사업계획 등을 고려하여 토지로 보상이 가능한 경우에는 공익사업의 시행으로 조성된 토지로 보상할 수 있다(토지보상법 제63조 제1항).

2. 사전보상의 원칙

토지보상법 제62조【사전보상】사업시행자는 해당 공익사업을 위한 공사에 착수하기 이전에 토지소유자와 관계인에게 보상액 전액(全額)을 지급하여야 한다. 다만, 제38조에 따른 천재지변 시의 토지 사용과 제39조에 따른 시급한 토지 사용의 경우 또는 토지소유자 및 관계인의 승낙이 있는 경우에는 그러하지 아니하다.

한편 후급의 경우 이자와 물가변동에 따른 불이익은 보상책임자가 부담하여야 한다.

판례

기업자의 토지수용으로 인한 손실보상금 지급의무는 그 수용의 시기로부터 발생하고, 현실적으로 구체적인 손실보상금액이 재결이나 행정소송의 절차에 의하여 확정되어진다 하여 달리 볼 것이 아니며 재결절차에서 정한 보상액과 행정소송절차에서 정한 보상금액의 차액 역시 수용과 대가관계에 있는 손실보상의 일부이므로 동 차액이 수용의 시기에 지급되지 않은 이상 이에 대한 지연손해금이 발생하는 것은 당연하다(대판 1991.12.24. 91누308).

3. 개인별 보상의 원칙

토지보상법 제64조【개인별 보상】손실보상은 토지소유자나 관계인에게 개인별로 하여야 한다. 다만, 개인별로 보상액을 산정할 수 없을 때에는 그러하지 아니하다.

판례

보상은 수용 또는 사용의 대상이 되는 물건별로 하는 것이 아니라 피보상자 개인별로 행하여지는 것이라고 할 것이어서 피보상자는 수용 대상물건 중 전부 또는 일부에 관하여 불복이 있는 경우 그 불복의 사유를 주장하여 행정소송을 제기할 수 있다(대판 2000.1.28. 97누11720).

4. 전액보상의 원칙

사업시행자는 해당 공익사업을 위한 공사에 착수하기 전에 토지소유자와 관계인에게 보상액의 전액을 지급하여야 한다는 원칙으로서, 이때 말하는 전액의 지급은 통상 일시급으로 이루어진다(토지보상법 제62조).

토지의 이용에 대한 공용제한을 하는 경우 현행법상 토지매수청구권을 부여하는 경우도 있다. (○, ×) [09 국회8급]

판례에 따르면 재결절차에서 정한 보상액과 행정소송절차에서 정한 보상금액의 차액이 수용시기에 지급되지 않은 이상 지연손해금이 당연히 발생한다고 보았다. (○, ×) [11 국회9급]

공익사업을 시행하는 경우에는 사전보상이 원칙이나, 천재지변시의 토지 사용의 경우에는 사업시행자가 후급할 수 있고 이때의 지연이자는 부담하지 않는다. (○, ×) [08 지방9급]

「공익사업을 위한 토지 등의 취득 및 보상에 관한 법률」에 따른 보상은 토지소유자나 관계인 개인별로 하는 것이 아니라 수용 또는 사용의 대상이 되는 물건별로 행해지는 것이다. (○, ×) [21 국가7급]

공익사업에 필요한 토지 등의 취득 또는 사용으로 인하여 토지소유자나 관계인이 입은 손실은 사업시행자가 보상하여야 한다. (○, ×) [17 서울9급, 13 국가9급]

사업시행자는 동일한 사업지역에 보상시기를 달리하는 동일인 소유의 토지등이 여러 개가 있는 경우 토지등의 소유자가 일괄보상을 요구하더라도 「공익사업을 위한 토지 등의 취득 및 보상에 관한 법률」에 따라 단계적으로 보상금을 지급하여야 한다. (○, ×) [23 국가9급, 17 서울9급]

사업시행자는 동일한 토지소유자에 속하는 일단의 토지의 일부를 취득 또는 사용하는 경우 당해 공익사업의 시행으로 인하여 잔여지의 가격이 증가하거나 그 밖의 이익이 발생한 때에도 그 이익을 그 취득 또는 사용으로 인한 손실과 상계할 수 없다. (○, ×) [13 국가9급]

5. 사업시행자보상의 원칙

토지보상법 제61조【사업시행자 보상】 공익사업에 필요한 토지등의 취득 또는 사용으로 인하여 토지소유자나 관계인이 입은 손실은 사업시행자가 보상하여야 한다.

6. 일괄보상의 원칙

토지보상법 제65조【일괄보상】 사업시행자는 동일한 사업지역에 보상시기를 달리하는 동일인 소유의 토지등이 여러 개 있는 경우 토지소유자나 관계인이 요구할 때에는 한꺼번에 보상금을 지급하도록 하여야 한다.

7. 사업시행이익과의 상계금지

토지보상법 제66조【사업시행 이익과의 상계금지】 사업시행자는 동일한 소유자에게 속하는 일단(一團)의 토지의 일부를 취득하거나 사용하는 경우 해당 공익사업의 시행으로 인하여 잔여지(殘餘地)의 가격이 증가하거나 그 밖의 이익이 발생한 경우에도 그 이익을 그 취득 또는 사용으로 인한 손실과 상계(相計)할 수 없다.

08 행정상 손실보상의 절차와 불복

1. 토지보상법상의 손실보상절차

(1) 협의전치주의

토지보상법 제16조【협의】 사업시행자는 토지등에 대한 보상에 관하여 토지소유자 및 관계인과 성실하게 협의하여야 하며, 협의의 절차 및 방법 등 협의에 필요한 사항은 대통령령으로 정한다.

토지보상법 제26조【협의 등 절차의 준용】 ① 제20조에 따른 사업인정을 받은 사업시행자는 토지조서 및 물건조서의 작성, 보상계획의 공고·통지 및 열람, 보상액의 산정과 토지소유자 및 관계인과의 협의 절차를 거쳐야 한다.

토지보상법 제29조【협의 성립의 확인】 ① 사업시행자와 토지소유자 및 관계인 간에 제26조에 따른 절차를 거쳐 협의가 성립되었을 때에는 사업시행자는 제28조 제1항에 따른 재결 신청기간 이내에 해당 토지소유자 및 관계인의 동의를 받아 대통령령으로 정하는 바에 따라 관할 토지수용위원회에 협의 성립의 확인을 신청할 수 있다.
④ 제1항 및 제3항에 따른 확인은 이 법에 따른 재결로 보며, 사업시행자, 토지소유자 및 관계인은 그 확인된 협의의 성립이나 내용을 다툴 수 없다.

판례

1. 공익사업을 위한 토지 등의 취득 및 보상에 관한 법령에 의한 협의취득은 사법상의 법률행위이므로 당사자 사이의 자유로운 의사에 따라 채무불이행책임이나 매매대금 과부족금에 대한 지급의무를 약정할 수 있다(대판 2012.2.23. 2010다91206). **[23 국가9급, 20 국가7급]**
2. 공익사업을 위한 토지 등의 취득 및 보상에 관한 법률에 의한 보상합의는 공공기관이 사경제주체로서 행하는 사법상 계약의 실질을 가지는 것이다. 손실보상금에 관한 당사자 간의 합의가 성립하면 그 합의 내용대로 구속력이 있고, 손실보상금에 관한 합의 내용이 공익사업법에서 정하는 손실보상 기준에 맞지 않는다고 하더라도 합의가 적법하게 취소되는 등의 특별한 사정이 없는 한 추가로 공익사업법상 기준에 따른 손실보상금 청구를 할 수는 없다(대판 2013.8.22. 2012다3517). **[18 국가7급]**
3. 토지보상법상 '협의취득'의 성격은 사법상 매매계약이므로 그 이행으로 인한 사업시행자의 소유권 취득도 승계취득이다. 그런데 토지보상법 제29조 제3항에 따른 신청이 수리됨으로써 협의 성립의 확인이 있었던 것으로 간주되면, 토지보상법 제29조 제4항에 따라 그에 관한 재결이 있었던 것으로 재차 의제되고, 그에 따라 사업시행자는 사법상 매매의 효력만을 갖는 협의취득과는 달리 확인대상 토지를 수용재결의 경우와 동일하게 원시취득하는 효과를 누리게 된다(대판 2018.12.13. 2016두51719). **[23 국가7급]**

> 공익사업을 위한 토지 등의 취득 및 보상에 관한 법령에 의한 협의취득은 사법상의 법률행위이지만 당사자 사이의 자유로운 의사에 따라 채무불이행책임이나 매매대금 과부족금에 대한 지급의무를 약정할 수 있는 것은 아니다. (○, ×) [24 국가9급]

> 「공익사업을 위한 토지 등의 취득 및 보상에 관한 법률」에 의한 보상합의는 공공기관이 사경제주체로서 행하는 사법상 계약의 실질을 가진다. (○, ×) [19 지방9급]

> 협의취득으로 인한 사업시행자의 토지에 대한 소유권 취득은 승계취득이므로 관할 토지수용위원회에 의한 협의 성립의 확인이 있었더라도 사업시행자는 수용재결의 경우와 동일하게 그 토지에 대한 원시취득의 효과를 누릴 수 없다. (○, ×) [20 국가7급]

(2) 토지수용위원회의 재결

① 사업자의 재결신청

재결신청에 따라 내려지는 최초의 재결을 수용재결이라고 한다.

토지보상법 제28조 【재결의 신청】 ① 제26조에 따른 협의가 성립되지 아니하거나 협의를 할 수 없을 때(제26조 제2항 단서에 따른 협의 요구가 없을 때를 포함한다)에는 사업시행자는 사업인정고시가 된 날부터 1년 이내에 대통령령으로 정하는 바에 따라 관할 토지수용위원회에 재결을 신청할 수 있다.

토지보상법 제23조 【사업인정의 실효】 ① 사업시행자가 제22조 제1항에 따른 사업인정의 고시(이하 "사업인정고시"라 한다)가 된 날부터 1년 이내에 제28조 제1항에 따른 재결신청을 하지 아니한 경우에는 사업인정고시가 된 날부터 1년이 되는 날의 다음 날에 사업인정은 그 효력을 상실한다.

판례

'협의가 성립되지 아니한 때'에는 사업시행자가 토지소유자 등과 공익사업법 제26조에서 정한 협의절차를 거쳤으나 보상액 등에 관하여 협의가 성립하지 아니한 경우는 물론 토지소유자 등이 손실보상대상에 해당한다고 주장하며 보상을 요구하는데도 사업시행자가 손실보상대상에 해당하지 아니한다며 보상대상에서 이를 제외한 채 협의를 하지 않아 결국 협의가 성립하지 않은 경우도 포함된다(대판 2011.7.14. 2011두2309).

> 토지소유자 등이 손실보상대상에 해당한다고 주장하며 보상을 요구하는데도 사업시행자가 손실보상대상에 해당하지 아니한다며 보상대상에서 이를 제외한 채 협의를 하지 않아 결국 협의가 성립하지 않은 경우, 토지소유자 등에게는 재결신청 청구권이 인정된다. (○, ×) [22 지방7급]

② 피수용자의 재결신청청구

피수용자인 토지소유자 및 관계인은 토지수용위원회에 재결을 신청할 수는 없고 협의가 성립되지 아니하였을 때에는 토지소유자와 관계인은 서면으로 사업시행자에게 재결을 신청할 것을 청구할 수 있다.

공익사업을 위한 토지 등의 취득 및 보상에 관한 법률에 따를 경우, 피수용자는 토지수용위원회에 재결을 신청할 수는 없고 협의가 성립되지 아니하였을 때에는 토지소유자와 관계인은 서면으로 사업시행자에게 재결을 신청할 것을 청구할 수 있다. (○, ×) [14 국회8급]

토지보상법 제30조【재결 신청의 청구】 ① 사업인정고시가 된 후 협의가 성립되지 아니하였을 때에는 토지소유자와 관계인은 대통령령으로 정하는 바에 따라 서면으로 사업시행자에게 재결을 신청할 것을 청구할 수 있다.
② 사업시행자는 제1항에 따른 청구를 받았을 때에는 그 청구를 받은 날부터 60일 이내에 대통령령으로 정하는 바에 따라 관할 토지수용위원회에 재결을 신청하여야 한다.

판례

사업시행자만이 재결을 신청할 수 있고 토지소유자와 관계인은 사업시행자에게 재결신청을 청구하도록 규정하고 있으므로, 토지소유자나 관계인의 재결신청 청구에도 불구하고 사업시행자가 재결신청을 하지 않을 때 토지소유자나 관계인은 사업시행자를 상대로 거부처분 취소소송 또는 부작위 위법확인소송의 방법으로 다투어야 한다. 구체적인 사안에서 토지소유자나 관계인의 재결신청 청구가 적법하여 사업시행자가 재결신청을 할 의무가 있는지는 본안에서 사업시행자의 거부처분이나 부작위가 적법한가를 판단하는 단계에서 고려할 요소이지, 소송요건 심사단계에서 고려할 요소가 아니다(대판 2019.8.29. 2018두57865).

사업시행자가 토지소유자 등의 재결신청의 청구를 거부하는 경우, 토지소유자 등은 민사소송의 방법으로 그 절차 이행을 구할 수 있다. (○, ×) [22 지방7급]

③ 재결의 내용 및 형식

토지보상법 제34조【재결】 ① 토지수용위원회의 재결은 서면으로 한다.
② 제1항에 따른 재결서에는 주문 및 그 이유와 재결일을 적고, 위원장 및 회의에 참석한 위원이 기명날인한 후 그 정본(正本)을 사업시행자, 토지소유자 및 관계인에게 송달하여야 한다.

④ 재결의 효과 및 범위

토지보상법 제45조【권리의 취득 · 소멸 및 제한】 ① 사업시행자는 수용의 개시일에 토지나 물건의 소유권을 취득하며, 그 토지나 물건에 관한 다른 권리는 이와 동시에 소멸한다.
② 사업시행자는 사용의 개시일에 토지나 물건의 사용권을 취득하며, 그 토지나 물건에 관한 다른 권리는 사용 기간 중에는 행사하지 못한다.
③ 토지수용위원회의 재결로 인정된 권리는 제1항 및 제2항에도 불구하고 소멸되거나 그 행사가 정지되지 아니한다.

토지보상법 제50조【재결사항】 ② 토지수용위원회는 사업시행자, 토지소유자 또는 관계인이 신청한 범위에서 재결하여야 한다. 다만, 제1항 제2호의 손실보상의 경우에는 증액재결(增額裁決)을 할 수 있다. [21 서울7급]

토지수용위원회는 손실보상의 신청범위와 관계없이 손실보상의 증액재결을 할 수 없다. (○, ×) [11 국가9급]

판례

토지수용위원회의 수용재결이 있은 후라고 하더라도 토지소유자 등과 사업시행자가 다시 협의하여 토지 등의 취득이나 사용 및 그에 대한 보상에 관하여 임의로 계약을 체결할 수 있다(대판 2017.4.13. 2016두64241). [23 국가7급, 22 지방7급]

(3) 이의신청

① 재결에 대한 이의신청

> **토지보상법 제83조 【이의의 신청】** ① 중앙토지수용위원회의 제34조에 따른 재결에 이의가 있는 자는 중앙토지수용위원회에 이의를 신청할 수 있다.
> ② 지방토지수용위원회의 제34조에 따른 재결에 이의가 있는 자는 해당 지방토지수용위원회를 거쳐 중앙토지수용위원회에 이의를 신청할 수 있다. [22 국가7급]
> ③ 제1항 및 제2항에 따른 이의의 신청은 재결서의 정본을 받은 날부터 30일 이내에 하여야 한다.

이의신청은 행정심판으로서의 성질을 가지며, 토지보상법상 이의신청에 관한 규정은 행정심판법에 대한 특별규정으로서 임의적 절차에 불과하다.

② 이의신청에 대한 재결의 취소·변경

> **토지보상법 제84조 【이의신청에 대한 재결】** ① 중앙토지수용위원회는 제83조에 따른 이의신청을 받은 경우 제34조에 따른 재결이 위법하거나 부당하다고 인정할 때에는 그 재결의 전부 또는 일부를 취소하거나 보상액을 변경할 수 있다.

③ 이의신청에 대한 재결의 효력

> **토지보상법 제86조 【이의신청에 대한 재결의 효력】** ① 제85조 제1항에 따른 기간 이내에 소송이 제기되지 아니하거나 그 밖의 사유로 이의신청에 대한 재결이 확정된 때에는 「민사소송법」상의 확정판결이 있은 것으로 보며, 재결서 정본은 집행력 있는 판결의 정본과 동일한 효력을 가진다. [16 국가7급]

(4) 행정소송

① 의의 및 방법

사업시행자·토지소유자 또는 관계인은 재결 또는 이의신청에 대하여 불복이 있는 때에는 행정소송을 제기할 수 있다.

> **토지보상법 제85조 【행정소송의 제기】** ① 사업시행자, 토지소유자 또는 관계인은 제34조에 따른 재결에 불복할 때에는 재결서를 받은 날부터 90일 이내에, 이의신청을 거쳤을 때에는 이의신청에 대한 재결서를 받은 날부터 60일 이내에 각각 행정소송을 제기할 수 있다. [23 지방7급, 21 지방7급] 이 경우 사업시행자는 행정소송을 제기하기 전에 제84조에 따라 늘어난 보상금을 공탁하여야 하며, 보상금을 받을 자는 공탁된 보상금을 소송이 종결될 때까지 수령할 수 없다.

② 수용재결취소소송

㉠ 의의

사업시행자·토지소유자 또는 관계인은 협의가 성립되지 아니하여 행한 재결 또는 이의신청에 대한 재결에서 수용재결부분에 대하여 불복이 있는 때에는 취소소송 또는 무효 등 확인소송을 제기할 수 있다. 수용 자체를 다투는 경우 제기하는 소송이다. [22 국가9급]

수용재결에 대해 취소소송으로 다투기 위해서는 중앙토지수용위원회의 이의재결을 거쳐야 한다. (○, ×) [16 서울7급, 13 국회8급]

수용재결에 불복할 때에는 그 재결서를 받은 날부터 60일 이내에, 이의신청을 거쳤을 때에는 이의신청에 대한 재결서를 받은 날부터 30일 이내에 각각 행정소송을 제기하여야 한다. (○, ×) [22 국가7급]

PART 05

토지수용에 관한 행정소송에 있어서 토지소유자는 중앙토지수용위원회의 이의재결에 대하여 불복이 있을 때 제기할 수 있고 수용재결은 행정소송의 대상이 될 수 없다. (○, ×) [21 국가7급, 16 서울7급]

하나의 수용재결에서 여러가지의 토지, 물건, 권리 또는 영업의 손실의 보상에 관하여 심리·판단이 이루어졌을 때, 피보상자는 재결 전부에 관하여 불복하여야 하고 여러 보상항목들 중 일부에 관해서만 개별적으로 불복할 수는 없다. (○, ×) [18 국가7급]

사업시행자, 토지소유자 또는 관계인은 토지수용위원회의 재결에 불복할 때에는 재결서를 받은 날부터 60일 이내에 행정소송을 제기할 수 있다. (○, ×) [11 지방7급]

행정소송의 제기는 사업의 진행 및 토지의 수용 또는 사용을 정지시킨다. (○, ×) [14 국회8급]

㉡ 취소소송의 대상

취소소송의 대상은 토지수용위원회의 재결인 원처분이다. 그런데 지방 또는 중앙토지수용위원회의 재결에 대한 이의신청의 경우에 행정소송법의 원처분주의(행정소송법 제19조)에 따라 이의신청의 재결 자체의 고유한 위법이 있는 경우가 아닌 한 원처분이 소의 대상이라고 할 것이다(대판 2010.1.28. 2008두1504). [22 국가7급, 16 지방9급]

판례

하나의 재결에서 피보상자별로 여러 가지의 토지, 물건, 권리 또는 영업의 손실에 관하여 심리·판단이 이루어졌을 때, 피보상자 또는 사업시행자가 반드시 재결 전부에 관하여 불복하여야 하는 것은 아니며, 여러 보상항목들 중 일부에 관해서만 불복하는 경우에는 그 부분에 관해서만 개별적으로 불복의 사유를 주장하여 행정소송을 제기할 수 있다. [23 지방7급] 이러한 보상금 증감 소송에서 법원의 심판범위는 하나의 재결 내에서 소송당사자가 구체적으로 불복신청을 한 보상항목들로 제한된다. 법원이 구체적인 불복신청이 있는 보상항목들에 관해서 감정을 실시하는 등 심리한 결과, 재결에서 정한 보상금액이 일부 보상항목의 경우 과소하고 다른 보상항목의 경우 과다한 것으로 판명되었다면, 법원은 보상항목 상호 간의 유용을 허용하여 항목별로 과다 부분과 과소 부분을 합산하여 보상금의 합계액을 정당한 보상금으로 결정할 수 있다(대판 2018.5.15. 2017두41221).

㉢ 당사자

원고는 사업시행자·토지수용자 또는 관계인이다. 피고는 행정청인 수용재결을 한 중앙토지수용위원회 또는 지방토지수용위원회이다. [16 국회8급] 다만 이의재결에 대한 재결 자체의 고유한 위법이 있음을 이유로 하는 경우에는 그 이의재결을 한 중앙토지수용위원회가 피고로 된다.

㉣ 제소기간

협의불성립으로 인한 재결에 불복하는 때에는 재결서를 받은 날부터 90일 이내에, 이의신청을 거친 때에는 이의신청에 대한 재결서를 받은 날부터 60일 이내에 제기할 수 있다. 이 경우 행정소송법의 제소기간에 관한 규정은 적용되지 아니한다(대판 1989.3.28. 88누5198). [13 국회8급]

㉤ 집행부정지

토지보상법 제88조 【처분효력의 부정지】 제83조에 따른 이의의 신청이나 제85조에 따른 행정소송의 제기는 사업의 진행 및 토지의 수용 또는 사용을 정지시키지 아니한다. [24 국가9급, 23 지방9급]

③ 보상금증감청구소송

토지보상법 제85조 【행정소송의 제기】 ② 제1항에 따라 제기하려는 행정소송이 보상금의 증감(增減)에 관한 소송인 경우 그 소송을 제기하는 자가 토지소유자 또는 관계인일 때에는 사업시행자를, 사업시행자일 때에는 토지소유자 또는 관계인을 각각 피고로 한다.

㉠ 의의

보상금증감청구소송은 수용재결 중 보상금에 대해서만 불복이 있는 경우에 보상금의 증액 또는 감액을 청구하는 소송이다. 이 소송에서 법원은 보상금을 직접 결정한다.

㉡ 성질

판례

1. 보상금 증액 청구의 소는 토지소유자 등이 사업시행자를 상대로 제기하는 당사자소송의 형식을 취하고 있지만, 토지수용위원회의 재결 중 보상금 산정에 관한 부분에 불복하여 그 증액을 구하는 소이므로 실질적으로는 재결을 다투는 항고소송의 성질을 가진다(대판 2022. 11. 24. 2018두67 전원합의체). [24 국가9급]
2. 법령상 손실보상대상에 해당함에도 관할 토지수용위원회가 사실을 오인하거나 법리를 오해함으로써 손실보상대상에 해당하지 않는다고 잘못된 내용의 재결을 한 경우에는, 피보상자는 관할 토지수용위원회를 상대로 그 재결에 대한 취소소송을 제기할 것이 아니라, 사업시행자를 상대로 구 공익사업을 위한 토지 등의 취득 및 보상에 관한 법률 제85조 제2항에 따른 보상금증감소송을 제기하여야 한다(대판 2018.7.20. 2015두4044).

㉢ 피고

이는 보상금결정에 불복하여 제기하는 소송으로, 해당 소송을 제기하는 자가 토지소유자 또는 관계인인 때에는 사업시행자를, 사업시행자인 때에는 토지소유자 또는 관계인을 각각 피고로 한다. [22 국가7급, 17 지방7급]

㉣ 제소기간

수용재결인 경우에는 재결서를 받은 날부터 90일 이내에, 이의신청을 거친 때에는 이의신청의 재결서를 받은 날부터 60일 이내에 제기할 수 있다(동법 제85조 제1항).

㉤ 보상금 공탁 등

사업시행자는 보상금증감청구소송을 제기하기 전에 이의신청의 재결에서 증액된 보상금은 공탁하여야 하며, 보상금을 받을 자는 공탁된 보상금을 소송이 종결될 때까지 수령할 수 없다(동법 제85조 제1항 후문).

㉥ 집행부정지

보상금증감청구소송의 제기는 사업의 진행 및 토지의 수용 또는 사용을 정지시키지 아니한다(동법 제88조).

판례

1. 표준지공시지가결정이 위법한 경우에는 그 자체를 행정소송의 대상이 되는 행정처분으로 보아 그 위법 여부를 다툴 수 있음은 물론, 수용보상금의 증액을 구하는 소송에서도 선행처분으로서 그 수용대상 토지 가격 산정의 기초가 된 비교표준지공시지가결정의 위법을 독립한 사유로 주장할 수 있다(대판 2008.8.21. 2007두13845). [16 국가7급]
2. 도시계획사업허가의 공고시에 토지세목의 고시를 누락하거나 사업인정을 함에 있어 수용 또는 사용할 토지의 세목을 공시하는 절차를 누락한 경우, 이는 절차상의 위법으로서 수용재결 단계 전의 사업인정 단계에서 다툴 수 있는 취소사유에 해당하기는 하나 더 나아가 그 사업인정 자체를 무효로 할 중대하고 명백한 하자라고 보기는 어렵고, 따라서 이러한 위법을 들어 수용재결처분의 취소를 구하거나 무효확인을 구할 수는 없다(대판 2009.11.26. 2009두11607). [16 지방7급]

수용재결에서 정해진 보상금에 불복하여 보상금의 증액을 청구하려면 수용재결에 대한 취소소송을 제기하여야 한다. (○, ×) [16 서울7급, 13 국회8급]

보상금 증액을 위해 손실보상을 구하는 민사소송을 제기할 수 있다. (○, ×) [22 국가9급]

어떤 보상항목이 공익사업을 위한 토지 등의 취득 및 보상에 관한 법령상 손실보상대상에 해당함에도 관할 토지수용위원회가 사실을 오인하거나 법리를 오해함으로써 손실보상대상에 해당하지 않는다고 잘못된 내용의 재결을 한 경우에는, 피보상자는 관할 토지수용위원회를 상대로 재결취소소송을 제기하여야 한다. (○, ×) [24 국가9급, 23 지방9급]

「공익사업을 위한 토지 등의 취득 및 보상에 관한 법률」상 보상금증액소송은 처분청인 토지수용위원회를 피고로 한다. (○, ×) [21 국가7급, 16 서울9급]

PART 05

2. 기타법률

⑴ 법률의 규정

하천법의 경우는 행정청(국토교통부장관 또는 도지사)이 손실을 받을 자와 협의하고(하천법 제76조 제2항), 협의가 성립되지 아니하거나 협의를 할 수 없는 때에는 관할 토지수용위원회에 재결을 신청할 수 있다(동조 제3항). 공유수면관리법의 경우도 하천법의 경우와 같다.

⑵ 판례

판례

1. 토지가 하천구역에 편입된 경우, 토지소유자는 하천관리청과 협의를 하고 그 협의가 성립되지 아니하거나 협의를 할 수 없을 때에는 관할 토지수용위원회에 재결을 신청하고 그 재결에 불복일 때에는 바로 관할 토지수용위원회를 상대로 재결 자체에 대한 행정소송을 제기하여 그 결과에 따라 손실보상을 받을 수 있을 뿐이고, 직접 하천관리청을 상대로 민사소송으로 손실보상을 청구할 수는 없다(대판 2003.4.25. 2001두1369).
2. 하천법 제50조에 의한 하천수 사용권은 하천을 점용할 수 있는 권리와 마찬가지로 특허에 의한 공물사용권의 일종으로서, 재산적 가치가 있는 구체적인 권리라고 보아야 한다. 따라서 하천법 제50조에 의한 하천수 사용권은 공익사업을 위한 토지 등의 취득 및 보상에 관한 법률 제76조 제1항이 손실보상의 대상으로 규정하고 있는 '물의 사용에 관한 권리'에 해당한다(대판 2018.12.27. 2014두11601). [23 지방9급, 21 국가7급]
3. 문화재보호법은 지방자치단체 또는 지방자치단체의 장에게 시・도지정문화재뿐 아니라 국가지정문화재에 대하여도 일정한 권한 또는 책무를 부여하고 있고, 문화재보호법에 해당 문화재의 지정권자만이 토지 등을 수용할 수 있다는 등의 제한을 두고 있지 않으므로, 국가지정문화재에 대하여 관리단체로 지정된 지방자치단체의 장은 문화재보호법 제83조 제1항 및 토지보상법에 따라 국가지정문화재나 그 보호구역에 있는 토지 등을 수용할 수 있다(대판 2019.2.28. 2017두71031). [21 국가7급]

09 행정상 손해전보제도의 흠결보완

우리 헌법은 손해전보제도에 관하여 국가배상제도(헌법 제29조)와 손실보상제도를 규정하고 있다(헌법 제23조 제3항). 그런데 이러한 손해전보제도에 의하는 것만으로는 충분히 해결되지 아니하는 영역이 존재하고 있다. 이에 대해 수용유사침해보상, 수용적침해보상, 희생보상 및 결과제거청구권 등이 논의된다.

구분	헌법상의 손해전보	수용유사침해	수용적침해	희생보상청구권
개념	① 국가배상제도 공무원의 위법한 직무행위, 영조물의 설치·관리상의 하자로 인한 배상 ② 손실보상제도 국가의 적법·무책한 행위로 인한 재산권의 보상	국가의 무책한 행위로 인한 손실이라는 점에서 손실보상과 다른 요건은 동일하나, 보상규정이 없다는 점에서 위법하다.	적법, 무책한 점에서 다른 요건은 손실보상과 동일하나 침해가 비의도적이라는 점이 다르다(지하철 공사의 장기화에 따른 인근 상가의 매출감소 등).	다른 요건은 손실보상과 동일하나 침해된 것이 재산권이 아니라 생명·신체 등인 경우이다(예방접종 후 부작용 등).
차이점	① 재산권침해 ② 특별한 희생 ③ 침해의 적법성	① 재산권침해 ② 특별한 희생 ③ 침해의 위법성	① 재산권 침해 ② 침해의 비의도성 ③ 특별한 희생 ④ 침해의 적법성	① 비재산적 침해 (생명·신체 등) ② 특별한 희생 ③ 침해의 적법성

PART 05

1. 수용유사침해에 대한 보상

(1) 의의

수용유사침해의 보상이란 위법한 공용침해로 인하여 특별한 희생을 당한 자에 대한 보상을 말한다. 행정상 손실보상의 다른 요건은 갖추고 있으나, 보상에 관한 규정을 두지 아니함으로써 동법률에 근거한 공용침해가 결과적으로 위헌이 된다는 의미의 위법한 공용침해에 대한 보상을 말한다. 이러한 논의는 경계이론과 맥을 같이 한다.

> 수용유사적 침해란 공용침해의 요건을 구비하였으나 보상규정을 결하고 있는 경우를 말한다. (○, ×) [05 서울9급]

> 수용유사침해는 분리이론보다는 경계이론과 밀접한 관련이 있다. (○, ×) [08 국가9급]

(2) 근거

수용유사침해이론의 도입가능성에 관하여 견해가 나뉘고 있다.

부정설	독일에서와 같은 판례법이나 관습법으로서의 희생보상청구권의 법리가 없는 우리나라에서는 수용유사침해이론에 의한 손실보상을 인정할 수 없다.
긍정설	헌법상의 여러 조항(헌법 제11조, 제23조 제1항·제3항, 제37조 제1항·제2항)의 유기적인 해석을 통해 수용유사침해보상을 해결할 수 있다.

판례는 수용유사침해보상의 채택 여부에 대하여 판단하지 않고 있다.

판례

수용유사적 침해의 이론은 국가 기타 공권력의 주체가 위법하게 공권력을 행사하여 국민의 재산권을 침해하였고 그 효과가 실제에 있어서 수용과 다름없을 때에는 적법한 수용이 있는 것과 마찬가지로 국민이 그로 인한 손실의 보상을 청구할 수 있다는 내용으로 이해되는데, 과연 우리 법제하에서 그와 같은 이론을 채택할 수 있는 것인가는 별론으로 하더라도 위에서 본 바에 의하여 이 사건에서 피고 대한민국의 이 사건 주식취득이 그러한 공권력의 행사에 의한 수용유사적 침해에 해당한다고 볼 수는 없다(대판 1993.10.26. 93다6409).

> 수용유사침해는 우리 대법원의 판례를 통해서 발전된 이론으로 그에 관한 명시적인 법률규정은 없다. (○, ×) [08 국가9급]

> 대법원의 판례는 개발제한구역지정으로 인한 재산권 제한을 수용유사침해로 보아 손실보상을 인정하고 있다. (○, ×) [03 국가7급]

통상적인 공용침해가 적법·무책인데 비하여 수용유사침해는 위법·유책이다. (○, ×) [08 국가9급]

(3) 성립요건

수용유사침해보상의 성립요건은 ① 재산권 침해, ② 공용침해, ③ 특별한 희생, ④ 침해의 위법성 등이다. 여기서 위법은 공용침해 자체는 법률에 근거하여 행하여졌으나, 그 법률에서 손실보상에 관하여 규정하지 않았기 때문에 공용침해를 규정한 법률이 위헌이 된다는 의미의 위법이다. 수용유사침해의 전형적인 태양은 위법·무책의 침해이다.

2. 수용적 침해에 대한 보상

(1) 의의

수용적 침해에 대한 보상이란 적법한 행정작용의 결과 비전형적이고 비의도적인 부수적 효과로써 타인의 재산권에 수용적 효과를 가져오는 침해에 대한 보상을 말한다. 수용적 침해는 적법한 것이기 때문에 애초에 상대방은 그 침해를 수인할 의무가 있었으나 시간의 흐름에 따라 수인할 의무가 없을 정도의 침해로 된 경우이다. 대표적으로 지하철 공사의 장기화에 따른 인한 상가의 영업손실 등이 논의된다.

(2) 근거

수용적 침해이론도 수용유사침해이론과 마찬가지로 독일의 연방최고법원의 판례를 통해 성립·발전하였다. 우리나라에서 수용적 침해보상의 인정 가능성에 관해 헌법 제23조 제3항을 유추적용하자는 견해, 헌법 제23조 제3항을 직접적용하자는 견해, 입법적으로 해결해야 한다는 견해 등이 대립되고 있다.

(3) 성립요건

수용적 침해보상의 성립요건은 ① 재산권 침해, ② 공용침해, ③ 침해의 비의도성, ④ 특별한 희생, ⑤ 침해의 적법성 등이다. 여기서 침해는 의도되지 않은 침해를 말하며, 적법판단의 대상은 의도되지 않은 효과가 손해로 나타난 처분이다.

(4) 타 손해전보와의 구별

수용유사의 침해란 타인의 재산권에 대한 위법한 공용침해를 말하고, 수용적 침해란 적법한 행정작용의 이형적·비의욕적인 부수적 결과로서 타인의 재산권에 수용적 영향을 가하는 침해를 말한다. (○, ×) [03 국가7급]

수용적 침해는 예측할 수 없고 따라서 당초에 법률에 의해 규율되지 않은 희생을 수반하는 점에서 예측할 수 있는 특별한 희생을 수반하는 본래의 의미의 공용침해와 구별되며, 또한 침해 그 자체가 적법한 행정작용에 의한 것이라는 점에서 침해 그 자체가 위법한 수용유사침해와 구별된다.

3. 희생보상청구권

(1) 의의

희생보상청구권은 행정청의 적법한 공권력행사에 의하여 개인의 비재산적인 법익(생명·신체 등)에 가해진 손실에 대한 보상청구권을 말한다. 대표적으로 국립병원의사가 법률에 의해 강제되는 예방주사를 접종하였는데 특이체질의 사람이 이로 인해 병을 얻은 경우 등이 논의된다.

(2) 근거

우리나라에서는 일반적인 제도로서 독일법상 관습법적인 희생보상청구권은 인정되지 않고 있으나, 개별법률에서 희생보상청구권이 인정된다. 예를 들어 예방접종을 받은 자가 그로 인해 질병에 걸리거나 장애인이 된 경우에 보상을 인정하는 감염병의 예방 및 관리에 관한 법률, 소방활동에 종사한 사람이 사망 또는 부상을 입은 경우에 보상을 인정하는 소방기본법을 들 수 있다.

(3) 성립요건

희생보상청구권의 성립요건은 ① 비재산적 침해, ② 공용침해, ③ 특별한 희생, ④ 침해의 적법성 등이다.

(4) 보상의 내용

희생보상청구권의 행사로 주장되는 보상내용은 비재산적 법익의 침해로 인해 발생한 재산적 손실이다. 그 내용에는 치료비용, 요양비용 등이 포함되지만, 정신적 피해로 인한 위자료청구는 인정되지 않는다.

4. 행정상 결과제거청구권

(1) 의의

행정상 결과제거청구권이란 위법한 행정작용의 결과로서 남아 있는 상태로 인하여 자기의 법률상 이익을 침해받고 있는 자가 행정주체에 대하여 그 위법한 상태를 제거하여 줄 것을 청구하는 일종의 원상회복청구권을 의미한다. 예컨대 토지수용의 취소처분에도 불구하고 토지를 반환하지 않고 있는 경우의 반환청구가 이에 해당한다. 행정상 결과제거청구권은 행정상의 손실보상·손해배상 또는 행정쟁송에 의하여 권리구제를 받지 못하는 경우에 기존의 권리구제제도를 보완하기 위하여 성립된 것으로서 그 법리는 민법에서 규정한 소유물방해배제청구와 유사하다.

> 공법상 결과제거청구권은 공행정작용으로 인하여 야기된 위법한 상태를 제거하여 그 원상회복을 목적으로 하는 권리이다. (○, ×) [10 지방7급]

(2) 손해배상청구권의 차이

손해배상은 금전에 의한 배상을 목적으로 하지만, 결과제거청구권은 위법한 결과의 제거를 통한 원상회복을 목적으로 한다. 또한 손해배상은 가해행위의 위법과 가해자의 고의 또는 과실을 요건으로 하지만 결과제거청구권은 가해행위의 위법이 아닌 결과의 위법성이 문제되는 것이며 가해자의 고의·과실을 요하지 않는다는 점에서 차이가 있다.

> 공법상 결과제거청구는 가해행위의 위법 및 가해자의 고의 또는 과실을 요건으로 한다. (○, ×) [10 지방7급]

(3) 법적 성질

결과제거청구권은 물권적 내용을 가지지 않는 경우에도 발생할 수 있으므로 물권적 청구권에 한정할 것은 아니라는 것이 다수설의 견해이다. 결과제거청구권의 성질에 대해 사권으로 보는 견해도 있으나, 결과제거청구권은 행정주체의 공행정작용으로 인해 야기된 위법상태를 제거하는 데 목적이 있다는 점에서 공권으로 보는 것이 다수설의 견해이다.

(4) 결과제거청구권의 요건

① 행정주체의 공행정작용으로 인한 침해

이에는 법적행위뿐 아니라 사실행위도 포함되고, 권력작용뿐 아니라 비권력적 작용도 포함된다. 그러나 사법(私法)적 작용의 경우에는 민법상의 원상회복·방해배제청구권(민법 제213조·제214조)에 의하기 때문에 제외된다.

타인의 법률상 이익을 침해하는 것뿐만 아니라, 사실상의 이익을 침해하는 경우에도 결과제거청구권이 성립한다. (○, ×) [05 서울9급]

공법상 결과제거청구에 있어서 위법한 상태는 적법한 행정작용의 효력의 상실에 의해 사후적으로 발생할 수도 있다. (○, ×) [10 지방7급]

퇴거조치를 요구함에 있어 파손된 부분에 대한 원상회복도 청구할 수 있다. (○, ×) [08 국회8급]

공법상 결과제거청구권은 공행정작용의 직접적인 결과만을 그 대상으로 한다. (○, ×) [10 지방7급]

② 타인의 법률상 이익의 침해

공행정작용으로 인하여 야기된 결과적 상태가 타인의 권리 또는 법률상 이익을 침해하고 있어야 한다. 여기서 권리 또는 법률상 이익에는 명예·호평 등 정신적인 것까지도 포함된다. 한편 단순히 사실상의 이익을 침해하는 경우에는 결과제거청구권이 성립하지 않는다.

③ 위법한 상태의 존재

행정주체의 공행정작용으로 인하여 야기된 결과가 위법한 상태로 존재하고 있어야 한다. 여기서 위법성은 처음부터 발생할 수도 있으며, 기간의 경과 또는 해제조건의 성취 등에 의해 사후에 발생할 수도 있다. 위법하기는 하지만 무효가 아닌 행정행위, 즉 취소할 수 있는 행정행위는 취소되기 전까지는 공정력이 있기 때문에 이 청구권이 성립되지 않는다.

④ 위법한 상태의 계속

공행정작용에 의하여 야기된 결과적 상태가 위법한 상태로 계속 존재하고 있어야 한다. 따라서 결과로서의 상태는 존재하지 않고 권리침해로서의 불이익만 남아 있는 경우에는 국가배상·손실보상의 문제만이 고려될 수 있을 뿐이다.

⑸ 결과제거청구권의 내용

원상회복의 청구	결과제거청구권은 위법한 공행정작용으로 발생한 또는 사후적으로 위법하게 된 상태의 직접적인 제거만을 목적으로 한다. 예컨대 행정청이 무주택자에게 특정 주택에 입주하도록 한 경우에 주택소유자는 행정청에게 무주택자를 퇴거시킬 것을 청구할 수 있을 뿐 무주택자가 손상시킨 부분의 원상회복을 청구할 수 없다.
직접적 결과의 제거	결과제거청구권은 위법한 공행정작용으로 인한 직접적 결과의 제거만을 대상으로 하고 간접적인 결과의 제거는 그 내용으로 하지 않는다. 간접적인 결과는 손해전보를 통해서 해결해야 한다. 예를 들어 운전면허증의 압수가 취소되었음에도 행정청이 그것을 반환하지 않는 경우 운전면허증의 반환을 청구하는 것은 가능하나 간접적인 결과는 결과제거청구가 아닌 손해전보를 통해서 해결해야 한다.

⑹ 행정상 결과제거청구권에 대한 쟁송절차

행정상의 결과제거청구권에 관한 쟁송은 행정소송의 일종으로서 당사자소송의 성격을 가지므로 당연히 행정소송법의 적용이 있고(행정소송법 제3조·제4조), 당사자소송은 독자적으로 제기하거나 처분 등의 취소소송에 관련청구소송으로서 병합하여 제기할 수 있다(동법 제10조). 그러나 현재 판례상 공법상 위법상태의 제거를 구하는 당사자소송(사실행위의 이행을 구하는 당사자소송)은 원칙적으로 인정되고 있지 않다.

CHAPTER
03 행정심판

제 1 절 행정심판의 의의

01 행정심판의 개념

행정심판이란 행정청의 위법 또는 부당한 처분 등으로 인하여 권리나 이익을 침해당한 자가 행정기관에 대하여 그 시정을 구하는 절차를 말한다. 실정법상으로는 행정심판 이외에 이의신청, 심사청구, 재심청구 등 여러 가지 용어를 사용하고 있다.

02 행정심판의 성격

행정심판은 행정상의 분쟁에 관하여 그 분쟁을 심리・판단하는 판단작용의 성질과, 행정법질서를 유지・형성하여 행정목적을 실현하는 행정행위의 성질 등 이중적 성격을 지니고 있다.

03 행정심판의 근거

1. 헌법적 근거

헌재 판례

헌법 제107조 제3항은 "재판의 전심절차로서 행정심판을 할 수 있다. 행정심판의 절차는 법률로 정하되, 사법절차가 준용되어야 한다"고 규정하고 있으므로, 입법자가 행정심판을 전심절차가 아니라 종심절차로 규정함으로써 정식재판의 기회를 배제하거나, 어떤 행정심판을 필요적 전심절차로 규정하면서도 그 절차에 사법절차가 준용되지 않는다면 이는 헌법 제107조 제3항, 나아가 재판청구권을 보장하고 있는 헌법 제27조에도 위반된다(헌재 2000.6.1. 98헌바8).

2. 실정법상 근거

행정심판에 대한 일반법으로서 행정심판법이 있고, 그 외 조세행정, 특허관계, 경찰행정, 토지행정 등 다양한 분야에 약 60여 개의 관계법에서 특별규정을 두고 있다.

판례

징계 기타 불이익처분을 받은 지방공무원의 불복절차에 관하여 지방공무원법에서 규정하지 아니한 사항에 관하여는 행정심판법이 정하는 바에 의하여야 한다(대판 1989.9.12. 89누909).

PART 05

04 행정심판의 존재이유

행정심판제도는 행정관청에 관련된 분쟁을 제3권력인 법원이 담당하는 것이 바람직하지 않다는 권력분립적 사고에 따른 것이다. (○, ×) [08 국회8급]

자율적 행정통제	법을 판단하고 선언하는 작용은 사법부의 권한으로 보는 권력분립적 사고에는 반할 수 있으나 행정의 자율적 통제에 기여한다.
행정능률의 보장	분쟁의 신속한 해결을 도모하게 되어 행정능률의 보장에 기여한다.
행정청의 전문지식의 활용	상대적으로 전문성이 있는 행정청으로 하여금 분쟁을 심판하게 한다.
소송경제의 확보	불필요한 행정소송의 제기를 방지하여 법원의 소송부담을 경감시킬 수 있다.

05 행정심판과 유사제도의 구별

1. 이의신청과 행정심판의 구별

이의신청이란, 행정청의 위법·부당한 처분에 대해 통상 처분청에 불복을 제기하는 절차를 말한다. 이와 달리 토지보상법상 이의신청은 행정심판법에 대한 특별규정으로서 행정심판의 실질을 가진다.

이의신청이 민원 처리에 관한 법률의 민원 이의신청과 같이 별도의 행정심판절차가 존재하고 행정심판과는 성질을 달리하는 경우에는 그 이의신청은 행정심판과는 다른 것으로 본다. (○, ×) [16 국회8급]

개별 법률에 이의신청제도를 두면서 행정심판에 대한 명시적인 규정이 없는 경우, 이의신청과는 별도로 행정심판을 제기할 수 없다. (○, ×) [16 국회8급]

이의신청은 그것이 준사법적 절차의 성격을 띠어 실질적으로 행정심판의 성질을 가지더라도 이를 행정심판으로 볼 수 없다. (○, ×) [16 국회8급]

판례

1. 이의신청은 민원사무처리에 관하여 인정된 기본사항의 하나로 처분청으로 하여금 다시 거부처분에 대하여 심사하도록 한 절차로서 이의신청과 상관없이 행정심판 또는 행정소송을 제기할 수 있으며 행정심판법에서 정한 행정심판과는 성질을 달리하고 또한 사안의 전문성과 특수성을 살리기 위하여 특별한 필요에 따라 둔 행정심판에 대한 특별 또는 특례 절차라 할 수도 없어 행정소송법에서 정한 행정심판을 거친 경우의 제소기간의 특례가 적용된다고 할 수도 없으므로, 민원 이의신청에 대한 결과를 통지받은 날부터 취소소송의 제소기간이 기산된다고 할 수 없다(대판 2012.11.15. 2010두8676).
2. 부동산 가격공시 및 감정평가에 관한 법률에 행정심판의 제기를 배제하는 명시적인 규정이 없고 부동산 가격공시 및 감정평가에 관한 법률에 따른 이의신청과 행정심판은 그 절차 및 담당 기관에 차이가 있는 점을 종합하면, 부동산 가격공시 및 감정평가에 관한 법률이 이의신청에 관하여 규정하고 있다고 하여 이를 행정심판법 제3조 제1항에서 행정심판의 제기를 배제하는 '다른 법률에 특별한 규정이 있는 경우'에 해당한다고 볼 수 없으므로, 개별공시지가에 대하여 이의가 있는 자는 곧바로 행정소송을 제기하거나 부동산 가격공시 및 감정평가에 관한 법률에 따른 이의신청과 행정심판법에 따른 행정심판청구 중 어느 하나만을 거쳐 행정소송을 제기할 수 있을 뿐 아니라, 이의신청을 하여 그 결과통지를 받은 후 다시 행정심판을 거쳐 행정소송을 제기할 수도 있다고 보아야 하고, 이 경우 행정소송의 제소기간은 그 행정심판 재결서 정본을 송달받은 날부터 기산한다(대판 2010.1.28. 2008두19987). [18 지방7급]
3. 토지수용위원회의 수용재결에 대한 이의절차는 실질적으로 행정심판의 성질을 갖는 것이므로 특별한 규정이 있는 것을 제외하고는 행정심판법의 규정이 적용된다(대판 1992.6.9. 92누565). [22 국가9급]

행정기본법 제36조 【처분에 대한 이의신청】 ① 행정청의 처분(「행정심판법」 제3조에 따라 같은 법에 따른 행정심판의 대상이 되는 처분을 말한다. 이하 이 조에서 같다)에 이의가 있는 당사자는 처분을 받은 날부터 30일 이내에 해당 행정청에 이의신청을 할 수 있다.
② 행정청은 제1항에 따른 이의신청을 받으면 그 신청을 받은 날부터 14일 이내에 그 이의신청에 대한 결과를 신청인에게 통지하여야 한다. 다만, 부득이한 사유로 14일 이내에 통지할 수 없는 경우에는 그 기간을 만료일 다음 날부터 기산하여 10일의 범위에서 한 차례 연장할 수 있으며, 연장 사유를 신청인에게 통지하여야 한다.
③ 제1항에 따라 이의신청을 한 경우에도 그 이의신청과 관계없이 「행정심판법」에 따른 행정심판 또는 「행정소송법」에 따른 행정소송을 제기할 수 있다.
④ 이의신청에 대한 결과를 통지받은 후 행정심판 또는 행정소송을 제기하려는 자는 그 결과를 통지받은 날(제2항에 따른 통지기간 내에 결과를 통지받지 못한 경우에는 같은 항에 따른 통지기간이 만료되는 날의 다음 날을 말한다)부터 90일 이내에 행정심판 또는 행정소송을 제기할 수 있다.
⑤ 다른 법률에서 이의신청과 이에 준하는 절차에 대하여 정하고 있는 경우에도 그 법률에서 규정하지 아니한 사항에 관하여는 이 조에서 정하는 바에 따른다.
⑥ 제1항부터 제5항까지에서 규정한 사항 외에 이의신청의 방법 및 절차 등에 관한 사항은 대통령령으로 정한다.
⑦ 다음 각 호의 어느 하나에 해당하는 사항에 관하여는 이 조를 적용하지 아니한다.
1. 공무원 인사 관계 법령에 따른 징계 등 처분에 관한 사항
2. 「국가인권위원회법」 제30조에 따른 진정에 대한 국가인권위원회의 결정
3. 「노동위원회법」 제2조의2에 따라 노동위원회의 의결을 거쳐 행하는 사항
4. 형사, 행형 및 보안처분 관계 법령에 따라 행하는 사항
5. 외국인의 출입국 · 난민인정 · 귀화 · 국적회복에 관한 사항
6. 과태료 부과 및 징수에 관한 사항

2. 고충처리제도와 행정심판의 구별

고충처리제도는 국민권익위원회가 행정과 관련된 국민의 고충민원에 대하여 상담 · 조사 및 처리를 하는 제도이다. 행정심판과는 제기권자 · 제기기간 · 대상 · 절차 및 법적효과에서 차이가 있다.

국민고충처리절차는 행정소송의 전치절차로서 요구되는 행정심판청구에 해당하는 것으로 볼 수 없는 것이 원칙이라는 것이 판례의 입장이다(대판 1995.9.29. 95누5332).

3. 행정심판과 행정소송의 구별

구분	행정심판	행정소송
판정기관	행정기관	법원
대상	위법 · 부당	위법
구술심리	구술 또는 서면	구술
공통점	• 국민의 권리구제수단 • 불이익변경금지의 원칙 • 불고불리의 원칙 • 집행부정지의 원칙	• 신청을 전제로 한 절차개시 • 대심구조 • 직권주의의 가미 • 사정재결 · 사정판결의 인정

제2절 행정심판의 종류

01 행정심판법상의 종류

> 당사자의 신청에 대한 행정청의 부당한 거부처분을 취소하는 행정심판은 현행법상 허용되지 않는다. (○, ×) [20 지방9급]

> 행정심판법은 당사자심판을 규정하여 당사자소송과 연동시키고 있다. (○, ×) [20 지방7급, 17 국가9급(下)]

> 판례는 당사자의 신청을 거부하는 처분을 취소하는 재결을 인정한다. (○, ×) [12 지방7급]

> 취소심판의 인용재결에는 취소재결, 취소명령재결, 변경재결, 변경명령재결이 있다. (○, ×) [17 서울9급, 14 지방9급]

> 취소심판에서는 스스로 처분을 취소하거나 다른 처분으로 변경할 수 없다. (○, ×) [13 서울7급]

행정심판법 제5조 【행정심판의 종류】 행정심판의 종류는 다음 각 호와 같다.
1. 취소심판: 행정청의 위법 또는 부당한 처분을 취소하거나 변경하는 행정심판
2. 무효 등 확인심판: 행정청의 처분의 효력 유무 또는 존재 여부를 확인하는 행정심판
3. 의무이행심판: 당사자의 신청에 대한 행정청의 위법 또는 부당한 거부처분이나 부작위에 대하여 일정한 처분을 하도록 하는 행정심판

행정심판법은 행정심판의 종류로서 취소심판, 무효 등 확인심판, 의무이행심판을 규정하고 있는데, 이들은 모두 항고심판의 성질을 갖는다.

1. 취소심판

(1) 의의

행정청의 위법 또는 부당한 공권력의 행사나 거부, 그 밖에 이에 준하는 행정작용 때문에 권익을 침해당한 자가 그 취소 또는 변경을 구하는 행정심판을 말한다. 거부처분에 대해서는 의무이행심판이 가능하므로 취소심판청구는 허용되지 않는다는 견해도 있으나 판례는 당사자의 신청을 거부하는 처분을 취소하는 재결을 인정하고 있어 긍정설의 입장으로 평가된다(대판 1988.12.13. 88누7880). 다만 최근 행정심판법의 개정으로 거부처분에 대한 취소심판이 명문으로 인정되었다고 볼 수 있다.

행정심판법 제49조 【재결의 기속력 등】 ① 심판청구를 인용하는 재결은 피청구인과 그 밖의 관계 행정청을 기속(羈束)한다.
② 재결에 의하여 취소되거나 무효 또는 부존재로 확인되는 처분이 당사자의 신청을 거부하는 것을 내용으로 하는 경우에는 그 처분을 한 행정청은 재결의 취지에 따라 다시 이전의 신청에 대한 처분을 하여야 한다. [21 지방9급]

(2) 특성

취소심판에는 심판청구기간의 제한이 있으며, 처분이 위법하더라도 공공복리상 청구를 기각하는 사정재결을 할 수 있고, 행정심판을 제기하여도 당해 처분의 효력은 정지되지 않는 집행부정지의 원칙이 인정되고 있다.

(3) 재결

행정심판위원회는 직접 원처분을 취소 또는 변경할 수도 있으며(처분취소 · 처분변경재결), 원처분청에 대하여 처분을 다른 처분으로 변경할 것을 명할 수도 있다(처분변경명령재결).

2. 무효 등 확인심판

(1) 의의

무효 등 확인심판은 행정청의 처분의 효력 유무 또는 존재를 확인하는 행정심판을 말한다. 무효 등 확인심판에는 무효 확인심판, 유효확인심판, 실효확인심판, 존재확인심판, 부존재확인심판이 포함된다.

(2) **특성**

심판청구기간의 제한을 받지 아니하여 기간에 관계없이 언제든지 행정심판을 제기할 수 있으며 사정재결을 할 수 없다. [22 지방9급, 19 서울9급]

(3) **재결**

행정심판위원회는 처분무효확인재결, 처분유효확인재결, 처분실효확인재결, 처분존재확인재결, 처분부존재확인재결 등의 재결을 한다.

3. 의무이행심판

(1) **의의**

의무이행심판은 당사자의 신청에 대한 행정청의 위법 또는 부당한 거부처분이나 부작위에 대하여 일정한 처분을 하도록 하는 행정심판을 말한다. 행정심판의 경우 행정소송에서 의무이행소송이 인정되지 않는 것과는 달리 부작위에 대한 강력한 구제수단인 의무이행심판이 마련되어 있으므로, 행정심판법에서 의무이행심판과 별도로 부작위위법확인심판을 규정하고 있지 않다.

(2) **특성**

부작위를 심판대상으로 하는 경우 부작위가 계속되는 한 심판청구기간의 제한을 받지 않고 집행정지에 관한 규정도 적용될 수 없다. 다만 거부처분을 심판대상으로 하는 경우에는 심판청구기간의 제한을 받는다. 한편, 의무이행심판에는 사정재결을 할 수 있다.

(3) **재결**

심판청구가 이유 있다고 인정할 때에는 행정심판위원회는 직접 신청에 따른 처분(처분재결)을 할 수도 있고, 원처분청에 대하여 신청에 따른 처분(처분명령재결)을 할 것을 명할 수도 있다.

02 특별행정심판

특별행정심판이란 사안의 전문성과 특수성을 살리기 위해 행정심판법이 아닌 개별법에서 정한 다른 기관에서 심리·재결하는 행정심판을 말한다. 특별행정심판도 행정기관이 심판기관이 된다는 점에서는 동일하지만 행정심판법의 적용이 제한되는 점에서 구별된다. 대표적으로 특허심판, 공무원 소청심사, 조세심판이 이에 해당된다. [22 국가7급]

> **행정심판법 제4조【특별행정심판 등】** ① 사안(事案)의 전문성과 특수성을 살리기 위하여 특히 필요한 경우 외에는 이 법에 따른 행정심판을 갈음하는 특별한 행정불복절차(이하 "특별행정심판"이라 한다)나 이 법에 따른 행정심판 절차에 대한 특례를 다른 법률로 정할 수 없다.
> ② 다른 법률에서 특별행정심판이나 이 법에 따른 행정심판 절차에 대한 특례를 정한 경우에도 그 법률에서 규정하지 아니한 사항에 관하여는 이 법에서 정하는 바에 따른다.
> ③ 관계 행정기관의 장이 특별행정심판 또는 이 법에 따른 행정심판 절차에 대한 특례를 신설하거나 변경하는 법령을 제정·개정할 때에는 미리 중앙행정심판위원회와 협의하여야 한다. [18 국회8급]

- 행정청의 위법·부당한 거부처분이나 부작위에 대하여 일정한 처분을 하도록 하는 의무이행심판은 현행 법상 인정된다. (○, ×) [16 국가9급, 15 서울7급]
- 거부처분은 취소심판의 대상이므로 거부처분의 상대방은 이에 대하여 취소심판만 청구할 수 있다. (○, ×) [17 서울9급]
- 행정심판법상 행정심판의 종류로는 취소심판, 무효 등 확인심판, 부작위위법확인심판이 있다. (○, ×) [10 지방9급]

- 사안(事案)의 전문성과 특수성을 살리기 위하여 특히 필요한 경우 외에는 이 법에 따른 행정심판을 갈음하는 특별한 행정불복절차나 행정심판법에 따른 행정심판 절차에 대한 특례를 다른 법률로 정할 수 없다. (○, ×) [13 국회8급]
- 다른 법률에서 특별행정심판이나 행정심판법에 따른 행정심판 절차에 대한 특례를 정한 경우에도 그 법률에서 규정하지 아니한 사항에 관하여는 행정심판법에서 정하는 바에 따른다. (○, ×) [13 국회8급]
- 관계 행정기관의 장이 특별행정심판 또는 이 법에 따른 행정심판 절차에 대한 특례를 신설하거나 변경하는 법령을 제정·개정할 때에는 미리 중앙행정심판위원회의 동의를 얻어야 한다. (○, ×) [13 국회8급]

03 당사자심판

당사자심판에 관해서는 일반법적 근거가 없고 개별법상 근거가 있을 뿐이다. 행정심판에 관한 일반법인 행정심판법은 당사자심판에 관해서는 규정하고 있지 않다.

제3절 행정심판의 대상

01 개괄주의

행정청의 처분 또는 부작위에 대하여는 다른 법률에 특별한 규정이 있는 경우 외에는 행정심판법에 따라 행정심판을 청구할 수 있다. (○, ×) [13 국회8급]

행정심판법은 심판청구대상을 제한적으로 열거하는 열기주의의 방식을 채택하지 않고 동법 제3조 제1항에서 "행정청의 처분 또는 부작위에 대하여는 다른 법률에 특별한 규정이 있는 경우 외에는 이 법에 따라 행정심판을 청구할 수 있다."고 규정함으로써 개괄주의를 채택하고 있다.

02 처분 또는 부작위

1. 처분

> 행정심판법 제2조【정의】 이 법에서 사용하는 용어의 뜻은 다음과 같다.
> 1. "처분"이란 행정청이 행하는 구체적 사실에 관한 법집행으로서의 공권력의 행사 또는 그 거부, 그 밖에 이에 준하는 행정작용을 말한다.

행정심판에서는 위법한 처분뿐만 아니라 부당한 처분도 심판대상이 된다는 점에서 행정소송과 구별된다. 처분적 법규명령도 행정심판의 대상이 될 수 있다.

2. 부작위

행정심판법상 위법한 처분·부작위뿐만 아니라 부당한 처분·부작위에 대해서도 다툴 수 있다. (○, ×) [12 지방7급]

부작위란 행정청이 당사자의 신청에 대하여 상당한 기간 내에 일정한 처분을 하여야 할 법률상 의무가 있는데도 처분을 하지 아니하는 것을 말한다. 이때 부작위에는 부당한 부작위도 포함됨은 물론이다.

03 제외대상

1. 대통령의 처분 또는 부작위

대통령의 처분 또는 부작위에 대하여는 다른 법률에서 행정심판을 청구할 수 있도록 정한 경우 외에는 행정심판을 청구할 수 없다. (○, ×) [19 국가9급, 19 서울7급]

> 행정심판법 제3조【행정심판의 대상】 ② 대통령의 처분 또는 부작위에 대하여는 다른 법률에서 행정심판을 청구할 수 있도록 정한 경우 외에는 행정심판을 청구할 수 없다.

다른 법률에서 행정심판을 청구할 수 있도록 정한 경우에 해당하는 대표적인 예로는 공무원에 대한 징계의 경우를 들 수 있다.

2. 행정심판 재청구의 금지

> 행정심판법 제51조【행정심판 재청구의 금지】 심판청구에 대한 재결이 있으면 그 재결 및 같은 처분 또는 부작위에 대하여 다시 행정심판을 청구할 수 없다. [23 지방7급, 21 지방9급]

3. 기타

통고처분, 검사의 불기소처분 등에 대해서는 다른 구제절차가 마련되어 있다는 점에서 행정심판의 대상이 되지 않고, 이는 행정소송의 경우와 동일하다.

제4절 행정심판의 당사자 등

행정심판의 당사자로는 청구인과 피청구인을 들 수 있으며, 그 밖의 관계인으로서 참가인과 대리인이 있다.

01 행정심판의 청구인

1. 의의

(1) 자격

청구인은 처분의 상대방인지 제3자인지를 불문하며, 자연인인지 법인인지도 불문한다.

> 행정심판법 제14조【법인이 아닌 사단 또는 재단의 청구인 능력】 법인이 아닌 사단 또는 재단으로서 대표자나 관리인이 정하여져 있는 경우에는 그 사단이나 재단의 이름으로 심판청구를 할 수 있다. [18 국가9급]

(2) 선정대표자

> 행정심판법 제15조【선정대표자】 ① 여러 명의 청구인이 공동으로 심판청구를 할 때에는 청구인들 중에서 3명 이하의 선정대표자를 선정할 수 있다. [18 국회8급]
> ② 청구인들이 제1항에 따라 선정대표자를 선정하지 아니한 경우에 위원회는 필요하다고 인정하면 청구인들에게 선정대표자를 선정할 것을 권고할 수 있다.
> ③ 선정대표자는 다른 청구인들을 위하여 그 사건에 관한 모든 행위를 할 수 있다. 다만, 심판청구를 취하하려면 다른 청구인들의 동의를 받아야 하며, 이 경우 동의받은 사실을 서면으로 소명하여야 한다.
> ④ 선정대표자가 선정되면 다른 청구인들은 그 선정대표자를 통해서만 그 사건에 관한 행위를 할 수 있다.
> ⑤ 선정대표자를 선정한 청구인들은 필요하다고 인정하면 선정대표자를 해임하거나 변경할 수 있다. 이 경우 청구인들은 그 사실을 지체 없이 위원회에 서면으로 알려야 한다.

판례

행정심판절차에서 청구인들이 당사자가 아닌 자를 선정대표자로 선정하였다면 행정심판법의 규정에 위반되어 그 선정행위는 무효이다(대판 1991.1.25. 90누7791).

- 청구인은 심판청구에 대한 재결이 있는 경우 당해 재결에 대하여 이의가 있으면 재심청구를 하여 다툴 수 있다. (○, ×) [14 경행특채, 12 지방7급]
- 행정심판위원회의 재결에 고유한 위법이 있는 경우에는 甲은 다시 행정심판을 청구할 수 있다. (○, ×) [22 지방9급, 16 국가9급]
- 종중이나 교회와 같은 비법인사단은 사단 자체의 명의로 행정심판을 청구할 수 없고 대표자가 청구인이 되어 행정심판을 청구하여야 한다. (○, ×) [18 국가9급, 18 국회8급]
- 행정심판의 경우 여러 명의 청구인이 공동으로 심판청구를 할 때에는 청구인들 중에서 3명 이하의 선정대표자를 선정할 수 없다. (○, ×) [12 복지9급]
- 행정심판절차에서 청구인들이 당사자 아닌 자를 선정대표자로 선정한 행위는 무효이다. (○, ×) [08 국회8급]

2. 청구인적격

(1) 취소심판의 청구인적격

> 행정심판법 제13조 【청구인 적격】 ① 취소심판은 처분의 취소 또는 변경을 구할 법률상 이익이 있는 자가 청구할 수 있다. 처분의 효과가 기간의 경과, 처분의 집행, 그 밖의 사유로 소멸된 뒤에도 그 처분의 취소로 회복되는 법률상 이익이 있는 자의 경우에도 또한 같다. [19 서울7급]

(2) 무효 등 확인심판의 청구인적격

> 행정심판법 제13조 【청구인 적격】 ② 무효 등 확인심판은 처분의 효력 유무 또는 존재 여부의 확인을 구할 법률상 이익이 있는 자가 청구할 수 있다.

(3) 의무이행심판의 청구인적격

> 행정심판법 제13조 【청구인 적격】 ③ 의무이행심판은 처분을 신청한 자로서 행정청의 거부처분 또는 부작위에 대하여 일정한 처분을 구할 법률상 이익이 있는 자가 청구할 수 있다. [10 국회8급]

3. 청구인의 지위승계

(1) 당연승계

> 행정심판법 제16조 【청구인의 지위 승계】 ① 청구인이 사망한 경우에는 상속인이나 그 밖에 법령에 따라 심판청구의 대상에 관계되는 권리나 이익을 승계한 자가 청구인의 지위를 승계한다.
> ② 법인인 청구인이 합병(合倂)에 따라 소멸하였을 때에는 합병 후 존속하는 법인이나 합병에 따라 설립된 법인이 청구인의 지위를 승계한다.
> ③ 제1항과 제2항에 따라 청구인의 지위를 승계한 자는 위원회에 서면으로 그 사유를 신고하여야 한다. 이 경우 신고서에는 사망 등에 의한 권리·이익의 승계 또는 합병 사실을 증명하는 서면을 함께 제출하여야 한다.

(2) 허가승계

행정심판의 대상과 관련되는 권리나 이익을 양수한 특정승계인은 행정심판위원회의 허가를 받아 청구인의 지위를 승계할 수 있다. (○, ×) [18 국가9급, 18 국회8급]

> 행정심판법 제16조 【청구인의 지위 승계】 ⑤ 심판청구의 대상과 관계되는 권리나 이익을 양수한 자는 위원회의 허가를 받아 청구인의 지위를 승계할 수 있다.
> ⑥ 위원회는 제5항의 지위 승계 신청을 받으면 기간을 정하여 당사자와 참가인에게 의견을 제출하도록 할 수 있으며, 당사자와 참가인이 그 기간에 의견을 제출하지 아니하면 의견이 없는 것으로 본다.
> ⑦ 위원회는 제5항의 지위 승계 신청에 대하여 허가 여부를 결정하고, 지체 없이 신청인에게는 결정서 정본을, 당사자와 참가인에게는 결정서 등본을 송달하여야 한다.
> ⑧ 신청인은 위원회가 제5항의 지위 승계를 허가하지 아니하면 결정서 정본을 받은 날부터 7일 이내에 위원회에 이의신청을 할 수 있다.

4. 참가인

행정심판법 제20조 【심판참가】 ① 행정심판의 결과에 이해관계가 있는 제3자나 행정청은 해당 심판청구에 대한 제7조 제6항 또는 제8조 제7항에 따른 위원회나 소위원회의 의결이 있기 전까지 그 사건에 대하여 심판참가를 할 수 있다.
⑤ 위원회는 제2항에 따라 참가신청을 받으면 허가 여부를 결정하고, 지체 없이 신청인에게는 결정서 정본을, 당사자와 다른 참가인에게는 결정서 등본을 송달하여야 한다.

5. 청구인의 변경

판례

청구인적격이 없는 자의 명의로 제기된 행정심판청구에 대하여 행정청이나 재결청에게 행정심판청구인을 청구인적격이 있는 자로 변경할 것을 요구하는 보정을 명할 의무가 없고, 행정심판절차에서 임의적인 청구인의 변경은 원칙적으로 허용되지 아니한다(대판 1999.10.8. 98두10073).

02 행정심판의 피청구인

1. 피청구인 적격

행정심판법 제17조 【피청구인의 적격 및 경정】 ① 행정심판은 처분을 한 행정청(의무이행심판의 경우에는 청구인의 신청을 받은 행정청)을 피청구인으로 하여 청구하여야 한다. 다만, 심판청구의 대상과 관계되는 권한이 다른 행정청에 승계된 경우에는 권한을 승계한 행정청을 피청구인으로 하여야 한다. [15 경행특채]

2. 피청구인의 경정

행정심판법 제17조 【피청구인의 적격 및 경정】 ② 청구인이 피청구인을 잘못 지정한 경우에는 위원회는 직권으로 또는 당사자의 신청에 의하여 결정으로써 피청구인을 경정(更正)할 수 있다. [18 국회8급]
③ 위원회는 제2항에 따라 피청구인을 경정하는 결정을 하면 결정서 정본을 당사자(종전의 피청구인과 새로운 피청구인을 포함한다. 이하 제6항에서 같다)에게 송달하여야 한다.
④ 제2항에 따른 결정이 있으면 종전의 피청구인에 대한 심판청구는 취하되고 종전의 피청구인에 대한 행정심판이 청구된 때에 새로운 피청구인에 대한 행정심판이 청구된 것으로 본다.
⑤ 위원회는 행정심판이 청구된 후에 제1항 단서의 사유가 발생하면 직권으로 또는 당사자의 신청에 의하여 결정으로써 피청구인을 경정한다. 이 경우에는 제3항과 제4항을 준용한다.
⑥ 당사자는 제2항 또는 제5항에 따른 위원회의 결정에 대하여 결정서 정본을 받은 날부터 7일 이내에 위원회에 이의신청을 할 수 있다.

피청구인의 경정은 행정심판위원회에서 결정하며 언제나 당사자의 신청을 전제로 한다. (○, ×) [20 지방7급]

행정심판위원회는 피청구인을 경정하는 결정을 하면 결정서 부본을 당사자(종전의 피청구인과 새로운 피청구인을 포함한다)에게 송달하여야 한다. (○, ×) [15 경행특채]

피청구인의 경정이 있으면 심판청구는 피청구인의 경정시에 제기된 것으로 본다. (○, ×) [18 서울7급(上)]

PART 05

03 행정심판의 관계인

1. 참가인

(1) 의의

참가인이란 행정심판의 당사자 이외에 그 심판결과에 이해관계가 있는 제3자나 행정청으로서 해당심판절차에 참가하는 자를 말한다.

(2) 참가방법

① 신청에 의한 참가

> 행정심판의 결과에 이해관계가 있는 제3자나 행정청은 해당 심판청구에 대한 위원회나 소위원회의 의결이 있기 전까지 그 사건에 대하여 심판참가를 할 수 있다. (○, ×) [10 국회8급]

행정심판법 제20조 【심판참가】 ① 행정심판의 결과에 이해관계가 있는 제3자나 행정청은 해당 심판청구에 대한 제7조 제6항 또는 제8조 제7항에 따른 위원회나 소위원회의 의결이 있기 전까지 그 사건에 대하여 심판참가를 할 수 있다.
② 제1항에 따른 심판참가를 하려는 자는 참가의 취지와 이유를 적은 참가신청서를 위원회에 제출하여야 한다. 이 경우 당사자의 수만큼 참가신청서 부본을 함께 제출하여야 한다.
③ 위원회는 제2항에 따라 참가신청서를 받으면 참가신청서 부본을 당사자에게 송달하여야 한다.
④ 제3항의 경우 위원회는 기간을 정하여 당사자와 다른 참가인에게 제3자의 참가신청에 대한 의견을 제출하도록 할 수 있으며, 당사자와 다른 참가인이 그 기간에 의견을 제출하지 아니하면 의견이 없는 것으로 본다.
⑤ 위원회는 제2항에 따라 참가신청을 받으면 허가 여부를 결정하고, 지체 없이 신청인에게는 결정서 정본을, 당사자와 다른 참가인에게는 결정서 등본을 송달하여야 한다.
⑥ 신청인은 제5항에 따라 송달을 받은 날부터 7일 이내에 위원회에 이의신청을 할 수 있다.

② 위원회의 요구에 의한 참가

> 행정심판결과에 이해관계가 있는 제3자나 행정청은 신청에 의하여 행정심판에 참가할 수 있으나, 행정심판위원회가 직권으로 심판에 참가할 것을 요구할 수는 없다. (○, ×) [18 국회8급]

> 행정심판위원회는 필요하다고 인정하면 그 심판결과에 이해관계가 있는 제3자에게 그 사건 심판에 참가할 것을 요구할 수 있으며, 이 요구를 받은 제3자는 지체 없이 참가 여부를 위원회에 통지하여야 한다. (○, ×) [15 국회8급]

행정심판법 제21조 【심판참가의 요구】 ① 위원회는 필요하다고 인정하면 그 행정심판 결과에 이해관계가 있는 제3자나 행정청에 그 사건 심판에 참가할 것을 요구할 수 있다.
② 제1항의 요구를 받은 제3자나 행정청은 지체 없이 그 사건 심판에 참가할 것인지 여부를 위원회에 통지하여야 한다.

(3) 참가인의 지위

행정심판법 제22조 【참가인의 지위】 ① 참가인은 행정심판 절차에서 당사자가 할 수 있는 심판절차상의 행위를 할 수 있다. [18 국회8급]

2. 대리인

행정심판법 제18조 【대리인의 선임】 ① 청구인은 법정대리인 외에 다음 각 호의 어느 하나에 해당하는 자를 대리인으로 선임할 수 있다.
1. 청구인의 배우자, 청구인 또는 배우자의 사촌 이내의 혈족
2. 청구인이 법인이거나 제14조에 따른 청구인 능력이 있는 법인이 아닌 사단 또는 재단인 경우 그 소속 임직원
3. 변호사
4. 다른 법률에 따라 심판청구를 대리할 수 있는 자
5. 그 밖에 위원회의 허가를 받은 자

② 피청구인은 그 소속 직원 또는 제1항 제3호부터 제5호까지의 어느 하나에 해당하는 자를 대리인으로 선임할 수 있다.

행정심판법 제18조의2 【국선대리인】 ① 청구인이 경제적 능력으로 인해 대리인을 선임할 수 없는 경우에는 위원회에 국선대리인을 선임하여 줄 것을 신청할 수 있다. [19 국가9급]
② 위원회는 제1항의 신청에 따른 국선대리인 선정 여부에 대한 결정을 하고, 지체 없이 청구인에게 그 결과를 통지하여야 한다. 이 경우 위원회는 심판청구가 명백히 부적법하거나 이유 없는 경우 또는 권리의 남용이라고 인정되는 경우에는 국선대리인을 선정하지 아니할 수 있다.

제 5 절 행정심판위원회

01 행정심판위원회의 설치

1. 행정심판위원회의 의의와 성질

행정심판위원회란 행정심판청구사권을 심리하고 재결하기 위하여 설치한 행정기관을 말한다. 행정심판법은 행정심판에 대한 심리와 재결을 준사법화함으로써 객관적 공정성을 확보함과 동시에 심리기관과 재결기관을 통합하여 절차를 단순화함으로써 신속한 권리구제를 기하려 하였다. 이에 따라 행정심판위원회는 심판청구사건을 심리·재결하는 합의제행정청으로서 심리기관과 재결기관의 성격을 동시에 갖는다.

행정심판의 청구를 심리·재결하기 위하여 행정심판위원회를 둔다. (○, ×) [08 지방9급]

행정심판법은 권리구제의 실효성을 확보하기 위해서 심리·의결기능과 재결기능을 분리시키고 있다. (○, ×) [09 국가9급]

행정심판위원회가 행정심판사건을 심리하여 직접 재결을 내린다. (○, ×) [11 국가7급]

서울특별시 소속 행정청의 처분에 대한 행정심판을 관할하는 기관은? [14 서울9급]
① **서울특별시행정심판위원회**
② 해당 행정청이 위치한 구(區)행정심판위원회
③ 중앙행정심판위원회
④ 서울특별시장
⑤ 행정심판청구인이 임의적으로 선택할 수 있다.

국민권익위원회에 두는 중앙행정심판위원회가 심리·재결하는 행정처분이 아닌 것은? [14 국가9급]
① **국가정보원장의 행정처분**
② 서울특별시 의회의 행정처분
③ 대구광역시 교육감의 행정처분
④ 해양경찰청장의 행정처분

서울특별시장의 처분에 대한 행정심판은 중앙행정심판위원회에서 심리·재결한다. (○, ×) [15 서울7급]

국회사무총장의 부작위에 대한 심의기관과 재결기관은 각각 국회사무총장 소속의 행정심판위원회이다. (○, ×) [08 국회8급]

법원행정처장의 부당한 처분에 대해서는 중앙행정심판위원회에 행정심판을 제기할 수 있다. (○, ×) [15 서울7급]

2. 행정심판위원회의 종류

(1) 시·도지사 소속의 행정심판위원회

행정심판법 제6조 【행정심판위원회의 설치】 ③ 다음 각 호의 행정청의 처분 또는 부작위에 대한 심판청구에 대하여는 시·도지사 소속으로 두는 행정심판위원회에서 심리·재결한다.
1. 시·도 소속 행정청 [15 지방9급]
2. 시·도의 관할구역에 있는 시·군·자치구의 장, [19 서울9급] 소속 행정청 또는 시·군·자치구의 의회(의장, 위원회의 위원장, 사무국장, 사무과장 등 의회 소속 모든 행정청을 포함한다)
3. 시·도의 관할구역에 있는 둘 이상의 지방자치단체(시·군·자치구를 말한다)·공공법인 등이 공동으로 설립한 행정청

(2) 중앙행정심판위원회

행정심판법 제6조 【행정심판위원회의 설치】 ② 다음 각 호의 행정청의 처분 또는 부작위에 대한 심판청구에 대하여는 「부패방지 및 국민권익위원회의 설치와 운영에 관한 법률」에 따른 국민권익위원회(이하 "국민권익위원회"라 한다)에 두는 중앙행정심판위원회에서 심리·재결한다.
1. 제1항에 따른 행정청 외의 국가행정기관의 장 또는 그 소속 행정청
2. 특별시장·광역시장·특별자치시장·도지사·특별자치도지사(특별시·광역시·특별자치시·도 또는 특별자치도의 교육감을 포함한다. 이하 "시·도지사"라 한다) 또는 특별시·광역시·특별자치시·도·특별자치도(이하 "시·도"라 한다)의 의회(의장, 위원회의 위원장, 사무처장 등 의회 소속 모든 행정청을 포함한다)
3. 「지방자치법」에 따른 지방자치단체조합 등 관계 법률에 따라 국가·지방자치단체·공공법인 등이 공동으로 설립한 행정청. 다만, 제3항 제3호에 해당하는 행정청은 제외한다.

(3) 해당 행정청 소속의 행정심판위원회

행정심판법 제6조 【행정심판위원회의 설치】 ① 다음 각 호의 행정청 또는 그 소속 행정청(행정기관의 계층구조와 관계없이 그 감독을 받거나 위탁을 받은 모든 행정청을 말하되, 위탁을 받은 행정청은 그 위탁받은 사무에 관하여는 위탁한 행정청의 소속 행정청으로 본다. 이하 같다)의 처분 또는 부작위에 대한 행정심판의 청구(이하 "심판청구"라 한다)에 대하여는 다음 각 호의 행정청에 두는 행정심판위원회에서 심리·재결한다.
1. 감사원, 국가정보원장, 그 밖에 대통령령으로 정하는 대통령 소속기관의 장
2. 국회사무총장·법원행정처장·헌법재판소사무처장 및 중앙선거관리위원회사무총장
3. 국가인권위원회, 그 밖에 지위·성격의 독립성과 특수성 등이 인정되어 대통령령으로 정하는 행정청 [18 국회8급]

(4) 직근 상급기관에 두는 행정심판위원회

행정심판법 제6조 【행정심판위원회의 설치】 ④ 제2항 제1호에도 불구하고 대통령령으로 정하는 국가행정기관 소속 특별지방행정기관의 장의 처분 또는 부작위에 대한 심판청구에 대하여는 해당 행정청의 직근 상급행정기관에 두는 행정심판위원회에서 심리·재결한다.

(5) 특별행정심판위원회

개별 법률에서 특별한 제3의 기관을 설치하여 심리·재결하도록 하는 경우도 있다. 예를 들어 공무원의 징계처분의 경우에 국가공무원법 또는 지방공무원법에 따른 소청심사위원회나, 국세 및 관세에 관한 처분의 경우에 국세기본법에 따른 조세심판원, 토지수용의 경우 토지보상법에 따른 중앙토지수용위원회가 이에 해당한다.

02 행정심판위원회의 구성 및 회의

1. 각급 행정심판위원회

행정심판위원회 제7조【행정심판위원회의 구성】 ① 행정심판위원회(중앙행정심판위원회는 제외한다. 이하 이 조에서 같다)는 위원장 1명을 포함하여 50명 이내의 위원으로 구성한다.

② 행정심판위원회의 위원장은 그 행정심판위원회가 소속된 행정청이 되며, 위원장이 없거나 부득이한 사유로 직무를 수행할 수 없거나 위원장이 필요하다고 인정하는 경우에는 다음 각 호의 순서에 따라 위원이 위원장의 직무를 대행한다.

1. 위원장이 사전에 지명한 위원
2. 제4항에 따라 지명된 공무원인 위원(2명 이상인 경우에는 직급 또는 고위공무원단에 속하는 공무원의 직무등급이 높은 위원 순서로, 직급 또는 직무등급도 같은 경우에는 위원 재직기간이 긴 위원 순서로, 재직기간도 같은 경우에는 연장자 순서로 한다)

③ 제2항에도 불구하고 제6조 제3항에 따라 시·도지사 소속으로 두는 행정심판위원회의 경우에는 해당 지방자치단체의 조례로 정하는 바에 따라 공무원이 아닌 위원을 위원장으로 정할 수 있다. 이 경우 위원장은 비상임으로 한다.

④ 행정심판위원회의 위원은 해당 행정심판위원회가 소속된 행정청이 다음 각 호의 어느 하나에 해당하는 사람 중에서 성별을 고려하여 위촉하거나 그 소속 공무원 중에서 지명한다.

1. 변호사 자격을 취득한 후 5년 이상의 실무 경험이 있는 사람
2. 「고등교육법」 제2조 제1호부터 제6호까지의 규정에 따른 학교에서 조교수 이상으로 재직하거나 재직하였던 사람
3. 행정기관의 4급 이상 공무원이었거나 고위공무원단에 속하는 공무원이었던 사람
4. 박사학위를 취득한 후 해당 분야에서 5년 이상 근무한 경험이 있는 사람
5. 그 밖에 행정심판과 관련된 분야의 지식과 경험이 풍부한 사람

⑤ 행정심판위원회의 회의는 위원장과 위원장이 회의마다 지정하는 8명의 위원(그중 제4항에 따른 위촉위원은 6명 이상으로 하되, 제3항에 따라 위원장이 공무원이 아닌 경우에는 5명 이상으로 한다)으로 구성한다. 다만, 국회규칙, 대법원규칙, 헌법재판소규칙, 중앙선거관리위원회규칙 또는 대통령령(제6조 제3항에 따라 시·도지사 소속으로 두는 행정심판위원회의 경우에는 해당 지방자치단체의 조례)으로 정하는 바에 따라 위원장과 위원장이 회의마다 지정하는 6명의 위원(그중 제4항에 따른 위촉위원은 5명 이상으로 하되, 제3항에 따라 공무원이 아닌 위원이 위원장인 경우에는 4명 이상으로 한다)으로 구성할 수 있다.

⑥ 행정심판위원회는 제5항에 따른 구성원 과반수의 출석과 출석위원 과반수의 찬성으로 의결한다.
⑦ 행정심판위원회의 조직과 운영, 그 밖에 필요한 사항은 국회규칙, 대법원규칙, 헌법재판소규칙, 중앙선거관리위원회규칙 또는 대통령령으로 정한다.

행정심판법 제9조【위원의 임기 및 신분보장 등】 ① 제7조 제4항에 따라 지명된 위원은 그 직에 재직하는 동안 재임한다.
③ 제7조 제4항 및 제8조 제4항에 따라 위촉된 위원의 임기는 2년으로 하되, 2차에 한하여 연임할 수 있다. 다만, 제6조 제1항 제2호에 규정된 기관에 두는 행정심판위원회의 위촉위원의 경우에는 각각 국회규칙, 대법원규칙, 헌법재판소규칙 또는 중앙선거관리위원회규칙으로 정하는 바에 따른다.
④ 다음 각 호의 어느 하나에 해당하는 사람은 제6조에 따른 행정심판위원회(이하 "위원회"라 한다)의 위원이 될 수 없으며, 위원이 이에 해당하게 된 때에는 당연히 퇴직한다.
1. 대한민국 국민이 아닌 사람
2. 「국가공무원법」 제33조 각 호의 어느 하나에 해당하는 사람
⑤ 제7조 제4항 및 제8조 제4항에 따라 위촉된 위원은 금고(禁錮) 이상의 형을 선고받거나 부득이한 사유로 장기간 직무를 수행할 수 없게 되는 경우 외에는 임기 중 그의 의사와 다르게 해촉(解囑)되지 아니한다.

2. 중앙행정심판위원회

행정심판법 제8조【중앙행정심판위원회의 구성】 ① 중앙행정심판위원회는 위원장 1명을 포함하여 70명 이내의 위원으로 구성하되, 위원 중 상임위원은 4명 이내로 한다.
② 중앙행정심판위원회의 위원장은 국민권익위원회의 부위원장 중 1명이 되며, 위원장이 없거나 부득이한 사유로 직무를 수행할 수 없거나 위원장이 필요하다고 인정하는 경우에는 상임위원(상임으로 재직한 기간이 긴 위원 순서로, 재직기간이 같은 경우에는 연장자 순서로 한다)이 위원장의 직무를 대행한다.
③ 중앙행정심판위원회의 상임위원은 일반직공무원으로서 「국가공무원법」 제26조의5에 따른 임기제공무원으로 임명하되, 3급 이상 공무원 또는 고위공무원단에 속하는 일반직공무원으로 3년 이상 근무한 사람이나 그 밖에 행정심판에 관한 지식과 경험이 풍부한 사람 중에서 중앙행정심판위원회 위원장의 제청으로 국무총리를 거쳐 대통령이 임명한다.
④ 중앙행정심판위원회의 비상임위원은 제7조 제4항 각 호의 어느 하나에 해당하는 사람 중에서 중앙행정심판위원회 위원장의 제청으로 국무총리가 성별을 고려하여 위촉한다.
⑤ 중앙행정심판위원회의 회의(제6항에 따른 소위원회 회의는 제외한다)는 위원장, 상임위원 및 위원장이 회의마다 지정하는 비상임위원을 포함하여 총 9명으로 구성한다.
⑥ 중앙행정심판위원회는 심판청구사건(이하 "사건"이라 한다) 중 「도로교통법」에 따른 자동차운전면허 행정처분에 관한 사건(소위원회가 중앙행정심판위원회에서 심리·의결하도록 결정한 사건은 제외한다)을 심리·의결하게 하기 위하여 4명의 위원으로 구성하는 소위원회를 둘 수 있다.

행정심판위원회는 제기된 행정심판을 심리·재결하는 기능을 하는 합의제 행정기관이며, 국민권익위원회에 설치되는 중앙행정심판위원회는 위원장 1명을 포함한 70명 이내의 위원으로 구성하되, 위원 중 상임위원은 4명 이내로 한다. (○, ×) [10 국회8급]

중앙행정심판위원회의 위원장은 법제처장이 되고 유고시에는 법제처 차장이 그 직무를 대행한다. (○, ×) [18 교행]

중앙행정심판위원회의 상임위원은 별정직 국가공무원으로 임명하며, 중앙행정심판위원회 위원장의 제청으로 국무총리를 거쳐 대통령이 임명한다. (○, ×) [16 국회8급]

⑦ 중앙행정심판위원회 및 소위원회는 각각 제5항 및 제6항에 따른 구성원 과반수의 출석과 출석위원 과반수의 찬성으로 의결한다.

⑧ 중앙행정심판위원회는 위원장이 지정하는 사건을 미리 검토하도록 필요한 경우에는 전문위원회를 둘 수 있다.

⑨ 중앙행정심판위원회, 소위원회 및 전문위원회의 조직과 운영 등에 필요한 사항은 대통령령으로 정한다.

행정심판법 제9조 【위원의 임기 및 신분보장 등】 ② 제8조 제3항에 따라 임명된 중앙행정심판위원회 상임위원의 임기는 3년으로 하며, 1차에 한하여 연임할 수 있다.

③ 제7조 제4항 및 제8조 제4항에 따라 위촉된 위원의 임기는 2년으로 하되, 2차에 한하여 연임할 수 있다. 다만, 제6조 제1항 제2호에 규정된 기관에 두는 행정심판위원회의 위촉위원의 경우에는 각각 국회규칙, 대법원규칙, 헌법재판소규칙 또는 중앙선거관리위원회규칙으로 정하는 바에 따른다.

03 위원 등의 제척 · 기피 · 회피

1. 위원의 제척 · 기피 · 회피

행정심판법 제10조 【위원의 제척 · 기피 · 회피】 ① 위원회의 위원은 다음 각 호의 어느 하나에 해당하는 경우에는 그 사건의 심리 · 의결에서 제척(除斥)된다. 이 경우 제척결정은 위원회의 위원장(이하 "위원장"이라 한다)이 직권으로 또는 당사자의 신청에 의하여 한다.

1. 위원 또는 그 배우자나 배우자이었던 사람이 사건의 당사자이거나 사건에 관하여 공동 권리자 또는 의무자인 경우
2. 위원이 사건의 당사자와 친족이거나 친족이었던 경우
3. 위원이 사건에 관하여 증언이나 감정(鑑定)을 한 경우
4. 위원이 당사자의 대리인으로서 사건에 관여하거나 관여하였던 경우
5. 위원이 사건의 대상이 된 처분 또는 부작위에 관여한 경우

② 당사자는 위원에게 공정한 심리 · 의결을 기대하기 어려운 사정이 있으면 위원장에게 기피신청을 할 수 있다.

③ 위원에 대한 제척신청이나 기피신청은 그 사유를 소명(疏明)한 문서로 하여야 한다. [15 서울7급] 다만, 불가피한 경우에는 신청한 날부터 3일 이내에 신청 사유를 소명할 수 있는 자료를 제출하여야 한다.

2. 위원이 아닌 직원에 대한 준용

행정심판법 제10조 【위원의 제척 · 기피 · 회피】 ⑧ 사건의 심리 · 의결에 관한 사무에 관여하는 위원 아닌 직원에게도 제1항부터 제7항까지의 규정을 준용한다. [15 지방9급]

PART 05

04 행정심판위원회의 권한

행정심판위원회는 심판청구사건에 대하여 심리권과 재결권을 가진다. (○, ×) [13 국회9급]

행정심판위원회의 중심적인 권한은 행정심판사건에 대하여 심리하고 재결하는 권한이다.

1. 심리권

행정심판위원회는 심판청구사건을 심리하는 권한을 가진다. 행정심판의 심리라 함은 행정심판청구에 대한 재결을 하기 위하여 당사자 및 관계인의 주장을 듣고, 주장을 뒷받침하는 증거와 기타 자료 등을 수집·조사하는 절차를 말한다.

2. 심리권에 부수된 권한

행정심판위원회는 심리권을 효율적으로 행사하기 위해 여러 부수적인 권한을 가지는데 그 예로는 증거조사권(행정심판법 제36조), 대표자선정권고권(동법 제15조 제2항), 청구인의 지위승계허가권(동법 제16조 제5항), 피청구인경정권(동법 제17조 제5항), 심판참가허가 및 요구권(동법 제20조 5항 및 제21조 제1항), 청구의 변경허가권(동법 제29조 제6항) 등을 들 수 있다.

3. 재결권

행정심판위원회는 심판청구사건에 대한 심리를 마치면 그 심판청구에 대하여 재결할 권한을 가진다(동법 제43조). 재결사항은 심판청구에 대한 재결이 주된 것이나, 그 외에 집행정지결정(동법 제30조)과 임시처분(동법 제31조)에 관한 것이 있다.

4. 직접처분권

행정심판위원회는 직접 처분을 하였을 때에는 그 사실을 해당 행정청에 통보하여야 하며, 그 통보를 받은 행정청은 위원회가 한 처분을 자기가 한 처분으로 보아 관계 법령에 따라 관리·감독 등 필요한 조치를 하여야 한다. (○, ×) [14 지방9급]

> 행정심판법 제50조 【위원회의 직접 처분】 ① 위원회는 피청구인이 제49조 제3항에도 불구하고 처분을 하지 아니하는 경우에는 당사자가 신청하면 기간을 정하여 서면으로 시정을 명하고 그 기간에 이행하지 아니하면 직접 처분을 할 수 있다. 다만, 그 처분의 성질이나 그 밖의 불가피한 사유로 위원회가 직접 처분을 할 수 없는 경우에는 그러하지 아니하다.
> ② 위원회는 제1항 본문에 따라 직접 처분을 하였을 때에는 그 사실을 해당 행정청에 통보하여야 하며, 그 통보를 받은 행정청은 위원회가 한 처분을 자기가 한 처분으로 보아 관계 법령에 따라 관리·감독 등 필요한 조치를 하여야 한다.

당사자의 신청을 거부하거나 부작위로 방치한 처분의 이행을 명하는 재결이 있으면 행정청은 지체 없이 이전의 신청에 대하여 재결의 취지에 따라 처분을 하여야 한다

5. 간접강제

> 행정심판법 제50조의2 【위원회의 간접강제】 ① 위원회는 피청구인이 제49조 제2항(제49조 제4항에서 준용하는 경우를 포함한다) 또는 제3항에 따른 처분을 하지 아니하면 청구인의 신청에 의하여 결정으로 상당한 기간을 정하고 피청구인이 그 기간 내에 이행하지 아니하는 경우에는 그 지연기간에 따라 일정한 배상을 하도록 명하거나 즉시 배상을 할 것을 명할 수 있다.
> ② 위원회는 사정의 변경이 있는 경우에는 당사자의 신청에 의하여 제1항에 따른 결정의 내용을 변경할 수 있다.

> ③ 위원회는 제1항 또는 제2항에 따른 결정을 하기 전에 신청 상대방의 의견을 들어야 한다.
> ④ 청구인은 제1항 또는 제2항에 따른 결정에 불복하는 경우 그 결정에 대하여 행정소송을 제기할 수 있다.
> ⑤ 제1항 또는 제2항에 따른 결정의 효력은 피청구인인 행정청이 소속된 국가·지방자치단체 또는 공공단체에 미치며, 결정서 정본은 제4항에 따른 소송제기와 관계없이 「민사집행법」에 따른 강제집행에 관하여는 집행권원과 같은 효력을 가진다. 이 경우 집행문은 위원장의 명에 따라 위원회가 소속된 행정청 소속 공무원이 부여한다.
> ⑥ 간접강제 결정에 기초한 강제집행에 관하여 이 법에 특별한 규정이 없는 사항에 대하여는 「민사집행법」의 규정을 준용한다. 다만, 「민사집행법」 제33조(집행문부여의 소), 제34조(집행문부여 등에 관한 이의신청), 제44조(청구에 관한 이의의 소) 및 제45조(집행문부여에 대한 이의의 소)에서 관할 법원은 피청구인의 소재지를 관할하는 행정법원으로 한다.

재결에 의하여 취소되거나 무효 또는 부존재로 확인되는 처분이 당사자의 신청을 거부하는 것을 내용으로 하는 경우, 당사자의 신청을 거부하거나 부작위로 방치한 처분의 이행을 명하는 재결이 있음에도 불구하고 처분을 하지 아니하면 청구인의 신청에 의하여 결정으로 상당한 기간을 정하고 피청구인이 그 기간 내에 이행하지 아니하는 경우에는 그 지연기간에 따라 일정한 배상을 하도록 명하거나 즉시 배상을 할 것을 명할 수 있다.

6. 불합리한 법령 등의 시정조치 요청권

> **행정심판법 제59조 【불합리한 법령 등의 개선】** ① 중앙행정심판위원회는 심판청구를 심리·재결할 때에 처분 또는 부작위의 근거가 되는 명령 등(대통령령·총리령·부령·훈령·예규·고시·조례·규칙 등을 말한다. 이하 같다)이 법령에 근거가 없거나 상위 법령에 위배되거나 국민에게 과도한 부담을 주는 등 크게 불합리하면 관계 행정기관에 그 명령 등의 개정·폐지 등 적절한 시정조치를 요청할 수 있다. 이 경우 중앙행정심판위원회는 시정조치를 요청한 사실을 법제처장에게 통보하여야 한다.
> ② 제1항에 따른 요청을 받은 관계 행정기관은 정당한 사유가 없으면 이에 따라야 한다.

05 행정심판위원회의 권한승계

> **행정심판법 제12조 【위원회의 권한 승계】** ① 당사자의 심판청구 후 위원회가 법령의 개정·폐지 또는 제17조 제5항에 따른 피청구인의 경정 결정에 따라 그 심판청구에 대하여 재결할 권한을 잃게 된 경우에는 해당 위원회는 심판청구서와 관계 서류, 그 밖의 자료를 새로 재결할 권한을 갖게 된 위원회에 보내야 한다.
> ② 제1항의 경우 송부를 받은 위원회는 지체 없이 그 사실을 다음 각 호의 자에게 알려야 한다.
> 1. 행정심판 청구인(이하 "청구인"이라 한다)
> 2. 행정심판 피청구인(이하 "피청구인"이라 한다)
> 3. 제20조 또는 제21조에 따라 심판참가를 하는 자(이하 "참가인"이라 한다)

제6절 행정심판의 청구

01 심판청구의 요건

1. 행정심판의 청구인

행정심판의 청구인이 될 수 있는 자는 당해 심판청구에 대하여 구체적인 법률상 이익이 있는 자이다(행정심판법 제13조). 당해 심판청구의 대상인 처분이나 부작위의 직접적인 상대방이거나 제3자이거나를 가리지 아니하며, 자연인·법인·비법인 단체를 불문한다.

2. 행정심판청구사항

행정심판의 청구는 원칙적으로 모든 위법 또는 부당한 처분이나 부작위가 그 대상이 된다(개괄주의).

3. 행정심판청구기간

행정심판법 제27조【심판청구의 기간】 ① 행정심판은 처분이 있음을 알게 된 날부터 90일 이내에 청구하여야 한다. [16 경행특채]
② 청구인이 천재지변, 전쟁, 사변(事變), 그 밖의 불가항력으로 인하여 제1항에서 정한 기간에 심판청구를 할 수 없었을 때에는 그 사유가 소멸한 날부터 14일 이내에 행정심판을 청구할 수 있다. 다만, 국외에서 행정심판을 청구하는 경우에는 그 기간을 30일로 한다. [16 경행특채]
③ 행정심판은 처분이 있었던 날부터 180일이 지나면 청구하지 못한다. 다만, 정당한 사유가 있는 경우에는 그러하지 아니하다. [14 경행특채]
④ 제1항과 제2항의 기간은 불변기간(不變期間)으로 한다.
⑤ 행정청이 심판청구 기간을 제1항에 규정된 기간보다 긴 기간으로 잘못 알린 경우 그 잘못 알린 기간에 심판청구가 있으면 그 행정심판은 제1항에 규정된 기간에 청구된 것으로 본다. [18 국가9급]
⑥ 행정청이 심판청구 기간을 알리지 아니한 경우에는 제3항에 규정된 기간에 심판청구를 할 수 있다. [16 지방9급]
⑦ 제1항부터 제6항까지의 규정은 무효 등 확인심판청구와 부작위에 대한 의무이행심판청구에는 적용하지 아니한다. [18 서울7급(上)]

행정심판의 청구는 소정의 청구기간 내에 제기하여야 한다. 다만 행정심판청구기간은 주로 취소심판청구와 거부처분에 대한 의무이행심판청구에 해당할 뿐, 무효 등 확인심판청구와 부작위에 대한 의무이행심판청구에는 해당되지 아니한다(동법 제27조 제7항). [13 서울7급]

(1) 원칙적인 심판청구기간

행정심판청구는 원칙적으로 처분이 있음을 알게 된 날부터 90일 이내에 청구하여야 하되, 정당한 사유가 없는 한 처분이 있었던 날부터 180일을 넘겨서는 안 된다. 전자의 기간은 불변기간(不變其間)으로서, 두 기간 중의 어느 하나라도 도과하면 행정심판청구는 부적법한 것으로 각하된다.

「행정심판법」상의 내용이다. ( ) 안에 들어갈 말을 순서대로 나열한 것은? [15 경행특채]

> 행정심판은 (㉠)부터 (㉡)일 이내에 청구하여야 한다. 청구인이 천재지변, 전쟁, 사변, 그 밖의 불가항력으로 인하여 앞에서 정한 기간에 심판청구를 할 수 없었을 때에는 그 사유가 소멸한 날부터 (㉢)일 이내에 행정심판을 청구할 수 있다. 행정심판은 (㉣)부터 (㉤)일이 지나면 청구하지 못한다. 다만, 정당한 사유가 있는 경우에는 그러하지 아니하다.

① **처분이 있음을 알게 된 날**, 90, 14, **처분이 있었던 날**, 180
② 처분이 있었던 날, 60, 30, 처분이 있음을 알게 된 날, 120
③ 처분이 있었던 날, 60, 14, 처분이 있음을 알게 된 날, 120
④ 처분이 있음을 알게 된 날, 90, 30, 처분이 있었던 날, 180

행정청이 심판청구 기간을 알리지 아니한 경우에는 청구인은 언제든지 심판청구를 할 수 있다. (○, ×) [19 서울7급]

행정심판법 제27조의 심판기간은 무효 등 확인심판청구와 부작위에 대한 의무이행심판청구에 적용한다. (○, ×) [10 서울9급]

거부처분에 대한 의무이행심판에는 심판청구에 기간상의 제한이 없다. (○, ×) [13 서울7급]

① 처분이 있음을 알게 된 날의 의미

'처분이 있음을 알게 된 날'이란 당사자가 통지·공고·기타의 방법에 의하여 당해 처분이 있은 것을 현실적으로 안 날을 의미하고, 추상적으로 알 수 있었던 날을 의미하는 것은 아니지만 처분에 관한 서류가 당사자의 주소지에 송달되는 등 사회통념상 처분이 있음을 당사자가 알 수 있는 상태에 놓여진 때에는 반증이 없는 한 그 처분이 있음을 알았다고 추정할 수 있다고 보는 것이 판례의 입장이다. 한편 판례는 아파트 경비원이 과징금 납부고지서를 수령한 경우에는 납부의무자가 현실적으로 처분 있음을 안 날은 아니라고 보지만, 이는 국세기본법의 적용을 받는 처분의 경우 아파트 경비원이 받은 경우에도 적법한 송달이 있었다고 보았던 판례(대판 2000.7.4. 2000두1164)와 구별하여야 한다.

판례

1. 행정심판법 제18조 제1항 소정의 '처분이 있음을 안 날'이라 함은 당사자가 통지·공고 기타의 방법에 의하여 당해 처분이 있었다는 사실을 현실적으로 안 날을 의미하고, [21 지방9급] 추상적으로 알 수 있었던 날을 의미하는 것은 아니라 할 것이며, 다만 처분을 기재한 서류가 당사자의 주소에 송달되는 등으로 사회통념상 처분이 있음을 당사자가 알 수 있는 상태에 놓여진 때에는 반증이 없는 한 그 처분이 있음을 알았다고 추정할 수는 있다. 아파트 경비원이 관례에 따라 부재중인 납부의무자에게 배달되는 과징금부과처분의 납부고지서를 수령한 경우, 납부의무자가 아파트 경비원에게 우편물 등의 수령권한을 위임한 것으로 볼 수는 있을지언정, 과징금부과처분의 대상으로 된 사항에 관하여 납부의무자를 대신하여 처리할 권한까지 위임한 것으로 볼 수는 없고, 설사 위 경비원이 위 납부고지서를 수령한 때에 위 부과처분이 있음을 알았다고 하더라도 이로써 납부의무자 자신이 그 부과처분이 있음을 안 것과 동일하게 볼 수는 없다(대판 2002.8.27. 2002두3850).
2. 원고의 주소지에서 원고의 아르바이트 직원이 납부고지서를 수령한 이상, 원고로서는 그 때 처분이 있음을 알 수 있는 상태에 있었다고 볼 수 있고, 따라서 원고는 그 때 처분이 있음을 알았다고 추정함이 상당하다(대판 1999.12.28. 99두9742).

② 처분이 있었던 날의 의미

'처분이 있었던 날'이란 처분이 통지에 의하여 외부에 표시되고 효력이 발생한 날을 의미한다.

판례

통상 고시 또는 공고에 의하여 행정처분을 하는 경우에는 그 처분의 상대방이 불특정 다수인이고 그 처분의 효력이 불특정 다수인에게 일률적으로 적용되는 것이므로, 그 행정처분에 이해관계를 갖는 자가 고시 또는 공고가 있었다는 사실을 현실적으로 알았는지 여부에 관계없이 고시가 효력을 발생하는 날 행정처분이 있음을 알았다고 보아야 한다(대판 2007.6.14. 2004두619). [20 지방9급, 18 서울7급(上)]

> 판례는 처분이 있음을 안 날이라 함은 당해 처분이 있었다는 사실을 추상적으로 알 수 있던 날을 의미한다고 한다. (○, ×) [07 관세사]

> 부재시 등기우편물을 수령하여 전달해 온 주거지 아파트 경비원은 수령권한을 위임받은 것으로 볼 수 있으므로, 경비원이 처분서를 수령하였다면 적법한 송달이 있는 것으로 보게 된다. (○, ×) [10 국회8급]

> 경비원이 처분서를 수령한 날부터 심판청구기간이 진행된다. (○, ×) [10 국회8급]

> 처분이 있음을 안 날이라 함은 처분에 관한 서류가 당사자의 주소에 송달되는 등 사회통념상 처분이 있음을 당사자가 알 수 있는 상태에 놓여진 때에는 반증이 없는 한 그 처분이 있음을 알았다고 추정할 수 있다. (○, ×) [13 국회9급]

> 고시에 의한 행정처분의 상대방이 불특정 다수인인 경우, 그 행정처분에 이해관계를 갖는 자는 고시가 있었다는 사실을 현실적으로 알았는지 여부에 관계없이 고시가 효력을 발생하는 날부터 90일 이내에 취소소송을 제기하여야 한다. (○, ×) [16 지방9급]

(2) 예외적인 심판청구기간

① 90일에 대한 예외

청구인이 천재지변 · 전쟁 · 사변, 그 밖의 불가항력으로 인하여 처분이 있음을 알게 된 날부터 90일 이내에 심판청구를 할 수 없었을 때에는 그 사유가 소멸한 날부터 14일(국외에서는 30일) 이내에 행정심판을 청구할 수 있다. 이 기간은 불변기간이다.

② 180일에 대한 예외

처분이 있었던 날로부터 180일이 경과하더라도 그 기간 내에 심판청구를 제기하지 못한 정당한 사유가 있는 경우에는 심판청구를 할 수 있다. 이때 정당한 사유에 해당하는 것이 무엇인지가 문제되는데 천재지변 · 전쟁 · 사변 등의 불가항력보다는 넓은 개념으로 보는 것이 일반적 견해이다.

(3) 제3자효적 행정행위의 심판청구기간

제3자효적 행정행위에 있어서 행위의 직접상대방이 아닌 제3자가 행정심판을 제기하는 경우에도 심판청구기간은 원칙적으로 처분이 있음을 알게 된 날부터 90일 이내, 처분이 있었던 날부터 180일 이내라고 할 것이다. 그런데 제3자는 처분이 있음을 알게 된다는 것이 극히 어려울 것이므로, 처분이 있었던 날부터 180일이 경과된 경우에도 행정심판법 제27조 제3항 단서의 '정당한 사유가 있는 경우'에 해당되어 심판청구가 가능하다고 할 것이다.

판례

1. 제3자는 처분이 있은 날로부터 180일이 지나더라도 특별한 사정이 없는 한 정당한 사유가 있는 것으로 보아 행정심판 청구가 가능하다(대판 2002.5.24. 2000두3641).
2. 제3자가 어떤 경위로든 처분이 있음을 알았거나 알 수 있는 등의 사정이 있으면 그때로부터 90일 내에 행정심판을 청구해야 한다(대판 1996.9.6. 95누16233).

행정처분의 직접 상대방이 아닌 제3자는 특별한 사정이 없는 한 180일 기간 적용을 배제할 정당한 사유가 있는 경우에 해당한다고 보아 180일이 경과한 뒤에도 심판청구를 제기할 수 있다고 함이 판례의 태도이다. (○, ×) [10 국회8급]

(4) 행정심판청구기간의 불고지 등의 경우

행정청이 서면에 의하여 처분을 하는 경우에 행정심판청구기간을 고지함에 있어서 실제보다 긴 기간으로 잘못 알린 경우에는 그 잘못된 긴 기간 내에, 심판청구기간을 알리지 않은 경우에는 처분이 있었던 날부터 180일 이내에 행정심판청구를 할 수 있다(행정심판법 제27조 제5항 · 제6항).

개별법률에서 정한 심판청구기간이 「행정심판법」이 정한 심판청구기간보다 짧은 경우, 행정청이 행정처분을 하면서 그 개별법률상 심판청구기간을 고지하지 아니하였다면 그 개별법률에서 정한 심판청구기간 내에 한하여 심판청구가 가능하다. (○, ×) [15 서울9급]

행정청이 행정심판 청구기간 등을 고지하지 아니하였다고 하여도 처분의 상대방이 처분이 있었다는 사실을 알았을 경우에는 처분이 있은 날로부터 90일 이내에 심판청구를 하여야 한다. (○, ×) [15 지방9급]

(5) 특별법상의 심판청구기간

행정심판법 외에 많은 개별법은 심판청구기간에 관해 특례를 규정하고 있다. 예를 들면 토지수용재결에 대한 이의신청기간은 재결서 정본을 받은 날로부터 30일 이내(토지보상법 제83조 제3항)로 규정하고 있고, 국가공무원법상 소청심사청구기간은 처분을 안 날로부터 30일 이내(국가공무원법 제76조 제1항)로 규정하고 있다. 이는 합리적 이유가 있는 것으로 위헌이 아니다.

4. 심판청구의 방식

(1) 서면청구주의

> 행정심판법 제28조【심판청구의 방식】① 심판청구는 서면으로 하여야 한다.

행정심판의 청구는 일정한 사항을 기재하여 서면으로 하여야 한다(행정심판법 제28조 제1항). [09 국가9급] 행정심판은 행정쟁송의 수단으로서의 성질을 갖는 것이므로 당사자의 신청을 전제로 하여 절차가 개시되며, 직권에 의해서는 개시되지 못한다.

(2) 기재사항

> 행정심판법 제28조【심판청구의 방식】② 처분에 대한 심판청구의 경우에는 심판청구서에 다음 각 호의 사항이 포함되어야 한다.
> 1. 청구인의 이름과 주소 또는 사무소(주소 또는 사무소 외의 장소에서 송달받기를 원하면 송달장소를 추가로 적어야 한다)
> 2. 피청구인과 위원회
> 3. 심판청구의 대상이 되는 처분의 내용
> 4. 처분이 있음을 알게 된 날
> 5. 심판청구의 취지와 이유
> 6. 피청구인의 행정심판 고지 유무와 그 내용
>
> 행정심판법 제32조【보정】① 위원회는 심판청구가 적법하지 아니하나 보정(補正)할 수 있다고 인정하면 기간을 정하여 청구인에게 보정할 것을 요구할 수 있다. 다만, 경미한 사항은 직권으로 보정할 수 있다.
> ⑥ 위원회는 청구인이 제1항에 따른 보정기간 내에 그 흠을 보정하지 아니한 경우에는 그 심판청구를 각하할 수 있다.

(3) 엄격한 형식을 요하는지 여부

판례는 행정심판청구를 엄격한 형식을 요하지 않는 서면행위로 보아 청구서의 형식을 다 갖추지 않았더라도 권리 등을 침해당한 자로부터 처분의 취소 등을 구하는 서면이 제출된 경우 표제 등을 불문하고 행정심판 청구로 볼 수 있다는 입장이다. 또한 '진정서' 내지는 '답변서'라는 제목으로 제출되었더라도 행정심판청구로 볼 수 있다는 입장이다.

판례

1. 행정소송의 전치요건인 행정심판청구는 엄격한 형식을 요하지 아니하는 서면행위라고 해석되므로 [18 서울9급] 행정청으로서는 그 서면을 가능한 한 제출자의 이익이 되도록 취급 해석하여야 할 것이다(대판 1990.6.8. 89누851).
2. 비록 제목이 '진정서'로 되어 있고, 재결청의 표시, 심판청구의 취지 및 이유, 처분을 한 행정청의 고지의 유무 및 그 내용 등 행정심판법 제19조 제2항 소정의 사항들을 구분하여 기재하고 있지 아니하여 행정심판청구서로서의 형식을 다 갖추고 있다고 볼 수는 없으나, 위 문서에 기재되어 있지 않은 재결청, 처분을 한 행정청의 고지의 유무 등의 내용과 날인 등의 불비한 점은 보정이 가능하므로 위 문서를 행정처분에 대한 행정심판청구로 보는 것이 옳다(대판 2000.6.9. 98두2621).
3. 이의신청을 제기해야 할 사람이 처분청에 표제를 '행정심판청구서'로 한 서류를 제출한 경우라 할지라도 서류의 내용에 이의신청 요건에 맞는 불복취지와 사유가 충분히 기재되어 있다면 표제에도 불구하고 이를 처분에 대한 이의신청으로 볼 수 있다(대판 2012.3.29. 2011두26886). [16 국회8급]

행정심판청구서의 형식을 다 갖추지 않았다면 그 문서의 내용이 행정심판의 청구를 구하는 것을 내용으로 하더라도 부적법하다. (○, ×) [12 복지9급]

진정이라는 표현을 사용하면 그것이 실제로 행정심판의 실체를 가지더라도 행정심판으로 다룰 수 없다. (○, ×) [16 국회8급]

법률상 이의신청을 제기해야 할 사람이 처분청에 표제를 '행정심판청구서'로 한 서류를 제출하였다면, 서류의 내용에 이의신청 요건에 맞는 불복취지와 사유가 충분히 기재되어 있다고 하여도 이를 처분에 대한 이의신청으로 볼 수 없다. (○, ×) [15 지방9급]

5. 심판청구의 제출

(1) 피청구인인 행정청 또는 행정심판위원회에 제출

행정심판청구서는 피청구인인 행정청을 거쳐 행정심판위원회에 제출하여야한다. (○, ×) [17 국회8급]

행정심판법 제23조【심판청구서의 제출】 ① 행정심판을 청구하려는 자는 제28조에 따라 심판청구서를 작성하여 피청구인이나 위원회에 제출하여야 한다. [19 서울7급] 이 경우 피청구인의 수만큼 심판청구서 부본을 함께 제출하여야 한다. [15 서울9급]

피청구인에게도 제출할 수 있게 한 것은 피청구인인 처분청에게 반성·시정의 기회를 부여함과 동시에 심판청구에 대해 답변서를 신속하게 작성·제출하도록 하려는 것이다.

(2) 피청구인인 행정청에게 제출되는 경우의 처리

① 자율적 시정

심판청구서를 받은 행정청은 그 심판청구가 이유 있다고 인정하면 심판청구의 취지에 따라 직권으로 처분을 취소·변경하거나 확인을 하거나 신청에 따른 처분을 할 수 있고, 이를 청구인에게 알리고 행정심판위원회에 그 증명서류를 제출하여야 한다. (○, ×) [11 지방9급]

행정심판법 제25조【피청구인의 직권취소 등】 ① 제23조 제1항·제2항 또는 제26조 제1항에 따라 심판청구서를 받은 피청구인은 그 심판청구가 이유 있다고 인정하면 심판청구의 취지에 따라 직권으로 처분을 취소·변경하거나 확인을 하거나 신청에 따른 처분(이하 이 조에서 "직권취소 등"이라 한다)을 할 수 있다. 이 경우 서면으로 청구인에게 알려야 한다.
② 피청구인은 제1항에 따라 직권취소 등을 하였을 때에는 청구인이 심판청구를 취하한 경우가 아니면 제24조 제1항 본문에 따라 심판청구서·답변서를 보내거나 같은 조 제3항에 따라 답변서를 보낼 때 직권취소 등의 사실을 증명하는 서류를 위원회에 함께 제출하여야 한다.

② 행정심판위원회에 대한 송부 등

행정심판법 제24조【피청구인의 심판청구서 등의 접수·처리】 ① 피청구인이 제23조 제1항·제2항 또는 제26조 제1항에 따라 심판청구서를 접수하거나 송부받으면 10일 이내에 심판청구서(제23조 제1항·제2항의 경우만 해당된다)와 답변서를 위원회에 보내야 한다. 다만, 청구인이 심판청구를 취하한 경우에는 그러하지 아니하다.
② 제1항에도 불구하고 심판청구가 그 내용이 특정되지 아니하는 등 명백히 부적법하다고 판단되는 경우에 피청구인은 답변서를 위원회에 보내지 아니할 수 있다. 이 경우 심판청구서를 접수하거나 송부받은 날부터 10일 이내에 그 사유를 위원회에 문서로 통보하여야 한다.
③ 제2항에도 불구하고 위원장이 심판청구에 대하여 답변서 제출을 요구하면 피청구인은 위원장으로부터 답변서 제출을 요구받은 날부터 10일 이내에 위원회에 답변서를 제출하여야 한다.
④ 피청구인은 처분의 상대방이 아닌 제3자가 심판청구를 한 경우에는 지체 없이 처분의 상대방에게 그 사실을 알려야 한다. 이 경우 심판청구서 사본을 함께 송달하여야 한다.
⑤ 피청구인이 제1항 본문에 따라 심판청구서를 보낼 때에는 심판청구서에 위원회가 표시되지 아니하였거나 잘못 표시된 경우에도 정당한 권한이 있는 위원회에 보내야 한다.
⑥ 피청구인은 제1항 본문 또는 제3항에 따라 답변서를 보낼 때에는 청구인의 수만큼 답변서 부본을 함께 보내되, 답변서에는 다음 각 호의 사항을 명확하게 적어야 한다.
1. 처분이나 부작위의 근거와 이유
2. 심판청구의 취지와 이유에 대응하는 답변

3. 제4항에 해당하는 경우에는 처분의 상대방의 이름·주소·연락처와 제4항의 의무 이행 여부

⑦ 제4항과 제5항의 경우에 피청구인은 송부 사실을 지체 없이 청구인에게 알려야 한다.

⑧ 중앙행정심판위원회에서 심리·재결하는 사건인 경우 피청구인은 제1항 또는 제3항에 따라 위원회에 심판청구서 또는 답변서를 보낼 때에는 소관 중앙행정기관의 장에게도 그 심판청구·답변의 내용을 알려야 한다.

(3) 행정심판위원회에 제출된 경우의 처리

행정심판법 제26조 【위원회의 심판청구서 등의 접수·처리】 ① 위원회는 제23조 제1항에 따라 심판청구서를 받으면 지체 없이 피청구인에게 심판청구서 부본을 보내야 한다.

② 위원회는 제24조 제1항 본문 또는 제3항에 따라 피청구인으로부터 답변서가 제출되면 답변서 부본을 청구인에게 송달하여야 한다.

02 심판청구의 변경·취하

1. 심판청구의 변경

행정심판법은 청구인이 심판청구를 제기한 후 일정한 사유가 있는 경우에는 새로운 심판청구를 제기할 필요 없이 청구의 변경을 할 수 있도록 하여, 청구인의 편의와 심판절차의 촉진을 도모하고 있다.

(1) 임의적 청구의 변경

행정심판법 제29조 【청구의 변경】 ① 청구인은 청구의 기초에 변경이 없는 범위에서 청구의 취지나 이유를 변경할 수 있다.

(2) 처분변경 등으로 인한 청구변경

행정심판법 제29조 【청구의 변경】 ② 행정심판이 청구된 후에 피청구인이 새로운 처분을 하거나 심판청구의 대상인 처분을 변경한 경우에는 청구인은 새로운 처분이나 변경된 처분에 맞추어 청구의 취지나 이유를 변경할 수 있다. **[15 지방9급]**

(3) 청구변경의 절차

행정심판법 제29조 【청구의 변경】 ③ 제1항 또는 제2항에 따른 청구의 변경은 서면으로 신청하여야 한다. 이 경우 피청구인과 참가인의 수만큼 청구변경신청서 부본을 함께 제출하여야 한다.

④ 위원회는 제3항에 따른 청구변경신청서 부본을 피청구인과 참가인에게 송달하여야 한다.

⑤ 제4항의 경우 위원회는 기간을 정하여 피청구인과 참가인에게 청구변경 신청에 대한 의견을 제출하도록 할 수 있으며, 피청구인과 참가인이 그 기간에 의견을 제출하지 아니하면 의견이 없는 것으로 본다.

⑥ 위원회는 제1항 또는 제2항의 청구변경 신청에 대하여 허가할 것인지 여부를 결정하고, 지체 없이 신청인에게는 결정서 정본을, 당사자 및 참가인에게는 결정서 등본을 송달하여야 한다.
⑦ 신청인은 제6항에 따라 송달을 받은 날부터 7일 이내에 위원회에 이의신청을 할 수 있다.

(4) 효과

행정심판법 제29조【청구의 변경】 ⑧ 청구의 변경결정이 있으면 처음 행정심판이 청구되었을 때부터 변경된 청구의 취지나 이유로 행정심판이 청구된 것으로 본다.

2. 심판청구의 취하

행정심판법 제42조【심판청구 등의 취하】 ① 청구인은 심판청구에 대하여 제7조 제6항 또는 제8조 제7항에 따른 의결이 있을 때까지 서면으로 심판청구를 취하할 수 있다.
② 참가인은 심판청구에 대하여 제7조 제6항 또는 제8조 제7항에 따른 의결이 있을 때까지 서면으로 참가신청을 취하할 수 있다.

심판청구의 취하는 위원회에 대하여 심판청구를 철회하는 청구인의 일방적 의사표시이다. 심판청구의 취하로 심판청구는 소급적으로 소멸된다.

03 심판청구의 효과

1. 행정심판위원회에 대한 효과

행정심판청구가 제기되면 행정심판위원회는 이를 심리하고 재결할 의무를 진다.

2. 처분에 대한 효과(집행부정지원칙)

행정심판법 제30조【집행정지】 ① 심판청구는 처분의 효력이나 그 집행 또는 절차의 속행(續行)에 영향을 주지 아니한다. [21 서울7급, 17 국가9급(下)]

행정심판법은 행정운영의 부당한 정체(停滯)를 예방하고 남소(濫訴)의 폐단을 방지하기 위하여 집행부정지원칙을 채택하되, 이로 인하여 개인의 권리·이익이 침해되는 일이 없도록 집행정지를 할 수 있는 경우뿐만 아니라 임시처분을 할 수 있는 경우를 아울러 규정하고 있다.

> 행정심판법은 집행부정지의 원칙을 취하면서도 예외적으로 일정한 요건 하에 집행정지를 인정한다. (○, ×) [09 국가9급]

3. 집행정지

(1) 집행정지의 의의

집행정지란 행정처분 등의 효력이나 그 집행 또는 절차의 속행을 전부 또는 일부를 정지하는 것을 말한다. 집행정지는 처분의 존재를 전제로 하여 소극적으로 처분이 없었던 것과 같은 상태를 실현하는 것이므로 부작위와 집행정지의 이익이 없는 거부처분은 그 대상이 되지 않는다. 그러나 처분이 무효인 경우에는 외형상 처분이 존재하므로 상대방은 구속력이 있는 것으로 오인할 염려가 있기 때문에 집행정지의 대상이 된다고 보아야 한다.

(2) 집행정지결정의 요건

행정심판법 제30조 【집행정지】 ② 위원회는 처분, 처분의 집행 또는 절차의 속행 때문에 중대한 손해가 생기는 것을 예방할 필요성이 긴급하다고 인정할 때에는 직권으로 또는 당사자의 신청에 의하여 처분의 효력, 처분의 집행 또는 절차의 속행의 전부 또는 일부의 정지(이하 "집행정지"라 한다)를 결정할 수 있다. 다만, 처분의 효력정지는 처분의 집행 또는 절차의 속행을 정지함으로써 그 목적을 달성할 수 있을 때에는 허용되지 아니한다.

★ 행정심판위원회는 당사자의 신청 또는 직권에 의하여 집행정지결정을 할 수 있다. (○, ×) [13 국회9급]

① 적극적 요건

집행정지는 ㉠ 집행정지의 대상인 처분이 존재하여야 하고, ㉡ 심판청구가 행정심판위원회에 계속(繫屬)되어 있으며, ㉢ 처분이나 그 집행이 절차의 속행 때문에 중대한 손해가 생기는 것을 예방할 필요성이, ㉣ 긴급하다고 인정할 때 허용된다. 여기서 '중대한 손해'란 행정소송법의 '회복하기 어려운 손해'보다 넓은 개념으로 회복하기 어려운 손해에 해당하지 않는 금전상 손해의 경우에도 구체적 상황에 따라 손해가 중대하다고 판단되면 집행정지를 인정할 수 있게 한 것이다. 한편 '긴급하다'란 중대한 손해의 발생이 시간적으로 절박하여 재결을 기다릴 여유가 없는 것을 말한다.

② 소극적 요건

행정심판법 제30조 【집행정지】 ③ 집행정지는 공공복리에 중대한 영향을 미칠 우려가 있을 때에는 허용되지 아니한다. [17 국회8급]

(3) 집행정지결정의 대상

집행정지의 대상은 처분의 효력, 처분의 집행 또는 절차의 속행이며, 정지범위는 그 전부 또는 일부이다. 한편 처분의 효력정지는 집행의 정지, 절차속행의 정지 등 다른 정지방법에 의하여 그 목적을 달성할 수 있는 경우에는 허용되지 아니한다(동조 제2항 후단).

(4) 집행정지의 절차

행정심판법 제30조 【집행정지】 ⑤ 집행정지 신청은 심판청구와 동시에 또는 심판청구에 대한 제7조 제6항 또는 제8조 제7항에 따른 위원회나 소위원회의 의결이 있기 전까지, 집행정지 결정의 취소신청은 심판청구에 대한 제7조 제6항 또는 제8조 제7항에 따른 위원회나 소위원회의 의결이 있기 전까지 신청의 취지와 원인을 적은 서면을 위원회에 제출하여야 한다. 다만, 심판청구서를 피청구인에게 제출한 경우로서 심판청구와 동시에 집행정지 신청을 할 때에는 심판청구서 사본과 접수증명서를 함께 제출하여야 한다.
⑥ 제2항과 제4항에도 불구하고 위원회의 심리·결정을 기다릴 경우 중대한 손해가 생길 우려가 있다고 인정되면 위원장은 직권으로 위원회의 심리·결정을 갈음하는 결정을 할 수 있다. 이 경우 위원장은 지체 없이 위원회에 그 사실을 보고하고 추인(追認)을 받아야 하며, 위원회의 추인을 받지 못하면 위원장은 집행정지 또는 집행정지 취소에 관한 결정을 취소하여야 한다.

⑸ 집행정지결정의 취소

> 행정심판법 제30조 【집행정지】 ④ 위원회는 집행정지를 결정한 후에 집행정지가 공공복리에 중대한 영향을 미치거나 그 정지사유가 없어진 경우에는 직권으로 또는 당사자의 신청에 의하여 집행정지 결정을 취소할 수 있다. [21 서울7급]

4. 임시처분

⑴ 임시처분의 의의

임시처분이란 행정청의 거부처분이나 부작위로 당사자가 받을 중대한 불이익이나 급박한 위험을 막기 위하여 행정심판 재결 전까지 임시적으로 지위를 부여하여 구제하는 처분을 말한다. 예를 들면 어업면허나 체류기간연장신청 등에 대한 갱신처분을 거부할 경우 재결 시까지 임시로 어업활동이나 체류 등이 가능하도록 하는 경우를 말한다.

⑵ 임시처분의 요건

> 행정심판법 제31조 【임시처분】 ① 위원회는 처분 또는 부작위가 위법·부당하다고 상당히 의심되는 경우로서 처분 또는 부작위 때문에 당사자가 받을 우려가 있는 중대한 불이익이나 당사자에게 생길 급박한 위험을 막기 위하여 임시지위를 정하여야 할 필요가 있는 경우에는 직권으로 또는 당사자의 신청에 의하여 임시처분을 결정할 수 있다. [18 국가7급]

✦ 위원회는 처분 또는 부작위가 위법·부당하다고 상당히 의심되는 경우로서 처분 또는 부작위로 생길 회복하기 어려운 손해를 예방하기 위하여 긴급한 필요가 있다고 인정할 때에는 직권으로 또는 당사자의 신청에 의하여 임시처분을 결정할 수 있다. (○, ×) [21 서울7급]

① 적극적 요건

임시처분은 ㉠ 행정심판이 적법하게 계속 중이며, ㉡ 처분 또는 부작위가 위법·부당하다고 상당히 의심되는 경우로서, ㉢ 당사자에게 중대한 불이익이나 급박한 위험이 생길 우려가 있을 때 허용된다. 명문의 규정은 없으나 집행정지의 경우와 마찬가지로 임시처분도 그 전제가 되는 심판청구가 계속되어 있어야 한다고 해석된다. 한편 위법·부당하다고 상당히 의심되는 처분 또는 부작위에는 적극적인 처분뿐만 아니라 신청에 대한 거부처분도 포함되며, 처분으로서의 외관이 존재하지 않는 부작위도 포함된다는 점이 집행정지와 구별된다.

② 소극적 요건

> 행정심판법 제31조 【임시처분】 ② 제1항에 따른 임시처분에 관하여는 제30조 제3항부터 제7항까지를 준용한다. 이 경우 같은 조 제6항 전단 중 "중대한 손해가 생길 우려"는 "중대한 불이익이나 급박한 위험이 생길 우려"로 본다.
>
> 행정심판법 제30조 【집행정지】 ④ 위원회는 집행정지를 결정한 후에 집행정지가 공공복리에 중대한 영향을 미치거나 그 정지사유가 없어진 경우에는 직권으로 또는 당사자의 신청에 의하여 집행정지 결정을 취소할 수 있다.

행정심판법 제30조 제3항이 준용되는 결과 임시처분의 경우에도 당사자의 임시지위를 정하는 것이 공공복리에 중대한 영향을 미칠 우려가 있을 때에는 허용되지 아니한다. 나아가 행정심판위원회는 임시처분을 결정한 후에 임시처분이 공공복리에 중대한 영향을 미치는 경우에는 직권으로 또는 당사자의 신청에 의하여 이 결정을 취소할 수 있다. [19 지방9급]

(3) 임시처분의 절차

임시처분은 위원회가 직권이나 당사자의 신청에 의해 결정할 수 있다(동법 제31조 제1항). 위원장이 직권으로 결정하는 경우와 임시처분의 결정취소 및 송달 등은 집행정지의 경우와 같다(동법 제31조 제2항, 동법 제30조 제4항 · 제6항 · 제7항).

> 행정심판위원회는 당사자의 신청에 의한 경우는 물론 직권으로도 임시처분을 결정할 수 있다. (○, ×) [16 국가9급]

(4) 임시처분의 보충성

> 행정심판법 제31조 【임시처분】 ③ 제1항에 따른 임시처분은 제30조 제2항에 따른 집행정지로 목적을 달성할 수 있는 경우에는 허용되지 아니한다. [17 국회8급, 17 교행]

> 행정심판위원회는 처분 또는 부작위가 위법 · 부당하다고 상당히 의심되는 경우로서 처분 또는 부작위 때문에 당사자가 받을 우려가 있는 중대한 불이익이나 당사자에게 생길 급박한 위험을 막기 위하여 임시지위를 정하여야 할 필요가 있는 경우에는 집행정지로 목적을 달성할 수 있더라도 직권으로 또는 당사자의 신청에 의하여 임시처분을 결정할 수 있다. (○, ×) [23 지방7급, 16 서울7급]

제 7 절 행정심판의 심리

01 행정심판의 심리

1. 심리의 내용

(1) 요건심리

요건심리의 결과 적법하지 않은 심판청구는 각하되어야 하나(행정심판법 제43조 제1항), 그 하자가 사후 정정이 가능하다고 인정되는 경우에는 행정심판위원회는 기간을 정하여 청구인에게 그 보정을 요구할 수 있으며, 하자가 경미한 때에는 직권으로 보정할 수 있다(동법 제32조 제1항).

(2) 본안심리

요건심리의 결과 심판청구가 요건을 모두 갖추어 적법한 것으로 판단되어 당해 청구의 내용, 즉 행정처분의 위법 또는 부당 여부를 심리하는 것을 말하며, 실질적 심리라고도 한다. 본안심리의 결과 청구인의 주장이 이유 있으면 원칙적으로 인용재결을 하고, 이유 없으면 기각재결을 한다.

판례

1. 행정심판에 있어서 행정처분의 위법 · 부당 여부는 원칙적으로 처분시를 기준으로 판단하여야 할 것이나, 재결청은 처분 당시 존재하였거나 행정청에 제출되었던 자료뿐만 아니라, 재결 당시까지 제출된 모든 자료를 종합하여 처분 당시 존재하였던 객관적 사실을 확정하고 그 사실에 기초하여 처분의 위법 · 부당 여부를 판단할 수 있다(대판 2001.7.27. 99두5092). [15 지방9급]
2. 행정처분의 취소를 구하는 항고소송에서 처분청은 당초 처분의 근거로 삼은 사유와 기본적 사실관계가 동일성이 있다고 인정되는 한도 내에서만 다른 사유를 추가 또는 변경할 수 있고, 이러한 법리는 행정심판 단계에서도 그대로 적용된다(대판 2014.5.16. 2013두26118). [18 지방7급]

> 행정심판에서는 항고소송에서와 달리 처분청이 당초 처분의 근거로 삼은 사유와 기본적 사실관계가 동일성이 인정되지 않는 다른 사유를 처분사유로 추가하거나 변경할 수 있다. (○, ×) [18 국가9급]

2. 심리의 범위

(1) 불고불리 및 불이익변경금지의 원칙

> 행정심판은 행정조직 내에서 자기통제 기능을 겸하기 때문에 심판청구의 대상이 되는 처분 또는 부작위 외의 사항에 대하여도 재결할 수 있다. (○, ×) [15 서울9급, 15 복지9급]

> 행정심판위원회는 필요하다고 판단하는 경우에는 심판청구의 대상이 되는 처분보다 청구인에게 불리한 재결을 할 수 있다. (○, ×) [18 교행, 13 지방9급]

행정심판법 제47조 【재결의 범위】 ① 위원회는 심판청구의 대상이 되는 처분 또는 부작위 외의 사항에 대하여는 재결하지 못한다. [16 국회8급]
② 위원회는 심판청구의 대상이 되는 처분보다 청구인에게 불리한 재결을 하지 못한다. [16 국가9급]

(2) 재량의 당·부당

행정심판은 재량행사의 당·부당의 문제도 심리할 수 있는데, 이는 재량의 당·부당에 대해서는 판단할 수 없는 행정소송과는 구별된다.

02 심리의 절차

1. 심리절차의 구조와 원칙

(1) 당사자주의적 구조(대심주의)

행정심판법은 심판청구의 당사자를 청구인과 피청구인으로 하여 이들 당사자가 각각 공격·방어방법을 제출하게 하고, 이와 같이 제출된 공격·방어방법을 기초로 하여 심리·재결하는 대심구조를 취하고 있다.

(2) 처분권주의

> 행정심판의 심리는 원칙적으로 행정심판위원회가 주도하며, 당사자의 처분권주의는 예외적으로 인정된다. (○, ×) [13 지방7급]

처분권주의란 절차의 개시, 심판의 대상 및 절차의 종결을 당사자의 의사에 맡기는 것을 말하는데, 행정심판은 청구인의 심판청구에 의해 개시된다는 점 등을 고려하면 행정심판법도 원칙적으로 처분권주의를 채택하고 있다고 볼 수 있다.

(3) 직권심리주의의 채택

> 행정심판위원회는 당사자가 주장하지 아니한 사실에 대하여 심리할 수 없다. (○, ×) [16 서울9급]

> 행정심판에서는 직권탐지주의를 원칙으로 한다. (○, ×) [15 서울9급]

행정심판법 제36조 【증거조사】 ① 위원회는 사건을 심리하기 위하여 필요하면 직권으로 또는 당사자의 신청에 의하여 다음 각 호의 방법에 따라 증거조사를 할 수 있다.
행정심판법 제39조 【직권심리】 위원회는 필요하면 당사자가 주장하지 아니한 사실에 대하여도 심리할 수 있다. [19 지방9급]

직권심리주의는 당사자주의에 대한 보완으로서, 심리의 직행을 심리기관의 직권으로 함과 동시에 필요한 자료를 당사자에만 의존하지 않고 직권으로 수집하는 제도를 말한다. 행정심판법은 변론주의를 원칙으로 하면서도, 심판청구의 심리를 위하여 필요하다고 인정되는 경우에는 행정심판위원회로 하여금 당사자가 주장하지 아니한 사실에 대하여도 심리할 수 있도록 하고, 증거조사를 할 수 있도록 하고 있다.

(4) 구술심리주의 또는 서면심리주의

> 행정심판법 제40조 【심리의 방식】 ① 행정심판의 심리는 구술심리나 서면심리로 한다. 다만, 당사자가 구술심리를 신청한 경우에는 서면심리만으로 결정할 수 있다고 인정되는 경우 외에는 구술심리를 하여야 한다.

행정심판의 심리는 구술심리 또는 서면심리로 한다고 규정하여 어느 방식을 취하는지는 행정심판위원회의 선택에 맡기고 있다. 당사자가 구술심리를 신청한 경우에는 서면심리만으로 결정할 수 있다고 인정되는 경우 외에는 구술심리를 하여야 한다(동법 제40조 제1항).

(5) 비공개주의

> 행정심판법 제41조 【발언 내용 등의 비공개】 위원회에서 위원이 발언한 내용이나 그 밖에 공개되면 위원회의 심리·재결의 공정성을 해칠 우려가 있는 사항으로서 대통령령으로 정하는 사항은 공개하지 아니한다.

비공개주의는 행정심판의 심리·재결과정을 일반에게 공개하지 않는다는 원칙이다. 행정심판법에는 이에 관한 명문규정은 없으나, 서면심리 등을 채택한 행정심판법의 구조로 보아 비공개주의를 채택하고 있는 것으로 봄이 일반적이다.

2. 당사자의 절차적 관여에 관한 권리

(1) 위원 등에 대한 기피신청권

당사자는 행정심판위원회의 위원·직원에게 공정한 심리·의결을 기대하기 어려운 사정이 있으면 위원장에게 기피신청을 할 수 있다(동법 제10조 제2항·제8항). 위원장은 기피신청을 받으면 기피 여부에 대한 결정을 하고, 지체 없이 신청인에게 결정서 정본을 송달하여야 한다(동조 제6항).

(2) 구술심리신청권

당사자는 구술심리를 신청할 수 있고, 당사자가 구술심리를 신청한 때에는 행정심판위원회는 서면심리만으로 결정할 수 있다고 인정되는 경우 외에는 구술심리를 하여야 한다(동법 제40조 제1항).

(3) 증거제출권

당사자는 심판청구서·보정서·답변서·참가신청서·보충서면 등에 덧붙여 그 주장을 뒷받침하는 증거서류나 증거물을 제출할 수 있는 권리를 가진다(동법 제34조 제1항).

(4) 증거조사신청권

당사자는 자신의 주장을 뒷받침하기 위하여 필요하다고 인정할 때에는 행정심판위원회에 증거조사를 신청할 수 있다(동법 제36조 제1항).

- 행정심판법은 구술심리를 원칙으로 하며, 당사자의 신청이 있는 때에는 서면심리로 할 것을 규정하고 있다. (○, ×) [13 지방7급]
- 행정심판의 심리는 당사자가 구술심리를 신청한 경우를 제외하고는 서면심리주의를 원칙으로 하고 있다. (○, ×) [16 서울7급]
- 행정심판법은 원칙적으로 공개심리주의를 채택하고 있다. (○, ×) [13 지방7급]

PART 05

제8절 행정심판의 재결

01 재결의 의의 및 성질

재결은 행정법상 법률관계에 관한 분쟁에 대하여 행정심판위원회가 행하는 판단의 표시를 말한다. 재결은 다툼 있는 법률관계에 대하여 행정심판위원회가 판단・확정하는 행위이므로 확인행위의 성질을 가지며, 법원의 판결과 성질이 비슷하므로 준사법행위에 해당한다.

02 재결의 절차와 형식

1. 재결기간

재결은 피청구인인 행정청이 행정심판청구서를 받은 날로부터 90일 이내에 하여야 한다. (○, ×) [08 지방9급]

재결은 행정심판위원회 또는 피청구인인 행정청이 심판청구서를 받은 날부터 60일 이내에 하여야 한다. 다만 부득이한 사정이 있을 때에는 위원장이 직권으로 30일을 연장할 수 있다. (○, ×) [16 경행특채, 11 국회8급]

행정심판법 제45조 【재결 기간】 ① 재결은 제23조에 따라 피청구인 또는 위원회가 심판청구서를 받은 날부터 60일 이내에 하여야 한다. 다만, 부득이한 사정이 있는 경우에는 위원장이 직권으로 30일을 연장할 수 있다.
② 위원장은 제1항 단서에 따라 재결 기간을 연장할 경우에는 재결 기간이 끝나기 7일 전까지 당사자에게 알려야 한다.

행정심판법 제32조 【보정】 ⑤ 제1항에 따른 보정기간은 제45조에 따른 재결 기간에 산입하지 아니한다.

2. 재결의 방식

행정심판법 제46조 【재결의 방식】 ① 재결은 서면으로 한다.
② 제1항에 따른 재결서에는 다음 각 호의 사항이 포함되어야 한다.
1. 사건번호와 사건명
2. 당사자・대표자 또는 대리인의 이름과 주소
3. 주문
4. 청구의 취지
5. 이유
6. 재결한 날짜
③ 재결서에 적는 이유에는 주문 내용이 정당하다는 것을 인정할 수 있는 정도의 판단을 표시하여야 한다.

3. 재결의 송달 등

행정심판법 제48조 【재결의 송달과 효력 발생】 ① 위원회는 지체 없이 당사자에게 재결서의 정본을 송달하여야 한다. 이 경우 중앙행정심판위원회는 재결 결과를 소관 중앙행정기관의 장에게도 알려야 한다.
② 재결은 청구인에게 제1항 전단에 따라 송달되었을 때에 그 효력이 생긴다.
③ 위원회는 재결서의 등본을 지체 없이 참가인에게 송달하여야 한다.
④ 처분의 상대방이 아닌 제3자가 심판청구를 한 경우 위원회는 재결서의 등본을 지체 없이 피청구인을 거쳐 처분의 상대방에게 송달하여야 한다.

행정심판법 제57조 【서류의 송달】 이 법에 따른 서류의 송달에 관하여는 「민사소송법」 중 송달에 관한 규정을 준용한다.

> 행정심판위원회로부터 재결서의 정본을 송달받은 행정청은 청구인 및 참가인에게 재결서의 등본을 송달하여야 한다. (○, ×) [11 지방9급]

> 「행정심판법」에 따른 서류의 송달에 관하여는 「행정절차법」 중 송달에 관한 규정을 준용한다. (○, ×) [19 국가9급]

03 재결의 종류

1. 각하재결

행정심판법 제43조 【재결의 구분】 ① 위원회는 심판청구가 적법하지 아니하면 그 심판청구를 각하(却下)한다.

PART 05

2. 기각재결

(1) 의의

행정심판법 제43조 【재결의 구분】 ② 위원회는 심판청구가 이유가 없다고 인정하면 그 심판청구를 기각(棄却)한다.

행정심판위원회는 심판청구가 이유 없다고 인정할 때에는 그 심판청구를 기각한다. 다만 예외적으로 심판청구가 이유 있으나 청구를 기각하는 사정재결이 있다.

(2) 사정재결

행정심판법 제44조 【사정재결】 ① 위원회는 심판청구가 이유가 있다고 인정하는 경우에도 이를 인용하는 것이 공공복리에 크게 위배된다고 인정하면 그 심판청구를 기각하는 재결을 할 수 있다. [17 국가9급(下)] 이 경우 위원회는 재결의 주문에서 그 처분 또는 부작위가 위법하거나 부당하다는 것을 구체적으로 밝혀야 한다.
② 위원회는 제1항에 따른 재결을 할 때에는 청구인에 대하여 상당한 구제방법을 취하거나 상당한 구제방법을 취할 것을 피청구인에게 명할 수 있다.
③ 제1항과 제2항은 무효 등 확인심판에는 적용하지 아니한다. [19 서울9급]

행정소송법상의 사정판결에 관한 규정(행정소송법 제28조)과는 달리 행정심판법 제44조 제2항에서는 사정재결을 할 때 "위원회는 청구인에 대하여 상당한 구제방법을 취하거나 상당한 구제방법을 취할 것을 피청구인에게 명할 수 있다."고 규정하고 있다. 사정재결은 취소심판과 의무이행심판에만 인정되고 무효 등 확인심판에는 인정되지 아니한다. [18 서울7급(上)]

> 행정심판법에는 행정소송법의 경우와는 달리 사정재결의 규정이 없다. (○, ×) [14 국회8급]

> 행정심판위원회는 사정재결을 함에 있어서 청구인에 대하여 상당한 구제방법을 취하거나 피청구인에게 상당한 구제방법을 취할 것을 명할 수 있으나, 재결주문에 그 처분 등이 위법 또는 부당함을 명시할 필요는 없다. (○, ×) [15 국회8급]

> 행정청의 부작위에 대한 의무이행심판은 심판청구기간 규정의 적용을 받지 않고, 사정재결이 인정되지 아니한다. (○, ×) [21 지방9급, 18 국회8급]

3. 인용재결

(1) 취소 · 변경 등 재결

취소심판의 재결로서 처분취소재결, 처분변경재결, 처분변경명령재결을 할 수 있으며, 처분취소명령재결은 할 수 없다. (○, ×) [21 국가7급, 19 서울7급(上)]

> 행정심판법 제43조 【재결의 구분】 ③ 위원회는 취소심판의 청구가 이유가 있다고 인정하면 처분을 취소 또는 다른 처분으로 변경하거나 처분을 다른 처분으로 변경할 것을 피청구인에게 명한다. [22 지방9급]

행정심판위원회가 처분을 취소하거나 변경하는 재결을 하면, 행정청은 재결의 기속력에 따라 처분을 취소 또는 변경하는 처분을 하여야 하고, 이를 통하여 당해 처분은 처분시에 소급하여 소멸되거나 변경된다. (○, ×) [17 서울9급]

행정심판에서는 변경재결과 같이 원처분을 적극적으로 변경하는 것도 가능하다. (○, ×) [15 서울9급]

위원회가 스스로 처분을 취소(취소재결) 또는 다른 처분으로 변경하는 재결(변경재결)은 그 재결의 형성력에 의하여 해당처분은 별도의 행정처분을 기다릴 것 없이 당연히 취소되어 소멸 또는 다른 처분으로 변경된다는 것이 판례의 입장이다. 한편 처분청에 대하여 다른 처분으로 변경할 것을 명하는 내용의 재결(변경명령재결)은 재결 내용에 따른 위원회의 명령에 의하여 처분청의 변경처분을 기다려 대외적 효력을 발생한다. 취소재결은 해당 처분의 전부취소를 내용으로 하는 경우와 일부취소에 관한 것이 있을 수 있다. 변경재결은 행정심판법이 취소와 다른 처분으로 변경을 따로 인정한 점과 의무이행재결을 인정한 점에 비추어 일부취소가 아니라 적극적 변경, 즉 원처분에 갈음하는 다른 처분으로의 변경을 의미한다.

판례

형성력을 가지는 취소재결이 있는 경우 그 대상이 된 행정처분은 재결 자체에 의해 당연취소되어 소멸한다. (○, ×) [12 복지9급]

행정심판 재결의 내용이 처분청에게 처분의 취소를 명하는 것이 아니라 재결청이 스스로 처분을 취소하는 것일 때에는 그 재결의 형성력에 의하여 당해 처분은 별도의 행정처분을 기다릴 것 없이 당연히 취소되어 소멸되는 것이다(대판 1998.4.24. 97누17131). [24 국가9급]

(2) 무효 등 확인재결

> 행정심판법 제43조 【재결의 구분】 ④ 위원회는 무효 등 확인심판의 청구가 이유가 있다고 인정하면 처분의 효력 유무 또는 처분의 존재 여부를 확인한다.

(3) 의무이행재결

> 행정심판법 제43조 【재결의 구분】 ⑤ 위원회는 의무이행심판의 청구가 이유가 있다고 인정하면 지체 없이 신청에 따른 처분을 하거나 처분을 할 것을 피청구인에게 명한다. [10 국가9급]

의무이행심판의 재결에서 처분재결은 형성재결의 성질을, 처분명령재결은 이행재결의 성격을 가지고 있다. (○, ×) [16 서울7급]

의무이행심판의 청구가 이유 있다고 인정하여 위원회가 지체 없이 신청에 따른 처분을 하거나, 이를 할 것을 피청구인에게 명하는 재결을 말한다. 전자의 재결을 처분재결이라 하고 후자의 재결을 처분명령재결이라고 하는데, 전자의 처분재결은 형성재결의 성질을 가지고, 후자의 처분명령재결은 이행재결의 성질을 가진다.

4. 조정

> **행정심판법 제43조의2 【조정】** ① 위원회는 당사자의 권리 및 권한의 범위에서 당사자의 동의를 받아 심판청구의 신속하고 공정한 해결을 위하여 조정을 할 수 있다. [18 국가7급, 18 지방7급] 다만, 그 조정이 공공복리에 적합하지 아니하거나 해당 처분의 성질에 반하는 경우에는 그러하지 아니하다.
> ② 위원회는 제1항의 조정을 함에 있어서 심판청구된 사건의 법적·사실적 상태와 당사자 및 이해관계자의 이익 등 모든 사정을 참작하고, 조정의 이유와 취지를 설명하여야 한다.
> ③ 조정은 당사자가 합의한 사항을 조정서에 기재한 후 당사자가 서명 또는 날인하고 위원회가 이를 확인함으로써 성립한다.
> ④ 제3항에 따른 조정에 대하여는 제48조부터 제50조까지, 제50조의2, 제51조의 규정을 준용한다.

조정은 당사자가 합의한 사항을 조정서에 기재한 후 당사자가 서명 또는 날인함으로써 완성된다. (○, ×) [20 지방7급]

04 재결의 효력

행정심판법에서는 재결의 효력에 대해 기속력과 직접처분, 간접강제에 관한 규정을 두고 있다. 그런데 취소재결·변경재결과 처분재결에는 형성력이 발생한다고 보아야 하며, 또한 재결은 행정행위이므로 재결에 대해서는 행정행위의 특수한 효력인 공정력·불가변력 등이 인정된다고 보아야 할 것이다.

행정심판의 재결의 효력과 관련하여 행정심판법이 명문의 규정을 두고 있는 것은? [13 서울9급]
① 불가변력
② 확정력
③ 공정력
④ **기속력**
⑤ 기판력

1. 불가쟁력

재결에 대해서 다시 행정심판을 청구할 수는 없고(동법 제51조), 재결에 고유한 위법이 있는 경우에 한해 재결에 대해 행정소송의 제기가 가능하지만, 이 경우에도 제소기간이 경과하면 더 이상 효력을 다툴 수 없게 되는데, 이를 재결의 불가쟁력이라 한다.

재결의 효력으로서 행정청에 대한 불가변력이 인정되나, 불가쟁력은 인정되지 않는다. (○, ×) [08 지방9급]

2. 불가변력

재결은 다른 행정행위와 달리 쟁송절차를 거쳐 행하여지는 판단행위이므로, 일단 재결이 행하여진 이상 비록 그것이 위법하다 하더라도 행정심판위원회 스스로 이를 취소·변경할 수 없는 효력이 발생하는데 이를 불가변력이라 한다.

의무이행심판에 관한 재결이 있게 되면 재결기관은 그것이 위법·부당하다고 생각되는 경우에도 스스로 이를 취소 또는 변경할 수 없다. (○, ×) [08 국회8급]

3. 공정력

재결은 행정행위의 일종이므로 다른 행정행위와 같이 당연무효의 것이 아닌 한 소정의 절차에 따라 취소·변경될 때까지는 일응 적법한 것으로 추정되어 유효하게 된다.

4. 형성력

형성력이란 재결이 있으면 처분행정청에 의한 별도의 행위를 기다릴 필요 없이 재결의 내용에 따라 행정법관계에 직접적인 변동을 가져 오게 되는 것을 말한다. 형성력에 따른 법률관계의 변동은 제3자에게도 미치는 대세적 효력이 있다. 한편 모든 재결에 형성력이 인정되는 것은 아니고 행정심판위원회가 재결로써 직접 처분의 취소 변경 및 처분을 한 경우(취소재결, 변경재결, 처분재결)에만 인정된다. 따라서 변경명령재결이나 처분명령재결을 한 경우에는 형성력이 발생하지 않고, 기속력이 발생하게 된다.

재결의 형성력은 행정심판위원회가 직접 처분의 취소·변경 등을 하지 않은 처분의 변경명령재결 또는 의무이행명령재결의 경우에 발생한다. (○, ×) [12 국회8급]

판례

1. 형성적 재결의 결과통보는 항고소송의 대상이 되는 행정처분이 아니다(대판 1997.5.30. 96누14678).
2. 원처분에 대한 형성적 취소재결이 확정된 후 처분청이 다시 원처분을 취소한 경우, 그러한 처분은 항고소송의 대상이 되는 처분이 아니다(대판 1998.4.24. 96누17131).

5. 기속력

(1) 의의

재결의 기속력이라 함은 피청구인인 행정청이나 관계행정청으로 하여금 재결의 취지에 따라 행동할 의무를 발생시키는 효력을 말한다. 재결의 기속력은 인용재결의 경우에만 인정되고 각하재결, 기각재결에는 인정되지 않는다. [21 지방9급] 각하·기각재결은 청구인이 심판청구를 배척하는 데 그칠 뿐, 처분청과 그 밖의 관계행정청에 대하여 원처분을 유지시켜야 할 의무를 지우지 않으므로 처분청은 기각재결이 있은 뒤에도 정당한 사유가 있으면 직권으로 원처분을 취소·변경 또는 철회할 수 있다. [15 국회8급]

행정심판 재결의 기속력은 인용재결뿐만 아니라 각하재결과 기각재결에도 인정되는 효력이다. (○, ×) [18 서울9급]

기각재결이 있은 후에는 처분청은 직권으로 당해 처분을 취소할 수 없다. (○, ×) [07 지방9급]

판례

인용재결이 있는 경우 처분청은 그러한 재결에 기속되므로 이에 불복하여 취소소송을 제기할 수 없다(대판 1998.5.8. 97누15432).

(2) 내용

① 반복금지의무(소극적 의무)

인용재결이 있게 되면 행정청은 동일한 사정하에서 동일인에게 재결의 내용에 모순되는 동일내용의 처분을 할 수 없는 의무를 가진다. 이러한 반복금지의무는 일종의 작위의무이기도 하다.

판례

동일 사유인지 여부는 기본적 사실관계에 있어 동일성이 인정되는 사유인지 여부에 따라 판단되어야 한다(대판 2005.12.9. 2003두7705).

② 재처분의무(적극적 의무)

> 행정심판법 제49조 【재결의 기속력 등】 ① 심판청구를 인용하는 재결은 피청구인과 그 밖의 관계 행정청을 기속(羈束)한다.
> ② 재결에 의하여 취소되거나 무효 또는 부존재로 확인되는 처분이 당사자의 신청을 거부하는 것을 내용으로 하는 경우에는 그 처분을 한 행정청은 재결의 취지에 따라 다시 이전의 신청에 대한 처분을 하여야 한다. [21 지방9급, 19 국가7급]
> ③ 당사자의 신청을 거부하거나 부작위로 방치한 처분의 이행을 명하는 재결이 있으면 행정청은 지체 없이 이전의 신청에 대하여 재결의 취지에 따라 처분을 하여야 한다.
> ④ 신청에 따른 처분이 절차의 위법 또는 부당을 이유로 재결로써 취소된 경우에는 제2항을 준용한다.
> ⑤ 법령의 규정에 따라 공고하거나 고시한 처분이 재결로써 취소되거나 변경되면 처분을 한 행정청은 지체 없이 그 처분이 취소 또는 변경되었다는 것을 공고하거나 고시하여야 한다. [20 지방7급]
> ⑥ 법령의 규정에 따라 처분의 상대방 외의 이해관계인에게 통지된 처분이 재결로써 취소되거나 변경되면 처분을 한 행정청은 지체 없이 그 이해관계인에게 그 처분이 취소 또는 변경되었다는 것을 알려야 한다.

㉠ 변경명령재결

취소심판에 있어서 다른 처분으로 변경을 명하는 처분이 있을 때에는 처분청은 당해 처분을 다른 처분으로 변경하여야 한다.

㉡ 처분명령재결

당사자의 신청을 거부하거나 부작위로 방치한 처분의 이행을 명하는 재결이 있는 경우에는 행정청은 지체 없이 이전의 신청에 대하여 재결의 취지에 따라 처분을 하여야 한다(행정심판법 제49조 제2항).

㉢ 절차의 하자를 이유로 한 취소재결

신청에 따른 처분이 절차의 위법 또는 부당을 이유로 재결로써 취소된 경우에도 소정의 절차에 따라 다시 이전의 신청에 대한 처분을 하여야 한다(동조 제3항).

㉣ 거부처분취소재결

거부처분에 대하여 의무이행심판이 아닌 취소심판을 제기한 경우에 재처분의무를 지는지 여부에 대하여 명문의 규정을 두어 입법적으로 해결하였다.

③ 결과제거의무(원상회복의무)

취소 또는 무효 확인 등의 재결이 있게 되면 해당 처분과 관련하여 행해진 후행처분이나 사실상의 조치 등은 위법한 것이 되므로 행정청은 이를 원상으로 회복시킬 의무를 진다.

④ 공고 · 고시 · 통지의무

법령의 규정에 따라 공고하거나 고시한 처분이 재결로써 취소되거나 변경되면 처분을 한 행정청은 지체 없이 그 처분이 취소 또는 변경되었다는 것을 공고하거나 고시하여야 한다. 또한 법령의 규정에 따라 처분의 상대방 외의 이해관계인에게 통지된 처분이 재결로써 취소되거나 변경되면 처분을 한 행정청은 지체 없이 그 이해관계인에게 그 처분이 취소 또는 변경되었다는 것을 알려야 한다(동조 제4항 · 제5항).

취소재결의 기속력으로서 재처분의무가 없으므로 현행법상 거부처분에 불복할 때에는 취소심판보다 의무이행심판이 더 효과적이다. (○, ×) [19 서울7급(上)]

당사자의 신청을 거부하는 처분에 대한 취소심판에서 인용재결이 내려진 경우, 의무이행심판과 달리 행정청은 재처분의무를 지지 않는다. (○, ×) [19 지방9급]

당사자의 신청을 거부하거나 부작위로 방치한 처분의 이행을 명하는 재결이 있으면 행정청은 지체 없이 이전의 신청에 대하여 재결의 취지에 따라 처분을 하여야 한다. (○, ×) [16 지방9급]

거부처분취소심판의 인용재결 기속력의 내용으로 재처분의무가 행정심판법에 규정되어 있다. (○, ×) [14 국회8급]

법령의 규정에 따라 공고한 처분이 재결로써 취소된 때에는 처분을 한 행정청은 지체 없이 그 처분이 취소되었다는 것을 공고하여야 한다. (○, ×) [10 국가9급]

(3) 기속력의 범위

기속력이 미치는 주관적 범위는 피청구인인 행정청뿐만 아니라 그 밖의 모든 관계행정청까지이다. 기속력이 미치는 객관적 범위는 재결의 주문 및 그 전제가 된 요건사실의 인정과 처분의 효력 판단에 한정된다.

> 행정심판법상 재결의 기속력은 당해 처분에 관하여 재결주문 및 그 전제가 된 요건사실의 인정과 판단뿐만 아니라 이와 직접 관계가 없는 다른 처분에 대하여도 미친다. (○, ×) [15 행정사]

> 기속력은 재결의 주문에만 미치고, 처분 등의 구체적 위법사유에 관한 판단에는 미치지 않는다. (○, ×) [21 지방9급]

> 재결이 확정된 경우에는 처분의 기초가 된 사실관계나 법률적 판단이 확정되고 당사자들이나 법원은 이에 기속되어 모순되는 주장이나 판단을 할 수 없게 된다. (○, ×) [19 국가7급]

판례

1. 재결의 기속력은 재결의 주문 및 그 전제가 된 요건사실의 인정과 판단, 즉 처분 등의 구체적 위법사유에 관한 판단에만 미친다고 할 것이고, [24 국가9급, 19 국가7급] 종전 처분이 재결에 의하여 취소되었다 하더라도 종전 처분시와는 다른 사유를 들어서 처분을 하는 것은 기속력에 저촉되지 않는다고 할 것이며, 여기에서 동일 사유인지 다른 사유인지는 종전 처분에 관하여 위법한 것으로 재결에서 판단된 사유와 기본적 사실관계에 있어 동일성이 인정되는 사유인지 여부에 따라 판단되어야 한다(대판 2005.12.9. 2003두7705).
2. 행정처분이나 행정심판재결이 불복기간의 경과로 인하여 확정될 경우, 그 확정력은 그 처분으로 인하여 법률상 이익을 침해받은 자가 당해 처분이나 재결의 효력을 더이상 다툴 수 없다는 의미일 뿐, 더 나아가 판결에 있어서와 같은 기판력이 인정되는 것은 아니어서 그 처분의 기초가 된 사실관계나 법률적 판단이 확정되고 당사자들이나 법원이 이에 기속되어 모순되는 주장이나 판단을 할 수 없게 되는 것은 아니다(대판 1994.11.8. 93누21927). [21 지방9급, 17 지방7급]
3. 당사자의 신청을 받아들이지 않은 거부처분이 재결에서 취소된 경우에 행정청은 종전 거부처분 또는 재결 후에 발생한 새로운 사유를 내세워 다시 거부처분을 할 수 있다. [21 국가7급, 19 국가7급] 그 재결의 취지에 따라 이전의 신청에 대하여 다시 어떠한 처분을 하여야 할지는 처분을 할 때의 법령과 사실을 기준으로 판단하여야 하기 때문이다. 또한 행정청이 재결에 따라 이전의 신청을 받아들이는 후속처분을 하였더라도 후속처분이 위법한 경우에는 재결에 대한 취소소송을 제기하지 않고도 곧바로 후속처분에 대한 항고소송을 제기하여 다툴 수 있다. 나아가 거부처분을 취소하는 재결이 있더라도 그에 따른 후속처분이 있기까지는 제3자의 권리나 이익에 변동이 있다고 볼 수 없고 후속처분 시에 비로소 제3자의 권리나 이익에 변동이 발생하며, 재결에 대한 항고소송을 제기하여 재결을 취소하는 판결이 확정되더라도 그와 별도로 후속처분이 취소되지 않는 이상 후속처분으로 인한 제3자의 권리나 이익에 대한 침해 상태는 여전히 유지된다. 이러한 점들을 종합하면, 거부처분이 재결에서 취소된 경우 재결에 따른 후속처분이 아니라 그 재결의 취소를 구하는 것은 실효적이고 직접적인 권리구제수단이 될 수 없어 분쟁해결의 유효적절한 수단이라고 할 수 없으므로 법률상 이익이 없다(대판 2017.10.31. 2015두45045).

(4) 기속력 위반의 효과

반복금지의무를 위반하여 동일한 내용의 처분을 다시 한 경우 그 처분은 하자가 중대하고 명백하여 무효이다. 한편 재처분의무를 위반한 경우 직접처분을 할 수 있다.

6. 직접처분

(1) 의의

행정심판법 제50조【위원회의 직접 처분】 ① 위원회는 피청구인이 제49조 제3항에도 불구하고 처분을 하지 아니하는 경우에는 당사자가 신청하면 기간을 정하여 서면으로 시정을 명하고 그 기간에 이행하지 아니하면 직접 처분을 할 수 있다. [17 교행, 15 국회8급] 다만, 그 처분의 성질이나 그 밖의 불가피한 사유로 위원회가 직접 처분을 할 수 없는 경우에는 그러하지 아니하다.
② 위원회는 제1항 본문에 따라 직접 처분을 하였을 때에는 그 사실을 해당 행정청에 통보하여야 하며, 그 통보를 받은 행정청은 위원회가 한 처분을 자기가 한 처분으로 보아 관계 법령에 따라 관리·감독 등 필요한 조치를 하여야 한다. [15 국회8급]

(2) 요건

판례

재결청이 직접 처분을 하기 위하여는 처분의 이행을 명하는 재결이 있었음에도 당해 행정청이 아무런 처분을 하지 아니하였어야 하므로, [20 국가9급] 당해 행정청이 어떠한 처분을 하였다면 그 처분이 재결의 내용에 따르지 아니하였다고 하더라도 재결청이 직접 처분을 할 수는 없다(대판 2002.7.23. 2000두9151).

(3) 범위 및 효과

직접처분을 할 수 있는 범위는 기속력이 미치는 범위 내로서 일반적으로 재결의 주문에 기재된 내용에 한정된다. 나아가 성질상 정보공개명령재결과 같이 직접처분을 할 수 없는 경우도 있다.

7. 간접강제

행정심판법 제50조의2【위원회의 간접강제】 ① 위원회는 피청구인이 제49조 제2항(제49조 제4항에서 준용하는 경우를 포함한다) 또는 제3항에 따른 처분을 하지 아니하면 청구인의 신청에 의하여 결정으로 상당한 기간을 정하고 피청구인이 그 기간 내에 이행하지 아니하는 경우에는 그 지연기간에 따라 일정한 배상을 하도록 명하거나 즉시 배상을 할 것을 명할 수 있다. [23 지방7급, 18 국가7급]
② 위원회는 사정의 변경이 있는 경우에는 당사자의 신청에 의하여 제1항에 따른 결정의 내용을 변경할 수 있다.
③ 위원회는 제1항 또는 제2항에 따른 결정을 하기 전에 신청 상대방의 의견을 들어야 한다.
④ 청구인은 제1항 또는 제2항에 따른 결정에 불복하는 경우 그 결정에 대하여 행정소송을 제기할 수 있다.
⑤ 제1항 또는 제2항에 따른 결정의 효력은 피청구인인 행정청이 소속된 국가·지방자치단체 또는 공공단체에 미치며, 결정서 정본은 제4항에 따른 소송제기와 관계없이 「민사집행법」에 따른 강제집행에 관하여는 집행권원과 같은 효력을 가진다. 이 경우 집행문은 위원장의 명에 따라 위원회가 소속된 행정청 소속 공무원이 부여한다.

처분청이 처분이행명령재결에 따른 처분을 하지 아니한 경우에는 행정심판위원회는 직권으로 직접처분을 할 수 있다. (○, ×) [22 지방9급, 19 서울7급(上)]

거부처분에 대한 취소심판이나 무효 등 확인심판청구에서 인용재결이 있었음에도 불구하고 피청구인인 행정청이 재결의 취지에 따른 처분을 하지 아니한 경우에는 당사자가 신청하면 행정심판위원회는 기간을 정하여 서면으로 시정을 명하고 그 기간에 이행하지 아니하면 직접 처분을 할 수 있다. (○, ×) [19 서울9급]

정보공개명령재결은 행정심판위원회에 의한 직접처분의 대상이 된다. (○, ×) [21 국가7급]

행정심판위원회는 재처분의무가 있는 피청구인이 재처분의무를 이행하지 아니하면 지연기간에 따라 일정한 배상을 하도록 명할 수는 있으나 즉시 배상을 할 것을 명할 수는 없다. (○, ×) [18 서울7급]

행정심판 인용재결에 따른 행정청의 재처분 의무에도 불구하고 행정청이 인용재결에 따른 처분을 하지 아니하는 경우에, 행정심판위원회는 청구인의 신청이 없어도 결정으로 일정한 배상을 하도록 명할 수 있다. (○, ×) [21 지방9급]

행정심판 청구인은 행정심판위원회의 간접강제 결정에 불복하는 경우 그 결정에 대하여 행정소송을 제기할 수 없다. (○, ×) [19 지방9급, 18 서울7급]

⑥ 간접강제 결정에 기초한 강제집행에 관하여 이 법에 특별한 규정이 없는 사항에 대하여는 「민사집행법」의 규정을 준용한다. 다만, 「민사집행법」 제33조(집행문부여의 소), 제34조(집행문부여 등에 관한 이의신청), 제44조(청구에 관한 이의의 소) 및 제45조(집행문부여에 대한 이의의 소)에서 관할 법원은 피청구인의 소재지를 관할하는 행정법원으로 한다.

행정심판위원회는 피청구인이 거부처분의 취소재결에도 불구하고 처분을 하지 아니하는 경우에는 당사자가 신청하면 기간을 정하여 서면으로 시정을 명하고, 그 기간에 이행하지 아니하면 직접 처분을 할 수 있다. (○, ×) [18 지방7급]

재결에 의하여 취소되거나 무효 또는 부존재로 확인되는 처분이 당사자의 신청을 거부하는 것을 내용으로 하는 경우, 당사자의 신청을 거부하거나 부작위로 방치한 처분의 이행을 명하는 재결이 있음에도 불구하고 처분을 하지 아니하면 청구인의 신청에 의하여 결정으로 상당한 기간을 정하고 피청구인이 그 기간 내에 이행하지 아니하는 경우에는 그 지연기간에 따라 일정한 배상을 하도록 명하거나 즉시 배상을 할 것을 명할 수 있다. 직접처분은 의무이행심판의 경우만 규정하고 있는 반면 간접강제는 모든 행정심판의 경우 규정하는 점에 주의를 요한다. [19 서울9급]

05 재결에 대한 불복

1. 재심판청구의 금지

심판청구에 대한 재결에는 기판력이 인정되지 않으므로 그 재결 및 같은 처분 또는 부작위에 대하여 다시 행정심판을 청구할 수 있다. (○, ×) [16 서울7급, 16 지방9급]

행정심판법은 심판청구에 관한 재결이 있으면 그 재결 및 같은 처분 또는 부작위에 대하여 다시 행정심판을 청구할 수 없도록 하여(행정심판법 제51조), 행정심판의 단계를 단일화하였다.

2. 재결에 대한 행정소송

인용재결에 대해 피청구인인 처분청이 행정소송을 제기할 수 있는지에 대해서 판례는 인용재결의 기속력에 의해 불복할 수 없다고 하여 부정설을 취하고 있다(대판 1998.5.8. 97누15432). [23 지방9급]

06 관련문제

1. 법령 등의 개선

중앙행정심판위원회는 심판청구의 심리·재결시 처분 또는 부작위의 근거가 되는 명령 등이 크게 불합리한 경우 관계행정기관에 그 개정·폐지 등 적절한 시정조치를 요청할 수 있다. (○, ×) [13 국회9급]

행정심판법 제59조【불합리한 법령 등의 개선】① 중앙행정심판위원회는 심판청구를 심리·재결할 때에 처분 또는 부작위의 근거가 되는 명령 등(대통령령·총리령·부령·훈령·예규·고시·조례·규칙 등을 말한다. 이하 같다)이 법령에 근거가 없거나 상위법령에 위배되거나 국민에게 과도한 부담을 주는 등 크게 불합리하면 관계 행정기관에 그 명령 등의 개정·폐지 등 적절한 시정조치를 요청할 수 있다. 이 경우 중앙행정심판위원회는 시정조치를 요청한 사실을 법제처장에게 통보하여야 한다.
② 제1항에 따른 요청을 받은 관계 행정기관은 정당한 사유가 없으면 이에 따라야 한다.

2. 증거서류 등의 반환

행정심판법 제55조【증거서류 등의 반환】 위원회는 재결을 한 후 증거서류 등의 반환 신청을 받으면 신청인이 제출한 문서·장부·물건이나 그 밖의 증거자료의 원본(原本)을 지체 없이 제출자에게 반환하여야 한다.

제9절 행정심판의 고지

01 고지의 의의 및 성질

1. 의의

고지제도란 행정청이 행정행위를 함에 있어서 당해 행정행위의 상대방이 행정심판을 제기할 수 있는지 여부, 심판청구절차, 청구기간 등 행정심판의 제기에 필요한 사항을 아울러 알려 주어야 할 의무를 지는 제도를 말한다. 고지제도는 국민에게 행정심판제도의 이용기회를 보장하고 행정청의 처분의 신중·적정성을 도모하는 역할을 한다.

2. 실정법적 근거

고지제도를 규정하고 있는 법으로는 행정심판법 제58조 외에도 행정절차법 제26조, 공공기관의 정보공개에 관한 법률 제13조 제4항을 들 수 있다. 한편 행정절차법의 고지규정에는 고지의무를 이행하지 않은 경우에 대한 효과를 규정하고 있지 않다는 점에서 행정심판법의 고지규정과는 구별된다.

고지에 관해서는 행정심판법 외에도 규정이 있다. (○, ×) [06 경기9급]

행정절차법은 행정청이 처분을 하는 때에는 당사자에게 제소기간을 알려야 한다고 규정하고 있으나 제소기간을 알리지 아니하거나, 알렸지만 잘못 알린 경우에 관하여는 아무런 규정이 없다. (○, ×) [10 국회9급]

3. 성질

고지는 불복제기의 가능 여부 및 불복청구의 요건 등 불복청구에 필요한 사항을 알려주는 비권력적 사실행위로서 그 자체로는 아무런 법적 효과를 발생시키지 않는다. 따라서 고지를 하지 않거나 잘못 고지한 경우에도 당해 행정처분의 효력에 영향을 미치는 것은 아니다.

고지는 불복제기의 가능성 여부 및 불복청구의 요건 등 불복청구에 필요한 사항을 알려 주는 권력적 사실행위로서 처분성이 인정된다. (○, ×) [11 국회8급]

02 고지의 종류

1. 직권에 의한 고지

행정심판법 제58조【행정심판의 고지】 ① 행정청이 처분을 할 때에는 처분의 상대방에게 다음 각 호의 사항을 알려야 한다.
1. 해당 처분에 대하여 행정심판을 청구할 수 있는지
2. 행정심판을 청구하는 경우의 심판청구 절차 및 심판청구 기간

행정청이 처분을 서면으로 하는 경우 상대방과 제3자에게 행정심판을 제기할 수 있는지 여부와 제기하는 경우의 행정심판절차 및 청구기간을 직접 알려야 한다. (○, ×) [18 지방9급]

고지제도에서 말하는 처분은 행정심판법에 의한 처분에 한하고 행정심판법 이외의 다른 법령에 의한 심판청구의 대상이 되는 처분은 포함하지 않는다는 것이 통설이다. (○, ×) [04 국회8급]

(1) **고지의 대상**

고지의 대상이 되는 것은 처분이다. 고지의 대상이 되는 처분에는 서면에 의한 처분뿐만 아니라 구두에 의한 처분도 포함되며, 행정심판법상 심판청구의 대상이 되는 처분에 한정되는 것이 아니라 다른 법률에 의해 행정심판의 대상이 될 수 있는 처분을 총칭한다.

(2) **고지의 주체와 상대방**

고지의 주체는 국가나 지방자치단체의 행정청이다. 이때의 행정청에는 행정 권한의 위임 또는 위탁을 받은 행정기관, 공공단체 및 그 기관, 사인도 포함된다. 고지의 상대방은 당해 처분의 상대방을 의미한다.

2. 신청에 의한 고지

신청에 의하여 고지하는 경우 해당 처분이 행정심판의 대상이 되는 처분인지에 대하여 고지하여야 한다. (○, ×) [11 국회8급]

행정심판법 제58조【행정심판의 고지】 ② 행정청은 이해관계인이 요구하면 다음 각 호의 사항을 지체 없이 알려 주어야 한다. 이 경우 서면으로 알려 줄 것을 요구받으면 서면으로 알려 주어야 한다.
1. 해당 처분이 행정심판의 대상이 되는 처분인지
2. 행정심판의 대상이 되는 경우 소관 위원회 및 심판청구 기간

고지를 신청할 수 있는 자는 처분에 대한 이해관계인이다. 이해관계인이란 해당 처분으로 자기의 권익이 침해되는 제3자를 말한다. 그러나 처분시에 직권에 의한 고지를 하지 아니한 경우에는 해당 처분의 상대방도 포함된다고 할 것이다.

03 고지의무위반의 효과

1. 고지의 하자와 처분의 효력

행정청이 처분을 하면서 당사자에게 그 처분에 관하여 행정심판 및 행정소송을 제기할 수 있는지 여부, 그 밖에 불복을 할 수 있는지 여부, 청구절차 및 청구기간 그 밖에 필요한 사항을 고지하지 않았다면 그 처분은 위법하다. (○, ×) [23 지방7급, 22 지방9급]

판례

고지절차에 관한 규정은 행정처분의 상대방이 그 처분에 대한 행정심판의 절차를 밟는데 있어 편의를 제공하려는데 있으며 처분청이 위 규정에 따른 고지의무를 이행하지 아니하였다고 하더라도 경우에 따라서는 행정심판의 제기기간이 연장될 수 있는 것에 그치고 이로 인하여 심판의 대상이 되는 행정처분에 어떤 하자가 수반된다고 할 수 없다(대판 1987.11.24. 87누529).

2. 불고지의 효과

(1) **심판청구절차**

행정심판법 제23조【심판청구서의 제출】 ② 행정청이 제58조에 따른 고지를 하지 아니하거나 잘못 고지하여 청구인이 심판청구서를 다른 행정기관에 제출한 경우에는 그 행정기관은 그 심판청구서를 지체 없이 정당한 권한이 있는 피청구인에게 보내야 한다.
③ 제2항에 따라 심판청구서를 보낸 행정기관은 지체 없이 그 사실을 청구인에게 알려야 한다.
④ 제27조에 따른 심판청구 기간을 계산할 때에는 제1항에 따른 피청구인이나 위원회 또는 제2항에 따른 행정기관에 심판청구서가 제출되었을 때에 행정심판이 청구된 것으로 본다.

(2) 청구기간

> 행정심판법 제27조 【심판청구의 기간】 ③ 행정심판은 처분이 있었던 날부터 180일이 지나면 청구하지 못한다. 다만, 정당한 사유가 있는 경우에는 그러하지 아니하다.
> ⑥ 행정청이 심판청구 기간을 알리지 아니한 경우에는 제3항에 규정된 기간에 심판청구를 할 수 있다. [15 지방9급]

심판청구기간을 고지하지 아니한 경우에는 해당 처분이 있음을 알았다고 하더라도 심판청구기간은 당해 처분이 있은 날로부터 180일이 된다(동법 제27조 제6항). [19 서울9급] 개별 법률에서 정한 심판청구기간이 행정심판법이 정한 심판청구기간보다 짧은 경우라도 행정청이 그 개별 법률상 심판청구기간을 알려주지 아니하였다면 행정심판법이 정한 심판청구기간 내에 심판청구가 가능하다.

취소심판이 제기된 경우, 행정청이 처분시에 심판청구 기간을 알리지 아니하였다 할지라도 당사자가 처분이 있음을 알게 된 날부터 90일이 경과하면 행정심판위원회는 부적법 각하재결을 하여야 한다. (○, ×) [16 지방9급]

3. 오고지의 효과

(1) 심판청구절차

심판청구절차를 잘못 고지하고 청구인이 그 고지에 따라 심판청구서를 다른 행정기관에 잘못 제출한 때의 효과도 같다(동법 제23조 제4항).

(2) 청구기간

> 행정심판법 제27조 【심판청구의 기간】 ⑤ 행정청이 심판청구 기간을 제1항에 규정된 기간보다 긴 기간으로 잘못 알린 경우 그 잘못 알린 기간에 심판청구가 있으면 그 행정심판은 제1항에 규정된 기간에 청구된 것으로 본다.

행정청이 심판청구기간을 잘못 알린 경우, 잘못 알린 기간 내에 심판청구가 있으면 적법한 행정심판의 제기로 본다. (○, ×) [10 서울9급]

판례

행정심판법 제18조 제5항의 규정은 행정심판 제기에 관하여 적용되는 규정이지, 행정소송 제기에도 당연히 적용되는 규정이라고 할 수는 없다. 당사자가 행정처분시나 그 이후 행정청으로부터 행정심판 제기기간에 관하여 법정 심판청구기간보다 긴 기간으로 잘못 통지받아 행정소송법상 법정 제소기간을 도과하였다고 하더라도, 그것이 당사자가 책임질 수 없는 사유로 인한 것이라고 할 수는 없다(대판 2001.5.8. 2000두6916). [22 지방9급]

(3) 행정심판전치의 불요

행정소송법은 처분을 행한 행정청이 행정심판을 거칠 필요가 없다고 잘못 알린 때에는 행정심판을 제기할 필요 없이 행정소송을 제기할 수 있다고 규정하고 있다(행정소송법 제18조 제3항 제4호).

판례

처분청이 아닌 재결청이 이와 같은 잘못된 고지를 한 경우에도 행정소송법 제18조 제3항 제4호의 규정을 유추·적용하여 행정심판을 제기함이 없이 그 취소소송을 제기할 수 있다고 할 것이다(대판 1996.8.23. 96누4671).

PART 05

제10절 전자정보처리조직을 통한 행정심판절차의 수행

행정심판법 제52조 【전자정보처리조직을 통한 심판청구 등】 ① 이 법에 따른 행정심판 절차를 밟는 자는 심판청구서와 그 밖의 서류를 전자문서화하고 이를 정보통신망을 이용하여 위원회에서 지정·운영하는 전자정보처리조직(행정심판 절차에 필요한 전자문서를 작성·제출·송달할 수 있도록 하는 하드웨어, 소프트웨어, 데이터베이스, 네트워크, 보안요소 등을 결합하여 구축한 정보처리능력을 갖춘 전자적 장치를 말한다. 이하 같다)을 통하여 제출할 수 있다.

② 제1항에 따라 제출된 전자문서는 이 법에 따라 제출된 것으로 보며, 부본을 제출할 의무는 면제된다.

③ 제1항에 따라 제출된 전자문서는 그 문서를 제출한 사람이 정보통신망을 통하여 전자정보처리조직에서 제공하는 접수번호를 확인하였을 때에 전자정보처리조직에 기록된 내용으로 접수된 것으로 본다.

④ 전자정보처리조직을 통하여 접수된 심판청구의 경우 제27조에 따른 심판청구 기간을 계산할 때에는 제3항에 따른 접수가 되었을 때 행정심판이 청구된 것으로 본다.

⑤ 전자정보처리조직의 지정내용, 전자정보처리조직을 이용한 심판청구서 등의 접수와 처리 등에 관하여 필요한 사항은 국회규칙, 대법원규칙, 헌법재판소규칙, 중앙선거관리위원회규칙 또는 대통령령으로 정한다.

행정심판법 제53조 【전자서명등】 ① 위원회는 전자정보처리조직을 통하여 행정심판 절차를 밟으려는 자에게 본인(本人)임을 확인할 수 있는 「전자서명법」 제2조 제2호에 따른 전자서명(서명자의 실지명의를 확인할 수 있는 것을 말한다)이나 그 밖의 인증(이하 이 조에서 "전자서명등"이라 한다)을 요구할 수 있다.

② 제1항에 따라 전자서명등을 한 자는 이 법에 따른 서명 또는 날인을 한 것으로 본다.

③ 전자서명등에 필요한 사항은 국회규칙, 대법원규칙, 헌법재판소규칙, 중앙선거관리위원회규칙 또는 대통령령으로 정한다.

행정심판법 제54조【전자정보처리조직을 이용한 송달 등】 ① 피청구인 또는 위원회는 제52조 제1항에 따라 행정심판을 청구하거나 심판참가를 한 자에게 전자정보처리조직과 그와 연계된 정보통신망을 이용하여 재결서나 이 법에 따른 각종 서류를 송달할 수 있다. [23 지방7급] 다만 청구인이나 참가인이 동의하지 아니하는 경우에는 그러하지 아니하다.

② 제1항 본문의 경우 위원회는 송달하여야 하는 재결서 등 서류를 전자정보처리조직에 입력하여 등재한 다음 그 등재 사실을 국회규칙, 대법원규칙, 헌법재판소규칙, 중앙선거관리위원회규칙 또는 대통령령으로 정하는 방법에 따라 전자우편 등으로 알려야 한다.

③ 제1항에 따른 전자정보처리조직을 이용한 서류 송달은 서면으로 한 것과 같은 효력을 가진다.

④ 제1항에 따른 서류의 송달은 청구인이 제2항에 따라 등재된 전자문서를 확인한 때에 전자정보처리조직에 기록된 내용으로 도달한 것으로 본다. 다만 제2항에 따라 그 등재사실을 통지한 날부터 2주 이내(재결서 외의 서류는 7일 이내)에 확인하지 아니하였을 때에는 등재사실을 통지한 날부터 2주가 지난 날(재결서 외의 서류는 7일이 지난 날)에 도달한 것으로 본다.

⑤ 서면으로 심판청구 또는 심판참가를 한 자가 전자정보처리조직의 이용을 신청한 경우에는 제52조·제53조 및 이 조를 준용한다.

⑥ 위원회, 피청구인, 그 밖의 관계 행정기관 간의 서류의 송달 등에 관하여는 제52조·제53조 및 이 조를 준용한다.

⑦ 제1항 본문에 따른 송달의 방법이나 그 밖에 필요한 사항은 국회규칙, 대법원규칙, 헌법재판소규칙, 중앙선거관리위원회규칙 또는 대통령령으로 정한다.

CHAPTER

04 행정소송

제 1 절 행정소송 일반론

01 행정소송의 의의

1. 행정소송의 개념

행정소송이란 행정법상 법률관계의 분쟁을 법원이 심리·판단하는 정식쟁송절차를 말한다. 행정소송은 행정법상의 법률관계에 대한 소송이라는 점에서 사법상의 법률관계에 대한 소송인 민사소송, 국가형벌권의 행사에 대한 소송인 형사소송과 구별된다. 행정소송은 개인의 권익 보호에 중점을 두어, 행정기관과는 계통을 달리하고 제3자적 입장의 법원이 심판기관이 된다는 점에서 행정심판과 구별된다.

2. 구별개념

(1) 헌법소송

행정소송과 헌법소송은 모두 공법상 소송이지만, 행정소송은 공법상 분쟁 중에서 헌법소송 사항을 제외한 분쟁을 대상으로 한다는 점에서 양자는 구별된다. 특히 기관소송의 경우에는 행정소송법 제3조 제4호 단서에서 "다만 헌법재판소법 제2조의 규정에 의하여 헌법재판소의 관장사항으로 되는 소송은 제외한다."고 규정하고 있다.

(2) 민사소송

① 국가배상

국가배상청구와 관련하여 학설은 공법관계로 보아 행정소송 중에서 당사자소송으로 해결해야 한다고 보나, 판례는 사법관계로 보아 민사소송으로 해결하고 있다.

② 손실보상

손실보상청구와 관련하여 학설은 공법관계로 보아 행정소송 중에서 당사자소송으로 해결해야 한다고 보나, 판례는 사법관계로 보아 민사소송으로 보는 경우가 많다. 하지만 최근 판례는 하천법 부칙 규정에 의한 손실보상금의 지급을 구하거나 손실보상청구권의 확인을 구하는 소송의 형태는 공법상 당사자소송으로 해결해야 한다고 판시하고 있다.

③ 공기업 이용관계

전화 가입계약 같은 공기업 이용관계는 일반적으로 사법관계로 보아 민사소송으로 해결한다. 다만 공기업 이용관계에서도 법률규정에 강제집행 등 행정청의 우월한 지위를 인정한 규정이 있거나 분쟁을 행정소송으로 해결하도록 명문 규정을 둔 경우에는 공법관계로 행정소송을 제기하여야 한다고 본다.

④ 공법상 계약

공법상 계약에 관한 소송은 행정소송 중에서 당사자소송으로 해결해야 한다.

3. 행정소송의 기능

행정소송은 위법한 행정작용으로부터 권리를 침해당한 국민을 구제하는 구제기능과 행정작용의 적법성을 심사함으로써 행정작용이 법에 적합하게 행해질 수 있도록 하는 행정통제기능을 담당하고 있다.

02 행정소송의 한계

행정소송법이 개괄주의를 채택하고 있다고 하여 모든 행정사건이 행정소송의 대상이 되는 것은 아니다. 행정소송은 사법작용의 일부이므로 사법(司法)의 본질에 따른 한계가 있고, 또한 행정소송은 사법부의 관할이라는 점에서 권력분립의 원칙상 행정부와의 관계에서 일정한 한계가 있을 수밖에 없기 때문이다.

1. 사법(司法)의 본질에 따른 한계

행정소송법은 행정소송사항에 관하여 개괄주의를 취하고 있으나, 법원조직법은 행정사건도 민사사건에서와 마찬가지로 원칙적으로 법률적 쟁송임을 필요로 하고 있다(법원조직법 제2조 제1항). 따라서 행정소송은 구체적 권리・의무에 관한 분쟁, 즉 구체적 사건성을 필요로 함과 동시에, 법령을 해석・적용에 관한 분쟁, 즉 법적 해결성을 필요로 한다.

(1) 구체적 사건성의 한계

① 법령의 효력 및 해석(추상적 규범통제의 문제)

우리 헌법은 법령의 효력 또는 해석에 관한 분쟁은 재판의 전제가 된 때에 한하여 사법심사의 대상으로 하는 구체적 규범통제를 규정하고 있으므로, 법의 일반적・추상적 효력 내지 해석에 대한 분쟁은 행정소송의 대상이 될 수 없다. 다만 법령이라도 처분적 법규명령과 같이 그 자체가 직접 국민의 권리・의무에 영향을 주는 경우에는 행정소송의 대상이 될 수 있다.

② 사실행위

단순한 사실관계의 존부 등과 같은 비권력적 사실행위는 당사자 간의 권리・의무관계에 직접 영향을 미치는 것은 아니므로 행정소송의 대상이 될 수 없다.

단순한 사실관계의 존부 등의 문제는 행정소송의 대상이 되지 아니한다. (○, ×) [10 경행특채, 09 지방9급]

③ 객관적 소송

법규의 적정성 또는 공익의 보호를 직접 목적으로 하는 객관적 소송은 개인의 권리・의무와 직접적인 관계가 없기 때문에 원칙적으로 행정소송의 대상이 되지 않는다. 다만 법령의 규정이 있는 경우에는 예외적으로 행정소송의 대상이 되는데 행정소송법은 민중소송과 기관소송에 대해 규정하고 있다.

④ 반사적 이익

행정소송은 구체적 권리・의무관계에서 법률상 이익이 침해된 자가 제기할 수 있다(행정소송법 제12조・제35조・제36조). 한편 반사적 이익은 사회적 공동이익의 실현을 위한 행정주체의 제도적 작용에 의하여 간접적으로 개인이 받는 이익이기 때문에 반사적 이익의 침해는 행정소송의 대상이 되지 못한다.

법률상 이익의 침해가 아닌 단순한 반사적 이익의 침해의 경우 소송의 대상이 되지 못한다. (○, ×) [09 관세사]

(2) 법적 해결성

① 통치행위

통치행위는 당사자 간의 권리·의무에 영향을 미치더라도 고도의 정치성을 가지는 행위로서 법을 적용하여 해결하기 곤란한 측면이 있으므로 사법부는 이에 대한 판단을 자제하여야 한다거나, 사법권 자체의 내재적 한계에 의해서 사법심사가 제한되거나 부정될 수 있다.

② 재량행위

행정소송법 제27조에서는 "행정청의 재량에 속하는 처분이라도 재량권의 한계를 넘거나 그 남용이 있는 때에는 법원은 이를 취소할 수 있다."고 규정하고 있는 바 재량행위의 경우 사법심사의 대상이 된다. 재량행위를 다투는 소송에서 법원은 각하할 것이 아니라 본안판단을 통해 기각 또는 인용판결을 하여야 한다고 본다(通, 判).

> 재량행위의 경우는 재량권의 일탈 또는 남용에 이르지 아니한 때에는 소송의 대상이 되지 못하며, 소송이 제기된 경우 이를 각하하여야 한다. (○, ×) [09 관세사]

③ 판단여지

이른바 재량과 구별되는 판단여지개념을 인정하는 판단여지설에 따르면 행정행위의 요건 중 고도의 정책적·전문적 판단과 관련된 문제에 대해서는 법원의 심사권이 제한된다.

④ 특별권력관계

종래에는 특별권력관계의 내부적 행위는 행정행위가 아니라고 보아 사법심사의 대상이 될 수 없다고 보았으나, 오늘날에는 특별권력관계 내에서 한 행위라 하더라도 처분성이 인정되는 한 사법심사의 대상이 된다는 것이 일반적 견해이다.

2. 권력분립에 따른 한계

행정청의 제1차적 판단권이 존중되어야 한다는 권력분립의 요청과 관련하여 행정소송법 제4조에 규정된 항고소송 외의 다른 항고소송, 즉 비법정항고소송(무명항고소송)이 인정될 수 있는지가 논의된다.

(1) 의무이행소송

① 의의

의무이행소송이란 사인이 일정한 행정행위를 청구한 경우에 행정청이 처분을 하여야 할 의무가 있음에도 불구하고 거부 또는 부작위로 방치한 경우 행정청에 대하여 일정한 행정행위를 해 줄 것을 청구하는 행정소송을 말한다. 독일 행정법과는 달리 우리 행정소송법에는 이에 대한 명문규정이 없다.

② 인정 여부

㉠ 학설

긍정설	행정소송법 제4조는 예시적 규정으로 볼 수 있다는 점, 행정소송법 제4조 제1호의 변경은 적극적 변경을 의미한다는 점을 근거로 한다.
부정설	권력분립의 원칙에 입각하여 의무이행소송은 인정될 수 없다고 보는 견해이다. 행정소송법 제4조는 소송의 유형을 제한적으로 나열한 열거적 규정으로 볼 수 있다는 점, 행정소송법 제4조 제1호의 변경은 소극적 변경으로 일부취소를 의미한다는 점을 근거로 한다.

㉡ 판례

판례는 의무이행소송을 인정하지 않고 있다.

판례

현행 행정소송법상 행정청으로 하여금 일정한 행정처분을 하도록 명하는 이행판결을 구하는 소송이나 법원으로 하여금 행정청이 일정한 행정처분을 행한 것과 같은 효과가 있는 행정처분을 직접 행하도록 하는 형성판결을 구하는 소송은 허용되지 아니한다(대판 1997.9.30. 97누3200).

대법원 판례는 의무이행소송이나 적극적 형성판결을 구하는 행정소송을 인정하지 아니한다. (○, ×) [09 관세사]

(2) **예방적 부작위소송**(예방적 금지소송, 금지청구소송)

① 의의

행정청의 처분으로 장래에 개인의 법률상 이익이 침해될 경우에 대비하여 사전에 이를 방지하기 위해 사용되는 소송유형을 말한다.

② 인정 여부

예방적 부작위소송에 대해서도 긍정설, 소극설, 절충설의 견해대립이 있으나, 판례는 의무이행소송과 동일하게 예방적 부작위소송도 인정하지 않고 있다.

「행정소송법」 제3조에서는 행정소송을 항고소송, 기관소송, 당사자소송, 예방적 금지소송으로 구분한다. (○, ×) [16 경행특채]

판례

건축건물의 준공처분을 하여서는 아니 된다는 내용의 부작위를 구하는 청구는 행정소송에서 허용되지 아니하는 것이므로 부적법하다(대판 1987.3.24. 86누182). [16 국회8급]

신축건물의 준공처분을 하여서는 아니 된다는 내용의 부작위를 청구하는 행정소송은 예외적으로 허용된다. (○, ×) [18 교행, 15 지방9급]

(3) **작위의무확인소송**

작의의무확인소송이란 행정청에 대해 일정한 작위의무가 있음을 확인해 줄 것을 법원에 청구하는 소송을 말한다. 통설 및 판례는 이를 부정한다.

판례

1. 피고 국가보훈처장 등에게, 독립운동가들에 대한 서훈추천권의 행사가 적정하지 아니하였으니 이를 바로잡아 다시 추천하고, 잘못 기술된 독립운동가의 활동상을 고쳐 독립운동사 등의 책자를 다시 편찬, 보급하고, 독립기념관 전시관의 해설문, 전시물 중 잘못된 부분을 고쳐 다시 전시 및 배치할 의무가 있음의 확인을 구하는 청구는 작위의무확인소송으로서 항고소송의 대상이 되지 아니한다(대판 1990.11.23. 90누3553).
2. 행정소송법상 행정청의 부작위에 대하여는 부작위위법확인소송만 인정되고 작위의무의 이행이나 확인을 구하는 행정소송은 허용될 수 없다(대판 1992.11.10. 92누1629).

국가보훈처장 발행 서적의 독립투쟁에 관한 내용을 시정하여 관보에 그 뜻을 표명해야 할 의무의 확인을 구하는 청구는 항고소송의 대상이 되지 아니한다. (○, ×) [10 국회9급]

03 행정소송의 유형

1. 행정소송의 성질에 따른 분류

(1) 이행의 소

이행의 소는 원고가 판결을 통하여 이행청구권의 확정과 피고에 대한 이행명령을 목적으로 하는 소송을 말한다. 금전급부 등을 목적으로 하는 당사자소송이 이에 속한다. 한편 집행의 문제를 남긴다는 점에서 형성소송과 구별된다.

(2) 형성의 소

형성의 소란 행정법상 실체적 법률관계를 변동시키는 판결을 목적으로 하는 소송을 말한다. 따라서 형성판결은 형성요건의 존재를 확정하는 동시에, 새로운 법률관계를 발생시키거나, 기존의 법률관계를 변경 또는 소멸시키는 판결이다. 형성의 소는 법원의 판결에 의하여 직접 효과가 발생하고 행정청의 행위를 매개로 하지 않으므로 별도로 집행의 문제를 남기지 않는다.

(3) 확인의 소

확인의 소는 특정한 권리 또는 법률관계의 존재·부존재에 대한 확인을 구하는 소송이다. 확인의 소의 대상은 원칙적으로 권리 또는 법률관계에 한정된다. 무효 등 확인소송, 부작위위법확인소송 등이 있다.

2. 행정소송의 내용에 따른 분류

(1) 주관적 소송과 객관적 소송

① 주관적 소송

주관적 소송은 행정작용과 관련하여 자기의 권리(법률상 이익)의 보호를 위해 제기하는 소송을 말한다. 주관적 소송에는 항고소송과 당사자소송이 있다. 항고소송은 운전면허취소처분의 취소를 구하는 것과 같이 기존의 위법한 처분의 시정을 구하는 소송을 말하고, 당사자소송은 공무원이 보수를 청구하는 소송과 같이 당사자가 대등한 지위에서 공법상 권리와 의무를 다투는 소송을 말한다.

② 객관적 소송

객관적 소송은 공직선거법상 선거소송이나 당선소송과 같이 공익에 반하는 행정작용의 시정을 구하는 소송을 말한다. 객관적 소송은 개별 법률에 규정이 있는 경우에만 인정된다.

객관적 소송은 객관적인 적법성의 확보를 구하는 공익적 소송이므로 법률상 명문의 규정 없이도 제기할 수 있다. (○, ×) [09 세무사]

(2) 행정소송법상 행정소송의 종류

행정소송법 제3조【행정소송의 종류】 행정소송은 다음의 네 가지로 구분한다.
1. 항고소송: 행정청의 처분 등이나 부작위에 대하여 제기하는 소송
2. 당사자소송: 행정청의 처분 등을 원인으로 하는 법률관계에 관한 소송 그 밖에 공법상의 법률관계에 관한 소송으로서 그 법률관계의 한쪽 당사자를 피고로 하는 소송 [23 지방9급, 16 경행특채]
3. 민중소송: 국가 또는 공공단체의 기관이 법률에 위반되는 행위를 한 때에 직접 자기의 법률상 이익과 관계없이 그 시정을 구하기 위하여 제기하는 소송

4. 기관소송: 국가 또는 공공단체의 기관 상호 간에 있어서의 권한의 존부 또는 그 행사에 관한 다툼이 있을 때에 이에 대하여 제기하는 소송. 다만, 헌법재판소법 제2조의 규정에 의하여 헌법재판소의 관장사항으로 되는 소송은 제외한다.

행정소송법 제4조【항고소송】항고소송은 다음과 같이 구분한다. [20 지방9급]
1. 취소소송: 행정청의 위법한 처분 등을 취소 또는 변경하는 소송
2. 무효 등 확인소송: 행정청의 처분 등의 효력 유무 또는 존재여부를 확인하는 소송
3. 부작위위법확인소송: 행정청의 부작위가 위법하다는 것을 확인하는 소송

제2절 취소소송

01 취소소송의 의의

1. 개념 및 성질

취소소송이란 행정청의 위법한 처분 등을 취소 또는 변경하는 소송을 말한다. 행정소송법은 항고소송을 중심으로, 항고소송에서도 취소소송을 중심으로 상세한 규정을 두어, 다른 소송에 대해서는 취소소송에 관한 규정을 준용하는 방식으로 규율하고 있다.

> 취소소송이란 행정청의 위법한 처분 등을 취소 또는 변경하는 소송을 말한다. (○, ×) [12 지방9급]

2. 소송물

(1) 의의

소송물이란 원고의 청구취지 및 청구원인에 의해 특정되고 법원의 심판대상과 범위가 되는 기본단위로서, 소송의 목적물 내지 소송의 객체를 말한다. 소송물개념은 확정판결 기판력의 객관적 범위, 동일 소송물에 대한 중복소송의 금지, 소의 변경과 청구의 병합 여부, 처분사유의 추가·변경의 가부 등과 관련하여 중요한 의미를 가진다.

> 취소판결의 기판력은 소송물로 된 행정처분의 위법성 존부에 관한 판단 그 자체에만 미치는 것이므로 전소와 후소가 그 소송물을 달리하는 경우에는 전소 확정판결의 기판력이 후소에 미치지 아니한다. (○, ×) [09 국회8급]

(2) 학설

위법성일반설(多)	하나의 행정행위에 여러 개의 위법사유가 있더라도 소송물을 하나로 보며, 개별위법사유는 공격방어방법의 하나에 불과하다고 본다. 이 견해는 법원은 행정처분의 적법 여부를 판단함에 있어서 처분 당시에 객관적으로 존재하는 사정의 전부를 참작할 수 있어야 하고, 그렇게 함으로써 분쟁의 일회적 해결을 통해 소송경제에 도움이 된다는 것을 논거로 한다.
개별위법사유설	소송물은 개별적인 위법사유이고, 위법사유를 달리할 때마다 소송물도 다르다는 입장이다. 이 견해는 위법사유마다 소송물을 인정하는 것이 국민의 권리보호라는 취소소송의 목적에 부합된다는 점을 논거로 한다.
권리주장설	이 견해는 취소소송의 소송물은 처분의 위법성과 이를 근거로 한 처분 등의 취소를 구하는 원고의 법적 권리주장이라고 한다. 즉, 처분의 위법성은 객관적으로 위법한 것만으로는 부족하므로 원고와의 관계에서도 주관적으로 위법해야 한다고 본다. 주관적 위법성이란 원고에 대한 권리침해를 의미한다.

> 판례는 취소소송의 소송물을 처분의 위법성과 그로 인해 원고의 권리가 침해되었다는 원고의 법적 주장이라고 보고 있다. (○, ×) [11 지방9급]

PART 05

(3) 판례

판례는 "과세처분취소소송의 소송물은 그 취소원인이 되는 위법성 일반이다."라고 판시하여 위법성일반설을 취하고 있다. 판례에 따르면 하나의 처분에 대하여 여러 개의 위법사유가 있더라도 소송물 자체는 하나가 된다.

판례

과세처분 취소소송의 소송물은 그 취소원인이 되는 위법성일반이다(대판 1990.3.23. 89누5386).

항고소송은 주관소송으로 보는 것이 통설이며, 취소소송의 소송물은 당해 처분의 개개의 위법사유이다. (○, ×) [16 국회8급]

02 재판관할

1. 심급관할

(1) 원칙

취소소송은 지방법원급인 행정법원을 제1심법원으로 하며(행정소송법 제9조 제1항), 그 항소심을 고등법원, 상고심을 대법원이 담당하는 3심제를 채택하고 있다. 한편 현재 행정법원은 서울에만 설치되어 있기에, 행정법원이 설치되지 않은 지역에서는 해당 지방법원의 본원이 행정법원이 설치될 때까지 행정법원의 권한에 속하는 사건을 관할한다.

(2) 예외

특허청의 심결에 대한 취소소송은 고등법원에 해당하는 특허법원과 대법원으로 연결되는 2심제를 취하고 있다. (○, ×) [09 국회8급]

일정한 행정사건의 경우 제1심이 고등법원 또는 대법원이 되는데, 주로 객관적 소송인 민중소송・기관소송의 경우가 그러하다. 한편 주관적 소송 중 특허에 관한 소송은 특허법원의 관할인데, 현행 법원조직법과 특허법에 따르면 특허에 관한 소송은 고등법원급인 특허법원과 대법원의 2심제를 취하고 있다. 또한 「독점규제 및 공정거래에 관한 법률」 제100조는 서울고등법원을 전속관할법원으로 규정하고 있다.

2. 사물관할

행정법원은 합의부의 결정에 의해 단독판사가 심판권을 행사할 수 있다. (○, ×) [09 세무사]

지방법원 단독판사와 합의부 사이의 제1심 소송사건의 분담을 정하는 것이다. 현행 법원조직법은 원칙적으로 행정심판의 심판권은 판사 3인으로 구성된 합의부에서 한다고 규정하고 있다. 다만 행정법원에 있어서 단독판사가 심판할 것으로 행정법원 합의부가 결정한 사건의 심판권은 단독판사가 행한다.

3. 토지관할

(1) 보통관할

취소소송의 제1심관할법원은 원고의 소재지를 관할하는 행정법원으로 한다. (○, ×) [15 서울7급]

경상북도 김천시에 위치한 한국도로공사가 국토교통부장관의 국가사무의 위임을 받아 한 처분에 대한 취소소송은 서울행정법원에 제기할 수 없다. (○, ×) [16 지방7급]

> **행정소송법 제9조 【재판관할】** ① 취소소송의 제1심관할법원은 피고의 소재지를 관할하는 행정법원으로 한다.
> ② 제1항에도 불구하고 다음 각 호의 어느 하나에 해당하는 피고에 대하여 취소소송을 제기하는 경우에는 대법원소재지를 관할하는 행정법원에 제기할 수 있다.
> 1. 중앙행정기관, 중앙행정기관의 부속기관과 합의제행정기관 또는 그 장
> 2. 국가의 사무를 위임 또는 위탁받은 공공단체 또는 그 장 [15 서울7급]

(2) 특별관할

> 행정소송법 제9조【재판관할】③ 토지의 수용 기타 부동산 또는 특정의 장소에 관계되는 처분 등에 대한 취소소송은 그 부동산 또는 장소의 소재지를 관할하는 행정법원에 이를 제기할 수 있다. [15 서울7급]

(3) 토지관할의 성질

> 행정소송법 제8조【법적용예】② 행정소송에 관하여 이 법에 특별한 규정이 없는 사항에 대하여는 법원조직법과 민사소송법 및 민사집행법의 규정을 준용한다. [21 국가9급]

행정소송법은 토지관할에 관하여 개인의 제소의 편의를 도모하기 위하여 전속관할제를 폐지하고 임의관할주의를 채택하였다. 따라서 민사소송법상의 합의관할(민사소송법 제29조) 또는 변론관할(민사소송법 제30조)에 대한 규정이 적용될 수 있다. [23 국가9급]

4. 관할위반을 이유로 한 이송

(1) 관할 또는 심급 상의 문제인 경우

법원은 소송의 전부 또는 일부가 그 관할에 속하지 아니함을 인정할 때에는 결정으로 관할법원에 이송한다(민사소송법 제34조 제1항). 원고의 고의 또는 중대한 과실 없이 행정소송이 심급을 달리하는 법원에 잘못 제기된 경우에도 법원은 결정으로 관할법원에 이송하도록 규정하고 있다(행정소송법 제7조).

(2) 행정사건을 민사소송으로 제기한 경우

판례는 원고의 고의 또는 중대한 과실 없이 행정사건을 민사소송으로 제기한 경우에 수소(受訴)법원이 관할법원에 이송하여야 한다고 판시한 적이 있다. 한편 관할위반으로 인한 이송은 법원의 직권에 의할 뿐 당사자의 신청권은 인정되지 않는다.

판례

원고가 고의 또는 중대한 과실 없이 행정소송으로 제기하여야 할 사건을 민사소송으로 잘못 제기한 경우, 수소법원으로서는 만약 그 행정소송에 대한 관할도 동시에 가지고 있다면 이를 행정소송으로 심리·판단하여야 하고, 그 행정소송에 대한 관할을 가지고 있지 아니하다면 당해 소송이 이미 행정소송으로서의 전심절차 및 제소기간을 도과하였거나 행정소송의 대상이 되는 처분 등이 존재하지도 아니한 상태에 있는 등 행정소송으로서의 소송요건을 결하고 있음이 명백하여 행정소송으로 제기되었더라도 어차피 부적법하게 되는 경우가 아닌 이상 이를 부적법한 소라고 하여 각하할 것이 아니라 관할 법원에 이송하여야 한다(대판 1997.5.30. 95다28960). [17 복지9급]

- 서울지방국토관리청의 그 효력을 제한한 사용허가로 인하여 사용허가의 일부거부를 취소하는 소송을 제기할 때 그 소송의 제1심 관할법원은 피고의 소재지를 관할하는 행정법원이 아니라 해당 행정재산의 소재지를 관할하는 행정법원이다. (○, ×) [16 서울7급]
- 토지의 수용 기타 부동산 또는 특정의 장소에 관계되는 처분 등에 대한 취소소송은 그 부동산 또는 장소의 소재지를 관할하는 행정법원에 이를 제기해야 하므로, 민사소송법상의 합의관할 및 변론관할에 관한 규정은 적용하지 않는다. (○, ×) [10 국가7급]
- 원고의 고의 또는 중대한 과실 없이 행정소송이 심급을 달리하는 법원에 잘못 제기된 경우에 수소법원은 관할법원에 이송한다. (○, ×) [10 국가7급]
- 원고가 고의 또는 중대한 과실 없이 행정소송으로 제기하여야 할 사건을 민사소송으로 잘못 제기한 경우, 행정소송에 대한 관할을 가지고 있지 아니한 수소법원은 당해 소송이 행정소송으로서의 제소기간을 도과한 것이 명백하더라도 관할법원에 이송하여야 한다. (○, ×) [22 지방7급]

5. 관련청구소송의 이송 및 병합

(1) 의의

> 갑이 무효확인소송의 제기 전에 이미 A처분의 위법을 이유로 국가배상청구소송을 제기하였다면, 무효확인소송의 수소법원은 갑의 무효확인소송을 국가배상청구소송이 계속된 법원으로 이송·병합할 수 있다. (○, ×) [19 지방7급, 17 국회8급]

행정소송법 제10조 【관련청구소송의 이송 및 병합】 ① 취소소송과 다음 각호의 1에 해당하는 소송(이하 "관련청구소송"이라 한다)이 각각 다른 법원에 계속되고 있는 경우에 관련청구소송이 계속된 법원이 상당하다고 인정하는 때에는 당사자의 신청 또는 직권에 의하여 이를 취소소송이 계속된 법원으로 이송할 수 있다.
1. 당해 처분 등과 관련되는 손해배상·부당이득반환·원상회복등 청구소송
2. 당해 처분 등과 관련되는 취소소송
② 취소소송에는 사실심의 변론종결시까지 관련청구소송을 병합하거나 피고외의 자를 상대로 한 관련청구소송을 취소소송이 계속된 법원에 병합하여 제기할 수 있다.

(2) 관련청구의 범위

판례

손해배상청구 등의 민사소송이 행정소송에 관련청구로 병합되기 위해서는 그 청구의 내용 또는 발생원인이 행정소송의 대상인 처분 등과 법률상 또는 사실상 공통되거나, 그 처분의 효력이나 존부 유무가 선결문제로 되는 등의 관계에 있어야 함이 원칙이다(대판 2000.10.27. 99두561).

(3) 관련청구의 이송

> 취소소송과 이와 관련된 부당이득반환청구소송이 각각 다른 법원에 계속되고 있는 경우에는 당사자의 신청이 있는 경우에 한하여 취소소송이 계속된 법원에 관련청구소송을 이송할 수 있다. (○, ×) [09 국회8급]

① 의의

취소소송과 관련청구소송이 각각 다른 법원에 계속되고 있는 경우 관련청구소송이 계속된 법원이 상당하다고 인정하는 때에는 당사자의 신청 또는 직권으로 이를 취소소송이 계속된 법원으로 이송할 수 있는데, 이를 관련청구의 이송이라고 한다(동법 제10조 제1항). 한편 이 조항은 다른 항고소송은 물론 당사자소송, 민중소송, 기관소송에도 준용된다.

② 요건

관련청구를 이송하기 위해서는 ㉠ 취소소송과 관련청구소송이 각각 다른 법원에 계속되고 있을 것, ㉡ 관련청구소송이 계속된 법원이 '이송이 상당하다'고 인정할 것, ㉢ 당사자(원고·피고·참가인)의 신청이 있거나 법원의 직권에 의한 이송결정이 있을 것을 요건으로 한다.

> 관련청구소송은 이송결정이 확정된 때부터 이송받은 법원에 계속된 것으로 본다. (○, ×) [09 세무사]

> 이송결정은 이송받은 법원을 기속하며 이송받은 법원은 다른 법원으로 다시 이송하지 못한다. (○, ×) [09 세무사]

③ 이송의 효과

관련청구소송은 그에 관한 취소소송의 관할법원이 재판관할권을 가진다. 한편 이송결정이 확정된 때에는 당해 관련청구소송은 처음부터 이송을 받은 법원에 계속된 것으로 간주되며, 이송의 결정은 당해 관련청구소송을 이송받는 법원을 기속하여 그 법원은 당해 소송을 다시 다른 법원에 이송하지 못한다.

(4) 관련청구의 병합

① 의의

청구의 병합(倂合)이란 동일한 또는 복수의 당사자 사이에 복수의 청구를 하나의 절차에서 심판하는 것을 말한다. 취소소송에서 처분의 취소만으로 해결할 수 없는 여러 청구가 수반되는 경우에는 이와 관련되는 수개의 청구를 병합하여 하나의 소송절차에서 통일적으로 심판할 필요가 있다.

② 병합의 종류와 형태

㉠ 일반론

청구의 병합에는 ⓐ 단수당사자(하나의 원고·피고) 사이의 복수청구의 병합인 객관적 병합과 복수당사자(수인의 원고 또는 피고)에 의한 복수청구의 병합인 주관적 병합, ⓑ 각 청구가 다른 청구의 당부와 관계없이 심판을 구하는 단순병합과 수개의 청구를 그 하나가 인용되는 것을 해제조건으로 하여 다른 청구를 병합하는 선택적 병합, ⓒ 제1차(주위적)청구가 인용되지 않을 것을 염려하여 그 인용을 해제조건으로 하여 제2차(예비적)청구에 대해서도 미리 심판을 구하는 예비적 병합, ⓓ 처음부터 병합하여 제기하는 원시적 병합과 소송의 계속 중 추가하여 제기하는 추가적(후발적)병합 등이 있다.

㉡ 행정소송법의 규정

행정소송법 제10조 제2항에서는 '취소소송에는 사실심의 변론종결시까지 관련청구소송을 병합하거나(객관적 병합), 피고외의 자를 상대로 한 관련청구소송을 취소소송이 계속된 법원에 병합하여 제기할 수 있다.'라고 규정하고 있다(주관적 병합). 한편 민사소송은 수개의 청구가 동종의 소송절차에 의하는 경우에 한하여 소의 객관적 병합을 인정하나(민사소송법 제253조), 행정소송법은 관련청구인 이상 이종(異種)의 소송절차에도 관련청구소송을 인정하고 있다(행정소송과 민사소송의 병합, 취소소송과 당사자소송의 병합 등).

㉢ 판례

판례

행정처분에 대한 무효 확인과 취소청구는 서로 양립할 수 없는 청구로서 주위적·예비적 청구로서만 병합이 가능하고 선택적 청구로서의 병합이나 단순 병합은 허용되지 아니한다(대판1999.8.20. 97누6889).

③ 병합의 요건

㉠ 주된 행정소송과의 관련성

소의 병합은 청구의 내용 또는 발생원인이 법률상 또는 사실상 공통되거나, 그 처분의 효력이나 존부가 선결문제로 되는 등의 관련이 있어야 한다. 이 경우 행정소송에 관련 민사소송을 병합하는 방식이어야 하고, 그 반대로 병합할 수는 없다.

- 행정처분에 대한 무효확인과 취소청구는 서로 양립할 수 없는 청구로서 선택적 청구로서의 병합만이 가능하고 단순 병합은 허용되지 아니한다. (○, ×) [19 서울7급]
- 행정처분에 대한 무효확인과 취소청구는 서로 양립할 수 없는 청구로서 주위적·예비적 청구로서만 병합이 가능하고 선택적 청구로서의 병합은 허용되지 않는다. (○, ×) [15 국가9급]

㉡ 각 청구의 적법성

판례

1. 행정소송법 제38조, 제10조에 의한 관련청구소송의 병합은 본래의 항고소송이 적법할 것을 요건으로 하는 것이어서 본래의 항고소송이 부적법하여 각하되면 그에 병합된 관련청구도 소송요건을 흠결한 부적합한 것으로 각하되어야 한다(대판 2001.11.27. 2000두697). [09 지방7급]
2. 취소소송 등을 제기한 당사자가 당해 처분 등에 관계되는 사무가 귀속되는 국가 또는 공공단체에 대한 당사자소송을 행정소송법 제10조 제2항에 의하여 관련 청구로서 병합한 경우 위 취소소송 등이 부적법하다면 당사자는 위 당사자소송의 병합청구로서 같은 법 제21조 제1항에 의한 소변경을 할 의사를 아울러 가지고 있었다고 봄이 상당하고, 이러한 경우 법원은 청구의 기초에 변경이 없는 한 당초의 청구가 부적법하다는 이유로 병합된 청구까지 각하할 것이 아니라 병합청구 당시 유효한 소변경청구가 있었던 것으로 받아들여 이를 허가함이 타당하다(대판 1992.12.24. 92누3335).

㉢ 병합의 시기

관련청구의 병합은 사실심변론종결 전에 하여야 한다(동법 제10조 제2항).

① 관련문제

㉠ 병합된 관련청구소송의 판결

판례

취소소송에 병합할 수 있는 당해 처분과 관련되는 부당이득반환소송에는 당해 처분의 취소를 선결문제로 하는 부당이득반환청구가 포함되고, 이러한 부당이득반환청구가 인용되기 위해서는 그 소송절차에서 판결에 의해 당해 처분이 취소되면 충분하고 그 처분의 취소가 확정되어야 하는 것은 아니라고 보아야 한다(대판 2009.4.9. 2008두23153). [12 국회8급]

취소소송에 당해 처분의 취소를 선결문제로 하는 부당이득반환청구가 병합된 경우 그 청구가 인용되려면 소송절차에서 당해 처분의 취소가 확정되어야 한다. (○, ×) [22 지방7급, 15 국가9급]

㉡ 피고경정결정

판례

1. 행정소송법 제10조 제2항의 관련청구의 병합은 그것이 관련청구에 해당하기만 하면 당연히 병합청구를 할 수 있으므로 법원의 피고경정결정을 받을 필요가 없다(대결 1989.10.27. 89두1).
2. 소위 주관적, 예비적 병합은 행정소송법 제28조 제3항과 같은 예외적 규정이 있는 경우를 제외하고는 원칙적으로 허용되지 않는 것이고, 또 행정소송법상 소의 종류의 변경에 따른 당사자(피고)의 변경은 교환적 변경에 한한다고 봄이 상당하므로 예비적 청구만이 있는 피고의 추가경정신청은 허용되지 않는다(대결 1989.10.27. 89두1). [20 국가9급]

03 당사자 및 참가인

1. 당사자능력

(1) 의의

취소소송의 당사자가 될 수 있는 능력(당사자능력)은 민사소송과 마찬가지로 자연인, 법인뿐만 아니라 법인격 없는 사단·재단도 대표자 또는 관리인이 있으면 그 단체 이름으로 당사자가 될 수 있다(행정소송법 제8조 제2항, 민사소송법 제52조). 그러나 자연물의 일부인 동·식물은 당사자능력이 인정되지 아니한다.

판례

도롱뇽은 천성산 일원에 서식하고 있는 도롱뇽목 도롱뇽과에 속하는 양서류로서 자연물인 도롱뇽 또는 그를 포함한 자연 그 자체로서는 이 사건을 수행할 당사자능력을 인정할 수 없다고 판단한 것은 정당하고, 위 신청인의 당사자능력에 관한 법리오해 등의 위법이 없다(대결 2006.6.2. 2004마1148).

자연물인 도롱뇽 또는 그를 포함한 자연 그 자체로서는 행정소송을 수행할 당사자능력을 인정할 수 없다. (○, ×) [15 국가9급, 15 경행특채]

(2) 당사자적격

당사자적격이란 특정한 소송사건에서 원고·피고·참가인 등 정당한 당사자로서 소송을 수행하고 본안판결을 받기에 적합한 자격을 말한다. 이는 소송요건에 해당하므로 법원이 심리판단하여 흠결이 있으면 소를 각하해야 한다. 당사자적격에는 원고적격과 피고적격이 있다.

PART 05

2. 원고적격

(1) 원고적격의 의의

원고적격이란 구체적 소송사건에서 원고가 될 수 있는 자격을 의미하는 것으로, 행정소송법 제12조에서는 "취소소송은 처분 등의 취소를 구할 법률상 이익이 있는 자가 제기할 수 있다."고 규정하고 있다. 한편 이러한 원고적격은 소송요건의 하나로서 사실심변론종결시는 물론 상고심에서도 존속하여야 하고 이를 흠결하면 부적법한 소가 된다(대판 2007.4.12. 2004두7924). [19 국가9급, 17 국가7급]

취소소송은 처분 등의 취소를 구할 법률상 이익이 있는 자가 제기할 수 있다. (○, ×) [10 지방9급]

처분 등의 취소를 구할 정당한 이익이 있는 자가 취소소송을 제기할 수 있다. (○, ×) [12 복지9급]

갑이 무효확인소송의 제기 당시에 원고적격을 갖추었더라도 상고심 중에 원고적격을 상실하면 그 소는 부적법한 것이 된다. (○, ×) [19 지방7급]

(2) 원고적격의 범위

취소소송의 원고적격은 '법률상 이익'을 요건으로 하는데, '법률상 이익'은 불확정개념이므로 그 해석을 둘러싸고 취소소송의 목적과 기능을 어떻게 보느냐에 따라 견해의 대립이 있다.

① 학설

구분	내용
권리구제설	처분 등으로 인하여 권리가 침해된 자가 취소소송을 제기할 수 있는 원고적격을 가진다는 견해이다. 그러나 이 견해는 취소소송 원고적격의 범위를 너무 좁히고 있다는 비판을 받는다.
법률상 이익구제설 (多)	고유한 의미의 권리뿐만 아니라 법률에서 보호되고 있는 이익의 경우에도 그러한 이익을 가진 자는 소송을 제기할 수 있는 원고적격을 가진다고 본다.

법률상 이익의 의미에 관하여 법률상 보호이익설(법률상 이익구제설)은 위법한 처분에 의하여 침해되고 있는 이익이 근거법률에 의하여 보호되고 있는 이익인 경우에는 그러한 이익이 침해된 자에게 당해 처분의 취소를 구할 원고적격이 인정된다고 한다. (○, ×) [11 국가9급]

취소소송은 원칙적으로 처분 등의 취소를 구할 법령상 보호가치 있는 이익을 가진 자이면 제기할 수 있다. (○, ×) [18 국회8급]

보호가치 이익설	침해된 이익이 법률상 이익이든 사실상 이익이든 간에 실질적으로 재판상 보호할 가치가 있는 이익이면 널리 원고적격을 인정하여야 한다는 견해이다. 그러나 이 견해는 보호가치이익의 관념이 지극히 추상적이기 때문에 법원의 자의적인 해석의 우려가 있다.
적법성 보장설	취소소송의 기능을 권리구제보다 행정행위의 적법성 통제에 두어 처분의 적법성 확보에 가장 밀접한 이해관계를 가진 자가 소송을 제기할 원고적격을 가진다고 하는 견해로서 취소소송을 객관적 소송으로 본다.

② 판례

판례는 법률상 이익구제설의 입장에서, 법률상의 이익을 해당처분의 근거법규 및 관련법규에 의하여 보호되는 개별적·직접적·구체적인 이익으로 보고 있다.

행정소송법 제12조의 법률상 이익에 관해서는 권리구제설, 법률상 보호된 이익구제설, 소송상 보호가치 있는 이익구제설, 적법성 보장설 등이 대립되고 있는데 판례는 이중 법률상 보호된 이익구제설을 취하고 있다고 이해하는 것이 일반적이다. (○, ×) [13 국회8급]

판례

법률상 보호되는 이익은 당해 처분의 근거 법규 및 관련 법규에 의하여 보호되는 개별적·직접적·구체적 이익이 있는 경우를 말하고, 공익보호의 결과로 국민 일반이 공통적으로 가지는 일반적·간접적·추상적 이익과 같이 사실적·경제적 이해관계를 갖는 데 불과한 경우는 여기에 포함되지 아니한다(대판 2015.7.23. 2012두19496).

(3) 법률상 이익의 판단기준

① '법률'의 의미

㉠ 근거법규·관련법규

법률상 이익의 '법률'의 의미에 대해서도 견해가 대립되나, 판례는 처분의 근거법규뿐만 아니라, 행정처분의 목적을 달성하기 위한 일련의 단계적인 관련처분들의 근거법규(관련법규)도 포함된다는 입장이다.

판례

법률상 보호되는 이익이라 함은 당해 처분의 근거법규에 의하여 보호되는 개별적·구체적 이익을 의미하며, 관련 법규에 의하여 보호되는 개별적·구체적 이익까지 포함하는 것은 아니라는 것이 판례의 입장이다. (○, ×) [17 국회8급]

법률상 이익은 당해 처분의 근거 법규의 명문 규정에 의하여 보호받는 법률상 이익, 당해 처분의 근거 법규에 의하여 보호되지는 아니하나 당해 처분의 행정목적을 달성하기 위한 일련의 단계적인 관련 처분들의 근거 법규에 의하여 명시적으로 보호받는 법률상 이익, 당해 처분의 근거 법규 또는 관련 법규에서 명시적으로 당해 이익을 보호하는 명문의 규정이 없더라도 근거 법규 및 관련 법규의 합리적 해석상 그 법규에서 행정청을 제약하는 이유가 순수한 공익의 보호만이 아닌 개별적·직접적·구체적 이익을 보호하는 취지가 포함되어 있다고 해석되는 경우까지를 말한다(대판 2013.9.12. 2011두33044).

㉡ 헌법규정 포함 여부

'법률'에 헌법이 포함되는지에 대해서도 견해가 나뉜다. 대법원은 명시적으로 부정한 적은 없으나, 추상적 기본권인 환경권 침해만으로는 원고적격을 인정할 수 없다고 보지만, 헌법재판소는 기본권인 경쟁의 자유로부터 취소소송의 원고적격이 인정된다고 본다.

판례

환경영향평가 대상지역 안의 주민들이 공유수면매립면허처분 등과 관련하여 갖고 있는 환경상의 이익은 주민 개개인에 대하여 개별적으로 보호되는 직접적·구체적 이익으로서 그들에 대하여는 환경상의 이익에 대한 침해 또는 침해우려가 있는 것으로 사실상 추정되어 공유수면매립면허처분 등의 무효 확인을 구할 원고적격이 인정된다. 한편, 환경영향평가 대상지역 밖의 주민이라 할지라도 공유수면매립면허처분 등으로 인하여 환경상 이익에 대한 침해 또는 침해우려가 있다는 것을 입증함으로써 그 처분 등의 무효 확인을 구할 원고적격을 인정받을 수 있다. [15 경행특채] 헌법 제35조 제1항에서 정하고 있는 환경권에 관한 규정만으로는 그 권리의 주체·대상·내용·행사방법 등이 구체적으로 정립되어 있다고 볼 수 없고, 환경영향평가 대상지역 밖에 거주하는 주민에게 헌법상의 환경권 또는 환경정책기본법에 근거하여 공유수면매립면허처분과 농지개량사업 시행인가처분의 무효 확인을 구할 원고적격이 없다(대판 2006.3.16. 2006두330 전원합의체). [17 지방9급]

② 법률상 '이익'의 의미

㉠ 개별적·직접적·구체적 이익

법률상 이익의 '이익'이란 개별적이며 구체적인 이익으로 사익보호성이 인정되는 이익을 말한다. 공익보호의 결과 반사적·간접적으로 얻게 되는 사실적·경제적 이익에 불과한 경우에는 해당되지 아니한다는 것이 판례의 입장이다.

판례

도지정문화재 지정처분으로 인하여 어느 개인이나 그 선조의 명예 내지 명예감정이 손상되었다고 하더라도, 그러한 명예 내지 명예감정은 위 지정처분의 근거 법규에 의하여 직접적·구체적으로 보호되는 이익이라고 할 수 없으므로 그 처분의 취소를 구할 법률상의 이익에 해당하지 아니한다(대판 2001.9.28. 99두8565).

㉡ 법률상 이익의 판별기준

법률상 이익의 '이익'의 판별기준에 대해서도 견해의 대립이 있으나, 판례는 해당 처분의 근거법령 및 관련법령의 규정방식과 취지·목적뿐만 아니라 해당처분에 의하여 침해되는 이익의 내용·성질 및 침해되는 태양·정도, 나아가 해당 처분 전과 비교하여 수인의 한도를 넘는 것인지를 종합적으로 고려하여 판단하고 있다(종합설).

(4) 법률상 이익이 있는 자

법률상 이익이 있는 자에는 처분의 상대방 및 제3자로서 권리주체인 자연인 및 법인, 법인격 없는 단체 등이 포함된다.

헌재 판례

행정처분의 직접 상대방이 아닌 제3자라도 당해처분의 취소를 구할 법률상 이익이 있는 경우에는 행정소송을 제기할 수 있다(헌재 1998.4.30. 97헌마141).

① 수익적 처분의 상대방

수익적 처분의 경우 상대방은 그러한 처분으로부터 법률상 이익이 침해되었다고 볼 수 없으므로 특별한 사정이 없는 한 원고적격이 없다.

- 환경영향평가에 관한 자연공원법령 및 환경영향평가법령들의 취지는 환경공익을 보호하려는 데 있으므로 환경영향평가 대상지역 안의 주민들이 수인한도를 넘는 환경침해를 받지 아니하고 쾌적한 환경에서 생활할 수 있는 개별적 이익까지 보호하는 데 있다고 볼 수는 없다. (○, ×) [17 국가9급]
- 환경영향평가 대상지역 밖의 주민은 자신에 대한 수인한도를 넘는 환경피해를 입증하더라도 원고적격이 인정될 수 없다. (○, ×) [15 교행]
- 판례는 행정소송법 제12조의 법률상 이익은 직접적이고 구체적·개인적 이익을 말하고 간접적이거나 사실적·경제적 이해관계를 가지는 데 불과한 경우 및 공익은 포함되지 않는다고 보고 있다. (○, ×) [13 국회9급]
- 취소소송의 원고적격은 처분 등의 취소를 구할 법률상 이익이 있는 자에게 인정되기 때문에, 직접 처분 또는 재결을 받은 상대방 이외의 자에게는 인정되지 아니한다. (○, ×) [12 지방9급]

PART 05

행정처분의 취소를 구할 이익은 불이익처분의 상대방뿐만 아니라 수익처분의 상대방에게도 인정되는 것이 원칙이다. (○, ×) [11 국가9급]

행정처분에 있어서 불이익처분의 상대방은 직접 개인적 이익의 침해를 받은 자로서 취소소송의 원고적격이 인정되지만 수익처분의 상대방은 그의 권리나 법률상 보호되는 이익이 침해되었다고 볼 수 없으므로 달리 특별한 사정이 없는 한 취소를 구할 이익이 없다. (○, ×) [17 국가9급, 08 국가7급]

약제를 제조·공급하는 제약회사는 보건복지부 고시인 「약제급여·비급여 목록 및 급여 상한금액표」 중 약제의 상한금액 인하 부분에 대하여 그 취소를 구할 원고적격이 있다. (○, ×) [19 지방9급]

법인격 없는 단체도 대표자를 통해서 단체의 이름으로 소를 제기할 수 있다. (○, ×) [07 세무사]

판례

행정처분이 수익적인 처분이거나 신청에 의하여 신청 내용대로 이루어진 처분인 경우에는 처분 상대방의 권리나 법률상 보호되는 이익이 침해되었다고 볼 수 없으므로 달리 특별한 사정이 없는 한 처분의 상대방은 그 취소를 구할 이익이 없다고 할 것이다(대판 1995.5.26. 94누7324).

② 침익적 처분의 상대방

침익적 처분의 상대방의 경우에는 일반적으로 원고적격이 인정된다. 마찬가지로 불특정 다수를 상대로 행하여지는 일반처분인 경우에도 법률상 이익이 침해당하는 경우에는 취소소송의 원고적격을 갖는다는 것이 판례의 입장이다.

판례

1. 보건복지부 고시인 약제급여·비급여목록 및 급여상한금액표로 인하여 자신이 제조·공급하는 약제의 상한금액이 인하됨에 따라 위와 같이 보호되는 법률상 이익이 침해당할 경우, 제약회사는 위 고시의 취소를 구할 원고적격이 있다(대판 2006.9.22. 2005두2506). [19 지방9급]
2. 서훈은 서훈대상자의 특별한 공적에 의하여 수여되는 고도의 일신전속적 성격을 가지는 것이다. 비록 유족이라고 하더라도 제3자는 서훈수여 처분의 상대방이 될 수 없고, 망인을 대신하여 단지 사실행위로서 훈장 등을 교부받거나 보관할 수 있는 지위에 있을 뿐이다. 이러한 서훈의 일신전속적 성격은 서훈취소의 경우에도 마찬가지이므로, 망인에게 수여된 서훈의 취소에서도 유족은 그 처분의 상대방이 되는 것이 아니다(대판 2014.9.26. 2013두2518). [23 국가9급, 19 서울7급]

③ 법인격 없는 단체

법인격 없는 단체는 대표자를 통하여 단체의 이름으로 소송을 제기할 수 있다(행정소송법 제8조 제2항, 민사소송법 제52조).

④ 법인 등의 구성원

판례

1. 법인의 주주는 법인에 대한 행정처분에 관하여 사실상이나 간접적인 이해관계를 가질 뿐이어서 스스로 그 처분의 취소를 구할 원고적격이 없는 것이 원칙이라고 할 것이지만, 그 처분으로 인하여 법인이 더 이상 영업 전부를 행할 수 없게 되고, 영업에 대한 인·허가의 취소 등을 거쳐 해산·청산되는 절차 또한 처분 당시 이미 예정되어 있으며, 그 후속절차가 취소되더라도 그 처분의 효력이 유지되는 한 당해 법인이 종전에 행하던 영업을 다시 행할 수 없는 예외적인 경우에는 주주도 그 처분에 관하여 직접적이고 구체적인 법률상 이해관계를 가진다고 보아 그 효력을 다툴 원고적격이 있다(대판 2005.1.27. 2002두5313).
2. 법인에 대한 행정처분이 당해 법인의 존속 자체를 직접 좌우하는 처분인 경우에는 그 주주나 임원이라 할지라도 당해 처분에 관하여 직접적이고 구체적인 법률상 이해관계를 가진다고 할 것이므로 그 취소를 구할 원고적격이 있다(대판 1997.12.12. 96누4602).

⑤ 국가·국가기관

원고적격이 인정되는 '법인'에 국가 및 국가기관이 포함되는지에 대해 견해가 대립되나, 판례는 국가의 원고적격을 원칙적으로 부인하는 입장이다. 다만 제한적으로 국가기관의 원고적격을 인정한 예도 있다.

판례

1. 건설교통부장관은 법원에 의한 판결을 받지 않고서도 행정권한의 위임 및 위탁에 관한 규정이나 구 지방자치법에서 정하고 있는 지도·감독을 통하여 직접 지방자치단체의 장의 사무처리에 대하여 시정명령을 발하고 그 사무처리를 취소 또는 정지할 수 있으며, 지방자치단체의 장에게 기간을 정하여 직무이행명령을 하고 지방자치단체의 장이 이를 이행하지 아니할 때에는 직접 필요한 조치를 할 수도 있으므로, 국가가 국토이용계획과 관련한 지방자치단체의 장의 기관위임사무의 처리에 관하여 지방자치단체의 장을 상대로 취소소송을 제기하는 것은 허용되지 않는다(대판 2007.9.20. 2005두6935). [22 지방7급]
2. 甲이 국민권익위원회에 부패방지 및 국민권익위원회의 설치와 운영에 관한 법률에 따른 신고와 신분보장조치를 요구하였고, 국민권익위원회가 甲의 소속기관장인 乙 시·도선거관리위원회 위원장에게 '甲에 대한 중징계요구를 취소하고 향후 신고로 인한 신분상 불이익처분 및 근무조건상의 차별을 하지 말 것을 요구'하는 내용의 조치요구를 한 사안에서, 국가기관 일방의 조치요구에 불응한 상대방 국가기관에 국민권익위원회법상의 제재규정과 같은 중대한 불이익을 직접적으로 규정한 다른 법령의 사례를 찾아보기 어려운 점, 그럼에도 乙이 국민권익위원회의 조치요구를 다툴 별다른 방법이 없는 점 등에 비추어 보면, 처분성이 인정되는 위 조치요구에 불복하고자 하는 乙로서는 조치요구의 취소를 구하는 항고소송을 제기하는 것이 유효·적절한 수단이므로 비록 乙이 국가기관이더라도 당사자능력 및 원고적격을 가진다고 보는 것이 타당하다(대판 2013.7.25. 2011두1214).
3. 법령이 특정한 행정기관 등으로 하여금 다른 행정기관을 상대로 제재적 조치를 취할 수 있도록 하면서, 그에 따르지 않으면 그 행정기관에 대하여 과태료를 부과하거나 형사처벌을 할 수 있도록 정하는 경우가 있다. 그러한 제재적 조치를 기관소송이나 권한쟁의심판을 통하여 다툴 수 없다면, 항고소송을 통한 구제의 길을 열어주는 것이 법치국가 원리에도 부합한다. 따라서 이러한 권리구제나 권리보호의 필요성이 인정된다면 예외적으로 그 제재적 조치의 상대방인 행정기관 등에게 항고소송 원고로서의 당사자능력과 원고적격을 인정할 수 있다. 처분성이 인정되는 국민권익위원회의 조치요구에 불복하고자 하는 소방청장으로서는 예외적으로 당사자능력과 원고적격을 가진다(대판 2018.8.1. 2014두35379). [21 국가9급]
4. 건축협의 취소는 상대방이 다른 지방자치단체 등 행정주체라 하더라도 '행정청이 행하는 구체적 사실에 관한 법집행으로서의 공권력 행사'로서 처분에 해당한다고 볼 수 있고, 지방자치단체인 원고가 이를 다툴 실효적 해결 수단이 없는 이상, 원고는 건축물 소재지 관할 허가권자인 지방자치단체의 장을 상대로 항고소송을 통해 건축협의 취소의 취소를 구할 수 있다(대판 2014.2.27. 2012두22980).
5. 갑 시장이 감사원으로부터 감사원법 제32조에 따라 을에 대하여 징계의 종류를 정직으로 정한 징계 요구를 받게 되자 감사원에 징계 요구에 대한 재심의를 청구하였고, 감사원이 재심의청구를 기각하자 을이 감사원의 징계 요구와 그에 대한 재심의결정의 취소를 구하고 갑 시장이 감사원의 재심의결정 취소를 구하는 소를 제기한 사안에서, 징계 요구는 징계 요구를 받은 기관의 장이 요구받은 내용대로 처분하지 않더라도 불이익을 받는 규정도 없고, 징계 요구 내용대로 효과가 발생하는 것도 아니며, 징계 요구에 의하여 행정청이 일정한 행정처분을 하였을 때 비로소 이해관계인의 권리관계에 영향을 미칠 뿐, 징계 요구 자체만으로는 징계 요구 대상 공무원의 권리·의무에 직접적인 변동을 초래하지도 아니하므로, 행정처분이라고 할 수 없고, 갑 시장이 제기한 소송이 기관소송으로서 감사원법 제40조 제2항에 따라 허용된다고 볼 수 없다(대판 2016.12.27. 2014두5637). [17 지방9급]

국가는 국토이용계획과 관련된 기관위임사무의 처리에 관하여 지방자치단체의 장을 상대로 취소소송을 제기할 수 있다. (○, ×) [10 국회8급]

국가기관인 시·도 선거관리위원회 위원장은 국민권익위원회가 그에게 소속직원에 대한 중징계요구를 취소하라는 등의 조치 요구를 한 것에 대해서 취소소송을 제기할 원고적격을 가진다고 볼 수 없다. (○, ×) [16 국가9급]

PART 05

국민권익위원회가 소방청장에게 일정한 의무를 부과하는 내용의 조치요구를 한 경우 소방청장은 조치요구의 취소를 구할 당사자능력 및 원고적격이 인정되지 않는다. (○, ×) [22 국가9급]

「건축법」상 지방자치단체를 상대방으로 하는 건축협의의 취소는 행정처분에 해당한다고 볼 수 없으므로 지방자치단체가 건축물 소재지 관할 건축허가권자를 상대로 항고소송을 통해 건축협의 취소의 취소를 구할 수 없다. (○, ×) [22 지방7급, 17 지방9급]

⑥ 지방자치단체

판례

인용재결이 있는 경우 처분청은 그러한 재결에 기속되므로 이에 불복하여 취소소송을 제기할 수 없다(대판 1998.5.8. 97누15432).

행정처분의 직접 상대방이 아닌 제3자라도 당해 행정처분의 취소를 구할 법률상의 이익이 있는 경우에는 원고적격이 인정된다. (○, ×) [11 국가9급]

처분의 직접 상대방이 아닌 경우에는 처분의 근거법률에 의하여 보호되는 법률상의 이익이 있는 경우에도 원고적격이 인정될 수 없다. (○, ×) [13 국가9급]

채석허가를 받은 자로부터 영업양수 후 명의변경신고 이전에 양도인의 법위반사유를 이유로 채석허가가 취소된 경우, 양수인은 수허가자의 지위를 사실상 양수받았다고 하더라도 그 처분의 취소를 구할 법률상 이익을 가지지 않는다. (○, ×) [17 국가7급(下)]

공매 등의 절차로 영업시설의 전부를 인수함으로써 영업자의 지위를 승계한 자가 관계행정청에 이를 신고하여 관계행정청이 그 신고를 수리하는 처분에 대해 종전 영업자는 제3자로서 그 처분의 취소를 구할 법률상 이익이 인정되지 않는다. (○, ×) [13 국가7급]

주택건설사업이 양도되었으나 그 변경승인을 받기 이전에 행정청이 양수인에 대하여 양도인에 대한 사업계획승인을 취소하였다는 사실을 통지한 경우 이러한 통지는 양수인의 법률상 지위에 변동을 일으키므로 행정처분이다. (○, ×) [17 서울9급]

주택건설사업계획승인취소처분이 양도인, 양수인에게 같이 통지되었다 하더라도 아직 사업계획변경승인을 받지 못한 이상 양수인으로서는 자신에 대한 것이든 甲에 대한 것이든 사업계획승인취소를 다툴 원고적격이 인정되지 않는다. (○, ×) [22 국가7급]

(5) **제3자의 원고적격**

① 제3자의 의미와 범위

행정처분의 직접 상대방이 아닌 제3자라도 해당 행정처분의 취소를 구할 법률상의 이익이 있는 경우에는 원고적격이 인정된다는 것이 판례의 입장이다.

판례

1. 「도시 및 주거환경정비법」상 조합설립추진위원회의 구성에 동의하지 아니한 정비구역 내의 토지 등 소유자도 조합설립추진위원회 설립승인처분에 대하여 같은 법에 의하여 보호되는 직접적이고 구체적인 이익을 향유하므로 그 설립승인처분의 취소소송을 제기할 원고적격이 있다(대판 2007.1.25. 2006두12289). [11 국가7급]
2. 채석허가가 유효하게 존속하고 있다는 것이 양수인의 명의변경신고의 전제가 된다는 의미에서 관할 행정청이 양도인에 대하여 채석허가를 취소하는 처분을 하였다면 이는 양수인의 지위에 대한 직접적 침해가 된다고 할 것이므로 양수인은 채석허가를 취소하는 처분의 취소를 구할 법률상 이익을 가진다(대판 2003.7.11. 2001두6289). [19 서울9급]
3. 유원시설업자 또는 체육시설업자의 지위를 승계한 자가 관계 행정청에 이를 신고하여 행정청이 이를 수리하는 경우에는 종전의 유원시설업자에 대한 허가는 그 효력을 잃고, 종전의 체육시설업자는 적법한 신고를 마친 체육시설업자로서의 지위를 부인당할 불안정한 상태에 놓이게 되므로 수리처분의 취소를 구할 법률상 이익이 있다(대판 2012.12.13. 2011두29144).
4. 주택건설사업계획에 있어서 사업주체변경의 승인은 그로 인하여 사업주체의 변경이라는 공법상의 효과가 발생하는 것이므로, 사실상 내지 사법상으로 주택건설사업 등이 양도·양수되었을지라도 아직 변경승인을 받기 이전에는 그 사업계획의 피승인자는 여전히 종전의 사업주체인 양도인이고 양수인이 아니라 할 것이어서, [22 국가7급] 사업계획승인취소처분 등의 사유가 있는지의 여부와 취소사유가 있다고 하여 행하는 취소처분은 피승인자인 양도인을 기준으로 판단하여 그 양도인에 대하여 행하여져야 할 것이므로 행정청이 주택건설사업의 양수인에 대하여 양도인에 대한 사업계획승인을 취소하였다는 사실을 통지한 것만으로는 양수인의 법률상 지위에 어떠한 변동을 일으키는 것은 아니므로 위 통지는 항고소송의 대상이 되는 행정처분이라고 할 수는 없다. [22 국가7급] 사업주체의 변경승인신청이 된 이후에 행정청이 양도인에 대하여 그 사업계획변경승인의 전제로 되는 사업계획승인을 취소하는 처분을 하였다면 양수인은 그 처분 이전에 양도인으로부터 토지와 사업승인권을 사실상 양수받아 사업주체의 변경승인신청을 한 자로서 그 취소를 구할 법률상의 이익을 가진다(대판 2000.9.26. 99두646).

② 경업자소송

㉠ 의의

경업자소송이란 여러 영업자가 경쟁관계에 있는 경우, 경쟁관계에 있는 영업자에 대한 처분을 다른 경쟁업자가 다투는 소송을 말한다. 기존업자가 신규업자에 대한 인・허가처분의 취소소송을 제기하는 것이 대표적이다.

㉡ 판단기준

통설과 판례는 기본적으로 기존업자가 특허업자인지 허가업자인지를 구분하여 기존업자가 특허업자인 경우에는 특허로 받은 이익을 법률상 이익으로 보아 원고적격을 인정하고, 허가업자인 경우에는 반사적 이익 또는 사실상 이익에 불과한 것으로 보아 원고적격을 부정한다. 다만 허가의 경우에도 법이 기존업자의 이익도 보호하고 있는 것으로 해석되는 경우에는 기존업자도 원고적격을 가질 수 있다.

허가를 받은 경업자에게는 원고적격이 인정되나, 특허사업의 경업자는 특별한 사정이 없는 한 원고적격이 부인된다. (○, ×) [15 국가9급]

판례

특허업자의 경우(법률상 이익으로 본 경우)

1. 자동차운수사업법 제6조 제1호에서 당해 사업계획이 당해 노선 또는 사업구역의 수송수요와 수송력 공급에 적합할 것을 면허의 기준으로 한 것은 주로 자동차 운수사업에 관한 질서를 확립하고 자동차운수의 종합적인 발달을 도모하여 공공복리의 증진을 목적으로 하고 있으며, 동시에, 한편으로는 업자간의 과당경쟁으로 인한 경영의 불합리를 미리 방지하는 것이 공공의 복리를 위하여 필요하므로 면허조건을 제한하여 기존업자의 경영의 합리화를 보호하자는 데도 그 목적이 있다할 것이다. 따라서 이러한 기존업자의 이익은 단순한 사실상의 이익이 아니고, 법에 의하여 보호되는 이익이라고 해석된다. 당해 노선에 관한 기존업자는 노선연장인가처분의 취소를 구할 법률상의 이익이 있다(대판 1974.4.9. 73누173).
2. 일반면허를 받은 시외버스운송사업자에 대한 사업계획변경 인가처분으로 인하여 기존에 한정면허를 받은 시외버스운송사업자의 노선 및 운행계통과 일반면허를 받은 시외버스운송사업자의 그것이 일부 중복되게 되고 기존업자의 수익감소가 예상된다면, 기존의 한정면허를 받은 시외버스운송사업자와 일반면허를 받은 시외버스운송사업자는 경업관계에 있는 것으로 보는 것이 타당하고, 따라서 기존의 한정면허를 받은 시외버스운송사업자는 일반면허 시외버스운송사업자에 대한 사업계획변경인가처분의 취소를 구할 법률상의 이익이 있다(대판 2018.4.26. 2015두53824). [19 국가7급]

면허나 인・허가 등의 수익적 행정처분의 근거가 되는 법률이 해당 업자들 사이의 과당경쟁으로 인한 경영의 불합리를 방지하는 것도 그 목적으로 하고 있는 경우 기존의 업자는 경업자에 대하여 이루어진 면허나 인・허가 등 행정처분의 상대방이 아니라 하더라도 당해 행정처분의 취소를 구할 원고적격이 있다. (○, ×) [13 국회8급]

기존의 고속형 시외버스운송사업자는 경업관계에 있는 직행형 시외버스운송사업자에 대한 사업계획변경 인가처분의 취소를 구할 법률상 이익이 있다. (○, ×) [16 지방9급]

판례

허가업자의 경우(반사적・사실적 이익으로 본 경우)

1. 건물의 4, 5층 일부에 객실을 설비할 수 있도록 숙박업구조변경허가를 함으로써 그곳으로부터 50미터 내지 700미터 정도의 거리에서 여관을 경영하는 원고들이 받게 될 불이익은 간접적이거나 사실적, 경제적인 불이익에 지나지 아니하므로 그것만으로는 원고들에게 위 숙박업구조변경허가처분의 무효 확인 또는 취소를 구할 소익이 있다고 할 수 없다(대판 1990.8.14. 89누7900).

甲이 종래부터 5층 건물에 숙박업허가를 받아 영업하고 있는 지점으로부터 불과 500미터 정도의 거리에 乙이 15층의 건물을 신축하여 같은 구청장인 A로부터 숙박업허가를 받아 현재 영업 중이다. 그러자 甲은 자신의 숙박업건물을 乙의 건물과 동일한 높이로 증축을 결심하고 A에게 숙박업구조변경허가를 신청하였다. 이때 전통적 견해에 의하면 A가 甲에 대한 허가를 발급함으로 인한 乙의 영업상 이익의 침해는 권리침해로 된다. (○, ×) [09 국가7급]

구 석탄수급조정에 관한 임시조치법 소정의 석탄가공업에 관한 허가는 사업경영의 권리를 설정하는 형성적 행정행위이므로 기존에 허가를 받은 원고들이 신규허가로 인하여 영업상 이익이 감소될 수 있다는 이유로 기존의 업자에 대해 처분의 취소를 구할 법률상 이익이 있다. (○, ×) [13 국회8급]

한약조제시험을 통하여 약사에게 한약조제권을 인정함으로써 한의사들의 영업상 이익이 감소되었다고 하더라도 이러한 이익은 사실상의 이익에 불과하다. (○, ×) [17 복지9급, 14 지방9급]

2. 석탄수급조정에 관한 임시조치법 소정의 석탄가공업에 관한 허가는 사업경영의 권리를 설정하는 형성적 행정행위가 아니라 질서유지와 공공복리를 위한 금지를 해제하는 명령적 행정행위여서 기존허가를 받은 원고들이 신규허가로 인하여 영업상 이익이 감소된다 하더라도 이는 원고들의 반사적 이익을 침해하는 것에 지나지 아니하므로 원고들은 신규허가 처분에 대하여 행정소송을 제기할 법률상 이익이 없다(대판 1980.7.22. 80누33).
3. 한의사 면허는 경찰금지를 해제하는 명령적 행위(강학상 허가)에 해당하고, 한약조제시험을 통하여 약사에게 한약조제권을 인정함으로써 한의사들의 영업상 이익이 감소되었다고 하더라도 이러한 이익은 사실상의 이익에 불과하고 한의사들이 한약조제시험을 통하여 한약조제권을 인정받은 약사들에 대한 합격처분의 무효 확인을 구하는 당해 소는 원고적격이 없는 자들이 제기한 소로서 부적법하다(대판 1998.3.10. 97누4289). [08 국가7급]

③ 경원자소송

㉠ 의의

경원자소송이란 인・허가 등에서 양립할 수 없는 출원을 제기한 자들 사이의 소송을 말한다.

㉡ 원고적격 인정 여부

경원자소송에서는 법적 자격의 흠결로 신청이 인용될 가능성이 없는 경우를 제외하고는 경원관계의 존재만으로 거부된 처분의 취소를 구할 법률상의 이익이 있다. [08 국회8급]

판례

경원관계에서 허가처분을 받지 못한 사람은 자신에 대한 거부처분이 취소되더라도, 그 판결의 직접적 효과로 경원자에 대한 허가처분이 취소되거나 효력이 소멸하는 것은 아니므로 자신에 대한 거부처분의 취소를 구할 소의 이익이 없다. (○, ×) [16 지방7급]

인・허가 등의 수익적 행정처분을 신청한 수인이 서로 경쟁관계에 있어서 일방에 대한 허가 등의 처분이 타방에 대한 불허가 등으로 귀결될 수밖에 없는 때 허가 등의 처분을 받지 못한 자는 비록 경원자에 대하여 이루어진 허가 등 처분의 상대방이 아니라 하더라도 당해 처분의 취소를 구할 원고 적격이 있다. 따라서 명백한 법적 장애로 인하여 원고 자신의 신청이 인용될 가능성이 처음부터 배제되어 있다고 하더라도 이는 본안의 문제로 다루어야 하고 일단 원고적격은 인정해야 한다는 것이 대법원의 태도이다. (○, ×) [13 국회8급]

1. 인・허가 등의 수익적 행정처분을 신청한 수인이 서로 경쟁관계에 있어서 일방에 대한 허가 등의 처분이 타방에 대한 불허가 등으로 귀결될 수밖에 없는 때 허가 등의 처분을 받지 못한 자는 비록 경원자에 대하여 이루어진 허가 등 처분의 상대방이 아니라 하더라도 당해 처분의 취소를 구할 원고 적격이 있다. [17 지방9급, 14 경행특채] 다만 명백한 법적 장애로 인하여 원고 자신의 신청이 인용될 가능성이 처음부터 배제되어 있는 경우에는 당해 처분의 취소를 구할 정당한 이익이 없다(대판 2009.12.10. 2009두8359). [17 국회8급]
2. 2종 교과용 도서에 대하여 검정신청을 하였다가 불합격결정처분을 받은자가 자신이 검정신청한 교과서의 과목과 전혀 관계가 없는 과목의 교과용 도서에 대한 합격결정처분에 대하여는 그 취소를 구할 법률상의 이익이 없다(대판 1992. 4. 24. 91누6634). [24 국가9급]

④ 인인(隣人)소송

㉠ 의의

인인소송이란 특정인에 대한 수익적 처분(시설설치허가 등)이 인근주민에게는 불이익하게 되는 경우 그 인근주민이 자기의 법률상 이익의 침해를 다투는 소송을 말한다.

㉡ 판단기준

다수설 및 판례는 해당 처분의 근거법규 및 관련법규가 공익뿐만 아니라 인근주민의 개별적 이익도 보호하고 있다고 해석되는 경우에 인근주민에게 원고적격을 인정하고, 단순히 공익만을 목적으로 하는 경우에는 원고적격을 부정한다.

판례

원고적격을 인정한 사례

1. 구 장사 등에 관한 법률, 동법 시행령에서 납골묘, 납골탑, 가족 또는 종중·문중 납골당 등 사설납골시설의 설치장소에 제한을 둔 것은, 이러한 사설납골시설을 인가가 밀집한 지역 인근에 설치하지 못하게 함으로써 주민들의 쾌적한 주거, 경관, 보건위생 등 생활환경상의 개별적 이익을 직접적·구체적으로 보호하려는 데 취지가 있으므로, 이러한 납골시설 설치장소에서 500m 내에 20호 이상의 인가가 밀집한 지역에 거주하는 주민들은 납골당 설치에 대하여 환경 이익 침해 또는 침해 우려가 있는 것으로 사실상 추정되어 원고적격이 인정된다고 보는 것이 타당하다(대판 2011.9.8. 2009두6766).
2. 매장 및 묘지 등에 관한 법률 및 같은 법 시행령 제4조 제2호가 공설화장장은 20호 이상의 인가가 밀집한 지역, 학교 또는 공중이 수시 집합하는 시설 또는 장소로부터 1,000m 이상 떨어진 곳에 설치하도록 제한을 가하며, 부근 주민들의 이익은 위 도시계획결정처분의 근거 법률에 의하여 보호되는 법률상 이익이다(대판 1995.9.26. 94누14544). [12 국회9급]
3. 원자력법 제12조 제2호의 취지는 원자로 등 건설사업이 방사성물질 및 그에 의하여 오염된 물질에 의한 인체·물체·공공의 재해를 발생시키지 아니하는 방법으로 시행되도록 함으로써 방사성물질 등에 의한 생명·건강상의 위해를 받지 아니할 이익을 일반적 공익으로서 보호하려는 데 그치는 것이 아니라 방사성물질에 의하여 보다 직접적이고 중대한 피해를 입으리라고 예상되는 지역 내의 주민들의 위와 같은 이익을 직접적·구체적 이익으로서도 보호하려는 데에 있다 할 것이므로, 위와 같은 지역 내의 주민들에게는 방사성물질 등에 의한 생명·신체의 안전침해를 이유로 부지사전승인처분의 취소를 구할 원고적격이 있다(대판 1998.9.4. 97누19588). [15 경행특채]
4. 김해시장이 낙동강에 합류하는 하천수 주변의 토지에 구 산업집적활성화 및 공장설립에 관한 법률 제13조에 따라 공장설립을 승인하는 처분을 한 경우, 공장설립으로 수질오염 등이 발생할 우려가 있는 취수장에서 물을 공급받는 부산광역시 또는 양산시에 거주하는 주민들도 위 처분의 근거 법규 및 관련 법규에 의하여 법률상 보호되는 이익이 침해되거나 침해될 우려가 있는 주민으로서 원고적격이 인정된다(대판 2010.4.15. 2007두16127). [13 국회8급]

> 납골당 설치장소로부터 500m 내에 20호 이상의 인가가 밀집한 지역에 거주하는 주민들의 경우, 납골당이 누구에 의하여 설치되는지와 관계없이 침해 우려가 있는 것으로 사실상 추정되어 원고적격이 인정된다. (○, ×) [12 지방7급]

> 원자로 시설부지 인근 주민들이 방사성물질 등에 의한 생명·신체의 안전침해를 이유로 부지사전승인처분의 취소를 구하는 경우 원고적격이 있다. (○, ×) [14 서울9급]

PART 05

판례

원고적격을 부정한 사례

1. 상수원보호구역 설정의 근거가 되는 수도법 제5조 제1항 및 동 시행령 제7조 제1항이 보호하고자 하는 것은 상수원의 확보와 수질보전일 뿐이고, 그 상수원에서 급수를 받고 있는 지역주민들이 가지는 상수원의 오염을 막아 양질의 급수를 받을 이익은 직접적이고 구체적으로는 보호하고 있지 않음이 명백하여 위 지역주민들이 가지는 이익은 상수원의 확보와 수질보호라는 공공의 이익이 달성됨에 따라 반사적으로 얻게 되는 이익에 불과하므로 지역주민들에 불과한 원고들에게는 위 상수원보호구역변경처분의 취소를 구할 법률상의 이익이 없다(대판 1995.9.26. 94누14544). [17 국가9급, 12 경행특채]
2. 생태·자연도는 토지이용 및 개발계획의 수립이나 시행에 활용하여 자연환경을 체계적으로 보전·관리하기 위한 것일 뿐, 1등급 권역의 인근 주민들이 가지는 생활상 이익을 직접적이고 구체적으로 보호하기 위한 것이 아님이 명백하고, 인근 주민에 불과한 甲은 생태·자연도 등급권역을 1등급에서 일부는 2등급으로, 일부는 3등급으로 변경한 결정의 무효확인을 구할 원고적격이 없다(대판 2014.2.21. 2011두29052). [23 국가9급]

> 상수원보호구역 내의 지역주민들은 환경권과 주거에 따른 행위제한을 받으므로 상수원보호구역변경처분의 취소를 구할 법률상 이익이 있다. (○, ×) [12 국회9급]

> 생태·자연도 1등급으로 지정되었던 지역을 2등급 또는 3등급으로 변경하는 내용의 환경부장관의 결정에 대해 해당 1등급 권역의 인근 주민은 취소소송을 제기할 원고적격이 인정된다. (○, ×) [16 국가9급]

ⓒ 구체적 검토

ⓐ 환경영향평가대상지역 내·외의 주민의 경우

판례

1. 환경영향평가법령도 변경승인처분 등에 직접적인 영향을 미치는 근거 법령이 된다고 볼 수밖에 없다. 속리산 용화집단시설지구개발사업으로 인하여 직접적이고 중대한 환경피해를 입으리라고 예상되는 환경영향평가대상지역 안의 주민들이 누리고 있는 환경상의 이익이 이 사건 변경처분으로 인하여 침해되거나 침해될 우려가 있는 경우에는 그 주민들에게 이 사건 변경처분과 그 변경처분의 취소를 구하는 행정심판청구를 각하한 이 사건 재결의 취소를 구할 원고적격이 있다고 보아야 할 것이다(대판 2001.7.27. 99두2970).
2. 행정처분의 근거 법규 또는 관련 법규에 그 처분으로써 이루어지는 행위 등 사업으로 인하여 환경상 침해를 받으리라고 예상되는 영향권의 범위가 구체적으로 규정되어 있는 경우에는, 그 영향권 내의 주민들에 대하여는 개별적으로 보호되는 직접적·구체적 이익으로서 그들에 대하여는 특단의 사정이 없는 한 환경상 이익에 대한 침해 또는 침해 우려가 있는 것으로 사실상 추정되어 법률상 보호되는 이익으로 인정됨으로써 원고적격이 인정되며, [19 국가7급] 그 영향권 밖의 주민들은 당해 처분으로 인하여 그 처분 전과 비교하여 수인한도를 넘는 환경피해를 받거나 받을 우려가 있다는 자신의 환경상 이익에 대한 침해 또는 침해 우려가 있음을 입증하여야만 법률상 보호되는 이익으로 인정되어 원고적격이 인정된다. [13 국가7급, 08 국회8급] 환경상 이익에 대한 침해 또는 침해 우려가 있는 것으로 사실상 추정되어 원고적격이 인정되는 사람에는 환경상 침해를 받으리라고 예상되는 영향권 내의 주민들을 비롯하여 그 영향권 내에서 농작물을 경작하는 등 현실적으로 환경상 이익을 향유하는 사람도 포함된다. 그러나 단지 그 영향권 내의 건물·토지를 소유하거나 환경상 이익을 일시적으로 향유하는 데 그치는 사람은 포함되지 않는다(대판 2009.9.24. 2009두2825).

ⓑ 도시계획 사업시행지역과 인근주민의 경우

판례

원고적격을 인정한 사례

도시계획사업 시행지역에 포함된 토지의 소유자는 도시계획사업 실시계획 인가처분의 효력을 다툴 이익이 있다(대판 1995.12.8. 93누9927).

헌재 판례

원고적격을 부정한 사례

도시계획사업의 시행으로 인한 토지수용에 의하여 토지의 소유권을 상실한 자는 도시계획결정과 토지의 수용이 법률에 위반되어 당연무효라고 볼만한 특별한 사정이 없는 한 도시계획결정의 취소를 청구할 법률상의 이익이 없다(헌재 2002.5.30. 2000헌바58).

판례

원고적격을 부정한 사례

개발제한구역 중 일부 취락을 개발제한구역에서 해제하는 내용의 도시관리계획변경결정에 대하여, 개발제한구역 해제대상에서 누락된 토지의 소유자는 위 결정의 취소를 구할 법률상 이익이 없다(대판 2008.7.10. 2007두10242). [15 경행특채]

- 대법원은 속리산국립공원 용화집단시설지구의 개발을 위한 공원사업 시행허가에 대한 취소소송사건에서 자연공원법령 뿐만 아니라 허가와 불가분적으로 관계가 있는 환경영향평가법령도 공원사업시행허가처분의 근거법령이 된다고 판시하여 근거법률의 범위를 확대하였다. (○, ×) [11 국가9급]
- 행정처분의 근거법규 또는 관련법규에 그 처분으로써 이루어지는 행위 등 사업으로 인하여 환경상 침해를 받으리라고 예상되는 영향권의 범위가 구체적으로 규정되어 있는 경우에도 환경상 이익에 대한 침해 또는 침해 우려가 있는 것을 입증하여야만 원고적격이 인정된다. (○, ×) [12 복지9급]
- 환경상 이익에 대한 침해 또는 침해 우려가 있는 것으로 사실상 추정되어 원고적격이 인정되는 사람에는 환경상 침해를 받으리라고 예상되는 영향권 내의 주민들을 비롯하여 단지 그 영향권 내의 건물·토지를 소유하거나 환경상 이익을 일시적으로 향유하는 데 그치는 사람도 포함된다. (○, ×) [12 지방7급]
- 도시계획사업 시행지역에 포함된 토지의 소유자에게 도시계획사업실시계획인가처분에 대한 취소소송을 제기할 법률상 이익이 있다. (○, ×) [12 국가7급]
- 헌법재판소에 의하면 도시계획사업의 시행으로 토지를 수용당한 사람은 도시계획결정과 토지수용이 당연무효가 아닌 한 도시계획결정 자체의 취소를 청구할 법률상 이익이 없다. (○, ×) [12 지방9급, 12 복지9급]
- 개발제한구역 중 일부 취락을 개발제한구역에서 해제하는 내용의 도시관리계획변경결정에 대하여 개발제한구역 해제 대상에서 누락된 토지의 소유자는 그 결정의 취소를 구할 법률상 이익이 있다. (○, ×) [18 지방9급, 13 국가9급]

ⓒ 공물의 사용관계와 인근주민의 경우

판례

원고적격을 부정한 사례

공공용재산이라고 하여도 당해 공공용재산의 성질상 특정개인에게 그로 인한 이익을 가지게 하는 것이 법률적인 관점으로도 이유가 있다고 인정되는 특별한 사정이 있는 경우에는 그와 같은 이익은 법률상 보호되어야 할 것이고, 따라서 도로의 용도폐지처분에 관하여 이러한 직접적인 이해관계를 가지는 사람이 그와 같은 이익을 현실적으로 침해당한 경우에는 그 취소를 구할 법률상의 이익이 있다. 일반적인 시민생활에서 도로를 이용만 하는 사람(공물의 보통사용자)은 도로의 용도폐지에 대해 다툴 법률상 이익이 없고, [21 국가7급] 문화재의 지정이나 그 보호구역지정으로 인한 이익이 일반국민이나 인근주민의 문화재를 향유할 구체적이고도 법률적인 이익이라고 할 수 없다(대판 1992.9.22. 91누13212).

문화재나 문화재보호구역 지정으로 인하여 인근주민이 문화재를 향유할 이익은 구체적인 법률상 이익에 해당한다. (○, ×) [13 지방7급]

⑤ 단체소송

㉠ 개념

단체소송이란 환경단체나 소비자단체 등 당해 단체가 그 목적으로 하는 일반적 이익 또는 집단적 이익의 보호를 위하여 제기하는 소송을 말한다.

㉡ 인정 여부

단체가 단체 자체의 이익을 보호하기 위하여 단체의 이름으로 제기하는 경우가 아닌, 원고 자신이 단체의 구성원에 불과한 경우나(이기적 단체소송), 단체의 이익과 무관한 공익추구를 위한 소송을 제기하는 경우(이타적 단체소송)에는 개별 법률에 특별한 규정이 없는 한 원고적격이 부정된다.

판례

1. 사단법인 대한의사협회는 의료법에 의하여 의사들을 회원으로 하여 설립된 사단법인으로서, 국민건강보험법상 요양급여행위, 요양급여비용의 청구 및 지급과 관련하여 직접적인 법률관계를 갖지 않고 있으므로, 보건복지부 고시인 '건강보험요양급여행위 및 그 상대가치점수 개정'으로 인하여 자신의 법률상 이익을 침해당하였다고 할 수 없다는 이유로 위 고시의 취소를 구할 원고적격이 없다(대판 2006.5.25. 2003두11988).
2. 공유수면매립목적 변경 승인처분으로 갑 수녀원에 소속된 수녀 등이 쾌적한 환경에서 생활할 수 있는 환경상 이익을 침해받는다고 하더라도 이를 가리켜 곧바로 갑 수녀원의 법률상 이익이 침해된다고 볼 수 없다(대판 2012.6.28. 2010두2005).

대법원은 대한의사협회는 국민건강보험법상 요양급여행위, 요양급여비용의 청구 및 지급과 관련하여 직접적인 법률관계를 갖지 않고 있으므로, 보건복지부 고시인 「건강보험요양급여행위 및 그 상대가치점수」 개정으로 인하여 자신의 법률상 이익을 침해당하였다고 할 수 없다는 이유로 위 고시의 취소를 구할 원고적격이 없다고 보고 있다. (○, ×) [13 국회8급]

재단법인인 수녀원은 소속된 수녀 등이 쾌적한 환경에서 생활할 수 있는 환경상 이익을 침해받는다면 매립목적을 택지조성에서 조선시설용지로 변경하는 내용의 공유수면매립목적 변경 승인처분의 무효확인을 구할 원고적격이 있다. (○, ×) [16 지방9급]

⑥ 기타

판례

원고적격을 인정한 사례

1. 구 사립학교법 제20조 제1항, 제2항은 학교법인의 이사장・이사・감사 등의 임원은 이사회의 선임을 거쳐 관할청의 승인을 받아 취임하도록 규정하고 있는바, 관할청의 임원취임승인행위는 학교법인의 임원선임행위의 법률상 효력을 완성케 하는 보충적 법률행위이다. 따라서 관할청이 학교법인의 임원취임승인신청에 대하여 이를 반려하거나 거부하는 경우 학교법인에 의하여 임원으로 선임된 사람은 관할청의 임원취임승인신청 반려처분을 다툴 수 있는 원고적격이 있다(대판 2007.12.27. 2005두9651). [16 지방9급]
2. 지방법무사회의 사무원 채용승인 거부처분 또는 채용승인 취소처분에 대해서는 처분 상대방인 법무사뿐만 아니라 그 때문에 사무원이 될 수 없게 된 사람도 이를 다툴 원고적격이 인정되어야 한다(대판 2020.4.9. 2015다34444). [21 국가9급]
3. 사증발급 거부처분을 다투는 외국인은, 아직 대한민국에 입국하지 않은 상태에서 대한민국에 입국하게 해달라고 주장하는 것으로, 대한민국과의 실질적 관련성 내지 대한민국에서 법적으로 보호가치 있는 이해관계를 형성한 경우는 아니어서, 해당 처분의 취소를 구할 법률상 이익을 인정하여야 할 법정책적 필요성도 크지 않다. [21 국가9급] 반면, 국적법상 귀화불허가처분이나 출입국관리법상 체류자격변경 불허가처분, 강제퇴거명령 등을 다투는 외국인은 대한민국에 적법하게 입국하여 상당한 기간을 체류한 사람이므로, 이미 대한민국과의 실질적 관련성 내지 대한민국에서 법적으로 보호가치 있는 이해관계를 형성한 경우이어서, 해당 처분의 취소를 구할 법률상 이익이 인정된다고 보아야 한다(대판 2018.5.15. 2014두42506).
4. 예탁금회원제 골프장에 있어서, 체육시설업자 또는 그 사업계획의 승인을 얻은 자가 회원모집계획서를 제출하면서 허위의 사업시설 설치공정확인서를 첨부하거나 사업계획의 승인을 받을 때 정한 예정인원을 초과하여 회원을 모집하는 내용의 회원모집계획서를 제출하여 그에 대한 시・도지사 등의 검토결과 통보를 받는다면 이는 기존회원의 골프장에 대한 법률상의 지위에 영향을 미치게 되므로, 이러한 경우 기존회원은 위와 같은 회원모집계획서에 대한 시・도지사의 검토결과 통보의 취소를 구할 법률상의 이익이 있다(대판 2009.2.26. 2006두16243). [16 지방9급]

「출입국관리법」상의 체류자격 및 사증발급의 기준과 절차에 관한 규정들은 대한민국의 출입국 질서와 국경관리라는 공익을 보호하려는 취지로 해석될 뿐이므로, 동법상 체류자격변경 불허가처분, 강제퇴거명령 등을 다투는 외국인에게는 해당 처분의 취소를 구할 법률상 이익이 인정되지 않는다. (○, ×)
[19 국가7급]

판례

원고적격을 부정한 사례

1. 원천징수에 있어서 원천납세의무자는 과세권자가 직접 그에게 원천세액을 부과한 경우가 아닌 한 과세권자의 원천징수의무자에 대한 납세고지로 인하여 자기의 원천세납세의무의 존부나 범위에 아무런 영향을 받지 아니하므로 이에 대하여 항고소송을 제기할 수 없다(대판 1994.9.9. 93누22234).
2. 소득의 귀속자에 대한 소득금액변동통지는 원천납세의무자인 소득 귀속자의 법률상 지위에 직접적인 법률적 변동을 가져오는 것이 아니므로 항고소송의 대상이 되는 행정처분이라고 볼 수 없다(대판 2015.3.26. 2013두9267). [17 국가7급(下)]
3. 입주자나 입주예정자들은 사용검사처분을 취소하지 않고서도 민사소송 등을 통하여 분양계약에 따른 법률관계 및 하자 등을 주장·증명함으로써 사업주체 등으로부터 하자 제거·보완 등에 관한 권리구제를 받을 수 있으므로, 사용검사처분의 취소 여부에 의하여 법률적인 지위가 달라진다고 할 수 없으며, 주택법상 입주자나 입주예정자는 사용검사처분의 취소를 구할 법률상 이익이 없다(대판 2014.7.24. 2011두30465).
4. 운전기사의 합승행위를 이유로 소속 운수회사에 대하여 과징금부과처분이 있는 경우 당해 운전기사는 그 과징금부과처분의 취소를 구할 이익이 없다(대판 1994.4.12. 93누24247).
5. 면허받은 장의자동차운송사업구역에 위반하였음을 이유로 한 행정청의 과징금부과처분에 의하여 동종업자의 영업이 보호되는 결과는 사업구역제도의 반사적 이익에 불과하기 때문에 그 과징금부과처분을 취소한 재결에 대하여 처분의 상대방 아닌 제3자는 그 취소를 구할 법률상 이익이 없다(대판 1992.12.8. 91누13700).
6. 원고들은 서울시립대학교 세무학과에 재학중인 학생들로서 피고가 조세정책과목의 담당교수를 행정학을 전공한 소외인으로 임용함으로써 원고들의 학습권을 침해하였다는 것이나 그 불이익은 간접적이거나 사실적인 불이익에 지나지 아니하여 그것만으로는 원고들에게 이 사건 임용처분의 취소를 구할 소의 이익이 있다고 할 수 없다(대판 1993.7.27. 93누8139). [15 경행특채]

판례

교육부장관이 사학분쟁조정위원회의 심의를 거쳐 갑 대학교를 설치·운영하는 을 학교법인의 이사 8인과 임시이사 1인을 선임한 데 대하여 갑 대학교 교수협의회와 총학생회 등이 이사선임처분의 취소를 구하는 소송을 제기한 사안에서, 갑 대학교 교수협의회와 총학생회는 이사선임처분을 다툴 법률상 이익을 가지지만, 고등교육법령은 교육받을 권리나 학문의 자유를 실현하는 수단으로서 학생회와 교수회와는 달리 학교의 직원으로 구성된 노동조합의 성립을 예정하고 있지 아니하고, 노동조합은 근로자가 주체가 되어 자주적으로 단결하여 근로조건의 유지·개선 기타 근로자의 경제적·사회적 지위의 향상을 도모하기 위하여 조직된 단체인 점 등을 고려할 때, 학교직원들로 구성된 전국대학노동조합 을 대학교지부의 법률상 이익까지 보호하고 있는 것으로 해석할 수는 없다(대판 2015.7.23. 2012두19496). [17 국가7급(下), 17 지방9급]

원천납세의무자는 원천징수의무자에 대한 납세고지를 다툴 수 있는 원고적격이 없다. (○, ×) [19 서울7급(上), 15 국가9급]

과세관청의 원천징수의무자인 법인에 대한 소득금액변동통지 및 「소득세법 시행령」에 따른 소득의 귀속자에 대한 소득금액변동통지는 항고소송의 대상이다. (○, ×) [17 서울7급, 17 국회8급]

건축물의 하자를 다투는 입주예정자들은 건물의 사용검사처분에 대해 제3자효 행정행위의 차원에서 행정소송을 통해 다툴 수 있다. (○, ×) [23 국가9급]

운수회사에 대한 과징금부과처분에 대한 취소소송에서 그 부과처분이 자신의 잘못으로 인한 것으로 사후 사실상 변상하여 줄 관계에 있는 운전기사는 원고적격이 있다. (○, ×) [12 국회8급]

면허받은 장의자동차운송사업구역에 위반하였음을 이유로 한 행정청의 과징금부과처분에 의하여 동종업자의 영업이 보호되는 결과는 사업구역제도의 반사적 이익에 불과하기 때문에 그 과징금부과처분을 취소한 재결에 대하여 처분의 상대방 아닌 제3자는 그 취소를 구할 법률상 이익이 없다. (○, ×) [13 국회8급]

장의자동차운송사업구역 면허에 따른 영업이 보호되는 사업구역의 이익은 반사적 이익에 해당한다. (○, ×) [12 서울9급]

전임강사임용처분 취소소송에서 그 학과의 학생은 원고적격이 있다. (○, ×) [14 서울9급]

참고

소의 이익

최광의의 소의 이익 개념에는 ① 대상적격, ② 원고적격, ③ 권리보호의 필요가 모두 포함되고, 광의의 소의 이익 개념에는 원고적격과, 권리보호의 필요만이 포함되는데, 협의의 소의 이익은 권리보호의 필요만을 의미한다.

3. 협의의 소익(권리보호의 필요)

(1) 의의

협의의 소익(訴益)이란 원고의 재판청구에 대하여 법원이 판단을 행할 구체적 실익 내지 필요성을 말하며, '소의 (객관적) 이익' 또는 '권리보호의 필요'라고도 한다. 협의의 소익은 행정소송에서 소송요건의 하나이며, 법원의 직권조사사항이다. 따라서 소의 이익이 없으면 법원은 각하판결을 한다. 한편 이러한 소의 이익은 상고심에서도 존속해야 한다.

(2) 근거규정 및 의미

> **행정소송법 제12조 【원고적격】** 취소소송은 처분 등의 취소를 구할 법률상 이익이 있는 자가 제기할 수 있다. 처분 등의 효과가 기간의 경과, 처분 등의 집행 그 밖의 사유로 인하여 소멸된 뒤에도 그 처분 등의 취소로 인하여 회복되는 법률상 이익이 있는 자의 경우에는 또한 같다.

2문의 내용을 원고적격에 관한 것으로 보는 견해도 있지만 통상 이를 협의의 소익을 규정한 것으로 본다.

(3) 구체적 검토

① 처분이 소멸된 경우

㉠ 원칙

처분이 효력기간 등의 경과, 직권취소 등으로 인해 소멸된 경우에는 통상 취소소송을 제기할 협의의 소익이 없다.

판례

1. 행정처분에 그 효력기간이 정하여져 있는 경우, 그 처분의 효력 또는 집행이 정지된 바 없다면 위 기간의 경과로 그 행정처분의 효력은 상실되므로 그 기간 경과 후에는 그 처분이 외형상 잔존함으로 인하여 어떠한 법률상 이익이 침해되고 있다고 볼 만한 별다른 사정이 없는 한 그 처분의 취소를 구할 법률상의 이익이 없다(대판 2002.7.26. 2000두7254). [23 지방7급]
2. 행정청이 공무원에 대하여 새로운 직위해제사유에 기한 직위해제처분을 한 경우 그 이전에 한 직위해제처분은 이를 묵시적으로 철회하였다고 봄이 상당하므로, 그 이전 처분의 취소를 구하는 부분은 존재하지 않는 행정처분을 대상으로 한 것으로서 그 소의 이익이 없어 부적법하다(대판 2003.10.10. 2003두5945). [23 국가7급, 16 지방7급]
3. 행정청이 당초의 분뇨 등 관련영업 허가신청 반려처분의 취소를 구하는 소의 계속중, 사정변경을 이유로 위 반려처분을 직권취소함과 동시에 위 신청을 재반려하는 내용의 재처분을 한 경우, 당초의 반려처분의 취소를 구하는 소는 더 이상 소의 이익이 없다(대판 2006.9.28. 2004두5317). [17 서울9급]
4. 환지처분이 일단 공고되어 효력을 발생하게 되면 환지예정지지정처분은 그 효력이 소멸되는 것이므로, 환지처분이 공고된 후에는 환지예정지지정처분에 대하여 그 취소를 구할 법률상 이익은 없다(대판 1999.10.8. 99두6873).

행정처분에 그 효력기간이 부관으로 정하여져 있는 경우, 그 처분의 효력 또는 집행이 정지된 바 없다면 위 기간의 경과로 그 행정처분의 효력은 상실되므로 그 기간 경과 후에는 그 처분이 외형상 잔존함으로 인하여 어떠한 법률상 이익이 침해되고 있다고 볼 만한 별다른 사정이 없는 한 그 처분의 취소를 구할 법률상의 이익이 없다. (○, ×) [18 국회8급, 14 복지9급]

행정청이 공무원에 대하여 직위해제처분을 하였다가 그 후에 새로운 직위해제사유에 기하여 다시 직위해제처분을 한 경우에도, 당해 공무원이 제기한 원래의 직위해제처분의 취소를 구하는 소송은 소의 이익이 있다. (○, ×) [14 복지9급, 12 국가7급]

행정처분이 취소되면 그 처분은 효력을 상실하여 더 이상 존재하지 않는 것이고, 존재하지 않는 행정처분을 대상으로 한 취소소송은 소의 이익이 없어 부적법하다. (○, ×) [13 서울9급]

5. 도시 및 주거환경정비법상 추진위원회 구성승인처분은 조합의 설립을 위한 주체인 추진위원회의 구성행위를 보충하여 그 효력을 부여하는 처분으로서 [22 지방7급] 조합설립이라는 종국적 목적을 달성하기 위한 중간단계의 처분에 해당하지만, 추진위원회 구성승인처분에 대한 취소 또는 무효확인 판결의 확정만으로는 이미 조합설립인가를 받은 조합에 의한 정비사업의 진행을 저지할 수 없다 할 것이다. 따라서 추진위원회 구성승인처분을 다투는 소송 계속 중에 조합설립인가처분이 이루어진 경우에는, 추진위원회 구성승인처분에 위법이 존재하여 조합설립인가 신청행위가 무효라는 점 등을 들어 직접 조합설립인가처분을 다툼으로써 정비사업의 진행을 저지하여야 할 것이고, 이와는 별도로 추진위원회 구성승인처분에 대하여 취소 또는 무효확인을 구할 법률상의 이익은 없다고 보아야 한다(대판 2013.6.13. 2010두10488). [16 지방7급]
6. 이전고시의 효력 발생으로 이미 대다수 조합원 등에 대하여 획일적·일률적으로 처리된 권리귀속 관계를 모두 무효화하고 다시 처음부터 관리처분계획을 수립하여 이전고시 절차를 거치도록 하는 것은 정비사업의 공익적·단체법적 성격에 배치되므로, 이전고시가 효력을 발생하게 된 이후에는 조합원 등이 관리처분계획의 취소 또는 무효확인을 구할 법률상 이익이 없다고 봄이 타당하다(대판 2012.3.22. 2011두6400 전원합의체). [16 국가7급]
7. 처분청이 당초의 운전면허 취소처분을 신뢰보호의 원칙과 형평의 원칙에 반하는 너무 무거운 처분으로 보아 이를 철회하고 새로이 265일간의 운전면허 정지처분을 하였다면, 당초의 처분인 운전면허 취소처분은 철회로 인하여 그 효력이 상실되어 더 이상 존재하지 않는 것이고 그 후의 운전면허 정지처분만이 남아 있는 것이라 할 것이며, 한편 존재하지 않는 행정처분을 대상으로 한 취소소송은 소의 이익이 없어 부적법하다(대판 1997.9.26. 96누1931). [18 서울7급(上)]

> 구 「도시 및 주거환경정비법」상 조합설립추진위원회 구성승인처분을 다투는 소송 계속 중에 조합설립인가처분이 이루어졌다면 조합설립추진위원회 구성승인처분에 대한 취소를 구할 법률상 이익은 없다. (○, ×) [18 지방9급, 16 지방7급]

ⓛ 예외 – 특별한 사정이 있는 경우

ⓐ 일반론

처분의 효력이 상실된 경우에도 당해 처분을 취소할 현실적 이익이 있는 경우, 즉 그 처분이 외형상 잔존함으로 인하여 어떠한 법률상 이익이 침해되고 있다고 볼만한 특별한 사정이 있는 경우에는 그 처분의 취소를 구할 협의의 소익이 있다는 것이 판례의 입장이다.

판례

개발제한구역 안에서의 공장설립을 승인한 처분이 위법하다는 이유로 쟁송취소되었다고 하더라도 그 승인처분에 기초한 공장건축허가처분이 잔존하는 이상, 공장설립승인처분이 취소되었다는 사정만으로 인근 주민들의 환경상 이익이 침해되는 상태나 침해될 위험이 종료되었다거나 이를 시정할 수 있는 단계가 지나버렸다고 단정할 수는 없고, 인근 주민들은 여전히 공장건축허가처분의 취소를 구할 법률상 이익이 있다(대판 2018.7.12. 2015두3485). [19 서울7급]

> 개발제한구역 안에서의 공장설립을 승인한 처분이 위법하다는 이유로 쟁송취소되었다면, 설령 그 승인처분에 기초한 공장건축허가처분이 잔존하는 경우에도 인근 주민들에게는 공장건축허가처분의 취소를 구할 법률상 이익이 없다. (○, ×) [19 지방9급]

ⓑ 가중적 제재처분규정이 존재하는 경우

처분의 기간이 경과하여 처분이 소멸하였다 하더라도 그 처분이 후행처분의 가중요건으로 규정된 경우에는 가중처분을 받을 불이익이 있으므로 제재처분의 취소를 구할 협의의 소익이 있다. 종래 판례는 법규명령의 경우에만 협의의 소익을 긍정했었으나, 2006년 판례를 변경하여 제재적 처분기준의 성격이 행정규칙이라고 하더라도 협의의 소익을 긍정하고 있다.

> 제재적 행정처분의 효력이 소멸한 경우에도 행정규칙에 의해 당해 처분의 존재가 가중처분의 전제가 되는 경우 처분의 취소를 구할 이익이 있다. (○, ×) [14 지방7급, 10 지방9급]

제재적 행정처분의 가중사유나 전제요건에 관한 규정이 법령이 아닌 행정규칙의 형식으로 되어 있다면 이는 행정청 내부의 재량준칙을 규정한 것에 불과하므로 관할 행정청이나 담당공무원은 이를 준수할 의무가 없다. (○, ×) [16 국가7급]

장래의 제재적 가중처분 기준을 대통령령이 아닌 부령의 형식으로 정한 경우에는 이미 제재기간이 경과한 제재적 처분의 취소를 구할 법률상 이익이 인정되지 않는다. (○, ×) [16 국가9급]

판례

1. 제재적 행정처분의 가중사유나 전제요건에 관한 규정이 법령이 아니라 규칙의 형식으로 되어 있다고 하더라도, 그러한 규칙이 법령에 근거를 두고 있는 이상 그 법적 성질이 대외적·일반적 구속력을 갖는 법규명령인지 여부와는 상관없이, 관할 행정청이나 담당공무원은 이를 준수할 의무가 있으므로 이들이 그 규칙에 정해진 바에 따라 행정작용을 할 것이 당연히 예견되고, 그 결과 행정작용의 상대방인 국민으로서는 그 규칙의 영향을 받을 수밖에 없다. 따라서 그러한 규칙이 정한 바에 따라 선행처분을 받은 상대방이 그 처분의 존재로 인하여 장래에 받을 불이익, 즉 후행처분의 위험은 구체적이고 현실적인 것이므로, 상대방에게는 선행처분의 취소소송을 통하여 그 불이익을 제거할 필요가 있다(대판 2006.6.22. 2003두1684 전원합의체). [17 지방7급, 17 서울9급]
2. 건축사법 제28조 제1항이 건축사 업무정지처분을 연 2회 이상 받고 그 정지기간이 통산하여 12월 이상이 될 경우에는 가중된 제재처분인 건축사사무소 등록취소처분을 받게 되도록 규정하여, 건축사 업무정지처분을 받은 건축사로서는 위 처분에서 정한 기간이 경과하였다 하더라도 등록취소라는 가중된 제재처분을 받을 우려가 있어 건축사 업무정지처분의 취소를 구할 이익이 있으나, 업무정지처분을 받은 후 새로운 업무정지처분을 받음이 없이 1년이 경과하여 실제로 가중된 제재처분을 받을 우려가 없어졌다면 위 처분에서 정한 정지기간이 경과한 이상 특별한 사정이 없는 한 그 처분의 취소를 구할 법률상 이익이 없다(대판 2000.4.21. 98두10080). [19 국가9급, 17 지방9급]

ⓒ 반복되는 위험을 방지하기 위한 경우

학교법인 임원취임승인의 취소처분 후 그 임원의 임기가 만료되고 구 사립학교법 소정의 임원결격사유기간마저 경과한 경우에 취임승인이 취소된 인원은 취임승인취소처분의 취소를 구할 소의 이익이 없다. (○, ×) [18 지방9급, 17 지방9급]

임원취임승인의 취소처분과 임시이사선임처분을 동시에 제기하여 소송계속 중 임시이사의 임기가 만료되고 새로운 임시이사가 선임된 경우는 적법한 소로 볼 수 없다. (○, ×) [13 국회8급]

판례

제소 당시에는 권리보호의 이익을 갖추었는데 제소 후 취소 대상 행정처분이 기간의 경과 등으로 그 효과가 소멸한 때, 동일한 소송 당사자 사이에서 동일한 사유로 위법한 처분이 반복될 위험성이 있어 행정처분의 위법성 확인 내지 불분명한 법률문제에 대한 해명이 필요하다고 판단되는 경우, 그리고 선행처분과 후행처분이 단계적인 일련의 절차로 연속하여 행하여져 후행처분이 선행처분의 적법함을 전제로 이루어짐에 따라 선행처분의 하자가 후행처분에 승계된다고 볼 수 있어 이미 소를 제기하여 다투고 있는 선행처분의 위법성을 확인하여 줄 필요가 있는 경우 등에는 행정의 적법성 확보와 그에 대한 사법통제, 국민의 권리구제의 확대 등의 측면에서 여전히 그 처분의 취소를 구할 법률상 이익이 있다. [23 국가7급] 임시이사 선임처분에 대하여 취소를 구하는 소송의 계속중 임기만료 등의 사유로 새로운 임시이사들로 교체된 경우, 선행 임시이사 선임처분의 효과가 소멸하였다는 이유로 그 취소를 구할 법률상 이익이 없다고 보게 되면, 원래의 정식이사들로서는 계속중인 소를 취하하고 후행 임시이사 선임처분을 별개의 소로 다툴 수밖에 없게 되며, 그 별소 진행 도중 다시 임시이사가 교체되면 또 새로운 별소를 제기하여야 하는 등 무익한 처분과 소송이 반복될 가능성이 있으므로, 취임승인이 취소된 학교법인의 정식이사들로서는 그 취임승인취소처분 및 임시이사 선임처분에 대한 각 취소를 구할 법률상 이익이 있고, 나아가 선행 임시이사 선임처분의 취소를 구하는 소송 도중에 선행 임시이사가 후행 임시이사로 교체되었다고 하더라도 여전히 선행 임시이사 선임처분의 취소를 구할 법률상 이익이 있다(대판 2007.7.19. 2006두19297 전원합의체).

② 원상회복이 불가능한 경우

㉠ 원칙

처분이 취소되어도 원상회복이 불가능한 경우에는 원칙적으로 그 처분의 취소를 구할 협의의 소익이 없다. [22 국가9급]

판례

1. 대집행계고처분 취소소송의 변론종결 전에 대집행영장에 의한 통지절차를 거쳐 사실행위로서 대집행의 실행이 완료된 경우에는 행위가 위법한 것이라는 이유로 손해배상이나 원상회복 등을 청구하는 것은 별론으로 하고 처분의 취소를 구할 법률상 이익은 없다(대판 1993.6.8. 93누6164). [19 지방9급]
2. 건축공사 완료 후에는 신축한 건물이 무단증평, 이격거리위반, 베란다돌출, 무단구조변경 등 건축법에 위반하여 시공됨으로써 인접주택 소유자의 사생활과 일조권을 침해하고 있다고 하더라도, 인접건물 소유자들로서는 위 건물준공처분의 무효 확인이나 취소를 구할 법률상 이익이 없다(대판 1993.11.9. 93누13988).
3. 건축허가가 건축법 소정의 이격거리를 두지 아니하고 건축물을 건축하도록 되어 있어 위법하다 하더라도 그 건축허가에 기하여 건축공사가 완료되었다면 그 건축허가를 받은 대지와 접한 대지의 소유자인 원고가 위 건축허가처분의 취소를 받아 이격거리를 확보할 단계는 지났으며 원고로서는 위 처분의 취소를 구할 법률상의 이익이 없다(대판 1992.4.24. 91누11131). [16 국가9급, 13 지방7급]

> 건축공사 완료 후에는 건물준공처분의 취소를 구할 협의의 소익이 없다. (○, ×) [14 서울7급]

> 건축허가처분의 취소를 구하는 소를 제기하기 전에 건축공사가 완료된 경우에는 소의 이익이 없으나, 소를 제기한 후 사실심 변론종결일 전에 건축공사가 완료된 경우에는 소의 이익이 있다. (○, ×) [18 서울7급(上)]

PART 05

㉡ 예외: 부수적 이익의 회복이 가능한 경우

원상회복이 불가능한 경우에도 회복될 수 있는 부수적 이익이 있는 경우에는 협의의 소익이 인정된다.

판례

1. 지방의회 의원에 대한 제명의결 취소소송 계속 중 의원의 임기가 만료된 사안에서, 제명의결의 취소로 의원의 지위를 회복할 수는 없다 하더라도 제명의결시부터 임기만료일까지의 기간에 대한 월정수당의 지급을 구할 수 있는 등 여전히 그 제명의결의 취소를 구할 법률상 이익이 있다(대판 2009.1.30. 2007두13487). [23 국가9급, 21 지방9급]
2. 한국방송공사 사장에 대한 해임처분 무효 확인 또는 취소소송 계속 중 임기가 만료되어 해임처분의 무효 확인 또는 취소로 지위를 회복할 수는 없다고 할지라도, 그 무효 확인 또는 취소로 해임처분일부터 임기만료일까지 기간에 대한 보수 지급을 구할 수 있는 경우에는 해임처분의 무효 확인 또는 취소를 구할 법률상 이익이 있다(대판 2012.2.23. 2011두5001). [22 국가9급, 16 지방9급]
3. 당연퇴직되어 그 공무원의 신분을 상실하고, 당연퇴직이나 파면이 퇴직급여에 관한 불이익의 점에 있어 동일하다 하더라도 최소한도 이 사건 파면처분이 있은 때부터 위 법규정에 의한 당연퇴직일자까지의 기간에 있어서는 파면처분의 취소를 구하여 그로 인해 박탈당한 이익의 회복을 구할 소의 이익이 있다(대판 1985.6.25. 85누39). [21 지방9급]

> 지방의회 의원의 제명의결 취소소송 계속 중 임기 만료로 지방의원으로서의 지위를 회복할 수 없는 자는 제명의결의 취소를 구할 소의 이익이 없다. (○, ×) [17 지방9급]

서울대학교 불합격처분의 취소를 구하는 소송계속 중 당해 연도의 입학시기가 지난 경우에도 불합격처분의 취소를 구할 법률상 이익이 있다. (○, ×) [14 지방7급]

4. 해외근무자들의 자녀를 대상으로 한 특별전형에서 외교관, 공무원의 자녀에 대하여만 획일적으로 과목별 실제 취득점수에 20%의 가산점을 부여하여 합격사정을 함으로써 실제 취득점수에 의하면 충분히 합격할 수 있는 원고들에 대하여 불합격처분을 하였다면 위법하다. [13 국회9급] 원고들이 불합격처분의 취소를 구하는 이 사건 소송계속 중 당해년도의 입학시기가 지났더라도 당해 년도의 합격자로 인정되면 다음년도의 입학시기에 입학할 수도 있다고 할 것이고, 원고들로서는 피고의 불합격처분의 적법여부를 다툴만한 법률상의 이익이 있다고 할 것이다(대판 1990.8.28. 89누8255).
5. 도시개발사업의 공사 등이 완료되고 원상회복이 사회통념상 불가능하게 되었더라도 위 각 처분의 취소를 구할 법률상 이익은 소멸한다고 할 수 없다(대판 2005.9.9. 2003두5402). [17 서울9급, 08 지방7급]
6. 공장등록이 취소된 후 그 공장 시설물이 어떠한 경위로든 철거되어 다시 복구 등을 통하여 공장을 운영할 수 없는 상태라면 이는 공장등록의 대상이 되지 아니하므로 외형상 공장등록취소행위가 잔존하고 있다고 하여도 그 처분의 취소를 구할 법률상의 이익이 없다 할 것이나, 위와 같은 경우에도 유효한 공장등록으로 인하여 공장등록에 관한 당해 법률이나 다른 법률에 의하여 보호되는 직접적・구체적 이익이 있다면, 당사자로서는 공장건물의 멸실 여부에 불구하고 그 공장등록취소처분의 취소를 구할 법률상의 이익이 있다(대판 2002.1.11. 2000두3306). [19 국가9급]

배출시설에 대한 설치허가가 취소된 후 그 배출시설이 철거되어 다시 가동할 수 없는 상태라도 그 취소처분이 위법하다는 판결을 받아 손해배상청구소송에서 이를 원용할 수 있다면 배출시설의 소유자는 당해 처분의 취소를 구할 법률상 이익이 있다. (○, ×) [18 지방9급]

7. 소음・진동배출시설에 대한 설치허가가 취소된 후 그 배출시설이 어떠한 경위로든 철거되어 다시 복구 등을 통하여 배출시설을 가동할 수 없는 상태라면 이는 배출시설 설치허가의 대상이 되지 아니하므로 외형상 설치허가취소행위가 잔존하고 있고 설령 원고가 이 사건 처분이 위법하다는 점에 대한 판결을 받아 피고에 대한 손해배상청구소송에서 이를 원용할 수 있다 하더라도 처분의 취소를 구할 법률상의 이익이 없다(대판 2002.1.11. 2000두2457).

③ 명예회복의 필요성이 인정되는 경우

판례

고등학교에서 퇴학처분을 받은 자가 고등학교 졸업학력검정고시에 합격하였다면 퇴학처분의 취소를 구할 소의 이익이 없다. (○, ×) [14 서울7급, 13 지방7급]

고등학교졸업이 대학입학자격이나 학력인정으로서의 의미밖에 없다고 할 수 없으므로 고등학교졸업학력검정고시에 합격하였다 하여 고등학교 학생으로서의 신분과 명예가 회복될 수 없는 것이니 퇴학처분을 받은 자로서는 퇴학처분의 위법을 주장하여 그 취소를 구할 소송상의 이익이 있다(대판 1992.7.14. 91누4737). [16 지방7급, 15 국가9급]

④ 기타 사정변경 등의 경우

㉠ 권익침해가 해소된 경우

처분 후의 사정변경에 의하여 권익침해가 해소된 경우에는 처분의 취소를 구할 협의의 소익이 없다.

판례

1. 사법시험 제1차시험 불합격처분 이후에 새로이 실시된 사법시험 제1차시험에 합격하였을 경우, 그 불합격처분의 취소를 구할 법률상 이익이 없다(대판 1996.2.23. 95누2685). [10 세무사]
2. 사법시험 제2차시험 불합격처분 이후에 새로이 실시된 제2차와 제3차시험에 합격한 사람은 불합격처분의 취소를 구할 법률상 이익이 없다(대판 2007.9.21. 2007두12057).
3. 불합격처분 이후 새로 실시된 치과의사국가시험에 합격한 경우 불합격처분의 취소를 구할 법률상 이익이 없다(대판 1993.11.8. 93누6867).
4. 공익근무요원 소집해제신청을 거부한 후에 원고가 계속하여 공익근무요원으로 복무함에 따라 복무기간 만료를 이유로 소집해제처분을 한 경우, 원고가 입게 되는 권리와 이익의 침해는 소집해제처분으로 해소되었으므로 위 거부처분의 취소를 구할 소의 이익이 없다(대판 2005.5.13. 2004두4369).
5. 현역병입영대상자로 병역처분을 받은 자가 그 취소소송 중 모병에 응하여 현역병으로 자진 입대한 경우, 그 처분의 위법을 다툴 실제적 효용 내지 이익이 없다는 이유로 소의 이익이 없다(대판 1998.9.8. 98두9165).
6. 과세관청이 직권으로 상대방에 대한 소득처분을 경정하면서 일부 항목에 대한 증액과 다른 항목에 대한 감액을 동시에 한 결과 전체로서 소득처분금액이 감소된 경우에는 그에 따른 소득금액변동통지가 납세자인 당해 법인에 불이익을 미치는 처분이 아니므로 당해 법인은 그 소득금액변동통지의 취소를 구할 이익이 없다(대판 2012.4.13. 2009두5510). [17 지방9급]

> 사법시험 제2차 시험 불합격처분 이후 새로 실시된 제2차 및 제3차 시험에 합격한 자는 불합격처분의 취소를 구할 협의의 소익이 없다. (○, ×) [15 국가9급]

> 의사국가시험에 불합격한 자가 새로 실시된 의사국가시험에 합격한 후 그 불합격처분의 취소를 구하는 경우에는 협의의 소익이 있다. (○, ×) [07 세무사]

> 공익근무요원 소집해제신청을 거부한 후에 원고가 계속하여 공익근무요원으로 복무함에 따라 복무기간 만료를 이유로 소집해제처분을 한 경우, 원고는 거부처분의 취소를 구할 소의 이익이 있다. (○, ×) [21 지방9급, 13 지방7급]

> 현역병입영대상자로 병역처분을 받은 자가 그 취소소송 중 모병에 응하여 현역병으로 자진 입대한 경우, 현역병 입영처분의 취소를 구하는 소송은 소의 이익이 없다. (○, ×) [14 복지9급, 13 경행특채]

PART 05

㉡ 권익침해가 해소되지 않은 경우

사정변경이 있더라도 권익침해가 해소되지 않은 경우에는 처분의 취소를 구할 협의의 소익이 있다.

판례

1. 현역입영대상자로서는 현역병입영통지처분이 위법하다 하더라도 법원에 의하여 그 처분의 집행이 정지되지 아니하는 이상 현실적으로 입영을 할 수밖에 없으므로, 현역입영대상자로서는 현실적으로 입영을 하였다고 하더라도, 입영 이후의 법률관계에 영향을 미치고 있는 현역병입영통지처분 등을 한 관할지방병무청장을 상대로 위법을 주장하여 그 취소를 구할 소송상의 이익이 있다(대판 2003.12.26. 2003두1875). [17 서울9급, 16 국가9급]
2. 징계에 관한 일반사면이 있었다고 할지라도 사면의 효과는 소급하지 아니하므로 파면처분으로 이미 상실된 원고의 공무원지위가 회복될 수 없는 것이니 원고로서는 동 파면처분의 위법을 주장하여 그 취소를 구할 소송상 이익이 있다고 할 것이다(대판 1981.7.14. 80누536 전원합의체).

> 현역입영대상자가 현역병입영통지처분에 따라 현실적으로 입영을 한 후에는 처분의 집행이 종료되었고 입영으로 처분의 목적이 달성되어 실효되었으므로 입영통지처분을 다툴 법률상 이익이 인정되지 않는다. (○, ×) [19 국가9급]

4. 피고

(1) 피고적격

① 처분청

> 행정소송법 제13조【피고적격】① 취소소송은 다른 법률에 특별한 규정이 없는 한 그 처분 등을 행한 행정청을 피고로 한다. 다만, 처분 등이 있은 뒤에 그 처분 등에 관계되는 권한이 다른 행정청에 승계된 때에는 이를 승계한 행정청을 피고로 한다.

'행정청'에는 법령 등에 의하여 행정권한의 위임 또는 위탁을 받은 행정기관, 공공단체 및 그 기관 또는 사인이 포함된다. [17 국가9급(下)]

판례

1. '행정청'이라 함은 국가 또는 공공단체의 기관으로서 국가나 공공단체의 의견을 결정하여 외부에 표시할 수 있는 권한, 즉 처분권한을 가진 기관을 말하고, 대외적으로 의사를 표시할 수 있는 기관이 아닌 내부기관은 실질적인 의사가 그 기관에 의하여 결정되더라도 피고적격을 갖지 못한다(대판 2014.5.16. 2014두274).
2. 행정처분의 취소 또는 무효확인을 구하는 행정소송은 다른 법률에 특별한 규정이 없는 한 소송의 대상인 행정처분 등을 외부적으로 그의 명의로 행한 행정청을 피고로 하여야 하는 것으로서 그 행정처분을 하게 된 연유가 상급행정청이나 타행정청의 지시나 통보에 의한 것이라 하여 다르지 않다(대판 1995.12.22. 95누14688).

② 예외

㉠ 소속 장관 등

공무원 등에 대한 징계, 기타 불이익처분의 처분청이 대통령인 경우에는 소속 장관이 피고가 된다(국가공무원법 제16조 제2항). [19 지방9급, 18 서울9급] 예를 들어 대통령의 검사임용거부와 관련된 취소소송의 피고적격을 가지는 자는 소속 장관인 법무부장관이다(대결 1990.3.14. 90두4). 대법원장이 행한 처분에 대한 행정소송의 피고는 법원행정처장으로 하고, 헌법재판소장이 행한 처분에 대한 행정소송의 피고는 헌법재판소사무처장으로 하며, 국회의장이 행한 처분에 대한 피고는 국회사무총장이 된다.

㉡ 승계청

처분 등이 있은 이후에 그 처분 등에 관계되는 권한이 다른 행정청에 승계된 때에는 이를 승계한 행정청이 피고가 된다(동법 제13조 제1항). '승계된 때'에는 행정기구의 개혁, 행정주체의 합병·분리 등에 의하여 처분청의 당해 권한이 다른 행정청에 승계된 경우뿐만 아니라 처분 등의 상대방인 사인의 지위나 주소의 변경 등에 의하여 행정청의 관할이 이전된 경우 등을 포함한다는 것이 판례의 입장이다.

㉢ 국가 등

> 행정소송법 제13조【피고적격】② 제1항의 규정에 의한 행정청이 없게 된 때에는 그 처분 등에 관한 사무가 귀속되는 국가 또는 공공단체를 피고로 한다.

- 취소소송의 피고는 원칙적으로 당해 처분을 한 행정청이 소속하는 국가 또는 공공단체이다. (○, ×) [12 지방9급]
- 취소소송에서 피고는 행정주체가 된다. (○, ×) [14 복지9급]
- 취소소송에서 피고가 될 수 있는 행정청에는 대외적으로 의사를 표시할 수 있는 기관이 아니더라도 국가나 공공단체의 의사를 실질적으로 결정하는 기관이 포함된다. (○, ×) [20 국가9급, 17 국가9급(下)]
- 상급행정청의 지시에 의해 하급행정청이 자신의 명의로 처분을 하였다면, 당해 처분에 대한 취소소송에서는 지시를 내린 상급행정청이 피고가 된다. (○, ×) [20 국가9급]
- 공무원에 대한 징계·면직, 기타 본인의 의사에 반하는 불이익처분에 있어서 그 처분청이 대통령인 때에는 법무부장관을 피고로 하여야 한다. (○, ×) [08 국회8급]
- 대통령이 행한 처분의 경우 국무총리가 피고가 된다. (○, ×) [14 지방7급]
- 대법원장이 행한 처분에 대한 행정소송의 피고는 대법관이다. (○, ×) [08 관세사]
- 국회의장이 행한 처분의 경우 국회사무총장이 피고가 된다. (○, ×) [14 지방7급]
- 처분 등이 있은 뒤에 그 처분 등에 관계되는 권한이 다른 행정청에 승계된 때에는 이를 승계한 행정청을 피고로 한다. (○, ×) [15 국가9급, 14 지방7급]
- 처분 후 처분을 한 행정청이 폐지된 경우에는 당해 처분청의 직근 상급행정청이 피고가 된다. (○, ×) [08 지방7급]

③ 구체적 검토

㉠ 합의제 행정청

합의제 행정청의 처분에 대해서는 원칙적으로 합의제 행정청이 피고가 된다. 공정거래위원회의 처분에 대해서는 공정거래위원회가, 토지수용위원회의 처분에 대해서는 토지수용위원회가 피고가 된다. 그러나 중앙노동위원회의 경우에는 법률의 규정에 의해 예외적으로 중앙노동위원회의 위원장이 취소소송의 피고가 된다.

㉡ 권한의 위임·위탁

권한이 위임·위탁된 때에는 위임을 받은 수임청, 위탁을 받은 수탁청이 자신의 명의로 처분을 하게 되므로 취소소송의 피고도 수임청·수탁청이 된다. 한편 국가나 지방자치단체의 사무가 공법인에게 위임된 경우에는 그 대표자가 아니라 공법인 그 자체가 피고가 된다.

판례

1. 저작권 등록처분에 대한 무효 확인소송에서 피고적격자는 저작권심의조정위원회이다(대판 2009.7.9. 2007두16608).
2. 성업공사(현 한국자산관리공사)가 세무서장으로부터 공매권한을 위임받았다면 처분에 대한 취소소송의 피고적격은 위임청인 세무서장이 아니라 수임청인 성업공사가 된다(대판 1997.2.28. 96누1757).

㉢ 내부위임과 대리

내부위임과 대리에서는 권한이 수임자와 대리청에 이전되지 않으며 처분명의도 위임자와 피대리청(원래의 행정청)의 명의로 하게 되므로 각각 위임청과 피대리청이 피고가 된다. 다만 내부위임을 받은 기관이 위임자의 명의가 아닌 자신의 이름으로 권한을 행사한 경우, 이는 권한 없이 행정처분을 한 것으로서 위법하며, 이때의 피고는 실제로 처분을 한 행정청이 된다는 것이 판례의 입장이다.

판례

1. 행정처분의 취소 또는 무효 확인을 구하는 행정소송은 다른 법률에 특별한 규정이 없는 한 그 처분을 행한 행정청을 피고로 하여야 하며, 행정처분을 행할 적법한 권한 있는 상급행정청으로부터 내부위임을 받은 데 불과한 하급행정청이 권한 없이 행정처분을 한 경우에도 실제로 그 처분을 행한 하급행정청을 피고로 하여야 할 것이지 그 처분을 행할 적법한 권한 있는 상급행정청을 피고로 할 것이 아니다(대판 1991.2.22. 90누5641). [20 국가7급, 17 국가9급(下)]
2. 대리기관이 대리관계를 표시하고 피대리 행정청을 대리하여 행정처분을 한 때에는 피대리 행정청이 피고로 되어야 한다(대판 2018.10.25. 2018두43095). [19 지방9급]
3. 대리권을 수여받은 데 불과하여 그 자신의 명의로는 행정처분을 할 권한이 없는 행정청의 경우 대리관계를 밝힘이 없이 그 자신의 명의로 행정처분을 하였다면 그에 대하여는 처분명의자인 당해 행정청이 항고소송의 피고가 되어야 하는 것이 원칙이지만, [18 서울9급] 비록 대리관계를 명시적으로 밝히지는 아니하였다 하더라도 처분명의자가 대리권한을 수여받아 피대리 행정청을 대리한다는 의사로 행정처분을 하였고 처분명의자는 물론 그 상대방도 그 행정처분이 피대리 행정청을 대리하여 한 것임을 알고서 이를 받아들인 예외적인 경우에는 피대리 행정청이 피고가 되어야 한다(대결 2006.2.23. 2005부4).

합의제행정기관의 경우 원칙적으로 당해 행정기관의 장이 피고가 된다. (○, ×) [10 세무사]

합의제행정청의 처분에 대하여는 합의제행정청이 피고가 되므로 부당노동행위에 대한 구제명령 등 중앙노동위원회의 처분에 대한 소송에서는 중앙노동위원회가 피고가 된다. (○, ×) [20 국가7급, 16 서울7급]

행정안전부장관의 위임을 받아 전자정부국장이 행한 행위에 대한 소송에서 행정안전부장관이 피고가 된다. (○, ×) [14 국회8급]

수임청은 그 권한을 위임청의 이름으로 행사하며 그에 관한 소송의 피고는 위임청이 된다. (○, ×) [14 서울7급]

저작권법상 저작권등록처분에 대한 무효 확인소송에서 저작권심의조정위원회위원장이 피고가 된다. (○, ×) [14 지방7급]

항고소송의 경우 권한을 내부위임한 경우로서 위임청의 명의로 처분을 발하면 위임청이 피고가 된다. (○, ×) [13 서울9급]

행정안전부장관이 경기도지사에게 내부위임하여 행한 행위에 대한 소송에서 경기도지사가 피고가 된다. (○, ×) [14 국회8급]

항고소송의 경우 권한을 내부위임한 경우로서 수임청의 이름으로 처분을 발하면 위임청이 피고가 된다. (○, ×) [13 서울9급]

㉣ 처분청과 통지한 자가 다른 경우

처분청의 사무처리를 대행하면서 처분을 통지하였음에 불과한 경우 피고는 통지한 자가 아니라 처분청이 된다는 것이 판례의 입장이다.

> 대법원은 처분청과 통지한 자가 다른 경우에는 통지한 자가 피고가 된다고 보았다. (○, ×) [08 국가9급]

> 건국훈장 독립장이 수여된 망인에 대한 서훈취소를 국무회의에서 의결하고 대통령이 결재함으로써 서훈취소가 결정된 후에 국가보훈처장이 망인의 유족에게 독립유공자 서훈취소결정 통보를 하였다면 서훈취소처분취소소송에서의 피고적격은 국가보훈처장에 있다. (○, ×) [23 국가9급, 16 지방9급]

판례

국무회의에서 건국훈장 독립장이 수여된 망인에 대한 서훈취소를 의결하고 대통령이 결재함으로써 서훈취소가 결정된 후 국가보훈처장이 망인의 유족 갑에게 '독립유공자 서훈취소결정 통보'를 하자 갑이 국가보훈처장을 상대로 서훈취소결정의 무효 확인 등의 소를 제기한 사안에서, 갑이 서훈취소 처분을 행한 행정청(대통령)이 아니라 국가보훈처장을 상대로 제기한 위 소는 피고를 잘못 지정한 경우에 해당한다(대판 2014.9.26. 2013두2518).

㉤ 처분적 조례인 경우

조례는 원칙적으로 소송대상이 아니나 조례가 직접 국민의 권리·의무에 영향을 미치는 경우에는 소송대상이 될 수 있으며, 이때 피고는 지방의회가 아니라 공포권자인 지방자치단체의 장이라는 것이 판례의 입장이다. 또한 판례는 조례가 교육·학예에 관한 조례인 경우 공포권자인 교육감이 피고가 된다고 본다. [15 국가9급]

> 조례가 항고소송의 대상이 되는 경우 피고는 지방자치단체의 의결기관으로서 조례를 제정한 지방의회이다. (○, ×) [20 지방7급, 18 서울9급]

> 초등학교의 공용폐지를 내용으로 하는 조례를 대상으로 관할 법원에 취소소송을 제기하였다면, 피고는 조례안을 의결한 지방의회가 되어야 한다. (○, ×) [16 서울7급, 16 국가7급]

판례

조례에 대한 무효 확인소송을 제기함에 있어서 행정청은, 행정주체인 지방자치단체 또는 지방자치단체의 내부적 의결기관으로서 지방자치단체의 의사를 외부에 표시한 권한이 없는 지방의회가 아니라, 지방자치단체의 집행기관으로서 조례로서의 효력을 발생시키는 공포권이 있는 지방자치단체의 장이다. 시·도의 교육·학예에 관한 사무의 집행기관은 시·도 교육감이고 시·도 교육감에게 지방교육에 관한 조례안의 공포권이 있으므로, 교육에 관한 조례의 무효 확인소송을 제기함에 있어서는 그 집행기관인 시·도 교육감을 피고로 하여야 한다(대판 1996.9.20. 95누8003).

㉥ 지방의회 의결의 경우

지방의회는 원칙적으로 강학상의 행정청이 아니므로 취소소송의 피고가 될 수 없으나, 의원에 대한 징계의결, 의장불신임 결의, 지방의회의장 선거를 하는 경우 지방의회도 행정청으로서 피고가 될 수 있다.

> 지방의회의원에 대한 지방의회의 제명징계의결에 대하여 항고소송을 제기하는 경우 지방의회의장이 피고가 된다. (○, ×) [15 국가9급]

> 제명의결을 다투는 행정소송에서는 의회 사무총장이 피고가 되어야 한다. (○, ×) [23 국가9급]

㉦ 재결이 취소소송의 대상이 되는 경우

재결을 행한 행정심판위원회는 합의제 행정청으로서 피고가 된다. 다만 법률의 규정에 의해 예외적으로 중앙노동위원회의 재심판정에 대해서 취소소송을 제기하는 경우에는 중앙노동위원회위원장이 피고가 된다.

> 지방노동위원회의 구제명령에 대해서는 중앙노동위원회에 재심을 신청한 후 그 재심판정에 대하여 중앙노동위원회를 피고로 하여 재심판정 취소의 소를 제기하여야 한다. (○, ×) [13 국가7급, 12 국회8급]

(2) 피고경정

① 의의

피고의 경정이란 소송의 계속 중에 피고로 지정된 자를 다른 자로 변경하는 것을 말한다. 이러한 피고의 경정은 사실심변론종결시까지 허용된다는 것이 판례의 입장이다(대결 2006.2.23. 2005부4).

> 피고경정은 사실심은 물론 상고심에서도 허용된다는 것이 판례의 입장이다. (○, ×) [09 세무사]

② 피고경정이 허용되는 경우

㉠ 피고를 잘못 지정한 때

피고의 잘못 지정에 대한 원고의 고의·과실 유무는 불문한다.

㉡ 권한승계 등의 경우

소를 제기한 후 행정청의 권한변경 등으로 권한이 다른 기관에 승계된 경우에는 당해 처분의 권한을 승계한 행정청으로 피고를 변경하고, 행정조직상의 개편으로 행정청이 없어지게 된 때에는 처분 등에 관한 사무가 귀속되는 국가나 공공단체로 피고를 변경한다.

㉢ 소의 변경이 있는 때

행정소송법은 소의 변경이 있는 경우에도 피고의 변경을 긍정한다. [09 세무사]

판례

소위 주관적, 예비적 병합은 행정소송법 제28조 제3항과 같은 예외적 규정이 있는 경우를 제외하고는 원칙적으로 허용되지 않는 것이고, 또 행정소송법상 소의 종류의 변경에 따른 당사자(피고)의 변경은 교환적 변경에 한한다고 봄이 상당하므로 예비적 청구만이 있는 피고의 추가경정신청은 허용되지 않는다(대결 1989.10.27. 89두1). [20 국가9급]

③ 피고경정의 절차

> 행정소송법 제14조 【피고경정】 ① 원고가 피고를 잘못 지정한 때에는 법원은 원고의 신청에 의하여 결정으로써 피고의 경정을 허가할 수 있다.
> ② 법원은 제1항의 규정에 의한 결정의 정본을 새로운 피고에게 송달하여야 한다.
> ③ 제1항의 규정에 의한 신청을 각하하는 결정에 대하여는 즉시항고할 수 있다.
> ④ 제1항의 규정에 의한 결정이 있은 때에는 새로운 피고에 대한 소송은 처음에 소를 제기한 때에 제기된 것으로 본다.
> ⑤ 제1항의 규정에 의한 결정이 있은 때에는 종전의 피고에 대한 소송은 취하된 것으로 본다.
> ⑥ 취소소송이 제기된 후에 제13조 제1항 단서 또는 제13조 제2항에 해당하는 사유가 생긴 때에는 법원은 당사자의 신청 또는 직권에 의하여 피고를 경정한다. 이 경우에는 제4항 및 제5항의 규정을 준용한다.

> 원고가 피고를 잘못 지정한 때에는 법원은 원고의 신청에 의하여 결정으로써 피고의 경정을 허가할 수 있다. (○, ×) [12 국회9급]

> 원고가 피고를 잘못 지정한 때에는 법원은 직권으로 피고를 경정하여야 한다. (○, ×) [10 세무사]

> 피고경정의 신청을 각하한 결정에 대하여는 불복할 수 없다. (○, ×) [08 지방7급]

판례는 행정소송에서 피고경정신청이 이유 있다 하여 인용한 결정에 대하여는 종전 피고는 항고제기의 방법으로 불복신청할 수 없다고 본다.

④ 피고경정의 효과

피고를 경정하는 것에 대한 허가결정이 있을 때에는 새로운 피고에 대한 소송은 처음에 소를 제기한 때에 제기된 것으로 본다(동조 제4항). 한편 피고경정의 허가결정이 있을 때에는 종전의 피고에 대한 소송은 취하된 것으로 본다(동조 제5항).

> 피고경정의 결정이 있는 때에는 새로운 피고에 대한 소송은 처음에 소를 제기한 때에 제기된 것으로 본다. (○, ×) [08 지방7급]

⑤ 피고를 잘못 지정한 경우 법원의 조치

행정소송에서 원고가 피고를 잘못 지정하여 소송을 제기한 경우 법원은 소를 곧바로 각하할 것이 아니라 석명권을 행사하여 피고를 경정하게 한 후 소송을 진행하여야 한다는 것이 판례의 입장이다.

취소소송에서 원고가 처분청 아닌 행정관청을 피고로 잘못 지정한 경우, 법원은 석명권의 행사 없이 소송요건의 불비를 이유로 소를 각하할 수 있다. (○, ×) [20 국가9급]

판례

행정소송에서 피고지정이 잘못된 경우, 법원이 석명권을 행사하여 원고로 하여금 피고를 경정하게 하지 않고 바로 소를 각하한 것은 위법하다(대판 2004.7.8. 2002두7852). [16 서울7급]

5. 공동소송인, 소송 참가, 소송대리인

(1) 공동소송인

행정소송법 제15조【공동소송】 수인의 청구 또는 수인에 대한 청구가 처분 등의 취소청구와 관련되는 청구인 경우에 한하여 그 수인은 공동소송인이 될 수 있다.

(2) 소송 참가

① 의의

행정소송법은 제3자의 소송 참가와 행정청의 소송 참가를 규정하고 있다. 항고소송의 참가제도는 당사자소송, 민중소송 및 기관소송에도 준용된다(행정소송법 제16조 · 제17조 · 제38조 · 제44조 제1항 · 제46조). 한편 소송 참가는 판결선고 전까지 가능하며, 소송의 취하가 있거나 재판상 화해가 있은 후에는 참가시킬 수 없다.

② 제3자의 소송 참가

㉠ 의의

법원은 소송의 결과에 따라 권리 또는 이익을 침해받을 제3자가 있는 경우에는 당사자 또는 제3자의 신청 또는 직권에 의하여 결정으로써 제3자를 소송에 참가시킬 수 있다. (○, ×) [15 국회8급]

행정소송법 제16조【제3자의 소송 참가】 ① 법원은 소송의 결과에 따라 권리 또는 이익의 침해를 받을 제3자가 있는 경우에는 당사자 또는 제3자의 신청 또는 직권에 의하여 결정으로써 그 제3자를 소송에 참가시킬 수 있다.
② 법원이 제1항의 규정에 의한 결정을 하고자 할 때에는 미리 당사자 및 제3자의 의견을 들어야 한다.
③ 제1항의 규정에 의한 신청을 한 제3자는 그 신청을 각하한 결정에 대하여 즉시항고할 수 있다.
④ 제1항의 규정에 의하여 소송에 참가한 제3자에 대하여는 민사소송법 제67조의 규정을 준용한다.

민사소송법 제67조【필수적 공동소송에 대한 특별규정】 ① 소송 목적이 공동소송인 모두에게 합일적으로 확정되어야 할 공동소송의 경우에 공동소송인 가운데 한 사람의 소송행위는 모두의 이익을 위하여서만 효력을 가진다.

ⓛ 요건

판례

1. 소송 참가가 허용되기 위하여는 당해 소송의 결과에 따라 제3자의 권리 또는 이익이 침해되어야 하고, 이 때의 이익은 법률상 이익을 말하며 단순한 사실상의 이익이나 경제상의 이익은 포함되지 않는다. 신설되는 항만의 명칭결정 등의 취소를 구하는 소송에 대하여 지방자치단체들이 제3자 소송 참가신청을 한 경우 그 소송 결과에 따라 침해되는 법률상 이익이 없어 위 신청이 부적법하다(대판 2008.5.29. 2007두23873).
2. 민사소송법 제78조의 공동소송적 보조참가에는 필수적 공동소송에 관한 민사소송법 제67조 제1항, 즉 "소송목적이 공동소송인 모두에게 합일적으로 확정되어야 할 공동소송의 경우에 공동소송인 가운데 한 사람의 소송행위는 모두의 이익을 위하여서만 효력을 가진다."라고 한 규정이 준용되므로, 피참가인의 소송행위는 모두의 이익을 위하여서만 효력을 가지고, 공동소송적 보조참가인에게 불이익이 되는 것은 효력이 없으므로, 참가인이 상소를 할 경우에 피참가인이 상소취하나 상소포기를 할 수는 없다(대판 2017.10.12. 2015두36836).

ⓒ 참가의 절차

제3자의 소송 참가는 당사자 또는 제3자의 신청 또는 직권에 의한다. 참가신청이 있으면 법원은 결정으로써 허가 또는 각하의 재판을 하고, 직권소송 참가의 경우에는 법원이 결정으로써 제3자에게 참가를 명한다. 법원이 제3자의 소송 참가를 결정하고자 할 때에는 미리 당사자 및 제3자의 의견을 들어야 한다(동법 제16조 제2항).

ⓡ 참가인의 지위

참가인의 지위에 대해서는 행정소송법 제16조 제4항에 따라 민사소송법 제67조의 규정이 준용되어, 제3자는 필수적 공동소송에 있어서의 공동소송인에 준하는 지위를 획득한다. 그러나 제3자는 참가인에 불과하고 소송당사자에게 독자적인 청구를 하지 못한다는 점에서 일종의 공동소송적 보조참가와 유사하다고 보는 것이 일반적인 견해이다. 한편 참가인은 현실적으로 소송행위를 하였는지 여부에 관계없이 참가한 소송의 판결의 효력을 받는다.

③ 다른 행정청의 소송 참가

ⓖ 의의

행정소송법 제17조 【행정청의 소송 참가】 ① 법원은 다른 행정청을 소송에 참가시킬 필요가 있다고 인정할 때에는 당사자 또는 당해 행정청의 신청 또는 직권에 의하여 결정으로써 그 행정청을 소송에 참가시킬 수 있다. [18 국가7급]
② 법원은 제1항의 규정에 의한 결정을 하고자 할 때에는 당사자 및 당해 행정청의 의견을 들어야 한다.
③ 제1항의 규정에 의하여 소송에 참가한 행정청에 대하여는 민사소송법 제76조의 규정을 준용한다.

특정 소송사건에서 당사자 일방을 보조하기 위하여 보조참가를 하려면 당해 소송의 결과에 대하여 사실상, 경제상 또는 감정상의 이해관계가 있으면 충분하며 법률상의 이해관계가 요구되는 것은 아니다. (○, ×) [15 국가9급]

행정소송법상 제3자 소송 참가의 경우 참가인이 상소를 하였더라도, 소송당사자 본인인 피참가인은 참가인의 의사에 반하여 상소취하나 상소포기를 할 수 있다. (○, ×) [20 지방9급]

PART 05

㉡ 참가의 요건

다른 행정청은 피고 행정청을 위하여 참가해야 하므로 인용재결취소소송에서 원처분청이 원고를 위해 참가할 수는 없다.

㉢ 참가의 절차

당사자나 당해 행정청의 신청 또는 직권에 의하여 법원의 결정으로서 하며(동법 제17조 제1항), 이 경우 당사자 및 당해 행정청의 의견을 들어야 한다(동조 제2항).

㉣ 참가행정청의 지위

참가행정청은 제3자의 소송 참가의 경우와 달리 민사소송법 제76조가 준용되어(동조 제3항) 단순한 보조참가인의 지위를 가지게 되므로 소송에 관하여 공격, 방어, 이의, 상소 기타 일체의 소송행위를 할 수 있지만 피참가인의 소송행위와 저촉되는 소송행위를 할 수 없다. 만약 참가인의 소송행위가 피참가인의 소송행위와 어긋나는 때에는 그 효력이 없다.

④ 민사소송법에 의한 소송 참가

행정소송법은 소송 참가에 관하여 제3자 및 행정청의 소송 참가에 대하여 규정하고 있는데, 이외에도 민사소송법에 의한 소송 참가규정이 준용될 수 있는지 문제가 된다.

㉠ 민사소송법상의 보조참가

판례

1. 행정소송 사건에서 참가인이 한 보조참가가 행정소송법 제16조가 규정한 제3자의 소송 참가에 해당하지 않는 경우에도, 판결의 효력이 참가인에게까지 미치는 점 등 행정소송의 성실에 비추어 보면 그 참가는 민사소송법 제78조에 규정된 공동소송적 보조참가이다. 공동소송적 보조참가는 그 성질상 필수적 공동소송 중에서는 이른바 유사필수적 공동소송에 준한다 할 것인데, 유사필수적 공동소송에서는 원고들 중 일부가 소를 취하하는 경우에 다른 공동소송인의 동의를 받을 필요가 없다(대판 2013.3.28. 2011두13729).
2. 타인 사이의 항고소송에서 소송의 결과에 관하여 이해관계가 있다고 주장하면서 민사소송법 제71조에 의한 보조참가를 할 수 있는 제3자는 민사소송법상의 당사자능력 및 소송능력을 갖춘 자이어야 하므로 그러한 당사자능력 및 소송능력이 없는 행정청으로서는 민사소송법상의 보조참가를 할 수는 없고 다만 행정소송법 제17조 제1항에 의한 소송 참가를 할 수 있을 뿐이다(대판 2002.9.24. 99두1519).

㉡ 민사소송법상의 공동소송 참가

공동소송 참가라 함은 소송의 목적이 당사자일방과 제3자에 대하여 합일적으로 확정될 경우에 제3자가 계속 중인 소송에 공동소송인으로 참가하는 것을 의미한다(민사소송법 제83조). 민사소송법 제83조에 의한 공동소송 참가는 행정소송에도 준용될 수 있다는 것이 다수설의 입장이다.

㉢ 민사소송법상의 독립당사자 참가

독립당사자 참가라 함은 타인간의 소송의 계속 중에 원고・피고 쌍방을 상대방으로 하여 원・피고 간의 청구와 관련된 자기의 청구에 대하여 동시에 심판을 구하기 위하여 그 소송절차에 참가하는 것을 말한다. 행정소송에서는 민사소송법상의 독립당사자 참가는 허용되지 않는다는 것이 판례의 입장이다.

판례

행정소송상 독립당사자 참가는 허용되지 않는다(대판 1970.8.31. 70누70・71).

(3) 소송대리인

① 일반론

본인을 대신하여 소송을 수행하는 자를 소송대리인이라고 하는데, 행정소송법에는 특별한 규정이 없으므로 민사소송법상의 소송대리인에 대한 규정이 준용된다고 보는 것이 일반적이다.

② 국가를 당사자로 하는 소송의 경우

국가를 당사자 또는 참가인으로 하는 행정소송에서는 법무부장관이 국가를 대표하며, [17 서울7급] 법무부장관을 법무부의 직원, 검사 또는 공익법무관을 지정하여 소송을 수행하게 할 수 있다.

04 소의 대상

1. 대상적격 일반론

대상적격이란 재판의 대상으로 될 수 있는 자격을 말하는 것으로, 취소소송의 대상은 처분 등이다(행정소송법 제19조). 여기서 '처분 등'이란 행정청이 행하는 구체적 사실에 관한 법집행으로서의 공권력의 행사 또는 그 거부와 그 밖에 이에 준하는 행정작용 및 행정심판에 대한 재결을 말한다(동법 제2조 제1항 제1호). 즉, 처분 등이란 행정청의 '처분'과 행정심판의 '재결'을 의미한다. 한편 취소소송의 대상인 처분 등의 존부는 소송요건으로서 직권조사사항이다.

행정소송법상 '처분'이라 함은 행정청이 행하는 구체적 사실에 관한 법집행으로서의 공권력의 행사 또는 그 거부와 그 밖에 이에 준하는 행정작용을 말한다. (○, ×) [13 국가9급]

취소소송의 대상은 행정청의 처분 등, 즉 처분과 재결이다. (○, ×) [13 국회9급]

2. 처분

(1) 행정행위와 처분의 구별

① 학설

쟁송법상 처분개념과 학문상의 행정행위 개념이 동일한 것인지에 대해 양자를 동일한 것으로 보는 일원설, 양자를 다르게 이해하는 이원설의 대립이 있으나 다수설은 이원설을 취하고 있다. 이에 따르면 쟁송법상 처분 개념이 행정행위 개념보다 더 넓은 개념이라고 본다.

② 판례

판례

1. 행정청의 어떤 행위를 행정처분으로 볼 것이냐의 문제는 추상적 일반적으로 결정할 수 없고, 구체적인 경우 행정처분은 행정청이 공권력의 주체로서 행하는 구체적 사실에 관한 법집행으로서 국민의 권리의무에 직접 영향을 미치는 행위라는 점을 고려하고 행정처분이 그 주체, 내용, 절차, 형식에 있어서 어느 정도 성립 내지 효력요건을 충족하느냐에 따라 개별적으로 결정하여야 한다(대판 1993.12.10. 93누12619).
2. 항고소송 대상이 되는 행정청의 처분이란 원칙적으로 행정청의 공법상 행위로서 특정사항에 대하여 법규에 의한 권리의 설정 또는 의무의 부담을 명하거나 기타 법률상 효과를 직접 발생하게 하는 등 국민의 권리의무에 직접 관계가 있는 행위를 말하므로, 행정청의 내부적인 의사결정 등과 같이 상대방 또는 관계자들의 법률상 지위에 직접 법률적 변동을 일으키지 않는 행위는 그에 해당하지 아니한다(대판 1999.8.20. 97누6889).
3. 행정청의 행위가 '처분'에 해당하는지가 불분명한 경우에는 그에 대한 불복방법 선택에 중대한 이해관계를 가지는 상대방의 인식가능성과 예측가능성을 중요하게 고려하여 규범적으로 판단하여야 한다(대판 2020.4.9. 2019두61137). [23 국가9급]

항고소송의 대상이 되는 행정처분이라 함은 원칙적으로 행정청의 공법상 행위로서 특정 사항에 대하여 법규에 의한 권리의 설정 또는 의무의 부담을 명하거나 기타 법률상 효과를 발생하게 하는 등으로 일반 국민의 권리·의무에 직접 영향을 미치는 행위를 가리킨다. (○, ×) [13 국가9급]

(2) 처분의 개념요소

① 행정청

㉠ 개념

행정청은 조직법상의 개념이 아닌 기능상 개념으로 국가 및 지방자치단체의 기관 이외에 행정권한의 위임 또는 위탁을 받은 공공단체 또는 사인도 포함된다(행정소송법 제2조 제2항).

판례

1. 상대방의 권리를 제한하는 행위라 하더라도 행정청 또는 그 소속기관이나 권한을 위임받은 공공기관의 행위가 아닌 한 이를 행정처분이라고 할 수 없다(대결 2010.11.26. 2010무137). [22 지방7급, 21 서울7급]
2. 도시재개발법에 의한 재개발조합은 특수한 존립목적을 부여받은 특수한 행정주체로서 관리처분계획은 조합이 행한 처분에 해당한다(대판 2002.12.10. 2001두6333).
3. 한국마사회가 조교사 또는 기수의 면허를 부여하거나 취소하는 것은, 사법상의 법률관계에서 이루어지는 단체 내부에서의 징계 내지 제재처분이다(대판 2008.1.31. 2005두8269). [22 국가7급]
4. 진료비청구명세서에 대한 의료보험연합회의 심사결과통지는 그 자체로서 원고의 의료보호비용 청구에 관한 법률상 지위에 직접적인 법률적 변동을 가져오는 것은 아니므로 이를 가리켜 항고소송의 대상이 되는 행정처분이라고 볼 수는 없다(대판 1999.6.25. 98두15863).

재개발조합의 관리처분계획에 대하여 조합원은 취소소송을 제기할 수 있다. (○, ×) [14 경행특채]

한국마사회의 기수면허 부여 및 그 취소결정은 처분성이 인정된다. (○, ×) [21 지방7급, 17복지9급]

의료보호진료비심사결과통지는 항고소송의 대상이 될 수 있다. (○, ×) [14 국회8급]

ⓛ 구체적 검토

ⓐ 지방의회 관련 처분의 경우

판례는 지방의회의 지방의회의장선거, 지방의회의장에 대한 불신임의결, 지방의회의원 징계의결에 대해여 처분성을 긍정하고 있다.

판례

1. 지방의회의 의사를 결정공표하여 그 당선자에게 이와 같은 의장으로서의 직무권한을 부여하는 지방의회의 의장선거는 행정처분의 일종으로서 항고소송의 대상이 된다고 할 것이다(대판 1995.1.12. 94누2602).
2. 지방의회 의장에 대한 불신임의결은 의장으로서의 권한을 박탈하는 행정처분의 일종으로서 항고소송의 대상이 된다(대결 1994.10.11. 94두23).
3. 지방자치법 제78조 내지 제81조의 규정에 의거한 지방의회의 의원징계의결은 그로 인해 의원의 권리에 직접 법률효과를 미치는 행정처분의 일종으로서 행정소송의 대상이 된다(대판 1993.11.26. 93누7341).

지방의회의장에 대한 지방의회의 불신임의결은 처분성이 인정된다. (○, ×) [14 복지9급, 09 지방9급]

ⓑ 입찰참가자격 제한처분의 경우

종래 판례는 예산회계법, 국가를 당사자로 하는 계약에 관한 법률에 근거한 중앙관서의 장이 행하는 입찰참가자격 제한처분은 처분성이 인정되지만(대판 1983.7.12. 83누127), 한국전력공사 등 정부투자기관이 하는 정부투자기관회계규정에 근거한 입찰참가자격 제한처분은 처분성이 없다고 보았다. 그러나 「공공기관의 운영에 관한 법률」이 제정된 이후에는 한국전력공사 등 정부투자기관도 권한의 위임을 받은 공공단체에 해당된다고 보아 행정청의 행위로서 처분성을 긍정하고 있다.

판례

1. 한국전력공사가 정부투자기관회계규정에 의하여 행한 입찰참가자격을 제한하는 내용의 부정당업자제재처분은 행정소송의 대상이 되는 행정처분이 아니라 단지 상대방을 위 공사가 시행하는 입찰에 참가시키지 않겠다는 뜻의 사법상의 효력을 가지는 통지행위에 불과하다(대결 1999.11.26. 99부3). [15 지방9급]
2. '국가를 당사자로 하는 계약에 관한 법률 시행규칙' 제76조 제3항은 규정의 취지 등을 고려할 때, 공기업·준정부기관(이하 '행정청'이라 한다)인 한국전력공사가 입찰참가자격 제한처분을 한 후 그 처분 전의 위반행위를 알게 되어 다시 입찰참가자격 제한처분을 하는 경우에도 적용된다고 보아야 하고, 1차 위반행위와 2차 위반행위의 제한기준이 동일하며, 행정청 내부의 사무처리기준상 1차 처분 전의 2차 위반행위에 대하여는 추가로 제재할 수 없으므로, 갑 회사에 대한 2차 처분은 재량권을 일탈·남용하여 위법하다(대판 2014.11.27. 2013두18964).

정부투자기관회계규정에 의하여 행한 입찰참가자격을 제한하는 내용의 부정당업자제재처분은 행정소송의 대상이 되는 행정처분이다. (○, ×) [14 국회8급]

판례에 따르면 국가를 당사자로 하는 계약에 관한 법률상 부정당업자에 대한 입찰참가자격제한조치는 취소소송의 대상이 된다. (○, ×) [13 국가7급, 13 국회8급]

② 구체적 사실에 관한 행위

구체적 사실을 규율하는 것이 아닌 일반적·추상적인 법령·내규·행정계획 등은 그 규율 대상이 제한되어 있다 하더라도 원칙적으로 항고소송의 대상이 아니다. 그러나 법령 또는 조례가 구체적 집행행위의 개입 없이 그 자체로서 직접 사인에 대하여 구체적 법적 효과를 발생하여 특정한 권리의무를 형성하게 하는 경우에는 처분성이 인정된다. 또한 불특정 다수인에 대한 일반처분(교통신호 등)이나 행정계획도 그것이 바로 사인의 권리나 법률상 이익을 개별적이고 구체적으로 규제하는 효과가 있는 이상 처분성을 인정한다.

> 취소소송의 대상인 처분은 행정청이 행하는 구체적 사실에 관한 법집행행위이므로 불특정 다수인을 대상으로 하여 반복적으로 적용되는 일반적·추상적 규율은 원칙적으로 처분이 아니다. (○, ×)
> [17 국가7급(下), 15 지방9급]

판례

1. 조례가 집행행위의 개입 없이도 그 자체로서 직접 국민의 구체적인 권리의무나 법적 이익에 영향을 미치는 등의 법률상 효과를 발생하는 경우 그 조례는 항고소송의 대상이 되는 행정처분에 해당한다(대판 1996.9.20. 95누8003). [17 국회8급, 16 국가9급]
2. 고시가 일반적·추상적 성격을 가질 때에는 법규명령 또는 행정규칙에 해당할 것이지만, 다른 집행행위의 매개 없이 그 자체로서 직접 국민의 구체적인 권리의무나 법률관계를 규율하는 성격을 가질 때에는 행정처분에 해당한다. 보건복지부 고시인 약제급여·비급여목록 및 급여상한금액표는 다른 집행행위의 매개 없이 그 자체로서 국민건강보험가입자, 국민건강보험공단, 요양기관 등의 법률관계를 직접 규율하는 성격을 가지므로 항고소송의 대상이 되는 행정처분에 해당한다(대판 2006.9.22. 2005두2506). [21 서울7급, 18 국가9급]
3. 택지개발촉진법에 의한 건설부장관의 택지개발예정지구의 지정과 건설부장관의 택지개발사업시행자에 대한 택지개발계획의 승인은 고시에 의하여 개발할 토지의 위치, 면적, 권리내용 등이 특정되어 그 후 사업시행자에게 택지개발사업을 실시할 수 있는 권한이 설정되고, 고시된 바에 따라 특정 개인의 권리나 법률상 이익이 개별적이고 구체적으로 규제받게 되므로 위 각 처분은 행정처분의 성격을 갖는다(대판 1992.8.14. 91누11582). [14 국회8급]

> 보건복지부 고시가 다른 집행행위의 매개 없이 그 자체로서 요양기관, 국민건강보험공단, 국민건강보험 가입자 등의 법률관계를 직접 규율하고 있다면 항고소송의 대상이 된다. (○, ×)
> [12 지방9급, 11 복지9급]

③ 법집행행위

㉠ '법'의 의미

법이란 법적 효과를 발생하는 법규범을 말하는 것으로서 법률과 법규명령 및 조례 등이 포함된다. 행정규칙은 일반적으로 법규성이 없으므로 법에 포함되지 아니하나, 행정규칙에 의한 처분이 상대방의 권리 의무에 변동을 가져오는 등 법적 효과를 발생하는 경우에는 법집행행위라 할 수 있다.

판례

1. 처분의 근거나 법적인 효과가 행정규칙에 규정되어 있다고 하더라도, 그 처분이 행정규칙의 내부적 구속력에 의하여 상대방에게 권리의 설정 또는 의무의 부담을 명하거나 기타 법적인 효과를 발생하게 하는 등으로 그 상대방의 권리 의무에 직접 영향을 미치는 행위라면, 이 경우에도 항고소송의 대상이 되는 행정처분에 해당한다. [22 국가7급, 22 지방7급] 행정규칙에 의한 '불문경고조치'가 비록 법률상의 징계처분은 아니지만 위 처분을 받지 아니하였다면 차후 다른 징계처분이나 경고를 받게 될 경우 징계감경사유로 사용될 수 있었던 표창공적의 사용가능성을 소멸시키는 효과와 1년 동안 인사기록카드에 등재됨으로써 그 동안은 장관표창이나 도지사표창 대상자에서 제외시키는 효과 등이 있다는 이유로 항고소송의 대상이 되는 행정처분에 해당한다(대판 2002.7.26. 2001두3532).

> 어떠한 처분의 근거나 법적인 효과가 행정규칙에 규정되어 있다면, 그 처분이 행정규칙의 내부적 구속력에 의하여 상대방의 권리 의무에 직접 영향을 미치는 행위라도 항고소송의 대상이 되는 행정처분이라 볼 수 없다. (○, ×)
> [20 국가9급, 19 서울7급]

> 행정규칙에 의한 불문경고조치는 차후 징계감경사유로 작용할 수 있는 표창대상자에서 제외되는 등의 인사상 불이익을 줄 수 있다하여도 이는 간접적 효과에 불과하므로 항고소송의 대상인 행정처분에 해당 하지 않는다. (○, ×)
> [18 서울7급(上), 15 국회8급]

2. 부당한 공동행위 자진신고자 등에 대한 시정조치 또는 과징금 감면 신청인이 공정거래위원회 고시 제11조 제1항에 따라 자진신고자 등 지위확인을 받는 경우에는 시정조치 및 과징금 감경 또는 면제, 형사고발 면제 등의 법률상 이익을 누리게 되지만, 감면불인정 통지를 받는 경우에는 위와 같은 법률상 이익을 누릴 수 없게 되므로, 부당한 공동행위 자진신고자 등의 시정조치 또는 과징금 감면신청에 대한 감면불인정 통지는 항고소송의 대상이 되는 행정처분에 해당한다(대판 2012.9.27. 2010두3541).
3. 자진신고자나 조사협조자에 대하여 과징금 부과처분을 한 뒤, 독점규제 및 공정거래에 관한 법률 시행령 제35조 제3항에 따라 다시 자진신고자 등에 대한 사건을 분리하여 자진신고 등을 이유로 한 과징금 감면처분을 하였다면, 후행처분은 자진신고 감면까지 포함하여 처분 상대방이 실제로 납부하여야 할 최종적인 과징금액을 결정하는 종국적 처분이고, 선행처분은 이러한 종국적 처분을 예정하고 있는 일종의 잠정적 처분으로서 후행처분이 있을 경우 선행처분은 후행처분에 흡수되어 소멸한다. 따라서 위와 같은 경우에 선행처분의 취소를 구하는 소는 이미 효력을 잃은 처분의 취소를 구하는 것으로 부적법하다(대판 2015.02.12. 2013두987). [22 국가9급]
4. 교육부장관이 대학에서 추천한 복수의 총장 후보자들 전부 또는 일부를 임용제청에서 제외하는 행위는 제외된 후보자들에 대한 불이익처분으로서 항고소송의 대상이 되는 처분에 해당한다고 보아야 한다. 다만 교육부장관이 특정 후보자를 임용제청에서 제외하고 다른 후보자를 임용제청함으로써 대통령이 임용제청된 다른 후보자를 총장으로 임용한 경우에는, 임용제청에서 제외된 후보자는 대통령이 자신에 대하여 총장 임용 제외처분을 한 것으로 보아 이를 다투어야 한다. 이러한 경우에는 교육부장관의 임용제청 제외처분을 별도로 다툴 소의 이익이 없어진다(대판 2018.6.15. 2016두57564).
5. 정부 간 항공노선의 개설에 관한 잠정협정 및 비밀양해각서와 건설교통부 내부지침에 의한 항공노선에 대한 운수권배분처분이 항고소송의 대상이 되는 행정처분에 해당한다(대판 2004.11.26. 2003두10251).

> 부당한 공동행위의 자진신고자가 한 감면신청에 대해 공정거래위원회가 감면불인정 통지를 한 것은 항고소송의 대상인 행정처분으로 볼 수 없다. (○, ×) [14 국가9급]

> 공정거래위원회가 부당한 공동행위를 한 사업자들 중 자진신고자에 대하여 구 독점규제 및 공정거래에 관한 법령에 따라 과징금 부과처분(선행처분)을 한 뒤, 다시 자진신고자에 대한 사건을 분리하여 자진신고를 이유로 과징금 감면처분(후행처분)을 한 경우라도 선행처분의 취소를 구하는 소는 적법하다. (○, ×) [21 국가9급, 19 서울7급]

> 국립대학교 총장의 임용권한은 대통령에게 있으므로, 교육부장관이 대통령에게 임용제청을 하면서 대학에서 추천한 복수의 총장 후보자들 중 일부를 임용제청에서 제외한 행위는 처분에 해당하지 않는다. (○, ×) [19 국가9급]

> 항공노선에 대한 운수권 배분은 항고소송의 대상이 되는 행정처분에 해당한다. (○, ×) [12 지방9급]

ⓒ 법적 효과 발생

항고소송의 대상인 처분은 국민의 권리·의무에 외부적·직접적 효과를 가져오는 행위를 의미하므로 단순한 행정기관 내부의 행위이거나 알선·권유·행정지도·사실상의 통지 등 비권력적 사실행위는 처분이 아니다.

판례

처분성을 부정한 사례

1. 국가공무원법상 당연퇴직은 결격사유가 있을 때 법률상 당연히 퇴직하는 것이지 별도의 행정처분을 요하는 것이 아니며, 당연퇴직의 인사발령은 법률상 당연히 발생하는 퇴직사유를 공적으로 확인하여 알려주는 이른바 관념의 통지에 불과하고 공무원의 신분을 상실시키는 새로운 형성적 행위가 아니므로 행정소송의 대상이 되는 독립한 행정처분이라고 할 수 없다(대판 1995.11.14. 95누2036). [22 국가7급, 21 지방7급]
2. 교육부장관이 내신성적 산정기준의 통일을 기하기 위해 대학입시기본계획의 내용에서 내신성적 산정기준에 관한 시행지침을 마련하여 시·도 교육감에게 통보한 것은 행정조직 내부에서 내신성적 평가에 관한 내부적 심사기준을 시달한 것에 불과하며, 그것만으로는 현실적으로 특정인의 구체적인 권리의무에 직접적으로 변동을 초래케 하는 것은 아니라 할 것이어서 내신성적 산정지침을 항고소송의 대상이 되는 행정처분으로 볼 수 없다(대판 1994.9.10. 94두33). [17 서울9급, 16 경행특채]

> 법률에 의하여 당연퇴직된 공무원의 복직 또는 재임용신청에 대한 행정청의 거부행위는 항고소송의 대상이 되는 행정처분에 해당한다. (○, ×) [15 국회8급]

> 교육부장관이 대학입시기본계획의 내용에서 내신성적 산정기준에 관한 시행지침을 정한 경우, 각 고등학교는 이에 따라 내신성적을 산정할 수밖에 없어 이는 행정처분에 해당된다. (○, ×) [19 국가9급]

납세의무자의 국세환급금결정신청에 대한 세무서장의 환급거부결정은 취소소송의 대상이 된다. (○, ×)
[14 지방7급]

공정거래위원회의 고발조치 및 고발의결에 관한 소는 행정소송으로 다툴 수 있다. (○, ×)
[19 서울7급(上)]

검사의 불기소결정은 공권력의 행사에 포함되므로, 검사의 자의적인 수사에 의하여 불기소결정이 이루어진 경우 그 불기소결정은 처분에 해당한다. (○, ×)
[19 국가9급, 19 지방9급]

병역법상 신체등위판정은 행정청이라고 볼 수 없는 군의관이 하도록 되어 있으며, 그 자체만으로 바로 병역법상의 권리의무가 정하여지는 것이 아니라 그에 따라 지방병무청장이 병역처분을 함으로써 비로소 병역의무의 종류가 정하여지는 것이므로 항고소송의 대상이 되는 행정처분이라 보기 어렵다. (○, ×)
[13 국가9급]

3. 국세기본법 및 같은 법 시행령에 따른 세무서장의 국세환급금(국세환급가산금 포함)에 대한 결정은 이미 납세의무자의 환급청구권이 확정된 국세환급금에 대하여 내부적인 사무처리절차로서 과세관청의 환급절차를 규정한 것에 지나지 않고 그 규정에 의한 국세환급금의 결정에 의하여 비로소 환급청구권이 확정되는 것이 아니므로, 국세환급금결정이나 그 결정을 구하는 신청에 대한 환급거부결정 등은 항고소송의 대상이 되는 처분이라고 볼 수 없다(대판 1994.12.2. 92누14250). [20 국가7급, 19 서울9급]
4. 고발은 수사의 단서에 불과할 뿐 그 자체 국민의 권리의무에 어떤 영향을 미치는 것이 아니고, 공정거래위원회의 고발조치는 사직 당국에 대하여 형벌권 행사를 요구하는 행정기관 상호 간의 행위에 불과하여 항고소송의 대상이 되는 행정처분이라 할 수 없으며, 더욱이 공정거래위원회의 고발 의결은 행정청 내부의 의사결정에 불과할 뿐 최종적인 처분은 아닌 것이므로 이 역시 항고소송의 대상이 되는 행정처분이 되지 못한다(대판 1995.5.12. 94누13794).
5. 처분의 개념 정의에는 해당한다고 하더라도 그 처분의 근거 법률에서 행정소송 이외의 다른 절차에 의하여 불복할 것을 예정하고 있는 처분은 항고소송의 대상이 될 수 없다. 검사의 불기소결정에 대해서는 검찰청법에 의한 항고와 재항고, 형사소송법에 의한 재정신청에 의해서만 불복할 수 있는 것이므로, 이에 대해서는 행정소송법상 항고소송을 제기할 수 없다(대판 2018.9.28. 2017두47465). [20 국가9급, 19 서울7급]
6. 병역법상 신체등위판정은 행정청이라고 볼 수 없는 군의관이 하도록 되어 있으며, 그 자체만으로 바로 병역법상의 권리의무가 정하여지는 것이 아니라 그에 따라 지방병무청장이 병역처분을 함으로써 비로소 병역의무의 종류가 정하여지는 것이므로 항고소송의 대상이 되는 행정처분이라 보기 어렵다(대판 1993.8.27. 93누3356). [17 서울9급]
7. 신고납세방식의 조세에 있어서 과세관청이 납세의무자의 신고에 따라 세액을 수령하는 것은 사실행위에 불과할 뿐 이를 부과처분으로 볼 수는 없다(대판 1997.7.22. 96누8321). [17 국가7급]
8. 재단법인 한국연구재단이 갑 대학교 총장에게 연구개발비의 부당집행을 이유로 두뇌한국(BK)21 사업 협약을 해지하고 연구팀장 을에 대한 대학 자체징계를 요구한 것은 법률상 구속력이 없는 권유 또는 사실상의 통지로서 항고소송의 대상인 행정처분에 해당하지 않는다(대판 2014.12.11. 2012두28704). [17 지방9급]
9. 통보로 인하여 민원인에게 어떠한 법적 불이익이 발생할 가능성도 없는 점 등 여러 사정을 종합해 보면, 민원사무처리법이 규정하는 사전심사결과 통보는 항고소송의 대상이 되는 행정처분에 해당하지 아니한다(대판 2014.4.24. 2013두7834). [19 지방9급]
10. 특허청에서 회사법인의 청산종결등기일로부터 6개월이 지난 후 청산종결등기 되었다는 이유로 회사법인 명의의 각 상표권을 말소등록하였고, 그 말소등록행위는 상표권 소멸의 효력을 발생시키는 행위가 아니라 할 것이어서, 국민의 권리의무에 직접적으로 영향을 미치는 행위가 아니므로 항고소송 대상이 된다고 볼 수 없다(대판 2015.10.29. 2014두2362). [20 지방9급]
11. 국민건강보험공단에 의한 '직장가입자 자격상실 및 자격변동 안내' 통보 및 '사업장 직권탈퇴에 따른 가입자자격상실 안내' 통보는 사실상 통지행위에 불과할 뿐, 처분성이 인정되지 않는다(대판 2019.2.14. 2016두41729). [23 국가9급, 20 지방7급]

판례

처분성을 긍정한 사례

1. 국가인권위원회가 진정을 각하 및 기각결정은 피해자인 진정인의 권리행사에 중대한 지장을 초래하는 것으로서 항고소송의 대상이 되는 행정처분에 해당하므로, 그에 대한 다툼은 우선 행정심판이나 행정소송에 의하여야 할 것이다. 따라서 이 사건 심판청구는 행정심판이나 행정소송 등의 사전 구제절차를 모두 거친 후 청구된 것이 아니므로 보충성 요건을 충족하지 못하였다(헌재 2015.3.26. 2013헌마214 등 [각하]).
2. 과학기술기본법령상 두뇌한국(BK)21 사업 협약의 해지 통보는 단순히 대등 당사자의 지위에서 형성된 공법상계약을 계약당사자의 지위에서 종료시키는 의사표시에 불과한 것이 아니라 행정청이 우월적 지위에서 연구개발비의 회수 및 관련자에 대한 국가연구개발사업 참여제한 등의 법률상 효과를 발생시키는 행정처분에 해당한다(대판 2014.12.11. 2012두28704).
3. 소득금액변동통지는 원천징수의무자인 법인의 납세의무에 직접 영향을 미치는 과세관청의 행위로서, 항고소송의 대상이 되는 조세행정처분이라고 봄이 상당하다(대판 2006.4.20. 2002두1878 전원합의체). **[21 지방7급]**
4. 지방자치단체의 장이 공유재산법에 근거하여 기부채납 및 사용·수익허가 방식으로 민간투자사업을 추진하는 과정에서 사업시행자를 지정하기 위한 전 단계에서 공모제안을 받아 일정한 심사를 거쳐 우선협상대상자를 선정하는 행위와 이미 선정된 우선협상대상자를 그 지위에서 배제하는 행위는 민간투자사업의 세부내용에 관한 협상을 거쳐 공유재산법에 따른 공유재산의 사용·수익허가를 우선적으로 부여받을 수 있는 지위를 설정하거나 또는 이미 설정한 지위를 박탈하는 조치이므로 모두 항고소송의 대상이 되는 행정처분으로 보아야 한다(대판 2020.4.29. 2017두31064).

④ 공권력의 행사

공권력행사란 행정청이 행정주체의 기관의 지위에서 구체적 사실에 대한 법집행으로서 행하는 권력적 활동을 말한다. 즉, 행정청이 상대방의 의사여하에 관계없이 일방적으로 의사결정을 하고 그 결과에 대해 상대방의 수인을 강제하는 법적 효과를 가진 작용을 말한다.

⑤ 거부처분

㉠ 의의

거부처분은 소극적 행위로서 개인이 행정청에 대하여 공권력을 행사해 줄 것을 신청한 경우에 그 신청에 따르는 공권력 행사를 거부하는 것을 내용으로 하는 행정행위를 말한다. 거부처분은 신청을 받아들이지 않았다는 점에서는 부작위와 같으나, 적극적으로 거부의사를 나타냈다는 점에서 부작위와 구별된다.

판례

행정청의 어떠한 조치가 이와 같이 신청에 대한 거부처분에 해당한다고 보기 위해서는 행정청의 종국적이고 실질적인 거부의 의사결정이 권한 있는 기관에 의하여 외부로 표시되어 신청인이 이를 알 수 있는 상태에 다다른 것으로 볼 수 있어야 한다(대판 2008.10.23. 2007두6212).

- 국가인권위원회가 진정에 대하여 각하 및 기각결정을 할 경우 피해자인 진정인은 인권침해 등에 대한 구제조치를 받을 권리를 박탈당하게 되므로, 국가인권위원회의 진정에 대한 각하 및 기각결정은 처분에 해당한다. (○, ×) [19 국가9급]
- 재단법인 한국연구재단이 A대학교 총장에게 연구개발비의 부당집행을 이유로 과학기술기본법령에 따라 '두뇌한국(BK)21 사업' 협약의 해지를 통보한 것은 공법상 계약을 계약당사자의 지위에서 종료시키는 의사표시에 해당한다. (○, ×) [20 지방7급, 19 국가7급]
- 지방자치단체의 장이 「공유재산 및 물품관리법」에 근거하여 기부채납 및 사용·수익허가 방식으로 민간투자사업을 추진하는 과정에서 사업시행자를 지정하기 위한 전 단계에서 공모 제안을 받아 일정한 심사를 거쳐 우선협상대상자를 선정하는 행위는 항고소송의 대상이 되는 행정처분에 해당하지 않는다. (○, ×) [24 국가9급]
- 「공유재산 및 물품 관리법」에 근거하여 공모제안을 받아 이루어지는 민간투자사업 '우선협상대상자 선정행위'나 '우선협상대상자 지위배제행위'에서 '우선협상대상자 지위배제행위'만이 항고소송의 대상인 처분에 해당한다. (○, ×) [22 국가9급]

ⓛ 요건

ⓐ 신청한 행위가 공권력의 행사에 해당할 것

거부처분이 성립하려면 우선 신청한 행위가 공권력의 행사에 해당하여야 한다. 따라서 공권력 행사의 거부가 아닌 일반재산(개정 전 잡종재산)에 대한 임대·매각신청 거부는 거부처분이 아니다.

판례

지방자치단체장이 국유 잡종재산을 대부하여 달라는 신청을 거부한 것은 항고소송의 대상이 되는 행정처분이 아니므로 행정소송으로 그 취소를 구할 수 없다(대판 1998.9.22. 98두7602).

ⓑ 거부행위가 신청인의 법률관계에 영향을 줄 것

거부행위는 신청인의 법률관계에 어떤 변동을 일으키는 것이어야 한다. 이는 신청인의 실체상의 권리관계에 직접적인 변동을 일으키는 것은 물론, 신청인이 실체상의 권리자로서 권리를 행사함에 중대한 지장을 초래하는 것도 포함한다는 것이 판례의 입장이다. 판례는 토지분할신청거부행위, [15 지방9급] 지목변경신청거부행위, 용도변경신청거부행위 등에 대해서는 처분성을 긍정하고 있으나, 토지대장 상의 소유자명의변경신청거부행위에 대해서는 처분성을 부정하고 있다.

판례

1. '신청인의 법률관계에 어떤 변동을 일으키는 것'이라는 의미는 신청인의 실체상의 권리관계에 직접적인 변동을 일으키는 것은 물론, 그렇지 않다 하더라도 신청인이 실체상의 권리자로서 권리를 행사함에 중대한 지장을 초래하는 것도 포함한다(대판 2007.10.11. 2007두1316).
2. 건축계획심의신청에 대한 반려처분이 항고소송의 대상이 되는 행정처분에 해당한다(대판 2007.10.11. 2007두1316).
3. 구 지적법 제20조, 제38조 제2항의 규정은 토지소유자에게 지목변경신청권과 지목정정신청권을 부여한 것이고, 지목은 토지소유권을 제대로 행사하기 위한 전제요건으로서 토지소유자의 실체적 권리관계에 밀접하게 관련되어 있으므로 지적공부 소관청의 지목변경신청 반려행위는 국민의 권리관계에 영향을 미치는 것으로서 항고소송의 대상이 되는 행정처분에 해당한다(대판 2004.4.22. 2003두9015 전원합의체). [22 국가7급, 19 서울7급(上)]
4. 건축물대장 소관청의 용도변경신청 거부행위는 항고소송의 대상이 되는 행정처분에 해당한다(대판 2009.1.30. 2007두7277). [22 국가7급]
5. 소관청이 토지대장상의 소유자명의변경신청을 거부한 행위는 이를 항고소송의 대상이 되는 행정처분이라고 할 수 없다(대판 2012.1.12. 2010두12354).
6. 국세환급금결정에 의하여 비로소 환급청구권이 확정되는 것은 아니므로, 국세환급금결정이나 이 결정을 구하는 신청에 대한 환급거부결정은 납세의무자가 갖는 환급청구권의 존부나 범위에 구체적이고 직접적인 영향을 미치는 처분이라고 볼 수 없다(대판 2009.11.26. 2007두4018). [19 서울9급]

- 거부행위가 항고소송의 대상인 처분이 되기 위해서는 그 거부행위가 신청인의 실체상의 권리관계에 직접적인 변동을 일으키는 것이어야 하며, 신청인이 실체상의 권리자로서 권리를 행사함에 중대한 지장을 초래하는 것만으로는 부족하다. (○, ×) [22 지방9급]
- 판례는 건축계획심의신청에 대한 반려처분의 처분성을 인정하지 않는다. (○, ×) [15 지방9급, 14 경행특채]
- 지적공부 소관청의 지목변경신청 반려행위는 지목의 변경이 토지소유자의 실체적 권리관계에 직접 영향을 미치지 아니하기 때문에 항고소송의 대상이 되는 행정처분에 해당하지 아니한다. (○, ×) [17 국가9급, 14 지방7급]
- 판례는 건축물대장 소관청의 용도변경신청거부행위의 처분성을 부인한다. (○, ×) [11 국회8급, 14 서울9급]
- 토지대장상의 소유자명의변경신청을 거부한 행위는 처분성이 인정된다. (○, ×) [21 국가9급, 14 서울7급]

ⓒ 법규상 또는 조리상 신청권이 있을 것

거부행위는 그 처분 전의 상태가 계속되는 것이므로 원칙적으로 신청인의 법적 지위에 어떠한 변동을 가져오는 것이라고는 할 수 없으나, 신청인에 법규상 또는 조리상 일정한 공권력의 행사를 요구할 권리(신청권)가 있음에도 행정청이 이를 받아들이지 않은 결과 신청인의 권리 내지는 이익을 침해하는 것이 된다. 판례는 신청권의 존부를 거부처분의 처분성을 인정하기 위한 전제요건(성립요건)으로 보는 대상적격설을 취하며, 다만 신청권을 일반국민을 기준으로 일반적·추상적으로 결정되는 형식적·객관적 권리로 보아 단순한 응답요구권의 의미로 본다.

> 행정청의 거부행위가 거부처분이 되려면 국민에게 법규상의 신청권이 있어야 하며, 조리상의 신청권으로는 될 수 없다. (○, ×) [15 교행]

판례

1. 행정청이 국민의 신청에 대하여 한 거부행위가 항고소송의 대상이 되는 행정처분에 해당하려면, 행정청의 행위를 요구할 법규상 또는 조리상의 신청권이 그 국민에게 있어야 하고, [08 국가9급] 이러한 신청권 없이 한 국민의 신청을 행정청이 받아들이지 아니한 경우에는 그 거부로 인하여 신청인의 권리나 법적 이익에 어떤 영향을 주는 것이 아니므로 이를 항고소송의 대상이 되는 행정처분이라고 할 수 없다(대판 2005.2.25. 2004두4031).
2. 거부처분의 처분성을 인정하기 위한 전제요건이 되는 신청권의 존부는 구체적 사건에서 신청인이 누구인가를 고려하지 않고 관계 법규의 해석에 의하여 일반 국민에게 그러한 신청권을 인정하고 있는가를 살펴 추상적으로 결정되는 것이고, [19 서울9급(上)] 신청인이 그 신청에 따른 단순한 응답을 받을 권리를 넘어서 신청의 인용이라는 만족적 결과를 얻을 권리를 의미하는 것은 아니므로, 국민이 어떤 신청을 한 경우에 그 신청의 근거가 된 조항의 해석상 행정발동에 대한 개인의 신청권을 인정하고 있다고 보이면 그 거부행위는 항고소송의 대상이 되는 처분으로 보아야 하고, 구체적으로 그 신청이 인용될 수 있는가 하는 점은 본안에서 판단하여야 할 사항이다(대판 2009.9.10. 2007두20638).
3. 제소기간이 이미 도과하여 불가쟁력이 생긴 행정처분에 대하여는 개별 법규에서 그 변경을 요구할 신청권을 규정하고 있거나 관계 법령의 해석상 그러한 신청권이 인정될 수 있는 등 특별한 사정이 없는 한 국민에게 그 행정처분의 변경을 구할 신청권이 있다 할 수 없다(대판 2007.4.26. 2005두11104).
4. 경정청구기간이 도과한 후에 제기된 경정청구는 부적법하여 과세관청이 과세표준 및 세액을 결정 또는 경정하거나 거부처분을 할 의무가 없으므로, 과세관청이 경정을 거절하였다고 하더라도 이를 항고소송의 대상이 되는 거부처분으로 볼 수 없다(대판 2017.8.23. 2017두38812). [19 지방7급]

> 법규상 또는 조리상의 신청권이 없는 경우에는 거부행위의 처분성이 인정되지 아니한다. (○, ×) [14 지방9급]

> 거부처분의 처분성을 인정하기 위한 전제조건인 신청권의 존부는 신청의 인용이라는 만족적 결과를 얻을 권리가 있는지 여부에 따라 결정된다. (○, ×) [17 복지9급, 08 국가9급]

> 거부처분의 처분성을 인정하기 위한 전제 요건이 되는 신청권은 신청인이 그 신청에 따른 단순한 응답을 받을 권리를 넘어서 신청의 인용이라는 만족적 결과를 얻을 권리를 의미한다. (○, ×) [21 지방9급]

> 제소기간이 이미 도과하여 불가쟁력이 생긴 행정처분에 대하여는 개별 법규에서 그 변경을 요구할 신청권을 규정하고 있거나 관계법령의 해석상 그러한 신청권이 인정될 수 있는 등 특별한 사정이 없는 한 국민에게 그 행정처분의 변경을 구할 신청권이 있다 할 수 없다. (○, ×) [19 서울9급(上)]

ⓒ 구체적 검토

ⓐ 재임용 및 신규임용자에 대한 거부의 경우

판례

거부의 처분성을 긍정한 사례

1. 기간제로 임용되어 임용기간이 만료된 국·공립대학의 조교수는 재임용되리라는 기대를 가지고 재임용 여부에 관하여 합리적인 기준에 의한 공정한 심사를 요구할 법규상 또는 조리상 신청권을 가진다고 할 것이니, [14 서울7급] 임용권자가 임용기간이 만료된 조교수에 대하여 재임용을 거부하는 취지로 한 임용기간만료의 통지는 위와 같은 대학교원의 법률관계에 영향을 주는 것으로서 행정소송의 대상이 되는 처분에 해당한다(대판 2004.4.22. 2000두7735 전원합의체). [18 지방7급]
2. 다수의 임용지원자 중 유일한 면접심사 대상자로 선정되는 등으로 장차 나머지 일부의 심사단계를 거쳐 대학교원으로 임용될 것을 상당한 정도로 기대할 수 있는 지위에 이르렀다면, 그러한 임용지원자는 임용에 관한 법률상 이익을 가진 자로서 임용권자에 대하여 나머지 심사를 공정하게 진행하여 그 심사에서 통과되면 대학교원으로 임용해 줄 것을 신청할 조리상의 권리가 있다(대판 2004.6.11. 2001두7053). [12 국가7급, 09 국회8급]

> 임용기간이 만료된 국·공립대학의 조교수에 대하여 재임용을 거부하는 취지로 한 임용기간 만료의 통지는 행정처분에 해당한다. (○, ×) [21 지방7급]

판례

거부의 처분성을 부정한 사례

특별채용 대상자로서의 자격을 갖추고 있고, 원고 등과 유사한 지위에 있는 전임강사에 대하여는 피고가 정규교사로 특별채용한 선례가 있다 하더라도 그러한 사정만으로 임용지원자에 불과한 원고 등에게 피고에 대하여 교사로의 특별채용을 요구할 법규상 또는 조리상의 권리가 있다고 할 수는 없다(대판 2005.4.15. 2004두11626). [22 국가9급]

ⓑ 직권취소

판례

처분청은 그 처분에 하자가 있는 경우에는 원칙적으로 별도의 법적 근거가 없더라도 스스로 이를 직권으로 취소할 수 있지만, 그와 같이 직권취소를 할 수 있다는 사정만으로 이해관계인에게 처분청에 대하여 그 취소를 요구할 신청권이 부여된 것으로 볼 수는 없으므로, [15 복지9급] 처분청이 위와 같이 법규상 또는 조리상의 신청권이 없이 한 이해관계인의 복구준공통보 등의 취소신청을 거부하더라도, 그 거부행위는 항고소송의 대상이 되는 처분에 해당하지 않는다(대판 2006.6.30. 2004두701).

> 처분청이 법령의 근거가 없어도 직권취소를 할 수 있다는 사정이 있는 경우, 이해관계인에게 처분청에 대하여 그 취소를 요구할 신청권이 부여된 것으로 볼 수 있다. (○, ×) [14 경행특채, 11 지방9급]

ⓒ 반복된 거부의 경우

판례는 신청에 대한 거부처분이 있은 후 동일한 내용의 새로운 신청에 대해 다시 거부의 의사표시를 한 경우에는 새로운 거부처분이 있은 것으로 보아 반복된 거부처분의 경우에도 처분성을 긍정하고 있다.

판례

거부처분은 관할 행정청이 국민의 처분신청에 대하여 거절의 의사표시를 함으로써 성립되고, 그 이후 동일한 내용의 새로운 신청에 대하여 다시 거절의 의사표시를 한 경우에는 새로운 거부처분이 있는 것으로 보아야 할 것이다(대판 2002.3.29. 2000두6084).

ⓓ 기타 판례

판례

1. 문화재보호구역 내에 있는 토지소유자 등으로서는 위 보호구역의 지정해제를 요구할 수 있는 법규상 또는 조리상의 신청권이 있다고 할 것이고, 이러한 신청에 대한 거부행위는 항고소송의 대상이 되는 행정처분에 해당한다(대판 2004.4.27. 2003두8821). [15 경행특채, 13 국회8급]
2. 피해자의 의사와 무관하게 주민등록번호가 유출된 경우에는 조리상 주민등록번호의 변경을 요구할 신청권을 인정함이 타당하고, 구청장의 주민등록번호 변경신청 거부행위는 처분에 해당한다(대판 2017.6.15. 2013두2945). [22 국가9급, 21 국가9급]
3. 건축주가 토지 소유자로부터 토지사용승낙서를 받아 그 토지 위에 건축물을 건축하는 대물적(대물적) 성질의 건축허가를 받았다가 착공에 앞서 건축주의 귀책사유로 해당 토지를 사용할 권리를 상실한 경우, 건축허가의 존재로 말미암아 토지에 대한 소유권 행사에 지장을 받을 수 있는 토지 소유자로서는 건축허가의 철회를 신청할 수 있다고 보아야 한다. [22 국가9급] 따라서 토지 소유자의 위와 같은 신청을 거부한 행위는 항고소송의 대상이 된다(대판 2017.3.15. 2014두41190). [19 지방9급]
4. 고속도로 건설공사에 편입되는 토지소유자들을 대위하여 토지면적등록 정정신청을 하였으나 화성시장이 이를 반려한 사안에서, 반려처분은 항고소송 대상이 되는 행정처분에 해당한다(대판 2011.8.25. 2011두3371). [19 지방9급]
5. 자동차운송사업 양도·양수인가신청에 대하여 행정청이 내인가를 한 후 그 본인가신청이 있음에도 내인가를 취소한 경우, 다시 본인가에 대하여 별도로 인가여부의 처분을 한다는 사정이 보이지 않는다면 내인가취소는 행정처분에 해당한다(대판 1991.6.28. 선고 90누4402).
6. 산업단지개발계획상 산업단지 안의 토지 소유자로서 산업단지개발계획에 적합한 시설을 설치하여 입주하려는 자는 산업단지지정권자 또는 그로부터 권한을 위임받은 기관에 대하여 산업단지개발계획의 변경을 요청할 수 있는 법규상 또는 조리상 신청권이 있다(대판 2017.8.29. 2016두44186). [21 지방9급]

판례에 의할 때 거부처분 이후 동일한 내용의 새로운 신청에 대한 반복된 거부행위는 처분에 해당하지 않는다. (○, ×)
[20 지방7급, 10 세무사]

인터넷 포털사이트의 개인정보 유출사고로 주민등록번호가 불법 유출되었음을 이유로 주민등록번호 변경신청을 하였으나 관할 구청장이 이를 거부한 경우, 그 거부행위는 처분에 해당하지 않는다.(○, ×)
[19 국가9급, 19 서울9급(上)]

⑥ 공권력의 행사나 그 거부에 준하는 행정작용

㉠ 행정계획

행정계획 중에 구속적 행정계획은 처분성을 인정할 수 있다.

판례

처분성을 인정한 사례

표준지공시지가의 결정은 처분성을 가지지 않는다. (○, ×) [09 국회8급]

1. 표준지공시지가결정이 위법한 경우에는 그 자체를 행정소송의 대상이 되는 행정처분으로 보아 그 위법 여부를 다툴 수 있음은 물론, 수용보상금의 증액을 구하는 소송에서도 선행처분으로서 그 수용대상 토지 가격 산정의 기초가 된 비교표준지공시지가결정의 위법을 독립한 사유로 주장할 수 있다(대판 2008.8.21. 2007두13845).

내부행위나 중간처분이라도 그로써 실질적으로 국민의 권리가 제한되거나 의무가 부과되면 항고소송의 대상이 되는 처분이다. 따라서 개별공시지가결정은 처분이다. (○, ×) [16 국회8급, 09 지방9급]

2. 개별토지가격에 대하여 이의가 있는 토지소유자 및 이해관계인은 재조사청구나 행정심판법에 다른 행정심판청구 중 하나만을 거쳐 곧바로 행정소송을 제기하는 것이 가능하다(대판 1998.6.26. 98두6098).
3. 도시계획법 제12조 소정의 고시된 도시계획결정은 특정 개인의 권리 내지 법률상의 이익을 개별적이고 구체적으로 규제하는 효과를 가져오게 하는 행정청의 처분이라 할 것이다(대판 1982.3.9. 80누105).

토지수용절차에서의 사업인정은 항고소송의 대상이다. (○, ×) [12 국회8급]

4. 구 도시계획법에서 규정한 사업인정은 그 후 일정한 절차를 거칠 것을 조건으로 하여 일정한 내용의 수용권을 설정하여 주는 행정처분의 성격을 띠는 것으로서 독립하여 행정소송의 대상이 되고, 그 사업인정을 받음으로써 수용할 목적물의 범위가 확정되고 수용권으로 하여금 목적물에 관한 현재 및 장래의 권리자에게 대항할 수 있는 일종의 공법상의 권리로서의 효력을 발생시킨다(대판 1994.5.24. 93누24230).

판례

처분성을 부정한 사례

도시계획법령상의 도시기본계획은 토지형질변경, 건축물의 신축, 개축 또는 증축 등 권리행사에 제한을 가져오므로 일반국민에 대한 직접적인 구속력을 가지는 처분에 해당하여 행정소송의 대상이 된다. (○, ×) [09 지방9급]

1. 도시기본계획은 도시개발의 일반적인 방향이 제시되지만, 그 계획은 도시계획입안의 지침이 되는 것에 불과하여 일반 국민에 대한 직접적인 구속력은 없는 것이다(대판 2002.10.11. 2000두8226).

환지계획은 그 자체가 직접 토지소유자 등의 법률상 지위를 변동시키므로 환지계획은 항고소송의 대상이 되는 처분에 해당한다. (○, ×) [14 국가7급, 12 국가7급]

2. 환지계획은 환지예정지 지정이나 환지처분의 근거가 될 뿐 그 자체가 직접 토지소유자 등의 법률상의 지위를 변동시키거나 고유한 법률효과를 수반하는 것이 아니어서 처분에 해당한다고 할 수가 없다(대판 1999.8.20. 97누6889). [16 국회8급]

㉡ 행정지도

행정지도는 알선·권유 등 상대방의 임의적 협력을 기대하여 행하는 권고적 성격의 비권력적 사실행위로서 처분이 아니다. 그러나 행정지도가 사실상의 강제적 효력을 갖는 경우에는 규제적 행정지도로서 처분성을 갖는다.

판례

처분성을 긍정한 사례

국가인권위원회의 성희롱결정과 이에 따른 시정조치의 권고는 처분성이 인정되지 않는다. (○, ×) [15 국회8급, 11 지방7급]

1. 국가인권위원회의 성희롱결정과 이에 따른 시정조치의 권고는 성희롱 행위자로 결정된 자의 인격권에 영향을 미침과 동시에 공공기관의 장 또는 사용자에게 일정한 법률상의 의무를 부담시키는 것이므로 행정소송의 대상이 되는 행정처분에 해당한다(대판 2005.7.8. 2005두487). [19 서울7급(上), 17 국가9급(下)]

2. 금융기관의 임원에 대한 금융감독원장의 문책경고는 그 상대방에 대한 직업선택의 자유를 직접 제한하는 효과를 발생하게 하는 등 상대방의 권리의무에 직접 영향을 미치는 행위로서 항고소송의 대상이 되는 행정처분에 해당한다(대판 2005.2.17. 2003두14765). [18 지방9급, 15 경행특채]
3. 공정거래위원회의 '표준약관 사용권장행위'는 그 통지를 받은 해당 사업자 등에게 표준약관과 다른 약관을 사용할 경우 표준약관과 다르게 정한 주요내용을 고객이 알기 쉽게 표시하여야 할 의무를 부과하고, 그 불이행에 대해서는 과태료에 처하도록 되어 있으므로, 이는 사업자 등의 권리 · 의무에 직접 영향을 미치는 행정처분으로서 항고소송의 대상이 된다(대판 2010.10.14. 2008두23184). [19 서울9급]
4. 구 표시 · 광고의 공정화에 관한 법률 위반을 이유로 한 공정거래위원회의 경고의결은 사업자가 장래 다시 표시 · 광고의 공정화에 관한 법률 위반행위를 할 경우 과징금 부과 여부나 그 정도에 영향을 주는 고려사항이 되어 사업자의 자유와 권리를 제한하는 행정처분에 해당한다(대판 2013.12.26. 2011두4930).

> 금융감독원장으로부터 문책경고를 받은 금융기관의 임원이 일정기간 금융업종 임원선임의 자격제한을 받도록 관계 법령에 규정되어 있는 경우, 금융기관 임원에 대한 문책경고는 상대방의 권리의무에 직접 영향을 미치는 행위이므로 행정처분에 해당한다. (○, ×) [16 국가9급]

> 공정거래위원회의 '표준약관 사용권장행위'는 항고소송의 대상이 되는 행정처분이 아니다. (○, ×) [19 서울9급, 17 국회8급]

> 구 표시 · 광고의 공정화에 관한 법률위반을 이유로 한 공정거래위원회의 경고의결은 당해 표시 · 광고의 위법을 확인하되 구체적인 조치까지는 명하지 않은 것이므로 행정처분에 해당하지 않는다. (○, ×) [16 국회8급]

판례

처분성을 부정한 사례

1. 세무당국이 소외 회사에 대하여 원고와의 주류거래를 일정기간 중지하여 줄 것을 요청한 행위는 권고 내지 협조를 요청하는 권고적 성격의 행위로서 소외 회사나 원고의 법률상의 지위에 직접적인 법률상의 변동을 가져오는 행정처분이라고 볼 수 없는 것이므로 항고소송의 대상이 될 수 없다(대판 1980.10.27. 80누395).
2. 공무원이 소속 장관으로부터 받은 "직상급자와 다투고 폭언하는 행위 등에 대하여 엄중 경고하니 차후 이러한 사례가 없도록 각별히 유념하기 바람"이라는 내용의 서면에 의한 경고는 근무충실에 관한 권고행위 내지 지도행위로서 국가공무원법상의 징계처분이나 행정소송의 대상이 되는 행정처분이라고 할 수 없다(대판 1991.11.12. 91누2700).

> 세무당국의 주류거래중지 요청행위는 행정처분이 아니다. (○, ×) [14 세무사, 13 지방9급]

㉢ 권력적 사실행위

단순한 사실행위는 처분성이 부인되나, 권력적 사실행위는 공권력에 해당하여 처분성이 인정된다. 다만 권력적 사실행위는 비교적 단시간 내에 목적을 달성하고 종료되기 때문에 행정소송으로 다툴 실익이 없는 것이 보통이다.

판례

교도소장이 수형자 갑을 '접견내용 녹음 · 녹화 및 접견 시 교도관 참여대상자'로 지정한 사안에서, 위 지정행위는 수형자의 구체적 권리의무에 직접적 변동을 가져오는 행정청의 공법상 행위로서 항고소송의 대상이 되는 '처분'에 해당한다(대판 2014.2.13. 2013두20899). [22 지방7급, 20 지방9급]

헌재 판례

교도소 수형자에게 소변을 받아 제출하게 한 것은 일방적으로 강제하는 측면이 존재하며, 응하지 않을 경우 직접적인 징벌 등의 제재는 없다고 하여도 불리한 처우를 받을 수 있다는 심리적 압박이 존재하리라는 것을 충분이 예상할 수 있는 점에 비추어, 권력적 사실행위로서 헌법재판소법 제68조 제1항의 공권력의 행사에 해당한다(헌재 2006. 7. 27. 2005헌마277 [기각, 각하]).

> 교도소 내 마약류 관련 수형자에 대한 교도소장의 소변강제채취는 권력적 사실행위이나 헌법소원의 대상은 아니다. (○, ×) [23 지방9급]

㉣ 기타

ⓐ 반복된 행위

반복된 거부처분의 경우와 달리 대집행법상 2차·3차의 계고처분, 국세징수법상 2차 독촉과 같은 반복된 행위의 경우 그 2차, 3차의 행위는 새로운 처분이 아니라 독촉이나 연기통지에 불과하다는 것이 판례의 태도이다(대판 2000.2.22. 98두4665).

ⓑ 경정처분

경정처분이란 과세처분 등을 한 뒤 그 처분을 증액 또는 감액하는 내용의 처분을 말한다. 이때 당초의 처분과 경정처분 중 어느 것이 항고소송의 대상이 되는지에 대해서 견해가 나뉘고 있으나, 판례는 감액경정처분의 경우에는 당초처분 중 경정처분에 의하여 취소되지 않고 남은 부분이 소송의 대상이 되며(역흡수설), 증액경정처분의 경우에는 당초처분은 증액경정처분에 흡수되어 소멸하고 그 증액경정처분만이 소송의 대상이 된다고 한다(흡수설). 따라서 감액경정처분의 경우에는 감액되고 남은 당초처분을 기준으로 제소기간을 판단하여야 한다.

행정대집행법상의 건물철거의무는 제1차 철거명령 및 계고처분으로써 발생하였고 제2차, 제3차 계고처분은 새로운 철거의무를 부과한 것이 아니고, 다만 대집행기한의 연기통지에 불과하여 행정처분이 아니다. (○, ×) [13 지방9급]

행정청이 금전부과처분을 한 후 감액처분을 한 경우에는 감액처분이 항고소송의 대상이 된다. (○, ×) [15 국회8급]

판례

감액경정처분의 경우

1. 과징금 부과처분에서 행정청이 납부의무자에 대하여 부과처분을 한 후 그 부과처분의 하자를 이유로 과징금의 액수를 감액하는 경우에 그 감액처분은 감액된 과징금 부분에 관하여만 법적 효과가 미치는 것으로서 처음의 부과처분과 별개 독립의 과징금 부과처분이 아니라 그 실질은 당초 부과처분의 변경이고, 그에 의하여 과징금의 일부취소라는 납부의무자에게 유리한 결과를 가져오는 처분이므로 처음의 부과처분이 전부 실효되는 것은 아니며, 항고소송의 대상은 처음의 부과처분 중 감액처분에 의하여 취소되지 않고 남은 부분이고 감액처분이 항고소송의 대상이 되는 것은 아니다(대판 2008.2.15. 2006두3957).
2. 과세표준과 세액을 감액하는 경정처분은 별개 독립의 과세처분이 아니라 그 실질은 당초의 부과처분의 변경이고, 항고소송의 대상은 당초의 부과처분 중 경정처분에 의하여 아직 취소되지 않고 남은 부분이고, 그 경정처분이 항고소송의 대상이 되는 것은 아니며, 이 경우 적법한 전심절차를 거쳤는지 여부도 당초 처분을 기준으로 판단하여야 한다(대판 2009.5.28. 2006두16403). [19 지방7급]

행정청이 과징금 부과처분을 한 후 부과처분의 하자를 이유로 감액처분을 한 경우, 감액처분은 당초 부과처분과 별개 독립의 처분으로서 독립적인 취소소송의 대상이 된다. (○, ×) [21 서울7급, 17 국가7급(下)]

판례

증액경정처분의 경우

1. 증액경정처분은 당초 처분과 증액되는 부분을 포함하여 전체로서 하나의 과세표준과 세액을 다시 결정하는 것이어서 당초 처분은 증액경정처분에 흡수되어 독립된 존재가치를 상실하고 오직 증액경정처분만이 쟁송의 대상이 되어 납세의무자로서는 증액된 부분만이 아니라 당초 처분에서 확정된 과세표준과 세액에 대하여도 그 위법 여부를 다툴 수 있는 것이지만, 증액경정처분이 제척기간 도과 후에 이루어진 경우에는 증액부분만이 무효로 되고 제척기간 도과 전에 있었던 당초 처분은 유효한 것이므로, 납세의무자로서는 그와 같은 증액경정처분이 있었다는 이유만으로 당초 처분에 의하여 이미 확정되었던 부분에 대하여 다시 위법 여부를 다툴 수는 없다(대판 2004.2.13. 2002두9971).
2. 증액경정처분이 있는 경우, 당초 신고나 결정은 증액경정처분에 흡수됨으로써 독립한 존재가치를 잃고 증액경정처분만이 항고소송의 심판대상이 되고, 납세의무자는 그 항고소송에서 당초 신고나 결정에 대한 위법사유도 함께 주장할 수 있다고 해석함이 타당하다(대판 2009.5.14. 2006두17390).
3. 증액경정처분이 있는 경우 당초처분은 증액경정처분에 흡수되어 소멸하고, 소멸한 당초처분의 절차적 하자는 존속하는 증액경정처분에 승계되지 아니한다(대판 2010.6.24. 2007두16493). [19 지방7급]

> 과세처분에 있어 증액경정처분의 경우에 증액경정처분은 당초처분에 흡수되어 독립한 존재가치를 상실하여 당연히 소멸하고 당초처분만이 취소소송의 대상이 된다. (○, ×) [12 서울9급]

> 증액경정처분이 있는 경우, 원칙적으로는 당초 신고나 결정에 대한 불복기간의 경과 여부 등에 관계없이 증액경정처분만이 항고소송의 대상이 되고 납세의무자는 그 항고소송에서 당초 신고나 결정에 대한 위법사유를 주장할 수 없다. (○, ×) [19 지방7급, 18 지방9급]

> 과세처분에 대하여 증액경정처분이 있는 경우 당초처분은 증액경정처분에 흡수되어 소멸하므로 소멸한 당초처분의 절차적 하자는 존속하는 증액경정처분에 승계된다. (○, ×) [17 국가7급]

ⓒ 적극적 변경처분의 경우

판례

선행처분의 주요 부분을 실질적으로 변경하는 내용으로 후행처분을 한 경우에 선행처분은 특별한 사정이 없는 한 그 효력을 상실하지만, 후행처분이 있었다고 하여 일률적으로 선행처분이 존재하지 않게 되는 것은 아니고 선행처분의 내용 중 일부만을 소폭 변경하는 정도에 불과한 경우에는 선행처분이 소멸한다고 볼 수 없다. 선행처분이 후행처분에 의하여 변경되지 아니한 범위 내에서 존속하고 후행처분은 선행처분의 내용 중 일부를 변경하는 범위 내에서 효력을 가지는 경우에, 선행처분의 취소를 구하는 소를 제기한 후 후행처분의 취소를 구하는 청구를 추가하여 청구를 변경하였다면 후행처분에 관한 제소기간 준수 여부는 청구변경 당시를 기준으로 판단하여야 하나, 선행처분에만 존재하는 취소사유를 이유로 후행처분의 취소를 청구할 수는 없다(대판 2012.12.13. 2010두20782).

ⓓ 내부행위

행정기관의 행위가 오직 행정기관의 내부적인 사무처리절차에 불과하거나, 승인·동의·협의 등으로 행정기관 상호 간의 행위인 경우에는 원칙적으로 처분이 아니다. [17 복지9급] 하지만 내부행위라 하더라도 국민의 권리·의무에 직접적인 영향을 미치는 경우에는 처분성이 인정된다.

도지사가 도(道) 내 특정시를 공공기관이 이전할 혁신도시 최종입지로 선정한 행위는 항고소송의 대상이 되는 행정처분이다. (○, ×) [15 서울7급, 12국가9급]

세무서장의 법인세 과세표준결정행위는 항고소송의 대상이 되는 처분이 아니다. (○, ×) [14 지방7급]

판례

처분성을 부정한 사례

1. 정부의 수도권 소재 공공기관의 지방이전시책을 추진하는 과정에서 도지사가 도 내 특정시를 공공기관이 이전할 혁신도시 최종입지로 선정한 행위는 항고소송의 대상이 되는 행정처분이 아니다(대판 2007.11.15. 2007두10198). [19 서울9급]
2. 해양수산부장관의 항만 명칭결정은 국민의 권리의무나 법률상 지위에 직접적인 법률적 변동을 일으키는 행위가 아니므로 항고소송의 대상이 되는 행정처분이 아니다(대판 2008.5.29. 2007두23873).
3. 법인세 과세표준 결정이나 손금불산입 처분은 법인세 과세처분에 앞선 결정으로서 그로 인하여 바로 과세처분의 효력이 발생하는 것이 아니고 또 후일에 이에 의한 법인세 과세처분이 있을 때에 그 부과처분을 다툴 수 있는 방법이 없는 것도 아니므로, 법인세 과세표준 결정이나 손금불산입 처분은 항고소송의 대상이 되는 행정처분이라고는 할 수 없다(대판 1996.9.24. 95누12842).
4. 시험승진후보자명부에 등재되어 있던 자가 그 명부에서 삭제됨으로써 승진임용의 대상에서 제외되었다 하더라도, 그와 같은 시험승진후보자명부에서의 삭제행위는 결국 그 명부에 등재된 자에 대한 승진 여부를 결정하기 위한 행정청 내부의 준비과정에 불과하고, 별도의 행정처분이 된다고 할 수 없다(대판 1997.11.14. 97누7325). [17 국가9급(下), 15 경행특채]

조세부과처분을 위한 과세관청의 세무조사결정은 사실행위로서 납세의무자의 권리·의무에 직접 영향을 미치는 것은 아니므로 항고소송의 대상이 되지 아니한다. (○, ×) [19 지방7급, 18 국가9급]

「교육공무원법」상 승진후보자 명부에 의한 승진심사 방식으로 행해지는 승진임용에서 승진후보자 명부에 포함되어 있던 후보자를 승진임용인사발령에서 제외하는 행위는 항고소송의 대상인 처분에 해당하지 않는다. (○, ×) [19 지방9급]

청소년유해매체물 결정 및 고시처분은 항고소송의 대상이 된다. (○, ×) [20 국가9급, 10 지방9급]

판례

처분성을 인정한 사례

1. 부과처분을 위한 세무조사결정이 있는 경우 납세의무자는 세무공무원의 과세자료 수집을 위한 질문에 대답하고 검사를 수인하여야 할 법적 의무를 부담하게 되는 점 등을 종합하면, 세무조사결정은 항고소송의 대상이 된다(대판 2011.3.10. 2009두23617). [18 서울7급, 17 지방9급]
2. 장애연금 지급을 위한 장애등급 결정은 처분에 해당하며, 장애연금 지급청구권을 취득할 당시 즉 치료종결 후 신체 등에 장애가 있게 된 당시의 법령에 따르는 것이 원칙이다(대판 2014.10.15. 2012두15135). [15 지방9급]
3. 진실·화해를 위한 과거사정리 기본법이 규정하는 진실규명결정은 국민의 권리의무에 직접적으로 영향을 미치는 행위로서 항고소송의 대상이 되는 행정처분이라고 보는 것이 타당하다(대판 2013.1.16. 2010두22856). [15 지방9급]
4. 교육공무원법상 승진후보자 명부에 의한 승진심사 방식으로 행해지는 승진임용에서 승진후보자 명부에 포함되어 있던 후보자를 승진임용인사발령에서 제외하는 행위는 불이익처분으로서 항고소송의 대상인 처분에 해당한다(대판 2018.3.27. 2015두47492). [19 지방7급]
5. 친일반민족행위자재산조사위원회의 재산조사개시결정은 조사대상자의 권리·의무에 직접 영향을 미치는 독립한 행정처분으로서 항고소송의 대상이 된다고 봄이 상당하다(대판 2009.10.15. 2009두6513). [13 지방9급]
6. 정보통신윤리위원회가 특정 인터넷사이트를 청소년유해매체물로 결정한 행위가 항고소송의 대상이 되는 행정처분에 해당한다(대판 2007.6.14. 2005두4397).

ⓔ 중간행위

중간행위도 그 자체로서 일정한 법률효과를 가져오거나 국민의 권리·이익에 직접 영향을 미치는 경우에는 항고소송의 대상이 된다. 판례는 부지사전승인처분과 같은 부분허가는 부분적이긴 하나 일정한 법률 효과를 발생시키므로 처분성이 인정되고(다만 판례는 부지사전승인처분 후 건설허가처분이 있게 되면 건설허가처분만이 취소소송의 대상이 된다고 본다/대판 1998.9.4. 97누19588), 폐기물사업계획서 부적정통보와 같은 예비결정도 상대방의 권리의무에 직접적인 영향을 미치므로 처분성이 인정된다고 본다(대판 1998.4.28. 97누21086). 한편 학설은 대체로 가행정행위와 확약의 처분성을 긍정하나, 판례는 어업면허에 선행하는 우선순위결정을 확약으로 보면서 확약의 처분성은 부정하고 있다(대판 1995.1.20. 94누6529). 참고로 어업면허우선순위결정 대상탈락자 결정은 최종적인 법적 효과를 가져오므로 처분이다. [16 국회8급]

판례

병무청장이 병역법 제81조의2 제1항에 따라 병역의무 기피자의 인적사항 등을 인터넷 홈페이지에 게시하는 등의 방법으로 공개한 경우 병무청장의 공개결정을 항고소송의 대상이 되는 행정처분으로 보아야 한다. [23 국가9급] 지방병무청장이 1차로 공개 대상자 결정을 하고, 그에 따라 병무청장이 같은 내용으로 최종적 공개결정을 하였다면, 공개 대상자는 병무청장의 최종적 공개결정만을 다투는 것으로 충분하고, 관할 지방병무청장의 공개 대상자 결정을 별도로 다툴 소의 이익은 없어진다(대판 2019.6.27. 2018두49130).

ⓕ 특별한 불복절차를 두고 있는 경우

조세범처벌법·관세법·도로교통법상의 통고처분, 질서위반행위규제법상의 과태료처분, 구건축법상의 이행강제금부과처분(현재는 항고소송의 대상임), 검사의 공소제기·불기소처분 등 개별법에서 특별한 불복절차를 규정하고 있는 경우에는 행정소송의 대상이 되는 처분이 아니다.

판례

1. 도로교통법 제118조에서 규정하는 경찰서장의 통고처분은 행정소송의 대상이 되는 행정처분이 아니므로 그 처분의 취소를 구하는 소송은 부적법하다(대판 1995.6.29. 95누4674). [22 국가7급, 20 지방9급]
2. 형사소송법에 의하면 검사가 공소를 제기한 사건은 기본적으로 법원의 심리대상이 되고 피의자 및 피고인은 수사의 적법성 및 공소사실에 대하여 형사소송절차를 통하여 불복할 수 있는 절차와 방법이 따로 마련되어 있으므로 검사의 공소제기가 적법절차에 의하여 정당하게 이루어진 것이냐의 여부에 관계없이 검사의 공소에 대하여는 형사소송절차에 의하여서만 이를 다툴 수 있고 행정소송의 방법으로 공소의 취소를 구할 수는 없다(대판 2000.3.28. 99두11264).

- 원자로 및 관계시설의 부지사전승인처분은 그 자체로서 독립한 행정처분은 아니므로 이의 위법성을 직접 항고소송으로 다툴 수는 없고 후에 발령되는 건설허가처분에 대한 항고소송에서 다투어야 한다. (○, ×) [17 국가9급, 14 국회8급]
- 원자로건설허가처분이 있게 되면 원자로부지사전승인처분에 대한 취소소송은 소의 이익을 잃게 된다. (○, ×) [13 지방7급]
- 구 「폐기물관리법」 관계 법령상의 폐기물처리업허가를 받기 위한 사업계획에 대한 부적정통보는 허가신청 자체를 제한하는 등 개인의 권리 내지 법률상의 이익을 개별적이고 구체적으로 규제하고 있어 행정처분에 해당한다. (○, ×) [17 국가9급, 10 지방9급]
- 어업권면허에 선행하는 우선순위결정은 강학상 확약으로 행정처분에 해당되어 우선순위결정에 공정력이나 불가쟁력 같은 효력이 인정된다. (○, ×) [15 경행특채, 10 지방7급]
- 병무청장이 구 「병역법」에 따라 병역의무 기피자의 인적사항 등을 인터넷 홈페이지에 게시하는 등의 방법으로 공개한 경우 병무청장의 공개결정은 항고소송의 대상이 되는 행정처분이 아니다. (○, ×) [23 국가7급]
- 「병역법」에 따라 관할 지방병무청장이 1차로 병역의무기피자 인적사항 공개 대상자 결정을 하고 그에 따라 병무청장이 같은 내용으로 최종적 공개결정을 하였더라도, 해당 공개 대상자는 관할 지방병무청장의 공개 대상자 결정을 다툴 수 있다. (○, ×) [22 국가7급]
- 형사사건에 대한 검사의 기소결정은 처분성이 인정된다. (○, ×) [14 복지9급]

⑦ 기타 처분성이 문제되는 경우

㉠ 공부의 기재행위 등

판례

처분성을 긍정한 사례

1. 건축물대장은 건축물에 관한 소유권보존등기 또는 소유권이전등기를 신청하려면 이를 등기소에 제출하여야 하는 점 등을 종합해 보면, 건축물대장을 직권말소한 행위는 국민의 권리관계에 영향을 미치는 것으로서 항고소송의 대상이 되는 행정처분에 해당한다(대판 2010.5.27. 2008두22655). [12 국회8급]
2. 토지대장을 직권으로 말소한 행위는 국민의 권리관계에 영향을 미치는 것으로서 항고소송의 대상이 되는 행정처분에 해당한다(대판 2013.10.24. 2011두13286).
3. 지적공부 소관청의 지목변경신청 반려행위는 국민의 권리관계에 영향을 미치는 것으로서 항고소송의 대상이 되는 행정처분에 해당한다(대판 2004.4.22. 2003두9015). [21 지방9급, 18 서울7급(上)]
4. 건축물대장 소관청의 용도변경신청 거부행위는 국민의 권리관계에 영향을 미치는 것으로서 항고소송의 대상이 되는 행정처분에 해당한다(대판 2009.1.30. 2007두7277). [24 국가9급, 17 국가7급]
5. 행정청이 건축물대장의 작성신청을 거부한 행위는 국민의 권리관계에 영향을 미치는 것으로서 항고소송의 대상이 되는 행정처분에 해당한다(대판 2009.2.12. 2007두17359). [18 서울7급(上)]
6. 지적 소관청의 토지분할신청 거부행위는 항고소송의 대상이 되는 행정처분이다(대판 1992.12.8. 92누7542).

✦ 지적공부 소관청이 토지대장을 직권으로 말소한 행위는 처분성이 인정된다. (○, ×) [14 서울7급]

✦ 지적공부 소관청의 지목변경신청 반려행위는 지목의 변경이 토지소유자의 실체적 권리관계에 직접 영향을 미치지 아니하기 때문에 항고소송의 대상이 되는 행정처분에 해당되지 아니한다. (○, ×) [14 국회8급, 10 지방7급]

✦ 판례는 건축물대장 소관청의 용도변경신청거부행위의 처분성을 부인한다. (○, ×) [14 서울7급, 11 국회8급]

판례

처분성을 부정한 사례

1. 토지대장에 기재된 일정한 사항을 변경하는 행위는, 그것이 지목의 변경이나 정정 등과 같이 토지소유권 행사의 전제요건으로서 토지소유자의 실체적 권리관계에 영향을 미치는 사항에 관한 것이 아닌 한 행정사무집행의 편의와 사실증명의 자료로 삼기 위한 것일 뿐이어서, 그 소유자 명의가 변경된다고 하여도 이로 인하여 당해 토지에 대한 실체상의 권리관계에 변동을 가져올 수 없고 토지 소유권이 지적공부의 기재만에 의하여 증명되는 것도 아니다. 따라서 소관청이 토지대장상의 소유자명의변경신청을 거부한 행위는 이를 항고소송의 대상이 되는 행정처분이라고 할 수 없다(대판 2012.1.12. 2010두12354). [20 지방9급, 19 서울9급]
2. 무허가 건물관리대장에 등재되어 있다가 그 후 삭제되었다고 하더라도 이주대책에서 정한 무허가건물 소유자의 법률상 지위에 어떠한 영향도 미치지 않으므로, 무허가건물관리대장 등재 삭제행위의 취소를 구하는 소는 부적법하다(대판 2009.3.12. 2008두11525). [17 국가7급]
3. 과세관청이 사업자등록을 관리하는 과정에서 위장사업자의 사업자명의를 직권으로 실사업자의 명의로 정정하는 행위 또한 당해 사업사실 중 주체에 관한 정정기재일 뿐 그에 의하여 사업자로서의 지위에 변동을 가져오는 것이 아니므로 항고소송의 대상이 되는 행정처분으로 볼 수 없다(대판 2011.1.27. 2008두2200).

✦ 토지대장의 기재는 토지소유권을 제대로 행사하기 위한 전제요건으로서 토지소유자의 실체적 권리관계에 밀접하게 관련되어 있으므로 토지대장상의 소유자명의변경신청을 거부한 행위는 국민의 권리관계에 영향을 미치는 것이어서 항고소송의 대상이 되는 행정처분에 해당한다. (○, ×) [16 국가9급]

✦ 관할관청이 무허가건물을 무허가건물관리대장에 삭제하는 행위는 항고소송의 대상이다. (○, ×) [14 서울7급, 12 국회8급]

✦ 부가가치세법상 사업자등록은 단순한 사업사실의 신고에 해당하므로, 과세관청이 직권으로 등록을 말소한 행위는 항고소송의 대상인 행정처분에 해당하지 않는다. (○, ×) [21 서울7급, 20 국가7급]

4. 자동차운전면허대장상 일정한 사항의 등재행위는 운전면허행정사무집행의 편의와 사실 증명의 자료로 삼기 위한 것일 뿐 그 등재행위로 인하여 당해 운전면허 취득자에게 새로이 어떠한 권리가 부여되거나 변동 또는 상실되는 효력이 발생하는 것은 아니므로 이는 행정소송의 대상이 되는 독립한 행정처분으로 볼 수 없다(대판 1991.9.24. 91누1400).
[22 국가7급, 18 서울7급(上)]

㉡ 신고의 수리 또는 거부, 이행통지 등

자기완결적 신고의 수리 또는 거부에는 처분성이 인정되지 않으나, 행위요건적 신고의 수리 또는 거부에는 처분성이 인정된다. 다만 최근 변경된 판례는 건축신고의 반려행위에 대해 처분성을 인정하고 있다(대판 2010.11.18. 2008두167 전원합의체). 한편 법령상 신고대상이 아닌 사실을 신고하고 이를 행정청이 수리하더라도 이는 취소소송의 대상인 행정처분이 아니라는 것이 판례의 입장이다.

판례

파주시장이 종교단체 납골당설치 신고를 한 갑 교회에 납골당설치 신고사항 이행통지를 한 경우, 이행통지는 납골당설치 신고에 대하여 파주시장이 납골당설치 요건을 구비하였음을 확인하고 관계 법령상 허가 또는 신고 내용을 고지하면서 신고한 대로 납골당 시설을 설치하도록 한 것이므로, 파주시장이 갑 교회에 이행통지를 함으로써 납골당설치 신고수리를 하였다고 보는 것이 타당하고, 이행통지가 새로이 갑 교회 또는 관계자들의 법률상 지위에 변동을 일으키지는 않으므로 이를 수리처분과 별도로 항고소송 대상이 되는 다른 처분으로 볼 수 없다(대판 2011.9.8. 2009두6766).

3. 재결

(1) 의의

재결이란 행정심판에 대한 재결을 말한다. 여기서 행정심판이란 행정심판법에 의한 것뿐만 아니라 널리 행정기관이 재결청이 되는 행정쟁송절차를 모두 포함하는 의미이다. 행정소송법 제2조는 처분과 재결이 모두 취소소송의 대상이 될 수 있다고 규정하고 있어, 원처분과 재결의 관계가 문제된다.

(2) 원처분주의

현행 행정소송법 제19조 단서에서는 "재결취소소송은 재결 자체에 고유한 위법이 있음을 이유로 하는 경우에 한한다."고 규정하여 원처분주의를 취하고 있다.

- 건축신고의 반려행위는 항고소송의 대상이 되는 처분이 아니다. (○, ×) [12 국가9급]
- 신고사항이 아닌 신고를 수리한 경우, 그 수리는 항고소송의 대상이 되는 행정처분에 해당하지 않는다. (○, ×) [14 경행특채]
- 이행통지는 납골당 설치 신고에 대하여 납골당 설치 요건을 구비하였음을 확인하고, 구 장사법령상의 납골당설치 기준, 관계법령상의 허가 또는 신고 내용을 고지하면서 신고한 대로 납골당 시설을 설치하도록 한 것이므로, 이 사건 이행통지를 함으로써 납골당 설치 신고에 대한 수리를 하였다고 봄이 타당하다. (○, ×) [12 지방7급]
- 이행통지는 납골당 설치신고에 대하여 납골당을 하는 데 필요한 각종 인·허가 사항, 향후 절차 등에 관한 사항을 알려주게 되어 새로이 참가인 또는 관계자들의 법률상 지위에 변동을 일으키므로, 수리처분과 별도로 이행통지를 항고소송의 대상이 되는 다른 처분으로 볼 수 있다. (○, ×) [12 지방7급]
- 행정심판의 재결은 행정심판 및 행정소송의 대상이 될 수 없다. (○, ×) [07 국회8급]
- 원처분의 위법을 이유로 행정심판 재결에 대한 취소소송을 제기할 수 없다. (○, ×) [13 국가9급]
- 취소소송은 처분 등을 대상으로 하나, 재결취소소송의 경우에는 재결 자체에 고유한 위법이 있음을 이유로 하는 경우에 한한다. (○, ×) [12 복지9급]

PART 05

(3) 재결 자체에 고유한 위법

재결취소소송의 대상인 '재결 자체의 고유한 위법'이란 원처분에는 위법이 없고 재결에만 위법이 있는 것을 말한다.

판례

1. '재결 자체에 고유한 위법'이란 원처분에는 없고 재결에만 있는 재결청의 권한 또는 구성의 위법, 재결의 절차나 형식의 위법, 내용의 위법 등을 뜻하고, 그중 내용의 위법에는 위법・부당하게 인용재결을 한 경우가 해당한다(대판 1997.9.12. 96누14661).
2. 행정처분에 대한 행정심판의 재결에 이유모순의 위법이 있다는 사유는 재결처분 자체에 고유한 하자로서 재결처분의 취소를 구하는 소송에서는 그 위법사유로서 주장할 수 있으나, 원처분의 취소를 구하는 소송에서는 그 취소를 구할 위법사유로서 주장할 수 없다(대판 1996.2.13. 95누8027).

서면에 의하지 않은 재결의 경우 형식상 하자가 있으므로 재결에 대해서 항고소송을 제기할 수 있다. (○, ×) [15 서울7급]

재결취소소송에 있어서 재결 자체의 고유한 위법은 재결의 주체, 절차 및 형식상의 위법만을 의미하고, 내용상의 위법은 이에 포함되지 않는다. (○, ×) [16 지방9급, 15 교행]

행정처분에 대한 행정심판의 재결에 이유모순의 위법이 있다는 사유는 원처분의 취소를 구하는 소송뿐 아니라 재결처분 자체에 고유한 하자로서 재결처분의 취소를 구하는 소송에서도 그 취소를 구할 위법사유로서 주장할 수 있다. (○, ×) [14 지방7급]

(4) 재결내용에 고유한 위법

① 각하재결

판례

행정심판청구가 부적법하지 않음에도 각하한 재결은 심판청구인의 실체심리를 받을 권리를 박탈한 것으로서 원처분에 없는 고유한 하자가 있는 경우에 해당하고, 따라서 위 재결은 취소소송의 대상이 된다(대판 2001.7.27. 99두2970). [22 국가9급, 21 서울7급]

행정심판청구가 부적법하지 않음에도 각하한 재결은 원처분주의에 의해서 취소소송의 대상이 되지 않는다. (○, ×) [15 지방9급]

② 기각재결

원처분이 정당하다고 판단하여 원처분을 유지하는 재결, 즉 청구기각재결을 한 경우에는 원칙적으로 재결 자체에 고유한 하자가 있는 것이 아니어서 원처분을 대상으로 행정소송을 제기해야 한다.

기각재결에 대해서는 원칙적으로 재결 자체의 위법을 이유로 항고소송을 제기해야 한다. (○, ×) [15 서울7급]

③ 인용재결

㉠ 제3자효 행정행위에 대한 인용재결

위법한 인용재결에 의해 비로소 권리이익을 침해받게 되는 자(예 제3자가 행정심판청구인인 경우의 행정처분 상대방 또는 행정처분 상대방이 행정심판청구인인 경우의 제3자)가 그 인용재결의 당부를 다투는 경우는 원처분에 없는 재결자체에 고유한 위법을 주장하는 것이 되어 항고소송의 대상이 된다.

판례

1. 제3자효를 수반하는 행정행위에 대한 행정심판청구에 있어서 그 청구를 인용하는 내용의 재결로 인하여 비로소 권리이익을 침해받게 되는 자는 그 인용재결에 대하여 다툴 필요가 있고, 그 인용재결은 원처분과 내용을 달리하는 것이므로 그 인용재결의 취소를 구하는 것은 원처분에는 없는 재결에 고유한 하자를 주장하는 셈이어서 당연히 항고소송의 대상이 된다(대판 2001.5.29. 99두10292). [21 국가7급, 21 서울7급]
2. 인용재결청인 문화체육부장관 스스로가 직접 당해 사업계획승인처분을 취소하는 형성적 재결을 한 경우에는 그 재결 외에 그에 따른 행정청의 별도의 처분이 있지 않기 때문에 재결 자체를 쟁송의 대상으로 할 수밖에 없다(대판 1997.12.23. 96누10911). [21 국가7급]

제3자효를 수반하는 행정행위에 대한 행정심판 청구에 있어서, 그 청구를 인용하는 내용의 재결로 인해 비로소 권리이익을 침해받게 되는 자라도 인용재결에 대해서는 항고소송을 제기하지 못한다. (○, ×) [15 서울7급]

ⓛ 부적법한 인용재결

행정심판의 제기요건(청구인적격 · 처분성 · 제기기간 등)을 결여하였음에도 불구하고 각하하지 아니하고 인용재결을 한 경우에는 재결 자체의 고유한 위법이 있는 경우에 해당한다. 판례는 자기완결적 공법행위인 신고의 수리처분에 대한 심판청구는 부적법하여 각하하여야 함에도 인용재결을 한 경우에는 재결 자체에 고유한 하자가 있다고 본다(대판 2001.5.29. 99두10292).

④ 수정재결 · 일부취소(인용재결)

판례

감봉 1월의 징계처분을 견책으로 변경한 소청결정 중 원고를 견책에 처한 조치는 재량권의 남용 또는 그 범위를 일탈한 것으로서 위법하다는 사유는 이 사건 소청결정 자체에 고유한 위법을 주장하는 것으로 볼 수 없어, 이는 이 사건 소청결정의 취소사유가 될 수 없는 것이라 할 것이다(대판 1993.8.24. 93누5673).

⑤ 처분명령재결에 따른 변경처분의 경우

판례는 일부취소(당초처분을 영업자에게 유리하게 변경) 처분을 한 경우에, 그 취소소송의 대상은 변경처분이 아니라 당초 처분이라고 보아 제소기간의 준수 여부도 당초 처분을 기준으로 판단하여야 한다고 본다(변경된 원처분설).

판례

행정청이 식품위생법령에 따라 영업자에게 행정제재처분을 한 후 그 처분을 영업자에게 유리하게 변경하는 처분을 한 경우, 변경처분에 의하여 당초 처분은 소멸하는 것이 아니고 당초부터 유리하게 변경된 내용의 처분으로 존재하는 것이므로, 취소소송의 대상은 변경된 내용의 당초 처분이지 변경처분은 아니고, 제소기간의 준수 여부도 변경처분이 아닌 변경된 내용의 당초 처분을 기준으로 판단하여야 한다(대판 2007.4.27. 2004두9302). [17 국회8급]

(5) 재결 자체에 고유한 위법 여부의 판결 형태

재결자체에 고유한 위법이 없음에도 재결취소소송을 제기한 경우의 판결형태에 관해서 각하설과 기각설의 대립이 있으나 판례는 기각설의 입장이다.

판례

재결 자체에 고유한 위법이 없는 경우에는 원처분의 당부와는 상관없이 당해 재결취소소송은 이를 기각하여야 한다(대판 1994.1.25. 93누16901). [17 국가7급]

징계혐의자에 대한 감봉 1월의 징계처분을 견책으로 변경한 소청결정 중 그를 견책에 처한 조치는 재량권의 남용 또는 일탈로서 위법하다는 사유는 소청결정 자체에 고유한 위법을 주장하는 것으로 볼 수 없어 소청결정의 취소사유가 될 수 없다. (○, ×) [12 국회8급]

공무원에 대한 파면처분이 소청절차에서 해임으로 감경된 경우 해당 공무원은 재결주의에 따라 해임으로 감경한 재결을 취소소송의 대상으로 하여야 한다. (○, ×) [08 세무사]

영업자에 대한 행정제재처분에 대하여 행정심판위원회가 영업자에게 유리한 적극적 변경명령재결을 하고 이에 따라 처분청이 변경처분을 한 경우, 그 변경처분에 의해 유리하게 변경된 행정제재가 위법하다는 이유로 그 취소를 구하려면 변경된 내용의 당초처분을 취소소송의 대상으로 하여야 한다. (○, ×) [21 서울7급, 17 국가9급]

행정심판을 청구하여 기각재결을 받은 후 재결 자체에 고유한 위법이 있음을 주장하며 그 기각재결에 대하여 취소소송을 제기한 경우, 수소법원은 심리 결과 재결 자체에 고유한 위법이 없다면 각하판결을 하여야 한다. (○, ×) [23 지방9급, 19 국가9급]

(6) 원처분주의에 대한 예외

① 일반론

행정소송법의 원처분주의에 대한 예외로 개별법에서 재결주의를 채택한 경우가 있다. 재결주의를 채택한 경우에는 행정소송법 제19조 단서와 같은 제한이 없으므로 재결취소소송에서 재결고유의 위법뿐만 아니라 원처분의 위법도 주장할 수 있다는 것이 판례의 입장이다(대판 1991.2.12. 90누288).

> 현행 행정소송법은 원처분주의를 채택하고 있으나, 개별법률이 원처분주의에 대한 예외로서 재결주의를 택하는 경우가 있다. (○, ×) [08 세무사]

㉠ 감사원의 재심판정

감사원의 변상판정(원처분)이 아닌 재심의 판정(재결)에 대해서 소송을 제기할 수 있도록 감사원법에 규정되어 있으므로 재결주의를 취하고 있다고 보는 것이 통설과 판례의 태도이다.

판례

감사원의 변상판정처분에 대하여서는 행정소송을 제기할 수 없고, 재결에 해당하는 재심의 판정에 대하여서만 감사원을 피고로 하여 행정소송을 제기할 수 있다(대판 1984.4.10. 84누91).

> 감사원의 변상판정처분에 대하여서는 행정소송을 제기할 수 없고, 재결에 해당하는 재심의 판정에 대하여서만 감사원을 피고로 하여 행정소송을 제기할 수 있다. (○, ×) [20 지방7급, 13 서울7급]

㉡ 중앙노동위원회의 재심판정

노동위원회법에서도 원처분이 아닌 재심판정(재결)을 대상으로 소송을 제기할 수 있도록 규정하고 있어, 재결주의를 취하고 있다.

㉢ 특허심판원의 심결

특허출원에 대한 심사관의 거절결정에 대하여 행정소송을 제기할 수 없고, 특허심판원에 심판청구를 한 후 그 심결을 소송대상으로 하여 특허법원에 심결취소를 구하는 소를 제기하여야 한다.

> 특허출원에 대한 심사관의 거절결정에 대하여 행정소송을 제기할 수 없고, 특허심판원에 심판청구를 한 후 그 심결을 소송대상으로 하여 특허법원에 심결취소를 구하는 소를 제기하여야 한다. (○, ×) [13 서울7급]

㉣ 중앙토지수용위원회의 재결에 대한 불복(원처분주의)

구 토지수용법하에서는 판례는 재결주의를 취하고 있다고 판시한 바 있으나 현행 「공익사업을 위한 토지 등의 취득 및 보상에 관한 법률」상 토지수용위원회의 재결에 대해서는 원처분주의를 취하고 있다고 보는 것이 판례의 태도이다.

② 재결주의에서의 청구

개별 법률에서 재결주의를 규정하는 경우 재결에 대해서만 제소하는 것이 허용되므로 그 논리적인 전제로서 취소소송을 제기하기 전에 행정심판을 필요적으로 경유할 것이 요구된다(헌재 2001.6.28. 2000헌바77). 다만 판례는 원처분이 무효인 경우 그 효력은 처음부터 당연히 발생하지 않는 것이어서 행정심판절차를 거칠 필요도 없으므로 개별법률이 재결주의를 취하고 있는 경우라도 재결을 거칠 필요 없이 원처분무효 확인의 소를 제기할 수 있다고 본다(대판 1993.1.19. 91누8050 전원합의체).

③ 관련문제 – 교원의 징계처분

교원이 해임 등 징계처분을 받은 경우는 사립학교 교원의 경우와 국・공립학교 교원의 경우가 서로 다르다.

㉠ 사립학교 교원의 경우

사립학교 교원과 학교법인의 관계는 사법(私法)관계에 해당하므로 사립학교 교원이 학교법인으로부터 해임처분을 받은 경우에는 민사소송을 제기하거나, 「교원의 지위 향상 및 교육활동 보호를 위한 특별법」에 따라 교원소청심사위원회에 소청심사를 청구 할 수 있다. 이 경우 교원소청심사위원회의 소청심사결정은 행정소송의 대상이 되는 처분이 되므로 이에 대한 취소소송 제기가 가능하며 피고는 교원소청심사위원회가 된다. 한편 「교원의 지위 향상 및 교육활동 보호를 위한 특별법」 제10조 제4항은 "교원소청심사위원회의 결정에 대하여 교원, 「사립학교법」 제2조에 따른 학교법인 또는 사립학교 경영자 등 당사자는 그 결정서를 송달받은 날부터 30일 이내에 「행정소송법」으로 정하는 바에 따라 소송을 제기할 수 있다."고 규정하고 있다. [13 국회8급]

> ★ 사립학교 교원의 경우에는 소청심사위원회의 결정이 원처분이 된다. (○, ×) [18 서울9급]

판례

사립학교 교원과 학교법인의 관계를 공법상의 권력관계라고는 볼 수 없으므로 사립학교 교원에 대한 학교법인의 해임처분을 취소소송의 대상이 되는 행정청의 처분으로 볼 수 없고, 따라서 학교법인을 상대로 한 불복은 행정소송에 의할 수 없고 민사소송절차에 의할 것이다. 사립학교 교원에 대한 해임처분에 대한 구제방법으로 학교법인을 상대로 한 민사소송 이외 교원지위향상을 위한 특별법 제7조 내지 제10조에 따라 교육부 내에 설치된 교원징계재심위원회에 재심청구를 하고 교원징계재심위원회의 결정에 불복하여 행정소송을 제기하는 방법도 있으나, 이 경우에도 행정소송의 대상이 되는 행정처분은 교원징계재심위원회의 결정이지 학교법인의 해임처분이 행정처분으로 의제되는 것이 아니며 또한 교원징계재심위원회의 결정을 이에 대한 행정심판으로서의 재결에 해당되는 것으로 볼 수는 없다(대판 1993.2.12. 92누13707).

> ★ 사립학교 교원에 대한 학교법인의 해임처분을 취소소송의 대상이 되는 행정청의 처분으로 볼 수 있으므로 학교법인을 상대로 한 불복은 행정소송에 의한다. (○, ×) [15 국가9급]

> ★ 사립학교 교원의 경우 교원소청심사위원회의 결정에 불복하는 경우 교원소청심사위원회를 피고로 하여 항고소송을 제기할 수 있다. (○, ×) [13 국회8급]

㉡ 국·공립학교 교원의 경우

국·공립학교 교원이 해임 등 징계처분을 받은 경우 이는 행정처분으로서 공법관계에 해당하므로 민사소송이 아닌 행정소송을 제기해야 한다. 공무원 징계의 경우는 예외적 행정심판전치주의가 적용되므로 반드시 소청심사위원회의 행정심판을 먼저 거쳐야 한다. 한편 소청심사위원회의 결정을 거쳐 취소소송을 제기하는 경우 행정소송법상 원처분주의가 적용되므로 원래의 징계처분을 대상으로 원처분청을 피고로 하여 취소소송을 제기해야 한다.

> ★ 공립학교 교원에 대한 징계에 있어 교원소청심사위원회의 결정에 불복이 있는 경우에 취소소송을 할 수 있고 이때 원처분을 소송의 대상으로, 원처분청을 상대로 하는 것이 원칙이다. (○, ×) [13 국회8급]

판례

국공립학교교원에 대한 징계 등 불리한 처분은 행정처분이므로 국공립학교교원이 징계 등 불리한 처분에 대하여 불복이 있으면 교원징계재심위원회에 재심청구를 하고 위 재심위원회의 재심결정에 불복이 있으면 항고소송으로 이를 다투어야 할 것인데, 이 경우 그 소송의 대상이 되는 처분은 원칙적으로 원처분청의 처분이고, 원처분이 정당한 것으로 인정되어 재심청구를 기각한 재결에 대한 항고소송은 원처분의 하자를 이유로 주장할 수는 없고 그 재결 자체에 고유한 주체·절차·형식 또는 내용상의 위법이 있는 경우에 한한다고 할 것이다(대판 1994.2.8. 93누17874).

> ★ 교육공무원의 경우 교원소청심사위원회의 소청결정을 거쳐 행정소송을 제기하여야 하며 항고소송의 대상은 일반공무원의 경우와 동일하다. (○, ×) [13 국회8급]

05 소의 제기

1. 소송요건

(1) 일반론

기각판결은 소송요건의 불비를 이유로 본안의 심리를 거부하는 판결이다. (○, ×) [13 서울7급]

제소기간의 도과 여부는 법원의 직권조사사항이다. (○, ×) [12 국회9급]

필요적 행정심판전치주의가 적용되는 경우 그 요건을 구비하였는지 여부는 법원의 직권조사사항이다. (○, ×) [14 복지9급]

행정소송의 소송요건이란 소송을 제기하여 그 청구의 당부에 관한 법원의 본안판결을 구하기 위한 요건을 말한다. 취소소송의 소송요건으로는 ① 관할법원에, ② 정당한 원고적격이 있는 자가, ③ 소송을 제기할 실제적인 가치 내지 필요가 있는 경우(협의의 소익), ④ 피고적격이 있는 행정청을 상대로, ⑤ 행정청의 처분 등을 대상으로, ⑥ 제소기간 내에, ⑦ 행정심판이 필요한 경우 행정심판을 거쳐, ⑧ 소장이라는 형식을 갖추어 제기할 것이 요구된다. 아울러 당사자 사이의 소송대상에 대하여 기판력 있는 판결이 없어야 하고, 중복제소도 아니어야 한다. 한편 소송요건의 전부 또는 일부를 결여하면 소(訴)는 부적법하게 되어 법원의 판결로써 소를 각하하게 되며, 소송요건의 충족여부는 법원의 직권조사사항이다.

판례

행정소송의 제기요건은 법원의 직권조사사항이므로 행정소송에 있어서 처분청의 처분권한 유무는 직권조사사항이다. (○, ×) [17 서울7급]

처분청이 처분권한을 가지고 있는가 하는 점은 직권조사사항이 아니다(대판 1996.6.25. 96누570).

(2) 제소기간

① 의의

행정청이 행정심판청구를 할 수 있다고 잘못 알려 행정심판을 청구한 경우에는 재결서 정본을 송달받은 날이 아닌 처분이 있음을 안 날로부터 제소기간이 기산된다. (○, ×) [21 국가9급]

> **행정소송법 제20조【제소기간】** ① 취소소송은 처분 등이 있음을 안 날부터 90일 이내에 제기하여야 한다. 다만, 제18조 제1항 단서에 규정한 경우와 그 밖에 행정심판청구를 할 수 있는 경우 또는 행정청이 행정심판청구를 할 수 있다고 잘못 알린 경우에 행정심판청구가 있은 때의 기간은 재결서의 정본을 송달받은 날부터 기산한다.
> ② 취소소송은 처분 등이 있은 날부터 1년(제1항 단서의 경우는 재결이 있은 날부터 1년)을 경과하면 이를 제기하지 못한다. 다만, 정당한 사유가 있는 때에는 그러하지 아니하다.
> ③ 제1항의 규정에 의한 기간은 불변기간으로 한다.

② 행정심판을 거치지 않은 경우

㉠ 처분 등이 있음을 안 경우

ⓐ 처분이 송달된 경우

판례는 처분이 있음을 안 날이라 함은 당해 처분이 있었다는 사실을 추상적으로 알 수 있던 날을 의미한다고 한다. (○, ×) [07 관세사]

처분 등이 있음을 안 날의 의미에 대해 추상적으로 알 수 있었던 날을 의미하는 것은 아니라 처분이 있었음을 현실적으로 안 날로 보며, 구체적으로 그 위법 여부를 판단한 날을 가리키는 것은 아니라고 보는 것이 판례의 입장이다. 한편 판례는 적법한 송달이 있었다면 반증이 없는 한 그 처분이 있음을 알았다고 추정할 수 있다고 본다(대판 1995.11.24. 95누11535).

판례

1. 행정소송법 제20조 소정의 제소기간 기산점인 "처분이 있음을 안 날"이란 통지, 공고 기타의 방법에 의하여 당해 처분이 있었다는 사실을 현실적으로 안 날을 의미하고 구체적으로 그 행정처분의 위법 여부를 판단한 날을 가리키는 것은 아니다(대판 1991.6.28. 90누6521). [17 국가7급(下), 12 국회9급]
2. '처분이 있음을 안 날'이라 함은 당사자가 통지·공고 기타의 방법에 의하여 당해 처분이 있었다는 사실을 현실적으로 안 날을 의미하고, 추상적으로 알 수 있었던 날을 의미하는 것은 아니지만, 처분에 관한 서류가 당사자의 주소지에 송달되는 등 사회통념상 처분이 있음을 당사자가 알 수 있는 상태에 놓여진 때에는 반증이 없는 한 그 처분이 있음을 알았다고 추정할 수 있으므로 [13 국회9급] 원고의 주소지에서 원고의 아르바이트 직원이 납부고지서를 수령한 이상, 원고는 그때 처분이 있음을 알았다고 추정함이 상당하다(대판 1999.12.28. 99두9742).
3. 행정처분이 상대방에게 고지되어 상대방이 이러한 사실을 인식함으로써 행정처분이 있다는 사실을 현실적으로 알았을 때 행정소송법 제20조 제1항이 정한 제소기간이 진행한다. 통보서를 송달받기 전에 정보공개를 청구하여 위 처분을 하는 내용의 통보서를 비롯한 일체의 서류를 교부받은 날부터 기산하여 위 소는 제소기간을 넘긴 것으로서 부적법하다고 본 원심판결에는 법리를 오해한 위법이 있다(대판 2014.9.25. 2014두8254).
4. 아파트 경비원이 관례에 따라 부재중인 납부의무자에게 배달되는 과징금부과처분의 납부고지서를 수령한 경우, 납부의무자가 아파트 경비원에게 우편물 등의 수령권한을 위임한 것으로 볼 수는 있을지언정, 과징금부과처분의 대상으로 된 사항에 관하여 납부의무자를 대신하여 처리할 권한까지 위임한 것으로 볼 수는 없고, 설사 위 경비원이 위 납부고지서를 수령한 때에 위 부과처분이 있음을 알았다고 하더라도 이로써 납부의무자 자신이 그 부과처분이 있음을 안 것과 동일하게 볼 수는 없다(대판 2002.8.27. 2002두3850).

ⓑ 고시 또는 공고의 경우

판례

1. 통상 고시 또는 공고에 의하여 행정처분을 하는 경우 상대방이 불특정 다수이므로, 그 행정처분에 이해관계를 갖는 자가 고시 또는 공고가 있었다는 사실을 현실적으로 알았는지 여부에 관계없이 고시가 효력을 발생하는 날 행정처분이 있음을 알았다고 보아야 한다. 이해관계인이 위 결정을 통지받지 못하였다는 것이 제소기간을 준수하지 못한 것에 대한 정당한 사유가 될 수 없다(대판 2007.6.14. 2004두619). [21 국가7급, 17 복지9급]
2. 특정인에 대한 행정처분을 주소불명 등의 이유로 송달할 수 없어 관보·공보·게시판·일간신문 등에 공고한 경우에는, 공고가 효력을 발생하는 날에 상대방이 그 행정처분이 있음을 알았다고 볼 수는 없고, 상대방이 당해 처분이 있었다는 사실을 현실적으로 안 날에 그 처분이 있음을 알았다고 보아야 한다(대판 2006.4.28. 2005두14851).

> 제소기간의 적용에 있어 '처분이 있음을 안 날'이란 처분의 존재를 현실적으로 안 날을 의미하는 것이 아니라 처분의 위법 여부를 인식한 날을 말한다. (○, ×) [15 복지9급]

> 처분이 있음을 안 날이라 함은 처분에 관한 서류가 당사자의 주소에 송달되는 등 사회통념상 처분이 있음을 당사자가 알 수 있는 상태에 놓여진 때에는 반증이 없는 한 그 처분이 있음을 알았다고 추정할 수 있다. (○, ×) [13 국회9급]

> '처분이 있음을 안 날'은 처분이 있었다는 사실을 현실적으로 안 날을 의미하므로, 처분서를 송달받기 전 정보공개청구를 통하여 처분을 하는 내용의 일체의 서류를 교부받았다면 그 서류를 교부받은 날부터 제소기간이 기산된다. (○, ×) [21 국가9급]

> 경비원이 처분서를 수령한 날부터 행정심판청구기간이 진행된다. (○, ×) [10 국회8급]

> 고시에 의한 행정처분의 상대방이 불특정 다수인인 경우, 그 행정처분에 이해관계를 갖는 자는 고시가 있었다는 사실을 현실적으로 알았는지 여부에 관계없이 고시가 효력을 발생하는 날부터 90일 이내에 취소소송을 제기하여야 한다. (○, ×) [16 지방9급, 15 국회8급]

> 특정인에 대한 행정처분을 주소불명 등의 이유로 송달할 수 없어 관보·공보·게시판·일간신문 등에 공고한 경우에는, 공고가 효력을 발생하는 날이 제소기간의 기산일이 된다. (○, ×) [20 국가9급, 10 국회9급]

ⓒ 법률의 위헌결정

판례

처분 당시에는 취소소송의 제기가 법제상 허용되지 않아 소송을 제기할 수 없다가 위헌결정으로 인하여 비로소 취소소송을 제기할 수 있게 된 경우, 객관적으로는 '위헌결정이 있은 날', 주관적으로는 '위헌결정이 있음을 안 날' 비로소 취소소송을 제기할 수 있게 되어 이때를 제소기간의 기산점으로 삼아야 한다(대판 2008.2.1. 2007두20997).

처분 당시에는 취소소송의 제기가 법제상 허용되지 않아 소송을 제기할 수 없다가 위헌결정으로 인하여 비로소 취소소송을 제기할 수 있게 된 경우 객관적으로는 위헌결정이 있은 날, 주관적으로는 위헌결정이 있음을 안 날을 제소시간의 기산점으로 삼아야 한다. (○, ×) [15 국회8급]

ⓓ 불변기간

제소기간은 법원이 늘이거나 줄일 수 없는 불변(不變)기간이다(행정소송법 제20조 제3항). 다만 행정소송법 제8조에 의해 준용되는 민사소송법 제172조와 제173조에 따르면 주소 또는 거소가 멀리 떨어진 곳에 있는 사람을 위하여 부가기간을 정할 수 있고, 당사자가 그 책임을 질 수 없는 사유로 말미암아 불변기간을 지킬 수 없었던 경우에는 그 사유가 없어진 날부터 14일 내에 해태된 소송행위를 추완할 수 있다. 국외에서 소송행위를 추완하는 경우에는 그 기간은 30일로 한다(행정소송법 제5조).

취소소송의 제소기간은 불변기간이다. (○, ×) [13 지방9급]

법원은 취소소송의 제소기간을 확장하거나 단축할 수 없으나 주소 또는 거소가 멀리 떨어진 곳에 있는 자를 위하여 부가기간을 정할 수 있다. (○, ×) [13 지방9급]

판례

행정소송법 제20조 제1항, 제3항에서 말하는 "취소소송은 처분 등이 있음을 안 날부터 90일 이내에 제기하여야 한다."는 제소기간은 불변기간이고, 다만 당사자가 책임질 수 없는 사유로 인하여 이를 준수할 수 없었던 경우에는 같은 법 제8조에 의하여 준용되는 구 민사소송법 제160조 제1항에 의하여 그 사유가 없어진 후 2주일 내에 해태된 소송행위(제소행위)를 추완할 수 있다고 할 것이며, 여기서 당사자가 책임질 수 없는 사유란 당사자가 그 소송행위를 하기 위하여 일반적으로 하여야 할 주의를 다하였음에도 불구하고 그 기간을 준수할 수 없었던 사유를 말한다(대판 2005.1.13. 2004두9951).

제소기간은 불변기간이므로 소송행위의 보완은 허용되지 않는다. (○, ×) [17 교행]

ⓔ 불고지 · 오고지의 경우

행정심판법은 불고지 · 오고지의 효과에 관한 규정이 있으나, 행정소송법에는 그와 관련한 규정이 없다. 판례는 오고지에 관한 규정은 행정소송법에는 적용되지 않는다고 본다.

판례

행정청이 법정 심판청구기간보다 긴 기간으로 잘못 알린 경우에 그 잘못 알린 기간 내에 심판청구가 있으면 그 심판청구는 법정 심판청구기간 내에 제기된 것으로 본다는 취지의 행정심판법 제18조 제5항의 규정은 행정심판 제기에 관하여 적용되는 규정이지, 행정소송 제기에도 당연히 적용되는 규정이라고 할 수는 없다(대판 2001.5.8. 2000두6916).

처분시에 행정청으로부터 행정심판 제기기간에 관하여 법정 심판청구기간보다 긴 기간으로 잘못 통지받은 경우에 보호할 신뢰 이익은 그 통지받은 기간 내에 행정소송을 제기한 경우에까지 확대되지 않는다. (○, ×) [22 지방9급]

ⓛ 처분이 있음을 알지 못한 경우

ⓐ 원칙

행정소송법 제20조 제2항에서는 "취소소송은 처분 등이 있은 날부터 1년을 경과하면 이를 제기하지 못한다. 다만 정당한 사유가 있는 때에는 그러하지 아니하다."라고 규정하고 있다.

판례

행정소송법 제20조 제2항에서 "처분이 있은 날"이라 함은 상대방이 있는 행정처분의 경우는 특별한 규정이 없는 한 의사표시의 일반적 법리에 따라 그 행정처분이 상대방에게 고지되어 효력이 발생한 날을 말한다(대판 1990.7.13. 90누2284). [18 서울9급]

ⓑ 예외

정당한 사유가 있는 경우에는 1년이 경과하더라도 소송을 제기할 수 있는데, 정당한 사유란 제소기간 내에 소를 제기하지 못함을 정당화할 만한 객관적인 사유로서 민사소송법 제173조 제1항의 책임질 수 없는 사유나 행정심판법 제27조 제2항의 천재지변·전쟁·사변·그 밖의 불가항력의 사유보다 넓은 개념으로 [16 국회8급] 제소기간경과의 원인 등 여러 사정을 종합하여 사회통념에 따라 판단하여야 한다는 것이 판례의 입장이다(대판 1991.6.28. 90누6521). 한편 제3자효적 행정행위에도 취소소송의 제소기간 규정이 적용되나, 제3자는 일반적으로 처분이 있음을 바로 알 수 없는 처지에 있으므로 특별한 사정이 없는 한 정당한 사유가 있는 경우에 해당하여 1년이 경과하더라도 취소소송을 제기할 수 있다.

판례

1. 행정처분의 직접 상대방이 아닌 제3자는 일반적으로 처분이 있는 것을 바로 알 수 없는 처지에 있으므로, 위와 같은 기간 내에 심판청구를 제기하지 아니하였다고 하더라도, 그 기간 내에 처분이 있은 것을 알았거나 쉽게 알 수 있었기 때문에 심판청구를 제기할 수 있었다고 볼 만한 특별한 사정이 없는 한, 위 법조항 본문의 적용을 배제할 "정당한 사유"가 있는 경우에 해당한다고 보아 위와 같은 심판청구기간이 경과한 뒤에도 심판청구를 제기할 수 있다(대판 1992.7.28. 91누12844). [16 서울7급]
2. 행정처분의 상대방이 아닌 제3자가 어떤 경위로든 행정처분이 있음을 안 이상 행정심판법 제18조 제1항에 의하여 그 처분이 있음을 안 날로부터 90일 이내에 심판청구를 하여야 한다(대판 1995.8.25. 94누12494). [19 서울9급]

ⓒ 90일과 1년의 관계

두 기간 중 어느 하나의 기간이라도 먼저 경과하면 취소소송을 제기할 수 없다. [18 지방7급] 따라서 비록 처분이 있은 날로부터 1년이 경과하지 않은 경우라 하더라도 처분이 있음을 안 날로부터 90일이 경과하였다면 취소소송을 제기할 수 없다.

✦ 취소소송은 처분 등이 있음을 안 날로부터 90일, 처분 등이 있은 날부터 180일이 경과하면 이를 제기하지 못한다. (○, ×) [13 경행특채]

✦ 행정처분이 있은 날이라 함은 상대방이 있는 행정처분의 경우는 특별한 규정이 없는 한 의사표시의 일반적 법리에 따라 그 행정처분이 상대방에게 고지되어 효력이 발생한 날을 말한다고 할 것이다. (○, ×) [12 국회9급, 09 세무사]

✦ 처분 등이 있은 날로부터 1년이 경과하였더라도 정당한 사유가 있는 때에는 취소소송을 제기할 수 있다. (○, ×) [07 세무사]

PART 05

✦ 제3자효 행정행위에 의하여 권리 또는 이익을 침해받은 제3자가 처분이 있음을 안 경우에는 안 날로부터 90일 이내에 취소소송을 제기하여야 한다. (○, ×) [14 국가7급]

✦ 처분이 있음을 알고 90일이 경과하였더라도 처분이 있은 지 1년이 경과하지 않은 경우에는 취소소송을 제기할 수 있다. (○, ×) [15 교행]

③ 행정심판을 거친 경우

㉠ 정본을 송달받은 경우

ⓐ 일반론

행정심판을 거쳐 취소소송을 제기하는 경우 취소소송은 재결서의 정본을 송달받은 날로부터 90일 이내에 제기하여야 한다(행정소송법 제20조 제1항 단서). 이 기간은 불변기간이다(동조 제3항). 이때 행정심판을 거쳐 취소소송을 제기하는 경우라 함은 다른 법률에 당해 처분에 대한 행정심판의 재결을 거치지 아니하면 취소소송을 제기할 수 없다는 규정이 있는 경우와 그 밖에 행정심판청구를 할 수 있는 경우 또는 행정청이 행정심판청구를 할 수 있다고 잘못 알린 경우를 포함한다.

> 행정청이 행정심판청구를 할 수 있다고 잘못 알려 행정심판청구를 한 경우 취소소송의 제소기간은 행정심판재결서 정본을 송달받은 날부터 기산한다. (○, ×) [13 지방9급]

ⓑ 처분에 대한 불가쟁력이 발생한 경우

이미 처분에 대한 불가쟁력이 발생한 후에 행정청이 행정심판청구를 할 수 있다고 잘못 알린 경우, 그 안내에 따라 청구된 행정심판 재결서 정본을 송달받은 날부터 다시 취소소송의 제소기간이 기산되는 것은 아니다.

판례

이미 제소기간이 지남으로써 불가쟁력이 발생하여 불복청구를 할 수 없었던 경우라면 그 이후에 행정청이 행정심판청구를 할 수 있다고 잘못 알렸다고 하더라도 그 때문에 처분 상대방이 적법한 제소기간 내에 취소소송을 제기할 수 있는 기회를 상실하게 된 것은 아니므로 이러한 경우에 잘못된 안내에 따라 청구된 행정심판 재결서 정본을 송달받은 날부터 다시 취소소송의 제소기간이 기산되는 것은 아니다(대판 2012.9.27. 2011두27247). [18 국가9급]

> 처분의 불가쟁력이 발생하였고 그 이후에 행정청이 당해 처분에 대해 행정심판청구를 할 수 있다고 잘못 알렸다면, 그 처분의 취소소송의 제소기간은 행정심판의 재결서를 받은 날부터 기산한다. (○, ×) [17 지방9급]

ⓒ 행정심판 제기기간을 준수하지 못한 경우

행정심판제기기간을 넘긴 것을 이유로 각하재결이 있은 후 취소소송을 제기하는 경우라면 재결서를 받은 날로부터 90일 이내에 소송을 제기한 경우라도 제소기간을 준수한 것으로 볼 수는 없다는 것이 판례의 입장이다.

판례

처분이 있음을 안 날부터 90일을 넘겨 청구한 부적법한 행정심판청구에 대한 재결이 있은 후 재결서를 송달받은 날부터 90일 이내에 원래의 처분에 대하여 취소소송을 제기하였다고 하여 취소소송이 다시 제소기간을 준수한 것으로 되는 것은 아니다(대판 2011.11.24. 2011두18786). [19 국가9급]

> 행정심판을 청구하였으나 심판청구기간을 도과하여 각하된 후 제기하는 취소소송은 재결서를 송달받은 날부터 90일 이내에 제기하면 된다. (○, ×) [21 국가9급]

㉡ 정본을 송달받지 못한 경우

재결서의 정본을 송달받지 못한 경우에는 재결이 있은 날부터 1년이 경과하면 취소소송을 제기하지 못한다(행정소송법 제20조 제2항).

④ 제소기간의 기준시점

㉠ 일반론

제소기간 준수여부는 원칙적으로 소제기시를 기준으로 하며, 제소기간의 계산방법은 행정소송법에 특별한 규정이 없으므로 민법의 기간계산방법에 따라 초일은 산입하지 아니한다.

㉡ 소 변경의 경우

행정소송법에 따른 소 종류변경의 경우 새로운 소에 대한 제소기간을 준수하였는지는 처음의 소를 제기한 때를 기준으로 판단하나, 민사소송법에 따라 청구취지를 변경하여 구(舊)소가 취하되고 새로운 소가 제기된 것으로 변경되었을 때에 새로운 소에 대한 제소기간을 준수하였는지는 원칙적으로 소의 변경이 있은 때를 기준으로 판단한다.

판례

1. 청구취지를 변경하여 구소가 취하되고 새로운 소가 제기된 것으로 변경되었을 때에 새로운 소에 대한 제소기간의 준수 등은 원칙적으로 소의 변경이 있은 때를 기준으로 하여야 한다(대판 2004.11.25. 2004두7023).
2. 공익근무요원복무중단처분, 현역병입영대상편입처분 및 현역병입영통지처분은 보충역편입처분취소처분을 전제로 한 것이기는 하나 각각 단계적으로 별개의 법률효과를 발생시키는 독립된 행정처분으로서 하나의 소송물로 평가할 수 없고, 보충역편입처분취소처분의 효력을 다투는 소에 공익근무요원복무중단처분, 현역병입영대상편입처분 및 현역병입영통지처분을 다투는 소도 포함되어 있다고 볼 수는 없다고 할 것이므로, 공익근무요원복무중단처분, 현역병입영대상편입처분 및 현역병입영통지처분의 취소를 구하는 소의 제소기간의 준수 여부는 각 그 청구취지의 추가·변경신청이 있은 때를 기준으로 개별적으로 살펴야 할 것이지, 최초에 보충역편입처분취소처분의 취소를 구하는 소가 제기된 때를 기준으로 할 것은 아니라고 할 것이다(대판 2004.12.10. 2003두12257).

> 청구취지를 변경하여 종전의 소가 취하되고 새로운 소가 제기된 것으로 변경되었다면 새로운 소에 대한 제소기간 준수여부는 원칙적으로 소의 변경이 있은 때를 기준으로 한다. (○, ×) [17 지방9급]

> 어느 하나의 처분의 취소를 구하는 소에 당해 처분과 관련되는 처분의 취소를 구하는 청구를 추가적으로 병합한 경우, 추가적으로 병합된 소의 소제기 기간의 준수 여부는 그 청구취지의 추가신청이 있은 때를 기준으로 한다. (○, ×) [22 지방7급]

PART 05

㉢ 소의 추가적 병합의 경우

추가적으로 병합된 소의 제소기간은 원칙적으로 추가병합신청이 있은 때를 기준으로 한다. 한편 동일한 처분에 대한 추가적 병합인 경우 주된 청구가 제소기간 내에 제기되었다면 추가로 병합된 청구도 적법하게 제기된 것으로 본다.

㉣ 재조사 결정

조세심판에서의 재결청의 재조사결정에 따른 심사청구기간이나 심판청구기간 또는 행정소송의 제소기간의 기산점은 후속처분의 통지를 받은 날이라는 것이 판례의 입장이다.

판례

재조사결정에 따른 심사청구기간이나 심판청구기간 또는 행정소송의 제소기간은 이의신청인 등이 후속 처분의 통지를 받은 날부터 기산된다(대판 2010.6.25. 2007두12514 전원합의체). [16 국회8급, 15 지방9급]

> 납세자의 이의신청에 의한 재조사결정에 따른 행정소송의 제소기간은 이의신청인 등이 재결청으로부터 재조사결정의 통지를 받은 날부터 기산한다. (○, ×) [17 지방9급, 16 국가7급]

⑤ 제소기간 도과의 효과

㉠ 소송요건의 흠결

제소기간은 소송요건이므로 이를 흠결한 소제기는 부적법한 것으로서 각하된다. 그리고 제소기간 준수 여부는 직권조사사항이므로 법원은 항변의 유무와 관계없이 판단해야 하며, [17 교행] 제소기간준수의 입증책임은 원고가 부담한다.

㉡ 불가쟁력

제소기간이 경과하면 취소소송의 제기는 부적법하게 되므로 행정처분은 형식적으로 확정된다. 그러나 이로 인해 위법한 처분이 적법한 것으로 전환되는 것은 아니므로 당사자는 무효 등 확인소송 또는 처분의 위법을 이유로 국가배상소송을 제기할 수 있고 행정청은 직권으로 취소할 수 있다.

(3) **전심절차**(前審節次)

① 행정심판과 행정소송의 관계

위법한 처분에 대한 쟁송방법인 행정심판과 행정소송의 관계를 어떻게 정할 것인지에 관하여는 임의적 행정심판전치주의와 필요적 행정심판전치주의의 두 가지 입법례가 있다.

② 임의적 행정심판전치주의(원칙)

> 행정소송법 제18조 【행정심판과의 관계】 ① 취소소송은 법령의 규정에 의하여 당해 처분에 대한 행정심판을 제기할 수 있는 경우에도 이를 거치지 아니하고 제기할 수 있다. 다만, 다른 법률에 당해 처분에 대한 행정심판의 재결을 거치지 아니하면 취소소송을 제기할 수 없다는 규정이 있는 때에는 그러하지 아니하다.

행정소송법 제18조 제1항은 임의적 행정심판전치주의를 규정하고 있다. [16 경행특채] 이 때의 행정심판은 행정심판법상의 행정심판만을 의미하는 것이 아니고, 특별법상 심판을 포함하는 개념이다. 따라서 국세기본법상 심사청구·심판청구, 국가공무원법상 소청, 도로교통법상의 이의신청, 감사원법상의 심사청구도 포함된다.

③ 필요적 행정심판전치주의(예외)

㉠ 의의 및 개별법의 규정

행정소송법 제18조 제1항 단서는 예외적으로 필요적 행정심판전치주의를 채택하고 있다. 현재 필요적 행정심판전치주의를 채택하고 있는 개별법의 규정에는 국가공무원법, 지방공무원법, 교육공무원법, 국세기본법, 지방세기본법, 관세법, 도로교통법 등이 있다.

㉡ 행정심판의 적법성

필요적 전치주의에 있어 행정심판이란 적법한 심판청구를 의미하므로 기간경과 등의 부적법한 심판청구에 대해 행정심판위원회가 본안재결을 하였더라도 행정심판전치의 요건을 충족하지 못한다. 반면에 적법한 심판청구가 부적법한 것으로 각하된 경우에는 행정심판전치의 요건을 충족하였다고 보는 것이 판례의 입장이다.

- 행정소송법상 원칙적으로 임의적 행정심판전치주의를 취하고 있다. (○, ×) [14 복지9급]
- 행정심판의 임의적 전치주의에 관한 행정소송법 제18조 제1항 상의 '행정심판'은 행정심판법상의 행정심판에 한정된다. (○, ×) [06 관세사]
- 위법한 지방세 부과처분에 대한 행정소송은 「지방세기본법」에 따른 심사청구 또는 심판청구와 그에 대한 결정을 거치지 아니하면 제기할 수 없다. (○, ×) [16 국가7급, 09 국가7급]
- 도로교통법에 따른 처분에 대해서는 행정심판의 재결을 거치지 아니하면 취소소송을 제기할 수 없다. (○, ×) [13 국가7급]
- 운전면허취소처분에 대해서는 행정심판의 필요적 전치주의가 적용된다. (○, ×) [11 국가7급]

판례

1. 행정심판청구가 기간 도과로 인하여 부적법한 경우에는 행정소송 역시 전치의 요건을 충족치 못한 것이 되어 부적법 각하를 면치 못하는 것이고, 이 점은 행정청이 행정심판의 제기기간을 도과한 부적법한 심판에 대하여 그 부적법을 간과한 채 실질적 재결을 하였다 하더라도 달라지는 것이 아니다(대판 1991.6.25. 90누8091). [17 국가7급, 17 지방7급]
2. 행정청이 착오로 부적법한 것으로 각하하였다 하더라도 행정심판전치주의의 근본취지가 행정청에게 자기반성의 기회를 제공하는 데 있음을 고려할 때 전치의 요건을 충족하였다(대판 1990.10.12. 90누2383).

ⓒ 전치요건 충족의 시기 및 판단

행정심판전치의 요건은 취소소송의 제기요건이므로 제기 당시에 충족되어야 하나, 판례는 행정소송의 제기 후에도 사실심변론종결시까지 행정심판절차를 거친 경우에는 이 요건의 흠결은 치유된 것으로 보고 있다. 한편 행정심판을 거친 것인지 여부는 소송요건으로서 직권조사사항이다. [15 국회8급]

판례

전심절차를 밟지 아니한 채 증여세부과처분취소소송을 제기하였다면 제소당시로 보면 전치요건을 구비하지 못한 위법이 있다 할 것이지만, 소송계속 중 심사청구 및 심판청구를 하여 각 기각결정을 받았다면 원심변론종결일 당시에는 위와 같은 전치요건흠결의 하자는 치유되었다고 볼 것이다(대판 1987.4.28. 86누29).

ⓓ 필요적 전치주의의 예외

행정소송법 제18조 제2항 내지 제3항은 일정한 경우에 필요적 전치주의가 요구되는 경우에도 예외적으로 행정심판을 거치지 아니하고 행정소송을 제기할 수 있는 경우를 규정하고 있다. 여기에는 다시 행정심판을 제기하지 아니하고 제소할 수 있는 경우와 행정심판을 제기 하였으나 재결을 받을 필요가 없는 경우로 나눌 수 있다.

행정심판을 제기한 후 재결을 거치지 아니하고 취소소송을 제기할 수 있는 경우 【행정소송법 제18조 제2항】	행정심판을 제기함이 없이 취소소송을 제기할 수 있는 경우 【행정소송법 제18조 제3항】
1. 행정심판청구가 있은 날로부터 60일이 지나도 재결이 없는 때 2. 처분의 집행 또는 절차의 속행으로 생길 중대한 손해를 예방하여야 할 긴급한 필요가 있는 때 [17 지방9급, 15 국회8급] 3. 법령의 규정에 의한 행정심판기관이 의결 또는 재결을 하지 못할 사유가 있는 때 4. 그 밖의 정당한 사유가 있는 때	1. 동종사건에 관하여 이미 행정심판의 기각재결이 있은 때 [13 국가9급] 2. 서로 내용상 관련되는 처분 또는 같은 목적을 위하여 단계적으로 진행되는 처분 중 어느 하나가 이미 행정심판의 재결을 거친 때 [15국회8급] 3. 행정청이 사실심의 변론종결후 소송의 대상인 처분을 변경하여 당해 변경된 처분에 관하여 소를 제기하는 때 4. 처분을 행한 행정청이 행정심판을 거칠 필요가 없다고 잘못 알린 때

기간경과 등의 부적법한 심판제기가 있었고, 행정심판위원회가 각하하지 않고 기각재결을 한 경우는 심판전치의 요건이 구비된 것으로 볼 수 있다. (○, ×) [15 국회8급]

PART 05

행정심판전치주의가 적용되는 경우에 행정심판을 거치지 않고 소제기를 하였더라도 사실심변론종결 전까지 행정심판을 거친 경우 하자는 치유된 것으로 볼 수 있다. (○, ×) [15 국회8급]

필요적 행정심판전치주의가 적용되는 경우 행정심판전치요건은 사실심변론종결시까지 충족하면 된다. (○, ×) [14 복지9급]

행정심판전치주의가 적용되는 경우에 행정심판을 제기하고 행정심판의 재결을 거치지 않아도 되는 경우는 현행법상 규정되어 있지 않다. (○, ×) [14 국회8급]

필요적 행정심판전치주의가 적용되는 경우 처분의 집행 또는 절차의 속행으로 생길 중대한 손해를 예방하여야 할 긴급한 필요가 있는 때에는 재결을 거치지 아니하고 취소소송을 제기할 수 있으나, 이 경우에도 행정심판은 제기하여야 한다. (○, ×) [14 복지9급]

처분의 집행 또는 절차의 속행으로 인하여 생길 중대한 손해를 예방하여야 할 긴급한 필요가 있는 때에는 행정심판을 제기함이 없이 취소소송을 제기할 수 있다. (○, ×) [15 국가7급]

ⓜ 필요적 전치주의의 적용범위

ⓐ 적용되는 소송형태

필요적 전치주의는 취소소송의 경우(동법 제18조 제1항)와 부작위위법확인 소송을 제기하는 경우에만 적용이 되고(동법 제38조 제2항), 무효 등 확인소송에서는 적용되지 아니한다(동조 제3항). 한편 무효선언을 구하는 의미의 취소소송에도 필요적 전치주의가 적용된다는 것이 판례의 입장이다.

판례

1. 주위적 청구가 전심절차를 요하지 아니하는 당사자소송이더라도 병합 제기된 예비적 청구가 항고소송이라면 이에 대한 전심절차 등 제소의 적법요건을 갖추어야 한다(대판 1989.10.27. 89누39).
2. 과세처분의 무효선언을 구하는 의미에서 취소를 구하는 소송이라도 전심절차를 거쳐야 한다(대판 1990.8.28. 90누1892).

무효선언을 구하는 의미의 취소소송에서는 행정심판전치주의는 적용되지 않는다. (○, ×) [11 국회8급]

ⓑ 복수의 행정심판절차가 규정되어 있는 경우

관계법령이 하나의 처분에 대해서 이의신청과 심사청구 등 둘 이상의 행정심판절차를 규정하고 있는 경우 하나만 거치면 족하다.

판례에 의하면 둘 이상의 심판절차가 규정된 때에는 특별한 규정이 없는 한 모든 심판절차를 거쳐야 한다. (○, ×) [10 세무사]

ⓑ 처분의 상대방이 아닌 제3자가 제소하는 경우

처분의 상대방이 아닌 제3자가 제소하는 경우에도 필요적 전치주의가 적용된다는 것이 판례의 입장이다(대판 1989.5.9. 88누5150).

행정처분의 상대방에게 행정심판전치주의가 적용되는 경우라도, 제3자가 제기하는 행정소송의 경우 제3자는 행정처분의 존재를 알지 못하고 행정심판에 대한 고지도 받지 못하게 되므로 행정심판전치주의가 적용되지 않는다. (○, ×) [14 국회8급]

④ 행정심판과 행정소송의 관련성

㉠ 인적 관련

행정심판의 청구인과 행정소송의 원고가 동일인일 필요는 없다.

판례

동일한 행정처분에 의하여 공동이 법률저 이해관계를 갖는 공동소송인의 1인이 이미 적법한 심판을 제기하여 처분행정청으로 하여금 그 잘못을 재고, 시정할 기회를 부여하였다면 다른 공동소송인은 심판을 경유함이 없이 행정소송을 제기할 수 있다(대판 1986.10.14. 83누584). [13 세무사]

㉡ 사물적 관련

행정심판의 대상으로서의 행정처분과 행정소송의 대상으로서의 행정처분은 원칙적으로 동일한 것이어야 한다(대판 1969.2.9. 69누9). 행정소송법은 '서로 내용상 관련되는 처분 또는 같은 목적을 위하여 단계적으로 진행되는 처분 중 어느 하나가 이미 행정심판의 재결을 거친 때'에는 행정심판을 거치지 않고 취소소송을 제기할 수 있다고 규정하고 있다(동법 제18조 제3항 제2호).

㉢ 주장사유의 관련

판례

1. 항고소송에 있어서 원고는 전심절차에서 주장하지 아니한 공격방어방법을 소송절차에서 주장할 수 있고 법원은 이를 심리하여 행정처분의 적법 여부를 판단할 수 있는 것이므로, 원고가 전심절차에서 주장하지 아니한 처분의 위법사유를 소송절차에서 새롭게 주장하였다고 하여 다시 그 처분에 대하여 별도의 전심절차를 거쳐야 하는 것은 아니다(대판 1996.6.14. 96누754).

원고가 전심절차에서 주장하지 아니한 처분의 위법사유를 소송절차에서 새로이 주장한 경우 다시 그 처분에 대하여 별도의 전심절차를 거쳐야 한다. (○, ×) [13 국가9급]

2. 부당해고 구제신청에 관한 중앙노동위원회의 명령 또는 결정의 취소를 구하는 소송에서 그 명령 또는 결정이 적법한지는 그 명령 또는 결정이 이루어진 시점을 기준으로 판단하여야 하고, 그 명령 또는 결정 후에 생긴 사유를 들어 적법 여부를 판단할 수는 없으나, 그 명령 또는 결정의 기초가 된 사실이 동일하다면 노동위원회에서 주장하지 아니한 사유도 행정소송에서 주장할 수 있다(대판 2021. 7. 29. 2016두64876).

2. 소의 변경

(1) 의의

소의 변경이란 소송의 계속 중에 원고가 심판의 대상인 청구를 변경하는 것을 말하며, 소송물의 변경만이 허용되는 민사소송과는 달리 행정소송법은 소의 종류의 변경과 처분변경으로 인한 소의 변경 등을 인정하고 있다.

(2) 소의 종류의 변경

① 의의

행정소송의 원고는 해당 소송의 사실심의 변론종결시까지 청구의 기초에 변경이 없는 한 법원의 허가를 받아 소의 종류를 변경할 수 있다. 한편 소의 종류의 변경은 피고의 변경을 수반하는 경우에도 가능하다는 점에서 민사소송법과 구별된다.

② 인정범위

소의 종류의 변경은 취소소송을 당사자소송이나 취소소송 외의 항고소송으로 변경하는 경우뿐만 아니라, 무효 등 확인소송·부작위위법확인소송을 다른 항고소송이나 당사자소송으로 변경하거나 당사자소송을 항고소송으로 변경하는 경우에도 인정된다(행정소송법 제21조, 제37조, 제42조). [18 서울9급]

③ 요건 및 절차

> 행정소송법 제21조 【소의 변경】 ① 법원은 취소소송을 당해 처분 등에 관계되는 사무가 귀속하는 국가 또는 공공단체에 대한 당사자소송 또는 취소소송외의 항고소송으로 변경하는 것이 상당하다고 인정할 때에는 청구의 기초에 변경이 없는 한 사실심의 변론종결시까지 원고의 신청에 의하여 결정으로써 소의 변경을 허가할 수 있다.
> ② 제1항의 규정에 의한 허가를 하는 경우 피고를 달리하게 될 때에는 법원은 새로이 피고로 될 자의 의견을 들어야 한다.
> ③ 제1항의 규정에 의한 허가결정에 대하여는 즉시항고할 수 있다.

소송이 계속되고 있을 것, 사실심의 변론종결시까지 원고의 신청이 있을 것, 청구의 기초에 변경이 없을 것, 법원이 상당하다고 인정하여 허가결정을 할 것, 변경되는 새로운 소는 적법요건을 갖출 것 등이 요구된다.

부당해고 구제신청에 관한 중앙노동위원회의 결정에 대하여 취소소송을 제기하는 경우, 법원은 중앙노동위원회의 결정 후에 생긴 사유를 들어 그 결정의 적법 여부를 판단할 수 있다. (○, ×) [23 국가7급]

PART 05

행정소송법상 취소소송은 피고의 변경을 수반하는 다른 종류의 소송으로 변경할 수 없다. (○, ×) [06 관세사]

소의 종류의 변경은 직권으로도 가능하다. (○, ×) [18 서울9급]

소의 변경에 따라 피고를 달리하게 될 때에는 새로운 피고의 의견을 청취하지 않아도 된다. (○, ×) [09 세무사]

항소심에서도 소의 종류의 변경은 가능하다. (○, ×) [18 서울9급]

소의 변경을 위해서는 법원이 소의 변경을 상당하다고 인정해야 한다. (○, ×) [09 세무사]

행정소송법상 취소소송의 변경에 관한 설명으로 옳지 않은 것은? [14 서울9급]

① 취소소송이 계속되고 있을 것
② **1심 법원의 판결 시까지 원고의 신청이 있을 것**
③ 청구의 기초에 변경이 없을 것
④ 법원이 상당하다고 인정하여 허가결정을 할 것
⑤ 취소소송과 취소소송 외의 항고소송간의 소의 변경은 물론, 취소소송과 당사자소송간의 변경도 가능하다.

갑이 압류처분에 대해 무효확인소송을 제기하였다가 취소소송으로 소의 종류를 변경하는 경우, 제소기간의 준수 여부는 취소소송으로 변경되는 때를 기준으로 한다. (○, ×) [19 서울7급]

④ 효과

소의 변경을 허가하는 결정이 있게 되면 새로운 소는 변경시가 아닌 변경된 구(舊)소를 제기한 때 제기된 것으로 보며, 변경된 구소는 취하된 것으로 본다.

⑤ 불복방법

소의 변경을 허가하는 법원의 결정에 대하여 새로운 소의 피고와 종전의 피고는 즉시항고 할 수 있다. 한편 청구취지변경을 불허가한 결정에 대하여는 독립하여 항고할 수 없고 종국판결에 대한 상소로만 다툴 수 있다는 것이 판례의 입장이다.

판례

청구취지변경을 불허한 결정에 대하여는 독립하여 항고할 수 없고 종국판결에 대한 상소로써만 다툴 수 있다(대판 1992.9.25. 92누5096).

(3) 처분변경으로 인한 소의 변경

① 의의

법원은 행정청이 소송의 대상인 처분을 소가 제기된 후 변경한 때에는 원고의 신청에 의하여 결정으로써 청구의 취지 또는 원인의 변경할 수 있다. (○, ×) [14 국회8급]

행정소송법 제22조【처분변경으로 인한 소의 변경】 ① 법원은 행정청이 소송의 대상인 처분을 소가 제기된 후 변경한 때에는 원고의 신청에 의하여 결정으로써 청구의 취지 또는 원인의 변경을 허가할 수 있다.
② 제1항의 규정에 의한 신청은 처분의 변경이 있음을 안 날로부터 60일 이내에 하여야 한다.

처분변경으로 인한 소의 변경은 취소소송 외에 무효 등 확인소송 및 당사자소송에서도 인정된다(동법 제38조 제1항, 제44조 제1항).

원고가 당해 처분의 변경이 있음을 안 날로부터 60일 이내에 소변경신청을 하여야 한다. (○, ×) [06 세무사]

② 요건

사실심의 계속 중에 처분의 변경이 있을 것, 원고가 해당처분의 변경이 있은 것을 안 날로부터 60일 이내에 소의 변경신청을 할 것, 법원이 허가결정을 할 것, 구(舊) 청구가 사실심변론종결 전에 계속 중일 것과 신(新) 청구가 적법할 것 등이 요구된다.

③ 효과

소변경의 허가결정이 있으면 새로운 소는 구소가 제기된 때에 제기된 것으로 보며, 구소는 취하된 것으로 본다.

④ 부작위위법확인소송의 경우

처분변경으로 인한 소의 변경은 부작위위법확인소송의 경우에는 인정되지 않는다. 부작위위법확인소송의 경우에는 처분이 없으므로 개념상 적용될 수 없기 때문이다.

(4) 민사소송법에 의한 소의 변경

행정소송법 제8조 제2항의 규정에 의해 행정소송법에 규정이 없는 것(처분의 변경을 전제로 하지 않고 또한 소의 종류를 변경하지 않는 청구의 변경)은 민사소송법의 규정이 준용되므로 행정소송에서 민사소송법에 의한 소변경도 가능하다.

(5) 행정소송과 민사소송 간의 변경 여부

판례는 민사소송을 항고소송으로 바꾸는 소변경을 인정하는 취지의 판결을 한 적 있다.

판례

원고가 고의 또는 중대한 과실 없이 행정소송으로 제기하여야 할 사건을 민사소송으로 잘못 제기한 경우 수소법원으로서는 만약 그 행정소송에 대한 관할도 동시에 가지고 있는 경우라면, 행정소송으로서의 전심절차 및 제소기간을 도과하였거나 행정소송의 대상이 되는 처분 등이 존재하지도 아니한 상태에 있는 등 행정소송으로서의 소송요건을 결하고 있음이 명백하여 행정소송으로 제기되었더라도 어차피 부적법하게 되는 경우가 아닌 이상, 원고로 하여금 항고소송으로 소 변경을 하도록 하여 그 1심법원으로 심리·판단하여야 한다(대판 1999.11.26. 97다42250).

3. 처분사유의 추가·변경

(1) 의의

처분사유의 추가·변경이란 당초 처분 시에는 존재하였지만 처분이유로 제시되지 아니하였던 사실 및 법적 근거를 소송계속 중에 추가하거나 변경하는 것을 말한다. 예를 들면 청소년에게 술을 판매했다는 이유로 한 영업취소에 대한 취소소송에서 소송도중 가짜 주류를 판매했다는 사유를 추가·변경하는 경우를 들 수 있다.

(2) 구별개념

① 근거법령의 추가·변경

단지 처분의 근거법령만을 추가·변경하거나 당초의 처분사유를 구체적으로 밝히는 것은 허용된다.

판례

처분청이 처분 당시에 적시한 구체적 사실을 변경하지 아니하는 범위 내에서 단지 그 처분의 근거법령만을 추가·변경하거나 당초의 처분사유를 구체적으로 표시하는 것에 불과한 경우에는 새로운 처분사유의 추가·변경에 해당하지 않는다(대판 2007.2.8. 2006두4899). [17 국가7급]

② 하자의 치유 및 전환

처분사유의 추가·변경은 이미 처분시에 객관적으로 존재하였던 사유를 대상으로 하는 실체법상 적법성의 주장에 관한 소송법상 문제라는 점에서, 하자의 치유와 구별된다. 처분사유의 추가·변경은 처분 자체는 그대로 두고 처분의 이유만을 추가 또는 변경하는 것이므로 하자 있는 행정행위를 새로운 행정행위로 대체하는 무효행위의 전환과는 구별되는 개념이다.

처분청이 처분 당시 적시한 구체적 사실을 변경하지 아니하는 범위 내에서 단지 처분의 근거 법령만을 추가·변경하는 경우에 법원은 처분청이 처분 당시 적시한 구체적 사실에 대하여 처분 후 추가·변경한 법령을 적용하여 처분의 적법 여부를 판단할 수 있다. (○, ×) [16 국가9급]

처분사유의 추가·변경이 절차적 위법성을 치유하는 것인데 반해, 처분이유의 사후제시는 처분의 실체법상의 적법성을 확보하기 위한 것이다. (○, ×) [17 국가9급]

(3) 허용 여부

행정소송 계속 중에 처분사유의 추가 · 변경을 허용할 것인지에 대해 행정소송법에서는 아무런 규정을 두고 있지 않다.

① 학설

긍정설	분쟁의 일회적 해결을 강조하고 취소소송의 소송물을 위법성 일반으로 보는 입장에서 주장되는 견해이다. 이를 제한 없이 허용하면 행정절차법상 이유 제시의 취지가 유명무실해지고 원고의 방어권 보장에 문제가 있다는 비판이 있다.
부정설	소송 중 처분사유의 추가 · 변경은 원칙적으로 허용되지 않는다고 보는 견해이다. 상대방의 공격방어권의 보장을 중시하고 취소소송의 소송물을 처분개개의 위법사유로 보는 입장에서 주장된다. 행정의 효율성에 반하고 분쟁의 일회적 해결이 어렵다는 비판이 있다.
제한적 긍정설 (通)	기본적 사실관계의 동일성이 인정되고 원고의 권리방어가 침해되지 않는 범위 내에서 제한적으로 인정하자고 하는 견해이다. 분쟁의 일회적 해결과 원고의 방어권 보장을 동시에 고려하고 있다.

② 판례

판례는 당초 처분사유와 기본적 사실관계에서 동일성이 인정되는 한도 내에서만 새로운 처분사유의 추가나 변경을 허용하는 제한적 긍정설의 입장이다.

(4) 허용범위 및 한계

① 기본적 사실관계의 동일성

㉠ 의의 및 판단기준

판례

1. 행정처분의 취소를 구하는 항고소송에 있어서, 처분청은 당초 처분의 근거로 삼은 사유와 기본적 사실관계가 동일성이 있다고 인정되는 한도 내에서만 다른 사유를 추가하거나 변경할 수 있고, **[17 국가7급]** 여기서 기본적 사실관계의 동일성 유무는 처분사유를 법률적으로 평가하기 이전의 구체적인 사실에 착안하여 그 기초인 사회적 사실관계가 기본적인 점에서 동일한지 여부에 따라 결정되며, 기본적 사실관계와 동일성이 인정되지 않는 별개의 사실을 들어 처분사유로 주장하는 것이 허용되지 않는다고 해석하는 이유는 행정처분의 상대방의 방어권을 보장함으로써 실질적 법치주의를 구현하고 행정처분의 상대방에 대한 신뢰를 보호하고자 함에 그 취지가 있고, 추가 또는 변경된 사유가 당초의 처분시 그 사유를 명기하지 않았을 뿐 처분시에 이미 존재하고 있었고 당사자도 그 사실을 알고 있었다 하여 당초의 처분사유와 동일성이 있는 것이라 할 수 없다(대판 2003.12.11. 2001두8827). **[17 서울9급, 15 경행특채]**
2. 당초 처분의 근거로 제시한 사유가 실질적인 내용이 없다고 보는 이상, 위 추가 사유는 그와 기본적 사실관계가 동일한지 여부를 판단할 대상조차 없는 것이므로, 결국 소송단계에서 처분사유를 추가하여 주장할 수 없다(대판 2017.8.29. 2016두44186).
3. 어느 하나의 처분사유에 의한 과징금 부과처분에 대하여 당해 처분사유가 아닌 다른 처분사유가 존재한다는 이유로 적법하다고 판단하는 것은 특별한 사정이 없는 한 행정소송법상 직권심사주의의 한계를 넘는 것으로서 허용될 수 없다(대판 2017.5.17. 2016두53050).

판례에 의하면 피고의 방어권 보장을 위해 기본적 사실관계의 동일성이 없더라도 처분사유의 추가 · 변경을 인정한다. (○, ×) [13 국가7급]

처분사유를 추가 · 변경한다는 관할 행정청의 주장이 법원에서 받아들여진 경우, 처분변경으로 인한 소의 변경을 신청하여야 한다. (○, ×) [15 복지9급]

처분사유의 추가 · 변경이 인정되기 위한 요건으로서의 기본적 사실관계의 동일성 유무는, 처분사유를 법률적으로 평가하기 이전의 구체적인 사실에 착안하여 그 기초적인 사회적 사실관계가 기본적인 점에서 동일한지 여부에 따라 결정된다. (○, ×) [17 국가9급]

추가 또는 변경된 사유가 처분 당시 이미 존재하고 있었거나 당사자가 그 사실을 알고 있었던 경우, 이러한 사정만으로도 당초의 처분사유와 동일성이 인정된다. (○, ×) [19 서울7급, 17 국가9급]

당초 행정처분의 근거로 제시한 이유가 실질적인 내용이 없는 경우에도 행정소송의 단계에서 행정처분의 사유를 추가할 수 있다. (○, ×) [18 지방9급]

법원이 어느 하나의 사유에 의한 과징금부과처분에 대하여 그 사유와 기본적 사실관계의 동일성이 인정되지 아니하는 다른 처분사유가 존재한다는 이유로 적법하다고 판단하는 것은 특별한 사정이 없는 한 직권심사주의의 한계를 넘는 것이 아니다. (○, ×) [22 지방7급]

ⓛ 구체적 검토

판례

기본적 동일성을 인정한 사례

1. 주택신축을 위한 산림형질변경허가신청에 대하여 행정청이 거부처분을 하면서 당초 거부처분의 근거로 삼은 준농림지역에서의 행위제한이라는 사유와 나중에 거부처분의 근거로 추가한 자연경관 및 생태계의 교란, 국토 및 자연의 유지와 환경보전 등 중대한 공익상의 필요라는 사유는 기본적 사실관계에 있어서 동일성이 인정된다(대판 2004.11.26. 2004두4482).
2. 토지형질변경 불허가처분의 당초의 처분사유인 국립공원에 인접한 미개발지의 합리적인 이용대책 수립시까지 그 허가를 유보한다는 사유와 그 처분의 취소소송에서 추가하여 주장한 처분사유인 국립공원 주변의 환경·풍치·미관 등을 크게 손상시킬 우려가 있으므로 공공목적상 원형유지의 필요가 있는 곳으로서 형질변경허가 금지 대상이라는 사유는 기본적 사실관계에 있어서 동일성이 인정된다(대판 2001.9.28. 2000두8684).
3. 외국인 갑이 법무부장관에게 귀화신청을 하였으나 법무부장관이 심사를 거쳐 '품행 미단정'을 불허사유로 국적법상의 요건을 갖추지 못하였다며 신청을 받아들이지 않는 처분을 하였는데, 법무부장관이 갑을 '품행 미단정'이라고 판단한 이유에 대하여 제1심 변론절차에서 자동차관리법위반죄로 기소유예를 받은 전력 등을 고려하였다고 주장하였다가 원심 변론절차에서 불법 체류한 전력이 있다는 추가적인 사정까지 고려하였다고 주장한 사안에서, 법무부장관이 원심에서 추가로 제시한 불법 체류 전력 등의 제반 사정은 처분사유의 근거가 되는 기초 사실 내지 평가요소에 지나지 않으므로, 추가로 주장할 수 있다(대판 2018.12.13. 2016두31616).

판례

기본적 동일성을 부정한 사례

1. 피고의 이 사건 처분사유인 기존 공동사업장과의 거리제한규정에 저촉된다는 사실과 피고 주장의 최소 주차용지에 미달한다는 사실은 기본적 사실관계를 달리하는 것임이 명백하여 피고가 이를 새롭게 처분사유로서 주장할 수는 없는 것이다(대판 1995.11.21. 95누10952).
2. 피고는 석유판매업허가신청에 대하여 당초 사업장소인 토지가 군사보호시설구역 내에 위치하고 있는 관할 군부대장의 동의를 얻지 못하였다는 이유로 이를 불허가하였다가, 소송에서 위 토지는 탄약창에 근접한 지점에 위치하고 있어 공공의 안전과 군사시설의 보호라는 공익적인 측면에서 보아 허가신청을 불허한 것은 적법하다는 것을 불허가사유로 추가한 경우, 양자는 기본적 사실관계에 있어서의 동일성이 인정되지 아니하는 별개의 사유라고 할 것이므로 이와 같은 사유를 불허가처분의 근거로 추가할 수 없다(대판 1991.11.8. 91누70).

주택신축을 위한 산림형질변경허가신청에 대하여 행정청이 거부처분을 하면서 당초 거부처분의 근거로 삼은 준농림지역에서의 행위제한이라는 사유와 나중에 거부처분의 근거로 추가한 자연경관 및 생태계의 교란, 국토 및 자연의 유지와 환경보전 등 중대한 공익상의 필요라는 사유는 기본적 사실관계에 있어서 동일성이 인정된다. (○, ×) [13 국가7급, 10 경행특채]

토지형질변경 불허가처분의 당초의 처분사유인 국립공원에 인접한 미개발지의 합리적인 이용대책 수립시까지 그 허가를 유보한다는 사유와 그 처분의 취소소송에서 추가하여 주장한 처분사유인 국립공원 주변의 환경·풍치·미관 등을 크게 손상시킬 우려가 있으므로 공공목적상 원형유지의 필요가 있는 곳으로서 형질변경허가 금지 대상이라는 사유는 기본적 사실관계에 있어서 동일성이 인정된다. (○, ×) [11 복지9급]

외국인 갑(甲)이 법무부장관에게 귀화신청을 하였으나 법무부장관이 '품행 미단정'을 불허사유로 「국적법」상의 요건을 갖추지 못하였다며 신청을 받아들이지 않는 처분을 하였는데, 법무부장관이 갑을 '품행 미단정'이라고 판단한 이유에 대하여 제1심 변론절차에서 「자동차관리법」위반죄로 기소유예를 받은 전력 등을 고려하였다고 주장한 후, 제2심 변론절차에서 불법 체류전력 등의 제반사정을 추가로 주장할 수 있다. (○, ×) [19 서울7급]

행정청의 당초 처분사유인 기존 공동사업장과의 거리제한규정에 저촉된다는 사실과 피고 주장의 최소주차용지에 미달한다는 사실은 기본적 사실관계에 있어서 동일성이 인정된다. (○, ×) [11 복지9급]

군사보호구역 밖의 토지에 주유소를 설치·경영하도록 하기 위한 석유판매업 허가를 함에 있어서 관할부대장의 동의를 얻어야 할 법령상의 근거가 없음에도 그 동의가 없다는 이유로 한 불허가처분에 대한 소송에서, 당해 토지가 탄약창에 근접한 지점에 위치하고 있다는 사실을 불허가사유로 추가하는 것은 허용되지 않는다. (○, ×) [13 국가7급]

PART 05

> 의료보험요양기관 지정취소처분의 당초의 처분사유인 구 의료보험법 제33조 제1항이 정하는 본인부담금 수납대장을 비치하지 아니한 사실과 항고소송에서 새로 주장한 처분사유인 같은 법 제33조 제2항이 정하는 보건복지부장관의 관계서류 제출명령에 위반하였다는 사실은 기본적 사실관계의 동일성이 인정되지 않는다. (○, ×) [11 복지9급]

3. 의료보험요양기관 지정취소처분의 당초의 처분사유인 구 의료보험법 제33조 제1항이 정하는 본인부담금 수납대장을 비치하지 아니한 사실과 항고소송에서 새로 주장한 처분사유인 같은 법 제33조 제2항이 정하는 보건복지부장관의 관계서류 제출명령에 위반하였다는 사실은 기본적 사실관계의 동일성이 없다(대판 2001.3.23. 99두6392).
4. 당초의 처분사유인 중기취득세의 체납과 그 후 추가된 처분사유인 자동차세의 체납은 각 세목, 과세년도, 납세의무자의 지위(연대납세의무자와 직접의 납세의무자) 및 체납액 등을 달리하고 있어 기본적 사실관계가 동일하다고 볼 수 없다(대판 1989.6.27. 88누6160). [17 서울9급, 15 경행특채]

> 주류면허 지정조건 중 제6호 무자료 주류판매 및 위장거래 항목을 근거로 한 면허취소 처분에 대한 항고소송에서, 지정조건 제2호 무면허판매업자에 대한 주류판매를 새로이 그 취소사유로 주장하는 것은 기본적 사실관계의 동일성이 인정된다. (○, ×) [17 서울9급, 15 경행특채]

5. 주류면허 지정조건 중 제6호 무자료 주류판매 및 위장거래 항목을 근거로 한 면허취소처분에 대한 항고소송에서, 지정조건 제2호 무면허판매업자에 대한 주류판매를 새로이 그 취소사유로 주장하는 것은 기본적 사실관계가 다른 사유를 내세우는 것으로서 허용될 수 없다(대판 1996.9.6. 96누7427)
6. 피고가 원고의 정보공개청구에 대하여 별다른 이유를 제시하지 않은 채 이동통신요금과 관련한 총괄원가액수만을 공개한 것은, 이 사건 원가 관련 정보에 대하여 비공개결정을 하면서 비공개이유를 명시하지 않은 경우에 해당하여 위법하다고 판단하면서, 피고가 이 사건 소송에서 비로소 이 사건 원가 관련 정보가 법인의 영업상 비밀에 해당한다는 비공개사유를 주장하는 것은, 그 기본적 사실관계가 동일하다고 볼 수 없는 사유를 추가하는 것이어서 허용될 수 없다(대판 2018.4.12. 2014두5477). [19 서울7급]

> 처분 시에 제시한 '甲의 건축물은 건축허가를 받지 않은 건축물'이라는 처분사유에 '甲의 건축물은 신고를 하지 않은 가설건축물'이라는 처분사유를 추가할 수 있다. (○, ×) [23 국가7급]

7. 건축허가를 받지 않고 건축하였다는 이유로 원상복구명령 및 계고처분을 하였다가 처분 당시와는 달리 이 사건 컨테이너가 가설건축물에 해당함을 전제로 처분사유를 추가하는 것은 원고들의 방어권을 침해하는 것으로 볼 수 있으므로, 이 점에서도 처분사유 추가·변경이 허용된다고 보기 어렵다(대판 2021. 7. 29. 2021두34756).

② 한계

㉠ 소송물의 범위 내

> 처분사유의 변경으로 소송물이 변경되는 경우, 반드시 청구가 변경되는 것은 아니므로 처분사유의 추가·변경은 허용될 수 있다. (○, ×) [17 국가7급]

처분사유의 추가·변경은 취소소송의 소송물의 범위 내에서만 가능하다. 처분사유의 변경으로 소송물이 변경된다면 청구가 변경되는 것이므로, 이 경우에는 소의 변경을 하여야 한다.

㉡ 처분 시에 존재하였던 사유일 것

> 처분 후 소송 계속 중에 발생한 사실관계나 법률관계도 처분사유의 추가·변경의 대상이 된다. (○, ×) [06 세무사]

위법판단의 기준 시에 관하여 처분시설(通, 判)을 취하는 경우 위법성 판단은 처분시를 기준으로 하므로 추가사유나 변경사유는 처분 시에 객관적으로 존재하던 사유이어야 한다. 따라서 처분 이후에 발생한 새로운 사실적·법적 사유를 추가·변경할 수는 없다.

㉢ 사실심 변론종결시까지 허용

판례

> 처분사유의 추가·변경은 사실심의 확정판결시까지만 허용된다. (○, ×) [19 서울7급, 17 국가9급]

행정청은 기본적 사실관계의 동일성이 있다고 인정되는 한도 내에서만 다른 처분사유를 추가, 변경할 수 있다고 할 것이나 이는 사실심 변론종결시까지만 허용된다(대판 1999.8.20. 98두17043). [17 서울9급, 15 복지9급]

4. 소제기의 효과

소의 제기에 의하여 그 사건은 법원에 계속되며, 법원은 이를 심리하고 판결할 구속을 받는다. 당사자는 같은 사건에 대하여 다시 소송을 제기하지 못한다(중복제소금지).

06 가구제

1. 의의

행정소송상의 가구제(假救濟)란 본안판결의 실효성을 확보하기 위하여 계쟁처분 등이나 공법상 권리관계에 관하여 가정적인 임시의 효력관계나 지위를 정함으로써 본안판결이 확정될 때까지 잠정적으로 권리구제를 도모하는 것을 말한다. 행정소송법은 집행부정지원칙의 예외로서, 원고의 권리보호를 위해 일정한 경우 집행정지를 할 수 있도록 명문의 규정을 두고 있다.

2. 집행정지

(1) 집행부정지원칙

행정소송법은 집행부정지원칙을 채택하고 있다(행정소송법 제23조 제1항).

(2) 집행정지의 의의

> 행정소송법 제23조 【집행정지】 ① 취소소송의 제기는 처분 등의 효력이나 그 집행 또는 절차의 속행에 영향을 주지 아니한다. [17 국회8급]
>
> ② 취소소송이 제기된 경우에 처분 등이나 그 집행 또는 절차의 속행으로 인하여 생길 회복하기 어려운 손해를 예방하기 위하여 긴급한 필요가 있다고 인정할 때에는 본안이 계속되고 있는 법원은 당사자의 신청 또는 직권에 의하여 처분 등의 효력이나 그 집행 또는 절차의 속행의 전부 또는 일부의 정지(이하 "집행정지"라 한다)를 결정할 수 있다. 다만, 처분의 효력정지는 처분 등의 집행 또는 절차의 속행을 정지함으로써 목적을 달성할 수 있는 경우에는 허용되지 아니한다. [19 서울9급(上)]
>
> ③ 집행정지는 공공복리에 중대한 영향을 미칠 우려가 있을 때에는 허용되지 아니한다. [19 서울9급(上), 17 국회8급]
>
> ④ 제2항의 규정에 의한 집행정지의 결정을 신청함에 있어서는 그 이유에 대한 소명이 있어야 한다.
>
> ⑤ 제2항의 규정에 의한 집행정지의 결정 또는 기각의 결정에 대하여는 즉시항고할 수 있다. [19 서울9급(上)] 이 경우 집행정지의 결정에 대한 즉시항고에는 결정의 집행을 정지하는 효력이 없다. [18 국가7급, 18 서울7급]
>
> ⑥ 제30조 제1항의 규정은 제2항의 규정에 의한 집행정지의 결정에 이를 준용한다.

- 행정소송법은 집행부정지원칙을 택하면서도 집행정지의 길을 열어 개인(원고)의 권리보호를 목적으로 하고 있다. (○, ×) [11 국가9급]
- 취소소송이 제기되면 처분의 효력이나 그 집행은 정지되지 않으나 절차의 속행은 정지된다. (○, ×) [19 서울9급(上)]
- 「행정소송법」이 정하는 집행정지의 요건은 '중대한 손해'의 예방 필요성이다. (○, ×) [18 서울7급(上), 17 국회8급]
- 집행정지는 본안이 계속되어 있는 법원이 당사자의 신청에 의하여 한다. 처분권주의가 적용되므로 당사자의 신청 없이 직권으로 하지 못한다. (○, ×) [18 서울7급(上)]

(3) 집행정지의 요건

① 적극적 요건

㉠ 신청인적격 및 집행정지 이익의 존재

집행정지를 신청할 수 있는 자는 본안소송의 당사자로서 법률상 이익이 있는 자이어야 한다. 한편 이미 집행이 완료되어 회복이 불가능한 경우에는 집행정지신청은 신청의 이익이 없어서 부적법하다.

행정처분에 대한 효력정지신청을 구함에 있어서 이를 구할 법률상 이익이 있어야 하는 것은 아니다. (○, ×) [10 국회8급]

판례

경쟁 항공회사에 대한 국제항공노선면허처분으로 인하여 노선의 점유율이 감소됨으로써 경쟁력과 대내외적 신뢰도가 상대적으로 감소되고 연계노선망개발이나 타항공사와의 전략적 제휴의 기회를 얻지 못하게 되는 손해를 입게 되었다고 하더라도 위 노선에 관한 노선면허를 받지 못하고 있는 한 그러한 손해는 법률상 보호되는 권리나 이익침해로 인한 손해라고는 볼 수 없으므로 처분의 효력정지를 구할 법률상 이익이 될 수 없다. 경쟁 항공회사에 대한 국제항공노선면허처분이 효력정지되면 행정청이 위 인가를 하여 줄 법률상 의무가 발생하는 것이 아니고, 다만 경쟁 항공회사와 함께 인가를 신청할 수 있음에 그치는 것이며, 그 인가 여부는 다시 행정청의 별도의 처분에 맡겨져 있으므로 위와 같은 이익은 처분의 효력정지를 구할 수 있는 법률상 이익이라고 할 수 없다(대결 2000.10.10. 2000무17).

항공회사는 경쟁 항공회사에 대한 국제항공노선면허처분으로 인한 노선점유율 하락에 따른 막대한 영업상 손해를 이유로 위 면허처분의 효력정지를 구할 법률상 이익이 있다. (○, ×) [12 국회9급]

㉡ 적법한 본안소송의 계속

민사소송법상의 가처분이 본안소송 제기 전에 보전수단으로서 신청될 수 있는 것과 달리, 행정소송법상의 집행정지는 본안소송이 법원에 계속되어 있을 것을 요건으로 한다. [16 서울9급, 16 복지9급] 다만 본안소송의 제기와 동시에 집행정지를 신청하는 것은 허용된다. [15 복지9급, 14 국가7급]

취소소송에 있어 집행정지신청은 민사소송상 가처분과 마찬가지로 본안소송과 별도로 독립하여 신청할 수 있다. (○, ×) [09 관세사]

처분의 효력정지결정을 하려면 그 효력정지를 구하는 당해 행정처분에 대한 본안소송이 법원에 제기되어 계속중임을 요건으로 한다. (○, ×) [21 지방9급, 16 국가9급]

판례

1. 집행정지는 본안에서 원고가 승소할 수 있는 가능성을 전제로 한 권리보호수단이라는 점에 비추어 보면 집행정지사건 자체에 의하여도 신청인의 본안청구가 적법한 것이어야 한다는 것을 집행정지의 요건에 포함시켜야 한다(대결 1999.11.26. 99부3). [22 지방9급]
2. 집행정지결정을 한 후에라도 본안소송이 취하되어 소송이 계속하지 아니한 것으로 되면 집행정지결정은 당연히 그 효력이 소멸되는 것이고 별도의 취소조치를 필요로 하는 것이 아니다(대결 2007.6.28. 2005무75). [10 국회8급]

본안문제인 행정처분 자체의 적법여부는 집행정지 신청의 요건이 되지 아니하는 것이 원칙이지만, 본안소송의 제기 자체는 적법한 것이어야 한다. (○, ×) [14 국가9급, 14 경행특채]

집행정지결정을 한 후에 본안소송이 취하되더라도 그 집행정지 결정의 효력이 당연히 소멸하는 것은 아니고, 별도의 취소조치를 필요로 한다. (○, ×) [16 서울9급]

㉢ 처분 등의 존재

ⓐ 처분 등의 의미

처분이 아니거나 부작위의 경우에는 집행정지가 허용되지 않으며, 처분의 효력이 발생하기 전이거나 처분의 효력이 소멸된 후에는 원칙적으로 집행정지가 허용되지 않는다. 다만 무효인 처분은 집행정지의 대상이 된다. 따라서 집행정지는 본안소송이 취소소송이나 무효 등 확인소송인 경우에만 허용되고, 부작위위법확인소송의 경우에는 허용되지 않는다. 한편 처분이 가분적인 경우에는 처분의 일부에 대한 집행정지도 가능하다.

집행정지결정은 취소소송에서만 인정되는 것은 아니다. (○, ×) [10 서울9급]

행정소송법은 처분의 일부에 대한 집행정지도 가능하다고 규정하고 있다. (○, ×) [12 국가9급]

ⓑ 거부처분

집행정지는 처분이 없었던 것과 같은 상태를 만드는 것을 의미할 뿐 그 이상으로 적극적 상태를 만드는 것은 아니므로 거부처분은 집행정지의 대상이 될 수 없다. [21 국가9급, 15 국가9급]

판례

허가신청에 대한 거부처분은 그 효력이 정지되더라도 그 처분이 없었던 것과 같은 상태를 만드는 것에 지나지 아니하는 것이고 그 이상으로 행정청에 대하여 어떠한 처분을 명하는 등 적극적인 상태를 만들어 내는 경우를 포함하지 아니하는 것이므로, 교도소장이 접견을 불허한 처분에 대하여 효력정지를 한다 하여도 이로 인하여 위 교도소장에게 접견의 허가를 명하는 것이 되는 것도 아니고 또 당연히 접견이 되는 것도 아니어서 접견허가거부처분에 의하여 생길 회복할 수 없는 손해를 피하는 데 아무런 보탬도 되지 아니하니 접견허가거부처분의 효력을 정지할 필요성이 없다(대결 1991.5.2. 91두15). [23 국가9급, 18 서울7급]

ⓒ 부관

행정행위의 부관이 집행정지의 대상이 되는가 하는 것이 문제되나, 부담의 경우에는 그 자체가 독립한 행정행위의 성질을 가지므로 집행정지의 대상이 된다고 보는 것이 일반적인 견해이다.

㉣ 회복하기 어려운 손해발생의 우려

중대한 불이익을 규정한 행정심판법과는 달리 행정소송법은 회복하기 어려운 손해발생의 우려는 규정하고 있다. 판례는 '회복하기 어려운 손해'라고 함은 특별한 사정이 없는 한 금전으로 보상할 수 없는 손해를 의미하며, 손해의 규모가 현저하게 클 필요는 없으나, 판례는 기업의 경우에는 중대한 경영상의 위기를 회복하기 어려운 손해의 판단기준의 하나로 보고 있다.

판례

회복하기 어려운 손해에 해당한다고 본 사례

1. "회복하기 어려운 손해"라 함은 특별한 사정이 없는 한 금전으로 보상할 수 없는 손해라 할 것이며 이는 금전보상이 불능한 경우뿐만 아니라 금전보상으로는 사회관념상 행정처분을 받은 당사자가 참고 견딜 수 없거나 또는 참고 견디기가 현저히 곤란한 경우의 유형, 무형의 손해를 일컫는다. [15 복지9급] 상고심에 계속 중인 형사피고인이 안양교도소로부터 진주교도소로 이송되는 경우에는 그로 인하여 변호인과의 접견이 어려워져 방어권의 행사에 지장을 받게 됨은 물론 가족이나 친지 등과의 접견권의 행사에도 장애를 초래할 것임이 명백하고 이로 인한 손해는 금전으로 보상할 수 없는 손해라고 할 것이다(대결 1992.8.7. 92두30).
2. 사업여건의 악화 및 막대한 부채비율로 인하여 외부자금의 신규차입이 사실상 중단된 상황에서 285억원 규모의 과징금을 납부하기 위하여 무리하게 외부자금을 신규차입하게 되면 주거래은행과의 재무구조개선약정을 지키지 못하게 되어 사업자가 중대한 경영상의 위기를 맞게 될 것으로 보이는 경우, 그 과징금납부명령의 처분으로 인한 손해는 효력정지 내지 집행정지의 적극적 요건인 '회복하기 어려운 손해'에 해당한다(대결 2001.10.10. 2001무29).

- 집행정지결정에 의하여 효력이 정지되는 처분이 당사자의 신청을 거부하는 것을 내용으로 하는 경우에는 그 처분을 행한 행정청은 집행정지결정의 취지에 따라 다시 이전의 신청에 대한 처분을 하여야 한다. (○, ×) [18 국가7급, 16 국가9급]
- 거부처분의 효력정지는 그 거부처분으로 인하여 신청인에게 생길 손해를 방지하는 데 필요하므로 신청인에게는 그 효력정지를 구할 이익이 있다. (○, ×) [21 지방9급]
- 행정행위의 부관 중 독립된 처분으로서의 성질을 갖는 부담에 대해서는 집행정지가 가능하다. (○, ×) [06 세무사]
- 「행정심판법」과 「행정소송법」은 모두 집행정지의 적극적 요건으로 '회복하기 어려운 손해를 예방하기 위하여 긴급한 필요가 있다고 인정할 때'를 요구하고 있다. (○, ×) [16 복지9급]
- 집행정지의 요건인 "회복하기 어려운 손해"라 함은 특별한 사정이 없는 한 금전으로 보상할 수 없는 손해라 할 것이며 이는 금전보상이 불능한 경우뿐만 아니라 금전보상으로는 사회관념상 행정처분을 받은 당사자가 참고 견딜 수 없거나 또는 참고 견디기가 현저히 곤란한 경우의 유형, 무형의 손해를 의미하고 손해의 규모가 현저하게 큰 것임을 요한다. (○, ×) [10 국회8급]
- 외부자금의 신규차입이 사실상 중단된 상태에서 고액의 과징금 납부로 인하여 사업자가 중대한 경영상의 위기를 맞게 될 것으로 보이는 경우도 회복하기 어려운 손해에 해당한다. (○, ×) [13 국회9급]

판례

회복하기 어려운 손해에 해당하지 않는다고 본 사례

유흥접객영업허가의 취소처분으로 5,000여만 원의 시설비를 회수하지 못하게 된다면 생계까지 위협받게 되는 결과가 초래될 수 있다는 등의 사정이 행정처분의 효력이나 집행을 정지하기 위한 요건인 "회복하기 어려운 손해"가 생길 우려가 있는 경우에 해당하지 않는다(대판 1991.3.2. 91두1).

> 유흥접객영업허가의 취소처분으로 5,000여만 원의 시설비를 회수하지 못하게 된다면 생계까지 위협받게 되는 결과가 초래될 수 있다는 등의 사정이 행정처분의 효력이나 집행을 정지하기 위한 요건인 "회복하기 어려운 손해"가 생길 우려가 있는 경우에 해당하지 아니한다. (○, ×) [14 국가9급]

ⓜ 긴급한 필요

'긴급한 필요'라고 함은 회복하기 어려운 손해가 발생될 가능성이 절박하여 손해를 회피하기 위하여 본안판결을 기다릴 시간적 여유가 없는 것을 말한다.

판례

'처분 등이나 그 집행 또는 절차의 속행으로 인하여 생길 회복하기 어려운 손해를 예방하기 위하여 긴급한 필요'가 있는지 여부는 처분의 성질과 태양 및 내용, 처분상대방이 입는 손해의 성질·내용 및 정도, 원상회복·금전배상의 방법 및 난이 등은 물론 본안청구의 승소가능성의 정도 등을 종합적으로 고려하여 구체적·개별적으로 판단하여야 한다(대결 2010.5.14. 2010무48).

② 소극적 요건

㉠ 공공복리에 중대한 영향이 없을 것

집행정지는 공공복리에 중대한 영향을 미칠 우려가 있을 때에는 허용되지 아니한다(행정소송법 제23조 제3항).

판례

1. 공공복리에 미칠 영향이 중대한지의 여부는 절대적 기준에 의하여 판단할 것이 아니라, 신청인의 '회복하기 어려운 손해'와 '공공복리' 양자를 비교·교량하여, 전자를 희생하더라도 후자를 옹호하여야 할 필요가 있는지 여부에 따라 상대적·개별적으로 판단하여야 한다(대결 2010.5.14. 2010무48).
2. 행정소송법 제23조 제3항에서 규정하고 있는 집행정지의 장애사유로서의 '공공복리에 중대한 영향을 미칠 우려'라 함은 일반적·추상적인 공익에 대한 침해의 가능성이 아니라 당해 처분의 집행과 관련된 구체적·개별적인 공익에 중대한 해를 입힐 개연성을 말하는 것으로서 이러한 집행정지의 소극적 요건에 대한 주장·소명책임은 행정청에게 있다(대결 2008.5.6. 2007무147).

> 집행정지의 요건인 공공복리는 그 처분의 집행과 관련된 구체적이고도 개별적인 공익을 말한다. (○, ×) [12 국회9급]

㉡ 본안의 이유 없음이 명백하지 아니할 것

본안청구가 이유 없음이 명백하지 아니할 것이 행정소송법상 집행정지의 요건으로 규정되어 있지는 않지만 통설은 집행정지는 인용판결의 실효성을 확보하기 위하여 인정되는 것이며 처분의 취소가능성이 없음에도 집행정지를 인정하는 것은 집행정지제도의 취지에 반하므로 집행정지의 소극적 요건으로 하는 것이 타당하다고 본다. 판례도 같다.

판례

본안소송에서 처분의 취소가능성이 없음에도 처분의 효력이나 집행의 정지를 인정한다는 것은 제도의 취지에 반하므로 효력정지나 집행정지사건 자체에 의하여도 신청인의 본안청구가 이유 없음이 명백하지 않아야 한다는 것도 효력정지나 집행정지의 요건에 포함시켜야 한다(대결 1997.4.28. 96두75). [23 지방7급, 21 지방9급]

✦ 본안에 관한 이유 유무는 원칙적으로 집행정지 결정단계에서 판단할 것은 아니므로 집행정지사건 자체에 의하여 신청인의 본안청구가 이유없음이 명백한 때에도 집행정지를 명할 수 있다. (○, ×) [15 복지9급]

㉢ 입증책임

판례

행정소송법 제23조 제3항에서 집행정지의 요건으로 규정하고 있는 '공공복리에 중대한 영향을 미칠 우려'가 없을 것이라고 할 때의 '공공복리'는 그 처분의 집행과 관련된 구체적이고도 개별적인 공익을 말하는 것으로서 이러한 집행정지의 소극적 요건에 대한 주장・소명책임은 행정청에게 있다(대결 1999.12.20. 99무42). [23 국가9급, 16 서울9급]

PART 05

(4) 집행정지의 절차

집행정지는 법원의 결정으로 이루어지는데, 직권이나 당사자의 신청에 의하게 된다(행정소송법 제23조 제2항). 당사자의 신청의 경우에는 그 이유에 대한 소명이 있어야 한다(동조 제4항). 집행정지의 관할법원은 본안이 계속된 법원이다(전속관할). [09 세무사]

✦ 집행정지결정은 당사자의 신청이 있는 경우는 물론, 법원의 직권에 의해서도 행해질 수 있다. (○, ×) [15 교행]

✦ 집행정지의 대상은 처분의 효력, 처분의 집행, 처분절차의 속행 등이다. (○, ×) [06 세무사]

(5) 집행정지결정의 내용

① 처분의 효력정지

이는 공정력, 존속력 등을 정지함으로써 당사자에게 당해 처분이 잠정적으로 존재하지 아니하는 상태로 두는 것을 의미한다.

② 처분의 집행정지

처분내용의 강제적 실현을 위한 공권력행사의 저지를 의미하는 것으로 강제퇴거 명령서에 따른 강제퇴거의 집행정지가 이에 해당한다.

③ 절차의 속행정지

단계적 과정에 있는 행정처분 중 당해 처분의 효력은 유지하면서 후속절차를 잠정적으로 정지하는 것을 말한다. 예를 들면 대집행절차에서 계고처분의 효력은 유지하면서 통지절차의 속행이 정지되는 것을 들 수 있다.

④ 처분의 효력정지와 집행정지, 속행정지의 관계

행정권의 존중이라는 측면에서 처분의 효력정지는 가급적 억제되어야 하므로 처분의 집행정지, 절차의 속행정지만으로 목적을 달성할 수 있는 경우에는 처분의 효력정지는 허용되지 않는다(행정소송법 제23조 제2항).

✦ 처분의 효력정지는 처분 등의 집행 또는 절차의 속행을 정지함으로써 목적을 달성할 수 있는 경우에는 허용되지 않는다. (○, ×) [21 지방9급, 16 지방9급]

(6) 집행정지의 효력

① 형성력

처분 등의 효력정지는 행정처분이 없었던 것과 같은 상태를 실현하는 것이므로 그 범위 안에서 형성력을 가진다. 행정청의 별도의 효력정지통지 등이 없이 당연히 결정에서 정한 대로 처분의 효력 등이 정지된다. 따라서 해당 처분이 유효함을 전제로 한 후속처분 등도 할 수 없다.

> 판례상 집행정지결정이 있게 되면 당해 처분이 효력 있음을 전제로 한 후속행위는 무효가 된다. (○, ×) [08 세무사]

② 기속력

집행정지결정의 효력은 신청인과 피신청인에게 미치며, 취소판결의 효력에 준하여 당사자인 행정청뿐만 아니라 관계행정청도 기속한다(행정소송법 제23조 제6항). [11 국가9급] 집행정지결정을 위반한 처분은 무효라는 것이 판례의 입장이다.

> 집행정지결정은 판결이 아니므로 기속력은 인정되지 않는다. (○, ×) [16 국가9급]

③ 시간적 효력

집행정지결정의 효력은 결정의 주문에서 정한 시기까지 잠정적으로 효력을 가진다. 다만 주문에 특별한 정함이 없는 때에는 본안판결이 확정될 때까지 그 효력이 존속한다. 또한 집행정지결정의 효력은 정지결정대상인 처분의 발령시점에 소급하는 것이 아니라 원칙적으로 집행정지결정시점부터 장래에 향하여 효력을 발생한다. 따라서 집행정지결정 전에 이미 집행된 부분에 대해서는 아무런 영향을 미치지 아니한다(대판 1957.11.4. 4290민상623).

> 집행정지결정의 효력은 정지결정의 대상인 처분의 발령시점에 소급하는 것이 원칙이다. (○, ×) [18 서울7급, 11 국가9급]

판례

1. 집행정지결정의 효력은 결정주문에서 정한 시기까지 존속하였다가 그 시기의 도래와 동시에 당연히 실효하는 것이다(대판 2005.6.10. 2005두1190). [16 복지9급]
2. 행정소송법 제23조에 의한 효력정지결정의 효력은 결정주문에서 정한 시기까지 존속하고 그 시기의 도래와 동시에 효력이 당연히 소멸하므로, 보조금 교부결정의 일부를 취소한 행정청의 처분에 대하여 법원이 효력정지결정을 하면서 주문에서 그 법원에 계속 중인 본안소송의 판결 선고 시까지 처분의 효력을 정지한다고 선언하였을 경우, 본안소송의 판결 선고에 의하여 정지결정의 효력은 소멸하고 이와 동시에 당초의 보조금 교부결정 취소처분의 효력이 당연히 되살아난다(대판 2017.7.11. 2013두25498). [18 국가7급]
3. 일정한 납부기한을 정한 과징금부과처분에 대하여 집행정지결정이 내려졌다면 그 집행정지기간 동안은 과징금부과처분에서 정한 과징금의 납부기간은 더 이상 진행되지 아니하고 집행정지결정이 당해 결정의 주문에 표시된 시기의 도래로 인하여 실효되면 그 때부터 당초의 과징금부과처분에서 정한 기간(집행정지결정 당시 이미 일부 진행되었다면 그 나머지 기간)이 다시 진행하는 것으로 보아야 한다(대판 2003.7.11. 2002다48023). [22 지방7급]

(7) 집행정지결정에 대한 불복

법원의 집행정지결정이나 집행정지신청기각의 결정 또는 집행정지결정의 취소결정에 대해서는 즉시항고할 수 있다. [15 행정사] 다만 이 경우 집행정지의 결정에 대한 즉시항고는 그 즉시항고의 대상인 결정의 집행을 정지하는 효력이 없다(행정소송법 제23조 제5항, 제24조 제2항).

> 집행정지결정에 대한 즉시항고에는 결정의 집행을 정지하는 효력이 없다. (○, ×) [16 복지9급, 14 경행특채]

판례

행정소송법 제23조 제2항에서 정한 요건을 결여하였다는 이유로 효력정지 신청을 기각한 결정에 대하여, 행정처분 자체의 적법 여부를 가지고 불복사유로 삼을 수는 없다(대결 2011.4.21. 2010무111 전원합의체).

(8) 집행정지효력의 소멸

① 집행정지결정의 취소

행정소송법 제24조 【집행정지의 취소】 ① 집행정지의 결정이 확정된 후 집행정지가 공공복리에 중대한 영향을 미치거나 그 정지사유가 없어진 때에는 당사자의 신청 또는 직권에 의하여 결정으로써 집행정지의 결정을 취소할 수 있다.

집행정지결정의 취소사유는 특별한 사정이 없는 한 집행정지결정이 확정된 이후에 발생한 것이어야 한다(대결 2004.5.17. 2004무6).

② 본안의 소의 취하

본안소송의 계속은 집행정지결정의 요건일 뿐만 아니라 그 효력지속의 요건이기도 하므로 비록 집행정지결정이 있더라도 본안의 소가 취하되면 별도의 집행정지취소결정을 할 필요 없이 집행정지의 결정은 실효된다(대결 2007.6.28. 2005무75).

> 집행정지의 결정이 확정된 후 집행정지가 공공복리에 중대한 영향을 미치거나 그 정지사유가 없어진 때에는 당사자의 신청 또는 직권에 의하여 결정으로써 집행정지의 결정을 취소할 수 있다. (○, ×) [18 국가7급, 16 서울9급]

3. 가처분

(1) 개념

가처분이라고 함은 금전 이외의 특정한 급부를 목적으로 하는 청구권의 집행보전을 도모하거나 다툼 있는 권리관계에 관하여 임시의 지위를 정함을 목적으로 하는 가(假)구제제도를 말한다. 예를 들면 임용거부처분을 받은 자가 임시의 임용처분을 구하는 것을 들 수 있다.

(2) 논의의 실익

집행정지는 처분이 행해진 것을 전제로 그 효력을 정지시키는 소극적 효력이 있을 뿐 적극적으로 수익적 처분을 행정청에 명할 수는 없다는 점에서 일정한 한계를 가진다. 따라서 가처분에 관한 논의의 실익이 있는데, 우리 행정소송법에서는 명문의 규정이 없어 민사집행법상 가처분을 준용할 수 있는지가 문제된다.

> 행정소송법은 다툼이 있는 법률관계에 대하여 임시의 지위를 정하기 위한 가처분신청의 경우 현저한 손해나 급박한 위험을 피할 것을 목적으로 한다고 규정하고 있다. (○, ×) [14 국가9급]

(3) 인정 여부

가처분을 인정함으로써 법원에 의한 실효적 권리구제가 이루어질 수 있다는 점에서 이를 긍정하는 견해(긍정설)와 가처분이 인정되면 법원이 일정행위를 행정기관에 명령하게 되므로 권력분립의 원리에 따른 사법권의 한계를 벗어난다는 점에서 이를 부정하는 견해(부정설)의 대립이 있다. 판례는 민사집행법상의 가처분 규정이 준용되지 않는다는 부정설의 입장이다.

판례

민사소송법상의 보전처분은 민사판결절차에 의하여 보호받을 수 있는 권리에 관한 것이므로, 민사소송법상의 가처분으로써 행정청의 어떠한 행정행위의 금지를 구하는 것은 허용될 수 없다 할 것이다(대결 1992.7.6. 92마54). [16 국가9급]

> 「민사소송법」상 가처분은 항고소송에서 허용된다. (○, ×) [17 복지9급, 16 지방9급]

07 소송의 심리

1. 의의

소송의 심리란 소에 대하여 판결하기 위해서 그 기초가 되는 소송자료를 수집하는 것을 말한다. 이러한 심리의 원칙은 소송주도권을 당사자에게 부여하는 당사자주의와 법원에 부여하는 직권주의로 나눌 수 있다. 당사자주의는 다시 내용적으로 소송의 개시, 종료 또는 그 범위의 결정을 소송당사자에게 맡기는 원칙인 처분권주의와 재판의 기초가 되는 자료의 수집·제출을 당사자의 권능과 책임으로 하는 원칙인 변론주의로 나누어진다. 행정소송은 원칙적으로 당사자주의를 취하고 있으나, 행정소송의 특수성에 비추어 공공복리에 필요한 한도 내에서 직권심리주의를 가미하고 있다.

2. 심리의 내용

(1) 요건심리

소송요건의 존부는 법원의 직권조사사항이며 [07 세무사] 법원은 소송제기요건을 갖추지 못한 것이라고 인정되는 때에는 부적법한 소로 이를 각하(却下)한다. [07 세무사] 소송요건 존부의 판정시기는 원칙적으로 소송을 제기할 때이나 사실심변론종결시까지 소송요건을 갖추면 하자가 치유된다고 보는 것이 일반적인 견해이다. 따라서 실질적으로 소송요건의 구비여부는 사실심변론종결시를 기준으로 판단한다.

> 소송요건의 존부는 사실심변론종결시를 기준으로 판단한다. (○, ×) [14 국가9급]

> 사실심에서 변론 종결시까지 당사자가 주장하지 않던 직권조사사항에 해당하는 사항을 상고심에서 비로소 주장하는 경우 그 직권조사사항에 해당하는 사항은 상고심의 심판범위에 해당하지 않는다. (○, ×) [21 서울7급, 15 지방7급]

> 행정소송에서 쟁송의 대상이 되는 행정처분의 존부는 자백의 대상이므로 그 존재를 당사자들이 다투지 아니하는 경우 의심이 있어도 그 존부에 대해 법원이 직권으로 조사할 권한이 없다. (○, ×) [13 서울7급]

판례

행정소송에서 쟁송의 대상이 되는 행정처분의 존부는 소송요건으로서 직권조사사항이고, 자백의 대상이 될 수 없는 것이므로, [23 국가7급] 설사 그 존재를 당사자들이 다투지 아니한다 하더라도 그 존부에 관하여 의심이 있는 경우에는 이를 직권으로 밝혀 보아야 할 것이고, [21 서울7급, 19 서울7급] 사실심에서 변론종결시까지 당사자가 주장하지 않던 직권조사사항에 해당하는 사항을 상고심에서 비로소 주장하는 경우 그 직권조사사항에 해당하는 사항은 상고심의 심판범위에 해당한다(대판 2004.12.24. 2003두15195). [20 국가9급, 15 지방9급]

(2) 본안심리

본안심리는 요건심리의 결과 소송요건을 갖춘 것이라고 인정하여, 그 소에 의한 청구를 인용할 것인지 기각할 것인지를 판단하기 위하여 사건의 본안에 대해서 실체적으로 심사하는 것이다. 본안심리를 통해서 법원은 청구인용판결을 내리거나 청구기각판결을 하게 되며, 또한 청구기각판결의 일종으로 사정판결도 가능하다.

> 어떠한 처분에 법령상 근거가 있는지, 「행정절차법」에서 정한 처분 절차를 준수하였는지는 소송요건 심사단계에서 고려하여야 한다. (○, ×) [23 국가9급]

판례

어떠한 처분에 법령상 근거가 있는지, 행정절차법에서 정한 처분절차를 준수하였는지는 본안에서 당해 처분이 적법한가를 판단하는 단계에서 고려할 요소이지, 소송요건 심사단계에서 고려할 요소가 아니다(대판 2020.1.16. 2019다264700).

3. 심리의 범위

(1) 불고불리의 원칙

취소소송에서도 불고불리(不告不理)의 원칙이 적용되어 소송제기가 없는 사건 및 소송제기가 있는 사건에 대해서도 원고의 신청범위를 넘어 심리·재판할 수 없다.

판례

행정소송에 있어서도 행정소송법 제14조에 의하여 민사소송법 제188조가 준용되어 법원은 당사자가 신청하지 아니한 사항에 대하여는 판결할 수 없는 것이고, 행정소송법 제26조에서 직권심리주의를 채용하고 있으나 이는 행정소송에 있어서 원고의 청구범위를 초월하여 그 이상의 청구를 인용할 수 있다는 의미가 아니라 원고의 청구범위를 유지하면서 그 범위내에서 필요에 따라 주장외의 사실에 관하여도 판단할 수 있다는 뜻이다(대판 1987.11.10. 86누491).

> 취소소송의 직권심리주의를 규정하고 있는 행정소송법 제26조의 규정을 고려할 때, 행정소송에 있어서 법원은 원고의 청구범위를 초월하여 그 이상의 청구를 인용할 수 있다. (○, ×) [15 지방7급]

> 소송에 있어서 처분권주의는 사적자치에 근거를 둔 법질서에 뿌리를 두고 있으므로 취소소송에는 적용되지 않는다. (○, ×) [18 지방9급]

(2) 법률문제와 사실문제

법률문제란 행정작용이 법률적합성원칙에 부합되게 행사되었는가의 문제를 의미하며, 사실문제란 어떤 사실이 법률요건에 해당하는지의 문제를 의미한다. 법원은 행정사건의 심리에 있어 당해 소송의 대상이 된 처분에 관한 모든 법률문제·사실문제에 대한 심리권을 가진다.

4. 심리에 관한 여러 원칙

(1) 일반론

행정사건의 심리에서도 민사사건의 심리와 마찬가지로 심리에 관한 일반원칙으로서 처분권주의, 변론주의, 구술심리주의, 공개심리주의 등이 적용된다. 한편 행정소송법은 판결의 공정·타당성을 확보하기 위해 직권증거조사(행정소송법 제26조)와 법원의 행정심판기록제출명령(동법 제25조) 등 특칙들을 규정하고 있다.

(2) 처분권주의

처분권주의란 사적자치의 원칙이 소송법에 적용된 것으로 소송절차의 개시, 진행, 종결 및 소송의 대상인 청구의 처분을 소송당사자의 의사에 맡기는 것을 말한다. 당사자는 종국판결에 의하지 않고 소의 취하, 청구의 포기 및 재판상 화해 등을 통해 임의로 소송을 종료시킬 수 있다.

> 행정소송에도 처분권주의가 적용되므로 법원은 당사자의 소제기가 있어야만 심리를 개시할 수 있고, 분쟁대상도 원칙적으로 당사자가 청구한 범위에 한정된다. (○, ×) [07 세무사]

판례

원고가 청구하지 아니한 개별토지가격결정처분에 대하여 판결한 것은 민사소송법 제188조 소정의 처분권주의에 반하여 위법하다(대판 1993.6.8. 93누4526).

(3) 변론주의

변론주의란 재판의 기초가 되는 소송자료의 수집 · 제출의 책임과 권능을 당사자에게 맡기는 것을 말한다. 처분권주의는 소송물의 결정에 관한 원칙이고, 변론주의는 그 바탕이 되는 소송자료의 결정에 관한 원칙이라는 점에서 그 대상을 달리하나, 당사자의 주도권을 인정하고 사적자치의 소송법적인 반영이라는 점에서 공통점이 있다. 변론주의의 내용으로는 ① 당사자가 수집한 자료만으로 재판해야 하며 당사자가 주장하지 아니한 사실을 판결의 기초로 삼아서는 안 되고(주장책임), ② 당사자 사이에 다툼이 없는 사실은 그대로 판결의 자료로 인정해야 하고(자백의 구속력), ③ 당사자 사이에 다툼이 있는 사실을 증거로 인정하려면 당사자가 신청한 증거에 의하여야 한다(직권증거조사의 금지)는 것을 들 수 있다.

(4) 구술심리주의

취소소송의 특성상 구술심리주의는 적용되지 않는다. (○, ×) [10 세무사]

구술심리주의란 당사자 및 법원의 소송행위, 특히 변론 및 증거조사를 모두 구술로 시행하고 구술에 의한 자료만을 판결의 기초로 하는 것을 말하며, 이는 서면심리주의에 대응한 것이다.

(5) 공개심리주의

재판에 이해관계 있는 자가 아닌 경우, 즉 일반인의 경우에도 변론의 시기 및 장소 등을 알 수 있고 방청할 수 있다는 원칙을 말한다. 다만 국가의 안전보장, 안녕질서 또는 선량한 풍속을 해칠 우려가 있는 경우에는 결정으로 공개하지 아니할 수 있으며 이 경우에는 이유를 밝혀야 한다(법원조직법 제57조 제1항 · 제2항).

(6) 직권심리주의

① 의의

「행정소송법」에 따르면 법원은 필요하다고 인정할 때에는 직권으로 증거조사를 할 수 있으나, 당사자가 주장하지 아니한 사실에 대하여는 판단할 수 없다. (○, ×) [23 지방9급]

> 행정소송법 제26조 【직권심리】 법원은 필요하다고 인정할 때에는 직권으로 증거조사를 할 수 있고, 당사자가 주장하지 아니한 사실에 대하여도 판단할 수 있다.

직권심리주의란 법원이 당사자의 주장에 구속됨이 없이 직권으로 필요한 사실의 탐지 및 증거조사를 하는 제도를 말한다. 직권탐지주의 또는 직권증거조사주의라고도 한다. 행정소송법 제26조는 직권증거조사를 규정하고 있는데, [16 경행특채] 어느 범위까지 직권조사를 할 수 있는지에 대해 견해가 대립한다.

② 학설

㉠ 직권탐지주의설

법원은 당사자가 주장한 사실에 대해 보충적으로 증거조사를 할 수 있을 뿐만 아니라 더 나아가 당사자가 주장하지 않은 사실에 대해서도 직권으로 증거를 조사하여 판단의 자료로 삼을 수 있다고 본다.

㉡ 변론주의 보충설

행정소송에도 변론주의가 원칙이나 행정소송의 특수성에 비추어 직권심리주의가 예외 내지 보충적으로 인정된 것에 불과하다고 본다. 즉 행정소송에서도 당사자주의나 변론주의의 기본 구도는 여전히 유지된다. [17 국가9급]

③ 판례

판례

1. 행정소송법 제26조가 법원은 필요하다고 인정할 때에는 직권으로 증거조사를 할 수 있고, 당사자가 주장하지 아니한 사실에 대하여도 판단할 수 있다고 규정하고 있지만, 이는 행정소송의 특수성에 연유하는 당사자주의, 변론주의에 대한 일부 예외 규정일 뿐 법원이 아무런 제한 없이 당사자가 주장하지 아니한 사실을 판단할 수 있는 것은 아니고, 일건 기록에 현출되어 있는 사항에 관하여서만 직권으로 증거조사를 하고 이를 기초로 하여 판단할 수 있을 따름이고, 그것도 법원이 필요하다고 인정할 때에 한하여 청구의 범위 내에서 증거조사를 하고 판단할 수 있을 뿐이다(대판 1994.10.11. 94누4820).
2. 행정소송에서 기록상 자료가 나타나 있다면 당사자가 주장하지 않았더라도 판단할 수 있고, [14 국가9급] 당사자가 제출한 소송자료에 의하여 법원이 처분의 적법 여부에 관한 합리적인 의심을 품을 수 있음에도 단지 구체적 사실에 관한 주장을 하지 아니하였다는 이유만으로 당사자에게 석명을 하거나 직권으로 심리·판단하지 아니함으로써 구체적 타당성이 없는 판결을 하는 것은 행정소송법 제26조의 규정과 행정소송의 특수성에 반하므로 허용될 수 없다(대판 2010.2.11. 2009두18035).

> 취소소송의 심리에 있어서 주장책임은 직권탐지주의를 보충적으로 인정하고 있는 한도 내에서 그 의미가 완화된다. (○, ×) [18 지방9급]

> 행정소송에서 기록상 자료가 나타나 있다 하더라도 당사자가 주장하지 않았다면 행정소송의 특수성에 비추어 법원은 이를 판단할 수 없다. (○, ×) [15 지방7급]

(7) 행정심판기록제출명령

행정소송법 제25조【행정심판기록의 제출명령】① 법원은 당사자의 신청이 있는 때에는 결정으로써 재결을 행한 행정청에 대하여 행정심판에 관한 기록의 제출을 명할 수 있다. [23 지방9급]
② 제1항의 규정에 의한 제출명령을 받은 행정청은 지체없이 당해 행정심판에 관한 기록을 법원에 제출하여야 한다.

> 행정소송법은 법원이 직권으로 관계행정청에 자료제출을 요구할 수 있음을 규정하고 있다. (○, ×) [14 국가9급]

PART 05

5. 주장책임과 입증책임

(1) 주장책임

주장책임이란 변론주의하에서 일방당사자가 자기에게 유리한 주요사실을 주장하지 않음으로써 받게 되는 불이익 내지는 부담을 말한다. 행정소송에서도 직권조사사항을 제외하고는 그 취소를 구하는 자가 위법사유에 해당하는 구체적인 사실을 먼저 주장하여야 한다.

판례

행정소송에 있어서 특별한 사정이 있는 경우를 제외하면 당해 행정처분의 적법성에 관하여는 행정청이 이를 주장·입증하여야 할 것이나 행정소송에 있어서 직권주의가 가미되어 있다고 하더라도 여전히 변론주의를 기본구조로 하는 이상 행정처분의 위법을 들어 그 취소를 청구함에 있어서는 직권조사사항을 제외하고는 그 취소를 구하는 자가 위법사유에 해당하는 구체적 사실을 먼저 주장하여야 한다(대판 2001.1.16. 99두8107).

> 변론주의의 원칙상 당사자에게는 주장책임이 있다. (○, ×) [10 세무사]

(2) 입증책임

① 입증책임의 의의

입증책임이란 소송상의 일정한 사실의 존부가 확정되지 아니할 경우에 불리한 법적 판단을 받게 되는 일방당사자의 불이익 내지는 위험을 말한다. [09 세무사]

② 입증책임의 분배

입증책임의 분배란 어떤 사실의 존부가 불확실한 경우에 당사자 중 누구에게 불이익을 돌릴 것인지를 정하는 것을 말한다. [09 세무사] 소송상 증명이 필요한 사실이 입증되지 않은 경우 입증책임을 지는 자는 불이익을 받게 된다. 한편 입증책임의 분배에 관해서는 행정소송법에 명문의 규정이 없어 견해의 대립이 있다.

㉠ 학설

원고책임설	행정행위의 공정력 때문에 처분의 적법성이 추정되므로 처분의 위법사유는 원고가 입증해야 한다는 견해이다.
피고책임설	법치행정의 원칙상 행정기관이 스스로 자신의 처분에 대한 적법성을 입증해야 한다는 견해이다.
행정소송법 독자분배설	행정소송의 입증책임분배는 민사소송과 달라서 행정소송법의 독자적인 입장에서 정해야 한다는 견해이다.
법률요건분류설 (多, 判)	입증책임을 원·피고 일방에게 지우지 않고 각 당사자는 자기에게 유리한 요건사실을 입증해야 한다고 보는 견해로서, 행정행위의 공정력은 법치행정과는 무관하며, 소송에 있어서 당사자의 지위는 대등하다는 것을 전제한다.

㉡ 판례

판례의 태도에 대해서는 판례가 민사소송과 동일하게 법률요건분류설을 따른 것으로 보는 견해가 다수설이다.

판례

민사소송법의 규정이 준용되는 행정소송에 있어서 입증책임은 원칙적으로 민사소송의 일반원칙에 따라 당사자 간에 분배되고 항고소송의 경우에는 그 특성에 따라 당해 처분의 적법을 주장하는 피고에게 그 적법사유에 대한 입증책임이 있다 할 것이다(대판 1984.7.24. 84누124).

㉢ 구체적 검토

ⓐ 소송요건

소송요건은 직권조사사항이지만 법원이 직권으로 조사하더라도 그 요건사실의 존부가 불분명한 경우 입증책임의 문제가 생긴다. 소송요건의 존부가 불분명한 경우에는 소송요건을 흠결한 부적법한 소로 취급되어 소송을 청구한 원고에게 불이익하게 판단될 것이므로 입증책임은 원고에게 있다는 것이 통설의 입장이다.

처분의 존재, 제소기간 준수 등 소송요건은 취소소송에서의 직권조사사항이므로 원고가 입증책임을 지지 않는다. (○, ×) [06 국가9급]

ⓑ 처분 요건사실의 존재 및 처분의 적법성

행정청은 처분의 근거로 삼은 법령의 실체적 요건사실의 존재에 대한 입증책임을 부담한다. 또한 송달 등 절차적 요건의 준수에 관해서도 행정청이 이를 주장 입증하여야 한다. 즉, 행정소송에 있어서 특별한 사정이 있는 경우를 제외하면 당해 행정처분의 적법성에 관하여는 행정청이 이를 주장·입증하여야 한다.

ⓒ 재량 일탈·남용 등 처분 취소사유의 존부

재량처분의 근거규정은 원칙적 규정이고 재량의 한계 일탈은 예외적 사유로서 처분권한행사의 장애규정에 해당한다고 보아, 당해 재량처분이 재량권을 일탈·남용한 것을 주장하는 원고가 입증책임을 진다는 것이 통설·판례의 입장이다. 즉, 처분의 취소사유의 존부는 원고가 입증책임을 주장한다.

판례

자유재량에 의한 행정처분이 그 재량권의 한계를 벗어난 것이어서 위법하다는 점은 그 행정처분의 효력을 다투는 자가 이를 주장·입증하여야 하고 [24 국가9급] 처분청이 그 재량권의 행사가 정당한 것이었다는 점까지 주장·입증할 필요는 없다(대판 1987.12.8. 87누861).

ⓓ 과세처분의 경우

판례

1. 과세처분의 위법을 이유로 그 취소를 구하는 행정소송에 있어 처분의 적법성 및 과세요건사실의 존재에 관하여는 원칙적으로 과세관청이 그 입증책임을 부담하나, 경험칙상 이례에 속하는 특별한 사정의 존재에 관하여는 납세의무자에게 입증책임 내지는 입증의 필요가 돌아가는 것이다(대판 1996.4.26. 96누1627).
2. 과세대상이 된 토지가 비과세 혹은 면제대상이라는 점은 이를 주장하는 납세의무자에게 입증책임이 있는 것이다(대판 1996.4.26. 94누12708).

ⓔ 형사사건의 판결

판례

1. 형사사건의 판결에서 인정된 사실은 그와 관련된 민사나 행정소송에서 유력한 증거자료가 되는 것이므로 특별한 사정이 없는 한 형사사건에서 인정된 것과 반대되는 사실을 인정하여서는 아니 된다(대판 1981.1.27. 80누13).
2. 행정재판이나 민사재판은 반드시 검사의 무혐의불기소처분사실에 대하여 구속받는 것은 아니고 법원은 증거에 의한 자유심증으로써 그와 반대되는 사실을 인정할 수 있다(대판 1987.10.26. 87누493).

㉣ 증거제출시한

당사자는 사실심변론종결시까지 주장과 증거를 제출할 수 있다. 따라서 항고소송에 있어서는 원고는 전심절차(행정심판절차)에서 주장하지 아니한 공격·방법 방법을 소송절차에서 주장할 수 있다.

- 처분의 절차의 적법성 및 송달에 관한 입증책임은 행정청에 있다는 것이 판례의 입장이다. (○, ×) [06 국가9급]
- 통설과 판례는 재량권의 일탈·남용의 입증책임이 원고에게 있다고 본다. (○, ×) [06 국가9급]
- 과세처분의 적법성 및 과세요건사실의 존재에 관하여는 원칙적으로 과세관청인 피고가 그 입증책임을 부담한다. (○, ×) [06 국가9급]
- 과세대상인 토지가 비과세대상이라는 주장은 원고인 납세의무자가 입증책임을 진다. (○, ×) [06 세무사]

08 소송의 판결 등

1. 판결의 의의

판결이란 법원이 소송의 대상인 구체적 쟁송을 해결하기 위하여 무엇이 법인지를 판단하여 선언하는 행위를 말한다.

2. 위법판단의 기준시점

판례

1. 행정소송에서 행정처분의 위법 여부는 행정처분이 행하여졌을 때의 법령과 사실상태를 기준으로 하여 판단하여야 하고, 처분 후 법령의 개폐나 사실상태의 변동에 의하여 영향을 받지는 않는다(대판 2007.5.11. 2007두1811). [19 서울9급(上)]
2. 항고소송에 있어서 행정처분의 위법 여부를 판단하는 기준 시점에 대하여 판결시가 아니라 처분시라고 하는 의미는 처분 당시 존재하였던 자료나 행정청에 제출되었던 자료만으로 위법 여부를 판단한다는 의미는 아니므로, 처분 당시의 사실상태 등에 대한 입증은 사실심 변론종결 당시까지 할 수 있고, 법원은 행정처분 당시 행정청이 알고 있었던 자료뿐만 아니라 사실심 변론종결 당시까지 제출된 모든 자료를 종합하여 처분 당시 존재하였던 객관적 사실을 확정하고 그 사실에 기초하여 처분의 위법 여부를 판단할 수 있다(대판 1993.5.27. 92누19033). [23 지방9급]

취소소송에 있어서 위법성의 판단은 원칙적으로 처분시를 기준으로 한다. (○, ×) [14 지방7급]

과세처분취소소송에서 과세처분의 위법성 판단시점은 처분시이므로 과세행정청은 처분 당시의 자료만에 의하여 처분의 적법여부를 판단하고 처분 당시의 처분사유만을 주장할 수 있다. (○, ×) [17 복지9급]

3. 판결의 종류

(1) 중간판결과 종국판결

중간판결은 종국판결을 할 준비로서 소송진행 중에 생긴 개개의 쟁점을 해결하기 위한 확인적 성질의 판결을 말하며, 종국판결은 행정소송의 전부나 일부를 종료시키는 판결을 말한다.

(2) 소송판결과 본안판결

소송판결은 소송의 적부(適否)에 대한 판결로서 요건심리의 결과 당해 행정소송을 부적법한 것이라 하여 각하(却下)하는 판결이다(각하판결). 소송판결은 본안심리를 거부하는 판결이므로 계쟁처분의 효과를 확정하는 효력이 없다. 따라서 원고는 결여된 요건을 보완하여 다시 소를 제기할 수 있다. 본안판결은 청구의 당부(當否)에 대한 판결로서 본안심리의 결과 청구의 전부 또는 일부를 인용하거나 기각함을 내용으로 하는 것이다.

(3) 기각판결

기각판결은 본안심리의 결과 원고의 청구가 이유 없다고 하여 배척하는 내용의 판결이다. 이것은 계쟁처분 등이 적법하거나, 부당함에 그치는 경우에 행한다. 다만 청구에 이유 있는 경우에도 예외적으로 기각판결을 할 수 있는데 이를 사정판결이라 한다.

(4) 사정판결

① 의의

> **행정소송법 제28조 【사정판결】** ① 원고의 청구가 이유있다고 인정하는 경우에도 처분등을 취소하는 것이 현저히 공공복리에 적합하지 아니하다고 인정하는 때에는 법원은 원고의 청구를 기각할 수 있다. [23 지방9급, 16 서울9급] 이 경우 법원은 그 판결의 주문에서 그 처분 등이 위법함을 명시하여야 한다.
> ② 법원이 제1항의 규정에 의한 판결을 함에 있어서는 미리 원고가 그로 인하여 입게될 손해의 정도와 배상방법 그 밖의 사정을 조사하여야 한다.
> ③ 원고는 피고인 행정청이 속하는 국가 또는 공공단체를 상대로 손해배상, 제해시설의 설치 그 밖에 적당한 구제방법의 청구를 당해 취소소송등이 계속된 법원에 병합하여 제기할 수 있다.

사정판결은 본안심리 결과 원고의 청구가 이유 있다고 인정됨에도 불구하고 처분을 취소하는 것이 현저히 공공복리에 적합하지 아니하다고 인정하는 때 원고의 청구를 기각하는 판결을 말한다. [21 지방9급] 사정판결은 각하판결이 아닌 기각판결의 일종이므로 원고는 당연히 상소할 수 있다.

② 근거

위법한 처분 등을 취소로 일관하면 계쟁처분을 바탕으로 하여 이미 성립된 법률적·사실적 사회관계가 그 기초를 상실하고 전복하게 됨으로써 공공복리에 크게 어긋나는 사태가 발생할 우려가 있는 반면, 사인에 대한 구제는 반드시 해당 처분 등의 취소만으로 이루어 질 수 있는 것은 아니고 손해배상, 제해시설의 설치 등의 방법으로도 이루어 질 수 있다는 점에서 행정의 법률적합성 원칙의 예외적인 경우로서 인정되는 것이다.

③ 사정판결의 요건

㉠ 처분의 취소·변경에 관한 취소소송일 것

사정판결은 처분의 취소소송에서만 인정된다. 따라서 무효 확인소송과 부작위위법확인소송에서는 사정판결이 허용되지 않는다. 또한 당사자소송에도 사정판결이 허용되지 않는다.

판례

당연무효의 행정처분을 소송목적물로 하는 행정소송에서는 존치시킬 효력이 있는 행정행위가 없기 때문에 행정소송법 제28조 소정의 사정판결을 할 수 없다(대판 1996.3.22. 95누5509).

㉡ 청구가 이유 있다고 인정될 것

사정판결은 본안 판결이므로 처분이 위법하여 청구가 이유 있는 경우이어야 한다. [15 국가9급] 따라서 소송요건을 갖추지 못하였거나, 원고의 청구가 이유 없는 경우에는 사정판결의 문제가 발생하지 않는다.

원고의 청구가 이유 있다고 인정하는 경우에도 처분 등을 취소하는 것이 현저히 공공복리에 적합하지 아니하다고 인정하는 때에는 법원은 원고의 청구를 각하할 수 있다. (○, ×) [14 서울7급, 14 복지9급]

사정판결은 행정의 법률적합성 원칙의 예외적 현상이다. (○, ×) [13 지방7급]

쟁송취소시 위법처분은 언제나 취소해야 한다. (○, ×) [00관세사]

사정판결은 항고소송 중 취소소송 및 무효 등 확인소송에서 인정되는 판결의 종류이다. (○, ×) [21 지방9급, 15 국가9급]

ⓒ 처분 등의 취소가 현저히 공공복리에 적합하지 아니할 것 [15 국가9급]

판례

위법한 행정처분을 존치시키는 것은 그 자체가 공공복리에 반하는 것이므로 행정처분이 위법함에도 이를 취소하는 것이 현저히 공공복리에 적합하지 아니하다고 인정하여 사정판결을 함에 있어서는 극히 엄격한 요건 아래 제한적으로 하여야 할 것이고, 그 요건인 현저히 공공복리에 적합하지 아니한가의 여부를 판단함에 있어서는 위법·부당한 행정처분을 취소·변경하여야 할 필요성과 그로 인하여 발생할 수 있는 공공복리에 반하는 사태 등을 비교·교량하여 그 적용 여부를 판단하여야 한다(대판 2009.5.28. 2008두23252).

ⓔ 피고인 행정청의 신청 여부

판례

사정판결을 할 필요가 있다고 인정하는 때에는 당사자의 명백한 주장이 없는 경우에도 일건 기록에 나타난 사실을 기초로 하여 직권으로 사정판결을 할 수 있다(대판 1995.7.28. 95누4629).

당사자의 명백한 주장이 없는 경우에는 기록에 나타난 여러 사정을 기초로 법원이 직권으로 사정판결을 할 수 없다. (○, ×) [13 지방7급]

원고의 청구가 이유있다고 인정하는 경우에도 이를 인용하는 것이 현저히 공공복리에 적합하지 않다고 판단되면 법원은 피고 행정청의 주장이나 신청이 없더라도 사정판결을 할 수 있다. (○, ×) [22 지방9급, 15 국가9급]

ⓜ 구체적 검토

판례

사정판결을 인정한 사례

1. 환지예정지지정처분을 함에 있어, 토지평가협의회의 심의를 거치지 아니하고 결정된 토지 등의 가격평가에 터잡음으로써 절차에 하자가 있다는 사유만으로 처분을 취소하는 것이 현저히 공공복리에 적합하지 아니하다고 보이므로 사정판결을 할 사유가 있다(대판 1992.2.14. 90누9032).
2. 법학전문대학원이 장기간의 논의 끝에 사법개혁의 일환으로 출범하여 2009년 3월초 일제히 개원한 점, 교수위원이 제15차 회의에 관여하지 않았다고 하더라도 그 소속대학의 평가점수에 비추어 동일한 결론에 이르렀을 것인 점 등을 종합하면, 진남대에 대한 이 사건 인가처분을 이유로 취소하는 것은 현저히 공공복리에 적합하지 아니하다(대판 2009.12.10. 2009두8359). [12 국회8급]
3. 재개발조합설립 및 사업시행인가처분이 처분 당시 법정요건인 토지 및 건축물 소유자 총수의 각 3분의 2 이상의 동의를 얻지 못하여 위법하나, 그 후 90% 이상의 소유자가 재개발사업의 속행을 바라고 있어 재개발사업의 공익목적에 비추어 그 처분을 취소하는 것은 현저히 공공복리에 적합하지 아니하므로 사정판결을 할 수 있다(대판 1995.7.28. 95누4629). [12 국회8급]

판례

사정판결을 부정한 사례

1. 관리처분계획의 수정을 위한 조합원총회의 재결의를 위하여 시간과 비용이 많이 소요된다는 등의 사정만으로는 재결의를 거치지 않음으로써 위법한 관리처분계획을 취소하는 것이 현저히 공공복리에 적합하지 아니하다고 볼 수 없다는 이유로 사정판결의 필요성을 부정하였다(대판 2001.10.12. 2000두4279). [12 국회8급]
2. 이른바 '심재륜 사건'에서의 징계면직된 검사의 복직이 검찰조직의 안정과 인화를 저해할 우려가 있다는 등의 사정은 현저히 공공복리에 반하는 사유라고 볼 수 없으므로, 사정판결을 할 경우에 해당하지 않는다(대판 2001.8.24. 2000두7704). [12 국회8급]

3. 폐기물처리업 허가신청에 대한 불허가처분의 취소는 현저히 공공복리에 적합하지 아니하는 때에 해당한다고 볼 수 없어 사정판결의 대상이 되지 아니한다(대판 1998.5.8. 98두4061). [12 국회8급]

---

④ 사정판결의 적용

㉠ 처분의 위법성과 사정판결 필요성 판단의 기준시

사정판결에서도 처분의 위법성 판단의 기준시는 처분시가 된다. 그러나 사정판결의 필요성은 처분 후의 사정이 고려되어야 할 것이므로 변론종결시(판결시)를 기준으로 판단하여야 한다(대판 1970.3.24. 69누29). [16 국가7급, 14 서울7급]

㉡ 주장·입증책임

사정판결을 할 사정에 관한 주장·입증책임은 피고 처분청에 있지만 처분청의 명백한 주장이 없는 경우에도 사건 기록에 나타난 사실을 기초로 법원이 직권으로 석명권을 행사하거나 증거조사를 통해 사정판결을 할 수도 있다. [17 국회8급]

⑤ 사정판결의 효과

㉠ 청구기각

사정판결은 기각판결이므로, 비록 당해 소송의 대상인 처분 등이 위법하여 원고의 청구가 이유있다 하더라도 원고의 청구는 배척된다. 그러나 당해 처분 등은 그 위법성이 치유되어 적법하게 되는 것이 아니라 공공복리를 위하여 위법성을 가진 채로 그 효력을 지속하는 데 불과하다.

㉡ 위법명시

사정판결을 하는 경우 법원은 판결주문에서 그 처분이나 재결이 위법함을 명시하여야 한다(행정소송법 제28조 제1항 후단). 따라서 처분의 위법성에 대한 기판력이 발생한다. [19 서울9급, 16 국가7급] 위법명시는 원고에게 손해배상청구 등 다른 방법에 의한 구제를 원활하게 하기 위한 것이다.

㉢ 원고의 권익구제

법원이 사정판결을 함에 있어서 미리 원고가 그로 인하여 입게 될 손해의 정도와 배상방법 그 밖의 사정을 조사하여야 하며(동조 제2항), 원고는 피고인 행정청이 속하는 국가 또는 공공단체를 상대로 손해배상, 제해시설의 설치 그 밖에 적당한 구제방법의 청구를 당해 취소소송 등이 계속된 법원에 병합하여 제기할 수 있다(동조 제3항). [21 지방9급]

㉣ 비용부담

> **행정소송법 제32조【소송비용의 부담】** 취소청구가 제28조의 규정에 의하여 기각되거나 행정청이 처분 등을 취소 또는 변경함으로 인하여 청구가 각하 또는 기각된 경우에는 소송비용은 피고의 부담으로 한다.

사정판결의 소송비용은 일반적인 소송비용부담의 예와는 달리 패소자인 원고가 아니라 피고가 부담한다(동법 제32조). [16 국가7급]

- 사정판결의 요건인 처분의 위법성은 변론종결시를 기준으로 판단하고, 공공복리를 위한 사정판결의 필요성은 처분시를 기준으로 판단하여야 한다. (○, ×) [23 국가9급]
- 사정판결을 하는 경우 처분의 위법성은 변론종결시를 기준으로 판단하여야 한다. (○, ×) [16 국가9급]
- 사정판결은 처분이 위법함에도 청구가 기각되는 것으로, 이로 인하여 당해 처분은 위법성이 치유되어 적법하게 된다. (○, ×) [13 서울7급, 09 지방9급]
- 사정판결을 함에 있어서는 그 판결의 주문에서 그 처분 등이 위법함을 명시하여야 한다. (○, ×) [16 서울9급, 13 서울7급]
- 법원이 사정판결을 함에 있어서는 미리 원고가 그로 인하여 입게 될 손해의 정도와 배상방법, 그 밖의 사정을 조사하여야 한다. (○, ×) [21 지방9급, 16 서울9급]
- 사정판결이 있는 경우 원고는 피고인 행정청이 속하는 국가 또는 공공단체를 상대로 손해배상청구를 당해 취소소송 등이 계속된 법원에 병합하여 제기할 수 없다. (○, ×) [16 서울9급]
- 원고는 처분을 한 행정청을 상대로 손해배상, 제해시설의 설치 그 밖에 적당한 구제방법의 청구를 당해 취소소송이 계속된 법원에 병합하여 제기할 수 있다. (○, ×) [16 국가7급]
- 사정판결에서의 소송비용은 패소한 원고가 부담한다. (○, ×) [13 서울7급]

(5) 인용판결

① 의의 및 종류

인용판결은 원고의 주장이 이유 있다고 인정하여 그 청구의 전부 또는 일부를 인용하는 판결이다.

② 적극적 형성판결의 가능성

행정소송법 제4조 제1호는 취소소송을 "행정청의 위법한 처분 등을 취소 또는 변경하는 소송"이라고 규정하고 있는데, 이때 '변경'이 적극적 변경을 의미한다고 보아 법원이 적극적 형성판결을 할 수 있는지에 대해 견해의 대립이 있으나, 판례는 '변경'의 의미를 일부취소의 의미로 이해하여 적극적 형성판결은 허용되지 않는다는 입장이다.

판례

법원이 새로운 내용의 행정처분을 직접 할 수는 없으나 조세부과처분의 일부를 취소하는 것은 법원의 정당한 권한행사라 할 것이다(대판 1964.5.19. 63누177).

③ 일부취소(인용)의 가능성

㉠ 일부취소가 가능한 경우

판례

1. 외형상 하나의 행정처분이라 하더라도 가분성이 있거나 그 처분대상의 일부가 특정될 수 있다면 그 일부만의 취소도 가능하고 그 일부의 취소는 당해 취소부분에 관하여 효력이 생긴다고 할 것인바, 이는 한 사람이 여러 종류의 자동차 운전면허를 취득한 경우 그 각 운전면허를 취소하거나 그 운전면허의 효력을 정지함에 있어서도 마찬가지이다(대판 1995.11.16. 95누8850 전원합의체).
2. 법원이 행정청의 정보공개거부처분의 위법 여부를 심리한 결과 공개를 거부한 정보에 비공개대상정보에 해당하는 부분과 공개가 가능한 부분이 혼합되어 있고 공개청구의 취지에 어긋나지 아니하는 범위 안에서 두 부분을 분리할 수 있음을 인정할 수 있을 때에는, 위 정보 중 공개가 가능한 부분을 특정하고 판결의 주문에 행정청의 위 거부처분 중 공개가 가능한 정보에 관한 부분만을 취소한다고 표시하여야 한다(대판 2003.3.11. 2001두6425) [23 국가7급].
3. 개발부담금부과처분 취소소송에 있어 당사자가 제출한 자료에 의하여 적법하게 부과될 정당한 부과금액이 산출할 수 없을 경우에는 부과처분 전부를 취소할 수밖에 없으나, 그렇지 않은 경우에는 그 정당한 금액을 초과하는 부분만 취소하여야 한다(대판 2004.7.22. 2002두868). [15 변호사]
4. 과징금을 부과함에 있어 여러 개의 위반행위에 대하여 하나의 과징금 납부명령을 하였으나 여러 개의 위반행위 중 일부의 위반행위만이 위법하고 소송상 그 일부의 위반행위를 기초로 한 과징금액을 산정할 수 있는 자료가 있는 경우에는, 하나의 과징금 납부명령일지라도 그 중 위법하여 그 처분을 취소하게 된 일부의 위반행위에 대한 과징금액에 해당하는 부분만을 취소할 수 있다(대판 2006.12.22. 2004두1483).
5. 적법하게 부과될 세액이 산출되는 때에는 법원은 과세처분 전부를 위법한 것으로 취소할 것이 아니라 과세처분 중 정당한 산출세액을 초과하는 부분만을 위법한 것으로 보아 그 위법한 부분만을 취소하여야 한다(대판 2000.9.29. 97누19496). [15 변호사]

공개를 거부한 정보에 비공개대상 정보에 해당하는 부분과 공개가 가능한 부분이 혼합되어 있는 경우라면 법원은 정보공개거부처분 전부를 취소해야 한다. (○, ×) [10 국가9급]

개발부담금부과처분에 대한 취소소송에서 당사자가 제출한 자료에 의하여 정당한 부과금액을 산출할 수 없는 경우에도 법원은 증거조사를 통하여 정당한 부과금액을 산출한 후 정당한 부과금액을 초과하는 부분만을 취소하여야 한다. (○, ×) [19 서울9급]

「독점규제 및 공정거래에 관한 법률」을 위반한 수개의 행위에 대하여 공정거래위원회가 하나의 과징금부과처분을 하였으나 수개의 위반행위 중 일부의 위반행위에 대한 과징금부과만이 위법하고, 그 일부의 위반행위를 기초로 한 과징금액을 산정할 수 있는 자료가 있는 경우에도 법원은 과징금부과처분 전부를 취소하여야 한다. (○, ×) [19 서울9급]

6. 공정거래위원회가 사업자에 대하여 행한 법위반사실공표명령은 비록 하나의 조항으로 이루어진 것이라고 하여도 그 대상이 된 사업자의 광고행위와 표시행위로 인한 각 법위반사실은 별개로 특정될 수 있어 위 각 법위반사실에 대한 독립적인 공표명령이 경합된 것으로 보아야 할 것이므로, 이 중 표시행위에 대한 법위반사실이 인정되지 아니하는 경우에 그 부분에 대한 공표명령의 효력만을 취소할 수 있을 뿐, 공표명령 전부를 취소할 수 있는 것은 아니다(대판 2000.12.12. 99두12243).

ⓛ 일부취소가 불가능한 경우

판례

자동차운수사업면허조건 등을 위반한 사업자에 대하여 행정청이 행정제재수단으로 사업 정지를 명할 것인지, 과징금을 부과할 것인지, 과징금을 부과키로 한다면 그 금액은 얼마로 할 것인지에 관하여 재량권이 부여되었다 할 것이므로 과징금부과처분이 법이 정한 한도액을 초과하여 위법할 경우 법원으로서는 그 전부를 취소할 수밖에 없고, 그 한도액을 초과한 부분이나 법원이 적정하다고 인정되는 부분을 초과한 부분만을 취소할 수 없다(대판 1998.4.10. 98두2270). [18 국가9급, 17 국가9급]

4. 판결의 효력

(1) 의의

행정소송법은 취소소송의 판결의 효력에 제3자에 대한 효력(행정소송법 제29조 제1항)과 기속력(동법 제30조)에 대해서만 명시적으로 규정하고 있을 뿐이다. 그러나 행정소송도 재판인 이상 그 밖에 선고법원에 대한 불가변력(자박력), 소송당사자에 대한 불가쟁력과 소송당사자와 법원에 대한 구속력(기판력) 및 형성력 등의 효력이 인정된다고 할 것이다.

(2) 자박력(自縛力)

자박력이란 판결이 선고되면 선고법원 자신도 이에 구속되어 스스로 판결을 철회하거나 변경할 수 없는 기속을 받게 되는 것을 말하며, 선고법원에 대한 구속력으로서 불가변력이라고도 한다.

(3) 불가쟁력(형식적 확정력)

불가쟁력은 판결에 불복이 있는 자가 더 이상 상소로써 다툴 수 없는 판결의 구속력을 말하며 형식적 확정력이라고도 한다. 이는 상소의 포기, 상소기간의 도과, 심급의 완료 등을 사유로 발생한다.

(4) 기판력(실질적 확정력)

① 의의

기판력이란 후소(後訴)의 법원에 대하여 동일한 사항에 대하여는 확정판결과 내용적으로 모순되는 판단을 못하도록 함과 동시에, 동일 소송물에 대한 반복된 제소를 불허하는 확정판결의 효력을 말한다. 기판력은 당사자 및 법원에 대한 효력이다. 판결의 실질적 확정력이라고도 한다. 기판력은 소송절차의 무용한 반복을 방지함과 동시에 선후 모순된 재판의 출현을 방지함으로써 법적 안정성을 도모하려는 것으로, 민사소송법 제216조, 제218조를 준용한 것이다.

「독점규제 및 공정거래에 관한 법률」을 위반한 광고행위와 표시행위를 하였다는 이유로 공정거래위원회가 사업자에 대하여 법위반사실공표명령을 행한 경우, 표시행위에 대한 법위반사실이 인정되지 아니한다면 법원으로서는 그 부분에 대한 공표명령의 효력만을 취소할 수 있을 뿐, 공표명령 전부를 취소할 수 있는 것은 아니다. (○, ×) [19 서울9급]

재량행위의 성격을 갖는 과징금부과처분이 법이 정한 한도액을 초과하여 위법한 경우에는 법원으로서는 그 한도액을 초과한 부분만을 취소할 수 있다. (○, ×) [19 서울9급, 18 지방7급]

과징금 감경 여부는 과징금 부과 관청의 재량에 속하는 것이므로, 과징금 부과 관청이 이를 판단함에 있어서 재량권을 일탈·남용하여 과징금 부과처분이 위법하다고 인정될 경우, 법원으로서는 법원이 적정하다고 인정되는 부분을 초과한 부분만 취소할 수는 없다. (○, ×) [22 지방9급, 17 지방9급]

판결이 확정되면 선고법원도 스스로 그 판결을 철회하거나 변경할 수 없다. (○, ×) [10 세무사]

행정소송법은 기판력에 관한 명문의 규정을 두고 있다는 것이 통설·판례의 입장이다. (○, ×) [11 지방9급]

취소확정판결이 있으면 당사자는 동일한 소송물을 대상으로 다시 소를 제기할 수 없다. (○, ×) [14 지방9급]

판결이 확정되면 당사자는 이후의 소송에서 동일한 사항에 대하여 판결의 내용과 모순되는 주장을 할 수 없다. (○, ×) [10 세무사]

기판력은 당해 소송의 당사자 및 당사자와 동일시할 수 있는 자에게만 미치고, 제3자에게는 미치지 않는다. (○, ×) [09 관세사]

세무서장을 피고로 하는 과세처분 취소소송에서 패소하여 그 판결이 확정된 자가 국가를 피고로 하여 과세처분의 무효를 주장하여 과오납금반환청구소송을 제기하더라도 취소소송의 기판력에 반하는 것은 아니다. (○, ×) [19 서울9급]

판례는 기판력의 객관적 범위가 판결의 주문 이외에 판결의 이유에 설시된 그 전제가 되는 법률관계의 존부에도 미친다고 판시하고 있다. (○, ×) [11 지방9급]

취소판결의 기판력과 기속력은 판결의 주문과 판결이유 중에 설시된 개개의 위법사유에까지 미친다. (○, ×) [16 국가7급]

종전 확정판결의 행정소송 과정에서 한 주장 중 처분사유가 되지 아니하여 판결의 판단 대상에서 제외된 부분을 행정청이 그 후 새로이 행한 처분의 적법성과 관련하여 새로운 소송에서 다시 주장하는 것은 확정판결의 기판력에 저촉된다. (○, ×) [17 서울9급]

취소 확정판결의 기속력은 소송물인 행정처분의 위법성 존부에 관한 판단 그 자체에만 미치는 것이므로 전소와 후소가 그 소송물을 달리하는 경우에는 전소 확정판결의 기속력이 후소에 미치지 아니한다. (○, ×) [21 서울7급]

② 내용

일단 재판이 확정된 때에는 당사자는 전소판결에서 청구의 대상이 된 동일한 소송물에 대하여 다시 소송을 제기할 수 없고, 비록 소송이 제기되더라도 당사자는 기판력이 발생한 전소의 확정판결에 반하는 내용을 후소에서 주장할 수 없으며 법원 역시 전소판결에 반하는 판단을 할 수 없다(모순금지).

③ 범위

㉠ 주관적 범위

기판력은 당사자 및 이와 동일시 할 수 있는 자(변론종결 후의 승계인 등)에게만 미치며 제3자에게는 미치지 않는다. 다만 항고소송의 피고는 권리주체 아닌 처분행정청이므로, 기판력은 피고인 행정청이 속하는 국가나 공공단체에 미친다고 할 것이다.

판례

과세처분 취소소송의 피고는 처분청이므로 행정청을 피고로 하는 취소소송에 있어서의 기판력은 당해 처분이 귀속하는 국가 또는 공공단체에 미친다(대판 1998.7.24. 98다10854).

㉡ 객관적 범위

판례

1. 기판력의 객관적 범위는 그 판결의 주문에 포함된 것 즉 소송물로 주장된 법률관계의 존부에 관한 판단의 결론 그 자체에만 미치는 것이고 [16 국회8급, 15 경행특채] 판결이유에 설시된 그 전제가 되는 법률관계의 존부에까지 미치는 것은 아니다(대판 1987.6.9. 86다카2756).
2. 전소와 후소의 소송물이 동일하지 아니하여도 전소의 기판력 있는 법률관계가 후소의 선결적 법률관계가 되는 때에는 전소의 판결의 기판력이 후소에 미쳐 후소의 법원은 전에 한 판단과 모순되는 판단을 할 수 없다(대판 2000.2.25. 99다55472). [15 경행특채]
3. 종전 확정판결의 행정소송 과정에서 한 주장 중 처분사유가 되지 아니하여 판결의 판단대상에서 제외된 부분을 행정청이 그 후 새로이 행한 처분의 적법성과 관련하여 새로운 소송에서 다시 주장하는 것이 위 확정판결의 기판력에 저촉된다고 할 수 없다(대판 1991.8.9. 90누7326).

ⓐ 청구인용판결

판례

취소판결의 기판력은 소송물로 된 행정처분의 위법성 존부에 관한 판단 그 자체에만 미치는 것이므로 전소와 후소가 그 소송물을 달리하는 경우에는 전소 확정판결의 기판력이 후소에 미치지 아니한다(대판 2009.1.15. 2006두14926).

ⓑ 청구기각판결

기각판결이 확정되면 그 처분이 적법하다는 기판력이 발생하므로, 소송물에 관한 통설인 위법성일반설에 의하는 한 원고는 설사 다른 사유라고 하더라도 그 처분의 위법을 주장할 수 없다.

판례

행정청이 관련 법령에 근거하여 행한 공사중지명령의 상대방이 명령의 취소를 구한 소송에서 패소함으로써 그 명령이 적법한 것으로 이미 확정되었다면, 이후 이러한 공사중지명령의 상대방은 그 명령의 해제신청을 거부한 처분의 취소를 구하는 소송에서 그 명령의 적법성을 다툴 수 없다. 그와 같은 공사중지명령에 대하여 그 명령의 상대방이 해제를 구하기 위해서는 명령의 내용 자체로 또는 성질상으로 명령 이후에 원인사유가 해소되었음이 인정되어야 한다(대판 2014.11.27. 2014두37665).

ⓒ 무효 등 확인소송과의 관계

무효 확인소송에서 본안패소의 판결이 확정되었더라도 이는 무효가 아니라는 점을 의미할 뿐이므로 취소소송에는 기판력이 미치지 아니하여, 다른 요건을 갖추어 취소소송을 제기할 수 있다. 그러나 취소소송에서 본안패소의 판결이 확정된 경우에는 처분에 하자가 없음이 확정된 것이므로 그 기판력이 무효 등 확인소송에도 미친다.

판례

과세처분 취소청구를 기각하는 판결이 확정되면 그 처분이 적법하다는 점에 관하여 기판력이 생기고 그 후 원고가 이를 무효라 하여 무효 확인을 소구할 수 없는 것이어서 과세처분의 취소소송에서 청구가 기각된 확정판결의 기판력은 그 과세처분의 무효 확인을 구하는 소송에도 미친다(대판 1998.7.24. 98다10854). [19 서울9급]

ⓓ 국가배상소송과의 관계

동일한 사유로 국가배상소송이 제기된 경우에 취소소송의 기판력이 후소인 국가배상소송에 미치는지에 대하여 소극설(기판력부정설)과 적극설(기판력긍정설) 및 절충설(제한적 긍정설)의 대립이 있다. 제한적 긍정설은 국가배상법상의 위법 개념이 취소소송상의 위법 개념보다 더 넓다고 보는 견해로서, 취소소송이 청구인용판결이라면 기판력은 후소인 국가배상청구소송에 미치게 되나, 청구기각판결인 경우에는 후소인 국가배상청구소송에 기판력이 미치지 않는다고 본다.

㉢ 시간적 범위

당사자는 사실심의 변론종결시까지 사실자료를 제출할 수 있기 때문에, 기판력은 사실심변론의 종결시를 표준으로 하여 발생한다. [08 세무사]

판례

확정된 종국판결은 그 기판력으로서 당사자가 사실심의 변론종결시를 기준으로 그때까지 제출하지 않은 공격방어방법은 그 뒤 다시 동일한 소송을 제기하여 이를 주장할 수 없다(대판 1992.2.25. 91누6108). [17 서울7급]

취소소송의 소송물을 처분의 위법성 일반으로 보게 되면, 어떠한 처분에 대한 청구기각의 확정판결이 있는 경우에도 후에 제기되는 취소소송에서 그 처분의 위법성을 주장할 수 있다. (○, ×) [18 지방9급]

공사중지명령의 상대방이 제기한 공사중지명령취소소송에서 기각판결이 확정된 경우 특별한 사정변경이 없더라도 그 후 상대방이 제기한 공사중지명령해제신청 거부처분취소소송에서는 그 공사중지명령의 적법성을 다시 다툴 수 있다. (○, ×) [22 지방9급, 21 국가9급]

행정처분취소청구를 기각하는 판결이 확정되면 그 처분이 적법하다는 점에 관하여 기판력이 생기고 그 소의 원고뿐만 아니라 관계행정기관도 이에 기속된다 할 것이므로 면직처분이 위법하지 아니하다는 점이 판결에서 확정된 이상 원고가 다시 이를 무효라 하여 그 무효 확인을 소구할 수는 없다. (○, ×) [09 국회8급]

과세처분의 취소소송에서 청구가 기각된 확정판결의 기판력은 그 과세처분의 무효 확인을 구하는 소송에는 미치지 아니한다. (○, ×) [14 지방9급]

국가배상법상 위법을 항고소송의 위법보다 넓은 개념으로 보는 견해에 의하면 취소소송의 판결 중에서 인용판결의 기판력은 국가배상소송에 영향을 미치지 않지만, 기각판결의 기판력은 국가배상소송에 영향을 미친다. (○, ×) [13 서울7급]

④ 관련문제 – 기판력과 처분청의 직권취소

기판력은 전소의 판결이 후소의 관할법원에 대해 가지는 구속력의 문제이기 때문에 행정행위의 직권취소와는 직접 관련성이 없다. 따라서 원고의 청구가 기각되는 경우에도 처분청은 직권취소를 할 수도 있다.

판례

행정처분이나 행정심판 재결이 불복기간의 경과로 인하여 확정될 경우 확정력은 처분으로 인하여 법률상 이익을 침해받은 자가 처분이나 재결의 효력을 더 이상 다툴 수 없다는 의미일 뿐 판결에 있어서와 같은 기판력이 인정되는 것은 아니어서 처분의 기초가 된 사실관계나 법률적 판단이 확정되고 당사자들이나 법원이 이에 기속되어 모순되는 주장이나 판단을 할 수 없게 되는 것은 아니다. [19 지방9급, 18 국가9급] 종전의 산업재해요양보상급여취소처분이 불복기간의 경과로 인하여 확정되었더라도 요양급여청구권이 없다는 내용의 법률관계까지 확정된 것은 아니며 소멸시효에 걸리지 아니한 이상 다시 요양급여를 청구할 수 있고 그것이 거부된 경우 이는 새로운 거부처분으로서 위법 여부를 소구할 수 있다(대판 1993.4.13. 92누17181).

처분의 불복기간이 도과된 경우에는 당해 처분의 효력을 더 이상 다툴 수 없도록 그 처분의 기초가 된 사실관계나 법률적 판단도 확정되기 때문에 법원은 그에 모순되는 판단을 할 수 없다. (○, ×) [22 지방9급, 18 국회8급]

산업재해요양보상급여취소처분이 불복기간의 경과로 인해 확정되면 요양급여청구권 없음이 확정되므로 다시 요양급여를 청구할 수 없다. (○, ×) [17 국가7급(下)]

(5) 기속력

① 의의

기속력이란 소송당사자와 관계행정청이 판결의 취지에 따라 행동할 실체법적 의무를 발생시키는 효력을 말한다. 기속력은 행정청에 대한 효력으로서, 행정청이 판결 이유에서 위법이라고 한 점은 제거해야하는 의무를 지게 된다. 행정소송법은 "처분 등을 취소하는 확정판결은 그 사건에 관하여 당사자인 행정청과 그 밖의 관계행정청을 기속한다." [21 서울7급]고 하여 취소판결의 기속력을 규정하고(행정소송법 제30조 제1항), 이 규정을 그 밖의 항고소송과 당사자소송에도 준용하고 있다(행정소송법 제38조 · 제44조). 한편 기속력은 원고승소의 인용판결에서 인정되는 효력이고 원고패소의 기각판결에서는 인정되지 아니한다. [16 국가9급, 16 국회8급]

현행 행정소송법은 취소판결에 대하여 기속력 있음을 규정하고 무효 등 확인소송과 부작위위법확인소송 및 당사자소송에 이를 준용하고 있다. (○, ×) [10 국가9급]

기속력은 청구인용판결뿐만 아니라 청구기각판결에도 미친다. (○, ×) [19 서울9급, 14 국회8급]

청구기각판결의 경우에도 행정청은 그 판결에 저촉되는 행위를 해서는 안 된다. (○, ×) [12 국회8급, 09 관세사]

② 성질

㉠ 학설

기판력설	이 견해는 기속력은 기판력과 동일하고 보고, 취소판결의 기판력이 행정청에 미치는 것에 불과하다고 본다.
특수효력설(通)	이 견해는 기판력이란 실체법적 효력이 아니라 소송법적으로 법원이 전소의 판결에 구속되어 전소의 판결과 모순되는 판결을 할 수 없다는 효력에 지나지 않는데, 기속력은 행정청에 대하여 그 장래의 행동을 제약하는 실체법상의 의무를 과하는 힘이므로 기판력과는 이질적인 특수한 효력이라고 본다.

기속력의 성질에 관하여는 기판력설과 특수효력설로 나누어져 있다. (○, ×) [12 국회8급]

행정소송법상 기속력의 성질에 관한 판례의 입장은 특수효력설을 취한 경우도 있으나 대부분 기판력설을 취하고 있으며, 통설도 기판력설을 취하고 있다. (○, ×) [08 지방9급]

㉡ 판례

판례는 기판력과 기속력은 혼용하고 있다. 다만 최근 명시적으로 구분하여 설시한 판례가 있다.

판례

1. 징계처분의 취소를 구하는 소에서 징계사유가 될 수 없다고 판결한 사유와 동일한 사유를 내세워 행정청이 다시 징계처분을 한 것은 확정판결에 저촉되는 행정처분을 한 것으로서, 위 취소판결의 기속력이나 확정판결의 기판력에 저촉되어 허용될 수 없다(대판 1992.7.14. 92누2912).
2. 행정소송법 제30조 제1항은 "처분 등을 취소하는 확정판결은 그 사건에 관하여 당사자인 행정청과 그 밖의 관계행정청을 기속한다."라고 규정하고 있다. 이러한 취소 확정판결의 '기속력'은 취소 청구가 인용된 판결에서 인정되는 것으로서 당사자인 행정청과 그 밖의 관계행정청에게 확정판결의 취지에 따라 행동하여야 할 의무를 지우는 작용을 한다. 이에 비하여 행정소송법 제8조 제2항에 의하여 행정소송에 준용되는 민사소송법 제216조, 제218조가 규정하고 있는 '기판력'이란 기판력 있는 전소 판결의 소송물과 동일한 후소를 허용하지 않음과 동시에, 후소의 소송물이 전소의 소송물과 동일하지는 않더라도 전소의 소송물에 관한 판단이 후소의 선결문제가 되거나 모순관계에 있을 때에는 후소에서 전소 판결의 판단과 다른 주장을 하는 것을 허용하지 않는 작용을 한다(대판 2016.3.24. 2015두48235). [23 국가7급]

③ 내용

㉠ 반복금지의무(반복금지효)

ⓐ 의의 및 위반의 효과

취소판결 등 청구를 인용하는 판결이 확정되면 행정청은 동일한 사실관계 아래에서 동일한 당사자에 대하여 동일한 내용의 처분 등을 반복하여서는 안 된다. 반복금지의무에 위반한 처분은 그 하자는 중대·명백한 것으로 되어 무효가 된다는 것이 판례의 입장이다.

판례

1. 확정판결의 당사자인 처분행정청이 그 행정소송의 사실심 변론종결 이전의 사유를 내세워 다시 확정판결과 저촉되는 행정처분을 하는 것은 허용되지 않는 것으로서 이러한 행정처분은 그 하자가 중대하고도 명백한 것이어서 당연무효라 할 것이다(대판 1990.12.11. 90누3560).
2. 취소 확정판결의 기속력은 판결의 주문 및 전제가 되는 처분 등의 구체적 위법사유에 관한 판단에도 미치나, 종전 처분과 다른 사유를 들어서 새로이 처분을 하는 것은 기속력에 저촉되지 않는다. [21 서울7급] 여기에서 동일 사유인지 다른 사유인지는 종전 처분사유와 기본적 사실관계에서 동일성이 인정되는지 여부에 따라 판단되어야 하고, 기본적 사실관계의 동일성 유무는 처분사유를 법률적으로 평가하기 이전의 구체적인 사실에 착안하여 그 기초인 사회적 사실관계가 기본적인 점에서 동일한지에 따라 결정된다. 행정처분의 위법 여부는 행정처분이 행하여진 때의 법령과 사실을 기준으로 판단하므로, 행정청은 종전 처분 후에 발생한 새로운 사유를 내세워 다시 처분을 할 수 있고, 새로운 처분의 처분사유가 종전 처분의 처분사유와 기본적 사실관계에서 동일하지 않은 다른 사유에 해당하는 이상, 처분사유가 종전 처분 당시 이미 존재하고 있었고 당사자가 이를 알고 있었더라도 이를 내세워 새로이 처분을 하는 것은 확정판결의 기속력에 저촉되지 않는다(대판 2016.3.24. 2015두48235). [23 국가7급, 19 국가9급]

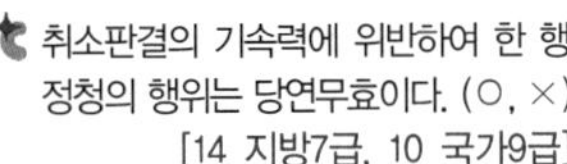
취소판결의 기속력에 위반하여 한 행정청의 행위는 당연무효이다. (○, ×) [14 지방7급, 10 국가9급]

행정처분이 판결에 의해 취소된 경우, 취소된 처분의 사유와 기본적 사실관계에서 동일성이 인정되지 않는 다른 사유를 들어 새로이 처분을 하는 것은 기속력에 반한다. (○, ×) [23 지방9급, 20 국가9급]

행정청은 취소판결에서 위법하다고 판단된 처분사유와 기본적 사실관계의 동일성이 없는 사유이더라도 처분 시에 존재한 사유를 들어 종전의 처분과 같은 처분을 다시 할 수 없다. (○, ×) [22 지방9급]

PART 05

ⓑ 반복금지의무의 범위

기속력은 판결의 주문과 이유에서 적시된 개개의 위법사유에만 미치므로 처분시에 존재한 원래의 처분과 기본적 사실관계에 동일성이 없는 다른 사유를 들어 동일한 처분을 하더라도 반복금지의무에 위반되지 않는다. 한편 처분이 절차나 형식의 하자를 이유로 취소된 경우 처분청 스스로 판결에 의해 적시된 위법사유를 보완한 후 동일 내용의 처분을 하는 것은 기속력에 반하지 않는다.

✦ 절차상의 하자를 이유로 행정처분을 취소하는 판결이 선고되어 확정된 경우, 그 확정판결의 기속력은 취소사유로 된 절차의 위법에 한하여 미치는 것이므로 행정청은 적법한 절차를 갖추어 동일한 내용의 처분을 다시 할 수 있다. (○, ×) [22 지방9급]

판례

1. 과세처분권자가 그 확정판결에 적시된 위법사유를 보완하여 행한 새로운 과세처분은 확정판결에 의하여 취소된 종전의 과세처분과는 별개의 처분으로서 확정판결의 기판력에 저촉되는 것은 아니다(대판 1986.11.11. 85누231). [23 지방9급, 18 지방9급]
2. 행정처분에 위법이 있어 행정처분을 취소하는 판결이 확정된 경우 그 확정판결의 기판력은 거기에 적시된 위법사유에 한하여 미치는 것이므로, 행정관청이 그 확정판결에 적시된 위법사유를 보완하여 행한 새로운 행정처분은 취소된 종전의 처분과는 별개의 처분으로서 확정판결의 기판력에 저촉된다고 할 수 없다(대판 1997.2.11. 96누13057). [17 국회8급]

ⓛ 재처분의무

✦ 판결에 의하여 취소되는 처분이 당사자의 신청을 거부하는 것을 내용으로 하는 경우에는 그 처분을 행한 행정청은 판결의 취지에 따라 다시 이전의 신청에 대한 처분을 할 수 있다. (○, ×) [15 경행특채]

행정소송법 제30조【취소판결등의 기속력】 ② 판결에 의하여 취소되는 처분이 당사자의 신청을 거부하는 것을 내용으로 하는 경우에는 그 처분을 행한 행정청은 판결의 취지에 따라 다시 이전의 신청에 대한 처분을 하여야 한다. [21 서울7급, 15 서울7급]
③ 제2항의 규정은 신청에 따른 처분이 절차의 위법을 이유로 취소되는 경우에 준용한다.

이는 절차의 위법을 이유로 취소된 경우에도 준용되고(동조 제3항), 부작위위법확인소송에도 준용된다(동법 제38조 제2항).

✦ 허가가 거부되자 갑이 이에 대해 취소소송을 제기하여 승소하였고 판결이 확정되었다면, 관할 행정청은 갑에게 허가를 하여야 하며 이전 처분사유와 다른 사유를 들어 다시 허가를 거부할 수 없다. (○, ×) [19 국가7급]

ⓐ 거부처분취소의 경우

판결의 취지에 따른다는 의미는 반드시 원고가 신청한 대로 재처분을 하여야 하는 것을 의미하는 것은 아니다. [19 서울9급(上)] 행정청은 다른 이유를 들거나 또는 거부처분사유에 존재하는 위법사유를 보완하여 다시 거부처분을 할 수도 있다.

✦ 거부처분 취소판결이 확정된 후, 사실심 변론종결 이후에 발생한 새로운 사유를 근거로 다시 거부처분을 하는 것은 기속력에 위반된다. (○, ×) [15 국가7급]

판례

1. 행정청은 그 행정소송의 사실심 변론종결 이후 발생한 새로운 사유를 내세워 다시 이전의 신청에 대하여 거부처분을 할 수 있으며, 그러한 처분도 이 조항에 규정된 재처분에 해당한다(대판 1999.12.28. 98두1895).
2. 행정소송법 제30조 제2항의 규정에 의하면 행정청의 거부처분을 취소하는 판결이 확정된 경우에는 그 처분을 행한 행정청이 판결의 취지에 따라 이전의 신청에 대하여 재처분할 의무가 있다고 할 것이나, 그 취소사유가 행정처분의 절차, 방법의 위법으로 인한 것이라면 그 처분 행정청은 그 확정판결의 취지에 따라 그 위법사유를 보완하여 다시 종전의 신청에 대한 거부처분을 할 수 있고, 그러한 처분도 위 조항에 규정된 재처분에 해당한다(대판 2005.1.14. 2003두13045). [16 서울9급]

✦ 실체적 위법을 이유로 거부처분을 취소하는 판결이 확정된 경우, 해당 행정행위가 기속행위이든 재량행위이든 원고의 신청을 인용하여야 할 의무가 발생하는 점에서는 동일하다. (○, ×) [17 지방9급]

✦ 판례는 취소판결의 사유가 절차나 형식상의 하자인 경우에, 행정청이 그 위법사유를 보완하여 다시 재처분하는 것은 무방하다고 한다. (○, ×) [11 지방9급]

3. 주민 등의 도시관리계획 입안 제안을 거부한 처분을 이익형량에 하자가 있어 위법하다고 판단하여 취소하는 판결이 확정되었더라도 행정청에 그 입안 제안을 그대로 수용하는 내용의 도시관리계획을 수립할 의무가 있다고는 볼 수 없고, 행정청이 다시 새로운 이익형량을 하여 적극적으로 도시관리계획을 수립하였다면 취소판결의 기속력에 따른 재처분의 무를 이행한 것이라고 보아야 한다(대판 2020. 6. 25. 2019두56135). [23 국가7급]
4. 취소소송에서 소송의 대상이 된 거부처분을 실체법상의 위법사유에 기하여 취소하는 판결이 확정된 경우에는 당해 거부처분을 한 행정청은 원칙적으로 신청을 인용하는 처분을 하여야 하고, 사실심 변론종결 이전의 사유를 내세워 다시 거부처분을 하는 것은 확정판결의 기속력에 저촉되어 허용되지 아니한다(대판 2001.3.23. 99두5238). [17 국회8급]

ⓑ 신청에 따른 처분이 절차상 위법을 이유로 취소된 경우

신청에 따른 처분, 즉 인용처분이 제3자의 제소에 의하여 절차에 위법이 있음을 이유로 취소된 경우에는 그 처분을 한 행정청은 판결의 취지에 따라 적법한 절차에 의하여 이전의 신청에 대한 처분을 다시 하여야 한다.

ⓒ 법령 등의 개정이 있는 경우

판례

행정처분의 적법 여부는 그 행정처분이 행하여진 때의 법령과 사실을 기준으로 하여 판단하는 것이므로 거부처분 후에 법령이 개정·시행된 경우에는 개정된 법령 및 허가기준을 새로운 사유로 들어 다시 이전의 신청에 대한 거부처분을 할 수 있으며 그러한 처분도 행정소송법 제30조 제2항에 규정된 재처분에 해당된다(대결 1998.1.7. 97두22). [24 국가9급]

㉢ 원상회복의무(결과제거의무)

인용판결이 있게 되면 행정청은 위법처분으로 인해 야기된 상태를 제거하여 원상회복하여야 할 의무를 부담한다고 할 것이고, 이에 대응하여 원고는 결과제거청구권을 갖는다.

④ 범위

㉠ 주관적 범위

취소판결은 당사자인 행정청, 그 밖의 모든 관계행정청에도 미친다. 여기서 그 밖의 관계행정청이란 당해 판결에 의하여 취소된 처분을 기초로 하여 이와 관련된 처분 또는 부수하는 행위를 할 수 있는 모든 행정청을 총칭하는 것이다.

㉡ 객관적 범위

기속력은 판결 주문 및 그 전제가 된 요건사실의 인정과 판단, 즉 처분 등의 구체적 위법사유에 관한 판단에 미친다. 판결의 결론과 직접 관계없는 방론이나 간접사실 및 가정판단에는 미치지 아니한다.

판례

1. 처분 등을 취소하는 확정판결의 기속력은 주로 판결의 실효성 확보를 위하여 인정되는 효력으로서 판결의 주문뿐만 아니라 그 전제가 되는 처분 등의 구체적 위법사유에 관한 이유 중의 판단에 대하여도 인정된다(대판 2001.3.23. 99두5238). [16 국가7급, 14 국회8급]

- 거부처분이 실체적 위법을 이유로 취소된 경우에는 행정청은 취소판결의 기속력에 의해 다시 거부처분을 할 수 없고, 허가처분을 하여야 한다. (○, ×) [16 서울9급]
- 행정처분의 적법 여부는 그 행정처분이 행하여 진 때의 법령과 사실을 기준으로 하여 판단하는 것이므로 거부처분 후에 법령이 개정·시행된 경우에는 개정된 법령 및 허가기준을 새로운 사유로 들어 다시 이전의 신청에 대한 거부처분을 할 수 있다. (○, ×) [09 국회8급]
- 자동차의 압류처분이 취소되면 행정청은 그 자동차를 원고에게 반환하여야 한다. (○, ×) [12 국회8급]
- 취소소송의 기속력은 원고와 피고, 나아가 관계행정청에 미친다. (○, ×) [14 국회8급]
- 행정처분을 취소하는 확정판결은 그 사건에 관하여 당사자인 행정청을 기속하지만 그 밖의 관계행정청을 기속하지는 아니한다. (○, ×) [09 지방9급]
- 취소판결의 기속력은 판결의 주문(主文)에 대하여서만 발생한다. (○, ×) [16 국회8급]
- 취소 확정판결의 기속력은 판결의 주문(主文)에 대해서만 발생하며, 처분의 구체적 위법사유에 대해서는 발생하지 않는다. (○, ×) [21 국가7급, 18 지방9급]

2. 징계처분의 취소를 구하는 소에서 징계사유가 될 수 없다고 판결한 사유와 동일한 사유를 내세워 행정청이 다시 징계처분을 한 것은 확정판결에 저촉되는 행정처분을 한 것으로서, 위 취소판결의 기속력이나 확정판결의 기판력에 저촉되어 허용될 수 없다(대판 1992.7.14. 92누2912). [17 국회8급]

㉢ 시간적 범위

기속력은 위법판단의 기준에 관한 처분시설에 따라 처분시까지의 위법사유에 대해서만 미친다. 따라서 처분 이후에 발생한 새로운 법령 및 사실상태의 변동을 이유로 동일한 내용의 처분을 하는 것은 기속력에 반하지 않는다.

> 취소소송에서 위법성판단 기준시점인 처분시 이후에 생긴 새로운 사실관계나 개정된 법령과 같이 새로운 처분사유를 들어 동일한 내용의 처분을 하는 것은 가능하다. (○, ×) [14 국회8급]

(6) 간접강제

① 의의

행정소송법 제34조 【거부처분취소판결의 간접강제】 ① 행정청이 제30조 제2항의 규정에 의한 처분을 하지 아니하는 때에는 제1심수소법원은 당사자의 신청에 의하여 결정으로써 상당한 기간을 정하고 행정청이 그 기간내에 이행하지 아니하는 때에는 그 지연기간에 따라 일정한 배상을 할 것을 명하거나 즉시 손해배상을 할 것을 명할 수 있다.

간접강제는 행정청이 인용판결에 따라 당사자의 신청에 따른 의무를 이행하도록 배상금부과의 방법으로 심리적 압박을 가하는 법원의 간접적 의무이행강제수단이다. 이는 부작위위법확인소송에도 준용된다(동법 제38조 제2항).

② 요건

㉠ 거부처분취소판결의 확정

판례

행정소송법 제38조 제1항이 무효 확인 판결에 관하여 취소판결에 관한 규정을 준용함에 있어서 같은 법 제30조 제2항을 준용한다고 규정하면서도 같은 법 제34조는 이를 준용한다는 규정을 두지 않고 있으므로, 행정처분에 대하여 무효 확인 판결이 내려진 경우에는 그 행정처분이 거부처분인 경우에도 행정청에 판결의 취지에 따른 재처분의무가 인정될 뿐 그에 대하여 간접강제까지 허용되는 것은 아니라고 할 것이다(대결 1998.12.24. 98무37). [19 서울9급(上), 19 지방9급]

> 취소 확정판결의 기속력에 대한 규정은 무효확인판결에도 준용되므로, 무효확인판결의 취지에 따른 처분을 하지 아니할 때에는 1심 수소법원은 간접강제결정을 할 수 있다. (○, ×) [21 국가7급]

㉡ 재처분의무의 불이행

판례

거부처분에 대한 취소의 확정판결이 있음에도 행정청이 아무런 재처분을 하지 아니하거나, 재처분을 하였다 하더라도 그것이 종전 거부처분에 대한 취소의 확정판결의 기속력에 반하는 등으로 당연무효라면 [19 국가9급, 16 서울9급] 이는 아무런 재처분을 하지 아니한 때와 마찬가지라 할 것이므로 이러한 경우에는 간접강제신청에 필요한 요건을 갖춘 것으로 보아야 한다(대결 2002.12.11. 2002무22). [22 지방9급, 21 국가7급]

> 행정청이 판결 확정 이후 상대방에 대해 재처분을 하였다면 그 처분이 기속력에 위반되는 경우라도 간접강제의 대상은 되지 않는다. (○, ×) [19 국가9급, 16 서울9급]

---

③ 절차

㉠ 당사자의 신청

당사자가 제1심수소법원에 간접강제를 신청하여야 한다.

㉡ 법원의 결정

법원은 결정으로써 상당한 기간을 정하고 행정청이 그 기간 내에 이행하지 아니하는 때에는 그 지연기간에 따라 일정한 배상을 할 것을 명하거나 즉시 손해배상을 할 것을 명할 수 있다.

㉢ 배상금의 추심

간접강제 결정에도 불구하고 재처분을 하지 않은 때에는 그 결정을 채무명의로 하여 집행문을 부여 받아 금전채권의 집행방법으로 배상금을 추심할 수 있다.

④ 배상금 추심의 한계

판례

행정소송법 제34조 소정의 간접강제결정에 기한 배상금은 확정판결의 취지에 따른 재처분의 지연에 대한 제재나 손해배상이 아니고 재처분의 이행에 관한 심리적 강제수단에 불과한 것으로 보아야 하므로, 특별한 사정이 없는 한 간접강제결정에서 정한 의무이행기한이 경과한 후에라도 확정판결의 취지에 따른 재처분의 이행이 있으면 배상금을 추심함으로써 심리적 강제를 꾀할 목적이 상실되어 처분상대방이 더 이상 배상금을 추심하는 것은 허용되지 않는다(대판 2004.1.15. 2002두2444). [23 국가7급, 21 국가7급]

> 간접강제결정에 기한 배상금은 확정판결에 따른 재처분의 지연에 대한 제재 또는 손해배상이라는 것이 판례의 입장이다. (○, ×) [13 국가7급]

> 행정청이 간접강제결정에서 정한 의무이행 기한 내에 재처분을 이행하지 않아 배상금이 이미 발생한 경우에는 그 이후에 재처분을 이행하더라도 甲은 배상금을 추심할 수 있다. (○, ×) [19 국가9급]

PART 05

(7) 형성력

① 의의

판결의 형성력이란 판결의 취지에 따라 기존의 법률관계에 변동을 가져오는 효력을 말한다. 형성력에 관한 직접적 규정은 없으나, 행정소송법 제29조 제1항이 간접적 근거규정으로 보는 것이 일반적인 견해이다. 한편 형성력은 원고승소의 인용판결에만 인정되고, 원고 패소의 기각판결에는 인정되지 않는다.

> 형성력은 원고승소판결과 원고패소판결 모두에 인정된다. (○, ×) [06 세무사]

② 내용

㉠ 형성효

취소소송과 같은 형성의 소에 있어서는 취소판결이 확정되면 행정청의 별도의 행위를 기다릴 것 없이 계쟁처분 등으로 말미암아 생겼던 위법한 법률상태가 소급하여 제거되어 처음부터 그러한 처분이 없었던 것 같은 효력이 발생한다. 판례는 취소판결 후에 취소된 처분을 경정하는 처분은 존재하지 않는 처분을 경정한 것으로 당연무효라고 본다.

> 형성소송설에 따를 경우 취소판결이 확정되면 당해 처분의 효력은 행정청이 취소하지 않더라도 소급하여 효력을 상실한다. (○, ×) [12 지방7급]

영업허가취소처분 취소소송을 제기하여 인용판결이 확정되어도 영업허가취소처분의 효력이 바로 소멸하는 것은 아니고 그 판결의 기속력에 따라 영업허가취소처분이 행정청에 의해 취소되면 비로소 영업허가취소처분의 효력이 소멸한다. (○, ×) [17 국가9급(下), 15 경행특채]

영업정지처분에 대한 취소소송에서 취소판결이 확정되면 처분청은 영업정지처분의 효력을 소멸시키기 위하여 영업정지처분을 취소하는 처분을 하여야 할 의무를 진다. (○, ×) [22 지방9급]

취소판결 후에 취소된 처분을 대상으로 하는 처분은 당연히 무효이다. (○, ×) [12 지방7급]

판례

1. 행정처분을 취소한다는 확정판결이 있으면 그 취소판결의 형성력에 의하여 당해 행정처분의 취소나 취소통지 등의 별도의 절차를 요하지 아니하고 당연히 취소의 효과가 발생한다(대판 1991.10.11. 90누5443).
2. 과세처분을 취소하는 판결이 확정되면 그 과세처분은 처분시에 소급하여 소멸하므로 그 뒤에 과세관청에서 그 과세처분을 경정하는 처분을 하였다면 이는 존재하지 않는 과세처분을 경정한 것으로서 그 하자가 중대하고 명백한 당연무효의 처분이다(대판 1989.5.9. 88다카16096).

㉡ 소급효

취소판결의 효과는 판결시가 아닌 처분 시로 소급하는 데 이를 취소판결의 소급효라고 한다. 소급효가 미치는 결과 취소된 처분을 전제로 형성된 법률관계는 모두 효력을 상실한다.

판례

1. 영업의 금지를 명한 영업허가취소처분 자체가 나중에 행정쟁송절차에 의하여 취소되었다면 그 영업허가취소처분은 그 처분시에 소급하여 효력을 잃게 되며, 그 영업허가취소처분에 복종할 의무가 원래부터 없었음이 확정되었다고 봄이 타당하고, 영업허가취소처분이 장래에 향하여서만 효력을 잃게 된다고 볼 것은 아니므로 그 영업허가취소처분 이후의 영업행위를 무허가영업이라고 볼 수는 없다(대판 1993.6.25. 93도277). [22 국가9급, 20 국가7급]
2. 도시 및 주거환경정비법상 주택재개발사업조합의 조합설립인가처분이 법원의 재판에 의하여 취소된 경우 그 조합설립인가처분은 소급하여 효력을 상실하고, 이에 따라 당해 주택재개발사업조합 역시 조합설립인가처분 당시로 소급하여 도시정비법상 주택재개발사업을 시행할 수 있는 행정주체인 공법인으로서의 지위를 상실하므로, 당해 주택재개발사업조합이 조합설립인가처분 취소 전에 도시정비법상 적법한 행정주체 또는 사업시행자로서 한 결의 등 처분은 달리 특별한 사정이 없는 한 소급하여 효력을 상실한다고 보아야 한다(대판 2012.3.29. 2008다95885).

(8) 취소판결의 제3자효(대세효)

① 의의

행정소송의 결과에 따라 권리 또는 이익의 침해 우려가 있는 제3자는 당해 행정소송에 참가할 수 있으며, 이때 참가인인 제3자는 실제로 소송에 참가하여 소송행위를 하였는지 여부를 불문하고 판결의 효력을 받는다. (○, ×) [18 지방9급]

> **행정소송법 제29조 【취소판결등의 효력】** ① 처분 등을 취소하는 확정판결은 제3자에 대하여도 효력이 있다. [23 지방9급]

취소판결의 형성력과 소급효는 소송에 관여하지 않은 제3자에게도 미치는데, 이를 취소판결의 제3자효(대세효)라고 한다. 한편 제3자효를 인정하게 되면 제3자에게도 자기의 권리이익을 방어할 기회를 부여할 필요가 있기 때문에, 행정소송법은 제3자에게 소송 참가 및 재3자의 재심청구를 인정하고 있다(행정소송법 제31조).

② 제3자의 범위

소송에 참가한 제3자뿐만 아니라 소송에 참가하지 아니한 일반 제3자에게도 형성력이 미친다.

판례

행정처분을 취소하는 확정판결이 제3자에 대하여도 효력이 있다고 하더라도 일반적으로 판결의 효력은 주문에 포함한 것에 한하여 미치는 것이니 그 취소판결 자체의 효력으로써 그 행정처분을 기초로 하여 새로 형성된 제3자의 권리까지 당연히 그 행정처분 전의 상태로 환원되는 것이라고는 할 수 없고, 단지 취소판결의 존재와 취소판결에 의하여 형성되는 법률관계를 소송당사자가 아니었던 제3자라 할지라도 이를 용인하지 않으면 아니된다는 것을 의미하는 것에 불과하다(대판 1986.8.19. 83다카2022). [20 국가9급]

행정처분을 취소하는 확정판결이 있으면 그 취소판결 자체의 효력에 의해 그 행정처분을 기초로 하여 새로 형성된 제3자의 권리는 당연히 그 행정처분 전의 상태로 환원된다. (○, ×) [23 국가7급]

③ 제3자효의 준용

제3자효는 집행정지결정 또는 집행정지결정의 취소결정에 준용하며(동법 제29조 제2항), 무효 등 확인소송과 부작위위법확인소송에도 준용된다(동법 제38조).

판례

행정처분의 무효 확인판결은 비록 형식상은 확인판결이라 하여도 그 확인판결의 효력은 그 취소판결의 경우와 같이 소송의 당사자는 물론 제3자에게도 미친다(대판 1982.7.27. 82다173).

제3자효 행정행위를 취소하거나 무효를 확인하는 확정판결은 제3자에 대해서 효력을 미치지 않는다. (○, ×) [14 국가7급]

5. 소송의 종결

(1) 종국판결의 확정

취소소송은 법원의 심리가 종료하여 종국판결을 내림으로써 종료되는 것이 보통이다. 종국판결은 상고권의 포기, 상소기간의 경과, 상소기각, 상고법원(대법원)의 종국판결에 의해 확정된다.

(2) 당사자의 행위에 의한 종료

① 소의 취하

소의 취하란 원고가 제기한 소의 전부 또는 일부를 철회하는 취지의 법원에 대한 일방적인 의사표시를 말한다. 소의 취하는 판결이 확정될 때까지 할 수 있으며, 피고가 본안에 대하여 준비서면을 제출하거나 준비절차에서 진술하거나 변론을 한 후에는 소의 취하에 피고의 동의를 얻어야 한다(민사소송법 제266조 제1항 · 제2항).

② 청구의 포기와 인낙

청구의 포기란 원고가 자기의 소송상 청구가 이유 없음을 자인하는 법원에 대한 일방적인 의사표시를 말하며, 청구의 인낙이란 피고가 원고의 소송상 청구가 이유 있음을 자인하는 법원에 대한 일방적인 의사표시를 말한다.

③ 소송상의 화해

소송상의 화해란 소송계속 중 당사자 쌍방이 소송물인 권리관계의 주장을 서로 양보하여 소송을 종료시키기로 하는 변론기일에서의 합의를 말한다.

원고가 사망하거나 소송물인 권리관계의 성질상 이를 승계할 자가 없는 경우와 피고인 행정청이 없게 된 경우에 소송은 종료된다. (○, ×) [08 지방9급]

(3) 당사자의 소멸

원고가 사망하고 소송물인 권리관계의 성질상 이를 승계할 자가 없을 때에는 소송은 종료된다. 그러나 피고인 행정청이 없게 된 때에는 그 처분 등에 관한 사무가 귀속되는 국가 또는 공공단체가 피고가 되므로 소송은 종료되지 않는다.

6. 상소 및 재심청구

(1) 항소와 상고(판결에 대한 불복)

제1심법원인 행정법원 또는 지방법원본원의 판결에 대하여는 고등법원에 항소를 제기할 수 있고, 항소심의 종국판결에 대하여는 대법원에 상고할 수 있다.

(2) 항고와 재항고(결정 · 명령에 대한 불복)

소송절차에 관한 신청을 기각한 결정이나 명령에 대하여 불복할 때는 항고할 수 있고, 항고법원 또는 항소법원의 결정 및 명령에 대하여는 재판에 영향을 미친 헌법 · 법률 · 명령 또는 규칙의 위반이 있음을 이유로 재항고할 수 있다.

(3) 재심

① 민사소송법에 의한 재심청구

확정된 종국판결을 취소하고 재심사를 구하는 불복신청방법을 재심이라고 한다. 행정소송 판결에 대해서도 민사소송법에 따른 재심이 가능하다.

② 제3자에 의한 재심청구

행정소송법상 취소소송의 결과에 대하여 이해관계 있는 제3자는 취소소송에 참가할 수 있으나, 그 소송에 참가하지 못한 것이 자신에게 책임 없는 사유인 경우에는 그 확정판결에 대하여 재심을 청구할 수 없다. (○, ×) [16 서울7급, 15 국회8급]

소송 참가할 수 있는 행정청이 자기에게 책임없는 사유로 소송에 참가하지 못함으로써 판결의 결과에 영향을 미칠 공격방어방법을 제출하지 못한 때에는 이를 이유로 확정된 종국판결에 대하여 재심을 청구할 수 있다. (○, ×) [18 국가7급]

> **행정소송법 제31조 【제3자에 의한 재심청구】** ① 처분 등을 취소하는 판결에 의하여 권리 또는 이익의 침해를 받은 제3자는 자기에게 책임없는 사유로 소송에 참가하지 못함으로써 판결의 결과에 영향을 미칠 공격 또는 방어방법을 제출하지 못한 때에는 이를 이유로 확정된 종국판결에 대하여 재심의 청구를 할 수 있다. [18 지방9급]
> ② 제1항의 규정에 의한 청구는 확정판결이 있음을 안 날로부터 30일 이내, 판결이 확정된 날로부터 1년 이내에 제기하여야 한다. [11 지방7급]
> ③ 제2항의 규정에 의한 기간은 불변기간으로 한다.

행정소송에 대한 대법원 판결에 의하여 명령 · 규칙이 헌법 또는 법률에 위반된다는 것이 확정된 경우, 대법원은 지체없이 그 사유를 해당 법령의 소관부처의 장에게 통보하여야 한다. (○, ×) [19 국가9급]

취소소송의 선결문제(구체적 규범심사)로서 명령 · 규칙이 대법원의 판결에 의하여 헌법 또는 법률에 위반됨이 확정된 경우에 대법원은 지체 없이 그 사유를 법무부장관에게 통보하여야 한다. (○, ×) [08 지방9급]

7. 위헌 · 위법판결의 공고

> **행정소송법 제6조 【명령 · 규칙의 위헌판결 등 공고】** ① 행정소송에 대한 대법원판결에 의하여 명령 · 규칙이 헌법 또는 법률에 위반된다는 것이 확정된 경우에는 대법원은 지체없이 그 사유를 행정안전부장관에게 통보하여야 한다.
> ② 제1항의 규정에 의한 통보를 받은 행정안전부장관은 지체없이 이를 관보에 게재하여야 한다.

8. 소송비용

(1) 원칙

소송비용은 원칙적으로 패소자가 부담한다. 일부승소의 경우에는 법원의 결정으로 원피고가 일부씩 부담한다.

(2) **예외**

취소청구가 사정판결에 의하여 기각되거나 행정청이 처분 등을 취소 또는 변경함으로 인하여 청구가 각하 또는 기각된 경우 소송비용은 피고의 부담으로 한다(행정소송법 제32조).

제3절 무효 등 확인소송 · 부작위위법확인소송

01 무효 등 확인소송

1. 의의

(1) **개념**

> 행정소송법 제4조【항고소송】항고소송은 다음과 같이 구분한다.
> 2. 무효 등 확인소송: 행정청의 처분 등의 효력 유무 또는 존재여부를 확인하는 소송

무효인 행정처분도 처분으로서의 외관을 가지고 있기 때문에 그 외형상 효력의 제거를 위하여 필요한 소송이다. 무효 등 확인소송에는 무효확인소송 외에도 처분 등의 존재확인소송, 부존재확인소송, 유효확인소송, 실효확인소송이 포함된다.

(2) **적용법규**

무효 등 확인소송은 행정청의 공권력행사에 불복하여 제기하는 소송이라는 점에서 취소소송과 공통성이 있다. 따라서 취소소송에 대한 행정소송법상의 규정은 거의 대부분 무효 등 확인소송에도 준용되나, 전심절차, 제소기간, 사정판결, 간접강제에 관한 규정은 준용되지 않는다.

(3) **취소소송과의 관계**

① **병렬관계**

행정소송법은 취소소송과 무효 등 확인소송을 각각 별개의 항고소송으로 규정하고 있으므로 서로 병렬관계에 있다. 따라서 행정청의 처분 등에 불복하는 자는 제소요건을 충족하는 한 자기의 목적을 가장 효과적으로 달성할 수 있는 소송의 종류를 선택할 수 있다. 그러나 두 소송은 양립할 수 없는 청구로서 단순병합이나 선택적 청구로서의 병합은 허용되지 않고, 어느 하나를 주위적 청구로 하고 다른 하나를 예비적 청구로 병합하여 제기하는 것만이 가능하다.

판례

행정처분에 대한 무효 확인과 취소청구는 서로 양립할 수 없는 청구로서 주위적 · 예비적 청구로서만 병합이 가능하고 선택적 청구로서의 병합이나 단순 병합은 허용되지 아니한다(대판 1999.8.20. 97누6889).

행정처분에 대한 취소청구가 사정판결에 의하여 기각된 경우에 소송비용은 피고가 부담한다. (○, ×) [08 지방9급]

행정청이 처분 등을 취소 또는 변경함으로 인하여 취소청구가 각하 또는 기각된 경우, 소송비용은 피고의 부담으로 한다. (○, ×) [13 국가7급]

PART 05

② 포섭관계

취소소송과 무효 등 확인소송은 모두 행정처분의 위법을 이유로 그 효력의 배제를 구하는 것이고, 그 하자의 정도 등에 의한 구분에 불과한 것이어서 실제로는 서로 포섭관계에 있다. 따라서 소송을 제기한 경우 실제 위법사유와 소송의 형식이 불일치하는 경우가 발생하는 데, 이때 법원 어떠한 판결을 해야 하는지가 문제된다.

㉠ 무효사유에 대해 취소소송을 제기한 경우(무효선언적 의미의 취소소송)

당사자가 처분취소의 소를 제기하였지만 그 처분에 취소사유를 넘어선 무효사유에 해당하는 하자가 있는 경우에는 법원은 원고 전부승소의 판결을 하여야 한다. [23 국가9급] 다만 형식적으로 취소소송으로 제기되었으므로 취소소송의 소송요건(특히 필요적 전치주의, 제소기간 등)을 갖추어야만 한다. 과세처분에 대해 무효 확인소송을 제기하는 경우에는 전심절차를 거칠 필요가 없으나, 과세처분에 대해 무효선언을 구하는 의미에서의 취소소송을 제기하는 경우에는 전심절차를 거쳐야 한다고 본다.

> 행정쟁송 방식에 있어서 무효인 행정행위는 무효 확인소송 외에 무효선언을 구하는 취소소송 형식으로 제기할 수 있다. (○, ×) [13 국회9급]

판례

행정처분의 당연무효를 선언하는 의미에서 그 취소를 청구하는 행정소송을 제기하는 경우에도 소원의 전치와 제소기간의 준수등 취소소송의 제소요건을 갖추어야 한다(대판 1984.5.29. 84누175). [22 국가7급, 18 교행]

> 무효인 처분에 대해 무효선언을 구하는 취소소송을 제기하는 경우에는 제소기간의 제한이 없다. (○, ×) [22 지방9급, 16 국회8급]

㉡ 취소사유에 대해 무효 확인소송을 제기한 경우

무효 확인소송을 제기하였으나 그 처분에 단지 취소사유에 불과한 하자가 있는 경우에 통설과 판례는 취소소송의 제기요건을 갖추지 못하였다면 기각하여야 한다고 본다. 그러나 취소소송의 제기요건을 갖추었다면 법원이 어떤 판결을 하여야 하는지에 대해서 견해의 대립이 있다.

ⓐ 학설

기각판결설	무효 확인청구에 취소청구가 당연히 포함되어 있다고는 볼 수 없으므로 청구를 기각하여야 한다는 견해이다.
취소판결설	무효 확인청구에는 원고의 명시적인 반대의사표시가 없는 한 취소청구도 당연히 포함되어 있다고 보아 취소판결을 해야 한다는 견해이다.

> 무효확인소송을 제기하였는데 해당 사건에서의 위법이 취소사유에 불과한 때, 법원은 취소소송의 요건을 충족한 경우 취소판결을 내린다. (○, ×) [17 국가7급(下)]

ⓑ 판례

판례

1. 행정처분의 무효 확인을 구하는 소에는 원고가 그 처분의 취소를 구하지 아니한다고 밝히지 아니한 이상 그 처분이 만약 당연무효가 아니라면 그 취소를 구하는 취지도 포함되어 있는 것으로 보아야 한다(대판 1994.12.23. 94누477). [19 서울7급, 18 지방7급]
2. 동일한 행정처분에 대하여 무효 확인의 소를 제기하였다가 그 후 그 처분의 취소를 구하는 소를 추가적으로 병합한 경우, 주된 청구인 무효 확인의 소가 적법한 제소기간 내에 제기되었다면 추가로 병합된 취소청구의 소도 적법하게 제기된 것으로 봄이 상당하다(대판 2005.12.23. 2005두3554). [21 국가9급, 17 지방7급]

> 무효확인소송에 A처분의 취소를 구하는 취지도 포함되어 있고 무효확인소송이 행정소송법상 취소소송의 적법요건을 갖추었다 하더라도, 법원은 A처분에 대한 취소판결을 할 수 없다. (○, ×) [19 지방7급]

> 갑이 압류처분에 대해 무효확인소송을 제기하였다가 압류처분에 대한 취소소송을 추가로 병합하는 경우, 무효확인의 소가 취소소송 제소기간 내에 제기됐더라도 취소청구의 소의 추가 병합이 제소기간을 도과했다면 병합된 취소청구의 소는 부적법하다. (○, ×) [19 국가7급, 19 지방7급]

㉢ 관련문제

판례

이미 취소소송의 제기기간을 경과하여 확정력이 발생한 행정처분에는 위헌결정의 소급효가 미치지 않는다고 보아야 할 것이므로 어느 행정처분에 대하여 그 행정처분의 근거가 된 법률이 위헌이라는 이유로 무효 확인청구의 소가 제기된 경우에는 법원으로서는 그 법률이 위헌인지 여부에 대하여는 판단할 필요 없이 위 무효 확인청구를 기각하여야 할 것이다(대판 2000.11.14. 2000다20144). [18 지방9급]

2. 소의 제기

(1) 소송요건

① 재판관할

무효 등 확인소송의 재판관할에는 취소소송의 규정이 준용되므로 피고 행정청의 소재지를 관할하는 행정법원이 제1심법원이 된다. 다만 중앙행정기관, 중앙행정기관의 부속기관과 합의제 행정기관 또는 그 장이 피고인 경우 또는 국가의 사무를 위임 또는 위탁받은 공공단체 또는 그 장이 피고인 경우에는 대법원소재지를 관할하는 행정법원에 제기할 수도 있다(행정소송법 제9조·제38조). 한편 무효 등 확인소송이 관할권 없는 법원에 잘못 제기된 경우에는 그것이 원고의 고의나 과실로 인한 경우가 아니면 결정으로써 정당한 관할법원에 이송하여야 한다(동법 제7조).

② 관련청구소송의 이송과 병합

무효 등 확인소송과 관련청구소송이 각각 다른 법원에 계속되고 있는 경우에 관련청구소송이 계속된 법원은 관련청구소송을 무효 등 확인소송이 계속된 법원에 이송할 수 있으며, 무효 등 확인소송이 계속된 법원은 관련청구소송을 병합하여 심리할 수 있다.

③ 소의 이익(원고적격 및 협의의 소익)

> 행정소송법 제35조【무효 등 확인소송의 원고적격】 무효 등 확인소송은 처분 등의 효력 유무 또는 존재 여부의 확인을 구할 법률상 이익이 있는 자가 제기할 수 있다. [14 경행특채]

여기서 '확인을 구할 법률상 이익'을 원고적격의 '법률상 이익'으로 볼 것인지, 민사소송법상 '확인의 이익'으로 볼 것인지에 대해 견해가 대립한다.

㉠ 학설

ⓐ 법적보호이익설(확인의 이익 불요설)

이 견해는 무효 확인소송의 확인을 구할 법률상 이익을 취소소송의 법률상 이익과 같은 관념으로서 민사소송상의 확인의 이익보다는 넓은 개념으로 본다.

ⓑ 즉시확정이익설(확인의 이익 필요설)

이 견해는 무효 확인소송의 확인을 구할 법률상 이익을 민사소송상의 확인의 이익인 즉시확정의 이익과 동일하게 보아 현존하는 불안이나 위험을 제거하기 위하여 확인판결을 받는 것이 가장 유효적절한 수단인 경우 확인의 이익을 긍정하는 견해이다. 이 견해에 따르면 다른 적절한 수단이 있는 경우 확인소송이 아닌 그 수단에 의해야 하는바, 이를 확인의 소의 보충성이라고 한다.

행정처분에 대하여 그 행정처분의 근거가 된 법률이 위헌이라는 이유로 무효 확인청구의 소가 제기된 경우에는 다른 특별한 사정이 없는 한 법원으로서는 그 법률이 위헌인지 여부에 대하여는 판단할 필요 없이 그 무효 확인청구를 각하하여야 한다. (○, ×) [13 국가9급]

행정행위가 있은 후 그 근거가 된 법률이 헌법재판소에 의해 위헌으로 결정된 경우, ㉠ 당해 행정행위의 하자의 유형과 ㉡ 취소소송의 제소기간이 도과한 후 원고가 무효 확인소송으로 이 사안을 다툰다고 할 때 법원은 어떻게 판단해야 하는지 바르게 연결한 것은? [13 지방9급]
① ㄱ: 무효 ㄴ: 각하
② ㄱ: 무효 ㄴ: 기각
③ ㄱ: 취소 ㄴ: 각하
④ ㄱ: **취소** ㄴ: **기각**

PART 05

ⓛ 판례

종래 판례는 무효 등 확인소송에서 확인의 소의 보충성을 요구하고 있었으나, 판례변경을 통해 최근의 판례는 더 이상 확인의 소의 보충성을 요구하지 않고 취소소송과 동일하게 법률상 이익이 침해된 경우 무효 확인소송을 청구할 수 있다고 본다. 따라서 무효인 조세부과처분에 대하여 세금을 납부한 자가 부당이득반환청구소송 등 다른 소송을 제기하여 구제받을 수 있다고 하더라도 조세부과처분의 무효 확인소송을 독립된 소로서 제기할 수 있다.

판례

행정소송법 제38조 제1항에서는 확정판결의 기속력 및 행정청의 재처분 의무에 관한 행정소송법 제30조를 무효확인소송에도 준용하고 있으므로 무효확인판결 자체만으로도 실효성을 확보할 수 있다. [17 국회8급] 행정처분의 근거 법률에 의하여 보호되는 직접적이고 구체적인 이익이 있는 경우에는 행정소송법 제35조에 규정된 '무효 확인을 구할 법률상 이익'이 있다고 보아야 하고, 이와 별도로 무효 확인소송의 보충성이 요구되는 것은 아니므로 행정처분의 무효를 전제로 한 이행소송 등과 같은 직접적인 구제수단이 있는지 여부를 따질 필요가 없다(대판 2008.3.20. 2007두6342 전원합의체). [23 국가7급, 20 국가7급]

④ 피고적격

취소소송의 피고적격에 관한 규정은 무효 등 확인소송에도 준용되어 처분 등을 행한 행정청이 피고로 된다. 처분 등이 있은 후에 그 권한이 다른 행정청에 승계된 때에는 이를 승계한 행정청이 피고로 된다. 기타 피고 경정에 관한 취소소송의 규정도 무효 등 확인소송에 준용된다.

⑤ 소송의 대상

무효 등 확인소송도 취소소송과 마찬가지로 처분 등을 소송의 대상으로 한다. 한편 재결에 대한 무효확인소송의 경우에는 원처분주의 원칙상 재결 자체에 고유한 위법이 있음을 이유로 하는 경우에만 가능하다. 그리고 행정소송의 대상은 구체적 권리·의무에 관한 분쟁이어야 하므로 법령 자체의 무효 확인 또는 문서의 진위 등 사실관계의 확인을 무효 등 확인소송으로 청구하는 것은 부적법하다는 것이 판례의 입장이다.

판례

행정소송에 있어서 확인의 소는 권리 또는 법률관계의 존부확정을 목적으로 하는 소송이므로, 현재의 구체적인 권리나 법률관계만이 확인의 소의 대상이 될 뿐인데, 원고 소유의 대지가 타인 소유 건물의 부지가 아님의 확인을 구하는 소는 사실관계의 확인을 구하는 것이어서 부적법하다(대판 1991.12.24. 91누1974).

- 행정소송법 제35조에 규정된 무효 확인을 구할 법률상 이익이 있다고 보기 위하여는 행정처분의 근거법률에 의하여 보호되는 직접적이고 구체적인 이익이 있어야 하며 이와는 별도로 무효 확인소송의 보충성이 요구되므로 행정처분의 무효를 전제로 한 이행소송 등과 같은 직접적인 구제수단이 있는지 여부를 따질 필요가 있다. (○, ×) [13 국가9급]
- 무효인 과세처분에 의하여 세금을 납부한 자는 납부한 금액을 반환받기 위하여 부당이득반환청구소송을 제기하지 않고 곧바로 과세처분무효확인소송을 제기할 수 있다. (○, ×) [19 서울9급, 16 지방9급]
- 무효확인소송은 즉시확정의 이익이 있는 경우에만 보충적으로 허용된다는 것이 판례의 입장이다. (○, ×) [15 교행]
- 무효인 과세처분에 근거하여 세금을 납부한 경우 부당이득반환청구의 소로써 직접 위법상태의 제거를 구할 수 있는지 여부와 관계없이 행정소송법 제35조에 규정된 '무효확인을 구할 법률상 이익'을 가진다. (○, ×) [20 지방9급]
- 무효 등 확인소송은 다른 법률에 특별한 규정이 없는 한 그 처분 등을 행한 행정청을 피고로 한다. (○, ×) [14 경행특채]
- 행정소송의 대상은 구체적인 권리·의무에 관한 분쟁이어야 하므로 구체적인 권리·의무에 관한 분쟁을 떠나서 법령 자체의 무효 확인을 구하는 청구는 행정소송의 대상이 아닌 사항에 대한 것으로서 부적법하다. (○, ×) [12 복지9급]

⑥ 전심절차

무효 등 확인소송은 개별법에서 필요적 행정심판전치주의를 규정하고 있는 경우에도 그 적용을 받지 아니한다. 다만 무효선언적 의미의 취소소송에는 필요적 행정심판전치주의가 적용되므로 행정심판을 필요적으로 거치도록 하고 있는 개별법 규정이 있는 경우에는 행정심판을 거쳐야 한다.

판례

주위적 청구가 행정심판의 재결을 거칠 필요가 없는 무효 확인소송이라 하더라도 병합 제기된 예비적 청구가 취소소송이라면 이에 대한 행정심판의 재결을 거치는 등으로 적법한 제소요건을 갖추어야 한다(대판 1994.4.29. 93누12626).

⑦ 제소기간

무효 등 확인소송에는 제소기간의 제한이 없다. 다만 무효선언적 의미의 취소소송에는 제소기간이 적용된다.

(2) 소의 변경과 소제기의 효과

① 소의 변경

취소소송의 소변경에 관한 규정은 무효 등 확인소송을 취소소송 또는 당사자소송으로 변경하는 경우에도 준용된다. 처분변경으로 인한 소변경 역시 무효 등 확인소송에 준용된다.

② 집행부정지원칙

행정소송법은 취소소송이 제기되어도 원칙적으로 처분의 효력이 정지되지 않는 집행부정지원칙을 규정하고 있는데, 이러한 집행부정지의 원칙은 무효 등 확인소송에도 준용된다. 따라서 무효 등 확인소송의 제기는 처분 등의 효력이나 그 집행 또는 절차의 속행에 영향을 주지 아니한다.

(3) 가구제

무효 등 확인소송의 경우에도 집행정지제도가 허용됨은 취소소송과 동일하다.

3. 소송의 심리

(1) 직권심리주의

무효 등 확인소송의 심리에 있어서도 법원이 필요하다고 인정할 때에는 직권으로 증거조사를 할 수 있으며 당사자가 주장하지 않은 사실에 대해서도 심판할 수 있다.

(2) 행정심판기록의 제출명령

행정심판절차를 거친 경우에 법원은 당사자의 신청이 있는 때에는 결정으로써 재결을 행한 행정청에 대하여 행정심판에 대한 기록의 제출을 명할 수 있으며 행정청은 지체없이 이에 응해야 한다.

압류처분에 대해 무효확인소송을 제기하려면 무효확인심판을 거쳐야 한다. (○, ×) [19 국가7급]

PART 05

무효 등 확인소송의 제기는 처분 등의 효력이나 그 집행 또는 절차의 속행에 영향을 주지 아니한다. (○, ×) [16 지방9급, 14 경행특채]

취소소송에서 인정되는 집행정지에 관한 행정소송법 규정은 무효 등 확인소송에 대하여도 준용된다. (○, ×) [10 국가7급, 10 세무사]

무효인 처분은 효력자체가 발생하지 아니하므로 본안소송이 무효 확인소송인 경우에는 집행정지에 관한 규정이 준용되지 아니한다. (○, ×) [14 경행특채]

행정처분의 당연무효를 주장하여 그 무효확인을 구하는 행정소송에 있어서는 피고 행정청이 그 행정처분에 중대·명백한 하자가 없음을 주장·입증할 책임이 있다. (○, ×) [16 지방9급]

⑶ 주장책임과 입증책임

판례

1. 처분의 당연무효를 주장하여 무효확인을 구하는 행정소송에 있어서는 원고에게 그 행정처분이 무효인 사유를 주장·입증할 책임이 있다(대판 2000.3.23. 99두11851). [17 지방7급]
2. 민사소송법 규정이 준용되는 행정소송에서의 증명책임은 원칙적으로 민사소송 일반원칙에 따라 당사자 간에 분배되고, 항고소송의 경우에는 그 특성에 따라 처분의 적법성을 주장하는 피고에게 적법사유에 대한 증명책임이 있다(대판 2016.10.27. 2015두42817). [18 지방7급]
3. 결혼이민[F-6 (다)목] 체류자격을 신청한 외국인에 대하여 행정청이 그 요건을 충족하지 못하였다는 이유로 거부처분을 하는 경우에는 '그 요건을 갖추지 못하였다는 판단', 다시 말해 '혼인파탄의 주된 귀책사유가 국민인 배우자에게 있지 않다는 판단' 자체가 처분사유가 된다. 결혼이민[F-6 (다)목] 체류자격 거부처분 취소소송에서도 그 처분사유에 관한 증명책임은 피고 행정청에 있다(대판 2019. 7. 4. 2018두66869). [23 지방9급]

4. 판결 및 소송의 종료

처분 등의 무효를 확인하는 확정판결은 소송당사자 이외의 제3자에 대하여는 효력이 미치지 않는다. (○, ×) [19 서울9급]

⑴ 일반론

처분의 무효 등을 확인하는 판결은 제3자에 대해서도 효력이 있으며 집행정지결정 역시 제3자효를 가진다. 판결의 기속력에 의해 처분의 무효 등을 확인하는 판결은 당사자인 행정청과 그 밖의 행정청을 기속하며, 확정판결에 대한 제3자의 재심청구도 허용된다. 한편 무효 등 확인소송에서 청구기각판결이 확정된 경우라도 무효 등 확인소송의 대상이 된 처분이 중대·명백하지는 않지만 위법한 것임을 주장하면서 국가배상청구소송을 제기할 수도 있다.

⑵ 위법판단의 기준 시

취소소송의 경우와 동일하게 처분시를 기준으로 처분의 무효 등을 판단하여야 한다.

원고의 청구가 이유 있다고 인정하는 경우에도 처분의 무효를 확인하는 것이 현저히 공공복리에 적합하지 아니하다고 인정하는 때에는 법원은 청구를 기각할 수 있다. (○, ×) [17 지방7급, 13 서울9급]

⑶ 사정판결

판례

당연무효의 행정처분을 소송목적물로 하는 행정소송에서는 존치시킬 효력이 있는 행정행위가 없기 때문에 행정소송법 제28조 소정의 사정판결을 할 수 없다(대판 1996.3.22. 95누5509). [20 국가7급]

간접강제는 거부처분취소판결은 물론 부작위위법확인판결과 거부처분에 대한 무효 등 확인판결에서도 인정된다. (○, ×) [20 국가7급, 17 서울7급]

⑷ 간접강제

판례

행정소송법 제38조 제1항이 무효 확인 판결에 관하여 취소판결에 관한 규정을 준용함에 있어서 같은 법 제30조 제2항을 준용한다고 규정하면서도 같은 법 제34조는 이를 준용한다는 규정을 두지 않고 있으므로, [16 국회8급] 행정처분에 대하여 무효 확인 판결이 내려진 경우에는 그 행정처분이 거부처분인 경우에도 행정청에 판결의 취지에 따른 재처분의무가 인정될 뿐 그에 대하여 간접강제까지 허용되는 것은 아니라고 할 것이다(대결 1998.12.24. 98무37).

02 부작위위법확인소송

1. 의의

(1) 개념

부작위위법확인소송이란 행정청의 부작위가 위법하다는 것을 확인하는 소송을 말한다(행정소송법 제4조 제3호). 행정청이 당사자의 신청에 대하여 상당한 기간 내에 일정한 처분을 할 법률상의 의무가 있음에도 불구하고 이를 하지 않은 것에 대한 위법확인을 구하는 소송이다.

(2) 적용법규

부작위위법확인소송은 항고소송의 일종으로 취소소송과 기본적인 성격이 동일하므로 취소소송에 관한 대부분의 규정이 부작위위법확인소송에도 준용된다. 다만 처분변경으로 인한 소변경, 집행정지결정, 사정판결에 관한 규정 등은 그 성질상 부작위위법확인소송에 준용되지 않는다.

2. 소의 제기

(1) 소송요건

① 관할

부작위위법소송의 재판관할도 취소소송과 동일하며, 관련청구의 이송에 관한 취소소송의 규정 역시 부작위위법확인소송에 준용된다.

② 원고적격

> 행정소송법 제36조 【부작위위법확인소송의 원고적격】 부작위위법확인소송은 처분의 신청을 한 자로서 부작위의 위법의 확인을 구할 법률상 이익이 있는 자만이 제기할 수 있다. [22 국가7급]

㉠ 처분의 신청

원고적격이 인정되기 위해서는 우선 현실적으로 신청이 존재해야 한다. 신청을 하지 아니한 자는 비록 신청권이 인정되는 자라고 하더라도 원고적격을 가진다고 할 수 없다.

㉡ 신청권의 존부

신청 이외에 신청권의 유무에 대하여 일정한 처분을 신청하면 되고 신청권 여부는 문제되지 않는다는 불필요설이 있으나 판례는 신청권 필요설의 입장을 취하고 있다.

판례

당사자가 행정청에 대하여 어떤 행정행위를 하여 줄 것을 신청하지 아니하였거나 당사자가 그러한 행정행위를 하여 줄 것을 요구할 수 있는 법규상 또는 조리상의 권리를 가지고 있지 아니하는 등의 경우에는 원고적격이 없거나 항고소송의 대상인 위법한 부작위가 있다고 할 수 없어 그 부작위위법확인의 소는 부적법하다(대판 2007.10.26. 2005두7853). [22 국가7급, 20 국가9급]

㉢ 법률상의 이익

법률상 이익은 취소소송의 경우와 동일하다.

✦ 집행정지결정은 부작위위법확인소송에 준용되지 않는다. (○, ×) [16 서울7급]

✦ 「행정소송법」상 취소소송에 관한 규정 중 부작위위법확인소송에 준용되는 것을 모두 옳게 고른 것은? [13 국가9급]✦

> ㄱ. 행정심판과의 관계
> ㄴ. 제소기간
> ㄷ. 집행정지
> ㄹ. 사정판결
> ㅁ. 거부처분취소판결의 간접강제

① ㄱ, ㄹ
② ㄱ, ㄴ, ㅁ
③ ㄱ, ㄴ, ㄷ, ㄹ
④ ㄱ, ㄴ, ㄷ, ㅁ

✦ 부작위위법확인소송에서 사인의 신청권의 존재 여부는 부작위의 성립과 관련하므로 원고적격의 문제와는 관련이 없다. (○, ×) [18 지방9급]

㉣ 제3자의 경우

판례

행정소송법상 취소소송이나 부작위위법확인소송에 있어서는 당해 행정처분 또는 부작위의 직접상대방이 아닌 제3자라 하더라도 그 처분의 취소 또는 부작위위법확인을 받을 법률상의 이익이 있는 경우에는 원고적격이 인정되나 여기서 말하는 법률상의 이익은 그 처분 또는 부작위의 근거법률에 의하여 보호되는 직접적이고 구체적인 이익을 말하고, 간접적이거나 사실적, 경제적 관계를 가지는데 불과한 경우는 포함되지 않는다(대판 1989.5.23. 88누8135). [24 국가9급]

부작위의 직접상대방이 아닌 제3자는 당해 행정처분의 부작위위법확인을 구할 법률상의 이익이 있는 경우 원고적격이 인정된다. (○, ×) [13 국회8급]

③ 협의의 소익

부작위가 위법하다는 것을 구할 확인의 이익이 있어야 하므로 부작위위법확인판결을 받는다 하더라도 원고의 권리와 이익을 보호받는 것이 불가능하게 되었다면 소의 이익이 없다. 부작위위법확인소송의 계속 중 행정청이 신청에 대하여 적극 또는 소극의 처분을 하여 부작위위법상태가 해소되면 소의 이익을 상실하게 되어 각하된다.

판례

소제기의 전후를 통하여 판결시까지 행정청이 그 신청에 대하여 적극 또는 소극의 처분을 함으로써 부작위상태가 해소된 때에는 소의 이익을 상실하게 되어 당해 소는 각하를 면할 수가 없는 것이다(대판 1990.9.25. 89누4758). [18 국회8급]

허가처분 신청에 대한 부작위를 다투는 부작위위법확인소송을 제기하여 제1심에서 승소판결을 받았는데 제2심 단계에서 피고 행정청이 허가처분을 한 경우, 제2심 수소법원은 각하판결을 하여야 한다. (○, ×) [19 국가9급]

판례는 소제기 전후를 통하여 판결시까지 행정청이 그 신청에 대하여 적극 또는 소극의 처분을 하게되면 소를 기각한다는 결정이다. (○, ×) [07 세무사]

④ 피고적격

취소소송의 피고적격에 관한 규정이 준용되어 부작위청이 피고가 된다. 또한 피고의 경정에 관한 규정도 준용된다.

⑤ 소송의 대상

㉠ 부작위의 의의

부작위란 행정청이 당사자의 신청에 대하여 상당한 기간 내에 일정한 처분을 하여야 할 법률상 의무가 있음에도 불구하고 이를 하지 않는 것을 말한다. 따라서 사법(私法)상 청구의 부작위 등은 부작위위법확인소송의 대상이 아니며, 비권력적 사실행위의 부작위도 부작위위법확인소송의 대상이 되지 않는다.

판례

1. 거부처분은 관할 행정청이 당사자의 신청에 대하여 이유 여하에 관계없이 그 신청에 따른 처분을 할 의사가 없음을 대외적으로 명백히 표시함으로써 성립하는 것으로서 이러한 거부처분이 있는 경우에는 부작위위법확인소송은 허용되지 아니한다(대판 1991.11.8. 90누9391).
2. 형사본안사건에서 무죄가 선고되어 확정되었다면 형사소송법 제332조 규정에 따라 검사가 압수물을 제출자나 소유자 기타 권리자에게 환부하여야 할 의무가 당연히 발생한 것이고, 권리자의 환부신청에 대한 검사의 환부결정 등 어떤 처분에 의하여 비로소 환부의무가 발생하는 것은 아니므로 압수가 해제된 것으로 간주된 압수물에 대하여 피압수자나 기타 권리자가 민사소송으로 그 반환을 구함은 별론으로 하고 검사가 피압수자의 압수물 환부신청에 대하여 아무런 결정이나 통지도 하지 아니하고 있다고 하더라도 그와 같은 부작위는 현행 행정소송법상의 부작위위법확인소송의 대상이 되지 아니한다(대판 1995.3.10. 94누14018). [10 국회9급]

부작위위법소송에서 부작위라 함은 행정청이 당사자의 신청에 대하여 상당한 기간 내에 일정한 처분을 하여야 할 법률상 의무가 있음에도 불구하고 처분을 하지 않는다는 의사를 통지하는 것을 말한다. (○, ×) [13 서울9급]

ⓛ 위법한 부작위의 성립요건

ⓐ 당사자의 신청

부작위가 성립하기 위하여는 당사자의 신청이 있어야 하며, 여기서 신청이라 함은 법규상 또는 조리상 신청권이 있음을 전제로 한다.

판례

1. 행정청이 행한 공사중지명령의 상대방은 그 명령 이후에 그 원인사유가 소멸하였음을 들어 행정청에게 공사중지명령의 철회를 요구할 수 있는 조리상의 신청권이 있다 할 것이고, [21 국가9급] 행정청이 상대방의 신청에 대하여 아무런 적극적 또는 소극적 처분을 하지 않고 있는 이상 행정청의 부작위는 그 자체로 위법하다고 할 것이고, [13 국회8급] 구체적으로 그 신청이 인용될 수 있는지 여부는 소극적 처분에 대한 항고소송의 본안에서 판단하여야 할 사항이라고 할 것이다(대판 2005.4.14. 2003두7590).
2. 4급 공무원이 당해 지방자치단체 인사위원회의 심의를 거쳐 3급 승진대상자로 결정되고 임용권자가 그 사실을 대내외에 공표까지 하였다면, 그 공무원은 승진임용에 관한 법률상 이익을 가진 자로서 임용권자에 대하여 3급 승진임용 신청을 할 조리상의 권리가 있다(대판 2008.4.10. 2007두18611).

4급공무원이 당해 지방자치단체 인사위원회의 심의를 거쳐 3급승진대상자로 결정되고 임용권자가 그 사실을 대내외에 공표한 경우 그 공무원에게 승진임용신청권이 있다. (○, ×) [14 서울7급]

PART 05

판례

시험승진후보자명부에 등재되어 있던 자가 그 명부에서 삭제됨으로써 승진임용의 대상에서 제외되었다 하더라도, 그와 같은 시험승진후보자명부에서의 삭제행위는 결국 그 명부에 등재된 자에 대한 승진 여부를 결정하기 위한 행정청 내부의 준비과정에 불과하고, 별도의 행정처분이 된다고 할 수 없다(대판 1997.11.14. 97누7325).

ⓑ 상당한 기간의 경과

부작위가 성립하기 위해서는 당사자의 신청 후 상당한 기간이 경과했는데도 행정청이 아무런 처분을 하지 않아야 한다. [10 세무사] 상당한 기간이란 사회통념상 그 신청에 따르는 처분을 하는 데 필요할 것으로 인정되는 기간이다.

ⓒ 처분을 할 법률상 의무의 존재

부작위란 행정청이 어떠한 행위를 하여야 할 법률상 의무가 있음에도 불구하고 아무런 처분을 하지 않은 경우에 성립한다. 한편 법률상 의무에는 명문의 규정에 의해 인정되는 경우뿐만 아니라 조리상 인정되는 경우도 포함한다.

ⓓ 처분의 부존재

처분이 존재하는 경우 부작위의 문제가 생기지 않으므로 부작위위법확인소송을 제기할 것이 아니라 취소소송을 제기하여야 한다.

판례

행정청이 당사자의 신청에 대하여 거부처분을 한 경우에는 항고소송의 대상인 위법한 부작위가 있다고 볼 수 없어 그 부작위위법확인의 소는 부적법하다(대판 1998.1.23. 96누12641).

당사자의 신청에 대한 행정청의 거부처분이 있는 경우에는 행정청이 당사자의 신청에 대하여 일정한 처분을 이행하지 아니함으로써 위법상태가 야기된 것이므로 이를 제거하기 위하여 부작위위법확인소송도 허용된다. (○, ×) [16 서울7급]

행정청의 아무런 처분이 없는 경우에도 이를 거부처분으로 간주하는 법규정이 있는 때에는 부작위에 해당하지 않는다. (○, ×) [10 세무사]

ⓒ 간주거부 · 묵시적 거부의 경우

법령이 일정한 상태에서 부작위를 거부처분으로 간주하는 규정을 둔 경우에는 거부처분취소소송을 제기할 수 있을 뿐이다. 한편 판례는 검사임용신청과 관련하여 일부에 대해서만 임용발령을 하고 나머지 신청자에 대해서는 형식상 별다른 의사표시를 하지 않았다 하더라도 일부에 대한 임용결정은 다른 자에 대한 임용거부결정이라는 양면성을 지니는 것으로 판시한 적이 있다. 따라서 이러한 경우에는 거부처분 취소소송을 제기할 수 있다.

ⓓ 행정입법에 관한 부작위

법률의 집행을 위해 시행규칙을 제정할 의무가 있음에도 불구하고 행정청이 시행규칙을 제정하지 않고 있는 경우, 부작위위법확인소송을 통하여 다툴 수 있다. (○, ×) [16 국가7급]

판례

행정소송은 구체적 사건에 대한 법률상 분쟁을 법에 의하여 해결함으로써 법적 안정을 기하자는 것이므로 부작위위법확인소송의 대상이 될 수 있는 것은 구체적 권리의무에 관한 분쟁이어야 하고 추상적인 법령에 관하여 제정의 여부 등은 그 자체로서 국민의 구체적인 권리의무에 직접적 변동을 초래하는 것이 아니어서 그 소송의 대상이 될 수 없다(대판 1992.5.8. 91누11261). [22 지방7급, 18 국가9급]

부작위위법확인소송에 대해서는 행정심판전치에 관한 규정이 준용되지 않는다. (○, ×) [10 세무사]

⑥ 전심절차

부작위위법확인소송에는 행정심판에 관한 규정이 준용된다. 따라서 개별법에 필요적 행정심판전치주의가 규정되어 있는 경우에 한하여 행정심판을 거치면 된다. 한편 행정심판법이 부작위위법확인심판을 규정하고 있지 않으므로 부작위위법확인소송에서 예외적으로 행정심판전치가 인정될 경우 그 전치되는 행정심판은 의무이행심판이다. [16 서울7급]

취소소송의 제소기간에 관한 규정은 무효 등 확인소송과 부작위위법확인소송에서는 준용되지 않는다. (○, ×) [13 서울9급]

부작위위법확인소송에서 부작위상태가 계속되는 한 그 위법의 확인을 구할 이익이 있다고 보아야 하므로 행정심판 등 전심절차를 거친 경우에도 제소기간에 관한 규정은 적용되지 않는다. (○, ×) [23 국가7급, 22 국가7급]

⑦ 제소기간

판례

부작위위법확인의 소는 부작위상태가 계속되는 한 그 위법의 확인을 구할 이익이 있다고 보아야 하므로 원칙적으로 제소기간의 제한을 받지 않는다. [19 지방9급] 그러나 행정소송법 제38조 제2항이 제소기간을 규정한 같은 법 제20조를 부작위위법확인소송에 준용하고 있는 점에 비추어 보면, 행정심판 등 전심절차를 거친 경우에는 행정소송법 제20조가 정한 제소기간 내에 부작위위법확인의 소를 제기하여야 한다(대판 2009.7.23. 2008두10560). [18 국회8급, 17 지방7급]

(2) 소의 변경

부작위위법확인소송에 대해서는 행정소송법상 처분변경으로 인한 소의 변경에 관한 규정이 준용된다. (○, ×) [13 국회8급]

취소소송의 소변경에 관한 규정은 부작위위법확인소송에도 준용된다. 따라서 부작위위법확인소송이 법원에 계속 중 행정청이 거부처분 등 일정한 처분을 한 경우에는 그 거부처분 등에 대한 취소소송으로 소변경이 가능하다. 또한 부작위위법소송을 당사자소송으로 변경하는 것도 가능하다. 하지만 부작위위법확인소송의 경우에는 처분이라는 것이 없으므로 처분변경으로 인한 소변경에 관한 규정은 적용되지 아니한다.

3. 소송의 심리

(1) 심리의 범위

① 학설

㉠ 적극설(실체적 심리설)

적극설은 부작위위법확인소송의 심리범위는 실체적 심리에까지 미쳐 부작위의 위법 여부 뿐만 아니라 행정청의 특정 작위의무의 존재까지도 심리・판단할 수 있다는 견해이다.

㉡ 소극설(절차적 심리설)

이 견해는 부작위위법확인소송에서는 그 심리범위가 부작위의 위법 여부에만 국한된다고 본다. 부작위위법확인소송은 의무이행소송과 달리 행정청의 부작위가 위법한 것임을 확인하는 소송이므로 법원의 심판대상은 부작위의 위법성에 불과하므로 법원은 부작위의 위법 여부를 확인하는 데 그칠 뿐, 행정청이 행할 처분의 구체적 내용까지는 심리・판단할 수 없다고 한다. [16 지방9급]

② 판례

판례는 소극설을 취하고 있다.

판례

부작위위법확인의 소는 그 부작위의 위법을 확인함으로써 행정청의 응답을 신속하게 하여 부작위 내지 무응답이라고 하는 소극적인 위법상태를 제거하는 것을 목적으로 하는 것이고, [16 서울7급, 16 지방9급] 나아가 그 인용 판결의 기속력에 의하여 행정청으로 하여금 적극적이든 소극적이든 어떤 처분을 하도록 강제한 다음, 그에 대하여 불복이 있을 경우 그 처분을 다투게 함으로써 최종적으로는 당사자의 권리와 이익을 보호하려는 제도이다. 당사자의 신청이 있은 이후 당사자에게 생긴 사정의 변화로 인하여 위 부작위가 위법하다는 확인을 받는다고 하더라도 종국적으로 침해되거나 방해받은 권리와 이익을 보호・구제받는 것이 불가능하게 되었다면 그 부작위가 위법하다는 확인을 구할 이익은 없다(대판 2002.6.28. 2000두4750). [20 국가9급]

(2) 직권심리주의, 행정심판기록 제출명령

취소소송의 직권심리주의 및 행정심판기록 제출명령에 관한 규정은 부작위위법확인소송에서도 준용된다.

(3) 입증책임

일정한 처분을 신청한 사실, 신청권의 존재, 상당한 기간이 경과하였다는 사실은 원고에게 입증책임이 있는 반면, 상당한 기간이 경과하였음에도 신청에 따른 처분을 하지 못한 것을 정당화 하는 사유에 대해서는 행정청이 입증책임을 진다.

실체적 심리설(특정처분의무설)에 의하면, 부작위위법확인소송의 인용판결에 실질적 기속력이 부인되게 된다. (○, ×) [15 국가7급]

절차적 심리설(응답의무설)에 의하면, 부작위위법확인소송의 인용판결의 경우에 행정청이 신청에 대한 가부의 응답만 하여도 행정소송법 제2조 제1항 제2호의 '일정한 처분'을 취한 것이 된다. (○, ×) [15 국가7급]

절차적 심리설(응답의무설)에 의하면, 신청의 대상이 기속행위인 경우에 행정청이 거부처분을 하여도 재처분의무를 이행한 것이 된다. (○, ×) [15 국가7급]

부작위위법확인소송에서 위법판단의 기준시점은 처분시가 아니라 사실심 변론종결시로 보아야 한다. (○, ×) [13 국회8급, 13 서울9급]

부작위위법확인판결에는 취소판결의 기속력에 관한 규정과 거부처분 취소판결의 간접강제에 관한 규정이 준용된다. (○, ×) [15 국가7급]

판례의 태도에 비추어 볼 때, 부작위위법확인소송에서 인용판결(확인판결)이 확정되면 행정청은 이전의 신청에 대한 처분을 하여야 하고 거부처분을 할 수는 없다. (○, ×) [08 세무사]

4. 소송의 판결

(1) 위법판단의 기준 시

취소소송에서 위법판단의 기준 시에 대해서는 처분시설이 통설이나, 부작위위법확인소송에서는 처분이라는 것이 존재하지 않으므로 위법판단의 기준 시에 대해서 판결 시(사실심변론종결시)설이 통설이다. [22 국가7급]

(2) 판결의 종류

① 각하판결

부작위위법확인소송의 소송요건을 결여한 부적법한 소에 대하여는 본안심리를 거절하는 각하판결을 한다. 거부처분이 행해졌음에도 부작위로 알고 소송을 제기한 경우와 같이 부작위 자체가 성립하지 않는 경우나 부작위가 성립하였으나 소송계속 중 처분이 행해져 소의 이익이 상실된 경우에는 각하판결을 한다.

② 기각판결

본안심리의 결과 원고의 부작위위법확인청구가 이유 없다고 판단되는 경우 기각판결을 내린다.

(3) 판결의 제3자효, 판결의 기속력, 간접강제

부작위위법확인소송의 확정판결은 제3자에게 효력이 있다. 부작위위법확인소송의 확정판결에도 처분행정청에 대한 기속력과 간접강제에 관한 규정이 적용된다. 따라서 행정청은 판결의 취지에 따라 적극적 처분을 해야 할 의무가 있다. 이때 적극적 처분의무의 내용은 판결의 취지에 따른 처분을 하면 충분하고, 반드시 원고의 신청대로 처분할 필요는 없으므로 거부처분을 할 수도 있다.

제4절 당사자소송 · 민중소송 · 기관소송 · 헌법소송

01 당사자소송

1. 당사자 소송의 의의

(1) 개념

당사자소송이란 행정청의 처분 등을 원인으로 하는 법률관계에 관한 소송 그 밖에 공법상의 법률관계에 관한 소송으로서 그 법률관계의 한쪽 당사자를 피고로 하는 소송을 말한다(행정소송법 제3조 제2호). [16 경행특채] 즉 서로 대립하는 대등한 당사자 사이에 있어서의 법률관계의 형성 · 존부에 관한 소송이다.

(2) 적용법규

항고소송과 당사자소송은 주관적 소송이라는 점에서는 공통되나, 항고소송이 행정청의 우월적 지위에서 행한 공권력의 행사·불행사 등을 직접적인 불복대상으로 하는 소송임에 비해 당사자소송은 그러한 공권력의 행사·불행사의 결과로서 생긴 법률관계 및 그 밖의 공법상의 법률관계를 대상으로 대등한 지위에서 행하는 소송이라는 점에서 큰 차이가 있다. 따라서 취소소송에 대한 행정소송법상의 규정 중 당사자소송의 성질상 피고적격, 전심절차, 대상적격, 제소기간, 집행정지, 사정판결, 확정판결의 제3자효, 제3자에 의한 재심청구, 간접강제에 관한 규정은 적용되지 않는다.

(3) 취소소송과의 관계

행정처분은 비록 하자가 있더라도 당연무효의 하자가 아닌 한 공정력이 있으므로 취소소송 이외의 방법으로 그 효력을 부인할 수 없다. 따라서 위법한 과세처분에 의하여 세금을 납부한 자도 그 과세처분이 당연무효가 아닌 한 과세처분취소소송을 제기하여야 하고, 취소소송을 제기함이 없이 바로 당사자소송으로 납부한 세금의 반환을 구하는 소송을 제기할 수 없다. 즉, 취소소송과 당사자소송은 병렬적 관계가 아니라 보충적 관계에 있다.

> 취소소송에는 대세효(제3자효)가 있으나 당사자소송에는 인정되지 않는다. (○, ×) [17 교행]

2. 당사자소송의 종류

(1) 실질적 당사자소송

실질적 당사자소송이란 공법상의 법률관계에 관한 소송으로서 그 법률관계의 일방 당사자를 피고로 하는 소송을 말한다. 항고소송에 있어서와 같이 행정청의 권한행사를 소송물로 하는 것이 아니고, 공법상 권리관계 내지 법률관계 그 자체를 소송물로 하는 소송이다. 따라서 민사소송에 아주 가깝다. 경우에 따라서 행정청의 처분 등을 원인으로 하는 경우도 있으나 이 경우 처분의 적법 여부는 선결문제에 그치게 된다. 당사자소송의 대부분이 이에 해당한다.

(2) 형식적 당사자소송

형식적 당사자소송이란 행정청의 처분이나 재결을 원인으로 하는 법률관계에 대한 소송으로서 그 법률관계의 일방 당사자를 피고로 하는 소송을 말한다. 형식적 당사자소송은 실질적으로는 항고소송과 마찬가지로 처분의 효력을 다투는 것이지만 형식적으로는 법률관계의 당사자 간의 쟁송이라는 형식을 취하는 것이다. 대표적으로 토지수용위원회의 보상금액에 대한 재결에 대하여 상대방 당사자를 피고로 하여 보상금액의 증감을 청구하는 것이 이에 해당된다.

> 소송형태는 당사자소송의 형식을 취하지만 실질적으로는 처분 등의 효력을 다투는 항고소송의 성질을 가지는 소송은 현행법상 인정되지 아니한다. (○, ×) [20 지방7급]

3. 소의 제기

(1) 소송요건

① 재판관할

당사자소송의 관할에 관해서는 취소소송의 규정이 준용된다. 따라서 피고의 소재지를 관할하는 행정법원이 관할법원이 된다. 다만 행정소송법 제40조는 국가 또는 공공단체가 피고인 경우에는 관계행정청의 소재지를 피고의 소재지로 본다고 하여 특칙을 두고 있다. 여기에서 관계행정청이라 함은 형식적 당사자 소송에서는 당해 법률관계의 원인이 되는 처분을 한 행정청(토지수용위원회 등)을 말하고, 실질적 당사자소송에서는 당해 공법상 법률관계에 대하여 직접적인 관계가 있는 행정청을 말한다.

「행정소송법」은 당사자소송의 원고적격을 당사자소송을 제기할 법률상 이익이 있는 자로 규정하고 있다. (○, ×) [16 교행]

② 원고적격 및 협의의 소익

당사자소송은 민사소송과 유사한 형태의 소송이므로, 취소소송의 원고적격과 협의의 소익에 관한 규정이 준용되지 않고 일반 민사소송에 관한 규정이 준용된다. 한편 판례는 당사자소송으로서 법률관계의 확인청구소송을 제기하는 경우 확인의 이익(즉시확정의 이익)이 요구된다고 한다.

판례

과거의 법률관계라 할지라도 현재의 권리 또는 법률상 지위에 영향을 미치고 있고 현재의 권리 또는 법률상 지위에 대한 위험이나 불안을 제거하기 위하여 그 법률관계에 관한 확인판결을 받는 것이 유효 적절한 수단이라고 인정될 때에는 그 법률관계의 확인소송은 즉시확정의 이익이 있다고 보아야 할 것이나, 계약직공무원에 대한 채용계약이 해지된 경우에는 공무원 등으로 임용되는 데에 있어서 법령상의 아무런 제약사유가 되지 않을 뿐만 아니라, 계약기간 만료 전에 채용계약이 해지된 전력이 있는 사람이 공무원 등으로 임용되는 데에 있어서 그러한 전력이 없는 사람보다 사실상 불이익한 장애사유로 작용한다고 하더라도 그것만으로는 법률상의 이익이 침해되었다고 볼 수는 없으므로 그 무효 확인을 구할 이익이 없다(대판 2008.6.12. 2006두16328).

당사자소송의 피고는 원칙적으로 당해 처분을 행한 처분청이 된다. (○, ×) [15 교행]

③ 피고적격

당사자소송의 피고는 국가 또는 공공단체 등 권리주체가 된다(행정소송법 제39조). [18 서울9급] 국가가 피고가 되는 때에는 법무부장관이 국가를 대표하고(「국가를 당사자로 하는 소송에 관한 법률」 제2조), 지방자치단체가 피고가 되는 때에는 당해 지방자치단체의 장이 대표한다(지방자치법 제114조).

납세의무부존재확인의 소는 당사자소송이고 항고소송의 성격을 가지므로 해당 과세처분 관할 행정청이 피고가 된다. (○, ×) [19 서울7급]

판례

납세의무부존재확인의 소는 공법상의 법률관계 그 자체를 다투는 소송으로서 당사자소송이라 할 것이므로 법률관계의 한쪽 당사자인 국가·공공단체 그 밖의 권리주체가 피고적격을 가진다(대판 2000.9.8. 99두2765). [20 지방9급, 17 국가9급(下)]

④ 소의 대상

㉠ 의의

당사자소송의 대상은 행정청의 처분 등을 원인으로 하는 법률관계와 그 밖에 공법상의 법률관계이다. 행정청의 처분 등을 원인으로 하는 법률관계란 처분 등에 의하여 발생·변경·소멸된 법률관계로서 예를 들면 공무원면직처분이 무효인 경우 그 처분이 무효임을 전제로 당사자가 여전히 공무원의 지위에 있다는 확인을 구하는 것을 들 수 있다. 그 밖의 공법상 법률관계란 처분 등을 원인으로 하지 않은 그 밖에 공법이 규율하는 법률관계를 말한다. 예를 들면 법률자체에 의하여 인정되는 공법상 지위의 취득·상실에 관한 다툼이 그 예이다.

㉡ 민사소송 대상과의 구분

당사자소송은 공법상의 법률관계를 대상으로 한다는 점에서 사법관계를 대상으로 하는 민사소송과 구분된다.

㉢ 형식적 당사자소송

형식적 당사자소송의 예로는 특허무효항고심판, 특허권존속기간의 연장등록무효항고심판, 권리범위확인항고심판 등에 관한 소송과 같이 지적재산권에 관한 소송(특허법 제187조 단서, 실용신안법 제33조, 상표법 제163조), 「공익사업을 위한 토지 등의 취득 및 보상에 관한 법률」 제85조 제2항에 의한 손실보상금의 증감을 다투는 소송을 들 수 있다.

㉣ 실질적 당사자소송

ⓐ 공법상 신분·지위 등의 확인소송

공무원이나 공립학교 학생의 신분확인청구, 계약직 공무원이 행정청의 일방적 채용계약해지통고의 효력을 다투는 청구, 도시재개발조합을 상대로 한 조합원 자격유무에 관한 확인 청구 등은 당사자소송의 대상이다.

판례

1. 교육청 교육장의 당연퇴직 조치가 행정처분임을 전제로 그 취소나 무효의 확인을 구하는 항고소송이 아니라 원고의 지방공무원으로서의 지위를 다투는 피고에 대하여 그 지위확인을 구하는 공법상의 당사자소송에 해당함이 분명하므로, 행정소송법 제39조의 규정상 지방자치단체로서 권리 주체인 피고가 이 사건 소에 있어서의 피고적격을 가진다(대판 1998.10.23. 98두12932).
2. 지방전문직공무원 채용계약 해지의 의사표시에 대하여는 대등한 당사자 간의 소송형식인 공법상 당사자소송으로 그 의사표시의 무효 확인을 청구할 수 있다(대판 1993.9.14. 92누4611).
3. 구 도시재개발법에 의한 재개발조합은 조합원에 대한 법률관계에서 적어도 특수한 존립 목적을 부여받은 특수한 행정주체로서 국가의 감독하에 그 존립 목적인 특정한 공공사무를 행하고 있다고 볼 수 있는 범위 내에서는 공법상의 권리의무 관계에 서 있다. 따라서 조합을 상대로 한 쟁송에 있어서 강제가입제를 특색으로 한 조합원의 자격 인정 여부에 관하여 다툼이 있는 경우에는 그 단계에서는 아직 조합의 어떠한 처분 등이 개입될 여지는 없으므로 공법상의 당사자소송에 의하여 그 조합원 자격의 확인을 구할 수 있다(대판 1996.2.15. 94다31235 전원합의체). [19 서울7급(上), 17 복지9급]
4. 수신료 부과행위는 공권력의 행사에 해당하므로, 피고가 피고 보조참가인으로부터 수신료의 징수업무를 위탁받아 자신의 고유업무와 관련된 고지행위와 결합하여 수신료를 징수할 권한이 있는지 여부를 다투는 쟁송은 민사소송이 아니라 공법상의 법률관계를 대상으로 하는 것으로서 행정소송법 제3조 제2호에 규정된 당사자소송에 의하여야 한다(대판 2008.7.24. 2007다25261).
5. 국토의 계획 및 이용에 관한 법률 제130조 제3항에서 정한 토지의 소유자·점유자 또는 관리인이 사업시행자의 일시 사용에 대하여 정당한 사유 없이 동의를 거부하는 경우, 사업시행자는 해당 토지의 소유자 등을 상대로 동의의 의사표시를 구하는 소를 제기할 수 있다. 토지의 일시 사용에 대한 동의의 의사표시를 할 의무는 '국토의 계획 및 이용에 관한 법률'에서 특별히 인정한 공법상의 의무이므로, 그 의무의 존부를 다투는 소송은 '공법상의 법률관계에 관한 소송으로서 그 법률관계의 한쪽 당사자를 피고로 하는 소송', 즉 행정소송법 제3조 제2호에서 규정한 당사자소송이라고 보아야 한다(대판 2019.9.9. 2016다262550). [20 국가7급]

공무원이나 공립학교 학생의 신분확인을 구하는 공법상 신분·지위확인소송은 판례상 당사자소송이다. (○, ×) [14 국회8급]

공중보건의사의 채용계약해지의 의사표시는 징계처분과 마찬가지로 항고소송으로 다투어야 한다. (○, ×) [13 지방9급]

TV방송수신료 통합징수권한의 부존재확인은 당사자소송으로 다툴 수 있다. (○, ×) [16 교행]

PART 05

ⓑ 공법상 금전지급청구

판례는 공무원의 초과근무수당 지급청구, 부가가치세 환급세액 지급청구, 석탄가격안정지원금청구, [17 복지9급] 광주민주화운동관련 보상금 지급에 관한 권리, 보조사업자에 대한 지방자치단체의 보조금반환청구 등 공법상 급부청구권이 근거법령상 행정청의 1차적 판단 없이 곧바로 발생하는 것으로 해석되는 경우는 당사자소송으로 바로 이행을 구할 수 있다고 본다. 한편 이와는 달리 당사자의 신청과 행정청의 인용결정에 의해서 비로소 급부가 결정되는 공무원연금법, 민주화운동 관련자 명예회복 및 보상 등에 관한 법률 등에 관한 다툼은 항고소송으로 다투어야 한다는 것이 판례의 입장이다. 다만 판례는 지급결정 후 퇴직연금 등을 지급받아 오던 중 법령개정에 따라 일부 금액에 대하여 지급거부의 의사표시를 한 경우 지급거부의 의사표시에 대하여 항고소송으로 다툴 것이 아니라 미지급퇴직연금의 지급을 공법상 당사자소송으로 구할 수 있다고 본다. [18 국가9급]

판례

당사자소송으로 본 사례

> 지방소방공무원이 자신이 소속된 지방자치단체를 상대로 초과근무수당의 지급을 구하는 청구에 관한 소송은 당사자소송의 절차에 따라야 한다. (○, ×) [14 지방7급]

1. 지방소방공무원의 초과근무수당 지급청구권은 법령의 규정에 의하여 직접 그 존부나 범위가 정하여지고 법령에 규정된 수당의 지급요건에 해당하는 경우에는 곧바로 발생한다고 할 것이므로, 지방소방공무원이 자신이 소속된 지방자치단체를 상대로 초과근무수당의 지급을 구하는 청구에 관한 소송은 당사자소송의 절차에 따라야 한다(대판 2013.3.28. 2012다102629).

> 납세의무자에 대한 국가의 부가가치세 환급세액 지급의무는 부당이득반환의무에 해당하므로, 그에 대한 지급청구는 민사소송의 절차에 따라야 한다. (○, ×) [16 국가9급]

2. 납세의무자에 대한 국가의 부가가치세 환급세액 지급의무는 그 납세의무자로부터 어느 과세기간에 과다하게 거래징수된 세액 상당을 국가가 실제로 납부받았는지와 관계없이 부가가치세법령의 규정에 의하여 직접 발생하는 것으로서, 그 법적 성질은 정의와 공평의 관념에서 수익자와 손실자 사이의 재산상태 조정을 위해 인정되는 부당이득 반환의무가 아니라 부가가치세법령에 의하여 그 존부나 범위가 구체적으로 확정되고 조세 정책적 관점에서 특별히 인정되는 공법상 의무라고 봄이 타당하다. 그렇다면 국가에 대한 납세의무자의 부가가치세 환급세액 지급청구는 민사소송이 아니라 당사자소송의 절차에 따라야 한다(대판 2013.3.21. 2011다95564 전원합의체). [19 서울7급, 18 서울7급]

> 광주민주화운동관련자 보상 등에 관한 법률에 의거한 손실보상청구소송은 당사자소송에 해당한다. (○, ×) [15 서울9급]

3. 광주민주화운동 관련자 보상 등에 관한 법률 제15조 본문의 관련자 및 유족들이 갖게 되는 보상 등에 관한 권리는 헌법 제23조 제3항에 따른 재산권침해에 대한 손실보상청구나 국가배상법에 따른 손해배상청구와는 그 성질을 달리하는 것으로서 법률이 특별히 인정하고 있는 공법상의 권리라고 하여야 할 것이므로 그에 관한 소송은 행정소송법 제3조 제2호 소정의 당사자소송에 의하여야 할 것이며 보상금 등의 지급에 관한 법률관계의 주체는 대한민국이다(대판 1992.12.24. 92누3335).
4. 보조사업자에 대한 지방자치단체의 보조금반환청구는 행정소송법 제3조 제2호에 규정한 당사자소송의 대상이다(대판 2011.6.9. 2011다2951). [21 국가7급, 15 국가9급]

> 보조금 관리에 관한 법률에 따라 중앙관서의 장이 보조사업자에게 보조금반환을 명하였음에도 보조사업자가 이를 반환하지 아니하는 경우, 중앙관서의 장은 강제징수의 방법과 민사소송의 방법을 합리적 재량에 의하여 선택적으로 활용할 수 있다. (○, ×) [17 국회8급]

5. 중앙관서의 장으로서는 반환하여야 할 보조금을 국세체납처분의 예에 의하여 강제징수할 수 있고, 위와 같은 중앙관서의 장이 가지는 반환하여야 할 보조금에 대한 징수권은 공법상 권리로서 사법상 채권과는 성질을 달리하므로, 중앙관서의 장으로서는 보조금을 반환하여야 할 자에 대하여 민사소송의 방법으로는 반환청구를 할 수 없다(대판 2012.3.15. 2011다17328).

6. 중소기업 정보화지원사업에 따른 지원금 출연을 위하여 중소기업청장이 체결하는 협약은 공법상 대등한 당사자 사이의 의사표시의 합치로 성립하는 공법상 계약에 해당하는 점을 종합하면, 협약의 해지 및 그에 따른 환수통보는 공법상 계약에 따라 행정청이 대등한 당사자의 지위에서 하는 의사표시로 보아야 하고, 이를 행정청이 우월한 지위에서 행하는 공권력의 행사로서 행정처분에 해당한다고 볼 수는 없다(대판 2015.8.27. 2015두41449). [22 국가7급, 18 국가9급]
7. 명예퇴직한 법관이 미지급 명예퇴직수당액에 대하여 가지는 권리는 명예퇴직수당 지급대상자 결정 절차를 거쳐 명예퇴직수당규칙에 의하여 확정된 공법상 법률관계에 관한 권리로서, 그 지급을 구하는 소송은 행정소송법의 당사자소송에 해당하며, 그 법률관계의 당사자인 국가를 상대로 제기하여야 한다(대판 2016.5.24. 2013두14863). [23 지방9급, 18 국가9급]
8. 「공익사업을 위한 토지 등의 취득 및 보상에 관한 법률」에 의한 주거이전비 보상청구권은 공법상의 권리이고, 세입자의 주거이전비 보상청구권은 그 요건을 충족하는 경우에 당연히 발생하는 것이므로, 당사자소송에 의하여야 한다(대판 2008.5.29. 2007다8129). [19 서울7급(上)]
9. 폐광대책비의 일종으로 폐광된 광산에서 업무상 재해를 입은 근로자에게 지급하는 재해위로금에 대한 지급청구권은 공법상의 권리로서 그 지급을 구하는 소송은 공법상의 법률관계에 관한 소송인 공법상 당사자소송에 해당한다(대판 1999.1.26. 98두12598). [20 지방7급, 19 서울7급(上)]
10. 석탄가격안정지원금지급청구권은 석탄사업법령에 의하여 당연히 부여되는 공법상의 권리이므로, 석탄광업자가 지원금의 지급을 구하는 소송은 공법상의 법률관계에 관한 소송인 공법상의 당사자소송에 해당한다(대판 1997.5.30. 95다28960). [17 복지9급]
11. 사업주가 당연가입자가 되는 고용보험 및 산재보험에서 보험료 납부의무 부존재확인의 소는 공법상의 법률관계 자체를 다투는 소송으로서 공법상 당사자소송이다(대판 2016. 10. 13. 2016다221658). [24 국가9급]

> 중소기업기술정보진흥원장이 갑 주식회사와 체결한 중소기업 정보화지원사업 지원대상인 사업의 지원협약을 갑의 책임 있는 사유로 해지하고 협약에서 정한 대로 지급받은 정부지원금을 반환할 것을 통보한 경우, 협약의 해지 및 그에 따른 환수통보는 행정청이 우월한 지위에서 행하는 공권력의 행사로서 행정처분에 해당한다. (○, ×) [17 지방9급]

> 명예퇴직한 법관이 명예퇴직수당액의 차액 지급을 신청한 것에 대해 법원행정처장이 거부하는 의사표시를 한 경우 항고소송으로 이를 다투어야 한다. (○, ×) [19 서울7급, 19 지방7급]

> 「공익사업을 위한 토지 등의 취득 및 보상에 관한 법률」상 주거용 건축물 세입자의 주거이전비 보상청구권은 사법상의 권리이고, 주거이전비 보상청구소송은 민사소송에 의해야 한다. (○, ×) [19 국가7급]

> 대법원은 석탄가격안정지원금지급청구권은 석탄산업법령에 의하여 정책적으로 당연히 부여되는 공법상 권리이므로, 지원금의 지급을 구하는 소송은 공법상 당사자소송의 대상이 된다고 본다. (○, ×) [17 국회8급]

PART 05

판례

항고소송으로 본 사례

1. 공무원연금법 소정의 급여는 급여를 받을 권리를 가진 자가 당해 공무원이 소속하였던 기관장의 확인을 얻어 신청하는 바에 따라 공무원연금관리공단이 그 지급결정을 함으로써 그 구체적인 권리가 발생하는 것이므로, 공무원연금관리공단의 급여에 관한 결정은 국민의 권리에 직접 영향을 미치는 것이어서 행정처분에 해당하고, 공무원연금관리공단의 급여결정에 불복하는 자는 공무원연금급여재심위원회의 심사결정을 거쳐 공무원연금관리공단의 급여결정을 대상으로 행정소송을 제기하여야 한다(대판 1996.12.6. 96누6417). [18 서울7급]
2. 민주화운동관련자 명예회복 및 보상 등에 관한 법률의 취지와 내용에 비추어 보면, 그 규정들만으로는 바로 법상의 보상금 등의 지급 대상자가 확정된다고 볼 수 없고, '민주화운동관련자 명예회복 및 보상 심의위원회'에서 심의·결정을 받아야만 비로소 보상금 등의 지급 대상자로 확정될 수 있다. 따라서 그와 같은 심의위원회의 결정은 국민의 권리의무에 직접 영향을 미치는 행정처분에 해당하므로, 관련자 등으로서 보상금 등을 지급받고자 하는 신청에 대하여 심의위원회가 관련자 해당 요건의 전부 또는 일부를 인정하지 아니하여 보상금 등의 지급을 기각하는 결정을 한 경우에는 신청인은 심의위원회를 상대로 그 결정의 취소를 구하는 소송을 제기하여 보상금 등의 지급대상자가 될 수 있다(대판 2008.4.17. 2005두16185 전원합의체).

> 군인연금법령상 급여를 받으려고 하는 사람이 국방부장관에게 급여지급을 청구하였으나 거부된 경우, 곧바로 국가를 상대로 한 당사자소송으로 급여의 지급을 청구할 수 있다. (○, ×) [22 국가9급, 19 지방7급]

> 민주화운동 관련자 명예회복 및 보상 등에 관한 법률의 규정들만으로는 바로 법상의 보상금 등의 지급대상자가 확정된다고 볼 수 없고, 심의위원회에서 심의·결정을 받아야만 비로소 보상금 등의 지급대상자로 확정될 수 있는 경우의 보상 지급을 구하는 소송은 판례상 당사자소송이다. (○, ×) [15 지방7급, 15 서울9급]

공무원연금공단의 인정에 의해 퇴직연금을 지급받아 오던 중 공무원연금법령 개정 등으로 퇴직연금 중 일부 금액에 대해 지급이 정지된 경우, 미지급퇴직연금에 대한 지급청구권은 공법상 권리로서 그의 지급을 구하는 소송은 항고소송이다. (○, ×) [21 지방7급]

판례

1. 공무원연금법 소정의 퇴직연금 등의 급여는 급여를 받을 권리를 가진 자가 당해 공무원이 소속하였던 기관장의 확인을 얻어 신청하는 바에 따라 공무원연금관리공단이 그 지급결정을 함으로써 그 구체적인 권리가 발생하는 것이므로, 공무원연금관리공단의 급여에 관한 결정은 국민의 권리에 직접 영향을 미치는 것이어서 행정처분에 해당할 것이지만, 공무원연금관리공단의 인정에 의하여 퇴직연금을 지급받아 오던 중 구 공무원연금법령의 개정 등으로 퇴직연금 중 일부 금액의 지급이 정지된 경우에는 당연히 개정된 법령에 따라 퇴직연금이 확정되는 것이지 같은 법 제26조 제1항에 정해진 공무원연금관리공단의 퇴직연금 결정과 통지에 의하여 비로소 그 금액이 확정되는 것이 아니므로, 공무원연금관리공단이 퇴직연금 중 일부 금액에 대하여 지급거부의 의사표시를 하였다고 하더라도 이를 행정처분이라고 볼 수는 없고, 이 경우 미지급퇴직연금에 대한 지급청구권은 공법상 권리로서 그의 지급을 구하는 소송은 공법상의 법률관계에 관한 소송인 공법상 당사자소송에 해당한다(대판 2004.7.8. 2004두244). [20 국가7급, 17 국가9급(下)]

행정청이 공무원에게 국가공무원법령상 연가보상비를 지급하지 아니한 행위는 공무원의 연가보상비청구권을 제한하는 행위로서 항고소송의 대상이 되는 처분이다. (○, ×) [19 지방7급]

2. 공무원의 연가보상비청구권은 공무원이 연가를 실시하지 아니하는 등 법령상 정해진 요건이 충족되면 그 자체만으로 지급기준일 또는 보수지급기관의 장이 정한 지급일에 구체적으로 발생하고 행정청의 지급결정에 의하여 비로소 발생하는 것은 아니라고 할 것이므로, 행정청의 연가보상비 부지급 행위는 항고소송의 대상이 되는 처분이라고 볼 수 없다(대판 1999.7.23. 97누10857).

ⓒ 공법상 부당이득반환청구 및 국가배상청구

법령상 이미 존재와 범위가 확정되어 있는 조세과오납부액의 반환을 구하는 소송은 「행정소송법」상 당사자소송의 절차에 따라야 한다. (○, ×) [16 국가7급]

조세과오납부액의 반환을 구하는 소송의 경우 학설은 대체로 당사자소송으로 보나 판례는 소송물이 사법상의 금전청구권임을 이유로 민사소송으로 다루고 있다. 국가배상의 경우 내부관계에서 배상할 책임이 있는 자에게 행하는 구상금청구소송(국가배상법 제6조 제2항)에 대해서도 판례는 민사소송으로 보고 있다.

ⓓ 공법상 계약에 관한 소송

시립합창단원의 위촉은 공법관계에 해당한다. (○, ×) [13 국회8급]

판례

광주광역시문화예술회관장의 단원 위촉은 행정처분이 아니라 대등한 지위에서 의사가 합치되어 성립하는 공법상 근로계약에 해당한다고 보아야 할 것이므로, 광주광역시립합창단원으로서 위촉기간이 만료되는 자들의 재위촉 신청에 대하여 광주광역시문화예술회관장이 실기와 근무성적에 대한 평정을 실시하여 재위촉을 하지 아니한 것을 항고소송의 대상이 되는 불합격처분이라고 할 수는 없다(대판 2001.12.11. 2001두7794).

ⓔ 조합총회결의의 효력 등을 다투는 소송

판례

1. 도시 및 주거환경정비법상 행정주체인 주택재건축정비사업조합을 상대로 관리처분계획안에 대한 조합 총회결의의 효력 등을 다투는 소송은 행정처분에 이르는 절차적 요건의 존부나 효력 유무에 관한 소송으로서 그 소송결과에 따라 행정처분의 위법 여부에 직접 영향을 미치는 공법상 법률관계에 관한 것이므로, 이는 행정소송법상의 당사자소송에 해당한다. 도시 및 주거환경정비법상 주택재건축정비사업조합이 같은 법 제48조에 따라 수립한 관리처분계획에 대하여 관할 행정청의 인가·고시까지 있게 되면 관리처분계획은 행정처분으로서 효력이 발생하게 되므로, 총회결의의 하자를 이유로 하여 행정처분의 효력을 다투는 항고소송의 방법으로 관리처분계획의 취소 또는 무효 확인을 구하여야 하고, 그와 별도로 행정처분에 이르는 절차적 요건 중 하나에 불과한 총회결의 부분만을 따로 떼어내어 효력 유무를 다투는 확인의 소를 제기하는 것은 특별한 사정이 없는 한 허용되지 않는다(대판 2009.9.17. 2007다2428 전원합의체). [22 지방9급, 20 지방9급]
2. 관리처분계획의 내용에 관하여 다툼이 있는 경우에는 그 관리처분계획은 토지 등의 소유자에게 구체적이고 결정적인 영향을 미치는 것으로서 조합이 행한 처분에 해당하므로 항고소송에 의하여 관리처분계획 또는 그 내용인 분양거부처분 등의 취소를 구할 수 있다(대판 1996.2.15. 94다31235 전원합의체).
3. 구 도시 및 주거환경정비법상 재개발조합이 공법인이라는 사정만으로 재개발조합과 조합장 또는 조합임원 사이의 선임·해임 등을 둘러싼 법률관계가 공법상의 법률관계에 해당한다거나 그 조합장 또는 조합임원의 지위를 다투는 소송이 당연히 공법상 당사자소송에 해당한다고 볼 수는 없고, 구 도시 및 주거환경정비법의 규정들이 재개발조합과 조합장 및 조합임원과의 관계를 특별히 공법상의 근무관계로 설정하고 있다고 볼 수도 없으므로, 재개발조합과 조합장 또는 조합임원 사이의 선임·해임 등을 둘러싼 법률관계는 사법상의 법률관계로서 그 조합장 또는 조합임원의 지위를 다투는 소송은 민사소송에 의하여야 할 것이다(대결 2009.9.24. 2009마168).
4. 관리처분계획에 대한 행정청의 인가는 관리처분계획의 법률상 효력을 완성시키는 보충행위로서의 성질을 갖는데 이러한 관리처분계획 및 그에 대한 인가처분의 의의와 성질, 그 근거가 되는 도시정비법과 그 시행령상의 위와 같은 규정들에 비추어 보면, 행정청이 관리처분계획에 대한 인가 여부를 결정할 때에는 그 계획의 내용이 도시정비법 제48조 제2항의 기준에 부합하는지 여부 등을 심사·확인하여 그 인가 여부를 결정할 수 있을 뿐 기부채납과 같은 다른 조건을 붙일 수는 없다고 할 것이다(대판 2012.8.30. 2010두24951).

- 도시 및 주거환경정비법상 행정주체인 주택재건축정비사업조합을 상대로 관리처분계획안에 대한 조합 총회결의의 효력 등을 다투는 소송은 민사상 법률관계에 관한 것이므로 민사소송에 해당한다. (○, ×) [22 지방9급, 20 지방7급]
- 주택재건축정비사업조합을 상대로 관리처분계획안에 대한 조합총회결의의 효력을 다투는 소송은 「행정소송법」상 당사자소송에 해당한다. (○, ×) [19 국가9급, 16 국가7급]
- 도시 및 주거환경정비법상 주택재건축정비사업조합을 상대로 관리처분계획안에 대한 조합 총회결의의 효력 등을 다투는 소송은 관리처분계획의 인가·고시가 있은 이후라도 특별한 사정이 없는 한 허용되어야 한다. (○, ×) [19 지방7급]
- 관리처분계획에 대해 소송으로 다투려면 B 구청장을 피고로 하여야 한다. (○, ×) [22 지방9급]
- 재개발조합은 공법인이므로 재개발조합과 조합장 사이의 선임·해임 등을 둘러싼 법률관계는 공법상 법률관계이고 그 조합장의 지위를 다투는 소송은 공법상 당사자소송이다. (○, ×) [19 서울7급, 13 지방9급]
- 관리처분계획에 대한 인가처분은 단순한 보충행위에 그치지 않고 일종의 설권적 처분의 성질을 가지므로, 인가처분시 기부채납과 같은 다른 조건을 붙일 수 있다. (○, ×) [16 국가7급]

⑤ 전심절차

판례

주위적 청구가 전심절차를 요하지 아니하는 당사자소송이더라도 병합 제기된 예비적 청구가 항고소송이라면 이에 대한 전심절차 등 제소의 적법요건을 갖추어야 한다(대판 1989.10.27. 89누39).

⑥ 제소기간

취소소송의 제소기간에 관한 규정이 준용되지 아니한다. 그러나 당사자소송에 관하여 법령에 제소기간이 정하여져 있는 때에는 그 기간은 불변기간으로 한다(동법 제41조). [16 국회8급]

(2) **소의 변경 및 관련청구의 이송과 병합**

① 소의 변경

소의 변경에 관한 행정소송법 제21조는 당사자소송을 항고소송으로 변경하는 경우에도 준용된다.

「행정소송법」상 당사자소송을 항고소송으로 변경하는 것은 허용되지 않는다. (○, ×) [16 교행]

② 관련청구의 이송 · 병합 등

관련청구의 이송 · 병합에 관한 행정소송법 제10조의 규정도 당사자소송에 준용된다.

판례

행정소송법 제44조, 제10조에 의한 관련청구소송 병합은 본래의 당사자소송이 적법할 것을 요건으로 하는 것이어서 본래의 당사자소송이 부적법하여 각하되면 그에 병합된 관련청구소송도 소송요건을 흠결하여 부적합하므로 각하되어야 한다(대판 2011.9.29. 2009두10963).

당사자소송이 부적법하여 각하되는 경우 그에 병합된 관련청구소송 역시 부적법 각하되어야 하는 것은 아니다. (○, ×) [13 지방9급]

(3) **공동소송 · 소송 참가 등**

취소소송의 피고경정, 공동소송, 제3자의 소송 참가, 행정청의 소송 참가의 규정은 당사자소송에 준용한다(행정소송법 제44조 제1항).

(4) **집행정지의 배제**

판례

당사자소송에 대하여는 행정소송법 제23조 제2항의 집행정지에 관한 규정이 준용되지 아니하므로(행정소송법 제44조 제1항 참조), 이를 본안으로 하는 가처분에 대하여는 행정소송법 제8조 제2항에 따라 민사집행법상 가처분에 관한 규정이 준용되어야 한다(대판 2015.8.21. 2015무26). [22 지방7급, 18 지방7급]

당사자소송은 공법상 법률관계에 관한 소송이므로 이를 본안으로 하는 가처분에 대하여는 「민사집행법」상 가처분에 관한 규정이 준용되지 않는다. (○, ×) [23 지방9급, 21 국가7급]

4. 소송의 심리

(1) **직권심리 행정심판기록의 제출명령**

취소소송에서의 행정심판기록의 제출명령과 직권심리주의에 관한 규정은 당사자소송에서도 준용된다(행정소송법 제44조 제1항).

"법원은 필요하다고 인정할 때에는 직권으로 증거조사를 할 수 있고, 당사자가 주장하지 아니한 사실에 대하여도 판단할 수 있다."라고 규정하고 있는 행정소송법 제26조는 당사자소송에도 준용된다. (○, ×) [15 지방7급]

당사자소송은 본질상 민사소송이므로 행정소송법상 직권증거조사규정이 적용될 수 없다. (○, ×) [12 지방7급]

(2) **입증책임**

당사자소송은 민사소송과 유사하므로 민사소송상의 법률요건분류설에 의하여 분배하여야 한다는 것이 통설이다.

5. 소송의 판결

(1) 판결의 종류

판결의 종류는 취소소송의 경우와 동일하나, 사정판결의 제도가 없다는 점에서 취소소송과 구별된다.

(2) 판결의 효력

당사자소송도 판결이 확정되면 자박력, 기판력, 기속력을 가지며, 기속력은 당사자인 행정청과 그 밖의 관계 행정청을 기속한다. 그러나 취소판결에서 인정되는 효력 중 취소판결의 제3자효, 재처분의무, 간접강제 등은 성질상 당사자소송에는 적용되지 않는다.

(3) 가집행선고의 제한

가집행선고라 함은 미확정의 종국판결에 확정된 경우와 마찬가지로 미리 집행력을 주는 형식적 재판을 말한다. 행정소송법 제43조에서는 "국가를 상대로 하는 당사자소송의 경우에는 가집행선고를 할 수 없다."고 규정하고 있다. 그런데 같은 취지의 구 「소송촉진 등에 관한 특례법」 제6조 제1항 단서의 국가를 상대로 하는 재산권의 청구에 관하여는 가집행을 선고할 수 없다는 규정이 헌법재판소의 위헌결정(헌재 1989.1.25. 88헌가7)으로 삭제되었다. 이에 행정소송법 제43조의 효력에 대해서 합헌설과 위헌설의 대립이 있으나, 판례는 공법상 당사자소송에서 사인에 대한 가집행선고가 가능하다고 판시한 바 있다.

판례

행정소송법 제8조 제2항에 의하면 행정소송에도 민사소송법의 규정이 일반적으로 준용되므로 법원으로서는 공법상 당사자소송에서 재산권의 청구를 인용하는 판결을 하는 경우 가집행선고를 할 수 있다(대판 2000.11.28. 99두3416). [20 지방7급, 17 서울7급]

판례에 따르면 공법상 당사자소송에서 재산권의 청구를 인용하는 판결을 하는 경우에는 가집행선고를 할 수 없다. (○, ×) [08 국가9급]

02 민중소송

1. 의의

민중소송이란 국가 또는 공공단체의 기관이 법률에 위반되는 행위를 한 때에 직접 자기의 법률상 이익과 관계없이 그 시정을 구하기 위해서 제기하는 소송을 의미한다(행정소송법 제3조 제3호). [09 세무사]

2. 성질

민중소송은 원고 자신의 권리구제를 직접 목적으로 하는 것이 아니기 때문에 기관소송과 함께 객관적 소송에 속한다.

3. 재판관할

재판관할에 관하여는 각각 해당소송을 인정하는 개별 법률에서 정하고 있다. 가령 대통령선거나 국회의원선거의 효력에 관한 선거소송의 재판관할은 대법원으로 하고 있다(공직선거법 제222조 제1항).

4. 당사자 및 대상

원고와 피고는 각 개별법에서 정한 바에 의하는데, 선거소송이나 국민투표에 관한 소송에서는 선거민이나 주민이 원고가 되며, 선거관리위원장이 피고가 된다. 민중소송의 대상은 일률적으로 파악할 수 없고 해당법률이 정하는 바에 따라 개별적으로 판단하여야 한다. 예를 들어 대통령선거에 관한 소송은 선거 또는 당선의 효력이나 당선인결정처분(공직선거법 제222조 · 제223조), 국민투표에 관한 소송에서는 국민투표의 효력(국민투표법 제92조)이 그 대상이 된다.

5. 종류

(1) 일반론

판례

행정소송법 제45조는 민중소송 및 기관소송은 법률이 정한 경우에 법률이 정한 자에 한하여 제기할 수 있다고 규정하고 있고, [16 국회8급] 행정청이 주민의 여론을 조사한 행위에 대하여는 법상 소로서 그 시정을 구할 수 있는 아무런 규정이 없으며, 행정소송법 제46조는 법률에서 민중소송을 허용하고 있는 경우에 그 재판절차를 규정한 것에 불과하므로, 원심이 여론조사의 무효 확인을 구하는 소송을 각하한 것은 정당하다(대판 1996.1.23. 95누12736).

(2) 공직선거법상의 선거 · 당선소송

① 대통령 · 국회의원

> 국회의원선거에 있어서 선거의 효력에 이의가 있는 후보자는 고등법원에 선거소송을 제기할 수 있다. (○, ×) [08 세무사]

선거소송	대통령선거 및 국회의원선거에 있어서 선거의 효력에 관하여 이의가 있는 선거인 · 정당(후보자를 추천한 정당에 한한다) 또는 후보자는 선거일부터 30일 이내에 당해 선거구선거관리위원회위원장을 피고로 하여 대법원에 소를 제기할 수 있다(공직선거법 제222조 제1항).
당선소송	대통령선거 및 국회의원선거에 있어서 당선의 효력에 이의가 있는 정당 또는 후보자는 당선인 결정일부터 30일 이내에 대통령선거의 경우에는 당선인, 중앙선거관리위원회위원장 또는 국회의장을, 국회의원선거에 있어서는 당해 선거구선거관리위원회위원장을 각각 피고로 하여 대법원에 소를 제기할 수 있다(공직선거법 제223조 제1항).

② 지방의회의원 · 지방자치단체장

선거소청	지방의회의원 및 지방자치단체의 장의 선거에 있어서 선거의 효력에 관하여 이의가 있는 선거인 · 정당 또는 후보자는 선거일부터 14일 이내에 당해 선거구선거관리위원회위원장을 피소청인으로 하여 지역구시 · 도의원선거, 자치구 · 시 · 군의원선거 및 자치구 · 시 · 군의 장 선거에 있어서는 시 · 도선거관리위원회에, 비례대표시 · 도의원선거, 지역구세종특별자치시의회의원선거 및 시 · 도지사선거에 있어서는 중앙선거관리위원회에 소청할 수 있다(공직선거법 제219조 제1항).

선거소송	지방의회의원 및 지방자치단체의 장의 선거에 있어서 선거의 효력에 관한 제220조의 결정에 불복이 있는 소청인(당선인을 포함한다)은 해당 소청에 대하여 기각 또는 각하 결정이 있는 경우에는 해당 선거구선거관리위원회 위원장을, 인용결정이 있는 경우에는 그 인용결정을 한 선거관리위원회 위원장을 피고로 하여 그 결정서를 받은 날부터 10일 이내에 비례대표시·도의원선거 및 시·도지사선거에 있어서는 대법원에, 지역구시·도의원선거, 자치구·시·군의원선거 및 자치구·시·군의 장 선거에 있어서는 그 선거구를 관할하는 고등법원에 소를 제기할 수 있다(공직선거법 제222조 제2항).
당선소청	지방의회의원 및 지방자치단체의 장의 선거에 있어서 당선의 효력에 관하여 이의가 있는 정당 또는 후보자는 당선인결정일부터 14일 이내에 제52조 제1항부터 제3항까지 또는 제192조 제1항부터 제3항까지의 사유에 해당함을 이유로 하는 때에는 당선인을, 제190조(지역구지방의회의원당선인의 결정·공고·통지) 내지 제191조(지방자치단체의 장의 당선인의 결정·공고·통지)의 규정에 의한 결정의 위법을 이유로 하는 때에는 당해 선거구선거관리위원회위원장을 각각 피소청인으로 하여 지역구시·도의원선거(지역구세종특별자치시의회의원선거는 제외한다), 자치구·시·군의원선거 및 자치구·시·군의 장 선거에 있어서는 시·도선거관리위원회에, 비례대표시·도의원선거, 지역구세종특별자치시의회의원선거 및 시·도지사선거에 있어서는 중앙선거관리위원회에 소청할 수 있다(공직선거법 제219조 제2항).
당선소송	지방의회의원 및 지방자치단체의 장의 선거에 있어서 당선의 효력에 관한 제220조의 결정에 불복이 있는 소청인 또는 당선인인 피소청인은 해당 소청에 대하여 기각 또는 각하 결정이 있는 경우에는 당선인을, 인용결정이 있는 경우에는 그 인용결정을 한 선거관리위원회 위원장을 피고로 하여 그 결정서를 받은 날부터 10일 이내에 비례대표시·도의원선거 및 시·도지사선거에 있어서는 대법원에, 지역구시·도의원선거, 자치구·시·군의원선거 및 자치구·시·군의 장 선거에 있어서는 그 선거구를 관할하는 고등법원에 소를 제기할 수 있다(공직선거법 제223조 제2항).

✦ 공직선거법상의 선거소송은 민중소송이다. (○, ×) [14 서울7급]

✦ 공직선거법상의 당선소송은 민중소송이다. (○, ×) [14 서울7급]

(3) 국민투표법상 국민투표에 관한 소송

국민투표의 효력에 관하여 이의가 있는 투표인은 투표인 10만인 이상의 찬성을 얻어 중앙선거관리위원회위원장을 피고로 하여 투표일로부터 20일 이내에 대법원에 제소할 수 있다(국민투표법 제92조).

✦ 국민투표법상 국민투표무효소송은 기관소송의 예에 속한다. (○, ×) [07 관세사]

(4) 주민투표법상 주민투표에 관한 소송

소청신청	주민투표의 효력에 관하여 이의가 있는 주민투표권자는 주민투표권자 총수의 100분의 1 이상의 서명으로 주민투표결과가 공표된 날부터 14일 이내에 관할선거관리위원회 위원장을 피소청인으로 하여 시·군·구의 경우에는 시·도 선거관리위원회에, 시·도의 경우에는 중앙선거관리위원회에 소청할 수 있다(주민투표법 제25조 제1항).
불복소송	소청인은 소청에 대한 결정에 불복하려는 경우 관할선거관리위원회위원장을 피고로 하여 그 결정서를 받은 날부터 10일 이내에 시·도의 경우에는 대법원에, 시·군·구의 경우에는 관할 고등법원에 소를 제기할 수 있다(주민투표법 제25조 제2항).

주민소송은 행정소송법 제3조에서 규정하고 있는 민중소송에 해당한다. (O, ×) [13 국가7급]

⑸ 지방자치법상 주민소송

지방자치법 제22조 【주민소송】 ① 제21조 제1항에 따라 공금의 지출에 관한 사항, 재산의 취득·관리·처분에 관한 사항, 해당 지방자치단체를 당사자로 하는 매매·임차·도급 계약이나 그 밖의 계약의 체결·이행에 관한 사항 또는 지방세·사용료·수수료·과태료 등 공금의 부과·징수를 게을리한 사항을 감사 청구한 주민은 다음 각 호의 어느 하나에 해당하는 경우에 그 감사 청구한 사항과 관련이 있는 위법한 행위나 업무를 게을리한 사실에 대하여 해당 지방자치단체의 장(해당 사항의 사무처리에 관한 권한을 소속 기관의 장에게 위임한 경우에는 그 소속 기관의 장을 말한다. 이하 이 조에서 같다)을 상대방으로 하여 소송을 제기할 수 있다.

1. 주무부장관이나 시·도지사가 감사 청구를 수리한 날부터 60일(제21조 제9항 단서에 따라 감사기간이 연장된 경우에는 연장된 기간이 끝난 날을 말한다)이 지나도 감사를 끝내지 아니한 경우
2. 제21조 제9항 및 제10항에 따른 감사 결과 또는 같은 조 제12항에 따른 조치 요구에 불복하는 경우
3. 제21조 제12항에 따른 주무부장관이나 시·도지사의 조치 요구를 지방자치단체의 장이 이행하지 아니한 경우
4. 제21조 제12항에 따른 지방자치단체의 장의 이행 조치에 불복하는 경우

03 기관소송

1. 의의

기관소송이란 국가 또는 공공단체의 기간 상호 간에 권한의 존부 또는 그 행사에 관한 다툼이 있을 때에 그에 대하여 제기하는 소송이다(행정소송법 제3조 제4호).

2. 성질

기관소송은 행정법규의 적정한 적용을 보장하기 위한 객관적 소송의 성격을 지닌다. 기관소송은 일반법원이 관장하는 행정소송이라는 점에서 헌법재판소가 관장하는 권한쟁의심판과 구별된다. 행정소송법은 제3조 제4호 단서에서 “다만 헌법재판소법 제2조의 규정에 의하여 헌법재판소의 관장사항으로 되는 소송은 제외한다.”고 규정하고 있다.

3. 법정주의

행정기관 상호 간의 권한쟁의는 행정권 내부의 통일성 확보에 관한 문제로 지휘감독권에 의하여 내부적으로 처리되는 것이 통례이나, 경우에 따라서는 기관쟁의의 적당한 해결기관이 없거나, 특히 공정한 제3자의 판단을 요하는 경우가 없지 아니하며, 법률은 그러한 경우에 법원에의 출소를 인정하고 있다. 따라서 법률이 특히 인정하는 경우에 한하여 허용된다(행정소송법 제45조).

4. 재판관할

기관소송의 재판관할은 대법원이 제1심법원이면서 종심법원(최종적 법원)이 된다.

5. 당사자 및 대상

기관소송은 객관적 소송이므로 법률이 특별히 규정한자(지방자치단체장, 교육감)에 한하여 소송을 제기할 수 있으며, 법률이 규정한 자(지방의회, 시・도의회, 교육위원회)가 피고가 된다.

6. 종류

(1) 지방자치법상의 기관소송

① 지방의회 의결에 대한 소송

지방의회의 의결이 월권이거나 법령에 위반되거나 공익을 현저히 해친다고 인정되어 지방자치단체의 장이 재의를 요구하였으나, 재의결된 사항이 전과 같이 법령에 위반된다고 판단되면 재의결된 날부터 20일 이내에 대법원에 소를 제기할 수 있다(지방자치법 제120조 제3항, 제192조 제4항). 해당 지방자치단체의 장이 제소를 하지 아니하는 경우 주무부장관이나 시・도지사가 대법원에 직접 제소할 수 있다(동법 제192조 제5항・제7항).

> 지방자치단체의 장이 지방의회의 재의결에 대하여 제기하는 무효확인소송은 기관소송이다. (○, ×) [16 국회8급]

② 감독처분에 대한 소송

지방자치단체의 장은 주무부장관 또는 시・도지사의 자치사무에 관한 명령이나 처분의 취소 또는 정지에 대하여 이의가 있으면 그 취소처분 또는 정지처분을 통보받은 날부터 15일 이내에 대법원에 소를 제기할 수 있다(동법 제188조 제6항). 또한 주무부장관이나 시・도지사의 위임사무에 관한 직무이행명령에 대하여 이의가 있는 지방자치단체의 장은 이행명령서를 접수한 날부터 15일 이내에 대법원에 소를 제기할 수 있다(동법 제189조 제6항). 이에 대해서는 특수한 소송이라는 견해도 존재한다.

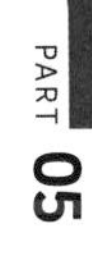

(2) 「지방교육자치에 관한 법률」상의 기관소송

교육감은 교육위원회의 의결 또는 교육・학예에 관한 시・도의회의 의결이 법령에 위반된다고 인정되어 재의를 요구하여 재의결된 사항 역시 위법하다고 판단될 때에는 재의결된 날부터 20일 이내에 대법원에 제소할 수 있다(지방교육자치에 관한 법률 제28조 제3항). 이 경우 교육감이 소를 제기하지 아니하는 때에는 교육부장관이 직접 제소할 수 있다(동조 제4항).

04 헌법소송

헌법소송에는 위헌법률심판, 탄핵심판, 위헌정당해산심판, 권한쟁의심판, 헌법소원이 있는데, 행정구제와 관련하여서는 주로 헌법소원과 권한쟁의심판이 문제된다.

1. 헌법소원

(1) 의의

> 헌법재판소법 제68조 【청구 사유】 ① 공권력의 행사 또는 불행사(不行使)로 인하여 헌법상 보장된 기본권을 침해받은 자는 법원의 재판을 제외하고는 헌법재판소에 헌법소원심판을 청구할 수 있다. 다만, 다른 법률에 구제절차가 있는 경우에는 그 절차를 모두 거친 후에 청구할 수 있다.

(2) 헌법소원의 대상

헌법소원은 '공권력의 행사 또는 불행사'를 대상으로 제기하는 것이므로 국가기관의 행위가 국민에 대한 공권력의 행사 또는 불행사로 인정될 수 있어야 한다.

헌재 판례

예산은 일종의 법규범이고 법률과 마찬가지로 국회의 의결을 거쳐 제정되지만 법률과 달리 국가기관만을 구속할 뿐 일반국민을 구속하지 않는다. 국회가 의결한 예산 또는 국회의 예산안 의결은 헌법재판소법 제68조 제1항 소정의 '공권력의 행사'에 해당하지 않고 따라서 헌법소원의 대상이 되지 아니한다(헌재 2006.4.25. 2006헌마409).

헌법재판소는 예산도 일종의 법규범이고, 법률과 마찬가지로 국회의 의결을 거쳐 제정되며, 국가기관뿐만 아니라 일반 국민도 구속한다고 본다. 따라서 법률유보원칙에서 말하는 법률에는 예산도 포함된다. (○, ×) [13 지방9급]

(3) 헌법소원의 보충성

행정구제수단으로서 헌법소원은 행정소송으로 구제될 수 없거나 현실적으로 구제되기 극히 곤란한 경우에 한하여 인정되며 기존의 구제절차가 존재하는 경우에는 그 구제절차를 거친 후에 제기될 수 있다. 이를 헌법소원의 보충성의 원칙이라 한다. 따라서 항고소송이 가능한 경우에는 원칙적으로 헌법소원을 청구할 수 없다.

헌재 판례

진정에 대한 국가인권위원회의 각하 및 기각결정은 피해자인 진정인의 권리행사에 중대한 지장을 초래하는 것으로서 항고소송의 대상이 되는 행정처분에 해당하므로, 그에 대한 다툼은 우선 행정심판이나 행정소송에 의하여야 할 것이다. 따라서 이 사건 심판청구는 행정심판이나 행정소송 등의 사전 구제절차를 모두 거친 후 청구된 것이 아니므로 보충성 요건을 충족하지 못하였다(헌재 2015.3.26. 2013헌마214 등 [각하]).

국가인권위원회의 각하 및 기각결정은 항고소송의 대상이 되는 처분에 해당하지 아니하므로 헌법소원의 보충성 요건을 충족하여 헌법소원의 대상이 된다. (○, ×) [17 국회8급]

(4) 헌법소원의 구체적 인정범위

① 보충성의 예외

한편 헌법재판소는 기존의 구제절차가 없거나, 행정소송으로 권리가 구제될 가능성이 거의 없는 경우 또는 권리구제절차가 허용되는지 여부가 객관적으로 불확실한 경우 등에는 항고소송을 거칠 필요 없이 직접 헌법소원을 제기할 수 있다고 본다(헌재 1989.9.4. 88헌마22 등).

㉠ 법령(법률 또는 법규명령 등)에 대한 헌법소원

법령은 원칙적으로 항고소송의 대상이 되지 않으나 헌법재판소는 법규명령 등이 직접 국민의 기본권을 침해하는 경우에는 헌법소원의 대상이 된다고 본다(헌재 1993.5.13. 91헌마190 등).

헌재 판례

법령에 대한 헌법소원에 있어 이와 같이 기본권침해의 직접성을 요구하는 이유는, 법령은 일반적으로 구체적인 집행행위를 매개로 하여 비로소 기본권을 침해하게 되므로, 기본권의 침해를 받은 개인은 먼저 일반쟁송의 방법으로 집행행위를 대상으로 하여 기본권침해에 대한 구제절차를 밟는 것이 헌법소원의 성격상 요청되기 때문이다. 특히, 법령에 근거한 구체적인 집행행위가 재량행위인 경우에는 법령은 집행기관에게 기본권침해의 가능성만을 부여할 뿐 법령 스스로가 기본권의 침해행위를 규정하고 행정청이 이에 따르도록 구속하는 것이 아니며, 기본권의 침해는 집행기관의 의사에 따른 집행행위, 즉 재량권의 행사에 의하여 비로소 이루어지고 현실화되므로, 이러한 경우에는 법령에 의한 기본권침해의 직접성이 인정될 여지가 없는 것이다(헌재 2011.5.26. 2010헌마365).

ⓒ 권력적 사실행위에 대한 헌법소원

헌재 판례

피청구인의 서신검열과 서신의 지연발송 및 지연교부행위는 행위는 이른바 권력적 사실행위로서 행정심판이나 행정소송의 대상이 된다고 단정하기도 어려울 뿐 아니라 설사 그 대상이 된다고 하더라도 이미 종료된 행위로서 소의 이익이 부정될 가능성이 많아 헌법소원심판을 청구하는 외에 달리 효과적인 구제방법이 있다고 보기 어려우므로 보충성의 원칙에 대한 예외에 해당한다(헌재 1995.7.21. 92헌마144).

ⓒ 항고소송의 소의 이익은 없지만 헌법소원의 권리보호이익이 있는 경우

헌재 판례

헌법소원의 본질은 개인의 주관적 권리구제뿐만 아니라 객관적인 헌법질서의 보장도 겸하고 있는 것인데, 미결수용자의 서신에 대한 검열이나 지연발송 및 지연교부행위는 헌법상 보장된 통신의 자유나 비밀을 침해받지 아니할 권리 및 변호인의 조력을 받을 권리와의 관계에서 해명되어야 할 중요한 문제이고, 또 검열행위는 행형법의 규정에 따라 앞으로도 계속될 것으로 보이므로, 이러한 침해행위가 이미 종료되었다 하더라도, 이 사건 심판청구는 헌법질서의 수호·유지를 위하여 긴요한 사항으로서 그 해명이 중대한 의미를 지니고 있고 동종행위의 반복위험성도 있어서 심판청구의 이익이 있다(헌재 1995.7.21. 92헌마144).

② 판결에 대한 헌법소원

헌법재판소는 법원의 재판에 대한 헌법소원을 원칙적으로 부인하고 있다. 다만 예외적으로 위헌으로 선언된 법령을 적용하여 국민의 기본권을 침해하는 판결은 헌법소원심판의 대상이 된다고 본다.

헌재 판례

법원의 재판자체는 헌법재판소가 위헌으로 결정한 법령을 적용함으로써 국민의 기본권을 침해한 재판에 대하여만 헌법소원심판으로 청구할 수 있으므로, 법원의 판결이 그러한 법령을 적용한 것이 아니라면 그에 대한 심판청구는 부적법하다(헌재 2001.7.19. 2001헌마102).

법령에 근거한 구체적인 집행행위가 재량행위인 경우에는 법령은 집행기관에게 기본권침해의 가능성만을 부여할 뿐 법령 스스로가 기본권의 침해행위를 규정하고 행정청이 이에 따르도록 구속하는 것이 아니며, 기본권의 침해는 집행기관의 의사에 따른 집행행위, 즉 재량권의 행사에 의하여 비로소 이루어지고 현실화되므로, 이러한 경우에는 법령에 의한 기본권침해의 직접성이 인정될 여지가 없다. (○, ×) [12 복지9급]

헌법재판소는 "수형자의 서신을 교도소장이 검열하는 행위는 이른바 권력적 사실행위로서 행정심판이나 행정소송의 대상이 되는 행정처분으로 볼 수 있다."라고 하여 명시적으로 권력적 사실행위의 처분성을 긍정하였다. (○, ×) [18 서울7급(上)]

③ 처분에 대한 헌법소원

행정소송법상의 처분은 항고소송의 대상이 되므로 원칙적으로는 헌법소원의 대상이 되지 않는다. 그런데 처분에 대하여 항고소송을 거쳤으나 인용되지 않은 경우에 원처분에 대하여 헌법소원을 제기할 수 있는지가 문제된다.

헌재 판례

행정처분의 취소를 구하는 행정소송이 확정된 경우에 그 원행정처분의 취소를 구하는 헌법소원심판 청구를 받아들여 이를 취소하는 것은, 원행정처분을 심판의 대상으로 삼았던 법원의 재판이 예외적으로 헌법소원심판의 대상이 되어 그 재판 자체가 취소되는 경우에 한하여 가능한 것이고, 이와는 달리 법원의 재판이 취소되지 아니하는 경우에는 확정판결의 기판력으로 인하여 원행정처분은 헌법소원심판의 대상이 되지 아니하며, 뿐만 아니라 원행정처분에 대한 헌법소원심판청구를 허용하는 것은 "명령 · 규칙 또는 처분이 헌법이나 법률에 위반되는 여부가 재판의 전제가 된 경우에는 대법원은 이를 최종적으로 심사할 권한을 가진다."고 규정한 헌법 제107조 제2항이나, 원칙적으로 헌법소원심판의 대상에서 법원의 재판을 제외하고 있는 헌법재판소법 제68조 제1항의 취지에도 어긋난다(헌재 2001.2.22. 99헌마409).

2. 권한쟁의심판

(1) 의의

지방자치단체 상호 간의 권한쟁의는 행정법원의 관할에 속한다. (○, ×) [09 국가7급]

헌법재판소법 제61조 【청구 사유】 ① 국가기관 상호 간, 국가기관과 지방자치단체 간 및 지방자치단체 상호 간에 권한의 유무 또는 범위에 관하여 다툼이 있을 때에는 해당 국가기관 또는 지방자치단체는 헌법재판소에 권한쟁의심판을 청구할 수 있다.

② 제1항의 심판청구는 피청구인의 처분 또는 부작위(不作爲)가 헌법 또는 법률에 의하여 부여받은 청구인의 권한을 침해하였거나 침해할 현저한 위험이 있는 경우에만 할 수 있다.

(2) 종류

헌법재판소법 62조 【권한쟁의심판의 종류】 ① 권한쟁의심판의 종류는 다음 각 호와 같다.

1. 국가기관 상호 간의 권한쟁의심판
   국회, 정부, 법원 및 중앙선거관리위원회 상호 간의 권한쟁의심판
2. 국가기관과 지방자치단체 간의 권한쟁의심판
   가. 정부와 특별시 · 광역시 · 특별자치시 · 도 또는 특별자치도 간의 권한쟁의심판
   나. 정부와 시 · 군 또는 지방자치단체인 구(이하 "자치구"라 한다) 간의 권한쟁의심판
3. 지방자치단체 상호 간의 권한쟁의심판
   가. 특별시 · 광역시 · 특별자치시 · 도 또는 특별자치도 상호 간의 권한쟁의심판
   나. 시 · 군 또는 자치구 상호 간의 권한쟁의심판
   다. 특별시 · 광역시 · 특별자치시 · 도 또는 특별자치도와 시 · 군 또는 자치구 간의 권한쟁의심판

② 권한쟁의가 「지방교육자치에 관한 법률」 제2조에 따른 교육 · 학예에 관한 지방자치단체의 사무에 관한 것인 경우에는 교육감이 제1항 제2호 및 제3호의 당사자가 된다.

김태성

주요 약력

박문각남부고시학원 공무원 헌법, 행정법 전임
(전) 프라임법학원 사법시험, 변호사시험 공법 전임
(전) 아모르이그잼학원 공무원 헌법, 행정법 전임

주요 저서

김태성 행정법총론(박문각출판)
김태성 행정법각론(박문각출판)
김태성 행정법총론 압축정리(박문각출판)
태성 행정법총론 기출문제집(법률저널)
태성 행정법각론 기출문제집(법률저널)

동영상강의 www.pmg.co.kr

김태성 행정법총론

초판 인쇄 | 2024. 6. 25. **초판 발행** | 2024. 6. 28. **편저** | 김태성
발행인 | 박 용 **발행처** | (주)박문각출판 **등록** | 2015년 4월 29일 제2019-000137호
주소 | 06654 서울시 서초구 효령로 283 서경 B/D 4층 **팩스** | (02)584-2927
전화 | 교재 문의 (02)6466-7202

저자와의 협의하에 인지생략

정가 46,000원
ISBN 979-11-7262-042-4